Robert K. Massie

# 彼得

# Peter the Great
BIDE DADI ELUOSI DIGUO JUEQI DE DIANJIZHE
## His Life and World
俄罗斯帝国崛起的奠基者

# 大帝

［美］罗伯特·K. 马西 著

孟嘉伦 译

中央编译出版社
Central Compilation & Translation Press

献给

玛丽·金博尔·托德

和詹姆斯·麦迪逊·托德

并纪念

罗伯特·金洛克·马西

# 目 录

## 第一部分　旧俄罗斯沙皇国

1　旧俄罗斯沙皇国　/ 3
2　彼得的童年时代　/ 20
3　"有着惊人智慧的少女"　/ 35
4　射击军之乱　/ 43
5　教会大分裂　/ 60
6　彼得的游戏　/ 74
7　索菲亚的摄政统治　/ 91
8　索菲亚的倒台　/ 109
9　戈登、勒福尔和"快活帮"　/ 124
10　阿尔汉格尔　/ 142
11　亚　速　/ 154

## 第二部分　大特使团

12　前往西欧的大特使团　/ 177
13　"靠语言是无法形容他的"　/ 193
14　彼得在荷兰　/ 205
15　奥兰治亲王　/ 219
16　彼得在英国　/ 235
17　利奥波德与奥古斯特　/ 252
18　"这些玩意儿是你们的枷锁"　/ 271
19　火刑与鞭刑　/ 282
20　与朋友们在一起　/ 303
21　沃罗涅日和南方舰队　/ 316

## 第三部分　大北方战争

- 22　北方女主　/ 333
- 23　让大炮来裁决吧　/ 348
- 24　卡尔十二世　/ 360
- 25　纳尔瓦　/ 373
- 26　"我们绝不会丢掉脑袋"　/ 390
- 27　圣彼得堡的建立　/ 408
- 28　缅什科夫和叶卡捷琳娜　/ 421
- 29　专制君主的手腕　/ 439
- 30　波兰泥潭　/ 455
- 31　卡尔在萨克森　/ 473
- 32　通往莫斯科的大道　/ 489
- 33　戈洛夫钦之役和列斯纳亚之役　/ 502
- 34　马泽帕　/ 519
- 35　人类记忆中最可怕的冬日　/ 532
- 36　调集兵力　/ 545
- 37　波尔塔瓦　/ 557
- 38　投降，在河畔上演　/ 574
- 39　波尔塔瓦战役的成果　/ 584

## 第四部分　在欧洲舞台上

- 40　苏丹的世界　/ 599
- 41　巴尔干基督徒的解放者　/ 610
- 42　普鲁特的五十击　/ 624
- 43　德意志的战争与弗里德里希·威廉　/ 640
- 44　芬兰海岸　/ 655
- 45　骚　乱　/ 666
- 46　北方威尼斯　/ 678
- 47　一位大使的报道　/ 690
- 48　第二次西方之旅　/ 701
- 49　"国王是位强者……"　/ 713
- 50　巴黎访客　/ 723
- 51　继承人的教育　/ 738
- 52　父亲的最后通牒　/ 751
- 53　皇储出逃　/ 764
- 54　面对审讯的未来　/ 776
- 55　卡尔的最后攻势　/ 797
- 56　乔治国王进入波罗的海　/ 811
- 57　胜　利　/ 823

## 第五部分　新俄国

58　为国效劳　/ 835

59　法令下的商贸活动　/ 860

60　上帝之下的最高统治者　/ 874

61　圣彼得堡的皇帝　/ 887

62　里海沿岸　/ 913

63　黄　昏　/ 924

尾　声　/ 945

罗曼诺夫王朝（1613—1917年）世系表　/ 956

致　谢　/ 959

注　释　/ 963

参考文献　/ 983

出版后记　/ 989

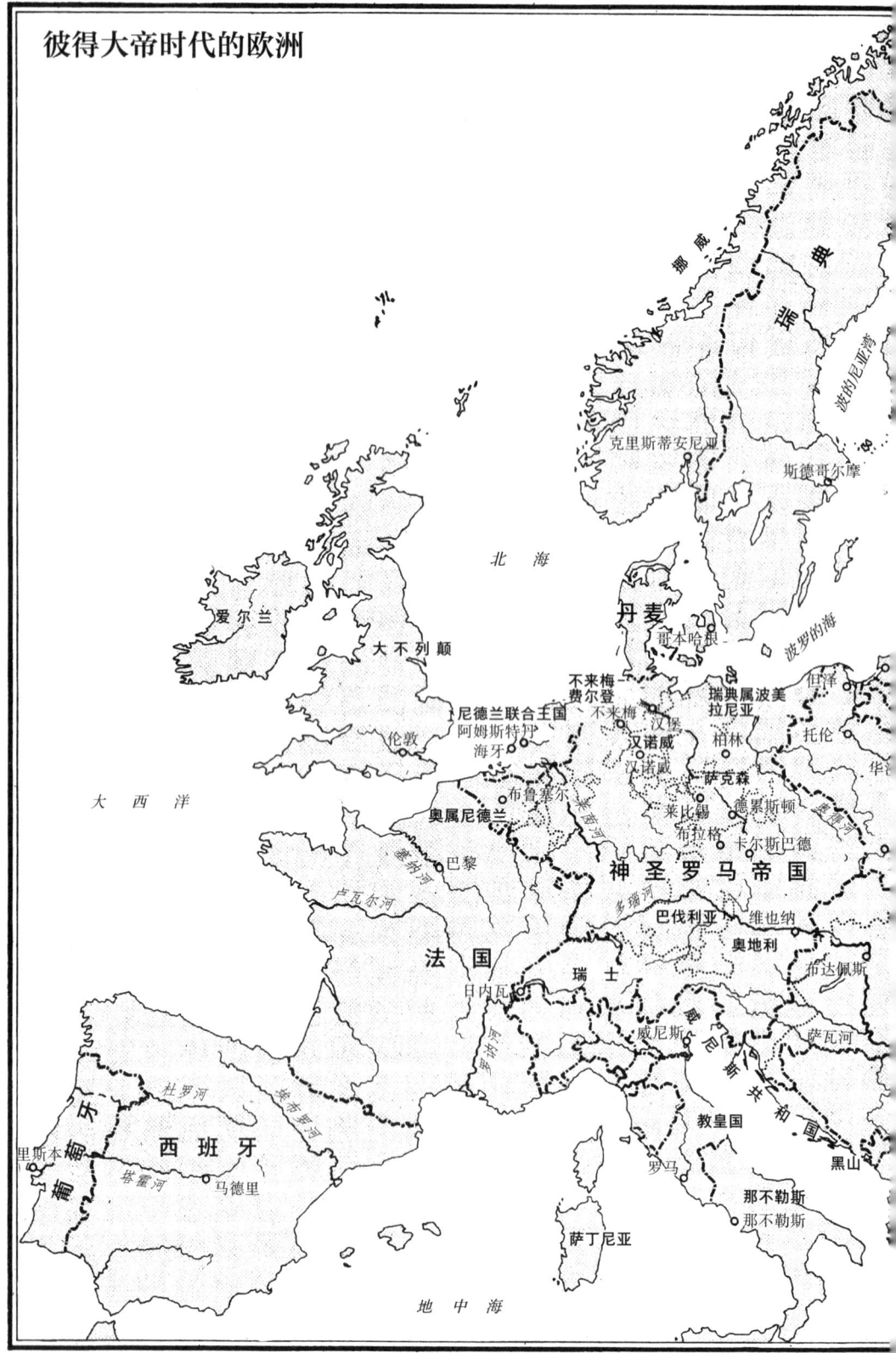

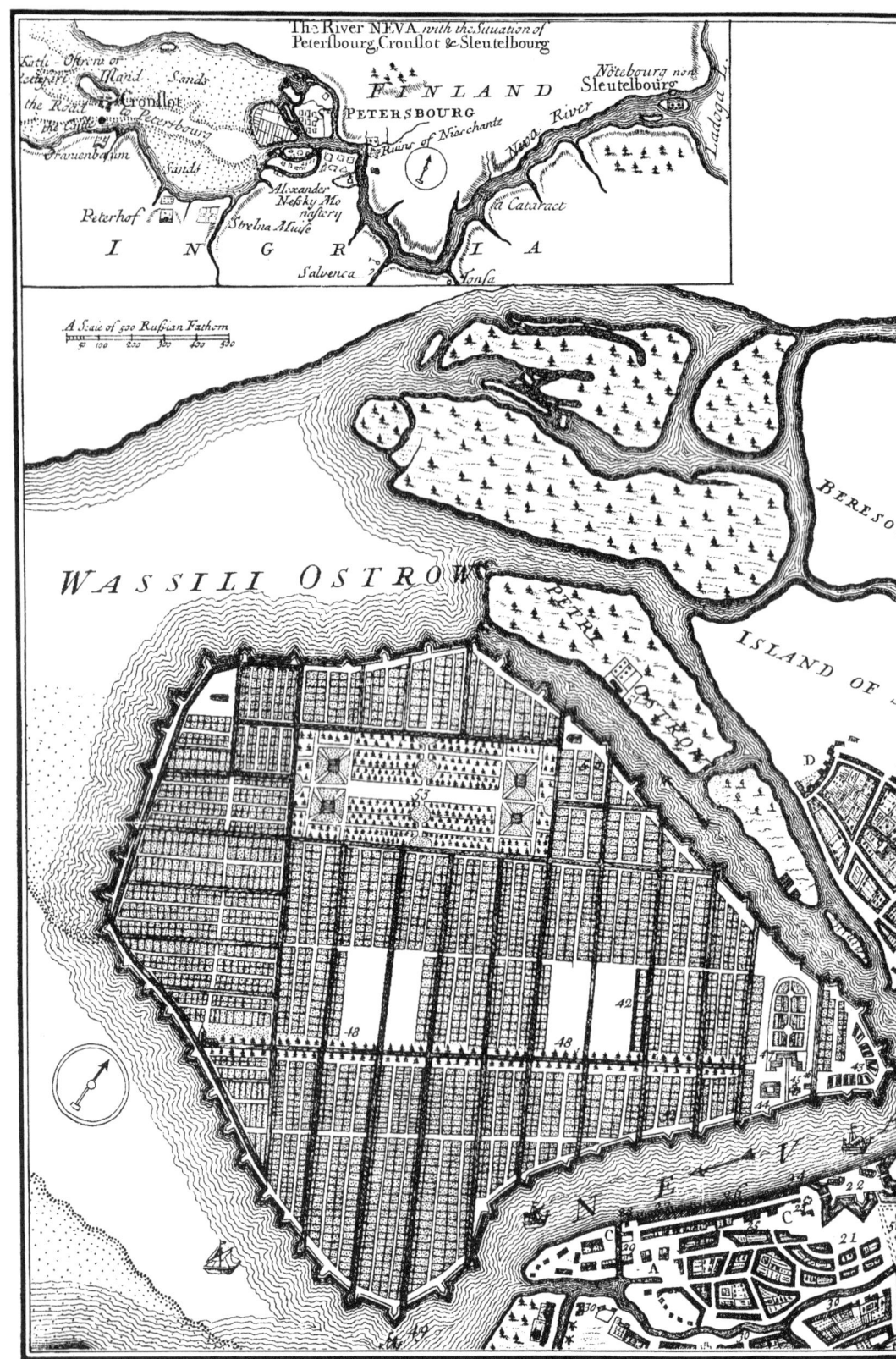

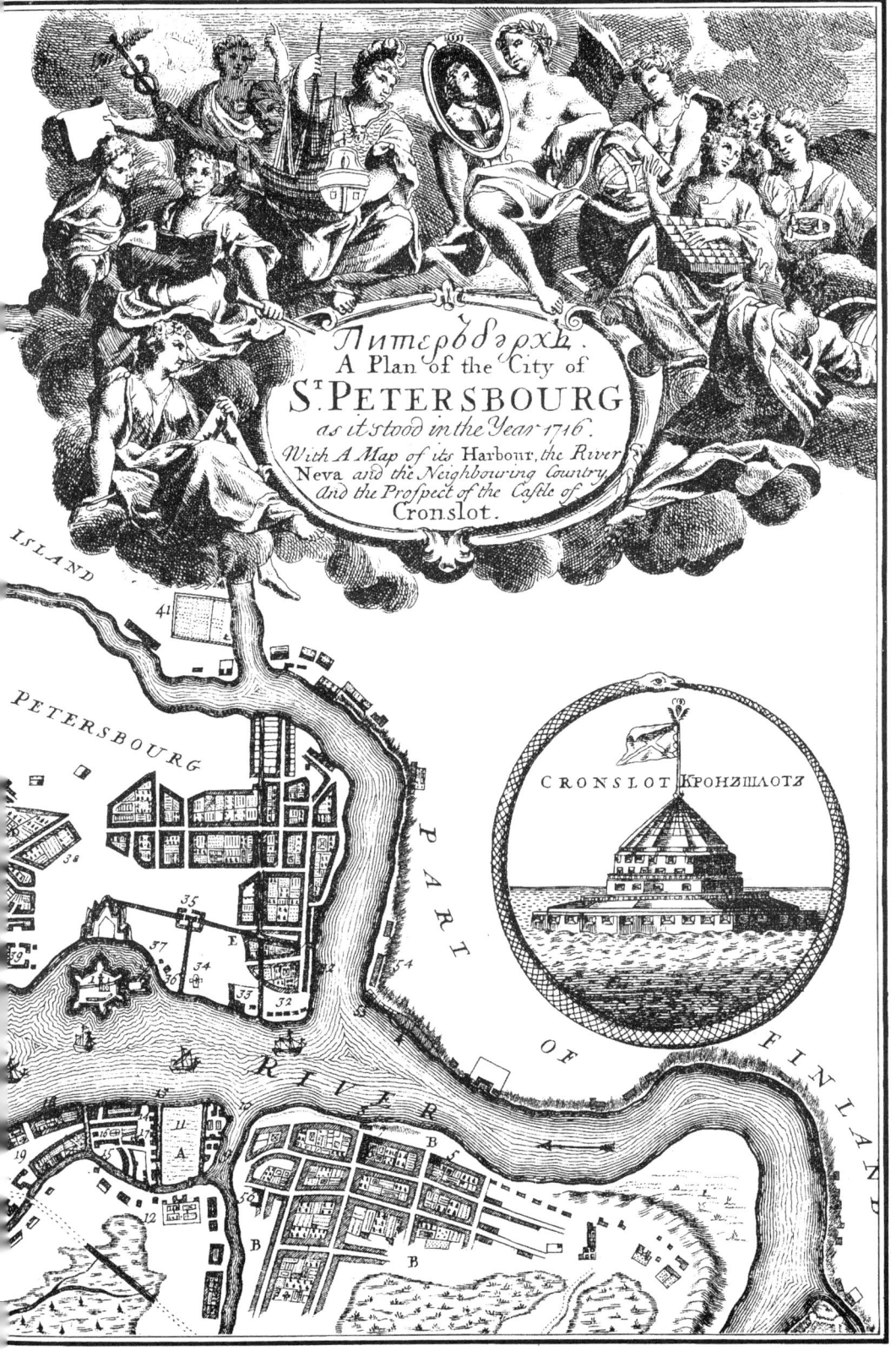

第一部分

# 旧俄罗斯沙皇国

# I

# 旧俄罗斯沙皇国

在莫斯科近郊，大地微微起伏着，一道道河流蜿蜒环绕，穿梭其中，如同银环一般，奔腾着越过这片宜人风光。一片片小小的湖泊和树林散布在牧场之间。一座座村庄点缀其中，错落有致，其中，教堂那洋葱状的屋顶构成了村子的最高点。田地中的泥泞道路两侧杂草丛生，人们就漫步其间。沿着河岸，有人垂钓，有人畅游，有人躺在地上沐浴阳光。这一幕令人熟悉的俄罗斯景致在这片土地上已扎根了数百年。

1650—1675年间的一天，某个来自西欧的旅行者穿过这片乡村，来到一座名为麻雀山（Sparrow Hills）的制高点上。当他从高耸的山脊上俯瞰莫斯科时，他看到"这座世界上最富裕、最美丽的城市"[1]就在自己的脚下。数百个金色的洋葱状穹顶上，一个个金色十字架如林耸立，其高度超过了树梢。如果这名旅行者在阳光与这片金色充分接触的时刻到来，他的双目将被耀眼的光芒刺得睁不开。在这些洋葱形穹顶之下，砌着白色围墙的教堂散布在这座面积与伦敦不相上下的城市中。城市中央一座不算太高的山上，矗立着莫斯科的荣耀——克里姆林宫，及其附属的三座壮观的大教堂，高大的钟塔，华丽的宫殿、礼拜堂和数百座房屋。这座被巨大的白色围墙环绕的宫殿本身就是一座城市。

到了夏季，绿荫笼罩下的城市看上去如同一座巨大的花园。众多大厦四周环绕着一座座果园和公园，与此同时，一片片作为防火道的开阔地带突兀地出现在草地、灌木丛和树木当中。在墙内已无剩余空间的情况下，这座城市便开发了众多繁华的郊区，每片郊区均拥有自己的果园、花园和灌木丛。郊区之外是一个围绕这座城市的巨大环形地带，大贵族的庄园和领地、修道院的白色围墙和镀金圆形屋顶点缀于草场和耕地之间，让这幕风景一直延伸到天边。

走过由泥土和砖石垒起的城墙,进入莫斯科,旅行者立刻浸入这座忙碌的商业城市那热热闹闹的生活气息之中。街道上挤满了摩肩接踵的人。商人、工匠、游民和衣衫褴褛的神职人员,以及劳工、农民、披着黑袍的神父、穿着艳丽卡夫坦(束腰外衣)和黄色靴子的士兵并肩而行。手推车和马车在人流中间奋力前进,但人群被一位骑在马背上的波雅尔(贵族)分开了。这位波雅尔大腹便便,蓄着胡子,头戴一顶上等皮帽,身上套着一件用天鹅绒或结实的锦缎制成、内衬毛皮的华丽外套。在街角,乐师、魔术师、杂技演员及带着熊和狗的驯兽师进行着一场场表演。每座教堂外面都有成群结队的乞丐等候施舍。在酒馆的前方,旅行者们有时会惊讶地看到几名赤身裸体的男子,他们卖掉了全身的衣服来换酒喝。而且,每逢宗教节日,其他的人,无论是一丝不挂者还是衣冠楚楚者,全都酩酊大醉,横七竖八地躺在泥土里。

熙熙攘攘的人群聚集在以红场为中心的商业区。17世纪的红场与我们今天所知的红场大不相同,后者是一片用鹅卵石铺就的寂静沙漠,位于圣瓦西里大教堂(St. Basil's Cathedral)那恢宏壮观、密密麻麻的尖塔和圆顶,以及克里姆林宫那高大巍峨的城墙下方。当时它还是一个喧嚣的露天市场,一根根圆木铺设在地上,遮盖了泥泞;一排排木屋和小型礼拜堂拔地而起,紧挨着克里姆林宫城墙,如今成了列宁的坟墓所在;成排的商店和摊位(一些为木制,一些则铺盖着帐篷般的帆布)填满了这座巨大舞台的每个角落。300年前,红场充斥着、萦绕着、洋溢着勃勃生机。商人站在摊位前方,用洪亮的声音吸引顾客前来审视他们的货物。他们提供天鹅绒和锦缎,波斯和亚美尼亚的丝织品,青铜、黄铜和红铜商品,铁制器皿,加工过的皮革制品,陶器,无数木制器物,以及陈列于货盘和货篮内的一排排西瓜、苹果、梨子、樱桃、李子、胡萝卜、黄瓜、洋葱、大蒜和拇指粗的芦笋。小贩和推着手推车的人又是威胁又是恳求,在人群中强行开出一条通道来。摊贩售卖的"皮罗什基"(小块肉馅饼)盛放在货盘里,货盘则用绳索挂着,吊在他们的肩上。裁缝和街头珠宝商埋头于自家生意,对身边的一切事物视而不见。理发师剪下的头发落在未经打扫的地面上，为累积了数十年、凌乱不堪的头发堆又添上新的一层。跳蚤市场贩卖旧衣服、破布、二手家具和废弃物。山下靠近莫斯科河的地方出售动物和放在水槽里的活鱼。在河畔靠近新石桥的地方，一排排妇女弓着腰，用水清洗衣服。据一名17世纪的德意志旅行者记载，其中一些妇女在广场上贩卖商品，可能也出售"别的日用品"。[2]

中午时分，一切活动都停止了。由于人们都去享用一天之中最为丰盛的一餐——正餐了，市场关闭，街道空空如也。饭后，所有人都会打个盹儿，商店店主和小贩伸展四肢，睡倒在自己的货摊之前。

随着黄昏降临，燕子开始在克里姆林宫的城垛上飞舞，城市闭门过夜。商店被封在厚重的百叶窗后面，巡夜人从屋顶上向下张望着，脾气暴躁的狗儿被系在长长的链子一端，跑在前头。几乎没有哪个正直的市民敢冒险进入黑咕隆咚的街道，那里成了盗贼和持武器的乞丐的栖息地，他们决心在夜里凭借武力来攫取那些自己在白天用恳求的手段未能得到的东西。一名奥地利访客写道："这些恶徒[3]待在街角，掷出旋转的棍棒，打在那些过路人的头上，他们是如此精通此道，以至于这种致命的打击极少落空。"在莫斯科，一夜之间发生数起谋杀案是常有的事，尽管这些罪行的动机几乎都仅仅是盗窃而已，但这些盗贼是如此歹毒，以至于无人敢呼救。通常情况下，惊慌失措的市民甚至不敢从自家大门或窗户探出头，看看外面发生了什么。到了早上，治安人员例行公事般地将被发现倒在街上的尸体带到中心广场，亲属可以到那里去寻找失踪人员。最后，所有无名尸首都会被胡乱丢进公墓之中。

17世纪70年代的莫斯科是一座木头之城。房屋、大厦和小屋均以木料搭建，但独一无二的建筑风格，以及窗户、门廊和山墙上的雕饰、彩饰，赋予它们一种非凡之美，而这种美在欧洲城市那些死气沉沉的石制建筑上是看不到的。就连街道也是用木头构筑的。街道上排布着原木和厚实木板，在夏季蒙着厚厚的尘埃，在春季冰雪消融及9月雨季到来之时陷入淤泥之中，木料铺就的莫斯科街道尝试着为路人提供落脚之处，最后往往以失败告终。"秋雨令马车和马匹无法在街上通行，"一名从圣地来访的东正教教士抱怨道，"我们无法走出家门前往市场，淤泥和黏土深得足以将一个人从头到脚吞没。由于一粒粮食也无法从农村运进来，食物价格涨到很高。所有人，特别是我们自己都向上帝祈祷，请求他将大地冻结起来。"4

大火成了莫斯科的灾难之源，对一座用木头构建的城市来说，这也算是不可避免的。当原始的火炉于冬日在每家每户燃烧的时候，当高温在夏日令木材变得干燥易燃的时候，一丝火花就能引发一场毁灭性的破坏。在风的作用下，火焰从一处屋顶蹿至附近的屋顶之上，将整条街道化为一片灰烬。在1571年、1611年、1626年和1671年，大火将莫斯科的住宅区全部焚毁，在市中心留下了一片片巨大的空地。这些灾难属于特例，但对于莫斯科居民而言，一座熊熊燃烧中的房屋与救火员为奋力将火情控制在局部地区而把火势蔓延方向上的其他房屋赶紧拆掉的场景，是他们日常生活的一部分。

由于莫斯科是用木头造就的，莫斯科居民往往在屋子周边留出一些空地，以备整修房屋或搭建新建筑之用。数千根木材被堆积在一座座房屋之间，有时它们会被藏在房子的后面，或是用篱笆围起来，以保护它们免遭窃贼的毒手。在某个城区，一个巨大的木材市场内有着数千座预制木屋，这些待售房屋的规格各式各样，买家只需指明自己想要的规格和房间数即可购买。几乎在一夜之间，这些全都清楚打上编号和标记的木料就会被带到买家所选定的地方，组合起来。用苔藓填塞木料之间的缝隙，将薄木板制成的屋顶架在房子顶端，这样新屋主就能搬进去了。但最大的圆木会被保留下来，出售作其他用途。它们被人用斧头砍成6英尺①长的一段段，凿空，盖上盖子，变成了俄罗斯人下葬时用的灵柩。

在高出莫斯科河125英尺的一座山丘之上，克里姆林宫的塔楼、圆形屋顶和城垛俯瞰着这座城市。在俄语中，kreml一词意为"要塞"，莫斯科的克里姆林宫是一座气势恢宏的卫城。两条河流和一道很深的护城河在坚固的城墙之下潺潺流动。这些12—16英尺厚、高出水面65英尺的城墙形

---

① 1英尺约合0.3米。——编者注

成了一个环绕山顶的三角形，它周长1.5英里①，保护着墙内69英亩②的围场。20座高大的塔楼散布于城墙之上，彼此留有一段间隔，每座塔楼都是一座独立堡垒，被设计得固若金汤。克里姆林宫并非无法攻克；即便不加攻击，弓箭手和长矛兵、日后出现的火枪手和火炮兵在饥饿的威胁下也会被迫投降，但最近的一次攻城战（发生于17世纪初）持续了两年。讽刺的是，攻城方是俄国人，防御方则是波兰人，他们支持一个声称有权继位的波兰人——伪德米特里（False Dmitry），此人曾短暂占据王位。当克里姆林宫最终陷落的时候，俄国人处决了伪德米特里，焚烧了他的尸体，并将他的骨灰装进克里姆林宫城墙上的一尊加农炮里，朝着波兰方向发射回去。

平日里，克里姆林宫拥有两个主人，一个掌管现世，另一个则掌管精神：沙皇和牧首。他们都住在堡垒里，并从这里向各自的王国发号施令。政府机构、法院、兵营、面包房、洗衣房和马棚拥挤在克里姆林广场四周；附近矗立着别的宫殿和机构，以及40多座隶属俄国东正教会牧首的教堂和礼拜堂。在克里姆林宫中央，山顶的一座宽大广场边沿附近，屹立着4座宏伟的建筑——3座富丽堂皇的大教堂和1座气势恢宏、高耸入云的钟楼，这几座建筑无论在当时还是在现在，可能都被认为是俄罗斯的心脏。这些大教堂中的两座，以及克里姆林宫城墙、城墙上的众多塔楼，均出自意大利建筑师之手。

这些教堂中最大也最具历史意义的一座为圣母升天大教堂（Uspensky Sobor），从15世纪至20世纪，每任俄国沙皇的加冕仪式都在这里举行。它于1479年由博洛尼亚的里多尔福·菲奥拉万蒂（Ridolfo Fioravanti）营建，但教堂的设计体现了许多基本的俄式特征。开始动工之前，菲奥拉万蒂访问了几座古老的俄国城市——弗拉基米尔（Vladimir）、雅罗斯拉夫尔（Yaroslavl）、罗斯托夫（Rostov）和诺夫哥罗德（Novgorod），去研究这几座城市中的美丽大教堂，其后由他缔造的俄国教堂内部空间比任何一

---

① 1英里约合1.6千米。——编者注
② 1英亩约合4047平方米。——编者注

名俄国人曾经见过的教堂内部空间都要大得多。4根巨大的圆柱支撑着洋葱形的中央穹顶，4个较小的卫星穹顶上既没有结构复杂的墙壁梁腹板，也没有之前被认为必不可少的拱壁。这一设计给了天花板通风空间，令中殿变得宽敞无比，这在整个俄国都是独一无二的，而这个国度对哥特式拱顶所具有的力量和美丽一无所知。

在广场另一头，圣母升天大教堂的对面，屹立着天使长米迦勒大教堂，那里是沙皇们的陵墓所在。这座大教堂出自米兰的阿尔维西奥·诺维（Alvesio Novy）之手，在相当程度上比它的两座姐妹大教堂更富有意大利风致。大教堂内部有数个小礼拜堂，已故君主被分组安置。在一个小房间中央，3具雕花石棺内躺着伊凡雷帝和他的两个儿子。其他沙皇则沿着墙壁列成数排，他们那用黄铜和石料制成的棺材上覆着带有刺绣的天鹅绒布匹，布匹褶边四周以珍珠缝出铭文。彼得大帝的父亲沙皇阿列克谢和他的两个儿子——同为沙皇的费奥多尔及伊凡五世会躺在这个小房间里，但他们将是最后一批。阿列克谢的第三子彼得将在波罗的海上的一座新城市中修建一座新的大教堂，他和往后的所有罗曼诺夫家族成员将安息在那里。①

3座大教堂中最小的一座——圣母领报大教堂拥有9座塔楼和3间门廊，它是唯一一座由俄国建筑师设计的教堂。建筑师来自普斯科夫（Pskov），那里因雕花石制教堂而名扬天下。这座教堂经常被沙皇和他们的家人当作私人礼拜堂来使用，教堂圣幛上用于装饰的圣像画出自来自拜占庭的希腊人赛奥法尼斯（Theophanes）及其俄国弟子安德烈·鲁布列夫（Andrei Rublev）之手。在俄国，就这种宗教艺术形式而言，此二人最负盛名。

在广场的东侧，3座大教堂的上方，矗立着伊凡大帝时期用石灰水刷白的砖砌钟塔——博诺塔（Bono Tower）和牧首菲拉雷特塔（Tower of the Patriarch Philaret），这两座建筑如今合二为一。在最高处的圆形穹顶

---

① 彼得二世是个例外，他的尸体被安放在克里姆林宫；末代沙皇尼古拉二世（Nicholas Ⅱ）同样如此，他的尸体在乌拉尔地区的叶卡捷琳堡（Ekaterinburg）郊外的一个地下室中遭到焚毁。

下方——空中270英尺处，一排排大钟挂在设有梯子的壁龛内。这些用银、铜、青铜和铁铸就的大钟有着多种多样的规格和音色（最大的钟重31吨），它们用鸣响来传达100种信息：召集莫斯科居民做晨祷或晚祷；提醒他们该斋戒和过节了；用沉重而缓慢的鸣声来传达悲伤的死讯，用和谐的鸣声来传达婚礼的喜讯，用刺耳的鸣声来警示火灾，或用洪亮的鸣声来庆祝胜利。有时它们会彻夜鸣响，令外国人惊愕不已。但俄国人热爱他们的大钟。在假日里，平民百姓聚集在钟楼内，轮流拉动钟绳。第一声钟声往往在克里姆林宫响起，随后全莫斯科"40乘40"座教堂的钟声会接踵响起。根据一名满心敬畏的访客的记载，很快，钟声形成的声浪越过这座城市，"大地在它们雷鸣般的振动中震颤着"[5]。

意大利建筑师由修造大教堂转为营建宫殿。1487年，伊凡大帝下令修建了克里姆林宫内的首座石制宫殿——多棱宫（Granovitaya Palata），之所以如此命名，是因为它那用灰色石块砌成的外墙被切削成棱柱形，宛如刻面宝石的外表一般。它最著名的建筑特色是每面宽77英尺的御座室，屋顶由一根位于房间中央的粗大拱形圆柱支撑。当接见外国使者或举行别的国事活动时，沙皇家族中那些与世隔绝的妇女可以从天花板附近一扇带帘子的小窗向下张望。

多棱宫主要被用作政府办公楼，因而在1499年，伊凡大帝下令以另一座用砖石构筑的宫殿为寝宫。这座名为特蕾姆宫（Terem Palace）的建筑内部宛如蜂巢，共有5层，由一批天花板低矮的拱形房间组成，这些房间是供大帝本人及众多皇室妇女——皇族成员的妻子、孀妇、姐妹和女儿居住的。16世纪及17世纪初发生的多起火灾使特蕾姆宫严重损毁，但罗曼诺夫家族的首任沙皇米哈伊尔和他的儿子阿列克谢不惜付出大量努力修复这座建筑。在阿列克谢统治时期，门、窗、栏杆和檐口均以白色石块制成，并雕上树叶及鸟兽图案，而后涂上鲜明的颜色。阿列克谢倍加费心地翻修了四楼，将其作为自己的起居室。5间正房——候见室、御座室（名为"金色大厅"）、书房、寝室及私人礼拜堂均配有木墙和木地板，以免水汽在砖石上凝结而形成湿气。墙上覆盖着用带有刺绣的丝绸、羊毛挂毯和加工过的皮革制成的帷子，上面的图案是《旧约》和《新约》中的一幕幕场景。弯弯曲曲的阿拉伯式花纹和东方式的植物图案、神话传说中的鸟儿图案从天花板一直延伸到拱门之上,所有这些花纹、图案都被涂上了鲜艳的色彩,并镶有大量金银。沙皇房间内的家具部分为传统式样,部分为现代式样。这里有旧式的雕花橡木长凳和箱子,以及表面磨光的木桌,但也摆放着铺有软垫的扶手椅、精致的镀金黑檀木桌、时钟、镜子、画像和满是神学及历史书籍的书架。沙皇书房的一扇窗户被称为"请愿者之窗"(Petitioner's Window),窗外放着一个小小的箱子,它可以放低到地上,等里面塞满请愿书和诉苦书的时候再升上来,交由君主审阅。沙皇的寝室以威尼斯天鹅绒为饰,内置一张带有4根精致雕花帷柱的橡木床,床帘和床罩以锦缎和丝绸制成,床上堆积着毛皮、鸭绒被和垫子,以将冬日里的寒冷气流阻挡在外,这些气流猛烈地撞击窗户,在门下打转。用上了釉的彩色瓷砖制成的巨大火炉既可给所有这些房间带来温暖,也装点着它们,光芒四射,散发着热度,令俄国的统治者时时感到暖和。

这些豪华房间的主要缺点是缺乏光亮。窄小的窗子上装着双层云母板,并用铅条分割开来,阳光几乎不能照进来。不仅在夜晚和冬季那短暂而灰暗的白昼,就连在夏日里,特蕾姆宫的大部分光亮都来自置于壁龛内及沿墙摆放的蜡烛发出的摇曳不定的光芒。

1650—1675年间,罗曼诺夫王朝的第二位沙皇,"整个大俄罗斯、小俄罗斯和白俄罗斯的大领主、沙皇、大公,独裁者,阿列克谢·米哈伊洛维奇"成了这些皇宫房间的主人。这位令人生畏、对自己的臣子来说遥不可及的人物笼罩在半神的光环下。1664年,因沙皇始终支持一度流亡国外的英国君主查理二世(Charles II),一名英国使臣前来致谢,沙皇阿列克谢端坐于宝座之上的情景给他留下了深刻的印象:

> 这位沙皇宛如耀眼的太阳,向外喷吐着华丽至极的光芒,异常高贵地居于宝座之上,手握权杖,头戴皇冠。他的宝座上镀有大量白银,顶端装饰着几件精巧的工艺品和角锥体;宝座距地面有七八层阶梯的高度,令这位国君身上带有一种非凡的威严气质。他的皇冠(下

面戴了一顶镶有黑貂皮的帽子)上布满了珍贵的宝石,尖端呈金字塔形,顶上立有一个金十字架。权杖上同样镶满了珠宝,他的背心上到处都是类似的饰品,衣领亦是如此。[6]

自孩提时代起,俄国人就受到教诲,要将他们的君主视为近乎神灵的人物。他们的格言形象地体现了这一观点:"唯上帝与沙皇知之""天上骄阳,地上俄皇""托上帝及沙皇之福,俄国国泰民安""上帝高不可攀,沙皇遥不可及"。

另一句格言"君王是我父,大地是我母"将俄国人对沙皇的感情与他们对祖国的感情联系到了一起。土地、大地、祖国——"罗迪娜"(rodina,意为"祖国")是阴性的。她指的不是纯洁的处女,而是不朽的成熟妇人、多产的母亲。所有俄国人都是她的儿女。从某种意义上说,在共产主义到来前,俄罗斯的土地早已实现了公有化。它属于俄国之父——沙皇,但亦属于他的家人——俄国人。土地的支配权归沙皇所有,他可以将大片土地赐予受宠的贵族,但它仍是这个民族大家庭的共有财产。当它受到威胁的时候,所有人都愿意为它献身。

沙皇在这个家族体系中扮演的是人民的"巴图什卡"(batushka,意为"父亲")的角色。他的专制统治是家长式的。沙皇待臣民如子女,对他们也像父亲对孩子一样,拥有无限的权力。沙皇的权力哪怕受到一星半点儿的限制,对俄国人而言都是一件无法想象的事,"除非上帝下令,否则怎么可以限制一位父亲的权力?"当父亲发号施令时,孩子必须照办,不得有任何异议。而基于同样的理由,当沙皇发号施令时,俄国人也得服从。有时他们会按照拜占庭的方式,在沙皇面前奴颜婢膝地行礼。俄国贵族在向沙皇致意或接受沙皇恩赐的时候,会匍匐在后者面前,以额触地。沙皇阿列克谢的首席大臣兼密友阿尔捷蒙·马特维耶夫(Artemon Matveev)在同沙皇谈话的时候宣称:"我们卑微地乞求您,[7]您的奴仆阿尔捷穆什卡·马特维耶夫携卑贱的爬虫、犬子阿德卢什卡(Adrushka),在陛下那高大的王座前深深鞠躬,把我们的脸埋到泥土里⋯⋯"在这段声明中,沙皇那冗长的正式头衔被一点儿不剩地加了进去。在这一过程中，若他无意间漏掉一个词，就将被看作对沙皇本人的不敬，其性质几同叛逆。沙皇的私人谈话是极为神圣的。"谁要是把沙皇宫殿里的会谈内容透露出去，他就没命了。"[8]一名英国侨民宣称。

事实上，这位顶着一连串头衔，头戴边缘镶有"一簇簇大如豌豆的钻石[9]，宛如一串串闪闪发光的葡萄"的王冠，身披绣有绿宝石、珍珠和黄金的皇家披风的半神，是一个相当谦逊的凡人。沙皇阿列克谢是当时公认的"'提塞沙'（tishaishy，意为"最安静的"）沙皇"，是沙皇中最温和文雅也最虔诚的一位，当他1645年于16岁继承其父的皇位之时，他已是有名的"年轻僧侣"。成年之后，他长得比大多数俄国人都要高，约有6英尺，体格健硕，偏胖。他那圆圆的面庞为浅棕色的头发所覆盖，蓄着髭须和飘飞的棕色络腮胡。他的眼睛也是棕色的，当他愤怒时，双目就迸射出冷酷的色彩，当他流露出慈爱之情时，目光转而变得炽热，当他心怀虔诚时，目光又变得谦卑起来。"皇帝陛下是个优秀的人，[10]比国王查理二世大两个月左右。"他的英籍医师萨缪尔·柯林斯大夫（Dr. Samuel Collins）描述道，其后又补充说，他的恩主"在施加惩戒时很严厉，但小心翼翼地爱护着自己的臣民。[11]当一名生人力劝他将违逆圣意的人统统定为（可判处）死刑的时候，他答道，'这是一件很难办的事，因为上帝并没有赋予每一个人这样的勇气'"。

尽管身为沙皇，但阿列克谢在克里姆林宫中的生活方式更接近一名僧侣。早晨4点，沙皇将他的黑貂皮被褥推到一边，穿着衬衣、衬裤从镀金的床上下来。穿好衣服后，他立刻前往紧挨着卧室的小礼拜堂，花上20分钟祈祷，并阅读祷告书中的段落。吻过圣像、身上被洒过圣水之后，他才露面，并派遣一名侍从前去祝皇后早安并探问她的健康状况。几分钟后，他前往皇后寝宫，陪她前往另一座礼拜堂，他们在那里一道聆听晨祷和晨间弥撒。

与此同时，波雅尔、政府官员和书记官聚到公共接待室，等着沙皇从他的私室里出来。一看到"沙皇那炯炯的双目"[12]，他们便开始拜伏于地，有些人因对领受的恩典心怀感激，一连拜了多达30次。接下来的一段时间内，阿列克谢听取报告和请愿。之后，大约在9点，所有人都要前去聆听两小时的弥撒。但在这一宗教仪式期间，沙皇继续与波雅尔们轻声交谈，指导公共事务，发布指令。阿列克谢从未缺席过一次礼拜。"如果他身体健康，就去参加礼拜，"[13]柯林斯大夫说，"如果他病了，礼拜就移到他的寝宫举行。在斋戒日，他经常在午夜时分祷告，一次就要花上4个、5个或者6个钟头。他有时要下拜1000次，盛大节日的时候达到1500次。"

晨间弥撒之后，沙皇会与波雅尔和书记官一道回去处理国事，直到午餐时分。他独自在一张高高的桌子上用餐，环绕于沙皇身侧的波雅尔则在沿着餐厅墙壁摆放的矮桌上吃饭。只有某些特定的波雅尔能够服侍沙皇，他们为沙皇试味，啜饮沙皇的酒，而后将酒杯递给沙皇。膳食极为丰富，每逢节日，摆在沙皇餐桌上的菜肴可能多达70道：俄国冷盘（zakuski）里面有生的蔬菜（特别是黄瓜）、腌鱼、熏肉和不计其数的皮罗什基，有时会塞着蛋、鱼、大米、卷心菜或香草，而非肉类。接着端上来的是汤和烤牛肉、羊肉、猪肉，里面加了洋葱、大蒜、番红花和胡椒粉，用以调味。御膳中有一碟碟野味和鱼类，如鲑鱼、鲟鱼和小体鲟。餐后甜点是糕饼、乳酪、蜜饯和水果。俄国人喝的主要是伏特加、啤酒或一种烈度较低的饮品，名为"格瓦斯"（kvas），它以发酵的黑面包酿制而成，有着各式各样的口味——山莓、樱桃或其他水果。

但阿列克谢很少去碰摆在自己面前的多汁菜肴。相反，他将它们作为礼物，赐给众多波雅尔，以示特别恩宠。他自己的喜好简朴得如修道士。他只吃裸麦面包，喝低度葡萄酒或啤酒，可能还会加上少许肉桂；据柯林斯大夫描述，肉桂是"皇室香料"。柯林斯大夫称，在宗教斋戒期间，沙皇"一星期只吃3顿正餐，[14]其余时候，他吃的是一片黑面包和盐、一份腌蘑菇或腌黄瓜，再喝一杯淡啤酒。他吃鱼，但在大斋节时只吃两次，一连7周皆是如此……总之，没有一名僧侣能比他斋戒时更严格地遵守祷告时间。我们可以这样推断：一年12个月中，他差不多要用8个月来斋戒"。

用过午餐后，沙皇会睡上3小时，直到该回教堂做晚祷的时候，他就又一次和波雅尔一起动身，又一次在祷告期间商议国事。晚餐及这一天的剩余时光在与家人或密友玩双陆棋或西洋棋中度过。这段时间内，阿列克谢的特殊娱乐是让人为他阅读或讲故事。他喜欢聆听教会史著作中的段落、圣徒的生平或是对宗教教义的描述，但也喜欢听与俄国使臣的海外之旅有关的报道、从外国报纸上摘录的文章、出自朝圣客和被带到宫中取悦帝王的流浪者之口的简单故事。在较为暖和的冬季，阿列克谢会离开克里姆林宫，前往莫斯科郊外的乡间寓所。其中一座是位于亚乌扎河（Yauza River）畔的普列奥布拉任斯科耶（Preobrazhenskoe），它是阿列克谢最喜爱的体育运动——放鹰狩猎的中心。多年以来，这名热情的猎手在此建立了一座巨大的建筑物，内有200名驯鹰人、3000头猎鹰和10万只鸽子。

但大多数时候阿列克谢都在祈祷和处理国务。他从未对天授的神圣统治使命产生过疑虑。在他看来，自己和所有君主一样是被上帝选中的人，因而只对上帝负责。[①]沙皇之下是贵族阶层，分为近12个等级。最大的贵族即波雅尔，等级最高，他们是古老王侯家族的成员，拥有世袭的地产。往下为地位较低的贵族和绅士阶层，他们为王室效力，以换取封地。再往下是规模很小的中产阶层，由商人、工匠和其他城镇居民组成，这个阶层以下——社会金字塔的庞大基座便是农民和农奴了，他们构成了俄国社会的压倒性多数。他们的生活状况及耕作方式与中世纪欧洲的农奴大体相当。莫斯科人大多用波雅尔这个头衔来称呼全体贵族和高级官员。与此同时，沙皇政府的日常管理事务实际上掌握在30—40个名为Prikazy（意为"衙门"）的机构手里。通常情况下，它们效率低下、挥霍无度、职能重叠、难以控制且腐败不堪——总而言之，就是个无人规划也无人真正控制的官僚机构而已。

在他那光线昏暗、萦绕着熏香气味的克里姆林宫房间和礼拜堂里，沙皇阿列克谢统治着世界上最大的国家。广阔的平原、望不到尽头的大片黑

---

[①] 当英国议会于1649年将国王查理一世斩首的时候，沙皇阿列克谢大为震惊，并一怒之下驱逐了俄国境内的所有英国商人，荷兰和德意志商人因而获利匪浅。当时查理二世尚在流亡，阿列克谢向他赠款，并向"光荣的殉难者查理一世的哀伤寡妇"[15]致以亲切的问候。

森林、无边无际的荒原，以及从波兰一直延伸到太平洋的冻土地带。在这片辽阔的土地上，视野非常宽广，除了较为低矮的山脉和起伏的丘陵，一望无际。在广阔的平原上，唯一妨碍机动的自然屏障是一条条河流，从最早的年代起，这些河流就变成了一张水上高速交通网。莫斯科周边地区的4条大河均拥有自己的上游支流：第聂伯河（Dnieper）、顿河（Don）、以浩荡气势向南流入黑海及里海的伏尔加河（Volga），德维纳河（Dvina）则向北注入波罗的海和冰天雪地的北极圈。

这片无垠风光之中散布着稀疏的人类聚居区。在彼得降生的时候，即沙皇阿列克谢统治之日行将结束时俄国人口约为800万。这个数字与它西边的邻居波兰的人口数大致相当（俄国人的散居之地却要辽阔得多），比瑞典（人口不到200万）和英国（人口略高于500万）多得多，却不到欧洲人口最多也最强大的国家——路易十四治下的法国人口数（1900万）的一半。部分俄国人居住在古老的俄国城镇——下诺夫哥罗德（Nizhni-Novgorod）、莫斯科、诺夫哥罗德、普斯科夫、沃洛格达（Vologda）、阿尔汉格尔（Archangel）、雅罗斯拉夫尔、罗斯托夫、弗拉基米尔、苏兹达尔（Suzdal）、特维尔（Tver）、图拉（Tula），以及新近获得的基辅（Kiev）、斯摩棱斯克（Smolensk）、喀山（Kazan）和阿斯特拉罕（Astrachan）。大部分人住在陆地上，他们靠陆地、森林和水域的资源谋生。

尽管阿列克谢的专制独裁国家面积巨大，俄国的边界却相当脆弱、压力重重。在东方，伊凡雷帝及其继任者执政期间，俄罗斯沙皇国征服了伏尔加河中游地区及喀山汗国，将俄国的领土扩展到阿斯特拉罕和里海。他们跨越乌拉尔山脉，将广阔无垠且大多无人居住的西伯利亚地区纳入沙皇治下。俄国拓荒者深入北太平洋，在当地建立了几个简陋的定居点，但在与富有闯劲的中国清朝政权爆发冲突后，阿穆尔河（Amur River，即黑龙江）沿岸的俄国前哨被迫撤走。

俄国的西面和南面群敌环伺，它们竭力维持着一条巨大的陆上封锁线和隔离带。时为波罗的海霸主的瑞典看守着横跨这片海洋、通往西方的道路。西面是信奉天主教的波兰，它是信奉东正教的俄国的宿敌。只是在最

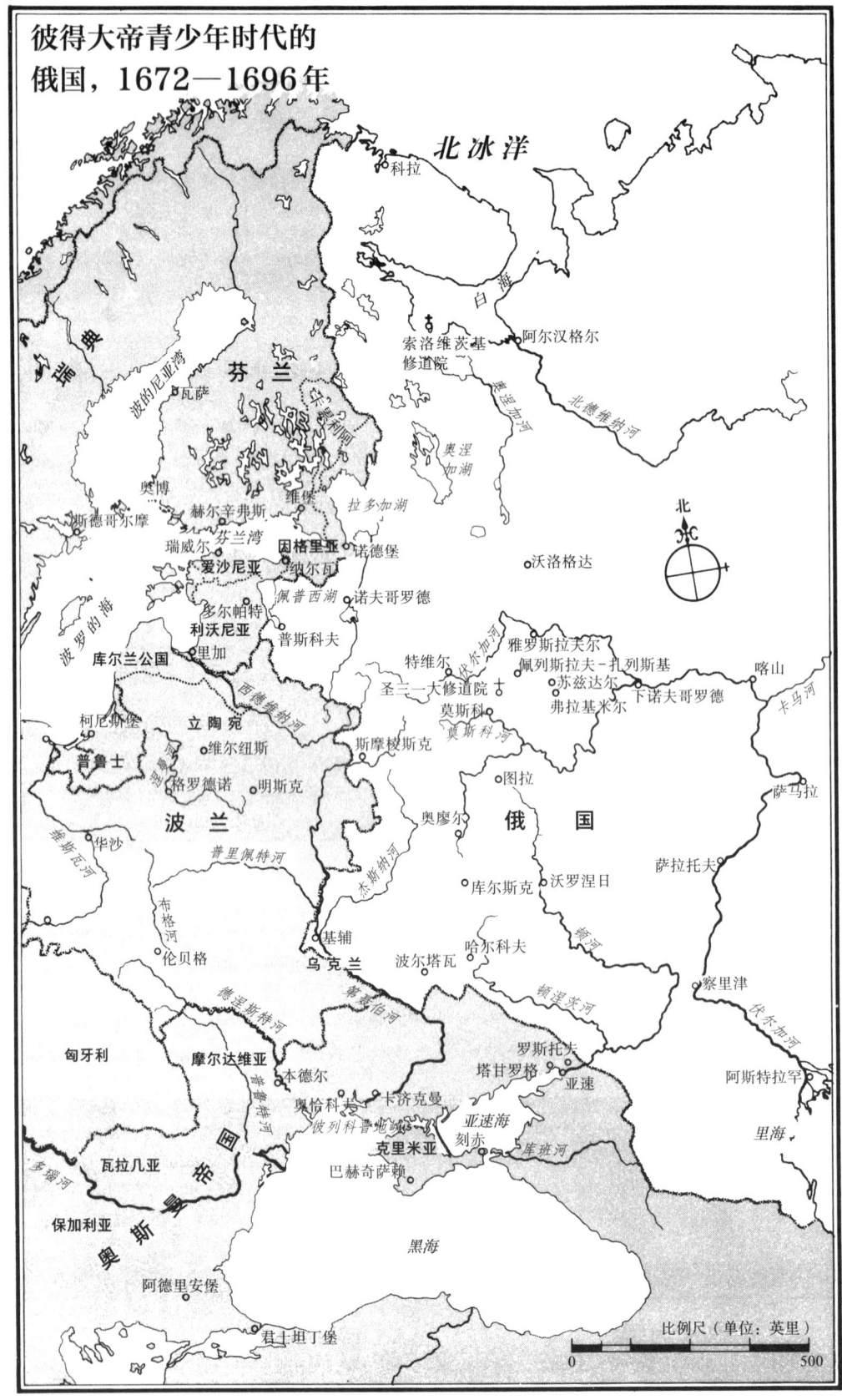

近几年，沙皇阿列克谢才从波兰手中重新夺取了斯摩棱斯克，尽管这座俄国要塞距莫斯科仅有150英里。在统治末期，阿列克谢已从波兰人那里赢回了一份耀眼的战利品：基辅。它既是全体俄国城市之母，也是俄国基督教的发源地。基辅及第聂伯河东、西部的肥沃地区均为哥萨克人的居住地。这些信奉东正教的人原为流浪者、盗匪和亡命之徒，他们从旧俄罗斯沙皇国艰难的生活环境中出逃，组建了非正规的骑兵团队，其后变成了拓荒者，在上乌克兰地区到处建立殖民农场、村庄和城镇。哥萨克聚居区的边界线逐渐向南延伸，但距黑海北岸仍有三四百英里。

哥萨克聚居地和著名的下乌克兰黑土干草原地带之间的区域无人居住。在那里，草长得过高，以至于有人骑马奔驰而过时，只有头和肩膀会从这些草的上方露出来。在阿列克谢时代，这片干草原是克里米亚（Crimean）鞑靼人的猎场和牧场，这些昔日蒙古征服者的后代信奉伊斯兰教，成了奥斯曼苏丹的封臣，他们所定居的村庄或分布于多山的克里米亚半岛斜坡上，或坐落于峭壁之中。每年春天和夏天，他们带着自己的牛马，下到干草原的草场放牧。他们经常用皮带束住自己的弓、箭和弯刀，纵马向北，袭击、劫掠俄罗斯人和乌克兰人的村庄，有时他们会猛攻城镇周边的木栅，将全体居民掳为奴隶。这些频繁的袭击每年为土耳其奴隶市场带来数以千计的俄国奴隶，也为克里姆林宫中的沙皇带来了尴尬和苦恼。但在当时，还没有人能拿出任何对策。事实上，在1382年和1571年，鞑靼人曾两次洗劫、焚烧莫斯科。

在克里姆林宫那巨大的白色城垛以外，在莫斯科那镀金的蓝色洋葱状屋顶和木制建筑以外，分布着一片片田野和森林，这就是真实而永恒的俄罗斯。数百年来，一切都来自森林，来自幽深、肥沃、未经开发的森林，它们延伸开去，浩瀚如海洋。森林中的桦树和冷杉、结着浆果的灌木丛、苔藓和柔软的蕨类植物满足了俄罗斯人的大部分生活所需。取自森林的圆木搭起了俄罗斯人的房屋，取自森林的柴火温暖着俄罗斯人的身躯，取自森林的苔藓填补着俄罗斯人的墙壁，取自森林的树皮鞣成了俄罗斯人的鞋子，取自森林的毛皮制成了俄罗斯人的服装，取自森林的蜂蜡变成了俄罗斯人的蜡烛,取自森林的肉类、甘甜的蜂蜜、野生的浆果和蘑菇为俄罗斯人提供了食材。一年的大部分时光里,丛林中都回荡着斧声。慵懒的夏日里,男人、女人和孩子们在漆黑的树干下寻找着蘑菇,或是拨开高高的花草,采摘野生树莓和红、黑色的醋栗。

俄罗斯人是实行公社制的民族。他们并非独居于幽深的森林里,与狼和熊争夺原始的旷野,而是选择聚居在小村庄里,这些村落或建于林间空地,或坐落于湖泊边缘,或位于水势和缓的河流两岸。俄国是一个由这样的村庄组成的帝国:隐藏在尘土飞扬的道路尽头,四周环绕着牧场和草场,一大堆用圆木搭成的简陋木屋聚在一处,以一座教堂为中心,教堂用自己的洋葱状穹顶收集村民们的祈愿,并将它们一路送往天堂。大部分房屋只有一个房间,没有烟囱;炉子里燃烧的火焰所产生的烟雾竭力从圆木间的缝隙择路而出。结果往往是屋子里的每一件物品和每一个人都被烟尘熏得黑漆漆的。也正因如此,公共浴室在俄国随处可见。就连最小的村子也拥有自己的公共蒸汽澡堂。即便是冬季时节,在澡堂里共浴的男男女女将自己擦洗干净后,也会立刻走出屋外,好让风儿将他们那热乎乎的裸体吹凉、吹干。

俄罗斯农民在打扮自己的时候,首先会梳理胡子和头发,穿上一件垂至腰部的粗布衬衫,并用一根带子扎住。他们的裤子很肥大,裤腿塞进靴子(如果有的话)或是在更为常见的情况下用粗线捆系的布质绑腿里。"他们的头发被剪成齐耳短式,[16] 无论冬夏,都会用一顶皮帽盖住自己的脑袋,"一名西方游客记载道,"他们的胡子并未修剪过……他们的鞋子用树的内皮捆在一起。打受洗起,他们的脖子上就挂着一个十字架,紧挨着他们的钱袋。他们普遍拥有一笔小小的积蓄,即使数目不算太大,也能在他们的嘴里待上好一阵子。因为他们一旦收到一件礼物或是一笔酬劳,就会将它放进嘴里,并一直压在舌头底下。"

世界上没有几个民族能像俄罗斯人这样与大自然和睦相处。他们住在北方,那里的冬天来得很早。进入9月,下午4点时分,光线便暗淡了下来,而冻雨亦开始降下。霜冻到来得很快,初雪在10月便纷纷而下。不久,世间万物便被掩盖在一张雪白的毯子之下:大地、河流、道路、田野、树木和房屋。大自然呈现在我们眼前的不仅有壮丽的景观，还有令人恐惧的全能力量。天地之间变成了茫茫的白色海洋，小丘和洼地坐落其中，如波浪般此起彼伏。在天色灰蒙蒙的日子里，即使瞪大双眼，也很难找到与之相接的地平线所在。在晴朗的日子里，天空呈一片绚丽的蔚蓝色，阳光令人睁不开眼，犹如数百万颗钻石散落在皑皑白雪中，折射着闪亮的光芒。

在度过160个冬日之后，春天的步伐只停留了区区数周。先是河流和湖泊中的冰块碎裂、解体，而后，潺潺的流水、荡漾的波浪重新回到了世界上。在陆上，大地的解冻导致了泥浆产生，人与兽都不得不奋力在浩瀚的泥海中穿行。但肮脏的积雪层每天都在消退，很快，初萌的绿草便出现了。森林和草地披上了绿装，从沉睡中苏醒。兽类、百灵鸟和燕子重新出现。俄国以非同寻常的喜悦之情来迎接春天回归，这在气候更温和的地区难以想象。当温暖的阳光抚摸着牧场的绿草和农民的脊背、面庞时，当白昼以飞快的速度变得越来越长时，当四面八方的土地都开始复苏时，重生和释放的快乐感觉推动人们放声歌唱，欢庆不已。5月的头一天为古老的复活节和丰收节，那一天，人们在林间翩翩起舞，尽情漫游。当年轻人狂欢作乐时，年长者则在感谢上帝，是他让他们能在有生之年再次见识到这种荣耀。

时间的脚步很快从春天来到了夏天。空气中弥漫着滚滚热浪和令人窒息的烟尘，但无垠的天空、平静而缓慢地朝天际延伸的高大丘陵亦自有魅力。一大早的空气是清新的，桦树林或河流沿岸的遮阴处凉爽宜人，入夜则空气温和，暖风习习。在6月，太阳沉到地平线以下的时间仅有几小时，赤红如火的夕阳消失不久，美不胜收、夹杂着玫瑰色和蓝色的嫣红曙光就接踵而至。

俄罗斯是一片冷酷无情的土地，气候环境极为恶劣，但几乎没有旅行者能忘掉它那深刻的吸引力，也没有俄罗斯人在俄罗斯以外的任何地方找到过自己灵魂深处的宁静。

# 2

# 彼得的童年时代

1669年3月，沙皇阿列克谢40岁时，其第一任妻子玛丽亚·米洛斯拉夫斯卡娅（Maria Miloslavskaya）皇后在试图履行她对王朝的基本职责——生下孩子时死去。她的死不仅令丈夫哀痛不已，也给她那人数众多的米洛斯拉夫斯基家族的亲属带去了极大的悲伤，这些人仰仗她与沙皇的夫妻关系，得以在宫廷中掌权。如今，一切都到了头，在他们为自己逝去的姐妹、侄女而流的泪水背后，是一道道关切而忧虑的目光。

令人不安的局面因这个事实而进一步恶化：尽管竭尽全力，玛丽亚仍未能让具有米洛斯拉夫斯基家族血统的儿子继承皇位成为板上钉钉之事。在与阿列克谢21年的婚姻生涯中，比丈夫年长4岁的玛丽亚使尽了浑身解数：在她因分娩第14个孩子而殒命之前，她已有13个孩子——5个男孩和8个女孩出世。玛丽亚的儿子都没有健壮的身体；4个男孩活到了她身后，但其中2人在玛丽亚去世后6个月内就过世了，包括16岁的皇位继承人、以其父的名字为名的阿列克谢。因此在妻子死后，沙皇身边只剩下两个具有米洛斯拉夫斯基家族血统的儿子——不幸的是，这两个男孩的前景堪忧。10岁的费奥多尔（Fedor）意志薄弱，而3岁的伊凡半盲，且有口吃的毛病。倘若他们都死在父亲身前，或在父亲去世后不久也死掉，那么储君之位便空出来了，没人知道谁会加入王位争夺战中。总而言之，除了米洛斯拉夫斯基家族，全俄国的人都盼望阿列克谢能动续弦的心思，并迅速将这一想法付诸实践。

如果沙皇真的准备挑选一位新皇后，他自然会选择一位俄国贵族的女儿，而不是某位门当户对的外国贵族女士。王室之间为增进或保护国家利益而联姻，是17世纪欧洲大部分地区的流行做法，但在俄国，这一做法主,住在离莫斯科很远的塔鲁斯(Tarus)省。为了让自己的女儿能过上高乡绅一等的生活,纳雷什金说服自己的朋友马特维耶夫成为娜塔莉娅的监护人,并让娜塔莉娅在这位大臣的莫斯科住所里长大,其特色是文化和自由氛围。娜塔莉娅从这一机遇中获益匪浅:以俄国女孩的标准而论,她受到了良好的教育,在其养母的关注和协助下,她学会了如何款待、取悦那些男性宾客。

沙皇在场的那天晚上,娜塔莉娅和玛丽·汉密尔顿一同走进房间,端上一杯杯伏特加、一碟碟鱼子酱和熏鱼。阿列克谢凝视着她,注意到她那洋溢着健康气息、神采奕奕、精致动人的面庞,注意到她那双黑色的杏眼,注意到她那安详中夹杂着羞怯的神态举止。当她站在他面前的时候,他朝她发问,而她给出的简短答复既带有尊敬之情,又彬彬有礼,给沙皇留下了深刻的印象。离开马特维耶夫家的那天晚上,沙皇的心情极为愉悦,在道晚安时,他问马特维耶夫,是否正在为这位富有魅力的年轻女子寻觅夫婿。马特维耶夫回答说的确如此,但无论是娜塔莉娅的父亲还是他本人都不富裕,嫁妆将会很寒酸,因而求婚者无疑寥寥无几。阿列克谢表示,世界上还是有那么几个重视女子品质甚于财产的男子,他承诺将帮助自己的大臣找到这样一个人。

不久之后,沙皇问马特维耶夫,这件事有无进展。"陛下,"马特维耶夫答道,"每天都有小伙子来看我这个迷人的被监护人,但似乎没有一个人考虑结婚的事。"[1]

"好,好,那就更好了。"沙皇说,"或许我们可以找到他们以外的人选。我比您走运,已经找到了一位也许能令她满意的绅士。据我了解,他是个非常可敬的人,身上不乏优点,也不需要嫁妆。他喜欢您的被监护人,打算娶她,让她幸福。尽管他尚未表露心迹,但她已经知道这个人了,如果有人向她征求意见,我想她会接受他的。"

马特维耶夫表示,娜塔莉娅自然会接受"陛下推荐"的任何人选。"但是,在她点头同意之前,她可能想要知道这个人是谁。这个要求对我来说似乎再合理不过了。"

"很好,那么,"阿列克谢宣布,"告诉她,这个人就是我,告诉她我遭到憎恶和排斥。俄国血统的沙皇挑选的是俄国血统的配偶，或者说得更具体一些，信奉东正教的沙皇只会选择信奉东正教的皇后。俄国的教会、贵族、商人和大部分平民都害怕看到一位外国贵族女士带着训练有素的天主教神父或新教牧师来到这里，腐蚀纯洁的东正教信仰。这种禁忌在一定程度上令俄国免受同别国交流的影响，与世隔绝，无疑也使那些有可能让女儿当上皇后的俄国贵胄家族彼此间怀有最深的嫉妒之意和争胜之心。

玛丽亚·米洛斯拉夫斯卡娅死后不到1年，阿列克谢就找到了她的接替者。情绪低落、孑然一身的他，晚上经常在密友兼首席大臣阿尔捷蒙·马特维耶夫家中消磨时间，后者是17世纪俄罗斯沙皇国的一位非凡人物。他并非出身于最高贵的波雅尔阶层，而是靠自己的功绩荣升高位。他喜好学术话题，并醉心于西方文化。他经常在家中为那些定居或访问莫斯科的外国人举行招待会，在会上，他明智地向这些人咨询他们祖国的政治、艺术和技术现状。事实上，他就是在近郊的德意志区（位于莫斯科城外，所有外国人都被要求住在那里）找到自己的伴侣的，她叫玛丽·汉密尔顿（Mary Hamilton），其父亲是一名苏格兰保王党人，他在查理一世遭到斩首、克伦威尔（Cromwell）得胜后离开了英国。

在莫斯科，马特维耶夫和妻子的生活方式尽可能地接近17世纪的时髦欧洲人。他们在自家的墙上不光悬挂圣像画，还有油画和镜子；嵌花壁橱内陈列着东方瓷器和自鸣钟。马特维耶夫研究代数，并在自家的实验室中做化学实验，还在自己的小型私人剧院中举办音乐会、表演喜剧和悲剧。对于老派的莫斯科人来说，马特维耶夫之妻的举止惊世骇俗。她身穿西式服装，头戴西式软帽。她拒绝像大多数莫斯科妻子那样，将自己封闭在丈夫住所的楼上，而是自由自在地抛头露面，去见丈夫的宾客，与他们坐在一起用餐，有时甚至加入他们的谈话中。

在其中一个不同寻常的晚上，与众不同的玛丽·汉密尔顿在场的情况下，鳏居的沙皇阿列克谢的目光落到了马特维耶夫家另一位引人注目的女性身上。时年19岁的娜塔莉娅·纳雷什金娜（Natalya Naryshkina）是个身材高挑匀称的年轻姑娘，有着一双黑眼睛和长长的睫毛。她的父亲库里尔·纳雷什金（Kyril Naryshkin）为鞑靼人出身，是个相对默默无闻的地动,如文字游戏、滑稽剧或魔术。"初犯及二次触犯禁令者将遭鞭笞;三犯及四犯者则会被流放边镇。"[2] 但在阿列克谢同娜塔莉娅结婚时,一支管弦乐队在婚宴上演奏,将新颖的西式复调和声与俄式齐声合唱融合在一起。这些声音的混合远远称不上完美,据柯林斯大夫形容,这种刺耳的音调就像"一群聒噪的猫头鹰、一窝寒鸦、一群饿狼和大风天中的7只猪在嚎叫一样"[3]。

接下来,得到皇室赞助的剧院很快出现。为了取悦年轻的新娘,沙皇开始资助剧本创作活动,并下令在克里姆林宫中的一座波雅尔旧宅内修建一座舞台和一个大厅,又在避暑地普列奥布拉任斯科耶修建了第二座。德意志区的路德宗牧师约翰内斯·格雷戈里(Johannes Gregory)受马特维耶夫之托,负责招募演员、编排戏剧。1672年10月17日,第一出戏剧,题材源自《圣经》,此时已完成排练。首演时沙皇和皇后都在场,演员阵容有60人,除了少数几个来自宫中的男孩和小伙儿,其他演员都是外国人。这出戏演了整整一天,沙皇目不转睛地观赏着,一连10小时都没有从座位上起身。接着上演的是4场戏剧和2场芭蕾。

当阿列克谢于1671年秋得知新皇后怀孕的时候,他越发兴高采烈。孩子的父亲和母亲都祈祷着能生个儿子。1672年5月30日凌晨1点,新皇后生下了一个健硕的男孩。这个孩子得到了一个使徒的名字:彼得。这个降生于世的皇家婴儿除了极为健康,还继承了他母亲那对有点儿鞑靼式的黑眼睛和丛生的赤褐色头发,个头也很正常。依照古老的俄式"量身"习俗,彼得的主保圣人形象被画在一块与婴儿身材大小完全一致的木板上,这幅将圣彼得和圣三位一体(Holy Trinity)形象合绘的圣像画,据测量长19.25英寸[①],宽5.25英寸。

当克里姆林广场上伊凡大帝钟楼内的大钟用浑厚有力的声音宣告新皇子诞生时,莫斯科一片欢腾。信使匆匆策马将消息带往俄国其他市镇,特使则被派往欧洲。架在克里姆林宫白色城墙上的礼炮一连轰鸣了3天,与此同时,城内1600座教堂的钟不断发出洪亮的响声。

---

① 1英寸约合2.5厘米。——编者注

这个新生子令阿列克谢欣喜若狂，他亲自安排在圣母升天大教堂公开举行的感恩活动的每一个细节。接下来，阿列克谢为娜塔莉娅的父亲库里尔·纳雷什金和她的养父马特维耶夫加官晋爵，然后，他亲手从托盘里端起一杯杯伏特加和果酒，递给宾客。

这个叫彼得的婴儿在4周大的时候受洗，那一天是6月29日，东正教教历上的圣彼得节。这个孩子被放在带滚轮的摇篮内，顺着一条洒上圣水的小道推进教堂，皇后的长兄费奥多尔·纳雷什金（Fedor Naryshkin）将孩子抱进洗礼盆内，由阿列克谢的私人告解神父施洗。翌日举办了一场皇家宴席，款待由波雅尔、商人和其他莫斯科市民组成的代表团，这些人带着贺礼涌入克里姆林宫。餐桌上装饰着巨大的糖块，雕成鹰、天鹅和其他鸟类的样子，比真实尺寸还大。甚至有一尊精心雕琢的克里姆林宫模型，附有一个个来来往往的小小人像。在位于宴会厅上方的私人住所内，皇后娜塔莉娅为波雅尔的妻女单独举办了一场招待会，在来宾离去时将一盘盘糖果递给她们。

不久之后，一应庆祝活动的主角在小小的皇家私仆队伍的前呼后拥下，被带到了属于自己的套房内。他身边有一名女家庭教师、一名奶妈——"一个优秀、整洁，有着甜美而卫生的奶水的妇女"[4]和一群侏儒（他们受过相关特训，扮演的是皇家儿童的仆人和玩伴的角色）。彼得2岁时，他和如今已扩大到包含14名女侍官的随从队伍搬到克里姆林宫中一个富丽堂皇的房间里，房间的墙壁上挂着深红色的织品，家具上套着猩红色的软垫、绣有金色和群青色的纹样。彼得的衣服——小小的卡夫坦、衬衣、马甲、长袜和帽子以丝绸、缎子和天鹅绒剪裁而成，带有金银线刺绣，纽扣是用珍珠和祖母绿做成的，流苏也是一串串的这两种宝石。

溺爱孩子的母亲、自豪的父亲和高高兴兴的马特维耶夫争相在给孩子的礼物上一掷千金，彼得的保育室里很快堆满了精致的模型和玩具。保育室的一个角落里立着一匹精雕细刻的木马，上面有一具缀满银钉的鞍鞯和一只用祖母绿装饰的马勒。靠窗的桌子上搁着一本灿烂的图画书，它是由6位圣像画画家精心绘制的。几只音乐盒和一架小小的、带有铜制琴弦的精致翼琴购自德意志。但彼得钟爱的玩具和最早的游戏均属军事类。他喜欢把铙钹和鼓敲得咣咣作响。玩具士兵、要塞和长矛、剑、火绳钩枪和手铳模型铺满了他的桌子、椅子和地板。彼得一直将自己最为珍爱的玩具——一艘船的模型放置在床边,它是马特维耶夫从一个外国人手里买来送给彼得的。

聪明、活泼、吵闹的彼得成长得很快。大多数孩子在1岁左右才会走路,而彼得7个月大时就会了。他父亲喜欢在游览莫斯科周边地区和前往首都外围的皇家别墅时,将这位健健康康的小皇子带在身边。有时他会前往普列奥布拉任斯科耶,马特维耶夫在这个非正式的度假地修建了一座夏日剧院——这片位于亚乌扎河河岸上、在德意志区另一边的静谧之地是娜塔莉娅的最爱。但彼得更多时候会被带往阿列谢在位时期的建筑奇迹——位于卡罗缅斯科耶(Kolomenskoe)的巨型宫殿。

这座巨大的建筑完全以木头搭建而成,当时的俄国人将它视为世界第八大奇迹。它屹立在一座俯瞰着莫斯科河拐弯处的峭壁上,是异国风情的杂乱组合:覆盖木瓦的洋葱状穹顶、帐篷状的屋顶、陡峭的锥形塔楼、马蹄铁状的拱门、前厅、格子状的楼梯、阳台,以及走廊、拱廊、庭院和入口。一座带有两座尖顶塔楼的独立三层建筑被当作彼得及其同父异母的哥哥伊凡的私人居所。尽管从外观上看,这座宫殿似乎是按照旧的俄式百衲被风格来修建的,但它也拥有众多现代特征。宫中不仅有供皇室成员使用的浴室,也有供仆役使用的浴室〔大约在同一时期建成的凡尔赛宫(Versailles)内既没有浴室,也没有厕所〕。卡罗缅斯科耶宫的木墙上开有3000个装着云母板的窗口,光线因而得以射入270个按现代世俗风格装修的房间内。色彩鲜明的油画装点着天花板、镜子和悬挂在墙上的天鹅绒窗帘,中间点缀着尤利乌斯·恺撒和亚历山大大帝的画像。银制的王座上布满了珠宝,这个王座是阿列克谢从访客那里收到的,它的两侧放置着两只巨大的青铜狮子。当沙皇推动一根操纵杆的时候,这些内置机械装置的野兽眼珠便会转动,嘴巴会张开,喉咙中会发出嘶哑而刺耳的吼声。①

比起克里姆林宫,娜塔莉娅更喜欢在这些郊区宫殿时没有那么多正经

---

① 1771年,在落成整整100年后,这座雄伟的木制宫殿被叶卡捷琳娜大帝拆毁。

规矩的日常生活。皇后讨厌自己那辆封闭式马车内的憋闷空气，因而将帷幕在大庭广众之下掀起，驾着马车在乡村地区来回穿梭，甚至曾与丈夫和孩子一道，乘着一辆敞篷马车在全国性游行队伍中穿行。为了能让娜塔莉娅更方便地观看，阿列克谢在卡罗缅斯科耶而非克里姆林宫接见外国大使。1675年，在精心安排下，抵俄的奥地利使节的队伍在经过皇后座位旁的窗户时放慢了步伐，这样娜塔莉娅就能有更为充裕的时间进行观察。这位使节在等待沙皇接见时，瞥见了彼得，"门突然打开，彼得，这个满头卷发的3岁男孩牵着母亲的手，有片刻出现在人们眼前"。[5]

这一年晚些时候，彼得频频在公共场合现身。阿列克谢已订购了数辆大型镀金宫廷马车，它们是当时其他欧洲君主的用品。马特维耶夫很清楚该如何讨好彼得，于是买下了其中一辆马车的微型复制品，将它送给了彼得。这辆小小的马车——"内嵌金饰，由4匹矮种马拉着：4名侏儒在一侧策马前行，另有1名在马车后方"，成了国事场合的焦点[6]。

阿列克谢与娜塔莉娅·纳雷什金娜结婚5年后，第二个宝宝呱呱坠地，并活了下来，她按照母亲的名字，被命名为娜塔莉娅。第三个孩子也是女孩，出世后夭亡。在宫中，人们已经明显感受到这桩婚姻带来的影响。阿列克谢执政前期带有简朴禁欲色彩、具有强烈宗教特征的风气已为更加轻松的新思想所取代，西式观念、娱乐和技术更容易被接纳，但受到最大影响的还是沙皇本人。与年轻妻子的婚姻令他重新焕发了生机，给他带来了快乐。生命中的最后几年是他最为幸福的时光。

天有不测风云，彼得仅仅3岁半的时候，平静的童年生活分崩离析。1676年1月的主显节，时年47岁、身体康健、活力十足的沙皇阿列克谢参加了一年一度的莫斯科河祈福仪式。由于在漫长的仪式中一直站在冰冷刺骨的冬季空气里，沙皇受了风寒。几天后，在一场戏剧上演到一半时，沙皇离开克里姆林宫剧院，卧床不起。起先，病情似乎并无大碍。然而，情况持续恶化，10天后的2月8日，沙皇阿列克谢驾崩。

彼得的世界瞬间改变。过去他一直是对母亲宠爱有加的父亲所钟爱的小儿子，如今他成了亡父第二任妻子所生的可能成为祸端的小崽子。继承皇位的是15岁的费奥多尔，他是玛丽亚·米洛斯拉夫斯卡娅幸存于世的儿子中年纪最大的一个，是个半残废。尽管费奥多尔从未健全过，但阿列克谢还是在1674年正式宣布他已成年，承认他为自己的继承人，并这样将他介绍给臣民和外国使节。这一做法在当时看来似乎只是个形式而已。费奥多尔的健康状况极差，阿列克谢却神采奕奕，几乎没有人认为这个体弱多病的儿子能活到继承他那精力旺盛的父亲的皇位的那一天。

但现在，这一切已经成了事实：费奥多尔成了沙皇，举足轻重的权力钟摆已经从纳雷什金家族手中重新回到米洛斯拉夫斯基家族手中。尽管腿肿胀得极为厉害，以至于不得不被人背着参加自己的加冕礼，但费奥多尔还是毫无争议地戴上了皇冠。米洛斯拉夫斯基家族的成员如潮水般涌来，得意扬扬地回到了他们的位置上。费奥多尔本人倒是对继母娜塔莉娅和年幼的异母弟弟彼得毫无敌意，但他只有15岁，完全无法同本族亲戚的力量对抗。

这个家族的首要人物是费奥多尔的舅舅伊凡·米洛斯拉夫斯基（Ivan Miloslavsky），他匆匆从阿斯特拉罕省长任上赶回，取代了马特维耶夫的首席大臣职位。在预料之中的是，身为纳雷什金一派真正领袖的马特维耶夫将被赶到毫无实权的位置上。这是权力钟摆发生动荡时附带的一贯结果，是对米洛斯拉夫斯基家族被调往阿斯特拉罕的补偿。娜塔莉娅皇后对此难过不已，但当她的养父被勒令前往西伯利亚，担任那片庞大领土西北部省份下图里耶（Verkoture）省长的时候，她只能认命。但当她得知这则消息时，她又惊又怕：马特维耶夫在前往自己的新岗位途中被追上，来者带来了伊凡·米洛斯拉夫斯基的一道新指令：马特维耶夫被逮捕，全部财产遭到没收，他本人则成为北极圈以北一个偏远小镇普斯托泽尔斯克（Pustozersk）的一名政治犯。（事实上，伊凡·米洛斯拉夫斯基出于对这位强大政敌的恐惧，做得更绝：他试图判处马特维耶夫死刑，指控他盗窃国库财产、使用巫术甚至企图毒害沙皇阿列克谢。伊凡·米洛斯拉夫斯基对年轻的费奥多尔施加了极大压力，但沙皇驳回了死刑裁决，米洛斯拉夫斯基家族只得将马特维耶夫下狱了事。）

失去了最强有力的后盾，其他支持者又被剥夺了官衔，娜塔莉娅和她的两个孩子从公众的视野中消失了。起初，娜塔莉娅对孩子的人身安全担忧不已；她的儿子，3岁半的彼得依然是纳雷什金派未来的希望。但随着时间的推移，皇后渐渐松了口气；皇子的生命仍是神圣不可侵犯的，而沙皇费奥多尔对自己新遭不幸的亲戚所表达的只有同情和友好。这些人仍然生活在克里姆林宫，隐居在自己的私室内。彼得就是在那里开始接受教育的。在当时的俄罗斯沙皇国，大多数人都是文盲，连绅士和神职人员阶层也不例外。在贵族阶层，教育几乎仅限于读、写和学习少许历史、地理知识。掌握语法、数学和外语知识的只有宗教学者，他们需要这些工具来研究神学。沙皇阿列克谢的两个孩子——费奥多尔与其姐索菲亚公主却是例外，他们被交到来自基辅的著名神学家手中，接受过系统的古典教育，因而能讲一个真正受过教育的17世纪莫斯科人会讲的外语——拉丁语和波兰语。

彼得所接受的教育起初平淡无奇。3岁那年，父亲还在世的时候，他得到了一本识字课本，开始学习字母表。当他5岁时，沙皇费奥多尔（他是彼得的教父，也是其同父异母的哥哥）对娜塔莉娅说："夫人，是时候让我们的教子开始上课了。"[7]在税收部门工作的办事员尼基塔·佐托夫（Nikita Zotov）被选为彼得的家庭教师。佐托夫是个和蔼可亲、有一定文学造诣的人，精通《圣经》，但并不是学者，这一任命令他手足无措。战栗不已的他被带去皇后那里，皇后将彼得带在身边，迎接了他。"您是个通晓《圣经》的人才，"[8]她说，"我把我唯一的儿子托付给您。"于是佐托夫匍匐于地，潸然泪下。"圣母啊，"他哭道，"我不配照管这么一件珍宝！"皇后轻轻将他扶起，告诉他，彼得的课程将于第二天开始。为了鼓励佐托夫，沙皇送给他一套房间，并将他提升为小贵族，皇后送给他两套新衣服，牧首则赠给他100卢布。

翌日，在沙皇和牧首到场观看的情况下，佐托夫给彼得上了第一堂课。崭新的课本上洒了圣水，佐托夫朝他的小弟子深鞠一躬后，课程便开始了。佐托夫首先教习字母，随着时间推移，他继续讲解祈祷书和《圣经》中的内容。《圣经》中的长长段落，就这样在反复讲述下被灌输进了彼得的早年记忆，并永远保留其中。40年后，他可以凭借记忆将它们背诵出来。他被教导着咏唱气势恢宏的俄式唱诗班连祷，而这方面的天赋令他乐在其中。后来那些年，在俄国各地旅行的时候，彼得经常出席乡村教堂的圣歌咏唱。在这种场合，他会迈着大步径直走向唱诗班，用雄壮有力的嗓音跟唱。

佐托夫的任务只是教彼得读写，但他发现自己的学生渴望学到更多的知识。彼得时常催促佐托夫给他讲述更多关于俄国历史、战役和英雄的故事。当佐托夫向娜塔莉娅提起这个男孩的求知热情时，她委托军械所的镌版高手制作了一本本彩绘的画册，它们描绘了外国的城市、宫殿、帆船、武器和历史事件。佐托夫将这套丛书放在彼得的房间里，如此一来，当这个男孩对常规课程感到厌倦时，他就可以把这些书拿出来观赏、讨论。西欧国家送给沙皇阿列克谢的有一人多高的巨大地球仪被送往教室，供彼得学习之用。它对欧洲和非洲地形的勾画极为精确，对北美东海岸细节的展示同样如此——切萨皮克湾（Chesapeake Bay）、长岛和科德角（Cape Cod）在地图上的位置均分毫不差。但再往西，线条就变得不那么准确了。例如，加利福尼亚（California）被画成与北美大陆其他部分不相连的样子。

在教学过程中，佐托夫赢得了彼得的深深爱戴，因此，终佐托夫一生，彼得都与他保持着亲密关系。有人批评佐托夫，说他没有给自己的学生良好的教育，无法让这个男孩拥有成为沙皇的必备素质，然而在佐托夫给彼得上课时，彼得的继承顺位还排在他的两个异母哥哥费奥多尔和伊凡之后。彼得的教育尽管在质量上要逊于费奥多尔和索菲亚所接受的严格的古典式教学，却远远超过了俄国贵族的平均水准。最重要的是，佐托夫的教育方式对像彼得这样心智的孩子而言可能是最适合的。彼得并非学者，其思想却异常开明，求知欲也异常强，佐托夫激发了他的这种求知欲，这一点恐怕没有人能做得比他更好。尽管看起来很不可思议，但这位未来将成为一国之君的皇子在成年后，其知识大多自学而来。自打童年时代，他就选好了自己想学的东西。造就彼得大帝的模子既不出自他的双亲，也不出自哪位家庭教师或辅导者，而是出自彼得自己的双手。

往来于克里姆林宫和卡罗缅斯科耶的教室和游乐场之间,彼得平静地度过了费奥多尔统治的6年(1676—1682年)时光。费奥多尔看上去与父亲十分相像——温文尔雅、为人宽厚、相当睿智,且一直在接受当时最具权威的学者的教育。不幸的是,疑似坏血病的症状经常迫使他以仰卧的姿态处理国事。

尽管如此,费奥多尔还是实行了一次重大改革,废除了中世纪的等级优先制度,这一制度令公共行政部门不堪重负。这一制度规定,贵族只能依据自己的位阶在衙门或军队里获得官职。为了证明自己的位阶,每个波雅尔都小心翼翼地守护着本族的族谱,争吵没完没了。将人才安置在关键岗位上成了不可能的事,因为其他人会以自己位阶更高为由,拒绝处于这些人之下。这一制度不配被奉为圭臬,到了17世纪,为了调动一支部队,沙皇不得不暂时将该制度抛到一边,宣布在战争期间,军队指挥的职务将在"无人拥有优先权"的情况下加以分配。

费奥多尔打算把这些临时措施变成永久性的制度。他任命了一个委员会,向他们提出永久废除等级优先制度的建议;当时,他召集了一次由波雅尔和神职人员组成的特别会议,并亲自极力劝说他们为了国家的福祉而废除这一制度。牧首积极支持他。波雅尔们对放弃神圣不可侵犯的等级特权这一做法抱有疑惧和抵触情绪,很不情愿地同意了。费奥多尔下令收缴所有家族档案、官员名册和一切与之前的特权、位阶有关的东西。在沙皇、牧首和与会人员的注视下,这类文件一捆捆地被带进克里姆林宫的庭院内,投入熊熊火焰之中。费奥多尔下诏:从今以后,官职和权力将按照每个人的功勋,而不是出身来分配。这一原则在日后将成为彼得所建立的军事及民事管理体系的基础。(讽刺的是,许多波雅尔眼看着自己的古老特权灰飞烟灭,在默默诅咒着费奥多尔和米洛斯拉夫斯基家族的同时,认为年轻的彼得可能是旧制度的拯救者。)

尽管在短暂的一生中有过两次婚姻,费奥多尔还是无嗣而终。他的第一任妻子在分娩时撒手人寰,仅过了几天,初生的儿子也夭折了。这个婴儿的死和费奥多尔每况愈下的健康令米洛斯拉夫斯基家族更加不安,他们敦促费奥多尔再婚。尽管医生警告说,结婚可能会要了费奥多尔的命,但沙皇还是同意了，因为他已经爱上了一个美丽活泼的14岁少女。玛尔法·阿普拉克辛娜（Martha Apraxina）并非米洛斯拉夫斯基家族的选择。正相反，她是马特维耶夫的教女，作为结婚条件，她要求赦免这位身陷囹圄的政治家，并发还他的财产。费奥多尔同意了，但在教父抵达莫斯科并当面向新娘道喜之前，沙皇就在举行婚礼两个半月后故去了。

自打米哈伊尔·罗曼诺夫于1613年登基，每位沙皇的继承人都是其尚在人世的儿子中最为年长的一位：继承米哈伊尔之位的是阿列克谢——还活着的米哈伊尔之子中岁数最大者。而阿列克谢之位由在世诸子中最为年长的费奥多尔继承。在上述例子中，每一位沙皇都要在去世前正式将这位长子带到人们面前，正式指定他为皇位继承人。但如今，费奥多尔既没有留下一个儿子，也没有指定一位继承人便驾崩了。

两名在世的候补者是费奥多尔16岁的同母弟弟伊凡和10岁的异母弟弟彼得。正常情况下，比彼得年长6岁且为阿列克谢首任妻子所生的伊凡将是无可争议的人选。但伊凡双目近乎失明，腿有残疾，口齿也不清晰，彼得却活泼、热情，个头也比同龄人高。更重要的是，波雅尔们清楚：无论哪个男孩登上皇位，实权都将掌握在摄政者手里。到目前为止，他们大多反对伊凡·米洛斯拉夫斯基，而倒向马特维耶夫，倘若彼得成为沙皇，皇后娜塔莉娅将是名义上的摄政者，实权则将为马特维耶夫所掌握。

这一决定是在波雅尔们刚刚参加过沙皇费奥多尔的最终告别仪式时做出的。波雅尔们一个接一个地经过停放沙皇遗体的灵床，停下来亲吻他那冰冷、苍白的手。此时牧首约阿西姆（Joachim）和手下的主教们走进了挤满人群的房间，约阿西姆正式发问："两位皇子中的哪一位应成为沙皇？"[9] 争论随之开始：一些人支持米洛斯拉夫斯基家族，说伊凡最具资格；其他人则坚持认为再让一个躺在病床上的人统治国家是不切实际的，也是愚蠢的。讨论越发白热化，最终，一片吵吵嚷嚷声中爆出一声清晰可闻的呼喊："让人民来决定吧！"

理论上，"让人民决定"意味着沙皇应由Zemsky Sobor（意为"国民大会"）——来自俄罗斯沙皇国各地的贵族、商人和市民组成的会议来推选。1613年召开的国民大会说服了罗曼诺夫家族的首任沙皇——16岁的米哈伊尔接受皇位，阿列克谢的继承权也是由国民大会批准的。但这样的集会是无法在几周之内召集起来的。因而，此时的"人民"指的是聚集在宫殿窗外的莫斯科民众。

伊凡大帝钟楼的大钟响了，牧首、主教和波雅尔们走向大教堂广场（Cathedral Square）上方红梯（Red Staircase）顶端的门廊。远望着下方的人群，牧首大声道："沙皇费奥多尔·阿列克谢耶维奇蒙主恩召了，愿他的灵魂安息，他没有留下一个子嗣，但有两个弟弟——伊凡·阿列克谢耶维奇皇子和彼得·阿列克谢耶维奇皇子。你们想要把皇位交给哪一位？"山呼海啸般的喊声响起："彼得·阿列克谢耶维奇。"也有几个声音在高呼"伊凡·阿列克谢耶维奇"。但高呼彼得名字的声浪越来越响，盖过了其他声音。牧首向人群表示感谢并赐福。人选就此确定。

在宫殿内，新当选的10岁皇帝已经在等待了。他那圆圆的棕褐色面庞为短短的卷发所覆盖，晒成棕色的脸上嵌着一对又黑又大的眼睛和厚厚的嘴唇，右脸颊上生着一颗疣子。当牧首向他走来并开始和他说话时，他自觉地羞红了脸。这名教士正式通知他，沙皇去世了，他当选为新沙皇。末了，牧首说："以全体东正教信徒的名义，我恳请您当我们的沙皇。"彼得最初拒绝，说他还太小，而他的哥哥更能胜任统治者一职。牧首坚持己见，说："陛下，我们请求的不是您的拒绝。"彼得沉默了，他的脸更红了。几分钟后，房间里的人们渐渐明白：彼得的沉默意味着他同意了。

危机已过。彼得成了沙皇，他的母亲成了摄政者，而马特维耶夫成了掌权者。当这个乱哄哄的日子结束的时候，所有在场的人都这么想，但他们忽视了索菲亚公主的存在。

# 3

# "有着惊人智慧的少女"

典型的俄罗斯女性是不存在的。俄罗斯血统是斯拉夫、鞑靼、波罗的海和其他民族的混合。理论上，俄罗斯女子或许是白皙、清秀、有着一头浅栗色秀发的样子。一过少女时代，她们便开始发福。部分原因在于俄罗斯男人喜欢拥有丰满胸部的壮硕女性，另一部分原因则在于她们的身材并未经过紧身胸衣的塑造，而是依照大自然的意志生长。见惯了凡尔赛宫、圣詹姆斯宫（St. James's）和霍夫堡宫（Hofburg）的紧身围腰的西方访客，觉得俄罗斯女子简直是虎背熊腰。

她们对展现自身美丽并非毫无兴趣。她们穿着长长的萨拉凡，它们飘逸、艳丽，上面绣有金线。倘若不在手腕处用一只闪闪发亮的镯子将鼓鼓的衣袖套住，它们就会由肩部向外张开，遮住双手。罩在萨拉凡外面的长袍由天鹅绒、塔夫绸或锦缎制成。少女将她们的头发织成一根长辫子，用花环或缎带束起来。已婚妇女从来不会光着头。在屋里时，她们戴着一顶布头巾；外出时，她们会戴上一顶方头巾或一顶华丽的皮帽。她们把脸蛋涂成红色，好让自己看上去更加美丽，还会在不超出丈夫经济承受能力范围的情况下，给自己戴上最漂亮的耳环和最贵重的戒指。

不幸的是，妇女的身份越尊贵、服饰越华丽，抛头露面的可能性就越低。俄罗斯沙皇国的女性观念源自拜占庭，中世纪西欧的那些富于浪漫主义色彩的豪侠、骑士精神及情爱思想在这里找不到任何市场。相反，在俄罗斯沙皇国的女性观念中，女人被看作呆笨、无助的孩子，缺乏理智、没有道德责任感，只要有哪怕一点儿机会，她们就会凭着一腔热情胡作非为。这种刻板的思想认为，邪恶的因子潜伏在每一个小姑娘体内，影响着她们的幼年。上流家庭从不允许性别不同的孩子在一起玩耍——为的是不让男孩受到玷污。随着年龄的增长,女孩同样有受到玷污的可能。少男与少女之间连最单纯的接触也是不允许的。相反,在保护她们贞洁的同时,还要教会她们祈祷、顺从和些许实用技能,如刺绣等,女儿们被锁在深闺之中。有一首歌谣说她们"坐在三十重上了锁的门后面,这样风儿就不会吹乱她们的头发,太阳也不会晒伤她们的脸颊,帅小伙儿也没法把她们拐走了"。她们就这样等待着,一无所知、纯如白纸般地等待着,直到命运将她们推到自己丈夫手中的那一天。

一般而言,一个女孩会在完全成年的时候结婚,直到这桩婚姻的所有主要当事人——她的父亲、新郎和新郎的父亲最终敲定婚事,她与新郎都不曾见过面。协商过程可能会很长,其中牵涉一些关键问题,如嫁妆的多寡、新娘是否为真正的处子之身等。倘若日后在未必是个中老手的年轻新郎看来,这个女孩曾有过性经验,他就会要求取消婚事,并退还嫁妆。这将意味着一连串棘手的官司,因而最好在婚前就把问题调查清楚,并完全确定下来。

当一切都谈妥的时候,年轻的未婚妻脸上覆着亚麻布面纱,在其父在场的情况下,被召来介绍给她未来的丈夫。当爹的挥舞着一根小小的鞭子,一边轻轻抽打着自己女儿的背部,一边说:"我的女儿,你的生活起居一直受到父亲的管束,这是你最后一次接受我的规劝了。如今你不再受我管了,但要记着:我管不了你,不等于别人也管不了你。如果你没有尽到对你丈夫应尽的义务,他会替我用这根鞭子管教你。"[1] 于是,新娘的父亲就把鞭子交给新郎,后者按照习俗,豪爽地宣称"相信我根本用不上这根鞭子"。即便如此,他还是接受了岳父的这份赠礼,并把它系在自己的腰带上。

婚礼前夜,新娘会被自己的母亲带到新郎家里,一并带去的还有嫁妆和婚床。第二天早上,她蒙着厚厚的面纱出现在婚礼仪式上,双方先是交换戒指作为忠诚的誓言,接着新娘拜倒在丈夫的脚下,用自己的额头触碰新郎的鞋子,摆出一副从属的姿态。当妻子匍匐在自己身下的地板上时,新郎会仁慈地用自己的外套褶边为她遮挡,并承认自己有义务扶持、保护这个恭顺的人儿。然后,当宾客们开始宴饮的时候,这对新人直接走向婚床。他们将得到两小时,那之后洞房大门猛地敞开,宾客们围拢过来,询问新郎是否已确认其妻为处子之身。如果答案是肯定的,恭贺声将雨点般地落在新婚夫妇的头上,这对新人将被领去泡上一个芬芳扑鼻的药水澡,而后前往婚礼大厅,参加酒宴。如果答案是否定的,则在场的每个人都将烦恼不已,但新娘将最受困扰。

一结婚,新妇便要扮演起自己在夫家的角色——一件有生命的家庭动产,在没有经过丈夫同意前,她没有任何权利。她的职责是操持家务、服侍丈夫、生儿育女。足够能干的话,她将以女主人的身份指挥用人;能力不足的话,在主人不在家的时候,家事将由用人负责打理,一切都无须征求她的同意,也没有告知她的义务。当她的丈夫接待重要宾客的时候,她获许在正餐前现身,露面时她身穿最好的正装长袍,手托银盘,上面放着一只用于待客的杯子。她站在客人的面前,鞠上一躬,递上杯子,把脸伸过去,让客人来个基督徒式的亲吻,而后默默无言地退下。当她生产后,那些心怀敬畏或是有事相求的人就会前来恭贺她的丈夫,并送上一个金卢布作为赠给新生儿的礼物。如果贺礼堆积如山,当丈夫的就有充分的理由对自己能干的妻子感到满意。

丈夫对妻子感到不满意的话,他自有法子来改变这一情形。大多数情况下,他只需使用一种温和的纠正手段:动手打。《家庭法度》(*Domostroy*),一本可追溯至1556年、出自一位名叫西尔维斯特(Sylvester)的僧侣之手的书,为俄罗斯沙皇国的一家之主们提供了关于诸多家事的具体建议,内容涵盖了如何保藏蘑菇到惩戒妻子的办法。在后一个问题上,该书建议:"不听话的妻子应该用鞭子狠狠地抽,然而不应在生气时这样做。"即便她是一个贤内助,丈夫也应"不时地用鞭子"来教育她,[2]"但力度要恰到好处,并且必须在私下里以优雅的方式实施,避免拳头在她们身上留下印痕"。下层阶级的俄罗斯男人只要有一丁点儿借口就会殴打老婆。"这个野蛮民族中的一些人会把他们的老婆用她们的头发绑起来,把她们扒得一丝不挂,然后用鞭子抽。"[3] 柯林斯大夫写道。有时女人被打得太狠,以至于命丧黄泉;而后,丈夫便恢复了自由身,可以另娶他人。不可避免的是,一些妻子所遭受的折磨超出了忍耐限度,动手还击,致使她们的丈夫一命呜呼。这样的事情是很罕见的，因为阿列克谢在执政前期颁布了一项新的法令，严惩此类罪行：犯有弑夫罪的妻子将被活埋，仅有头部露出地面，就这样等死。

在严重的情况下，如妻子对她因为一些鸡毛蒜皮的小事就挨打的不满情绪达到了绝望的程度，或是丈夫找到了另一个更中意的女人，解决问题的方式是离婚。为了离婚，信奉东正教的丈夫会不顾妻子愿意与否，将她朝修道院一丢了事。在那里，她的头发被剪去，穿上一件带有宽大袖子和遮头风兜的长长黑袍。在世俗的眼光看来，她已经是个死人了，因为她的余生都将与这群修道院的女人一起度过。她们中的一些是年轻姑娘，贪婪的兄弟和亲属不想与她分享财产或为她支付嫁妆，在这些人的压力下，她们被迫放弃了自己的一生。还有一些则已嫁为人妇，进入修道院的原因仅仅是从家中出逃，怎么也不愿回到丈夫身边而已。

一旦妻子"死去"，丈夫便可自由再娶，但这一自由并非毫无限制。东正教允许一个男人当两次鳏夫，或离两次婚，第三次婚姻则必须是最后一次。因此，一个曾对前两任老婆滥用暴力的丈夫很可能会对自己的第三任妻子呵护有加；倘若她死掉或离家出走，他就再也无法娶妻了。

对妇女的孤立，以及丈夫对妻子的轻视，给17世纪的俄罗斯男人带来了糟糕的影响。家庭氛围令人窒息，智识生活陷入停滞，粗俗之风大行其道。被剥夺了与妇女交往机会的男人除了酗酒，找不到别的事干。例外情况是存在的。在一些家庭里，聪颖的女子尽管身居幕后，却扮演起了家中的关键角色；少数情况下，强悍的妇人甚至能驾驭她那虚弱无能的丈夫。讽刺的是，妇女的社会地位越低，获得平等权利的机会就越高。在生活就是纯粹为了生存而奋斗的下层社会，女子是不能被丢到一边并视为无用的孩子的；她们的头脑和力量不可或缺。她们遭受歧视，但她们同男人生活在一起。她们和男人一起洗澡，与男人一道全裸着在大雪中奔跑，放声大笑。漫漫冬夜里，她们会加入男人的宴饮队伍中，围着火炉开怀畅饮，挤在一起，任由随便哪一个挨着她们的人拥抱自己，笑着，叫着，最后在醉醺醺的谈话中沉沉睡去。即使她丈夫是个残忍无情的人，也曾和蔼可亲过。即使他动手打她，她也能再一次原谅他。"是的，他打我了，但特·梅德韦杰夫（Sylvester Medvedev）一道教自己的学生神学、拉丁文、波兰文和历史。索菲亚熟练地掌握了诗歌和戏剧，甚至出演宗教剧。梅德韦杰夫的看法与波洛茨基一致：这位公主是一个有着"惊人理解、判断能力"的学生。

索菲亚19岁那年，父亲去世了，她那15岁的弟弟变成了沙皇费奥多尔三世。费奥多尔登基后不久，居于幽暗的特蕾姆的公主开始崭露头角。在费奥多尔统治时期，索菲亚愈来愈频繁地出现在到那时为止完全未有女性涉足的场合。她出席波雅尔顾问班子的会议。她的舅舅伊凡·米洛斯拉夫斯基和重臣瓦西里·戈利岑（Vasily Golitsyn）公爵让她参加他们的会谈和决议。这样一来，她的政治观点变得更加成熟，也学会了如何判断一个人的性格。她逐渐意识到自己的才智和意志力并不亚于（甚至要强于）身边那些男人，除了她的性别和俄罗斯沙皇国颠扑不破的传统——专制权力要掌握在男性手中，没有任何理由能妨碍她夺取最高权力。

在费奥多尔生命中的最后几周，索菲亚一直待在榻边，扮演着慰问者、知心朋友和消息传递者的角色，她已深深地参与国家事务。费奥多尔的死和突然登基的是异母弟弟彼得而非同母弟弟伊凡一事，对于索菲亚而言是沉重的打击。她真真切切地为费奥多尔哀悼了一番，他既是她的弟弟，也一直是她的同学和朋友。此外，纳雷什金家族成员重新在朝中掌权的前景意味着，她这个身具米洛斯拉夫斯基家族血统的公主所享有的特权统统到了头。她无疑不能再像过去那样频繁地与诸如瓦西里·戈利岑公爵这样的高官接触，后者已成了她的钦佩对象。更糟糕的是，由于她和新摄政者太后娜塔莉娅互无好感，她甚至可能会被送回特蕾姆去。

绝望中的索菲亚试图另寻他策。她火速赶往牧首处，对彼得迅速被推选为帝一事大发牢骚。"这次选举是不公正的，"她抗议道，"彼得年幼、冲动，而伊凡已经成年，他应当成为沙皇。"[5] 约阿西姆声明这一决定无法变更。"但至少让彼得和伊凡共同执政吧！"索菲亚乞求道。"不行，"牧首裁决道，"共治的后果是毁灭性的。就让这个国家只有一个沙皇吧。这样上帝会很高兴的。"索菲亚暂时退却了。但几天后，在费奥多尔的葬礼上，她当众发泄了自己的情绪。彼得在母亲的陪伴下，跟着抬棺队伍前往大教堂。正走在路上的娜塔莉娅听到身后传来一阵大声喧嚣，她转过身来，发现索菲亚已经在毫无遮挡的情况下加入队列之中，而按照传统习俗，沙皇的女儿出现在公共场合是要用移动天篷把自己遮蔽起来的。就在大庭广众之下，仅用面纱半掩着脸的索菲亚不无夸张地放声悲泣着，引得在场众人亲眼见证了她的悲痛之情。

　　索菲亚的做法前所未有，娜塔莉娅则在人山人海的大教堂内以牙还牙。漫长的葬礼仪式中，娜塔莉娅牵着彼得的手当场退出。她在其后给出的解释是她的儿子又累又饿，继续待下去将有损他的健康，但米洛斯拉夫斯基家族的人对此感到愤慨。局势因娜塔莉娅那狂傲的弟弟伊凡·纳雷什金的所作所为而进一步恶化，后者刚好在此时被召回宫廷。他宣称："死人"——他指的是米洛斯拉夫斯基家族的全体成员，"应当和死人埋在一起。"[6]

　　在离开大教堂的途中，索菲亚再度宣泄起悲痛的情绪，此时这一情绪中夹杂着更为强烈的怒意。"你们知道我们的兄弟，沙皇费奥多尔为何会突然离开这个世界。他的敌人毒害了他。可怜可怜我们这些孤儿吧。我们没有了父亲，没有了母亲，也没有了兄弟。我们的大弟弟伊凡没能当选为沙皇，如果我们应当承担责任，就让我们住到另一片基督教君主统治的土地上去吧。"[7]

# 4

# 射击军之乱

在彼得的前半生,俄国权力的钥匙始终掌握在射击军手中,这些头发蓬乱、胡子拉碴、拱卫着克里姆林宫的长矛手和火枪手是俄国的首批职业军人。他们宣誓要在形势危急时保卫"政府",却往往难以决定哪个才是合法政府。他们是一个不声不响的野兽群体,从未真正确定自己该效忠于谁,而是时时准备扑上去撕咬任何挑战他们特权地位的人。伊凡雷帝组建这些军团的目的在于创建一支职业化的常备部队,作为难以统御的封建军队(之前莫斯科君主的作战部队)的核心。旧式的封建军队由几支骑马贵族队伍和一群武装农民组成,他们于春季动员起来,秋季则被打发回家。这些在夏季作战的军人往往没有受过什么训练,也没有什么纪律可言,当受到征召的时候,他们就随手抓起一根长矛或一柄斧头,在极为不利的情况下同装备较好的西方敌人——波兰人或瑞典人作战。

在保家卫国或阅兵游行的队伍中,射击军是一道华丽多彩的风景线。每个团都拥有自己的鲜艳色彩:蓝色、绿色或樱桃色的卡夫坦或长袍,相同颜色的毛边帽子,他们的裤子塞进尖端上翘的黄色靴子里。每个士兵的卡夫坦外面都系着一条带搭扣的黑色皮带,上面挂着他的剑。他一手握着一支滑膛枪或火绳枪,另一手则抓着一根戟或一柄尖头战斧。

射击军大多为单纯的俄国人,遵循旧有的生活方式,敬畏沙皇和牧首,痛恨新生事物,反对改革。军官和士兵都对引进外国人、用新式武器和战术来整训军队的做法抱着疑惧及愤恨的态度。他们不懂政治,但当他们相信这个国家正在背离正确的传统道路时,就会轻而易举地确信自己有义务介入国家事务。

在和平年代,他们没有足够的力量这样做。少数分遣队驻扎在与波兰和鞑靼接壤的地区，但主力集中部署于莫斯科，居住地为克里姆林宫附近的专用军营。到1682年，他们的数量是2.2万人——分为22个团，每团1000人，这些拖家带口的士兵是一大群住在首都腹心地带的兵渣子、寄生虫。他们得到的照顾可谓悉心之至：沙皇给他们提供了漂亮的木屋作为住所，给他们提供了食物、衣服和军饷。作为回报，他们肩负起拱卫克里姆林宫和城门的职责。当沙皇在莫斯科巡行时，射击军沿途列队。当他离开这座城市时，他们负责护卫。他们维护着治安，随身携带小鞭子，用来制止斗殴。当城里发生火灾时，射击军又变成了消防队。

由于手中有大把业余时间，射击军逐渐涉足商业领域。个别射击军士兵开起了店铺。身为军队一分子的他们无须缴纳个人所得税，并借此发财。参军变得令人向往起来，入伍几乎成了一种代代相传的世袭特权。男孩一到法定年龄，就立刻被招入其父所在的团。很自然，射击军变得愈富，就愈不愿重新扮演自己的首要角色——军人。在生意场上日进斗金的射击军，宁可花钱行贿也不愿接受某些艰巨的使命。射击军军官亦从这座巨大的人力资源库中牟取私利。一些人让无事可干的火枪手充当他们的仆人，其他人则被派去给自己盖房子或照管花园。有时军官会挪用士兵的薪饷，而士兵向政府提出的合法控诉不但经常被置之不理，起诉人还会遭到惩罚。

当年轻的沙皇费奥多尔于1682年5月进入弥留之际时，就是这样的情形。格里博耶多夫团的士兵正式提出请愿，控告团长谢苗·格里博耶多夫（Semyon Griboyedov）扣留他们的半数军饷，并强迫他们于复活节周（Easter Week）在其建于莫斯科郊外的宅邸工地上劳动。射击军司令官尤里·多尔戈鲁基公爵（Prince Yury Dolgoruky）下令鞭笞请愿士兵，以惩戒这种违抗长官的行为。但这一次，请愿者在被带走行刑时，是从一群本团战友面前过去的。"弟兄们，"请愿者喊道，"为什么你们抛弃了我？我是遵照你们的吩咐提起请愿的，为的是你们啊！"[1] 情绪被煽动起来的射击军士兵进攻行刑卫队，救出了这名犯人。

这一事件令射击军军营沸腾了起来。17个团立刻一齐控诉自己的团长欺骗或虐待他们，并要求惩办这些团长。摄政者娜塔莉娅那毫无经验的政府团队甫一就任便接手了这个烂摊子，在处置过程中犯下了严重的失误。

44

许多来自俄国最古老家族的波雅尔——多尔戈鲁基、列普宁（Repnin）、罗莫达诺夫斯基（Romodanovsky）、舍列梅捷夫（Sheremetev）、沙因（Shein）、库拉金（Kurakin）和乌鲁索夫（Urusov）联合起来，力挺彼得和他的母亲，但谁也不知道该如何安抚射击军。末了，由于急于缓和士兵们的敌对情绪，娜塔莉娅牺牲了团长们。她未经调查就下令逮捕这些团长，并剥夺了他们的军衔，其房产和家财也被瓜分，以满足士兵们的诉求。两名团长——其中一名就是谢苗·格里博耶多夫，被公开处以鞭刑，同时，另有12名团长受到了较轻的惩戒：在射击军士兵的监督下，被人用名为batog的棍棒抽打。"打得再用力点儿"，他们极力要求，直到长官们昏死过去。² 现在，怨气冲天的射击军心满意足了。"他们挨得够了，让他们走吧。"

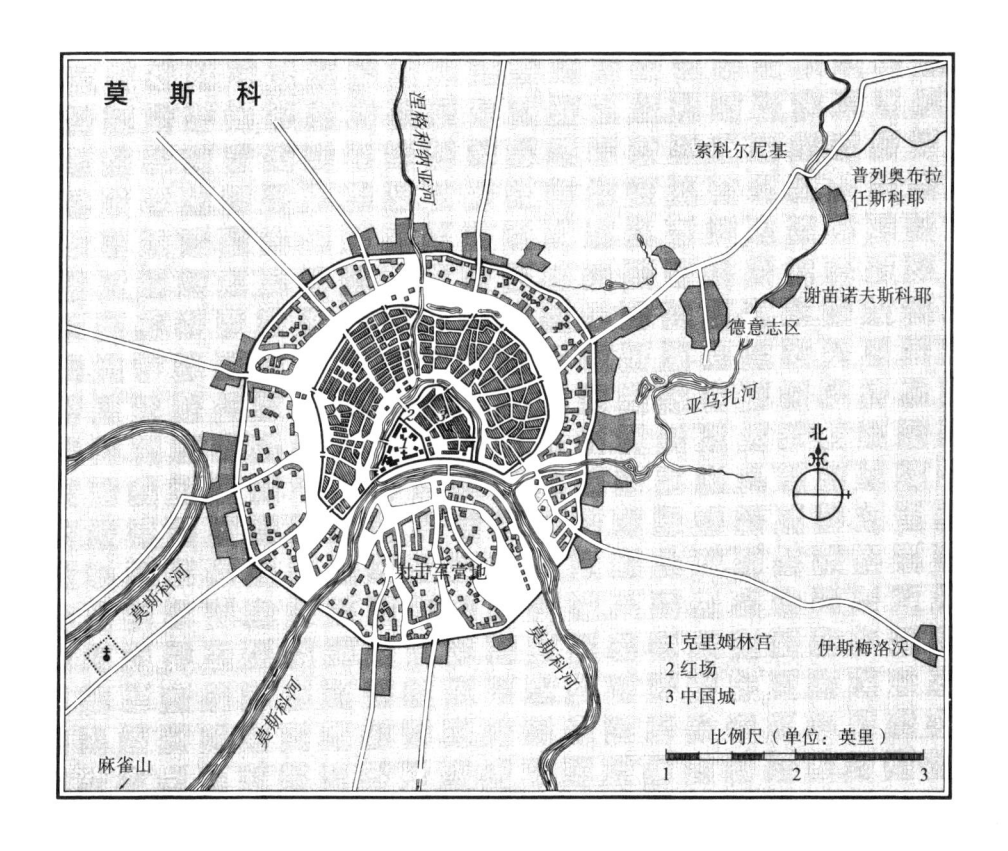

莫斯科

索科尔尼基
普列奥布拉任斯科耶
谢苗诺夫斯科耶
德意志区
亚乌扎河
北
1 克里姆林宫
2 红场
3 中国城
伊斯梅洛沃
比例尺（单位：英里）
1　　2　　3
射击军营地
莫斯科河
莫斯科河
涅格利纳亚河
麻雀山

为了恢复秩序而容许造反的士兵殴打长官，这是一种冒险的做法。射击军的情绪暂时得到了平息，然而事实上他们获得了新的权力感，他们越来越坚信自己有权甚至有义务清除国家之敌，这令他们变得更加危险。

射击军认为他们知道谁是敌人：波雅尔和纳雷什金家族。恶意编造的故事已在他们中间流传开来。谣言宣称费奥多尔并非像宣布的那样自然死亡，而是在波雅尔和纳雷什金家族的默许下，被外国医生毒死的。这些国家公敌如今将合法的继承人伊凡丢到一边，支持彼得。他们的邪恶计划已然成功，军政大权将被交到外国人手中，东正教将遭贬黜、践踏，最可怕的是，射击军——这些俄罗斯沙皇国旧价值观的忠实保卫者将遭到骇人听闻的惩罚。

有些传闻利用了射击军的旧有成见，其他谣言则多少带有蓄意煽动士兵情绪的意味。甫一掌权，娜塔莉娅就将新的晋升令成批分发给本族的每一位亲属，甚至将自己23岁的弟弟，年轻而傲慢的伊凡提升为波雅尔。由于伊凡·纳雷什金在费奥多尔葬礼上的言论，他已成为众人嫌恶的对象。如今，新的谣言传了开来：他曾粗鲁地将索菲亚公主推倒在地上，还曾拿起皇冠，戴在自己头上，并宣称自己比其他任何人都更适合戴它。

但无风不起浪，无根不长草。谁是企图煽动射击军情绪的幕后主使者？其中一个唆使者是伊凡·米洛斯拉夫斯基，他极度渴望推翻彼得、娜塔莉娅和纳雷什金家族的统治。在纳雷什金家族上一次掌握宫廷时，他遭到流放。作为报复，他将马特维耶夫送往环境险恶的北极监狱，囚禁了6年。如今，马特维耶夫以新摄政者——太后娜塔莉娅·纳雷什金娜首席顾问的身份重返莫斯科，伊凡·米洛斯拉夫斯基明白，新一轮权力洗牌一旦上演，自己的命运可想而知。另一个阴谋策动者是伊凡·霍万斯基公爵（Prince Ivan Khovansky），一个自负而聒噪不休的家伙，他那急剧膨胀的野心因自己的无能而不断受阻。被革去普斯科夫总督一职后，他被沙皇阿列克谢叫到面前，后者告诉他："每个人都称您为傻瓜。"[3] 从不愿意接受这一评价的他被米洛斯拉夫斯基家族说服了：一旦他们掌权，他就能身居高位，因而他积极支持他们的事业。

令人惊讶的是，作风西化的瓦西里·戈利岑公爵也参与到这场阴谋之中，他站到米洛斯拉夫斯基家族一方，是因为自己树下的敌人。费奥多尔在位时期，戈利岑就极力推动改革。他制定了新的军队编组方案，并计划废除贵族优先制，因而成了波雅尔们的憎恨对象。如今波雅尔们力挺娜塔莉娅和纳雷什金家族，于是戈利岑被推入米洛斯拉夫斯基阵营之中。

伊凡·米洛斯拉夫斯基、伊凡·霍万斯基和瓦西里·戈利岑均有煽动射击军起事的动机，然而，倘若这场叛乱成功，他们没有一个能站出来，统治国家。具备这一能力的只有那位皇室成员，她曾经是沙皇费奥多尔的密友，并在年轻的伊凡登基后有能力担当摄政者之职。如今只有她面临着这种威胁——被投入女修道院或特蕾姆，彻底与世隔绝，并被抹去一切政治存在及个人存在意义。只有她拥有推翻一位公选沙皇的智慧和勇气。没人确切地知道她在这场阴谋和接下来即将发生的可怕事件中起了多大作用；有人认为这场阴谋是以她的名义策划的，但她本人并不知情。但旁证有力地表明，阴谋的头号策划者就是索菲亚。

与此同时，对阴谋毫无觉察的娜塔莉娅正在克里姆林宫中焦急地等待着马特维耶夫的回归。在彼得当选为沙皇的那日，她已派了几个人捎信给他，催促他马上到莫斯科来。后者踏上了归途，但他的旅程变成了一场凯旋式。沿途经过的每座城镇都在为这位官复原职的政治家举行感恩祷告，并设宴款待。终于，在5月11日晚上，这位经历了6年流放生涯的老者又回到了莫斯科。娜塔莉娅如迎接救世主一般迎接马特维耶夫，并将10岁的彼得带到他面前，在马特维耶夫上一次看到彼得时，他还是个4岁的小娃娃。马特维耶夫的头发白了，步履也变慢了，但娜塔莉娅坚信，凭借他的经验和智慧，以及在波雅尔和射击军中享有的威望，这位老人会很快建立起和平有序的局面。

一连3天似乎都是这样。在这段时间里，马特维耶夫的家中挤满了前来迎接的波雅尔、商人和来自德意志区的外国友人。射击军仍记得这位可敬的前司令官，各团都派了代表来表达敬意，就连米洛斯拉夫斯基家族的人也来了。伊凡·米洛斯拉夫斯基例外，捎话来说他病了。每来一名宾客，马特维耶夫都会流着欢乐的泪水予以接待，与此同时，他的房子、地下室和庭院里堆满了宾客送来的礼物。危机似乎很遥远了，但刚刚来到这里、尚未掌控全局的马特维耶夫对危险估计不足。索菲亚和她的同党从未松懈，叛乱的苗头仍存在于各团中间。克里姆林宫中的马特维耶夫和娜塔莉亚两耳不闻窗外事，沉浸在一片幸福之中，并未发觉局势正变得越来越紧张，但其他人有所觉察。荷兰大使范·凯勒男爵（Baron Van Keller）写道："射击军的不满情绪在持续。一切公共事务都停滞了。人们担心大难将至，这种担心不是没有来由的，因为射击军的势力强得可怕，没有一股反对力量能与之相抗。"

5月15日上午9点，谋划已久的阴谋突然爆发。索菲亚秘党的两名成员，骑兵亚历山大·米洛斯拉夫斯基（Alexander Miloslavsky）和彼得·托尔斯泰（Peter Tolstoy）纵马驰入射击军营地，厉声疾呼道："纳雷什金家族谋害了伊凡王子！上克里姆林宫去！纳雷什金家族打算杀害皇室家族全体成员！武装起来！惩处叛国者！"[4]

射击军营地骚动起来。大钟急切地嘶鸣着，战鼓开始隆隆作响。身着卡夫坦的人们披上铠甲，系上剑带，抓起长戟、矛和滑膛枪，在街道上集结，准备战斗。一些火枪手砍去长矛和长戟的木柄，这样它们就能在近战中置人于死地。他们一边扬起绣有圣母玛利亚像的巨大团旗，奏响战鼓，一边开始穿过街道，朝着克里姆林宫进军。沿途市民被吓得魂不附体，连滚带爬地闪开。"吾等将前往克里姆林宫，处决逆贼，制裁谋害皇族的凶手！"士兵们高声叫嚷。[5]

与此同时，在克里姆林宫的办公室和宫殿内，一切如常。众人皆对城内发生的事情和即将临头的厄运毫无觉察。城堡的大门敞开着，只有稀稀落落的几名卫兵把守。波雅尔顾问班子刚刚散会，波雅尔们或静静地坐在各自的办公室和宫殿大厅内，或一边四处溜达、闲谈，一边等待着午餐时间到来。马特维耶夫刚刚离开会议室，走到通往寝室的楼梯上，这时，他看到费奥多尔·乌鲁索夫公爵上气不接下气地朝他跑来。

乌鲁索夫一边喘着粗气，一边道出了射击军起来作乱的消息。现在他们正穿过城市，朝着克里姆林宫进军！马特维耶夫大惊失色，连忙慌慌张张地返回皇宫，向娜塔莉亚太后告警。他命令牧首立刻前来，并关上克里姆林宫的大门，射击军的当值部队斯特米亚尼团（Stremyani Regiment）则被部署到宫墙上，准备保卫彼得、彼得的家人和政府成员。

马特维耶夫刚刚下完指令，3个报信人就一个接一个到来，带来的消息一个比一个糟。第一个人报告说射击军已接近克里姆林宫宫墙，第二个人说大门无法立刻关闭，第三个报信人则说一切都已经太晚了，因为射击军已经闯进了克里姆林宫。说话间，数百名持枪乱军汹涌而来，穿过敞开的宫门，冲上山，涌入位于多棱宫前方的大教堂广场。一路上，斯特米亚尼团的士兵群起响应，他们抛弃自己的职责，加入别团战友的行列之中。

在山顶，射击军涌入被3座大教堂和伊凡钟楼环绕的广场。他们聚集在通往宫殿的红梯前方，高声叫喊："伊凡皇子在哪里？把纳雷什金家族和马特维耶夫交出来！处死逆贼！"宫殿内，惊恐万状的波雅尔顾问班子成员聚集在宴会厅里，他们依然不清楚这次暴动的起因。切尔卡斯基公爵（Prince Cherkassky）、戈利岑公爵和舍列梅捷夫公爵被推选出来，到外面询问射击军的要求。他们听到的是山呼海啸般的喊声："我们要惩处逆贼！他们杀害了皇子，还想谋害全体皇室成员！把纳雷什金家族的人和其他逆贼交给我们！"[6] 在大致明白这场兵变是因误会而起之后，代表团回到宴会厅，将情况告知马特维耶夫。马特维耶夫又将此事告知娜塔莉娅，并向她提出建议：要让士兵们的情绪平静下来，唯一的法子就是让他们看到伊凡皇子仍然活着，且皇室家族一团和睦。他要她将彼得和伊凡带到红梯顶上，让他们在射击军面前亮相。

娜塔莉娅浑身颤抖。要她同10岁的儿子一起站到一群全副武装、咆哮着要她家族成员流血的大男人面前，这实在是太可怕了，但她别无选择。她一手牵着彼得，一手挽着伊凡，踏着梯级，登上了位于楼梯顶端的门廊。牧首和波雅尔们立在她的身后。当射击军看到太后和两个男孩后，叫喊声平息了下去，广场上充满了带着困惑的低语声。一片沉寂中，娜塔莉娅抬高声音，喊道："沙皇彼得·阿列克谢耶维奇陛下在这里，皇子伊凡·阿列克谢耶维奇殿下也在这里。感谢上帝，他们都很好，都没有受到逆贼的伤害。宫里没有叛国者。你们上当了。"[7]

射击军再度喧嚷起来。这一次，士兵们互相争论着。少数好奇者大着胆子登上楼梯，或是将梯子架在门廊上，然后爬上去，好看清那3个柔弱无助却勇敢地站在他们面前的人的模样。他们想确认伊凡真的还活着。"您真是伊凡·阿列克谢耶维奇吗？"他们问那个可怜的男孩。"是的。"他用极为微弱的声音结结巴巴地答道。"您真是伊凡？"他们又问了一次。"是的，我是伊凡。"皇子说。彼得一言不发地站在离射击军士兵只有几英尺远的地方，他们的面孔与兵器就在他眼前晃动。尽管母亲的手在颤抖，但他依旧一动不动地站着，镇静自若地凝视前方，毫无惧色。

这番对峙令射击军士兵彻底混乱了，他们从楼梯上退了下去。事实是明摆着的，他们受骗了——伊凡并未被谋杀。他就站在这里，他的手被纳雷什金皇太后，被那个所谓已将他谋害的家族一员保护性地握住。根本没有为他复仇的必要；曾经无比光荣的爱国情怀，如今开始显得又愚蠢又不合时宜了。由于还未打消同某些傲慢的波雅尔了结私人恩怨的念头，一小撮射击军士兵开始叫喊后者的名字，但大部分人都静静地站着，一头雾水，犹豫不决地注视着上方门廊的三个身影。

娜塔莉娅又在原地站了一会儿，俯瞰着前方由长矛和长戟组成的海洋。尽到自己的努力之后，她转过身去，牵着两个男孩回宫了。她的身影刚刚消失，白须苍苍、身着长袍的马特维耶夫就走上前去，出现在红梯顶上。在沙皇阿列克谢时代，他一直是受人爱戴的射击军司令，许多人仍然记得他的亲切形象。他开始用特有的、慈父般的语调，平静而自信地对他们讲话。他提醒他们，使他们想起过去那些忠心耿耿为国服务的日子，想起他们那沙皇保卫者的名声，想起他们在战场上取得的一次次胜利。他没有责备他们，只是质问他们，语气里的悲哀胜过了愤怒——为何要用这样一场暴动来玷污他们的赫赫威名，更可悲的是，这场暴动还是因谣传和谎言而起。他强调，皇族并不需要他们来保护，因为他们刚才已经亲眼看到，这些人根本没有受到任何伤害，处境很安全。因此，用死亡和暴力来威胁任何人都毫无必要。他平静地建议他们解散、回家，并为他们今日的行为请求宽恕。他允诺，这类请求会被接受，这次暴动则会被解释为射击军对皇室极度的赤胆忠心被用错了地方。

这些自信而不失亲切的话语产生了强烈效果。位于前排的士兵（他们听得最为清楚）仔细倾听着，而后点头表示赞同。而后排仍在高声争论，但一些人大声叫喊，要求安静点儿，好让他们能听到马特维耶夫在讲什么。当人们逐渐领会了马特维耶夫的意思后，所有人都不再吵闹了。

当马特维耶夫的讲话结束后，牧首也发表了简短的讲话，他把射击军士兵称为自己的孩子，并温和地责备他们的做法。他劝他们请求宽恕，解散回营。这些话同样起到了抚慰人心的作用。危机似乎已经过去。马特维耶夫的心情好了些，他向射击军行了一个军礼，转身返回宫殿，将这个好消息带给心烦意乱的太后。他的离去是一个致命的错误。

马特维耶夫的身影刚刚消失，射击军司令官之子米哈伊尔·多尔戈鲁基公爵（Prince Michael Dolgoruky）就出现在红梯顶上。士兵们的暴动大大丢了他的面子，他正处于狂怒之中，愚蠢地试图在这个时候重整军纪。他用最为粗俗的字眼辱骂士兵，勒令他们回营，并威胁说，如果不照办，就等着吃皮鞭吧。

怒吼声爆发了，马特维耶夫创造的平静局面转眼之间烟消云散。被激怒的射击军想起了他们进军克里姆林宫的目的：惩处纳雷什金家族，消灭像多尔戈鲁基这种可恶的波雅尔。狂暴的射击军士兵如同激流一般，涌上红梯，朝他们的司令官冲去。他们抓住他的制服，将他举过头顶，丢出栏杆，使他落到下方战友的矛尖上。楼下的人们用吼声附和着："把他砍成碎片！"几秒钟不到，浑身颤抖的多尔戈鲁基就被杀掉了，鲜血将周围的人群溅了个遍。

第一滴血释放了人性中的残忍与疯狂。所有射击军士兵都变得狂暴起来，他们挥舞着利刃，冲上红梯，涌入皇宫，渴望着更多的鲜血。下一个受害者是马特维耶夫。他正站在宴会厅的前厅，与娜塔莉娅说话，后者仍握着彼得和伊凡的手。当娜塔莉娅看到射击军高呼着马特维耶夫的名字向她冲来的时候，她丢下彼得的手，本能地抱住马特维耶夫，想要保护他。射击军把两个男孩推开，奋力将老人从她手中夺去，并将娜塔莉娅丢到一边。切尔卡斯基公爵冲进乱军之中，想把马特维耶夫从他们手中拉回来，但被推开。在彼得和娜塔莉娅的眼前，马特维耶夫被拖出前厅，拖过门廊，一直拖到红梯顶上的栏杆处。在那里，阵阵欢呼声中，他们将他高高举到空中，用力掷到下方林立的矛尖上。几秒钟之内，这位彼得父亲的首席大臣兼最亲密的朋友，彼得母亲的监护人、知己与头号支持者就被砍成了碎片。

马特维耶夫死后，再也没有什么能阻止射击军了。他们飞奔着，毫无阻拦地穿过政府大厅、私室、教堂、厨房，甚至克里姆林宫的密室，叫嚷着索要纳雷什金家族成员和波雅尔的鲜血。惊恐万状的波雅尔们四处逃窜，躲到一切他们能藏身的地方。牧首逃进了圣母升天大教堂。只有娜塔莉娅、彼得和伊凡仍然留在外面，他们相互依偎着，蜷缩在宴会厅的一个角落。

对大多数人而言，这场灾祸是躲不过去的。射击军撞倒紧锁的大门，搜寻床底下和祭坛后方，将长矛捅进每个可能供人藏身的黑暗之处。他们将那些抓到的人拖到红梯，丢出栏杆外。他们的尸体被拖出克里姆林宫，从斯帕斯基门（Spassky Gate）拉到红场上，然后丢到越积越高的碎尸堆上。射击军将利刃架在宫廷侏儒的喉咙上，强迫他们协助自己搜寻纳雷什金家族的成员。娜塔莉娅的一个兄弟阿法纳西·纳雷什金（Afanasy Naryshkin）躲在圣墓教堂（Church of the Resurrection）的祭坛后方。一个侏儒领着一群射击军，指出了他的藏身处，这个受害者被揪着头发拖到高坛的阶梯处，剁成肉酱。枢密院委员兼外交衙门主裁伊凡诺夫（Ivanov）、其子瓦西里和两个团长被杀死在宴会厅与圣母领报大教堂之间的门廊上。年老的波雅尔罗莫达诺夫斯基在牧首宫室和圣迹修道院之间被抓住，人们拽着他的胡子，将他拖到大教堂广场，然后将他举起来，丢到矛尖上。

尸体和尸块被从克里姆林宫中的广场拖出来，拖过斯帕斯基门，拖入红场。尸体和尸块上往往还钉着长剑和长矛。射击军一边拖曳着这些吓人的残骸，一边嘲弄地喊道："波雅尔阿尔捷蒙·谢尔盖耶维奇·马特维耶夫驾到！……一位枢密院委员驾到。给他让让道！"[8] 当圣瓦西里大教堂前方那堆骇人的东西垒得越来越高的时候，射击军朝着围观人群叫道："这些波雅尔喜欢高高在上的感觉！这是他们的奖赏！"

到了傍晚，就连射击军都开始厌倦屠杀了。克里姆林宫里没有给他们睡觉的地方，因此大多数人都开始返回位于城中各处的自家住所。尽管射击军制造了这起流血事件，但他们在这一天只达到了部分目的。他们只找到、杀死了一名纳雷什金家族的成员，即娜塔莉娅的兄弟阿法纳西。他们所痛恨的头号目标——娜塔莉娅的弟弟伊凡尚未落到他们手里。因此，他们在克里姆林宫的各道大门都布置了重重守卫，切断了所有逃跑路线，并发誓，明天他们会回来继续搜捕。克里姆林宫内，娜塔莉娅、彼得及其纳雷什金家族亲眷在恐惧中度过了一夜。太后的父亲库里尔·纳雷什金，太后的兄弟伊凡和3个弟弟藏在彼得8岁的妹妹娜塔莉娅的房间里，在那里躲了一整天。他们没有被搜出来，但也逃不了。

拂晓时分，射击军又一次敲着战鼓闯进了克里姆林宫。他们仍在搜寻伊凡·纳雷什金、两名据说毒害了沙皇费奥多尔的外国医生以及其他"卖国贼"。他们进入大教堂广场的牧首宅邸，仔细搜查了他的地窖和床下。他们用长矛威胁仆人，要求面见牧首本人。约阿希姆身穿最为鲜艳的礼袍出现，告诉他们：在他的家里是找不到逆贼的，如果他们想在这里动手杀人，就应当把他杀了。

因此，搜捕行动仍在继续，射击军一刻不停地搜查着宫殿的各个角落，他们的猎物——纳雷什金家族，则一刻不停地躲避着他们。在彼得幼妹卧室的黑暗密室内待了两天之后，国丈库里尔·纳雷什金、他的3个儿子和马特维耶夫的幼子转移到沙皇费奥多尔的年轻遗孀玛尔法·阿普拉克辛娜皇后的房间内。在那里，伊凡·纳雷什金剪掉了他的一头长发，而后，这一小队人跟随一名年老的宫廷婢女进入一间黑咕隆咚的地下储藏室。老婢女想把门闩上，但小马特维耶夫说："不行。如果您把门闩住，射击军就会起疑心，他们会把门砸开，把我们找出来杀掉。"[9]因此，这群避难者就把房间弄得尽可能暗，而后蜷伏在最黑的角落内，任由房门敞开着。"我们刚刚躲进那里，"小马特维耶夫说道，"几个射击军士兵就从这里经过，并飞快地到处搜索了一番。他们中几个人朝敞开的房门内望了一阵，并用长矛捅向一团黑暗的房间，但他们很快就离开了，嘴里念叨着：'我们的人分明已经来过这里了。'"

第三天，当射击军再一次来到克里姆林宫的时候，他们决心不再等下去了。为首者登上红梯，下了一道最后通牒：除非伊凡·纳雷什金立刻出来投降，否则他们会将宫中的波雅尔全部杀光。他们明确了一点——皇室成员正处于危险之中。

索菲亚出来主持大局了。在瑟瑟发抖的众波雅尔面前，她走向娜塔莉娅，高声断言："您的弟弟是逃不出射击军掌心的。我们也不应当为他而死。没有别的法子。为了保住我们全体的性命，您必须放弃您的弟弟。"[10]

这一刻对娜塔莉娅而言是悲惨的。她已经亲眼看到马特维耶夫被人拖出去残忍杀害。如今有人要求她点头同意，让自己的弟弟也落得一个骇人的下场。这个决定虽然令她感到异常恐惧，但她并没有真正的选择权。她命令仆人去把她弟弟带到她这里来。当她弟弟到来后，她将他领进宫中的礼拜堂，伊凡在那里领受了圣餐、做了临终祈祷。他接受了姐姐的决定，并以极大的勇气慨然赴死。娜塔莉娅哭着交给他一幅圣母像，让他举着它前去与射击军见面。

与此同时，面对不耐烦的射击军发出的越来越可怕的威胁，波雅尔们变得绝望起来。为什么伊凡·纳雷什金迟迟不动身？射击军随时都可能将他们的威胁变成现实。年老的公爵雅各布·奥杜维斯基（Jacob Odoevsky）朝悲泣中的娜塔莉娅和伊凡走去，用温和而战栗的语气说道："我的夫人，您还要保您弟弟多久？您必须放弃他。快走吧，伊凡·库利奥维奇。不要让我们为了您一个人统统丢了命。"[11]

伊凡·纳雷什金跟在娜塔莉娅身后，手举圣像，走向射击军正在等待的那道门。当他现身时，人群发出一阵嘶哑的胜利呐喊，并蜂拥向前。他们当着受害者姐姐的面，抓住伊凡，开始对他拳打脚踢。他们捏住伊凡的双脚，将他拖下红梯，拖过宫殿广场，丢进一间拷问室。在那里，他们让他在痛苦中度过了几小时，试图让他供认谋害沙皇费奥多尔、密谋篡位的罪行。纳雷什金始终咬紧牙关，他呻吟着，什么也没有说。而后，范·加登医生（Dr. Van Gaden），这个所谓毒害费奥多尔的凶手，被带了进来。在拷打之下，他答应吐露同谋者的名字，但他的供词被记录下来的时候，拷问者意识到医生目前的状态，嚷道："听他扯这些有啥用？把纸撕了吧。"这场闹剧终止了。[12]

伊凡·纳雷什金如今已是奄奄一息；他的手腕和脚踝均被扭断，双手和双脚以奇怪的角度悬吊着。他和范·加登被拖到红场，并被抬到矛尖上，这是展示给围观人群的最后一场表演。然后，他们被丢到地上，手脚被斧子剁了下来，残尸则被砍成碎块。在最后的仇恨狂欢中，血淋淋的人体残骸被踏为肉泥。

屠杀结束了。射击军最后一次集结在红梯前方。他们心满意足：自己为"被毒害"的沙皇费奥多尔报了仇，扼杀了伊凡·纳雷什金的阴谋，并将他们相信是叛贼的人统统处决了。为了展示自己的赤胆忠心，他们在庭院内高声呐喊："如今我们知足了。剩下的那些道貌岸然的逆贼就让沙皇陛下来处理吧。我们做好了为沙皇、太后、皇子和公主抛头颅洒热血的准备。"[13]

局势很快平静下来。受害者的尸体于同一日获准下葬，这些尸体自大屠杀第一日起，一直堆积在红场上。马特维耶夫的忠实奴仆携着一张床单，步履艰难地走了出来，他竭力寻找主人的碎尸，将它们小心翼翼地收集起来，放到床单内。他将尸块洗净，并用枕头盛着带到圣尼古拉教堂，埋葬在那里。其余纳雷什金家族成员既未受到伤害，也未受到追捕。娜塔莉娅和伊凡的3个躲过一劫的兄弟乔装成农民，逃出了克里姆林宫。国丈库里尔·纳雷什金在射击军的威逼下，剃去头发，立誓为僧。而后，他以居普良神父（Father Cyprian）的身份被送往莫斯科以北400英里的一座修道院。

射击军要求补发每人20卢布的欠饷，作为双方和解的一部分条件。波雅尔顾问班子尽管并无回绝的资本，却无力应允。原因很简单：他们没有钱。双方达成折中方案：每人补发10卢布。为了筹款，马特维耶夫、伊凡·纳雷什金及其他遭到杀害的波雅尔的财产被拍卖，克里姆林宫的大部分银盘被熔掉了。此外，一项一般税被加诸人民头上。

射击军还要求完全赦免他们的罪行，甚至要求在红场立起一根凯旋柱，以纪念他们新近的作为。全体受害者的名字将被一一刻在柱子上，这些人将被打上罪人的标签。政府又一次屈从了，凯旋柱很快立了起来。

最后，火枪手们被正式委以守卫宫阙之任，这一策略不仅是为了安抚射击军的情绪，也是为了重新将他们置于掌控之下。每天都有两个团被召集到克里姆林宫，他们以英雄的身份参加在宴会厅和宫廷门廊举办的酒宴。索菲亚出现在他们面前，称赞他们对皇室的忠心与奉献。为了表示对他们的敬意，她亲自来到士兵中间，递给他们一杯杯伏特加。

索菲亚就这样掌握了权力。如今她已再无对手：马特维耶夫死了，娜塔莉娅被这场吞噬其家族的惨剧彻底击垮了，彼得只是个10岁的孩子。但彼得仍是沙皇。当他长大成人的时候，毫无疑问他将捍卫自己的权力。纳雷什金家族的影响力将与日俱增，而米洛斯拉夫斯基家族的胜利将被证明只是暂时的。因此，索菲亚必须实施下一步计划。5月23日，在索菲亚代理人的煽动下，射击军要求给俄国皇位换个主人。一封请愿书被送交霍万斯基处，后者已被索菲亚任命为射击军司令。射击军指出，彼得的当选明显有些不正：他是次妻所出，伊凡则是长妻之子，也是两个男孩中的年长者，却被晾在一边。射击军并不打算废黜彼得——他是沙皇的儿子，并且已经当选沙皇，牧首随后也正式承认了他的地位，而是要求让彼得和伊凡以共治沙皇的名义联合执政。射击军威胁说，如果请愿书得不到批准，他们将再度进攻克里姆林宫。

牧首、大主教和波雅尔们聚集在多棱宫，商讨这一新要求。事实上，他们别无选择：无人能反对射击军。此外有人认为，让两个沙皇一道执政甚至可能会更好些：当一个沙皇上战场的时候，另一个可以留在家里，治理国事。二帝共治的议案得到了正式批准。伊凡大帝钟楼的大钟敲响了，圣母升天大教堂内举行了一场祷告，祈愿两位最为正统的东正教沙皇——伊凡·阿列克谢耶维奇和彼得·阿列克谢耶维奇能长命百岁。首先被提及的是伊凡的名字，因为射击军的请愿书要求将伊凡排在前面。

这一新情况把伊凡本人弄得惊慌失措。在交谈与视力两方面患有生理障碍的他根本不想在政务中占有一席之地。他与索菲亚大吵一通，说他更想要宁静、平和的生活，但在重重压力下，他被迫同意与异母弟弟一道出席国事场合，并偶尔参加国务会议。在克里姆林宫外，人们（据说射击军正是以他们的名义提出联合执政的建议的）大吃一惊。一些人放声大笑：伊凡的疾病众所皆知，居然有人想让他成为沙皇。

目前还存在最后一个关键问题：两个男孩都太小，因此实际将由他人来掌管国政。这个人会是谁？两天时间过去了，5月29日，射击军派出的另一个代表团带着最后要求出现：鉴于两位沙皇年纪尚幼，且毫无执政经验，索菲亚公主将成为摄政者。牧首和波雅尔们很快同意了。就在这一天，克里姆林宫颁布了一道命令：索菲亚·阿列克谢耶芙娜公主（Tsarevna Sophia Alexeevna）取代太后娜塔莉娅，成为摄政者。

索菲亚就这样夺取了俄国的领导权。尽管她所填补的权力真空是由她和她的代理人一手创造出来的，但如今，她实际上是这一方面的必然选择。罗曼诺夫家族男丁的岁数都还太小，不足以担起治国大任，而她在所受教育、才干和意志力方面比其他公主都要来得强。她已经证明了，自己不仅懂得如何煽动射击军起来作乱，还懂得如何驾驭这场风暴。军队、政府乃至人民如今都将希望寄托在她身上。索菲亚接受了。在接下来的7年时光中，这个超群绝伦的女子统治着俄国。

为了巩固、保卫自己的胜利果实，索菲亚迅速行动起来，将新的权力结构制度化。7月6日，距射击军之乱爆发仅仅13天，两位还是孩子的沙皇——伊凡和彼得的共同加冕仪式就举行了。这场仓促安排的加冕仪式不仅在俄国历史上前所未见，在全欧洲君主国的历史上也绝无仅有。在这之前，从来没有两位权力相等的男性君主一起戴上王冠的例子。加冕当天，白昼于上午5点到来。此时，彼得与伊凡身穿饰有珍珠的金布长袍，走向宫廷礼拜堂做晨祷，然后前往宴会厅。在那里，他们郑重其事地为一些索菲亚的副手加官晋爵，晋级者包括伊凡·霍万斯基和两名米洛斯拉夫斯基家族成员。正式的加冕典礼被转移到门廊上方及红梯下方举行，两个男孩并肩而行，10岁的彼得个头已经比16岁的跛行的伊凡要高了。在神父朝他们挥洒圣水之前，彼得和伊凡穿过密密麻麻的人群，挤进大教堂广场，前往圣母升天大教堂的大门。身穿耀眼的金色镶珠长袍的牧首在此迎接两位沙皇的到来，并伸出自己的十字架，让他们亲吻。在巍峨的大教堂内部，光芒从高高的穹顶上洒落，数百根蜡烛闪烁着，映照在数千颗宝石的表面。

在大教堂中央，在高举双手赐福于人的巨幅基督画像正下方，在高高耸立、覆着深红色布匹的讲坛之上，双人王座在等待着伊凡和彼得。在短时间内打造出两张一模一样的王座是不可能的，因此，沙皇阿列克谢的银质御座被用横木一分为二。在这张即将成为两个男孩座位的王座后方，帘幕掩盖着一个小小的隐匿之处，仪式监督者就藏身其间。在典礼举行期间，他可以透过一个洞，低声给予必要的指导并提供对策。

当两位沙皇走向圣幛，亲吻那些最为神圣的画像时，加冕典礼开始了。牧首要求他们宣示自己的信仰，两个人都答道："我信奉神圣的俄国东正教。"而后，在一篇篇漫长的、为这一刻预备的祷文和圣歌中，加冕礼最重要的一刻到来了：莫诺马赫金冠被戴在了两位沙皇头上。

这顶历史悠久的黑貂皮镶边帽据说是一位拜占庭皇帝赠给12世纪基辅大公弗拉基米尔·莫诺马赫（Vladimir Monomakh）的，历任莫斯科大公的加冕仪式都会用到它。在伊凡四世用"沙皇"作为公国统治者的新头衔后，它又被用于俄国历代沙皇的加冕典礼。[①]伊凡首先加冕，而后是彼得，然后，这顶帽子回到了伊凡头上，而一顶专门为彼得制作的复制品戴在了这个岁数较小的沙皇脑门上。仪式末尾，两位新君再次亲吻十字架、圣遗物和圣像，并列队前往天使长米迦勒大教堂，朝之前历代沙皇的陵墓致敬，再前往圣母领报大教堂，而后从那里回到宴会厅赴宴，并接受人们的恭贺。

动荡的岁月结束了。在迅速而令人眼花缭乱的继承人更迭中，一位沙皇故去了，其次妻所生的10岁男孩在自己的住处被拥立为帝。一场残酷的兵变颠覆了这次选举，将家人的鲜血溅到年少的沙皇和他母亲身上。而后，这个男孩一身盛装，佩戴国之珍宝，与体弱无助的异母哥哥一同戴上了王冠。尽管他已被推上皇位，然而当惨剧上演时，他始终无力干涉。

---

① 伊凡和彼得的共同加冕仪式是最后一场用到莫诺马赫冠冕的俄国独裁者加冕礼。18和19世纪的彼得继任者均以皇帝为自己的头衔。他们中许多人拥有为自己制作、规格大得多的新皇冠，这一风气于叶卡捷琳娜大帝（Catherine the Great）定制俄国皇冠（Imperial Crown of Russia）之际达到顶峰，最后7任俄国君主均用俄国皇冠为自己加冕。尽管如此，莫诺马赫冠冕仍具有巨大的象征意义，尽管它再未被戴在任何一位君主头上，但历次加冕礼中，游行队伍都会带上这顶帽子，此举象征着新君主与君士坦丁堡的东罗马帝国之间的历史纽带坚不可摧。

射击军之乱给彼得的心灵留下了终生难以磨灭的创伤。童年时代平静、祥和的生活分崩离析。他的灵魂扭曲了，变得冷酷无情。它影响着彼得的人生，最后给俄国带来了深远的影响。

彼得痛恨自己看到的一幕幕：举止疯狂、无法无天的中世纪旧俄军人狂暴地在克里姆林宫中跑来跑去；政治家和贵族被拖出自己的房间，遭到残忍屠戮；莫斯科、克里姆林宫、皇族成员和沙皇本人的命运被无知的暴动士兵肆意摆布。这场兵变促使彼得产生了某种强烈的反感情绪，他厌恶克里姆林宫，厌恶宫中那些被摇曳的蜡烛照亮的黑暗房间和迷宫式的小小套间，厌恶宫中的人群——留着长长胡子的神父和波雅尔，以及与世隔绝的可怜女子。他将自己的憎恨对象扩展至莫斯科这座东正教帝国的首都与东正教教会，还有教堂内吟唱的神父、飘荡在空气中的熏香味道和压抑人性的东正教保守主义。他痛恨旧俄罗斯沙皇国的盛典，这些盛典称他为"上帝之下，万人之上"，当射击军掉过头来将枪口对准他和他妈妈的时候，它们却无力保护这对母子。

索菲亚执政期间，彼得离开了莫斯科，在城外的乡村长大。后来，当彼得成为俄国之主的时候，他的这种厌恶情绪终于结出了举足轻重的果实。一年又一年过去了，沙皇再未踏入莫斯科一步，并最终剥夺了莫斯科的地位。这座古老的国都为彼得在波罗的海构筑的一座新城所取代。从某种意义上说，对于圣彼得堡（St. Petersburg）①的拔地而起，射击军之乱起到了推动作用。

---

① 彼得对莫斯科的痛恨与路易十四对巴黎的嫌恶存在惊人的相似之处。在路易10岁（1682年时彼得也是10岁）那年，即1648年，法国高等法院及贵族发动叛乱，史称"投石党运动"（Fronde）。王室调兵遣将，前往镇压。其后平叛军队倒戈相向。暴动达到顶峰的时候，年幼的国王和他母亲遭到巴黎暴民围困。入夜之后，在不绝于耳的怒吼声和滑膛枪发出的咔咔声中，路易偷偷逃出巴黎，前往圣日耳曼（Saint-Germain），在一张用稻草铺成的床上度过了这一夜。

路易的传记作者都着重强调此次事件给这个男孩造成的强烈、持久的影响。打这以后，路易对巴黎蔑视不已，鲜少踏入这座城市。他修筑凡尔赛，这座巨大的城堡变成了法国的首都，就像有意躲避莫斯科的彼得在涅瓦河上建立新都那样。但彼得的童年遭遇更为残酷，因此他的报复手段也彻底得多。作为路易统治中心的大城堡紧挨着巴黎，彼得建造的那一整座城市则完全远离莫斯科。

# 5

# 教会大分裂

摄政者索菲亚上任伊始,就发生了一桩直接考验其治国才干的事件。将她送上权力宝座的射击军如今在莫斯科趾高气扬、横行无忌。他们认为,自己无论提出怎样的要求,都会立即得到满足。东正教会分裂者(旧礼仪派教徒)将射击军对政府的胜利视为旧教即将回归、俄国传统典礼及圣餐仪式即将复兴的信号,而这些传统典礼和圣餐仪式在20年前即被教会谴责,并遭到国家机构的镇压。索菲亚与父亲阿列克谢和弟弟费奥多尔一样,视旧礼仪派为异端和叛逆。然而,由于射击军的许多成员,包括新任司令伊凡·霍万斯基公爵,是狂热的旧礼仪派教徒,这两股力量似乎可能联手,把自己的意志强加给这位羽翼未丰的执政者。

面对这一情况,索菲亚的处理方式大胆而巧妙。她在克里姆林宫的宴会厅接见了几位旧礼仪派领袖,端坐在宝座上同他们大声争辩,唬得他们大气不敢出,而后把他们打发走了。随后,她将射击军分为几支100人的队伍,逐一召入宫内,用金钱、承诺,以及一杯杯由她亲手从银盘上端起的红酒和啤酒收买他们。靠着这些讨好手段,她诱使射击军士兵放弃了对那些分裂派神职人员强烈的支持。一等到安抚了射击军的军心,索菲亚就立刻下令逮捕旧礼仪派领袖。一人被处死,其余则被分别流放。不到9个星期,霍万斯基公爵即被拘捕,他被控抗命罪,遭到斩首。

这一回合是索菲亚赢了,但旧礼仪派同教会当权派及国家机构之间的斗争并未结束;双方的较量不仅贯穿索菲亚的摄政期和彼得的统治生涯,还一直持续到罗曼诺夫皇朝行将就木之时。这场斗争根植于俄罗斯人最深切的宗教情感,在教会及俄罗斯历史上被称为"教会大分裂"。

如果以理想的方式得到实践，基督教似乎格外适合俄罗斯人的性格。俄罗斯人是个极为虔诚、慈悲和谦恭的民族，他们认为信仰比逻辑更具力量，相信生活是由超人类的力量控制的——它们是精神的、专断的，甚至神秘的。与那些最为务实的西方人不同，俄罗斯人对查问事件的起因、如何再度触发（或不再触发）这类事件的需求远没有那么强烈。灾难发生，他们被动承受；指令下达，他们被动服从。但这种情感与牲口式的顺从存在某些区别。它并非源自生活的自然节奏感。俄罗斯人喜欢沉思，喜欢神秘主义，喜欢幻想。通过观察和冥想，他们总结出了一套对苦难与死亡的理解。这给了他们的人生一层意义，一层与基督所坚持的说法相近的意义。

在彼得时代，俄罗斯信徒的虔行复杂而严苛，虔信则同样朴素而意味深长。他们的历法中充斥着需要留心的圣徒纪念日，以及不可胜数的仪式和斋戒。做礼拜时，他们在教堂的祭坛和悬挂在自家角落的圣像前方不停地画十字、跪拜。在与女子同床共枕前，男子会将她颈间的十字架拿掉，并将房间内的圣像全部盖上。即便是在冬天，一对已婚夫妇在行房后，也要先洗个澡再前往教堂。梁上君子在行窃之际会向圣像鞠躬，并乞求宽恕与保护。这类注意事项在执行时绝不能有任何遗漏，或是出半点差池，因为它们攸关生死，比世界上任何可能发生之事都重要得多。如果谨慎对待教规，你一定可以获得永生。

在遭受蒙古人统治的两个世纪内，教会成了俄罗斯人生活和文化的核心。朝气蓬勃的宗教生活在城镇和村庄极为盛行，修道院如雨后春笋般拔地而起，特别是在遥远的北部森林地区。对这些活动，蒙古可汗从未加以干涉，按照惯例，在规定的税收和贡赋源源不断地流向金帐汗国（Golden Horde）的情况下，可汗对藩属国的宗教活动漠不关心。1589年，首任莫斯科牧首横空出世，这标志着其教会最终自从属于君士坦丁堡的模式中解放出来。

莫斯科和俄国获得了独立——同时也被孤立了。它的北面同信奉路德宗的瑞典接壤，西边是信奉天主教的波兰，南面则有信奉伊斯兰教的土耳其人和鞑靼人。俄国教会采取防御姿态，奉行排外的保守主义方针。一切变化都令人厌恶,大量精力被投入消除外国影响、驱逐异端思想。当西欧历经宗教改革和文艺复兴,迈入启蒙运动阶段时,俄国及其教会依旧是那么纯洁——停滞在已经过去的中世纪,不思进取。

到了17世纪中期——彼得诞生前20年,这种文化落后带来的负担与压力开始对俄国社会产生负面影响。尽管教会反对,外国人依然源源不断地来到俄国,带来了军事、商业、工程及科学领域的新技术和新观念。全然不同的行为准则与思想观念不可避免地随着他们的到来而悄悄传入。这招致了俄国教会的疑惧和极度敌视,机警的外国人被迫向沙皇寻求保护。即便如此,理性的酵母却仍翻腾着泡沫。没过多久,俄国人自己,包括一些教会内部人士,就开始用怀疑的目光看待他们的正统信仰。问题出现了:教会不仅陷入内斗,还向沙皇叫板。这些冲突分别给教会带来了不同的灾难;在它们的共同作用下,一场大难——教会大分裂就此酿成。自此以后,俄国东正教再也未能恢复元气。

从个人角度而言,这些冲突是以引人注目的三方对抗的形式呈现的,参与较量的三方为沙皇阿列克谢和两名身份特殊的教士:傲慢专横、意志如铁的牧首尼康(Patriarch Nikon)和狂热的基要主义者大司祭阿瓦库姆(Archpriest Avvakum)。讽刺的是,阿列克谢是所有沙皇中最虔诚的一位;他让渡给某位教会人士——尼康的权力之大,堪称前无古人后无来者。然而,在尼康对俄国教会的统治结束前,教会就遭到了致命的分裂和削弱,尼康锒铛入狱,被关押在一间冰冷的石室内。尼康与阿瓦库姆之间的争斗更具讽刺意味。两人的出身都很卑微——来自俄国北部的森林地区。但两人在教会内部都上升得很快,于17世纪40年代来到莫斯科并成为朋友。两人都将净化俄国教会视为毕生的伟大目标,但他们在如何达成这一目标上产生了严重分歧。两人都满怀热情地确信,自己才是对的。两大对手如同强大的先知那般,猛烈挥舞着双臂,冲着对方怒吼。其后,两人几乎同时被重掌权力的国家机器打败。在流放期间,他们仍坚信自己是基督的虔诚仆人,能够看到幻象、用神力治病救人。两人一个死在火刑架上,另一个则在一条荒凉的道路旁逝世。

尼康个头很高，性格粗鲁，他父亲是一名来自东北部大伏尔加河地区的农民。尼康起初被任命为"白衣"神父，他已经成了家，但后来离开自己的妻子，当了一名僧侣。以救世主新修道院（New Monastery of the Savior）院长的身份来到莫斯科之后不久，这位身高6英尺5英寸的教士被引荐给年轻的沙皇阿列克谢。尼康的宗教热情和高大身材令阿列克谢惊叹不已，他开始每周五都定期与尼康会面。1649年，尼康成为诺夫哥罗德都主教（Metropolitan of Novgorod），这是全俄主教职位中最古老、最有权势者之一。而后，在1652年，当现任牧首去世时，阿列克谢恳请尼康担任牧首一职。

尼康并未接受这一任命，直到23岁的沙皇双膝跪地，泣涕乞求，他才答应下来，但提出了两个条件：阿列克谢必须对他唯命是从，"您视我为首席导师与神父，而我将在教义、行为准则与传统习俗方面指导您"。[1] 他还要求，自己对俄国东正教会实施的一切重大改革，沙皇都必须予以支持。阿列克谢立誓答应，于是尼康接下了牧首一职，一场全面改革计划的出台亦就此成为定局。尼康的计划是，革除那些酗酒及染有其他恶习的神职人员的教籍，确立教会的至高地位，使之凌驾于国家之上，而后率领纯洁、强大的俄国教会，统治整个东正教世界。他的初步动作是改革圣餐仪式和数百万俄国人每日举行的礼拜仪式。此外，有些已经被运用了数个世纪的圣典及印刷出来的祈祷文在不知不觉间记录了许多离经叛道、改变原意的思想和低级错误，尼康打算净化这些圣典和印刷品的内容，使其与希腊神学家的理论保持一致。未经校正的古书则将被销毁。

对礼拜和圣餐仪式的改革激起了一场激烈的论战。虔诚的俄国人将这类问题看得极为重要，如在礼拜的各个时间点上喊多少声"哈利路亚"、在奉献仪式或祭坛上摆多少块圣饼、耶稣名字的拼法（从Isus到Iisus）。最受关注的问题是十字符号的画法：是按照新近的规定伸出三根手指（象征着三位一体），还是按照传统方法用两根手指（象征着耶稣的二重性）？如果谁确信人世只不过是天堂或地狱的上一站，而要实现自我救赎就必须严格遵守宗教礼制，那么画十字时用两根而非三根手指对他来说，就相当于永生是在天堂之境还是在地狱烈焰中的区别。此外，信奉基要主义的教士质问道，为什么我们要承认希腊教会仪式、措辞的地位高于俄国教会仪式、措辞的地位？既然莫斯科已经接替拜占庭帝国成为第三罗马，而俄国东正教会也已成为东正教会的正统，那么我们为什么还要在仪式、教义或其他问题上向希腊人卑躬屈膝？

1655年，尼康开始寻求来自俄国以外的支持，并获得了成功。他邀请安条克牧首马卡里乌斯（Macarius）前往莫斯科，这位叙利亚教士带着自己的儿子兼书记——阿勒颇的保罗（Paul of Aleppo）踏上了漫漫行程。一路上，保罗坚持记日记，其中为我们提供了许多关于尼康和阿列克谢的一手资料。① 他们于1655年1月抵达莫斯科，俄国牧首以帝王般的姿态迎接他们，尼康"身穿一件绿色的天鹅绒法袍，上面绣有身着红色天鹅绒的人物，法袍的中央是小天使，用黄金和珍珠制成。他头戴以白色缎子制成、覆有金色拱顶的拉丁帽，拱顶上竖着一个镶有宝石和珍珠的十字架。他的眼睛上方是用珍珠镶成的小天使，拉丁帽的边缘以黄金和珍珠为饰"。²

从一开始，年轻沙皇的虔诚、谦卑、恭顺与俄国牧首的高高在上、气势威严，就给这群旅行者留下了极为深刻的印象。阿列克谢自觉自愿地养成了"不乘坐马车，而是步行参加主要圣徒专属教堂为他们举办的纪念活动的习惯。从弥撒开始到结束，他都光着头站立，频频鞠躬，一面叩

---

① 阿勒颇的保罗的日记名为《马卡里乌斯行纪》，书中系统收录了那些不得不忍受17世纪俄国艰苦生活的人们的哀叹、抱怨、呻吟、愠怒与哭诉，读来尤为令人悲伤。

当他们拜访俄国教士时，曾被要求参加教堂的礼拜活动，最糟糕的莫过于这些活动的时长和状况。"他们的教堂都没有座椅，"保罗抱怨道，"没有一个人是坐着的，连主教也不例外。你可以看到，从头到尾，所有人都像岩石一样静静地站着，或是在自身热情的驱动下，不停地鞠着躬。至于他们的祷告、咏唱和弥撒的长度，上帝帮帮我们吧……他们习以为常，所以丝毫不觉得疲倦……我们每次都是蹒跚着离开教堂的，因为站得太久……一连几天，我们都处于极度虚弱的状态，背部和腿部疼痛不堪……我们不得不冒着足以让我们丧命的严寒，站在冻得像铁一样硬的地面上。最让我们惊讶的是我们看到了那些达官贵人的儿子和小孩子光着头，一动不动地站在那里，从未表现出丝毫不耐烦的样子。"在一次礼拜中，过去两年内在对波战争中阵亡的士兵姓名被一一提及。"领班神父用极其缓慢、沉静的声调念着他们的名字，吟唱者则反复吟唱着'永垂不朽'，直到我们差点儿瘫在地上，双腿都被冻僵了。"³

末了，保罗得出结论："如果谁想折寿5到10年，就应该以宗教人士的身份到俄国去走一走。"

首,一面在圣像前悲泣、哀叹,而这一切都是当着全体与会者的面进行的"。[4] 有一次,阿列克谢与马卡里乌斯一道拜访莫斯科30英里外的一座修道院,在那里"皇上挽着主人(马卡里乌斯)的胳膊,引着他前往一座临时医院,好让他为瘫痪者和病患祝福、祈祷。一走进那个地方,我们中的一些人就待不下去了,因为那里的空气太恶浊了,而那些遭受病痛折磨的人也让我们不忍直视,但皇上只想着让我们的主人为他们祈祷、祝福。当牧首为每个人祈福时,沙皇紧随其后,亲吻患者的头、嘴和双手,自始至终皆是如此。当我们一心想着逃离此地时,沙皇所表现出来的圣洁与谦卑委实令我们感到惊讶"。[5]

在令俄国教会一片哗然的礼拜及圣餐仪式的改革问题上,马卡里乌斯坚定地支持尼康。在一场于1655年大斋节第五周举行、由尼康召开的宗教会议上,尼康指出了俄国教会同僚的错误,并反复要求马卡里乌斯证实他的判断。马卡里乌斯始终站在尼康一边,俄国教士,无论是否出自本心,不得不公开表示赞同。

与其他威风凛凛的统治者一样,尼康已经成为这样的人了,他是一个伟大的建设者。担任诺夫哥罗德都主教时,他修建了一座座女修道院,并在自己辖下的广袤北方主教区内四处重建修道院。在莫斯科时,他用沙皇给他的砖石,在克里姆林宫内建起了一座崭新的、气势宏伟的主教宫。它拥有7座大厅、宽敞的阳台、巨大的窗户、舒适的寓所、3座私人小礼拜堂,以及1座图书馆,图书馆内藏有大量用俄文、斯拉夫文、波兰文及其他文字写成的书籍。在其中的一座大厅内,尼康于一座高台上用餐,其他教士则在下方的餐桌上吃饭,场面就和沙皇用餐时波雅尔们环绕其身侧差不多。

出自尼康之手的最伟大纪念性建筑是一座巨大的圣墓修道院,这座名为"新耶路撒冷"的修道院在距莫斯科30英里远的伊斯特拉(Istra)河上拔地而起。牧首想严格依照原样仿造出一座圣地:修道院屹立在"各各他山"(Hill of Golgotha)上,附近河段被改名为"约旦河",位于修道院中心的大教堂则是仿造内藏圣墓的耶路撒冷圣墓教堂修建的,穹顶高187

英尺。大教堂拥有27座小礼拜堂、钟塔、高大的砖墙、镀金大门，以及几十座附属建筑。尼康不惜血本打造了这座建筑，就是为了宣示莫斯科是新耶路撒冷的真正所在地。

不论僧俗，尼康均以严刑峻法约束之。他试图控制普罗大众的日常生活，禁止咒骂他人，禁止玩牌，禁止滥交，甚至禁止饮酒。此外，他还坚决要求，每名虔诚的俄国人每天必须在教堂里待上4小时。对于犯错误的教士，他毫不容情。阿勒颇的保罗记录道："尼康的亲信一刻不停地在城内巡视，一旦他们发现任何一名神父或僧侣喝得烂醉，就会将他投入监狱。我们亲眼看到，条件极度恶劣的监狱内人满为患，囚犯的肌肤被沉重的锁链磨伤，颈间和腿上压着一段段原木。当高级教士或修道院院长犯下罪行时，他们要戴上镣铐，没日没夜地在面包烘焙房里筛面粉，直到服完刑为止。以前，西伯利亚的女修道院是空荡荡的，现在里面挤满了牧首送来的修道院院长和高级修士，以及生活放荡、行为卑劣的僧侣。就在不久前，牧首甚至革除了圣三一大修道院院长（High Steward of the Supreme Convent of Troitsky）的教职，尽管这位院长是该国的第三号贵人（位列沙皇和牧首之后）。由于此人收受富豪的贿赂，尼康罚他在谢夫斯克（Sievsk）女修道院磨玉米。靠着铁腕政策，牧首尼康让所有人都对自己畏惧不已，他的话成了圣旨。"[6]

6年来，尼康一直是俄国事实上的统治者。他不仅与沙皇共享"伟大主宰"的头衔，还经常行使利用国家机器来处理世俗事务的绝对权力。当阿列克谢离开莫斯科前往波兰作战时，他将尼康留在后方摄政，并下令："一切事务，无论大小，均应征求尼康意见后方可决定。"拥有这种权力之后，尼康用尽一切手段，以牺牲国家权力为代价，将教会提升到至高无上的位置。在克里姆林宫，他的行为举止比沙皇更具帝王之气；不仅教士和平民，就连俄国大贵族也受到尼康的支配。

阿勒颇的保罗称，尼康用专横的态度对待阿列克谢的臣僚："我们注意到，当顾问班子成员聚集在会议室内时，牧首敲响大钟，让他们前往他的宫殿，那些迟到的官员将不得不冒着严寒在门外等候，直到牧首下令让他们进来为止。当他们获准入内时，牧首尼康会把身子转向圣像，全体官员则拜倒在他面前，以头叩地。在他离开大厅之前，他们一直光着头。他将自己对一切事务的决定传达给每个人，并命令他们按自己的意思办。"保罗的结论是：事实上，"帝国显贵并不怎么畏惧沙皇，他们对牧首的惧意要深得多"。[7]

在一段时间内，尼康从容地运用着手中的权力，似乎运用权力本身就赋予了他权力。但这种表象存在一个致命的漏洞：真正的权力依旧掌握在沙皇手中。在牧首受到沙皇热爱和支持的时候，没人能与之抗衡。但他的敌人在不断增加，就像缓缓累积起来的雪崩一般，他们试图激起沙皇对尼康的猜忌和怀疑。

终于，尼康与沙皇之间的裂痕变得越来越明显。当马卡里乌斯和保罗离开莫斯科返回安条克的时候，一名皇家使者追上了他们，将马卡里乌斯召回。在折返途中，他们遇到了一群希腊商人。后者告诉他们，耶稣受难日那天，沙皇和牧首在教堂内就礼拜仪式的某个程序当众爆发争吵。阿列克谢在盛怒之下，称牧首为"愚蠢的乡巴佬"。尼康顶了回去："我是您的精神教父，为什么现在您辱骂我？"阿列克谢回击道："您不是我的精神教父，神圣的安条克牧首才是，我会派人把他召回来的。"[8] 马卡里乌斯回到莫斯科后，暂时弥合了两人之间的嫌隙。

但到了1658年夏，尼康的地位一落千丈。当沙皇开始对尼康不理不睬时，后者企图强迫阿列克谢正视他的存在。在圣母升天大教堂做过礼拜后，他穿上普通修士的衣服，离开莫斯科，退隐于新耶路撒冷修道院，并宣称除非沙皇重新开始信任他，否则他就不回去了。但他错误估计了形势。时年29岁的沙皇已经完全成熟，摆脱专横的尼康对他来说未尝不是一件愉快的事。他不仅把尼康晾在修道院内整整两年，使其吃惊不已，还召开了一次宗教会议，指责牧首"任性地抛弃了牧首职位，抛弃了伟大的俄国最为尊贵的宝座，抛弃了自己的信众，导致纷争不断，国无宁日"。[9] 1660年10月，宗教会议宣布："牧首的做法表明，他去意已决，因此已不再是牧首。"尼康拒绝接受宗教会议的决议，他引用大量《圣经》内容，撰文予以驳斥，并到处散发。阿列克谢将宗教会议的指控和尼康的回应都呈送给耶路撒冷、君士坦丁堡、安条克和亚历山大城的4位正教牧首,恳请他们前往莫斯科"复核、批准对前牧首尼康的裁决,此前他没有恰当地履行牧首的职责"。[10] 4人中有2人——亚历山大城的帕西乌斯(Pasius of Alexandria)和安条克的马卡里乌斯同意前来,但他们直到1666年才抵达。对尼康的审判大会于当年12月在2位外籍牧首的主持下召开,13位都主教、9位大主教、5位主教和23位大修道院院长参加了会议。

审判大会在尼康建于克里姆林宫内的新主教宫中召开。尼康受到如下指控:将教会凌驾于国家之上,非法剥夺主教职务,以及"目无法纪,擅离职守,致使教会无人领导达九年之久"。尼康为自己辩护,认为自己的地位显然要高于世俗君主:"汝难道不知,最高圣职并非由国王或沙皇任命,但反过来,君主的涂油礼都要由神职人员来施行么?因此道理非常明白:神权要大大高于皇权。所以一切再清楚不过,沙皇的地位无疑比主教要低得多,他应当听命于主教。"[11] 但宗教会议予以驳回,并重申传统的教权-国家权力平衡论:除了涉及教义的问题,沙皇有权主宰全体臣民的命运,教士与牧首亦不例外。与此同时,宗教会议批准、认可了尼康对俄国礼拜、圣餐仪式的改革措施。

尼康被处以流放之刑。直到生命即将走到尽头的时候,他都以一名修士的身份居住在一座偏僻的修道院内,他的窄小居室位于一座螺旋式楼梯顶端,楼梯极为狭窄,仅能勉强容一人出入。他的床铺是方形的,以花岗岩制成,上面铺着一层厚厚的灯芯草。在这段耻辱的岁月里,尼康的胸前压着沉重的铁枷,手足则被镣铐束缚着。

终于,阿列克谢的怒火渐渐平息。他没有推翻宗教会议的决议,但致信尼康,请他祝福自己,并送去一些食物作为礼物。当彼得出世后,他又以自己新生子的名义给尼康送去一件黑貂皮外套。尼康以医者的身份度过了自己的最后岁月。据说他在3年之内先后用神力治愈了132人。阿列克谢驾崩后,年轻的沙皇费奥多尔试图与尼康成为朋友。有记载称,1681年,在这位垂垂老矣的僧侣行将就木之际,费奥多尔赦免了他的部分罪行,并允许他以自由人的身份重返新耶路撒冷修道院。1681年8月,尼康在返家途中平静地去世。此后,费奥多尔收到4位东方牧首的来信，要求为逝者恢复名誉。就这样，尼康在去世之后，被重新授予了牧首头衔。

尼康的政治遗产同他的打算背道而驰。再也没有一位牧首能像他一样权焰熏天；毫无疑问，在尼康过世后，俄国教会就成了国家政权的附庸。尼康的继任者，新任牧首约阿希姆很清楚自己将被指定扮演什么样的角色。他对沙皇说："陛下，我对旧信仰和新信仰都一无所知，但无论陛下要下达什么样的命令，我都已经做好了全面响应、服从的准备。"[12]

尼康已被废黜，但他带给俄国的宗教动荡刚开始。那场宗教会议在指责牧首试图用教权压制皇权的同时，也肯定了尼康先前发起的礼拜、圣餐仪式修正运动。整个俄国的低级教士和普通民众都为这一决定痛苦不已。人们对父辈（正是这些人教给他们什么才是唯一真正纯洁无瑕的信仰）所使用的传统俄式礼仪怀有很深的感情，因而拒绝接受这些改革措施。对他们而言，旧式礼仪是通往救赎之路的钥匙；他们宁可在人间遭受千难万苦，也不愿让自己的灵魂永堕地狱。这些针对教会仪式的革新是外国人的玩意儿。尼康本人不是都承认过，甚至当众宣称过"我是俄国人，是一个俄国人的儿子，但我的信仰和宗教是希腊式的"吗？[13] 外国人把魔鬼的杰作带到了俄国——烟草（"蛊惑之草"）、具象派艺术和器乐①。如今，无耻、邪恶程度前所未有的外国人正打算从内部颠覆俄国教会。据说尼康的新耶路撒冷修道院内挤满了伊斯兰教、天主教和犹太教的信徒，他们正忙于篡改俄国的圣典。甚至有传言称尼康（有人说是阿列克谢）就是敌基督者，他的统治预示着世界的毁灭。事实上，早些时候某个信仰基要主义的神父所宣扬的教义正合俄罗国的心意："你们这些单纯、无知、谦卑的俄国佬，忠于那套简朴幼稚的福音吧，你们会在其中找到永生之道的。"[14] 如今，自己的信仰正遭受着侵害，虔诚的俄国信众只得高声呐喊：

---

① 在1649年的排外骚乱中，6辆载有乐器的马车被暴民发现，并被烧毁。对器乐的偏见并不是最近才出现的，也从未得到改变。俄国东正教会认为只能用人声来赞美上帝，因而至今不允许乐器出现在礼拜仪式中。这一举措令其所属合唱团成为世界一流的无伴奏合唱团。

"把我们的基督还给我们!"

尼康的教会改革导致了一场全面的宗教叛乱——甚至当尼康故去后,叛乱仍在继续。成千上万人抵制改革,他们被称为旧礼仪派或分裂派。由于国家对教会改革采取支持态度,针对教会的叛乱扩大为针对国家政权的叛乱,旧礼仪派教徒既拒绝服从教会的权威,又拒绝服从国家的权威,无论是教会的说服还是政府的镇压都没能让他们改变心意。

为了逃离敌基督的魔爪、躲避来自国家的迫害,旧礼仪派信徒整村整村地逃往伏尔加河、顿河流域、白海(White Sea)海岸和外乌拉尔地区。到那里以后,他们在森林深处或遥远的河岸上构筑了新的定居点,忍受着拓荒的艰难困苦,建立起属于自己的社区。一些人逃得不够远,当军队追踪而至时,这些旧礼仪派信徒声称他们宁可做好被净化之火吞噬的准备,也不愿抛弃父辈的礼拜仪式及祈祷文。有人听到孩子们这样说:"我们将被烧死在火刑柱上。在来世,我们会得到小小的红靴子和绣着金线的衬衣。他们会用蜂蜜、坚果和苹果招待我们,要多少有多少。我们不会向敌基督者低头。"[15] 一些社区的成员厌倦了等待,男人、女人和孩子,一齐聚集在他们的木制教堂内,把门堵上,而后一边唱着古老的祈祷文,一边纵火,让自己葬身于建筑物内。在遥远的北方,强大的索洛维茨基修道院(Solovetsky Monastery)的僧侣(一定程度上是通过强调尼康派的禁酒令)成功地将当地守军争取到旧礼仪派一边,让他们为此而战。他们后被围困达8年之久,这批僧侣和军人坚持了下来,并将莫斯科政府派来对付他们的力量一一击退。

旧礼仪派中最为威严、杰出的人物是大司祭阿瓦库姆。他英勇、热情、狂热,拥有极大的血气之勇,这股勇气和清教徒式的精神信仰相称,也为其提供支撑。他在自传中写道:"有位妇女前来向我忏悔,她罪行累累——与人通奸,还犯下了一切与肉欲有关的恶行。她一边哭泣,一边立在福音书面前,将这些罪行向我和盘托出。我却堕入无比可憎的道德深渊,淫荡的火焰在我心中熊熊燃烧。此时我极为痛苦。我点燃了3根蜡烛,将它们固定在诵经台上,而后把右手放在火焰上,一动不动,直到邪恶的情欲被焚烧殆尽。把那个年轻女子打发走后,我将自己的法衣埋了起来,而后一边祈祷，一边朝家里走去。我的精神痛苦不堪，觉得自己十分卑劣。"[16]

阿瓦库姆是那个时代风格最为鲜明生动的作家和神父——当他在莫斯科布道时，人们成群结队地前来听他的雄辩，也是那个时代的宗教领袖中对尼康改革最感愤慨的一位。他对所有改革措施和折中方案都尖刻地大加挞伐，斥尼康为异教徒、撒旦的走狗。他对这类革新之举大为光火——例如，在最近的圣像画中，有的用现实主义手法描绘神圣家族成员，他怒斥道："他们把救世主以马内利画成脸部丰满、嘴唇鲜红、手指微微凹陷、腿又粗又胖的样子，总之就是让他看起来像一个德意志人——大腹便便、肥头大耳，就差没在他身侧画上一柄剑了。这些都是尼康那个肮脏杂种的发明。"[17]

1653年，尼康将自己的昔日好友阿瓦库姆流放到西伯利亚的托博尔斯克（Tobolsk）。9年过去了，此时牧首已遭贬黜，阿瓦库姆在莫斯科有一些权贵朋友，他们说服沙皇召回这位神父，并再次将他安置在克里姆林宫中的一座教堂里。一段时间内，阿列克谢怀着敬意频频前去旁听阿瓦库姆的讲道，甚至将这位神父称为"神的使者"。但阿瓦库姆是个顽固的基要主义者，一直在向听众强行灌输基要主义思想。他胆大包天地宣称，刚刚出生的婴儿对上帝的了解比整个希腊教会的学者都要多，并断言，那些已经接受了异端尼康改革主张的人若想得到救赎，就必须进行再施洗。这些情感爆发的言论导致阿瓦库姆再度遭到流放，这次他被丢到了遥远的、位处北冰洋海岸的普斯托泽尔斯克。身处僻壤的阿瓦库姆继续领导着旧礼仪派。在这个地方，布道是不可能的，他就写信给自己的追随者，用富于表现力的语言敦促他们捍卫传统信仰，不要妥协，藐视那些迫害他们的人，并以基督为榜样，欣然地接受痛苦与殉教的命运。"焚烧你们的肉体，"他说，"将你们的灵魂托付给上帝。飞奔着跳进火焰里，说：'这是我的身体，恶魔，拿去吃吧；我的灵魂你休想得到。'"[18]

阿瓦库姆的最后一次挑衅行为决定了其烈火焚身的命运。他从流放地致信年轻的沙皇费奥多尔，声称基督以幻象的形式出现在他面前，告诉他，费奥多尔死去的父亲——沙皇阿列克谢由于批准了尼康派的改革措施,如今正在地狱里受罪。费奥多尔的反应是判处阿瓦库姆火刑。1682年4月,阿瓦库姆迎来了期待已久的殉教时刻,他被绑在普斯托泽尔斯克市场的一根火刑柱上。最后一次用两根手指画了一个十字后,他欣喜地冲着围观人群喊道:"你被绑在上面之前,火刑柱一直是可怕的。可你一旦被绑上来了,就拥抱它,忘掉一切吧。在炎炎烈火吞没你之前,你就看到基督了,灵魂从肉体的囚笼里挣脱出来,像一只快乐的小鸟,飞上天堂。"[19]

阿瓦库姆的牺牲起到了榜样的作用,在俄国各地,成千上万信徒的热情被点燃了。在从1684年到1690年的6载岁月里,有2万名旧礼仪派信徒自觉自愿地效仿他们的领袖,投身于烈火之中。他们宁可以身殉教,也不愿接受敌基督者的教义。看起来,索菲亚政府与阿列克谢或费奥多尔的政府一样,很符合"敌基督者"的形象。事实上,索菲亚对待分裂派的手段比她的父亲或弟弟更为冷酷无情。各省省长接到命令:在必要情况下,他们必须将手头的所有兵力都派去协助地方的都主教,以强制推行既定宗教。不论是谁,只要不去教堂,就会受到盘问。那些有信奉异端之嫌的人将遭到拷打。那些窝藏分裂派的人则会被没收全部财产,并处以流放之刑。然而,尽管遭受着拷打、流放和火刑的折磨,旧礼仪派的力量却依然强大。

并不是所有的旧礼仪派信徒都遭到迫害或火刑。那些逃往北部森林地区避难的人依照新路线安排自己的生活,和同一时期持宗教异见的新教徒不无相似之处——那些人离开欧洲,在新英格兰(New England)建立了宗教社区。这些独来独往的旧礼仪派信徒构建起一个个农业和渔业社区,为未来的繁荣打下了基础。一代人之后,到了彼得时代,这些旧礼仪派信徒已被看作稳重、勤勉的劳动者。彼得对他们的这些品德颇为欣赏,告诫手下的官员:"别去打扰他们。"

从长远来看,改革后的教会还有俄国本身是教会大分裂的最大受害者。尼康希望改革能够净化本国教会,并使其做好成为东正教世界领袖的准备,结果却削弱了它。尼康和阿瓦库姆这对冤家,以及改革派和旧礼仪派在互相斗得精疲力竭的同时,也耗尽了教会的能量,让最热情的成员同它疏离，进而导致教会永远成了世俗政权的附庸。当彼得登上历史舞台的时候，他对教会的看法与尼康高度一致：一个混乱、了无生气、腐化、无知、迷信的组织，必须狠狠净化一番。着手完成这项任务（它一直持续到彼得的统治生涯即将落幕时才完成）时，彼得拥有两个尼康所不具备的压倒性优势：他手中的权力更大，也不需要任何人来批准他的改革措施。即便如此，彼得的改革幅度却更小。他从未修改过已被尼康改革过的礼拜仪式、祈祷文和教义。彼得强迫分裂派成员服从改革后的教会权威，但他并未导致本国教会进一步分裂。然而，彼得造成的分裂在于其他领域。

# 6

# 彼得的游戏

在索菲亚统治的那些年里,一些礼仪功能只能由彼得和伊凡来承担:重要公文上必须有他们的签名,国宴、宗教节日和为外国大使举办的欢迎仪式上必须有他们的身影。1683年,即彼得11岁那年,两位共治沙皇接见了瑞典国王卡尔十一世的使节。大使秘书恩格尔贝特·坎普法(Engelbert Kampfer)记录了当时的情景:

> 两位陛下坐在……同一张椅子上,椅子是银制的,看起来像一把主教椅,略高,上面覆着红布……两位沙皇都穿着银布长袍,上面编织着红色和白色的花儿,他们手里拿的不是权杖,而是一根长长的金棍,棍子的一头是弯曲的,就像主教的牧杖那样。金杖上、长袍的胸兜上、他们的前襟和帽子上都点缀着一颗颗白色、绿色和其他颜色的宝石,闪闪发亮。两位沙皇中年长的那位几次将帽子拉下来遮住眼睛,把目光投向下方的地板,大部分时候,他都一动不动地坐着。年幼的那位有一张直率、真诚的面孔,每当有人和他说话,他的脸上就洋溢起青春的活力。他时不时地环视四周。他那极为漂亮的脸蛋和活泼的作风,有时会把俄罗斯沙皇国的权贵弄得手忙脚乱,这深深地打动了我们所有人,倘若他是一个普通的年轻人,而不是什么皇家要人,我们一定很乐意和他谈笑风生。年长的沙皇17岁,年幼的16岁。① 当瑞典大使呈递国书的时候,两位沙皇一道站起身来……但年长的伊凡让这道程序的时间略微延长了些,因为他不懂得接下来该怎么做,所以把伸手让人亲吻的时机给搞错了。彼得急不可待,没有像

---

① 尽管彼得只有11岁,但瑞典人从他的身材和活力来推算,认为他已经16岁了。

通常那样给大臣时间将他和他哥哥从座椅扶起来，再抚摸他们的头。他立刻蹦起来，把手放在自己的帽子上，而后开始飞快地问那个常规问题："你们的陛下，瑞典的卡尔身体还好吗？"别人不得不把他拉回到宝座上，当哥哥的这才有机会开口。[1]

1684年，即彼得12岁那年，一名德意志医师这样记载：

> 当我准备亲吻彼得的右手时，他半咧着嘴，向我抛来友好而亲切的一瞥，而后立刻朝我伸出手来；与此同时，沙皇伊凡却不得不让人搀着他的手。他（彼得）显然是一个俊俏的男孩，而他的能力从他的性情上就看得出来。他拥有太多与生俱来的优势，而君王之子的身份是其中最微不足道的一个。他相貌堂堂，所有见到他的人都会喜欢上他。即使在很小的时候，他也拥有机灵的头脑，你根本找不到第二个像他那么聪明的人。[2]

荷兰大使范·凯勒于1685年用热情洋溢的笔调写道：

> 年轻的沙皇如今已经13岁了。造物主对他集万千宠爱于一身：他身材高大，风度翩翩。他明显长大了，变得越来越聪明，越来越善解人意，也赢得了所有人的好感和喜爱。他对军旅事务情有独钟，因此我们可以预言，等他到了法定年龄，一定能成为勇猛无畏的英雄。[3]

伊凡则是一部可悲的反面教材。1684年，彼得患上麻疹，伊凡独自接见奥地利使节。他不得不让两个仆人搀着他的胳膊。作答时，他的声音小到几乎听不见。当帕特里克·戈登将军（General Patrick Gordon）——一名为俄国效力的苏格兰军人在索菲亚和瓦西里·戈利岑在场的情况下受到接见时，病恹恹的伊凡极为虚弱，以至于在会见期间他什么也没做，只是一个劲儿地盯着地板。

索菲亚摄政期间，尽管他们只在正式场合见面，但彼得与伊凡的关系依旧很好。"两位陛下真心实意地相亲相爱,彼此间的情感甚至比以前更加深厚。"[4] 范·凯勒于1683年写道。索菲亚和米洛斯拉夫斯基家族自然对伊凡忧心忡忡。他是他们的权力基础,他们的未来无疑也取决于他。但他的寿命可能并不长,如果他不能留下一个后嗣,米洛斯拉夫斯基家族就无人能继承皇位了。因此,尽管伊凡的眼睛、舌头和脑子都有毛病,索菲亚还是认为必须让他结婚,并试图让他当上父亲。伊凡屈服了,娶了性格活泼的名门千金普拉斯科维娅·萨尔特科娃(Praskovaya Saltykova)为妻。他们的最初努力取得了部分成功:普拉斯科维娅怀了个女儿,也许下次会是个儿子。

对纳雷什金家族来说,伊凡体弱多病的事实给他们带来了残酷的满足感,但这些事态发展令人沮丧。彼得的年龄太小,还不能结婚,也不能在后嗣这件事上和伊凡竞争。但彼得更年轻,也更健康,这是纳雷什金家族的希望所在。1684年,彼得患上麻疹,发起高烧来,纳雷什金家族绝望了。在娜塔莉娅那身材高挑、面容活泼的儿子长大成人的日子里,他们只能等待着,忍受着索菲亚的统治。

纳雷什金家族成员在政治上遭到放逐,对彼得而言是件幸运的事。索菲亚发动政变,剥夺了纳雷什金派的政治权力,也将彼得解放了出来,他除了偶尔在某些仪式上履行自己的职责外,什么都不用做。无所事事的彼得在自由自在、无拘无束、空气清新的乡下一天天长大。射击军之乱结束后,太后娜塔莉娅带着儿子、女儿暂时留在克里姆林宫,并继续住在丈夫过世后归她所有的那些房间内。但随着索菲亚上台,气氛似乎变得越来越紧张、沉重。娜塔莉娅对马特维耶夫和兄弟伊凡·纳雷什金遭杀害一事依旧愤恨难当,也从来不敢肯定索菲亚不会采取新的行动来对付她和她的孩子们。但这种危险发生的可能性极小,在大多数时候,索菲亚完全忘却了继母的存在。娜塔莉娅得到了一笔小小的津贴,用于维持生活。用度总是捉襟见肘,逆来顺受的娜塔莉娅不得不恳请牧首或其他神职人员给予更多帮助。

为了逃离克里姆林宫,更多时候,娜塔莉娅住在沙皇阿列克谢心爱的普列奥布拉任斯科耶——该村坐落于亚乌扎河畔,在莫斯科东北约3英里处，她住在那里的别墅兼狩猎屋内。在阿列克谢时代，它一直是沙皇那庞大的猎鹰活动中心的一部分，如今那里仍设有一排排马棚、数百只鹰笼和鸽笼（这些鸽子是猎鹰的捕食对象）。别墅本身是木制的，规格很小，布局杂乱无章，窗户上挂着红色的帘子，但它坐落在点缀着树木的绿地上。从一座小山顶上，彼得可以目不转睛地望着一片片高低起伏的草场、大麦田和燕麦田，一条条蜿蜒着穿过桦树林的银光闪闪的河流，一个个小小的村庄和一座座俯视着村庄并被白墙围起的教堂，还有教堂那蓝色或绿色的洋葱状穹顶。

在这里，在普列奥布拉任斯科耶的田野和森林，在亚乌扎河畔，彼得可以忘掉他的课业，一心一意地玩乐。他所钟爱的是战争游戏，他在还很小的时候就喜欢这种游戏。费奥多尔执政时期，克里姆林宫内设有一座供彼得使用的小型练兵场，彼得的操练对象是同他一起玩耍的男孩子们。如今，为普列奥布拉任斯科耶的开阔世界所环抱的彼得拥有无限的空间来做这项令他着迷的游戏。与大多数享受战争游戏的男孩不同的是，彼得可以利用一座国有兵工厂来供应自己的军械装备。这座兵工厂的记录显示，彼得经常来要这要那。1683年1月，他订购了一批制服、军旗和两门木制加农炮。箍有铁环的炮管安装在几个轮子上，这样就可以用马匹来牵引。这些东西很快就全部到货。1683年6月，在11岁生日那天，彼得丢掉了木制加农炮，换上了真正的加农炮，在有炮兵在场指导的情况下，彼得获准鸣放礼炮。他对开炮的感觉极为享受，以至于使者几乎天天前往兵工厂，索要更多的火药。1685年5月，即将满13岁的彼得订购了32把手铳、16支带背带和黄铜托架的卡宾枪。不久之后，他又订购了23支卡宾枪和16支滑膛枪。

到了彼得14岁时，他和母亲已经永久定居在普列奥布拉任斯科耶，他的军事游乐场从夏季别墅转移到了一座青少年军营。彼得的第一批"士兵"是他的一小队玩伴，这些男孩子从彼得5岁起就被派去伺候他。他们是从一些波雅尔家族中挑选出来的，目的是给皇子提供一支由年轻贵族组成的私人扈从队伍，这些人扮演着侍从武官、随从和仆役长的角色；事实上，他们是他的朋友。彼得还从父亲阿列克谢和兄长费奥多尔的庞大侍从队伍中挑选人员来充实自己的军队，他们中的大部分现在没了用武之地。

许多仆役——特别是那些在沙皇阿列克谢的猎鹰活动中心工作的仍然留在皇家机构内,无所事事。费奥多尔的健康状况很差,因而无法参加狩猎活动,伊凡就更不可能享受它的乐趣了,而彼得也不喜欢这项活动。尽管如此,这些人却继续拿着国家的薪水,由沙皇来养活。彼得决定让其中一些人参与到他的游戏中来。

由于更多年轻贵族要么在自身想法的驱使下,要么在渴望博得年轻沙皇欢心的父亲的敦促下主动投身其中,彼得的队伍进一步壮大了。来自其他阶级的男孩们也获准加入,文书、侍从武官、马夫甚至服侍贵族的农奴的儿子与那些波雅尔的儿子编为一组。在这些年轻的志愿者中,有一个出身不明的孩子,他比沙皇小1岁,名为亚历山大·丹尼洛维奇·缅什科夫(Alexander Danilovich Menshikov)。最终,这些男孩和青年中的300人被召集到普列奥布拉任斯科耶别墅。他们住在军营里,像军人那样训练,像军人那样说话,也像军人那样领饷。彼得视他们为自己的特殊战友。依靠这支由年轻贵族和马童组成的队伍,彼得最终组建了令他引以为傲的普列奥布拉任斯基团(Preobrazhensky Regiment)。直到俄罗斯君主国于1917年灭亡,这支俄国近卫军第一团的团长一直由沙皇本人来担任。由彼得大帝亲手缔造的事实成了这个团自豪的资本。

很快,小小的普列奥布拉任斯科耶村所有可以住人的地方都被塞得满满当当,但彼得的少年军团仍在不断壮大。附近的谢苗诺夫斯科耶(Semyonovskoe)村建起了新的营房;住在这里的连队最终发展成为谢苗诺夫斯基团(Semyonovsky Regiment),它是俄国近卫军的第二团。这几个处于孕育阶段的团各拥有300人的兵力,他们被编组为步兵、骑兵和炮兵——与正规军一模一样。军营、办公室和马棚拔地而起,彼得从正规骑马炮兵部队的装备中弄来了更多的马具和弹药箱。自正规团抽调的5名横笛手和10名鼓手负责用笛声和鼓声引导彼得的军事游戏的节奏。西式制服被设计出来,并分发使用:黑色的靴子、黑色的三角帽、马裤及颜色鲜艳的宽袖及膝外套。普列奥布拉任斯基团的制服是深绿色,谢苗诺夫斯基团采用的则是深蓝色。指挥层组建了起来,校官、尉官、军士、军需官、行政人员乃至发饷部门的人员均来自少年军团。同正规军士兵一样,他们的生活起居受到严格的军事纪律约束，接受严格的军事训练。他们在军营四周设置了警戒哨和瞭望哨。随着训练强度不断加大，他们组织了一次次长途行军：穿过乡间，扎营过夜，掘壕自守，并派人巡逻。

彼得满腔热情地投身于这项活动中，每个层面他都希望能充分参与。他没有自任团长，而是在普列奥布任斯基团当了一名级别最低的鼓手，这样他就可以津津有味地演奏自己喜欢的乐器了。最后，他把自己晋升为炮手或掷弹兵，这样他就可以操作这种震耳欲聋、威力无穷的兵器了。无论是在军营里还是在战场上，他都不让自己与其他人有任何区别。他履行着与士兵一样的职责，像士兵那样等着轮到自己值日、守夜，睡着与士兵一样的帐篷，吃着与士兵一样的食物。当部队修建土木工事时，彼得挥舞着铁铲，挖掘土方。当军团阅兵时，彼得站在队列之中，他的个头比其他人都要高，但除此之外没有任何区别。

少年时代的彼得拒绝在任何一支俄国陆军或海军部队中担任高级职务，这个习惯陪伴了他一生。后来，当他与自己的新俄军一道行军，或与自己的新舰队一道出航时，总是挂着下级指挥官的头衔。他很乐意让自己从鼓手晋升为炮手（在陆军中时），再从炮手晋升为军士，最后当上将军；或是从少将（在海军中时）晋升为中将。但他只在觉得自己能够胜任，或者做出值得提拔的贡献时，才会给自己升官。从某种程度上说，起初彼得之所以这么想，是因为他觉得在和平年代当一名鼓手或炮手更好玩，制造出的声音也比军士长和团长更为响亮。但也有这样的因素在内：彼得一直认为自己对军事事务的学习应当按照自下而上的顺序进行，而如果他——沙皇陛下这样做，那么就没有一名贵族可以根据头衔要求担任指挥官。从一开始，彼得就以身作则，淡化个人出身的重要性，强调个人能力的必要性。他将某种观念逐步灌输给俄国贵族阶层：军衔和威望不能世袭，必须靠自己的努力赢取。

随着彼得一天天长大，他的战争游戏变得越来越复杂。1685年，为了体验构筑、守卫和进攻防御工事的感觉，少年军人们花了近一年的时间，在亚乌扎河畔的普列奥布拉任斯科耶建起了一座小小的土木要塞。要塞一完工，彼得立刻用臼炮和加农炮轰击，看自己是否能将它夷平。最后，重建起来的要塞发展成为一座小小的设防城镇普雷斯堡（Pressburg），它拥有自己的守军、行政办公室和法庭，甚至为了好玩，还设立了一位"普雷斯堡之王"。此人是彼得的一名玩伴，而彼得本人也佯装听命于他。

考虑到这个军事游戏的复杂性，彼得需要专业人士来给他提供建议；就连最为跃跃欲试的少年也无法依靠自己的力量来构筑要塞并发炮击之。相关的技术知识是由德意志区的外国军官提供的。这些外国人原本是被招来担任临时技术指导的，随着时间的推移，他们逐渐以常设军官的身份留在了少年团内。到了17世纪90年代初，当两支连队被正式改编为普列奥布任斯基近卫团和谢苗诺夫斯基近卫团的时候，它们的团长、校官和尉官几乎全是外国人，只有士官和士兵是俄国人。

有人认为，彼得之所以组建这些童子军连队，是为了有朝一日利用它们来推翻索菲亚的统治。这种看法是站不住脚的。索菲亚完全清楚普列奥布拉任斯科耶的情况，但并没有予以认真关注。如果她认为童子军是个威胁，那么彼得向克里姆林兵工厂提出的军械供应要求就不会得到满足。只要首都的2万名射击军继续忠于索菲亚，彼得的600名童子军就掀不起什么风浪。索菲亚甚至将射击军下属团借给彼得，让他们参加彼得的模拟战争。但在1687年，正当彼得为一次大规模野战演习做准备时，索菲亚发动了第一次对克里米亚的战争。借给彼得使用的射击军、常备军士兵和外国军官奉命重返队伍，彼得的军事演习也因此取消了。

在那些年里，彼得对一切都感到好奇。他索要了一只餐厅用钟、一尊基督像、一具卡尔梅克人的马鞍、一只巨大的地球仪、一只会表演的猴子。他想了解事物是如何运作的，他喜欢看着工具被自己的大手握住，也喜欢握住工具的感觉；他观察工匠使用工具的样子，然后模仿他们，体验砍木头、凿石头和铸铁的感觉。12岁那年，他订购了一张木工台，并掌握了斧头、凿子、锤子和钉子的用法。他成了一名木匠。他学会了如何让车床运转的精细活儿，成了一名用车床加工木材的高手，后来又成了加工象牙的高手。他学会了排版和书籍装订。他喜欢铁匠铺里用锤子敲打灼热、通红的铁块时发出的"叮当"声。

彼得的少年时代就这样在普列奥布拉任斯科耶的户外无拘无束地度过，所导致的后果之一是他的正规教育未能继续下去。离开克里姆林宫时，他痛恨与那里有关的记忆，他与学识渊博的家庭教师（他们曾教导过费奥多尔和索菲亚）一刀两断，也与关于沙皇教育的习惯、传统一刀两断。聪明伶俐、求知欲旺盛的他逃往户外，学习实践知识而非理论知识。他不和教室打交道，而是和草地、河流、森林打交道；他摆弄的不是纸与笔，而是滑膛枪和加农炮。他收获颇丰，但也损失惨重。他读过的书很少。他的拼写、书写和语法能力从未超过童年早期的糟糕水平。他对外语一窍不通，只是日后在德意志区和在海外旅行时才学会了一点点荷兰语和德语。他从未接触神学，他的思维也从未受到哲学的挑战与扩充。与任何一个任性、聪明、10岁休学后又无拘无束过了7年的孩子一样，他的好奇心引着他走上丰富多彩的道路；即使无人指导，他也学到了很多很多。但他没有接受过正规、规律的脑力训练，这种由低到高、平稳有序的训练的最终目的是将人带往（在希腊人看来的）最高艺术——统治艺术的殿堂。

彼得往往出于好奇心或一时的心血来潮而学习，不管所学的有无用处，这为他的为人处世，也为他的统治之道奠定了基础。要是在克里姆林宫而非普列奥布拉任斯科耶接受教育，彼得可能就完成不了他日后的许多功业。正规教育既能赋予人们灵感，也能扼杀人们的想象力。然而，日后彼得感觉到，自己没能接受深刻而完善的正规教育实在是一件很可惜的事。

彼得亲手操作六分仪一事就是他那满腔热情的自学教育中的典型案例。1687年，即彼得15岁那年，雅各布·多尔戈鲁基公爵（Prince Jacob Dolgoruky）在即将前往法国执行外交使命时，向彼得提起一件事：他自己曾经拥有一件"无须移动方位就能测量距离与空间的"外国仪器。不幸的是，这件仪器被盗了，但彼得要求公爵从法国给他买一件回来。当多尔戈鲁基于1688年回到莫斯科时，彼得头一件问起的事就是他是否买到了六分仪。公爵拿出一个箱子，里头装着的包裹被打开了；包裹里面是一件用金属和木头制成的精美六分仪，但在场的人没有一个懂得它的用法。寻找六分仪专家的行动开始了，搜寻人员立刻前往德意志区，很快，他们就带来了一名头发花白的荷兰商人，此人叫弗朗茨·蒂默曼（Franz

Timmerman），他拿起六分仪，迅速计算出了从这里到附近一座房屋的距离。一个仆人被派去步测距离，他回来后，汇报说得出的数字与蒂默曼的接近。彼得热切地请求蒂默曼教导他。蒂默曼答应了，但表示他的学生必须先学习算术与几何。彼得学过基本的算术，但这门知识已经被他丢弃了，他甚至连如何做减法和乘法都不记得了。如今，在学会使用六分仪的欲望驱动下，他投身于各项科目的学习中：算术、几何，还有弹道学。他走得越远，展现在他面前的路径就好像越多。他对地理学再度产生了兴趣，并在父亲的大地球仪上研究起俄国、欧洲及新大陆的疆界来。

蒂默曼只是个凑合找来的家庭教师；他在俄国待了20年，因而并未接触到西欧的最新技术。但他变成了彼得的辅导老师和朋友，沙皇让这个叼着烟斗的荷兰人长期陪伴在自己身侧。蒂默曼见过世面，能够描述事物的运转原理，对于这个好奇心永无止境的高个儿男孩提出的没完没了的疑问，他至少能回答其中一部分。他们一道在莫斯科周边的乡间四处漫步，拜访一座座庄园、修道院，或是穿过一座座小村庄。发生于1688年6月的一次远足成了一起著名事件的诱因，这起事件对彼得和俄国均有着举足轻重的影响。当时彼得正与蒂默曼一道在伊斯梅洛夫（Ismailovo）村附近的一座皇家庄园中漫步。庄园主屋后方的建筑群中有一座仓库，人们告诉彼得，这座堆满了废弃物品的仓库多年来一直锁着。这唤起了彼得的好奇心，他要求打开仓库门，尽管里面散发着一股霉烂的味道，但他还是开始环视四周。昏暗的光线中，一个巨大的物体立刻引起了他的注意：一艘旧船，船骨正在腐朽，船身倒扣在仓库的一个角落里。它有20英尺长，6英尺宽，体积与一艘现代远洋班轮上的救生船大致相当。

这不是彼得平生见过的第一艘船。他知道笨重的浅吃水船，俄国人用它们来沿着本国宽阔的河流运送货物；他还知道小船，在普列奥布拉任斯科耶，它们被用来取乐。但这些俄国船只实际上都是河船：这些像平底船一样的船只的底部是平的，船尾为方形；前进时就用船桨划，或让岸上的人与牲畜用绳索拉，或完全依赖于水流自身的推力。此时出现在他面前的这艘船就不同了——又宽又圆的船体、沉重的龙骨和尖尖的船头都意味着这并不是一艘河船。

"这是一艘什么类型的船?"彼得问蒂默曼。[5]

"它是一艘英国船。"荷兰人答道。

"它是做什么用的?性能是否强于我们俄国的船?"彼得问。

"如果您能在上面立起一根新桅杆,再挂上几张船帆,它就不但能顺风航行,还能逆风而行。"蒂默曼说。

"逆风而行?"彼得吃了一惊,"这可能吗?"

他想立刻试试这艘船,但蒂默曼看了看腐朽的船骨,坚持必须经过一次大修才行,修理的时间可以用来制作桅杆和船帆。由于彼得不断强迫蒂默曼加快速度,后者又找来一个上了年纪的荷兰人卡斯滕·布兰特(Karsten Brandt),此人于1660年从荷兰到来,目的是给沙皇阿列克谢制造一艘在里海使用的船。布兰特现在以木匠的身份居住在德意志区,他来到伊斯梅洛夫,开始干活。他更换了船骨,堵住船底的缝隙,并在船底涂上焦油沥青,配好桅杆、船帆、吊索和帆脚索。这艘船被放在滚轴上,送到亚乌扎河下水。在彼得的注视下,布兰特开始在河中航行,左右改变着航向。他不仅利用和缓的风顶风而行,还逆着缓慢的水流前进。彼得完全压抑不住自己的兴奋,高喊着让布兰特靠岸,带他上船。他跳上船,抓住舵柄,并在布兰特的指导下开始迎风航行。"这种感觉对我来说实在是太愉悦了。"多年后,沙皇在其撰写的《航海条例》①的序言中

---

① 这艘被彼得称为"俄国海军之祖"的名船的真正来历已无从知晓。彼得相信它是英国船。有传说称它本是女王伊丽莎白一世(Queen Elizabeth I)送给伊凡雷帝的礼物,其他说法则认为它是阿列克谢在位时期由荷兰木匠在俄国制造的。真正重要的一点是:它是一艘由西欧人设计的小型海船。

意识到这艘船对自己人生起到的重要影响后,彼得决定将它保藏起来。1701年,它被带进克里姆林宫,收藏在伊凡钟楼附近的一栋建筑内。1722年,与瑞典的漫长战争最终结束后,彼得下令将这艘船从莫斯科送到圣彼得堡。这艘船重1吨半,因而人们不得不把它放在由圆木搭成的木排道上拖行了一段。彼得在命令中明确表示,运送时必须小心谨慎:"把这艘船弄到施吕塞尔堡(Schlusselburg)。注意不能造成损坏。基于以上理由,你们只能白天赶路。到了晚上就停下。当路况不佳时,你们必须特别小心。"[6] 1723年5月30日,即彼得51岁生日那天,这艘名船在涅瓦(Neva)河下水,驶入芬兰湾,与它的"孙辈"——俄国波罗的海舰队的战舰会合。当年8月,这艘船被安置在彼得保罗要塞中的一栋特别建筑内,它在那里度过了两个多世纪的时光。今天,这艘彼得之船是苏联海军博物馆(Navy Museum of the U. S. S. R,位于前证券交易所大楼内,大楼坐落于彼得格勒的瓦西列夫斯基岛的海岬上)馆藏展品中最为珍贵的一件。

写道。7

自此以后,彼得日日驾船航行。他学会了如何操作船帆,如何利用风,但亚乌扎河太窄了,河风也实在太弱了,根本提供不了推动力,船只经常搁浅。离这里最近的巨型水体是9英里外的普列谢夫湖(Lake Pleschev),它坐落于佩列斯拉夫附近,在莫斯科东北85英里处。在野外嬉闹时,彼得可能是个无所顾忌的小年轻,但他也是位沙皇,除非有什么要事,否则不能前往离首都太远的地方。他很快就找到了一个借口。圣三一大修道院要举办六月祭,彼得恳求母亲允许他去参加这场宗教庆典。娜塔莉娅同意了,现在没有哪个权威管得到他了,于是祭祀仪式一结束,彼得就直接朝西北方向进发,穿过森林前往佩列斯拉夫。按照预先的安排,蒂默曼和布兰特与他同行。

彼得站在湖岸上,夏日阳光直射他的肩膀,水面闪闪发光。彼得朝湖的另一头眺望。湖面太宽了,他只能依稀分辨出更远处的湖岸。在这里,他可以遨游一至两小时,根本不用改变航向。他很想立刻开航,但这里一艘船也没有,把那艘英国船大老远从伊斯梅洛夫拖来似乎也不现实。他求助于布兰特,询问是否能在湖岸上就地制造新船。

"没问题,我们可以在这里造船。"老木匠答道。他望了望周围空荡荡的湖岸线和尚未开发过的森林。"但我们需要很多东西。"8

"没问题,"彼得兴奋地说,"我们会拥有我们想要的一切。"

彼得打算在普列谢夫湖帮布兰特造船。这就意味着他不仅要再一次在未经许可的情况下匆匆造访普列谢夫湖,还须获得更长时间居住在此的许可。他回到莫斯科后,努力说服他的母亲。娜塔莉娅予以回绝,并坚决要求彼得必须至少在莫斯科待到自己的命名日庆典结束。彼得留下了,但那天之后,他就与布兰特和另一个名叫科尔特(Kort)的荷兰籍老造船师一道火速返回普列谢夫湖。他们在湖东岸挑选了一个地方,作为船坞的所在地,那里离莫斯科-雅罗斯拉夫尔大道不远。这些人开始建造棚屋和一座码头,这样将来船只造好了,可以就近停泊。他们砍伐木料,做干燥处理,然后砍削成型。在荷兰人的指导下,彼得和其他工人锯啊锯,敲啊敲,干劲十足,从破晓时分一直干到夜幕降临。他们为5艘船——2艘小型巡防舰和3艘快艇安装了龙骨，船头和船尾均按照荷兰风格造成半球状。9月，船只的框架结构已经开始搭建，但当彼得被迫返回莫斯科过冬时，一艘船都没有完工。他不情愿地离开了，并要求荷兰船匠留在后方，尽可能努力地工作，好在来年春天之前把船造好。

在偶然的机遇下发现一艘旧船，以及亚乌扎河上的首堂航行课是彼得性格和人生中的两个主题——对海洋的痴迷，以及对西方知识的饥渴的开端。这两个主题令彼得陷入无法抑制的冲动中。一成为名副其实的沙皇，他就将注意力转向大海。彼得先是南下前往黑海，接着又到了西北边的波罗的海。这个怀着海洋梦的奇人凭着自己的意志，驱策着俄国这个巨大的内陆国家蹒跚而行，迈向大海。这一史实看起来很不可思议，但又具有一定程度的必然性。还没有一个大国能够在不具备出海口的情况下生存，更不用说走向繁荣了。值得注意的是，推动这段历史进程的因素竟源于一个青春期少年的梦想。

当彼得在亚乌扎河上航行，布兰特陪在他身边掌舵的时候，他就对水产生了新的迷恋，这种迷恋情绪中还夹杂着同时产生的对西方世界的敬佩之情。他知道自己现在乘坐的是一艘外国船，接受的是一名外国人的教导。这些荷兰人修复了船，现在又在向他演示如何使用它，同俄罗斯沙皇国相比，他们国家的文明在技术上更为先进。荷兰拥有数以百计的船和数以千计的海员，那时蒂默曼和布兰特就是这一切的代表。他们成了彼得的偶像。他想待在这两个老人身边，好让他们教他知识。眼下，他们是西方的象征，但有朝一日，彼得将成为俄国的象征。

到1688年末，彼得已经16岁半了，不再个小男孩。无论是身穿金布长袍坐在宝座上的他，还是身穿汗迹斑斑的绿色紧身外衣，一边挖掘壕沟，拖拽绳索，敲打钉子，一边用土里土气的语言同木匠、士兵交流技术的他，从生理上说都已经是个男人了。在一个寿命短暂、世代更替速度飞快的时代，16岁半的男人往往已为人父。王侯之家尤为如此，因为传宗接代是他们的头等大事。彼得的责任很明确：该到结婚生子的时候了。彼得的母亲对此事甚为上心。这一回,连索菲亚也没有提出异议。这不仅仅是纳雷什金家族与米洛斯拉夫斯基家族之间斗争的问题,更是罗曼诺夫皇朝的血统能否延续下去的问题。公主本人不能结婚,而沙皇伊凡只生了几个女儿。

从个人角度出发,娜塔莉娅也有更多理由催促彼得结婚。儿子对外国人越来越感兴趣,这让她很恼火。在娜塔莉娅的印象中,无论是马特维耶夫家那程度适中的西化氛围,还是阿列克谢在位末年宫廷中那日益浓厚的自由化氛围,都远远不及彼得对西洋玩意儿的偏爱之情。彼得把所有自己的时间都花在荷兰人那里,他们视他如学徒,而非专制君主。他们教他喝酒,教他抽烟斗,教他和外国女孩聊天,那些外国女孩的行为举止同那些与世隔绝的俄国贵族千金大不相同。此外,娜塔莉娅非常担心彼得的安全。他点火放炮,驾船出航,这些都有危险。他长时间不在家,脱离了她的控制范围,他和那些与他身份不相称的人待在一起,他还拿自己的命冒险。但如果他有了个妻子,这一切都将改变。一个漂亮、羞涩、单纯、深情的俄罗斯姑娘会转移他的注意力,带给他一些比在野外疯跑、在河里和湖里戏水更有趣的东西。一个好妻子可以把彼得从青少年变成男人。如果福星高照,她还能很快就让他当上父亲。

彼得未做争辩就接受了母亲的心愿——这并不是因为他突然变成了一个乖儿子,而是因为他对整件事完全没有兴趣。他同意按照传统,从那些集中在克里姆林宫内的年轻姑娘中挑出符合条件的人选;他也同意让母亲给这些女子排序,从中挑出最为适合的人选。事后,他对被选中的应征者并无异议,从而认可了母亲的选择。就这样,没费什么周折,彼得就得到了一个妻子,而俄国也得到了一位新皇后。

新皇后的名字是叶夫多基娅·洛普欣娜(Eudoxia Lopukhina)。她时年20岁——比彼得大3岁,据说是个美人,但她在这个年龄段的肖像无一保存至今。她胆小畏怯、百依百顺,这正是新婆婆选中她的理由。她出身高贵,是俄罗斯沙皇国一个古老而极为保守的家族的千金小姐,她所在的家族可追溯至15世纪,如今通过联姻,同戈利岑家族、库拉金家族及罗莫达诺夫斯基家族都建立了关系。她是个虔诚的东正教教徒,几乎完全没有受过教育，对一切外国事物都战栗不已。为了取悦丈夫，她相信自己只能成为他的第一奴隶。1689年1月27日，面红耳赤、满怀希望却又茫然不知所措的她站在高大而年轻的新郎身边，成了他的妻子。

哪怕在所有婚姻都属于包办的年代，这场婚姻依旧是一场灾难。虽然彼得在生理上已经做好了当父亲的准备，然而他的内心世界仍然充满了探索新事物的兴奋感，他更关心的仍是万物的运转原理，而非人们的行为举止。不管在哪个时代，17岁的男孩子，即使在被迫成婚的情况下，能够放弃自己的一切爱好、顺从地将精力放到家庭生活上的例子都极为罕见。可以肯定的是，叶夫多基娅的能力不足以令这类奇迹发生在彼得身上。她腼腆、保守，差不多就是个怯生生的孩子。她无比清楚丈夫的身份，一心想着取悦他，却不清楚自己该怎么做。如果嫁的是传统风格的俄罗斯沙皇国沙皇，她或许会是个模范皇后。她已经做好了奉献自己所能奉献的一切的准备，但她丈夫那放荡不羁、冲动任性的性格让她不知所措，而彼得的世界里那股狂暴的阳刚之气又把她吓得直哆嗦。她准备好了在盛大的国事仪式上协助夫君，却没准备好协助他造船。她对外国人的嫌恶感与日俱增。在她所接受的教育中，他们是魔鬼；如今这些魔鬼把丈夫从她身边偷走了。她与彼得无法交流，她对木工和索具一无所知。从刚结婚起，彼得就觉得与她聊天是一件很无聊的事；很快，他对同她行房也失去了兴趣。没过多久，他一看见她就受不了。然而，他们仍然是夫妻，仍然睡在一起，仍然在两年之内有了两个儿子。长子为皇子阿列克谢，他那悲剧般的人生成了彼得痛苦的根源。次子名为亚历山大，还是个婴儿，于出生7个月后夭折。此时彼得与妻子结婚还不到3年，他们的关系已经极为疏远，他对她毫无感情，连婴儿的葬礼都没有参加。

就连蜜月期也没有持续多久。初春时节，刚刚结婚几周的彼得在亚乌扎河畔的普列奥布拉任斯科耶焦躁不安地望着正在破裂的冰面。他知道，普列谢夫湖很快就要解冻了，他为抛下自己的妻子、母亲和责任的想法而感到紧张。1689年4月初，他冲破樊笼，火急火燎地赶往那片湖泊，迫不及待地前去查看布兰特和科尔特的进度。他发现，湖面的冰层正在破裂，大部分船只已经完工,也做好了下水准备,只需用几捆坚韧的绳子把船帆扎好。就在这一天,他写信给他母亲,兴高采烈地索要帆索,在信中狡猾地强调,帆索早一天送到,他就能早一天回家见她:

> 致我亲爱的小妈妈,太后及大公夫人娜塔莉娅·基里洛夫纳(Kyrilovna)女士:您的小儿子彼得鲁什卡[①]如今正在这里忙忙碌碌,想请您祝福他,并迫切希望知悉您的健康状况。借着您的祷告,我们很好。这片湖泊已经完全解冻了,除了那艘大船,其他船只均已完工,现在我们只等帆索送到就行了。因此,我乞求您,本着您的仁慈之心,从炮兵衙门给我们送700英寻(约4200英尺)长的绳子来。一刻也不能耽搁,因为等得越久,停工时间就越长,而我们在这里逗留的时间也就越长。我恳求您的祝福。[9]

娜塔莉娅明白彼得的心思,大为光火。她的回应不是给他送去帆索,而是勒令他立刻回莫斯科参加沙皇费奥多尔的追悼仪式;他的缺席会被认为是对他哥哥的大不敬。一想到要丢下自己的船,彼得就觉得痛苦,他再次试图违抗母亲的指令。他给她送去又一封信,信中夹杂着不自然的愉悦口吻和温和的托词:

> 致我最亲爱的母亲,太后娜塔莉娅·基里洛夫纳女士:您那不成器的儿子彼得鲁什卡非常想知道您的健康状况。关于您命令我回莫斯科的事,我已经做好了启程准备,只是这里还有工作要做,您派到我这儿来的人已经亲眼看到了,他会跟您解释得更清楚。借着您的祷告,我们的身体都非常好。至于我过来参加追悼仪式的事,我已经一五一十地在给列夫·基里洛夫纳(Lev Kyrilovich,彼得的舅舅,娜塔莉娅的哥哥)的信中说了,他会汇报给您的。因此,我已经恭顺地屈服于您的意志啦。阿门![10]

---

① Petrushka,彼得的爱称。——译注

但娜塔莉娅的态度坚决——彼得必须回来。他在追悼仪式开始前一天赶到莫斯科，一个月之后，他又可以溜出家门了；这一次，当他回到普列谢夫湖时，他发现科尔特已经去世了。彼得与布兰特和其他造船工人一道挥汗如雨，帮着他们把这些船统统造好。不久之后，他又一次写信给母亲，并让波雅尔提康·斯特列什涅夫（Tikhon Streshnev）充当自己的信差，此人是娜塔莉娅派到佩列斯拉夫来了解情况的。彼得向他母亲致意：

> 我想知悉您的健康状况，并乞求您的祝福。我们都很好。船只的状况也很好。我重复一遍：它们都很好很好，具体情形提康·斯特列什涅夫会告诉您的。您不成器的儿子，彼得鲁斯（Petrus）。[11]

署名"彼得鲁斯"暴露了彼得内心的真实情感。信的其他部分是用彼得那一手潦草的俄文写成的，但他在写自己的名字时用的是拉丁文，他对这种西方字母并不熟悉，却有着一种异乎寻常的迷恋。此外，除了拉丁文，彼得还从同他一起干活的工人那里学习荷兰语。

在佩列斯拉夫度过的这些春季时光里，新婚不久的彼得给母亲写了5封信，却从未给妻子送去只言片语。他在给娜塔莉娅的信中完全不曾提到她。娜塔莉娅很快就接受了彼得的这种漠不关心的态度。在普利奥布拉任斯科耶的小小庭院（它现在是这对婆媳的共同居所）内，气氛已经开始紧张起来。亲手将叶夫多基娅选作彼得妻子的娜塔莉娅很快就发现了这个姑娘的缺点，轻视她，也认可了彼得对她的负面评价。茕茕孑立的叶夫多基娅可怜巴巴地盼望着彼得回到家里，创造一个琴瑟和鸣的世界。她写信给他，乞求他不要忘了自己，并给予她些许爱和体贴的表示：

> 向我的主人，沙皇彼得·阿列克谢耶维奇问安。愿您，我的光明，长平久安。我的主人，我们乞求您发发慈悲，回家与我们相聚，一刻也别再耽搁了。至于我，多亏主母的善意，目前一切安好。您卑微的妻子敦卡（Dunka）在此向您深深鞠躬。[12]

其后，彼得再度被勒令返回莫斯科，参加一场公共仪式。他又一次不情愿地丢下了自己的船。但这一次，当彼得出现在首都时，他母亲坚定地要求他留下来。一场危机即将到来：波雅尔贵族聚集在彼得母子身边，准备挑战索菲亚的摄政统治。这7年来，索菲亚政府的表现是无可指摘的，但现在它正走向崩溃。在战场，它已经遭受了两次惨痛的失利。如今，摄政者索菲亚已经被对瓦西里·戈利岑的激情冲昏了头脑。她试图说服俄罗斯沙皇国的子民，将这位身为败军之将的恋人当作凯旋的英雄来对待。这委实令人难以忍受，彼得的支持者认为摄政政府的末日即将到来。但他们的事业象征必须待在他们身边。当彼得披上龙袍的时候，他可以轻而易举地成为拥有无限权力的沙皇。但当他穿着短裤坐在船坞里的一段圆木（它是两天前从莫斯科运来的）上的时候，他仍是索菲亚印象中的那个男孩：一个浑身上下充满异国情调的古怪少年。她既纵容他恣意娱乐，又对他鄙夷不已。

# 7

# 索菲亚的摄政统治

索菲亚25岁成为摄政者，而当她被剥夺了头衔和官职时，只有32岁。一幅肖像画展现了这个姑娘的形象：棕色的眼睛、圆圆的面庞、粉红的双颊、淡褐色的头发、长下巴和丘比特式的弓形嘴唇。她身材丰满，但并非毫无魅力。她的头上戴着一顶小小的冠冕，上面嵌有一个插着十字架的圆球；一领毛皮镶边的红色罩袍裹住她的肩膀。这幅肖像画所展现的外貌特征从未受到质疑，西方和俄罗斯学者往往将它作为描绘索菲亚形象的依据。即便如此，这幅作品也存在着不足之处。画中描绘的外貌特征，在任何一个讨人喜爱但不甚漂亮的年轻姑娘身上都可以找到；索菲亚那旺盛的精力和果决的意志力却完全没有体现出来，而索菲亚正是靠着这两种能力，镇住了射击军之乱的猛烈风暴，而后统治俄国达7年之久。

法国外交官德·纳维尔（De Neuville）记录的索菲亚体貌特征与肖像画大相径庭，显得极为怪诞。此人于1689年被法国驻波兰大使德·贝蒂纳侯爵（Marquis de Bethune）差往莫斯科。纳维尔的笔法之恶毒，在出自男子之手的妇女样貌描写片段中堪称旷古绝今——当然，前提是出自法国男子之手。他是这样描述索菲亚的：

> 她那睿智的头脑和出众的能力与她那畸形的外貌毫不相称：她胖得一塌糊涂，脑袋足有一蒲式耳的容器那么大，满脸是毛，双腿臃肿，至少有40岁。但在这个又肥又短又粗的身体上，却长着一颗精明、机敏、公正、极擅从政的脑袋。尽管她从未读过马基雅维利（Machiavelli）的作品，且对他一无所知，她却自然而然地汲取了他的全部智慧结晶。[1]

然而，要是索菲亚真的如此丑陋，其他人的作品中无疑也会有所提及。德·纳维尔来到莫斯科时，索菲亚的摄政统治已进入尾声，当时她的政策是让俄国同法国的敌人奥地利结盟，共同对法国的秘密盟友奥斯曼帝国作战。他严重误估了索菲亚的年龄——给她多算了8岁，但这或许只是侮辱手法的一部分。毫无疑问，在德·纳维尔的一系列骇人描写中，至少有一条完全出自他的想象，因为他无疑从未观察过索菲亚的双腿。即便如此，无论他的动机如何，这个法国人还是造成了影响。只要还有人书写索菲亚的历史，德·纳维尔的文字就将继续丑化她。

当1682年索菲亚出任摄政者时，她很快就给自己的党羽一一安排了官职。索菲亚的舅舅伊凡·米洛斯拉夫斯基出任她的首席顾问，直至他去世。她的另一个支持者费奥多尔·沙克洛维特（Fedor Shaklovity）成了射击军的新任司令官，他不但赢得了这些桀骜不驯的士兵的尊敬，还重新在驻莫斯科各团内部牢牢树立起了纪律意识。沙克洛维特出身于乌克兰农家，没受过多少教育，但他全心全意地效忠于索菲亚，随时准备着执行她下达的任何指令。随着摄政统治的延续，他愈来愈为索菲亚所信任，并最终升任波雅尔杜马的书记官。由于他出身寒微，招致了顾问班子成员的痛恨。为了平衡沙克洛维特的权力，索菲亚也从学识渊博的年轻僧侣西尔维斯特·梅德韦杰夫那里征求意见，她还是个生活在特蕾姆的小女孩时就听说过他。热情的梅德韦杰夫是索菲亚的家庭教师西梅翁·波洛茨基的弟子，被认为是全俄最博学的神学家。

米洛斯拉夫斯基、沙克洛维特和梅德韦杰夫均身居要职，但索菲亚摄政政府中最为显赫的人物——她的顾问、她的重臣、她的有力右臂、她的安慰者并最终成为她的爱人，是瓦西里·瓦西里耶维奇·戈利岑公爵。戈利岑是俄国最古老的贵胄家族之一的后裔，他的品位、观念甚至比阿尔捷蒙·马特维耶夫更为西化、革命化。身为一名经验丰富的政治家、军人、温文尔雅的艺术爱好者、心怀世界主义的政治梦想家，戈利岑或许是到此时为止最具教养的俄国人。他生于1643年，所学的远远不止传统俄国贵族教育的那点内容。戈利岑在童年时代就研习神学和历史，学会了读写拉丁文、希腊文和波兰文。

在莫斯科，在他以沉重的黄铜片为顶的宏伟石宫内，戈利岑过着西欧大贵族式的生活。访客们原以为石宫的内部陈设是常见的古老俄罗斯沙皇国风格，结果却被内里的华美壮观吓了一跳：精雕细琢的天花板、大理石雕像、水晶、宝石、银盘、彩绘玻璃、乐器、数学及天文学仪器、镀金的椅子和内嵌象牙的乌木桌子。墙上装饰着哥白林挂毯、长长的威尼斯镜子、装在镀金框架内的德意志地图。房屋内设有一座图书馆，里面藏有拉丁文、波兰文和德文书籍。此外还有一道画廊，挂着俄国历代沙皇及众多西欧在位君主的肖像。

戈利岑发现，同外国人来往是件非常令人兴奋的事。他是德意志区的常客，还经常在那里与苏格兰军人帕特里克·戈登将军一同进餐。在戈利岑着手改革军队的过程中，戈登一直在同他合作，还给他出谋划策。戈利岑在莫斯科的住宅成了外国旅行者、外交人员和商人的集会场所，就连大多数俄国人避之唯恐不及的耶稣会会士都能得到款待。戈利岑的敏感作风给一名法国访客留下了深刻印象：他并不像绝大部分莫斯科东道主那样，热情地催促客人将送上来的伏特加一杯杯喝下去，反而温和地建议他不要饮酒，因为这种酒往往会让外国人感到不适。用餐毕，人们用拉丁文悠闲自在地交谈，话题包括新式火器、炮弹的优点、欧洲政治等。

戈利岑对法国和路易十四十分崇敬，他坚决要求儿子将太阳王的小画像常年带在身上。在与来到莫斯科的法国使节德·纳维尔谈话时，戈利岑透露了自己的希望和梦想。他说自己考虑进一步改革军队，考虑开展跨西伯利亚贸易活动，考虑同西方建立永久关系，考虑派俄国年轻人前往西方城市留学，考虑稳定货币，考虑宣布信仰自由，甚至考虑解放农奴。随着谈话的深入，戈利岑的想象力变得越来越丰富：他想"让沙漠变成人类聚居地，让乞丐变成富翁，让野蛮人变成文明人，让懦夫变成英雄，让牧羊人的小屋变成石宫"。[2]

索菲亚是在23岁那年遇到这个奇男子的，那时正是她对特蕾姆制度的叛逆情绪达到顶点的时候。戈利岑时年39岁，有着一双蓝眼睛，蓄着一撇小胡子，下巴上是一副修得很整齐的范·戴克（Van Dyke）胡，肩上披着一条衬毛皮斗篷。在一群身穿厚重长袍,蓄着浓密胡须的老派波雅尔中,他看起来就像一个刚刚从英国到来的时髦伯爵。索菲亚睿智、好学、野心勃勃,自然不可能对戈利岑这个完美的化身视而不见,她不可避免地被他迷住了。

戈利岑已经结了婚,有一个已成年的孩子,但这并不是问题。富有主见、热情奔放的索菲亚如今陷入恣意纵情之中了。为了权力,她可以不顾一切;为了爱情,她同样可以奋不顾身。此外,她还将二者合二为一。既然她能和戈利岑共享权力和爱情,那他们也可以共同统治这个国家:他,利用自己的想象力,提供建议,制定政策;而她,利用自己的权力,确保这些建议和政策得到执行。在她以摄政者身份发布的宣言中,她将戈利岑的名字放在了外交部的头把交椅上。两年后,她授予他罕见的荣誉称号:掌玺大臣(Keeper of the Great Seal),实际上,他已当上了首席大臣。

在摄政之初,索菲亚所扮演的角色很复杂。私下里,她是这个国家的统治者。但在公开场合,她和她的所作所为均隐藏在那些仪式性人物——两位少年沙皇和戈利岑手下的行政官员的背后。人们很少见到她。她的名字仅以"最为正统的东正教公主,皇上和皇后的姐妹"的形式出现在公文中。当她出现在公开场合的时候,她不与自己的兄弟们待在一起,并以某种方式让自己至少看上去与他们是平起平坐的关系。为即将启程回国的瑞典使团(他们来莫斯科是为了确认俄瑞之间签订的和平协议)举行的送别会就是其中一个典型的例子。当天早上,两位少年沙皇对着神圣福音书正式立誓,宣布自己将遵守和平协议的誓言,使团成员被叫来观看这一仪式。当他们乘坐的皇家马车到达时,戈利岑公爵前来迎接。在公爵的护送下,使团成员从两排身着红色外套的射击军士兵的中间穿过,登上红梯,进入宴会厅。在那里,彼得和伊凡正端坐在双人宝座上。一张张长椅及一排排波雅尔、国务官员沿着墙壁"一"字排开。沙皇和使节们互相正式问候,并一起立誓遵守和平协议。而后,彼得与伊凡站起身来,从头上摘下王冠,走向一张桌子,桌上摆放着神圣福音书和一份写着协议正文的文件。彼得和伊凡在桌旁承诺俄国远不会破坏协议,进攻瑞典,并恳请上帝见证。随后,两位沙皇亲吻福音书,而戈利岑则将协议文件交给使节们。

官方仪式就这样结束了。真正为使团举办的告别会将于当天晚些时候举行。使团成员在引导下再度从两排装备着闪闪发亮的长戟的射击军队列中穿过。在金色大厅的入口处，两名内侍宣布：伟大的女士，尊贵的公主，整个大俄罗斯、小俄罗斯和白俄罗斯的女大公索菲亚·阿列克谢耶芙娜殿下已经做好迎接他们的准备了。使团成员一齐鞠躬，而后进入宴会厅。索菲亚坐在波斯沙阿赠给她父亲的钻石宝座上。她身穿一件金色镶边、内衬黑貂皮的银布长袍，袍子外面覆盖着一件用上等饰带制成的斗篷。她的头上戴着一顶珍珠冠。她的陪伴者——一群波雅尔夫人和两名女侏儒立于其身侧。瓦西里·戈利岑和伊凡·米洛斯拉夫斯基站在宝座前，当使团成员朝索菲亚致敬时，后者示意他们上前，并与他们交谈了几分钟。他们吻了她的手，她让他们退下。而后，索菲亚以俄国独裁者的姿态，将自己餐桌上的菜肴赐给使团成员。

在索菲亚摄政时期，戈利岑为自己管理着"一个建立在公正和一致认可基础上的政权"而自豪。莫斯科的人们看上去似乎很满意；在节假日，人们或在公共花园内四处溜达，或沿着河岸闲逛。在贵族群体中，可以感觉到波兰的强大影响力；波兰手套、皮帽和肥皂是贵族的必需品。寻根问祖、设计家族徽章成了俄罗斯人的喜好。索菲亚本人则继续着自己的知性人生，她用俄文作诗，甚至编写剧本。部分戏剧作品在克里姆林宫内上演。

莫斯科的外观和风俗开始起着变化。戈利岑喜好建筑学，莫斯科发生的一些毁灭性火灾为他清出大片大片的空地，给了他大显身手的空间。1688年秋，国库暂时无力支付外交部人员的薪水，因为里面的每个卢布都以贷款的形式预先发放出去，以帮助市民重建被大火毁灭的家园。为了对付火灾，一道法令颁下：木制屋顶必须覆盖泥土，以减少可燃面积。戈利岑鼓励公国国民以石造屋，在其执政期间，所有新建的公共建筑和一座横跨莫斯科河的桥梁均以石块修建而成。

但克里姆林宫的戏剧演出、波兰手套，甚至莫斯科新建的石制建筑都不意味着俄国社会在经历着一场真正的变革。一年又一年过去了，摄政政府越发被迫满足于管好自家的一亩三分地，戈利岑的宏大梦想始终未能实现。军队在外国军官的统带下，实力似乎有所提升，但当它被拉到战场上接受考验时，却遭到了惨痛的失利。遥远的西伯利亚诸省的殖民化进程停止了，因为国家的所有军事资源都被投入到对鞑靼的战争之中。俄国的贸易依然掌握在外国人手里，改善广大农奴生存条件的话题从未在戈利岑的高雅沙龙以外的地方提起过。"让沙漠变成人类聚居地，让乞丐变成富翁，让野蛮人变成文明人，让懦夫变成英雄"仍只是幻想而已。

摄政政府在对外政策领域取得了一项重大成就。从一开始，索菲亚和戈利岑就下定决心，对俄国的所有邻邦一概采取和平政策。大量前俄国领土仍在他国手里：瑞典控制着芬兰湾的南部海岸，波兰占有白俄罗斯和立陶宛（Lithuania）地区。但索菲亚和戈利岑决定不去争夺这些被征服的领土。因此，一等索菲亚的摄政统治牢牢地建立起来，她就向斯德哥尔摩（Stockholm）、华沙（Warsaw）、哥本哈根（Copenhagen）和维也纳（Vienna）派出使节，宣称俄国愿意接受现状，因此，它对现有条约一概予以承认。

在斯德哥尔摩，当国王查理十一世听闻沙皇伊凡和彼得不打算拿回俄国的波罗的海诸省——这些领土在1661年签订的《卡尔迪斯条约》（Treaty of Kardis）中被沙皇阿列克谢割让给瑞典的时候，他非常高兴。在华沙，索菲亚的使节遇到了更为复杂的情况。波兰人和俄国人是一对老冤家。两个世纪以来，两国间的战火绵延不绝，而波兰人往往占得上风。波兰军队曾深入俄国境内，波兰士兵曾占领过克里姆林宫，俄国的王座上甚至出现过一位波兰沙皇。最近一次波俄战争已经结束，在相互厮杀了12年后，两国于1667年签订了停战协定。按照协议的内容，沙皇阿列克谢把俄国的西部边界设在斯摩棱斯克，并获得了第聂伯河以东的所有乌克兰领土。他还得到了古城基辅的控制权，但权利的有效期只有两年；两年之后，这座城市将归还给波兰。

这是个根本不可能遵守的诺言。一年年过去了，协议依然有效，但阿列克谢（之后是他的儿子费奥多尔）发现自己不可能舍弃基辅。基辅的意义太重要了：它是俄国最为古老的城市之一，是乌克兰的首都，还是一座东正教城市。将它交还给信奉天主教的波兰？俄国人觉得难以接受，并且十分痛苦。最后，他们干脆认为这事不用再考虑了。基辅问题就这样成了两国谈判进程的羁绊，进而引发了两国的争吵，导致谈判就此搁置。但波兰人坚决拒绝妥协。当索菲亚提出和平建议时，情况仍然如此。

与此同时，一场新的危机已经出现在波兰人面前。波兰与奥地利正在与奥斯曼帝国交战。1683年，也就是彼得即位的第二年，随着土耳其军队将维也纳团团围困，奥斯曼人在欧洲的征服狂潮达到顶峰。波兰国王扬·索别斯基（Jan Sobieski）率领基督教军队在维也纳城墙下大获全胜。土耳其人撤往多瑙河下游，但战争仍在继续，波兰和奥地利渴望着俄国的援助。1685年，波兰人惨败于土耳其人之手，翌年春，一支豪华的、拥有1000名成员和1500匹马的波兰使团来到莫斯科，试图建立波俄同盟。戈利岑为他们举行了盛大的迎接仪式，使团在射击军特遣队的护卫下，穿过莫斯科的街道，并得到俄国最为显赫贵族的设宴款待。经过漫长的谈判，双方都得到了他们想要的，但双方也都付出了高昂的代价。

波兰正式将基辅割让给俄国，永远放弃对这座大都市的领土要求。对于俄国、索菲亚和戈利岑而言，这是公主摄政政府取得的最为辉煌的胜利。以戈利岑为首的谈判代表团得到了丰富的犒赏，收获了大量赞美、礼品、农奴和封地。两位沙皇亲手将一杯杯酒递给他们饮用。而在华沙，国王扬·索别斯基却在为失去基辅而痛心不已；当他同意达成协议时，泪水一下从他的眼中涌了出来。然而，俄国也为这次胜利付出了代价：索菲亚同意对奥斯曼帝国宣战，并向苏丹的封臣——克里米亚可汗发动进攻。俄罗斯沙皇国加入欧洲国家共同对敌联盟，这在俄国历史上还是头一遭。①

与土耳其人开战，意味着俄国在对外政策上来了个180度大转弯。迄

---

① 值得注意的是，人们通常认为，俄国入侵克里米亚地区有着几个目的，但第一次俄土战争的起因与这几个目的均无关系。俄国之所以发动战争，既不是为了占领一座温水港，也不是想扮演将君士坦丁堡从异教徒手中解放出来的神圣十字军，而是为了履行对波协议中的一项令它反感的义务，才不情愿地进入战争状态。事实上，俄国首次对土耳其开战的目标不是君士坦丁堡，而是为了理直气壮地得到基辅所有权。

今为止，苏丹和沙皇之间从未有过敌对行为。莫斯科与君士坦丁堡之间的关系极佳，俄国大使在高门（一栋气势恢宏的建筑，大维齐尔——苏丹的首相的办公室所在地）得到的待遇一直比其他国家的大使要高得多。而奥斯曼帝国仍是今世的一支强悍力量。大维齐尔卡拉·穆斯塔法已从维也纳被急速召回，耶尼切里军团（Janissaries）也已撤至多瑙河下游，但奥斯曼帝国依旧拥有辽阔的疆域和雄厚的军力，因此索菲亚不愿向苏丹挑战。在她和戈利岑同意签署协议之前，他们找来戈登将军，反复询问：军队的状态如何？这场军事冒的风险有多大？这名经验丰富的苏格兰军人郑重表示，他认为现在开战对俄国有利。

按照协议的要求，索菲亚和戈利岑的进攻对象不是土耳其人，而是他们的封臣克里米亚可汗。俄国人对这些信奉伊斯兰教的蒙古后裔的恐惧是根深蒂固的。年复一年，鞑靼骑兵从位于克里米亚的自家要塞冲出，北上穿越乌克兰干草原的牧场。然后或编成小股部队，或组成浩浩荡荡的大军，如鹰隼一般对着哥萨克定居点或俄国城镇俯冲下去，蹂躏、洗劫。1662年，鞑靼人攻陷了普季夫利（Putivl）城，将2万名居民全部掠卖为奴。到了17世纪末，俄籍奴隶挤满了奥斯曼的奴隶市场，在地中海东部的每一个港口，都可以见到戴着锁链的俄国桨手的身影；年轻的俄国男孩则被克里米亚可汗作为倍受欢迎的礼物，赠送给苏丹。事实上，流入东方的俄国奴隶如此之多，以至于有人嘲讽般地问道：俄国是不是已经没人住了？

看上去没有任何办法可以阻止这些破坏成性的鞑靼人发动袭击。边境线实在是太漫长了，而俄国人的防御手段也实在太贫乏了。没人能预知鞑靼人的袭击目标，想搞清他们的袭击动机同样不可能。沙皇被迫每年向可汗支付一笔欠款，可汗将这笔钱叫作"贡赋"，而俄国人则宁可称之为"赠礼"。然而，袭击并未停止。

由于莫斯科和受害地区相距很远，因此首都的人们将这类袭击视为骚扰而非侵略，然而，袭击行为是对国家荣誉的公然冒犯。在履行对波协议义务的同时，莫斯科方面也试图根绝鞑靼人的袭击行动。但是，尽管戈登持乐观态度，这场仗打起来可并不轻松。克里米亚汗国的国都巴赫奇萨赖（Bakhchisarai）位于山中，距莫斯科有1000英里之遥。要到达那里，军队必须先向南穿越乌克兰干草原，然后强行通过位于克里米亚入口的彼列科普地峡（Perekop Isthmus），进入克里米亚地区，再越过克里米亚北部的不毛之地。许多以军官身份在军中效力的波雅尔对军事行动的前景反应冷淡。一些人以怀疑的眼光看待对波协议，如果要打仗的话，那就和波兰人打，而不是支持他们。其他人则对漫长而危险的行军感到恐惧。还有许多人对战争计划持反对态度，只是因为它是戈利岑提出的。公爵鲍里斯·多尔戈鲁基（Prince Boris Dolgoruky）和公爵尤里·谢尔巴托夫（Prince Yury Shcherbatov）威胁说：自己和自己在军中服役的随从要穿成一身黑，以示对协议、战争和戈利岑的抗议。

即便如此，俄国还是花了整整一个秋季和冬季的时间，动员了一支军队。它征募新兵，征收特别税，征集了数以千计的马匹、公牛和马车，还在早春时节选出了一名指挥官。这次远征的总司令不是别人，正是瓦西里·戈利岑，这让他本人惊愕不已。戈利岑拥有一些军事经验，但事实上，他认为自己是个政治家，而非军事统帅。他宁愿待在莫斯科控制政府，密切注意不计其数的敌人。但他的对头们大声宣称，既然进攻鞑靼人是这位大臣的提议，那么要求他来指挥远征军是理所当然的。戈利岑哑口无言，只得应承了下来。

1687年5月，10万俄军开始沿着通往奥廖尔（Orel）和波尔塔瓦（Poltava）的道路向南进发。戈利岑小心翼翼地行动，害怕快捷如风的鞑靼骑兵会绕过他的纵队，袭击他的后方。6月13日，他在下第聂伯河扎营，此地位于彼列科普以北150英里处，鞑靼人的身影至今仍未出现，就连可汗侦察部队也踪迹全无。但戈利岑的部下发现了一些更糟的情况：烟沿着地平线袅袅升起，鞑靼人正在焚烧干草原，以阻止俄国人的马匹和公牛获得饲料。随着一道道火光从高高的草丛中冲天而起，鞑靼人身后留下了一片片正在焖烧的黑漆漆草茬。有时，大火会朝着俄军直蹿过去，燃烧产生的浓烟将士兵和牲畜完全吞噬，笨重的辎重车队则面临着烈焰焚身的危险。在这样的折磨下，俄军跌跌撞撞地前行，一直推进到彼列科普以北60英里处，戈利岑决定不再进军。大军开始撤退。远征军冒着七八月的酷暑和烟尘，在无法找到食物和草料的情况下，蹒跚着踏上班师之路。然而，在致莫斯科的报告中，戈利岑将这场战役描述为一次胜利。他声称俄罗斯沙皇国大军的到来让可汗吓得魂不附体，一口气逃进了位于克里米亚边远山区的隐蔽要塞内。

戈利岑于9月14日深夜回到莫斯科，受到了英雄般的迎接。翌日早上，他获准亲吻摄政者与两位沙皇的双手。索菲亚发布公告，宣称远征大获全胜，并随心所欲地给宠臣滥发褒奖与赏赐。大量新封地与赏金又一次流入戈利岑的腰包，他手下的军官还得到了上面刻有索菲亚、彼得和伊凡肖像的小小金质勋章。事实上，戈利岑从出征到返回莫斯科，中间经历了4个月，损失了4.5万人马，却连鞑靼人的影子都没见过，更遑论与鞑靼军队主力交手了。

不久，事实真相就传到了俄国盟国的首都，引起了各国的憎恶和愤怒。当时是1687年，波兰人几乎没有获得什么战果，但奥地利人和威尼斯人幸运一些，将土耳其人从匈牙利和爱琴海上的重要城镇及要塞驱逐了出去。翌年，即1688年，俄国在共同战场上未发一兵一卒，盟国的情形则进一步恶化。土耳其人集结重兵，杀向波兰。与此同时，法国国王路易十四发兵德意志，给了哈布斯堡帝国背后一刀。面对这些新的威胁，波兰国王扬·索别斯基和皇帝利奥波德都开始考虑同土耳其人议和。最终，他们一致认为：只有在俄国履约、重启对克里米亚攻势的情况下，战争才能继续。

如果能保有基辅，索菲亚和戈利岑很乐意立刻结束战争。但他们无力承担盟国撤军的后果，那样，俄罗斯沙皇国将独自面对奥斯曼帝国的全部力量。因此，他们很不情愿地着手进行一场新远征所必需的组织工作。1688年春，鞑靼可汗进一步刺激了俄国人，促使后者采取行动。他主动燃起战火，蹂躏了乌克兰，威胁波尔塔瓦和基辅等城市，几乎推进到喀尔巴阡山脉（Carpathians）。当他于当年秋天退回克里米亚的时候，鞑靼骑兵的身后跟着6万名跌跌撞撞的战俘。

战争不得不继续下去，戈利岑第二次对克里米亚宣战，并声称只有将整个黑海海岸割让给俄国，鞑靼人从克里米亚全部迁出，搬到黑海对岸的土耳其安纳托利亚地区,他才会讲和。这份毫无意义、徒费口水的声明表明戈利岑自身的处境已经愈来愈岌岌可危。事到如今,他只有击败鞑靼人,才能让国内莫斯科的政敌和私敌对他的指责之声消停下去。戈利岑动身前往战场之前,有人企图刺杀他,但未能得手;在出征前夕,戈利岑发现一口棺材被搁在自家门外,上面附有一张字条警告说,如果第二次远征不比上一次更加成功,那么这口棺材就会变成他的家。

新战役发动时节要早于上一次:"此时冰雪尚未消融。"12月,大军开始集结。3月初,戈利岑率领11.2万人和450门加农炮踏上了南下的道路。一个月后,他向索菲亚汇报,大雪和严寒拖住了他的步伐,接下来暴涨的河流、损坏的桥梁和厚重的泥泞也在妨碍他前进。在萨马拉河(Samara River),哥萨克盖特曼伊凡·马泽帕(Ivan Mazeppa)率领1.6万名骑兵加入戈利岑的远征军。前进的步伐再次因干草原的火灾而放缓,但这一次的影响没那么严重。戈利岑事先已经派自己人前往干草原放火。这样一来,当主力部队开到时,他们面对的就是一片片正在萌生的嫩芽。

5月中旬,当大军正在朝彼列科普地峡挺进时,1万名鞑靼骑兵突然从四面八方涌现,攻击由未来的陆军元帅鲍里斯·舍列梅捷夫指挥的喀山团。俄军被打垮,溃散奔逃。鞑靼人朝辎重车队杀奔而去,但戈利岑成功地将火炮排列成行,用炮火阻住了鞑靼骑兵的冲锋。第二天,即5月16日,在令人浑身湿透的狂风暴雨中,鞑靼骑兵再度发动攻击,他们在戈利岑军的后方回旋、冲锋。火炮再一次成功地击退了进攻者。此后,鞑靼人就再也没有从俄军的视野范围内消失,他们一路相随,时刻威胁着远征军。

5月30日,俄国人抵达彼列科普地峡,出现在他们面前的是一道绵延4英里、横跨地峡的泥墙。在一道深深的壕沟后方,屹立着一道壁垒,一排排加农炮和鞑靼武士沿着壁垒排开。此外,一座设防要塞里驻扎着可汗的其余军队。戈利岑毫无发动进攻的兴致。他的部下疲惫不堪,他的军队在闹水荒,他没有必备的攻城器械。相反,当筋疲力尽的部下在泥墙下方安营扎寨时,戈利岑却打算利用自己的外交才能同鞑靼人谈判。他提出的条件比在莫斯科放的狠话低调多了。如今,他只要求鞑靼人承诺不再进攻乌克兰和波兰，放弃令俄国缴纳岁币的要求，释放俄国战俘。自恃强大的可汗回绝了头两个要求，对于第三个要求，他的答复是许多战俘已获自由，但他们"已经接受了伊斯兰教信仰"。戈利岑既无法达成协议，又不愿发动进攻，他又一次决定撤军。

捷报又一次送往莫斯科，而索菲亚也再度予以采信，当远征军司令回到莫斯科后，她将他当作胜利者来迎接。他不仅征服了鞑靼人，也征服了她。她的信几乎不是用一位迎接麾下将军的统治者的口吻写成，而是用一位高声催促"爱人"速速回家的女性的口吻写的：

> 噢，我的欢乐，我双目的光明，我简直不敢相信我就要再次见到您了，我的爱人。我的灵魂，您回到我身边的那一天将是我生命中至关重要的一天。我会让您在我面前待上整整一天——如果对我来说可能的话。多亏上帝的关照，您的信都平安无事地送到了我这里。当我徒步前往圣塞尔吉乌斯修道院（Monastery of St. Sergius），刚刚走到圣门的时候，您那封汇报战况的信就送达了。我不知道自己是怎么进去的。我一路走，一路读。小爸爸，当您的文字一封接一封送抵各座修道院的时候，我已经完成了我要做的事。我已经靠着自己的双脚，完成了前往所有修道院的朝拜之旅。[3]

与此同时，远征军正步履维艰地归国。为俄国效力的瑞士籍军官弗朗西斯·勒福尔（Francis Lefort）在给日内瓦（Geneva）的家人的信中称，俄军在这场战役中损失了3.5万人："2万人被杀，1.5万人沦为俘虏。除此之外，70门加农炮和所有军用物资都被抛弃了。"[4]

尽管遭受了这样的损失，索菲亚却再度像欢迎英雄一样欢迎她的"爱人"。当戈利岑于7月8日抵达莫斯科时，索菲亚没有遵循礼仪在克里姆林宫等候，而是将迎接地点放在了城门处。他们一道进入克里姆林宫，在那里，沙皇伊凡和牧首接见了戈利岑，并公开向他致谢。按照索菲亚的命令，莫斯科所有教堂均举行了特别感恩祈祷，以庆祝俄军平安、胜利而归。两个星期后，公布了对参战人员的赏赐方案：戈利岑获得一块位于苏兹达尔的封地、一大笔赏金、一只金杯和一件内衬黑貂皮的金色卡夫坦。其余俄籍和外籍军官则被赐以银杯、加饷、黑貂皮和金质勋章。

庆祝活动的欢快氛围被唯一的不和谐因素——彼得的反对破坏了。从一开始，他就不相信所谓"大捷"的鬼话。他拒绝与伊凡和牧首一道在克里姆林宫迎接归来的"英雄"。一个星期里，他始终不同意发放赏赐。当在劝说之下最终勉强松口的时候，他的内心是苦涩的。按照传统规矩，戈利岑必须前往普列奥布拉任斯科耶，感谢沙皇的慷慨赏赐。当戈利岑到来时，彼得拒绝接见。这不仅是对戈利岑的蔑视，更是一种挑战。

在日记中，戈登是这样描述愈发紧张的局势的：

> 每个人都看得很明白，也很清楚，不大费一番周章，单靠强迫手段只会让年纪更轻的那位沙皇更起劲地反对给总司令和宫廷另一党派的最显赫成员发放赏赐，而无法让他点头同意；因为从目前的形势来看，双方已经快要公开撕破脸皮了……与此同时，一切都尽可能地在豪宅内秘密进行着，但还不够巧妙、隐秘，以至于接下来要发生什么，人尽皆知。[5]

反对索菲亚统治的人群在一天天扩大，第二次对鞑靼战役声明在他们中间引发了新一轮愤恨情绪。不满的矛头已经对准了索菲亚的行政机构，以及她的恋人戈利岑——他不得人心，是因为他废除了贵族的优先权，且更喜欢西方习俗而非传统俄罗斯习俗。戈利岑如今已经被人贴上了"即将发动又一场不得人心之战的败军之将"的标签。当然，他获得的胜绩将在很大程度上平息这种敌意，但并不能使之全部消失。因为随着时间流逝，一个新变数的作用越来越明显：彼得正在一天天长大。

波雅尔派判断，不久之后，活跃的年轻沙皇就将准备好在政府内部扮演更为重要的角色，他们聚集到生活在普列奥布拉任斯科耶的彼得和娜塔莉娅身边，开始统计自己的实力。俄国某些最为显赫的家族被列了进来：乌鲁索夫、多尔戈鲁基、舍列梅捷夫、罗莫达诺夫斯基、特勒库罗夫（Troekurov）、斯特列什涅夫、普罗佐罗夫斯基（Prozorovsky）、戈洛夫金

（Golovkin）和利沃夫（Lvov），更不用说彼得母亲和妻子的家族——纳雷什金和洛普欣纳。而正是这个被称作"贵族派"的团体，坚决要求同波兰订约的戈利岑担任第二次对鞑靼战争的指挥官。

为了保护自己免受这些伺机而动的敌人伤害，戈利岑结交了一个盟友——费奥多尔·沙克洛维特。这名索菲亚手下最为果决、残忍的顾问对贵族派这个对手——实际上是针对所有波雅尔的看法显而易见：他憎恨他们，正如他们也憎恨他。1687年，他轻蔑地对一群射击军士兵说，波雅尔与一大堆"掉在地上的干瘪苹果"无异。[6] 从那一年起，他就竭尽所能煽动士兵反对贵族。他比索菲亚集团的其他任何成员都清楚，彼得一旦长大，贵族派的力量就会变得异常强大。他坚定地认为，彻底打垮他们的时机就是现在。

一等戈利岑离京南下，就只有沙克洛维特捍卫他的利益了；波雅尔们开始行动。一名纳雷什金家族的成员被晋升为波雅尔，戈利岑的老对头米哈伊尔·切尔卡斯基（Michael Cherkassky）公爵被委以要职。戈利岑用悲哀的笔调从干草原写信给沙克洛维特，乞求帮助：

> 我们一直愁容满面、郁郁不乐，不像那些总是快快乐乐、随心所欲的人那样。就所有事务而言，我唯一的希望就是您了。求求您写信给我，告诉我那些家伙（波雅尔们）有没有在用邪恶的手段给我下绊子。看在上帝的分上，盯住切尔卡斯基，一刻也不要松懈，不要让他得到那个职位，哪怕你不得不动用牧首和公主（索菲亚）的影响力来压制他。[7]

彼得公开拒绝接见索菲亚的爱人，这让摄政者在震惊愤怒之余忧心不已。这是纳雷什金家族的年轻沙皇第一次直接挑战她的地位，也是向她发出的第一个明确信号：自己不会再对别人唯命是从了。这一事实对每个人都显而易见：彼得已不再是小孩，他在一天天长大，总有一天会成年，那时摄政统治将成为多余之物。索菲亚对彼得那少年气的战争游戏和造船工程嗤笑不已，外国观察者的政府希望客观预测俄国的未来，他们以审慎的态度看待普列奥布拉任斯科耶所发生的事情。荷兰大使范·凯勒男爵在写给海牙（Hague）的信中对彼得的风范、智慧和极高的受欢迎程度赞扬有加："由于个子比他的廷臣要高，年轻的彼得成了人人关注的对象。人们交口称赞他的头脑、他的思想深度，还有他身体发育的速度。据说他很快就会被授予君权，目前一切尚波澜不惊，但局势将在日后发生180度的变化。"[8]

索菲亚没有采取任何措施来阻止、压制她的异母弟弟。她忙于国事，认为这对母子根本威胁不了她的政府，因此只是对他们放任自流。彼得12岁那年，她送给他一批星形饰物、纽扣和钻石扣子。当他更大一些的时候，她对他从兵工厂索取真的火枪和火炮，用于激烈、逼真的战争游戏的要求丝毫不加限制。武器源源不断地流出，索菲亚却视若无睹。1689年1月，彼得首次获准出席波雅尔顾问班子会议。他觉得那里的讨论很无聊，此后就很少与会了。但在平静的表面下，索菲亚的不安和焦虑正在越来越猛烈地涌动。上台7年后，她不仅习惯了掌握权力的感觉，也无法想象放弃权力的景象。然而她很清楚，自己是一介女流，摄政者的名分只是暂时的。除非她自己的地位以某种方式正式改变，否则在两个弟弟成年之后，她就只能让出权力。现在，还政的时刻已经近在眼前。伊凡已经结婚，还有了几个女儿，但他自然不是什么问题。如果有人把统治的负担从他身上搬走，他不但会觉得很满意，还迫切希望这一刻能早点到来。但彼得正在迈入成年，他与叶夫多基娅·洛普欣娜的婚礼就是强有力的证明。索菲亚如今处境艰难；除非她做点儿什么，否则她若是拒绝放权，就必将引发一场危机。

事实上，索菲亚为了提高自己的地位，已经采取了一些措施，她还试图采取其他措施，但被挫败了。3年前，即1686年，当对波兰的和约尘埃落定之后，索菲亚利用自己的政策得到广泛认可的机会，开始使用"独裁者"的头衔，而这一头衔通常只能由沙皇使用。自此以后，在所有公文和公开仪式上，索菲亚的名字都会加上这一头衔，将她置于与弟弟伊凡和彼得同等的地位。但每个人都清楚，索菲亚没有资格与她弟弟平起平坐，因为他们是皇帝，而她不是。索菲亚的希望是自己也能加冕为君。1687年夏，索菲亚命令沙克洛维特调查，倘若戈利岑大败克里米亚可汗，她自立为帝，射击军是否会支持她。沙克洛维特照办了，他极力怂恿射击军向两位沙皇请愿，让他们准许索菲亚加冕。但射击军对这件事的前景持保守看法，因而加以反对，该计划暂时被搁置了。尽管如此，索菲亚的一幅惊人画像的问世表明，这一念头一直没有停止过。在这幅出自一名波兰艺术家之手的画作上，摄政者的形象和那些已加冕为皇的男性独裁者的常见形象一模一样：她独自端坐，头上戴着莫诺马赫皇冠，手握宝球和权杖。她的头衔被写作"女大公和独裁者"。画像的下方是一首24行的诗，这首由僧侣西尔维斯特·梅德韦杰夫创作的诗称赞说，这幅画像将这位女士的帝王之气展现无遗，并满怀好意地将她比作亚述的塞弥拉弥斯（Semiramis of Assyria）、拜占庭的普尔喀丽娅皇后（Empress Pulcheria of Byzantium）和英国的伊丽莎白一世。这幅画的摹本被印在缎子、丝绸和纸张上，在莫斯科传播开来。与此同时，还有一批摹本被送往荷兰，它们所附带的诗文被译为拉丁文和德文，分送到欧洲各地。

对于聚集在彼得母子身边的波雅尔而言，索菲亚给自己加上独裁者头衔的做法是一种无法容忍的僭越，她将自己身穿俄式朝服的画像到处散发的做法则是一种恐吓。他们推测，她意欲自封为沙皇，同她所爱的瓦西里·戈利岑结婚，而后采取任何必要手段将两位沙皇一并废黜，或是废黜彼得。索菲亚是否真是这样想的，没人说得清。她已经获得了如此之多，因此她确有可能将自己的梦想正式变成现实：同身边的爱人一道以独裁者的身份统治这个国家。但没有任何迹象表明她准备废黜彼得。至于戈利岑，他对待婚姻问题的态度极为慎重：戈利岑公爵夫人依然存在。

在索菲亚集团中，有名成员对自己的期望或意愿毫不掩饰，这个人就是费奥多尔·沙克洛维特。他对索菲亚反复强调，必须在彼得成年之前打垮纳雷什金派。他不止一次煽动射击军杀掉彼得集团的领袖人物，甚至太后娜塔莉亚可能也被列入死亡名单，但他未能成功。索菲亚不愿采取此类过于极端的措施，而戈利岑更是对任何暴力手段都避之唯恐不及。然而，沙克洛维特的耿耿忠心感动了索菲亚。在无果而终的第二次对克里米亚战争期间，在戈利岑率军远行的漫长数周里，甚至当索菲亚在给戈利岑的信中热情地称他为自己的"小爸爸"时,她可能暂时将沙克洛维特当作自己的寄情对象。

时光不可避免地改变了彼得与索菲亚之间的关系,但第二次克里米亚战争的灾难性结局将他们猛地推向了彼此对立的位置。当索菲亚政府取得成功的时候,要挑战她是很困难的,但戈利岑那两场败仗不仅仅是军事上的失利:在注意到摄政者与远征军司令之间的关系后,索菲亚的敌人有了一些攻击她的明确口实。

彼得本人既没有参与同波兰的议和,也没有参与针对鞑靼人的军事行动,但他对军事事务有着强烈的兴趣,也和任何其他俄国人一样渴望着终结鞑靼人对乌克兰的袭击。因此,他怀着兴奋的心情,密切关注着戈利岑的军事行动进程。1689年6月,当戈利岑第二次惨败而归的时候,彼得对他既怒不可遏又十分蔑视。7月18日发生的一起事件令双方之间越来越深的敌意引起了公众的瞩目。在庆祝喀山圣母像显灵的仪式上,索菲亚像往年那样,携两个弟弟在圣母升天大教堂露面。仪式结束时,彼得的一名同伴对他窃窃私语,随后,彼得走向索菲亚,要求她离开游行队列。这是对索菲亚的公开挑战:不让摄政者与沙皇走在一起,就是剥夺了她的权威。索菲亚理解这道命令的含义,她拒绝服从,反而亲手从都主教手中拿起圣母像,然后一边举着它,一边挑衅般继续行走在游行队列中。彼得既感愤怒,又觉丧气,立刻离开游行队列,又愠又怒地返回乡下。

两派之间的紧张气氛不断加剧:流言满天飞,双方都害怕对方突然采取行动,也都认为自己的最佳策略是保持防御姿态。两派都不愿打响第一枪,那样会让自己在道义上处于不利地位。从表面上看,彼得没有什么合适的理由朝身处克里姆林宫的异母姐姐和异母哥哥发难。他们的统治权是由1682年达成的双皇共治协议授予的;他们既没有以任何方式否认协议,也没有侵害他的君权。索菲亚同样找不到任何光明正大的理由来向身处普列奥布拉任斯科耶的彼得发难。他是位受膏的沙皇。尽管射击军在沙克洛维特的煽动下,或许会在纳雷什金家族和彼得的游戏军团向她发动进攻的时候支持她,但要说服他们进军普列奥布拉任斯科耶、攻击上帝认可的君主将困难得多。

不清楚自身真正实力亦是双方的共同顾虑。在兵力上，索菲亚占有很大优势；大部分射击军和德意志区的外籍军官都站在她一边。彼得的可用之兵就很少了：他只有他的家族、他的朋友、600人左右的游戏军团，可能还有射击军苏哈列夫（Sukharev）团的支持。然而，尽管索菲亚的力量要大得多，但她的底气很弱；索菲亚从来无法肯定射击军对她的忠诚究竟有多深，就连聚集在彼得身边的那一小批武装人员都让她有种草木皆兵的感觉。那年夏天，摄政者无论走到哪里，都要让一大队她自己的射击军簇拥在身边。她慷慨地赏赐他们大量金钱，并不厌其烦地恳求、劝告他们："不要抛弃我们。我们可以依靠你们吗？如果你们不再需要我们，我弟弟和我就得到修道院里去避难了。"

当索菲亚竭力维持自己的影响力时，瓦西里·戈利岑这位归来的彼列科普"英雄"却保持着沉默，不愿参与任何攻击或公开反对彼得和他身边的波雅尔的行动。索菲亚的另一名爱慕者和副手沙克洛维特更为果断。他频频前往射击军中，公然抨击彼得一派的成员；他没有提到彼得的名字，但扬言要干掉彼得的主要支持者，并将太后娜塔莉娅送到女修道院去。

7月结束了，8月开始了，随着气温升高，莫斯科的局势也日趋白热化。7月31日，戈登在日记中记载道："双方的情绪在升温，彼此间的怨恨也越来越深。毫无疑问，爆发的时刻很快就要到来了。"[9] 几天后，他提到"危险的流言正在散布"。[10] 在这个仲夏时节的日日夜夜，双方都在一刻不停、提心吊胆地等待着。当时的状况无异于铺上了一层层干燥的粉状火绒，任何流言都可能变成火星。

# 8

# 索菲亚的倒台

危机在1689年8月17日爆发。那年夏天早些时候，戈利岑还在南方，索菲亚养成了徒步前往莫斯科附近的教堂和修道院朝拜的习惯。17日下午，她吩咐沙克洛维特组织一支射击军卫队，于明早陪同她前往距克里姆林宫约2英里远的顿斯科伊修道院（Donskoy Monastery）。由于修道院附近最近发生了一起凶杀案，这队奉沙克洛维特之命进入克里姆林宫的射击军规模比往常大，装备也比往常精良。当这支全副武装的火枪纵队穿过街道时，不是没有人注意到他们。当这支分遣队正在克里姆林宫内构筑露营地时，一封匿名信开始在皇宫内部流传，信中警告说，彼得的普列奥布拉任斯科耶游戏部队将于当晚进攻克里姆林宫，打算把沙皇伊凡和摄政者索菲亚都干掉。没人花时间查验信中内容的可靠性，这甚至可能是沙克洛维特策划的阴谋。可以理解的是，索菲亚变得极度不安。为了给她压惊，沙克洛维特下令关闭克里姆林宫的大门，并调集更多射击军前来保卫皇宫。侦察哨被部署在前往普列奥布拉任斯科耶的道路沿线，一旦彼得军营内出现朝莫斯科方向开拔的迹象，他们就会予以汇报。在克里姆林宫内，一条长长的绳索被系在大教堂的警钟上，这样就可以在宫殿内拉响警钟；如果有人跑出宫去拉绳子，他就可能被预先安排好的刺客杀害。

莫斯科的人们怀着惶恐不安的心情，望着集结中的射击军部队，他们想起了7年前的那场血腥屠杀。如今，一场新的动乱似乎已迫在眉睫。就连射击军也心神不宁。他们认为，自己会接到命令：朝普列奥布拉任斯科耶的纳雷什金宫廷进军。很多人对此忐忑不已。彼得毕竟是一位受膏沙皇，因此具有合法性，他们曾像宣誓保卫沙皇伊凡和摄政者索菲亚一样宣誓保卫他。这是件令人不快的事情，他们既无纯粹的忠诚之心又犹豫难决。此外，最重要的一点是，没人想让自己成为失势那方的一员。

与此同时，在普列奥布拉任斯科耶，莫斯科发生骚动的消息引得人们兴奋不已，但没有采取什么特别的预防措施。当晚，彼得的一名侍从骑马进入莫斯科，将沙皇的一封寻常快件送往克里姆林宫。但他的到来引起了一些神经紧张、兴奋过头的射击军士兵的误解。得知这名侍从是从彼得处前来后，他们当即将他拉下马来，拳打脚踢，并将他拖进宫中，去见沙克洛维特。

这起暴力事件立刻引发了意想不到的后果。过去几周内，彼得拥护者中较为年长也较有经验的列夫·纳雷什金（彼得的舅舅）和鲍里斯·戈利岑（Boris Golitsyn，索菲亚宠臣瓦西里·戈利岑的堂弟）公爵意识到同索菲亚和沙克洛维特的冲突即将到来，因而一直致力于在射击军中悄悄发展内线。有7个人被他们争取了过来，中校拉里翁·叶利扎罗夫（Larion Elizarov）是其中为首的，他们固定的使命是汇报沙克洛维特的所有决定性动作。射击军的集结引起了叶利扎罗夫的警觉，他密切关注着，看士兵会在何时接到进军普列奥布拉任斯科耶的纳雷什金阵营的命令。获悉彼得的信使被人从马上拖下来殴打并被带去见沙克洛维特时，他认为攻打彼得的行动已经开始了。叶利扎罗夫给两匹马披上马鞍，并命令两名同伙骑上它们，火速前去向沙皇告警。

在普列奥布拉任斯科耶，一切风平浪静，午夜刚过，两名信使就飞也似地冲进了庭院内。彼得已经睡下，但一名随从惊呼着闯进了他的房间，告知彼得，他得逃命去了，射击军已经出发，目标是他。彼得从床上一跃而起，穿着睡衣，赤着脚冲进马棚里，跳上马背，狂奔着前往附近小树林内的一处临时藏身处。他在那里等候的同时，同伴将他的衣服带来了。彼得立即穿戴整齐，重新上马，在一小队人的陪伴下，沿着大路前往莫斯科东北45英里外的圣三一大修道院。当晚余下的时间就在赶路中度过了。当彼得于清晨6点赶到目的地时，他已筋疲力尽，只得让人将自己抬下马来。

对那些见到彼得的人来说，非常明显，这个恐怖之夜已经将这个17岁少年的神经折磨得几乎崩溃。7年来，射击军搜捕纳雷什金家族成员的恐怖情景已经成为彼得梦境的一部分。当被射击军真的朝他杀来的消息惊醒时，噩梦和现实就杂糅在一起了。到了圣三一大修道院后，彼得被人抬到床上，但在极度的疲惫和紧张之下，他突然放声大哭，并伴随着痉挛性的抽噎。他一面啜泣，一面对修道院院长说，自己的姐姐想杀死他，还打算杀害他的所有家人。他渐渐被疲倦压倒，不知不觉地睡熟了。在彼得熟睡之际，其他人也来到了圣三一大修道院。娜塔莉娅和叶夫多基娅于两小时内赶到，她们都是被人叫醒的，而后在彼得的游戏军团士兵的陪伴下，急急忙忙地离开普列奥布拉任斯科耶。那天晚些时候，苏哈列夫团全体官兵从莫斯科赶来，聚集到年纪更轻的那位沙皇身边。

从前面发生之事——彼得被拽下床来，拔腿就逃来看，找个地方避难的决定是在慌张下做出的，实情并非如此。事实上，寻找避难所的决定不是彼得的主意。在制订对付索菲亚的全面计划期间，列夫·纳雷什金和鲍里斯·戈利岑已经提前为彼得和普列奥布拉任斯科耶的全体宫廷人员设计了一条逃跑路线：如果事态真的紧急到非逃不可的地步，彼得派的所有成员将前往圣三一大修道院。因此，无论是彼得来到设有防御工事的修道院，还是他的兵马迅速集结到修道院的坚墙内，都是事先精心安排的结果。然而这一方案并未告知彼得。因而，当彼得于午夜时分被叫醒，并得知必须立刻出逃的时候，他吓坏了。其后，"一位合法当选的沙皇被迫身着睡衣躲避敌锋"的事实令索菲亚罪加一等。在这一事件中，彼得于无意识间的表演可谓毫无破绽。

事实上，彼得没有遇到任何危险，因为射击军从未接到进军普列奥布拉任斯科耶的命令，而当彼得逃往圣三一大修道院的消息传到克里姆林宫的时候，没人知道这是怎么回事。当索菲亚听闻此事时，她刚刚做完晨祷。她确信彼得此举对她而言含有威胁意味。"要不是我早有防备，他们就会将我们杀得一个不留。"[1] 她对身边的射击军说。沙克洛维特对此事抱有鄙夷的态度。"让他逃吧，"他说，"他肯定是疯了。"[2]

然而，当索菲亚将新情况仔细研究了一番后，她变得不安起来。她比沙克洛维特更清楚地意识到，刚刚发生的事意味着什么。在子虚乌有的威胁的刺激下，彼得已经踏出了决定性的一步。圣三一大修道院比一座固若金汤的要塞更难以攻克；它可能是全俄国最为神圣的地方，在危如累卵之际，皇室会按照惯例前往此地避难。现在，倘若彼得的支持者把沙皇遁入圣三一大修道院一事大肆宣扬，借此号召全体俄罗斯人起来反对篡位者，那么他们将获得巨大的优势。说服射击军出兵圣三一大修道院是不可能的，对人们而言，彼得的逃亡意味着沙皇的生命受到了威胁。索菲亚意识到，自己目前的处境岌岌可危，除非她小心翼翼地行事，否则她将失去一切。

著名的特洛伊茨卡亚-谢尔盖耶夫（Troitskaya-Sergeeva）修道院——全名圣三位一体赐福下的圣塞尔吉乌斯桂冠修道院（Laurel of St. Sergius under the Blessing of the Holy Trinity），位于莫斯科东北约45英里处，坐落于大俄罗斯大道（Great Russian Road）上，这条大道以首都为起点，直通大罗斯托夫（Great Rostov），而后延伸至伏尔加河畔的雅罗斯拉夫尔。这一历史圣地起源于14世纪，当时一个名叫塞尔吉乌斯的僧侣在此地建立了一座小小的木制教堂和一座修道院，这名僧侣曾在针对鞑靼人的库利科沃大会战（great Battle of Kulikovo）打响前为俄军的兵甲祝福过。当俄国一方获胜后，这座修道院成了全国性圣地。16世纪时，圣三一大修道院变得有财有势：沙皇和贵族在垂危之际，会将自己的财产遗赠给修道院，以期获得救赎。作为藏宝库的修道院地窖内堆满了金子、银子、珍珠和宝石。周长1英里、高30—50英尺、厚20英尺的高大白墙环绕着修道院，将它变成了一处坚不可摧之地。在壁垒和拐角处的巨大圆形塔楼上，无数黄铜加农炮的炮口向外伸出，对准了修道院外围的乡间地带。在混乱时期（Time of Troubles）中的1608—1609年，圣三一大修道院遭到3万名波兰人围攻，他们的炮弹全部被修道院的厚重围墙弹了开去。①

---

① 时至今日，这座修道院被通称为"扎戈尔斯基"（Zagorsk），这个名字来源于一座如今已延伸到修道院城墙下方的工业小镇。作为苏联宗教生活中的绿洲，这座修道院如数个世纪以来那般，吸引着全俄朝圣客的到来。由于圣三一大修道院是苏联境内最为富丽堂皇的宗教建筑群之一，它也成了访问莫斯科的外国游客经常驻足的一处所在。幸运的是，即便在今天，圣三一大修道院依旧散发着某种美丽、庄严、神圣的历史气息。

在坚固的堡垒内，游戏兵团和忠心耿耿的射击军士兵把守着高大的壁垒，彼得和他的党派成员则安安全全地策划着反攻计划。他们的第一步动作是派遣一名信使前往索菲亚处，质问前一天为何有如此之多的射击军士兵聚集到克里姆林宫内。这个问题对索菲亚而言是难以回答的。由于双方在明面上依旧遵守着一切正式礼节，索菲亚不能回答说，她调集射击军是因为她以为自己的弟弟彼得要来进攻她。因此，她给出的答复——她召集军队是为了护送她步行前往顿斯科伊修道院，看起来很是牵强；如果真是这样，根本没必要动员数千名武装人员。彼得的支持者更加确信她居心不良。

彼得的下一步动作是命令射击军精锐斯特米亚尼团的团长伊凡·齐克列勒（Ivan Tsykler）带领50名部下前来圣三一大修道院。对索菲亚而言，这次召见似乎凶多吉少。齐克列勒在1682年射击军之乱中是领导者之一，此后成为她最为忠实的军官之一。如果自己任他前去，而他又在拷打之下将所知的沙克洛维特计划镇压纳雷什金家族一事说出来，那么自己与彼得的关系将走向决裂，无可挽回。然而，她又一次别无选择。彼得是沙皇，掌握着皇家军队的指挥权，违抗他的命令就等于公然挑战他的权威。当齐克列勒来到修道院后，还没等别人对他用刑，他就把自己知道的事全招了。他注意到彼得正在成为命运之神垂青的对象，因而已下定决心加入彼得一方——只要沙皇陛下能用一道圣旨保他。

从一开始索菲亚就知道，自己根基很浅。如果局势发展到兵戎相向的地步，胜利的一方无疑是彼得；要想活命，就只能和解。然而，倘若她能说服彼得离开圣三一大修道院，返回莫斯科，那么后者就失去了圣地和坚墙的保护。而后，她就能解决掉彼得身边的策士，并将彼得送回家，去和他的那些游戏军团和船只玩，她就又是威风凛凛的摄政大人了。因此，她派公爵伊凡·特勒库罗夫（Prince Ivan Troekurov，他的儿子是彼得的密友）前去劝说彼得回来。特勒库罗夫失败了。彼得很清楚，留在圣三一大修道院对他有利。他打发特勒库罗夫带口信回去，说自己不会再容忍被一个女人骑在头上了。

彼得的行动是这样的。他亲自写信给射击军的全体团长，勒令他们从每个团抽调10个人，带着这些人一起前往圣三一大修道院。当这个消息传到克里姆林宫时，索菲亚的反应极为强烈。她将团长们召来，警告他们不要参与她弟弟和她之间的争斗。团长们犹豫不决，并告诉她，他们已经收到了沙皇的命令，不敢不从。索菲亚的一腔怒气当时就爆发了，她宣布，任何打算动身前往圣三一大修道院的人都将被斩首。仍是军队司令的瓦西里·戈利岑下令，所有外籍军官一律不得以任何理由离开莫斯科。在这几道命令的威胁下，团长和外国军官们留在了莫斯科。

第二天，彼得加大了施压力度，他正式通知沙皇伊凡和索菲亚，自己已命令射击军的团长们前往圣三一大修道院。他要求索菲亚以摄政者的身份保证自己的命令得到执行。索菲亚的回应是打发伊凡的家庭教师和彼得的告解神父前往圣三一大修道院，辩解说士兵们不让团长动身，并向彼得求和。两人于两天后一无所获地返回莫斯科。与此同时，沙克洛维特向圣三一大修道院派去几名间谍，窥伺那里的动向、统计彼得拥护者的规模。他们回来时，带来了新的情报：彼得的兵力和信心都在不断增长。事实上，沙克洛维特只需每天早上召集自己的人马，就能明白，彼得的队伍之所以不断扩大，因为他的部下正在乘夜逃亡，并取道前往圣三一大修道院。

索菲亚朝牧首约阿希姆求助，恳请他到圣三一大修道院去，利用身份的巨大影响力来与彼得达成和解。牧首答应了她的请求。赶到目的地后，他立刻与彼得结为生死同盟。在这之后，又有人从莫斯科叛逃到圣三一大修道院时，他们就会同时得到彼得和约阿希姆的接待。沙皇和牧首并肩作战。

约阿希姆的行为并不是背叛，他自己也是这么认为的。尽管他已归降摄政者索菲亚，但他出身于一个反对摄政政府的波雅尔家族。他本人并不喜欢索菲亚和戈利岑，因为他们作风西化，也抵制索菲亚的称帝野心。更重要的是，他憎恨僧侣西尔维斯特·梅德韦杰夫，后者强行干预教会事务，而约阿希姆认为教会是牧首的私人领地。在危机爆发前，他之所以支持摄政者，不是因为认可她本人，而是因为认可她的权威；约阿希姆改换门庭的事实清晰地表明，力量和权威的天平正在倒转。

牧首的倒戈是对索菲亚的沉重打击。他的离去刺激了更多的人，他们纷纷效仿。但大部分射击军和莫斯科市民领袖还留在城内，他们举棋不定，继续观望着接下来哪一方的赢面更大。

8月27日，彼得又出手了。他送出几封措辞严厉的信，再次命令射击军全体团长与来自各团的10名士兵立刻前来圣三一大修道院报到。许多莫斯科的市民代表也收到了类似的召集令。这一次，所有胆敢抗命的人都接到了死亡威胁。这些表示要对不服从者明正典刑的恐吓信收到了强烈的效果，一大群射击军士兵当即在5名团长的带领下，乱哄哄地上路，前去投降沙皇。

此时，坐在克里姆林宫内的索菲亚变得越来越绝望，不断有人成群结队地投向圣三一大修道院，她却无力阻止。为了以和解的方式解决危机，索菲亚使出了最后一招。她决定亲自前往圣三一大修道院面见彼得。在瓦西里·戈利岑、沙克洛维特和一支射击军卫队的陪伴下，她开始沿着大俄罗斯大道进发。在离大修道院8英里左右的沃茨德维任斯科耶（Vozdvizhenskoe）村，她遇到了彼得的朋友伊凡·布图尔林（Ivan Buturlin）和一队扛着滑膛枪的士兵。将部众在道路的另一端排列成行后，布图尔林命令摄政者停止前进。他告诉她，彼得拒绝见她，也不准她前往圣三一大修道院，并命令她立刻回莫斯科去。索菲亚觉得自己受到了侮辱，怒气冲冲地表示："我一定要到圣三一大修道院去！"³。她命令布图尔林和他的士兵给她让道。此时，彼得的另一个支持者小特勒库罗夫公爵赶到，带来了彼得的命令：绝对不许他姐姐前往修道院，在必要情况下可以动用武力。

带着挫败感和羞辱感，索菲亚退却了。她于9月11日拂晓时分回到克里姆林宫。在这之前，她派人去将数量正在不断减少的己方支持者召来。她的语调已近乎歇斯底里："在沃茨德维任斯科耶，他们差点儿朝我开枪。许多人骑着马，带着滑膛枪和弓箭从我身后跑过去。我好不容易才逃脱了，然后一路疾奔，用了5小时赶到莫斯科。纳雷什金家族和洛普欣家族正在密谋杀害沙皇伊凡·阿列克谢耶维奇，他们现在甚至把枪口对准了我的脑袋。我会将各团召集起来，亲自对他们讲话。服从我们的命令，不要上圣三一大修道院去。我信任你们。忠实的支持者们，我不信任你们还能信任谁？你们也打算逃跑吗？先亲亲这个十字架。"索菲亚伸出十字架，让人们逐一亲吻。"现在即使你们想逃走，这个十字架也不会放你们走的。有信从圣三一大修道院送来的话，不要去读。把它们带到宫里来。"[4]

赢得了主动权后，彼得和他的谋臣们并未就此停手。索菲亚回到莫斯科后不久，伊凡·涅恰耶夫（Ivan Nechaev）团长就从圣三一大修道院赶到，并带来了几封致沙皇伊凡和摄政者索菲亚的公函。这些公函正式宣布，谋害沙皇彼得的阴谋是存在的，并声称为首的阴谋分子是沙克洛维特和梅德韦杰夫——这几名叛乱分子将立即被捕，并送往圣三一大修道院，交予彼得审判。

这些公函首先交到了一名站在红梯下方的宫廷文书手中，整个皇宫为之震动。站在索菲亚一边的官员和军官之前以为，不是索菲亚获得胜利，就是双方达成妥协。如今他们意识到，自己面临着毁灭或死亡的命运。那些依旧只忠于摄政者本人的射击军开始发起牢骚，说他们不会保护叛国贼，那些阴谋分子必须举手投降。索菲亚下令将涅恰耶夫团长——那些可恶信件的携带者带到自己这里来。她把升腾的怒火一股脑儿地倾泻在他身上。因狂怒而全身颤抖的索菲亚质问涅恰耶夫："你怎么敢接下这样一份差使？"涅恰耶夫回答说，他不敢违抗沙皇的命令。[5] 暴怒的索菲亚下令将他斩首。对涅恰耶夫来说，幸运的是，当时并无剑子手在场。在随之而来的一片混乱中，他被人遗忘了。

孤独无助、陷入绝境的索菲亚最后一次试图召集她的支持者。她走出宫去，来到红梯顶端，对着聚集在宫殿广场的射击军和市民发表演讲。她高昂着头，用激烈的语气表达对纳雷什金家族的蔑视，并乞求听众不要抛弃她：

"那些心思恶毒的人……用尽一切手段，企图让我和沙皇伊凡与我弟弟陷入不和。他们到处播撒纷争、猜忌和灾难的种子。他们雇人造谣，说有人密谋杀害年纪更轻的沙皇和其他人。他们妒忌费奥多尔·沙克洛维特立下的汗马功劳，妒忌他常年为帝国的安宁和繁荣日夜操劳，因而把他说成是这场阴谋的首要分子，就好像真的存在这样一场阴谋。为了解决此事，查明这一控告的理由，我亲身前往圣三一大修道院，然而，在那些被我弟弟留在身边的恶毒顾问的怂恿下，我的去路被人挡住了，他们不准我再前进半步。遭受了这样的侮辱后，我不得不回到家里。你们都很清楚，这7年来我是如何执政的——是我，在局势最为动荡的时候担起摄政的重任；是我，同邻国那些基督教君主缔结了一份著名的真正和平协议；是我，用武力让基督教的敌人陷入恐惧和混乱之中。由于你们有功于国，你们已经得到了丰厚的赏赐，而我也一直在向你们表达善意。我不敢相信你们会背叛我，会去相信敌人编造的所谓实现全面和平、繁荣的谎言。他们要的不是费奥多尔·沙克洛维特的命，而是我和我弟弟的命。"[6]

那天，索菲亚如是演说了3次，先是对射击军，接着对莫斯科的市民领袖，最后一次的听众则是包括一些外籍军官（他们是从德意志区被找来的）在内的广大人群。她的劝诫似乎收到了一定效果："这是一次漫长而精彩的演讲。"戈登说，[7] 人们的情绪似乎有所好转。在姐姐的命令下，沙皇伊凡走下红梯，走进人群中，将一杯杯伏特加递给波雅尔、官员和射击军。索菲亚欣喜不已。她派人叫来涅恰耶夫团长，豁达地宽恕了他，并递给他一杯伏特加。

在这一间歇期，彼得派重要领袖之一鲍里斯·戈利岑公爵试图将堂兄瓦西里争取到自己这边来。鲍里斯派遣一名信使前往瓦西里处，让他到圣三一大修道院，向沙皇求恩。瓦西里的答复是请鲍里斯帮他在两派之间斡旋。鲍里斯拒绝了。他再次建议瓦西里到大修道院来，并保证他将得到彼得的亲切接待。瓦西里可敬地予以拒绝，说责任感要求自己必须留在索菲亚阵营。

彼得又出手了，他再一次加大对索菲亚施加的压力。9月14日，一封由彼得处发出的书面指令被送至德意志区。它向住在这里的所有将军、团长和其他军官重申了阴谋的存在，将沙克洛维特和梅德韦杰夫指为策划阴谋的主犯，并命令全体外籍军官全副武装，骑马前往圣三一大修道院。对这些外国军人而言，这道指令将他们置于危险的两难困境。他们已经同政府订立了效力契约，但在这种混乱局面下，谁才是真正的政府？为了避免卷入姐弟间的家庭战争中，外籍军官的领袖戈登将军已经宣布，除非两位沙皇共同下令，否则他手下的军官不会离开。现在，彼得用一纸命令向戈登施压。就个人角度而言，除了这些威胁，戈登还必须在两方阵营中做出选择，这同样令他左右为难：戈登喜欢彼得，在火炮和烟火游戏上对他多有帮助；但他同戈利岑的关系更为亲近，曾与后者在俄国军队改革问题上合作多年，也曾追随后者参加了那两场以惨败告终的克里米亚战争。因此，当彼得的信被当着全体外籍高级军官的面拆开、朗读的时候，戈登的反应是将彼得的指令汇报给戈利岑，并征求他的意见。戈利岑大为苦恼，说自己将立刻与索菲亚和伊凡商讨此事。戈登提醒戈利岑，这些外国军官尽管并无过失，可一旦走错了路，他们还是有掉脑袋的危险。戈利岑很理解这一点，说自己将在晚上之前给他们一个答复。他让戈登派他的女婿入宫，接收摄政者的回复。

然而，戈登一看到戈利岑表现出犹豫不决的样子，就立刻自己拿定了主意。如果摄政者的宠臣、掌玺大臣、军队的总司令不敢下令，那么莫斯科的政权无疑将濒临崩溃。戈登给自己的坐骑披上马鞍，并告知手下的军官，无论克里姆林宫发来什么样的命令，他都要动身前往圣三一大修道院。当天晚上，外籍军官排成长长的骑行队伍，离开首都，于拂晓时分抵达修道院。彼得起床迎接他们，将自己的手递给他们亲吻。

正如戈登在日记中所写，外籍军官团的离去成了"压垮骆驼的最后一根稻草"。仍然留在莫斯科的射击军意识到胜利的果实已属彼得所有。为了自保，他们聚集在宫殿前，要求沙克洛维特向他们投降，这样，他们就可以把他带到圣三一大修道院，交给彼得。索菲亚予以拒绝，于是射击军开始大叫大嚷："您最好马上照办！如果您不把他交出来，我们就会敲响警钟！"[8] 索菲亚明白射击军的威胁意味着什么：又一场暴动将爆发，军人们会狂暴地到处乱窜，屠杀任何一个被他们认定为叛乱分子的人。倘若这样的暴行真的上演，那么没人能活命，连她自己也不例外。她败下阵来。她派人去把沙克洛维特叫来，后者此时正和7年前的伊凡·纳雷什金一样，躲藏在宫廷礼拜堂内。她泪流满面地将他交了出去，当晚他就被系上锁链，送往圣三一大修道院。

战争结束了，摄政统治就此终结，彼得获得了胜利。胜利之后，复仇上演了。第一击如闪电般落到了沙克洛维特头上。当他来到圣三一大修道院后，立刻受到鞭笞和审问。挨了15鞭后，他承认自己曾考虑过谋害彼得母子的性命，但否认为此制订过任何具体方案。在招供过程中，他将瓦西里·戈利岑摘得干干净净，说后者对自己的行动毫不知情，也不曾参与其中。戈利岑本人当时也在圣三一大修道院中。在沙克洛维特到来的那天早上，戈利岑主动出现在修道院的院墙之外，要求允许他进去，向沙皇表示敬意。他吃了闭门羹，并被勒令待在村庄内，等候发落。如何处置戈利岑成了彼得及其支持者要面对的一个难题。一方面，在摄政政府存在的7年间，此人一直是索菲亚的重臣、将军和恋人，因此必须将他同索菲亚的其他私人顾问一道贬黜。另一方面，人们普遍认为戈利岑一心为国的信念是可敬的，即使他未能实现自己的抱负。沙克洛维特也已招认，戈利岑从未参与任何阴谋。最重要的是，戈利岑出身俄国最显要的名门之一，而他的堂弟鲍里斯·戈利岑公爵也绝不希望看到戈利岑家族背上叛逆者的污名。

为了让瓦西里获得赦免，鲍里斯·戈利岑不惜冒险触怒太后娜塔莉娅及彼得的其他顾问。他们甚至一度威胁说，要将鲍里斯与其堂兄一并治罪。这件事是在沙克洛维特当着鲍里斯·戈利岑的面写了一份9页的供状后发生的。当沙克洛维特写完供词，已是后半夜时分，彼得就寝了。因此鲍里斯将供状带回自己房间，打算在次日早上交给彼得。但有人闯进沙皇的卧室，叫醒彼得，并汇报说，鲍里斯·戈利岑将沙克洛维特的供状带回自己房间去了，这样他就可以抹掉一切对他堂兄不利的证据。彼得立刻派人询问沙克洛维特：你是否撰写过一份供词？如果是，那么供词现在何处？沙克洛维特的答复是他已经将它交给公爵鲍里斯·戈利岑了。幸运的是，戈利岑的一个朋友将彼得已醒一事告诉了戈利岑，他立刻将供词交给了沙皇。彼得严厉地质问他为何不把它立刻呈递上来。戈利岑回答说，当时太晚了，他不愿叫醒沙皇，彼得相信了他的解释。由于沙克洛维特为瓦西里·戈利岑脱罪，彼得决定饶后者一命。

当晚9点，瓦西里·戈利岑被召来。他认为自己将面见彼得，因而准备先将自己历年为国家做出的贡献一一罗列，然后再乞求赦免。然而根本没人听他的供述。戈利岑被打发到一间挤满人的前厅中央，此时一名书记官出现在楼梯上，高声宣读对他的判决。戈利岑的罪名有：只向摄政者汇报公务，而不向沙皇当面汇报；在公文上将索菲亚的名字与两位沙皇的名字并列；在两次克里米亚战争中用兵无方，给政府和人民造成损害和负担。尽管他保住了性命，但受到的裁决仍是严厉的：他被剥夺了波雅尔身份，财产也被尽数没收，他和家人则被放逐到北极地区的一座村庄。他凄凄惨惨、穷困潦倒地上路了。令他为之一振的是，他在途中遇到了索菲亚派来的一名信使。她给他送来一包钱，并承诺将让沙皇伊凡为他说情，这样他就可以获得赦免。这或许是戈利岑收到的最后一个好消息。因为不久之后，索菲亚就无法向任何人伸出援手了，连她自己也不例外。英俊、文雅的戈利岑就这样开始了25年的流放生活。当索菲亚于1689年夏天倒台的时候，他46岁，此后一直在北极地区过着悲惨的生活，直到1714年以71岁高龄去世。

讽刺的是，这样一个在当时的俄国观念如此先进的人，本可在彼得致力于国家现代化时大显身手，但他竟然加入了彼得的对立阵营，在权力更迭时失去了一切，从此在伟大的改革者执政的大部分时间内，他只能在北极的小屋里袖手旁观。同样讽刺的是，俄罗斯沙皇国的波雅尔们竟然聚集在彼得麾下，反对戈利岑。帮助彼得推翻索菲亚和戈利岑的统治后，他们相信自己可以不再受到险恶的西方文化侵扰。事实上，他们已经为俄罗斯历史上最伟大的西化主义者的崛起扫清了主要障碍。

戈利岑的结局看似凄惨，但同索菲亚内部圈子其他成员的命运相比，已经算是很温和了。尽管按照戈登的记载，彼得不愿把他的对头判处极刑，但彼得派那些资历较老的领袖，特别是牧首，坚持要这样做。沙克洛维特被判处死刑，来到圣三一大修道院4天后，他在修道院的高墙外被斩首。有2人与他一道被处死。3名射击军遭到鞭笞，舌头被拔掉，并被流放到西伯利亚。西尔维斯特·梅德韦杰夫逃出了莫斯科，希望到波兰去避难，但中途被人截住，并被带到圣三一大修道院，遭受拷问。他承认自己曾隐约得知有人想谋害彼得的一些支持者，题在索菲亚画像下方的那些可憎的恭维诗句也出自他之手，但否认自己参与过任何针对彼得或牧首的阴谋。他被关押起来，而后再度受到指控，并遭到火烧和烙铁的残酷折磨，最终于两年后被处决。

当索菲亚的支持者被消灭殆尽后，还剩下一个核心问题：如何处理索菲亚本人？孤独、无助的索菲亚在克里姆林宫内等候着命运的裁决。按照沙克洛维特在拷打之下的供词，她从未密谋废黜彼得，更遑论谋害他的性命。顶多只能认为她知道几个针对彼得派某些成员的阴谋，并意欲以独裁者而非摄政者的身份与弟弟们共享权力。但这些对彼得来说已经足够了。他从大修道院写信给伊凡，表达自己对索菲亚的不满，并提议从此让他们两个自己来统治这个国家。他指出，在他们的加冕礼上，上帝将王冠戴在两个人而非三个人头上；姐姐不仅干预政事，还要求与两位由上帝授权的君主平起平坐，这是对上帝意愿的违背，也是对他们权力的侵害。彼得提议由他们两人共同统治，这样就再也不用与那个"可耻的第三者"发生不愉快的冲突了。[9]他请求伊凡允许自己在无须经过后者逐一特别批准的情况下，委任一些新的官员。末了，他认为两位共治君主当中，伊凡仍应居于上位——"我愿意像尊重父亲那样尊重您"。

伊凡无力反对，只能予以赞成。圣旨颁下：索菲亚的名字从所有公文中抹除。不久之后，彼得的密使伊凡·特勒库罗夫公爵来到克里姆林宫，请求伊凡下令让索菲亚离开克里姆林宫，前往市郊的新圣女修道院（Novodevichy Convent）。她不必像修女那样戴上面纱，还能分配到一套舒适而装饰考究的房间；一大队仆人将随她前往，她可以过上舒适的生活。她所遭受的真正限制只有不得离开女修道院，以及只能接受姨母和姐妹们的拜访而已。但索菲亚当即意识到，这种禁闭式的生活不管有多么奢华，都让她的人生失去了一切意义。她再也不能拥有权力，再也不能有所作为，她的生活将失去一切激情，她的智慧将再无用武之地，就连她的爱情也将被剥夺殆尽。她拒绝离开克里姆林宫，抵抗了一个多星期。但她遭受的压力大得吓人，索菲亚最终被礼数周全地护送到了女修道院。她将在那里的高墙内度过生命中余下的15年时光。

彼得拒绝在索菲亚离开克里姆林宫前返回莫斯科。等到姐姐被牢牢幽禁了起来，他就立刻离开圣三一大修道院，骑马南下，但在途中耽搁了一个星期。他与戈登将军一起度过了这段时间，后者在彼得的面前操演步兵和骑兵。彼得最终于10月16日重返首都，当他策马进入的时候，射击军各团的士兵沿着街道一排排跪着，乞请皇上开恩。进入克里姆林宫后，他来到圣母升天大教堂，拥抱了哥哥伊凡；而后，他身穿朝服出现在红梯顶端。这个高得出奇、圆脸膛、黑眼睛的年轻人还是第一次以俄国之主的身份站在这里。

索菲亚，莫斯科的首位女性统治者就这样倒台了。作为一名执政者，她的成就被高估了。公爵鲍里斯·库拉金（Boris Kurakin）夸大了她的政绩，他说："俄国历史上从未有过如此英明的政府。在她统治的7年间，整个国家变得无比富有。"[10] 另一方面，她并不像彼得的一些崇拜者所描述的那样，只是旧秩序下的最后一位统治者，是横亘在改革之路上的最后一块绊脚石；这块绊脚石被搬走后，俄国历史就顺着平整、开阔的现代大道，进入崭新的圣彼得时代。索菲亚确实是一位合格的统治者，总体而言，她的执政成就还算出色。在她掌权的那些年里，俄国处于转型阶段。沙皇阿列克谢和费奥多尔之前已对俄国国策做了一些不太激烈的调整和变革。索菲亚既没有阻碍也没有推动这一进程，但她确实让它继续进行，从而帮彼得铺平了前方的道路。考虑到改革之路起始于阿列克谢时代，且在费奥多尔和索菲亚时代一直不曾停止，即便彼得在这条道路上取得了举世瞩目的成就，他也更像是一名继往者，而非革命性的开创者。

索菲亚不是作为一名俄罗斯统治者，而是作为一名俄罗斯女性而出类拔萃的。几个世纪以来，沦为家庭奴隶的俄罗斯妇女一直隐没在特蕾姆宫的黑暗房间内。而索菲亚不但走进了明亮的阳光下，还登上了这个国家的权力之巅。无论她掌权后的成就如何，在那样一个时代，一介女流能成为一国之主，这个事实足以让她名垂青史。不幸的是，索菲亚的女性身份不仅成就了她的殊荣，也导致了她的毁灭。当危机到来时，俄罗斯沙皇国的人们依旧不愿追随一位女主子，去和一位正式加冕的沙皇对抗。

彼得将索菲亚安置在新圣女修道院中，修道院的大门在她身后永远地关上了。但在下一个世纪里，皇家女性在俄国舞台上扮演的角色发生了变化。在彼得之后，有4位女性君主登上了沙皇宝座。17世纪幽居于特蕾姆宫中的女子与18世纪那些意气风发的女皇之间的距离是巨大的。而有一位女性跨过了其中的大部分距离，她就是摄政者索菲亚。索菲亚与那些女皇一样，拥有果决的意志和强烈的权力欲望，并为她们指明了前进的道路。

索菲亚被贬黜多年后，彼得在与一名外国人谈话时提到了她，说她"无论在身体还是心灵层面，都是一名天生的全才，如果不是无穷无尽的野心和贪得无厌的权欲害了她，她本是一名完美的公主"。[11] 在彼得为帝的42年间，索菲亚是唯一一位站出来与他争夺统治权的俄国人。在1682年及1689年，她两次运用自己的力量与他较量。在彼得遭遇的第三次也是最后一次来自国内、对他独揽大权的挑战——1698年射击军之乱中，索菲亚是令他畏惧的一名对手。当时她已经被禁闭于女修道院内9年之久，但彼得立刻认定她是暴乱的幕后主使者。在彼得看来，只有她这样的强者才有资格心怀推翻他的梦想。

索菲亚拥有这样的才能，她能让彼得感到恐惧，拥有向他叫板的胆量，拥有即使身处女修道院高墙内也令他忧心忡忡的个人能力——这不足为奇。毕竟，她是他的姐姐。

# 9

# 戈登、勒福尔和"快活帮"

按照传统算法,从1682年那个10岁男孩戴上皇冠起,到52岁的他于1725年去世为止,彼得大帝的统治持续了42年。然而,正如我们已知的那样,在这段时期的头7年间,两位少年沙皇彼得和伊凡没有任何处理国家事务的实际权力,而真正的统治权掌握在他们的姐姐索菲亚手中。因此,有人可能会认为,将彼得的统治从1689年算起更为准确。在那一年夏天,彼得和彼得的群党从摄政者手中夺取了权力,高大的年轻沙皇骑着马,以胜利者的姿态进入莫斯科,巩固了自己的地位,他的部下则跪倒在他面前。但令人惊讶的是,赢得了胜利的年轻专制君主依旧没有开始自己的统治生涯。接下来的5年时间里,沙皇将统治俄国之事抛诸身后,愉快地回去过少年时代的生活(这是他逃往圣三一大修道院之前给自己设计的生活)——它由普列奥布拉任斯科耶和普列谢夫湖、由士兵和船只、由无拘无束和无所负责的感觉组成。他想要的只是不被打扰地享受自由的乐趣而已,他对政府和国家事务毫不关心。彼得后来承认:那些年他的脑子里除了自己的娱乐活动外没有别的。这样看来,我们可以认为彼得统治期的真正起始时间既不是1682年(彼得10岁那年),也不是1689年(17岁那年),而是1694年(22岁那年)。

与此同时,政府控制在一个小集团手里,在与摄政者对峙的日子里,这个集团曾为彼得提供支持和指导。彼得的母亲娜塔莉娅是名义上的集团领袖,但时年40岁的她并不像索菲亚那样有主见,很容易受到身边人的影响。牧首约阿希姆是太后的近臣,这个冷酷无情的保守派教士对一切外国事物均抱有仇视态度,决心将索菲亚和瓦西里·戈利岑统治时期蔓延至俄国的西方病毒统统清除。沙皇的舅舅、娜塔莉娅的哥哥列夫·纳雷什金获得了外交衙门主裁的要职，成了事实上的新首席大臣。他是个和蔼可亲的人，智力平平。他的乐趣在于动用自己的新权限，用令人目眩、五光十色、摆满金银盘子的招待会和宴会款待外国大使。等到与外国大使真正谈判及处理外交衙门实务时，他就非常需要叶米利安·乌克兰采夫（Emilian Ukraintsev）的协助，后者是俄国为数不多的专业外交人员之一。波雅尔提康·斯特列什涅夫被委以处理一切民政事务的权力，他是沙皇阿列克谢的老友，也是彼得的前顾问。政务三人团的第三位成员是鲍里斯·戈利岑，他由于试图挽救自己的堂兄瓦西里，长期受到猜疑，现在已经成功地挺了过来。政府组成人员中还包括其他名门望族：乌鲁索夫、罗莫达诺夫斯基、特勒库罗夫、普罗佐罗夫斯基、戈洛夫金、多尔戈鲁基。某些索菲亚时代的著名人士——列普宁和维尼乌斯（Vinius）得以留任。鲍里斯·舍列梅捷夫继续统御南方兵团，指挥对鞑靼作战。此外，彼得的年轻妻子叶夫多基娅的30余名亲眷，有男有女，一起来到宫廷，这些洛普欣家族的成员想凭借裙带关系为自己牟取利益。

对俄国而言，这次政权更迭不是什么好事。新政府的管理班子不具备前任那样的能力和精力。在这5年间，它没有制定过一条重要法律，在保卫乌克兰、防范鞑靼人的毁灭性袭击方面也无所作为。宫廷内部钩心斗角，政府部门腐败堕落。农村地区的公共秩序在衰退。普遍的仇外情绪爆发了：在牧首的推动下，政府颁布了一道法令，勒令所有耶稣会信徒必须在两周内离开这个国家。另一道法令则规定，将所有外国人拦在边境线上，彻底盘查他们的出身和访俄理由，他们的答复将被送往莫斯科。这些外国人必须留在边境线上，直到中央政府允许他们进入。与此同时，邮政主裁安德鲁·维尼乌斯（Andrew Vinius）奉命利用自己的职权拆阅一切跨境邮件。牧首甚至想把德意志区内的所有新教教堂夷为平地，德意志区居民拿出一份沙皇阿列克谢签发的文件，内有允许这些教堂存在的书面许可，牧首才没能得逞。在仇外风潮的顶峰时期，一名外国人在莫斯科的大街上被暴民抓到，活活烧死。

然而，尽管牧首竭尽全力，还是无法改变某个俄国人的习性。这个让约阿希姆绝望的人就是彼得，他成天与德意志区那些令牧首感到恐惧的外国人待在一起。不过,约阿希姆在世时彼得的行为还算有所节制。1690年3月10日,沙皇邀请戈登将军前往宫中,参加皇嗣阿列克谢的庆生宴。戈登接受了邀请,但牧首出手阻挠。他强烈抗议在俄国皇嗣的诞生庆典上出现外国人的身影。彼得虽火冒三丈,但还是顺从了,收回了自己的邀请。但他在第二天邀请戈登前往自己的乡间寓所,与他共进午餐。而后,彼得同这个苏格兰人一道骑马返回莫斯科。他们一路上当着众人的面,谈笑风生。

这个难题于一星期后得到解决,3月17日,约阿希姆暴卒。他留下一份遗嘱,敦促沙皇绝不要与异教徒(无论是新教徒还是天主教徒)往来,将他们逐出俄国,并恳求沙皇本人远离一切外国服饰和习俗。他尤为希望彼得不要将能够对东正教信徒发号施令的官职或军职授予任何外国人。彼得的回应是,一等约阿希姆下葬,他就给自己订购了一套崭新的德意志式服饰。一星期后,他首次前往德意志区,身份是戈登请来赴宴的客人。

新任牧首的人选引发了约阿希姆曾经引发的问题:自由主义与保守主义的冲突、实行外来信仰自由与积极捍卫传统东正教信仰的冲突。一些受教育程度较高的神职人员受到彼得的支持。普斯科夫都主教马塞勒斯(Marcellus)是彼得的宠儿,这位博学的教士曾在国外游历,会说多门语言。但太后娜塔莉娅、波雅尔统治集团、僧侣和大部分低级神职人员更属意作风较为保守的喀山都主教阿德里安(Adrian)。教会内部的争斗十分激烈,阿德里安的党羽指责说,马塞勒斯的学识过于渊博,势必支持天主教,而且已经站到了异端信仰的边缘。经过5个月的争论,阿德里安最终胜选,用大失所望的帕特里克·戈登的话来说,此人当选是因为他"无知、愚蠢"。[1]

这次挫折刺痛了彼得。7年后,他在同一位外国主人谈起阿德里安当选牧首一事时,表现出强烈的愤慨之情。"沙皇告诉我们,"这个外国人说,"当莫斯科牧首去世时,他打算用一位学识渊博、曾周游列国、会说拉丁语、意大利语和法语的人士来填补空缺。(但是)俄国人用一种歇斯底里的方式向他请愿,请求不要让这样一个人凌驾于他们之上。他们提出了三个理由:第一,他会说蛮夷之语;第二,他的胡子对一位牧首而言小了些;

第三，他的马车夫坐在车座上，而不像惯常做法那样骑在马上。"[2]

实际上，尽管每一位牧首都希望或下令抵制西方文化，但后者已经牢牢地扎根于距克里姆林宫仅3英里远的地方。在从莫斯科到普列奥布拉任斯科耶之间的道路上，坐落着一座耀眼的西欧式小镇，这座自给自足的城镇名为德意志区①。游客们顺着宽阔、绿树成荫的街道漫步，穿过一座座嵌着巨大欧式窗户的两层及三层砖楼，或行过一片片带有飞溅的喷泉的宏伟广场。他们几乎无法相信，自己正置身于俄国的心脏地带。在富丽堂皇、以圆柱和飞檐为饰的宅邸后方，齐齐整整地排列着一座座欧式花园，凉亭和倒影池点缀其间。沿着街道驶过的马车是巴黎或者伦敦生产的。只有矗立在远方田野内的教堂那洋葱状的穹顶提醒着游客，他们现在正身处离家千里之遥的莫斯科。

在彼得所处的时代，这座繁荣而充满外国风情孤岛的历史还相当短。上一个外国人聚居区是伊凡雷帝修建的，位于莫斯科城内，已在混乱时期遭到驱散。自罗曼诺夫皇朝的第一任君主在1613年登基后，外国人在城中的任何可能之处定居。这一新情况激怒了俄罗斯沙皇国的保守派势力，他们认为自己的东正教圣城已经遭到了玷污。在1648年动乱中，成群结队的射击军士兵肆意袭击外国人的住宅。1652年，沙皇阿列克谢下旨：外国人一律不得居住在圣城莫斯科墙内，也不准在墙内设立教堂，但他允许一个新的外国人定居点存在，这就是坐落在亚乌扎河畔的德意志区，那里的土地按照个人地位，被一块块分配给外国军官、工程师、艺术家、医师、药剂师、商人、教师和其他为俄国效力的外国人。

这片外国侨民聚居区的居民原本以德意志新教徒为主，但到了17世纪中期，出现了许多荷兰人、英格兰人和苏格兰人。苏格兰人大多为逃离奥利弗·克伦威尔（Oliver Cromwell）统治的保王党人和天主教徒，由于沙皇阿列克谢对英王查理一世遭斩首一事感到极为愤怒，因此这些

---

① 德意志区（俄语作Nemetskaya Sloboda）来自俄语单词Nemets（意为"德意志人"）。大多数俄罗斯人都无法分清不同外国语言之间的差异，因此对他们而言，所有外国人都是"德意志人"——Nemtsy。

苏格兰人无论信仰如何，都能安安全全地避难于此。德意志区著名的苏格兰詹姆士二世党人（Jacobite）有戈登、德拉蒙德（Drummond）、汉密尔顿（Hamilton）、达尔齐尔（Dalziel）、克劳福德（Crawford）、格雷厄姆（Graham）和莱斯利。1685年，路易十四废除了《南特敕令》（Edict of Nantes），终结了法国官方对新教徒的宽容政策。摄政者索菲亚和瓦西里·戈利岑允许一些逃避本国新掀起的迫害浪潮的法国胡格诺派（Huguenot）信徒前往俄国。因此，到了彼得的少年时代，德意志区已经成了一座拥有3000名西欧居民的国际性侨民聚居地，在这里，保王主义者同共和主义者比邻，新教徒则与天主教徒杂居。国籍、政治主张和宗教信仰方面的差异因朝夕相处的经历和流亡者的共同身份而淡化了。

在孤零零坐落于市郊且被围墙环绕的住宅区，维持西式生活习惯和传统相当容易。德意志区的居民身穿外国服饰、阅读外文书籍、拥有自己的路德宗和加尔文宗教堂（天主教徒被禁止拥有教堂，但天主教神父可以在自己的住宅内做弥撒）、说着本民族的语言并用这门语言教育自己的孩子。他们与祖国保持着频繁的信件往来。最具名望的外籍居民之一，荷兰人范·凯勒每隔8天就向海牙发送消息，并从那里接收新闻，德意志区因而得以迅速知悉俄国境外发生的一切事情。帕特里克·戈登将军热切地期盼着伦敦皇家学会的科学报告寄来。英国妻子们收到的则是一本本诗集、一件件上等瓷器和一块块香皂。此外，德意志区内还生活着一些演员、音乐家和投机商，在他们的帮助下，城内出现了戏目剧院、音乐会、球类运动、野炊活动，以及因恋爱而起的故事和决斗，这些元素令德意志区始终保持着欢乐和愉悦的氛围。

显然，这座充满外国风情的孤岛、这颗更先进文明的原子核同周边的俄国之海并非全无接触。德意志区的房屋与花园同索科尔尼基和普列奥布拉任斯科耶的皇室领地毗邻，尽管牧首颁布了禁令，但无畏的俄国人渴求着知识与智慧的交流，最终还是同那些居住地仅在数百码外的外国人开始了社交往来。他们起到了媒介的作用，使外国式的生活习惯开始渗透到俄国人的生活中。很快，之前嘲笑外国人吃"草"的俄国人也开始吃起沙拉来。吸食烟草和鼻烟的习惯（它受到牧首的诅咒）流行开来。一些俄国人——如瓦西里·戈利岑甚至开始修剪头发和胡须，并与耶稣会士交谈。

在接触中，两种生活方式擦出了火花，许多外国人也接受了俄国人的生活习性。由于找不到外籍女子结婚，他们就娶了俄国妻子，学习俄语，并允许他们的孩子在东正教会受洗。然而，由于他们受到法律的约束，只能住在德意志区，因此大部分人依旧保留着西方生活方式、语言和宗教信仰。反过来，外国女性与俄国男性的婚姻依然极为罕见，因为极少有西方女子愿意嫁给一个俄国丈夫，忍受俄国女子那般卑微的待遇。但这种情况正在改变，玛丽·汉密尔顿嫁给了阿尔捷蒙·马特维耶夫，主持着全家上下的事务——沙皇阿列克谢就是在这户人家里邂逅娜塔莉娅·纳雷什金娜的。当俄国绅士变得更为西化时，找个西方太太也就不再是件难事了。这种风气欣欣向荣，一直持续到1917年帝俄时代即将落幕的时候。彼得的儿子阿列克谢娶了位西方妻子，从此以后，历任沙皇达到了婚龄都会从西欧选择一位贵族女士，或是同已经为他挑好的贵族女士结婚。

自童年时代起，彼得就对德意志区充满好奇。穿过街道时，他看到一栋栋漂亮的砖房和一座座绿树成荫的花园。他已经认识了蒂默曼和布兰特，认识了那些负责监督建设玩具要塞和火炮射击的外国军官，但牧首约阿希姆于1690年去世前，他同这座位于城郊、被围墙环绕的外国侨民住宅区的联系一直受限。那名老教士死后，彼得频频造访德意志区，以至于看上去都快变成那里的居民了。

在德意志区，年轻的沙皇享受着令人兴奋的组合——美酒、愉快的交谈和友谊。当一群俄国人共度一夜时，他们只会一个劲儿痛饮，直到大家一起睡着，或滴酒不剩为止。外国人喝起酒来也很厉害，但在烟草散发出来的薄雾、大啤酒杯碰撞的叮当声之中，还有以这个世界和各国君主、政治家、科学家、战士为话题的交流。这类讨论令彼得兴奋不已。1694年，当英国舰队在拉霍格（La Hogue）战胜法国舰队的消息传到德意志区时，彼得表现出浓烈的兴趣。他向人索取原始消息，有人立刻将消息转译了过来。彼得当场蹦了起来，兴奋地叫嚷着，还下令鸣放礼炮，向英王威廉三世表示祝贺。在那些漫漫长夜里，他同样听取了许多针对俄国的建议：增加操练军队的频率，为士兵们制定更严格的军纪，向他们定期发放军饷，让东方贸易航线从奥斯曼人控制的黑海改道里海和伏尔加河，从而将航路控制权夺到俄国手里。

等到德意志区的居民意识到这位年轻而高大的君主对他们抱有好感时，他们立刻邀请他前往德意志区的各个角落，并争相与他交朋友。他受邀参加各种婚礼、洗礼和其他家庭聚会。每一名商人在嫁女儿或是给儿子施洗时，都会邀请沙皇前来赴宴。彼得经常充当教父，将路德宗和天主教儿童举到洗礼盆上。在许多外国人的婚礼上，他扮演男傧相的角色，在随后举行的舞会上，他又满腔热情地参与到一种欢快的、名为"格罗斯法特"的乡村舞蹈当中。

在一个苏格兰士兵、荷兰商人和德意志工程师杂处的社会，彼得自然而然地发现，许多人的想法令他着迷。其中一人名叫安德鲁·维尼乌斯（Andrew Vinius），是个俄国和荷兰混血的中年人，同时接受过两国文化的熏陶。维尼乌斯的父亲是一名荷兰工程师兼商人，于沙皇米哈伊尔时代在莫斯科以南的图拉开办了一家钢铁厂，成了富豪。他母亲是俄国人，将儿子培养成了一个东正教教徒。维尼乌斯会讲俄语和荷兰语，起初在外交部工作，而后被派往邮政衙门（Post Office）任职。他撰写了一本地理学作品，会说拉丁语，学习罗马神话学。彼得从他那里学到了荷兰语和少量拉丁语。在写给维尼乌斯的信中，沙皇署名彼得鲁斯，说自己玩着"尼普顿和马尔斯的游戏"，举行着"纪念巴克斯"的仪式。

在德意志区，彼得还遇见了两个背景和作风迥异的外国人，他们对他而言更加重要。他们是严厉的苏格兰老佣兵帕特里克·戈登将军和富有魅力的瑞士冒险家弗朗西斯·勒福尔。

帕特里克·戈登于1635年出生在阿赫雷切利斯（Auchleuchries）的家族领地，该地位于苏格兰高地，在阿伯丁附近。他的家族名气很大，对天主教有着狂热的信仰，同首任戈登公爵及埃罗尔伯爵、阿伯丁伯爵有来往。英国内战搅乱了戈登青年时代的生活，他的家族是坚定的保王党。当奥利弗·克伦威尔将查理一世斩首时，所有斯图亚特王朝忠实追随者的上升通道也随之被斩断；自此以后，信奉天主教的苏格兰男孩就失去了进入大学或在军队和公共服务机构中谋得实职的机会。16岁那年，戈登前往海外寻找机会。两年后，他逃离了勃兰登堡（Brandenburg）的一座耶稣会学院，前往汉堡（Hamburg），加入了瑞典军队的苏格兰军官团。戈登为瑞典国王立下了汗马功劳，但当他被波兰人俘虏时，他毫不内疚地转投了他们。这样的命运对一名雇佣兵而言司空见惯——他们不认为频频改换主君是一件可耻的事，而雇佣他们的政府也这么看。几个月后，戈登再次被俘，他被说服再次加入瑞典军队。后来他再次被俘，并再次加入波兰阵营。25岁之前，帕特里克·戈登已4次改换门庭。

1660年，斯图亚特王朝新国王查理二世在英国复辟，戈登准备返回祖国。然而，就在他踏上返乡船前，一名俄国驻欧外交官为他提供了一个诱人的机会：为俄国军队服务3年，入伍即可授衔少校。戈登接受了，不料当他来到莫斯科后，发现服役合同中的时间条款根本没有任何意义。由于他是一名能干的军人，俄国人根本不会放他走。当他请辞时，俄国人威胁要给他扣上波兰间谍和罗马天主教徒的罪名，并以流放西伯利亚相恐吓。暂时认命的戈登适应了莫斯科的生活。他很快发现，要想获得晋升，最好的办法是与俄国女子结婚。他找到了一个愿意嫁给他的女人，同她组建了家庭。一年又一年过去了，戈登先后为沙皇阿列克谢、沙皇费奥多尔和摄政者索菲亚效力，与波兰人、土耳其人、鞑靼人和巴什基尔人（Bashkirs）作战。他当上了将军，曾两次返回英格兰和苏格兰，但莫斯科的人们确信，由于妻子和孩子都在俄国，这位对他们有着重要价值的人士是会回来的。1686年，詹姆士二世亲口要求索菲亚免除戈登在俄国军中服役的义务，好让他回国；国王提出的这一要求遭到了拒绝。摄政者和瓦西里·戈利岑一度对这位将军非常不满，以至于出现了大量关于戈登前途尽毁并被流放到西伯利亚的谣言。而后詹姆士国王再度致信，表示愿意任命戈登为驻莫斯科大使。詹姆士的任命提议再度被摄政者回绝，她声称戈登将军不能出任大使一职，因为他仍在俄国军中服役。事实上，他就要动身去参加对鞑靼的军事行动了。就这样，到了1689年，54岁的戈登已成为万众敬仰的人物、日进斗金（他的薪水为每年1000卢布，相比之下路德宗牧师的薪水每年只有60卢布）的富豪，以及德意志区声名显赫的外籍军人。当身为外籍军官团领袖的他骑上自己的马，驰往圣三一大修道院，加入彼得一方时，索菲亚的希望被彻底击碎。

戈登这样的人物——勇猛无畏、游历颇广、久经沙场、忠心耿耿、老谋深算，能对彼得产生吸引力，毫不令人意外。令人意外的是，18岁的彼得同样对戈登产生了吸引力。诚然，彼得是沙皇，但戈登同样曾为别的沙皇效力，但与他们并没有建立起特殊的友谊。然而这位老军人发现，彼得深谙兵事之道，因此对这位学生赞赏不已。他成了彼得的非正式军事导师，教授他有关战争的方方面面。在索菲亚倒台后的5年间，戈登不仅是彼得聘用的将军，也是他的朋友。

对戈登而言，同彼得的友谊从刚刚建立起就对他产生了决定性影响。如今他成了这位年轻君主的密友和顾问，从而放弃了返回高地安度余生的梦想。他接受了自己将终老俄国的事实。当这位老军人最终于1699年过世时，的确是彼得站在他床边，为他合上双眼。

1690年，在索菲亚被推翻后不久，彼得与另一名外国人建立了非常不同的友谊，这个名叫弗朗西斯·勒福尔的瑞士军事冒险家性格活泼、喜爱社交。接下来的10年间，勒福尔成了彼得的哥们儿和知心好友。1690年，彼得18岁，弗朗西斯·勒福尔34岁。他们几乎一样高，但勒福尔比窄肩膀的彼得更魁梧。他相貌英俊，长着又大又尖的鼻子和富于表情、充满睿智的眼睛。在一幅绘制于几年后的肖像画中，他被置于彼得的船只这一背景下，脸刮得干干净净，脖子上围着一条花边领巾，卷曲的全套假发一直垂到包裹在胸甲内的肩膀上，胸甲是精心制作的，上面刻着彼得那带羽冠的双头鹰徽章。

弗朗西斯·勒福尔于1656年在日内瓦出生，是一名事业有成的商人的儿子。凭着自己的魅力和智慧，他迅速融入民风友善的当地社会之中。他沉迷于享受生活的乐趣，很快就再也不想成为父亲那样的商人了。当家里强迫他前往马赛当学徒、打算将他培养成一名生意人的时候，他觉得很不开心，因而逃往荷兰，参加了同路易十四作战的新教徒军队。在那里，还只有19岁的这位年轻冒险家听闻在俄国可以找到机会，便搭船前往阿尔汉格尔。当他于1675年来到俄国时，他根本找不到职位，无所事事地在德意志区生活了两年。他从未消沉过——人们喜欢他那股按捺不住的快乐精神。终于，他的事业有了起色。他成了一名俄军上尉，娶了戈登将军的堂姐妹，还引起了瓦西里·戈利岑公爵的注意。他追随戈利岑参加了两次对克里米亚战争，但当戈登率领外籍军官团离开索菲亚，前去圣三一大修道院投奔彼得时，勒福尔已经抢在了前头。索菲亚倒台后不久，时年34岁的勒福尔所拥有的地位已经足够重要，可以让他晋升为少将。

彼得被这个魅力逼人、阅历丰富的人迷住了。性格活泼之人恰恰能吸引年轻的彼得的注意。勒福尔的学识算不上渊博，但思维敏捷，也很喜欢和人聊天。他的谈话中尽是西方世界、西方生活、西方风俗和西方技术之类的东西。作为酒友和舞伴，勒福尔无人能及。他擅长组织一场场有着音乐、美酒和女性舞伴的宴会、晚餐会、舞会。自1690年起，勒福尔成了彼得社交圈内的常客；他们每天都见面，每周一起用餐两三次。凭着坦诚、率真和豪爽，勒福尔同彼得之间的关系越发亲密。戈登给予彼得的是老道的建议和明智的忠告，而勒福尔给予彼得的是快乐、友谊、共鸣和理解。勒福尔让彼得觉得放松，当沙皇因某人或某事而勃然大怒时，他会痛骂自己身边的每一个人，只有勒福尔能走到这位年轻君主身边，从容不迫地用自己有力的胳膊将他紧紧抱住，直到他冷静下来。

勒福尔之所以能够获得这样的成就，很大程度上要归功于他的慷慨作风。尽管他喜欢奢侈品和华丽服饰，但从不贪婪，也没采取任何行动来保证自己不会一夜之间就身无分文，这一品质令彼得更加喜欢他，一旦发现勒福尔有什么需要，他就会充分予以关照。勒福尔的债务被还清了，得到了一座豪宅和一笔用于维持豪宅开支的资金。很快，勒福尔就被晋升为将军、海军上将和大使。对彼得而言，最重要的是勒福尔真心喜欢他在俄国的生活。他以访客的身份返回故土日内瓦，带着一大堆头衔和沙皇本人致日内瓦政要、表示他对这座城市敬重有加的宣言。但与戈登不同的是，勒福尔从未梦想着永远回到自己的出生地。他告诉自己的瑞士同僚："我的心已经彻底留在莫斯科了。"[3]

对彼得而言，走进勒福尔的家就像踏上另一颗星球。这里有风趣的谈话、充满魅力的人儿、殷勤的款待、令人快乐的消遣、轻松的氛围，通常情况下还有令人兴奋的女子在场。有时她们是外国商人、军人的可敬妻子和漂亮女儿，身穿最新款式的西欧礼服，但更多时候，出场的是些欢快而不失沉稳的少女，她们的职责是让每个人都开心起来；这些娇媚、坚强的妇女并不会因听到粗野的语言或是被粗糙地触摸而生气。只接触过呆板而迟钝的特蕾姆式女子的彼得怀着愉悦的心情踏入了这个世界。在勒福尔的引导下，他很快就心满意足地坐在烟云缭绕中，一大杯啤酒放在桌子上，嘴里衔着烟斗，胳膊则环绕在一个咯咯直笑的女孩腰间。母亲的规劝、牧首的责备、妻子的眼泪全都被他忘得一干二净。

不久，彼得就盯上了这些年轻女子中特定的一位。那是个淡黄色头发的德意志女孩，名叫安娜·蒙斯（Anna Mons），是一名威斯特伐利亚（Westphalian）酒商的女儿。她的名声并非无瑕：她已是勒福尔的人了。戈登将军的儿子亚历山大·戈登用"美若天仙"来形容她，当彼得流露出自己对她那头金发、无所顾忌的笑声和闪闪发亮的双眸的浓郁兴趣时，勒福尔爽爽快快地将这个被自己征服的女子拱手让给了沙皇。⁴ 这个大方有礼的美人儿正是彼得想要的女人：她可以陪着他一杯接一杯地喝酒，一个接一个地开玩笑。安娜·蒙斯成了彼得的情妇。

安娜的笑容自然而坦荡，而她对彼得的爱很大程度上是受自己的野心推动的。她用自己的爱意来赢得他的爱意。彼得送给她大量珠宝、一栋乡村豪宅和一片地产。他不顾礼节，带着她出现在一群俄国波雅尔和一群别国外交官面前。安娜自然开始得陇望蜀。她知道彼得不愿见到自己的妻子，随着时间的推移，她愈来愈相信自己总有一天会取代皇后，登上宝座。彼得想到过这一层，但他觉得没有结婚的必要。私通已经足够。事实上，这种关系持续了12年。

当然，彼得的大部分朋友不是外国人，而是俄国人。在"流亡"普列奥布拉任斯科耶的漫长岁月里，一些儿时好友一直陪在他身边。彼得也引起了一些更加年长、身居要职、有着古老姓氏的人的注意，尽管他的行为放荡不羁，还结交了一些外国朋友，可他到底是一位受膏的真正沙皇。公爵米哈伊尔·切尔卡斯基是一位留着大胡子的老者，忠于传统生活方式，出于一腔爱国热情找上了彼得，他不愿远远看着这位年轻的独裁者成天和一群外国人厮混。同样在爱国精神驱使下接近彼得的还有另一位生活简朴的老贤人：公爵彼得·普罗佐罗夫斯基（Prince Peter Prozorovsky），以及俄国最有经验的外交官费奥多尔·戈洛温（Fedor Golovin），他曾与中国协商签订了《涅尔琴斯克条约》（《尼布楚条约》）。而公爵费奥多尔·罗莫达诺夫斯基（Prince Fedor Romodanovsky）依附于年轻的沙皇，怀着无限的忠诚。他恨射击军，他们在1682年的大屠杀中杀害了他的父亲。后来，等他当上莫斯科总督和警察局局长，他开始实行铁腕统治。当射击军于1698年再度起事时，罗莫达诺夫斯基宛如冷酷的复仇天使一般朝他们猛扑过去。

彼得的圈子起初是一个奇怪的组合，各式各样的人物混在一处，有身份显赫的老者、年轻的闹饮者和外国冒险家。但是随着时间流逝，他们被塑造成了一个凝聚力很强的团体，这个团体自称为"快活帮"（Jolly Company）。他们跟着彼得走遍各地。他们过着浪荡、流动的生活，时而漫步于乡间地带，时而连招呼也不打就闯进一名目瞪口呆的贵族家里吃吃睡睡。无论走到哪儿，彼得的屁股后面都跟着80—200个追随者。

通常情况下，"快活帮"的宴席从中午开始，至拂晓方散。这一用餐时间是惊人的，但上菜之间夹杂着吸烟、滚木球游戏、九柱戏、射箭比赛及滑膛枪打靶竞赛。有人发表演说和祝酒词时，喝彩声和叫嚷声会同时响起，而军号的吹奏声和礼炮的齐射声也一起来凑热闹。如果有乐队在场，彼得会抓起鼓槌演奏一番。晚上则有舞蹈表演，往往还会有一场烟火表演。当一名赴宴者被睡意压倒时，他只要从长椅上滚落到地板上，就可以打起鼾来。当"快活帮"有一半成员睡倒时，另一半人可能正在大吼大叫。有时，这类聚会会一直持续到第二天或者第三天，宾客们并排睡倒在地板上，等起来后，他们就消灭掉数量更为惊人的食物和饮料，而后往原地一躺，懒洋洋地睡起大觉来。

显而易见，要成为彼得"快活帮"中的一员，必须得有一定的酒量，但在彼得的朋友圈中，酗酒没什么新意，也根本算不什么反常行为。自远古时代起，用10世纪的基辅大公弗拉基米尔的话来说，饮酒一直是"罗斯人（Russes）的乐趣"。[5] 一连数代，西方旅行者和定居者都发现，醉汉在俄国几乎随处可见。农民、神父、波雅尔、沙皇，全都酩酊大醉过。亚当·欧莱利乌斯（Adam Olearius），曾于彼得的祖父米哈伊尔沙皇当政时期访问俄罗斯沙皇国，按照此人的说法，没有一个俄国人愿意错过喝上一杯的机会。喝得大醉是俄式待客之道的基本特征。有人劝酒的话，没人敢推却，主人和宾客都一杯接一杯地将酒一饮而尽，然后将高脚杯倒扣在自己头上，证明杯子已空。如果没能把客人灌得烂醉如泥后抬回家去，那么当晚的酒宴就会被认为是失败的。

彼得的父亲阿列克谢沙皇尽管是个虔诚的信徒，却也是个典型的俄国人。阿列克谢的医师柯林斯大夫记载道：对他的主人来说，看到波雅尔们"尽情喝到烂醉"是件非常愉快的事。[6] 反过来，波雅尔们也一直渴望着看到外国使节烂醉一场。平头百姓也饮酒，但更多不是为了社交，而是忘记。他们枕曲藉糟的目的是进入一种无意识无知觉的状态，好尽快忘却自己身边那个不快乐的世界。污秽不堪的酒馆内，男男女女用自己的值钱物品甚至衣服做抵押，以换取一大杯接一大杯的伏特加。另一名西方人报告说："女人们往往最先因毫无节制地饮用白兰地而陷入癫狂之中，几乎在每一条街道上，都可以看到裸着半身却毫无羞耻感的醉女。"[7]

阿列克谢那好酒的儿子和他的"快活帮"完全认可这类俄式习俗。尽管他们在狂欢宴上消耗掉的酒精多为温和的啤酒或格瓦斯，但他们喝得实在太多太多，持续时间也太长太长——戈登在日记中经常提到，彼得又喝掉了多少多少酒，以及他这个中年人如何难以支撑下去云云。勒福尔却把彼得教成了一个十足的酒鬼。至于勒福尔，德意志哲学家莱布尼茨在这个瑞士人与彼得一道随大特使团（Great Embassy）前往西欧时观察过他，并做出了如下评论："（酒精）根本打不倒他，但他总能保持清醒……没人及得上他……他从未放下自己的烟斗和酒杯，直到日出后3小时。"[8] 酗酒最终给他们带来了不可挽回的恶果：勒福尔于43岁英年早逝，而彼得于52岁驾崩。但事实上，在彼得年轻时，这种无节制的豪饮并没有耗尽他的精力，让他陷入堕落，反而能让他精力十足地投入第二天的工作中去。他可以与同伴们彻夜痛饮，而后于拂晓时分在一片鼾声中起身，丢下尚在沉醉的酒友，干起木工活或造船活来。鲜有人能跟上他的节奏。

最后，彼得决定亲自干预酒宴安排。他一星期要前往勒福尔家赴宴两三次，但勒福尔那有限的收入根本撑不起沙皇期待的复杂而奢华的娱乐活动，因此彼得为他建造了一座可容纳数百名宾客的巨大厅堂。最后，就连这座大厅也显得太小了。因此，沙皇修建了一栋气派的石制宅第，房屋内部装修得富丽堂皇，配有挂毯、酒窖和一座可容纳1500人的巨大宴会厅。勒福尔是名义上的主人，但这栋宅子实际上是"快活帮"的一座俱乐部。当彼得不在，甚至当勒福尔不在时，留在莫斯科的"快活帮"成员仍会聚集在这座房子里，大吃大喝，然后就在这里过夜。相关费用由沙皇支付。

日子一天天过去，"快活帮"的活动从自发性的纵饮、设宴逐渐发展为更有组织的插科打诨和假面舞会。在嬉闹时，彼得的大多数朋友都被他起了外号，这些外号逐渐升格为假面舞会的头衔。波雅尔伊凡·布图尔林曾在普列奥布拉任斯科耶的一次军事演习中担任"敌军"部队的司令官，因而得了个"波兰国王"的头衔。公爵费奥多尔·罗莫达诺夫斯基是演习中的另一名司令官，也是玩具要塞普雷斯堡的守将，他先是被晋升为"普雷斯堡之王"，后又成为"恺撒公爵"。彼得称罗莫达诺夫斯基为"陛下"和"我的主上"，并在致后者的信中署名"您永远的奴隶彼得"。在整个彼得统治时期，这种彼得嘲弄自己的独裁者身份和头衔的冒名游戏从未间断。波尔塔瓦战役结束后，战败的瑞典军官被带去见"沙皇"——其实是罗莫达诺夫斯基。这些瑞典人从未见过彼得本人，因此只有少数几个人想知道站在这个冒牌沙皇身边、个子高得出奇的俄国军官是谁。

但与匪夷所思的模拟教会游戏（彼得和他的伙伴扮演教职人员）相比，这种模拟世俗王权游戏算是很温和了。"快活帮"被编组为"由傻瓜和小丑组成的终日嬉闹、醉酒的宗教会议"。这个会议由一名冒牌"教皇"、一个枢机主教团、一群主教、大修道院院长、神父和辅祭组成。彼得尽管只是个辅祭，却担负起了为这个奇怪的宗教会议制订规章制度的职责。他仔仔细细地规定了"醉酒宗教会议"的仪式和典礼章程——多年后他以同样的热情为俄罗斯帝国制定法律。第一条戒律是"以光荣的酗酒行为作为对酒神的膜拜和应尽的义务"。在实践部分，这条戒律意味着

"所有酒杯都必须被立刻喝空，会议成员必须天天烂醉如泥，不醉不许上床睡觉"。负责扮演冒牌教皇的是彼得的老家庭教师尼基塔·佐托夫，在喧闹的"礼拜仪式"中，他先是举杯祝每个人身体健康，而后用两根荷兰产的长烟斗在双膝跪地的会众头上画十字，以示为他们祈福。

每逢宗教节日，游戏就会变得更为精妙。在圣诞节，200多人乘着几架雪橇环游莫斯科，他们一路唱歌、吹口哨，还将身体探到过度拥挤的雪橇之外。冒牌教皇驾着由12名秃头男子拖拉的雪橇，一马当先。他的衣服上缝着一张张扑克牌，戴着一顶锡做的帽子，本人则坐在一只桶上。他们会挑选较为富有的贵族和商人，当作他们的圣诞颂歌接受对象，他们蜂拥进入获此荣誉者的家，索取食物和饮料，以此作为他们不请自来歌唱的谢礼。在大斋节（Lent）的第一周，又一支游行队伍（这次他们扮演的是"忏悔者"）在冒牌教皇的带领下穿过城市。"快活帮"从里到外打扮得稀奇古怪，或骑在驴子和阉牛的背上，或坐在由山羊、猪甚至熊拉着的雪橇上。

彼得朋友圈子里一名成员的婚礼让"快活帮"特别努力了一番。1695年，彼得宠幸的弄臣雅各布·屠格涅夫（Jacob Turgenev）同一名教堂司事的女儿结婚，喜宴和典礼持续了3天。婚礼在普列奥布拉任斯科耶郊外的旷野里举行，屠格涅夫和他的新娘乘着沙皇最好的宫廷马车赶往婚礼现场。跟在他们身后的是一支由高级波雅尔组成的队伍，他们穿着奇怪的服装——头戴桦树皮帽，足蹬稻草靴子，手套是用老鼠皮制成的，衣服上覆盖着松鼠尾巴和猫爪；有些人徒步前去，有些人则乘坐由牛、山羊或猪拉的车。婚庆仪式结束时，新婚夫妇一道骑在一头骆驼背上，以凯旋的姿态进入莫斯科。戈登评论说："这次游行实在是太完美了。"[9] 但这个笑话或许太不现实了，因为就在几天后，新郎屠格涅夫于夜间突然身亡。

"醉酒宗教会议"于彼得18岁那年成立，以酩酊大醉的姿态一直存在到沙皇统治生涯结束。当彼得还是个无人管束的孩子时，他就开始玩这种粗俗而滑稽的游戏了，而当他长大成人且已是一国之君时，他仍在不断参与类似的游戏。这种行为在别国外交官眼里既粗俗又可耻，彼得的许多臣民则认为他的做法是对神灵的亵渎。此外，东正教保守派越来越相信彼得就是敌基督者，他们热切地期待着上天落下闪电，劈死这个渎神者。事实上，从某种程度上说，彼得组建"醉酒宗教会议"本就是为了激怒、打击、羞辱教会阶层，特别是新任牧首阿德里安。他母亲和保守派波雅尔已经战胜了他中意的、更为开明的候选人——普斯科夫的马塞勒斯，那就这样呗！但彼得以牙还牙，自行委任了一位冒牌牧首。这种滑稽的模拟教会游戏不仅给了彼得一个宣泄心中愤懑的渠道，更反映了一个事实：一年又一年过去了，彼得始终对俄国的整个教会机构都抱有难以忍受的态度。

然而，彼得已经学会了谨慎。"醉酒宗教会议"并没有直接侮辱俄国东正教会，因为彼得很快就将模拟游戏的讽刺矛头对准了更为安全的方向：他们开始模仿起罗马天主教会来。原先假面舞会的领袖——冒牌牧首变成了冒牌教皇，枢机主教团围绕在他身边，冒名游戏所使用的仪式和术语并非从俄式礼拜仪式，而是从天主教礼拜仪式中借用的。当然，对这种游戏有异议的俄国人会更少。

在彼得眼里，冒牌宗教会议这样的滑稽游戏并不是对神明的不敬。毫无疑问，上帝是极为威严的，他这种小小的模仿游戏根本冒犯不到他老人家。冒牌宗教会议的狂欢本质上就是些娱乐活动而已。它们是一种放松方式——看起来可能很滑稽、很可笑，甚至很粗俗，但"快活帮"的大部分成员都不是什么情趣高雅之人。他们是一群实干家，是国家建设、管理的参与者。他们手上沾着鲜血、灰泥和尘埃，因此需要放松一下。他们爱做什么就做什么：他们喝得烂醉，他们纵声大笑，他们高声大叫，他们穿着各式各样的服装，手舞足蹈、搞恶作剧、互相取乐，还拿任何一件从他们眼前闪过的事物开玩笑——特别是教堂，因为教会总是和他们对着干。

对同一时代的俄国人而言，在那些年里，不仅彼得的灵魂处于极度危险的境地，他的肉体也是。他不断尝试更复杂也更危险的烟火游戏。在1690年的忏悔节庆典期间（当时彼得也在庆祝儿子阿列克谢的诞生），有场表演持续了5小时。一支5磅重的火箭没有在空中炸开，反而坠向地面，砸到一个波雅尔的头上，导致他死于非命。随着彼得的技艺越发熟练，烟火表演也变得越发壮观。1693年，在一轮漫长的、有56门加农炮参与的礼炮齐射之后，天空中出现了一面由白色焰火组成的旗帜，"旗"上"标"有用荷兰文字母拼成、由罗莫达诺夫斯基公爵姓名首字母组合而成的图案，接下来是一幅生动的画面：暴烈的赫拉克勒斯正在撕裂一头狮子的咽喉。

彼得还参与到战争游戏中。1689—1690年冬，彼得焦急地等待着春天的到来，这样，他就可以让自己的游戏兵团举行军事演习了。与戈登将军共进晚餐的时候，两人一直在讨论如何将欧洲最新的操练方式和战术传授给士兵们。当年夏季，普列奥布拉任斯基团演习进攻由谢苗诺夫斯基团把守的设防兵营，试验随之展开。手榴弹和火罐被应用于演习中，尽管它们是用纸板和黏土制成的，但投掷到人群之中时仍会产生危险。彼得本人在抢攻一座土木工事时负伤，一只装满火药的黏土罐在他近旁爆炸，造成面部烧伤。

整个1691年夏天，游戏军团都在为秋天举行的大规模模拟战做准备。扮演"普雷斯堡之王"的罗莫达诺夫斯基统领一支由两个游戏团和其他部队组成的队伍，同假冒"波兰国王"的伊凡·布图尔林公爵指挥的一支射击军部队对抗。战役于10月6日拂晓时分打响，经过两天激烈的战斗，以罗莫达诺夫斯基统率的"俄国"军队取胜告终。但彼得并不满意，下令再来一次，第二轮演习于10月9日在狂风暴雨和厚重的泥浆中展开。罗莫达诺夫斯基军队再度获胜，但演习中出现了真正的伤亡。伊凡·多尔戈鲁基公爵右臂中弹，由于伤口感染，他在9天后死去。戈登的大腿和面部严重灼伤，卧床达一个星期之久。

演习期间，彼得并没有忘记他的船。为了加快普列谢夫的工程进度，20名来自荷兰赞丹（Zaandam）著名造船厂的荷兰籍造船工人于1691年初签订合同，前往俄国。当彼得返回普列谢夫湖时，他发现那些与卡斯滕·布兰特一道劳作的工人正在制造2艘装有30门炮的巡防舰和3艘快艇。彼得在那里只待了3个星期，但第二年他4次造访普列谢夫湖，其中两次的逗留时间都在一个月以上。彼得随身携带了一份"沙皇"罗莫达诺夫斯基颁下的"圣旨"，内容为要求从龙骨开始制造一艘战舰。他从黎明一直干到黄昏,吃在船坞,只在累到干不动时才睡一会儿。彼得将其他一切统统忘却,并拒绝返回莫斯科接待来访的波斯使团。在政府的两名高级成员——彼得的舅舅列夫·纳雷什金和鲍里斯·戈利岑,来到普列谢夫湖,劝说他以接待使团之事为重时,彼得方才勉强同意丢下手中的工具,和他们一道返回莫斯科。不到一个星期,他就回到了湖畔。

8月,他说服母亲和妹妹(也叫娜塔莉娅)前来参观他的船坞和舰队。他的妻子叶夫多基娅同其他仕女一道来了。女人们在这里待了一个月,彼得在她们的注视下,满腔热情地调遣着由12艘船组成的小舰队。坐在海岸边一座小山上的她们可以看到这样的情景:沙皇穿着深红色外套站在甲板上,挥舞着双臂,用指画和叫嚷来下达指令——那些尚未远离特蕾姆的妇女完全不能理解这些,因而感到十分不安。

那一年,彼得在普列谢夫湖一直待到11月。当他最终返回莫斯科时,一场痢疾袭来,导致他卧床6周。他的身体极为虚弱,人们开始担心起他的性命安危来。他的朋友和追随者都慌了手脚:如果彼得就此驾崩,没人能阻止索菲亚复辟,等待他们的将是流放甚至死刑。但沙皇只有21岁,体格健壮,因而临近圣诞时,他开始恢复元气。到了1月末,他又开始在德意志区消磨夜晚时光了。快到2月末,勒福尔为庆祝彼得康复,举办了一场宴会,第二天拂晓,丝毫未曾合眼的彼得纵马前往佩列斯拉夫,投身于造船工程中,整个大斋节期间都待在那里。

1693年,彼得多次造访普列谢夫湖,之后,他再也没有常驻此地。在以后的几年里,他前往白海时,曾两次途经该地。再后来,他又为了检查在亚速海战役使用的火炮材料而前往普列谢夫湖。但在1697年后,他再也没有回到这里,直到1722年,他取道此地前往波斯。25年过去了,他发现这里的船只和建筑被弃之不顾,并已腐烂,于是下令妥善保管剩下的物件。当地贵族努力了一段时间。到了19世纪,每年春天,佩列斯拉夫的全体教士都会登上一条平底船,在分乘众多小船的人群陪伴下,驶向湖中央,为湖水祈福,以示对彼得的纪念。

# 10

# 阿尔汉格尔

就像一个被封在山洞里的巨人，山洞只留下一个小孔供光线和空气进入，幅员辽阔的俄国仅拥有一座海港：位于白海的阿尔汉格尔。这座唯一的港口远离俄国腹心地带，在北极圈以南仅130英里。一年里这座海港有6个月处于冰封状态。然而，尽管有着种种缺点，阿尔汉格尔仍属于俄国。它是整个帝国唯一一处能够实现令年轻沙皇为之陶醉的帝国和海洋之梦的地方。在这里，可以亲眼看到巨大的舰船，呼吸到含盐的空气。从不曾有一位沙皇到过阿尔汉格尔，也从不曾有一位沙皇对舰船产生过兴趣。彼得于27年后的1720年在《航海条例》的序言中阐述：

> 多年以来，普列谢夫湖一直满足着我的心愿，但到了最后，我觉得它实在太窄了……后来我决定去看看外海，我开始频频恳求母亲，让她放我去阿尔汉格尔。她禁止我踏上这么危险的旅程，但当她看到我的理想如此远大、对海洋的渴望又如此坚定时，尽管很不情愿，她还是同意了。[1]

然而，在娜塔莉娅对彼得的恳求做出让步前，她迫使儿子——"我的生命、我的希望"立下不驾船出海的诺言。

1693年7月11日，彼得离开莫斯科，朝阿尔汉格尔进发，随行的有100多人，勒福尔和"快活帮"众多成员均在其中，此外有8名歌手、2名侏儒和40名充当护卫的射击军。若是一只乌鸦从首都前往阿尔汉格尔，只需飞上600英里。但若是一个人取道陆路和水路赶赴该地，需走上近1000英里。旅程的头300英里是沿着大俄罗斯大道行进的，一行人穿过圣三一大修道院、佩列斯拉夫和罗斯托夫,在雅罗斯拉夫尔渡过伏尔加河,前往一座名为沃洛格达(Vologda)的繁忙市镇,它是阿尔汉格尔商贸活动的南部转运中心。那里已经为他们预备好了由几艘涂成五颜六色的巨大平底船组成的舰队,一行人就在这里登船。余下的旅程中,他们沿着苏霍纳河(River Suhona)下行,在这条河流与德维纳河(River Dvina)的交汇处北上德维纳河,而后顺着德维纳河前往阿尔汉格尔。尽管他们是在顺流而下,但平底船还是走得很慢。如果是在春季,积雪消融为水,苏霍纳河就会暴涨,彼得的船队浮流起来也就很轻松了,但现在是盛夏,水位已经下降了。有时平底船会与河底发生刮擦,这时就不得不把它拖出来。两周后,这支小小的舰队来到霍尔莫戈雷(Kholmogory),它是北部地区的行政首府,也是北方大主教区的首座所在地。当地用教堂的钟声和酒宴来迎接沙皇。彼得好不容易才脱身离开,继续沿河而下,此时航程只剩下几英里了。最后,由几座瞭望塔、货栈、码头和锚泊的船只构成的阿尔汉格尔港风景终于映入彼得的眼帘。

阿尔汉格尔并非直接坐落在白海海岸上,而是位于德维纳河上游30英里处,德维纳河河水的结冰速度甚至比白海的咸水还要快。从10月到次年5月,这条自阿尔汉格尔奔腾而过的河流始终处于冻结状态,河面坚硬如钢铁。但到了春季,冰面开始解冻:先是沿着白海海岸,而后顺着河流朝内陆地区延伸。阿尔汉格尔也随之苏醒。一艘艘平底货船在俄国内陆地区装载毛皮、皮革、大麻、牛脂、小麦、鱼子酱和草木灰后,排成一望无际的队列,向北沿德维纳河顺流而下。与此同时,第一批来自伦敦、阿姆斯特丹、汉堡和不来梅的商船在战舰的护卫下(目的是防备四处游荡的法国海盗船袭击),从挪威北角附近正在融化的浮冰中挤出一条路,前往阿尔汉格尔。他们带来的货物有羊毛、棉布、丝绸、花边、金银器、酒和染布用的化学物质。到了繁忙的夏季,在阿尔汉格尔可以看到这样的场景:多达100艘外国船停泊在河面上,卸下来自西方的货物,装载上来自俄国的货物。

这样的日子兴奋而忙碌,但对外国人来说,阿尔汉格尔的夏日生活是很惬意的。6月末,当地的白昼每天就有21小时,人们几乎从不合眼。小镇上有充足的新鲜鱼肉和猎物。从海里捕来的大马哈鱼经过烟熏或盐腌后，送往欧洲或内陆，但在阿尔汉格尔有大量鲜鱼可供食用。河里出产各种淡水鱼，其中有鲈鱼、梭子鱼和美味的小鳗鱼。家禽肉和野鹿肉数不胜数，且极为廉价，花两个英国便士就可以买到一只有火鸡那么大的鹧鸪。此外还有兔子、鸭子和鹅。拜众多来自欧洲的船只所赐，荷兰啤酒、法国红酒和科涅克白兰地非常充足，尽管俄国关税令这些商品的价格变得十分昂贵。当地有一座荷兰归正会教堂和一座路德宗教堂，还有舞会和野餐活动，新任船长和官员源源不断地来到这里。

对彼得这样着迷于西方世界和西方人，而且被大海深深吸引的年轻人来说，这里的一切都那么令人兴奋：地平线上延伸开来的大海，一天涨落两次的潮汐，咸咸的海风和码头四周的绳索与焦油的味道，视野中出现的众多停泊着的舰船，它们巨大的橡木船壳、高高的桅杆、卷起的船帆，喧嚣而繁忙的海港，在港口交叉往来的小船，堆满有趣商品的码头和仓库，来自众多地区的商人、船长和水手。

从莫伊谢耶夫岛（Moiseev Island）上为他预备好的房子里，彼得可以将港口的大部分活动尽收眼底。抵达这里的第一天，他已经急不可耐地想出海了，对娜塔莉娅许下的诺言被他忘得一干二净。他火速赶往码头，那里停泊着一艘装有12门炮、名为"圣彼得"号（St. Peter）的小型快艇，是为他而造的。他登上这艘船，一边研究她的船壳和索具，一边焦急地等待着驶出河口、前往外海测试船只性能的机会。

机会很快就来了。一支英、荷商船队正要驶往欧洲。彼得搭乘的"圣彼得"号将护送这支船队穿过白海，前往北冰洋边缘。趁着顺风顺水的时节，船队收锚展帆，沿着河流向下游驶去，而后越过两座拱卫着入海水道的小堡垒。到日中时分，彼得成了史上第一位踏入海洋的俄国沙皇。随着小丘和森林逐渐消失在远方，彼得完全为荡漾的碧波所包围，船只在深绿色的白海海面上起伏着，船骨"嘎吱嘎吱"作响，海风则从索具上呼啸而过：

当彼得觉得时间飞驰而过时，船队已经抵达白海的最北端，这里相对而言仍属内陆地区，但水道已经大大拓宽，并延伸进辽阔的北冰洋。到了这里，彼得就得不情愿地掉头而返了。返回阿尔汉格尔途中，彼得知道很快就会有人向莫斯科汇报自己出海的事，于是给母亲写了封信。他实际上并未在信中提及这次旅程，而是打算预先让母亲的情绪平静下来：

  母亲大人，您在来信中说我抵达阿尔汉格尔时没给您写信，这让您很难过。但我现在甚至没时间描述一路上的详细情况，因为我在等几条船，但没人知道它们什么时候会到，但预计不会很久，因为它们已经从阿姆斯特丹出发三个多星期了；它们一到，我就立刻日夜兼程回去见您。但我恳求您原谅我一件事：您为何要为我担心？您先前屈尊写信给我，说已祈求圣母玛利亚照顾我。既然您已给我派来这样一位监护人，还有什么好烦恼的呢？[2]

彼得的说辞很机智，但丝毫无法打动娜塔莉娅。她写信给彼得，恳求他不要忘记自己许下的诺言，老实地待在海岸上，并催促他返回莫斯科。她甚至把彼得3岁的儿子阿列克谢写的一封信（内容是对她的请求表示支持）一并装进信封内。彼得多次回信，让她无须担心："如果您觉得难过，我还怎么开心得起来？我求求您，让可怜的我自个儿找点乐子吧，不要再为我担忧了。""您屈尊给我来信……说我应该更经常地给您写信，尽管现在我已经把每个信差都用上了。我唯一的错误就是没有亲自把信送去。"[3]

事实上，在预期中的荷兰商船队从阿姆斯特丹到来前，彼得根本没有离开阿尔汉格尔的意思。与此同时，他在快乐中度过一天又一天。透过莫伊谢耶夫岛住所的窗户，他可以看到一艘艘船在河面上来来往往。他怀着急切的心情，登上停在港口内的每一艘船，加以检查。他向船长发问，长达几小时，还攀上桅杆，研究索具，并仔细观察船壳的结构。那些荷兰和英国船长慷慨地招待这位年轻的君主，邀请他同他们一道在甲板上大吃大喝。他们谈起阿姆斯特丹的奇观、赞丹的巨大造船中心、荷兰海员和士兵奋起抵御野心勃勃的法国国王路易十四的英勇事迹。很快，彼得就迷上了荷兰，他身着荷兰船长的装束，漫步于阿尔汉格尔的街道上。他坐在酒馆内，吸着一支泥烟斗，与那些头发花白的荷兰船长一起喝空了一瓶又一瓶酒,这些船长曾与传奇海军将领特龙普(Tromp)和德·鲁伊特尔一道出过海。他同勒福尔及玩伴们一起参加了外国商人家里举行的无休无止的酒宴和舞会。同时,他挤出时间来打铁、操作车床。这次访问期间,他开始用旋床加工一盏精巧的、以海象獠牙制成的枝状吊灯,这盏吊灯如今挂在冬宫的彼得美术馆天花板上。他频频造访先知以利亚教堂(Church of the Prophet Elijah),礼拜者逐渐对沙皇诵读使徒书或与唱诗班成员站在一起咏唱圣歌的样子习以为常。他对霍尔莫戈雷大主教阿法纳西(Afanasy)抱有好感,喜欢在午餐后与他聊上几句。

夏天行将结束时,彼得已打定主意在来年重返阿尔汉格尔,但他想改变一些事情。除了自己那艘小型快艇,在俄国的港口居然没有一艘由俄国海员驾驶的俄国舰船,这让他感到沮丧。他亲手为一艘比小小的"圣彼得"号更大的船安上了龙骨,并下令必须在冬季将船完工。此外,他想要一艘真正的西式远洋船,让勒福尔和维尼乌斯向阿姆斯特丹市长尼古拉斯·维特森(Nicholas Witsen)订购一艘荷兰造巡防舰。

9月中旬,荷兰商船队到来了。彼得前去迎接,同时用一场由勒福尔组织的盛大庆典向阿尔汉格尔告别。宴饮持续了一周,其间组织了多场球类活动,而堡垒和停泊在港内的船只也一齐鸣放礼炮。返回的速度是缓慢的。平底船如今依靠人力而非畜力沿河牵引,朝上游移动。船工们拖曳着绳索,平底船随之缓慢行进,与此同时,乘客们走下船来,沿着森林边缘漫步,不时开枪猎取几只野鸭和鸽子,充当晚餐。当这支舰队经过一座村庄时,神父与农民走向皇家平底船,献上鱼、醋栗、鸡和鲜蛋。有时,当乘客们在夜间立于平底船上,会看到河岸上有匹狼。当他们于10月中旬抵达莫斯科时,初雪已在阿尔汉格尔飘落。港口迎来了冰封的冬季。

就在这年冬天返回莫斯科后,彼得遭受了一次沉重打击。1694年2月4日,彼得的母亲娜塔莉娅太后仅卧病两日便撒手人寰,享年42岁。自从娜塔莉娅于1693年花了一个月在普列谢夫湖参观彼得的赛船会后,她的身体就不曾好过。入冬以后,她的病情危险起来。收到母亲健康状况恶化的消息时,彼得正在参加一场宴会。他一下子跳起来,急急忙忙地赶往她的卧室。他同她说话，领受了她最后的祝福。此时牧首出现了，他开始严厉斥责彼得穿着西式服装而来——且他现在已经习惯了；牧首称，这是对太后的不敬与侮辱。怒不可遏的彼得回击牧首：作为教会的首领，您现在应当关心的是某些更为重要的事，而非照顾裁缝铺子的生意。彼得不想继续争论，怒气冲冲地走了出去。当母亲的死讯传来时，他正在普列奥布拉任斯科耶的自家住宅内。

娜塔莉娅的死令彼得陷入悲痛之中。一连几天，他只要一说话，就忍不住放声痛哭起来。戈登来到普列奥布拉任斯科耶，发现彼得"极度忧郁、萎靡"。太后的葬礼是一场隆重的国家典礼，但彼得拒绝参加。在她下葬之后，彼得才独自来到她的墓前祈祷。他在给阿尔汉格尔的费奥多尔·阿普拉克辛（Fedor Apraxin）的信中写道：

> 我无言地倾诉着自己的忧伤和最深的悲痛，我无法将这些情感详细描述出来，无论是用笔还是用我的心，除非我想起使徒保罗的话，大意是不要为这些事悲伤，还有以斯拉的声音："那一天过去时再呼唤我吧。"我尽可能地忘却一切（这些都超出了我的认知和理解范围），因为这样可以让万能的上帝高兴，万事皆是造物主的意志。阿门。因此，我就像诺亚那样静下心来，暂时摆脱了自己的悲痛情绪，将某些永远失去的东西放到一边，谈谈生者的状况。[4]

在信的其余部分，彼得继续对阿尔汉格尔的造船工程、水手的服装及其他实际问题下达指示。22岁的人生活节奏飞快，伤口的愈合速度也很快。不到5天，彼得就出现在勒福尔家里。没有女人，没有音乐，没有舞蹈，也没有烟火表演，彼得却开始讨论世界。

在这个家里，母亲娜塔莉娅在彼得心中的位置被妹妹娜塔莉娅所取代。她是个开朗的女孩，尽管并不完全了解哥哥的那些目标，但总是全心全意地支持他。她属于彼得那代人，对一切外国事物都抱着好奇的态度。即便如此，随着太后的离世，彼得家族失去了所有强有力的成员：彼得的父母过世了，同父异母的姐姐索菲亚被软禁在修女院内。他的妻子叶夫多基娅倒还是家族的一员，但彼得似乎完全无视她的想法，甚至忘却了她的存在。同太后一起消失的还有彼得身上的最后一道枷锁。他爱自己的母亲，也试图取悦她，但他的耐心在一天天下降。近几年来，她一直在采取措施，限制他的活动，压制他对新奇事物的欲望，不让他同外国人往来，这让彼得苦恼不已。现在他自由了，可以想做什么就做什么。尽管娜塔莉娅在马特维耶夫家生活了多年，并受到那里西化氛围的熏陶，但她本质上仍是一个传统的俄罗斯沙皇国妇女。现在她不在了，最后一道将彼得与旧式传统束缚在一起的强有力锁链也随之断裂。只有娜塔莉娅能维系彼得与克里姆林宫典礼之间的纽带，她死后不久，彼得便不再在那些典礼上露面。娜塔莉娅病故两个半月后，彼得和伊凡参加了复活节游行，出现在浩浩荡荡的皇家队伍中，但这是他最后一次出席克里姆林宫举办的庆典。自此以后，再也没有人能迫使彼得做他不愿意做的事。

1694年春，彼得回到了阿尔汉格尔。这次他带来了300人的随从队伍，载着这些人顺河而下需要22条平底船，平底船上还需配备24门船用火炮、1000支滑膛枪、大量桶装火药和更多的桶装啤酒。想到就要再次拥抱大海，彼得的情绪极为振奋，他将自己的几位老伙伴晋升为海军高级将领——费奥多尔·罗莫达诺夫斯基升任为海军上将，伊凡·布图尔林当上了海军中将，而帕特里克·戈登成了海军少将。这些人除了戈登都没乘过船，戈登的航海经历则是以一名乘客的身份横渡英吉利海峡。彼得给自己安排的头衔是"船长"（skipper），意在自任从维特森处订购的荷兰巡防舰的船长。

在阿尔汉格尔，彼得在先知以利亚教堂做了感恩祷告，而后急不可耐地赶往德维纳河，去视察自己的船。他那艘小型快艇"圣彼得"号被置于防波堤上，已经装配了船帆和索具，做好了出海准备。荷兰造的巡防舰还未送到，但去年夏季开工的新船已经造好，并贮存在船坞内，等着彼得来让它下水。彼得抓起一柄大锤，将支撑木敲倒，而后欣喜地看着船体冲下去，水花四溅。当人们在为这艘名为"圣保罗"号的新船配备桅杆和船帆时，彼得决定拜访一下坐落于白海一座岛屿上的索罗维茨基修道院，借以打发时间。6月10日夜里，他带上大主教阿法纳西、几个朋友和一小队士兵登上"圣彼得"号。他们于涨潮时起航，但到了德维纳河河口，风势小了下去，直到第二天早上他们才借着风力增强的机会，驶入白海海面。当天白天，天空暗淡了下来，风势开始加大。在距阿尔汉格尔80英里处，一阵风暴猛然袭击了这条小船。咆哮的狂风将船帆从桅杆和吊杆上狠狠扯下，如山般的绿色海浪席卷了整个甲板。快艇在巨大的波浪中颠簸着、摇晃着，面临着倾覆的危险；全船人（包括那些经验丰富的水手）挤作一团，祈祷着。乘客们以为自己的死期将至，画着十字，做好了葬身大海的准备。在起伏的甲板上，浑身湿透的大主教一面奋力穿行于众人之中，一面给他们举行临终圣礼。

彼得迎着狂风和飞溅的浪花，奋力掌舵，他领受了临终圣礼，但不肯放弃希望。每当船被大浪抛起再一下落入深深的低谷时，彼得就会与船舵奋力搏斗，试图让船头始终对准顺风方向。他的坚定意志影响了其他人。领航员爬向船尾，在彼得耳边大声喊叫，说他们应当试着把船开往位于温斯卡亚湾的海港。两人一起把住船舵，驾船穿过一条狭窄的水道，穿过一块块被翻腾、呼啸的巨浪拍打着的礁石，驶入港口。6月12日中午前后，经历了惊心动魄的24小时后，小型快艇停泊在佩尔托明斯克小修道院外的平静海面上。

全船人一起动手，将船划向海岸，而后在修道院的礼拜堂内祷告，感谢上天拯救了他们。彼得赏给领航员一笔钱，送给僧侣们一些礼物，并额外给了他们一笔津贴。而后，为了表达自己的感恩之情，他亲手制作了一具10英尺高的木制十字架，扛着它走向海岸上的一处地点，经受磨难后，他就是在这里登陆的。他在十字架上用荷兰文题词："这具十字架由彼得船长于1694年夏制作。"①

---

① 几年后，彼得巧妙地运用自己近乎奇迹般从风暴中逃生这一事实，强调自己必须访问西欧，举国上下几乎都反对这一想法。他与一群人在鲍里斯·舍列梅捷夫家用餐时透露：在暴风雨最为猛烈的时候，他曾向自己的主保圣人圣彼得许愿，如果自己能幸免于难，就将前往罗马，到圣城的圣彼得墓前做感恩祷告。如今，他声称自己必须前去还愿。彼得的罗马之行被安排在大特使团行程的末尾部分，但并未实现：1698年，最后一次射击军之乱爆发的消息将正在前往罗马途中的彼得火速召回了莫斯科。

在下锚地以外的海域，风暴肆虐了3天以上。16日，风小了下去，彼得再次起航，前往俄国北部最负盛名的索罗维茨基修道院。在修道院度过的3天时光里，他在圣遗物面前虔诚祈祷，令僧侣们高兴不已。当彼得在一片风平浪静中回到阿尔汉格尔时，忐忑不安的朋友们欢呼着迎接他的归来，他们得悉海上起了风暴，一直为"圣彼得"号和乘员的安危捏着一把汗。

几星期后，那艘被彼得弄下水的新船做好了出海准备。现在，算上较小的"圣彼得"号，彼得已拥有2艘远洋船，等新的荷兰造巡防舰从阿姆斯特丹开到时，他的小小舰队规模将增加到3艘。这件喜事发生于7月21日：巡防舰"神圣预言"号驶入德维纳河河口，在索隆博拉（Solombola）下锚。它的指挥者是扬·弗朗船长，此前他已航行到阿尔汉格尔30次。"神圣预言"号是一艘坚固的荷兰战舰，舰头呈圆形，44门加农炮沿着船的上层及中层甲板排列开来。维特森市长为了取悦沙皇，精心设计了几座木制客舱，舱内陈列着精美锃亮的家具、丝绸幔帐和漂亮的编织地毯。①

彼得兴奋得不能自已。巡防舰甫一出现，他就迫不及待地冲向德维纳河，急不可耐地登上船。他又攀又爬，把索具和下层甲板摸了个遍。当晚，"神圣预言"号的新船长在船上大肆庆祝。第二天，他欣喜若狂地写信给维尼乌斯：

尊敬的先生：

我期待已久的一刻终于到来了，扬·弗朗驾着船，载着44门火

---

① 除了加农炮和奢华的舱内陈设，"神圣预言"号还带给了俄国另一件来自西方的礼物。当这艘巡防舰在阿尔汉格尔下锚时，巨大的红白蓝三色荷兰国旗飘扬在船尾。彼得不但对这条船赞不绝口，对与船有关的一切也欣赏有加，当即决定将这面旗帜作为本国海军旗的模板。于是，他将荷兰国旗的图案——三道宽阔的水平条纹，红色条纹在上，白色条纹居中，蓝色位于底端照搬过去，只是调整了条纹的排列顺序。在俄国军旗上，白色条纹在上，接下来是蓝色条纹，再下来则是红色条纹。这面海军旗很快成为俄罗斯帝国国旗（它与沙皇的皇家旗帜有所不同，皇家旗帜上绣有双头鹰图案），当罗曼诺夫皇朝于1917年终结之时，它仍是俄国的国旗。

炮和40名水手顺利抵达。祝贺我们全体吧！我在下一封信中会讲得更具体些，但现在我高兴得要疯了，没法写得太细。除此之外，重要的是，在这种情况下我们总要向酒神巴克斯表示敬意，在他老人家的葡萄藤叶子的拂动下，我们的眼珠子都快发直了，即使想写得长一点儿也办不到。

"神圣预言"号船长[5]

不到一周，新巡防舰已经做好了在新任船长的指挥下出航的准备。彼得安排自己的小舰队陪同一支回国的荷兰及英国商船队前往北冰洋。起航前，彼得对舰队做了一番部署，并亲手为舰队设计了指挥信号。配属到新近服役的"圣保罗"号上的是海军中将布图尔林，以该船为前锋，紧随其后的是4艘满载俄国货物的荷兰商船。接下来是彼得的新巡防舰，它搭载着海军上将罗莫达诺夫斯基和船长沙皇本人（扬·弗朗亦伴于沙皇身侧），4艘英国商船跟在巡防舰的后方。新任海军少将戈登搭乘的小型快艇"圣保罗"号则担任舰队的后卫。戈登的航海技术非常糟糕，他简直是驾船围着一座小岛绕圈子，因为他将那里一处海滨墓地中的十字架当成了前方舰只的桅杆和桁端。

彼得的小舰队一直将船队护送到科拉半岛（Kola Peninsula）的圣诺斯角（Svyatoy Nos）——位于摩尔曼斯克（Murmansk）以东。在这里，白海变得更宽，一直延伸入灰色的北冰洋。彼得原本希望继续走下去，但海上刮起了强风。已经历过一次险情的彼得听从他人劝告，掉头而返。5门火炮一起鸣响，这是护卫舰队即将返程的信号。西欧船队消失在北方的地平线上，彼得的3艘小船则回到阿尔汉格尔，沙皇举办了一场送行宴，9月3日，他不情愿地踏上了返回莫斯科的旅途。

1694年9月，莫斯科河畔的科茹霍沃（Kozhukhovo）村附近的一道大峡谷内迎来了一场军事演习，这是彼得在和平时代举行的最后一次也是规模最大的一次军事演习。参加此次演习的人员达3万人之多，包括步兵、骑兵、炮兵和长长的辎重车队。作战部队分属两个阵营。伊凡·布图尔林指挥的一方由6个射击军团级部队及若干骑兵中队组成。另一方则交由大家笑谈中的"普雷斯堡之王"费奥多尔·罗莫达诺夫斯基统带,他指挥着彼得的两个近卫团——普列奥布拉任斯基团和谢苗诺夫斯基团,外加两个正规团和若干民兵连队,这些连队的兵员是从远离莫斯科的城镇(如弗拉基米尔、苏兹达尔)征召的。这场军事演习实际上是以一座河岸堡垒的攻防战为中心展开,攻方为布图尔林一军,守方则为罗莫达诺夫斯基的部队。

演习开始前,莫斯科的人们欣赏到了一幕令人兴奋的场景:两支军队穿着阅兵制服,在文书、军乐队及侏儒骑兵组成的特别部队的跟随下,穿过这座城市的街道,前往演习场。当普列奥布拉任斯基团开来时,人们倒吸了一口气:沙皇身穿普通炮兵的服装,走在这支队伍的前头。对于那些习惯于看到沙皇以最威严的姿态从远处一闪而过的人们来说,眼前的一幕令他们难以置信。

在演习中,射击军各团与近卫团之间产生了本能的竞争意识,而这种意识激发了他们的热情,引导他们去作战。双方都下定决心,要在沙皇面前证明自己的价值。炸弹开花,火炮怒吼,尽管演习场上既没有使用炮弹也没有发射子弹,却仍有一些人遭到面部灼伤或肢体残缺的重创。进攻部队在莫斯科河上架设了一座桥梁,开始在普雷斯堡要塞下方挖掘坑道。彼得本希望将一切西式坑道作战和反坑道作战手段统统应用到这场漫长的围攻战中,但不幸的是,酒神也跑来凑热闹了。大多数情况下,一天都在盛大的宴席和狂饮中结束。一次酒宴散场后,面红耳赤、满怀信心的进攻方决定发动一场突袭。同样面红耳赤的防守方却不在状态、无力抵抗,堡垒被轻而易举地夺取了。演习的草草收场让彼得大发雷霆。第二天,他命令胜利方撤出堡垒,又让被俘者全部返回,而后下令,在用正经的坑道战术让城墙正经地倒塌之前,不得再向堡垒发动突袭。他的命令得到了遵守,这一次,进攻方花了3个星期才拿下堡垒,整个进攻过程宛如教科书般标准。

科茹霍沃演习于10月末落下帷幕,当参演各团返回军营过冬时,彼得开始与顾问们讨论如何在来年最好地运用这些部队。也许已经到了停止战争游戏的时候，也许已经到了把这件已被彼得锻造成型的兵器转而用来对付土耳其人的时候——就学术层面而言，俄土之间仍处于战争状态。戈登在1694年12月所写的一封信中透露，某些这类行动是在当年冬天策划的。这个苏格兰人在致西方朋友的信中写道："我相信并希望，在即将到来的夏天里，我们将为基督教和我们的盟友做些事情。"[6]

## II

# 亚　速

如今，彼得已经22岁了，正值青年时期的黄金阶段。对那些第一次见到沙皇的人来说，彼得最为令人生畏的体貌特征是他的身高——这位个头有6英尺7英寸的君主比周围每个人都要高上一截，那个时代的人们平均身高不如今天，彼得的身材因此更为令人惊讶。他虽然如此之高，却一点儿也不魁梧，更显瘦削。与同一身高的人相比，他的肩膀窄得出奇，胳膊很长，双手（他渴望将它们展示出来）粗糙而有力。在造船事业的锤炼下，彼得的手上永久性地布满了老茧。这些年来，彼得那圆圆的脸蛋依旧显得朝气蓬勃，几乎可以算得上俊俏。他蓄着一撇小胡子，没戴假发，而是让自己那一头棕褐色直发垂在双耳和双肩之间。

他最为不同寻常的特征是他那无穷的精力，这一特征比他的身高还要惹眼。他是个坐不住的人，也无法在同一个地方待太久。四肢修长柔软的他步伐极快，以至于"快活帮"成员要一路小跑才能跟上他。当他不得不处理文书时，他就绕着一张坚固的桌子踱来踱去。参加宴会时，他吃上几分钟就从餐椅上跳起来，去看看隔壁房间发生了什么事，或是到户外散会儿步。他需要活动，喜欢把自己的精力消耗在跳舞上。在一个地方待上一阵子后，他就想要离开，向前走，欣赏新浮现的面孔和风景，在脑海中形成新的印象。一生都在不断求知的人、永不安分的人、永远在运动的人——这就是对彼得大帝最为准确的评价。

然而，同样是在那些年里，让人担忧的生理失调开始折磨彼得，经常令这位年轻沙皇大失颜面。当情绪陷入激动之中，或是某些事情给他带来压力时，彼得的脸部有时会不可抑制地抽搐起来。这种失调往往只困扰彼得的左半边脸，严重程度各不相同：有时症状仅限于面部肌肉抽搐，持续时间也只有一两秒；其他时候则会演变为真正的痉挛，先是彼得颈部的左半边肌肉开始收缩，接下来他的左半边脸整个抽搐起来，双眼上翻，直到只能看到眼白。最严重的时候，连彼得的左臂也开始做一些猛烈而杂乱的动作，在他失去知觉后，痉挛方才结束。

由于我们手头仅有的症状记录均出自非专业人士之手，我们既无法确定彼得之病的准确性质，也无从了解相关病因。最有可能的情况是，彼得患上的是局灶性癫痫（focal epileptic seizure），这种病在神经失调中属于较为温和的一种，最严重的形态是癫痫大发作（grand-mal epilepsy）；并无证据表明彼得出现过这种极端症状，也没有报告称彼得曾倒在地板上，完全失去意识、口吐白沫，或是身体机能失控。就彼得的病情而言，这种精神错乱源于大脑某个区域对脖颈和脸部左侧肌肉的影响。如果持续受到刺激并得不到缓和，病灶就有可能扩展到大脑的邻近区域，从而对病人左肩和左臂的动作产生影响。

我们完全不了解彼得遭受的究竟是什么样的苦痛，想要准确查出病因就更困难了。当时及后世的历史作品提出的看法多种多样。彼得的抽搐性症状被归因于1682年发生的那起创伤性惨事。当时还是个10岁孩子的他站在母亲身边，目睹了马特维耶夫和纳雷什金家族成员被狂暴的射击军士兵残杀的情景。另有观点称，彼得的症状源于7年后在普列奥布拉任斯科耶那个午夜的惊吓，当时他在睡梦中被叫醒，而后得知射击军正在前来取他性命。还有一些人谴责道：沙皇之所以会患上这种病，是因为他在与勒福尔斯混时学会了酗酒，日后又和"快活帮"一起狂喝滥饮。甚至有谣言称，沙皇的病痛是索菲亚为了扫清通向王位之路，给彼得下毒所致。这一谣言以德意志区发出的信件为载体，传播到了西方。但这种癫痫最可能的原因，特别是在并未遭受可能给脑部留下永久性瘢痕组织的重击的情况下，是长期不退的高烧。彼得承受过一次这样的高烧，病情从1693年11月一直持续到1694年1月。当时他病得极为严重，以至于许多人认为他要没命了。这种热病本质上是一种脑炎，足以导致大脑局部损伤。日后当患者受到特定的精神刺激，使受损区域的活动受到干扰时，就可能引发彼得患上的那种癫痫症状。

这种疾病对彼得造成的心理影响是深远的；它在很大程度上解释了彼得为何表现得异常羞怯——特别是在同陌生人打交道时。这些人不了解他患有癫痫病，因此尚未做好目睹的心理准备。由于它是突发性的，因而不但给彼得本人，也给彼得的身边人造成了困扰。这种病在当时并无真正的治疗办法，尽管当时的应对方法在今天看来仍然非常合理。当症状仅限于痉挛时，彼得和"快活帮"的成员会试图将手头的事继续下去，就好像什么也没发生。如果抽搐变得越来越明显，他的朋友或勤务兵会立刻将某个能让彼得情绪放松的人带来。最后，只要彼得的第二任妻子叶卡捷琳娜（Catherine）在附近，不管何时这都是她的任务，而在叶卡捷琳娜出现前，或是她不在的情况下，会有几个能够安抚沙皇情绪的年轻妇人被带过来。"彼得·阿列克谢耶维奇，这里有个您愿意和她说说话的人。"担忧不已的勤务兵这样说着，然后退出去。此时沙皇就会躺倒，并将自己摇晃的头部搁在妇人的膝上，妇人则会抚摸他的额头和太阳穴，轻声与他说话，安慰他。彼得随即入睡，在失去意识时，他大脑内的干扰电波也随之消失。当他于一两小时后醒来时，就会一如既往地恢复精神，心情也要比之前好得多。

1695年冬，彼得为自己的一身精力找到了几个新的发泄渠道。在阿尔汉格尔度过的两个夏天、白海上短暂的巡航经历，以及同英国和荷兰船长的漫长谈话都鼓舞着他。如今他想走得更远，见识更大的世界，驾驶更多的船。远征波斯和东方的想法在他脑海中萦绕。德意志区的冬夜谈话中经常提到这个话题，荷兰、英国商人豪气冲天地谈论着欧洲-波斯和欧洲-印度贸易航线，而俄国是可以沿着一道道河流开辟本国对波斯和对印度航线的。勒福尔在从阿尔汉格尔寄给日内瓦家人的信中写道："这里正讨论用两年左右的时间完成喀山和阿斯特拉罕之旅。"而后，瑞士人写道："明年夏天，我们将建造五艘大船和两艘桨帆船，如果上帝许可，我们会在两年之后来到阿斯特拉罕，同波斯缔结几份重要协议。""也有人建议修建几艘桨帆船，前往波罗的海。"勒福尔写道。[1]

前往波斯和波罗的海的计划尚悬而未决时，1695年冬颁发的一份通告令莫斯科震惊：俄国将于明年夏天重启针对鞑靼人及其宗主奥斯曼帝国的战争。我们无法确定彼得为何会决定在冬天攻打土耳其人的亚速要塞。有人指出，彼得之所以突然投入战争之中，完全是他那不安分的性格决定的。他之所以要这样做，主要是为了给他旺盛的精力和好奇心找个发泄渠道。事后看来，彼得就这样在毕生为之奋斗的海洋冒险事业中又迈出了一步：先是亚乌扎河，接下来是普列谢夫湖，再后来是阿尔汉格尔——就这么一步步地走了下来。如今，他梦想着创建一支舰队。但俄国唯一的海港在一年中有6个月处于冰封状态。距其最近的海洋——波罗的海依旧牢牢掌握在北欧的军事霸主瑞典手中。要迈向大海，只剩下一个冒险方案：南进黑海。

我们或者可以这么说，如果这个新制定的冒险方案不是一场尼普顿游戏，那么或许就是一场马尔斯游戏。20年来，彼得一直在和士兵们玩耍。先是玩具士兵，而后是童子军，再后来是成年士兵。他的军事游戏从几百名失业的马童和驯鹰人参与的操演，发展到3万人规模的普雷斯堡河畔要塞攻防战。如今，为了体验真实战争的刺激感，他想寻找一座堡垒加以围攻，而孤悬于乌克兰干草原尽头的亚速要塞是非常适宜的目标。

毫无疑问，彼得进军海洋的内心冲动和检验俄军战斗力的欲望都在兵发亚速的决定中起到了一定作用，但还有别的原因。俄国同奥斯曼帝国仍处于交战状态，每年夏天，鞑靼可汗的骑兵都会北上袭击乌克兰地区。1692年，一支由1.2万名鞑靼骑兵组成的军队现身内莫洛维（Neimerov）镇前，一把火将它烧作白地，并掳走2000名俘虏，将他们卖到奥斯曼人的奴隶市场。一年后，俄籍俘虏的数量达到了1.5万人。

自索菲亚倒台后，尽管南部边境地区向首都求援，但莫斯科政府在这些地区的防御工作上几乎无所作为。事实上，沙皇的冷淡态度引发了东正教耶路撒冷牧首多西修斯（Dositheus）的激烈嘲讽。"克里米亚的鞑靼人虽只有一小撮，"他在给彼得的信中写道，"却吹嘘说自己可以从您那里收到贡赋。鞑靼人是土耳其人的臣民，照这么看您也是土耳其人的臣民。您总是夸下海口，说您要如何如何，最后却总是停留在口头上，全无实际行动。"[2]

除此之外，在外交方面，彼得也有理由重新对土耳其人和鞑靼人采取敌对行动。俄国沙皇国的盟友，波兰国王扬·索别斯基认为俄国在对土耳其的共同战争中毫无贡献，威胁说要与奥斯曼帝国单方面缔结和平协议，协议中完全不会考虑俄国的利益。事实上，索别斯基向华沙的俄国居民抱怨说，抛弃莫斯科方面利益的责任几乎不能算在他的头上，因为没人肯费心向他说明莫斯科的利益究竟何在。

因此，比起为沙皇的个人教育和娱乐需要而精心设计的战争游戏，亚速战役更加复杂。遏制鞑靼人突袭、采取军事行动以安抚波兰人之心，这两件事对任何不得不加以应对的俄国政府而言都是沉重的压力，然而它们完美地契合了彼得的个人愿望。

战役的发起地点尚未确定。战役目标有二：袭扰土耳其人、压制鞑靼人。戈利岑的两次克里米亚战争均以悲剧收场，这让俄国人对下一次越过干草原直取彼列科普的军事行动抱有慎重态度。而这一次，俄军攻势的两翼将指向半岛要塞两边。两个目标将是第聂伯河和顿河河口，土耳其人设在那里的要塞堵住了乌克兰哥萨克或俄罗斯人前往黑海的道路。这一次，俄军不准备再在数千辆步履缓慢的辎重车的支援下穿越干草原地带，而打算通过海路南下，并用平底船充当运输补给的交通工具。

两支风格迥异的俄军为实施两路齐攻计划而组建了起来。东路军将自顿河而下，进攻土耳其人设于亚速海的强力要塞，这支部队由彼得的游戏兵团组成，他们在去年秋季的科茹霍沃演习中参加了普雷斯堡攻防战。东路军下辖新成立的普列奥布拉任斯基近卫团和谢苗诺夫斯基近卫团、射击军部队和接受过西式训练的炮兵及骑兵部队——全军共3.1万人，分为3个师，分别由勒福尔、戈洛温和戈登指挥。为了避免相互猜忌，3个师均不以最高指挥官的名字命名。每个师的行动都是独立的，当3位将军要做出总体决策时，就会开会讨论，而会上少不了23岁的炮手彼得的身影。

俄军的第二路进攻力量（西路军）则将从第聂伯河而下，进攻土耳其人设于奥恰科夫（Ochakov）和卡济克曼（Kazikerman）的大型要塞，以及拱卫第聂伯河河口的3个规模较小的要塞。西路军的规模要大得多，作风也更为传统，指挥官为波雅尔鲍里斯·舍列梅捷夫。从规模上看，这支部队会让人联想到戈利岑率领南下的那支大军：它有12万人，其中大多为依照俄国古老传统征召来的农民，只需在当年夏天服役。按照整体计划，舍列梅捷夫一路的作用同彼得相比是次要的。这支部队的目标不仅是攻陷第聂伯河要塞，还需吸引鞑靼骑兵主力部队的注意力，以免他们东向奔袭亚速要塞前方的彼得一军。此外，彼得希望这支大型掩护部队的存在能够切断克里米亚和位于西部的奥斯曼帝国欧洲行省之间的交通，从而阻塞鞑靼人的活动路线，使得鞑靼骑兵无法按照一年一度的惯例，在巴尔干半岛加入苏丹的部队。这将是对那些困难重重的盟国的一次直接贡献。再者，只要有一支庞大的俄国军队进入乌克兰，沙皇在那些反复无常、易受影响的哥萨克群体中的影响力就将大大增强。

作战计划一敲定，彼得就投入到准备工作中去。他在给阿尔汉格尔的阿普拉克辛的信中兴奋地写道："在科茹霍沃我们开了次玩笑，现在我们准备到亚速前面去玩一把真的。"[3]

戈登的部队率先准备就绪，并于3月离开莫斯科，南下跨越干草原地区，根据指挥官日记所载，那里"长满了花花草草，有芦笋、野生百里香、墨角兰、郁金香、石竹花、草木樨和第一茬的紫罗兰花"。[4] 由彼得、勒福尔和戈洛温统领的主力部队于5月动身，他们直接登上了停泊在莫斯科河中的平底船，顺流而下，进入伏尔加河。接下来，他们将沿着这条大河，一直行进到察里津（后来的斯大林格勒，今名为伏尔加格勒），而后拖着加农炮和补给物资前往顿河下游。在那里，他们将搭乘另一批船。由于平底船进水，船夫又缺乏经验，行动进展缓慢。彼得在给维尼乌斯的信中愤怒地说："大多数情况下，误事的都是那些愚蠢的领航员和船工，他们自诩技艺精湛，但与真正的高手之间的距离就像尘世与天堂之间的距离那么遥远。"[5] 6月29日，2.1万人的主力部队来到亚速，他们发现戈登的1万人马已经在城市前方构筑了壕沟。

要塞化市镇亚速屹立在顿河最南端支流的左岸，距亚速海上游约15英里。公元前500年，这里出现了一块希腊殖民地，它是希腊移民在黑海岸边建立的一批定居点中的一座。后来，这座扼住顿河入口及其贸易航线的城镇成了商业王国热那亚的殖民地。亚速于1475年落入土耳其人之手后，在他们对黑海的绝对控制中，它成了东北部分的一环，也成了阻挡俄罗斯人顺顿河而下的一道屏障。土耳其人在这座城镇设置了防御工事，盖起了塔楼和城墙。作为屏障体系的一部分，两座设有瞭望塔的土耳其堡垒在亚速城上游1英里处拔地而起，两座堡垒之间有数道铁链相连，铁链从河面上横穿而过，以阻止哥萨克人的轻型桨帆船溜过城镇，溜进大海。

当彼得出现在城镇前方时，俄国人的火炮开火了，炮击持续了14个星期。俄军遭遇了诸多问题：他们缺乏有经验的工兵，在彼得时代，工兵在围城战中起到的作用不亚于炮兵或步兵；俄国后勤体系无力长期负担3万名野战军人的粮食供应，俄军很快就将亚速周边的贫瘠乡村一扫而空；射击军不但经常派不上用场，还不愿服从欧洲军官下达的指令。戈登对总体战局的评价是："有时，我们的表现就像是将战争视为儿戏。"[6]

起初，两座位于城镇上游、带瞭望塔的土耳其要塞挡住了俄国平底船顺流而下给远征军运送补给的通道。补给物资不得不在更上游的地段卸船，而后用马车经陆路运往军队所在地，但这些马车遭到了徘徊在俄军军营外围的鞑靼骑兵的突袭。攻陷两座堡垒因而成了首要目标，当顿河的哥萨克们袭取一座堡垒时，全军上下振奋不已。不久之后，在猛烈的炮火打击下，土耳其人放弃了另一座堡垒。

这次胜利给彼得带来的愉悦心情很快就因军中发生变节事件而遭到破坏。一个名叫雅各布·延森（Jacob Jensen）的荷兰水手背叛俄国人，投向土耳其一方，并带去了重要情报。延森原是阿尔汉格尔一艘荷兰船上的水手，后为俄军效力，接受了东正教信仰，并进入新成立的俄国炮兵部队服役。彼得喜欢荷兰人，也喜欢炮兵，因而让延森待在自己身边，攻打亚速的时候，延森日夜陪伴于彼得身侧，受到沙皇的信任。当延森从俄军中逃跑后，他向亚速城的帕夏透露了俄军的数量、部署情况、攻城器械的优点与弱点，以及他所掌握的彼得的作战计划。他还针对所有俄国人都有吃过中午大餐后打个盹的不变习惯（军人也不例外）献了一计。几天后，一支强大的土耳其突击部队算准俄国人的午休时间，摸进了俄军的壕堑。起初，昏昏欲睡的俄军士兵四散奔逃，但戈登成功地将他们集结了起来，经历了3小时的殊死厮杀后，土耳其人被逐了回去。这次突袭给攻城方带来了惨重的代价：400名俄国人丧生，600名负伤，许多攻城器械遭到破坏。

与延森的变节行为相比,俄军无力隔绝、孤立要塞对战局造成的损害更大。戈登——远征军中最富有经验的军人打算用火力覆盖整个亚速城,但由于兵力不足,俄军构筑的攻城工事甚至无法完全包围亚速周边的土地。俄军战壕末端与河流之间存在一个缺口,鞑靼骑兵借此得以与亚速守军保持联系。由于俄军缺少船只,他们无力控制河流,围城的效果因此越发无法彰显。彼得只能无可奈何地望着20艘土耳其桨帆船逆流而上,在亚速城附近下锚,而后朝土耳其守军送去成批的补给物资和援军。

在持续了一个又一个星期的漫长围攻中,彼得始终不辞辛劳。他一直扮演着两个角色。作为一名普通炮手时,这名自称彼得·阿列克谢耶维奇的炮兵帮着别人给臼炮装弹、开火,将一颗颗炸弹和炮弹射入城中。作为沙皇时,他主持高级作战会议,讨论、审核一切作战方案与计划。此外,他还与身在莫斯科的朋友长期保持通信。为了将自己低落的情绪鼓舞起来,他在信中继续使用戏谑的语气,在给莫斯科的罗莫达诺夫斯基写信时,他称对方为"我的陛下",并恭恭敬敬地署名"炮手彼得"。

指挥权分散问题日益成为俄军围攻行动的桎梏。勒福尔和戈洛温都对作战经验丰富的戈登感到不满,他们试图在军事会议上结为一派,压制这位苏格兰老兵的意见。彼得对围攻战进程的耐心也在一天天下降,他与勒福尔、戈洛温一道强行做出发动一场大规模奇袭的决定,意在猛攻拿下城镇。戈登认为要攻克这样一座坚固的要塞,必须将壕堑推进到城墙附近,这样,攻城部队在发动进攻前就能得到保护,不至于长时间暴露在城墙前方的开阔地上。他的警告被撇到了一边。8月15日,攻势发起,并正如戈登预言的那般失败了。"这就是不顾时机,草率行事的后果。"[7]戈登在日记中写道,"不包括军官,参与攻击的4个团有1500人丧生。9点左右,陛下派人将我和其他军官召来。他的脸上除了愤怒和悲伤,再无其他表情。"俄国人的厄运并没有到头。两枚原计划安放在土耳其城墙下方的巨大地雷还没被送出战壕就爆炸了,俄军再度遭遇惨重伤亡。

秋天开始了,彼得知道不能把自己的部下留在战壕里过冬。他如果不能攻取这座城镇,就只能撤军,但最后一波攻势所获的战果并不比第一波更大。到了10月12日,军中士气极为低落,而天气也越来越冷,彼得撤围而去。然而，他用3000名士兵固守两座带瞭望塔的要塞的事实表明，他已经做好了明年再来的打算。

北撤行动是一场灾难，远征军在撤退过程中损失的人员和装备比夏季围攻战的总和还要多。在长达7周的时间里，俄军忍受着持续的暴雨和鞑靼骑兵的凶猛追击，步履艰难、踉踉跄跄地向北越过干草原地区。在大雨之下，河水暴涨，而夏天被烧掉的青草如今湿得不成样子，牲畜无料可食，而人类也很难找到干燥的木材来生火。随军而行的奥地利外交官普莱尔在递交给维也纳的报告中讲述了一起灾难性事件："不计其数、可满足一支大军需求的粮食要么被恶劣天气糟蹋掉了，要么随着平底船一起沉到水里了……穿过全长500英里的干草原地带时，可以看到一具具人和马的尸体倒卧在那里，已经被狼吃掉了一半，这一幕很难让人不潸然泪下。许多村庄内挤满了病患，其中某些人就此一命呜呼。"[8]

12月2日，远征军抵达莫斯科。彼得效仿曾被自己责难过的索菲亚和戈利岑，试图用一场凯旋进入首都的表现来掩饰自己的失利。他在城中行军，让一个可怜的土耳其战俘走在自己的前头。这套把戏没能骗过任何人，针对沙皇的外籍军事顾问的不满情绪变得更为强烈。当一支东正教军队由外国人和异教徒来指挥时，怎么还能指望它打胜仗呢？

这一观点因舍列梅捷夫一军的实际表现而变得更有说服力了。这支完全由俄罗斯人指挥的旧式俄军，在第聂伯河下游取得了辉煌的胜利。舍列梅捷夫部与哥萨克盖特曼马泽帕的骑兵部队一道攻克了第聂伯河沿岸的两座土耳其堡垒，土耳其人随后从另外两座堡垒中撤出。这一战果令第聂伯河一线完全落入俄方的掌控，只有位于黑海的河口部分除外。

然而，尽管舍列梅捷夫部大获全胜，彼得本人针对亚速要塞的战役还是失败了。被吹上天的"西式"军队始终受制于人，在撤退途中还蒙受了惨重损失。然而，尽管这次失败对23岁的沙皇来说是一次打击，却并没有让朝气蓬勃的他丧失信心。彼得打算卷土重来。他没有找任何借口，而是承认了自己的失败，然后投入第二次亚速战役的准备工作中。他之所以作战失利，是因为犯下了三方面的失误：指挥权分散；缺乏有经验的工兵，无法构筑得力的攻城工事；没能控制住河口处的海面，致使远征军无法阻断外界对要塞的援助。

第一个失误纠正起来最容易：第二年夏天，彼得任命了一名军队最高指挥官。对于第二个问题，彼得试图以这样的方式解决：他给奥地利皇帝和勃兰登堡选侯（Elector of Brandenburg）去信，请他们派一批能干的攻城战专家来帮他击败信奉异教的土耳其人。第三个不利因素——缺乏一支控制河道的舰队，这处理起来要难得多，但彼得下定决心要配备一支这样的舰队。他要求在5月前组建一支由25艘武装桨帆船和1300艘崭新的内河平底船组成的作战舰队，用于运输军队和补给物资，期限只有短短的5个月。桨帆船不再只是浅吃水的内河船，而是像模像样的远洋战舰，具备在顿河河口甚至亚速海外海击败土耳其战舰的能力。

乍一看，这似乎是项不可能完成的任务。且不说时限短到荒谬的地步，就连特定的这5个月时间也是一年之中最糟糕的时光。河流和道路遭冰雪封冻；冬季的白昼很短，黑夜则来得很早。在户外干活的人们使用锤子和锯子的手指将因寒冷而失去知觉。俄国没有海港，也没有造船厂。彼得不得不把船只的建造工作放到内陆某些地区，而后让造好的船顺河而下，用这种办法把它们送到与土耳其人作战的地点。此外，在俄国的腹心地区，真正的造船工人一个也找不到。俄国人只懂得制造内河船，这种简易船只长100英尺、宽20英尺，由木料拼接而成，一根钉子也不用。顺河而下一次后，它就不能再用了，而后人们会将它拆散，作为木料或柴火使用。因此，彼得计划建造几座造船厂，召集一批工人，教他们在木料上做标记、砍伐木料并劈开、安装龙骨、制造船壳、立起桅杆、制作船桨、编织绳索、缝制船帆、训练船员，最后让整支庞大的舰队沿顿河而下，前往亚速海。全部工作要在冬季的5个月之内完成！①

彼得说干就干。他将造船厂的地址选在顿河上游的沃罗涅日（Voronezh），这座城镇位于莫斯科下游约300英里处及海洋以北500英里处。造船厂设

---

① 俄国和美国的海军造船计划差不多是在同一时间开始的。1690年，即彼得在沃罗涅日着手开展紧急造船工程前5年，一艘为英国海军建造的小型战舰"福克兰"号（Falkland）在新罕布什尔州（New Hampshire）的朴次茅斯（Portsmouth）完工。这艘完全出自殖民地造船工之手的船舶是第一艘北美制造的战舰。

在这里有几个好处：地处偏远，没有受到鞑靼人袭击的危险；小镇并不位于一棵树也没有的干草原地区，而是坐落于尚未开发的茂密森林带之中，要获取木料可谓毫无困难。基于这些理由，自阿列克谢登基、乌克兰归附俄国起，沃罗涅日就一直是简易平底船（用于向顿河哥萨克运送货物）的产地。在地势较低的沃罗涅日河东岸，彼得修建新船坞，扩建旧船坞，并征召了大量无特别技能的劳工。沃罗涅日所在的别尔哥罗德（Belgorod）省接到一纸命令：派27 828人前往造船所工作。彼得遣人前往阿尔汉格尔，寻找技艺娴熟的木匠和造船工人。他将懒洋洋的外国和俄国工匠从冬天的被窝里唤出来，并向他们承诺明年夏天即可收工。他向威尼斯共和国总督求助，请他给自己派一些建造桨帆船的专业人才来。一艘自荷兰订购、刚刚抵达阿尔汉格尔的桨帆船被锯为数段，运往莫斯科。在那里，它被冬季在普列奥布拉任斯科耶制造其他船只的工人作为模型使用。那些在普列奥布拉任斯科耶或普列谢夫湖打造的单桅和双桅船则是分段制造的，如同采用预制构件法的现代船只一般；而后这些分段被安放到雪橇上，拖曳着穿过积雪覆盖的道路，送往沃罗涅日进行最后的组装。

1696年2月8日，当彼得的艰巨工程进行到一半时，沙皇伊凡突然逝世。在29年的人生之路中，身体虚弱、不谙世事、毫无恶意、温文尔雅的伊凡大多数时候扮演的不过是一个有生命的皇家符号而已：举行庆典时，他出来参加；危机爆发时，他被拉出来平息暴动者的愤怒。永不安分、精力充沛的彼得与沉默而消极的异母哥哥兼共治沙皇之间有着天壤之别，因此两人始终维持着深厚的感情。通过沙皇头衔，伊凡替这位皇家炮手、皇家船长分担了许多令人厌倦的重负，如出席国家典礼。而在彼得外出游历期间，他一直用温柔而充满敬意的语气给兄长兼共治君主写信。如今伊凡驾崩，被隆重安葬在克里姆林宫的天使长米迦勒大教堂，彼得将伊凡的年轻遗孀——皇后普拉斯科维娅和她的3个女儿接过来，由他来照顾。心怀感恩的普拉斯科维娅在余生中一直忠于彼得。

就政治层面而言，伊凡的离世并不具备任何积极意义，却最终正式确立了彼得的君主地位。他现在成了唯一的沙皇，俄罗斯帝国独一无二的最高统治者。

当彼得回到沃罗涅日时,他发现当地正处于高度的活跃和混乱之中。整山的木料被砍伐,拖到造船厂,数十艘平底船已经成型。但问题层出不穷:许多造船木工要花很长时间才能从阿尔汉格尔赶到;许多非熟练工得不到像样的住处,吃得又很差,纷纷逃亡;解冻时期天气多变,地面化为一片泥泞,而当新的冰冻天气突然而至时,河流和道路又结了冰。

彼得投入忙碌中。他睡在紧挨着造船厂的小木屋内,天不亮就起身。他和木工们挤在一块,烤火取暖,身边响彻斧头、铁锤和木槌的劈砍声、敲击声。彼得建造的是一艘名为"原理"号的桨帆船,它是按照荷兰人的图纸设计的。他沉迷于工作的激情中。"按照上帝对我们的祖先亚当做出的裁决,我们吃的面包是我们用脸上的汗水换来的。"他写道。[9]

到了3月,天气情况有所好转。4月中旬,包括"原理"号在内的3艘桨帆船已经下水。数百条崭新的平底船已经停泊在河面上,做好了装载准备。为了给这支新舰队配备船员,彼得甚至从俄国最为偏远的河流和湖泊征召船夫。为了给战舰配置水兵,他组建了一支4000人的海军专门部队,成员是从多个团级作战单位选拔的,他自己的普列奥布拉任斯基和谢苗诺夫斯基近卫团的成员占有很大比重。

总体而言,这一次的动员规模要小于去年夏天——在第二次战役中,俄军不会越过第聂伯河,但被投入到第二次亚速攻势的部队规模是上一次的两倍。单是俄军就有4.6万人,此外还有1.5万名乌克兰哥萨克、5000名顿河哥萨克和3000名卡尔梅克人的支援——这些瘦削结实、棕色皮肤、半亚洲血统的骑兵可与任何一个鞑靼人并驾齐驱。波雅尔阿列克谢·沙因(Alexis Shein)被任命为远征军总司令。沙因没有统兵打仗的经验,但他来自显贵之家,人们认为他有着很强的判断能力。此外,当他被任命为统帅的时候,那些抱怨说由外国人指挥的俄国军队永远打不了胜仗的俄罗斯沙皇国保守派就都无话可说了。勒福尔尽管从未当过水兵,却被任命为新舰队司令,彼得则将兴趣从陆地转向海上。他给自己安上的头衔是军舰舰长,而非炮手。

5月1日，沙因总司令登上座舰，并在船尾升起一面绣有沙皇徽章的巨大旗帜。两天后，第一批舰船起航，一长列桨帆船和平底船开始了沿顿河下行的航程。其后，彼得同一支由8艘快速桨帆战舰组成的分舰队一道出发，并于5月26日超过了主力舰队。到了当月月底，所有舰只均已进抵位于亚速上游的俄据堡垒瞭望塔。

战役立即开始。5月28日，顿河哥萨克首领率领250人率先行动，侦察了顿河河口，而后捎来口信，称两艘土耳其巨舰正停泊在此处。彼得决定发动进攻。他选出9艘桨帆战舰，让戈登手下的一个精锐团登上它们。这些战舰与40艘哥萨克船（每艘载有20人）一道顺河而下。由于对河流状况不熟悉，加之风向不利，桨帆舰开始一艘艘搁浅，后被召回。彼得转乘一艘较为轻便的哥萨克船，继续沿河下行。但抵达河口时，他发现在那里停泊的土耳其舰只不是2艘，而是30艘，包括战舰、平底船和驳船。他认为这支敌军实力太过雄厚，不是自己这些小船能够对付的，于是返回上游的俄军军营，但哥萨克们继续留在土耳其舰队附近。第二天晚上，当土耳其人正在把补给物资从海船上搬运到海岸上时，哥萨克袭击者攻击、俘虏了10艘土耳其小船，其余土耳其船只逃回主力舰队停泊处。土军舰队指挥官惊慌失措，尽管补给品装卸工作尚未完成，土耳其军舰却一齐起锚，驶向外海。从此之后，亚速城再也没有得到救援物资。

几天后，彼得回到河口，率领29艘桨帆战舰（这是他手头的全部战舰）平平安安地越过亚速要塞。亚速要塞如今成了一座孤城，苏丹再想朝城内送去援助，就必须逆流而上，从彼得的舰队中杀出一条路。为了加强对水路的控制，彼得让军队在河口登陆，修建了两座配有火炮的小堡垒。当堡垒完工时，他给罗莫达诺夫斯基去信："土耳其舰队现在彻底无法威胁到我们了。"[10] 6月14日，一些土耳其船只出现，试图运送陆军上岸，进攻俄国堡垒。但彼得的桨帆战舰刚刚逼近，他们就吓得溜之大吉了。两个星期后，土耳其人又试了一次，但俄国桨帆战舰再次赶到，将他们逼退。

与此同时，由于水路被俄国舰队牢牢控制，亚速城陷入孤立无援的境地，彼得的将军和工兵可以着手组织围攻了。他们很幸运：亚速的土耳其守军根本没料到俄军在经历一次失败后会卷土重来，几乎从未改善过该城的处境。土耳其人既没有花力气去夷平俄国人在去年夏天修建的土木工事，也没有填平俄国人那时候挖掘的壕堑。当彼得的军队回到这里时，他们立刻将这些工事和壕堑重新利用了起来，只是把壕沟稍稍挖深了一点。由于数量是上一次的两倍，俄军如今有能力扩大自己的封锁线，将这座城市的向陆一侧全部围困起来。

炮兵部队就位后，彼得立刻要求亚速城的帕夏投降。6月26日，当沙皇的要求遭到回绝时，俄军的火炮开火了。接下来的日日夜夜，彼得大多数时候都生活在位于顿河河口的桨帆船上，不时前往上游查看炮击情况。当彼得的所作所为传到莫斯科时，有报告称他将自己暴露在敌军的火力下，这可把他妹妹娜塔莉娅吓坏了，她写信给哥哥，恳求他千万别离敌军炮弹和子弹太近。彼得用诙谐的语气回信："不是我在接近炮弹和子弹，而是它们向我飞来。下令让它们停下来好了。"[11]

当从海上获得援助的希望已彻底断绝时，彼得再次建议守军投降，并提供了优惠的条件。一名俄国弓手将一支箭射进城内，箭上附有一份体面的投降协议书：只要守军在俄军发动进攻前投降，他们就可以带着自己的所有装备和辎重离开要塞。彼得得到的答复是一道从城内滚滚升起的浓烟，与此同时，所有土耳其大炮一起开火回击。

就在同一时间，围攻方继续构筑他们的工事。在戈登的监督下，1.5万名俄军辛勤地挥舞着铲子，用泥土将一只只篮子填满。随着泥土堆积得越来越高，他们离土耳其人的城墙也越来越近，直到最后，一座用泥土堆成的巨大平台拔地而起，从上面可以俯瞰城内的一条条街道，也能直接朝街道上开火。到了7月中旬，利奥波德皇帝派来的奥地利围城工程师抵达。他们以为这场战役不会在夏末之前开始，因而在路上花了4个月。当彼得发现这些人之所以对战况一无所知，是因为莫斯科外交部的乌克兰采夫因担心他们会把计划泄露给土耳其人而不愿将军队的行动方案告知奥地利人的时候，他愤怒地写信给责任人的妹夫维尼乌斯："他有没有半点儿正常判断力？我们把国家大事托付给他，他却把那些尽人皆知的事隐瞒下来。直接告诉他，我会把那些他没写到纸上的东西写到他背上！"[12]

俄国人构筑的巨型土墩给奥地利工程师留下了深刻印象，但他们提出了更为科学的建议：可以利用地雷、坑道和置于恰当地点的攻城炮向城墙推进。然而，俄国人最终还是靠着那个土墩拿下了亚速城。一些哥萨克讨厌没完没了地与铲子和篮子打交道，觉得与其让他们搬运泥土，不如让他们厮杀一场。他们决定自行攻城。7月27日，在没有得到将军命令的情况下，2000名哥萨克从土墩上猛扑下来，杀上城墙，冲进城内街道。如果他们能够得到正规团或射击军的支援，就拿下城池了。但最后的结果是，土耳其人拼死反攻，将他们打退，哥萨克却还是成功控制了城墙上的一座角楼。据守这里时，他们终于得到了戈洛温派来的正规军的支援。第二天，沙因下令以角楼为突破口，向城内发起总攻。但在攻势发动前，土耳其人就降下他们的旗帜，挥舞起来，表示准备投降。当帕夏看到城墙已被突破时，就做出决定：接受俄国人提出的条件，体面地投降。

投降协议允许土耳其人在撤离时带走所有武器、辎重，以及他们的妻儿。但彼得坚持要求土耳其人交出荷兰叛徒延森。延森向帕夏大声嚷道："砍掉我的脑袋吧，但别把我交给莫斯科！"[13] 帕夏犹豫了。但沙皇寸步不让，延森被绑住手脚，带进了俄军军营。

第二天，土耳其守军挥舞着旗帜，开出亚速城，穿过俄军战线，登上本国船只（它们先前得到了停靠许可）。得胜的指挥官沙因骑马在登船点等候。由于沙因信守诺言，帕夏向他表示感谢，放低自己的旗帜以表敬意，而后登船离去。10个团的俄军开进空无一人的亚速城内，呈现在他们面前的是一副被炮火严重摧残的景象。当俄军指挥官坐下来举办"既不吝惜酒也不吝惜火药"的庆功宴时，无法约束的哥萨克洗劫了城内的空屋。

亚速如今成了一座俄国城镇，彼得下令立刻拆毁所有围城工事。在奥地利工程师的指导下，他开始重建设有防御工事的城墙和棱堡。街道上的废墟和瓦砾被清理得一干二净，清真寺被改造成基督教堂。彼得离开城市前，在一座新建的教堂内听了弥撒。

现在他需要一座海港来安置刚刚组建的顿河舰队。亚速本身在上游太远,顿河河口又很不安全:有些河段水位太浅,有些则太深。彼得花了一个星期的时间,沿着附近的亚速海岸边巡视,为舰队寻找停泊所,困了就在一艘新造桨帆舰的长凳上睡觉。最后,他决定在亚速海北岸距顿河河口30英里远的地方建造一座海港。彼得下令:在一处被哥萨克称为"塔甘罗格"(Tagonrog)的地点后方修建一座要塞和一座港口,这座海港将成为俄国历史上第一座真正的海军基地。

亚速大捷的消息震惊了莫斯科。这是自阿列克谢登基以来,俄国军队赢得的第一场胜利。"当您的信到来时,"维尼乌斯向彼得报告,"列夫·基里洛夫纳(列夫·纳雷什金,彼得的舅舅)家里宾客盈门。他当即让我将信交给牧首。圣座①一面读,一面潸然泪下,他命令将城里的大钟全部敲响。而后,在皇后和皇子在场的情况下,向万能的主祷告谢恩。大家在谈话间无不为陛下的谦逊感到震惊,他在赢得如此伟大的胜利后,并未变得心高气傲,而是将一切都归功于上帝,将褒奖全留给他的副手。尽管人人都知道,多亏您独力制订的计划,还有您的海路支援,这样一座名城才会拜倒在您的脚下。"14

彼得在给维尼乌斯的信中称,如果"他的贡献当得起国家对他的信任",那么就给他和远征军总司令准备一道凯旋门和一场胜利游行吧,他们配得上这样的荣誉。15 维尼乌斯立刻着手准备,与此同时,为了给维尼乌斯争取时间,彼得推迟了回师的行程。他视察了图拉的制铁工厂,并与著名铁匠尼基塔·杰米多夫(Nikita Demidov)一起干活。沙皇将乌拉尔大片矿区赐予后者,杰米多夫家族后来的财富就是以此为基础。

10月10日,沙皇同他的军队在卡罗缅斯科耶会合,而后凯旋进入首都。令莫斯科人大惑不解的是,凯旋仪式上安排的节目并非取材于传统东正教文化(阿列克谢凯旋时,人们曾让高僧们手举圣像前去迎接),而是别有新意地取材于气势磅礴、受希腊罗马神话启发的异教文化。维尼乌斯在莫斯科河附近立起一座古罗马风格的凯旋门,巨大的赫拉克勒斯和马尔斯雕像将门托起,凯旋门下方是一尊披枷戴锁的土耳其帕夏卧像。

---

① 牧首的敬称。——译注

游行队伍绵延数里。走在队伍最前头的是18名骑兵，他们身后跟着1辆六驾马车，上面载着彼得那年迈的家庭教师——冒牌教皇尼基塔·佐托夫，他身穿甲衣，佩着剑和小圆盾。接下来又是14名骑兵，走在他们后面的是海军上将勒福尔的镀金马车，这位海军上将穿着一件以金为饰的深红色外套。接下来是费奥多尔·戈洛温和列夫·纳雷什金，30名身穿银胸甲的骑兵紧随其后。沙皇的旗帜飘扬在两排号兵身后，旗帜四周环绕着手持长矛的卫兵。旗帜后面是又一辆镀金马车，上面坐着阿列克谢·沙因总司令，16面缴获的土耳其军旗随于其后。旗杆被倒了过来，旗子则在泥土里拖曳着。接下来出现的是一幅触目惊心、作为警示的画面：变节者延森以五花大绑的姿态被置于一辆简陋的农家马车上。他的脖子上挂着一块牌子，上面写着"作恶者"几个大字。他身畔站着两名刽子手，他们身边环绕着斧头、刀子、鞭子和钳子。这一切表明，像延森这样的叛徒，等待他的将是可怕的下场。

在游行现场，炫目的军旗、昂首抬足的骏马、阔步而行的人们华丽地汇聚在一起，但是，沙皇到哪里去了？让莫斯科人感到诧异的是，当他们最终看到彼得时，后者并没有骑着白马或乘着金马车走在行军队列最前头，而是同其他桨帆战舰舰长一道，行于海军上将弗朗西斯·勒福尔的马车后方。他之所以被认出来，不光是因为身材伟岸挺拔，还因为他身上穿着一套德意志舰长的制服：外国式马裤、黑色外套、黑色宽边帽，插在帽子上的一根白羽毛是唯一体现其特殊地位的标志。得胜而归的沙皇以这样一身装束，从莫斯科南部的卡罗缅斯科耶一直走到东北部的普列奥布拉任斯科耶，徒步完成了穿越首都的9英里行程。

年轻的沙皇在亚速高奏凯歌的消息很快响彻欧洲大地，引发了一片惊讶和赞叹之声。维尼乌斯直接致信阿姆斯特丹市长维特森，请他将亚速大捷的新闻带给彼得的英雄——英王威廉三世。在君士坦丁堡，这一消息引起了惊惶。在漫长的围城战后，回到本土的土耳其士兵疲惫不堪，他们遭到逮捕，3名军官被处决，献城投降的帕夏为保性命只得逃亡。

亚速之役只是个开始。一些俄国人希望在这场30年来头一遭的大捷过后,彼得能安下心来,像他父亲阿列克谢和哥哥费奥多尔那样平静地统治这个国家。然而他们很快意识到,在沙皇的脑海里,一个个新的方案和想法如气泡般不断往上冒。第一步计划是建立一支远洋舰队。彼得要的不单单是为支援陆地作战或从海上封锁要塞而建造的桨帆船,而是真正的战舰。攻克亚速后,彼得掌握了通往亚速海的唯一入口;但进入黑海本身的通道仍为土耳其人设在刻赤(Kerch)的强力要塞封锁着,这座要塞横跨亚速海与黑海之间的海峡两岸。因此要想用武力夺取刻赤海峡,彼得就必须拥有一支远洋舰队。

莫斯科的凯旋仪式刚刚举行完毕,彼得就将波雅尔杜马的成员召到普列奥布拉任斯科耶,通知他们,自己打算殖民亚速和塔甘罗格,并计划着手建立一支海军。这场具有深远历史意义的会议制定了一连串法令:3000户农家和3000名射击军士兵(连同他们的妻小)被迁离故土,派往亚速充当军事殖民者。2万名乌克兰劳工受到征召,被送往塔甘罗格,建设海军军港。新船要在沃罗涅日制造,当地现有的造船厂将被大大扩建;已完工的船只从那里开出,沿顿河顺流而下。建造新船的责任被分配了下去。所有拥有资助能力的对象——教会、地主和商人都要与国家一起负担造船费用。国家自己负责建造10艘大舰。每名大地主则需承担1艘大舰的造价。每座大修道院也需承担1艘大舰的造价。所有船只从完工、配备人手到装备武器,总工期不得超过18个月。木料由政府提供,但地主或神职人员则需提供其他一切物资:绳索、船帆、火炮、配件。

法令得以严格执行。未能履行义务者将立即被没收财产。当莫斯科及其他城市的商人认为12艘船的摊派未免太过沉重,请求沙皇予以减轻时,他们的配额被增加到了14艘。这些船只通常是在沃罗涅日建造的,地主和商人们并未真正参与到工程中去。他们只是支付必要的费用,并从德意志区雇佣外籍造船师,由这些专业人士负责具体事务。

来自欧洲的造船师开始接踵而至。13名桨帆船专家请求威尼斯总督让他们前往俄国工作;50名来自西方其他国家的船匠抵达莫斯科,随后被送往沃罗涅日。但这些外国人只是造船队伍的骨干而已。要将彼得的展望变为现实,现有的造船工人是远远不够的。况且一旦有新船下水,就必须给它配备许多负责指挥的海军军官,这些工人、军官中至少得有一部分俄国人。1696年11月22日,在海军组建计划公布数周后,彼得宣布,他将派遣超过50名俄国人(大多是俄国最显赫家族的青年子弟)前往西欧学习驾船、导航和造船技术。其中28人被派往威尼斯,研究举世闻名的威尼斯桨帆船;其余人则被遣往荷兰和英国,研究这两个海上强国的巨舰。彼得亲自为他们起草了一份课程纲要:这些俄国学生必须熟悉海图、罗盘和其他航海工具,学习造船技艺,在外国舰只上服役。他们必须以一名普通水手的身份,从底层干起,如果可能,还必须参加海战。在获得一份由外国专家签署、表明该生已熟练掌握相关技术的学业证明之前,所有人一律不准回国。

彼得的命令引发了一片恐慌。这些被选定的贵族青年中,有些是已婚人士——官派海外留学生中年纪最大的彼得·托尔斯泰已经52岁,现在他们必须离开妻小,被送往充满诱惑的西方世界。这些人的双亲担心他们将遭到西方宗教信仰的腐蚀,妻子则担心他们会受到西方女性的诱惑。所有前往海外者都必须自担费用,却无法向国家申请补助,因此他们是在万般无奈之下上路的。这批留学生回到俄国后,没有一个成为赫赫有名的海军将领,但他们在海外的那些年并未虚度。托尔斯泰利用所掌握的西方知识及精通意大利语的能力,在驻君士坦丁堡大使任上干得风生水起。鲍里斯·库拉金成了彼得在西欧的首席大使。尤里·特鲁别茨科伊(Yury Trubetskoy)和德米特里·戈利岑(Dmitry Golitsyn)当上了参政员。戈利岑被看作彼得统治时期全俄最博学的人之一,但这50人只是留学潮的第一波而已。接下来那些年里,将大批俄国年轻人,其中既有平民,也有贵族,派往国外学习海军技术成了惯例。他们带回国的知识,对改变俄国面貌起到了推动作用。

在彼得击败土耳其人后不久,为组建亚速舰队而开展的大规模造船工程,以及将俄国年轻人成批派往国外学习航海技术的举措,均在国内造成了极大震动。但对俄国人而言,接下来还有更让他们吃惊的事情。第一批海军学徒外派两周后,外交部顾问乌克兰采夫发布了一份更具爆炸性的通告:

> 陛下已经做出了一项重大国务决策：向各个邻国——神圣罗马帝国、英国及丹麦王国、罗马教皇国、荷兰联省共和国、勃兰登堡选侯国和威尼斯派遣大使及全权代表。特使团成员有将军、海军上将弗朗西斯·勒福尔，将军费奥多尔·戈洛温及枢密院委员普罗科菲·沃兹尼岑（Prokofy Voznitsyn）。[16]

大特使团（后世如此称呼）的规模超过250人，它的国外之行将持续18个月以上。使团成员不仅有机会亲身研究西方，还能招募一批军官、水手、工程师和造船工匠，用于俄国舰队的组建和人员配备。而西方人也有机会见识到这些远游海外的俄国统治阶级的面貌，并将对他们的印象付诸报道。这份通告颁布后不久，两个几乎令人难以置信的流言迅速传遍了莫斯科：沙皇本人有意随大特使团一起前往西方；他还计划不以一国之主、沙皇、独裁君主的身份，而仅以使团工作人员的身份出行。彼得，这个身高6英尺7英寸的汉子，决定隐姓埋名，开启他的访欧之旅。

第二部分

# 大特使团

# 12

# 前往西欧的大特使团

随大特使团出行是彼得一生中堪称彪炳千秋的两三件事迹之一。这一计划令他的同胞大为震惊。之前从未有过俄国沙皇在和平时期前往海外的事例。曾有几位沙皇冒险穿越边境,为的是围攻一座城市或追击一支敌军,但都不是在和平时期。彼得为什么要去国外?他不在时谁以他的名义管理国事?如果他非去不可,他为何又决定微服出访?

欧洲人同样有着许多类似的疑问,他们之所以提出这些问题,不是因为感到苦恼,而是出于强烈的好奇心。一个遥远的半东方化大国的在位君主,为何要踏上这样一场神秘之旅?他对盛大的迎送仪式和属于君主的荣耀不屑一顾,而选择微服出访,只是为了亲眼看看这个世界,了解这个世界是如何运转的吗?当彼得远赴海外的消息流传开来时,对沙皇出行动机的猜想也甚嚣尘上。一些人相信奥地利政府驻莫斯科代表普雷尔(Pleyer)的观点是对的,普雷尔认为:这个大使团"只是个幌子……沙皇想借这个幌子去国外找点乐子而已,别无深意"。[1] 其他人(例如伏尔泰,他后来把自己的想法付诸笔端)则认为彼得的目的是了解普通人的生活是什么样的,这样当他重新扮演起君主角色时,他就会是个更贤明的皇帝。还有人相信彼得的表态:他这样做是为了履行自己在险些葬身海底时许下的誓言——参拜罗马的圣彼得墓。

事实上,从外交层面来看,派遣使团的做法有着充分的理由。彼得急于重建反土耳其同盟,如果可能,还想强化它。正如他所认为的那样,攻占亚速只是一个开始。他现在想用自己的新舰队夺取刻赤海峡,控制黑海。为了实现这一目标,他需要的不仅是技术和训练有素的人员,还得为自己争取几个值得信赖的盟友,因为俄国无法独自应对奥斯曼帝国。反土耳其同盟的团结性已经受到了威胁。波兰国王扬·索别斯基于1696年6月驾崩，随着他的离世，该国的反土耳其热情消耗殆尽。法国国王路易十四正设法将法国王公送上西班牙和波兰王位，这种野心很可能引发法国与哈布斯堡帝国之间的新一轮战争，哈布斯堡皇帝因此很希望在东面实现和平。为了阻止同盟进一步崩溃，俄国大特使团打算访问各成员国的首都——华沙、维也纳和威尼斯。它还打算出访那几个信奉新教的海上强国的最大城市——阿姆斯特丹和伦敦，以寻求可能的帮助。使团的行程中，只有法国这个土耳其的盟友、奥地利、荷兰和英国的敌人被排除在外。此外，使团打算寻募有能力的造船工人和海军军官，他们要的是凭借功勋而非权势上位的人；他们还计划购置船用火炮、船锚、龙骨墩、绞盘和导航仪器，这些可以在俄国仿造、再生产。

然而，这些事务即便再重要，交给彼得的使臣去办就行了，根本无须沙皇本人出马。那么他为什么还要亲自前去呢？就这个问题而言，最简单的答案似乎是最合理的：他出国的目的是满足自己的求知欲。访问西欧是彼得所受教育的最后一环。彼得自少年时代起就不断从外国人那里汲取知识，这段求学生涯将在西欧之行中达到顶峰。在俄国，那些外国人已将平生所学尽数教授给彼得，但在西欧，他可以学到更多东西，勒福尔一直劝说彼得到那里去。彼得最关心的事是给萌芽中的俄国海军制造新船。他很清楚，世界上最好的造船师生活在荷兰和英国。他想到那些国家去，世界上最优秀的海军舰队和商船队是在那里的造船厂诞生的。他也想到威尼斯去，那里出产的多桨帆船可以用于内海，其质量无可匹敌。

关于彼得的动机，他本人的说法是最权威的。动身前，他为自己制作了一枚印章，上面刻着如下字眼：“我是一个学生，需要被教导。”后来，彼得于1720年为新颁布的《航海条例》（它是为刚刚成立的俄国海军制订的）写了一篇序言。在这篇序言中，他按照先后顺序，讲述了自己早年经历中的一系列事件。

> 他（彼得在自述时用的是第三人称）将所有精力都投入建立舰队上……他在沃罗涅日河上找到了一处适宜建立造船厂的地方，那

里离沃罗涅日镇很近。他从英国和荷兰召来了技艺娴熟的造船工匠。1696年，俄国开始着手进行一项新的事业——建造大型战舰、桨帆船和其他舰只。他想把这门事业所蕴含的技巧介绍给自己的人民，让其在俄国永世长存，因此派了许多贵族到荷兰及其他国家，学习如何造船和驾船；在这件事上，君王不会可耻地落在臣民的后面，他亲自启程前往荷兰；他在阿姆斯特丹的东印度公司码头下船，同其他志愿者一道学习制造军舰，他把一名好木匠所必需的知识学到了手，并运用自己的辛劳和技巧造了一艘新船，把它发动了起来。[2]

关于自己为何要做出隐瞒身份——他下令检查所有从莫斯科发出的邮件，以免泄露自己的计划，即出访西欧的决定，彼得试图在序言中将它说成一种缓冲措施、一种掩饰行为，既是为了自我保护，又是为了能够自由行事。彼得很想出去游历一番，但他痛恨各种各样的仪式和典礼，如果他以在位君主的身份带团出行，那么将不可避免地被这些繁文缛节所淹没。旅行过程中，他选择"隐身"于使团里。通过让贵族来率领使团，他能够确保获得符合这些人身份的招待；通过假装自己并不在场，他让自己获得了自由，不用再把一个又一个钟头浪费在那些令人麻木的仪式上。欢迎使节时，东道主就欢迎了沙皇，与此同时，彼得·米哈伊洛夫①就可以自由出入，想看什么就看什么。

如果说彼得的动机看起来显得狭隘，这18个月的海外之行所带来的影响却可以用博大深远来形容。彼得回到俄国后，决定按照西欧模式重塑本国的面貌。古老的俄罗斯沙皇国与世隔绝、闭门自守已达数世纪之久，如今它将向欧洲大陆伸出双手，朝欧洲大陆敞开门户。从某种意义上说，这一系列历史进程所产生的效果是循环的：西方影响了彼得，沙皇强有力地影响了俄国，而俄国在近代化后的突然崛起又对欧洲产生了新一轮更为猛烈的影响。因此，对这一循环中的三个要素——彼得、俄国和欧洲而言，大特使团事件是一个转折点。

---

① 彼得·米哈伊洛夫（Peter Mikhailov），彼得随团出访时的假身份。——译注

彼得是在1697年春启程访问欧洲的,此时的欧洲正为一个人的权势和荣光所笼罩,他就是法国的"笃信王"(His Most Christian Majesty)路易十四。这个被称为"太阳王"(Sun King)的人物在露天历史剧和艺术作品中将自己打扮成太阳神阿波罗的形象。他光芒四射,照亮了欧洲政治、外交和文明舞台的每一个角落。

从彼得出世,到他去世前10年为止,路易在欧洲的影响力一直无人能敌。要了解欧洲、了解这个俄国正在进入的舞台,就必须先了解这位法国君主。以绝对权力而论,古往今来的君王中能超越路易十四者罕有其人。他的统治长达72年,是法国历史上在位时间最长的统治者,同一时代的法国人认为他是个半神式的人物。宫廷日记作者圣西门(Saint-Simon)写道:"他最微小的动作、他的步伐、他的姿态、他的面部表情都那么有节制,那么恰到好处,那么高贵,那么威严。"[3] 他身上有一股令人无法抗拒的气质。路易手下的一名元帅在入宫接受国王召见时坦承道:"我在陛下的敌人面前都不曾颤抖得如此厉害过。"[4]

尽管路易生而为王,但他之所以能扫清权力之路上的障碍,靠的是自身性格——强烈的自我意识和绝对的自信,而非生理遗传或政治遗产。就身高而言,他甚至在那个时代都算矮小——只有5英尺4英寸。他体格健壮,喜欢穿紧身裤袜,好把自己结实有力的双腿展示出来。他的双眼是棕色的,鼻子细长,呈弓形,嘴巴富有美感,头发为栗色。随着年龄的增长,他在公共场合出现时开始把自己的头发隐藏在长而卷曲的黑色假发下面。他在9岁时受过天花的折磨,双颊和下巴上留下了一层麻点。

路易生于1638年9月5日,是一场23年不育的婚姻结出的第一颗迟到的果实。他父亲路易十三(Louis XIII)在他4岁那年就去世了,把法国王位丢给了还是个小男孩的他。在路易十四的童年时代,统治权掌握在他母亲奥地利的安妮(Anne of Austria)和她的首相(此人可能也是她的情人)枢机主教马萨林(Cardinal Mazarin)手中,后者是伟大的黎塞留(Richelieu)的门徒和继承人。路易9岁那年,法国爆发了被称为"投石党运动"的有限革命。少年国王在革命期间蒙受奇耻大辱,给他的心灵造成了创伤。因此，他在马萨林去世前就决定一切由自己做主，绝不允许哪个臣子像黎塞留控制他父亲和马萨林控制他母亲那样控制他。余生中，路易再也不愿踏上巴黎那狭窄、混乱的街道。

路易一直生活在乡下。登基的头几年，他带着整个宫廷在巴黎郊外的王室大城堡之间来回奔波，但法国的君主（特别是法国的雄主）有修建私人王宫的习惯，他们以此作为彰显个人荣耀的手段。1668年，路易选择在巴黎以西12英里的凡尔赛营建自己的私人王宫，他父亲的狩猎小屋就坐落在这里。当地有一座隆起的沙丘，只比法兰西岛那起伏的林地略高一点，国王命令自己的建筑师勒沃（Le Vau）在这座沙丘上修筑王宫。这项工程持续了多年。3.6万人或在环绕建筑的脚手架上埋头苦干，或在泥土和尘埃中挥汗如雨，他们修砌一座座花园，种下一棵棵树木，安装一根根排水管，立起一座座大理石和青铜雕像。木料和石块盛放在马车和雪橇上，由6000匹马拖曳，运往工地。工程人员的死亡率很高。每晚都有一辆辆马车拉着尸体离开，这些死者要么是从脚手架上跌落，要么是被意外滑落的沉重石块压得粉碎。疟疾在工匠们生活的简陋营房内到处肆虐，每周都要夺走数十人的生命。1682年，当城堡最终落成，世界上最宏大的王宫在路易手中诞生。城堡内没有防御工事——路易将自己的王都设在不设防的乡间开阔地带，以此表明，大权在握的君主不需要壕沟和城墙来保护自己。

宫殿门面长度为0.2英里，门面的后方是一间间巨大的公共画廊、会议室、图书馆、王室成员的私人套房、女眷起居室和一座私人小礼拜堂，此外还有长廊、楼梯、密室和厨房。至于装潢，有人称凡尔赛宫展现了自罗马帝国时代起针对艺术品和雕塑做出的最大一笔炫耀性消费。在整座宫殿里，高高的天花板和巨大的门板上都装饰着各式各样的金制纹章：阿波罗的标志、燃烧的太阳符号，以及这座宏伟宫室的建造者兼占有者的象征。墙壁上覆盖着带图案的天鹅绒、镶嵌着大理石或悬挂着壁毯。窗帘是按季节更换的：冬天是带刺绣的天鹅绒，夏天则是以花朵图案装饰的丝绸。夜里，数千支蜡烛在数百盏枝状玻璃吊灯和银制烛台上闪烁着光芒。房间配有精致的内嵌式家具——以涡卷或花叶图案装饰桌腿的镀金桌子和铺有天鹅绒软垫的宽背椅子。在私人套房内，镶嵌式地板上铺着精美的地毯，墙壁上则挂有巨大的油画，它们出自安德烈亚·德尔·萨尔托（Andrea del Sarto）、提香（Titian）、拉斐尔（Raphael）、鲁本斯（Rubens）和范·戴克之手。路易卧房内悬挂的作品是《蒙娜丽莎》。

花园是由勒诺特尔（Le Notre）设计的，其壮观程度不亚于宫殿。数以百万计的鲜花、灌木和树林以严密的几何精度陈列于绿草萋萋的林荫道、露台、斜坡、楼梯、池塘、湖泊、喷泉和小瀑布之间。拥有1500个喷口的喷泉向外喷射着来自八角形湖泊的水流，它们是且至今仍是全世界羡慕的对象。修剪过的小小树篱卷曲成华丽的造型，将鲜花按照颜色和特征逐一分隔开来，许多花儿一日一换。国王尤为钟爱郁金香，每年（当他和荷兰不打仗的时候）都从荷兰的苗圃进口400万个郁金香球茎。因此一到春天，凡尔赛宫就变成了鲜红色和明黄色的海洋。路易对橘树也情有独钟，所以勒诺特尔布置了一片巨大的橘园，将种在户外的橘树高度调低，以使其免受风吹。即便如此，路易仍不满足，他将自己的一些橘树移到户内，栽入银桶，让它们成为自己私室的窗边一景。

站在宫殿西面镜厅（Galeries des Glaces）的高窗旁，国王可以俯瞰下方的景色。这道由绿草、石块和水池构成并以雕塑为饰的漫长风景一直延伸到大运河（Grand Canal）处。运河水体被设计成巨大的十字形，长度超过1英里。它是国王的泛舟之地。夏夜里，宫廷全体成员登上威尼斯总督赠送的贡多拉，在漫漫星空之下漂浮着，一连几个钟头。与此同时，吕利[①]与宫廷管弦乐队搭乘的木筏紧紧跟随，夜空中充满了音乐。

凡尔赛宫是欧洲最富有、最强大帝王的霸业、财富、权力和王权的象征。在欧洲大陆的各个角落，君主们，连那些同法国交战的君主也不例外，效仿路易，修建自己的宫殿，以此记录对路易的友谊、嫉妒和蔑视。他们每个人都想要一座属于自己的凡尔赛宫，也都要求自己的建筑师和工匠模仿路易的杰作，创造宫殿、花园、家具、挂毯、地毯、银器、玻璃器皿和瓷器。在凡尔赛宫的刺激下，一座座建筑在维也纳、波茨坦（Potsdam）、德累斯顿（Dresden）、汉普顿宫（Hampton Court）和日后

---

① 吕利（Lully），法籍意裔作曲家。——译注

的圣彼得堡拔地而起,并得到精心装饰。就连华盛顿特区(Washington, D.C.)的长长街道和庄严的林荫大道——它们是在一个多世纪后出现的,也是一名法国建筑师仿照凡尔赛宫按几何原理设计的。

路易喜欢凡尔赛宫,当有贵客来访时,这位国王会亲自引领他们穿过宫殿和花园。但这座宫殿远不只是欧洲最豪华的行乐之所,它还有着严肃的政治目的。这位国王的哲学是建立在君主绝对集权基础上的,凡尔赛宫成了他的集权工具。这座宏大的宫殿使法国国王得以将法国的显贵之家统统召来,让他们定居于此。全法国的王公贵族如同被一块巨大的磁石吸引,一齐涌入凡尔赛宫。这个国家的其余部分——这些古老家族的领头人在那里拥有土地、遗产、权力和责任则被遗弃和忽视了。在凡尔赛宫,在这片位于他们权力范围以外的地方,法国贵族成了国王的装饰品,而非他的竞争对手。

路易将贵族召集到自己身边,等他们来到这里后,他并没有把他们丢弃到孤寂与沉闷中。在太阳王的主持下,凡尔赛宫内热火朝天。纷繁复杂的宫廷礼仪和绚丽灿烂的娱乐表演源源不断,从旭日东升到夜幕降临,每个人都忙得不可开交。宫中事无巨细,处处彰显以国王为中心的观念。他的寝室位于宫殿正中央,向东可以看到大理石庭院(Cours de Marbre)。早上8点,御床的帐幕被拉到一边,路易被人叫醒:"陛下,时间到了。"于是国王就露面了。起床后,他用玫瑰香水和酒精擦拭身体,修面,穿衣,这一切都是在最走运的臣子们的注视下完成的。公爵们帮他脱去衬衫式的长睡衣,穿上裤子。廷臣们则吵着要为国王拿衬衣。他们推来挤去,争夺给国王送上"中间有个洞的御椅"①的特权。而后,在国王解决日常生理需要时,他们一齐聚集在他的周围。当国王对着神父祷告与进食时,他的房间内挤满了人。当国王在宫殿中穿行、在花园里四处漫步、前往剧院、骑马遛猎犬时,他们跟在他的身后。宫廷礼仪决定谁有权在国王在场时坐着,以及坐在靠背椅上还是凳子上。路易十四王气逼人,就连他的饭菜被人端上来时,廷臣们都会摘下帽子,恭恭敬敬地一躬到底,谦恭地说

---

① chaise percee,实为恭凳。——译注

"La viande du roi"("这是陛下的御膳")。

路易喜欢打猎。每逢天气晴朗的日子,他都会骑上马,手持剑或长矛,让一群狂吠不已的猎犬给自己打头阵,而后穿过森林,搜寻野猪或雄鹿。每天晚上,凡尔赛宫内都有音乐、舞蹈和赌博。每个星期六夜里都有一场舞会。宫中经常举办化装舞会及为期3天的精美节庆典礼,届时全体宫廷人员会把自己打扮成罗马人、波斯人、土耳其人或印第安人的样子。凡尔赛宫的酒宴规模惊人。路易食用两人份的饭食。普法尔茨郡主记载道:"我经常看到国王享用四盘不同的汤、一整只山鸡、一只鹧鸪、一大盘沙拉、两片厚厚的火腿、一盘用大蒜酱调味的羊肉、满满一盘油酥点心,而后还有水果和煮得很老的鸡蛋。"[5] 国王和"殿下"(路易的弟弟)都格外钟爱老鸡蛋。国王的孙辈后来学会了上流社会的新吃法——用叉子就餐。但当国王邀请他们赴宴时,路易不但自己不用餐具,也禁止他们使用餐具,他声称:"除了刀子和手指,我这辈子都不曾用过任何其他餐具。"[6]

爱之节是凡尔赛宫的重要节日。偌大的宫殿拥有无数可供溜进去的房间、可供躲藏的十字形林荫道和雕像,为节日活动提供了一座华丽的舞台。在这项活动中,国王一如既往地扮演主导角色。路易的妻子玛丽亚·特蕾莎(Maria Theresa)是以西班牙公主的身份嫁给路易的,她是个天真烂漫的人,有着一双大大的蓝眼睛。这位身边围着6名侏儒的公主连做的梦都是与西班牙有关的内容。她活着的时候,路易一直恪守丈夫的职责,每天晚上,他最终都会与她同床共枕。他忠实地保持着每月两次的性爱频率。宫中对国王与王后的行房日期一直了如指掌,因为王后会在第二天满脸赤红地前去忏悔。但王后满足不了路易,他是个性欲亢奋的人,总想和身边的任何一个女人上床,从不停止对她们的追逐。"国王是很少因自己的欲望得不到满足而长吁短叹的。"[7] 廷臣比西-拉比旦(Bussy-Rabutin)写道,但没有记录表明路易曾遭到严词拒绝。与之相反,宫中到处都是漂亮女人,她们大多已为人妇,却仍富有野心,到处炫耀自己可以任君王采撷。先后有3名女子——路易丝·德·拉瓦利埃(Louise de La Valliere)、德·蒙特斯庞夫人(Madame de Montespan)和德·方当诗小姐（Mademoiselle de Fontanges）——被封为Maîtresse en Titre（有名分的王室情妇），这些女人只是冰山一角而已，但路易同德·蒙特斯庞陷入热恋之中，这段爱情持续了12年，诞下了7个结晶。没人对这些安排感到困扰，不过德·蒙特斯庞侯爵也许是个例外，出于妒意，他小题大做，因此惹怒了国王。那些年里，他一直将自己的妻子称作"已故的德·蒙特斯庞夫人"。

不论是谁，一旦被国王看中，她在宫中就会受到礼遇。当一名新情妇走进国王的房间时，法国就又多了一位女公爵。1673年，当路易奔赴战场时，他将王后、路易丝·德·拉瓦利埃和德·蒙特斯庞夫人（当时她已怀孕许久，肚子高高凸起）一齐带在身边。3位女士乘坐同一辆马车，慢吞吞地跟在军队身后。在战场上，路易的军帐是用中国丝绸制作的，拥有6个房间，包括3间卧室。战争对太阳王而言，并不完全是地狱。

即使在法国，也不是所有人都觉得路易是个既和蔼又威严的君主。有些人认为他根本不去顾及他人的感受：他乘马车出行，行程长达五六小时。而他坚持要求女士们与他同行，即使她们正怀着孕。上路后，他根本不允许她们中途停车解手。他似乎对普罗大众漠不关心：谁要是试图向他提意见，认为他的战争正导致民众陷入贫困之中，国王就会把这个人视为无礼之辈，将他从自己面前撵走。他是个严厉的人，也会做出很残忍的事：在"毒杀事件"（许多宫中要人于近日丧命，有说法称这些人是被毒死的，并暗示这是一场阴谋，目的是谋害国王的性命）发生后，36名被告遭到拷打，并被烧死在火刑柱上，还有81名男女被终身锁于法国地牢的底层。看守他们的狱卒接到命令：一旦他们开口说话，就用鞭子抽打他们。铁面人（Man in the Iron Mask）的故事在宫中私下流传，此人被终身囚禁在一间单人牢房内，身份只有国王知道。

在法国以外的欧洲地区，很少有人认为光芒四射的太阳王是什么大好人。对欧洲新教徒而言，路易是一名咄咄逼人、野蛮残忍的天主教暴君。

法国军队是路易征战四方的工具。这支由卢瓦（Louvois）组建的军队在和平时期规模为15万人，在战时规模则为40万人。它的骑兵身穿蓝色制服，步兵身穿淡红色制服，王室禁卫军——著名的"国王卫队"

（Maison du Roi）的服饰颜色则是猩红色。由法国名帅孔代（Conde）、蒂雷纳（Turenne）、旺多姆（Vendome）、塔拉尔（Tallard）和维拉尔（Villars）统领的法国军队是全欧洲羡慕的对象，也是欧洲的威胁。路易本人并不是一名战士。尽管国王在年轻时曾走上战场，在马背上的风姿耀眼迷人——身着闪亮的胸甲，披上天鹅绒斗篷，头戴带羽饰的三角帽，但并没有真正参与到战斗中去。然而在战略细节和军事管理方面，国王变成了不折不扣的专家。卢瓦死后，国王接替了他的位置，自任陆军大臣。他与元帅们讨论大战略方针，负责后勤物资的筹集、新兵征募、训练、分配，以及情报收集工作。

在这个徐徐展开的世纪里，太阳王的威名和法兰西的力量、荣耀与日俱增。凡尔赛宫的宏伟壮观激起了全世界的羡慕和嫉妒。法国军队是欧洲最好的军队。法语成了欧洲外交场、社会和文学作品的通用语言。只要一道敕令上出现了细长而潦草的太阳王签名"路易"，那么似乎就没有它办不到的事。

在大特使团出访的年代，俄国与西方之间的差距，似乎远远大于他们在远洋轮船或先进军事技术方面差距的任一可估量值。在西方人看来，俄国是黑暗而中世纪的，他们对俄国人在建筑学、圣像画、宗教音乐和民间艺术方面的光荣成就一无所知，也不想去了解，或是抱有轻蔑的态度。反之，在俄国人看来，至少是在受过良好教育的俄国人看来，17世纪末的欧洲是个有着灿烂文明的现代化社会。他们不仅远渡重洋，探索新大陆，也在科学、音乐、艺术和文学领域开辟了一片片"新大陆"。他们发明新设备，以满足人类的实际需求。时至今日，许多发明已经成为现代人不可或缺的珍宝——望远镜、显微镜、体温计、气压计、罗盘、钟表、香槟酒、蜡烛、路灯，以及茶和咖啡的推广，这一切都是在那个时代问世的。那些幸运的人们已经听过珀塞尔（Purcell）、吕利、库伯兰（Couperin）和科雷利（Corelli）的音乐，不用几年，他们就又能欣赏到维瓦尔第（Vivaldi）、特勒曼（Telemann）、拉莫（Rameau）、亨德尔（Handel）、巴赫（Bach）、斯卡拉蒂（Scarlatti）的作品（后3位艺术家均生于同一年——1685年）。在宫廷和贵族的舞厅内，绅士们和女士们跳着加伏特舞和小步舞。法国的3位不朽剧作家莫里哀（Moliere）、高乃依（Corneille）和拉辛（Racine）对人性的弱点了如指掌，当他们的作品在凡尔赛宫、在他们的王室赞助者面前首演后，很快就以舞台剧和文学读物的形式传遍欧洲的每个角落。英国人则对文人托马斯·霍布斯（Thomas Hobbes）、约翰·洛克（John Locke）、塞缪尔·佩皮斯（Samuel Pepys）、约翰·伊夫林（John Evelyn）、诗人约翰·德莱顿（John Dryden）、安德鲁·马维尔（Andrew Marvell），以及（最受他们喜爱的）约翰·弥尔顿（John Milton）的作品迷恋有加。在绘画艺术方面，17世纪中期的巨匠——伦勃朗（Rembrandt）、鲁本斯、范·戴克、维米尔（Vermeer）、弗兰斯·哈尔斯（Frans Hals）和委拉斯凯兹（Velasquez），大多已不在人世，但法国的贵人和贵妇仍有米尼亚尔（Mignard）、里戈（Rigaud）为他们绘制肖像画，伦敦的贵人和贵妇则享受着戈弗雷·内勒（Godfrey Kneller）爵士的服务，内勒是伦勃朗的学生，曾描绘过10位在位君主的肖像，包括年轻的彼得大帝。

欧洲的科学家已经不用再向宗教学说卑躬屈膝了，他们在图书馆和实验室内获得了突飞猛进的成果，他们凭借观测到的事实推导结论，对任何可能被视为异端邪说的结果都毫不退缩。笛卡尔（Descartes）、波义耳（Boyle）和列文虎克（Leeuwenhoek）撰写了多篇科学著作，内容有解析几何，气体体积、压强和密度之间的关系，透过300倍显微镜看到的令人惊讶的世界。这些极具独创性的智者是多才多艺的人物，例如，发现微积分的戈特弗里德·冯·莱布尼茨（Gottfried von Leibniz）也梦想着为一个全新的社会制订有关社会发展和政治体制的蓝图。在之后的多年时光里，他将一直缠着俄国的彼得大帝，希望沙皇能恩准他将俄罗斯帝国作为尝试自己想法的巨大实验室。

那个年代最伟大的科学家是艾萨克·牛顿（Isaac Newton）。这位同时涉猎数学、物理学、天文学、光学、化学、植物学的智者生于1642年，曾代表剑桥大学出任议会成员，并于1705年获得骑士头衔。彼得是在他55岁那年来到英国的。牛顿最伟大的著作——气势磅礴的《数学原理》(Principia Mathematica)系统地阐述了万有引力法则。当这部巨著于1687年出版时,作者已经取得了更高的成就。牛顿的著作被阿尔伯特·爱因斯坦(Albert Einstein)评价为"对西方思想、研究和实践进程的影响达到前无古人、后无来者的地步"。[8]

也正是基于这样的探索热情,其他17世纪的欧洲人踏上了远渡重洋,在世界各地探索、殖民的道路。南美洲的绝大部分及北美洲的大部分为西班牙所统治。英国和葡萄牙殖民地在印度建立了起来。6个欧洲国家的旗帜飘扬在非洲殖民地上,就连不太具备殖民能力的非海洋国家勃兰登堡也在黄金海岸建立了一块殖民地。在这些新探索的区域中,最具发展潜力的是北美洲东部,两个欧洲国家——法国和英国,在这里建立了属于自己的殖民帝国。法国的地盘要大得多:他们从魁北克(Quebec)和蒙特利尔(Montreal)穿过五大湖区(Great Lakes),进入今天美国的腹心地带。1672年,即彼得诞生那年,雅克·马凯特(Jacques Marquette)勘察了芝加哥周边地区。一年后,他和路易斯·若列(Louis Jolliet)神父乘坐独木舟从密西西比河下行,远至阿肯色(Arkansas)地区。1686年,当彼得正泛舟亚乌扎河上时,西厄尔·德·拉萨尔(Sieur de La Salle)宣布整个密西西比河流域均属法国所有。1699年,为纪念路易十四,位于密西西比河河口的土地被命名为路易斯安那(Louisiana)。

英国殖民地散布于大西洋沿岸,从马萨诸塞(Massachusetts)一直延伸到佐治亚(Georgia),这些殖民地更为紧凑、人口更为密集,因此在艰难时期表现得也更为坚强。荷属新尼德兰(New Netherlands),包括今天的纽约和新泽西地区,及位于今特拉华州(Delaware)威明顿(Wilmington)附近的新瑞典(New Sweden)殖民地,在17世纪60年代及70年代的英荷战争期间双双成为英国的战利品,落入英国人之手。到了彼得的大特使团出访的年代,纽约、费城(Philadelphia)和波士顿(Boston)均已成为人口超过3万的大型市镇。

放眼全球,绝大部分人都居住在陆地上。陆地生活史就是一部为生存而斗争的历史。木柴、风、水,以及人力和畜力都是能量来源。大多数男男女女谈论的无非田间地头之事和本乡本土的家长里短,至于其他地方发生了些什么，他们既看不到，也不感兴趣。当太阳落山，整个世界——平原、山区、河谷、城市、小镇和乡村都陷入一片黑暗。在某个地方可能会生起一堆火或点起一支蜡烛，但大部分人类活动均已停止，人们躺下睡觉。他们凝视着黑暗，或用心中希望温暖自己，或与内心深处的绝望做着斗争，随后他们进入梦乡，为迎接新一天的到来而养精蓄锐。

人生时常是艰难而短暂的。一般情况下，富人可以活到50岁，穷人则根本活不了那么久，某些地方的人均寿命在30至40岁之间。初生的婴儿中只有一半能挨过襁褓之年，而帝王家的情形并不比农民家更好。路易十四和王后玛丽亚·特蕾莎所生的5个孩子中，只有王太子（Dauphin）活了下来。英国的安妮女王极其想留个后嗣，前后生育16次，但这些孩子没有一个活过10岁。彼得大帝和他的第二任妻子叶卡捷琳娜生了12个孩子，但只有2个女孩——安妮和伊丽莎白活到了成年。就连太阳王也在14个月内失掉了自己唯一的儿子、长孙和曾长孙，他们都可能成为法国国王，却死于麻疹。

实际上，17世纪的欧洲人口下降了。据估计，1648年欧洲人口为1亿1800万；到了1713年，这个数字已经下降到1亿零200万。导致人口下降的元凶是定期蹂躏欧洲的瘟疫和传染病。寄生在老鼠皮毛上的跳蚤引发的瘟疫横扫整座城市，留下一地人类尸体。1665年，伦敦有10万人死去；9年前在那不勒斯（Naples），13万人染病身亡。1710—1711年，瘟疫致使斯德哥尔摩失去了1/3的人口。1720—1721年，它又消灭了马赛的半数居民。作物歉收及随之而来的饥馑也是夺走成千上万人性命的凶手。一些人直接死于饥饿，但大多数人是疾病的牺牲品：营养不良导致人体抵抗力下降，这样疾病就更容易入侵。恶劣的公共卫生条件亦是导致许多人死亡的原因所在。虱子携带的斑疹伤寒、蚊子携带的疟疾，以及街道上堆积如山的马粪引来的苍蝇导致的伤寒和小儿腹泻将数千儿童送上黄泉路。天花几乎成了全民疾病，一些人死去，一些人存活下来，幸存者的脸上和身上会布满疾病的痕迹——深深的麻点。路易十四的深色面庞就被天花毁伤过，瑞典国王卡尔十二世的俊脸也曾遭此厄运。直到1721年，拜疫苗接种技术所赐，这种可怕的疾病才在一定程度上得到控制。当时，威尔士王妃勇敢地进行了接种，她的决定鼓舞了其他人的勇气，甚至还让接种成为一种时尚。

走进17世纪这个光芒四射、充满活力又多灾多病的近代世界后，那几个出访海外的俄国人有一种眼花缭乱的感觉，如同黑暗中的生物被人引导着进入光明。他们对自己看到的大部分东西都难以置信或难以认同。毫无疑问，外国人是一群异教徒，同他们打交道有可能玷污自己；事实上，同外国政府建立关系的整个过程充其量就是一种必要之恶。在接待常驻莫斯科的外国使团一事上，俄国政府一直抱有不情愿的态度。这类使团只会"给俄罗斯沙皇国带来伤害，并让我国卷入同其他国家的纠纷中"，沙皇阿列克谢手下的一名重臣解释到。这种轻蔑与不信任感还左右着俄国政府对待派遣本国使团前往海外一事的态度。在迫不得已的情况下，俄国外交团才会踏上前往西方的道路。即便如此，这类使团往往并不清楚异邦的情况，他们对欧洲的政治或文化知之甚少，也只会讲俄语。他们对自己的不足很是敏感，为了掩饰，俄国使臣对礼仪、头衔和称谓问题格外上心。他们要求外国政府允许自己将沙皇的信件统统交到外国君主手中。此外，他们要求外国君主在接见他们的时候，不但必须以正式的口吻问候沙皇的健康，且还须在问候时起身脱帽。毋庸置疑，这种礼节是无法引起路易十四多少好感的，甚至对那些分量更轻的欧洲君主也一样。当不悦的东道主建议俄国使节入乡随俗时，俄国人冷冷地答道："他国之礼非我等效仿对象。"

除了无知与傲慢，俄国使团的自由处置权也受到了严格限制。在协商谈判时，使团成员除非有预知能力，并事先得到上级的指示，否则对任何事都做不了主。一旦出现新情况，即使是最微不足道的小事，他们也必须获得莫斯科方面的正式批准，尽管这样一来，他们就要花上几个星期等待信差来回。因此，当一个俄国使团即将来访时，没有几个国家会表示欢迎，而那些被派去接待这群莫斯科访客的外国官员也都觉得自己倒了八辈子霉。

类似的冲突曾在1687年上演过一次，当时摄政者索菲亚派公爵雅各布·多尔戈鲁基和一个俄国使团前往荷兰、法国和西班牙。他们在荷兰得到了很好的接待。但到了法国，一切都被搞得一团糟。一名信差被预先派往巴黎，通知使团即将抵达的消息，但他只肯将这一信息告知国王本人。无论是外交大臣还是其他人都没能让这个固执的俄国人改变心意，结果在巴黎的任何人拆开信并阅读之前，他就被遣送回去了。即便如此，使团离开荷兰后，仍接着前往法国。在抵达法国边境城市敦刻尔克（Dunkirk）时，使团成员的所有行李都被海关人员贴上了封条，他们解释说，当使团抵达巴黎时，更高级别的官员就会立刻开封、检查行李，而后放行。俄国人答应保证封印得完好，但是行抵巴黎郊区的圣但尼（Saint-Denis）时，他们拆掉了封条，打开行李，然后将里面的东西——大多为贵重的俄国毛皮摊开放在桌子上出售。法国商人从四面八方蜂拥而至，使团生意热火朝天。大惊失色的法国宫廷官员后来嗤之以鼻地表示，这些俄国人忘掉了"自己是身份尊贵的大使，干起了零售商人的勾当来，他们更感兴趣的是利润和私利，而不是他们主子的名誉"。①9

使节们在凡尔赛宫受到了国王接见，一切都很顺利，直到另一名海关官员来检查行李。当俄国人拒绝接受检查时，警察来了，跟着一起到来的还有几名锁匠。被激怒的俄国人高声辱骂法方人员，一名使节还当真拔出刀来，于是法国人撤退了，并将此事奏报国王。路易愤怒地命令这些俄国人离开法国，并让他们将两位沙皇送给他的礼物带回去。使团成员拒绝离开，除非国王再接见他们一次，法国官员将他们所居馆舍内的家具统统搬走，并切断了食物供应。不到一天时间，俄国人就屈服了，恳求国王接见他们一次，并声称如果没见到国王就回莫斯科，他们就得等着掉脑袋。这

---

① 这群俄国使节之所以明目张胆地干出这种厚颜无耻的行径，是本国政府安排的结果，而这种安排对于任何一个远赴海外的俄国外交使团都是常态。俄国政府发给使节的薪水非常少，或者干脆不发薪水，而以商品来取代，主要是在欧洲极有市场的毛皮。他们希望用出售毛皮所得来支付自己的开销、冲抵自己的酬劳。由于这些毛皮实际上等同于俄国外交官的薪俸，他们自然非常希望能在不纳税的情况下让行李通关。

一次，俄国人变得恭顺起来，答应只要路易接见他们，就让自己的行李接受检查，并同级别更低的法方代表谈判。两天后，国王邀请他们前往凡尔赛宫赴宴，并亲自带领他们参观花园和喷泉。使团成员为之倾倒，以至于不愿离开，并开始编出种种富有想象力的理由来延长逗留时间。但他们一回国就开始高声抱怨自己在巴黎所遭受的待遇，俄国人对这次外交纠纷的愤怒，在部分程度上导致了日后俄法关系的不睦。再加上法国支持土耳其——1712年之前，俄国至少在名义上与该国处于交战状态，彼得因此决定，太阳王去世前他都不会前往巴黎。因此，当大特使团为动身做准备时，它并未将拜访西欧最伟大帝王一事列入计划。那个时代的两大雄主——彼得与路易就此永远失去了当面对话的机会，这对两国历史和传奇故事而言实为憾事。

# 13

# "靠语言是无法形容他的"

彼得任命勒福尔为大特使团团长（为大使级），后者如今挂着诺夫哥罗德总督及海军上将头衔。与勒福尔同行的两名使节——西伯利亚总督费奥多尔·戈洛温和博尔霍夫（Bolkhov）省长普罗科菲·沃兹尼岑都是俄国人。戈洛温是俄国首批职业外交人员之一。37岁那年，他代表索菲亚政府同中国协商签订了《涅尔琴斯克条约》。彼得掌权后，他成了彼得最亲密的伙伴和最得力的仆人。外交事务交到了他手中，他最终被授予海军上将头衔。1702年，他被封为神圣罗马帝国伯爵，并成为彼得政府事实上的首相。沃兹尼岑同样是一名有经验的外交人员，曾经出使君士坦丁堡、波斯、威尼斯和波兰。

被选出来护送使节的有20名贵族和35名年轻的俄国"志愿者"，与几个月前的那些派遣者一样，即将前往英国、荷兰和威尼斯学习造船、导航和其他航海科学。这批贵族和"志愿者"中的许多人是彼得的伙伴，曾与彼得一道在普列奥布拉任斯科耶玩乐，一道在佩列斯拉夫造船，一道拜访阿尔汉格尔，一道参加亚速战役。其中有两个引人注目的人物：彼得的儿时好友安德烈·马特维耶夫和年轻而急躁的亚历山大·缅什科夫。此外，一批管家、神父、秘书、通译、乐师（包括6名号手）、歌手、厨子、马车夫、70名士兵和4名侏儒亦随同大特使团出行。如此一来，使团总人数就超过了250人。这支队伍中夹杂着一个高大、棕发、黑眼、右脸长着一颗疣子的年轻人，其他人简单地称他为彼得·米哈伊洛夫。倘若使团成员用别的名字来称呼他，导致他的沙皇身份暴露，或者甚至提及沙皇本人就在这个使团中，此人就会被处以死刑。

彼得组建了一个三人摄政议事会，它将在彼得出国期间负责治理国事。头两名成员是彼得的舅舅列夫·纳雷什金和鲍里斯·戈利岑公爵，他们都是忠实、可靠的长者。他们在彼得被放逐到普列奥布拉任斯科耶期间曾为他母亲出谋划策，在彼得一党与索菲亚产生最终危机时期也指点过该党的行动。第三位摄政者是彼得·普罗佐罗夫斯基公爵，沙皇的司库。他身患怪病，拒绝触碰他人的手，甚至不愿开门，以免弄脏自己。公爵费奥多尔·罗莫达诺夫斯基名义上服从这三人，但事实上，彼得不在国内的时候，他才是俄国真正的统治者。罗莫达诺夫斯基是莫斯科总督，指挥着近卫军的4个团，在"快活帮"中扮演沙皇的角色。他被授予一应民事及军事事务的最高管辖权，肩负着维持秩序的职责。沙皇给他下达了严厉的指令：一旦出现任何不满或反叛的苗头，就必须以最严厉的手段应对。成功地指挥了亚速远征的阿列克谢·沙因总司令留镇亚速。鲍里斯·舍列梅捷夫此时正在对罗马进行为期3年的私人访问，第聂伯河边境的防务由雅各布·多尔戈鲁基接替。

使团出发前夕，彼得满心欢喜地在勒福尔的官邸设宴庆祝，此时一个信使带来了令人不安的消息。正如戈登在日记中所写的那样："一个愉快的夜晚被一起意外事件毁掉了：有人想造陛下的反，结果事情败露。"[1] 包括射击军团长伊凡·齐克列勒和2名波雅尔在内的3人被捕，并被控以谋害彼得之罪。证据很单薄。齐克列勒是第一批赶往圣三一大修道院、决心与彼得命运相连的索菲亚手下军官之一。他本以为这次改换门庭可以给自己带来丰厚的犒赏，结果却令他大失所望：如今他即将被派去戍守亚速。牢骚满腹之余，他可能将不满情绪表露得太过公开。2名卷入此事的波雅尔则都是心直口快之人，他们的观点在当时愈演愈烈的批判风潮中具有代表性，这股风潮针对的是彼得的治国风格、方针：沙皇已经抛弃了他的妻子，也抛弃了克里姆林宫；他与德意志区的外国人保持着可耻的关系；他在庆祝亚速大捷的阅兵游行中走在瑞士人勒福尔的马车后面，令皇室尊严扫地。如今他又要把他们丢下，与那帮外国人一起跑到西方去待上好一阵子。

不幸的是，他们的怨言触到了彼得的敏感神经：射击军再一次卷入反叛阴谋中去。他对这些人的恐惧与憎恶喷涌而出。3人在红场被残忍处决：他们先是被人用斧头砍去双臂和双腿，然后被斩首。此外彼得担心，这几个人对自己唱反调的做法，或许只是米洛斯拉夫斯基家族企图夺回权力的前奏。在这种恐惧心理的驱使下，他干了件耸人听闻的事，借此羞辱这个家族。去世十四年的伊凡·米洛斯拉夫斯基的棺材被放到一具雪橇上，雪橇则被套在一群猪身上，拉进红场。在那里，棺木在断头台的下方被打开，好让那几个刚被处死的人的血洒落到尸体脸上。

这野蛮的一幕在莫斯科上演5天后，大特使团开始了研习西方文明、技术之旅。1697年3月20日，由一长列雪橇和行李车辆组成的使团启程前往诺夫哥罗德和普斯科夫。巨大的两轮货车内载着用丝绸和锦缎制成、缝有珠宝的华丽服装，以供勒福尔和其他使节在正式的朝见场合穿戴。车上也有一大批黑貂皮，用来在金银、阿姆斯特丹发行的纸币都不够时支付开销，还携带了数量巨大的蜂蜜、鲑鱼、其他烟熏鱼和彼得的私人用鼓。

越过俄国边境后，大特使团进入瑞典控制的波罗的海省份利沃尼亚（它的疆域大体相当于今天的拉脱维亚）。不幸的是，瑞典的里加总督埃里克·达尔贝里（Eric Dahlberg）对这样一支庞大的队伍，特别是那位藏身其中的尊贵访客的到来完全没有准备。俄国的普斯科夫——距边境最近的俄国城镇，总督对此须负部分责任。他已奉命安排，但他在给达尔贝里写信时要么没有提到到访使团的规模，要么——这一点更为重要，忘了提到某位令人敬畏的人士随团而行的事。达尔贝里用一封正式的欢迎信作为回复，声称自己将本着"睦邻友好的态度"来尽其所能，但他指出，由于作物严重歉收，各省正处于饥馑边缘，自己不得不在欢迎会的规格上有所节制。更糟糕的是，除了没有做好事先通知，瑞典方面还闹了个"乌龙"。达尔贝里派了几辆马车，在一队骑兵的护卫下前往边境，准备按照本国的外交风格将沙皇使团接到里加去，但由于包括彼得在内的使团重要成员走在大部队前头，他们错过了这次迎接。就在里加城外，当马车和护卫部队最终追上了使节们时，瑞典方面举办了第二场欢迎会，还举行了一场阅兵式作为补偿。

如果意外事故只此一次，且彼得能像计划的那样迅速通过里加、横渡德维纳河①,那么万事可能依旧皆大欢喜。但他是在早春时节到来的,此时从里加城墙下流过的河流正在解冻。河上没有桥梁,河内漂浮的巨大冰块令乘船渡河成了件不可能的事。一连7天,彼得和俄国使团都不得不待在城内,等着冰块融化。

尽管焦躁不安的彼得恨不能立即启程,但他最初还是为瑞典人对使团的尊敬之举感到高兴。每当他们进出卫城的时候,24门火炮就会鸣响,以表敬意。

利沃尼亚的首府里加是一座信奉新教的波罗的海城市,这里由又高又细的教堂尖顶、带山形墙的屋顶、铺着鹅卵石的街道,以及生意兴隆的个体商户构成,与相距不远的普斯科夫和俄国其他城市大不相同。里加也是瑞典人构筑的波罗的海帝国的要塞和强力锚地。正是抱着这样的想法,瑞典东道主们才对这群俄国访客——特别是满心好奇的24岁沙皇的存在感到紧张不安。果然不出瑞典人所料,彼得决意要把这座城市的防御工事好好研究一番。里加是一座现代化的要塞,瑞典军事工程师慎重地将它建在最新设立的西部边境线上。包括克里姆林宫在内的所有俄国要塞,以及曾横亘在彼得面前并已被他攻克的亚速城,都是纯粹由城墙和塔楼构成的老式堡垒。就其本身而言,里加比这些要塞坚固得多,因而也激起了彼得更大的兴趣。这里矗立着以石料为墙面的棱堡和用木栅围起的外护墙,它们都是以法国要塞专家沃邦(Vauban)的作品为模板修建的。对彼得而言,这是一次珍贵的机会,他打算充分加以利用。他攀越城墙,用铅笔绘制草图,测量护城壕的深度和宽度,研究安放在炮眼上的大炮的射角。

彼得觉得自己的做法就是一个学生在抽象研究一座现代要塞,但瑞典人的看法有些不同,这是可以理解的。对他们而言,彼得是一位君主,也是一名军事指挥官。仅仅40年前,他父亲的军队还围攻过这座城市。彼得以一丝不苟的态度审视和测量这座要塞,而它却是专为保护城市免受俄国人进攻、阻止俄国渗透波罗的海沿岸地区而修建的。因此,看到这个高

---

① 阿尔汉格尔的那条流入白海的河流亦名为"德维纳河",阿尔汉格尔的德维纳河通常被称为"北德维纳河",里加的德维纳河则被称为"西德维纳河"。

个儿年轻人立于他们的城墙之上，用速写本和卷尺忙忙碌碌，瑞典人紧张不安。此外，彼得用的是化名，因而引来了麻烦。一天，一个瑞典哨兵注意到这个外国人正在将城防工事的细节临摹到一本笔记本上，便命令他走开。彼得没有搭理哨兵，坚定地继续着自己的工作。瑞典士兵举起滑膛枪，威胁要开火。彼得被激怒了，倒不是认为哨兵的做法是对贵人的侮辱，而是觉得违背了待客之道。勒福尔以特命全权大使的身份向达尔贝里抗议。无论瑞典总督本人对这一侦察本城工事的行为持何种看法，他还是向大使致歉，并保证哨兵无意冒犯。勒福尔接受了达尔贝里的解释，并同意那个士兵不应为恪守职责而受到惩罚。

尽管如此，瑞典东道主与俄国宾客之间的关系仍在继续恶化。达尔贝里处于一个为难的境地。俄国大特使团并没有得到前往瑞典宫廷的官方许可。此外，沙皇明明就在使团队伍中，他却不愿承认，这引发了棘手的礼仪问题。因此，达尔贝里表面上彬彬有礼地履行着那些在接待邻国君主的重要使节时必不可少的外交礼仪，他所做的却也仅有这些。他根本不打算好好招待他们：他既没有举办宴会，也没有安排烟火表演和那类彼得喜爱的娱乐表演。这名严厉、冷酷的瑞典指挥官彻底抽身，在俄国人看来，他似乎怠慢了他们。另外，由于大特使团并非以瑞典为目的地，只是途经瑞典而已，因此东道国亦无须遵循外交惯例，承担访问团的一应开支。食宿、马匹和草料方面的费用均由俄国人自行负担。为此，使节们付出了沉重的代价，原因在于当时正值饥荒，里加的商人也打算尽可能在这些外来客身上狠赚一笔。

除了这些令人不满的事情，里加市民也令沙皇愈来愈愤怒，他们成群结队地赶来，目不转睛地盯着他看。一星期后，河面上的冰块终于充分融化，使团可以过河了，达尔贝里打算用时兴的方式为客人送行。插着蓝黄色瑞典王室旗帜的船只载着俄国使团渡河，与此同时，要塞方向传来了雷鸣般的礼炮声，但为时已晚。在彼得心目中，里加是一座卑劣、冷漠、傲慢无礼的城市。当他遍游欧洲时，里加更常见地被拿出来对比。在彼得访问的大多数城市，在位君主都来对他表示欢迎。尽管彼得坚持使用化名，但那些选侯、国王乃至奥地利皇帝总是想方设法与他私会，他们慷慨地招待他,并承担了他的一切开销。

彼得对里加的敌意深深地烙在了心底。3年后,他以自己在里加遭受的粗暴对待为借口,发动了针对瑞典的大北方战争。13年后,也就是1710年,俄军围攻了这座城市,导致后者最终陷落,且被并入俄罗斯帝国达两个多世纪之久。当围攻开始时,在场的彼得亲手将头三发炮弹射入城内。"就这样,"他在给缅什科夫的信中写道,"我们在上帝的许可下,见证了我们对这片可咒之地的复仇行动开始。"[2]

一越过德维纳河,彼得就进入了库尔兰(Courland)公国,公国首府米陶(Mitau)位于里加以南30英里处。尽管名义上是波兰王国的封地,但库尔兰与华沙之间的距离足以保证它维持事实上的自治地位。况且波兰此时正在解体,因此库尔兰公爵几乎已经可以自主处理本国事务。达尔贝里在里加犯过的错误在这里根本没有重演的可能。沙皇就是沙皇;这位隐姓埋名者得到人们的尊重,但人人都知道这位隐姓埋名者是谁。因而,尽管公国的经济状况不佳,弗雷德里克·卡齐米日(Frederick Casimir)公爵仍对大特使团极尽礼遇,奢华款待他们。公爵的一位大臣写道:"开放式的桌台摆得到处都是,鼓乐喧天,觥筹交错,纵情狂饮,就好像沙皇陛下是又一个酒神巴克斯。我从未见过如此厉害的酒徒。"[3] 勒福尔在酒场上的表现尤为引人注目,"没人赢得了他,但他始终能保持清醒"。与这些俄国人同席的外国人窃窃私语,认为他们实际上不过是"一群受洗过的熊"而已。[4]

库尔兰公爵知道沙皇热爱大海,于是设法租下了一艘游艇,这样他的客人就能在下一阶段的行程中享受海上之旅。彼得的目的地是柯尼斯堡(Konigsberg),当时它是广大且强盛的北德意志勃兰登堡选侯国中的一座市镇。选侯弗里德里希三世亲自候在城内迎接沙皇。作为野心勃勃的霍亨索伦(Hohenzollern)家族的一员,弗里德里希为自己和自己的疆域制订了宏大的计划。他的梦想是将选侯国变成名为普鲁士(Prussia)的强大王国,将自己变成普鲁士国王弗里德里希一世。这一头衔可以由维也纳的哈布斯堡皇帝授予,但要真正实现势力扩张,就只能以损害瑞典的利益为代价——瑞典的要塞和领土沿着北德海岸延伸开来。弗里德里希渴望得到俄国人的支持，以制衡瑞典。仿佛是老天在回应弗里德里希的要求，如今沙皇本人来到了这里，打算从勃兰登堡过境。弗里德里希自然会在柯尼斯堡迎接他的到来。

彼得经由海路悄无声息地来到柯尼斯堡，并于夜间登岸。他找了个小旅馆住下，而后以私人身份拜会选侯。第一次会谈持续了一个半小时，其间，两位统治者讨论了关于船只、大炮和航海的话题。随后，弗里德里希带彼得前往其乡间别墅附近狩猎，两人一起目睹了双熊相搏的场面。彼得将小号吹奏得穿云裂石，把鼓敲得震山动地，令东道主惊诧不已，他那旺盛的求知欲、充沛的精力与随和的性格给弗里德里希留下了良好的印象。

11天后，俄国大特使团的骑兵和马车自陆路抵达，当他们受到接待时，彼得从窗口注视着。弗里德里希给他们发了一大笔钱，用于补贴他们到访时的开销，并举办了一场盛大的欢迎宴会，接着又安排了一场烟火表演。彼得身穿猩红色的金扣外套，与大特使团中的其他年轻贵族一道出席。其后，弗里德里希按照外交礼仪规范，向大使们询问：沙皇那里近来有什么新闻？当使团启程时，他的健康状况是否良好？弗里德里希承认，当时他不得不竭力紧绷面孔，强忍笑意。

俄皇阿列克谢昔日曾与勃兰登堡组成反瑞典同盟。在彼得与弗里德里希展开协商时，弗里德里希迫切希望双方能再度确立这种关系。但此时彼得仍在与土耳其开战，不愿做出任何可能激怒瑞典人的举动。最后，在选侯的游艇上，两位君主经过一番谈判，达成了一份新的协定，公开承诺在对抗共同敌人问题上彼此互助。弗里德里希还要求沙皇助其晋升为王。彼得答应，当他在莫斯科接待选侯使节时，后者得到的待遇将与沙皇的使节在勃兰登堡得到的待遇相当。这一允诺的含义是含糊的，但从某种程度上说，弗里德里希可以拿它作为向维也纳的皇帝提要求的资本。

尽管急于前往荷兰，彼得仍在柯尼斯堡逗留下来，直到波兰的局势变得更加明朗。1696年6月，扬·索别斯基驾崩，波兰王位空了出来，两位竞争者——萨克森选侯奥古斯特和路易十四提名的波旁亲王德·孔蒂为此展开较量。俄国、奥地利和大部分德意志邦国都正式表态反对孔蒂当选。如果一位法国君主坐上了波兰王座，就意味着波兰将立刻退出对土战争，法波将建立同盟，而法国的势力亦将扩展至东欧。为了阻止这种情况出现，彼得准备开战，他将俄军调往波兰边境。由于结局仍不明朗，两派人马仍在各施奇计，而波兰议会也仍不准备举行投票，彼得决定暂不西行，留在柯尼斯堡。等待期间，彼得将当地那些令他感兴趣的东西好好考察了一番。彼得与勃兰登堡军队的首席工程师、炮兵学专家斯特雷特纳·冯·施特恩费尔德（Streltner von Sternfeld）上校一道研究弹道学理论知识，并加以实践。他操作各种规格的加农炮轰击目标，冯·施特恩费尔德则纠正他的瞄准，并对他的错误进行讲解。当彼得离开柯尼斯堡时，冯·施特恩费尔德开具了一份证书，证明他的学生彼得·米哈伊洛夫已经掌握了弹道学知识与技能。

不幸的是，与在里加时一样，彼得在柯尼斯堡遇上了麻烦。这一次的原因不是他的求知欲，而是他的急脾气。他的命名日对全体俄国人而言，意义更甚于生日。在这一天，彼得希望弗里德里希能来拜访他，他已经做好打算，为选侯安排一场烟火表演。但弗里德里希并未认识到这一天的重要性，他离开柯尼斯堡，前去与库尔兰公爵会面，并派了几个臣子代表自己出席沙皇那边的庆典。弗里德里希没有露面，这让彼得很伤心，更觉得自己受到了公开羞辱。彼得毫不掩饰地向代表流露愤怒情绪，他用荷兰语对勒福尔高喊道："选侯是个大好人，但他的臣子是一群魔鬼。"[5] 彼得以为一个臣子对自己的话语报以嘲笑，顿时勃然大怒。他冲向那个勃兰登堡人，咆哮道"出去！滚出去！"，把他揪出了房间。怒火平息之后，他给自己"最亲爱的朋友"弗里德里希写去一封信。这是一封道歉信，但后面渐渐夹杂了些许牢骚。在离去时，彼得送给弗里德里希一颗硕大的红宝石，借以进一步向选侯表达自己的歉意。

到了8月中旬，彼得已在柯尼斯堡度过了7周时光，此时有消息传来：萨克森的奥古斯特已经来到华沙，并当选为波兰国王。彼得对这一结果很满意，他恨不能马上坐船到荷兰去，但一队法国军舰停留在波罗的海，迫使他改变计划。他可不希望自己到头来稀里糊涂成了一艘飘扬着巨大白色鸢尾旗（那是法国国王的旗帜）的战舰的座上宾。沮丧的彼得如今只有一条路可走：经陆路横穿德意志的勃兰登堡及汉诺威（Hanover）选侯国。

海上之旅泡汤，这已经让彼得很是失望，当陆上出行带来的新问题摆在他面前时，这种情绪就变得更加强烈了：一路上，总有人想一睹他的尊容。他在柯尼斯堡逗留了很长时间，足以让他与使团同行的消息传遍全欧，欧洲每个角落都沉浸在极度的兴奋和好奇之中：一位俄罗斯沙皇国的沙皇，一片朦朦胧胧的异国之地的统治者，如今正破天荒在欧洲旅行。在这里，人们可以看到他，审视他，对他发出惊叹。这种万众瞩目的体验令沙皇心烦不已。

秘密离开柯尼斯堡后，他敦促车夫快马加鞭，希望避免引起他人的注意，暴露自己的行踪。彼得风驰电掣地穿过柏林。他坐在马车一角的最后方，以免被人认出。由于他全速前进，加上隐藏得很好，因而得以迅速穿越北德地区。然而，他没能避与两位可敬的女性相遇，她们早已盘算好，要把彼得拦下来。她们分别是寡居的汉诺威选侯夫人索菲亚和其女勃兰登堡选侯夫人索菲亚·夏洛特（Sophia Charlotte）。两位选侯夫人很想亲眼观察这位热门人物。年轻的选侯夫人索菲亚·夏洛特对沙皇尤为好奇，当她的丈夫弗里德里希选侯在柯尼斯堡迎接彼得时，她正在汉诺威拜访母亲。她起先希望能在柏林见到彼得，如今她下定决心，要在他即将到达汉诺威的时候追上他。她将母亲、兄弟和孩子塞进几辆马车内，而后急急忙忙地赶去拦截那帮正待在科彭布鲁格镇的俄国人。一赶到彼得前头，她就派了一名侍从去邀请沙皇赴宴。

起初，彼得发现两位夫人的扈从规模巨大，当地居民也抱着好奇的态度在大门外转来转去，因而拒绝前往。但侍从坚持，彼得妥协了，交换条件是选侯夫人一方做出保证：除索菲亚·夏洛特和她的母亲外，只有她的兄弟、孩子和彼得随从队伍的重要成员可以出席。当被引领到两位贵妇面前时，彼得一下子畏缩了，脸涨得通红，连话都说不出来。毕竟他还是第一次与聪颖的西方贵妇会面。之前，他只与德意志区的西方商人、军人的妻女打过交道，她们都是些中产阶级女子，但这两位妇女即使在欧洲的贵族阶层中亦出类拔萃。汉诺威的索菲亚时年67岁，她精力旺盛、深明事理,将兴旺发达的北德选侯国治理得井井有条。同彼得会面数年后,她以英王詹姆士一世的外孙女身份被英国议会选为安妮女王的继承人,从而确保新教继统在英国延续。①她的女儿索菲亚·夏洛特时年29岁,意志同母亲一样坚强,在北德的宫廷女性中是个极为耀眼的人物。她曾一度被指定为路易十四的孙子勃艮第公爵的新娘,而后由于政治原因,勃艮第公爵受命与萨伏依的玛丽·阿德莱德(Marie Adelaide of Savoy)结婚。索菲亚·夏洛特曾在凡尔赛生活过两年,在此期间,她以自己的智慧与美貌赢得了太阳王的赞赏。她受过良好的教育,莱布尼茨当过她的朋友与家庭教师。事实上,索菲亚是如此惹人喜爱、魅力逼人,以至于她的丈夫真真正正地恋上了她,在柏林为她盖了夏洛滕堡宫。鉴于路易十四为那些小国君主树立了一个威风凛凛的榜样,自然而然,弗里德里希觉得自己有必要找个情妇,但他更为钟爱的显然还是自己那迷人而聪慧的妻子。

面对这几位泰然自若、文雅端庄的夫人,彼得只能以手掩面,用德语低声道:"我不知道说些什么好。"⁶意识到对方此时处境尴尬后,索菲亚·夏洛特和她母亲将她们的客人安排到两人之间的座位上,开始与他交谈,好让他放松下来。不久,彼得便不再羞怯,无拘无束地聊起天来,两位贵妇不得不争相吸引他的注意力。宴会持续了4小时,两位选侯夫人都很想继续缠着彼得问这问那,但索菲亚·夏洛特担心这样会让彼得感到厌倦,便下令奏乐跳舞。彼得起初拒绝跳舞,说自己没戴手套,但两位夫人再度令他改变了主意,很快,他就全身心地投入到表演中去了。当彼得搂着她们旋转起舞时,发觉她们的裙装下面有些奇怪的东西:紧身胸衣里嵌着鲸须。"这些德意志女人的骨头硬邦邦的。"他朝朋友们嚷着。两位贵妇被逗得合不拢嘴。⁷

彼得纵情享受着。这场宴会的氛围比德意志区的聚会更加欢快,甚至连"快活帮"的那些声震屋宇的宴会也无法与之相比。彼得浑身洋溢着旺盛的活力。他命令手下的侏儒们上来跳舞。他吻着、拧着自己宠爱的侏儒

---

① 索菲亚并没有活到戴上英国王冠的那一天。她比安妮女王更早去世,她的汉诺威及英国统治者头衔传给了儿子格奥尔格·路德维希(George Louis),后者以汉诺威选侯和英王乔治一世的身份同时统治两个国家。

的耳朵。他在10岁的索菲亚·多萝西娅（Sophia Dorothea）的头上吻了几下，把弗里德里希大王（Frederick the Great）未来母亲的发型弄得一团乱。他也拥吻了14岁的乔治王子，此人后来成为英王乔治二世。

那天晚上，两位选侯夫人仔仔细细地把沙皇观察了一遍。她们发现，他远非传言中那样，是个未开化的年轻野蛮人。"他举止自然，无拘无束，我们对此很高兴。"索菲亚·夏洛特写道。[8] 当他挤眉弄眼扮鬼脸时，效果也并不像她们所预料的那么可怕，索菲亚用带着同情的笔调加上一句："有些事不是靠他的力量所能纠正的。"年长的选侯夫人在识人方面很有经验，她详细地描述了那天晚上的情形，以及那位贵宾的情况：

> 沙皇的个头高得出奇，相貌英俊，外表极为高贵。他思维活跃，应答如流，妙语连珠。然而，尽管上天集一切优点于他一身，但要是他的作风能不那么粗野一点儿，那该多好啊。我们径直在桌边坐下。担任司仪的克彭施泰因（Koppenstein）先生将餐巾递给陛下，这让他尴尬不已，因为之前在勃兰登堡时，用完餐后人们给他的是一个大口水壶和一个水盆（洗手用），而不是餐巾。他活力十足，非常健谈，我们之间建立了深厚的友谊。他与我女儿交换了鼻烟壶。事实上，我们在桌边坐了很久很久，但依旧不曾感到一丝厌倦，并且很乐意继续在这里待下去，因为沙皇的心情非常棒，与我们聊个没完。我女儿让她手下的意大利人唱起歌来。他们的歌声让他很愉快，尽管他对我们坦言，对音乐并不是太感兴趣。
>
> 我问他是否喜欢打猎。他回答说，他父亲对这项活动极为钟爱，但他自己从幼时起，就把真正的热情投入到航海和烟火表演上了。他告诉我们，他亲自动手造船，并将他的双手给我们看，让我们触摸他手上那些因劳作而长出老茧的部位。他带来了自己的乐师，他们表演了俄罗斯的舞蹈，我们对它们的喜爱程度超过了对波兰舞蹈的喜爱。
>
> 我们为不能留得更久一些而感到惋惜，不然我们还能再见到他，他那群人让我们非常开心。他是一个很特别的人，靠语言是无法形容他的，如果你不曾亲眼见过他，那么就连大致描述一下这个人都不可

能。他的心地异常善良，情操极为高尚。我还得告诉你一件事：我们在场的时候，他一点儿也没有喝醉，但我们一离开，他的随行人员就开始开怀畅饮，想把刚才的损失补上。

  他是个集大善与大恶于一身的君主，他的风格与他国家的风格如出一辙。如果能得到更好一点儿的教育，他将会成为一个人杰，因为他拥有极为优秀的品质和与生俱来、无穷无尽的智慧。[9]

彼得给两位选侯夫人各送了一箱俄国产的黑貂皮和织锦，这表示他当晚过得非常愉快。而后他立即把大部队丢下，自己出发了。这是因为，再沿着莱茵河往下走几英里，就到荷兰了。

# 14

# 彼得在荷兰

17世纪后半叶，荷兰（Holland）——"北尼德兰七省联合共和国"（the seven United Provinces of the Northern Netherlands）的专用称呼在世界上的影响力和威望如日中天。荷兰人口稠密，狭小的领土上聚集了200万勤勉的国民，尽管如此，它却是到那时为止欧洲最富裕、城市化和世界化程度最高的国家。毫不令人意外的是，这个小国的繁荣招来了邻国的惊讶与羡慕，这种羡慕之情时常会变成贪欲。在这种情况下，荷兰人就得依靠某些民族性格来自保。他们英勇、顽强、机智，与外敌作战时——先是西班牙人，而后是英国人，最后是法国人，他们的作战方式既不失实用，又带有破釜沉舟、令人起敬的英雄色彩。为了捍卫本国的独立与民主，这个有着200万人口的民族维持着一支12万人的陆军军队和世界第二大的海军军队。

荷兰的繁荣与它的自由一样，是依靠本民族的创意与勤勉赢得的。在当时的欧洲大部分国家，绝大多数人口都被束缚在土地上，从事着简单的生产活动以实现自给，同时创造微不足道的剩余价值供养市镇。但在荷兰，耕地的亩产量会更高一些，而农民也能设法从自家奶牛身上获得更多的牛奶、黄油，从自家猪身上获得更多的肉。如此一来，一名荷兰农民就能养活两个不从事农业生产的本国同胞。超过一半的荷兰人口就这样从土地上解放出来，得以为其他活动——商业、工业和航运业而奔忙。

商业与航运业是荷兰庞大财富的来源。17世纪的荷兰人是一个商业民族，也是一个海上民族。规模巨大的姐妹港阿姆斯特丹和鹿特丹分别坐落于莱茵河的双子河口处，欧洲的运河、最重要的河流及全世界的大洋均交汇于此。几乎每件输入、输出欧洲，沿欧洲海岸上行、下行，以及跨海运输的物品都要从荷兰过境。英国的锡、西班牙的羊毛、瑞典的铁、法国的红酒、俄国的毛皮、印度的香料和茶叶、挪威的木料,以及爱尔兰的羊毛源源不断地流入尼德兰,在那里分级、完工、编织、混合、分类,而后再度经由水上要道运往他处。

为了运送这些货物,荷兰几乎垄断了全世界的航运业。4000艘荷兰商船——比世界上其他国家的商船总和还要多,航行在世界各地的海洋上。荷属东印度公司(成立于1602年)和西印度公司(成立时间较晚)在世界上每一座主要港口都设有办事处。兼具探险者的活力与商人心计的荷兰航海家一直在寻找新的市场和海港。随着船只一刻不停地在海上来来去去,商品与利润愈积愈高,而荷兰商业共和国也变得愈来愈富有。在阿姆斯特丹城里,为保护和鼓励商业贸易,新的服务发展了起来:保险被发明出来,用以分散风险;银行与证券交易所找到了信贷交易和发行规模空前的公债的办法,来为大型商业企业提供资金;印刷工打印出一份份合同、提货单,以及各式各样的多联单据,这些东西对每天发生的数千起商业交易的组织、广告和确认而言不可或缺。有了财富,荷兰人的信心就充足了,进而办起了信贷业务,而信贷业务又给他们带来了更多财富,从而令荷兰的影响力和威望传播得更为广泛。对那些来自各欧洲新教国家,特别是英格兰和苏格兰——以学习荷兰那无人可及的商业和金融技术为己任的年轻人而言,荷兰是繁荣富裕的商业国家的真正典型,是一座商业天堂。

1697年夏末,一个名叫彼得·米哈伊洛夫的俄国青年满怀热切希望,急不可待地穿过德意志地区,而他的目的地,正是这个笼罩在闪耀光环之下的商业、海事、文化圣地和世界帝国。

当彼得在佩列斯拉夫、阿尔汉格尔和沃罗涅日同荷兰造船工、海船船长交流时,他经常听到一个名字:赞丹。这座荷兰市镇坐落在阿姆斯特丹以北10英里的大海湾——艾(Ij)湾的岸边。据说这里出产的船舶质量在荷兰首屈一指。镇内与周边地区矗立着50座私人造船厂,一年制造的船只多达350艘。人们传说,赞丹人的造船速度极快,技术也极为老练,对他们而言，从安装龙骨到船只预备下水，工期绝不允许超过5个星期。多年来，拜访赞丹并在那里学习造船技术的强烈愿望已在彼得心中牢牢扎根。如今，在穿越德意志的时候，他告诉同伴，自己打算留在赞丹，用整整一个秋季加冬季的时间学习造船技术。在位于荷兰边境附近的埃梅里希（Emmerich）抵达莱茵河时，他再也等不下去，雇了一艘船，将使团大部分成员抛在身后，径直顺流而下，甚至顾不上停船歇息，一口气越过了阿姆斯特丹。

周日（8月18日）清晨，彼得和6名同伴正沿着一条通往赞丹的运河航行，此时沙皇注意到一个熟悉的身影正坐在一条小划子上钓鳗鱼。这个叫赫里特·基斯特（Gerrit Kist）的荷兰铁匠曾与彼得一道在莫斯科抡过锤子。一张熟悉的面孔出现在眼前，这让彼得欣喜若狂，他用洪亮的嗓门打了声招呼。基斯特的注意力被吸引过来，当他抬眼看到从身边驶过的俄国沙皇时，差点没从船上跌下来。彼得驾舟靠岸，跳下船来兴奋地拥抱了基斯特，并要他发誓为自己在这里旅行的事保密。随后，当沙皇得知基斯特就住在附近时，他立刻宣布要待在铁匠家里。基斯特对此颇有异议，理由是自己的房子太小、太寒酸，不配接待一位皇帝，并建议彼得住到一个寡妇家里去，那个寡妇的住所就位于基斯特住所后面。当彼得开价7弗罗林后，那个寡妇被说服了，搬去与她父亲同住。于是过了几个钟头，彼得就欢欢喜喜地在一座小木屋里住下了，里面有两个小房间、两扇窗户、一个砖砌的炉子和一间挂着窗帘、密不透风的寝室——它很小，彼得想充分伸展身子都不可能。两个旅伴与他同住，另外四个旅伴则在附近寻找住处。

由于当天是周日，造船厂并没有开门，但彼得兴奋难当，发现自己根本不可能静坐干等，于是出门上街。在那个夏季周日的午后，街道上到处都是闲逛的人。此时，一艘载着身穿异国服饰的外国人的陌生船来到当地的新闻已经引起了众人的关注，人们开始注意彼得。气恼的他打算躲到水獭客栈（Otter Inn）去，但那里的人们同样盯着他看。这只是个开始而已。

到了周一，彼得一大早就急急忙忙地赶往一座位于堤坝上的商店，购买木工工具。而后前往林斯特·罗格（Lynst Rogge）的私人造船厂，他以彼得·米哈伊洛夫的名字与船厂签约，当了一名普通工人。彼得开始欢快地干起活来，用短柄斧子将木料砍削成型，不停地向工头询问他所看到的每一件东西的名字。工作之余，他开始拜访那些仍在俄国的荷兰造船匠的妻子和父母，向这些人解释，他与他们的儿子、丈夫并肩工作，并愉快地宣称："我也是一名木工。"他去了一个寡妇的家，她丈夫是个荷兰木匠，在俄国去世。彼得之前曾馈赠她500弗罗林。那个寡妇告诉他，她经常向上天祷告，希望能有机会告诉沙皇，他的赠礼对她有着何等重要的意义。彼得大为感动，开开心心地坐下来，与她共进晚餐。

周二，急于驾船出行的彼得在用荷兰最流行的办法讨价还价一番后，买了条小划子。他用40个弗罗林买到了它，而后与卖主一道去酒馆共享了一罐啤酒。

尽管彼得不愿让任何人知道他的身份，然而，这一秘密很快就开始暴露。在周一早上，彼得已命令他的旅伴将俄式长袍换成荷兰工人穿的红色夹克和白色帆布裤，但即便如此，这些俄国人看起来还是不像荷兰人。彼得的个头太高了，想隐瞒身份根本是不可能的。到了星期二，赞丹人人都知道"有个大人物"正在镇上。当天下午发生的一件事坐实了这一说法，当时彼得正用帽子盛着一些李子，在街上边吃边走，还拿了一些给自己碰到的一群男孩。但他送出的水果根本不够分，于是这些男孩开始跟在他身后。当彼得试图撵走他们时，那些孩子用石块和泥巴砸他。彼得躲进三天鹅旅店（Three Swans Inn），派人求助。镇长亲自到来，彼得不得不向他说明自己的身份，以及来到这里的原因。镇长立刻颁布了一道命令，禁止赞丹市民找"那些不愿透露身份的贵人"的麻烦，也不许侮辱他们。

很快，人们就准确地认出了那个最大的"贵人"的身份。一个在俄国工作的赞丹造船工人写信回家，告诉他父亲：大特使团即将来荷，而沙皇可能隐姓埋名随团出行。此人向父亲透露，要认出彼得是很容易的，因为他个子非常高，头部和左臂会出现摆动或抽搐现象，而右脸颊生有一颗小小的疣子。周三，在这位父亲刚刚在蓬普（Pomp）的理发店将这封信大声读给在场的每个人听之后，一个高大的男人就走了进来，他身上带有一些显眼的特征，与信中的描述分毫不差。与所有其他地方的理发师一样，蓬普将传播本地的各种流言蜚语视为本职工作的一部分，他立即广而告之：那帮陌生人中个头最高的一位就是俄罗斯沙皇国的沙皇。为了验证蓬普的报告，人们赶往基斯特处。是他窝藏了这些陌生人，而且大家都知道，自他去俄国起，他与沙皇就相互熟识。基斯特忠实于彼得的愿望，坚定地否认他客人的身份，直到他妻子发话："赫里特，我再也无法忍受了。别再撒谎了。"[1]

尽管彼得的秘密已经暴露，但他仍试图隐瞒自己的身份。他推却了与赞丹商界的头面人物一起吃饭的邀请，并婉言拒绝与镇长、镇议会议员一起吃以赞丹特有方式烹调的鱼。对于这些邀请，彼得的回复是：他们中间没有什么大人物，沙皇还没来到这儿。一位商界的头面人物前来拜访彼得的同伴，并向他们提供了一栋很大的房子，那栋房子带有一座栽满果树的花园，同他们和他们主人的身份更为相配。彼得的同伴回答说，他们不是贵族，而是仆人，而且他们现在的住处很宽敞。

沙皇现身赞丹的消息迅速传遍了整个荷兰。许多人断然拒绝采信，还有许多人拿这件事打赌。两个曾在阿尔汉格尔与彼得有过一面之缘的商人连忙赶往赞丹。周四早晨，当两人在彼得的住处看到彼得后，他们激动得脸色发白，冲了出来，宣称："没错，他就是沙皇，但他是怎么来到这儿的，又为什么会来到这儿？"[2] 另一个来自阿尔汉格尔的旧相识告诉彼得，看到沙皇身着工装出现在荷兰的时候，他大吃一惊。彼得简简单单地答道："你都看到了。"而后他拒绝对此事再置一词。

周四，彼得花了450弗罗林，买了艘帆船，并亲手装上了一根新的桅杆和船首斜桅。当周五的太阳升起时，他亲自掌舵，驶入艾湾。当天下午正餐后，他又出海了，但当彼得航行于艾湾海面时，他看到无数船只从赞丹驶出，前来与他会合。为了躲开它们，他驾船驶向岸边，不料，当跳下船来时，他发现自己正置身于另一群好奇的人们中间。他们前推后挤，死盯着他看，就好像他是动物园里的动物。怒不可遏的彼得一掌掴在一个围观者的脸上，引得人群对挨打者一阵欢呼："好极了！小战神，现在你已经是位骑士了！"①3 此时，已有一大批人乘船而来，还有无数人涌到海岸上，彼得不得不躲到一座客栈内，直到夜幕降临才返回赞丹。

第二天是星期六，彼得本打算去参观有趣而精细、利用滚筒和绞盘将一艘新出厂的大船拖过堤坝顶端的机械作业。为了保护他，人们用篱笆围出一块空地，这样，沙皇就能在不被人群推挤的情况下观看作业了。不料，星期六早上，沙皇可能到场的消息令更大一批人蜂拥而至，远至阿姆斯特丹都有人闻风赶来。作业现场人山人海，把篱笆都踩坏了。当彼得看到周边房屋的窗口人头攒动，就连屋顶都挤满了围观者时，他拒绝前往，镇长亲身前来，极力劝说，仍然无济于事。彼得用荷兰语答道："人太多了，太多了。"4

周日，一船又一船的人从阿姆斯特丹赶来。赞丹方面在绝望之下，将当地桥梁的守卫增加了一倍，但人们只是将他们推到一边。整整一天，彼得都不敢踏出房门一步。被幽禁于室内的彼得愈来愈愤怒，也愈来愈失望，他向尴尬万分的镇议会求助，但面对每分钟都在增长的外来人潮，他们也无能为力。万不得已之下，彼得决定离开赞丹。他的船被从平时的泊位带到住所附近。彼得肘膝并用，奋力在人群中挤出条道来，爬上了船。尽管自早上便未曾停息的强风此时达到了暴风级，但彼得依旧坚持离开。当他解开缆绳时，一根拉索发生断裂，这艘船一时间面临着沉没的危险。即便如此，彼得仍不顾经验丰富的水手的极力劝说起航了。3小时后，他抵达了阿姆斯特丹。那里的情况同赞丹一样，荷兰人成群结队，摩肩接踵，前来围观。愤怒的沙皇再次动手揍了几个人。最后，他吃力地从人群中挤过，前往一座专门留给大特使团的旅馆。

彼得梦想已久的赞丹之行就这样画上了句号。想在一座对外开放的造船厂工作，或是在镇子里自由行走显然是不可能的。彼得原本打算在那里待上几个月，结果他实际上只逗留了一个星期。而后，彼得派缅什科夫和另外两名使团成员返回赞丹，学习制造桅杆的专业技术，他自己则两度短暂回访此地，但在荷兰造船厂接受培训这一既定计划的实施地点将不再是

---

① 挨巴掌是欧洲骑士册封仪式的必备环节。——译注

赞丹，而是阿姆斯特丹。

在彼得时代，阿姆斯特丹是欧洲最大的港口，也是世界上最富有的城市。在这座屹立于水上的城市的位置，分布着两条流入须德海（Zuider Zee）的河流，一曰阿姆斯特尔（Amstel）河，一曰艾河。人们为了给房子打地基，将木桩钉入沼泽地带，河水从城内奔流而过，形成了几个由运河构成的同心环——在彼得时代，这样的环有5个。每条运河都被一条条小运河分割为两三段，因而整座城市（拥有70座岛屿的群岛）实际上是漂浮在水面上的，500座横跨于运河之上的桥将它连接在一起。桥梁呈拱形，小艇和驳船均可从其下方通过。城墙修建于最外围的运河内侧。如此一来，这条运河就变成了一条天然的护城河。一座座坚固的圆形防御塔嵌入城墙内部，它们通常会被实用至上的荷兰人加以二重利用。他们在塔顶装上风车，当它的叶片转动时，持续运转的水泵就会获得能量，排干小块地面上的积水。当一个哨兵站在城防工事的顶端向外眺望时，他的视线就会越过一片广袤而平坦的乡间地带，那里是一片泽国，到处散布着大大小小的其他风车，它们永不停歇地运转着，为抽干下方那片汪洋而努力。

这座城市的建筑彰显着它的财富。从海港望去，阿姆斯特丹是一幅由红砖砌成的教堂塔楼构成的全景画，这些整齐而实用的塔楼被设计成荷兰特有的圆形分割式样。市议会议员对本城的市政厅极为自豪。他们视这栋由13 659根木桩支撑的建筑为世界第八大奇迹（时至今日，这栋建筑成了一座皇宫）。市内遍布着酿酒厂、制糖厂、烟草仓库、咖啡仓库、香料仓库、面包房、屠宰场和铁器作坊，这些形态各异、散发着浓烈气味的建筑屹立在一起，构成了一幅多姿多彩、繁华富饶、"五味俱全"的市景图。当然，炫示阿姆斯特丹富庶程度的主要是本城富商沿河而建的豪宅。这些红砖宅第坐落在运河边，屹立于绿树（榆树和菩提树）成荫的街道上，至今仍是阿姆斯特丹最为气派的特色景观。屋体异常狭窄（因为屋主的纳税数额由房屋的宽度决定），高四至五层，屋顶立着一堵尖尖的精致山墙。一根横梁从屋顶处伸出，通常情况下，它会从街道的一边延伸至另一边。

这根横梁被用于固定滑轮组，这样，重型家具和其他物件就能从街道上吊上来，送进高处楼层的窗户内——楼梯太窄，无法用于运送物件。从这些高高的窗子望出去，屋主可以将下方的街道、树木、精致的铁质街灯柱，以及色泽较暗、泛着涟漪的运河河面尽收眼底。

水体和船只在市内随处可见。观光客只要一拐弯，就能看到一根根桅杆和一片片船帆。滨水区帆桅如林。如果沿河而行，就得跨过一根根绳索、一个个用于泊船的铁环，以及一片片木材、一只只桶、一个个船锚，乃至一门门加农炮。整座城市就是半个造船厂。港口挤满了各种规格的船舶：有带斜桁帆的小型渔船，它们于清晨时分到须德海捕鱼，日中方归；有隶属东印度公司的大型三桅商船及安有七八十门炮的战列舰，它们的设计均遵循典型的荷兰风格——圆而上翘的船头、宽横梁的船体、狭窄的底部，看上去宛如装备了桅杆和船帆的超大号荷兰木鞋一般；有精致的官艇，它们的船首呈荷兰式的球茎状，后舱宽敞、华丽，含铅的舱窗开在船尾部分；在海港最东端名为奥斯腾堡（Ostenburg）的地段，坐落着东印度公司的造船厂，公司的船只就是在那里的巨型码头和船坞坡道上制造出来的。体积巨大、船壳呈浑圆球茎状的东印度帆船一排排成型，自龙骨以上由一块块肋材、一块块船板、一块块甲板拼接而成。在它们不远处，经历了漫长的航程后打道回府的老船被拆解检修——首先，索具和桅杆被取下，而后船体被拖进浅浅的潮水中，并侧翻过来。它们像搁浅的鲸鱼一样被置于浅水中，与此同时，木工、装配工和其他工人爬上船，将船底厚厚一层附生物刮净，换掉腐朽的船板，将新鲜的柏油熔化滴入船板的接缝内，以免船体进水。

整个阿姆斯特丹就是一座巨大而特别的航海者乐园，这座造船厂则是乐园中的小乐园，彼得将前往那里，度过4个月的时光。

在赞丹民众的压力下，彼得被迫返回阿姆斯特丹，但无论如何，他都会回到那里，迎接刚刚抵达的大特使团。大使们在边境附近的克莱沃（Cleves）所受接待的规格是王室级的，4艘大型游艇和许多马车被交给他们使用。阿姆斯特丹市的市议会议员明白，这个使团对未来的对俄贸易有着潜在的重要意义，因而决定在接待他们时给予特别礼遇。

接待活动包括对市政厅、海军部和码头的正式访问，以及特别的歌剧与芭蕾舞表演和一场盛大宴会，宴会结束时有一场烟火表演，是从阿姆斯特尔河内的一艘木筏上发射的。庆祝活动期间，彼得得到了与一位特殊人物——阿姆斯特丹市市长尼古拉斯·维特森（Nicholas Witsen）谈话的机会。此公文雅、富有，无论从性格还是从个人成就而言都是一位可敬的人物。他是探险家、艺术赞助者，还是业余科学家和政府官员。船舶是他的爱好之一。他带彼得去参观自己收藏的舰船模型、航海仪器和造船工具。维特森对俄国颇为着迷，很长一段时间内，在兼顾自己的其他职责、兴趣之余，扮演起了在阿姆斯特丹的俄罗斯沙皇国非正式大臣的角色。

在阿姆斯特丹逗留的几个月里，彼得这位沙皇与市长每天都要交流，他就自己在赞丹和阿姆斯特丹遭人围观一事向维特森求教。他怎么能在充满好奇的陌生人的注视下，安安静静地工作、学习造船技术？维特森当即给出了建议：如果彼得留在阿姆斯特丹，他可以在东印度公司的造船厂和码头工作，那些地方被围墙包围，且禁止公众进入。这个主意令彼得颇为欣喜，要求身为东印度公司董事的维特森负责安排此事。翌日，东印度公司董事会做出决议，邀请"一位身在此地、隐姓埋名的要人"来它的造船厂工作。为了提供方便，公司将缆索师傅的房子留给他，好让他能不受干扰地在造船厂内工作、生活。此外，为了帮助此人学习造船技术，董事会下令为一艘长度为100或130英尺（由沙皇的喜好而定）的新巡防舰安装龙骨，这样，彼得及其同伴就能参与到实践之中，并获得从头开始观察荷兰造船技艺的机会。

当天晚上，在阿姆斯特丹市为使团安排的正式国宴上，维特森将这一由董事们于当天早些时候做出的决定告知彼得。彼得兴奋难当，尽管他非常喜欢烟火表演，但直到宴会结束为止，他都几乎无法抑制自己的情绪。午夜时分，当最后一支冲天火箭在天空中砰然炸响的时候，沙皇一跃而起，宣布现在就要前往赞丹取回自己的工具，这样他就能在早上开工。俄国人和荷兰人都试图阻止他，但无济于事。夜里11点，彼得登上了自己的游艇，扬帆起航。他于翌日早晨返回后，直奔东印度公司设在奥斯腾堡的造船厂。包括缅什科夫在内的10名俄国"志愿者"与他同行，其余"志愿者"则遵照彼得的命令，分散到港口各处，学习制作船帆和缆索的手艺、转动桅杆的技巧、滑轮组的使用及航海技术。伊梅列吉亚（Imeritia）的亚历山大公爵被派往海牙学习炮术。彼得自己则登记为造船师傅赫里特·克拉斯·波尔（Gerrit Claes Pool）手下的一名木工。

头三个星期的时间被用于搜集、预备必不可少的木材和其他材料。这样，沙皇就能将正在进行的工序看得一清二楚，荷兰人甚至在安装龙骨之前就将材料尽数搜集、罗列完毕。而后，随着它们被一一固定到位，一艘船在短时间内即可装配完毕，如同用一整套配件制作一具巨大模型。这艘100英尺长的巡防舰被命名为"使徒彼得与保罗"号，彼得满腔热情地投入它的装配工作中，每一个环节都未曾懈怠。

每天天方破晓，彼得就带着斧头和其他工具来到造船厂，像别的工人那样，将这些家伙挂在自己的肩膀上。他任由自己变得与其他工人别无二致，严厉地拒绝别人用任何头衔来称呼或区分自己。在午后的闲暇时间里，他喜欢坐在一段圆木上，同水手、造船工人或随便哪个称他为"木工彼得"或"彼得先生"的人聊天。要是有谁叫他"陛下"或"老爷"，就会遭到他的无视或厌恶。当两个英国贵族想来看一眼俄罗斯沙皇国的沙皇是怎样以一名工人身份干活时，工头想让他们注意到哪一个是彼得，于是对他喊道："木工彼得，为什么不帮帮你的同伴呢？"[5]彼得一言不发，从他们身边走了过去，他肩上扛着一块木料，几个人奋力地抬着它，并帮彼得将它举到预定位置。

彼得对分配给他的房子很满意。几个同伴与他同住，就像同组的普通工人住在一起。沙皇的膳食原本是由使团下榻的那家旅馆的工作人员安排的，但彼得讨厌这样；他想要完全独立过日子。他没有固定的用餐时间，他希望自己可以饿了就吃。按照安排，须供给他柴火、食料，接下来就由他自己来处理。打这以后，彼得就像一名普通的木工那样，自己动手生火煮饭。

然而，尽管彼得现在在外国的土地上，穿着工人的服装，干着工人的活计，但无论是他还是他的同胞都未曾忘记他到底是谁还有他掌握着的令人敬畏的权力。在莫斯科的代理人不愿在未获他许可的情况下处理国事。每当有信使到来，彼得手中都会多出厚厚一包信件，内容或为寻求建议，或为请求恩准，或为传递消息。彼得尽管身在距首都千里之遥的造船厂，对本国政府的兴趣却远甚于以往。他坚决要求事无巨细均须向他汇报，而在以前，他曾开开心心地将这些公事丢到一边。他想知道当前发生的每件事情：射击军有什么举动？两座亚速要塞那边有什么进展？塔甘罗格的港口和要塞怎样了？波兰那边的现状如何？当沙因来信称在亚速城外赢得了一场对土耳其人的胜利后，彼得举办了一场盛大的宴会，款待阿姆斯特丹商界的头面人物，以示庆祝，接下来还举行了一场音乐会、一场舞会和一场烟火表演。当彼得得知萨伏依的欧根亲王在曾塔（Zenta）决定性地击败了土耳其人时，他将这一消息发往莫斯科，顺带告知这一件事实：他又举办了一场庆功宴。他试图在每周五给莫斯科方面写回信，但正如他在给维尼乌斯的信中所提到的那样："有时因为疲倦，有时因为心不在焉，有时则是因为喝多了，总之我们没能做到这一点。"[6]

有一次，彼得在对自己的两个臣民行使君权时遭到了制止。那两人是为大特使团服务的俄国在荷贵族。他们批评彼得的行为，说他应该少在外面出丑，多做些符合身份的事。听到这些话后，彼得勃然大怒。彼得认为自己在荷兰可以像在俄国那样对臣民行使生杀大权，于是他下令给这两个人戴上镣铐，准备将他们处死。维特森出面干涉，他请彼得记住，这里是荷兰，只有荷兰法庭才能判处他人死刑。维特森以温和的态度提议释放二人，但彼得固执己见。最后，彼得勉强同意了一项折中方案，将这两个倒霉蛋流放到最为偏远的荷兰海外殖民地去——一人去了巴达维亚，另一人则被放逐至苏里南。

在造船厂以外的地方，彼得的求知欲不知餍足。他想亲眼看尽世间万物。他参观工厂、锯木厂、纺织厂、造纸厂、手工作坊、博物馆、植物园和实验室。每到一处，他都要问："这里是做什么的？是如何运作的？"当别人讲解的时候，他一边聆听一边点头："很好。非常好。"他拜望建筑师、雕刻家，以及消防泵的发明者范德埃登（Van der Heyden）——他试图劝说此人到俄国去。他拜访建筑师西蒙·施诺富特（Simon

Schnvoet)、雅各布·德·王尔德（Jacob de Wilde）的博物馆，并在舍内贝克（Schonebeck）的指导下学习素描和绘画。在代尔夫特（Delft），他拜访了工程师冯·科霍恩男爵（Baron von Coehorn），这位"荷兰沃邦"向他传授了堡垒学知识。他到荷兰人，特别是那些从事对俄贸易的荷兰人家里做客。与特辛（Tessing）家族会面时，他对印刷术产生了兴趣。他授予特辛兄弟中的一人印刷俄语书的权利，并将这些书引入俄国。

彼得曾数次离开造船厂，访问著名解剖学专家弗雷德里克·勒伊斯（Frederik Ruysch）教授的讲堂和解剖实验室。勒伊斯全欧知名，原因在于他能够通过注射化学药品来防止部分乃至整具人类遗体腐烂。他那座宏伟的实验室被看作荷兰的奇迹之一。一天，彼得面前摆着一具小孩的尸体，保存得极为完好，仿佛死者仍微笑着活着。彼得久久地凝视着它，惊讶不已。最后他忍不住探身向前，亲吻尸体冰冷的前额。他对外科学产生了浓烈的兴趣，以至于难以离开实验室；他想在这里再逗留一阵，再参观一阵。他与勒伊斯一起吃饭，后者建议他挑选几个外科医师，将他们带回俄国，让他们为他的军队和舰队服务。彼得迷上了解剖学，并进而认为自己有资格成为一名外科医生。毕竟他可以理直气壮地发问：在俄国，还有几个人曾向大名鼎鼎的勒伊斯求学？

后来那些年里，彼得一直随身带着两个箱子，其中一个装满了数学仪器，它们被用于审核提交给他的施工方案，另一个则塞满了外科手术器械。他下达指示，无论什么时候，只要他附近的医院要做有趣的手术，就要通知他。他经常出现在手术现场，频频提供帮助，并借此学到了足够的解剖、放血、拔牙及一些小手术的操作技能。他那些仆人在患病时试图对沙皇保密，以免他带着器械箱子出现在病床前，为他们提供服务——他甚至会坚持要求仆人接受自己的服务。

在莱顿（Leyden），彼得拜访了著名的布尔哈弗（Boerhaave）博士，此人管理着一座举世闻名的植物园。布尔哈弗同样讲授解剖学，当他问彼得打算何时来访的时候，沙皇将时间选在第二天早上6点。他还去了布尔哈弗的解剖室，在那里，一具尸体躺在手术台上，部分肌肉暴露在外。彼得如痴如醉地研究着这具尸体，此时他听到几个有洁癖的俄国同伴口出怨言，语带嫌恶。暴怒的沙皇做了件让荷兰人惊骇不已的事：他命令那几个同伴走向尸体，弯下腰，然后用牙齿咬下一块肌肉来。

在代尔夫特，彼得造访了显微镜的发明者、大名鼎鼎的博物学者安东·范·列文虎克（Anton van Leeuwenhoek）。彼得与他交谈了两个多小时，并透过显微镜观察了一番，列文虎克已经利用这具神奇的仪器发现了精子的存在，研究了鱼类的血液循环系统。

在阿姆斯特丹时，每逢休息日，彼得就在城内信步闲逛，看着市民熙熙攘攘地从自己身边经过，马车嘎吱嘎吱地在桥面上行进，成千上万艘船在运河中来回穿梭。每逢赶集的日子，沙皇就上巨型露天市场——伯特集市去，那里每一样商品都在户外或拱廊内堆积如山。彼得站在一个正在买奶酪的妇女或一个挑选画作的商人身边，观察着，研究着。他特别喜欢欣赏那些在众人面前进行的街头艺术表演。一天，他看到一个颇有名气的小丑站在一只木桶顶端表演杂耍，彼得走向他，试图说服此人与他一起回俄国。小丑拒绝了，表示自己在阿姆斯特丹正如日中天。在集市上，沙皇目睹了一个游方牙医用一些非传统器械（如汤匙的凹处或剑尖）将作痛的牙齿拔出的情景。彼得请他给自己上课，并学到了足够在自己仆人身上做实验的内容。他学会了缝补自己的衣服，并从一个制鞋匠那里学到了制作一双浅帮便鞋的手艺。冬天，天空始终呈灰色，阿姆斯特尔河和各运河都结了冰，此时彼得看到妇女身穿用毛皮和羊毛制成的服装。男人和男孩则披着长长的斗篷和围巾，他们脚蹬装有曲形冰刀的滑冰鞋，因而奔走如飞。他发现，最温暖也最让他觉得愉快的地方是啤酒屋和酒馆，他和他的荷兰、俄国同事可以在那里放松一把。

当彼得发现荷兰人富甲一方后，他不禁自问：为何掌握着一望无际的干草原及森林地带的本国子民所创造的价值仅够自给，而由一座座码头、仓库及如林的桅杆构成的阿姆斯特丹所积累的可兑换财富却已超过广袤的俄国的总和？彼得清楚，原因之一在于贸易，荷兰实行商品经济，拥有自己的船队。他决心凭借自己的力量，让俄国也拥有这一切。另一个原因是荷兰奉行宗教信仰自由。如果一个国家信奉狭隘的宗教教义，或怀有很深的宗教偏见，那么它是无法在国际贸易领域获得成功的。因此，新教国家荷兰所奉行的宗教政策在当时的欧洲最为宽容。1606年，从詹姆士一世治下信奉加尔文宗的英国出逃的新教徒来到荷兰，十年后他们从那里出海，抵达普利茅斯湾（Plymouth Bay）。当路易十四废除《南特敕令》后，成千上万的法国胡格诺教徒亦涌入荷兰。整个17世纪，荷兰一直在扮演欧洲知识分子、艺术家交流的中心和商业中心的角色。荷兰人像保卫他们的商业霸权那样，拼死捍卫他们的宗教自由，抵制路易十四治下的天主教法国的扩张。彼得对荷兰那宽松的宗教氛围着迷。他访问了该国的许多新教教堂，并向牧师请教了一些问题。

彼得对17世纪荷兰文化的一个辉煌领域并不太感兴趣：荷兰画派涌现出一批才华出众的新大师——伦勃朗、维米尔、弗兰斯·哈尔斯，以及他们的同时代人和后继者。彼得购买了一些画作，并将它们带回俄国，但其中并无叶卡捷琳娜大帝于日后收藏的伦勃朗作品和其他名画。相反，彼得搜集的是一些以船只和海洋为主题的绘画作品。

# 15

# 奥兰治亲王

在一个弱肉强食的世界里，荷兰想要成为富甲一方的大国，就必须经历一番恶战，而它若想保住现有的财富和影响力，同样必须经历一番恶战。16世纪时，北尼德兰的新教诸省发动抗争，意在推翻西班牙宗主腓力二世的统治，共和国就是在战争中诞生的。1559年，它们最终赢得了独立。依靠自己的能力和决心，荷兰人组建了属于自己的海上力量，击败了西班牙海军将领，继承了西班牙遍及全球的远洋贸易航线，为荷兰海外帝国的建立奠定了基础。但随着共和国在繁荣发展中一天天壮大，两个最为强大的邻国——英国和法国的妒意和贪欲油然而生。当时的荷兰几乎垄断了欧洲贸易，英国对此垂涎三尺，先后于奥利弗·克伦威尔和查理二世统治时期对荷兰动武，导致三次英荷海战爆发。第二次英荷海战期间，英国国王的弟弟约克公爵（后成为英王詹姆士二世）指挥一支英国舰队攻占了新阿姆斯特丹港，并以自己的头衔将这座位于曼哈顿岛末端的村庄命名为"纽约"。其后，荷兰人以牙还牙，对泰晤士河口发动了一次大胆的海上突袭，他们闯入英国海军设于查塔姆（Chatham）的主基地，焚烧了停泊在那里的4艘战列舰，并将皇家海军的骄傲——"皇家查理"号（*Royal Charles*）拖走。在这几场发生于两个海洋民族之间的海上战争中，荷兰人的表现更令人肃然起敬。在两位海军名将特龙普和德·鲁伊特尔的率领下，荷兰人驾着自家的小型圆头战舰，依靠出众的勇气和航海技术同体积更大、更为重型的英国战舰对抗，其结果是荷兰成了唯一一个曾连续击败英国海军的国家。

荷兰的对英战争是在海上和海外殖民地进行的，但对联省共和国而言，即将从陆上到来的威胁致命得多，这一威胁来自荷兰的强大邻国，即路易十四治下的法国。对聚集于凡尔赛宫的路易的身边人来说，小小的新教共和国取得的成就是对法国伟大荣光的公然侮辱，是对法国的宗教信仰犯下的罪孽，还是——这一点更重要，即对法国商业贸易的阻碍与竞争。国王、财政大臣科尔贝（Colbert）和战争大臣卢瓦（Louvois）联起手来，一心想制服这些引人注目的荷兰暴发户。1672年，西欧历史上最庞大、最精良的军队组建完毕，太阳王亲任统帅。法军如滚滚洪流一般，席卷了从莱茵河至阿姆斯特丹近郊之间的地区。荷兰即将灭亡……或者说，要不是17世纪最伟大的人物之一——奥兰治的威廉横空出世，它就亡国了。

奥兰治亲王威廉是荷兰总督，同时挂着尼德兰联省执政和英王威廉三世的头衔。此人或许是彼得此生遇到过的最为有趣的政治人物。两件戏剧性的、几乎可称奇迹的事件确定了威廉的人生轨迹。在他21岁那年，一支看似所向无敌的法国军队侵占了荷兰共和国的一半领土，威廉被授予军政方面的最高指挥权，受命击退侵略军。他成功了。15年后，时年36岁的威廉在并未放弃自己的荷兰职位、头衔的情况下，率军入侵英国并最终获胜，自征服者威廉时代以来，这样的事还是头一遭。

生理上，奥兰治的威廉并未受到上天的祝福。此人身材纤细、矮得出奇。他的脊椎轻度畸形，因而是个驼背。他的面庞黝黑、瘦削，上面嵌着一双黑色的眼睛、长长的鹰钩鼻和厚厚的嘴唇。他的头发是黑色的，浓密、卷曲，呈下垂状。这些特征令威廉的外表更近似于西班牙人或意大利人，而非荷兰人。事实上，威廉几乎没有荷兰血统。他出身于一个古怪的欧洲家族，这个王侯之家的历史是尼德兰独立斗争中不可或缺的一部分，它的世袭领地——奥兰治公国，却在尼德兰以南数百英里的地方，坐落于法国阿维尼翁（Avignon）以北数里的罗讷河谷（Rhone Valley）内。沉默者威廉（William the Silent）于16世纪率领荷兰人反抗西班牙，为自由而战，自威廉的时代起，奥兰治家族就在危急关头为共和国贡献公选领袖执政。这个家族血统高贵，完全有资格与其他王室家族联姻，威廉的半数祖辈属于斯图亚特家族。他的外祖父是英王查理一世，他的母亲是一位英国公主,她的两个兄弟,也就是威廉的舅舅是英王,分别是查理二世和詹姆士二世。

威廉自呱呱坠地的那一刻起就成了奥兰治家族的领袖,他父亲于一周前死于天花。由祖母抚育成人的威廉被哮喘病折腾得够呛。他的童年时光一直是在孤独、多病和闷闷不乐中度过的。那段时间里,执政职位处于空缺状态,荷兰由约翰·德·维特(John De Witt)和科尼利厄斯·德·维特(Cornelius De Witt)兄弟领导的寡头政府统治,两兄弟相信,只要小心翼翼地安抚路易十四的情绪,他们就能同后者达成和解。其后,在1672年,也就是彼得出生的那一年,威廉迎来了人生中的第一次危机。那年春天,卢瓦交给路易一支庞大的新军,这支人数达11万的法军集结于北部边境的沙勒罗瓦(Charleroi)。路易亦赶到此地并自任指挥官,打算亲手摧毁荷兰这个新教共和国,他认为自己将毫不费力地达到目的。他心满意足地说:"我现在有了一支卫队,这样我就可以做一次四平八稳的短期荷兰之旅了。"[1]

尽管太阳王是名义上的指挥官,但久经沙场的蒂雷纳元帅和孔代亲王才是真正的发号施令者。路易的军队用崭新的铜浮筒在莱茵河上搭起几座浮桥,轻而易举地完成了强渡行动,荷兰的城市、要塞如九柱戏中的木桩一般纷纷陷落。看到法军坚定不移地向前推进,荷兰人陷入恐慌之中。骚乱在多个地方爆发,矛头直指德·维特兄弟,他们对这个国家的困境负有责任。在海牙,一群丧心病狂的暴民突然出现在两兄弟面前,并以私刑处死了他们。

值此危急存亡之际,荷兰人突然如同一群吓坏了的孩子,向奥兰治家族求助,后者曾在一个世纪前拯救过他们。威廉当时只有21岁,但就在当年的7月8日,他被任命为荷兰执政与三军终身统帅。他的声明直截了当,冷酷无情:"我们可以战斗到最后一刻。"[2] 他立刻开始展示自身才华——日后他将借此成名。他身着统帅服装(往后多年,他始终是这副装束)走上战场:荷兰蓝色卫队的天蓝色制服、覆盖前胸与后背的轻甲、一整条用布鲁塞尔针织花边制成的领巾、橙色的饰带与围巾、高筒靴、带流苏的编织手套和腰带、插着羽毛的宽边帽。从黎明至黄昏,威廉一刻未曾离开马背,对苦累毫不在意。这位身材瘦小的年轻亲王摘下自己的金属护手,掷到路易和他手下久经战阵的统帅面前①。

担任统帅不到一周,威廉就被迫做出一个骇人听闻的决定。尽管他竭尽全力,他的军队却仍无法阻挡法国人的前进,后者很快就推进到尼德兰联省共和国的腹心地带。阿纳姆(Arnhem)和乌得勒支(Utrecht)陷落了,而后一座城市距阿姆斯特丹仅有22英里远。随后,当法军离这座宏伟的荷兰港口只有一天路程时,荷兰人遵照威廉的命令,掘开了堤坝。海水滚滚而来,淹没了庄稼与草场,淹没了富丽堂皇的乡间房屋与花园,一头头牛和猪活活溺死,无数代荷兰人的努力毁于一旦。当士兵们打开水闸、掘开堤坝时,绝望的农民不愿看到自家农田消失在汹涌澎湃的洪水之中,为了阻止这种情况发生,他们与士兵大打出手。阿姆斯特丹——仍是一座几乎不设防的城市,如今则成了一座岛屿。法国人由于缺乏船只,只能怅然若失地遥望着这座伟大的城市。

尽管荷兰军队一败涂地,而半个荷兰也已被淹没,但威廉仍拒绝投降,这让路易苦恼不已。荷军虽无力击败占有兵力优势的法军,却仍留在战场上,等待着。孔代移师乌得勒支的冬季营地,希望能在冬季到来之时,踏着冰面进攻阿姆斯特丹。但当年冬季甚为温和,而路易也变得紧张起来:他从不愿让法军在远离法国的地方作战。与此同时,威廉则在外交层面积极活动起来。

威廉向哈布斯堡皇帝并向勃兰登堡、汉诺威、丹麦和西班牙指出:路易的势力和野心不仅是对荷兰的威胁,也是对其他国家的威胁。上述国家均为这一论点所打动,而荷兰人那坚持不懈的抵抗也进一步给他们留下了深刻印象。翌年春天,战争扩大了。威廉的小小军队开始进攻法军的交通线,路易变得愈来愈紧张。最后,在系统性地摧毁被占领城镇后,法国人撒军了。这一局部性的胜利——荷兰保住了,几乎是一名时年21岁的军人兼政治家凭一己之力实现的。那几个月里,他变成了欧洲第二重要的国家领袖。

---

① 指发起挑战。——译注

和平最终于1678年到来，但在威廉心中，因路易的野心而起的疑虑从未减弱。威廉开始痴迷于向法国雄主叫板。他明白，论实力，永远不可能有一个国家能凭借一己之力与法国分庭抗礼；因此，永不疲倦地组建一个足以挫败太阳王野心的欧洲国家同盟成了他的终身事业。正如威廉所认为的那样，这将在欧洲建立"一种普遍的君主政体和一种普世宗教"。

这位年轻的英雄很快就成长为经验丰富的政治家和战士。他勇猛无畏、精力充沛，用严格的纪律无情地约束着自己和部下。即便如此，威廉仍不是一名伟大的军人。尽管他统领荷兰、英国军队近30年，但一直只能算是二流指挥官；毫无疑问，他无法与自己的副手、第一代马尔伯勒公爵约翰·丘吉尔（John Churchill）相比，后者接替他成为反法同盟总司令。威廉的才干并非体现在如何打胜仗上——他经常吃败仗，而是体现在如何败后求生，体现在如何坚守战场，体现在撤退、忍耐，以及为下一场战斗做准备的过程中。他是个外交天才。他为人严厉、毫不讨喜、缺乏耐性、固执己见、暴躁易怒。就本性而言，他无法容忍受到妨碍，会披荆斩棘，直取自己的目标。但荷兰没有让他纵情恣意的本钱，因此他只能按捺着自己的情绪，与盟国达成妥协、对它们做出让步——安抚它们的情绪，等待着时机到来。

威廉是个加尔文宗教徒，但他对所有宗教信仰都持宽容态度：教皇是他的盟友，信奉天主教的皇帝也是；他的军队里有一些信奉天主教的军官。所有针对其他对象的成见与敌意均不在他的考虑范围内，他唯一的仇敌是路易。但本质上，他的人生被持得救预定论、钢铁般的加尔文宗信仰所支配。他确信自己与家族中的前辈一样，正扮演着上帝得力工具的角色。他认为，神明过去选择让他的家族拯救尼德兰和欧洲的新教事业，如今选择让他来做这件事。他甚至将自己的使命视为私事：他和路易用一对一的死斗来决定欧洲的未来。有了如花岗岩般坚定的信仰基础，当威廉的军队在战斗中败北时，他就不会感到气馁：一切皆由上天注定，失败只是对他自身价值的挑战、对他是否有能力继续担任上帝拥护者的考验而已。尽管威廉有时会动摇，甚至会绝望，但他从未放弃。他深信上帝会用某种方式——在必要时，会让奇迹出现，来拯救他的事业。因此，他与路易不一样，尽管他的实力远不如路易，但他准备去冒险，去冒万劫不复的风险。1688年的冒险行动就是这一量级的，这场几乎堪称第二次奇迹的行动，将威廉以迅雷不及掩耳之势送上了英国王座。

多年来，威廉的头号外交目标一直是保卫荷兰，其次就是让玩世不恭的舅舅英王查理二世脱离法国阵营，并让英国与荷兰结盟抗法。他从未彻底实现过这一目标，但1672年后，来之不易的和平局面随之而至，此时英国依旧保持中立。1677年，为了进一步贯彻自己的政策，26岁的威廉与自己的表妹——15岁的英国王室女士玛丽结婚，她是查理二世的侄女。这不是出于爱情的结合，因为大体而言，女人在威廉心中无足轻重。而这场婚姻也没有诞下任何结晶。玛丽却是一位一心奉献的妻子，她抛弃了英国，全身心地扮演起荷兰王妃的角色来。婚后10年，她甚至不曾拜访过自己的祖国。她深受荷兰人民的爱戴，而她也以自己的爱作为回报。她从未期望过有朝一日登上英国王座：排在她前面的人不止一个，首先是现任国王，她的伯父查理二世，接着是他可能拥有的任何合法男嗣，然后是她的父亲约克公爵，接着是公爵的合法男性继承人。

然而就在1685年，执政25载的查理二世撒手人寰。他没有留下合法的后嗣，王位被传给他的弟弟，英国最好的海军将领约克公爵詹姆士。这次王位更迭极大地改变了英国的局势。詹姆士诚实、直率、自负、单纯，全无心机。出生于新教家庭的他于35岁那年改宗天主教，打那以后，改宗者所特有的宗教狂热在他身上体现无遗，这一特点受到了詹姆士的第二任妻子摩德纳的玛丽（Mary of Modena）的热烈鼓励，她是一个天主教徒。詹姆士一天要聆听两次弥撒，或在军舰的甲板上，或在一个装有车轮、随军而行的小型特制木制礼拜室内。

一登上王座，詹姆士就立刻着手改变英国的政治平衡。他的第一个目标只是解除持强烈反天主教立场的新教多数派施加在英国天主教徒身上的限制。然而，愈来愈多的天主教徒被提拔到要害部门。信奉天主教的总督被安插到英吉利海峡的各个港口，海峡舰队的指挥权则被交到了一位信奉天主教的将领手中。尽管新教徒忧心忡忡，对立情绪迅速上升，但一个重要的事实令他们按捺住了自己的念头，没有采取行动：詹姆士没有儿子，而他的两个女儿玛丽和安妮都是新教徒。因此，英国新教徒做好了准备，等待着詹姆士驾崩、玛丽继位那一天的到来。而玛丽的丈夫，那个日后将同玛丽一道继位的人正是奥兰治的威廉。威廉的继承资格仅有部分来自玛丽丈夫的身份，他本来也拥有继承权：作为查理二世和詹姆士二世唯一的外甥，威廉的继承顺序仅次于玛丽和安妮。

威廉并不讨厌他的舅舅，但一个天主教徒戴上英国王冠的事实令他不寒而栗，这意味着天主教国家法国和天主教国家英国有可能联手对付新教国家荷兰。即便如此，他同样准备等待詹姆士去世、其妻玛丽出震继离的日子到来。但是，就在1688年6月10日，詹姆士的王后摩德纳的玛丽生下了一个儿子。这位信奉天主教的君主有了一个信奉天主教的子嗣。面对这一挑战，英国的新教徒立刻向威廉求助。尽管接下来发生的事情被詹姆士的支持者（他们后被称为"詹姆士党人"）视为冷酷无情的外甥、女婿在勃勃野心的驱使下实施的篡位之举，但威廉的动机与英国几乎毫无关系，而是与法国、欧洲息息相关。威廉并不想图谋英国王位，对保护英国人民的自由或议会的权力也不感兴趣；他的目的是将英国留在新教阵营中。

英国的7位最德高望重的新教领袖向威廉发出邀请，让他前来取代其舅的王位。这7人中既有辉格党人（Whigs）又有托利党人（Tories）。在得到荷兰联省议会（States General of Holland）的支持与许可后，威廉让1.2万名荷兰士兵登上200艘商船，它们由49艘战舰护送，这几乎是荷兰海军的全部兵力。神不知鬼不觉地从负责监视的英国及法国舰队眼皮底下溜过去后，威廉在德文郡（Devonshire）海岸的托贝（Torbay）登陆。他是在一杆旗帜的引领下登岸的，上面写着奥兰治家族的古老信条"Je maintiendrai"（意为"我应当维护"），威廉在后面加了几个字："……英国和新教的自由"。

詹姆士派他最有才干的指挥官和他的私人密友约翰·丘吉尔与威廉军对抗，但丘吉尔本人是新教徒，他迅速叛投入侵者一方。詹姆士的另一个女儿安妮公主与她的丈夫——丹麦的乔治王子亦是如此。国王的精神崩溃了。他哭喊道："上帝，救救我吧！连我的孩子都抛弃了我！"[3] 詹姆士没刮胡子就从伦敦出逃,越过泰晤士河时将御玺丢进河里,而后乘船前往法国。在圣日耳曼莱昂城堡内,这位顽固、自负的国王被路易收留了13年。时至今日,这座城堡已成为他的安息之地。他领导着一个影子宫廷和一小支爱尔兰卫队,这些人的日常生计完全仰仗路易。有这么一位流亡君主拜倒在自己的脚下苦苦哀求,路易的虚荣心得到了满足。

父亲与丈夫反目,夹在中间的玛丽是痛苦的,但作为一名新教徒、一位妻子,她支持威廉。抵英后,有人提议让她独占英国王位,将丈夫排除在外,她立刻予以拒绝。议会宣布,威廉和玛丽将共同统治英国。反过来,它又迫使威廉与玛丽接受《权利法案》(Bill of Rights)及其他一些特权。时至今日,这些法案、特权已成为英国宪制的核心部分。

讽刺的是,尽管1688年事件标志着英国政治、宪制史上的一次剧变,并被命名为"光荣革命"(Glorious Revolution),但威廉对它并不是很在意。为了让议会能在欧洲战争中一直支持自己,他勉强同意了它提出的要求。他将国内政策留给其他人处理,自己则竭力将英国的对外政策控制权抓在手里,使其与荷兰的对外政策协调一致。他甚至将荷兰和英国的外交部门合二为一。他的对外政策很简单:与法国开战。英国选择了威廉,也选择了他发起的战争。事实上,一桩交易已经达成:议会为了保护新教、维护自己的至上地位,同意威廉发动战争;而威廉为了保证英国支持自己对路易开战,也认可了议会的至上地位。

英伦三岛并没有给威廉家的感觉。他厌恶英国的天气,它让他的哮喘变得更严重了。他也不喜欢英国人:"我可以肯定,这个民族无法与我相处,而我也无法同它相处。"[4] 他渴望回到荷兰。1692年,当海牙举行一年一度的商品交易会时,他叹道:"真希望我是一只鸟儿,这样就可以飞越大海了。"还有一次,他在提到荷兰时说:"我思念荷兰,就像鱼儿思念水一样。"[5]

威廉不喜欢英国人,而英国人也用发自内心的厌恶作为回报。他们对他的评价是:不爱交际;对他的英国臣民不理不睬,态度无礼;对他们的习惯、传统、党派、政治还有伦敦都厌恶至极。然而,尽管他将风趣的伊丽莎白·维利尔斯(Elizabeth Villiers)收作情妇,玛丽女王依然对他一往情深。每当他不在国内时，她就以他的名义治理英国；当他回国时，她就彻底不问政事。当她在32岁那年死于天花时，威廉哀痛不已。他继续以君主身份独自统治英国，孑然一身的他没有留下后嗣，玛丽的妹妹安妮成了他的继承人。法国人曾准备把这个拼命与他们作对、古怪的小个子男人往最坏的方面想，他们散布谣言，说他与阿尔比马尔（Albemarle）伯爵是恋人关系。

威廉认为，英国人幼稚、目光短浅，而且一心想着自己，对欧洲大陆的局势缺乏关心——这也是他最不喜欢他们的地方。换言之，他们对是否参与他的伟大事业犹豫不决。身为英国之王的他将英国与荷兰的利益捆绑在一起，但他并没有让其中一方的利益屈服于另一方。相反，作为欧洲联盟的领袖，他对自己扮演的角色有着全面的认识。他开始将欧洲作为一个整体加以提及。他在信中提到，"欧洲的总体利益"成了他的目标。

不出所料，威廉登基不到两年，英国就与法国爆发了战争。战争持续了9年，无果而终。1697年，也就是彼得访荷时，《里斯维克条约》（Treaty of Ryswick）在海牙拟定。各国的疆界并没有因此发生任何变化，但按照条约规定，路易最终承认威廉为英国国王。之后是一段短暂的和平时光，在此期间，路易和彼得甚至携起手来，为阻止一场国际危机而努力：当身体虚弱的西班牙国王卡洛斯二世无嗣而终时，这场危机便不可避免地爆发了。双方商定的解决方案是瓜分西班牙，但卡洛斯将自己的王国连同帝国一道留给了路易的孙子，计划因此被打乱，太阳王撕毁了自己与威廉签订的协议。威廉自然不会让法、西两国领土、政权的合并成为事实，他再次开始不知疲倦地组建反法同盟。

名为西班牙王位继承战争（War of the Spanish Succession）的大战随之爆发，这场战争持续了11年，它标志着欧洲历史结束了17世纪篇，进入了18世纪篇。就当下而言，威廉是这场战争的赢家，他达到了自己的目的：法国势力被限制在本国疆域内，荷兰保住了自己的自由，而新教信仰也得以在欧洲继续存在。但威廉没能活着见证这一天的到来。1702年春，就在宣战前夕，国王骑着自己的爱马"索雷尔"（Sorrel）前往位于汉普顿宫的花园。这匹马绊跌了一下，将威廉从马鞍上甩了出去，导致他锁骨折断。起初，这起事故看似并不严重，但时年50岁的威廉已是油尽灯枯。他的双眼深深地陷了下去，喘嗽症状一直不停。他那瘦弱的身体已经无力支撑了。1702年3月19日，他去世了。

彼得的运气挺好，大特使团到来的时候，威廉恰巧在荷兰。当沙皇还在青春期时，威廉就已经是他最为崇拜的西方领袖。在德意志区度过的一个个漫漫长夜中，通过与荷兰人、德意志人和其他外国人（他们大多是威廉的新教事业和反法事业的拥护者）的一次次交流，彼得无数次听到关于这位勇猛无畏、富有才干、顽强不屈的荷兰人的传奇故事。1691年，当身在佩列斯拉夫的彼得听说英、荷舰队在拉霍格击败法国舰队时，他曾命令停泊在湖中的军舰鸣炮庆祝。在彼得心中，一切与荷兰有关的东西都已经被先入为主地摆放在重要位置上。他想学习荷兰造船者的技术诀窍，他希望招募荷兰人来协助他与土耳其人开战，他渴望与这位令他佩服到五体投地的国王兼执政会面。

他们初次相遇的地方是乌得勒支，彼得是在维特森和勒福尔的陪同下来到那里的。这次会面纯属私人及非正式性质，正符合两位君主的一贯喜好。这两人看上去不太协调：一个是矮小、冷淡、刻板、驼着背、患有哮喘的荷兰人，另一个则是高大、年轻、冲动的俄国人。彼得建议威廉与他一起组建一个对土作战的基督教联盟，但没有得到回应。威廉尽管正在与法国和谈，但并不希望东方爆发一场大战，那样会分散、转移他的奥地利盟友的注意力，从而诱使路易十四重启他在西方的冒险事业。无论如何，彼得的呼吁的确通过正式渠道传递给了荷兰方面，但并不是在这次会面中，而是由俄国大使转达给荷兰的合法统治者——在该国首都海牙开会的"诸位联省议会议员阁下"。大特使团将向议会呈递国书，并阐明自己的来意，彼得对此事极为重视。由于俄国没有常驻海外的使节或大使馆，这支由3名俄国要人（更遑论那位拒绝承认身份的陛下也在其中）率领的庞大使团的到来，以及它将受到的接待方式对彼得有着非比寻常的意义。他非常希望使团的首秀能顺利完成，里斯维克为沙皇的愿望提供了一座绝佳的舞台。最负盛名的政治家和外交家将从欧洲各个主要国家赶来，指导或监督在这里举行的决定欧洲命运的和平谈判;在里斯维克发生的任何事件都将被小心翼翼地记录下来,写成报告,然后发往欧洲各国的首都和君主处。

为了做好在观众面前亮相的准备工作,俄国大使在阿姆斯特丹忙乱了好几天。他们订购了3辆豪华的官车,为自己购置了一衣柜崭新的服装,为仆人购置了崭新的制服。与此同时,他们在海牙备下两家旅馆,里面储藏了大量酒和食物。当使团忙着准备时,彼得告诉维特森:他打算隐姓埋名,与大使们一道前往里斯维克,以观察他们将受到怎样的接待。这个要求对维特森而言难以答应,但更难以拒绝。彼得随队时乘坐的是一辆较小的马车,坚持要一个受宠的侏儒陪在他身边,尽管车厢内十分拥挤。"很好,"他说,"那我就把他放在我的膝盖上。"[6] 在从阿姆斯特丹到海牙的路上,彼得的双眼一刻不停地望着新鲜事物。经过一座工坊时,彼得问道:"它是用来做什么的?"有人告诉他,那是一家切石块的工坊。他表示:"我想看看它。"马车停了下来,但工坊已经锁门了。甚至在夜间过桥的时候,彼得也要研究一下桥的结构,并加以测量。马车再度停下,提灯被拎了过来,沙皇动手测量桥的长度和宽度。当风将灯火吹熄时,彼得正忙着丈量浮筒的深度。

在海牙,彼得被带往阿姆斯特丹旅馆,而后被领到一个带华丽床铺的漂亮房间。但他拒绝入住,而是选择了一个位于旅馆顶层的小房间,里面只有一张简易行军床。然而就在几分钟后,他做出决定:自己要和大使们住在一起。此时已是后半夜,但彼得坚持将马套回到车上,而后驱车前往德斯·多尔兹旅馆(Hotel des Doelens)。在那里,他再度被领到一间气派的套房,这让他高兴不起来,于是自己去找下榻房间。彼得发现使团的一个仆役正在一张熊皮上酣睡,便一边用脚去踢他,一边说着:"快起来!快点起来!"仆人翻了个身,咆哮起来。彼得又踢了他一脚,嚷道:"快,快点,我要睡在这儿。"[7] 这一次,仆人明白过来,一跃而起。彼得躺倒在暖乎乎的熊皮上,随之进入梦乡。

到了联省议会接见特使团的那一天,彼得一身欧式装束,将自己打扮成宫廷绅士的模样。他穿上一套带金饰的蓝色服装,戴上亚麻色的假发和一顶插着白色羽毛的帽子。维特森领着他进入一个房间,而接待会就将在隔壁的大厅内举行;隔着窗户,彼得可以将大厅内的情形看得清清楚楚,听得真真切切。他站在那个位置,等待着大使们现身。"他们迟到了。"他抱怨道。他看到所有人都不断地转过身子,盯着他看。[8] 兴奋的嗡嗡声越来越响亮,窃窃私语在人群中传开——沙皇就在隔壁房间,而彼得也变得愈来愈焦急。他想逃开,但必须先穿过被观众挤得水泄不通的大厅。几欲发狂的他要求维特森命令联省议会的议员们把头转开,不要在他穿过大厅时看他。维特森告诉彼得,他无法对这些绅士下命令,因为他们是荷兰的统治者,但他会请求他们这么做。议员们的答复是,如果沙皇在场,他们很乐意起立,但不愿转过身去。听到这些后,彼得以假发掩面,快步穿过大厅,进入门廊,而后走下楼梯。

几分钟后,大使们来到大厅,接待会开始了。勒福尔用俄语发表演讲,而后有人用法语译出。他将大批黑貂皮送给"诸位议员阁下"。勒福尔在莫斯科时一身欧式装束,如今他为了出席接待会,穿上了一件俄国式的金色毛皮绲边布袍。他的帽子和剑上镶着闪亮的钻石。戈洛温和沃兹尼岑的衣服是用黑色缎子制成的,上面缝着黄金、珍珠和钻石;他们的胸前别着一枚大奖章,内嵌一幅沙皇的肖像画。他们的肩膀上覆有一只用金线绣成的双头鹰。这几个大使给人们留下了良好印象,而俄式服装也得到了大家的高度评价。人人都在谈论沙皇。

在海牙时,彼得依旧隐瞒自己的官方身份,他私下与一些荷兰政客面谈,但不愿被人在公开场合认出来。出席一场为使节团举办的宴会时,他坐在维特森旁边。他继续与威廉私下会面,但没有只言片语的会谈记录存世。最后,他对大使们得到的招待很满意,于是放手让他们自行处理与联省议会的实际谈判,自己则回阿姆斯特丹的造船厂工作去了。使团获得的成果很有限。荷兰人对讨伐土耳其人不感兴趣。由于对法战争所导致的债务已堆积如山,再加上他们必须重建本国海军,荷兰人也拒绝了俄国人提出的帮助他们建造、武装70艘战舰和百余艘桨帆船以用于黑海作战的请求。

在秋季,彼得频频乘车穿越一马平川的荷兰乡间,游览沿途风景,维特森经常陪在他身边。在马车驶过那些曾是浅海海底的地区时，他的目光就落到了车外的风景上，那里散布着一座座风车和砖砌的教堂尖顶；一片片草场上面到处都是正在吃草的牛群；一座座用砖盖成的小镇，而镇子的街道也是用砖铺的。小河和运河内挤满了小船和驳船，这让彼得愉悦不已。这里的水域往往被平坦的地势所遮没，此时棕色的船帆和桅杆看起来就像无所依托一般，在广阔的原野间穿行着。

登上一艘官艇后，维特森将彼得带往位于北海海岸的泰瑟尔（Texel）岛，观看格陵兰捕鲸船归来的情景。此地位置偏远，分布着一个个长长的、起伏的沙丘，白色沙滩的边缘长着一棵棵低矮的树。在港口，彼得登上一艘坚固的三桅船，上上下下检查了一番，还问了一大堆与捕鲸有关的问题。为了向他演示一番，捕鲸者将一艘捕鲸船放下来，船员演示了怎样用鱼叉攻击鲸。彼得对他们的严谨与协作感到惊诧不已。而后，尽管这艘船散发着鲸脂的臭味，沙皇还是下到船舱内，参观了那些用来屠宰鲸鱼、煮鲸脂提炼珍贵鲸油的房间。

彼得曾数次悄悄返回赞丹，拜访那些仍在当地工作的同伴。缅什科夫学习制作桅杆的知识，纳雷什金进修航海知识，戈洛夫金和库拉金则在研究船体构造。他往往乘船前往那里，或是在访问期间出海。有一次，他不听劝告，冒着风暴行船，结果座船再度倾覆。彼得从船身内爬了出来，耐心地坐在仰面朝天的船底上，等待着救援到来。

尽管在码头干活的时候，他的隐私可以得到保护，但当他在艾湾航行的时候，与世隔绝就成了不可能的事。满载着好奇人群的小船经常试图贴上来，这种做法总是把彼得弄得火冒三丈。有一次，在几个女乘客的极力要求下，一艘邮船的船长打算靠到彼得座船边上去。彼得一怒之下，把两个空瓶子掷向船长的脑袋。他没能击中目标，但邮船掉转航向，不再打扰他了。

一到荷兰，彼得就拜会了当时荷兰海军的主要将领希勒斯·沙伊（Gilles Schey），他是德·鲁伊特尔的学生。在沙伊的安排下，彼得欣赏到了访问期间最令他印象深刻、心情愉悦的一幕奇观：一场在艾湾举行的大规模模拟海战。荷兰北部的船主被邀请前来参演，所有拥有承载能力的船只都被装上了火炮。一队队志愿兵被分配到大型船只的甲板和瞭望台上，他们负责模拟战役期间火枪手持枪射击的情景。周日早上，万里无云，清风拂面，数百艘船只集结于一座堤坝边上，而堤坝另一侧排列着数千名旁观者。

彼得和使团成员登上东印度公司的豪华游艇，朝对阵双方的舰队驶去，这两支舰队此时已组成两道迎面相对的战列线。向来宾致敬后，"战役"开始了。首先，双方战舰排成线列队形，以齐射火力对攻；而后，一些单独的舰对舰战斗开始了。战斗进行着，一艘艘战舰在前进、撤退，一次次抓钩和登舷行动在实施，硝烟弥漫，杀声震天。这一切让沙皇兴奋不已，竟让座舰驶向战斗最为激烈的地段。雷鸣般的炮声持续不断，在场的每个人都丧失了听力，"沙皇欣喜若狂，其状态难以形容"。[9]下午发生了几次碰撞事件，沙伊上将不得不发信号让"交战"双方终止行动。

彼得经常和沙伊一起吃饭，他试图劝说这位上将去俄国监督俄国舰队的组建工作，并在舰队下海后担任统帅职务。他开出的条件是：沙伊可以得到他想要的任何头衔；2.4万弗罗林的年金；如果他的妻儿更愿意留在荷兰，他们也可以得到年金。他还允诺由他自己出面与威廉交涉。沙伊婉言谢绝了，无论如何，这并未令彼得对他的敬意下降半分。沙伊向彼得举荐了另一位将领，此人同样有能力监督、统领舰队。他叫科尼利厄斯·克勒伊斯（Cornelius Cruys），出生在挪威，父母都是荷兰人，眼下在位于阿姆斯特丹的荷兰海军部担任海军军需物资、装备总监一职，官衔为海军少将，且已经以这个身份为俄国人购置海军装备提供建议。克勒伊斯正是彼得所需要的那种人，但他与沙伊一样，对彼得的提议表现得很冷淡。只是在沙伊、维特森和其他著名人士的一致劝说下，这位将军才勉强同意——他们认为克勒伊斯去俄国后，可以有力地推动对俄贸易。

除了造访海牙及参观荷兰其他地区的各种风土人情，其余时候彼得就一直安安稳稳地待在造船厂里干活，这一状况持续了4个月。11月16日，在给巡防舰装上龙骨9周后，舰体做好了下水准备。在下水仪式上，维特森以阿姆斯特丹市的名义，将这艘战舰作为礼物赠给彼得。深受感动的沙皇拥抱了市长,并立刻将巡防舰命名为"阿姆斯特丹"号。其后,在装载彼得购置的大批物品和机器后,它被派往阿尔汉格尔。尽管得到一艘船令彼得欣喜不已,从造船师傅赫里特·波尔那里收到的一纸证书更令他感到自豪。它证明,在这座造船厂工作了4个月的彼得·米哈伊洛夫是个合格、能干的造船工,并且已经彻底掌握了造船工程的相关知识。

尽管如此,在荷兰受到的教育还是令彼得烦恼不已。他所学的仅仅是造船用木工知识——比他在俄国学到的同类知识要强,但这并不是他想要的。彼得想掌握的是船舶设计的基础性诀窍,说白了就是船舶工程学知识。他要的是用科学方法制作并经过数学验算的船舶设计图,而不仅仅是如何更巧妙地使用斧头和锤子的技艺。但荷兰人凡事遵循经验主义,造船方面自然也不例外:每家荷兰造船厂都按自己的老一套来设计船舶,荷兰船匠们则个个因循守旧,根本没有什么基本原理能让彼得带回俄国。为了让一支大半为无技能工人的劳工队伍打造出一支在千里外的顿河河面上航行的舰队,他需要一些便于对那些之前连船都没见过的人讲解,同时又能让他们轻易理解、模仿的知识。

彼得对荷兰人的造船方式越来越不满,并通过多种方式表达了这种情绪。第一,他通知沃罗涅日方面,不可再让在当地工作的荷兰造船工以他们喜欢的方式造船,而要将他们置于英国、威尼斯和丹麦造船师的监督下。第二,如今他的巡防舰已经完工,他决定前往英国,学习英国的造船工艺。11月,在与威廉的一次面谈中,彼得提到,自己很想造访英国。当国王返回伦敦时,彼得派亚当·魏德(Adam Weide)少校随后而行,此人带来了申请准许沙皇微服访英的正式请求。威廉的反应让彼得喜出望外。国王的答复是,他正在建造一艘崭新、华丽的王室游艇,准备把它作为礼物送给彼得。如今它尚未完成,等完工时,它将是英国比例最优雅、速度最快的游艇。此外,威廉国王还宣布:他将派两艘战舰——"约克"号(Yorke)和"罗姆尼"号(Romney),以及三艘小船,交由海军中将戴维·米切尔爵士(Sir David Mitchell)指挥,护送沙皇来英。彼得决定只带缅什科夫和几个"志愿者"前往,将勒福尔和大特使团的大部分成员留在荷兰,让他们继续与荷兰人谈判。

1698年1月7日，在荷兰待了近5个月后，彼得和他的伙伴们登上米切尔中将的旗舰"约克"号。翌日清晨，"约克"号扬起风帆，劈开灰白色的海水，横穿狭长的带状海域——正是它将欧洲大陆和英国一分为二。

# 16

# 彼得在英国

在彼得访英的年代，伦敦和巴黎是欧洲人口最为稠密的两座城市。在商业财富方面，伦敦仅次于阿姆斯特丹，但很快就接替了后者的位置。然而，伦敦的独一无二之处在于这座城市对所在国的支配程度。伦敦与巴黎一样，是本国首都和本国政府所在地；它又与阿姆斯特丹一样，是本国最大的港口，是本国商业、艺术和文化的中心。然而在英国，这座城市的规模令其他所有城市都相形见绌。若将周边地区也计算在内，伦敦拥有75万居民，而英国的第二大城市布里斯托尔（Bristol）仅有3万人口。换言之，10个英国人中就有1个是伦敦人，而40个法国人中只有1个生活在巴黎。

1698年的伦敦城区大部分位于泰晤士河北岸，从塔丘（Tower Hill）一直延伸到议会大厦（Houses of Parliament）。泰晤士河是这座城市的一条宏伟主干道，一座名为伦敦桥（London Bridge）的桥梁横跨上方。这条河宽750英尺，从沼泽遍布、芦苇丛生的两岸之间奔腾而过，河岸上散布着一座座修剪得齐齐整整的花园和一片片绿色草地，石制河堤将于日后出现。泰晤士河在这座城市的生活中扮演着关键角色。河内总是挤满船只，河流被当成了从城市的一处前往另一处的通道。数以百计的船工划着小小的船儿，选择他们提供的服务比选择穿过拥挤的街道要更快捷、更干净，也更安全。秋冬时节，厚重的雾霾打着旋子，从泰晤士河上升起，而后翻滚着穿过街道，将一切都裹在一层含毒的厚厚棕色水汽中，这种水汽是混杂着烟尘的雾气的杰作，而烟尘是从数千根烟囱中喷吐而出的。

伦敦，这座彼得徒步造访、考察的城市富得流油、充满活力、污秽不堪又危机四伏。狭窄的街道上堆满了垃圾和脏物，它们可能是从任何一扇悬空的窗户中随意丢出的。就连主干道也黑咕隆咚、闷不透风，原因在于贪婪的建筑商渴望获得更多的建筑空间，将高处楼层盖成向外突出、垂悬于街道上方的样子。在这些阴暗的小巷内，到处都是成群结队、推来挤去的伦敦人。交通堵塞极为严重。成列的马车和出租车在街道上印下深深的车辙，弄得车厢内的乘客被抛上抛下，以至于他们呼吸困难、恶心作呕，有时甚至会到一身淤青的地步。当两辆马车在狭窄的街道上迎面相遇时，可怕的争吵就会随之而来，两个车夫"用邪恶的头衔和尖刻的诅咒彼此问候，就好像每个人都在争辩谁该先去魔鬼那里报到一样"。[1] 为了避免被泥浆溅上或遭到他人推挤，由两名壮汉抬着的轿椅在短途出行中应用很普遍。马车中最大的一种是轿式四轮大马车，它们载着一批批商务旅行者和来自乡村地区的访客，从公路驶入伦敦。这些人的目的地是旅店，疲惫的乘客可以在那里吃到卷心菜、布丁、威斯特伐利亚火腿、鸡肉、牛肉、红酒、羊排和鸽肉。第二天早上起来后，他们的早餐有麦芽酒和吐司。

伦敦是一座充满暴力的城市，粗俗和残忍在这里成为乐趣，无人保护的天真者很快就会被碾得粉碎。妇女的合法年龄①是12岁（直到1885年为止，英国妇女的合法年龄一直是12岁）。犯罪有如家常便饭，在某些城区，街道上响起的"杀人啦！"的喊声让人们无法入眠。当众执行的鞭刑是热门节目。死刑会引来大批围观者。逢到"绞刑日"（Hanging Day），工人、商店店主和学徒都丢下手头的工作，将街道挤得水泄不通。他们戏谑着，欢笑着，希望能看到死刑犯的长相。有钱的女士和男士出钱订下窗口和阳台的位置，在那里，他们可以居高临下地观察从新门监狱（Newgate Prison）到泰伯恩（Tyburn）刑场的路况——处决就在那里执行。他们也会包下最好的席位——一座为提供无遮挡视野而立起的木制看台。最为骇人的刑罚是针对叛国者的：绞刑、剜刑、肢解。受刑人被吊起，直到被勒得奄奄一息为止。然后，他被砍倒在地，在仍未断气的情况下剜出内脏。接着，在斩去犯人的头颅后，犯人的躯干被切成四块。

体育运动因染上血腥而被严重玷污了。人们花钱观赏暴怒的獒犬攻击

---

① 指可以合法与人发生性关系和结婚的年龄。——译注

公牛和熊的表演；熊的牙齿往往被锉平，当獒犬跳起来撕咬它的时候，这头困兽只能用巨大的巴掌狠狠拍击。斗鸡活动引来了赌徒的关注，不计其数的金钱被当作赌注，押在这些受过特别训练的家禽身上。

但是，尽管伦敦有着暴力的一面，优雅、美丽和文明的生活同样是这座城市的重要组成部分。在那个时代，英国最伟大的建筑师克里斯托弗·雷恩（Christopher Wren）爵士在那些被伦敦大火烧得精光的地方，立起了52座崭新的堂区教堂。它们那纤细、闪亮的尖塔为伦敦勾勒出一条令人惊叹、与众不同的天际线。雷恩的杰作圣保罗大教堂（St. Paul's Cathedral）的巨型穹顶高高耸立其间。这座教堂的修建花了41年时间；在彼得抵英前夕，唱诗班刚刚开放，以供公众参拜。

对智者而言，伦敦生活是以数百家咖啡馆为中心的，那里的会话可以围绕着任何天下事展开。随着时间推移，各式各样的咖啡馆开始被专门用于讨论政治、宗教、文艺、科学思想、商业、航运业或农业话题。访客选中一家讨论中意话题的馆子后，就可以走进去，坐在炉火旁，一边啜饮咖啡，一边倾听各种才华横溢、富有见地、热情洋溢的观点。优秀的会话者可以磨砺他们的才智，作家可以讨论他们的困境，政治家们可以协商和解，孤独者可以找到简单的温暖感觉。在劳埃德（Lloyd）咖啡馆，海洋运输保险业迈出了它的第一步。在威尔（Will）咖啡馆，爱迪生将拥有分别位于炉边和窗口的冬季及夏季专属座位。

这就是1698年的伦敦。对更大的政治组织——英国本身来说，17世纪是过渡的时期，这个国家正从16世纪女王伊丽莎白一世治下相对无足轻重的小小岛国转变为18、19世纪的欧洲强权和世界帝国。当伊丽莎白于1603年去世时，都铎王朝（Tudor Dynasty）亦同时寿终正寝，此时英国已经打败了腓力二世和他的无敌舰队，从而得以免受野心勃勃的西班牙侵害。但英国对欧洲事务仍没有多大发言权。当苏格兰女王玛丽之子——苏格兰国王詹姆士六世从爱丁堡（Edinburgh）来此并成为英王詹姆士一世的时候，王朝问题得以解决，持续一个世纪的斯图亚特王朝统治随之开始。在这个世纪的前半叶，英国专注于本国问题，试图解决纠缠不清的教会、王室与议会的相对权力问题。当内战因争吵而爆发时,斯图亚特王朝的第二位国王查理一世掉了脑袋。在接下来的11年时光里,英国为目光严厉的护国主奥利弗·克伦威尔所统治。甚至当查理二世于1660年复位时,国内的宗教矛盾依然尖锐。整个国家被分为天主教阵营和新教阵营,以及均属新教阵营的英国国教阵营和非国教阵营。

然而,英国的国力与日俱增,野心也水涨船高。17世纪中期,荷兰人控制着全世界的远洋贸易,但英国航海家和商人渴望着挑战他们,随之而来的三次英荷海战动摇了荷兰人的霸权。其后,在西班牙王位继承战争期间,马尔伯勒公爵约翰·丘吉尔四度在战场上大破法国军队,并攻陷了一座座号称"永不沦陷"的要塞。正当他就要把太阳王赶出凡尔赛时,来自政府的一纸决定终结了战争,也夺走了他的胜利果实。尽管如此,英国不仅战胜了法国,还战胜了自己的盟友荷兰。旷日持久的战争令富甲一方且资源动员能力超强的荷兰也遭受了过度损耗。荷兰在欧洲大陆的处境比英国脆弱得多,在竞争过程中,它那庞大的远洋贸易业受到了严格限制,英国的远洋贸易却日渐繁荣。两个政权在17世纪近乎平起平坐,进入18世纪后,情况快速变化。荷兰人的实力迅速衰落,荷兰也滑落至次要国家行列。英国则从马尔伯勒的一系列战争中崛起,成了世界海洋的霸主。凭借手中的制海权,英国一跃成为殖民地遍及全球的世界帝国。

彼得访英期间,正值英国向世界强国过渡的关键阶段。《里斯维克条约》为第一次大规模反法战争画上了句号,太阳王的权力受到了限制。而最终之战,即西班牙王位继承战争将于4年后开始,但此时的英国已是活力十足,它以自己那旺盛的精力作为燃料,推动马尔伯勒公爵在陆地上取得一场场胜利,促使皇家海军成为海洋的主人。英国的商业财富仍无法与法国的肥沃土壤相抗衡,但它拥有一项不可战胜的优势:它是一个岛国。它的国土安全并不依赖荷兰在西属尼德兰地区维持的要塞链,而是滔天巨浪和本国舰队。尽管舰队开销甚巨,但比起陆军和要塞的花费还是来得低。路易组建了数十支法国大军,但此举是以本国人民被赋税压垮为代价的。在英国,由议会投票决定的税额令人痛苦,但并没有到令人崩溃的程度。英国经济的恢复能力和英国国库的耀眼财富令欧洲各国惊诧不已。对于一个迫切希望带领本国人民从单一的农业经济中走出来、一举进入现代世界的到访君主而言，英国的体系不可能不令他印象深刻。

英国皇家海军舰艇"约克"号是彼得迄今为止乘坐过的最大的一艘战舰，在历时24小时的横渡英吉利海峡航程中，他饶有兴致地观察着这艘船的操作流程。尽管风雨交加，但在整个航程中，沙皇一直留在甲板上，不停地问这问那。船在波涛汹涌的海面上上下颠簸、摇摇晃晃，但彼得一定要爬到桅杆上研究索具。

次日清晨，这支小小的舰队抵达萨福克海岸，海岸要塞鸣炮致敬。在泰晤士河河口，彼得和米切尔中将从"约克"号转移到小型游艇"玛丽"号上。在另两艘游艇的陪伴下，"玛丽"号沿着泰晤士河而上，于1月11日早晨泊于伦敦桥附近。彼得在此处转乘一艘皇家驳船，它沿河而上，驶向位于斯特兰德（Strand）的一座靠岸码头。他遇到了一名宫廷侍从，后者带来了威廉国王的欢迎词。彼得以荷兰语答复，会讲荷兰语的米切尔中将担任翻译。彼得对米切尔钦佩不已，他向国王提出的第一个要求是委派米切尔为全程官方陪同和翻译。

彼得在伦敦的最初几天是在诺福克街（Norfolk Street）21号的一座房屋内度过的。应他的要求，英国人选中的是一栋小而简陋、房门直通河岸的建筑。沙皇抵达两天后，国王亲自做了一次非正式拜访。威廉乘坐一辆不起眼的小马车到来，他发现沙皇仍旧身穿衬衫，待在与4个俄国人共用的卧室内。两位君主开始交谈，但威廉很快发现，小小的房间里空气过于暖和、浓稠，导致他哮喘加剧——一到这里，彼得就按照莫斯科的习俗把窗子关上了：在莫斯科，为了御寒，从早秋到春末，双层窗户都是封死的。无法呼吸的威廉恳求彼得将窗户打开。窗户一开启，新鲜、寒冷的空气就灌进了室内，威廉大口大口地呼吸起来。

23日，彼得在米切尔中将和两个俄国同伴的陪同下，驱车前往肯辛顿宫（Kensington Palace），开始了对英国国王威廉的首次访问。这次会晤的时间要长于荷兰的那次短暂会谈，或在诺福克街的憋闷房间内进行的那次简短会面。尽管彼得与威廉之间的关系从未亲密过——热情、粗野、专断的25岁沙皇与孤独、疲惫、忧郁的国王之间的距离实在是太遥远了，但威廉对彼得很感兴趣。沙皇的活力和求知欲给他留下了深刻印象。除此之外，彼得出于对威廉和他的人生成就的崇拜，说了一些恭维的话，这让威廉喜不自禁。而沙皇对威廉之敌路易十四采取敌视态度，也令一生都致力于组建反法同盟的威廉高兴不已。至于彼得，尽管威廉的年龄和性格决定了自己很难与他成为朋友，但沙皇仍对他的荷兰英雄保持敬意。

与国王的交流结束后，彼得被引见给王嗣——33岁的安妮公主，她将在4年内继承威廉的王位。在威廉的说服下，沙皇留下来见证了一场舞会，但为了继续隐瞒身份，他只是透过房间墙上的一扇小窗观察情况。他对安装在肯辛顿宫主廊道的一个风速计的结构产生了强烈兴趣。通过把几根杆子与屋顶上的风向标连在一起，这个风速计可以标明风向。其后，彼得将在位于圣彼得堡、依涅瓦河而建的小小夏宫内装上一个一模一样的装置。

在这次会见中，威廉还说服彼得摆出正襟危坐的姿势，让戈弗雷·内勒爵士为他绘制一幅肖像画，同一时期的人们认为这幅作品与彼得本人惊人地相似。今天，内勒原作被挂在肯辛顿宫的皇家画廊，近300年前，威廉正是在这里提出绘制肖像画的建议。

彼得对肯辛顿宫的访问是他在伦敦期间的唯一一次礼节活动。他坚定地继续隐瞒自己的身份。只要高兴了就在伦敦城里四处转转，即使在冬日，他也频频徒步出行。和在荷兰时一样，他跑到作坊和工厂，不停地要求观看所见之物的运作方式，甚至索取草图和说明书。他顺路拜访了一位钟表匠，买了一只怀表，而后在那里逗留了一阵，学习如何拆解、修理和组装这种结构复杂的机械装置。英国棺材的木工工艺给他留下了深刻印象，于是他买下一具棺材，用船运回莫斯科，充当模型。他买了一只鳄鱼标本和一只旗鱼标本，这些异国生物从未在俄国出现过。他造访过一次伦敦剧院，然而观众更多是盯着他看，而非盯着舞台看，于是他向后退去，躲到同伴身后。他与游艇"皇家运输"号（*Royal Transport*）的设计师见了面，这艘游艇正是国王给他准备的礼物。他惊讶地发现，设计者是一个年轻、嗜酒的英国贵族，这号人正合他的胃口。卡马森（Carmarthen）

侯爵佩里格林·奥斯本（Peregrine Osborne）是查理二世的重臣丹比（Danby）之子，如今的头衔是利兹（Leeds）公爵。他凑巧也是一流的海员、富有独创精神的设计师，还是高贵的酒鬼。卡马森将自己喜爱的饮料介绍给彼得：一杯掺胡椒粉的白兰地。两人频频光顾大塔街（Great Tower Street）的一家酒店，弄得它干脆更名为"俄罗斯沙皇国沙皇"（Czar of Muscovy）酒店。彼得与卡马森邂逅了当时的头号女演员莱蒂西娅·克罗斯（Laetitia Cross）。彼得喜欢她陪在自己身边，莱蒂西娅知道自己可以拿到一些酬劳，于是在彼得留英期间与其同居。

当然，在伦敦，最吸引彼得的风景还是由商船桅杆构成的丛林，这些商船成排成排地停泊于浩瀚的商船队锚地"伦敦池"（Pool of London）。根据丹尼尔·笛福（Daniel Defoe）于某一天的统计，单在"池子"内停泊的船只就不少于2000艘。尽管彼得恨不能立刻就在泰晤士河下游的码头和造船厂开始自己的船匠生涯，但他的心愿因河面结冰而暂时落空。事有凑巧，1698年的冬天格外寒冷。泰晤士河上游部分河段结了冰，人们可以从萨瑟克区（Southwark）步行前往伦敦。卖馅饼的、变戏法的和小男孩在冰层上做生意、做游戏。但是水路无法通行，彼得的计划也只能延后。

为了更加便利，也为了摆脱那些开始尾随自己出行的人群，彼得搬到德特福德（Deptford），住在塞斯宫（Sayes Court），这是一栋由英国政府提供、陈设精美的大屋。这栋住宅属著名散文家和日记作家约翰·伊夫林（John Evelyn）所有，它是伊夫林的骄傲；他花了45年时间布置宅子里的花园、草地滚木球场、碎石小径和小树林。为了给彼得和他的伙伴腾地方，另一名住客——海军上将本博（Admiral Benbow）已经搬了出去，而屋子也特地被重新装修了一番。对彼得而言，这栋住宅的魅力在于它的规格（他的那帮随员全住进去都没问题）、它的花园（他私下可以在这里放松自己），以及花园尽头的那道门（正对着码头和泰晤士河）。

对伊夫林来说，不幸的是，这些俄国人无论对他的名望还是对他以毕生精力缔造的美景都毫无敬意。他们肆意蹂躏他的住宅，甚至当他们仍住在这里的时候，伊夫林浑身战栗的管家就写信给他的主人：

如今这里满屋子是人，污秽不堪。沙皇在藏书室隔壁睡觉，在紧挨着您书房的客厅内吃饭。他的用餐时间是上午10点和晚上6点。他很少在屋子里待上一整天，经常跑到皇家工场（造船厂）里去，或是穿着几件礼服在河里泛舟。国王陛下预计今天会到这里来；为了招待他，最好的会客厅被打扫得干干净净。陛下会掏钱补偿他（沙皇）的所作所为。[2]

但是，直到俄国人住满3个月后离开，伊夫林回来查看自己那栋原本挺漂亮的住宅时，它所遭受的损害程度才完全暴露出来。惊骇万分的伊夫林匆匆赶往皇家测量师克里斯托弗·雷恩爵士和皇家园林师伦敦先生（Mr. London）处，请求他们估算一下维修费用。他们发现，地板和地毯被墨水弄得污迹斑斑，上面涂满油脂，以至于必须铺设新地板。荷兰式火炉上的瓷砖被一块块扯下来，黄铜门锁被撬开。油画被捣得稀烂，肮脏不堪。窗户被打碎，超过50把椅子——全都是室内座椅，彻底不见了，可能被丢进了炉子里。羽绒床垫、床单和床顶篷被扯裂，就好像遭到野兽撕扯一般。20幅绘画和肖像画上面布满洞眼，可能是被当作练习射击的靶子。在屋外，花园遭到毁坏。草地遭到践踏，成了一团团泥巴和尘土，"就好像有一整团士兵穿着铁鞋在那里操练"。[3]蔚为壮观，长400英尺、高9英尺、厚5英尺的冬青树篱笆被人用独轮手推车强行碾平。草地滚木球场、碎石小径、灌木丛和树丛全部惨遭毒手。邻居说，这些俄国人找到了3辆独轮手推车，他们在俄国从没见过这玩意儿，于是发明了一种游戏：一个人，有时是沙皇，坐在车内；另一人推着他，疾速冲进树篱笆内。雷恩和他的同事将这些统统记了下来，并给出了建议，伊夫林借此获得了350镑9便士的赔偿金，这在当时是一笔巨款。

毫不令人意外的是，在一个宗教冲突不断的年代，新教的传教精神被一个充满求知欲、有意将西方技术引入落后祖国的年轻君主的到来唤醒了。如果造船技术可以被带回俄国，宗教为什么不可以？有传闻称，彼得对传统的东正教信仰并非全心全意，且对其他信仰颇感兴趣，这令那些锐意进取的新教徒浮想联翩。有没有可能让这位年轻君主改宗，进而通过他，让他治下那些未开化的俄国子民改宗？至少可否实现圣公会与东正教会的联合？这一希望令坎特伯雷大主教（Archbishop of Canterbury）激动不已，连威廉国王都动了心。在国王和大主教的指示下，大名鼎鼎的英国教士、索尔兹伯里主教吉尔伯特·伯内特（Gilbert Burnet）拜访沙皇，"将那些他愿意接受的信息，例如关于我们的宗教、宪制的信息提供给他"。4

2月15日，彼得接见了伯内特和一个正式的圣公会教士代表团。彼得对伯内特有好感，他们会过几次面，每次都要谈上几小时，伯内特是来教导、说服彼得的，但发现，让彼得改宗的可能性为零。彼得只是众多有意输入西方技术的俄国人中的第一人而已，天真的西方人却误以为输出西方哲学、思想的机会也到了。沙皇对新教教义只是客观冷静看待而已。他对包括东正教在内的宗教信仰均持怀疑态度，对每一种宗教的形态与教义，他都要搜检一番，看看其中有没有能为他和他的国家所用的部分。会谈结束后，伯内特带彼得前往兰贝斯宫（Lambeth Palace）拜会坎特伯雷大主教。彼得拒绝了参加圣保罗大教堂祷告仪式的邀请，因为那里人山人海，但用早餐前，他在大主教的私人礼拜堂内领取了圣公会圣餐。在早餐时，两人进行了一次长谈。

沙皇返俄多年后，伯内特将他对这位年轻、高大、曾与自己真诚对话的俄国君主的印象记录了下来：

> 我经常为他服务，并遵照国王、大主教和主教的命令陪在他身边。我身边有很棒的翻译，所以我可以毫无困难地与他对话。他是个脾气非常急躁的人，三言两语就能让他上火，而他在暴怒时作风极其野蛮。他亲手精馏大量白兰地，对此事非常投入，狂喝滥饮，结果他心中那与生俱来的激情越烧越旺。他无法控制身体各个部位的抽搐动作，他的脑子似乎也因此受到影响。他并不缺乏才干，知识储量也已经超过了他所接受的劣质教育可能给予的；判断能力不足、情绪不稳，这两种现象在他身上体现得太过频繁，也太过明显了。他生来就喜欢机械，看来上天似乎有意将他塑造成一名船上木工，而不是一

位伟大的君主。他在这里主要研究和练习的正是造船用木工技术。他亲手制作了一大堆东西，还让他身边的所有人动手制作船模。他亲口告诉我，他如何在亚速打造了一支庞大的舰队，又如何利用它攻打奥斯曼帝国；但他似乎并不具备指挥这样一支大舰队的能力，尽管在这之后，他在自己指挥的战争中表现出了比当时强得多的天分。他很想了解我们的教义，但似乎并不打算改善俄罗斯沙皇国的宗教状况。事实上，他决心鼓励本国人民向外界学习，并计划将一些臣民送到其他国家游历，好让他的子民变得更优雅些。他还打算吸引外国人来俄定居。

他似乎仍担心他姐姐会在暗中策划阴谋。他的性情中既有热情的一面，也有严厉的一面。他是个果决的人，但对战争知之甚少，而且似乎根本没有钻研的兴趣。在频频与他见面并深入交流后，我不得不对上帝的深谋远虑佩服得五体投地：他创造了一个如此狂暴的人物，让他对一个如此广袤的国度拥有如此绝对的控制权。[5]

彼得对教会事务的兴趣超出了英国国教领域。有传闻称，他对新教颇感好奇，各种教派，无论是否狂热，都觉得可能赢得一个改宗者或支持者。改革家、极端主义者、慈善家和纯粹的江湖骗子都在接近沙皇，希望通过他，将他们的个人信仰引入遥远的彼得的祖国。他们大多遭到彼得的无视。沙皇对贵格会却兴趣盎然。他参加过几次贵格派的集会，并最终结识了威廉·佩恩（William Penn）。此人从查理二世手中获得了幅员辽阔的宾夕法尼亚殖民地的所有权，交换条件是不再追索王室欠下的巨额贷款。佩恩实际上只在自己的"神圣试验地"待过两年，这片新大陆土地被专门用于实行宗教信仰自由。彼得访英期间，他正准备再一次前往那里。听说彼得参加过一次贵格会的礼拜仪式后，佩恩于4月3日前往德特福德会见沙皇。佩恩说的是荷兰语，两人就以这种语言交谈，佩恩将自己的一些荷兰语作品送给彼得。佩恩来访后，彼得继续参加德特福德的贵格派集会。他尽可能地按照仪式规定的那样站起、坐下，长时间保持沉默，不停地环顾四周，观察别人的动作。这次经历令他久久难忘。16年后，在德意志北部的荷尔斯泰因（Holstein）省，彼得发现了一座贵格派的礼拜堂，他与缅什科夫、多尔戈鲁基，以及其他几个人一道参加了礼拜。除了彼得，其他俄国人完全听不懂礼拜者的话，但他们静静地坐着，沙皇偶尔会弯下身子，为他们解释。当礼拜仪式结束时，彼得向他的随员宣称："无论是谁，只要能按照这种教义去生活，就会过得很快乐。"[6]

就在这几周里，彼得与英国教会领袖做了一次会谈，还与他们达成了一桩交易，他很清楚，这桩交易将大大刺痛本国东正教士的心。按照东正教会的传统，烟草这种"邪恶的药草"是禁止使用的。1634年，彼得的祖父沙皇米哈伊尔禁止吸烟，也不允许将烟草用于任何其他用途，违者处以死刑；其后，刑罚有所减轻，俄国人如果在抽烟时被抓到，只会受到切开鼻孔的惩罚。尽管如此，由于外国人的大举入境，这一习惯依旧在俄国传播开来，受罚者却寥寥无几；沙皇阿列克谢甚至曾在一个很短的时期内开放烟草销售，并将其变为国家专卖商品，但教会和所有思想保守的俄国人依旧持坚决反对态度。彼得自然不会理会这种不满情绪。在青少年时期，他就在他人的介绍下接触烟草。有人曾于夜间看到他与他的荷兰、德意志朋友在德意志区相聚时，嘴里叼着一根用黏土做的长烟斗。在与大特使团一道离开俄国前，彼得颁布了一道敕令，将销售、吸食烟草的行为合法化。

在英属殖民地中，地域辽阔的马里兰（Maryland）、弗吉尼亚（Virginia）和北卡罗来纳（North Carolina）殖民地拥有烟草种植业。巨大的烟草新市场可能对英开放，这一突如其来的消息令英国人大为兴奋。烟草商人已请求国王代表他们向沙皇说项。凑巧的是，对这件事最感兴趣、最能左右其走向的人恰恰是彼得的新朋友卡马森。当卡马森将一群英国商人提出的由他们负责俄国烟草专卖的建议带给彼得时，彼得立刻来了兴趣。他认为，吸烟这种西方习惯若能在俄国推广开来，将有助于削弱东正教会的铁腕控制。不仅如此，其中还蕴含着一个更为直接的吸引因素——钱。彼得和大特使团眼下急需资金。即使有来自东道国的资助，250名俄国人的海外开销仍十分巨大。此外，彼得在荷兰的代理人也在招募水手、海军军官、造船工人及其他人员。他们必须支付首笔定金，预付薪水和旅行开销。代理人忙于采购大批商品、仪器、机器和模型,结果他们不得不租下10艘船,来将这些货物连同募得的人员一起运回俄国。使团的钱袋一次次被掏空,莫斯科方面一次次收到汇出巨款的要求。无底洞却始终没有填满的一天。

在这种情况下,卡马森的提议是很有诱惑力的。他愿意支付2.8万英镑,交换条件则是让150万磅烟草免税进入俄国,并不受限制地在俄国市场销售。从彼得的立场来看,最重要的一点是卡马森准备在伦敦向彼得预付现金。合同于1698年4月16日签订。当沙皇喜气洋洋地将此事公之于众时,勒福尔的回应是:"按照您的命令,(身在荷兰的)我们喝干三高脚杯酒后,方才拆开您的信。读完信后,我们又干掉三杯酒……说真的,我认为这是笔漂亮的生意。"可以想见,这一回复将令彼得笑逐颜开。[7]

不在造船厂干活时,彼得就急匆匆地赶往伦敦及邻近地区,打算把有意思的地方看个遍。他造访格林尼治海军医院(Greenwich Naval Hospital),它是由克里斯托弗·雷恩设计的,被人认为是"堪称最为庄严的英式建筑之一"。[8]威廉三世在以红砖造就、橡木为饰的肯辛顿宫内过着简朴的生活,彼得对此表示赞许,但这栋气势雄伟的医院及它那面朝泰晤士河的双子柱廊深深触动了他的心灵。格林尼治之行结束后,沙皇与国王一起吃饭,此时他忍不住开了口:"陛下,如果我能给您提意见,我会建议您把您的宫廷搬到这座医院来,而让病患搬到您的宫殿去。"[9]在威斯敏斯特大教堂(Westminster Abbey)内,彼得看到了英国历代君王的陵墓(当然,还有那些卖苹果和牡蛎的小贩)。他参观了温莎城堡(Windsor Castle)和汉普顿宫(Hampton Court),但相较于皇宫,他还是对那些正在运作的科研和军事机构更感兴趣些。在格林尼治天文台(Greenwich Observatory),他与皇家天文学家讨论数学。在英国的主要火炮铸造厂伍尔维奇兵工厂(Woolwich Arsenal),彼得发现了一个与他性情相投的人——军械官罗姆尼(Romney),他可以与这个人分享火炮和烟火带来的乐趣。当时的伦敦塔担负着兵工厂、动物园、博物馆和皇家铸币厂所在地的职能。在彼得参观中世纪铠甲展厅时,50年前砍下查理一世脑袋的那把斧头没有被拿出来展示。东道主们犹记得,彼得的父亲阿列克谢沙皇得知英国人民将他们的君主斩首后，在狂怒之余剥夺了在俄英商的一切特权。因此，这把斧头被藏了起来，没让彼得看到。"仿佛是在担心他会将它丢进泰晤士河一般。"[10] 对彼得而言，伦敦塔最具吸引力的地方是铸币厂。英国硬币的优点和铸造技术被彼得深深地记在心里，他于日后的回忆中再三提到它们（遗憾的是，皇家铸币厂的主管艾萨克·牛顿爵士的居所和办公室位于剑桥大学圣三一学院）。牛顿和约翰·洛克实行的英国铸币改革给彼得留下了深刻印象。为了防止人们对银币边缘零切碎割而导致硬币成色不断下降，英国硬币轧去了边缘。两年后，当彼得开始改革俄国那弊病丛生、毫不规范的货币制度时，英国的造币体系就成了他的模板。

留英期间，彼得一刻也不曾放松搜罗人才为俄国服务的事。他的招募计划得到了卡马森的帮助。他拜访了很多人，最终，约60名英国人在他的劝说下决定追随他，其中有：德特福德的造船专家伦纳德·范德斯塔姆少校（Major Leonard van der Stamm）；受彼得委派，负责营建伏尔加河-顿河运河的水力工程师约翰·佩里上尉（Captain John Perry）；以及来自阿伯丁大学（University of Aberdeen）的数学家亨利·法夸尔森（Henry Farquharson）教授，他要在莫斯科创办一座数学及航海学院。彼得还在给国内一个朋友的信中提到，他已经雇用了两名理发师"以满足未来的需求"，这对那些以长髯为傲的莫斯科人来说，可不是什么好兆头。

当豪礼"皇家运输"号游艇于3月2日交到彼得手里时，彼得对威廉本人的感情，以及对英国国王的感激之情都大大地上了一个台阶。第二天他就驾着这艘游艇出海，此后一有空就扬帆起航。威廉还下了一道命令：彼得可以随意参观英国舰队，想看什么就看什么。当沙皇受邀对舰队及在怀特岛（Isle of Wight）附近的斯皮特海德（Spithead）海域举行的一次模拟海战做专门考察时，高潮随之到来。由"王室威廉"号（*Royal William*）、"胜利"号（*Victory*）和"联合"号（*Association*）组成的小舰队在朴次茅斯把彼得及其随员接上船，而后将他们载往怀特岛附近的索伦特（Solent）海峡。到了那里后，彼得转乘米切尔中将的旗舰"亨伯"号

（Humber）。到了演习开始的那天，舰队拔锚起航；巍峨的战舰升起风帆，排成两排正面相对的战列线。舷炮齐发，声震云霄，两支舰队笼罩在烟火之中，仿佛它们真的在血战一般，但这一天并无一颗炮弹出膛。即便如此，当巨大的舰只冲破硝烟，一齐掉转方向，相互搏杀的时候，彼得还是欢呼了起来。他试图将一切尽收眼底，并记录下来：水手们以百米冲刺的速度展开风帆，对舵手下达的指令，火炮的数量、口径和操作方式，旗舰向战列线中的友舰传达的旗语信号。这是彼得人生中极其重要的一天，而就在不到10年前，这个年轻人还是头一次见到帆船，在狭窄的亚乌扎河上学习如何来回改变航向。当舰队于夜间返回锚地时，战舰上的火炮如雷鸣般咆哮了21次，以示敬意。而水手们也将震耳欲聋的欢呼声送给沙皇。这位年轻的君主怀着一个梦想：自己的旗帜有一天能在一支俄国舰队的前锋战舰上高高飘扬。

威廉邀请彼得前往议会大厦。沙皇可不想被人盯着看，于是在上层走廊外围的窗口处挑了个有利位置。从那里，他可以观察到端坐于王座之上、被议员席上众英国贵族环绕的国王陛下的一举一动。这样的结果是，一个佚名目击者的评论传遍了伦敦的大街小巷："今天，我看到了一件世所罕见的奇事：一位君王坐在王座上，而另一位君王站在房顶上。"[11] 彼得同一名翻译一道倾听着下方的辩论，而后对与他同行的俄国人表示，尽管他无法接受议会对王权的限制，但"能听到臣民开诚布公地与君王对话，还是很高兴。这就是我们必须向英国人学习的地方"。[12] 当着彼得的面，威廉正式批准了几项法案，其中包括一项能带来150万英镑收入的土地税法案。彼得表示惊讶：只通过一项法案，议会就能筹得这么多钱。有人告诉他，议会于前一年通过的一项法案筹到了3倍于此的钱。

当彼得的访英之旅接近尾声时，伦敦人对他的存在几乎已习以为常。帝国大使霍夫曼（Hoffman）在给维也纳的主上的信中写道：

> 英国官廷（对彼得）很满意，因为如今人们已经不像最初那样惧怕他了。他们只是指责他有些铁公鸡，因为他从未大手大脚过。在这里的时候，他总是穿着一件水手的衣服到处晃悠。我们倒要看看他会

穿什么样的衣服来见陛下。他极少见到国王，因为他不愿改变自己的生活方式，他在上午11点吃正餐，晚饭则在晚上7点吃，就寝时间很早，4点就起床。他的那些英国朋友对此惊讶异常。他们说他打算用其他国家的风俗来教化他的臣民。但从他在这里的表现来看，他只想把他们变成一群水手。[13]

大使的报告被当作提交给皇帝的最后简报，它预测彼得随时可能动身再去荷兰，他的旅途下一站是维也纳。但沙皇的动身日期被一再推迟。他本只是对英国做一次短暂访问，却在这里（不仅是德特福德造船厂，还有伍尔维奇兵工厂和铸币厂）发现了太多值得一看的东西、值得一做的事情，导致逗留时间不断延长。留在阿姆斯特丹的大特使团成员对此忧虑不已。他们担忧的不只是沙皇的去向和意向，还有收到的来自维也纳方面的消息：皇帝即将与他们的共同敌人土耳其人单独媾和。大特使团明面上的使命是强化反土同盟，因此，同盟即将瓦解的消息是不会让这帮俄国人感到开心的。当这些消息被送至彼得处时，他所面对的压力也随之增加，沙皇很不情愿地下定了离英的决心。

4月18日，彼得向国王辞行。当彼得得知威廉对皇帝与苏丹即将达成的和解起到了推动作用时，两人的关系冷淡了几分。当然，在威廉看来，帮助哈布斯堡帝国从巴尔干战事中解脱出来很有必要，这样，可以使哈布斯堡帝国转而投入对付威廉唯一在乎的敌人——法国的准备工作中去。尽管如此，在肯辛顿宫内举行的最后一次会面氛围仍是友好的。沙皇给那些服侍过他的王室仆人发了120个基尼，根据一名目击者的说法："他们根本不该得到这么多，他们对他的态度非常粗鲁。"[14] 彼得的陪同者兼翻译米切尔中将则得到了一份厚礼——40张黑貂皮和6匹锦缎。据称，彼得还当场从口袋里拿出了一个裹在牛皮纸里的小小物件送给国王，作为他对威廉的友谊和感激之情的证明。这个故事接下来的内容是，威廉打开包裹，发现里面是一颗未经雕琢的华美钻石。另一则记载则称，牛皮纸里裹着一颗硕大的、很适合安在"英国王冠顶端"的红宝石原石。[15]

5月2日，彼得依依不舍地离开伦敦。在动身那天，他的伙伴们在

"皇家运输"号上等他,沙皇本人则最后一次造访伦敦塔和铸币厂。当游艇沿河而下的时候,彼得在伍尔维奇停船下锚,这样他就可以上岸与兵工厂的罗姆尼告别。"皇家运输"号再度起锚出航,当它于黄昏时分来到格雷夫森德(Gravesend)的时候,沙皇再度停船。隔天早上,彼得驶往海军军港查塔姆,卡马森驾着自己的游艇"游隼"号(Peregrine)相陪。到达目的地后,彼得换乘"游隼"号穿过港口,一路走一路看,对停泊在此的巨型三甲板战列舰赞不绝口。在卡马森的陪伴下,他先后登上战舰"大不列颠"号(Britannia)、"凯旋"号(Triumph)和"联合"号。随后,他驶向海岸,参观海军补给品仓库。

翌日晨,"皇家运输"号起锚开航,驶向马盖特(Margate),那里是泰晤士河河口与大海的交汇处。抵达目的地后,彼得发现英国海军的一支分遣舰队正等在那里,准备护送他回荷兰,而这支舰队的指挥官仍是米切尔中将。渡海之旅风暴不断,刺激无比,这是船上的大部分俄国人所不愿意看到的,彼得却站在甲板上,欣赏着汹涌的波浪。①

尽管再未返回英国,这段英国生活却仍给彼得带来了满意的体验。他在那里发现了太多他喜欢的东西:不拘礼节的生活,现实而能干的国王和政府,美酒,还有关于舰船、火炮和烟火的愉快交流。尽管他没能与威廉成为密友,这位国王却对彼得敞开了所有的大门。他允许彼得进出他的造船厂、铸币厂和火炮铸造厂,他向彼得展示他的舰队,他允许这些俄国人与每一个人交谈,把所见所闻记录下来。感激不已的彼得带着最深的敬意离开,这份敬意的对象不仅包括英国的船舶设计和工艺,也包括整个英伦三岛。在国内时,他曾对佩里表示,"如果他不曾去过英国,那么

---

① 令人悲哀的是,彼得再未乘坐这艘华美的英国游艇。它在阿姆斯特丹装载彼得于巡游期间搜集的仪器和购置的珍品后,被打发回阿尔汉格尔。按照彼得的命令,弗朗茨·蒂默曼在那里见到了它。蒂默曼受命取道俄国北部的河流网与湖泊网,将这艘游艇运往雅罗斯拉夫尔,而后沿伏尔加河下行。彼得希望,等伏尔加河-顿河运河完工后,自己能有朝一日将这艘游艇从顿河弄到亚速去,让它航行于黑海海面上。但"皇家运输"号的吃水只有8英尺,蒂默曼甚至无法将它开到伏尔加。它回到阿尔汉格尔,并在那里待了15年。1715年,当俄国变成波罗的海强国时,彼得下令将"皇家运输"号改装一番,然后让它绕过北角,前往波罗的海与自己会合。它进入波罗的海后,在瑞典海岸遇上了一场风暴,从此不知所踪。

他无疑是个笨蛋"。[16] 此外，佩里继续写道："陛下心情稍好的时候，常常对本国贵族宣称：他觉得在英国当个海军将领要比在俄国当沙皇幸福得多。"[17] 彼得说："英伦三岛是世界上最棒、最美丽的地方。"[18]

# 17

# 利奥波德与奥古斯特

在阿姆斯特丹,大特使团欢天喜地,他们又见到了沙皇。原定为期几周的访英行程持续了4个月,他们都以为自己被彼得抛弃了。整个冬天,他们都在这个小小的国度周行游历,每到一处,他们都以令人畏服的酒量名闻当地。他们试着穿过溜冰鞋,在俄国根本没有这玩意儿,但他们没有意识到,荷兰的冬季冰层比俄国的要薄,结果他们动不动就掉进冰窟窿里。令荷兰人目瞪口呆的是,每当这种情况发生,这些俄国人只要再喝上一杯就心满意足了,根本不会换掉身上那件结满冰块、正在滴水的衣服。但是,尽管他们恣意纵情,却并没有把这个冬天的时光白白浪费掉。当彼得回到荷兰时,他发现大堆的军需物资、兵器、专用设备和海军补给品在等着他。更重要的是,大特使团招募了640个荷兰人,其中有海军少将克勒伊斯、其他海军军官(克勒伊斯最终说服200名荷兰海军军官赴俄)、水手、工程师、技术人员、造船工人、医师和其他专家。为了将这些人和购置的装备运回俄国,使团租下了10艘船。

1698年5月15日,彼得和大特使团离开阿姆斯特丹,前往维也纳。他们途经莱比锡(Leipzig)、德累斯顿和布拉格(Prague)。德累斯顿是萨克森选侯国的首都,这座城市的建筑、艺术瑰宝琳琅满目,因而被人称为"易北河上的佛罗伦萨",彼得在这里受到了异常热情的接待。奥古斯特选侯如今已是波兰国王奥古斯特二世了,彼得到来时,他已经动身到新王国去了,但留下指示:沙皇在某种程度上促成了自己的登基,对他的招待必须如迎接王室贵宾一般气派。

对于德累斯顿的殷勤款待,彼得的第一反应并不友善。当他入城时,他发现人们在目不转睛地望着他,这不仅因为他是一位皇帝,更因为他的身高实在是太鹤立鸡群了。在西欧的那几个月里，彼得对遭他人盯视的敏感程度不减反增，他威胁要立刻离开德累斯顿，除非众人不再盯着他看。选侯的代表、彼得的东道主菲尔斯滕贝格（Fürstenberg）努力安抚沙皇的情绪。尽管彼得是在入夜时分抵达德累斯顿的，但他还是要求参观著名的德累斯顿艺术馆（Dresden Kunstkammer Museum）和名为"绿穹珍宝馆"的私人专用收藏室，菲尔斯滕贝格立刻应允。午夜过后，沙皇、菲尔斯滕贝格和艺术馆馆长走进选侯的宫殿，收藏品就贮存在宫殿顶楼的7个房间内。被称为"珍奇柜"的艺术馆是在一个多世纪前创建的，其用途为收集、展览那些特别有意思的天然奇物和人工制品。那里的藏品有精致的钟表、机械设备、开采与制造所用的工具、稀有的书籍、阅兵用的铠甲、贵族的肖像画，它们面向所有学者和出身名门人士开放，令彼得着迷的正是这些玩意儿。他下定决心，总有一天要在俄国修建一座一模一样的艺术收藏室。绿穹珍宝馆之所以如此命名，是因为它的墙壁被漆成萨克森的国家色。它是一座秘密藏宝库，只有通过选侯住处的一道门方可进入。这里存放着萨克森统治者搜罗来的珠宝和珍贵物品，数量之丰富在欧洲无出其右。彼得的注意力为它们所吸引，他留了下来，专心致志地检视着一件件仪器、物品，直至东方发白。

第二天晚上，菲尔斯滕贝格举办了一场小小的私人宴会，结果却演变为一场嘈杂、喧闹的社交聚会，这正是俄国人所喜爱的。号手、双簧管手和鼓手被召来奏乐。应彼得的要求，举办方还请来了5位女士，美丽的奥罗拉·冯·柯尼希斯马克女伯爵（Countess Aurora von Konigsmark）也在其中，她是选侯的情妇，也是未来的法国大元帅萨克森的莫里斯（Maurice de Saxe）的母亲。聚会一直持续到凌晨3点，彼得精神十足地操起鼓槌，做了一场"远胜专业鼓手的完美演出"。[1] 经历了一夜的宴饮、奏乐和舞蹈后，彼得怀着轻松自在的心情踏上了前往布拉格和维也纳的旅程。沙皇刚刚出城，疲惫不堪的菲尔斯滕贝格就长舒了一口气，并给选侯写了一封信："谢天谢地，一切顺利，我还担心我没法让这位挑剔的绅士完全满意呢。"[2]

在维也纳旧城以北4英里处，两座彼此酷似的山拔地而起——一座名为卡伦堡（Kahlenberg），另一座名为利奥波德堡（Leopoldsberg）；在这座城市东面，多瑙河淌过，流向南面的布达佩斯（Budapest），西面则是高低起伏的草地和维也纳森林（Vienna Woods）。然而，尽管拥有蔚为壮观的景色，维也纳在城市规模上仍无法与伦敦、阿姆斯特丹、巴黎甚至莫斯科相比。这主要是因为维也纳与欧洲其他大城市不同，它既不是一座宏伟的海港，也不是一座商贸中心。它唯一的职能是哈布斯堡皇室的所在地，以及从波罗的海延伸至西西里的庞大行政区域的十字路口和行政中心，这片土地效忠于皇帝利奥波德一世。事实上，在彼得时代，皇帝统治着两个帝国。第一个是古老的神圣罗马帝国，这是一个由德意志、意大利地区的一些近乎独立的国家组成的松散联合体，它的纽带和古代传统可追溯至一千年前的查理曼帝国。第二个帝国则与之不同，它是下列土地的集合：哈布斯堡家族位于中欧的传统领地——奥地利大公国、波希米亚王国、匈牙利王国，以及新近从土耳其人手中夺取的巴尔干其他领土。

第一个帝国，即德意志民族神圣罗马帝国（Holy Roman Empire of the German Nation）赋予皇帝头衔、巨大的声望，以及拥有庞大宫廷和豪华宫室的合法理由。但事实上，这个头衔毫无价值，而帝国本身几乎完全是一个空架子。这个国家联合体由一个个类型迥异的国家组成，它们的统治者——世袭选侯①、边地伯爵、诸侯和公爵，在本国臣民的宗教信仰、本国军队的规模、战争爆发时是站在皇帝一边还是站在对立面抑或保持中立等问题上拥有自主选择权。每当有严重的政治问题发生，这些大贵族个个都完全不把自己与皇帝之间的主从关系当一回事。他们或他们的代理人在雷根斯堡（Regensburg）的帝国议会拥有自己的席位。帝国议会原为帝国的立法机构，如今却已沦为一个咨询及装饰性质的机构。不经议会同意，皇帝是不能制定法律的，议会却从未在讨论中达成一致，因为代表们没完没了地争论位次问题。一旦皇帝驾崩，议会就会召开会议，自动将哈布斯堡皇室的下一任首脑选为皇帝。这是帝国的传统，而传统是这个不允

---

① "选侯"是7个手握选举神圣罗马帝国皇帝特权的日耳曼诸侯所拥有的头衔。

许灭亡的帝国的唯一特征。

尽管皇帝头衔就是个摆设，皇帝本人却并非无足轻重。哈布斯堡皇室的能量——收入、军队和权力，来自被它实际统治的诸侯国与地区：奥地利、波希米亚、摩拉维亚（Moravia）、西里西亚（Silesia）、匈牙利和一些新拥有、征服的土地。哈布斯堡帝国的控制区囊括喀尔巴阡山（Carpathians），直至特兰西瓦尼亚（Transylvania），跨过阿尔卑斯山，抵达亚得里亚海（Adriatic）。哈布斯堡家族占据着西班牙王位和西班牙的全部欧洲领土，包括西班牙本土、西属尼德兰、那不勒斯、西西里和撒丁岛（Sardinia）。它治下第二个帝国的南方和东方面临着危机和机遇。横亘于西欧与巴尔干之间的它起着一道屏障的作用，它笃信保卫基督教信仰、抵御奥斯曼帝国的推进是自己的神圣使命。北面的新教诸侯对皇帝在巴尔干地区的担忧或野心毫无兴趣，他们认为这是哈布斯堡家族的私事，如果皇帝想从他们那里获得任何支持，往往需要出钱购买。

奥地利是哈布斯堡世界的中心，而维也纳是这个世界的心脏。这是个属于天主教的世界，有着大量的传统和精心制定的仪式。受到耶稣会士的积极引导，这些会士从未远离国家决策层，或是帝位上那位贵人的身畔。他们向他保证，上帝对他寄予特殊的信任。

神圣罗马帝国皇帝、奥地利大公、波希米亚和匈牙利国王、天主教陛下（His Most Catholic Majesty）利奥波德一世不承认除教皇外的其他凡人有与他平起平坐的资格。在哈布斯堡皇帝眼中，法国国王笃信王不过是一个野心家，一个血统平凡、骄傲自负的可憎暴发户而已，而俄罗斯沙皇国的沙皇也并不比那些住在帐篷里的东方王公高贵多少。

利奥波德对他的地位有着不可动摇的自信。哈布斯堡家族是欧洲最为古老的在位王朝。这个家族赢得神圣罗马帝国的皇冠已有300年之久，中间的传承从未断绝。它的历史和特权可追溯到查理曼时期。至17世纪末，皇权因宗教改革运动和三十年战争而遭到削弱，但皇帝名义上仍是基督教世界的最高世俗统治者。与法国国王相比，他的实际权力可能已经式微，但在虚无、带有中世纪风格、与教会部分相关等方面获得的优越感上仍旧占有优势。如何维护这种地位上的优越感成了利奥波德最为关心的事。他供养着一群勤勉的历史学家和图书管理员，依靠他们的研究，皇帝的家系已经成功地与不计其数的英雄、圣徒搭上了关系，最远可追溯至诺亚（Noah）。

这个肩负着家族重任的男人皮肤黝黑，身材中等，下腭和下唇外突——这是哈布斯堡血统的传统、醒目（即使不算丑陋）标志。尽管到了1698年，他的统治生涯已经持续了40年，且还将持续7年，但他并不是戴着皇冠出世的。相反，身为幼子的利奥波德是被当作教士培养的，在哥哥斐迪南去世后，他才中断了神学学业。自18岁当选皇帝起，在漫长的统治生涯中，利奥波德一直对那些格调安静的事物情有独钟：神学、艺术、宫廷礼仪和宗谱研究；他尤其喜欢音乐，自己也谱写歌剧。他并不是个武士，尽管帝国在他治下几乎没有停止过战争。当奥斯曼军队于1683年围攻维也纳时，皇帝悄然遁走，在土耳其人被击退并被驱逐至多瑙河下游后方才返回。他的性情忧郁、冷漠、顽固。然而，安静淡漠的他也以某种方式表现出一种不无庄严的严厉作风，这种作风部分体现在他对自己的态度上。他知道，登上帝位也就意味着屹立于众人之巅。

帝国宫廷的每一处日常生活细节都经过设计，目的是彰显这种万乘之尊。在古老的维也纳皇宫——霍夫堡宫的房间和走廊内，皇帝是严格礼仪的化身，这套礼仪更近似于拜占庭式而非凡尔赛式。通常情况下，皇帝穿的是西班牙式的宫廷服饰：带白色针织花边的黑色天鹅绒服装、短斗篷、一侧上卷的宽边帽、限哈布斯堡皇帝使用的红色长筒袜，以及红色的鞋子。在仪式之日——这样的日子很常见，他亮相时会身穿接近东方风格的华丽服装：身披金红色锦缎，上面镶着一颗颗钻石。金羊毛骑士团的骑士簇拥在皇帝身畔，他们每个人都披着一件用绯红色天鹅绒制成的镶金长斗篷。逢到宗教节日，皇帝会以同样的装扮率领一长列游行队伍，步行前去做弥撒。无论何时，只要皇帝和他的家人从自己身边经过，廷臣都要深深鞠躬、单膝跪地。当皇帝的名字被提到时，所有听到的人都要行类似的跪拜礼，即使皇帝本人当时正在其他地方。当陛下独自用餐时，菜肴会由24只手轮流传递到皇帝的餐桌上。皇帝的酒杯则由1名单膝跪地的管家负责斟满。

霍夫堡宫是这套单调乏味的仪式的中心。这个混乱的、迷宫一般的建筑群已有数个世纪的历史，一座座走廊、阴暗的楼梯、小小的庭院和巨大的门厅将它们连接在一起。这座以砖石砌成的宫殿布局杂乱无章，毫无凡尔赛宫的匀称与优雅，皇帝、2000名宫廷贵族、3万名仆役将宫室塞得满满当当。除此之外，宫中还建有不计其数的政府办公室、一座博物馆，甚至一所医院。除了偶尔造访位于城外的至爱宫（Favorits Palace）——那里是利奥波德的猎鹿场，或20英里外的拉克森宫（Laxenburg Palace）——他在那里放鹰捕鹭，利奥波德一直待在霍夫堡宫内，统治着他的帝国。

事实上，混乱的霍夫堡宫是混乱的帝国象征。哈布斯堡家族皇帝行政效率低下。他们始终未能将神圣罗马帝国和哈布斯堡家族领地内的所有大法官法院、议会、国库及其他各式各样的机关整合成一整个拥有凝聚力的中央政府机构。用神学知识教育出来的利奥波德本人是个优柔寡断的专制君主。他在决策问题上不够自信、缺乏热情、犹豫不决，更愿意倾听他人的建议，更愿意没完没了地琢磨顾问们提出的那些自相矛盾的建议。一名法国外交官形容他是"一台必须不停地重上发条的时钟"。到了17世纪90年代，一个个委员会如蚕茧一般，层层叠叠地将他包裹起来，并且背着他，安静地使劲儿互相争斗。国家政策则在他缺席的情况下制定。

利奥波德打心里认为行政混乱不是一种根本性的劣势，在他之后，两个儿子——皇帝约瑟夫一世（Joseph I）和查理六世（Charles VI）同样这么看。他们三个在近一个世纪的时间里一致认为，政府的行政管理是件不足挂齿的事。无论是对他们自己的灵魂，还是对哈布斯堡家族的未来而言，都远不如对上帝的信仰及天主教会的支持来得重要。如果上帝对他们感到满意，就会保佑他们家族香火不断、繁荣兴旺。当时，他们的政治理论和统治实践的基础如下：他们之所以成为皇位和帝国的主人，是上帝选定的结果，"我们的家族，它的利益和命运，都被一种力量监视着、支持着。这种力量比凡间的任何一种力量都要强大"。

在利奥波德漫长的统治生涯中，尽管皇帝毫无激情、官僚机构的作风令人窒息，但帝国的国运实际上仍处于上升阶段。这可能确如利奥波德所认为的那样，是上帝左右的结果。但从更直接的角度来说，利奥波德在位的最后几十年间，他的前景和权力均基于萨伏依的欧根亲王的宝剑。这位身材瘦小的驼背亲王是神圣罗马帝国的陆军元帅、帝国军队的总指挥，也是与马尔伯勒公爵和瑞典国王卡尔十二世齐名的那个时代最为大名鼎鼎、战功赫赫的军队指挥官之一。

欧根拥有意大利和法国血统，他的头衔来自一位身为萨伏依公爵的祖辈。他于1663年出生在巴黎，母亲叫奥林匹娅·曼奇尼（Olympia Mancini），是路易十四宫中一位有名的美人，父亲则是苏瓦松伯爵（Comte de Soissons）。由于他的脸丑到不可名状的地步，身体也孱弱不堪，他加入法军服役的申请遭驳回，这意味着他要当一名神职人员。事实上，路易十四曾公开称欧根为"小神父"。太阳王的奚落令法国付出了巨大的代价。20岁那年，欧根投奔皇帝，请求在帝国军队中担任指挥官。利奥波德宫廷那阴沉的格调正对欧根的胃口，而欧根那一丝不苟、郑重其事的个人风格——这种作风曾导致他在凡尔赛宫遭人嘲笑，却也赢得了维也纳方面的好感。欧根来到维也纳时，恰逢土耳其人在围攻这座城市。时年只有二十岁的欧根成了一个龙骑兵团的指挥官。接下来的那些年里，他放弃了在意大利当公爵的想法，一心一意地将生命奉献给军队。26岁那年，他成了骑兵将领；34岁那年，他成了帝国军匈牙利部队的统帅；1697年9月11日，当彼得还在阿姆斯特丹的造船厂内埋头苦干时，欧根在曾塔战役中背水一战，击溃了兵力4倍于己的苏丹主力部队。经历了短暂的和平时光后，他很快又在低地国家、莱茵河、意大利和多瑙河为皇帝作战。马尔伯勒公爵最伟大的两场胜仗——布伦海姆（Blenheim）战役和奥德纳尔德（Oudenarde）战役，他都曾参与其中。在那两场战役中，他谦逊地接受了副统帅的职务。欧根的军事天赋一直为马尔伯勒的军事天赋所遮蔽，但马尔伯勒的威望成就于他在西班牙王位继承战争10年中的出色指挥，欧根的军人生涯却长达50年，主帅生涯则长达30年。

打着威严的君主的旗号，皇帝的顾问、指导者、历史学家和谱系学家围绕着一个个礼仪问题争执不下。可以想见，俄罗斯沙皇国的沙皇尽管拥有广袤的领土，在招待会上仍不可能与上帝的私人管家——皇帝平起平坐。由于沙皇不会正式出席招待会，问题就进一步复杂化了。但那个化名彼得·米哈伊洛夫的高个子年轻人必须加以关注。这些重大问题需要时间来处理；确定大特使团进入维也纳的一应细节需要4天工夫，要在皇帝该以何种方式接待特使这个问题上实现协商一致，则需花去1个月来商谈。与此同时，彼得非常希望与皇帝私下会面。奥地利宫廷官员固执地认为，皇帝陛下不会公开接见一位白龙鱼服的沙皇，但勒福尔予以坚持，结果成功争取到了一次私下会面的机会。

这次非正式会面是在位于城郊的至爱宫（利奥波德的夏季别墅）进行的。彼得得到的是与他的假身份相配的待遇：他被人领着穿过花园的一道小门，登上一座螺旋式的后楼梯，进入接见室。勒福尔事前已经仔仔细细地将双方商定的会面礼仪讲给他听：两位君主将同时从会客厅两端的门进入长长的厅堂；安步而行的他们将在厅堂正中位置，即第五扇窗户处碰面。不幸的是，当彼得打开厅门看到利奥波德后，就把勒福尔告诉他的事忘得一干二净了。他大步流星，跑跑跳跳地朝皇帝走去，并在第三扇窗户处与利奥波德相遇。奥地利廷臣们倒抽了一口凉气。礼仪已经被颠覆了！接下来彼得会怎么做？接下来他们会怎么做？但当两位君主抛下其他人（只有勒福尔以翻译的身份跟随），走到窗框处交谈起来时，廷臣们如释重负地看到，沙皇对主上极为尊敬。两人形成了鲜明的对比：58岁的皇帝矮小苍白，瘦长而阴沉的脸为一顶巨大的假发和一撇挂在下垂的下唇之上的浓密髭须所包裹；高得出奇的26岁沙皇则摆出一副精力旺盛、专断强横、时而抽搐的姿态。会面持续了15分钟，双方实际上都只是在互相恭维而已。之后，彼得来到楼下的宫苑，愉快地驾起一条小划子，在一片湖泊中转了转。

这次初会为彼得为期两个星期的维也纳之行——他的唯一一次帝都之旅定下了基调。尽管对奥地利礼官的点头哈腰很是讨厌，但彼得的语气依旧和蔼、恭敬。他拜访皇后与公主，试图取悦她们。帝国宫廷每周拨给大特使团3000荷兰盾，用于支付它在维也纳的开销，但被彼得友好地回绝了。彼得坚持认为，他的这位"亲爱的兄弟"刚刚背上漫长战争的重担，考虑到他当前的支付能力，这笔钱实在是太多了；他将数目削减了一半。奥地利人对彼得在莫斯科和巡游过程中表现出来的性情了如指掌，简直不敢相信面前恭顺、谦逊的人物就是他们所听说的那位。外国使节说他"风度优雅"。西班牙大使在给马德里的信中提道："他在这里的表现与其他国家宫廷人员的描述大不相同：比他们所说的要文明得多、机智得多，且风度翩翩，谦虚和气。"[3]

在维也纳的一片重要城区，彼得那令人惊讶的和蔼态度与求知欲引发了厚望。天主教会，特别是维也纳的耶稣会学院，从帝国驻伦敦大使的报告中得知，彼得对教条化的东正教毫无感情，对其他宗教却很有兴趣。正如坎特伯雷大主教和其他新教徒开始考虑让沙皇皈依新教那样，天主教徒也开始希望让这位君主充分了解"慈母教"，并通过他让天主教在他的王国深入人心。这种期望在皇帝的私人顾问伍尔夫神父——会说一些俄语的耶稣会神父身上得到了体现。在圣彼得纪念日，彼得参加了自己的私人神父（他与使团同行）主持的东正教礼拜，之后又参加了耶稣会学院主持的弥撒。在那里，他听到伍尔夫神父在布道中称："钥匙将被第二次交到一个新的彼得的手中，这样他就可能打开又一扇大门。"[4] 稍后，彼得又参加了第二场弥撒，这次的主持者是匈牙利教区主教长、枢机主教科洛尼兹（Cardinal Kollonitz）。随后，彼得与枢机主教一同在学院餐厅用餐。从他们的会谈内容来看，彼得显然根本就没考虑过改宗的事，而关于他计划前往罗马、由教皇亲自接纳入教的传言也是子虚乌有。他的下一步打算是去威尼斯学习制造桨帆船的技术。就算他真的要去罗马，也是以观光者而非申请入教者的身份前往。会面之后，枢机主教这样描述他的访客：

> 沙皇是个高个子青年，年龄在28至30岁之间，他肤色黝黑，骄傲而严肃，面部表情丰富。他的左眼、左臂和左腿在他哥哥还活着的时候被人用毒药伤害过；但时至今日，他只有左眼仍不能转动，胳膊和腿还在不断乱动。为了掩盖这一点，他在部分躯干发生无意识摆动的时候，一刻不停地活动着自己的整个身体，在他访问过的那些国

家，很多人都将这点归结为自然因素，但实际上是人为的结果。他机智、敏锐，从行为举止来看，他更像是一个文明人，而非野蛮人。这次旅行令他大大提高了自己，如今的他与旅程刚刚开始时已经有了明显的不同，但与生俱来的粗野作风仍未改变。这一点主要体现在他与下属之间的关系上，他用极为严厉的手段约束他们。他懂得历史与地理，也很想掌握更多有关这方面的知识，但他最感兴趣的还是大海和船舶，并亲自动手造船。[5]

在彼得访奥期间，利奥波德举办了一场著名的维也纳宫廷假面舞会。舞会背景是一座虚构的乡村旅店，皇帝和皇后扮演旅店老板，宫廷人员和外国大使则全都穿上了奥地利风格的农民服装。萨伏依的欧根亲王出席了舞会。彼得当晚身穿弗里斯兰农民的服装，约翰娜·冯·图尔恩小姐（Fraulein Johanna von Thurn）通过抽签的方式成了他的舞伴，她扮演的角色是彼得的弗里斯兰妻子。在宴会上，位次问题被彻底抛到九霄云外，皇帝和皇后坐在他们喜欢的位置上。在敬酒时，利奥波德想出了一句巧妙的客套话，作为给那位并未正式到场的贵客的祝酒词。他站起身来，面对那位戴着面具的年轻访客说道："我相信您是认识俄国沙皇的，让我们为他的健康干一杯。"[6] 第二天早上，皇帝用于祝酒的那只杯子被作为礼物，送到了彼得房门口。这只嵌着水晶的酒杯价值2000弗罗林。那位与彼得共进晚餐的女伴则于翌日收到了一份赠礼：4对黑貂皮和250杜卡特。可见沙皇龙心大悦。

为了报答这次盛情款待，俄国大特使团于圣彼得纪念日举办了一场通宵舞会招待东道主，有1000名客人前来参加。沙皇亲手点燃烟火，人们翩翩起舞，举杯畅饮，在夏日的花园内追来赶去，将德意志区的风情带到了维也纳。在皇帝对大特使团的招待宴之后的一场国宴上，没有人为两位君主的配偶——奥皇皇后和沙皇皇后干杯。这一遗漏其实是按俄国人的要求有意为之，预示着彼得回到莫斯科以后，等待着叶夫多基娅的将是什么。宴会期间，当话题转向葡萄酒时，科尼扎克男爵（Baron Konigsacker）坚持要求勒福尔立刻品尝他推荐的6种样品。酒被端了上来，当勒福尔品过之后，他要求让那位以仆人身份立于其座位后方的高个子朋友也来尝尝。

尽管彼得在公开场合始终摆出一副和蔼可亲的姿态，但从外交层面而言，彼得赴维也纳的使命是失败的。大特使团来到这里，是为了激发奥地利方面的兴趣，促使他们重新开始一场更为激烈的对土战争。到头来他们的努力目标却变成了阻止奥地利人接受土耳其提供的和平建议，一个对奥地利极为有利但对俄国不利的建议：所有参战国一致认可现状，各国保有其占领的土地。对哈布斯堡皇帝而言，这是个很划算的解决方案：匈牙利和特兰西瓦尼亚部分地区将仍由哈布斯堡控制。这个和平方案有着巨大的诱惑力。除此之外，路易十四的阴影已再度隐约呈现在西欧的天空中。如今该是从东方脱身、接收胜利果实、重整队伍，转而面对太阳王的时候了。

彼得是唯一对和平提议感到不开心的一方。他于1695年、1696年重启对土战争，发动了两次亚速战役，夺取了这座要塞，体验了梦想中泛舟黑海的滋味。他竭尽全力，在沃罗涅日打造了一支舰队；为了组建黑海舰队并配备人手，他亲赴欧洲，学习造船技术，雇佣造船工人、海军军官和水手。他不能容许战争就这么结束，至少要等到他得到刻赤海峡，且土耳其人承认他在黑海的航行权为止。

彼得亲自向帝国外交大臣金斯基伯爵（Count Kinsky）表达了这一要求，并通过金斯基转达给皇帝。彼得明白奥地利人已下定决心与土耳其讲和，于是集中精力在协议条款上做文章。首先，他必须确保皇帝坚持要求土耳其人将刻赤要塞割让给俄国。这座要塞控制着黑海与亚速海的交汇点。没有刻赤，彼得的新舰队就无法开启通往黑海的大门，只能在广阔无垠但实际上毫无价值的亚速海活动。金斯基的答复是，俄国自然会被邀请参加和平会议，但会议尚未开始。如果彼得想要刻赤，最好的办法是在条约签订前以迅雷不及掩耳之势夺取此地。他不认为单靠外交谈判桌上的压力就能迫使土耳其人将它拱手相让，"因为土耳其人可不习惯不战而弃"。[7] 皇帝则承诺，他至少不会在沙皇尚未充分了解协议内容的情况下就在上面签字。

这就是所能争取到的最好结果了,而彼得也急欲离开:维也纳是一座内陆城市,既没有码头,也没有船舶。彼得的下一站是威尼斯,他希望能在那里把威力惊人的威尼斯桨帆战舰的秘密工艺学到手。到了7月15日,一切都已安排妥当,大特使团的通行证已准备完毕,一些随员也已在前往威尼斯的路上。彼得则刚刚与皇帝一道离开送别会的会场。正当他即将启程时,莫斯科那头新派出的一名信使赶到,带来了一封来自罗莫达诺夫斯基的紧急信件,其中宣布了一个令人不安的消息:射击军的4个团发动叛乱,它们不但没有遵照指令,从亚速开拔波兰前线,反倒朝莫斯科杀奔而去。罗莫达诺夫斯基写信的时候,这几支部队已经开到距离首都仅有60英里远的地方,忠于朝廷的军队在沙因和帕特里克·戈登的率领下,已出发前去阻住叛军的去路。信中并没有提到叛乱的起因和严重程度,也没有更多关于叛乱情况的信息。这封信在路上奔波了一个月。彼得意识到,当他身着农民装束在假面舞会上翩翩起舞的时候,射击军可能已经占领了克里姆林宫,他的姐姐索菲亚可能已夺取了俄国王位,他自己则可能已被打成了叛国者。

彼得当即决定放弃剩下的行程,取消访问威尼斯的计划,直接返回莫斯科,无论那里有什么样的命运在等待他,他都要去面对。他希望自己任命的摄政者仍控制着政权,并且也相信情况确实如此,于是给罗莫达诺夫斯基写了一封信:

> 我已经收到您的信了,先生,您在信中写道:伊凡·米哈伊洛维奇·(米洛斯拉夫斯基)播下的种子正在萌芽。我恳求您用严厉的手段应对。想要扑灭火焰,别无他法。遗憾得很,我们得放弃手头这笔有利可图的生意,但拜此事所赐,我们或许很快就能在一起了——比您想象的还要快。[8]

结束使团出访任务时,彼得决定将为首的两名使节——勒福尔和戈洛温带在身边,让他们协助他处理莫斯科的局势,而将排序第三的使节沃兹尼岑留在维也纳，代表俄国政府参加即将开始的对土和谈。

7月19日，彼得离开维也纳，前往波兰，这让奥地利人惊讶不已，他们对他收到的消息一无所知，以为会看到他踏上去威尼斯的路。彼得日夜兼程，只在吃饭和更换坐骑时停下脚步。当他抵达克拉科夫（Cracow）时，沃兹尼岑派来的一名信使以最快的速度跟了上来，带来了令人愉快的新消息：沙因已经与叛军遭遇，并将其制服；130人被处死，1860人被囚禁。彼得松了口气，他考虑折返，继续原定的访威计划。但返程已经走完了一半，他离开祖国已有一年半之久，而且莫斯科还有很多事需要处理。他继续东行，但放慢了步伐，以从容不迫的姿态朝加利西亚的城镇拉瓦（Rawa）行进。在那里，沙皇第一次遇到了一个特别的人物，日后彼得和俄国将被深深地卷入他的外交与军事阴谋。此人便是萨克森选侯奥古斯特。多亏奥皇与沙皇的支持，他目前还拥有另一个身份：波兰国王。

此时彼得正经由波兰回国，在他那个时代，波兰是欧洲大国中最孱弱、最任人宰割的一个。就面积和人口而言，它是个庞然大物：波兰疆界从西里西亚一直延伸到乌克兰，从波罗的海延伸到喀尔巴阡山；它的人口有800万，位列欧洲前几名。但从政治和军事角度而言，波兰又是个小国。事实上，这个广袤的国度之所以能保持领土完整，只因为邻国要么太忙，要么太弱，无力为肢解波兰而费神。在即将开始的大北方战争中，波兰足足被征服了20年，它不幸成为外国侵略军的战场。好战的瑞典帝国总共只有250万国民，但在它的精兵锐甲面前，巨大的波兰王国全无还手之力。

波兰的无能是多个因素导致的。首先，这个国家没有足够的民族或宗教凝聚力。在波兰，只有一半人口是真正的波兰人，这部分人群往往是天主教徒；另一半——立陶宛人、俄罗斯人、犹太人和德意志人则是新教徒、俄国东正教徒和犹太教徒的混合。在这些形形色色的族群之中，因政治和宗教因素带来的对立意识极为强烈。立陶宛人内斗不休，只是因对波兰人的一致憎恨而团结。犹太人在城镇人口中占有相当大的比例，他们往往垄断着商业与金融业，因而招来了波兰人的恐惧与妒忌。哥萨克们则名义上效忠于乌克兰盖特曼，后者目前名义上臣服于沙皇，拒绝服从波兰国王的一切命令。

如果说波兰的民族和宗教状况是一团乱麻，它的政治局势则是一片混沌。波兰是一个有国王的共和国。国王是公选君主，而非世袭君主，只能行使贵族选择性授予他的那些权力——这些权力形同虚设。因此，这位君主往往只是国家的装饰品而已。于是，当法国率领欧洲大部分国家，朝中央集权制和绝对王权制发展时，波兰却朝着相反方向发展，滑向政治崩溃和无政府状态的深渊。波兰的真正统治者是波兰和立陶宛大贵族，这些人掌握着大片土地，绝不允许中央集权制渗透他们的地盘。在立陶宛，强大的萨佩哈（Sapieha）家族梦想着将王位变成自家之物，对历任波兰国王均断然采取貌视态度。

1572年，波兰和立陶宛的有地贵族坚持要求国王必须通过选举产生。17世纪末，他们占有了这个国家的全部财富，并将亚麻、谷物和木材从他们的广大领地运出，沿维斯瓦河而下，出口至波罗的海。他们控制着一切政治权力，不仅自选君主，还强迫当选者在加冕前签订一份正式协议，上面罗列着他有权支配的事项。当波兰议会最终同意采用一票否决制时，他们的理想变成了现实。无论是国王还是议会都无法授权征税或直接征税。波兰没有系统的外交政策。"这个动荡不安的国家就像大海一样，"一个英国外交官抱怨道，"它白沫滚滚、嘶鸣咆哮……（然而）只有在某些强大力量的搅动下，它才会有所动作。"9

波兰军队的运作基础与之类似。它的骑兵一向勇猛无匹，装备也甚为华美：镶着闪亮钻石的胸甲和豪侠骑士式的佩剑。但他们毫无纪律可言。无论何时，战场上的波兰军队规模都可能随着一位大贵族及其武装侍从的到达而膨胀、离开而缩减。它取决于这些名门之士自行做出的是否及何时参战的决定。如果他们感到厌倦，或是被激怒，就会一走了之，根本不管自己的行为会给其他波兰部队带来什么样的危险。有时波兰国王也会发动战争，但波兰共和国会像议会主张的那样，要求与他国和平相处。形同摆设的国王、无能为力的议会、利己主义至上的封建军队，三者之间构成了一种万花筒般千变万化的混乱关系。在一片混沌中，庞大、动荡的波兰国家跌跌撞撞、踉踉跄跄地朝着无政府状态的大方向迈进。

体制如此，波兰要实现自身的团结、有序，只能将希望寄托在一个能凌驾于混沌之上的雄主身上，但这一抉择不仅仅掌握在波兰贵族手中。这一回，波兰新王的人选成了全欧关注的问题，尽管他对这个大国只拥有有限的权力。欧洲的每一位君主都一心希望为自己的家族赢得波兰王冠，或者至少为一个自己家族属意的贵族赢得王冠。身为波兰的东邻，俄国的彼得对此事尤为上心。他担心王位可能落到法国的候选人手中，因此已经做好了在必要时入侵波兰的准备。为了影响选举结果，或是为了做好应对法国获胜的准备，彼得将俄军调往波兰边境（正是这道命令让自击军的几个团从亚速移师波兰边境，导致他们爆发叛乱，从而将彼得自维也纳召了回来）。在欧洲大陆另一端，太阳王渴望看到一个亲法的波兰在自己的安排下从哈布斯堡皇帝背后崛起。路易一方的候选人是孔蒂亲王弗朗索瓦·路易·德·波旁（François Louis de Bourbon），这位法国王族的赫赫战功、强大的魅力和矛盾心理令他成为法国宫廷的宠儿。孔蒂并不热衷于获得王位，他可不愿意为了那片东欧的不毛之地，而离开自己的朋友和充满乐趣的凡尔赛宫。但国王已经下定了决心，并打开自己的金库，拿出300万磅金子，用于在议会拉拢尽可能多的选票。这招果然见效，在包括立陶宛的萨佩哈家族在内的大多数波兰贵族支持下，孔蒂当选为王，他从海路前往但泽（Danzig），一支强大的法国舰队与其同行，指挥官为海军名将让·巴尔特。

孔蒂抵达波兰后，发现选举结果已被推翻。沮丧的候选人——萨克森的奥古斯特，在沙皇和奥皇的支持下，索性拒绝接受议会的决议，率领一支萨克森军队开进波兰。他抢在孔蒂的前头赶到华沙，并将个人信仰改为天主教。在奥古斯特的说服下，议会改变了主意，于1698年9月15日为他戴上了波兰王冠。孔蒂欢天喜地地回凡尔赛去了，奥古斯特开始了长达36年的统治。

就这样，当彼得取道波兰返回莫斯科时，奥古斯特在波兰王位上坐了还不到一年。奥古斯特兼任萨克森选侯，尽管萨克森与波兰只是通过他才结为同盟的。这两个国家中间隔着哈布斯堡的西里西亚省和勃兰登堡的奥得河（Oder River）领土，连一条共同边界都没有。萨克森人信奉路德宗，波兰人则主要信仰天主教。奥古斯特与波兰历代国王一样，手中的权力很有限，但他已经在急不可待地寻找改善这一状况的办法。

当彼得来到拉瓦时，新任波兰国王正在这里，彼得发现，奥古斯特是个体格与自己极为相似的年轻人。他高大（除非彼得在场，否则他就显得出奇地高）、健壮，人称大力王奥古斯特（Augustus the Strong），据说他能赤手空拳将马蹄铁扭弯。28岁的他为人直率热情，长着红红的脸蛋、蓝色的眼睛、硕大的鼻子、丰满的嘴巴和异常粗黑浓密的眉毛。他的妻子是霍亨索伦家族的成员，在奥古斯特成为一名天主教徒时离开了他，但这对他而言无关紧要，他淫荡好色、拈花惹草到惊人的程度。即使在拥有众多竞争对手的情况下，奥古斯特依旧会付出非凡的努力。他到处搜罗女子，有报道称，尽享后宫之乐的奥古斯特留下了354名私生子。美丽的奥罗拉·冯·柯尼希斯马克女伯爵是他最中意的情妇之一，彼得已经同她在德累斯顿会过面；数年后，奥尔泽斯卡女伯爵（Countess Orzelska）成了奥古斯特的另一个宠儿，她恰恰也是他的女儿。

享受着肉欲的同时，奥古斯特也很喜欢将这一喜好发展成玩笑。他送给彼得一个装有秘密机簧的金箱子，它以奥古斯特另一位情妇的两幅肖像画为饰。箱盖上的肖像画是一位身穿华贵礼服的女士，她身上透着一股独特的高贵气质。当机簧被触及，箱盖砰的一声打开时，第二幅肖像画就会露出来，上面画的还是那位妇女，但此时的她呈现出一副顺从爱人挑逗后的凌乱之态，显得性感撩人、充满欲望。①

在直爽、热情、爱寻欢作乐的青年奥古斯特身上，彼得找到了性情相投的感觉。他们在拉瓦度过了4天，一起用餐，一起视察萨克森的步骑部

---

① 还有一次，对这类逗趣乐此不疲的奥古斯特陪同普鲁士的弗里德里希·威廉（Frederick William）及其16岁的儿子——未来的弗里德里希大王，参观自己位于德累斯顿的宫殿。他们走进一间卧室，正当他们对天花板赞不绝口的时候，床帷突然升了起来，露出了床上的一个裸女。惊骇之余，不苟言笑、保守刻板的弗里德里希·威廉拉起身后的儿子，冲出了房间。奥古斯特一面放声大笑，一面道歉。但后来在访问期间，他将那个女人送给年轻的弗里德里希享用。出于礼貌，这个年轻人收下了她，尽管他对女人并不太感兴趣。

队,晚上一起喝酒。彼得频频拥抱、亲吻他的新朋友,以此表达对后者的喜爱。"我简直没法向你形容两位主君间的爱恋之情。"[10] 彼得的一名随员写道。奥古斯特也对彼得留下了深刻而持久的印象,后者自豪地佩上波兰的王室纹章,那是奥古斯特送给他的。一回到莫斯科,接待于当日前来迎接自己的波雅尔和朋友们时,彼得在他们面前炫耀了自己建立的新友情。"我对他(奥古斯特)的评价比你们所有人加起来还要高,"他宣称,"这并不是因为他是国王,比你们高贵,只是因为我喜欢他。"[11]

在拉瓦的日子和彼得的新友情给俄国带来了重大后果。之前奥古斯特在赢取波兰王位的时候,就已经受益于彼得的支持,在拉瓦的那些天,他又利用彼得那炽热的友谊,推行自己另一项野心勃勃的计划:联手向瑞典开战。瑞典国王卡尔十一世已经过世,将王位丢给了15岁的儿子。此时,夺取波罗的海诸省的时机似乎已经成熟,这些地方是被瑞典人用于阻挡波兰人和俄国人进入波罗的海的屏障。奥古斯特精明狡诈,满口谎言;日后他将成为欧洲君主中最有名的两面派。为了进一步确保行动成功,他本着一贯作风,建议彼得秘密策划此事,到时候再给瑞典人来个出其不意。

彼得带着赞同的心情,倾听着这位看似热情实则满腹阴谋的新朋友的计划。他之所以为奥古斯特的方案所吸引,有着自己的理由:在维也纳时,他就已经意识到,南方的对土战争行将结束。当他对海洋冒险的兴趣一天一天地滋长时,通往黑海的大门却在一点一点地关闭。从荷兰、英国归来后,他已经深深地为舰船、海军、商贸和海洋精神所感染。因此,打通前往波罗的海的道路,开启一条直达西方的海上通道的提议能引起彼得的兴趣,也是一件不足为怪的事。此外,那几个即将成为进攻目标的瑞典诸省曾是俄国人的土地。它们曾像李子一样,朝着某一个方向落下。现在既然时机已经成熟,就让它们被另一只手摘去吧。奥古斯特一开口,彼得就点了头。25年后,在撰写大北方战争官史的引言时,沙皇亲口确认了一件事:进攻瑞典的初步协议在拉瓦的那次会面上即已达成。

大特使团的历史至此结束。由沙皇策划的第一次和平时期的境外之旅历时18个月,花去了250万卢布,将木工彼得·米哈伊洛夫介绍给几位选侯、王公、国王和一位皇帝，还向西欧证明了一点：俄国人并不吃生肉，也并非只穿熊皮。那么，它又取得了什么样的实质性成果呢？特使团对外宣称的使命是重振、扩大反土联盟，从这方面来看，它失败了。东方即将实现和平，而欧洲在酝酿新的、不同性质的战争。在海牙、在伦敦、在维也纳……无论在何处，前来求助的彼得都能感受到，路易十四投下的阴影正在逼近。令欧洲瑟瑟发抖的是太阳王，而不是苏丹。西班牙的王位即将空出，危机已迫在眉睫，全欧洲都在忙于合纵连横，调动自己的资金，动员船舶与军队，以应对这次危机。至于俄国，是独自对土作战还是讲和，全由沙皇决定，后者别无他法，只能选择和平。

但就取得的实际成果而言，大特使团可谓收获颇丰。彼得和大使们成功募得800余名技艺娴熟的欧洲人为俄国服务，他们大多是荷兰人，但也有英国人、苏格兰人、威尼斯人、德意志人和希腊人。他们中的很多人在俄国一住就是许多年，为这个国家的现代化进程做出了重大贡献，也将自己的名字永远地镌刻在彼得的统治史上。

更重要的是，西欧给彼得留下了深刻、持久的印象。他去西方世界是为了学习造船技术，这一目标已经实现了，但他的求知欲将他带入了一个广袤的新天地。无论何物，只要引起他的注意，他就会仔仔细细地加以观察。他研究过显微镜、气压计、风向标、铸币、尸体、医用镊子，还有船舶构造和火炮。当他看到西方世界那繁华的都市和海港时，当他从科学家、发明家、商人、店主、工程师、印刷工人、士兵和水手那里学习知识时，早年在德意志区形成的看法变得更加坚定：他的俄罗斯民族在科技上落后于西方世界，而差距是以十年甚至可能以百年为单位的。

彼得自问：这一切是如何发生的？自己能为此做点什么？他逐渐领悟，西欧的科技成就根植于思想解放。他明白，俄国从未经历过文艺复兴和宗教改革，正是这两场运动砸碎了中世纪教会的枷锁，为哲学及科学的自主探索精神、形形色色的商业企业创造了得以蓬勃发展的环境。他还知道，东正教的枷锁在俄国依然存在，并因在农村地区延续了几个世纪的风俗、传统而得到了进一步加固。回国后，彼得下定决心，要摧毁这些枷锁。

但奇怪的是，彼得并不明白，可能也不愿去弄明白这种对人的新看法所蕴含的政治意义。他并不是去西方世界学习"统治艺术"的。尽管在欧洲新教国家时，他身边到处都是新的个人民事、政治权利的存在迹象，这些权利在宪法、权利法案和议会制度中得到了体现。但他并不是抱着与人民共享权力的决心回国的。恰恰相反，他在回去后，不仅决定改造自己的祖国，还确信自己无疑就是那个给俄国提供改革方向和动力的人。他试图引导俄国走上改革之路，在俄国人尚未接受改革所必需的教育，也还未被改革信念所劝服的时候，他将驱赶这个落后的国度大步向前——必要时，他会动用鞭子。

# 18

# "这些玩意儿是你们的枷锁"

1698年9月5日清晨，当第一缕曙光降临时，从沉睡中醒来的莫斯科得知，沙皇已经回到了这座城市。彼得是在前一天晚上与勒福尔、戈洛温一道抵达的，他短暂地造访了克里姆林宫，在几个朋友的家里停了停，而后前往自己位于普列奥布拉任斯科耶的木屋，与安娜·蒙斯过夜。随着消息如野火般传遍全城，一大群波雅尔和官员们涌向彼得家门口，迎接他的归来。用一名目击者的话来说，他们希望"立刻送上谄媚之词，以此证明自己永远忠于皇上"。[1] 彼得怀着极度喜悦的情绪接见了他们全体。当这些人按照公国的古老风俗拜倒在他的脚下时，他"亲切地将匍匐于地的他们扶起来，与他们拥吻，就像自己同他们只是私人朋友一般"。

那一天，人人都在用肘子搡开自己身边的人，好再靠近沙皇一点，连贵族也不例外。热情似火的欢迎会成了一场特别的考验。在人群之中穿过，并与他们一一拥抱后，沙皇突然掏出一把长而锋利、理发师用的剃刀，开始亲手为人们刮胡子。第一个是军队总指挥沙因，后者惊得忘了反抗。下一个是罗莫达诺夫斯基，他对彼得忠心耿耿，以至于接受了这种冒犯莫斯科人情感的行为。剩下的人一个接一个地被迫顺从，直到在场的每一个波雅尔的胡须都被剃得精光。没人笑得出来，人人都用颤抖的手指指着对方。只有三个人幸免于难：惊骇地望着这一切的牧首，彼得没刮他胡子是出于对牧首身份的尊重；公爵米哈伊尔·切尔卡斯基，因为他年事已高；最后一个是提康·斯特列什涅夫，彼得考虑到他是皇后的监护人，因此也没动他的胡须。

这一事件意义非凡：俄国的政界、军界和社会领袖们一下就在形体上发生了变化。那些人们认识了一辈子、熟知了一辈子的面孔突然消失了。

一张张新面孔出现了。多年来一直被遮没的下巴、下颌、颊、嘴、唇露了出来，它们的所有者的外观从此彻底焕然一新。这事看起来很滑稽，但其中又夹杂着紧张与恐惧的元素。对大多数信奉东正教的俄国人而言，胡子是信仰和自尊的基本标志。它是上帝赐予，先知、使徒和耶稣本人亲手给他们佩戴的装饰品。伊凡雷帝在表述莫斯科人的传统情感时曾说过："刮胡子是一种罪孽，一种用所有殉道者的鲜血都洗不清的罪孽。它将毁坏上帝创造的人类形象。"[2] 神父往往拒绝为无须者祝福，后者被认为是一群伤风败俗的人，不属于基督徒之列。然而，到了17世纪中期，随着越来越多无须的外国商人、士兵和工程师来到莫斯科，彼得的父亲，沙皇阿列克谢放松了管制，他宣布，俄国人只要愿意，就可以剃掉自己的胡须。只有很少的人这样做，但即便如此，牧首阿德里安也不得不提出新的非难理由："上帝可没有创造过没有胡子的人，只创造过没有胡子的猫和狗。剃须不仅是一种愚行，还是一种丑行，是一种不可饶恕的大罪。"[3] 尽管波雅尔遵从了沙皇的命令，但类似观点仍在他们的耳畔回响。

彼得自己没有胡子，他将胡子视为无用之物、野蛮之物和可笑之物。它们把他的国家变成了西方人取乐、嘲弄的对象。它们成了他锐意改革的显著象征，亲自挥舞剃刀成了他向传统开战的典型方式。此后，一旦彼得出席宴会或典礼，到场者就不剃光胡子不能离开。回来还不到一个星期，他就参加了一场由沙因举办的宴会，他派自己的宫廷弄臣雅各布·屠格涅夫在宴会厅里四处走动，扮演理发师的角色。剃须的过程往往令人很不舒服。用一把干燥的刀片刮去又长又浓密的胡子时，锋利的刀片在过于贴近皮肤的地方会留下许多伤口。但没人敢提出异议，如果有谁表现得不情不愿，在场的彼得就会赏他几个耳光。

尽管刮胡子的做法始于彼得的私人圈子，目的是嘲弄旧俄时代的生活方式，也是为了表明一点：谁要想博得沙皇的欢心，以后就得光着下巴出现在他面前，但是，禁止蓄须的法令很快就成了一道严肃的全面禁令。按照法令的规定，除教士和农夫外，全体俄国人一律被勒令剃须。为了确保这道命令得到贯彻执行，官员们获得授权，可以剃掉他们遇到的任何一个人的胡子，无论对方是何等要人。起初，恐惧、绝望的俄国人向这些官员行贿以求免遭毒手,但他们刚刚贿赂过一个官员,就立即落入另一个官员的手中。不久,由于蓄须的代价太过昂贵,胡子成了一种奢侈品。

那些铁了心要保住自己胡子的人在缴纳一笔年税后,最终获得了蓄须许可。胡须主人在付过钱后,就有资格佩戴一枚小小的圆形青铜牌子。牌子上印着胡子的图案,以及"已纳税"的字样。它串在一根链子上,链子则挂在纳税者的脖子上。在遭到盘问的时候,他们就可以把这个玩意儿拿出来,证明自己的胡子是合法的。这种税是分级的。农民一年只需缴纳2个戈比,富商的税额则高达100卢布。许多人宁可交税,也要保留自己的胡子,但彼得的身边人可没有几个敢冒着激怒他的风险,在自己的下巴上留下几根毛发。有那么几次,彼得发现自己面前的人仍留着胡子,他"怀着愉快的心情,将他们的胡子连根拔下,或是(用一把剃刀)把它们一根根截断。他的动作极为粗暴,以至于把那些人的皮肤都一起弄了下来"。[4]

尽管彼得乐在其中,但大多数俄国人认为刮胡子是一种冒犯和羞辱的行为。一些人宁愿放弃一切,也不愿失去他们留了一生的胡子,他们希望带着它进坟墓,这样就可以骄傲地蓄着胡子到另一个世界去。可是他们无力反抗——彼得的意志实在太过坚定。但他们试图用一些令人同情的办法来弥补这件不可饶恕(他们就是这么被教导的)的罪孽。英国工程师约翰·佩里在彼得访问伦敦时与其签订了为俄国服务的合同。他记录了自己在沃罗涅日码头遇到一名年迈的俄国木工之事:

> 大约在这一时期,沙皇来到沃罗涅日,那里是我工作的地方,我的人很多都留了一辈子胡子,如今他们被迫与它们说再见。在这些人中,有一名刚刚遭了理发师毒手的俄国老木工……他是个非常出色的工人,使得一手好斧子,我和他一直是朋友。我和他开了个小玩笑……我告诉他,他变成了一个小伙子,还问他对自己的胡子做了些什么……他把手放在自己的衣襟上,而后把裹在里面的胡须扯出来给我看;他还告诉我:当他回家的时候,会把自己的胡子贮藏起来,让它与自己一起进棺材,一起下葬。这样一来,也许当他到另一个世界去的时候,就可以向圣尼古拉交代了。他的那些弟兄(工友)

也都怀着同样的想法⁵。①

当彼得回国后，他心情愉快，满腔热情。他很高兴能回到朋友们的身边，同时渴望着手改造自己的祖国，却又几乎不知从哪里入手。在这种情感的驱使下，他马不停蹄地赶往一个又一个地方。回到莫斯科的第二天，他检阅了自己的军队，脸立刻阴了下来。"他一眼就看出，相较于其他国家的军队，俄军实在是太落后了。"⁶ 奥地利外交官约翰·科布（Johann Korb）如是说。

他亲自检查了军器训练的每一个姿势和动作，并亲身向士兵示范该如何尽可能地锻炼他们那沉重、笨拙的身体。最后，他厌烦了这些笨手笨脚的家伙，拂袖而去，同一群波雅尔一起赴宴去了——他之前已经吩咐勒福尔大使备下酒宴。火炮齐鸣，震耳欲聋，中间夹杂着饮者们的喧闹声，欢宴一直持续到深夜。随后，他利用夜幕的掩护，在少数几个最为信赖的人的陪同下前往克里姆林宫。在那里，他看望了心爱的小儿子（皇储阿列克谢），吻了他三次，还留下了一大堆爱的誓言。在尽情给予他一个父亲的慈爱后，他就回普列奥布拉任斯科耶的木屋去了，对他的妻子叶夫多基娅皇后避而不见，他对她的嫌恶由来已久。

几天后，彼得为庆祝本国的新年——按照旧俄时代的历法，新年始于9月1日，在沙因将军的住宅内举办了一场盛大的宴会。许多波雅尔、官员和其他人士出席了宴会，宾客中包括一群来自初建舰队的普通水手。彼得对这些水手格外礼待，那天晚上，他不仅花了很多时间陪他们，还

---

① 彼得去世后，胡须回到俄国上层社会成员脸上的速度非常缓慢。整个18世纪及19世纪上半叶，所有的公职官员、军官和士兵都被要求剃去胡须。19世纪60年代及19世纪70年代（亚历山大二世统治时期），管制有所松弛，许多大臣和俄国士兵——近卫军成员除外——又开始蓄起胡子来。历任沙皇均效仿彼得，不留胡子，只有最后两任——亚历山大三世（Alexander Ⅲ）和尼古拉二世除外，他们之所以蓄须，是为了彰显强烈的斯拉夫情结。

将苹果一个个切成两半，一半给水手，另一半自食。他用胳膊搂住一个水手，称他为"兄弟"。祝酒接连不断，每逢举杯，25响礼炮就会齐鸣一次。

另一场"奢侈的招待活动"于沙皇归国两周后举行，尽管彼得是在"牙龈肿痛"的情况下到场的，但奥地利大使报告说，他从未见过沙皇如此快乐。[7] 帕特里克·戈登将军来了，这是自彼得回国后，他第一次出现在沙皇面前。戈登解释说，由于天气恶劣，暴风雨倾盆而下，身在乡间别墅的他无法出行，所以行程被耽搁了。这位老兵两度深深鞠躬，当他准备双膝跪地、抱住沙皇膝头的时候，彼得拉过他的手，热情地握住了它。

彼得强迫波雅尔们剃须之后不久，还坚决要求他们脱下传统的俄式服饰，换成西式礼服。有些人已经这么做了。波兰式服装早已在宫廷中出现，瓦西里·戈利岑等进步人士经常穿戴这种服装。1681年，沙皇费奥多尔坚持要求朝臣们截短长袍，好让他们能够迈开步子。但大多数人依旧身穿传统的俄国民族服饰：带刺绣的衬衫、宽大的马裤，裤腿塞进软塌塌的、鲜红色或鲜绿色的镶金边翘头靴内。马裤上方是一件长及地面的束腰长袍（卡夫坦），袍子是直领的，以天鹅绒、绸缎或织锦制成，袖子长得夸张，也宽得夸张。临出门时，就得再加一件长衣：夏天是单衣，冬天则是皮衣。它的领子很高，呈正方形，袖子比长袍更长，一直垂到鞋跟的底端。身穿飘荡的长袍、头戴毛皮帽子，成群结队行进的波雅尔们构成了一幅炫目的、近乎东方风格的莫斯科街景。

彼得厌恶这种民族服饰，因为它们毫不实用。当他要干点实事的时候，无论是在造船厂里干活，还是驾船出海、同士兵们一道行军，长而宽大的袍子就会显得碍手碍脚，让他几乎走不了路。当一群身着民族服饰的俄罗斯人穿过西方城镇的街道时，彼得看到西方人或神情好奇，或显得饶有兴味，或面露轻蔑，这让他觉得很不舒服。回到莫斯科后，他决心实行易服政策。一些人坚持穿戴旧式服装，严厉的罗莫达诺夫斯基公爵是其中最为顽固的人之一。当有人告诉罗莫达诺夫斯基，大特使团的大使费奥多尔·戈洛温在西方时就脱去了俄式服装、穿上时髦的洋服时，他说："我可不信戈洛温会看不起祖国的服装，如果真是那样，他就是一个没脑子的笨蛋啦。"⁸ 但到了10月30日，彼得下令用隆重的仪式欢迎戈洛温和勒福尔，向归来的大特使团致意，只有穿西服的人才可以在欢迎仪式上露面，罗莫达诺夫斯基被迫从命。

那年冬天，勒福尔的新豪宅落成，宴席和庆典持续了两天，在此期间，彼得拿出一把长剪刀，将那些坐在自己身边的波雅尔的宽大袖子给剪短了。"看，"他说，"这些玩意儿是你们的枷锁。现在它们再也碍不着你们了。你这会儿扫翻一只杯子，再一个不注意，就会把袖子浸到酱汁里去。"他将剪下来的袖子递给目瞪口呆的宾客们，并建议道："把它们制成绑腿吧。"⁹

一年后，也就是1700年1月，彼得将劝说变成了命令。伴随着街道上、广场上的隆隆鼓声，政府宣布：所有波雅尔、政府官员和财主——无论是莫斯科的还是地方省份的，都必须抛弃长袍，自备匈牙利或德意志式的长衫。第二年的一道新法令要求男性穿背心、马裤、绑腿和靴子，头戴法式或德式帽子，女性穿衬裙、裙子、软帽和西式鞋子。随后颁布的法令禁止人们穿俄式高筒靴、佩带俄式长刀。新核准的服饰样品被悬挂于莫斯科城门及城内的公共场所，以供人们观察、模仿。除农民外，所有身着传统服装的人来到城门后，只有缴纳一笔罚金，方可入城。其后，彼得给各个城门的卫兵下令，只要有身穿传统长袍的访客来到城门前，卫兵们就强迫他们跪地，然后将长袍与地面接触的部分剪去。"如此被剪的外套有好几百件。"佩里说，"这事干得很有意思，逗得人们合不拢嘴。不久，穿长袍的习俗就被摒弃了，特别是在靠近莫斯科的地方，以及所有沙皇到过的城镇。"¹⁰

毫不令人意外的是，对于彼得的服装改制，妇女比男人们接受起来要容易得多。彼得的妹妹娜塔莉娅和寡居的皇嫂普拉斯科维娅率先以身作则，许多俄国贵妇立即效仿。看到了洋装的巨大可能性后，急于成为时尚标兵的她们派人前往西方，搜寻凡尔赛宫女人穿戴的女式礼服和鞋帽的样品。

随着时间推移，后续颁布的法令进一步拓展和完善了彼得的意志：穿戴新服饰是为了展示"国家、军人职业的荣誉与美丽"。易服令所遭受的抵触情绪从未到达剃须令所遭受的程度；神父们可能仍会严厉斥责那些把脸刮得干干净净的人，但教会并不会为保卫传统长袍而奋起。时尚自有其影响力，社会下层的人们会急不可待地接受上层的服饰。不到5年，英国大使惠特沃思（Whitworth）就在从莫斯科发出的报告中称："在这座伟大的城市的每一个角落，再也不会碰到一个不穿德意志服饰的显贵人士。"[11]

然而在乡村地区，时尚依旧不是悠久传统的对手。那些在彼得眼皮底下活动的贵族、官僚和商人都打扮成了皇帝希望的样子，但那些生活在偏远庄园的士绅们依旧从容不迫地穿着长袍。某种程度上说，彼得从西方回来后，在改革道路上迈出的第一步，也是最明显的一步，属于典型的东施效颦。他急不可耐地将西式习俗应用于俄国社会，将那些俄式习俗弃若敝屣，后者的存在基础却是生活常识。诚然，古老的俄国服装又宽又大，不利于行走，而抛弃长袍和长外套后，四肢无疑也能更为自由地活动，但俄国的冬天寒冷刺骨，四肢活动越灵便，就越可能被冻伤。旧式俄国人足蹬暖和的靴子，身穿领口立至耳朵上方、下摆垂至地面的大衣，嘴和面颊被浓密的胡须保护着，当气温跌至零下二三十摄氏度的时候，他就可以心满意足地欣赏身穿西式服装的同胞的惨状了——这些脸蛋被冻得发紫的可怜人为了保持体温，撞击着短大衣下面露出来的双膝，却毫无效果。

彼得怀着强烈的决心，要让自己迅速摆脱一切与旧俄习俗、传统有关的附属物和提醒物，他的妻子叶夫多基娅因此落得凄凉的结局。彼得从西欧归来的那个秋日，标志着26岁的沙皇和29岁皇后的最终决裂。

彼得早就希望结束这段婚姻，摆脱这个可悲、可厌的女子，他从未爱过她，同她结婚只是被逼无奈。从一开始，彼得想方设法避开妻子一事就不是什么秘密。她愚昧无知，没受过教育。她对彼得的热衷之事感到恐惧，也嫌弃他的那些朋友——特别是勒福尔，以及那帮涌入彼得生活的外国人。在一个虔诚的东正教女子看来，外国人是异端和玷污之源，当看到自己丈夫接受他们的服饰、语言、习惯和思想时，她觉得无法忍受。叶夫多基娅试图干预狂热、倔强的丈夫，以及他在新朋友那里找到的充满吸引力的生活，结果只能不可避免地导致她的地位进一步下降。她也知道彼得对她不忠：他一直以慷慨大方的态度对待安娜·蒙斯。她愚蠢地公开流露妒意，激怒了彼得。与此同时，她试图用信件或爱的标志来取悦他，这只能让彼得感到厌烦。简而言之，他觉得她令人厌倦，觉得她令自己难堪，因而渴望着终止与她的关系。

还在西欧时，彼得一面到处与邂逅的迷人女郎吃饭、跳舞、交往，一面决意要摆脱他那无能、无趣、占有欲又强的妻子。在海外的18个月间，他不曾给叶夫多基娅写过只言片语，但在给国内朋友的信中，他则暗示了这一想法。他从伦敦给他的舅舅列夫·纳雷什金和提康·斯特列什涅夫去信，敦促他们说服他妻子立誓修行，当一名修女。一旦这么做，她身上的一切世俗关系，包括婚姻，就统统失去约束力了。回到阿姆斯特丹后，彼得加大了施压力度，他要求罗莫达诺夫斯基出面，向不情不愿的皇后施加他的影响力。就连牧首也被劝说为彼得活动，尽管他试图推脱这个不讨喜的差事。等彼得来到维也纳后，他的心意已决。他拒绝向奥皇皇后敬酒，因为如果他这样做，对方就会向沙皇皇后回敬一杯。显而易见，彼得铁了心要抛弃皇后。

回到莫斯科后，彼得不仅从一开始就拒绝见叶夫多基娅的面，反而愤怒地质问纳雷什金和其他人，为何没有执行他下达的那些与皇后有关的命令。他们的回答是，这个问题太棘手了，必须由陛下自己来处理。因此，彼得于数日后在维尼乌斯家召见叶夫多基娅。他们一连争论了4小时，彼得以狂暴的态度坚持要求她出家，还他自由。叶夫多基娅于绝望中迸发了力量，坚决拒绝了彼得的要求，她抗辩说，作为一名母亲，她必须履行自己的职责，因而不能离开世俗世界。她预感自己一旦被幽闭于修女院，就再也无法见到儿子了（她的预感是准确的，后来事情果然如她所想象的那样）。因此她声称，她永远不会自愿出宫，或是自愿放弃这段婚姻。

彼得终止了会谈，决心按照自己的意愿行事。他先是将时年8岁半的阿列克谢从他母亲身边强行夺走，交给居住在普列奥布拉任斯科耶的妹妹娜塔莉娅照料。不久之后的一天早上，一辆没有配备侍女或男仆的简陋邮车被差往皇宫，叶夫多基娅被塞了进去。车子发出咯吱咯吱的声响，驶向苏兹达尔的波克罗夫斯基修道院（Pokrovsky Monastery）。10个月后，叶夫多基娅被剃去头发，被迫取了一个新的修女名字：海伦。在后来的日子里，她还会以一种惊人的方式出现在彼得的生活中，但就目前而言，彼得的心愿实现了——他终于自由了。

彼得从西方回国后的几个月内，在他的强迫下，俄国人的生活起了更多的变化。它们大多是些象征性的表面文章。像刮胡子和剪衣服这样的措施是数十年后到来的、更深层次的制度改革的前兆。这类早期改革并没有真正改变俄国的社会基础。然而在俄国人看来，它们实在是太奇怪了，因为这些措施与日常生活中最为常见的点点滴滴息息相关。

这些改革中的一项与历法有关。从最早的时代起，俄国人就不是以基督诞生日，而是以他们所认定的世界创造日作为纪年的开始。于是，按照他们的算法，彼得从西方回来的那一年不是公元1698年，而是俄历7206年。同样，俄国人也不是从1月1日，而是从9月1日开始过新年。这是因为他们相信，世界是在谷物和其他水果完全成熟以备采摘的秋季，而不是在大地被白雪覆盖的冬季被创造出来的。按照传统习俗，元旦那天（9月1日）要举行盛大的庆祝仪式，沙皇和牧首端坐在两张置于克里姆林宫一座庭院内的宝座上，成群结队的波雅尔和平民簇拥在他们身边。彼得已经废止了这些陈旧的仪式，但9月1日仍是新年的开始。

彼得很希望将本国的历法与元旦同西方的统一，他于1699年颁布法令，规定下一个新年将从1月1日开始，而来年将被定为1700年。在这道法令中，沙皇坦言，改革是为了让俄历同西欧的历法制度相一致。① 但有人宣称上帝不可能在隆冬时节创造世界，为了削弱他们的论点，彼得邀请这些人"前来观看世界地图，他怀着愉悦的心情，让他们明白俄国并非世界的全部；当他们这里正在过冬时，那些位于赤道另一端的地方却一直处

---

① 彼得选择效仿的是当时在英国使用的儒略历，结果他前脚让俄历与西历接轨，西方世界后脚就改革了自己的历法。1752年，英国应用了公历（格里高利历），但俄国拒绝二次改革，结果直到俄国革命前，俄历都比西历晚上几天：18世纪是11天，19世纪是12天，20世纪则是13天。1918年，苏维埃政府最终接受了格里高利历，这一历法如今已成为世界标准。

于夏季"。¹² 为了庆祝这次改革，也为了让俄罗斯沙皇国的民众对新的元旦日印象深刻，彼得下令：全国教堂都必须在1月1日举行新年特别礼拜。此外，他还发布指示，用节日常青树的枝条装饰房屋内部的门柱。全体莫斯科市民在新年那天必须"互相高声道贺，借此表达心中喜悦"。¹³ 一连7天，城内家家户户均灯火通明，觥筹交错。

彼得也改革了俄国的货币。他回国后，对毫无规划、规范，近似于东方货币体系的本国货币体系感到羞耻。直到那时为止，俄国境内尚流通着大量外国货币，它们通常是德意志或荷兰货币，表面印着一个字母M，代表"俄罗斯沙皇国"（Muscovy）。唯一普遍流通的俄国货币是一种名为戈比的椭圆形小银币，它一面印着圣乔治的肖像，另一面则印着沙皇的头衔。这种硬币的含银量和大小千差万别。在找零时，俄国人干脆用沉重的刀子将它们切成一片又一片。参观英国皇家铸币厂的时候，彼得深受影响，他明白，要想促进贸易增长，自己就必须拥有供给充足、由政府发行且受政府保护的官方货币。于是，他下令生产大量制作精美的铜币，用于兑换现有的戈比。其后，他铸造了一批更高面值的金币和银币，最大面额的金卢布相当于100戈比。不到3年，新币的发行规模就达到了令人印象深刻的程度：已发行、正在流通的硬币币值达900万卢布之巨。

一天早上，有人在一间政府办公室的地板上发现了一封匿名信，它向彼得提出了又一个"很外国"的想法。未署名信件的内容通常是对高级官员的弹劾，这封信却提出了一个建议：俄国应采用一套印花票用纸使用系统。也就是说，一应正式协议、契约、诉状和其他文件都必须写在左上角盖有鹰形完税印花标记的办公用纸上。而这种纸张应由政府专卖，收入则纳入国库。欣喜万分的彼得立刻实施了这项举措，并着手寻找这位匿名作者。作者是一个叫阿列克谢·库尔巴托夫（Alexis Kurbatov）的农奴，此人是鲍里斯·舍列梅捷夫的管家，曾与主人一道前往意大利，在那里，他目睹了意大利人对印花票用纸的应用。彼得重赏了库尔巴托夫，并交给他一个新的政府职位，库尔巴托夫的职责是为政府找寻更多的增收渠道。

彼得自己带回国的另一项西式制度在增加了俄国社会复杂性的同时，也为这个国家节省了一批土地和金钱。按照俄国惯例，针对为沙皇做出重要贡献者的奖励办法是赠予大片土地或赐一笔钱。在西方时，彼得发现那里用的是较为经济的赏赐办法：授予奖章——勋章、十字章和星形章。彼得以英国的嘉德勋章、哈布斯堡的金羊毛勋章等外国勋章为模板，设计了俄国独有的骑士勋章——圣安德烈勋章，它的名字源于俄国的主保圣人。新册封骑士的身份标识是斜挎于胸前的浅蓝色宽绶带和白珐琅底色上的黑色圣安德烈十字。第一个受勋者是彼得的忠实伙伴和大特使团的大使费奥多尔·戈洛温，此人如今实际上已是非正式的首相。得到沙皇提名的骑士团成员还有哥萨克盖特曼马泽帕和接替沙因担任三军统帅的鲍里斯·舍列梅捷夫。当彼得于25年后去世时，圣安德烈骑士团已拥有38名成员，其中俄国人24名，外国人14名。直到帝国灭亡时，这枚勋章仍是俄国君主授予的所有荣誉中级别最高、最令人渴求的一种。因此，在两个多世纪中，在俄国的陆海军将领、大臣和其他官员眼里，这一根根彩色绶带、一片片银子和珐琅的价值相当于数千英亩俄国良田——这也是人性使然。

# 19

# 火刑与鞭刑

　　人们的胡须甫一落地,重聚后的第一杯祝酒刚刚喝下,笑容就从彼得的脸上消失了。更为冷酷的工作在等着他:向射击军算总账的时候到了。

　　自从索菲亚倒台,这支旧俄军中的前精锐部队一直在遭受着刻意安排的羞辱。当彼得在普列奥布拉任斯科耶组织模拟战役时,射击军各团总是被安排到"敌军"序列中,老是扮演失败的一方。更近一些的时候,在亚速城墙下的真实战役中,射击军遭受了惨重损失。他们被迫像劳工一样挖掘壕沟、垒土修建围攻工事,这让他们愤恨不已;他们讨厌被迫服从外国军官的指令,他们一面望着年轻沙皇迫不及待地依从那些操着一口难懂语言的西方人的建议,一面喃喃讷讷地怨怅。

　　对射击军而言不幸的是,两次亚速战役向彼得决定性地证明了一件事:射击军与他的新军团相比,纪律和战斗力是何等低下。他宣布有意按照西方模式塑造自己的军队。攻陷亚速后,新军团与沙皇一道返回莫斯科,他们凯旋入城,并被授予各种荣誉。射击军却被留在后方重建要塞防御工事、戍守已占领的城镇。这样的待遇是史无前例的;按照传统,射击军在和平时期驻于莫斯科,拱卫着克里姆林宫,供养着自己的妻子和家人,并兼职从事有利可图的商业活动。如今,一些士兵离家已近两年,这同样是刻意安排的结果。彼得和他的政府想尽可能减少首都的射击军兵力,要让他们远离首都,最好的办法就是把他们打发到遥远的边境地区常驻。因此,政府一度打算加强驻波兰边境的俄军兵力,遂将2000名驻亚速的射击军士兵派往此地。他们在亚速的岗位由部分留在莫斯科的射击军士兵接替,与此同时,近卫军和其他西式部队将继续留在首都保卫政府。

　　射击军上路了,但他们的不满情绪在加剧。要从一座偏远的前哨基地步行前往数百英里外的另一座前哨基地，这已经让他们怒火中烧了，更让他们愤怒的是，他们不被允许经过莫斯科看望家人。一些士兵竟于途中开小差，而后在莫斯科露面。他们发起请愿，要求发放欠饷，并请求允许他们留在首都。他们的请愿遭驳回，并被勒令立即归队，否则就要面临处罚。这些士兵回到战友身边后，将自己遭受的恶劣对待告诉了他们。他们还带来了最近的新闻，以及莫斯科的街头传闻，它们大多以彼得与他的漫漫西方之行为中心。实际上，在彼得出国前，他对外国人的偏爱，以及他将外国官员提拔至国家、军队高位的事实就已经激怒了射击军。如今，新出现的流言令他们怒火更炽。根据这些流言，彼得已经成了一个德意志人，已经抛弃了东正教信仰，甚至有传闻称沙皇已经驾崩。

随着内部交流的热烈进行，射击军的个人不满开始升级为更猛烈的政治怨恨，怨恨的矛头直指沙皇：他们的信仰、他们的国家都被颠覆了；沙皇已不再是沙皇！真正的沙皇应端坐于克里姆林宫中的宝座上，如星辰般遥不可及，他只会在盛大的游行队伍中露面，身披长袍，佩戴珠宝。在德意志区与木工、外国人彻夜喧闹共饮，在凯旋队伍中走在他所任命的外籍陆海军将领身后的那个高个子彼得根本不可能是真正的沙皇。如果他真是阿列克谢的儿子——很多人怀疑这一点，那么他就已经被人施了巫术。他们指出，他的癫痫发作就是他是恶魔所生的证据。各式各样的想法在脑海中翻腾，射击军逐渐意识到，他们的职责是推翻这个被魔鬼调包的假沙皇，让俄国重新回归传统模式。

就在这时，莫斯科方面发来了一道新的指令：各个连队将被打散，而后分成从莫斯科到波兰立陶宛联邦边境一带的各座城镇，而先前那些前往莫斯科的逃兵将被逮捕、流放。这道命令激化了矛盾。2000名射击军士兵决定朝莫斯科进军。6月9日，新到任的奥地利使馆秘书科布在奥地利驻莫斯科使馆举行的宴会上注意到："今天，关于射击军作乱的模糊传闻第一次引发了恐慌。"[1] 16年前的那次兵变并没有从人们的记忆中抹去，如今，出于对大屠杀可能重演的担心，那些有能力的人开始逃离首都。

在一片恐慌中，沙皇政府开始直面危机。没人知道叛军有多少人马，或是他们离城市有多近。指挥莫斯科驻军的是波雅尔阿列克谢·沙因，苏格兰老兵帕特里克·戈登将军将与他并肩作战——就像沙因在亚速时那样。沙因同意接下镇压叛乱之责，但要求波雅尔杜马全票通过任命决议，会议全体成员还必须在任命文件上签下同意字样，或盖上个人印章。波雅尔们拒绝了，他们或许觉得，一旦射击军获胜，他们的签字将给他们招来杀身之祸。即便如此，他们还是赞同，必须阻止射击军进入莫斯科以激起更大的叛乱。政府将手头所能搜罗到的忠于它的部队统统集结起来，送出城去，抢在叛军赶到之前迎击他们。

两个近卫军团——普列奥布拉任斯基团和谢苗诺夫斯基团——提前一小时接到了准备出发的命令。为了彻底掐灭可能蔓延至近卫军团的叛乱火种，命令宣布：谁要是拒绝出发与叛军作战，谁就是以叛军自居。戈登来到军中激励士兵，并向他们保证，将君主和国家从叛贼手中拯救出来是天下最光荣、最高尚的作战任务。4000名忠心耿耿的士兵集合了起来，而后向西出城，沙因和戈登一马当先。最重要的是，奥地利炮兵军官德·格拉格上校（Colonel de Grage）携25门野战炮随军同行。

对峙发生在莫斯科西北30英里处，距尼康牧首修建的大名鼎鼎的新耶路撒冷修道院不远。一切的一切——兵力、指挥官、火炮，乃至时机选择，均有利于忠于政府的军队。倘若射击军早到一小时，他们或许就能占领这座巨大的修道院，就能在围攻战中长期坚持下去，直到让保皇军灰心丧气为止，那时他们就能说服对方的部分士兵加入这场叛乱。从战术角度而言，这座带围墙的堡垒可以对他们的阵地起到支持作用，结果双方却在空旷、起伏的乡间地带相遇。

修道院附近流淌着一条小溪。沙因和戈登将指挥阵地设在小溪的东岸，封锁了通往莫斯科的道路。不久之后，一望无际、携滑膛枪和长戟的射击军队列开始出现，前锋部队开始涉水渡河。为了确认是否有和平解决叛乱危机的机会，戈登步行前往河岸，同叛军对话。射击军的身影一从河中出现，他就以一名老兵的身份劝告他们：夜幕将至，莫斯科离这里还远，一日之内他们已经到不了了；他们最好在河对岸搭营过夜，那里非常空旷，他们可以先休息，再决定次日的行动。射击军此时精疲力竭、犹豫不决，他们根本没料到在抵达莫斯科之前就会发生战斗，但现在他们看到政府军已在对岸摆开阵势,于是接受了戈登的建议,开始扎营。射击军代表佐林(Zorin)军士将一份还没写完的请愿信交给戈登。信中以充满怨恨的笔调写道:

> 他们已经奉命在各座城镇服役了一年。当他们在亚速前线时,来自异国的异教徒弗朗西斯·勒福尔阴谋让东正教徒遭受巨大伤亡,于错误的时间率莫斯科射击军前往城墙下方,并将他们投放到最危险、最血腥的地段,致使他们大批阵亡;在他的策划下,一颗地雷被安放在壕堑下方,依靠这颗地雷,他又杀害了300多人。[2]

接下来,请愿信中又写了别的一些怨言,包括这么一句:"他们听闻德意志人就要来到莫斯科,剃掉他们的胡子,并当众吸食烟草,目的是羞辱东正教徒。"当戈登正在与叛军谈判时,沙因的军队悄悄在东岸一座居高临下的高地掘壕固守,而德·格拉格也将他的大炮布置到高地上,炮口朝下,瞄准河对岸的射击军。

翌日拂晓时分,戈登满意地看到,他的阵地已经达到固无可固的地步了,便再度前去与射击军谈判,对方要求将他们的请愿书读给保皇军听,戈登予以拒绝;这份请愿书实际上是在号召人们拿起武器反对彼得沙皇,是在声讨彼得的密友,特别是勒福尔。戈登不但没有答应射击军的要求,反而向他们提到彼得的仁慈。他敦促射击军和平回师,继续履行他们的戍边使命,因为造反对他们没有任何好处。他承诺,如果他们心平气和地提出请求,并以恰当的方式表达他们的忠诚,他们的不满就可以得到满意的解决,而他们的一切抗命行为也可以得到赦免。戈登的努力失败了。"我用尽了自己掌握的一切说辞,但完全是白费力气。"他写道。射击军的答复是,"当他们获准与他们在莫斯科的妻子接吻,并收到欠饷后",才会回到自己的岗位上去。[3]

戈登将这一答复汇报给沙因,而后第三次回到谈判桌上,他带来了最终条件:付清射击军的军饷,赦免他们的罪行。但这一次,射击军失去了耐心,变得焦躁起来。他们警告戈登,他是他们的前指挥官,但也是个外国人，他必须马上滚蛋，否则他努力的结果将是吃到一颗子弹。他们咆哮着，说他们不奉任何人为主，也不会执行任何人的指令。他们绝不会回去驻守边关，他们必须获准进入莫斯科。如果有谁挡道，他们就会用手中的刀剑开路。大怒之下，戈登回沙因那里去了，保皇军开始准备战斗。而射击军亦在西岸列队，他们跪倒在地，请求上帝赐福于自己。在小溪两岸，无数人画着十字，与此同时，俄国士兵们正为了自相残杀准备着。

第一枪在沙因的命令下打响。伴随着隆隆的响声，轻烟从加农炮的炮口袅袅升起，但无人伤亡。德·格拉格的大炮装了火药，但没有装炮弹；沙因希望通过展示武力来使射击军畏服，然而，这轮空炮收到了相反的效果。听到炮响，却不见己方队列出现伤亡，射击军的胆子大了起来，他们以为自己的实力占上风，于是敲打战鼓，挥舞旗帜，朝河对岸进军。此时，沙因和戈登命德·格拉格认真应战。大炮再度咆哮起来，这一次，炮弹呼啸着飞进射击军的队列中。德·格拉格的25门火炮一次又一次地朝前方的密集人群开火。加农炮弹成排落入敌军队伍，削去一颗颗人头、一只只胳膊和腿。

一小时后，战斗结束了。尽管大炮仍在轰鸣，射击军却已扑倒在地面上躲避炮火，乞求投降。保皇军一方有人冲他们喊话，命令他们丢下武器。射击军立刻照办，即便如此，大炮却仍在开火，戈登的理由是，如果他尚未以合理方式解除射击军武装就让大炮熄火，射击军就有可能鼓起勇气，并在他人的劝说下再度发动进攻。就这样，魂不附体、瑟瑟缩缩的射击军不敢反抗，任由敌人给他们戴上脚镣，捆绑起来，直到彻底失去战斗力为止。

尽管叛军已镣铐加身，但沙因仍不打算对他们发慈悲。当叛乱的射击军全部被系上枷锁并就地看管起来后，沙因立即下令对叛乱做调查。他要查清叛乱的起因、煽动者的身份，以及叛乱的目的。他询问的每个射击军士兵均承认自己参与了兵变，确实该死，但他们一致拒绝透露任何关于叛乱目标的细节，也拒绝将任何一个战友指为叛乱煽动者或领导者。于是，按照沙因的命令，一幕幕残酷的拷掠在新耶路撒冷修道院附近那景色宜人的乡间上演。笞刑与火刑发挥了效果。终于,一名士兵在劝说下开了口。他承认自己和全体战友罪该万死,并坦言他们已经做好打算:叛乱若是成功,他们会先洗劫、焚烧整个德意志区,并将那里的居民统统杀光。然后进入莫斯科,杀死所有抵抗者,逮捕波雅尔领袖,处决一部分,流放另一部分。接下来,他们会向民众宣布:听从外国人的恶毒建议前往海外的沙皇已经客死西欧,索菲亚公主将应人们的呼吁,重新担任摄政者,直到彼得之子、皇储阿列克谢达到法定年龄为止。瓦西里·戈利岑将从流放地被召回,为索菲亚提供建议和支持。

可能事实确实如此,也可能沙因只是利用严刑拷打来获取他想听到的口供而已。不论真相究竟如何,沙因已经满意了,他以这份招供为依据,命令刽子手开始行刑。戈登提出抗议——他并不是想救这些罪人一命,而是打算先留着他们,好在日后进行更为彻底的调查。戈登预料到彼得回国后定会很想弄清这次兵变的真相,恳求沙因不要动手。但身为指挥官的沙因坚持认为必须将叛贼立即处以极刑,好让剩下的射击军——以及全体国民深刻地认识到,叛国者会得到什么样的下场。130人被当场处决,剩下的叛军近1900人,被系上镣铐带回莫斯科。到了那里后,他们被转交给罗莫达诺夫斯基,后者将他们分押至周边乡村的各座要塞、修道院的单人牢房内,等待彼得回来处理。

彼得从维也纳急急赶回,他在路上已经得知了射击军被轻易击败的消息,并得到了"无人逃脱"的保证。然而,尽管叛乱已被迅速扑灭,也从未对他的皇位构成严重威胁,沙皇还是陷入极度的心烦意乱中。自己的军队趁自己在海外旅行时发动叛乱,这让他感到忧虑、耻辱,在这之后,正如戈登所预想的那样,他的第一念头,是弄清叛乱分子的根延伸得到底有多远,有哪些高层人士可能参与了这次叛乱。彼得不相信射击军是单独行动。他们提出的要求,对他的朋友、他本人和他的生活方式提出的指控似乎已经大大超出了普通士兵的思想境界。但究竟是什么人在挑唆他们呢?他们又是为谁而战呢?

没有一个波雅尔或官员能给他一个满意的答复。他们表示,射击军在严刑拷打下表现得极为顽强，无法强行从他们嘴里套出答案。彼得又怒又疑，命令近卫团将莫斯科周边的单人囚室内关押的数百名囚犯集中起来，带到普列奥布拉任斯科耶。审讯随之开始，彼得已下定决心，一定要弄清事实是否正如他在给罗莫达诺夫斯基的信中所写的那样："米洛斯拉夫斯基的种子已再度萌芽。"即使并没有什么以推翻他的政府为目的的真正计划，他也决心要铲除这些"罪恶的制造者"。自孩提时代起，射击军就站在他的对立面，还威胁他——他们杀害他的朋友和亲人，他们支持篡位者索菲亚的主张，如今他们仍在密谋反对他；就在他动身去海外之前两个星期，射击军团长齐克列勒的阴谋被发觉了。现在，他们又使用激烈的言辞攻击他的外国朋友和他本人，并向莫斯科进军，意欲颠覆国家政权。彼得已经厌倦了这一切：无论是这帮可恶的家伙，还是他们带来的威胁；无论是他们提出的关于特权和出战自主选择权的无礼要求，还是他们在战场上的低劣表现，以及他们是一群生活在现代世界的半中世纪人物的事实。无论用什么办法，他都要一劳永逸地除掉他们。

审讯就是一边施以酷刑，一边讯问。在彼得时代的俄国，酷刑有三种用途：强迫受刑人开口；作为惩罚手段，即使不需要获取任何信息；作为死刑的前奏或改良版。在俄国，常见的传统酷刑有三种："巴托格"刑（batog，即笞刑）、"瑙特"刑（knout，即鞭刑）和火刑。

"巴托格"是一种约为手指粗的细小荆条或棍棒，通常被用于抽打轻罪者。受刑人趴在地上，背部赤裸，腿和胳膊伸展开来。两人同时用"巴托格"抽打受刑人的裸背，一人坐在或跪在受刑人的头和胳膊上，另一人坐在或跪在他的腿和脚上。两个行刑人面对面，轮流有节奏地挥舞手中的笞棒，"像铁匠锤打铁砧那样控制着节奏，直到笞棒断成几截，然后他们就会换一根新的，直到有人命令他们停手为止"。[4] 如果不加区别地对体质较弱的受刑人长时间行刑，则笞刑可能导致受刑人死亡，尽管这种情况并不常见。

更为严厉的惩罚或审讯催生了"瑙特"刑——一种野蛮但在俄国历史悠久的折磨手段。"瑙特"是一种很粗的硬皮鞭子，长约3.5英尺。它一下就能在受刑人的裸背上扯下一块皮来，如果反复鞭打同一部位，受刑人就会皮开肉绽，伤及骨头。刑罚的轻重程度由抽打的次数决定；15至25鞭被认为是标准情况；超过这一程度往往会导致受刑人死亡。

鞭刑的施行是一门技术活。根据约翰·佩里的观察，行刑人"对受刑人的裸背的鞭打次数依判决而定，每抽一鞭，他先后退一步，再向前跳上一步，如此用力，每一鞭下去，受刑部位都会鲜血飞溅，同时留下一道手指粗的鞭痕。俄国人称呼他们为（鞭刑）"专家"，他们对自己的工作把握得恰到好处，以至于极少在同一部位抽上两鞭，而是让鞭痕遍布受刑人的整个背部。他们的手法极为纯熟，鞭痕的侧边彼此相连，从受刑人的双肩并排延伸至裤腰部位"。[5]

通常情况下，受刑人在受刑时会被抬起来，平趴在另一人的背上。鞭刑专家们常常会在旁观者中选出某个身强力壮的家伙来做这件事。受刑人的双臂与双腿分别与静止不动的背人者的肩膀、膝盖绑在一起。而后，鞭刑专家的一个助手抓住受刑人的头发，将他的头部向外拉伸，好让有节奏的鞭笞落到对方那摊开、隆起的背上，而不是其脑袋上。

若有需要，鞭刑可以以一种甚至更加可怕的方式执行。受刑人的双手被绑在背后，一根长长的绳索缚住他的手腕，绳子的一头穿过一根树枝或悬在受刑人头顶上的横梁。行刑人将绳子往下拉。这样一来，受刑人就被吊到半空中，与此同时，受刑人的胳膊逆着肩关节向后转动。为了确保受刑人的双臂在拖曳下彻底脱臼，有时会在他的脚上绑一根沉重的圆木或其他重物。当受刑者已经痛苦不堪的时候，鞭刑专家就用连枷抽打他那肿胀的背部，直到打满规定的鞭数为止，而后受刑者会被放到地上，胳膊被人用力往回一扭，重新复位。有些时候，这种酷刑会每周重复一次，直至受害人招供为止。

火刑是一种常见的刑罚——有时单独施行，有时则与其他酷刑一起施行。最为简单的火刑的执行方式是这样的：受刑者的"双手和双脚都被缚住，身体被固定在一根长长的杆子上，就像被叉在一根烤肉叉上。行刑人一边将受刑者裸露的背部置于火上炙烤，一边审问他，要他招供"。[6] 有时候，受刑人已经受过鞭刑，刚被放下来，就被绑到这种杆子上去,这样一来,他那已经被鞭子抽得皮开肉绽、鲜血淋漓的背部又要遭受火焰的炙烤。如果受刑人在受过鞭刑后仍被吊在空中,那么一根烧红的铁条就会烙向、刺入他那流血的后背。

通常情况下,俄国的死刑与其他国家如出一辙。罪犯或被烧死,或被吊死,或遭斩首。火刑的受刑人是在一堆塞满稻草的圆木中央被烧死的。斩刑的受刑人必须把脑袋搁在木砧上,然后再吃上一剑或一斧。这种刑罚可以让人立时断气,因此是一种舒适的死法,但有时受刑者会被先斩去手脚,从而增加了痛苦。这种死刑司空见惯,一名荷兰旅行者写道:"如果一场斩刑在小镇的一头执行,镇子另一头的人们几乎不会知道关于此事的半点儿信息。"[7] 伪币制造犯所遭受的刑罚是,将他们制造的伪币熔化,而后将液态的金属从他们的喉咙灌进去。强奸犯将遭受阉刑。

尽管当众拷打、当众处决对任何一个17世纪的欧洲人而言都不算什么新鲜事,但令大多数来访者震撼的是,大多数俄国人本着"不可征服的顽强"的斯多葛主义精神,坦然接受这类骇人痛苦的事实。他们坚定地忍受着可怕的痛楚,拒绝出卖自己的朋友,当被判处死刑时,他们温顺、平静地走向绞刑台或斩刑台。一个观察者在阿斯特拉罕目睹了30位叛国者在半小时之内被全部处决的情景。无人叫喊,无人喧闹。死刑犯们直截了当地走向木砧,将脑袋搁在前人留下的血泊中。甚至没人将他们的双手绑在背后。

这种难以置信的坚强和无法击垮的痛苦承受力,不仅令外国人目瞪口呆,也令彼得本人惊讶万分。有一次,当一个受刑人被鞭刑和火刑折磨了4次以后,彻底惊呆的彼得走向他,问他为何能忍受如此巨大的痛苦。那个人快快活活地谈论起原因来,并向彼得透露了一个酷刑社团的存在,而他就是其中一员。他解释说,无论是谁,都得先遭受一顿拷打,才能获准加入这个团体。自那以后,会员们想在社团内部获得晋升,就必须经受住更高级别的酷刑。对这个匪夷所思的组织而言,鞭刑根本不算什么。"痛苦的最高境界,"他向彼得解释道,"是将一块燃烧的煤放在耳朵里;还有一种痛苦程度与之相当的办法:将头剃光,然后把极度冰冷的水滴从高处慢慢地、一滴一滴地滴在上面。"[8]

更令人震惊甚至感动的是这个事实：有时候，一些能忍受鞭刑和火刑、至死不开口的俄国人，一旦用友善的态度加以对待，他们的防线就崩溃了。那个将酷刑社团之事告诉彼得的受刑者就是这样。尽管已经受刑4次，他却仍不肯招供一个字。彼得发现痛苦对他完全不起作用，便走过去，亲吻了他，然后说："叛党针对朕作乱一事，你是知情人，这对朕而言并不是什么秘密。你已经得到了足够的惩罚。如今你心中若尚存一丝对朕的爱戴，就主动把你所知的交代出来吧。朕发誓，以让朕成为沙皇的上帝名义发誓，已经彻底赦免你了，不仅如此，为了以特别的方式表明宽仁，朕还会任命你为团长。"[9] 这种另类的办法令这个囚犯完全丧失了顽抗的念头，深深打动了他的心。他拥抱了沙皇，说："对我而言，这是酷刑的最高境界。再也没有别的办法能让我开口了。"他将一切都告诉了彼得，而沙皇也信守了自己提出的条件，赦免了此人，并将他提拔为团长。

17世纪，同之前、之后的所有世纪一样，是一个残忍到骇人的时代。各国均用酷刑对付各式各样的犯罪，特别是那些针对君主或国家者。通常情况下，由于君主即国家，任何形式的与君主作对的行为——上至暗杀，下至最微不足道的怨言，均被归入叛国罪之列，并配有相应的惩罚措施。但一个人也可能因在宗教信仰问题上做出了错误的选择，或者因犯下扒窃罪而遭受酷刑，乃至被处决。

那些触犯了君王人身安全或尊严的人将遭到法律最为狂暴的制裁，全欧洲皆是如此。1613年在法国，行刺亨利四世的凶手在市政厅广场（Place de l'Hotel de Ville），在众多带着孩子和野餐午饭前来围观的巴黎市民面前，以四马分尸的方式遭处决。一个60岁的法国人侮辱了太阳王，结果被扯掉舌头后送去当划桨手。在法国，普通罪犯将遭受斩首、火刑或轮刑（活活被打碎骨头）。在意大利，旅行者对当众执行绞刑的做法抱怨不已："我们在公路上看到那么多人类的血肉，连旅行都成了一件令人不快的事。"[10] 在英国，"负重刑"（peine forte et dur）被用于惩戒罪犯：木板被置于受刑人的胸膛上，然后一块块叠起来，犯人承受的重量随之增加，直到呼吸与生命终结为止。针对逆贼的刑罚是吊起、剖腹和肢解（吊剖分尸刑）。1660年，塞缪尔·佩皮斯在日记中写道："我前往查令十字街（Charing Cross），观看哈里森少将（Major-General Harrison）遭受吊剖分尸刑的场景。这些刑罚就在那里执行，而哈里森看起来像在这种情况下任何人可能的那样'振作'。如今他已被处决，首级和心脏被展览给大家看。示众之处爆发出阵阵如雷般的欢呼声。"[11]

酷刑不仅被用在政治犯身上。彼得在世的时候，英国人用火刑对付女巫，一个世纪后，女巫仍会被吊死。1692年，即射击军之乱爆发前6年，20名年轻女性和两条狗因犯有巫术罪而在马萨诸塞州的塞勒姆（Salem）被处以绞刑。在18世纪的大部分时间里，英国人都会将盗窃额达5先令的犯罪者判处死刑，将偷了一条手帕的女人判处绞刑。在皇家海军内部，违反军纪者通常遭受的刑罚是九尾鞭抽打。这种经常致人死命的刑罚直至1881年才被废除。

前文所有关于刑罚的段落都是为了给读者描绘一幅全景图。生活在20世纪的我们没有几个会愿意以假惺惺的姿态，对过去那些时代的野蛮表示震惊。现代国家依然用死刑对付叛国者。无论在战争年代还是和平年代，酷刑与集体处决事件仍在发生，拜现代的技术设备所赐，它们如今变得更有效率，更加不分青红皂白。在我们这个时代，60多个国家当局都在以国家名义施行酷刑，德国、俄罗斯、法国、英国、美国、日本、越南、韩国、菲律宾、匈牙利、西班牙、土耳其、希腊、巴西、智利、乌拉圭、巴拉圭、伊朗、伊拉克、乌干达和印度尼西亚政府均在此列。奥斯维辛集中营（Auschwitz）的残酷成就则几乎可以说是前无古人后无来者。今天，在一些精神病院，政治异见者遭受着精心设计的有害药物的折磨，它们不仅能摧毁人的抵抗意志，还能毁灭受害者的人格。而某些奇事也只有借助现代技术方能实现，例如，将14名犹太人当着50万围观群众的面吊死在巴格达解放广场（Bagdad's Liberation Square），并把尸体晃来荡去的情景制成几小时的特写镜头，播放给那些无法到场的观众。

在彼得时代，酷刑拷打是为了搜集情报，而公开处决是为了震慑人心，制止更多的犯罪。事实上，无辜者屈打成招的例子从未导致酷刑被叫停，而犯罪行为也从未因死刑的存在而绝迹。无可置疑，国家有权保卫自己免受违法者的侵害，也许它甚至有义务震慑未来的犯罪者。然而，一个国家或社会要在酷刑镇压的道路上走多远，才能让人觉得它的正义难以平衡其治理手段的残酷？这是个与政治理论一样古老的问题，本书无法给出答案。但当我们读到彼得的作为时，应当将它铭记在心。

按照彼得的命令，罗莫达诺夫斯基公爵将俘获的叛军全部送往普列奥布拉任斯科耶，并修建了14座刑讯室来"招待"他们。一星期又一星期过去了，囚徒们以每周6天（周日为休息日）的频率，如同流水线上的产品一般轮番受刑，幸存的1714名囚徒全部遭到审问。9月的半数时间和10月的大部分时间里，射击军都在皮鞭的抽打和火焰的炙烤中度过。在承认一项罪名后，他们会因另一项罪名而重遭审讯。如果一个叛军士兵吐露了某条新的信息，其他已被讯问过的叛军都会被拉回去，就此事再受审问。那些在拷打之下变得全身无力、几近丧失理智的囚徒会被交给医生治疗，好让他们在恢复元气后接着遭受讯问和极其痛苦的折磨。

卡尔帕科夫少校（Major Karpakov）是叛军领袖之一，深受牵连，在惨遭鞭笞、背部被火焰炙烤后，他丧失了说话的能力，陷入昏迷之中。罗莫达诺夫斯基担心他会过早死去，于是将他交给彼得的私人医师卡尔博纳尼大夫（Dr. Carbonari）照料。等到他恢复过来，他便再度遭到拷打。第二位失去说话能力的军官也被交给卡尔博纳尼大夫进行康复照料。在给这位囚犯做过检查后，医师一时疏忽，将自己的刀子落在了单人囚室内。这个军官知道自己基本上活不成了，他不愿让自己恢复过来，因为如果这样，就要继续遭受折磨。于是他抓起刀子，试图切断自己的喉咙。但他的身体已经太过虚弱，因而无力割出足够深的创口。在他让自己遭受致命伤害之前，他的手就已无力地垂了下来，人也昏了过去。有人发现了他。在部分痊愈后，这个军官又被送回刑讯室去了。

这次大屠杀，彼得的重要朋友和副手人人有份。罗莫达诺夫斯基、鲍里斯·戈利岑、沙因、斯特列什涅夫、彼得·普罗佐夫斯基、米哈伊尔·切尔卡斯基、弗拉基米尔·多尔戈鲁基、伊凡·特勒库罗夫、费奥多尔·谢尔巴托夫，以及彼得昔日的家庭教师冒牌教皇佐托夫等人均被选中参与此事，沙皇以这样一种特别的方式来体现自己对他们的信任。如果阴谋已经蔓延开来、波雅尔已经参与其中，彼得就要依靠这批同志的调查和如实汇报。遭受猜疑心理折磨的彼得怒不可遏，他经常出现在刑讯现场，有时挥舞着自己那根粗大的象牙柄手杖，亲自审问那些疑似罪魁祸首之人。

但射击军不是那么容易打垮的，他们的意志极为坚毅，有时会激得沙皇大发雷霆。科布写道：

> 当一个叛乱分子或同谋被绑在拷问台上时，他的悲恸声让人看到了希望，也许用折磨手段可以迫使他吐露真相；但情况并非如此，当他的身体被绳索拉伸开来时，他就立刻一声不吭了，除了他的身体部分被扯离骨白时发出的令人毛骨悚然的噼啪声，他始终沉默不语，即使再给他补上20鞭也是如此，就好像他的痛苦已经积累得太多太多，以至于感受不到了。所有人都相信，在遭受这种极度残忍、能让人丧失呻吟、说话能力的暴行后，这个人无疑会崩溃。因而当他被人从臭名昭著的拷问台和绳子上解下来后，有人问他是否认得在场的人。令所有人都感到惊讶的是，他把他们一一认了出来。但当他们问了一个关于叛乱的新问题时，他就再度变成一个十足的哑巴了。按照沙皇的命令，他被火刑炙烤了整整一刻钟，在此期间一直不曾开口。沙皇终于对这个可恶透顶的顽固分子失去了耐心，他手中恰好握着手杖，于是猛然举起它，狠狠刺向受刑者的嘴巴——它顽固地紧闭着，打算把它撬开，让这人说出话来。与此同时，一连串字眼从狂怒的沙皇口中吐出："给我招，畜生，给我招！"震耳欲聋的声调表明，他当时是何等愤怒。[12]

尽管审讯可能是秘密进行的，但整个莫斯科都察觉到某些可怕的事正在发生。然而，彼得很希望把这件野蛮的事瞒下来，尤其希望不让外国人知道；他明白，自己造访过的西方宫廷将因这件骇人之事而有所反应，于是试图把自己的刑讯室封锁起来，以瞒过西方人的耳目。即便如此，传闻还是引发了人们极大的好奇心。一群西方外交官骑马前往普列奥布拉任斯科耶探险，看看能否弄到点情报。他们经过三座房子，每座里面都传出可怕的号叫声和呻吟声。这些人在第四座房子前方停了下来，翻身下马，里面传出的尖叫声更为骇人。令他们吃惊的是，当他们走进去时，发现沙皇、列夫·纳雷什金和罗莫达诺夫斯基正在屋内。当他们退出去时，纳雷什金开口质问他们的身份及来这里的目的。他愤怒地命令外交官们前往罗莫达诺夫斯基府，配合调查此事。外交官们予以拒绝，他们一边上马，一边对纳雷什金说，如果他什么都不对他们说，那么他可以前往他们的大使馆，在那里把事情说清楚。俄国士兵出现了，一个近卫军军官试图将一名外交官拉下马来。这些不受欢迎的客人拼命刺着自己的坐骑，风驰电掣地掠过那些飞奔着前来堵截的士兵，平安地逃了出来。

这件骇人之事最终闹到满城风雨的地步，牧首不得不担起自己的职责，他前去面见彼得，恳求他宽大为怀。他带来了一幅圣母玛利亚的肖像画，并提醒彼得，但凡为人，皆应有人性。他请求彼得发发慈悲。宗教权威出手干预世俗事务，这让彼得感到厌恶，他对这位富有同情心的教士的答复是："你带着这幅肖像画做什么？你来这里的目的是什么？马上离开，把这幅画像放到受人膜拜的地方去。知道吗？我对上帝和圣母的崇敬之情可能比你更真挚，但这是我作为君主的分内事，我对上帝应尽的职责是不让我的子民受到伤害，以及依法处置那些把世界弄得满目疮痍的公开复仇犯罪。"[13] 既然如此，彼得继续道，公正与严厉就得并用，对已深入政治肌体的坏疽，就只能用铁和火把它割掉。他认为，要拯救莫斯科，就不能靠菩萨心肠，而要靠残酷手段。

沙皇的怒火犹如横扫而过的风暴，无人能幸免。曾为叛军祈祷胜利的神父事败后被判处死刑。一个小官的妻子从一座立于克里姆林宫前的绞刑台前方经过时，对着吊在那里的人说了一句话："唉！有谁知道你们到底是无辜还是有罪？"[14] 她的话被人无意中听到，并被告发为向已被定罪的逆贼表示支持。于是她和她的丈夫都被抓起来审问。在得以证明她只是对那些遭受不幸的人们表示同情后，这对夫妇躲过了死刑的厄运，但即便如此，他们仍被逐出了莫斯科。

尽管以令人不齿的强迫手段获得了供词——在尖叫之间抓取到，或从正在呻吟、陷入半昏迷状态的人口中榨出，然而彼得所得到的信息并未超出沙因已知悉的范围：射击军有意攻占首都，焚烧德意志区，杀害波雅尔，并要求索菲亚当他们的主子。如果她拒绝，他们就会要求8岁的皇子阿列克谢上台，并使出最后一招：让索菲亚的前恋人瓦西里·戈利岑公爵执政，原因是"他对我们一直很仁慈"。彼得确知并无波雅尔、政府重要成员或贵族参与其中，但最关键的疑团仍未解开：是否有重要人士企图危害他的性命和统治？还有，最重要的是，索菲亚事先是否知道或鼓励过这次叛乱？

彼得对他姐姐抱有很深的疑心，他认为她无时无刻不在策划针对自己的阴谋。为了证实自己的疑虑，包括射击军的妻子和索菲亚的全体侍女在内的一些妇女受到审问。两个负责打扫卧室的女仆被带到刑讯室，上身被剥光。当彼得走进来时，其中一人已经挨了几鞭。他注意到她已怀孕，因而没让她继续受刑，但两个女子都被判处死刑。

在拷打之下，射击军士兵瓦西卡·阿列克谢耶夫（Vaska Alexeev）表示，曾有两封声称来自索菲亚处的信被送往射击军军营，并被大声宣读给士兵们听。据说这几封信的内容为敦促射击军进军莫斯科，攻占克里姆林宫，及要求公主即位。根据一种说法，两封信被藏在索菲亚送给一个老丐妇的面包里，偷偷送出索菲亚的房间。另有几封煽动味道较淡的信，出自索菲亚的姐妹玛尔法（Martha）之手，内容为通知索菲亚，射击军正在朝莫斯科进军。

彼得亲自前往新圣女修道院审问索菲亚。他不可能对她用刑。根据某份记录，他时而与她一道悲泣，哀叹命运让他们成了敌人，时而又以伊丽莎白一世和苏格兰玛丽女王之事为例，用死亡来威胁她。索菲亚否认自己曾写信给射击军。他暗示她曾提醒他们，可将她召回重新执政。此时索菲亚直截了当地告诉彼得，就这个问题而言，他们根本不需要她写信提醒，他们肯定会想起她曾统治本国七载的事。末了，彼得没有从她那里得到半点儿东西。他饶了姐姐的命，但认为必须对她做出更为严格的限制。索菲亚被迫剃去头发，立誓修行，成为修女苏珊娜（Susanna）。他将她永久禁闭在新圣女修道院内，100名士兵在那里看守着她，不允许任何人前来拜访。在这种情况下，她又活了6年，于1704年去世，享年47岁。她的姐妹玛尔法和叶卡捷琳娜·米洛斯拉夫斯卡娅（也是彼得的异母姐姐）则免遭政治处罚，但玛尔法也被送到了一座女修道院，她在那里度过了她的余生。

第一批遭处决的射击军死刑犯于10月10日在普列奥布拉任斯科耶迎来了人生的末路。兵营后方有一片光秃秃的田野，它的地势逐渐走高，上升为陡峭的山坡，绞刑台就设在山坡顶端。一个团的近卫军士兵在那里列队，他们的一侧是刑场，另一侧是大批推推搡搡、引颈张望的围观人群。许多射击军士兵已再也无法行走，他们是被一队小型两轮车拉来的，每辆车上都载着两个囚徒，他们背靠背而坐，每人手里都持着一根点燃的蜡烛。这些死刑犯几乎人人一言不发，他们的妻小却在车子旁边飞跑着，空气中充满了尖叫和凄惨的呜咽声。当车队辘辘地驶过那条将绞刑台与看客分隔开来的小溪时，零星的抽泣声瞬间升级为集体嚎哭声，直冲云霄。

车辆全部到达后，彼得身穿奥古斯特赠予的绿色波兰装，与波雅尔们一道现身，在他们附近，停着哈布斯堡帝国、波兰和丹麦大使的马车，大使们就在马车上观看行刑。宣读判决的时候，彼得冲着人群喊话，让他们侧耳倾听。而后，罪人们开始走向绞刑台，一边走，一边拖曳着几根圆木。木头缚在他们的脚上，以防逃跑。每个人都试图依靠自己的力量爬上绞刑台，但一些人不得不借助别人的帮助。在绞刑台顶端，每个犯人都朝四个方向各画了个十字，并用一块亚麻布盖住了自己的脸。一些人把脑袋伸进套索里，纵身从绞刑台上跳下，希望折断自己的脖子，好立刻死去。总体而言，射击军们以极为平静的态度迎接死亡，他们一个接一个地踏上黄泉路，脸上毫无悲戚之色。由于犯人数量太多，正式刽子手处理不过来，彼得命几名军官登上刑台帮忙。据科布报告，当晚，彼得前往戈登将军处就餐。他闷闷不乐地坐在那里，一言不发，仅对那些已被处决的人的顽强抵抗发表了几句评论。

这场残忍的露天表演只是个开始，当年秋天和冬天，类似一幕多次上演。每隔几天,就有数十或更多人被处决。200人被悬在城墙上的木梁上,木梁是特制的,从胸墙射击孔延伸出去,每根木梁上吊着2名射击军。每扇城门处都立着1座绞刑台,上面吊着6具晃来晃去的尸体,提醒着所有进城的人,这就是叛国贼的下场。10月11日,144人在红场被吊死,尸体悬挂于穿过克里姆林城墙开垛口的木梁上。109人于普列奥布拉任斯科耶的一条明沟上方被人用斧、剑斩首。叛军中最为顽固的三兄弟的处刑地点位于红场,两人被处以轮刑,活活被打碎骨头,而后任其慢慢死去,与此同时,第三人在他们面前被斩首。那两个还活着的人痛苦地抱怨道:他们的兄弟可以死得如此快、如此舒服,真是不公。

一些人遭到特殊形式的羞辱。由于射击军的团属神父曾激励过他们,圣巴西尔大教堂前方立起了一座十字形的绞刑架。动手绞死这些神父的是宫廷弄臣,为了应景,他们还穿上了教士的长袍。为了将射击军与索菲亚之间的关系昭示天下,196名射击军士兵被吊死在一座巨大的正方形绞架上,绞架竖立于新圣女修道院附近,公主就被囚禁在那里。3名疑似叛乱首恶之人被直接吊死在索菲亚房间的窗户外,其中一具尸体的手中握着一张纸,上面写着射击军的请愿,内容为要求索菲亚成为执政者。那年冬天的剩余岁月里,他们的尸体一直悬在那里,在她几乎触手可及的地方晃来晃去。

4个叛乱团的成员并未被全部处决。彼得将500名20岁以下的士兵的死刑判决改成烙面(右脸)及流放,其他人则被削去耳朵或鼻子,留下了一个代表叛乱参与者的可怕标记。在彼得的整个统治生涯中,一个个无鼻、无耳、脸上打有烙印的人游荡在帝国的边远地区,他们既是沙皇怒火的见证,也是他仁慈的证据。

据科布报告:在复仇怒火的驱使下,彼得强迫一些亲信扮演刽子手的角色。按照他的记载,10月23日,由一群波雅尔组成、为给射击军定罪而建立的顾问班子成员被召到普列奥布拉任斯科耶。他们被勒令亲手处决犯人。每个波雅尔都被分配到一个射击军士兵和一把斧头,随着一声令下,他就要将自己面前的那个家伙斩首。一些人持斧时,双手在颤抖,既没有好好瞄准，也没有用上足够的力量。一个波雅尔砍得太过靠下，结果击中了受害者的脊背中央，几乎将他劈成两半。那个人流着血，在波雅尔面前一边翻滚一边号叫，而后者也无法再动手完成自己的使命了。

显而易见，有两人将这件骇人的任务完成得十分出色。罗莫达诺夫斯基公爵之前因无情地刑讯射击军已是名声远扬。根据科布的记录，他斩下4个射击军的首级。罗莫达诺夫斯基"表现得比其他人都要残酷"，他之所以如此狂热、残忍，可能是缘于他父亲于1682年被射击军杀害。沙皇的年轻宠臣亚历山大·缅什科夫渴望着取悦主上。据他事后吹嘘，他砍掉了20个人的脑袋。只有沙皇的外国密友拒绝参与，他们表示，让他们这样的人干刽子手干的差事，这不符合他们国家的习惯。科布称，彼得骑在马上，监督整个死刑执行过程，当他看到一个脸色发白、浑身筛糠的波雅尔不愿领取斧头的时候，他皱起眉头，十分不悦。

科布又称，彼得亲手砍下了一些射击军的头颅。这名奥地利秘书表示，第一场公开死刑在普列奥布拉任斯科耶执行的那天，他与彼得军队的一名德意志少校站在一起。这位少校丢下科布，从前方的人群中挤了过去。最后，他回来告诉科布，自己看到彼得亲自将5名射击军斩首。深秋的另一天，科布记载道："据报道，今天沙皇又一次公开向逆贼复仇，亲手处决了一些人。"[15] 大部分历史学家——无论是西方的，还是革命之前的俄国和苏联时代的，都不肯认可这份传闻证据。那些已经发现彼得极度暴力、野蛮的一面的人则可以毫不费力地想象出他亲手挥动刽子手之斧的情景。当怒意上涌时，他的确会陷入狂暴中，而那帮反叛者也惹火他了，他们再一次举起手中剑，剑指他的皇位；对他而言，惩罚叛国者并不算罪恶，叛国才算。无论是科布还是他的奥地利同僚，都没有亲眼看到他们描述的那些事件，那些不愿相信沙皇会变成刽子手的人可以用这一事实来安慰自己；他们的证据在现代法庭上是无效的。

如果此事尚有疑问，那么说彼得应对这次大规模行刑和处决负责，或者说当刑讯室内的鞭刑或火刑正在施行、血肉模糊时，彼得就在现场，是毫无争议的。在我们看来，彼得的做法似乎很野蛮，也辱没了他的身份；但对彼得而言，这样做很有必要。他气愤难当，他怒火中烧，他要亲耳听到真相。"此时沙皇对手下的波雅尔已极不信任，"科布说，"因而他丝毫不敢把审问工作委托给他们，宁可（亲手）制订讯问方案，并（亲自）审问被告。"[16] 此外，无论在陆上，还是在海上，或在刑讯室里，彼得从来都毫不犹豫地参与到自己指挥的事业中去。他既然已经下达了审讯、毁灭射击军的命令，就不会坐待其他人带来命令已经得到执行的消息。

然而，彼得并不是一个虐待狂，他不喜欢看到别人受折磨——例如，他不会像伊凡雷帝那样，仅仅是为了看看接下来会发生些什么，就唆使熊去攻击人类。他之所以拷打射击军，有着身为统治者的实际理由：获取情报。他之所以动用死刑，是为了惩罚叛乱分子。对他来说，这是很自然、传统甚至很道德的做法。在当时（17世纪），无论在俄国还是欧洲其他地方，极少有人对这一准则有异议。事实上，在俄国历史上的那一刻，彼得的行为是否道德并不重要，重要的是它所带来的效果。射击军的灭亡令俄国人对彼得那严厉、无情的意志留下了深刻印象，同时也向他们彰显了沙皇那铁一般、对政敌绝不容忍的决心。此后，尽管彼得穿的是西服、偏好的是西洋器物，但他的子民知道自己别无选择，只有效仿。因为在西式服装下面，跳动着的是一颗俄罗斯沙皇国沙皇的心。

这是彼得计划的一部分。他毁灭射击军不仅是为了复仇，或是将某个特别的阴谋大白于天下，更是为了立个榜样，为了杀鸡儆猴，为了迫使他人服从自己。射击军在血与火中被焚为灰烬，他们的教训令如今的我们畏缩不已，却巩固了彼得的统治，给了他实施改革及令俄国社会发生革命性变化的力量，无论其结果好坏。

彼得不久前刚刚离开西欧，他希望在那里替自己的国家建立新形象。然而，他毁灭射击军的消息引得西欧一片哗然。对普列奥布拉任斯科耶的大规模用刑、处决行动的报道，甚至让君主不可能容忍犯上作乱的普遍观点都失去了说服力。之前就有观点认为，俄罗斯沙皇国是一个无可救药的野蛮国度，公国君主则是一名残忍的东方暴君，如今整个西方世界似乎都对这一看法确信不疑。在英国，伯内特主教回想起自己对彼得的评价："他要为祸本国或邻国多久？只有上帝知道。"[17]

彼得很清楚西方世界将如何看待他的做法，这一点从他急欲向在莫斯科的别国外交官隐瞒拷打一事——即使瞒不下处决一事，就可以看出。其后，当科布日记在维也纳出版时（印刷本是用拉丁文写成的，但为了从彼得那里拿到好处，它被译成了俄文），沙皇反应激烈。这本日记引发了一场严重的外交危机，直到皇帝利奥波德一世同意销毁所有未售刊本为止。就连那些已售出的刊本也遭到沙皇代表的追索，他们竭力购回每一本。

尽管哗变的射击军4个团正在遭受惩罚，但其余射击军部队，包括近期从莫斯科被派去戍守亚速的6个团，已经变得危险、躁动起来，他们威胁说要加入顿河哥萨克的队伍，然后朝莫斯科进军。"莫斯科的波雅尔、亚速的德意志人、水里的恶魔、泥土里的蠕虫。"他们用这句话来表达自己对周围世界的不满。当他们的战友全部完蛋的消息传来后，亚速的射击军取消了他们的投靠计划，继续留在自己的岗位上。

尽管自己的冷血政策取得了成功，彼得还是决定与射击军彻底翻脸。特别是在这次血腥镇压之后，残余射击军的恨意只会更深，国家可能会再一次陷入动荡之中。参与造反的2000名射击军中，有近1200人被处决。他们的遗孀和孩子被逐出莫斯科，不论哪个地方的人都不准向他们提供帮助，除非雇他们在远离首都的庄园当用人。第二年春天，彼得解散了剩下的16个射击军团。他们在莫斯科的房屋和土地被没收，被放逐到西伯利亚及其他偏远地区，成了普通村民。他们被永久剥夺了参军的权利，当地总督受到警告，不准征召他们服役。其后，在大北方战争期间，因为对瑞典战争需要持续不断补充人力，彼得推翻了这一决定，几个前射击军团组建了起来，并被置于严密控制下。1708年，驻边远城市阿斯特拉罕的射击军发动了最后一次叛乱，在那之后，这个军事组织被永久取缔。

就这样，彼得终于料理了这批狂暴而跋扈的莫斯科商贩军人，他们曾给他的青少年时期带来了不可估量的影响和恐惧。射击军遭肃清后，彼得唯一一个拥有武装的可怕政敌及重组军队的头号绊脚石就消失了。他们为沙皇亲手创立的新军和能征善战的近卫军团所取代，后二者接受的是西式训练。他们全力支持彼得的政策。讽刺的是，几乎全部募自有地贵族家庭的俄国近卫军军官很快就在政治上扮演起了射击军所向往但未能如愿以偿的角色。当君主拥有像彼得那样强悍的意志时,他们表现得驯服与顺从。但如果君主是个女人(在彼得过世后不到一个世纪内,这样的情况发生了四次)或孩子(发生过两次),或王位空置、继承人争议未定,近卫军可就要自己出来帮忙挑选国君了。射击军若是还在,面对这一变局,或许也会尽情地加以嘲笑。但他们更可能钳口挢舌,一言不发,唯恐彼得的灵魂仍在监视着自己。

## 20

# 与朋友们在一起

那年的秋季与冬季，俄国首次充分感受到了彼得的意志。射击军遭受的酷刑与死刑就是沙皇意志最无情、最鲜明的体现，但即便是刑讯室的火焰尚在燃烧的时候，毛骨悚然的俄国和外国观察家便开始意识到，彼得的一切活动都是围绕着一根共同主线进行的。摧毁射击军、剪去胡须与衣袖、改革历法与币制、囚禁皇后、嘲弄宗教仪式、在沃罗涅日打造舰队——全都是为了一个目的：破旧立新，引领众多迟钝的俄国同胞走向更为现代化、西方化的生活。

尽管这些旨在摧毁旧俄的举措在本书中是分开描述的，它们却是在同一时间进行的。彼得白天待在普列奥布拉任斯科耶的刑讯室内，晚上就直接赶往庆典活动及一场接一场的宴饮、娱乐活动现场。在那个一片恐怖的秋季和冬季，彼得几乎每晚都要参加一场宴会、一场化装舞会、一场婚礼、一场洗礼仪式、一场为外国大使安排的招待会，或是一场由"醉酒宗教会议"举办的嘲弄性宗教仪式。他之所以这样做，部分原因是想忘却对叛乱活动的愤怒，以及骇人的惩戒工作导致的郁闷情绪；另一部分原因则是他喜欢这样——在西方世界待了18个月后，再度与朋友们在一起的感觉让他很愉快。

最为全面、生动的记录是约翰-格奥尔格·科布留下的，此人是一名来访的奥地利大使的秘书。尽管他的作品并非完全可信，且经常转述一些谣言，但科布仍不失为一名勤勉的报道者，他将自己的所见所闻一件不漏地记录下来。他的记载以丰富多彩的笔调描绘了彼得的人生轨迹，所涉时间范围从彼得回国起，一直延伸到他投身那场支配其余生及统治生涯的大战。

这名年轻的奥地利外交官于1698年4月来到莫斯科,当时彼得尚在伦敦。当大使进入俄国首都时,举行了盛大的入城式,并以传统而正式的豪宴为使团接风。据宾客统计,总共上了至少108道不同菜肴。

当彼得回国后,他接见了这个使团。见面会是在勒福尔宅举行的。

> 一群要人簇拥在陛下身边,在这群人当中,沙皇的身高最为出众,他相貌堂堂,外表高贵。我们毕恭毕敬地向陛下鞠躬,他报以亲切的点头。这预示着这场见面的氛围将是友好的……沙皇恩准大使阁下、使团全体官员和在场的传教士亲吻他的手。[1]

但科布和他的同僚很快便发现,这一欢迎仪式不过是表面上的客套而已。事实上,彼得对这种官方活动是无法忍受的,如果不得不参加,他就会变得尴尬、困惑。身穿正式服装,保持立正姿势或坐在龙椅上,倾听新任大使的发言,这对彼得来说是件痛苦的事,此时他会呼吸粗重、脸红出汗。正如科布所知,彼得认为,这是"单独对君王制定的,不让他们享受人间之乐的规定,它野蛮而不人道"。[2] 他抵制这类规矩,与伙伴们、与德意志官员、与商人、与外国大使——简而言之,与任何他喜欢的人一起吃饭、聊天。当他预备用餐时,响起的不是嘹亮的号声,而是某个人的喊声:"沙皇要吃饭了!"[3] 而后,食物和饮料就会被摆到餐桌上,摆放时没有什么特别的顺序,每样菜都被放在他够得着的地方。

对习惯了维也纳霍夫堡宫的正经宴会的奥地利访客而言,莫斯科的宴会看上去显得毫无规矩、吵吵闹闹。科布写道:

> 按照沙皇的命令,宴会由勒福尔将军负责安排,全体大使和重要波雅尔都得到了邀请。沙皇来得比平时晚,他有要事在身。即使在落座后,他也没有注意到大使就在场,而是继续与波雅尔们讨论事务,但讨论会几乎与争吵无异,众人无话不说,用手指着对方,每个人都处于极度的兴奋中,每个人都固执地捍卫着自己的看法,激情四射地在陛下眼皮底下冒着险。两个地位较低的波雅尔可以不用参加这场

棘手的讨论会，他们用桌上找来的面包敲打对方的脑袋，以此取悦圣上；每个人都在用自己的方式，尽可能地用真实证据来证明自己的真实本性。然而，即使在俄国来宾中，也有那么几位先生用较为温和的语气来证明自己拥有高尚的心灵。年长的列夫·切尔卡斯基公爵作风庄重，泰然自若，显得卓尔不凡。波雅尔戈洛温的性格像个律师，成熟、审慎。阿尔捷莫诺维奇（Artemonowicz）显然对公共事务有着恰当的了解。由于他们这样的人明显只是极少数，因而显得更加出类拔萃。阿尔捷莫诺维奇对各式各样的疯子都能参加皇家宴席的事实感到愤慨，他用拉丁文高声抱怨道："这里完全是一座愚人院。"那些懂拉丁文的人或许更容易捕捉到他所说的话。[4]

彼得利用这类宴会来处理各种各样的事务：

> 餐桌撤去后不久，舞会就开始了，如今这里举行的是为波兰大使而办的送别会。沙皇突然匆匆离去，他出人意料地离开兴高采烈的人群，进入舞厅隔壁的玻璃杯、酒杯存放处，并命令波兰大使随他而来。全体来宾都很想知道接下来会发生些什么，于是一齐拥了上去。他们的动作过于匆忙，结果欲速则不达，没能尽数进入隔壁房间。此时，沙皇已将国书交还给波兰大使，而后走出房间，结果与那些仍在争抢着入内的人们撞了个满怀。[5]

尽管西方人对俄国人抱有轻蔑的态度，但他们的行为有时与俄国人一样恶劣、幼稚。在一场为丹麦和波兰大使举办的宴会上，波兰大使得到了25道来自沙皇餐桌的菜肴，而丹麦大使只得到了22道。后者气愤难当，当他们离去时，丹麦大使获准先于波兰大使亲吻沙皇的手，他的愤怒方才平息。这个愚蠢的丹麦人因此得意扬扬地炫耀这次小小的胜利，把波兰人气得火冒三丈。最后，彼得听说了这次争吵，对这些外交礼节深恶痛绝的他吼道："他们都是蠢驴！"[6]

一些外国使节经常犯彼得的那些波雅尔偶尔犯下的错误：当彼得同他

们一道大喝大闹的时候，他们忘了这个同自己热烈争论的高个子的真实身份。当争论话题骤然发生转换时，他们会突然收声，因为他们意识到一个险恶的事实：他们挑战的是一位专制君主，整个国家生死的唯一主宰者。某些争论较为温和。一次宴席上，彼得告诉宾客：在维也纳时，他一直在发胖，但在回国的路上，拜波兰食物的性质所赐，他又变成了一个瘦子。腰大十围的波兰大使对此表示质疑，他表示，自己在波兰长大，正是波兰饮食给了他一个肥大的身体。彼得予以反驳："塞满你肚皮的不是波兰，而是莫斯科的食物。"——同其他大使一样，波兰大使的食物和开销是由东道国政府提供的。波兰人明智地不再讨论此事。又有一次：

> 宴会期间，众人讨论起各个国家之间的异同来。俄国的一个邻国（科布没有提到国名）备受诟病。该国大使的回应是，他注意到，俄国有太多值得谴责的东西。沙皇驳斥道："如果汝是朕的臣子，朕就会让汝加入那些正挂在绞刑架上的朋友的行列——因为朕很清楚汝的这番话在影射些什么。"[7]
>
> 后来，沙皇找了个机会，让这位要人同他的弄臣——宫中的取乐对象一起跳舞，从而引发了一片窃笑。然而这位大使（他以为彼得的玩笑是为了表达对自己的喜爱之情，因而跳个没完没了）还不明白自己遭受了何等可耻的算计，直到帝国大使悄悄警告他不要忘了自己的尊贵身份。

彼得情绪怪异，喜怒无常，心情的指针在兴高采烈与突然发怒之间剧烈摇摆。这一刻他还在朋友们的陪伴下，拿一位刚刚刮过脸的朋友那令人讶异的外表开玩笑，下一刻就可能陷入阴沉、烦躁的忧郁之中，或是毫无征兆地勃然大怒。在一次宴会上，彼得愤怒地指控沙因用军官官职做现金交易。彼得气冲冲地走出宴会厅，询问在勒福尔宅周围站岗的士兵，"以弄清究竟有多少个寸功未立的团长和团级军官是纯靠花钱从这位总司令手中获得任命的"。[8]

在这份记录中，科布接着描述了下面发生的事：

没过多久，他就回来了。此时的他怒火愈炽，以至于拔出剑来，朝总司令发出令来宾汗毛倒竖的威胁："就这一下，我就能毁掉您那病态的管理机构。"带着理直气壮却无法遏制的愤怒情绪，他征求罗莫达诺夫斯基公爵和佐托夫的意见，但这两人却为总司令求情，气得他抓住出鞘的剑，不辨方向地四处乱砍，吓坏了所有来宾。罗莫达诺夫斯基公爵不得不提出抗议，他的手指被划伤，头上也受了处轻伤。佐托夫在沙皇收剑时伤了手。致命得多的一击是朝着总司令（沙因）去的，要不是勒福尔将军（他几乎是唯一一个敢冒这种风险的人）抱住了沙皇，拉住他的手，化解了剑势，沙皇这记右手剑无疑将让总司令倒在血泊里。但沙皇若是因绝对正当的理由而发火时，任何胆敢阻止他尽情宣泄的人都会遭到责难，所以他当即转过身来，朝那个令人讨厌的妨碍者的背上重重一击。他（勒福尔）是唯一一个知道该如何纠正沙皇的人；没有一个俄国人比他更受沙皇的喜爱……那个人（勒福尔）平息了他（彼得）的怒火，沙皇放弃了弄死沙因的打算，只是威胁了他一番。这场可怕的骚动过去后，欢乐的氛围随之到来。沙皇满面微笑，与大家一起跳舞。为了展现喜悦之情，他吩咐乐师们演奏自己在最喜欢的君主和兄弟（奥古斯特国王）那里跳过的舞曲，这首曲子是那位最为威严的东道主在款待贵客时演奏的。两位年轻女士偷偷溜走，结果沙皇命令士兵将她们带回。人们再度举杯敬酒，25响礼炮也再度鸣放，这场欢宴一直持续到凌晨五点半才结束。

翌日，沙因做出的晋升决定统统被取消。在这之后，军官的提拔决定权被交到了帕特里克·戈登手中。

这并不是勒福尔唯一一次承受沙皇的拳头，也不是他唯一一次挺身介入沙皇与沙皇的怒火宣泄目标之间。科布称，10月18日，彼得再次在勒福尔处吃饭，此时，"突然发生了一件莫名其妙的事，把欢乐的氛围搅得一团糟。沙皇陛下揪住勒福尔将军，把他狠狠摔在地板上，还踢了他一脚"。[9]然而，勒福尔几乎是唯一一个有能力遏制彼得怒火的人。在一场于勒福尔宅举行、为200名贵族而办的宴会上，一场争论在两位前摄政者——彼得的舅舅列夫·纳雷什金和鲍里斯·戈利岑公爵之间爆发。彼得被深深地激怒了,"他高声威胁说,自己要砍掉列夫或鲍里斯的脑袋,不管主要责任在谁,来制止这场争论。陛下命罗莫达诺夫斯基公爵调查此事,他握紧拳头重重一击,把前来平息其怒火的勒福尔将军打得向后倒退"。[10]

科布非常不喜欢费奥多尔·罗莫达诺夫斯基公爵,这个个子很高、眉毛浓密的人是莫斯科总督,是"快活帮"中的冒牌沙皇,也是彼得的警察局长。罗莫达诺夫斯基是个作风冷酷的人物,爱搞恶作剧。他喜欢强迫客人喝下一大杯撒胡椒粉的白兰地,酒杯被放在一头笔直站立、受过训练的巨熊掌中;如果客人拒绝,这头熊就会脱掉心不甘情不愿的客人的帽子、假发和其他衣物。他蔑视外国人。他曾绑架过一名为御医工作的德意志青年译员,那个御医向勒福尔抗议,罗莫达诺夫斯基才把人放了回来。还有一次,他逮捕了一名外籍医师。当那名医师获释时,他"质问罗莫达诺夫斯基公爵为何把他关了这么久,(公爵)仅仅答道:为了折磨你"。[11]

10月12日,科布报告说:"大雪漫天,覆满大地,严寒刺骨,万物封冻。"[12] 宅邸内的人们仍在一杯接一杯地开怀畅饮,而射击军也继续被一个接一个地送上断头台,但彼得不久便离开莫斯科,上沃罗涅日的造船厂去了。然而,节日未到,沙皇即已归来。"今天是圣诞前夜。"科布的日记接着写道:

> 它是为期七周的俄国斋戒的前奏,目之所及的市场和街道全都成了肉山肉海。在某个地方,你会发现那里的鹅肉多得吓人。在下一个地方,你又会觉得那里储藏的宰杀好的猪足以吃上一整年。而宰杀好的牛的数量不亚于此。至于禽肉,无论哪一种,都多到让你觉得整个俄国的禽鸟一齐飞到这座城市来了。想将它们一一辨认出来是徒劳的。可以这么说:人类所能想到的禽类,这儿都已经有了。

圣诞节那天,科布发现:耶稣诞生庆典活动中夹杂着冒牌宗教会议的恶作剧：

> 假牧首和他的假随从、其他人等乘着80架雪橇，带着十字架、主教冠，还有其他假造的身份标识，绕着城市和德意志区转圈子。他们在一座座属于俄国富人或德意志军官的房屋门口停下来，给屋主带去痛苦：他们卖力地唱着赞美新生神明的歌曲，住户们不得不为此付出昂贵的代价。当他们在勒福尔将军宅唱过献给新生神明的赞歌后，将军用欢快的音乐、宴席和舞蹈招待他们。[13]

这些吵吵闹闹的圣诞颂歌歌手希望他们的表演能换来丰厚的酬劳。当屋主表现得不够慷慨的时候，就会付出更大的代价：

> 全俄最有钱的商人菲拉季洛夫（Filadilov）犯了个错误：当沙皇和波雅尔们在他家唱过赞颂上帝新生儿的歌曲后，他只拿出了12卢布。沙皇以最快的速度，将100个百姓打发到商人家，并命他立刻付给每个百姓1卢布。[14]

宴饮一直持续到主显节，那一天，传统的河水赐福仪式将在克里姆林城墙下方举行。沙皇没有按照习俗与牧首一起坐在宝座上，而是身穿制服，率领自己那个团，同总计1.2万人的其他部队一道，在结了厚冰的河面上列阵。"这支游行队伍在戈登将军那个团的引领下，朝着被冻得严严实实的河流进军，精致的红色新制服令他们更显英姿飒爽。"科布写道：

> 随后开到的是普列奥布拉任斯基团，他们身穿崭新的漂亮绿色制服，沙皇以团长身份，走在队列最前头。接下来是第三个赶到的谢苗诺夫斯基团，他们穿的是蓝色制服。每个团都配有一队乐手……
>
> 有个地方被河冰上的栏杆围了起来，各团就在那一带列阵。500名教士、副助祭、助祭、神父、修道院院长、主教和大主教身穿镶着金银珠宝的长袍，将现场的气氛烘托得更加威严。在一具闪闪发亮的

金十字架前方，12名教士托着一盏提灯，里面有3根燃烧的蜡烛。俄国人认为，当一具十字架出现在公共场合时，它必须有光亮相伴，否则不但不合法，也不体面。规模惊人的人潮从四面八方涌来。街道水泄不通，房顶上全是人，而城墙上也挤满了围观者。

当教士将宽敞的围场塞得满满当当时，神圣的仪式开始了。无数根蜡烛被点燃。都主教向上帝祈祷已毕，摇晃着自己那个被填满的正在冒烟的熏香的香炉，走遍整个围场。在围场中央，冰层开裂，露出一汪水来，看上去像个水井。都主教走到井边，手持香炉，一边在井口挥动，一边将点燃的蜡烛浸到水里，使这口"水井"神圣化，如是反复3次。附近的一根柱子上立着一个旗手，他的手里擎着国旗，旗帜是白色的，上面用金线绣着一只双头鹰。等教士们走进围场，旗面就舒展开来。随后，这名旗手就必须盯着仪式的进程——焚香、祝福，每轮到一个程序，他都要用旗语来表示。各团的团属旗手密切观察着他的动作，好同步模仿。

当对河水赐福的仪式结束后，各团的旗手一齐向水井靠近，随后围井而立，好让圣水洒到每一面团旗上。牧首（若他缺席，则由都主教代替）离开围场，而后将圣水洒向沙皇陛下和全体士兵。末了，各团的火炮一齐鸣响，紧接着，火枪手们又来了一波三轮齐射。[15]

当大斋节开始前的狂欢节到来时，秋冬季节的纵酒宴乐达到了顶峰。冒牌宗教会议在狂欢节期间扮演了关键角色，会议成员装出一副郑重其事的样子，列队前往勒福尔的豪宅祭祀酒神。科布看到了这支队列的行进场景，并记录了下来：

假扮牧首的那个人身穿主教专属的服装，十分显眼。酒神头戴一顶主教冠，全身赤裸，在旁观者眼里显得淫荡不堪。他的牧杖以丘比特和维纳斯像为标志，以表明他负责的是哪方面的教众，免得出错。其余的酒神信徒跟在他后面，一些人端着硕大的碗，里面盛满了葡萄酒，另一些人的碗里则盛满了蜂蜜酒、啤酒和白兰地，它们是热情的酒神的最后欢乐。由于冬季的寒冷，他们无法戴上桂冠，就跑到豪宅最偏僻的角落，将随身携带的大碟干烟叶点燃，并用熏得乌黑的嘴巴吐出一阵阵最芬芳的气味和最能令酒神愉悦的香烟烟雾。一些人兴高采烈地用来抽烟的那两支交叉成十字状的烟斗，被那个冒牌主教用于确认神圣仪式的神圣性！[16]

这种讽刺性的角色扮演活动令许多西方大使目瞪口呆，科布就惊叹道："十字架，世上最珍贵的救赎信物，成了讽刺道具。"[17]但彼得觉得，自己的游戏没有理由遮遮掩掩地进行。大斋节期间，当新近抵俄的勃兰登堡大使递交国书时——

> 沙皇命他留下吃饭，这场宴会非同凡响，出席者都是各国的首席大使和波雅尔中的头面人物。宴毕，假牧首开始祝酒。受祝者向这个冒牌的教会要人屈膝，以示尊敬，并交给后者两根交叉成十字形的烟斗，请求他赐福于己。奥地利大使是唯一一个悄然离开的人，他表示：我们基督教的神圣标志至圣至洁，不能拿来开这种玩笑。舞会将在宴会厅隔壁举行……在那里，精心装饰的帷幕被拉开了一些，皇储阿列克谢和（彼得的妹妹娜塔莉娅）出现在了宾客眼前。皇储（时年9岁）生来就是个漂亮人儿，优雅的德意志服装和扑粉的假发将他的外表烘托得光彩照人。娜塔莉娅的身边陪伴着俄国最为尊贵的妇女。这一天的活动同样是在众目睽睽之下，以非常不"俄国"的方式进行的，就连女性不得在为男性举办的公共集会和节日派对上露面的习俗都遭到了违背，因为一些女子不仅获准赴宴，还得以参加后面的舞会。[18]

与此同时，射击军仍在被无情地带上断头台，狂欢节的氛围中夹杂着一丝冷酷的气息。2月28日，有36人殒命红场，另有150人在普列奥布拉任斯科耶遭到处决。当天晚上，勒福尔宅举办了一场豪华的酒宴。宴毕，客人们欣赏了一场壮观的烟火表演。

大斋节于3月第一周到来，宴饮与死亡的双重狂欢随之戛然而止。宁静降临到这个城市，四下里一片安详，科布记载道：

> 这一周的气氛静谧、庄重得出奇，就像上一周喧嚣、狂暴得出奇那样。商店和集市没有开门，法院没有开庭，法官无事可做……他们遵循最为严厉的斋戒规定，克制肉欲，只吃干面包和水果。人们的形体发生了意想不到的变化，大到让人不敢相信自己眼睛的地步。[19]

在大斋节的宁静氛围中，当局终于着手将那些在绞刑台上吊了一个冬天的射击军尸体解下，拉出去安葬。"那场面让人不寒而栗，"科布说，"尸体被胡乱堆积在马车上，许多尸体半裸着身子，没有一具尸体不是乱七八糟的。它们被带往墓地，就像一群已被宰杀的绵羊被人拉到市场去那样。"[20]

除了彼得宫廷的生活，科布还用自己的眼睛捕捉着莫斯科日常生活的许多方面。乞丐们成群结队、吵吵嚷嚷，他们刚从一户市民的家门前走开，便立刻在大街上到处追逐市民，直到进入下一户人家的屋内为止，沙皇决定对此做点什么。这些乞丐经常在乞讨时敏捷地扒走受害人的钱袋。皇帝颁下法令，无论是乞讨还是鼓励乞讨的行为均被禁止。一旦有人在向乞丐施舍时被抓到，就会被课以5卢布的罚金。为了处理这帮乞丐，沙皇亲自出资，给每座教堂都盖了一座附属医院，好给这些穷人提供去处。另一名亲眼见证此事的大使暗示，医院的内部环境或许很恐怖。他写道："很快，大街上的可怜流浪汉就被一扫而空，他们中的很多人选择去做工，而不是被锁进医院里。"

尽管那是一个全世界都没有法纪可言的时代，科布还是被莫斯科盗匪的绝对数量和胆大妄为震惊了。他们结伙作案，肆无忌惮地夺走被他们看上的东西。他们通常在夜间动手，但有时也在光天化日之下行凶抢劫，且事后往往将受害人杀害。当地发生过多起未破的神秘凶杀案。一位外籍船长与他的妻子在一位波雅尔家吃饭，船长受到邀请，外出体验夜间乘坐雪橇滑雪的感觉。当他与东道主返回时，发现妻子惨遭断首，现场没有留下任何与凶手身份和行凶动机有关的线索。这说明，政府官员的处境不比普通市民更安全。11月26日，科布写道：

> 昨天晚上，一名信差被派往正在沃罗涅日的陛下处，他随身带着几封信和一些贵重器皿。这名信差在莫斯科的石桥上被人用暴力控制，并遭到洗劫。封泥被破坏的信件于拂晓时分在桥上被发现，但器皿和信差本人都被带走了，现场没有留下任何痕迹。[21]

有人猜测，这名信差被人用最为便捷的方式料理了——他被"推进了冰窟窿里"。

外国人必须格外小心，因为他们被看作可合法捕猎的猎物，不仅强盗这么想，就连普通俄国人也如此认为。据科布的一个懂俄语的仆人说，他刚才遇到一个市民，那人装腔作势地发表了一大通针对全体外籍人士的誓言和威胁："你个德意志佬儿，你们自由自在地抢夺我们，这样的日子已经够久了，但是，终有一天你将得到报应，遭受惩罚。"[22] 俘房落单的外国人（特别是那些酩酊大醉、步履蹒跚的外国人）的行动为一些俄国人提供了罕有的享受复仇乐趣的机会。遭遇暴力侵害时动手自卫也并非一定是安全之道。为了降低街头命案的发生率，彼得规定，酒后拔剑、拔枪、拔刀均属犯罪行为，即使是为了自卫而举起武器也不行，甚至武器并没有被真正使用过也一样。一天夜里，一个名叫乌尔班的奥地利采矿工程师在微醺中骑马从莫斯科返回位于德意志区的家中，此时他遭到一名俄国人攻击：先是言语上的，接着就动起了拳头。根据科布的说法："乌尔班失去了耐心，遭到这样一个卑鄙的流氓的侮辱，他怒火中烧，于是动用了自卫的自然权利，拔出了自己的枪。他狂怒地朝袭击者开火，结果只是擦破了对方的头皮，但也避免了伤者大闹着到沙皇那里告状的麻烦，乌尔班心平气和地与那人达成协议，用4个卢布换来了对方的沉默。"[23] 但彼得听闻了此事，乌尔班遭下狱，并被控以死罪。乌尔班的朋友辩护说：这个奥地利人当时已经喝醉了。沙皇答辩道：如果醉酒者与人扭打，自己可以让他不受处罚。但他如果拔出枪来射人，那就不行了。尽管如此，他还是将死刑减为鞭刑，只是在奥地利大使持续不断的抗辩下才取消了处罚。

那些强盗一旦落网，受到的处罚并不轻。他们成批地走向拷问台和绞刑台。有70名强盗在一天之内被全部吊死。即便如此，他们的同行仍未被吓住。对他们而言，犯罪是一种生活方式，违法意识已经深深烙进他们的灵魂，令行禁止往往会激起这些惯于践踏律法者的怒火。例如，尽管白兰地属于国家专卖商品，私自贩卖是被严厉禁止的，但一座私人住宅内仍在销售白兰地。50名士兵被派去扣押这批违禁品。战斗爆发了，3名士兵遇害。那帮私自酿造白兰地的人根本没有被吓住，也不打算逃跑，他们威胁说：自己的酒若是再被查抄，他们将采取更为猛烈的复仇行动。

事实上，承担着执法责任的警察与士兵自己也很少遵守法律。根据科布的观察：

> 俄国军人有着按照自己喜好用各种办法折磨犯人的习惯，根本不管犯人的死活，也不关心他们犯的是什么罪。犯人身上的淤青是士兵们的滑膛枪和棍棒造成的。他们还把犯人推进最污浊最肮脏的水坑里，有钱的囚犯的命运格外悲惨，士兵们厚颜无耻地表示，除非他们拿出一笔钱来，否则他们受到的折磨绝不会减轻。无论犯人是乖乖地去坐牢，还是不情愿地去坐牢，挨打都是免不了的。[24]

1699年4月的某一刻，莫斯科的粮价陡然上涨。调查显示，一批士兵奉命于春季解冻前将被处决射击军的尸体用车装运出城，他们却一直在强征那些将小麦、燕麦及其他谷物运抵城市的农用马车。这帮人强迫农民卸下粮食，将尸体装车后推去埋葬，与此同时，粮食却被士兵们留下食用或出售。面对这种盗窃行为，农民们停止运送粮食进城，导致城内现有粮食的价格飙升至天文数字。

随着天气变得更为温和，外国特使们频频受邀造访风光秀丽、鲜花盛开的莫斯科郊外。科布和本国大使得到邀请，前往彼得的舅舅列夫·纳雷什金的庄园赴宴。"那里的珍馐美味之多，堪称世所罕见。"科布写道：

价值连城的金银盘子、各式各样的精美饮料,均清清楚楚地体现着它们的主人与沙皇之间的近亲关系。宴会结束后举行了一场箭术比赛。没人能以不熟悉此道或不谙技巧为理由推脱。地上竖起了一面纸靶。在一片喝彩声中,东道主数次射穿靶子。一场大雨迫使我们中止了这项愉快的活动,我们回到庄园的房间内。纳雷什金拉着大使阁下的手,将他带到自己妻子的房间,让他们彼此行礼,以此表达自己对大使的敬意。在俄国人中,受丈夫之邀拥抱其妻,并呷上一口她亲手端上的代表敬意的白兰地是最高等级的荣誉。"[25]

还有一次,这名使节参观了沙皇的动物园,那里面有"一只巨大的白熊、豹子、猞猁和许多别的动物,饲养它们只是为了享受观赏乐趣而已"。[26] 再后来,他拜访了尼康的名作:新耶路撒冷修道院。"我们参观了巨大的围墙和僧侣居室。一条小溪从周边宽阔的旷野奔流而过,构成了一处迷人的景观。我们高高兴兴地自娱自乐——荡起双桨,将粗心的鱼儿诱进网内。当得知可以拿捕来的鱼当晚饭时,我们更加开心。"[27]

大使们受邀前往沙皇位于伊斯梅洛沃的庄园。当时是7月,正值莫斯科的酷暑季节,他们发现这座庄园的"布局实在太过宜人,周围环绕着一片片树林,树木种得不是很密,却长得高入云天,为我们提供了一片位于凉爽树荫底下的绝佳避暑地,树荫是由一根根高高伸展开去的树枝构成的,是它们将火一般的夏季高温挡在了外面"。"当风儿将树林吹得沙沙作响时",在场的乐师们"用更为悦耳的和声伴奏着"。[28]

科布是随同本国大使一道访俄的,行程持续了15个月。1699年7月,他们在参加过多场奢华的庆典后,动身离开俄国。彼得将包括大量黑貂皮在内的礼品分送给大使及全体随员,并下令举办了一场盛大的游行仪式,大使乘坐彼得的私人马车,马车以金银为饰,车门和天花板上镶嵌着珠宝。随后,这辆马车同其他马车一道,载着奥地利使团成员驶离城市,负责护送的是彼得手下的新式骑兵中队,以及由西式风格的新式步兵组成的分遣队。

# 21

# 沃罗涅日和南方舰队

自从回莫斯科起,彼得就迫不及待地想看看那些正在沃罗涅日建造的船只。尽管普列奥布拉任斯科耶的拷问仍在继续,尽管彼得和他的朋友正在用酒精来打发秋冬时节的阴郁长夜,沙皇仍恨不能立刻前往顿河,同他招募的西方船匠会合,这些船匠此时甚至已经开始在河岸的造船厂内工作了。

10月末,他首次造访顿河。许多波雅尔渴望让自己恩宠不衰,为此他们与沙皇形影不离,并跟随彼得一道南下。公爵切尔卡斯基——这位德高望重、得以留须的长者,此时以莫斯科地方长官的身份留守后方,但他很快发现,自己并非大权独揽。彼得的特点是绝不会把政府托付给一个人,而是同时交到几个人的手上。在动身前,他也对戈登说过一句话:"我将一切都交托予你了。"他还对罗莫达诺夫斯基说:"现在,我把一切事务都托付给你那颗忠诚之心。"[1] 彼得组建摄政府的准则是将权力分交给多人,让每个人都搞不清自己手中究竟掌握着多大的权力,这样他们就会陷入持续的对立和困惑中。这一体系不太可能在他不在朝时提高政府的效率,但可以阻止某个摄政者挑战皇帝权威的现象再度发生。由于射击军叛乱的起因仍未确定,建立分权体系成了彼得首先要考虑的事。

在沃罗涅日,一座座造船厂沿着宽而浅的河岸不规则地排列开来。彼得看到木工们正在又锯又锤,随后,他发现了很多问题:人手极度短缺、船材浪费严重,船匠们急于执行沙皇的命令,用的是未经干燥处理的木料，这种木材一旦入水就会迅速腐烂。①从荷兰赶到后，克勒伊斯中将将船只检查了一番，而后下令将大批船只拖出重造、加固。没有来自上级的指导与约束，每名外籍船匠都只遵循自己的设计方案，因而争吵频频。按照彼得从伦敦发来的指令，荷兰船匠必须在别国船匠的监督下工作，他们愠怒不已，消极怠工。俄国工匠的心情也好不到哪里去。这群奉命至沃罗涅日学习造船技术的人心里清楚，一旦他们展现自身资质，就将被送往西方深造。因此，许多人宁愿对工作采取得过且过的态度，希望借此获准返乡。

最严重的问题存在于大批未经训练的劳工中，这群人遭受的苦难也最为深重。数以千计的农民和农奴受到征召，他们从未见过比驳船更大的船只，也从未见过比小河更宽敞的水体。他们带着自家的斧头——有些人还牵来了自家的马匹——将树木伐倒，砍去树枝，然后让它们顺河而下，漂往沃罗涅日。他们的生活环境极为简陋，疾病得以迅速传播，死人是常有的事。逃亡者众多，最后造船厂不得不筑起围墙，设置岗哨。逃亡者一旦被抓到，就会被毒打一顿，然后被丢回到工作岗位上。

尽管彼得表面上持乐观态度，但工程进展缓慢，工人成批病倒、死亡、逃亡，这些都让他忧心忡忡，沮丧不已。1698年11月2日，来到沃罗涅日3天后，他写信给维尼乌斯："感谢上帝，我们的舰队状况良好。如今只有一件事让我放心不下：我们是不是应该体验一下这些成果？它们就像枣子一样：种下它们的人还从未成功收获过呢。"2 其后，他又写道："托上帝的帮助，准备工作正在大张旗鼓地进行。但我们只能等待幸运日的到来，到那时，笼罩在我们心头的浓重疑云或许就会散去。我们已经开始动手建造一艘预定装备60门火炮的船了。"3

虽然彼得忧心忡忡，但造船工程仍在进行，尽管造船厂没有任何机械设备，一切工作都要靠手工工具来完成。一队队工人和马匹搬运着一根根树干，将它们砍削成圆木，而后拖过围场，运至位于土坑之上的存放位

---

① 使用未干燥木材的问题并非俄国战舰所独有。在17、18世纪，由于使用了此类木材，英国海军的舰只寿命仅有10年左右。

置。然后，一些工人下到土坑里，另一些人则倚靠或是坐在圆木上，好把它固定住。长长的船壳板和弧形的肋骨板材则是通过锯与凿的办法制成的。浪费现象极为严重，因为一根圆木可提供的板材少之又少。一得到毛坯板，它就被转交给更为熟练的工匠，后者用短柄斧、锤子、大槌、螺丝钻和凿子将木板塑造成所需要的形状。最重、最坚固的板材被制成龙骨，离地放置。随后，肋材被弯曲，直到可以固定在一起为止。最后，那些沉重的木板被沿着船帮组合起来，以防止海水渗入船体。然后就可以开始甲板、内舱及所有特殊结构的制造工作了，它们将把这条船变成一座居所和一台作业机器。

整个冬天，彼得无视严寒，与手下一起埋头苦干。他走过一座座造船厂、跨过一根根被积雪覆盖的圆木、走过一艘艘静静屹立在船台上的船只、走过一群群围聚在露天火堆旁试图温暖自己的双手和身躯的工人身畔、走过一间间铸造车间——在那里，一台台巨型风箱将空气挤进正在铸造船锚和金属配件的火炉内。他又是下令，又是劝诱，又是说服，不知疲倦地倾泻着自己的精力。负责制造桨帆船的威尼斯人抱怨工作太过辛苦，以至于他们都没时间做告解了，但舰队的规模依旧在扩大。当秋季到来时，彼得发现已有20艘船下水，泊于河内。随着冬季时光一天天过去，每周都有五六艘船下水，或是在船台上等待着准备在冰雪消融的时候下水。

彼得并未满足于全方位监督，他亲手设计并开始建造一艘拥有几十门炮、名为"宿命"号（*Predestination*）的船，这艘战舰完全由俄国工人负责制造。他亲手安装龙骨，并与陪在自己身边的波雅尔一道将它固定住。"宿命"号是一艘漂亮的三桅船，长130英尺。制造它的过程中，彼得体验到了工具在手的愉快感觉。他知道，终将有一艘出自自己之手的战舰要在黑海海面上乘风破浪，因此越发愉快。

在彼得第二次造访沃罗涅日期间（3月），弗朗西斯·勒福尔去世了，这对沙皇本人而言是一记令他头晕目眩的打击。彼得两次于冬季跑去完成自己的造船事业时，勒福尔都留守莫斯科。时年43岁的他似乎依旧精力旺盛，满心热情。身为大特使团的特命全权大使，在西方的18个月间，他经受住了一次又一次庆典宴会的考验。回到莫斯科后，在秋冬季节的酒会和喧嚣的招待会期间，他那惊人的酒量也毫不逊色。当他目送彼得前往沃罗涅日时，似乎依旧满面春风，情绪高昂。

但在去世前的那段日子里，勒福尔尽管仍在继续自己的疯狂生活，一个诡异的故事却开始传扬。一天晚上，他妻子听到丈夫的卧室内传来一阵可怕的喧闹声，当时勒福尔并不在家，而是睡在另一个女人的床上。勒福尔的妻子知道勒福尔不在家，但她"猜想丈夫可能已经改变了心意，怀着怒不可遏的心情回到了家。于是她派人去查明原因。那人回报说，自己在房间内没有看到半个人影"。[4] 即便如此，响声仍未消失。根据勒福尔之妻的叙述——这个故事是科布讲述的，"第二天一早，全家的椅子、桌子和座椅被丢得到处都是，四下里一片狼藉。此外，沉重的叹息声彻夜清晰可闻"。

不久之后，勒福尔设宴款待两位别国外交官——丹麦大使和勃兰登堡大使。两人受彼得之邀，即将前往沃罗涅日。当晚的宴会很成功，大使们一直待到很晚。最后，房间里的温度愈来愈令人难以忍受，主人领着客人，步履蹒跚地来到户外。在冬日的冰冷空气中，他们既没穿外套也没披围巾，头顶星空，举杯畅饮。第二天，勒福尔开始浑身打战。热病症状迅速加剧，他陷入精神错乱，开始胡言乱语，叫嚷着索取音乐和酒。浑身哆嗦的妻子建议派人去请新教牧师施通普夫（Stumpf），但勒福尔咆哮起来，说他不想让任何人靠近自己。施通普夫还是来了。科布写道：

> 当牧师获准前去看望他，并劝他皈依上帝时，他们说他只是告诉牧师"别多费唇舌"。他妻子在他弥留之际，请求丈夫原谅她的一切前愆，要是她犯过的话，他和蔼地答道："我从未有什么要责怪你的，我一直尊敬你、爱你。"……他把他的仆人和他们的服务夸奖了一通，并请求全额支付他们的工资。[5]

勒福尔又活了一个星期，临终时，有人请来一支管弦乐队为他表演，音乐给他带来了慰藉。最终，他于凌晨3点去世。戈洛温立刻给勒福尔的住宅贴上了封条，并将钥匙交给他的亲属。与此同时，他急急忙忙地打发一名信使前往沃罗涅日的彼得处。

当彼得听到这个消息时，手中紧握的短柄斧落了下来，他坐到一根圆木上，以手掩面，泪水滚滚而下。一阵嘶哑的啜泣和悲叹过后，彼得说："如今我是孤身一人了，再也没有一个可值得信赖的人。他是唯一一个忠实于我的人。现在我还能信任谁？"[6]

沙皇当即返回莫斯科。葬礼于3月21日举行，彼得亲自安排殡葬事宜：这个瑞士人将享受国葬待遇，其规格之宏大，全俄国除沙皇或牧首以外无人能及。外国大使被邀请出席，波雅尔们则被勒令出席。给他们的指示是：早晨八点在勒福尔宅集合，将遗体运往教堂。但很多人迟到了，再加上其他因素的耽搁，游行队伍直到中午才算集结完毕。与此同时，彼得按照西式习俗，已在屋内为宾客备下了一顿丰盛的冷餐。波雅尔们对出现在面前的宴席惊喜不已，立刻扑了上去。

科布描述了当时的场面：

> 餐桌被摆开，珍馐美味把它们压得"嘎吱嘎吱"作响，酒杯排成长列，碗内盛着各式各样的酒。加香料的热红酒被供给喜好它的人们。俄国人——不分出身贵贱、官职大小，均不得不奉沙皇之命出席葬礼，他们坐在桌边，大口大口地吞食着冷菜。桌上摆着各式各样的鱼、奶酪、黄油、鱼子酱等。
>
> 波雅尔舍列梅捷夫游历甚广，作风文雅，穿衣打扮为德意志风格，胸前挂着一个马耳他十字架。他认为与其他人一道狼吞虎咽有损自己的尊严。沙皇开始频显悲态。哀伤的表情在他脸上挥之不去。大使们恰到好处地献上殷勤，按照西式风俗向沙皇深深鞠躬，皇上则优雅地答礼。列夫·纳雷什金急不可待地离席去见沙皇，他实实在在地向陛下表达了自己的亲切致意，后者却依旧茫然若失，竟一时没有答复，直到回过神来，方才躬身与纳雷什金拥抱。当运送灵柩的时刻到来后，悲伤和旧情一下涌上沙皇和其他一些人的心头，众人对此洞若

观火，因为沙皇是所有人中流泪最多的一个。在聚集于现场的众多人士的一致注视下，沙皇给了死者最后一吻。

……遗体就这样被带往归正会教堂，在那里，施通普夫牧师做了次简短的布道。离开寺院时，波雅尔和其他俄国人把游行秩序弄得一团糟，他们本着愚蠢、自负的作风，将别人推到一边，强行挤到灵柩处。外国大使佯装没有看到这傲慢的一幕，俄国人一个接一个地挤到他们前头，就连那些（根本没有资格这样做的）卑贱之辈也是如此，大使们却默默忍受着。当他们前往墓地的时候，沙皇注意到队列顺序起了变化：他的臣民先前跟在大使后头，如今却排到他们前面去了。于是他唤来小勒福尔（弗朗西斯·勒福尔的侄儿），问道："是谁打乱了队列顺序？为什么那些本来跟在后面的人这会儿跑到最前头去了？"勒福尔依旧拜伏在地，没有回答，沙皇命他开口。当小勒福尔表示，是那些俄国人粗暴地把次序颠倒了过来时，沙皇勃然大怒："他们是一群狗，不是我的波雅尔。"

舍列梅捷夫的表现截然不同——这或许要归功于他的审慎，仍与大使们走在一起，尽管其他俄国人都已经挤到前头去了。火炮在墓地和公路上排列成队，三波火力后，连空气都在颤抖。各团的火枪手们也来了一次三轮齐射。一个炮兵在炮口前傻站着，结果脑袋被炮弹扯飞。沙皇率军返回勒福尔宅，众人一齐跟在后面。每个前来参加丧礼的人都得到了一枚金戒指，上面刻着死者的逝世日期和头像。沙皇稍微出去了一下，波雅尔们就一齐以百米冲刺的速度往家里赶。当他们走下几层台阶时，与归来的沙皇来了个面对面，波雅尔们又退回到房间内。波雅尔们急于离开，这让沙皇起了疑心，以为勒福尔的死令他们欢天喜地，心中的火腾地一下蹿了起来。一怒之下，彼得对他们吼道："呵！他的死对你们来说是一件乐事，对吧！他的死对你们来说是一大胜利，对吧！为什么你们全都不肯等会儿再走？我看你们是太开心了，所以已经无法强撑着做样子，也没法再装出一副悲痛的表情了吧。"[7]

这位西方朋友的死给彼得的个人生活留下了一段巨大的空白。这个快乐的瑞士人是他年轻朋友的领路人，当彼得还是个少年时，为他的人生之路掌舵的一直是勒福尔。这个吃喝玩乐的专家教他喝酒，教他跳舞，教他射箭。勒福尔为彼得找了个情妇，还发明了一种新的、非常离谱的讽刺游戏供他消遣。在第一次亚速战役期间，他陪在彼得身边。是他说服彼得前往西方，随后也是他亲自率领包括彼得·米哈伊洛夫在内的大特使团上路，正是在这段漫长的旅程中，彼得萌发了将西方的技术和生活方式带回俄国的想法。然后，在彼得此生遭遇的最大挑战（即与瑞典之间持续20年的战争，这场战争将紧张、狂热的年轻沙皇变成了一位伟大的征服者）即将到来之际，勒福尔死了。

彼得很清楚他失去了什么。终其一生，围绕在他身边的全是些为了一己私利而谋求地位和权力的家伙，但勒福尔不是这种人。尽管接近沙皇意味着拥有大量获取恩宠、贿赂，从而让自己富甲一方的机会，他却是在赤贫中死去的。事实上，勒福尔囊空如洗，以至于在彼得从沃罗涅日赶回前，他的家人为了能让勒福尔下葬时穿得讲究点儿，不得不乞求戈利岑公爵的施舍。

彼得让勒福尔的侄儿兼管家彼得·勒福尔（Peter Lefort）继续为自己服务。他写信给日内瓦，请求将勒福尔唯一的儿子亨利送到俄国来，他表示，想让他朋友的某个直系亲属一直陪在自己身边。后来那些年里，勒福尔的角色为他人所取代。彼得总喜欢让一大群优秀的同伴兼亲信围着自己转，这些人近乎全身心地为沙皇服务，他们的权力完全来自与沙皇的亲密关系。他们中最著名的人物是缅什科夫，但彼得从未忘却勒福尔。有一次，在缅什科夫豪宅内的一场盛宴散场后，彼得一面愉快地享受着被好友环绕的感觉，一面写信给不在场的东道主："自勒福尔死后，这是我第一次真正体验到快乐的滋味。"[8]

6个月后，就好像老天有意让旧世纪的最后一年成为彼得人生中一道更为醒目的分水岭，沙皇失去了又一位忠实的西方顾问兼朋友：帕特里克·戈登。这位老兵的健康状况一直在走下坡路。1698年新年前夕，他在自己的日记中写道:"这一年,我可以明显地感受到自己的身体和精神每况愈下。但是,仁慈的主呵,愿您的旨意得以实现。"[9] 1699年9月,戈登在部下的陪伴下,最后一次在公共场合露面,当年10月,他便卧床不起。11月末,戈登的精力变得越发衰弱,彼得频频前往探望。11月29日夜,由于戈登的健康状况迅速恶化,他一连去了两次。第二次去的时候,一名耶稣会士为戈登行了临终圣礼,当沙皇进来时,此人就从病榻前离开了。"请留步,父亲①,"[10]彼得说,"您觉得怎样合适,就怎样好了。我不会妨碍您的。"他朝着戈登说话,后者一直沉默。接着,他拿起一面小镜子,把它举到老人脸前,希望能看到一丝呼吸的迹象,但没能如愿。"父亲,"沙皇对耶稣会士说,"我想他已经走了。"彼得亲手为死者阖上双眼,而后离开了屋子,他的眼中盈满了泪水。

戈登同样享受了国葬的待遇,莫斯科的所有要人都出席了葬礼。一批批俄国人自发前来为他送行,因为这位侍奉过三任沙皇的老兵为这个国家做出的贡献有目共睹。28位团长为戈登抬棺,出殡时,20位身份最为高贵的女士被排在戈登遗孀的身后。当戈登的灵柩被安放在教堂祭坛附近的一间拱顶地下室内的时候,24门礼炮开始在墓穴外鸣响。

无论是在事业还是个人层面,彼得很快就体验到了失去戈登的滋味。戈登是俄国最能干的军人,他身经百战,拥有丰富的经验。作为一名指挥官和军事顾问,他本可在即将到来的对瑞典战争中发挥巨大的价值。在他去世仅仅12个月后,俄军惨败于纳尔瓦,若是他还健在,这场灾难可能永远不会发生。在酒桌上,彼得同样想念这个头发花白的苏格兰人,这位忠心耿耿的老兵与那些岁数只有自己一半的人拼酒,忠诚地试图以此取悦他的主君。由于这些原因,彼得在谈起戈登之死时悲痛万分:"国家失去了一名忠诚、勇敢,引领着我们平安渡过无数场灾难的仆人。"[11]

到了春天,舰队已经准备完毕。86艘各种规格的舰只已经下水——其中包括18艘装备36至46门大炮的远洋战舰。此外,还建造了500艘驳

---

① 俄罗斯人对神职人员概称"父亲"。——译注

船，用于运载人员、给养、弹药和火药。1699年5月7日，舰队起航，离开沃罗涅日。于是，顿河沿岸的村民目睹了一幅难得一见的景象：一支由全装帆船组成的舰队正从他们身边穿过，驶向顿河下游。戈洛温上将只是名义上的指挥官，舰队的实际指挥权掌握在克勒伊斯中将手里。彼得则担任44炮巡防舰"使徒彼得"号的舰长。

一天，当这支长长的船队正往下游驶去时，彼得望见河岸上有一群人正准备把几只乌龟煮来当饭吃。对大多数俄国人而言，吃乌龟是一种令人恶心的念头，但永远保持好奇的彼得要了些龟肉来装点自己的餐桌。他的朋友同他一起品尝了这道新菜，但他们不知道这是什么做的，以为是小鸡肉，并吃得津津有味。等他们把自己盘子里的肉吃光后，彼得命令仆人把这些鸡的"羽毛"拿上来。当他们看到龟壳的时候，大多数俄国人自嘲了一番，有两人吐了起来。

彼得于5月24日抵达亚速，他将舰队停泊在河中，而后上岸视察新建的防御工事。毫无疑问，这些工事不可或缺：当年春天，成群结队的克里米亚鞑靼人又一次如飓风一般迅速、有力地朝东掠过乌克兰南部，向亚速逼来，他们一路焚烧、突袭，留下一片片荒芜的农田、一座座被烧得焦黑的农场，村庄化为灰烬，民众惨遭蹂躏、东逃西窜。对新防御工事表示满意后，彼得又到塔甘罗格去了。在那里，为修建新海军基地而开展的疏浚与建设工作正在进行中。当舰队在此地集结后，彼得率领它们前往海上，而后开始做传递信号、发炮和船舶驾驶方面的训练。这类演练贯穿了7月的大部分时光，它的高潮部分是一场模拟海战的爆发，彼得先前在荷兰艾湾目睹的正是此类模拟海战。

舰队已可投入战场，如今彼得面对的问题是如何加以利用。这支舰队是为了与土耳其人作战而建立的，它的使命是强行打开进入黑海的通道，并与土耳其人争夺对这片海洋的控制权，将它变为本国的私家湖泊，但形势已经起了变化。反土同盟成员国——奥地利、波兰、威尼斯和俄国不久就将与已经局部战败的土耳其展开谈判，经验丰富的外交官普罗科菲·沃兹尼岑一直留在维也纳，为的就是在谈判中为俄国挽回一些利益。问题在于，尽管和平协议可能仅仅是把同盟成员国对已投降领土的事实占领变成有效占领，但彼得要的是延长战争，至少是暂时延长战争。事实上，为了迫使战争继续，好夺取刻赤、获得黑海的入海口，他埋头苦干了整个冬天，组建了这支舰队。

和平会议最终在维也纳附近的卡尔洛维茨（Carlowitz）召开，沃兹尼岑极力劝说同盟代表在俄国实现全部目标之前不要与土耳其缔和。但其他成员国的国家利益与沃兹尼岑的主张相违背。奥地利已准备收回特兰西瓦尼亚全境及匈牙利大部。威尼斯打算保住自己在达尔马提亚和爱琴海的征服成果。波兰则想继续占领喀尔巴阡山以北的一部分土地。英国驻君士坦丁堡大使收到指示，尽可能通过调解使双方达成和平协议，好让奥地利腾出手来应付即将到来的与法国之间的争斗。他劝说已经厌战的土耳其人放宽条件；土耳其人勉强同意将亚速割让给俄国，但说什么也不肯放弃一寸未被实际占领的土地，如刻赤。沃兹尼岑遭到盟友的孤立，除了拒绝在共同协议上签字什么也做不了。沃兹尼岑知道彼得尚未做好单独对土耳其开战的准备，于是转而提议签订一份为期两年的停战协定，沙皇可以利用这段时间完成更多的防御准备。土耳其人同意了，沃兹尼岑写信给彼得，建议借此机会直接向君士坦丁堡派遣使节，看看是否能通过谈判手段，为俄国争取到一些至今无法且似乎未来也未必可能通过战争手段争取到的东西。

这一切都是在1698—1699年冬发生的，当时彼得正在沃罗涅日打造自己的舰队。如今，这支舰队已在塔甘罗格准备停当，然而，与土耳其签订新停战协议后，舰队就不可能主动出击了，彼得决定接受沃兹尼岑的提议。他任命白发苍苍的外交部长官叶米利安·乌克兰采夫为特使，前往君士坦丁堡讨论签订永久和平协议事宜。在这份计划中，新舰队甚至要扮演这样一个角色：它须将大使一路护送到刻赤，而后大使就将乘坐新舰中最大、最令彼得自豪的一艘前往土耳其首都。

8月5日，12艘俄国巨舰从塔甘罗格驶向刻赤海峡，除"彼得·米哈伊洛夫船长"担任舰长的巡防舰外，其余舰只均由外国人指挥。这道将亚速海与黑海连接在一起的海峡被当地要塞的火炮控制着，担任要塞指挥的土耳其帕夏根本不知道俄国舰队要来的事。一天，当彼得的礼炮一齐发射时，听到炮声的帕夏冲向胸墙，发现俄国海军的一支分遣舰队出现在自家门口。彼得的要求是俄国战舰46炮巡防舰"要塞"号（Krepost）获准通过海峡，将大使载往君士坦丁堡。起初帕夏掀掉炮衣，予以拒绝，他表示自己从未接到过来自首都的指令。彼得以牙还牙，威胁道：如有必要，他将强行通过这里，并且他的战舰已经与自家的桨帆船、双桅帆船和运兵驳船会合。10天后，帕夏同意让俄国巡防舰通过，但坚持要求让4艘土耳其战舰护航。沙皇撤走，"要塞"号穿过海峡。一进黑海，荷兰船长范·帕姆贝格（Van Pamburg）就将风帆全部扯起，很快就把护送的土耳其军舰甩在了身后的地平线上。

这一刻是历史性的：悬挂着俄罗斯沙皇国沙皇旗帜的俄国军舰首次自由自在地独自航行在苏丹的私人湖泊内。9月13日日落时分，这艘俄国军舰出现在博斯普鲁斯海峡入口处，君士坦丁堡大惊失色、瑟瑟发抖。苏丹的反应不失威严。他致信对方，表示欢迎和恭贺，还派了一艘轻舟将乌克兰采夫一行接上岸。但大使拒绝离开座舰，要求土方准许巡防舰进入博斯普鲁斯海峡，而后直接把自己带进城里。苏丹做了让步，俄国军舰驶入博斯普鲁斯，最后在这位神之使者的注视下停泊在金角湾，那里正对着萨拉基里奥角（Seraglio Point）的苏丹皇宫。9个世纪以来——从伟大的基督教拜占庭帝国进入统治中期算起，还未有一艘俄国舰船在这座城市的城墙下停靠过。

土耳其人目不转睛地盯着"要塞"号，这艘俄国军舰的外表和规格令他们感到不安，他们想不明白，俄国人怎么能在水位那么浅的顿河造出如此巨大的战舰，但土耳其造船工程师的话让他们镇静了几分，此人指出，这艘船的底部肯定非常平坦，因而无法成为外海海面上的一座稳定炮台。

乌克兰采夫受到很高规格的接待。当他登岸的时候，一些高官候在码头上，土耳其方面为他提供了一匹骏马，并将他护送至一座位于海边的豪华待客别墅。此后，遵照彼得"充分展示俄国新海军力量"的指示，"要塞"号开始开放参观。数百艘船朝它驶来，三教九流之人成群结队地登上船。苏丹本人的亲临将参观活动推向最高峰，他在一群奥斯曼舰长的陪同下，仔仔细细地考察了这艘船。

沙皇彼得一世，后世尊称"彼得大帝"（1672—1725）

彼得大帝的母亲，皇后娜塔莉娅·纳雷什金娜

彼得大帝的父亲，沙皇阿列克谢·米哈伊洛维奇

彼得大帝的异母姐姐，公主索菲亚·阿列克谢耶芙娜（1657—1704），她是她的弟弟彼得一世和伊凡五世未成年期间的摄政者

叶卡捷琳娜一世(1684—1727),彼得大帝的第二任妻子

彼得大帝的女儿，伊丽莎白·彼得罗芙娜（1709—1762），俄国女皇

上：彼得大帝正审问其子阿列克谢
下：特蕾姆宫

上：射击军之乱
下：射击军临刑

彼得大帝和伊凡的共同加冕仪式所用的莫诺马赫金冠

彼得大帝和伊凡的共同加冕仪式所用的双宝座

参观活动在平和的氛围下进行着,但精力旺盛的荷兰船长范·帕姆贝格有一次差点儿把他自己和更为重要的外交任务毁掉了。他在船上款待来自荷兰和法国的熟人,并将他们留到午夜以后。而后,送他们登岸的时候,他决定用只装火药不装炮弹的方式将46门大炮全部鸣响。炮击方向正对着下方的宫殿城墙,全城人都被惊醒了,苏丹也不例外,他认为这一定是巡防舰在给一支俄国舰队发信号,让他们自海路攻城。翌日晨,怒气冲冲的土耳其当局下令扣押巡防舰,逮捕船长,但范·帕姆贝格威胁,一旦有土耳其士兵登船,他就会把战舰炸掉。随后,俄方予以道歉,并保证绝不再犯,这次风波就此平息。

然而,此时土耳其方面并不急于与乌克兰采夫达成一致。直到当年11月,他们才同意开始谈判,此时距俄国特使抵达君士坦丁堡已有3个月之久。其后,乌克兰采夫与奥斯曼特使进行了23次会谈,到了1700年6月,双方终于达成一项折中方案。起初,彼得的野心一直很大。他要求保留对亚速和位于第聂伯河下游的当地要塞的控制权,这些领土已经全部被他占领。他要求土耳其方面允许俄国商船(但战船不行)在黑海航行。他要求苏丹禁止克里米亚可汗继续袭击乌克兰,并取消可汗要求莫斯科方面缴纳年贡的权利。最后,他要求向土耳其宫廷派遣一名常驻大使,就像英国、法国及其他已派遣政府代表的国家那样。他还要求东正教士在耶路撒冷的圣墓大教堂享有特殊待遇。

几个月来,即使是协议草案的细枝末节也会引发一次次辩论、争执和延期,因而土耳其方面一直没有给出决定性的答复。乌克兰采夫意识到,在君士坦丁堡的别国——奥地利、威尼斯、英国和法国——外交代表决意要阻挠他的使命,以防止俄国与奥斯曼帝国之间变得过于亲密。"我孤立无援,甚至无法从皇帝或威尼斯方面得到半点信息,"乌克兰采夫在给彼得的报告中抱怨道,"英国和法国的外交大臣站在土耳其人一边,他们对土耳其人的态度要强于对您的态度,陛下。他们憎恨、妒忌您,因为您开始打造舰队,并且开辟了亚速和阿尔汉格尔航路。他们害怕本国的海上贸易业将因此受到妨碍。"[12] 克里米亚鞑靼可汗阻挠协议的决心比其他人更迫切。他在给苏丹主子的信中写道:"沙皇正在摧毁本国人民的旧式习俗与信仰。他按照德意志人的方式改造着一切，还建立了一支强大的陆军和舰队，因而激起了众怒。他早晚要在自己臣民的手上灭亡。"[13]

在某个问题上，土耳其人表现得固执无比，以至于根本不需要西欧大使和鞑靼酋长的支持：他们说什么也不肯答应彼得的要求，让任何类型的俄国船只进入黑海。"黑海及其海岸是奥斯曼苏丹的专属统治区，"他们告诉乌克兰采夫，"自远古时代起，还没有外国船只进入过这片水域，将来也不会有……高门像保卫着一位无人敢染指的纯洁处女那样保卫着黑海，苏丹宁可让外人进入他的内宫，也不会让外国船只进入黑海。"[14] 土耳其方面的阻力终归太过强烈。尽管土耳其人在战场上全面溃败，但如今他们面前的敌人只有一个——俄国，而它根本没有能力强迫他们放弃现有损失以外的利益。彼得同样急于结束谈判，更为诱人的希望在北方的波罗的海地区等着他。名为《君士坦丁堡条约》的协议并不是一份和平协议，而是一份为期30年、没有放弃任何要求、没有解决任何问题的停战协议。假使协议到期，除非加以续订，否则战火就将重燃。

这份协议的条款带有折中性质。在领土方面，俄国获准保留亚速城，以及一片距城墙10天行程的土地。此外，位于第聂伯河下游、已被俄国攻占的原土耳其堡垒将被夷为平地，土地则归还给土耳其人。东西横贯乌克兰、将克里米亚鞑靼人和彼得的领土分隔开来的无人区可能将非军事化。对刻赤地区和黑海航行权的要求在条约签订前就已被俄方放弃。

在非土地问题条款方面，乌克兰采夫取得了更大的成功。土耳其人非正式允诺他们将为访问耶路撒冷的东正教基督徒提供帮助。彼得拒绝再向鞑靼可汗缴纳年贡的要求也得到了土方的正式同意。这可激怒了现任可汗杰夫列特·盖赖伊（Devlet Gerey），但这项古老而可憎的制度最终被废弃了，且再未实行过，即使是在11年后彼得于普鲁特（Pruth）蒙难时亦是如此。最后，乌克兰采夫为本国争取到了一项特许权，一项被彼得视如珍宝的特许权：俄国从此有权向君士坦丁堡派驻一名永久大使，他的地位将与英、荷、奥、法大使平起平坐。这是彼得在促使各国将俄国视为欧洲主要国家的道路上迈出的重要一步。乌克兰采夫本人则继续留在博斯普鲁斯，成了沙皇的首任永久驻外大使。

讽刺的是，同土耳其三十年停战条约的签订在很大程度上抵消了俄国为打造沃罗涅日舰队而付出的努力。离30年期满尚有一大段距离时，船员们就被遣散，而舰只的木料也朽烂了。当然，按照彼得那时的想法，停战不过是缓兵之计罢了。尽管他的主要注意力开始转移到同瑞典的大北方战争上，但南方（沃罗涅日、亚速和塔甘罗格）的计划只是放缓了进度，而不是就此中止。彼得一生都未放弃过驾船冲入黑海的终极梦想。事实上，让土耳其人愤怒而失望的是，他让沃罗涅日的造船工程继续下去，新船顺流而下，驶向塔甘罗格，而亚速的城墙也越筑越高。

巧合的是，彼得的舰队从未被用于作战，而亚速的城墙也从未被攻击过。舰队和城市的命运并非取决于一场海战，而是如彼得希望的那般，取决于发生在西面数百里外的军事争霸。在这场争霸中，沃罗涅日舰队实实在在地为它的主人出了一份力。当卡尔十二世率领的侵略军深入俄国境内，并于波尔塔瓦战役发生前数月要求土耳其人与自己结盟时，塔甘罗格的舰队成了彼得借以说服土耳其和克里米亚鞑靼不要插手的最强筹码。在1709年春的那段至关重要的岁月里，彼得紧急加强了舰队的实力，并将亚速驻军的数量增加了一倍。当年5月，距波尔塔瓦战役——大北方战争的高潮之战——爆发还有两个月的时候，彼得亲身前往亚速和塔甘罗格，并当着一名土耳其特使的面，指挥舰队做了一次演习。特使的汇报给苏丹留下了深刻印象，他禁止克里米亚鞑靼可汗杰夫列特·盖赖伊率领数千鞑靼骑兵加入卡尔一方。仅凭这一功劳，便可证明那些投入到沃罗涅日舰队上的心血绝非白费。

第三部分

**大北方战争**

## 22

## 北方女主

波罗的海是一片北方的海洋,在阳光灿烂的日子里呈明蓝色,每逢雾天和雨天,海面呈暗灰色,太阳落山时则呈深金色。此时,整个世界都被染成了纯正的琥珀色,这种琥珀只有在这一带的海岸才能找到。在北部海岸,一片片松树林、一座座由红色花岗岩构成的峡湾、卵石滩及不计其数的小岛给波罗的海镶了边。南部海岸的格局则较为柔和:一条绿色的海岸线旁边排列着白色的沙滩、沙丘、沼泽和低矮的泥土悬崖。一片片浅滩和沙嘴镶嵌在漫长的海岸线上,海岸线内侧分布着一片宽十几英里、长50英里的浅潟湖。4条具有历史意义的河流从这片平坦的沼泽地带贯穿而过,延伸入海。它们分别是涅瓦河、德维纳河、维斯瓦河和奥得河。它们一齐将淡水注入海内,从而形成了自波罗的海向外流动的盛行洋流。由于这个缘故,盐水很难进入波罗的海,里加、斯德哥尔摩和涅瓦河河口也无法形成潮汐。

缺少盐分,海水就会结冰。10月末,冬季挟着夜间降临的重霜和阵阵小雪降临在波罗的海。在风帆时代,每逢10月,一艘艘外国船驶出波罗的海,它们的货舱内堆满了铁和铜,甲板上高高地摞着木材。本地船长将自己的船驶入港口,卸下索具,任由船身在冰层中困上整整一个冬天。到了11月,海湾和小水湾的海面已经覆盖了一层薄薄的、布满泡沫的冰块。11月末,喀琅施塔得(Kronstadt)和圣彼得堡成了两座冰封城市。12月,塔林(Tallinn)和斯德哥尔摩也步了后尘。远海海面尚未冻结,但浮冰和频现的暴风雪令出航变得难于登天。瑞典和丹麦之间的狭窄海峡经常被到处漂流的浮冰堵住,有几年冬天,浮冰把海峡水面全铺满了。(1658年,一支瑞典军队踏着冰层越过海峡,打了丹麦敌军一个措手不及。）波的尼亚湾（Gulf of Bothnia）的北半部自11月起就被结结实实地冻住了，直至来年5月初才解冻。

入春以后，冰冻现象有所缓解，波罗的海再度焕发生机。在彼得时代，每逢这个时节，一支支商船队开始从阿姆斯特丹和伦敦驶出，穿过3英里宽的海峡，右舷坐落着一座座低矮悬崖和著名的埃尔西诺（Elsinore）城堡，左舷则坐落着一座座位于瑞典海岸的山丘。到了6月，波罗的海海面千帆云集。荷兰商船的巨大主帆被海风鼓得满满，半球形的船首犁开钴蓝色的海面，在身后留下一簇簇泡沫般的浪花；英国帆船的船身是橡木制的，坚固无比，装有松木制桅杆和帆桁，涂有柏油、松节油、松脂、树脂、油脂。船帆则以亚麻布制成，是皇家海军的生存必需品。北方的夏季是短暂的，整整一个夏天，在宝蓝色的苍穹下，一艘艘舰船一刻不停地在波罗的海海面上穿梭往返，在海港内落锚下碇。将船系在码头上后，船长登岸与商人们一同进餐，水手们则前往酒吧痛饮，同女人们共度春宵。

时至今日，波罗的海的港口市镇风貌与德国的市镇风貌仍极为相似：街道以鹅卵石铺就，高坡度的屋顶、山墙、塔楼和雉堞将石制建筑的中世纪风格体现无遗。爱沙尼亚（Estonia）的首都——历史悠久的瑞威尔（Reval，今塔林）城以一座中世纪的卫城为中心，卫城位于一片辽阔、崎岖、隆起的岩层之上。燕子在卫城那高耸的圆形塔楼四周上下翻飞，宏伟的城墙下坐落着一座公园，金发碧眼的爱沙尼亚儿童在公园内郁郁葱葱的栗子树和丁香花下嬉闹着。拉脱维亚的首都里加比瑞威尔更大一些，也更现代一些，但这座屹立于德维纳河河岸的古老城镇内同样是由不计其数的鹅卵石街道和德式酒屋构成的，圣彼得教堂、圣雅各教堂和巨大的里加大教堂（Dom Cathedral）的巴洛克式尖顶俯瞰着整座城市。在城外，一片宽阔的白色沙滩沿着里加海湾绵延数里，海滩边缘分布着一座座沙丘和一棵棵松树。

在彼得时代，这些小国的建筑风格、语言、宗教和整体文化风格与比邻而居、人口众多的俄国背道而驰。它们先是被条顿骑士团（Teutonic Knights）入主，随后又受到由汉萨同盟（Hanseatic League）和路德宗教会推选出的德意志贵族的统治。即使在彼得大军自波尔塔瓦杀奔而来、攻陷里加，将这些省份并入俄罗斯帝国达200年之久后，它们仍然保持着文化及宗教层面的独立。

再往北就是瑞典境内了，在彼得时代，这个森林密布、湖泽遍野的帝国正如日中天。瑞典领土南至波罗的海海岸，向北越过极圈，绵延上千英里。这片遍布着常青树、桦树的土地上有9.6万个湖泊，是冰与雪的世界。与俄国北部一样，这里的夏季短暂而寒冷。瑞典自11月起进入结冰期，4月开始解冻，无霜期只有5个月。这片天寒地冻、美得可怕的土地孕育出了一个刻苦努力、从不怨天尤人的民族。

在17世纪，这片广阔无垠的土地上仅仅分布着150万人口。他们大多为农户人家，几个世纪以来住的是简陋的木屋，用的是木犁，穿的是自制的衣服。当你从一座农场前往另一座农场，或从一座小镇、村庄前往另一座小镇、村庄，要花上很长时间，而且还要冒着很大的风险。路况非常糟糕。与俄国一样，在瑞典，冬季出行较为方便，届时可以乘坐雪橇，从冰封的湖面上飞掠而过。瑞典农民躲避着刺骨的寒风，在温暖的火炉前挤作一团，或是在公共浴室内共浴——这是将寒气从冻僵的骨骼内驱走的最有效手段，人们借此打发永无尽头的冬日时光。

瑞典的头号出口商品是本国的矿产——银、铜和铁。其中以铁最为重要，这种无论在和平还是战争年代都不可或缺的物资占据了瑞典出口贸易额的半壁江山。矿产贸易的路线大多经过首都斯德哥尔摩，这座城市1697年的人口数约为6万。它坐落于瑞典的东部海岸，海岸边上分布着岛链，它们保护着海岸线，使其免受来自外海方向的进攻。岛链最粗的部分位于波的尼亚湾与波罗的海交汇处。一条长达45英里的主要水道——萨尔特舍海峡（Saltsjö）横穿岛群，从大海一直延伸至位于大陆的斯德哥尔摩。中世纪时，斯德哥尔摩兴建于几座湖泊、几条河流和萨尔特舍海峡的联结点上，是一座面积很小、四面为城墙环绕的镇子，它的街道狭窄、蜿蜒，建筑的正面部分设有山墙，教堂的塔顶又细又尖，风格与北德意志和波罗的海的城镇如出一辙。

在17世纪,斯德哥尔摩成了一座重要的商业港口,荷兰、英国商船一窝蜂地涌入海港,停靠在巨大的海运码头,船工们将瑞典的铜、铁装运上船。这座城市的码头、造船厂、市场和金融机构不断得到发展的同时,城市本身的空间也在朝着其他岛屿拓展。随着财富的增长,教堂尖顶和公共建筑的屋顶都覆上了一层铜,在夕阳光芒的抚摸下,它们闪耀着亮眼的橙色。凡尔赛宫的奢侈之风吹进了这座城市,吹进了当地宫殿和贵族宅邸。一艘艘载着铁矿的船自瑞典起航,从阿姆斯特丹和伦敦运回英国的胡桃木家具,法国的镀金座椅,荷兰的代尔夫特瓷器,意大利和德意志的玻璃、金色的壁纸、地毯、亚麻布和精美的银餐具。

这些财富不仅建立在铜铁贸易的基础上,也建立在帝国强盛的基础上。17世纪是瑞典的黄金时代。从古斯塔夫·阿道夫(Gustavus Adolphus)于1611年17岁时继位起,到卡尔十二世于1718年驾崩为止,瑞典一直处于帝国历史的巅峰时期。瑞典帝国的领土覆盖了整个波罗的海北岸及南岸沿线的核心地带,覆盖了芬兰、卡累利阿(Karelia)、爱沙尼亚、因格里亚(Ingria)及利沃尼亚全境,从而将整个波的尼亚湾和芬兰湾收入囊中。它领有西波美拉尼亚(Pomerania)和北德海岸的港口斯德丁(Stettin)、施特拉尔松德(Stralsund)和维斯马(Wismar)。它控制着不来梅-费尔登(Bremen and Verden)主教区,它们位于丹麦半岛西部,直通北海。波罗的海的大部分岛屿亦掌握在瑞典手中。

贸易比土地更为重要。瑞典在此地的贸易霸权不可动摇,除一条河流外,注入波罗的海全部河流的河口都插上了瑞典的蓝黄旗:芬兰湾顶端的涅瓦河、在里加附近的沼泽地带与大海交汇的德维纳河、于斯德丁与波罗的海相交的奥得河,只有向北流经波兰、于但泽注入波罗的海的维斯瓦河不属瑞典所有。

这些广袤土地的占有者是瑞典国王,他们治下的臣民数量几乎不到150万人。他们是一群杰出的指挥官和坚定的军人。他们中的第一位,也是最伟大的一位是"北方雄狮"古斯塔夫·阿道夫。这位德意志新教事业的救世主征战四方,兵锋直抵多瑙河流域。38岁那年,他在指挥一次骑兵冲锋时阵亡。① 三十年战争在古斯塔夫陛下驾崩后仍然继续，最终以《威斯特伐利亚和约》的签订告终。瑞典在这场战争中的努力获得了丰厚的回报。它得到了几个德意志省份，它们控制着奥得河、威悉河（Weser）和易北河（Elbe）的入口。由于吞并了德意志领土，"北方的新教女主"（Protestant Mistress）瑞典还反常地成了神圣罗马帝国的一部分，在帝国议会有了自己的一席之地。然而，与这一空洞的名分相比，它们给予瑞典的进入中欧的权利更具意义。这些土地成了瑞典在大陆地区的桥头堡，有了它们，瑞典军队就可以开往欧洲的任何一个角落。自此以后，每当人们预测欧洲的战和走向时，瑞典都会成为他们的考虑因素。

总体而言，瑞典的情况极为罕见：它是一个强大的政权，但有着自己的弱点。它不仅充分满足了自己的征服欲，还扩张得有些过度。它拥有众多优势——勤勉的民众、训练有素的士兵、拥有出色战场指挥能力的国王。但要保住现有的成果，智慧也是不可或缺的。这个国家必须有节制地使用自己的力量，不可轻率开始新的冒险。只要君主明白这一点，理智行事，瑞典的"北方女主"地位就没有理由维持不下去。

大北方战争的种子不仅涉及历史和经济，也与彼得对海洋的热望有关。俄国与瑞典之间因芬兰湾沿海地区所有权而起的冲突已经延续了数个世纪。自13世纪起，瑞典一直与城邦国家莫斯科和诺夫哥罗德为敌。自涅瓦河朝南、北方向延伸的卡累利阿和因格里亚是古罗斯人的土地；1240年，俄罗斯历史上的英雄亚历山大·涅夫斯基（Alexander Nevsky）在涅瓦河击败了瑞典人，因而赢得了"涅夫斯基"（意为"涅瓦的"）的名号。伊凡雷帝驾崩后，俄国陷入混乱时期。在此期间，瑞典占领了它的大片土

---

① 继承古斯塔夫王位的是他唯一的孩子，时年6岁的克里斯蒂娜，这个女孩日后成了瑞典的传奇女王。克里斯蒂娜于18岁那年完全掌权，她对瑞典的统治达10年之久（1644—1654年）。她热爱学习，清晨5点便起床读书。传说中她天资聪颖，出手大方，包括笛卡尔在内的外籍学者、音乐家和哲学家为这些故事所吸引，来到她的宫廷中。28岁那年，她突然退位，理由有二：疾病缠身；君主的担子对于一个女人而言太过沉重了。但真正的原因是她偷偷改信了罗马天主教，这种行为在信奉新教的瑞典是不合法的。王位被传给克里斯蒂娜的堂兄弟卡尔十世，他是卡尔十二世的祖父。克里斯蒂娜本人则立即动身前往罗马，并在那里度过了余下的34年人生。她与4任教皇成为朋友，大气地赞助艺术事业，并成了枢机主教阿佐里尼（Azzolini）的情人。

## 大北方战争开始时的瑞典帝国

地，连诺夫哥罗德也落入敌手。1616年，瑞典放弃了诺夫哥罗德，但整片沿海地区仍掌握在它的手中，它还修建了拉多加湖（Lake Ladoga）上的诺德堡（Noteborg）、纳尔瓦和里加等要塞，以此巩固自己在本地的统

治，并继续将俄国与海洋隔离开来。沙皇阿列克谢曾试图收复这些土地，但他被迫放弃。与波兰的战争对他更为重要，俄国无力同时与波兰、瑞典开战。瑞典对这些省份的所有权在1664年签订的俄瑞《卡尔迪斯和约》（Peace of Kardis）中得到了再次确认。

尽管如此，在彼得看来，它们是俄国的土地，由于它们落入外国之手，俄国蒙受了惨重的经济损失。来自俄国的经商群体如同一条宽阔的河流，从瑞典控制的里加、瑞威尔和纳尔瓦港口穿流而过，瑞方管理机构、收税人向他们征收重税，瑞典的国库变得越来越充实。当然，大海的吸引力是决定性因素。在维也纳时，彼得发现皇帝决意缔和，他明白，自己不可能单独与奥斯曼帝国开战。此时他就意识到进军黑海之路被堵死了，但这里还有波罗的海，这片海岸线离俄国边境仅有几英里之遥的海洋可以充当直达荷兰、英国和西方世界的通道。如今机会就在眼前——与波兰、丹麦一起对一个少年国王开战，收复失地。彼得发现自己根本无法抗拒这份诱惑。

然而，如果不是命运突然派了一个专注于此事的人将时局搅得天翻地覆，战争或许依旧不会开始。约翰·莱因霍尔德·冯·帕特库尔（Johann Reinhold von Patkul）是个无国籍的爱国者。他是旧利沃尼亚贵族阶层的成员，勇猛无畏的利沃尼亚贵族是条顿骑士团的后裔，身上流淌着日耳曼民族的血。条顿骑士团曾征服利沃尼亚、爱沙尼亚和库尔兰，他们对这些地区的统治一直延续到16世纪中期。在多次惨败于伊凡雷帝手下后，条顿骑士团解体，利沃尼亚落入波兰之手。但波兰人的统治冷酷无情，他们坚决要求利沃尼亚人讲波兰语、遵守波兰法律、信仰天主教。最终，信奉新教的利沃尼亚人向新教国家瑞典寻求保护。1660年，经过一场旷日持久的战争，利沃尼亚成为瑞典的一个省份，而利沃尼亚人也因此拥有了与其他瑞典人共商国是的资格。这包括卡尔十一世那引发一片反对之声的著名"削地"政策。古斯塔夫·阿道夫英年早逝后，瑞典贵族阶层在国内的相对权力急速增长。与此同时，他们招来了其他阶层的憎恨。卡尔十一世继位后，新国王和瑞典议会均决意授予国王绝对权力，以削弱贵族阶层的影响力。他们采用的一项有效手段是要求贵族将众多分批交予他们管理的土地（贵族已经开始将这些土地视为自己的世袭领地）返还王室。1680年，瑞典政府开始以残酷、严厉的方式执行"削地"政策。它的实施范围不仅包括瑞典本土，也包括瑞典帝国的各个省份，利沃尼亚亦在其中。这道敕令给利沃尼亚人带来的不快之感尤为强烈，因为就在两年前，卡尔十一世还郑重其事地认可了利沃尼亚男爵们的权力，他明确承诺，将来若强制实施"削地"政策，他们不会受到一丝一毫的牵累。男爵们抗议国家没收自己的土地，并派代表前往斯德哥尔摩申诉。

帕特库尔是代表之一。他强壮、英俊、富有教养，能说多国语言，会用希腊文和拉丁文写作，还是个老练的军官。他也有暴躁、固执、残忍的一面。当他开口说话时，勇气和献身自己事业的激情就将他变成了一个威风凛凛的人物。他的申诉极具说服力——卡尔十一世被深深打动，他拍了拍帕特库尔的肩膀，说："听你的口气，像是个真心为祖国着想的人，我向你表示感谢。"[1]但国王重申，削地"对于国家而言是必要的"，并宣称利沃尼亚的待遇不可能与王国其他地区有所不同。帕特库尔回到利沃尼亚后，起草了一份慷慨激昂的请愿书送往斯德哥尔摩。这封请愿书的内容被认定为大逆不道，帕特库尔因而受到缺席审判，并被判斩断右手及斩首之刑。但他从派来搜捕他的瑞典官员手中逃脱。自此以后，他一边在欧洲到处流浪，一边寻找解放祖国的机会。6年来，他一直梦想着建立一个反瑞典同盟，以给利沃尼亚带来独立，或者至少争取恢复利沃尼亚贵族的权力。卡尔十一世晏驾后，登上瑞典王位的是一个15岁的少年，此时帕特库尔的机会似乎来了。

帕特库尔缺乏耐性，但他也是个很现实的人。他知道一个小小省份要摆脱瑞典人的奴役，就必须接受外界的帮助，或许还要接受另一个大国的统治，而波兰——一个由本国贵族治理，国王也由贵族推选的共和国，似乎是个很好的选择。帕特库尔的考量是，在波兰这样松散的政治体制下，利沃尼亚贵族更有可能维持自己的权力。新当选的波兰国王萨克森的奥古斯特是个德意志人，因此有可能对利沃尼亚的德裔贵族表示同情。

1698年10月，帕特库尔秘密来到华沙，开始劝说奥古斯特带头组建反瑞典同盟。之前帕特库尔已经拜访了丹麦国王弗雷德里克四世（Frederick Ⅳ），发现他正有此意。自从古斯塔夫·阿道夫将丹麦的南部领土割走后，丹麦人从未完全接受这一事实。厄勒海峡是波罗的海和北海、丹麦和瑞典之间的分界线，丹麦人希望重新回到这道海峡被看作"一条流经丹麦国王治下领土的溪流"的时代。[2] 此外，驻扎在位于丹麦南部边境的荷尔斯泰因-戈托普（Holstein-Gottorp）公国内的瑞典军队也令丹麦人怨恨、恐惧不已。

帕特库尔的提议引发了奥古斯特的兴趣，特别是在前者表示利沃尼亚贵族准备承认奥古斯特为他们的世袭君主时。对奥古斯特而言，这一提议为他展示了诱人的前景。奥古斯特的波兰王位是通过选举产生的，他的野心是让它变成一个世袭君位。他希望用萨克森军队攻占利沃尼亚，并将这个省份作为礼物送给波兰贵族，以此换取他们支持自己家永远统治波兰。在帕特库尔的诱惑下，奥古斯特的欲望变得更加饥渴。在评估奥古斯特所关心的欧洲大国对这场战争的可能反应时，帕特库尔估计奥地利、法国、荷兰和英国无疑"会因自身的贸易利益而反应激烈，但或许什么也不会做"。为了进一步刺激奥古斯特，帕特库尔向国王保证，攻占利沃尼亚易如反掌。他甚至提供了一份针对里加城防工事的精确描述，这座城市将成为奥古斯特的主要目标。

帕特库尔的努力成果超出了他的最夸张想象：丹麦与波兰之间达成了一份共同进攻瑞典的协议。弗雷德里克四世将肃清石勒苏益格（Schleswig）和荷尔斯泰因省的瑞典军队，做好准备越过海峡，对位于瑞典本土最南端的斯堪尼亚（Scania）省发动进攻。奥古斯特则准备于1700年1月或2月，率领他的萨克森军队进入利沃尼亚，尝试以奇袭的方式夺取里加。这样一来，瑞典人就得分兵北德意志、上波罗的海和本土。丹麦和波兰希望，在缺少一位负责团结国民、统领军队的成年国王的情况下，瑞典帝国可以迅速崩溃。最后，帕特库尔提议，追加俄国的彼得为反瑞典联盟的一员，把他也拉进战争里来。俄国一旦进攻芬兰湾顶端的因格里亚，就能转移瑞典人的注意力。彼得可以用金钱、补给和人员来支援围攻里加的萨克森军队。无论是帕特库尔还是其他人，都不对俄国军队的质量抱太大信心,但他们希望俄国人能用数量来弥补差距。"就挖掘战壕及承受敌军火力而言,俄国步兵是最为合用的,"帕特库尔建议道,"而国王(奥古斯特)的军队可以作为预备队,或者用于保护工事。"³ 换言之,俄国人将扮演炮灰的角色。

密谋者们甚为担心:一旦俄国军队进入波罗的海各省,要说服他们离开绝非易事。帕特库尔警告:"我们也绝对有必要捆住沙皇的双手,以免他在我们眼皮底下把为我们烤好的那片肉吃下去;也就是说,让他无法进入利沃尼亚,限制他对纳尔瓦的进攻,否则他就能威胁利沃尼亚的中心地区,攻取多尔帕特(Dorpat)①、瑞威尔,并在华沙方面几乎还未看到爱沙尼亚的面貌时就将它整个儿吞掉。"⁴

帕特库尔化名金德勒(Kindler),藏身于沙皇雇佣的12名萨克森工程师中间,陪同奥古斯特的私人代表乔治·冯·卡尔洛维茨将军(General George von Carlowitz)从华沙前往莫斯科,试图说服彼得。② 但到了莫斯科后,两位阴谋家发现自己处于一个很奇怪的境地。瑞典人察觉到有人正在组建针对他们的同盟,按照关于新君继位的惯例,于1699年夏天派一个豪华使团前往莫斯科,通知卡尔十二世已经继位的事,并要求确认、续签现有的一切条约,试图安抚彼得。由于沙皇抱怨自己于1697年在里加过境时遭到怠慢,瑞典人这次派去一个身份显赫的使团,意图以此弥补他们的过失。使团于6月中旬抵达俄国边境,彼得的舅舅列夫·纳雷什金很有礼貌地接待了他们,但他对使团成员解释说,由于沙皇此时正在亚速与他的舰队在一起,他们必须等他回来。

彼得于10月初回到莫斯科,此时正是一个戏剧性的时刻。他发现两个使团在等着他:一个是瑞典派遣的正式外交使团,使命是要求他确认现有的和平协议;另一个是由卡尔洛维茨和帕特库尔组成的波兰秘密使团,目的是请求他对瑞典开战。在此之后,彼得同时与两路人马做了一系列协商,这一状况持续了数周。与瑞典谈判的内容尽管令人反感,却是在

---

① 即爱沙尼亚的塔尔图。——译注
② 彼得与奥古斯特在拉瓦达成的协议只是两人友谊的一次激情爆发。迄今为止,双方尚未制订过任何关于结盟或共同作战的实际计划。

外交部公开进行的正式谈判，与卡尔洛维茨一方气氛严肃的秘密谈判则在普列奥布拉任斯科耶进行，由彼得亲自负责，与沙皇一道出席会议的只有费奥多尔·戈洛温和翻译彼得·沙菲罗夫（Peter Shafirov）。

瑞典人发觉了卡尔洛维茨的存在，也知道他正在与俄国人商讨某种协议，但他们完全没有察觉真相，还以为双方讨论的是和平协议。为了避免引起瑞典的猜疑，彼得对他们待以荣誉之礼，而他们将一尊年轻新国王的全身骑马像送给彼得。为了让自己的欺骗更具效果，彼得确认了之前与瑞典人签订的那些协议，并履行了相应的正式程序，只是为了稍微减轻一下良心上的不安，他在举行签字仪式的时候没有亲吻十字架。当瑞典使节们注意到这一遗漏并提出抗议时，彼得表示：自己在登基时已经立誓遵守一切协议，按照俄国的习俗，他不必再次起誓。11月24日，瑞典使节们最后一次觐见沙皇。彼得表现得和颜悦色，并将一封出自自己之手、致卡尔十二世的正式书信交给他们，内容为对瑞俄和平协议的确认。

与此同时，卡尔洛维茨和帕特库尔的任务正在顺利进行。彼得接见了卡尔洛维茨（帕特库尔仍在使用假身份），并阅读了他递交的一封信，但信的作者可能是帕特库尔。奥古斯特在信中允诺，如果沙皇同意结盟，他将以支持俄国对因格里亚和卡累利阿的主权要求作为回报。彼得随后叫来丹麦大使海因斯（Heins）。此人知道丹麦已经通过秘密谈判，同波兰签订了同盟协议。海因斯为信中的承诺做了担保。就这样，瑞典使团离开莫斯科仅3天，彼得就在同意对瑞作战的协议上签了字。协议规定，若条件允许，俄国将于1700年4月对瑞典发起进攻。出于谨慎，沙皇拒绝确定具体的进攻日期，还有一项条款规定，俄国只有在与土耳其达成和平或休战协定之后方会发动进攻。迄今为止，帕特库尔一直藏身于幕后，等协议签署完毕，他立刻出现在沙皇面前。两周后，卡尔洛维茨离开莫斯科，前往萨克森，他计划途经里加，并借机考察该城的防御工事。

彼得承诺自己将在几个月内向一个西方主要军事强权发动进攻，如今他开始投入到繁重的备战工作中去。从西方世界回来后，他最为关心的一直是舰队，现在他不得不一下子将自己的注意力从造舰转移到储备火炮、火药、马车、马匹、制服和士兵上去。由于射击军腐化堕落得不成样子且当前的实际兵力仅有几个团,近卫军的4个团——普列奥布拉任斯基团、谢苗诺夫斯基团、勒福尔团和布图尔斯基(Butursky)团构成了彼得麾下职业军队的主力。因此,倘若沙皇想信守自己对奥古斯特许下的诺言,他就必须组建、训练、装备一支全新的军队,然后将他们投放到边境地区,所有工作必须在3个月之内完成。

彼得立刻行动起来。所有地主,不论僧俗,都接到了一纸命令。民间地主被要求按照每50户中出1人的比例,将自己名下的农奴动员起来送往沙皇处。修道院及其他教会地主所承担的税率则更为严厉:每25户中出1人。彼得也要求莫斯科的自由民提供一批志愿者,并许诺给予丰厚的报酬:每年11卢布外加饮酒补贴。这批壮丁被命令于12月及1月在普列奥布拉任斯科耶集中。整个冬季时节,一批批新兵源源不断地涌入彼得的军营。27个新步兵团以近卫军的4个团为模板组建起来,每个团下辖2到4个营。此时彼得开始体会到,帕特里克·戈登之死对他的事业而言是何等沉重的损失。没有了这位苏格兰老兵的帮助,彼得就得在近卫军统帅阿维捷蒙·戈洛温(Avtemon Golovin)将军和亚当·魏德(Brigadier Adam Weide)准将的协助下亲自监督部队的训练。与此同时,尼基塔·列普宁公爵(Prince Nikita Repnin)被派去征募、训练来自伏尔加河下游城镇的兵员。

尽管新军三部的指挥官——戈洛温、魏德和列普宁都是俄国人,但团长全是外国人,他们中一部分经历过克里米亚和亚速的一系列战役,其他人则是新近从西方雇佣来的。最令彼得头痛的是那些旧式的俄国军官,他们中的很多人对参战毫无兴趣。为了填补那些被撤职军官的空缺,许多廷臣被登记为军官。他们三两下就掌握了军事技能,速度快得令人咂舌,以至于彼得贸然地脱口而出:"如果我的臣民能够表现得和外国人一样好,那么我为什么还要把钱花在外国人身上?"其后,几乎所有宫廷侍从及其他宫廷官员都进了军队。

新军士兵的制服款式遵循的是德意志风格——深绿色外套、裤子、靴子和三角帽。他们装备滑膛枪和刺刀。他们接受的初始训练是纵队行军、展开横队、并排肃立及依令开火。多亏卡尔十二世将300门火炮作为礼物送给沙皇，以协助其打击土耳其人，火炮数量很多，这些火炮武装起来的炮兵被交由伊梅列吉亚的亚历山大公爵指挥，他曾陪同彼得旅荷，并在海牙专门学习过火炮知识。魏德准将曾在萨伏依的欧根亲王麾下的奥地利军队中服役，他起草了一系列战时法令，按照法令的规定，违反军规者将受到严厉的处罚。

整个1700年春，彼得都在既想结束一场战争又想开始另一场战争的心理状态下度过。在1700年2月的谈判中，从君士坦丁堡传来的消息变得愈来愈凶险，以至于他拿定主意，必须准备重启与苏丹的战争。他让新军留在普列奥布拉任斯科耶训练，自己则前往沃罗涅日。到了那里后，他夜以继日地忙碌，协助自己的舰队完成备战工作。4月行将结束时，他在儿子、妹妹和众多波雅尔的注视下，将自己亲手制造的战舰"宿命"号送下水去。

当彼得在沃罗涅日时，他的两个波罗的海盟友按照计划朝瑞典发起进攻。2月，在未经宣战的情况下，1.4万名萨克森士兵突然入侵利沃尼亚，包围了雄伟的要塞城市里加。瑞典人发动反攻，将敌人击退，还在作战过程中击毙了卡尔洛维茨将军。彼得对此非常气愤，他对奥古斯特尤为愤慨，他说，这位国君应当在利沃尼亚亲自统兵，而不是在萨克森"同妇人寻欢作乐"。[5]

3月，彼得的第二位新盟友弗雷德里克四世率领1.6万人马入侵丹麦南部的荷尔斯泰因-戈托普公国，围攻滕宁（Tonning）镇。如果彼得打算进攻因格里亚，借此加重自己在反瑞同盟中的分量，现在正是他的机会。但沙皇束手束脚。"太可惜了，"他在给戈洛温的回信中说，"但我现在什么也不能做。君士坦丁堡那头音信全无。"[6]

春季期间，称土耳其人正在备战的谣言越传越真，这令彼得烦恼不已，甚至觉得自己有必要重新巩固与瑞典之间形式上的良好关系。关于他与丹麦、波兰签订密约的风言风语已经传了出去，为了让瑞典人重新相信自己的善意，他打算派一个俄国使团前往斯德哥尔摩。瑞典驻莫斯科大使托马斯·科尼佩尔克罗纳（Thomas Knipercrona）对去年秋天发生在自己眼皮底下的阴谋一无所知,因而对使团派遣计划感到非常高兴。彼得利用科尼佩尔克罗纳的信任,精心安排了一场戏。当他从沃罗涅日返回后,在莫斯科召见了科尼佩尔克罗纳,开玩笑般地指责大使的妻子,后者在给其女的信中写道:在莫斯科的瑞典人如今尽皆陷入恐慌中,因为俄军就要入侵利沃尼亚了。大使的女儿在造访沃罗涅日的时候,把母亲的信拿给沙皇看。"我几乎没法让您女儿平静下来,她哭得非常厉害。"彼得说,"您可不能抱有这样的想法,觉得我会对瑞典国王发动一场不义之战,觉得我会破坏两国之间的和平,我不久前才承诺过要把和平永远维持下去呢。"⁷ 科尼佩尔克罗纳恳求沙皇原谅他的妻子。彼得充满深情地拥抱了大使,并向他起誓:如果波兰国王从瑞典手中夺取里加,"我会把它从他手里硬抢过来"。科尼佩尔克罗纳对此深信不疑,他给斯德哥尔摩方面发去报告,称沙皇根本没想过侵略瑞典的事。①

春季渐渐过去,6月和7月相继到来,君士坦丁堡方面仍旧没有任何音信。7月15日,彼得接见了萨克森使节——少将朗根男爵(Major General Baron Langen)。奥古斯特终于与里加城下的军队会合,他恳求沙皇展开军事行动。朗根的汇报如下:"沙皇让他的大臣离开房间,而后眼泪汪汪地用蹩脚的荷兰语告诉我,如今与土耳其人之间的缔和久延未决,他为此悲伤不已……(他表示)他已经命令自己的大使尽快与土耳其人达成和平或休战协议,即使为此遭受损失也在所不惜,这样他就能腾出手来全力支援他的盟友了。"⁸ 8月8日,君士坦丁堡那边终于传来消息。为期30年的休战协议已于7月3日签署完毕。乌克兰采夫的信使搭乘最快的交通工具,36天后带着上述消息抵达莫斯科。

彼得终于可以自由行事了,他飞也似地行动起来。乌克兰采夫的急件送抵当夜,莫斯科方面为庆祝对土临时和平协议的签订,举行了一场典礼和一场异常精彩的烟火表演。第二天一早,它就遵循旧俄时代沙皇的惯例,在克里姆林宫的卧室门廊发布了对瑞典宣战的通知。"伟大的沙皇陛

---

① 在彼得看来,这些沿海地区自古以来就是俄国的土地,如今不过是收回它们的最佳时机而已。与之相近,彼得同时与瑞典人和萨克森人谈判的做法在那个时代不算什么可耻之举。类似的骗局在伦敦、巴黎、维也纳和君士坦丁堡属于司空见惯的把戏。

下已经下令,"宣战书写道,"由于瑞典国王的罪行罄竹难书,特别是由于沙皇陛下在途经里加时,在里加人手中遭受种种妨害和不快之事,他的士兵应本着开战的目的,朝瑞典人的城镇进军。"宣战书中提到,这次战争的目标是因格里亚省和卡累利阿省,"依照上帝的恩典与律法所书,此二地一直归俄国所有,但在混乱时期丧失"。[9] 同一天,彼得送了封手写的书信给奥古斯特,将已经发生的事告诉了他,并表示:"上帝保佑,我们希望陛下听到的全是利好消息。"[10]

大北方战争——或是按照伏尔泰的叫法"北方的著名战争",就这样揭开了序幕。两位年轻的君主——彼得和卡尔,将为争夺霸权相互厮杀20年之久,这场冲突将决定两个帝国的命运。在战争的前期阶段(1700—1709年),彼得处于守势,他自己、他的军队和他的国家在为那一刻,为瑞典人将撞锤对准他那落后的王国的一刻而准备着。在那些年,在战争掀起的暴风骤雨中,俄国继续着自己的改革进程。人们不会认为改革是经过精心计划、系统执行的成果,而是将它视为为击退冷酷无情的敌人,而在仓促间下令执行的紧急手段。其后,在波尔塔瓦战役结束后,战争的形势将发生逆转,但两位君主都将继续战斗下去,其中一位将被几近无用的盟友牵制到心烦意乱,另一位则渴望着为自己的失利复仇,重建他那崩溃中的帝国。

## 23

## 让大炮来裁决吧

俄国的彼得、瑞典的卡尔、丹麦的弗雷德里克、波兰的奥古斯特、法国的路易、英国的威廉、奥地利的利奥波德,以及那个时代的大部分君主和王公最终都决定用战争来解决分歧。事实上,17、18世纪的战争与20世纪的战争一样,都是各国之间的终极仲裁手段。王朝与王朝的对抗,边境线的确立,对城市、要塞、贸易路线、殖民地的占有,王国与帝国的最终命运均由战争来决定。路易十四手下的一名年轻军官说过这么一句简洁的名言:"再也没有比大炮更公正的法官了,它们的判决直截了当,而且绝对无法贿赂。"[1]

17世纪后半叶的50年时光里,法国的军队一直是欧洲最强大、最令人钦佩的。它的兵力雄踞欧洲之巅。在和平时期,它维持着一支15万人的常备军。在战争时期,这个数字就扩充到40万。西班牙王位继承战争期间,8支各由1名元帅统领的法国大军,同时在低地国家、莱茵河、意大利和西班牙作战。托国王与卢瓦的福,法国军人拥有欧洲最优质的训练、最精良的装备和最完善的供应。托蒂雷纳、孔代和旺多姆的福,法国军人的战绩总体而言是欧洲首屈一指的。马尔伯勒公爵在布伦海姆大破塔拉尔元帅(公爵得到战友萨伏依的欧根亲王的支援)是法国军队自中世纪以来吃到的第一场大败仗。

纵观这一时期,各国军队的规模、火力和破坏力都在突飞猛进。由于精力充沛的财政大臣们广开税源以支持军队,可用于作战的兵员越来越多。在17世纪上半叶的欧洲,一场战役下来,交战双方投入的兵力可能仅有2.5万人。1644年的马斯顿荒原之战(Marston Moor)是英国内战的决定性战役,克伦威尔率8000人马与国王查理一世对阵,而后者麾下的人员数量与此相当。在65年后的马尔普拉凯（Malplaquet）战役中，马尔伯勒公爵部下的联军有11万人，而与之对阵的法军有8万人。巅峰时期的瑞典本土人口仅为150万，却供养着一支11万人的军队。彼得在解散了自己从索菲亚和戈利岑手中继承的那支人数众多、作风散漫、毫不争气的封建军队后，最终组建、训练了一支全新的军队，即便如此，新军的人数仍达22万之多。

由于战争迁延日久，要补充兵员，就必须采用征兵制，尽管如此，这一时期的大部分军队仍由职业军人组成。许多官兵都是外国雇佣军出身——在当时，军人可以任意加入他中意的军队，只要不把枪口对准自己的君主就行。不打仗的时候，国君和王公把整团整团的兵力租借给处于敌对状态的邻国是常有的事。因此，法国军队中编有瑞士、苏格兰和爱尔兰团。荷兰军队下辖丹麦和普鲁士团。哈布斯堡帝国的军队拥有来自德意志各个邦国的兵员。有的军官换起主子来就和现代的企业高管跳槽那般稀松平常，而旧主和新主都不会为他们的做法感到生气。马尔伯勒24岁那年以上校的身份在蒂雷纳元帅手下效力，同荷兰人作战，还曾在一次大阅兵中得到路易十四的亲口赞扬。后来，他指挥一支以荷兰人为主的军队，差点将太阳王掀下宝座。在彼得登基前和登基后的一段时间内，俄国军队中的大部分高级军官都是外国人；没有他们，沙皇就只能带着一群乌合之众去打仗。

这些职业军人往往会遵循公认的作战惯例。战争有其季节性规律，且很少遭到违背：夏秋两季为作战时节，冬春两季则被用于休整、募兵和补充。总体而言，此类惯例是由气候、作物和道路状况决定的。每年，军队都会按兵不动，直到春季解冻时期到来。届时积雪消融，新长出的绿草也足以滋养骑兵和辎重部队的马匹。到了五六月间，淤泥干化为尘，士兵与车辆随即组成一队队长龙，踏上征程。直到10月，将军们都可以调兵遣将、围攻城池、发动战役。至11月，当第一场霜冻出现后，军队便入营过冬。在西欧，人们简直将这些惯例当作宗教教义来遵守。马尔伯勒在西欧一连打了10年仗，始终保持着自己的习惯：每到11月他就丢下军队回到伦敦，直至春季才返回。而在同一时间段，法国的高级军官也会回巴黎或凡尔赛去。在这些文明化的战争中，赫赫有名的将领可以得到一纸通行证，好让他们在冬季离军期间以最短的行程通过敌国国境，如今这种情况早已绝迹。当然，普通士兵可享受不到这些特权。可以肯定的是，他们在战争结束前是回不了家的。如果他们走运，可以窝在市镇的兵舍里度过一年中最冷的几个月，但他们往往得挤在冬季露营地的小屋和茅舍内，忍受着冻伤、疾病和饥饿的折磨。入春后，被疫病啃得千疮百孔的队伍就会得到新兵的补充。

这个时代的军队，行军速度十分缓慢，即使途中并无敌军也一样；一天之内能前进10英里以上者寥寥无几，而平均日行军速度仅有5英里。在布伦海姆战役开始前，马尔伯勒从低地国家出发，自莱茵河上行，前往巴伐利亚，创造了历史性的行军速度纪录——5星期走250英里，这次行动被看作当时的一次"闪电战"。限制行军速度的因素通常是火炮。马儿奋力拖曳着又笨又沉的大炮（它们的轮子在道路上犁出一道道吓人的车辙，而后来者再从上面踩过去），根本不可能走得更快。

行进时，军队排成一道道长长的纵列，以营为单位鱼贯而行，由骑兵组成的掩护部队奔驰在队伍的前方和两侧。手推车、大马车和火炮弹药车则"吱呀吱呀"地走在后面。通常情况下，军队日出开拔，下午扎营。每晚都要建立一个新的营地，所需的精力几乎与当天行军消耗的相当。帐篷一排排立了起来，行李从车上卸下，炊火燃了起来，人畜得饮，马儿开始吃起草来。如果敌军就在附近，那么每座军营都得择良地而立，且必须预备临时性的土木工事和木栅，它们可作为抵御敌袭的潜在据点。接下来，精疲力竭的人们便会进入梦乡，等他们醒后，便会在黎明前的黑暗中将营地拆除殆尽，而后打包装车，为第二天的行军做准备。

当然，并不是所有的东西都可以用车辆运送。一支5万到10万人的军队要想实现自给，就只能朝肥沃的乡间进军，那里可以提供很多他们想要的东西，或是通过水路运输更多的补给。在西欧，大江大河就是战争中的铁路。俄国的河流不是流向北部，就是流向南部，而俄瑞战争是东西向的，河流派不上什么用场。如此一来，俄军对运输车队和就地搜掠的依赖自然就大多了。

在西欧，大部分战役的节奏都很缓慢。攻城战极为常见，比起野战的更大风险和令人不快的意外，人们宁愿这样做。攻城战需要的是尽善尽美、几近数学般精确的指挥；在任何一个特定时刻，任何一方的统帅都必须对敌我双方当前和将来的情况了如指掌。路易十四热爱攻城战，他小心翼翼、花费巨万建立了一支庞大的军队，选择了攻城战，他就不用再冒丧师之险了，还能安安全全地参与战争游戏。此外，太阳王拥有路易·德·沃邦这个战争史上最伟大的要塞专家和围攻战专家。为了自己的主上，沃邦亲手组织过对50座市镇的围攻，从未失手。他设计的要塞则是当时的模范。纯军事用途的棱堡和巨大的要塞化城镇如同一道彼此交织的网络，覆盖、保护着法国的边境线。在根据当地特有的地形细心修造后，这些棱堡、要塞全变成了第一流的公共设施和绝佳的艺术作品。它们的外形往往类似一颗巨大的星星，每面城墙都设计成可获得侧翼火炮的纵射火力——或至少能得到城墙直角的火枪火力保护的样子。每个凸角都是一座独立要塞，配有火炮和守军，以及供守军突击部队使用的出击口。这些高大的石头城墙周围是一道道纵横交错的壕沟，它们深20英尺，宽40英尺，表面同样以石覆盖——进攻棱堡的步兵会发现这里无处可躲。当棱堡拔地而起的时候，法军正处于攻势，要塞的门高大雄伟，以鸢尾花图案为饰，直通一座座华丽壮观的建筑。这些要塞并非作为静态防御据点，而是作为法军的机动枢纽之用。后来，当马尔伯勒的军队一路杀向巴黎和凡尔赛的时候，沃邦的要塞保住了太阳王的宝座。

路易给予自己的仆人很高的评价："由沃邦镇守的市镇是丢不了的，被沃邦围攻的市镇是守不住的。"[①]在沃邦的指挥下，围攻战成了有条不紊、赏心悦目的舞台剧，其演出效果和节奏把握都达到完美无缺的程度。当要塞被团团包围后，沃邦立即着手挖掘一组"之"字形战壕，朝要塞城墙逐步推进。沃邦利用数学知识精确地计算壕沟的角度，使得城墙上的守军火力几乎无法伤及在壕沟内作业的步兵，壕沟却离城墙越来越近。与

---

[①] 即使在国王亲身上阵的围攻战中，功劳也必须算上沃邦的一份。正如路易所描述的那样："德·沃邦先生提出的建议是我心目中的最佳方案。"[2]

此同时，攻城方的火炮没日没夜地朝城墙轰击，将守军的火炮打哑，在胸墙上掏出一个个洞来。当进攻的时刻到来后，攻城部队跃出战壕，越过护城壕（他们用一捆捆束紧的可携式柴束填平它们），穿过体无完肤的城墙上的裂口。但能持续到这一高潮的围攻战少之又少。交战双方均为严厉的战争规则所约束，按照它们的规定，一旦守将明白自己的要塞丢定了，他就可以自由、体面地投降；无论是对守城方还是攻城方，都不能要求更多了，这是最低限度的要求。但是，倘若守城方突然头脑发热，拒绝投降，攻城方不得不牺牲更多的时间和人命来攻取这座城市，那么一旦后者得手，整座城市便会陷入奸淫、劫掠和烈焰之中。

尽管沃邦的艺术从未被超越，但当时和现在一样，那个时代最伟大的统帅——马尔伯勒、卡尔十二世、欧根亲王，都是运动战的实践者。马尔伯勒公爵约翰·丘吉尔无疑是他们中的头号佼佼者。从1701年到1711年，他指挥欧洲联军对抗路易十四，此人战无不胜，攻无不克。在这10年里，他与一位又一位法国元帅交过手，并将他们统统击败。当英国发生政变后，他失去了指挥权，而后被无情地勒令通过沃邦的坚固要塞，它们是守护凡尔赛的屏障。马尔伯勒对这种当下常见的局部战役不感兴趣，他想要的不是一座孤零零的市镇或要塞。他所期望的是一场决定性的重大行动，即使要冒很大的风险。他的目标是打垮法国军队，然后用一场大规模野战来羞辱太阳王。他准备用一个省份、一场战役、一场战争，甚至一个王国来赌一把，而赌局只需一个下午便见分晓。马尔伯勒是那个时代最成功的全能型军人。他同时担任战场指挥官、联军统帅、英国外交大臣和事实上的英国首相职务。如果用最近发生的现代大战类比，那么他仿佛把丘吉尔、伊顿、艾森豪威尔和蒙哥马利的职责集于一身。

但马尔伯勒的指挥艺术总是带有一定程度的平衡性——既有大战略，也有战术目标。那个年代最为大胆、最具进取精神的军人是瑞典的卡尔十二世。在他的对手和正在关注着他的欧洲看来，卡尔似乎无时无刻不在渴望战争，根本不管时机是否合适。他专注于快速机动和奇袭战术。他性格冲动，对进攻又充满欲望，因而有人指责他鲁莽冒进，甚至头脑发热。的确，他的战术与乔治·S. 巴顿（George S. Patton）的话一模一样：进攻，进攻，再进攻！但瑞典人的进攻并非建立在疯狂的基础上，而是建立在严格的训练、铁的纪律、全身心的投入、对胜利的信念，以及出色的战场通信能力基础上。依靠战鼓和信使传递的信号，下级指挥官总能领会上级的要求。瑞典军队一旦出现弱点，就会被迅速掩盖，而敌军一旦出现弱点，就会被迅速利用。

卡尔决意打破战争的季节性惯例——地面被冻硬后，他的车队和火炮走起路来就更轻松了，或许他的军队也更适应严寒天气，他准备在冬季发起战役。显然，在运动战中，机动力更强的军队是有优势的。战役成败经常是由运输和后勤决定的，就像会战一样。因此，一切能够提高部队机动性的因素都是重要的；一种新型可携式烤炉的发明令法国军队欣喜异常：从架起、生火到新鲜面包出炉，前后不超过几小时。

尽管有敌军在附近时，战场指挥官会时刻保持警醒，但在17、18世纪，未经双方一致同意就爆发的战役仍少之又少。要找到合适的地面，还必须精心部署步兵、骑兵和炮兵的队列，难度不小。如果一位统帅不想交战，他往往会逗留在那些崎岖、林木茂盛、起伏不平的地方，借此避战。如果一方的将领打算排兵布阵，就必须先花上几小时的时间来准备，而另一方若不愿开战，就可以趁机溜走。因此，即使是两支彼此紧挨多日的军队，也可能从未发生过大的冲突。

当双方统帅都拥有令人无法拒绝的开战理由——争夺一个渡口或是一条主干道上的有利位置时，两军就会掉头进入两座相隔300—600码的阵地。如果有时间，处于守势的一方——往往是与卡尔十二世对阵的俄国军队，或是与马尔伯勒对阵的法国军队，会在步兵队列前方的地面上立起数道屏障，它们由名为"拒马"（chevaux de frise）的尖木桩构成，可用于抵挡推进中的敌军骑兵，起到一定的保护作用。炮兵军官则会沿着己方阵地选出几个地点，架起火炮，准备将3磅、6磅、8磅重的炮弹（最巨型的火炮使用的炮弹甚至重16—24磅）射向450—600码远的敌军。精心计划的战役通常以一轮炮击作为开幕戏；长时间的狂轰滥炸可能令一支经验丰富、训练有素的军队受创，却极少能对他们产生什么决定性影响：当炮弹从空中呼啸而过，或是从地面上弹起，在队列中撕开一道道血肉模糊的"口子"时，士兵们却只是站在原地等待，一动不动，令人目瞪口呆。

若论及17世纪的野战炮技术改进，当以瑞典人的成就为最。古斯塔夫·阿道夫实现了野战炮口径的标准化，这样就不用一门炮供应一种炮弹了。在激烈的战斗中，同一种炮弹可供任何一门火炮使用。其后，当火炮部队几乎已经自成体系时，瑞典的将军们意识到，炮兵经常忘记他们必须为己方步兵提供火力支援。作为补偿，他们给营级步兵单位直接配备了轻型火炮，每个营配有两门。如此一来，各营与敌军步兵对阵时就可以提供近距离火力支援了。后来，瑞典人甚至给骑兵部队也配属了火炮。高机动性的骑兵炮可以在几分钟之内卸去挽具、朝敌军骑兵编队开火、溜之大吉。

但决定战场胜负的兵种既不是炮兵，也不是骑兵，而是步兵。那个时代的重大战役是靠成排前进、站定的步兵部队用滑膛枪、燧发枪、长矛及日后出现的刺刀相互厮杀的方式取胜的。17世纪是步兵装备、战术迅速转型的时期。几个世纪以来，矛头以钢制成、长14到16英尺、分量沉重的古老长矛，一直是所向无敌的"战场女王"。一排排举着加长矛枪的矛手，大步流星相对而进。而后，如林般长矛的相互击刺成了决定胜利的关键。但这种著名的兵器因火器的发展而逐渐遭人遗忘。当矛手们面对的是一排火枪手时，后者站在远处就可以把子弹射向前者的队列，将他们一个接一个地击倒。到了17世纪末，战场上只能见到一小队矛兵的身影，他们被专门派去保护火枪手，使他们免受敌军骑兵的伤害。纵马冲进由长而尖的矛组成的"围墙"内，对骑兵而言仍是件可怕的事，但当矛手不必再承受近距离的直接攻击时，他们成了战场上最无用、危险性最低的角色。他们只是在队列中站定，握紧手中的长矛，一边遭受敌军火炮的轰击和敌军枪弹的杀伤，一边等着冲过来的敌人被刺穿在长矛上。

刺刀起到了解决问题的作用，这种装置能让火枪一物两用：在敌人逼得非常近之前，可以开火。然后，由于枪身末端连着一把刀片，它还能被当作短矛来用。最初的刺刀是插进枪管里的。但这样的话，滑膛枪的火力就会受到限制。因而不久之后，它就被固定式的套环式刺刀所代替，后者一直沿用到20世纪。在敌军冲到面前之前，步兵可以持续射击，随后仍能用闪闪发亮的刀片来迎接敌人。刺刀问世之际，正值大北方战争揭开序幕。1700年，瑞典禁卫军德拉班特军团（Drabants）装备了刺刀。短短几年内，它就得到了包括俄军在内的大多数军队的应用。

在17世纪后半叶，火枪得到了极大的改良。老式的火绳枪重达15磅或者更多，是一种笨重的武器。为了举起、使用它，火枪手携有一支带叉子的长木棍，先将它固定在地上，然后一面把枪管搁在分叉口，一面瞄准、开火。每装填、发射一枚弹丸，需进行22个独立的步骤，包括装填火药、将填充物和弹丸塞紧、倒入引药、把枪举到肩上、调整枪身在木棍上的位置、点燃火柴并用它引燃枪身上的火门。由于湿气作祟，常常有这样的情况发生：火枪手瞄准完毕、等待着开火的一瞬间，最后却大失所望。如果此时敌军步兵或骑兵正在迅速接近，那么结果就不仅仅是大失所望了。

火绳枪后被燧发枪取代，当枪身上的一块钢铁与一块燧石相撞时，一颗火星就会自动产生，火星随即直接落入药室内。这种武器的重量为10磅，比火绳枪更轻便，尽管只是相对轻便一些而已，但它是不需要配备叉架的。而且，它从装填到开火的步骤减少了一半。一名出色的火枪手可以在一分钟内完成数轮射击。燧发枪很快成为全西欧军队的制式步兵武器。只有俄国和土耳其还在给士兵配发陈旧而沉重的火绳枪，导致本国步兵部队的火力受损。

装备了带刺刀的燧发枪这种新式兵器后，步兵变得更有效率，也更危险了，不久它就成了战场上的支配性力量。刺刀不仅令火枪同时具备了两种用途，还将它变成了灵活性远胜长矛的新兵器，从而给予步兵更高的战场机动性。随着火枪射速的提高，统帅们必须采取新的战术和作战编队，以充分利用强化了的火力。几个世纪以来，骑兵一直是战场上的王者，如今它退居次席。马尔伯勒的贡献在于，他懂得如何让步兵手中的枪支发挥出新的威力，并加以运用。英国士兵的训练内容为由纵队迅速变成横队，一排接一排地倾泻稳定、有序的火力。如今即使人员有所减少，火力强度也不会下降，因而营级作战单位的规模被削减了，这样就更易于控制。命令的传达变得更为便捷，也更容易得到回应。为了加强对敌火力，也为了降低暴露在敌军炮口下的己方队列的密度，步兵队列朝着两翼方向延伸，从而扩展了战场的宽度。在不打仗的时候，上述步骤被演练了一遍又一遍，为的是通过反复练习，让士兵们的习惯性动作达到无懈可击的程度。考验会以一种惊心动魄的方式进行，届时火枪手射击过一轮后，手持马刀、排山倒海而来的敌军骑兵就会抢在他们再次射击之前，朝他们猛扑过来。

至18世纪初，由于步兵火力得到了极大的强化，战场比以前更加危险。在之前的数百年里，要想结束敌人的性命，就必须冲上前去，与他们展开白刃战；现在就简单多了：只要站在远处，用极具杀伤力的排枪将他们射倒就行了。在过去的战役中，部队的伤亡率是10%；如今这个数字在急剧飙升。然而，尽管步兵有了新的优势，但到了战场上，他们若想保证自己的安全，仍必须保持井然有序的队形。由于拥有强大的火力，如果步兵的队列能稳如泰山、不被冲散，一旦敌军骑兵冲得离他们太近，就会遭到沉重的杀伤。但当敌军骑兵部队在四周盘旋环绕的时候，严密的队形就成了他们的唯一倚仗，一旦队列出现最轻微的混乱迹象，骑兵就会将他们撞倒，把他们冲得七零八落，踏为齑粉。

战役的组织——让成千上万人保持队形，冒着敌方火力在恰当的时候排成恰当的作战编队本就是个巨大的任务。大自然存心与军事统帅们作对：总有那么一片小树林、一条壕沟甚至一道树篱钻出来妨碍、扰乱行进中的纵队队列。但即便如此，也绝不能惊慌。进入敌军火力最为密集的地段时，步伐必须慢而稳；倘若操之过急，队列的平衡感和节奏感就将遭到破坏。即使沿途不断有人倒下，一支进攻中的纵队也会频频停步，为的是将队列排得更为整齐，或是让另一支与之同行的纵队赶上来。

优秀的统帅总是主动出击，极少有例外。马尔伯勒的战术一成不变：在战役的开局阶段就进攻敌军战线的最强点。通常情况下，他会让自己那支受过良好训练的英国红衣步兵负责这次行动。当忧心忡忡的敌军指挥官将越来越多的预备队投放到这一交战地段时，马尔伯勒会继续施压，甚至加大力度，无论自己要为此付出多大的代价都能接受。其后，一旦敌军战线其他地段的兵力变得稀薄，马尔伯勒就会把自己的预备队（通常是大队骑兵）放出去，杀向敌军正面的缺口。靠着这招，公爵屡屡得以突破敌军防线，纵横沙场，所向披靡。

然而，单纯以进攻精神而论，欧洲最优秀的步兵和骑兵并非产自英国，而是瑞典。瑞典军人接受的训练让他们满脑子只剩下进攻，根本不顾时机是否合适。如果敌军不知用什么办法夺取了主动权，朝瑞军阵地开来，瑞典人会立刻冲上去，用反攻来破坏敌人的攻势。马尔伯勒麾下英军的战术建立在充分发挥其致命火力的基础上，瑞典人与之不同，进攻战术依旧依赖于armes blanches——冷兵器。他们的步兵和骑兵有意牺牲步枪和手铳的远程火力，宁愿用剑和刺刀进行近战。

因此，瑞典步兵推进时的情景令人不寒而栗。他们的步伐缓慢而稳定，人人鸦雀无声，只有战鼓咚咚作响。在最后一刻到来前，瑞典人绝不开枪。接近敌军后，瑞军纵队停下脚步，伸展开来，变成一道长长的、拥有4列纵深的蓝黄色人墙。一阵排枪齐射后，瑞典人便一齐爆发。他们装上刺刀，冲进站立不稳的敌军队列内。彼得征召的俄国士兵要等许多年才能扛住这种猛攻。瑞典人的进攻精神是无与伦比的，而支撑这份精神的动力源自两个方面：宗教宿命论和持续不断的训练。国王的信仰被灌输给每一个士兵："除非死期已到，否则上帝是不会让任何一个人战死的。"[3] 这一教导带来的是一种镇定自若的勇气，这种勇气则根植于长年累月的行军、转向、停步和射击训练。是它们造就了瑞典步兵首屈一指的机动力和凝聚力。

尽管步兵日益成为战场上的决定性力量，但让战场充满戏剧性的仍是骑兵，一旦敌军防线出现动摇迹象，就会被他们一举突破，胜利往往就是这么到手的。轻骑兵的职责是掩护己军、侦察敌情、搜寻粮秣和突袭敌境。俄国人雇佣哥萨克充当此役，奥斯曼军队则使用鞑靼人；而瑞典骑兵既要执行上述次要任务，又要参加正面激战。常规重骑兵被编组为一个个150人的中队。上战场时，他们身穿胸甲和背甲，装备刀剑。手铳也是常见的武器之一，用于对付途中出现的伏兵。对那个年代的大部分现代化军队而言，针对骑兵的战术机动训练的精细、严格程度绝不亚于步兵。但是，某些因素的存在对骑兵的应用构成了限制。地形显然就是其一，骑兵需要的是平坦或起伏程度不大的开阔式战场；另一个因素是战马的耐力。据估计，再好的战马也无法连续作战5小时以上。还有一个因素是杀伤力不断加强的步兵火力。由于燧发枪的射速和精度越来越高，骑兵不得不加以提防。无论是马尔伯勒还是卡尔十二，都要等战斗进行到高潮阶段的时候，才会将骑兵投入战斗。届时他们将作为突击力量，打垮正在崩溃的敌军队列，或是朝一支正在推进的步兵部队侧翼狠狠地冲撞过去，或是追击敌军，将他们的撤退变成溃败。

尽管有这些限制性因素存在，但骑兵的伟大时代仍未过去［距滑铁卢战役中的骑兵大冲锋尚有一个世纪，而巴拉克拉瓦（Balaclava）战役中的轻骑兵旅冲锋还是一个半世纪以后的事］。大多数军队的骑兵比例在1/4到1/3之间，而瑞典军队的数字要更高。卡尔训练本国骑兵以密集编队进攻。排成楔形编队的瑞典骑兵踏着小碎步，缓缓接近敌军，他们膝盖贴着膝盖，各支纵队紧密地排列在一起，彼此略微错开。这支拥有3列纵深的宽大箭头会无情地碾压其长官指定的一切对手，不论对方是骑兵还是步兵。

远远望去，骑兵队的冲锋令战场变得壮丽无比——色彩斑斓的骑兵中队越过开阔的战场，勇敢地朝敌军阵地冲去，他们的剑和胸甲在阳光下闪闪发亮，他们的旗帜和三角旗在风中拍动不止。但对那些置身战场的人们而言，这里是杀戮场，是地狱的一隅：大炮发着一声声嘶吼，喷吐着一道道火光；步兵竭力保持着严密的队形，遵照长官的命令装填、开火，而一具具残缺不全的战友躯体，就在他们膝盖边上翻滚着，蠕动着；骑着马的人全速冲向立在地上的人所组成的队列；冲击力、吼叫声、尖啸声和咕哝声一齐出现；有人被绊倒，有人落马；骑着马的人在马鞍上立起身子，用剃刀形的战刀疯狂地劈砍着见到的每一个人；站在地面上的人用刺刀朝马鞍上方捅去，刺中骑手的胸、腿和背；剧痛袭来的瞬间，最后一丝惊讶从受害者心头一闪而过，刚刚意识到发生了些什么，鲜血就不可遏制地喷涌而出；无主的战马和人们一起发足狂奔，厚重的浓烟飘浮在战场上空，遮住人们的眼睛，剥夺人们的呼吸。当火光消逝、硝烟散去，血流漂橹的战场上布满了人类的躯体,他们有的还在尖叫或喘息,有的则静静地躺在那里,凝望着天空,但已经什么也看不见了。

国与国之间解决分歧的方式,就是如此。

# 24

# 卡尔十二世

　　成为瑞典国王卡尔十二世的，是一个金发蓝眼的孩子，此人出生于1682年6月17日，比他那位伟大的对手——俄国的彼得小了差不多10岁。卡尔的父亲卡尔十一世是个意志坚定、极其虔诚的人，5岁继位。卡尔的母亲乌尔丽卡·埃莉奥诺拉王后（Queen Ulrika Eleonora）是一位丹麦公主，由于热情似火的性格，她赢得了丹、瑞两国人民的爱戴，即使在两国交战期也是如此。卡尔的双亲结婚7年9个月后，有7个孩子呱呱坠地，但只有卡尔王子和他的2个姐妹——长他1岁的赫德维希·索菲亚（Hedwig Sophia）和小他6岁的乌尔丽卡·埃莉奥诺拉活了下来。而卡尔的4个弟弟，都在2岁之前一个接一个去世了。

　　尽管卡尔体质虚弱，但孩童时代的他粗野、阳刚、活泼。年仅4岁的时候，这个小不点就骑着马跟随父亲出席阅兵式，斯德哥尔摩的人们对此已经习以为常。到了6岁，他就不再由女人照料，住进了自己的房间，配备的是男性家庭教师和男仆。7岁时，他打了头狐狸；8岁时，他在一天内射杀了3头鹿；10岁时，他杀死了第一条狼；11岁时干掉了第一头熊。也是在11岁那年，他失去了生命中最后一丝来自女性的温情——36岁的母亲去世了。王后深受家人的敬爱，当她撒手人寰时，国王昏倒在地，人们不得不给他放血。卡尔王子则是在发着高烧的状态下，被人扶到床上去的；不久之后，他就染上了天花，但病愈之后，他的身体居然比以前更强壮了。他脸上布满了深深的创痕，他却骄傲地将它们视为男子汉的象征。到了14岁，拥有一副修长、结实身板的卡尔已经成为一流的骑手和优秀的猎手，他如饥似渴地学习着军事艺术。

　　乌尔丽卡王后死后，卡尔十一世将尽可能多的时间花在陪伴孩子上，他们令他想起他们的母亲。王子竭力继承父亲的信仰和习性，他的演说变得简短、保守、毫无激情，幸而其中偶尔会夹杂一点令人赞同、幽默风趣的内容，才没有艰涩到令人绝望的地步。荣誉与诺言的神圣性成了他的两项基本原则：一位国王必须将公正与名誉放在第一位；一旦开了金口，就必须信守诺言。

卡尔的家庭教师发现，他思维敏捷，头脑聪明，学得很快。他对瑞典语并不是太上心，口语和书面语都很不符合语法规则。德语对他来说要更容易些，他将这门通行于北方各国宫廷的语言作为自己的母语。他的拉丁语变得极为流利，而且他很喜欢说拉丁语，或是听大学里的拉丁语讲座。他学过法语，虽然在位时同路易十四达成了心照不宣的同盟，但他并不喜欢说法语；尽管如此，他读起法文书来却相当轻松，也很欣赏法国戏剧。征战欧洲大陆的15年间，他把高乃依、莫里哀和拉辛的著作读了一遍又一遍。他很想去旅行，并为此兴奋不已，如饥似渴地阅读、欣赏旅行家和探险家的记录和绘画。还是个小男孩时，他就迫切希望能有个兄弟留在瑞典为王，这样他就可以出去周游世界。他对历史和人物传记颇为沉迷，尤其喜欢那些军事征服者——亚历山大大帝、尤里乌斯·恺撒和瑞典的古斯塔夫·阿道夫的传记；日后他在外出征战时，一直随身携带一本关于亚历山大的传记，有时他会特地把那个马其顿人的军事成就同自己比较一番。卡尔对宗教怀有真诚的兴趣。在少年和青年时代，他每天早晨都要花上一小时，与一位主教逐一讨论圣经的章节。他与彼得一样对数学充满好奇，将数学应用到火炮弹道学和防御工事构筑艺术上去。他掌握知识的速度固然令他的家庭教师钦佩不已，但他的意志力也让他们忧心忡忡——有时他似乎也太固执己见了。他们发现，一旦王子认为自己是正确的，就绝对没有让他回心转意的可能。

尽管开局顺风顺水，但卡尔的教育之路还是在他十四岁那年永远地中断了。1697年4月5日，42岁的卡尔十一世因胃癌辞世。按照瑞典人的传统，未成年王子在18岁之前是不能戴上王冠的，考虑到这点，国王在临终前任命了一个摄政委员会，成员包括卡尔的祖母——太后赫德维希·埃莉奥诺拉（Hedwig Eleonora）。父王驾崩后，卡尔出席了摄政委员会的会议。一开始，他就用一些有见地的问题，给摄政委员会留下了良好的印象。当长辈们辩论时，他又自动保持沉默，静静地聆听，这让众人更加喜欢他。当王宫被一场大火烧毁时，尽管他父亲的遗体就停放在宫中，他却表现得很冷静，此事也令大家惊讶不已。不同于惊慌失措的祖母，这个男孩镇定自若地下达指令，从而将遗体从烈焰中抢救了出来，但王宫还是化为一片灰烬。

不到6个月，这一点就显而易见——摄政委员会运转不灵。摄政者们意见彼此相左，常常未能达成决议。而卡尔聪慧过人，又嗜权如命，岂会坐视自己的江山为他人所掌控，而自己却被晾在一边呢？摄政者们想起了已故国王的遗训——等年轻的卡尔成年后，和他们算总账的时候就到了。他们日益渴望卡尔对每个议题都能提出自己的看法。卡尔身边的溜须拍马之臣越来越多，摄政者们的权力被大大削弱。瑞典政府陷入瘫痪，瑞典人已经没有别的路可走，1697年11月，时年15岁的卡尔被宣布成年，登上了瑞典王座。

卡尔的加冕仪式令大多数瑞典人感到震惊。他没有经过议会的审批就继承了王位，成为瑞典唯一的绝对统治者，而他又有意在加冕仪式上强调这一点。他拒绝像前任国王那样，让别人给自己戴上王冠。相反，他宣布，自己生而为王，并不是别人把他选上去的，因此加冕仪式实际上毫无意义。不管是持自由主义还是保守主义的瑞典政客都被吓得目瞪口呆，连他的祖母也不例外。卡尔一下成了众矢之的，但他在核心问题上毫不妥协。他只同意让一位大主教为自己行涂油礼，这样就顺应了《圣经》的训谕——君主是上帝的受膏者。但他坚称，整场仪式都只是一场祝圣礼，而非加冕礼。当15岁的卡尔驱马赶往教堂时，王冠已经戴在了他的头上。

如果有谁想等待天启，他在加冕仪式上可就收获颇丰了。新国王下令：为了向他父亲的在天之灵致敬，所有在场的人（包括国王自己）都必须穿一身黑；国王身上的紫色加冕礼服斗篷是现场唯一的异色。一场猛烈的暴风雪从天而降，当宾客来到教堂时，一袭黑衣的他们与白雪皑皑的环境形成了鲜明的对比。头戴王冠的国王在下马时滑了一跤。王冠掉了下来，但在坠地之前被一名侍从用手接住。在行涂油礼时，盛放油膏的角从大主教手中掉落。卡尔拒绝宣读传统的王室誓词。然后，高潮时刻到来了：他自己把王冠戴到了头上。

加冕礼上那令人目瞪口呆的一幕刚刚结束，新国王便进一步展现了自己的个性。贵族们希望卡尔能把严厉的"削地"令缓上一缓，但他们痛苦地发现，年轻的君主决心要把其父的政策推行下去。国王陛下自信、固执，断然拒绝收回或改变自己做出的决定，令议会成员大摇其头。逢到开会，他会倾听一阵，然后站起来打断讨论，并表示自己已经听够了，也拿定了主意，他们可以离开了。瑞典的政治家对自己过早将国王"晋升"为成年人的做法追悔莫及。如今，他们和北欧最强大的国家都处于一个刚愎、任性少年的专制统治之下了。卡尔察觉了他们对自己的敌意，决定就算不关闭议会，也要对其加以打压。老议员和大臣们有时要在前厅等上几小时，才能见到国王——然后，在简短地听取了他们的争论后，就让他们解散。到后来，他们所能知悉的，就只有关于国家头等要事的决议了。

卡尔的正式学业突兀地结束了，如今他的户内时间全部为国事所占据。但他仍是个活泼、健康的小伙子，对激烈的体育运动充满兴趣，非常希望用一整套肉体挑战来考验自己的身心。他恨不得让什么帝王的责任、什么长辈的训斥和瞥视统统从自己这里滚开，为此开始骑马远行。他决定全身心投入到那些纯属消耗体力的运动中去，用这种办法来忘却烦心事，他选择专注于某些直截了当的挑战，如骑着爱马跳过一堵高墙，或是纵马全速疾驰，和朋友比赛谁能先跑到远处的一棵树那里，而且胜出。冬天的清晨，他只带一名侍从和一名卫队军官，摸黑出宫，骑马穿越位于首都郊外、群湖环绕的森林。意外事故时有发生。有一次，雪下得正紧，坐骑跌倒在他身上，把他压得动弹不得。和往常一样，他与自己的同伴相距甚远，等他们找到他时，卡尔已经快要冻僵了。还有一次，卡尔骑马横穿一片冰封的湖泊，当他即将抵达对岸时，发现自己与湖岸之间横亘着一道15英尺宽的无冰水面。尽管他不会游泳，但还是策马跳进冰冷的湖水里，然后紧贴在马背上，泅渡过去。

每一项运动都给卡尔带来了危险，但也给他带来了刺激——越是危险的运动，越令他着迷。仅仅是为了证明自己能行，他就骑马径直登上一座陡峭的悬崖，人与马都摔倒了；马受了伤，但国王安然无恙。他参加平底雪橇比赛，从结冰的山上往下冲。他驾驶雪橇，疾速滑行，有时会把几具雪橇系在一起，然后驾着一长列雪橇从斜坡上冲下来。春天、夏天和秋天，他都会去打猎，但他认定用火器狩猎是懦夫行径，因此只带着一支长矛和一柄弯刀去寻找熊的踪迹。没过多久，他又坚信，即使用钢造兵器也是不公平的，于是他只带着一柄坚固的木制干草叉就动身了。游戏是这样的：逗弄一头被逼得走投无路的熊，直到它用后腿立起，此时卡尔向前一跃，用叉子叉住它的喉咙，而后狠狠把它推倒在地。这个时候，国王的伙伴们会迅速用一张网把熊缠绕起来。

更具危险性的是卡尔钟爱的军事游戏。就像彼得在普列奥布拉任斯科耶所做的那样，卡尔把自己的朋友和侍从分为两拨，给他们装备棍棒和纸板做的、大概没有杀伤力的手雷——但爆炸时仍会带来伤痛。国王攻打一座被雪覆盖的壁垒时就挨了一次炸，他的衣服被扯碎，几个朋友也受了伤。

王室精锐骑兵卫队"德拉班特军团"的年轻上尉阿尔维德·霍恩（Arvid Horn）是国王最亲密的玩伴，同时是他在军事游戏中最大的竞争对手。德拉班特军团实际上是一种士官生团，它的成员全是些终将成为瑞典军官的人；事实上，团里的每个骑兵都已经拥有了预备役中尉的身份，并以此身份领取中尉薪饷。在霍恩的陪伴下，卡尔满怀热情地投入到布拉班特团那充满活力、时常带有暴力色彩的训练项目中去。卡尔和霍恩经常各自指挥一队骑着无鞍马的骑兵，朝着彼此冲杀过去，用粗大的榛木棍当武器，全力击打对方。每个人都要挨上几下，连国王也不例外。在一次打闹中，与霍恩互殴的卡尔一怒之下违反规定，朝对手的面部狠狠抡过去。霍恩脸上一颗已经肿胀的疖子当即被棍棒击中。上尉从马鞍上坠下，晕了过去。被人抬上床后，他的病情加剧，发起烧来。痛苦不已、内疚万分的卡尔每天都去看望他。

这种模拟战争有时会在海上进行。王室游艇和停泊在斯德哥尔摩港内的其他舰只配备了充当火炮的消防泵和消防水管，进行机动作战演习。在一次演习中，霍恩脱得几乎一丝不挂，从游艇上跃进了一条小划艇，而后奋力驾船朝国王直冲过去，结果被卡尔座舰上喷射出的强力水柱击退，小划艇灌满了水，开始下沉。霍恩跳进水里，镇定自若地在国王座舰的另一侧游来游去。卡尔伏在栏杆上，朝他的朋友高声呼喊，询问游泳是不是很难。"不，"霍恩喊道，"一旦你不再惧怕游泳，就不难了。"[1] 面对这一挑战，受到刺激的卡尔立刻跃入水中。不幸的是，他根本不懂如何游泳。他猛烈地拍打着水面，身体却在下沉。霍恩当即抓住他的衣服，把他拖到岸上。

在长辈看来，国王的做法既鲁莽又危险，但卡尔实际上是在给自己上战争课。他有意磨炼自己，增强自己的吃苦能力。他在床上睡半宿后，就会爬起来，然后赤身裸体地躺在光秃秃的地板上，以此度过下半夜。到了冬天，他每周抽3天时间，拿干草当被子，和衣睡在一个结冰的马棚内。他耻于露出软弱的迹象。他认为自己那细腻、白皙的肌肤显得娇气，试图把它晒黑。他之前一直戴着一顶传统的假发，等到平生头一次踏上战场与丹麦人对阵时，他就把它丢掉了，以后再也没有戴过假发。

他的姐姐赫德维希·索菲亚是他孩提时代最亲密的朋友，但除她之外，他就没有接触过别的女人，而且他不喜欢和女性交往。他冷淡、傲慢、暴力，毫不热情，身上没有半点能够吸引异性的地方——只有地位除外。那些渴望通过王室联姻来缔结同盟的君主和外交大臣对卡尔很感兴趣，因为他是北欧头号大国的统治者。在他年纪尚幼时，先后有6个贵族女士被介绍给他，但最后均无果而终。因而在很长一段时间内，即使只是提到婚姻之事，也会让他感到烦恼。长他5岁的丹麦公主索菲亚是唯一一个让他深感兴趣的候选人，但大北方战争开始后，丹麦成了卡尔的敌人，这事也黄了。

1698年，另一桩即将举行的婚礼给卡尔带来了一个新的朋友。卡尔的表兄，荷尔斯泰因-戈托普公爵弗雷德里克四世来到斯德哥尔摩，同赫德维希·索菲亚结婚。公爵比卡尔大6岁，比他更易激动、更鲁莽。从4月到8月，在公爵的怂恿下，卡尔干了一大堆被瑞典人称为"戈托普的暴怒"的疯狂事。两表兄弟与一群陪同公爵前来、精力充沛的年轻人一道，竞相上演疯狂而危险的闹剧。他们赛马，直到精疲力竭的畜生倒在地上口吐白沫；他们绕着议会大厦的走廊追逐野兔；他们用手铳击碎宫殿的窗户，把桌椅丢进宫殿的庭院内。据说他们在宴席上把樱桃核扔到王家大臣的脸上，把仆役手中的碟子打碎。白天，他们从街道上疾驰而过，一边挥舞着出鞘的剑，一边用力扯掉所有够得着的人的帽子和假发。到了午夜，小转一圈归来的他们叫嚷着，飞快地穿过寂静的街道。市民们跌跌撞撞地来到窗边，映入他们眼帘的是衬衣下摆在空中飘飞的国王陛下和他身前的公爵。有一次，国王甚至带着他的荷尔斯泰因朋友策马冲进祖母的房间，把正在玩牌的祖母吓得瘫倒在地。

这类故事不少都是在故意夸大其词，目的是给那位不受欢迎的公爵和即将举行的婚礼抹黑。有传闻称，两个年轻人在宫中上演了一幕血腥的狂欢，他们用一柄剑砍掉绵羊的脑袋，以此确定谁的肌肉力量和用剑技巧更胜一筹。并无确凿证据表明此事为真，谣言却仍在继续：有人说宫殿的地板被羊血弄得滑溜溜的，鲜血像小溪一样从楼梯上往下流淌；斩下的羊头被人随随便便地从宫殿窗户丢到街道上。

无论上述细节是否均属实，这两个任性的年轻人不计后果的行为（显然没人有权力对他们说不）已经引起了斯德哥尔摩人民的极大愤慨。他们倾向于认为责任在公爵。人们宣称，公爵想伤害国王，可能还想亲眼看到国王命丧黄泉，这样他就可以凭借自己与卡尔姐姐的关系成为国王。随着此事的持续发酵，怨言越来越有汹汹之势。某个周日，3个斯德哥尔摩牧师在布道时反复宣讲同一个主题："邦国啊，你的主上若是个孩子，你就有难了。"[2] 虔诚如其父的卡尔被这些告诫深深地打动了。1698年8月，当公爵与他姐姐举行过婚礼、返回荷尔斯泰因后，卡尔变得平和了些，他反省了一番，然后回去处理国事了。他每天都早早起来，把更多的时间花在祷告上，并开始对建筑学和戏剧产生了兴趣。

卡尔曾故态复萌过一次。1699年夏，弗雷德里克公爵回来了。在一场盛大的酒宴上，一头被捉住的熊被迫喝下大量西班牙葡萄酒，它笨拙地走向一扇窗户，冷不丁落入下方的庭院内，活活摔死。有人在现场看到，卡尔的衣服乱糟糟的，说话时也漫不经心。但当他意识到自己的作为后，他羞愧难当，并向祖母发誓再也不喝酒了。他用北方新教徒的所有热情，在余生中始终坚守着自己的誓言。例外情况发生过两次，且都很有名：一次是他负伤后，一次是在战场上口渴难当时。除此之外，他再未沾过一滴烈性酒精饮料。全欧洲都知道，卡尔是个只喝淡啤酒的国王。

当奥古斯特的军队未经宣战就入侵瑞属利沃尼亚的消息传到他这里时，18岁的卡尔正专心致志地在森林里猎熊。对此，他镇定自若，并微笑着转向法国大使，用平静的语气说道："我们会让奥古斯特陛下顺着来时的路回去的。"[3] 猎熊活动继续进行。但是，卡尔回到斯德哥尔摩后，在议会上发表了一番演说。"我已经下定决心，永远不发起不义之战，"他说，"但在战胜敌人之前，我也永远不会终止一场正义之战。"[4] 他余生一直在履行这一诺言，不受普遍原则束缚甚至不可以常理论之。几个星期后，当卡尔听闻（这个消息没上一个那么令人惊奇）丹麦的弗雷德里克已经参战，并进入荷尔斯泰因-戈托普公国时，他说："真是奇怪，我的两个表兄弟（弗雷德里克和奥古斯特）都想同我开战。那就这样呗，但奥古斯特陛下违背了他的诺言。因此，我们的事业是正义的，上帝会帮助我们。我打算先结果一个敌人，再与另一个敌人对话。"[5] 此时卡尔并不知道，他的第三个敌人——俄国的彼得，也准备加入反瑞典阵营。

卡尔的对手没有一个敢小觑瑞典的实力，它的军事威望实在是太高了。但正如瑞典的敌人所认为的那样，这个国家的弱点是明摆着的。所有军事与民事方面的责任、权力如今都压到了一个18岁的国王肩上。卡尔的身边可能有一批顾问、大臣、导师和陆海军将领，但他是一个专制君主。正如前文详细描述的那样，他的作风要么固执粗鲁，要么鲁莽过头。看样子，卡尔和他的臣子联手领导国家抵抗3个强敌的联合进攻，这种可能性并不大。

对卡尔的敌人而言，不幸的是，他们并不清楚（也不可能清楚）卡尔的真实性格。这个梦想成为尤里乌斯·恺撒和亚历山大大帝的少年不但不惧怕挑战，还欢迎挑战。他不单单准备迎接战争，还准备迎接一场猛烈、危急、广泛的战争；他并不准备速战速决，然后签订一份小小的和平协议，而是准备全面、彻底地解决此事。他父亲在去世前给他的建议是，维持和平局面，"除非有人揪着你的头发，把你拖入战争的泥潭"。[6] 这场突如其来、强加给瑞典的"不义之战"令卡尔那坚韧不拔的北方人个性得以尽情显现出来。他不准备像其他君主那样动摇不定，或是妥协了事，或是用阴谋诡计来耗死敌人，或是三天打鱼两天晒网。既然自己已经遭到奥古斯特背信弃义的进攻，那么无论要耗多久，他都不会停手，直到把奥古斯特赶下王位为止。从进攻卡尔的那一刻起，联军就揭去了霹雳的封印。卡尔骄傲、鲁莽、固执，他以接受挑战为荣，小心翼翼地守护着瑞典的荣耀，他渴望用一场最伟大的游戏来检验自己的勇气。因此，当他踏上战争之路时，心中不仅充满了坚定，也充满了喜悦。

卡尔十二世说过："我打算先结果一个敌人，再与另一个敌人对话。"[7] 那时的他是在概述自己的军事战略。打那以后，无论瑞典帝国的其他地方出了什么事，国王都只把注意力和兵力放到一个敌人身上。等这个敌人被彻底击败、摧毁后，他才转而面对另一个对手。瑞典的第一击落在离卡尔最近的敌人——丹麦身上。卡尔把穿过波罗的海进入利沃尼亚的萨克森军队丢到一边。这个省被留给里加的当地驻军来保卫，卡尔希望他们能坚持到瑞典野战军到来。如果做不到，就只能看着利沃尼亚沦陷，来日再复仇。但没有什么能阻止卡尔集中兵力，对付他选中的敌人。

在与丹麦交战时，卡尔幸运地得到了两个信奉新教的海上强国的支持，那就是威廉三世治下的英国和荷兰。威廉一心一意地致力于维护他用毕生精力建立起来的反路易大同盟，他可不想让北欧的小打小闹影响到自己的事业。如果路易十四打算把西班牙王位，以及西班牙的全部势力、财富和它的海外帝国变成自己的囊中之物，抑或他真的想这样做，那么威廉就要让欧洲做好抗法战争的准备。因此，在欧洲任何一地爆发的新战争都必须立刻加以阻止、扑灭，以免战火蔓延到德意志，导致大同盟分裂。基于上述理由，英国和荷兰必须让北欧维持和平与现状。当丹麦的弗雷德里克挥师进入丹麦半岛末端的荷尔斯泰因-戈托普时，他其实就已经是在破坏现状了。因为丹麦是侵略者，所以两个海洋强权与瑞典联合，好尽快打败丹麦，恢复现状。一支英荷联合舰队被派往波罗的海，支援瑞典。

这支英荷舰队是卡尔计划中必不可少的部分。瑞典海军由38艘战列舰和12艘巡防舰组成，是波罗的海的一支令人生畏的海上力量。俄国在那里既无舰队，也无海岸，而勃兰登堡与波兰只有微不足道的一点兵力。但在丹麦－挪威海军面前，不管是规模还是经验，瑞典海军只能退居老二，前者不仅惯常在波罗的海作战，而且在北海和大西洋已久经战阵，他们嘲弄瑞典水手，认为他们是"泡在海水里的农场工人"。[8] 显然，从卡尔对大海的反应来看，这个说法确有几分真实性。尽管他在斯德哥尔摩港参加过几次模拟海战，奔放的海浪却让他晕了船，因此在他眼里，军舰的主要用途是把瑞典士兵从波罗的海一头运到另一头。毫无疑问，在一支实力更强的丹麦舰队正等着拦截自己的情况下，他是不会考虑用水路运兵的。在自己的海军得到英荷舰队的支援之前，他也不准备与丹麦舰队交战。

整个3、4月，瑞典都在为备战而活跃着。位于瑞典主力海军基地卡尔斯克鲁纳（Karlskrona）的舰队正在为出海做准备。船体被倾斜过来，船底被擦净、修补，重新涂上焦油。桅杆立了起来，索具也安了上去。大炮被滚到船上，安在炮架上。瑞典方面新招募了5000名水兵，将舰队兵力增加到1.6万人。斯德哥尔摩港的所有商船，无论其登记国籍为瑞典还是其他国家，均被征用为运兵船。陆军的训练紧锣密鼓地进行着。根据瑞典征兵体系的要求，每个地区或市镇都有责任提供一定规模的人员和装备，依靠这一体系的运作，整团整团的步兵和骑兵登记入伍。陆军的兵力增长至7.7万人，士兵装备的是新式步枪和刺刀，法国、英国和荷兰军队利用这两种武器，在欧洲大陆取得了辉煌的战果。

到4月中旬，卡尔准备从斯德哥尔摩启程。1700年4月13日，他乘夜向祖母和两个姐妹道别。这是一个令人悲哀的时刻，但如果任何一个在场者知道未来会发生的事，现场的氛围就还要悲伤得多。对18岁的国王和他的两位至亲而言，这一别即是永诀。尽管卡尔的人生之路还有18年，但他再也见不到他的祖母、姐姐和他的首都斯德哥尔摩了。

在这些同国王道别的女人眼里，卡尔已经从一个孩子成长为一个年轻小伙子。他身高5英尺9英寸——按照那个时代的标准,算是高个子,肩膀很宽,腰却很细。他的身板挺得笔直,几乎到了僵硬的地步,但他的柔韧性其实很强:他可以在全速疾驰的情况下,从马鞍上弯下身子,捡起一只手套。他面容和蔼,鼻子很尖,嘴唇饱满,皮肤呈粉色,但很快就被军旅生涯打磨得又黑又硬。他眼睛呈深蓝色,显得活泼而睿智。他的头发留得很短,从两侧向上梳起,呈王冠状。发色是变化的——夏天的时候,在阳光的漂白下,由赤褐色变为暗金色。随着时间推移,卡尔的头发逐渐变成灰色,夹杂着白色的条纹。他的发际线开始后退,露出饱满的半圆形前额。

离开姐妹和祖母后,国王疾速南下,拜访沿途的兵站。6月16日,他在卡尔斯克鲁纳登上瑞典海军上将瓦赫特迈斯特(Wachtmeister)的旗舰"卡尔国王"号。由25艘战列舰组成的英荷舰队此时已经抵达瑞典西部的哥德堡(Goteborg)港。当卡尔从卡尔斯克鲁纳扬帆起航时,联合舰队亦前往卡特加特(Kattegat)海峡。如今两支舰队正在互相靠近,但它们中间横亘着一道可怕屏障——宽为3英里的海峡,分布着暗礁和岸防炮。此外,拥有40艘兵舰的丹麦舰队停泊在波罗的海主航道入口,决意阻止敌方舰队会师。

解决这个问题的人正是卡尔。他站在旗舰甲板上,命令瓦赫特迈斯特上将带领舰队横穿次航道,它水位浅、更具危险性,但紧贴瑞典海岸。瓦赫特迈斯特担心己方舰只的安全,不愿执行命令,但卡尔承担了这一责任。悬挂着蓝黄旗的巨舰以鱼贯而行的方式,徐徐穿过海峡。3艘最大的战舰由于吃水太深,只能落在后面。即便如此,英荷舰队与瑞典舰队仍一举会师,如今拥有40艘战舰的丹麦舰队面对的是拥有60艘战舰的联军。丹麦舰队司令可不愿去挑战拥有如此优势兵力的对手。这样一来,瑞典人就可以把他们的下一步计划拿出来讨论了。卡尔和他的将军们打算派一支瑞典军队越过海峡,进入西兰岛(Zealand)。那里是丹麦首都哥本哈根所在地。此时弗雷德里克国王正率领丹麦军队主力在远方与荷尔斯泰因-戈托普公爵作战,瑞典人打算以迅雷不及掩耳之势进军哥本哈根,威胁丹麦首都。如果可能,就夺取它,以此迫使弗雷德里克国王谈和。这个计划由卡尔手下的头号大将、陆军元帅卡尔·古斯塔夫·伦斯舍尔德（Carl Gustav Rehnskjold）制订，并得到了国王的热烈支持。荷兰和英国海军将领对它倒没那么热心，但他们最终予以同意。

7月23日，4000名突袭部队登上运输船，冒着狂风暴雨起航。尽管这支部队的人数少于西兰的丹麦守军（5000人），但瑞典人士气占优，还能自行选择登陆地点。他们先是发动佯攻，误导守军。而后，瑞典登陆部队搭乘小船上岸，他们发现，自己面对的敌军仅有区区800人。在战舰重炮的火力掩护下，瑞典士兵很快就建立了滩头阵地。卡尔亲自乘船登岸，并涉水走完最后几码路。等他上岸后，发现敌人已经撤走，这令他懊恼不已。

瑞军的集结速度是很快的。不到10天，又有10万人马渡过海峡，其中包括骑兵和炮兵部队。如今兵力劣势转移到丹麦一方，丹军撤进了哥本哈根城。卡尔的军队尾随而至，在城市四周建起封锁线，而后炮轰哥本哈根。当丹麦国王从南方急急赶回时，眼下的局势令他气馁不已：他的舰队在数量上处于下风，而且根本派不上用场，他的首都遭受围攻，而他的主力部队在遥远的南方作战。弗雷德里克知道自己已经战败，很快便与他的对手达成协议。1700年8月18日，他在《特拉文达尔和约》（Peace of Travendal）上签了字。按照和约规定，他必须放弃已经占领的荷尔斯泰因－戈托普领土，并退出对瑞典作战。卡尔很满意：他对丹麦领土并无想法，况且他现在已经把注意力转移到奥古斯特身上了。英国和荷兰也很满意：在德意志和哈布斯堡帝国边界燃烧的战火已被扑灭。一切又回到了原来的样子。

卡尔的第一战就这样以几乎不流血的形式迅速告捷。凭着两个大胆的决策——让瑞典舰队强行穿过次航道、派兵在弗雷德里克国王背后的西兰岛登陆，他在两个星期内就为自己的盟友荷尔斯泰因－戈托普公爵夺回了属于他的权利，并迫使一个对手退出战争。不过，在这场短暂而辉煌的战役中，并非所有功劳都属于瑞典军队。英荷舰队的存在同样为西兰岛突袭行动提供了可能。

丹麦就这样退出了战争。卡尔意识到，只要一有机会，弗雷德里克就可能重启敌对行动，但短期内不存在这种可能性。瑞典人对西兰岛的突袭至少为自己赢得了宝贵的喘息时间。现在，卡尔可以准备向第二个敌人猛扑过去了。在对丹麦战争结束时，他认为自己的下一个对手是波兰的奥古斯特，但天命不可知。事实上，瑞典人的下一击落在了俄国的彼得身上。

# 25

# 纳尔瓦

沙皇在宣战书中提到,自己进攻瑞典的目的是夺取波罗的海的因格里亚省和卡累利阿省。因格里亚是一片相当狭长的地带,它沿着芬兰湾南岸,从涅瓦河口一直伸展到纳尔瓦城,达75英里;卡累利阿的幅员要辽阔得多,这个满布湖与森林的国度位于海湾和拉多加湖之间,西至维堡(Vyborg)。这两个省份是俄国在混乱时期丧失的,如果彼得能把它们一并收复,就足以打通通往波罗的海的道路。

纳尔瓦是爱沙尼亚的一座沿海市镇和要塞,位于因格里亚边界,它并不在彼得的初始战争目标之中。因为帕特库尔和奥古斯特已将它列入划归波兰的领土中。即便如此,彼得还是认为,只有攻占了这座城镇,自己才能稳稳当当地将因格里亚收入囊中。况且,根据他对这一地区地图的研究,进军纳尔瓦似乎并不是什么难事;俄国边境仅仅在距这座市镇东南20英里处,对侵略军而言只是一段微不足道的距离罢了。

彼得的决定令帕特库尔和波兰驻莫斯科代表朗根男爵感到不快。他们可不希望看到瑞典人在爱沙尼亚的势力被俄国人所取代,即使后者目前是他们的盟友。正如朗根男爵在给帕特库尔的报告中所述:"在丹麦大使的帮助下,我竭力让他(沙皇)改变主意。但我们发现他油盐不进,弄得我们都不敢再接触这么个精心制订的计划了。我们只能先满足于沙皇与瑞典决裂,因为那样的话,纳尔瓦仍有最终落入我们之手的希望。"[1] 帕特库尔担心彼得拿下纳尔瓦后,就会进军波罗的海海岸,然后把利沃尼亚整个儿吞下去,那样一来,奥古斯特也阻止不了他了。但他无能为力,沙皇已经拿定了主意。

1700年9月中旬,诺夫哥罗德总督特鲁别茨科伊公爵接到进军纳尔瓦的命令，率领8000人组成的先头部队包围了这座城市。主力部队的指挥权被交给费奥多尔·戈洛温，此人先前当过大使、外交大臣和海军中将，如今成了陆军元帅。按照戈洛温的安排，大军被分为三部，分别交由阿维捷蒙·戈洛温、亚当·魏德和尼基塔·列普宁指挥。这支军队的总兵力超过6.3万人，但各支部队之间相距甚远。当特鲁别茨科伊的部下正慢腾腾地朝纳尔瓦方向移动时，列普宁部仍在千里之外的伏尔加河集结。至10月4日，在纳尔瓦城外挖战壕的俄军已达3.5万人，彼得本人也已赶到，监督围攻行动。现在他只等炮弹和火药运到，便开始炮击。

纳尔瓦城于13世纪诞生，修建者是丹麦人，在汉萨同盟时代，它一直是座繁荣的海港城市，即使在彼得时代，它仍要处理大量来自俄国普斯科夫和诺夫哥罗德的商业事务。这里与众多波罗的海的德意志城镇一样，带三角墙的砖房和带尖细塔顶的路德宗教堂屹立在绿树成荫的街道上。一道宽宽的河曲在涅瓦河西岸围出一片狭长的土地。纳尔瓦实际上是一座三面环水的市镇，由于紧靠俄国边境，它拥有坚固的防御工事。城市为一道高大的石砌城墙和几座棱堡所包围。越过一座石桥，就到了伊凡哥罗德（Ivangorod）堡，这座低矮、宽敞、固若金汤的堡垒是俄国人在1492年修建的，当时涅瓦河还是两国的边界。当初修建伊凡哥罗德堡的目的是震慑纳尔瓦城，但现在城市与堡垒构成了一套连为一体的防御体系。守军由1300名步兵、200名骑兵和400名武装市民组成。

在陆军中将路德维希·冯·哈拉特（Ludwig von Hallart，他是一名萨克森工程师，被奥古斯特借给彼得使用）的指导下，俄国人在位于纳尔瓦河西侧的陆墙对面修建了几道封锁线。援军要想靠近城镇，只有一条路可走，俄军就在这条路的两侧挖掘壕沟，该地位于两道双层围墙之间，这两道围墙切断了市镇与西面的联系，同时起着保护封锁线后方的作用。它们最终升级为4英里长、9英尺高的土木工事，工事前方横亘着一道6英尺深的壕沟。

围攻进度比彼得所希望的要慢。尽管纳尔瓦距俄国边境仅有20英里，但即便最近的俄国城市诺夫哥罗德和普斯科夫，与它的距离也超过100英里。秋雨让本就糟糕透顶的道路变得潮湿不堪，导致运输用马车陷入泥淖，动弹不得。火炮用挽具少得可怜，弄得车子因拉炮而散架，马儿因拉炮而累垮。戈洛温为了加快行军速度而竭尽全力，甚至不惜掠夺当地人的车马，但直到10月底，他的部队才大部分就位。

俄军的炮击于11月4日开始。与此同时，舍列梅捷夫奉命率5000名骑兵西行，瑞典人一有增援迹象，他们就必须汇报。两个星期以来，俄国人的火炮对纳尔瓦城墙和塔楼的轰击从未间断，但收效甚微；炮架粗制滥造的现象极为严重，在运送过程中又损坏极多，以至于其中许多在承受三四次发射击后就散了架。俄国步兵对因格里亚发动过两拨攻势，都被轻而易举地击退了。到11月17日，剩余弹药仅够维持几天之用，大炮哑火了，等待着下一批物资的到来。与此同时，两份恼人的报告被送到了彼得的军营——波兰国王奥古斯特已经放弃了对里加的围攻，退师过冬；瑞典国王卡尔十二世则率军在波罗的海海岸的帕尔努（Pernau）登陆，该地位于纳尔瓦西南150英里处。

《特拉文达尔和约》甫一签订，瑞军立刻从西兰撤走。等到英荷舰队打道回府、瑞典大型战舰准备扬帆起航，卡尔手下的军官便不再留恋这座丹麦岛屿。诚然，丹麦人已经与他们缔和，但一支小小的瑞军远征队被单独留下，暴露在海峡的背侧，谁又能保证丹麦人可以抵御这种诱惑？此外，国王也巴不得能快点将部队运往别处，好赶在冬季到来前，把他们投放到下一场战役中去。至8月24日，最后一名瑞典士兵已经乘船返回瑞典南部。从8月底至9月初，卡尔对一切关于讲和的建议都不予理睬，他现在满脑子考虑的只有一件事——确定该在哪里朝奥古斯特发动反攻。通常的观点认为，瑞军原本打算通过海路前往利沃尼亚，支援里加，把萨克森军队赶出该省。但卡尔开始得到消息：俄军正在因格里亚边境集结，从他们的数量来看，沙皇彼得无疑打算开战。实际上，9月底前，卡尔就得知了彼得对瑞宣战的消息，并获悉，一股俄军已经越过边境，出现在瑞典要塞纳尔瓦的前方。

不管瑞典人的决策如何，势必都与利沃尼亚有关。他们的两个对手奥古斯特和彼得正在进攻这一地区。瑞典人的两座重要要塞里加和纳尔瓦都处于危险之中。打那以后,卡尔国王便断了进兵他处的念头,把精力投入到远征利沃尼亚上——而且必须赶在大雪和冰冻让波罗的海无法通行之前。在一封来自瑞军司令部的信中,卡尔手下的一名军官声称:"陛下打算到利沃尼亚去。他拒绝接见法国和勃兰登堡大使,唯恐他们带来和平提议。他打算不惜一切代价与奥古斯特一决雌雄,任何可能妨碍到他的因素都会惹得他大发脾气。"2

10月1日,卡尔从卡尔斯克鲁纳起航,前往利沃尼亚。有人告诫他,波罗的海上的秋季风暴很是危险,他对此嗤之以鼻。尽管船只被挤得水泄不通,但首批装运渡海的士兵仍只有5000人。到了第三天,一场风暴如预测中那样降临,将尚在途中的舰队吹得四下星散。一些舰只停泊在库尔兰海岸附近,安然度过风暴,另一些则沉没、失踪。当船只在波涛中上下颠簸的时候,许多战马成了瘸马,卡尔则晕得不知天南地北。

10月6日,伤痕累累的瑞典舰队余部驶入位于里加湾顶端的帕尔努港。市长和市议会成员在码头迎接国王,当卡尔穿过鹅卵石街道前往自己的临时住所时,仪仗队的士兵朝天开枪。待风暴中受创的舰只能够修复后,舰队便被派往瑞典,将另外4000人、其他战马及剩下的火炮运来。在帕尔努,卡尔得知波兰的奥古斯特已解除对里加的围困,暂停军事行动,并撤入冬季营地。波兰国王于7月中旬亲率1.7万名萨克森士兵加入围攻战中,但就在此时,《特拉文达尔和约》签订的消息传来,之前还斗志昂扬的丹麦盟友突然就被打垮了,奥古斯特惊讶之余,沮丧不已。这时他又听闻瑞典军队突然在利沃尼亚出现,正朝他逼近。奥古斯特出于慎重,撤军待变。卡尔得知波兰国王的智举后,大为失望。他本希望与奥古斯特大战一场,如今他决意另找个对手干上一仗。实现这一想法的可能性依然存在。俄皇彼得正率领俄军围攻纳尔瓦,那里的战场离这里只有150英里。卡尔当即做出决定:如果萨克森人不和他打,他就和俄国人打。他要朝沙皇进军,支援纳尔瓦。

卡尔开始集结所有能够调动的部队。除了之前带来的人马及通过海路从瑞典赶来的兵员,由于奥古斯特已退,里加的部分守军如今也可以抽调出来使用。他估计,至11月,将有7000名步兵和8000名骑兵聚集在自己麾下。整整5个星期,他一直在韦森贝格(Wesenberg)操练部队,在此期间,瑞军斥候骑兵与舍列梅捷夫的骑兵之间的小规模冲突频频在通往纳尔瓦的道路上上演。

在瑞军中,并非所有人都对在冬天与俄国人开战的想法持积极态度。在卡尔手下的许多军官看来,这个计划似乎太冒险了。他们的理由是,俄军的人数是他们的4倍——有些谣言把它说成8倍;即使瑞典人不顾自身的数量劣势发动进攻,俄国人也可以躲在拥有防御工事的封锁线后面固守;朝纳尔瓦进军得花费7天时间,在此期间瑞军必须经由危机四伏、沼泽丛生、蜿蜒曲折的道路,途经被焚烧劫掠殆尽的乡间地带,穿过3道易守难攻的隘口,而俄国人肯定会在那里布防;疾病已经开始在瑞军中蔓延,可用之兵越来越少;冬天即将到来,过冬营地却还未准备好。

对于这些观点,卡尔的回应很简单:箭在弦上,不得不发,况且敌人已经在等着他们了。如果瑞军撤退、纳尔瓦沦陷,俄国人将如潮水般席卷因格里亚、爱沙尼亚和利沃尼亚,波罗的海东部的所有省份也都将丧失。国王用他的乐观精神和出色口才将一部分军官争取了过来,同时提升了部队的士气。大家都明白,这场战役无论胜败,责任都系于18岁的国王一身。伦斯舍尔德在开拔前宣称:"如果陛下成功了,那么他的成就将是前无古人的,从没有人克服过如此强大的障碍。"[3]

11月13日拂晓,不等来自瑞威尔的1000名骑兵按计划抵达,远征行动便开始了。所有条件符合的人员全被召进了跟随蓝黄旗前进的行军队列,总人数为10 537人。正如事前预料的那样,沿途的环境十分恶劣。道路被秋雨弄得泥泞不堪,人们不得不在如糖浆般黏稠的泥浆中行进、睡觉。惨遭蹂躏的乡间随处可见被俄国骑兵烧毁的农舍。战马吃不到草料,而人员也只能食用背包内携带的食物。行军途中,11月的冰雨下个没完没了,浇得人们浑身湿透。夜间,随着气温下降,大雨变成了狂风加雨夹雪,大地开始结冰。国王与部下露天而眠,雨雪交加,遍覆其面。

尽管天气糟糕透顶,但瑞军仍惊喜地发现,他们如入无人之境。3个隘口中有2个未经任何抵抗就被进入、占领。第四天,打头阵的瑞军骑兵掩护部队的前锋驰入纳尔瓦以西18英里处的皮海约基隘口(Pyhajoggi

Pass），一条小溪沿着隘口的道路，流进一座为陡峭群山环绕的深谷。溪对岸，舍列梅捷夫指挥的5000名骑兵正严阵以待，但溪面上的桥梁并未被切断。

卡尔与先头部队一道行动，当他接到舍列梅捷夫部在此的汇报后，下令将8门骑兵炮推上来。随后，国王一马当先，率领一队龙骑兵和部分禁卫营——总兵力不超过400人——朝着山谷冲杀过去。瑞典人以一排疾驰的龙骑兵为掩护，出其不意地将骑兵炮移动至最前线，而后卸去伪装，朝聚集在对岸的俄国骑兵近距离开火。俄国人被突如其来的火光和轰鸣声弄得惊慌失措，又没有火炮回击，便掉转马头飞驰而去，丢下无人防守的隘口。事后人们得知，俄国人的撤退是计划好的，并非逃跑，因为舍列梅捷夫已经得到彼得的指示：不要与瑞军主力作战。但在疲惫不堪的瑞典人看来，就是己方的一支小部队用冲锋击溃了俄国人。这场被他们视作胜利的战斗为他们带来了他们急需的激励。他们未损一兵一卒就拿下了一道戒备森严、本应以沉重代价强行夺取的隘口。通往纳尔瓦的道路敞开了。

当夜，瑞典人在皮海约基隘口的东侧扎营，他们依旧浑身被雨淋透，沾满泥泞。由于淤泥积得太深，许多士兵只能站直身体，就这么过了一夜。翌日（11月19日）下午，饥肠辘辘、快要冻僵的瑞军抵达被损毁的领主宅邸和拉格纳（Lagena）村，该地离纳尔瓦约7英里。因为不确定纳尔瓦要塞是否还在坚守，卡尔命令4门火炮发射事先约好的信号。很快，遭受围攻的要塞以4声沉闷的炮响遥相呼应。纳尔瓦仍掌握在瑞典人手中。

舍列梅捷夫骑兵队奉命西行，只是为了观察瑞典军的动向，而不是为了阻碍他们的行动。等到瑞军东进，他就按照指示撤退，并蹂躏沿途的村庄，直至皮海约基隘口。抵达隘口后，这位俄军指挥官坚信，只要在此构筑防御工事，就可以轻轻松松地守住隘口，堵死瑞典人朝纳尔瓦进军的道路。他要求停下并作战，但彼得没有充分认识当地的地理优势，驳回了舍列梅捷夫的提议。彼得认为隘口离主力营地太远，不愿分兵于此。相反，他决定在纳尔瓦的俄军军营向陆一侧设防，以抵御正在逼近的卡尔大军的进攻，同时猛攻纳尔瓦城。接下来的10年内，马尔伯勒将完全按照这种模式，去夺取一座又一座市镇：先用军队包围城池，而后在环形军营的外围设置防御工事，阻断敌人的援军，同时收缩包围圈，绞杀目标市镇或要塞的抵抗。

11月17日，舍列梅捷夫率部回到俄军大营，告知瑞典人已占领皮海约基隘口并紧随自己而来一事。彼得召集手下军官开会。俄军分发了更多的弹药，并加倍警戒。但当夜和第二天都在平静中度过。事实上，俄国人并不觉得卡尔的部队会甫一开到就发动突袭，而是觉得对方会逐步集结兵力，经过一段时间的侦察、小规模冲突和机动后，再在未来某个时间发起战役。

11月17—18日凌晨3时，沙皇召见了克罗伊公爵（Due du Croy），后者是一名来自西属尼德兰的贵族，以奥古斯特派来的观察员身份随军。彼得要求他接掌俄军的指挥权。而彼得本人将立刻与俄军名义上的统帅费奥多尔·戈洛温一道动身前往诺夫哥罗德，加快援军的组建速度，并与波兰国王奥古斯特讨论接下来的作战方案。彼得想让奥古斯特解释一下为何从里加撤退，此举令彼得大失所望，也让他心生猜疑。这就是他为何将戈洛温带在身边；戈洛温不仅是总司令，也是外交大臣。

一些人称，彼得于纳尔瓦之战前夜离军而去，是一种懦夫行径。浑身战栗的沙皇在卡尔到来之前仓皇逃跑了，把往后的责任丢给不幸的克罗伊公爵承担，这个场景被联系上彼得早年夜奔圣三一大修道院的事，从而把他塑造成了一个面对压力张皇失措、惧怕危险的人物。无论是从彼得的一贯表现还是从这起特定事件来看，这种指责都有失公允。彼得一生在陆、海战战场上冒险无数，懦夫的罪名根本站不住脚。彼得的做法解释起来很简单：这个系全俄责任于一身的男人准备走一条自认为能最大程度改善战局的道路。沙皇习惯了俄国军队那小心谨慎的行动幅度，以为瑞典人也和他们一样。没人想象得到，一支刚刚经历了累死人的长途行军的部队，会连气也顾不上喘一口，就朝兵力是己方4倍（且拥有一条6英尺宽的壕沟和一道9英尺高、安有140门火炮的土墙的保护）的敌军发动进攻。而俄军上下对卡尔十二世的冲动性格也没有充分的认识。

克罗伊公爵因彼得的决定而倒了霉。克罗伊公爵查理·欧根（Charles Eugene）是神圣罗马帝国的男爵、边疆伯爵和亲王，15年来一直为帝国军队效力，对抗土耳其人，但当大维齐尔率领一支庞大的奥斯曼军队向他逼近时，克罗伊撤退了，为此被迫辞职。1698年，四处找工作的克罗伊在阿姆斯特丹向彼得毛遂自荐，但沙皇并未雇佣他。后来，克罗伊公爵在奥古斯特那里找到了饭碗。奥古斯特派他前往彼得处，劝沙皇派2万兵马来协助围攻里加，不要自行发动因格里亚战役。沙皇仍按照自己的方案行事，但他把克罗伊公爵带在身边，后者的身份既是观察员又是顾问。

如今公爵在毫无思想准备的情况下，被要求接下俄军的统帅位置。可能彼得在两星期前就做出这一决定了，决定本身或许是正确的，但现在才实行，那就太晚了。克罗伊公爵表示反对，他的理由是，自己既不懂俄语，与俄国军官也不熟悉，因而难以号令全军，也很难保证自己的命令得到服从。况且他对俄军的部署也有意见——环绕纳尔瓦城的封锁线拉得太长，导致俄军兵力过于分散；瑞军只要猛攻俄军战线某个地段，就可以赶在其他地段的俄军前来救援前，轻而易举地获得胜利。

尽管如此，在彼得的苦苦劝说下，克罗伊公爵还是同意了。彼得授予其专制全军的权力。他发布书面指示：在下一批弹药运抵前不要开战，但必须继续围攻要塞，并阻止卡尔的军队突破包围圈，进入城内。朗根男爵在给奥古斯特的信中提到了换帅一事，他用嘲讽的语气写道："我希望当克罗伊公爵接下绝对指挥权以后，我们的事业将朝着截然不同的方向发展，因为他既没有葡萄酒，也没有白兰地；如此一来，他就失去了作战的必备要素。毫无疑问，他会加倍猛烈地发动进攻，好把战线朝城防司令的酒窖推进一些。"俄军上下没人清楚接下来会发生些什么。

20日拂晓时分，瑞军纵队在拉格纳集结完毕，而后穿过冰冷的雨幕，朝纳尔瓦方向开去。到了10点，前锋部队的身影已出现在俄军哨兵的视野范围内。克罗伊公爵身穿引人注目的鲜红色制服，骑着一匹灰马。当晨间巡视进行到一半时，一声提早击发的枪声响起，他顿时意识到，瑞军正在逼近。他当即驱动坐骑，向高处奔去。映入他眼帘的是一队队浑身湿透、正从赫曼斯堡山脊顶端的森林里现身的敌军士兵。对此，克罗伊公爵并不是特别担心：攻打这样一道拥有土木工事的防线将是一个缓慢而复杂的过程，根据以往的经验，他知道敌人的攻势会逐步展开。尽管如此，在用望远镜把瑞军研究了一番后，他还是感到吃惊：敌人的规模也太小了。他担心这只是一支大军的前锋部队而已。即便如此，他仍打算派一部分军队（兵力在 1.5 万人左右）出击，打乱瑞典人的作战队形，然后击退他们，只是在发现俄军军官很不愿意离开防线的庇护时才作罢。于是，他命令各团沿着土木工事立起团旗，严阵以待。

与此同时，卡尔和伦斯舍尔德正立于赫曼斯堡山顶，用望远镜扫视着俄军防线。战场在他们脚下伸展开来，两端均以纳尔瓦河河岸为界。奔腾的纳尔瓦河划出一道宽阔的弧线，环绕着纳尔瓦城流过，伊凡哥罗德要塞则坐落于河对岸。俄军封锁线顺着战场突出部一路延伸。在封锁线的最北端后面，一道桥梁横跨河流两岸，它是俄军唯一一条明面上的补给线——在必要的情况下，它也可以作为俄军的撤退路线。俄军的防御工事气势不凡：一道壕沟，背倚布满尖桩（拒马）的土墙。沿着土木工事，每隔一段就坐落着一座已完工的堡垒，每座堡垒上都排列着多门火炮。军营里的俄军在数量上显然要大大超过瑞军。尽管如此，从军营内观察到的动向清晰地表明，俄国人尚未打算发动攻势。

卡尔和伦斯舍尔德发现自己处境尴尬，在很多指挥官看来，瑞典人简直是身处绝境。正常情况下，一支兵员稀少且已精疲力竭的军队是不会尝试攻击兵力是己方 4 倍的敌人把守的防线的，但完全暴露于外的瑞典军队仍决定发动进攻。面对如此规模的对手，什么都不做是不可能的，撤军同样不现实，唯一的对策就是进攻。除此之外，卡尔和伦斯舍尔德还注意到了俄军的几处弱点，而克罗伊公爵之前就已经向彼得指出过这些弱点——俄军队列在长达 4 英里的战线上绵延开来。只要集中攻击其中某个地段，就可以抢在其他地段的援军赶来前实现突破。卡尔信任自己那支训练有素的部队，他预计，一旦瑞军突入俄军大营，俄军就将陷入混乱，而瑞军就可以趁乱取胜。卡尔遂命伦斯舍尔德发动进攻，这名将军立刻予以执行。

# 纳瓦尔战役 一

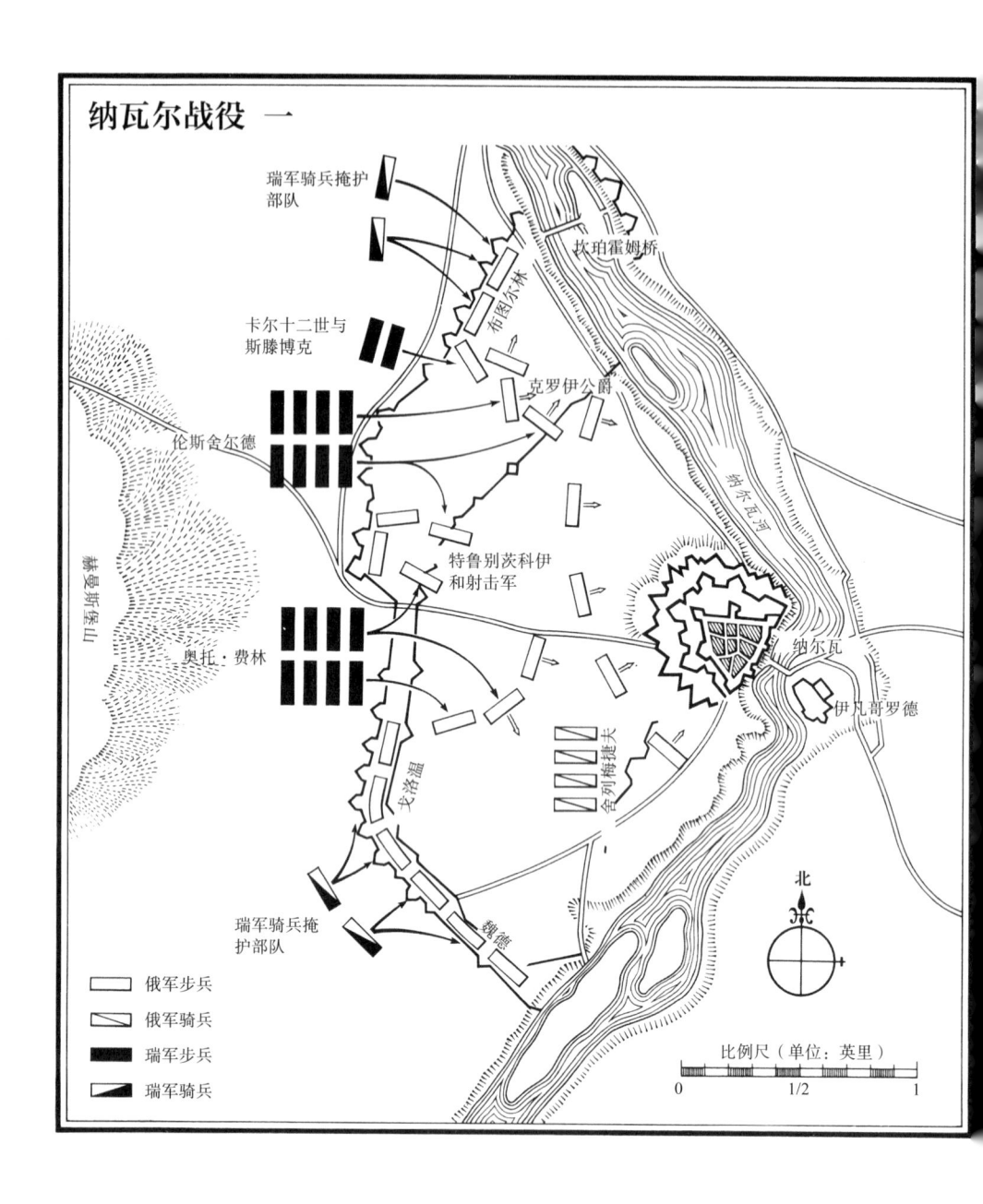

地图标注：
- 瑞军骑兵掩护部队
- 玖珀霍姆桥
- 卡尔十二世与斯滕博克
- 布图尔林
- 克罗伊公爵
- 伦斯舍尔德
- 纳尔瓦河
- 赫曼斯堡
- 特鲁别茨科伊和射击军
- 奥托·费林
- 纳尔瓦
- 伊凡哥罗德
- 戈洛温
- 舍列梅捷夫
- 瑞军骑兵掩护部队
- 魏德
- 北

图例：
- 俄军步兵
- 俄军骑兵
- 瑞军步兵
- 瑞军骑兵

比例尺（单位：英里）
0　　1/2　　1

　　大批瑞典步兵部队集结起来，主攻将由他们来发动。瑞军步兵分为两部，他们的攻击目标是邻近俄军阵地中央的某段土木工事。越过土墙后，两部兵力就将分头行动：一部转而向北，另一部掉头向南，在俄军阵地内侧形成席卷之势，将敌人一分为二，分别逼向战场两端的河流。瑞典骑兵则留在土木工事外侧，控制那一区域，他们的任务是在步兵推进时掩护他们的侧翼，并解决掉所有试图突围或逃跑的俄军。进攻时，伦斯舍尔德指挥北（左）翼步兵，奥托·费林（Otto Vellinck）伯爵指挥右翼。卡尔本人则在马格努斯·斯滕博克（Magnus Stenbock）上校和阿尔维德·霍恩（Arvid Horn）上校的陪伴下，指挥一支位于最左侧、独立行动的小部队。等到火炮和炮手均已就位后，瑞军炮兵立刻向俄军阵地中段一带开火，与此同时，步兵朝战场中央集中，骑兵部队则一路小跑，奔向两翼位置。就这样，1万名瑞军以镇定自若、井然有序的姿态，准备朝4万名拥有工事保护的俄军推进。

站在土墙上的克罗伊公爵观察着敌军的行动，越来越惊慌。他以为瑞典人首先会按照作战惯例挖掘战壕，并建立带防御工事的军营。当发现一些瑞典士兵携带用于翻越土墙前方的壕沟的柴捆时，他越发觉得困惑。俄军主帅突然顿悟——瑞军即将对自己的阵地发起进攻，这似乎太难以置信了。

从早上到中午，瑞典人一直在冷静地准备着。下午2时，当他们准备完毕时，大雨已经停止，天气变得更冷了，晦暗的天空中，一场新的风暴正在酝酿。当信号烟火腾空而起，宣告行动开始的时候，一场暴风雪从人们背后呼啸而至，铺天盖地的飞雪径直砸向俄军阵地。一些瑞典军官犹豫了，认为最好将进攻时间推迟至暴雪结束。"不，"卡尔喊道，"大雪只是落在我们背上，但敌人可是被砸了一头一脸。"[4]

国王是对的。一片片雪花打着旋子，刺痛俄军士兵的双目，他们的火枪和大炮在开火，但大部分时候，他们瞄准的都是白茫茫的空气，弹丸从高空中掠过，根本没有造成任何伤亡。瑞典人沉默地迅速推进着，起初，他们只是一群模糊不清的影子，然而没多久，他们就穿过雪幕，突兀地出现在俄国人眼前。在土木工事前方30步的地方，瑞军突然停下，举枪上肩。雷鸣般的一轮排枪响起，俄军在胸墙上"像草一样倒下"。[5] 瑞典人把柴捆投进壕沟内，而后蜂拥而上，挥舞着战刀和刺刀爬过土木工事，扑向敌人。15分钟不到，激烈的白刃战便在防御工事内上演起来。一名瑞典军官事后写道："我们拔出战刀，直接冲了进去。我们杀死每一个扑向我们的人,这是一场可怕的屠杀。"[6]

起初,俄国人表现得很顽强——"他们用密集的火力作为回敬,干掉了我们不少精兵。"[7]但缺口已被打开,瑞军生力步兵不断涌入。原定计划得到了充分执行,瑞军两部开始沿着土木工事内侧将俄军分别朝两个相反方向逼得步步后退。南部的瑞军纵队顺着俄军阵地左侧施压,他们的第一个对手是特鲁别茨科伊的射击军团,后者三两下就被击溃了。彼得曾经认为,当对手是现代军队时,射击军是毫无用处的,如今他的看法以一种令人悲哀的方式得到了验证。瑞军继续推进,这回遇到的是戈洛温部,尽管指挥官不在阵中,但这支俄军最初的抵抗仍很激烈。其后,那些作战经验不足的团开始一个接一个地崩溃,其余俄军陷入混乱并撤退。驻扎在战场南翼的舍列梅捷夫骑兵此时正位于阵地后方,他们本可介入战斗,冲撞、践踏前进中的瑞典步兵,从而迟滞后者的速度,乃至依靠骑兵的动能冲散瑞军。但俄军骑兵多为骑马贵族或毫无纪律的哥萨克,甚至在瑞军进攻尚未开始时,他们就已陷入恐慌。当他们看到坚如泰山的瑞军纵队朝阵地逼来时,便掉转马头,飞也似地冲进纳尔瓦河,试图逃跑。数以千计的战马和骑兵在小激流中丧生。

阵地北部,即俄军右翼的情形大同小异。攻势从土木工事后方发起,俄国人试图坚守,起初他们英勇地保卫着阵地。后来,随着军官一个接一个地倒下,恐慌情绪蔓延开来,俄军开始逃跑,还嚷嚷着"德意志人背叛了我们"。[8]瑞典人继续向北推进,席卷一个又一个堡垒,俄军的逃跑比例已经上升到相当庞大的地步。许多人朝涅瓦河冲去,惊恐万状的士兵、炮手和车夫迅速汇集成一道密集的人流,为了逃生,他们一齐涌向唯一一座桥梁。处于重压下的桥梁突然崩裂塌陷,人们成群结队地滑进、滚进河里。

俄军成功守住的地段只有一处。在战场最北端,布图尔林指挥的6个俄军作战单位(普列奥布拉任斯基近卫团和谢苗诺夫斯基近卫团也在其中)据守着位于垮塌的坎珀霍姆桥(Kamperholm Bridge)附近的阵地,拒绝溃逃。他们匆匆用数以百计的火炮和补给车堆成路障,从而构筑了一个新的据点,当瑞典人将他们团团包围时,这批俄军躲在路障后面,用火枪和大炮猛烈地回击敌人。

除了这座孤岛,战线最北端的俄军均已陷入混乱和溃散,最南端的大多数俄军同样如此。成百上千名俄军士兵跃过土木工事,试图躲避瑞典步兵的屠刀,结果却遭到瑞典骑兵的践踏和逼退。指挥俄军的外籍军官发现局势已不可挽回。"他们就像一群牛那样发足狂奔,"萨克森的哈拉特如此描述自己的部下,"一个团与另一个团挤在一块,以至于能够列阵的还不到20人。"[9] 当俄军士兵开始大嚷大叫,矛头直指外籍军官时,他们便再也不可能服从命令了。望着眼前发生的一切,听着部下的威胁与咆哮,克罗伊公爵宣称:"即使是魔鬼,也无法与这样的军人并肩作战。"[10] 公爵旋即与哈拉特、朗根一道前往瑞军阵地,向斯滕博克投降。他觉得即使当瑞典人的俘虏,也比指挥自己手下那帮吓坏了的散兵游勇要来得安全。斯滕博克彬彬有礼地接待了克罗伊一行,并带他们去见国王。

等到对土木工事的进攻发起后,卡尔便将大部分时间花在自娱自乐上。他在土木工事外围待了大半个下午,故意把自己暴露在危险中。当他试图绕过一群伤员和垂死者时,他从马上落下,跌入壕沟内;卡尔被救了出来,但不得不丢下自己的坐骑、战刀和一只靴子。他骑上另一匹马,它很快就被打死,而卡尔也被一颗已达强弩之末的弹丸击中——战斗结束后,他在自己的领结内发现了它。看到国王无马可骑,一个瑞典骑兵跳下马来,把自己的坐骑赠给国王。卡尔一边攀上马鞍,一边微笑着说:"我看敌人是想让我练习骑术。"[11]

夜幕降临后,国王出现在土木工事内,此时的他成了一个泥人,而且仍然只有一只靴子。他发现,尽管克罗伊和大多数外籍军官都已投降,而俄军的许多作战单位也已溃散,但自己仍未稳操胜券。尽管俄方损失惨重,但战场上仍有2.5万名拥有武装的俄军士兵,而瑞军的人数几乎不超过8000人。俄国将领多尔戈鲁基公爵、伊梅列吉亚的亚历山大公爵、阿维捷蒙·戈洛温和伊凡·布图尔林并不像克罗伊、哈拉特和朗根那样说投降就投降。他们已经撤入位于战场最北端军营处用辎重车队拼成的路障内。于是,以这座临时堡垒为中心,当天最为激烈的战斗打响了。与此同时,在俄军的左翼,魏德将军的部队依旧保存得较为完整,几乎没有参与过战斗。倘若魏德部突然杀向北边，而环形车阵内的俄军同时蜂拥而出杀向南边，兵力薄弱的瑞军就将陷入遭两面夹击的境地。

如此看来，对卡尔而言，夺取车阵势在必行。他下令把火炮推上来，瞄准那些辎重车，但此举被证明毫无必要——车阵内的俄军士气彻底崩溃了。确信继续抵抗已无望后，俄军将领派人前去进行投降谈判。卡尔心中暗暗高兴。如今他的部下已经将车阵完全包围，但在伸手不见五指的黑暗中，他们根本无法区分敌我，有时甚至会朝自己人开火。这一切随着俄军的投降而结束，将近8点钟时，国王下令停火。但投降协议尚未完全谈妥。起先，俄国人坚定地要求，自己必须在无损军人荣誉的情况下走出防御工事。最后，他们勉强同意让列兵保留步枪和轻武器，而军官成为战俘。卡尔还缴获了俄军的团旗和所有火炮。

尽管现在这批俄国兵已经成为案板上的鱼肉，但对瑞典人而言，形势依旧很严峻。大部分步兵已经筋疲力尽。一些人在俄军军营内找到了酒精，便将它倒进空空如也的胃里，很快便醉倒在地。此外，卡尔还担心，天亮以后，俄军就会看出击败、看守他们的敌人数量很少。必须马上摆脱这些俄国败兵，并尽快引导他们脱离战场。卡尔给俄国人下了道命令，让他们立刻去把塌陷的坎珀霍姆桥修好。

位于俄军阵地另一端的魏德部尚未被击溃，因而依旧是个潜在的威胁。一名瑞典军官写道："如果当时魏德有勇气进攻我们，他肯定能击败我们，因为我们已经累得半死了，何况这几天来，我们几乎粒米未进，一觉未睡。除此之外，我们的人在莫斯科人的帐篷里发现了白兰地，现在他们已经全都喝得酩酊大醉了，单靠几名军官是不可能让他们继续保持纪律的。"[12] 但魏德的威胁很快便烟消云散了。尽管他的部队并未历经激战，魏德本人却受了伤。当他得知北翼的部队已经投降后，便不打算再独自支撑下去了。拂晓时分，他发现自己在孤身一人的情况下被瑞典骑兵包围，于是也投降了。在上午余下的时光里，散落在战场四周的俄军士兵不断向瑞典人投降。

黎明时分，桥梁修复完毕，俄军败兵开始过桥。卡尔站在桥边，看着敌军士兵排着长长的队列，踏上返俄之路，他们一边摘下自己的帽子，把

# 纳瓦尔战役 二

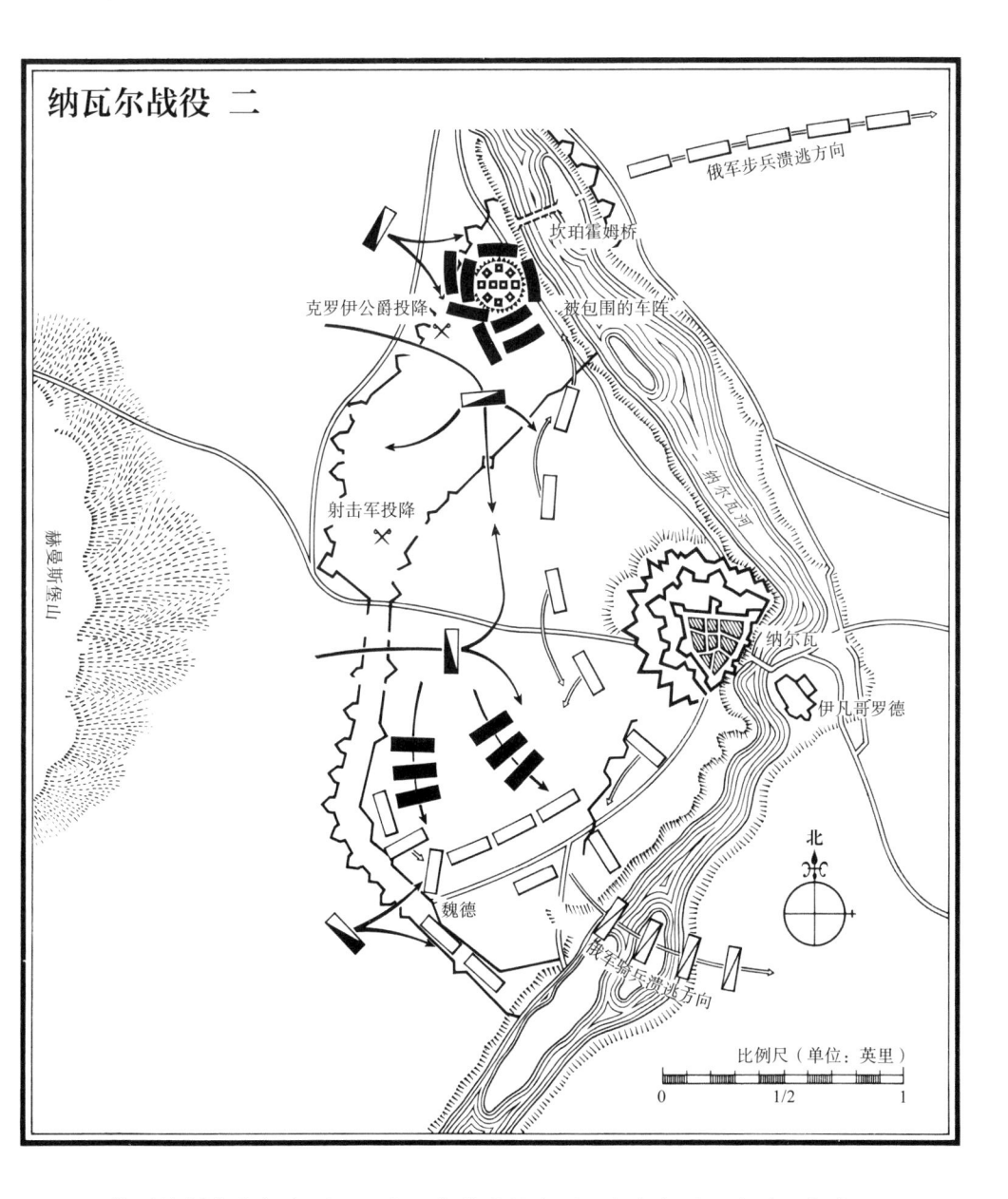

地图标注：
- 俄军步兵溃逃方向
- 坎珀霍姆桥
- 克罗伊公爵投降
- 被包围的车阵
- 纳尔瓦河
- 射击军投降
- 赫曼斯堡山
- 纳尔瓦
- 伊凡哥罗德
- 魏德
- 俄军骑兵溃逃方向
- 北
- 比例尺（单位：英里） 0 1/2 1

旗子放倒在卡尔脚下，一边迈着艰难的步子，向东行进。当瑞军集合队伍、清点人员时，他们发现己方的损失为：31名军官和646名士兵战死，1205人负伤。至于另一方的损失，即使是俄国人自己也只能靠推算才能得知。负伤、阵亡者至少有8000人，伤员几乎没有机会穿过如今已成为冰封世界的乡村返回祖国。包括克罗伊公爵在内的10位俄国将军、10位上校及其他33名高级军官当了俘虏，与他们一道沦为阶下囚的还有彼得的私人医生卡尔博纳尼大夫，以及彼得已亡故挚友的侄儿彼得·勒福尔。战俘被送往瑞威尔过冬，入春后，待波罗的海解冻，他们便来到了位于瑞典本土的拘禁地。这些人大多在瑞典滞留了很多年。①

在瑞典人的战利品中，最重要的就是那些俄国大炮了——145门加农炮、32门白炮、4门榴弹炮、1万发炮弹和397桶火药。事实上，彼得的军队把那些沙皇心爱的兵器丢了个精光。望着俄军败兵渐渐远去，又盯着战俘和战利品看了一会儿，马格努斯·斯滕博克忍不住感慨道："这完全是天意，但要说有什么人为因素在里头，那就是陛下那坚定不移的决心和伦斯舍尔德将军的深思熟虑。"13

纳尔瓦战役的消息轰动了整个欧洲。关于这场辉煌胜利的记录，以及对瑞典年轻君主的盛赞传至西欧。一些国家因彼得蒙羞而感到称心如意，同时对沙皇在战役前夕的"逃跑"行径窃笑不已。卡尔铸造了一枚纪念章，上面印的是彼得正在逃跑的样子，惹得人们开心不已。莱布尼茨先前曾关心过俄国，如今他成了瑞典的支持者，并表示，自己希望瑞典的"年轻国王能在莫斯科登基，并君临阿穆尔河"。14

虽然伦斯舍尔德的"深思熟虑"和老练的指挥起到了不可或缺的作用，但事实上，要不是国王凭着"坚定不移的决心"下令进攻，瑞典人也不可能取得纳尔瓦战役的胜利。毫无疑问，外界普遍认为卡尔是个无敌的

---

① 克罗伊公爵的命运更为不同寻常。战败后，他获准留在瑞威尔，他从那里写信给沙皇，请求后者出钱为他赎身。彼得立刻给他送去6000卢布。他于1702年春去世，他的前俄国雇主对此感到悲痛。当彼得听到克罗伊去世的消息时，他说："我对这位老人怀有由衷的歉意，他是个很好的人。他确实是一位很有能力也很有经验的统帅。如果我提前14天将指挥权交给他，我就不会在纳尔瓦吃败仗了。"15

去世时，公爵又一次沦落到破产的境地。彼得知道后，有意为他还债，却始终抽不出时间来料理此事。瑞威尔的债主便搬出一条古老的法律，它规定：未还清债务者死后不得下葬。尸体被停放在教堂的地下室内，那里空气干燥，尸体没有腐烂，而是木乃伊化了。最后它被搬出，安置在玻璃棺材内。近200年里，来到瑞威尔的游客都会被带去参观克罗伊的尸体，躺在棺材里的公爵依旧头戴假发，身穿制服。在革命爆发前几年，帝国政府做出裁定，这种展览是很不体面的，公爵才终于得以下葬。

战士,而卡尔也完全接受了这一评价。当卡尔与阿克塞尔·斯帕雷(Axel Sparre)一道纵马驰骋于战场时,他的心情愉悦不已——几乎到了因胜利而陶醉的地步,兴奋难当的他像个未成年的孩子般喋喋不休。"但对手是俄国人,所以也没什么值得开心的,"他轻蔑道,"因为他们不会像其他人那样抵抗,而是瞬间溜之大吉。如果河流尚未冰封,我们想击毙一个俄国人都难于登天。最好笑的是,当那帮俄国佬爬上桥梁的时候,桥却在他们脚下断裂了——和埃及法老在红海的遭遇一样。到处都可以看到露出水面的人头、马头和马腿,我们的士兵像打野鸭一样射杀他们。"[16]

打这以后,战争就成了卡尔生命中的伟大追求。从这层意义上来说,纳尔瓦之战既是这位国王赢得的第一个大捷,又是他迈向厄运的第一步。胜利来得如此轻松,以至于卡尔更加确信自己是不可战胜的。纳尔瓦战役的胜利,再加上突袭西兰岛的惊人成就,促使卡尔十二世有本事以少胜多的传说开始流传,而卡尔本人也对此深信不疑。纳尔瓦之战的另一个后果是卡尔渐渐不再把彼得和俄国放在眼里,而这对他而言是很危险的。在这场战役中,卡尔轻而易举地击败了彼得的军队,他由此确信俄国兵是一群无用的饭桶,只要自己愿意,随时都可以把他们丢到一边,不加理睬。在白雪皑皑的纳尔瓦战场,瑞典国王趾高气扬,而几年后,他将在乌克兰夏日的尘埃中,为自己当年的一时得意付出昂贵的代价。

# 26

# "我们绝不会丢掉脑袋"

当战败的消息传到彼得耳中时,沙皇并未走出多远。灾难来得如此之快、如此之猛烈,令彼得目瞪口呆,同时他意识到,更大的危机就在眼前:如果卡尔决定乘胜追击,一路杀到莫斯科,没什么能阻止他。

面对灾难时绝不丧失信念是彼得的特质之一。挫折只会成为推动他向前的动力,而障碍对他来说就像挑战一样,是激发他继续努力的诱因。他的坚忍不拔、坚持不懈与果决的作风究竟是出于固执和傲慢,还是出于爱国情怀或是聪明才智?这点并不重要——他已经遭受了一次耻辱的惨败,却并没有把责任推卸到别人身上。他保持着冷静心态,并发誓要把战争继续下去。战役结束两周后,他给鲍里斯·舍列梅捷夫致信:"我们绝不会不幸丢掉脑袋。我命令,将我们的工作继续下去。我们并不缺人手,河流与沼泽都已冻结。我不想听到任何借口。"[1]

纳尔瓦战役和波尔塔瓦战役之间隔着9年时光,这9年对彼得而言是一段九死一生的岁月。他完全不知道自己还能活多久。他动不动就因热病而卧床不起,巴什基尔人和顿河哥萨克在他背后造反,把他折腾得够呛。尽管如此,他仍将惊人的精力投入到缔造俄罗斯帝国的计划中去。为此,他不计后果,孤注一掷,导致国库和人民日益贫困。他给最后一个盟友奥古斯特发放大笔补助金,用于维持后者的军费。这一想法时时萦绕在他心头,挥之不去——指不定哪天早上,卡尔一起床就决定掉转枪口,将闪亮、无敌的刺刀对准俄国。

时隔多年,当波尔塔瓦战役结束后,彼得可以以正确的角度来看待这一切了。当这个身处胜利之巅的男人回顾过往时,他的语调平静中透着威严。但在言语中,他恰到好处地评价了纳尔瓦战役对他本人及对俄军、俄国的发展进程造成的影响：

> 我们的军队被瑞典人击败了——这是无可争议的事实。但人们应当记得它是什么类型的军队。勒福尔团是唯一的老兵。两个近卫团经历了两次亚速之战，但它们从未参加过野战，特别是从未与正规军一道参加过野战。至于其他团，从军官到士兵都是新募的——连一些团长也不例外。除此之外，俄军中粮食匮乏的问题也很严重。当时正值年末，道路泥泞不堪，军粮运输只得停止。简而言之，（对瑞典人来说）打俄军就像小孩过家家那么简单。因此，一群未经历练的新手在与一群训练有素、经验丰富的老手对阵时吃到败仗是不足为怪的。在当时，瑞典人的胜利对我们而言，实在是一次悲伤而沉重的打击。这场胜利看上去像是上帝对我们降下的怒火，我们未来的一切希望似乎都被剥夺殆尽。但今天，当我们以正确的态度反思问题时，我们认为这场失利是上帝对我们的仁慈，而不是愤怒；因为在当时，我们对战争的了解就像对政府的了解一样可怜。如果我们赢下了战役，那么我们虽一时走运，但往后或许就将遭遇不幸……这段已经度过的危难时光（不如说是幸运时光）逼得我们刻苦起来、勤奋起来、老练起来。[2]

在身为胜利方的瑞典国王注视下，战败的俄军离开纳尔瓦，三三两两地撤入诺夫哥罗德。大炮丢了、火药丢了、帐篷丢了、辎重丢了，许多人连枪都丢了，在这种情况下，俄军和无组织的暴徒也没什么两样了。幸运的是，俄军中的一个师，即集结于伏尔加一带的尼基塔·列普宁公爵部没能及时赶到纳尔瓦，因而也并未成为溃兵的一部分。彼得命令列普宁赶往诺夫哥罗德，以己部为核心，约束那批正在涌入城内的败军。3个星期后，当掉队的士兵已被登记在册时，列普宁向彼得汇报：22 967名溃军被编组为多个新团。再加上列普宁本部的10 834人，彼得拥有了一支近3.4万人的部队。此外，1万名来自乌克兰的哥萨克尚在途中。第一份抵达莫斯科的彼得手令是给鲍里斯·戈利岑公爵的：组建10个1000人规模的新龙骑兵团。

彼得任命波雅尔鲍里斯·舍列梅捷夫为重建中的俄军总司令，彼得时代的俄国存在着一种既能看到守旧派影子又具备革新派气质的人物，舍列梅捷夫就是这类不寻常人物的代表。他比沙皇年长20岁，是本国最古老家族的后裔。尽管如此，年轻时的舍列梅捷夫却对俄罗斯沙皇国的传统怀有抵触情绪。少年时，他父亲曾拒绝为他祝福，因为露面时，他的下巴剃得精光。与大部分俄国贵族不同，舍列梅捷夫曾游历海外，他很享受这样的经历。1686年，索菲亚派他出使波兰国王扬·索别斯基和身在维也纳的皇帝利奥波德处。1697年，45岁的他再度前往海外，这一次是为了度过20个月的军队假期而进行的私人旅游。他去了维也纳、罗马、威尼斯和马耳他，并拜访了皇帝、教皇、威尼斯总督和圣约翰骑士团大团长，大团长封他为骑士，还授予他一个马耳他十字架。回国后，舍列梅捷夫自豪地佩上十字架，其他俄国人嫉妒之余，以嘲讽的口吻询问这位波雅尔是否已经当上了"马耳他特使"。对于此类议论，舍列梅捷夫平心静气地忍了下来，新任英国大使惠特沃思说他是"这个国家最有教养的人物"。[3]

舍列梅捷夫对欧洲很感兴趣，这让彼得感到高兴，但他将这位波雅尔作为军人而非外交官来使用。舍列梅捷夫的叔叔曾长期在沙皇阿列克谢手下担任军队统帅职务，直到他被鞑靼人俘虏，并被迫以战俘的身份在克里米亚度过30年时光为止。舍列梅捷夫本人有过与波兰人和鞑靼人作战的经历。1695—1696年，当彼得进攻亚速的时候，舍列梅捷夫在西面发动了一次牵制性战役，结果攻陷了第聂伯河下游的几座鞑靼要塞。身为统帅的舍列梅捷夫富有才干而谨慎稳重。在执行彼得的作战指令方面，他是个可信赖的对象。除非形势对自己极为有利，否则他绝不会拿部队去冒险。

当舍列梅捷夫的新军正在集结和重新装备时，彼得下令，立即在诺夫哥罗德、普斯科夫和普斯科夫附近的佩切尔斯科修道院（Pechersk Monastery）修建防御工事。女人、孩子与男人一道被动员起来。礼拜仪式被叫停，这样，神父和僧侣就能与普通人一起搬运土方。房屋与教堂被拆毁，好给新建的城墙腾出道来。为树立榜样，彼得亲自参与诺夫哥罗德城的第一批壕堑的修建工作。当他离开时，他将这件事交给了陆军中校申欣（Shenshin），但申欣以为沙皇一去不返了，因而他很快便不再亲自参与劳作。但彼得回来了,当他发现这一点后,下令在城墙前方鞭笞申欣,并将他发配到斯摩棱斯克当一名普通士兵。

但彼得意识到,从长远来看,必须以为期25年的标准征兵制为基础,将他的军队彻底改造成一支永久性的职业军队。尽管如此,1701年,一名俄国观察家仍对首次在战场上亮相的新军恶评有加:

> 他们中的许多人是被征召而来的,如果对他们仔细加以考察,那么你只会感到羞耻。步兵装备的是劣质火枪,而且根本不懂得如何使用。他们用随身携带的兵器作战,如长枪、戟等,而连这些都是钝的。每消灭一个外国兵,就要牺牲三四个乃至更多俄国兵的生命。至于骑兵,我们看到他们就觉得耻辱,更不用说看到他们的外国人了。(骑兵们)孱弱不堪、衣衫破旧,对兵器的使用一窍不通。他们的坐骑又老又多病,他们的马刀毫不锋利。一些贵族骑兵连如何给火绳枪装填弹药都不会,更不用说击中目标了。他们根本不关心杀敌之事,只想着怎么打道回府。他们祈求上帝让他们受轻伤,这样他们就可以在不吃多大苦头的情况下获得皇上的赏赐。等上了战场,他们就往灌木丛里藏。连队整支整支地躲进森林或山谷里,我甚至听到有贵族表示:"上帝保佑,让我们在为陛下尽义务时不必拔剑出鞘。"[4]

为了纠正上述弊端,彼得下令彻底改革部队训练体系,并以欧洲军队为模板,制订纪律、战术的新标准。自新训练手册问世起便要开始努力,先前俄军唯一可用的步兵手册成书年代可追溯至1647年——其内容则照搬自一本1615年的德意志军队手册!彼得想把重点放在作战训练上。壮观、严整、让士兵"用火枪表演剑术,走起路来像跳舞"的阅兵式编队对彼得而言是毫无用处的。[5] 他对西方军人的精致制服同样不关心,那帮人看起来就像"精心装扮的洋娃娃一样"。他的新军穿的是简朴的绿色布衣,这样,俄国的制衣厂就能以最快的速度将它们生产出来。如果条件允许,士兵们还会添上一双靴子、一条腰带和一顶三角帽。但最重要的是,他们装备的是现代兵器。幸运的是,彼得在访英期间订购了3万至4万支配备了套环式刺刀的新式燧发枪。它们不仅被分发给各支部队，还被用作制造本土产燧发枪的模板。最初的产量很低——1701年只生产了6000支，但到了1706年，俄制燧发枪的年产量达3万支，1711年达4万支。

现代战术是改革的重点。步兵的训练内容是按照指令发射排枪，以及如何使用新式刺刀。骑兵则训练依令而动；以中队为单位进行回转机动；用战刀发起攻击；以整齐有序的方式撤退，而非像奔逃的兽群那样放弃战场。最后，彼得竭力想为军队注入一股新的精神：他们并非为"陛下的利益"，而是就像彼得在亲笔手令中所写的为"俄国的国家利益"而战。[6]

尽管困难重重，尽管逃亡现象频发，尽管军官间的相互猜忌、钩心斗角司空见惯，但新军依旧在缓慢成形。装备方面最严重的问题在于火炮。俄军的火炮（包括重型攻城臼炮和野战炮）已经在纳尔瓦丢了个精光，炮兵部队的建设必须从零开始。邮政衙门主裁维尼乌斯被委以此任，他被授予炮兵总监（Inspector of Artillery）头衔和巨大权力。彼得最为关心的就是这件事。"看在上帝的面子上，"他写信给维尼乌斯，"让炮兵部队尽快建成吧。"[7] 老头儿发现自己根本没时间开采、提炼新的金属，新炮只能用一些较容易获得的材料来铸造。彼得下了一道命令："从全国所有主要市镇的教堂和修道院征集一部分大钟，用于铸造野战炮和臼炮。"[8] 这种行为近乎渎神，因为大钟的神圣程度几乎不亚于教堂本身，况且每口钟都在人们的生活中扮演着熟悉而古老的角色。尽管如此，到了1701年6月，全俄1/4的教堂大钟都被人从钟楼上降下、熔化，然后重铸为大炮。当火炮在通红、炽热的火焰中成型时，负责铸炮的铁匠给维尼乌斯带来了麻烦。他们酒喝得太多，即使用皮鞭也无法迫使他们加快速度。但沙皇的怒火令维尼乌斯如芒在背。"告诉市长们，给他们看看这封信，"彼得在给维尼乌斯的信中写道，"如果他们耽误工期，导致炮车无法备齐，那么他们就不光要罚款，还要掉脑袋了。"[9]

尽管工人和适用于铸铁的合金均难以寻觅，但维尼乌斯还是实现了奇迹。1701年5月，他交给诺夫哥罗德的军队20门新炮，不久后又送去了76门。到了当年年末，他已经铸造了300多门新炮，还开办了一座学校，250名少年在此学习如何成为炮匠和炮手。彼得对此很满意。"干得好，这正是我们需要的。"他写道,"任何耽搁,都是我们的催命符。"[10] 尽管维尼乌斯年事已高,彼得仍于1702年派他去西伯利亚搜寻新的铜矿和铁矿。1701—1704年,7座新的铸铁厂在乌拉尔以外地区建成。据英国大使报告,它们生产的铁矿石"质量极好,比瑞典的产品要强"。俄军的炮兵部队在继续发展壮大,他们在乌拉尔铸造的大炮开始向瑞典人开火。1705年,英国大使声称俄国造火炮"目前表现得极为出色"。[11]

彼得想方设法保护自己的国家,为此,他小心翼翼地向荷兰和神圣罗马帝国求助,请它们在瑞典和俄国之间调停,但都没有成功。政治家马特维耶夫之子安德烈·马特维耶夫以彼得的谈判代表身份,被派往荷兰。到了那里后,他发现威廉三世和联省议会的全体成员正专注于另一个问题。就在纳尔瓦战役爆发的那个月,令整个欧洲为之担忧的事件最终发生了:西班牙的卡洛斯二世驾崩,将王位留给了路易十四的孙辈——安茹的腓力。太阳王已经以孙辈的名义接受了下来,如今欧洲正笼罩在战争的阴云下。此外,荷兰不愿偏袒瑞、俄两国中的任何一方,因为它受到条约的限制。拜这份条约所赐,荷兰得以在利润丰厚的阿尔汉格尔商贸活动中分得一杯羹。马特维耶夫唯一能做到的就是通过维特森订购了1.5万支火枪,并运回国内。

彼得·戈利岑(Peter Golitsyn)公爵更名换姓现身维也纳,请求谒见皇帝。他足足等了7个星期,在此期间,谁要是想与公爵对话,就必须通过讲俄语的耶稣会士伍尔夫神父,但极少有人愿意这样做。"他们全都躲着我,不想和我说话。"公爵跟戈洛温(此时正在国内)无奈地说。[12] 纳尔瓦战役后,俄国的威望跌至无以复加的地步,帝国副相考尼茨伯爵(Count Kaunitz)当面嘲笑戈利岑,而法国和瑞典大使也在公开场合取笑他。当戈利岑最终见到皇帝时,利奥波德的态度倒是很礼貌,但他也在为西班牙王位继承战争做准备,因而提供不了任何实质性的帮助。"不管用什么手段,我们必须战胜敌人。"戈利岑向戈洛温恳求道,"上帝不会让今年夏天就这么风平浪静地过去……陛下必须赢得哪怕是一场小胜利,这样,他的名号就会和以前一样响彻欧洲。届时我们就能缔结和议。但现在，人们只会对我们的军队和指挥哂笑不已。"[13]

外交手段受挫后，彼得开始做自己盟友的工作，以坚其心。他为奥古斯特安排了一场见面会。两年半前，彼得与奥古斯特初会于拉瓦，当时波兰国王-萨克森选侯首次抛出对瑞作战方案，打那以后，两人便再没见过面。如今奥古斯特坐立难安。尽管他还未尝到败北的滋味，但目睹了两个盟友——丹麦和俄国被年轻的瑞典国王迅速而无情地打垮的事实。他不得不考虑：是把战争继续下去好，还是向瑞典人妥协好？

1701年2月，彼得与奥古斯特在比尔泽（Birze）会面，此地隶属萨克森军队控制的利沃尼亚地区。见面会持续了10天，其间穿插着一场场酒宴和庆典，两位君主重新确立了双方的同盟关系。彼得告诉奥古斯特，尽管俄国在纳尔瓦失利，但它有意将战争继续下去。由于奥古斯特从未吃过败仗，他得以将一些苛刻的条款强加到盟友彼得身上：在瓜分战利品的时候，利沃尼亚和爱沙尼亚应划予波兰，只有因格里亚被留给俄国；彼得予以同意。他还允诺，将1.5万至2万名俄国步兵交给利沃尼亚的萨克森将领指挥，他们的薪饷、装备、后勤均由俄方提供。此外，他还答应在接下来的3年内，每年都向奥古斯特支付10万卢布的补助金。沙皇付出了沉重的代价，俄罗斯沙皇国的修道院与商人则再一次痛遭压榨。但对彼得而言，保住对瑞作战同盟才是头等要事。

这次外交峰会期间发生了一些有意思的事。一天，沙皇与国王-选侯举行了一场私人比赛，他们各自操纵火炮轰击一个位于开阔地内的目标。令彼得懊恼的是，完全没玩过火炮的奥古斯特中靶两次，彼得却一次也没击中。翌日举办了一场通宵达旦的宴会。到了早上，奥古斯特很快便进入梦乡，彼得却独自起身，参加了一场天主教弥撒。他对宗教仪式大感兴趣，信奉天主教的东道主因此提议使天主教会和东正教会结盟，而彼得给出的答复是："君王对子民拥有的权力仅限于肉体层面，百姓的灵魂则由基督统治。因此这种结盟必须征得民众的一致同意，而且只有上帝才有权实施。"[14]

几周的时光在轻松愉悦中度过，纳尔瓦战役的硝烟刚散去，与此同时，卡尔正准备把彼得最担心的事变成现实——乘胜追击，入侵俄国。一些谋臣向国王提议：他可以轻而易举地占领克里姆林宫，废黜彼得，立索菲亚，而后与俄国签订一份新协议，借此扩大瑞典波罗的海帝国的面积。谋臣们描绘的蓝图令卡尔两眼放光。"如今国王一心只考虑战争的事，"马格努斯·斯滕博克于纳尔瓦战役结束后数周写道，"他不再为他人的建议而烦恼。他似乎觉得自己正在与上帝直接对话，接受指点。皮佩伯爵（Count Piper，国王的首相）尤为烦恼，因为重大事宜的决议是在毫无准备的情况下做出的，至于普通事宜的处理方式，我根本没勇气记录下来。"[15] 12月，禁卫军军官卡尔·马格努斯·波瑟（Karl Magnus Posse）在寄给国内的信中写道："尽管现在天寒地冻、缺吃少穿，尽管临时营舍里积水横流，但国王仍不让我们住到冬季营地里去。我相信，即使他手下只剩800个人，也会带着他们入侵俄国，根本不会考虑他们怎么活下去。在他看来，战死个士卒就和死掉只虱子一样，完全不值得烦恼。"[16]

尽管卡尔已急不可耐，但事实证明，眼下在俄国境内展开大规模追击战是不可能的。瑞军战胜俄军后不久，更危险的敌人便将他们团团包围，那就是饥饿与疾病。利沃尼亚已被俄国人糟蹋得不成样子，当地的粮食被彼得的士兵吃得精光。在春季到来前，补给物资无法从瑞典本土运到。很快，瑞军战马便开始啃起树皮来。实力因饥饿而受到削弱的同时，瑞军将士还遭受着疫病的折磨。热病与痢疾（"血痢"）在军营内四处蔓延。人们开始一个接一个地死去——韦斯特曼兰团（Vestmanland Regiment）有400人病亡，德尔卡里安团（Delcarlian Regiment）有270人病亡。到了春季，可用之兵已不足半数。迫于无奈，卡尔很不情愿地让部下进入冬季营地。他自己则住进了位于多尔帕特附近的莱斯（Lais）古堡。他在那里待了5个月，用业余戏剧演出、假面舞会、晚餐会和激烈的雪仗来打发时间。马格努斯·斯滕博克组建了一支管弦乐队，为国王演奏自谱的乐曲。

当1701年的春天到来时，卡尔依旧怀有入侵俄国的想法，但积极性已不如以前。如今他更蔑视俄国军人了，以为同他们交手没什么意义。他觉得，即使再打败彼得一回，也只会引得欧洲哂笑不已。反之，自己要是能战胜奥古斯特那支训练有素的萨克森军队，那么全欧洲都会对他点头称许。而从更为现实的角度出发,卡尔也坚定地认为,在一支还未吃过败仗的萨克森军队仍活动于后方的情况下,进军俄国的条件尚不成熟。

6月,1万名新兵从瑞典开到,卡尔的兵力增加至2.4万人。卡尔留下一支别部与俄国人对峙,自己率领主力部队1.8万人南进。他计划从里加附近渡过德维纳河,然后打垮萨克森将领施泰瑙(Steinau)统领的9000名萨克森兵和4000名俄国兵。河流宽650码,瑞典人的渡河行动实际上是一次水陆两栖登陆行动。他们点燃潮湿的干草和肥料,制造烟幕掩护登陆艇上的士兵,并将重炮架在泊于河中的军舰上,以提供火力支援。在上述行动的配合下,瑞军的攻势取得了成功。卡尔亲自指挥步兵第一梯队,他不顾忧心忡忡的军官的恐惧,宣称在上帝选定的时刻到来前,自己是不会丢掉性命的。卡尔的运气并不好:瑞军骑兵没能渡河。结果萨克森军队虽被打得一败涂地,但还是逃掉了。彼得派去支援奥古斯特的军队没有派上任何用场。战斗还没开始,被施泰瑙用作预备队的4个俄国团就惊惶溃逃。卡尔从此更加轻视彼得的军队。

这次非决定性的胜利发生在1701年7月,此后不久,时年19岁的卡尔做出了一个战略决策,这个决策不仅对他自己,也对彼得的人生产生了深远的影响:他决意先集中力量,彻底击败奥古斯特,然后再入侵俄国。在当时,这一决策看起来合情合理。同时进攻两个对手根本行不通。就这两个敌人而言,萨克森积极活跃,俄国则碌碌无为。此外,萨克森乃至波兰的体量都很有限,想要压制、击垮选侯和他的军队是完全办得到的。俄国的情况则相反,它的幅员实在是太辽阔了,瑞典人即使深入它的腹地,可能仍无法找到这头巨兽的心脏所在。

而且,卡尔觉得自己的道德观受到了践踏,因此义愤填膺。他的表兄弟奥古斯特是个很有教养的欧洲君主,却也是个奸诈的恶徒,比沙皇要可恶得多。彼得至少先宣战,再进攻,奥古斯特则不加任何警告便进兵利沃尼亚。卡尔怎么知道自己与奥古斯特缔和后,后者不会自食其言,趁瑞典人入侵俄国时再度发动进攻?总而言之,卡尔告诉自己的一个朋友,他认为"与这种卑鄙无耻之徒哪怕谈上一个字,都是对我和我名誉的侮辱"。[17]

最后，卡尔陷入了困惑，奥古斯特与广袤的波兰联邦之间的关系令他烦恼不已，后者的王位并不稳定，但仍行使着国王的权力。迄今为止，奥古斯特只以萨克森选侯的身份领导对瑞作战。如今，萨克森军队已经撤入实属波兰的领地避难，卡尔的军队无法追击。波兰大主教、枢机主教拉迪约夫斯基（Radiejowski）坚称，在未获联邦许可的情况下，波兰绝不会介入奥古斯特国王发动的对瑞战争，因而卡尔不得踏足波兰领土。1701年7月30日，卡尔给枢机主教回信，称奥古斯特未获波兰贵族和联邦同意便发动战争，已丧失为王的资格，波兰要想确保和平，唯一的出路就是召开议会，废黜奥古斯特，另选新王。他允诺，在收到枢机主教答复前，瑞典军队绝不会进入波兰追击奥古斯特，侵犯波兰边境。

卡尔希望自己可以很快收到答复，他并不想向枢机主教或波兰议会施压。但一个又一个星期过去了，夏天变成了秋天，对方却依旧没有回音。10月中旬，波兰方面的答复终于到来，结果却让人大失所望——议会要求卡尔不要出手，让波兰处理自家事务；波兰人也没有做出禁止奥古斯特的萨克森军队来年使用本国领土作为战争基地的保证。卡尔大怒，但他已经来不及于当年采取行动。他再度移师过冬，这一次的营地设在中立的库尔兰公国，后者被迫自掏腰包，为这支不受欢迎的军队提供住房和食物。1月，瑞军掉头向南，进入立陶宛。

瑞军的第二座冬季营地位于别洛维萨（Bielowice），在那里，一名奥古斯特派来的、身份非同一般的密使希望用她那罕见的说服力，诱导卡尔十二世议和。这位女士就是奥罗拉·冯·柯尼希斯马克女伯爵，奥古斯特众多情妇中最漂亮、最知名的一位。奥罗拉满头金发，双眼动人，嘴唇宛如玫瑰花蕾，胸脯高耸，腰肢修长；她诙谐机智、和蔼可亲、才华横溢。奥古斯特的理由不难猜测：如果这位出生于瑞典、富有名望的美女能花些时间陪陪那位腼腆、不善于应付女人的瑞典国王，那么她可能就会驯服后者。在奥罗拉的教导下，粗暴好战的卡尔或许会变得温和起来。卡尔19岁，而奥罗拉已经快39岁了，但年龄差距其实是个优势，而非阻碍；要完成这种任务，女方需要的不单单是美丽，老练、成熟与经验也是必不可少的。

奥罗拉此行的表面理由是拜访身在军营内的众多亲属，他们都是瑞典军官。甫一到来，她便送了封信给年轻的国王，用讨好的口吻请求赐给她亲吻御手的荣誉。卡尔说什么都不肯答应见她。女伯爵没有灰心，沉着的她对自己的外表很有自信，让人将自己的马车开到国王每日出行的必经之路上。当卡尔骑马而来时，奥罗拉走下马车，跪在泥泞的道路前方。卡尔大吃一惊，他摘下帽子，在马鞍上躬下身子，而后刺着马儿飞驰而去。奥罗拉失败了，奥古斯特不得不另想办法来扰乱或阻止卡尔。

几个月后，即1702年春，卡尔杀进波兰，剑指华沙和克拉科夫。他已打定主意：既然波兰人不肯废黜奥古斯特，他就自己来。1702年7月9日，卡尔率1.2万名瑞典士兵将奥古斯特麾下的1.6万名萨克森士兵引至克利索（Klissow）附近的战场。瑞军以900人的伤亡——其中包括卡尔的姐夫，荷尔斯泰因-戈托普公爵弗雷德里克为代价，换来萨军2000人伤亡、2000人沦为战俘的战果。驻萨克森指挥部的俄方代表帕特库尔被迫乘坐一辆农家马车逃命，但卡尔在克利索取得的胜利并不彻底；奥古斯特的军队再度撤离，以待来日再战。如此一来，卡尔的波兰冒险就成了一种旷日持久的困扰，而它还将持续6年。卡尔不顾波罗的海诸省的请愿、瑞典议会的恳求，乃至身边高级将领的建议，拒绝在完成对奥古斯特的复仇前转攻俄国。按照他手下一名将军的说法：“他相信自己是上帝在人间的代理人，任务是给所有背信弃义之徒带去惩罚。”[18]

卡尔将彼得撇在一边，在波兰穿林越泽，追击奥古斯特。与此同时，俄国利用这一喘息之机，开始取得一些小小的军事胜利。第一个战果是挡住了一支瑞典海上远征队对阿尔汉格尔的进攻；其后，舍列梅捷夫在利沃尼亚赢得了3场规模很小但意义不小的胜利。当瑞典国王南攻奥古斯特时，舍列梅捷夫从位于普斯科夫的基地发起一系列针对瑞典上校安东·冯·施利彭巴赫（Anton von Schlippenbach）的小型攻势，后者与7000人马一道被留下来保卫利沃尼亚。受命的同时，施利彭巴赫被晋升为少将。但在审视了一番自身使命（他要抵挡的是整个俄国，还不知道要坚持到什么时候）后，他以满怀忧思的语气告诉国王，与其升他的职，还不如给他加派7000兵力。"这是不可能的。"卡尔以傲慢的语气答复。

1702年1月，舍列梅捷夫在不幸的施利彭巴赫身上取得了一场至关重要的胜利，地点是在利沃尼亚的埃勒斯特费（Erestfer），离多尔帕特不远。当舍列梅捷夫率领8000名身着冬衣的俄国步兵和龙骑兵（他们有15门安放在雪橇上的大炮火力支援）现身时，为数7000的瑞典军队已进入冬季营地。在持续4小时的战斗中，俄国人不仅成功地将瑞典人逐出冬季营地，还给瑞典人造成了1000人（这个数字是瑞典人自己承认的，俄国人宣称的战果是3000人，并承认自损1000人）的伤亡。这场战役的象征意义更为重要：俄国人俘虏了350个瑞典人，并将他们送往莫斯科。彼得闻讯喜不自胜，公开表示："感谢上帝！我们终于能够击败瑞典人了。"[19] 他晋升舍列梅捷夫为陆军元帅，并授予他一枚一等圣安德烈勋章、一幅镶钻的本人肖像画。舍列梅捷夫手下的军官也升了官，每个普通士兵都收到一个沙皇新铸的卢布。在莫斯科，教堂鸣钟，礼炮齐鸣，人们唱起感恩颂。彼得在红场安排了一场盛大的宴会，并下令举办烟火表演。当瑞军俘虏抵达首都时，彼得举行了一场凯旋仪式，让战俘与凯旋队伍一道入城。自纳尔瓦战役之后一直处于低谷的俄罗斯精神，如今开始振奋起来。

翌年夏天，即1702年7月，舍列梅捷夫再度在利沃尼亚进攻施利彭巴赫，这次的战役发生在胡默尔斯霍夫（Hummelshof），5000名瑞军士兵差点儿被歼灭：2500人战死或负伤，300人被俘，大炮和军旗也全都丢给了俄方。俄军损失800人。

胡默尔斯霍夫战役后，施利彭巴赫的机动兵力不复存在，除了里加、帕尔努和多尔帕特尚有驻军（但均无法调动），整个利沃尼亚已处于不设防状态。舍列梅捷夫的军队，特别是他麾下那帮凶猛的卡尔梅克及哥萨克骑兵，可以随心所欲地纵横南北，焚烧农田、村庄和市镇，掳走数以千计的平民为俘。因此，帕特库尔引发战争的本来目的是解放利沃尼亚，结果却对他的故乡造成了巨大的破坏。大批平民被带进俄军军营，而后被买卖为农奴。舍列梅捷夫致信彼得，向皇上请求指示：

> 我将哥萨克和卡尔梅克人派往各个地区，用以扰乱敌人。但我该

怎么处理我自己抓到的那些人？牢里人满为患，军官们的俘获还不算在内。此外，由于这些人郁郁不乐、怒不可遏，还有引发危险的可能……供养战俘所需的费用相当高昂，一个团的兵力实在太少，无法将他们带到莫斯科。我已从最优秀的当地人中挑选出100户人家（他们要么是出色的木匠，要么精通其他手艺）——总计约400人送往亚速。[20]

这批战俘中有一个17岁的文盲少女，舍列梅捷夫没把她送往亚速，而是留在自己家里。日后，当这个名叫玛尔法·斯卡夫隆斯卡娅（Martha Skavronskaya）的姑娘长大成人，她如同命中注定一般，先是成为大贵族缅什科夫家的一员，接着做了沙皇的情妇、彼得的妻子，最后终于登上帝位，成了俄国女皇叶卡捷琳娜一世（Catherine I）。

陆上得胜的同时，心思始终无法远离海洋的彼得富有想象力地设计出了一个攻击瑞属波罗的海省份的新手段——将应用于湖泊、河流的小型船舶作为进攻工具。假如瑞典在传统大型战舰上拥有无可争议的优势，那么彼得就制造大批小船，利用数量上的绝对优势击败敌方的分遣舰队。他开始建造依靠船桨和单帆驱动的小型海军舰只，施工地点位于欧洲最大的湖泊拉多加湖，那里驻扎着一支由双桅帆船和桨帆船组成的瑞典舰队。1702年6月20日，在拉多加湖南端，400名俄国士兵搭乘18艘小船，攻击了一支拥有3艘双桅帆船和3艘桨帆船的瑞典舰队。瑞典人处于下风。当俄军舰只到来时，瑞典人的军舰处于抛锚状态，船员们大多上岸洗劫一座村庄去了。在接下来的骚乱中，瑞方旗舰——一艘装有12门炮的双桅帆船被击毁，瑞典人被迫撤退。9月7日，同一支舰队又在凯克斯霍姆（Kexholm）附近遭到攻击，这次俄方拥有30艘舰艇。俄国战船宛如胡狼一般迅捷，瑞典海军将领努姆尔斯（Nummers）发现自己无力招架，决定彻底撤离拉多加湖。当他的舰队沿着涅瓦河撤走后，俄国人就在拉多加湖畅行无阻了，从而为他们于秋季取得诺德堡大捷创造了可能。

与此同时，彼得的部下在纳尔瓦以南的佩普西湖（Lake Peipus）使用了同样的战术。当年5月31日，4艘瑞典大型战舰遭到近100艘俄国舰艇的攻击。瑞典人将其击退，击沉敌舰3艘，但不得不撤往湖泊北半部。6月20日和7月21日，2艘独行的瑞典军舰在运送补给和军火过湖时，遭到俄国舰队袭击。其中一艘运输舰的舰长将舰炮扔下船，运输舰随即搁浅，并被抛弃；另一艘则被敌军登舰后摧毁。结果，瑞典人于1702年彻底撤出佩普西湖。翌年，他们在集结重兵后卷土重来，击沉了20艘俄国战船，重新夺取了佩普西湖的控制权。但俄军于1704年再度反败为胜，这次是一劳永逸的胜利。俄军捕捉到在多尔帕特停泊于恩巴赫河（Embach）上的瑞典舰队后，在河口处放置了一条横贯水面的铁索，并将大炮架设在河岸上。铁索另一端，200艘俄军战船严阵以待，准备迎击突破封锁线的瑞军战舰。13艘顺河而下的瑞典战舰无助地被水流裹挟着，撞上了铁索。在那里，俄军岸炮开始将它们轰成碎片。瑞典水兵登上河岸，拼死猛攻一座俄军炮台，最终杀出条血路，退回多尔帕特。但随着战舰一艘艘被击沉，瑞典海军在佩普西湖的兵力损失殆尽。当年晚些时候，纳尔瓦和多尔帕特均被俄军攻陷。

1702年春，在荷兰的安德烈·马特维耶夫收到情报：瑞典人正计划于夏天对阿尔汉格尔展开一次大规模攻势。为确保本国唯一的港口不失，彼得决定亲自赶往那里。4月底，彼得踏上了30天的北上行程，随行的除了12岁的皇储阿列克谢，还有近卫军5个营（共4000人）。当他赶到时，防卫工作已布置完毕，等待的日子开始了。近3个月过去了，这段时间内，彼得忙于制造船舶，将"圣灵"号（*Holy Spirit*）和"信使"号（*Courier*）下水，并为装有26门火炮的新战舰"圣以列亚"号（*St. Elijah*）安上了龙骨。

8月，每年都会出现的英、荷商业舰队抵达港口，商船的数量远多于平日，原因是先前经由瑞典属波罗的海海港进入俄国的商贸业务如今全部转到阿尔汉格尔来了。除了货物，35艘英国商船和52艘荷兰商船还带来了一个消息：瑞典人已经取消了今夏进攻阿尔汉格尔的打算。彼得立刻动身前往南方。甫一抵达拉多加湖北岸，他就向刚刚在利沃尼亚的胡默尔斯霍夫打了胜仗的舍列梅捷夫，以及正在因格里亚骚扰瑞典人的彼得·阿普拉克辛（Peter Apraxin）发信号，让两人与他和近卫军会合，以攻占坐落于拉多加湖与涅瓦河交汇处的瑞典要塞诺德堡，进而获取对拉多加湖的绝对控制权。

诺德堡是一座强力要塞，始建于14世纪，建造者为诺夫哥罗德城。要塞坐落在一座小岛上，就在小岛的位置，涅瓦河的河水从拉多加湖奔腾而出，开始了长达45英里的入海之旅。小岛的形状酷似一颗榛子，故俄国人称之为"奥列什卡"（Oreshka），瑞典人则将其命名为诺德堡。屹立于这一重要交汇点的城塞控制着河口，也控制着所有从波罗的海上溯至拉多加湖，以及经由俄国的河流网进入内地的贸易航线。无论是谁，只要拿下了奥列什卡，也就拿下了远至东方的商业贸易。当要塞掌握在俄国人手里时，它是一道保护俄国腹地、使其免受瑞典人侵袭的屏障。当要塞于1611年被瑞典人攻陷时，它又成了一道将俄国人与波罗的海隔离开来的屏障。如今，在一座座用砖石筑就的厚重城墙和炮台上，在6座高大的白色圆形塔楼上，分布着142门大炮。瑞典守军的规模很小，只有450人，但湍急的水流令敌船难以靠近，他们甚至不用担心自己会被飞来的炮弹砸中。

彼得热切地希望夺取这座要塞。"天赐良机，不可浪费。"[21] 他在给舍列梅捷夫的信中写道，并命令他火速与自己会合。等到俄国军队和攻城炮就位，对外联系被切断又无望获得援军帮助的要塞便注定陷落。湖面上布满了由俄国小船组成的舰队，预备运送投入进攻作战的军队。在300码以外的南岸上，一排排重型攻城臼炮被安置在土木工事后方。俄国人用小船和云梯发起攻势，结果因为时过早而被击退，但臼炮群随即开始了不间断的、毁灭性的炮击，有条不紊地将要塞城墙轰得粉碎。炮击开始后的第三天，瑞军城防司令的妻子给彼得送了封信，请求让她和其他瑞军军官的妻子一道离开要塞。彼得亲自予以答复，他讽刺般地以豪侠式的口吻，表示自己不喜欢让瑞典妇女同她们的丈夫分离，但他声称，如果她们带丈夫一起离开，就可以如愿。一星期后（也就是炮击开始后的第十天），要塞内的幸存者投降了。

依靠自己的新军,以及用教堂大钟熔铸成的新炮,从瑞典人手中夺取了第一座要塞,这让彼得欣喜若狂。当晚,他在给维尼乌斯的信中写道:"这颗坚果真的很硬很硬,但感谢上帝,它被砸开了,这真让人高兴。我们的大炮出色完成了任务。"[22] 诺德堡对俄国人而言有着非凡的意义:拿下诺德堡,就象征着拿到了通往涅瓦河乃至波罗的海大门的钥匙。沙皇将要塞司令交出的大门钥匙钉在这座西式棱堡上,用以展示这一意义,并将要塞更名为"施勒塞尔堡"(Schlusselburg)——此名源于德语单词"施勒塞尔"(意为"钥匙")。为了庆祝胜利,沙皇举行了又一场凯旋入城仪式,莫斯科立起了3座新的凯旋门,彼得自己头上戴着一顶桂冠。同时,他下令修复城塞的破损处,增设防御工事,并将守军增加至4000人。亚历山大·缅什科夫被任命为这座已更名要塞的卫戍司令。打这以后,施勒塞尔堡一直在彼得心目中占有特殊的一席之地。每逢10月22日——攻克要塞的周年纪念日将至,他都会带着访客(有时甚至是整个宫廷)前往此地,举行庆祝活动和酒宴。

诺德堡(施勒塞尔堡)的沦陷对瑞典而言是一记沉重的打击。它守护着涅瓦河和整个因格里亚,阻挡着俄国人西进的步伐。当愁容满面的皮佩伯爵将消息带给此时远在波兰的卡尔时,后者意识到了此事的重要性。"自我安慰一下吧,我亲爱的皮佩。"国王镇定地说,"敌人没法把这块地方带走的。"[23] 但在别的场合,卡尔冷酷地表示,俄国人将为夺取诺德堡付出昂贵的代价。

翌年(1703年)春,由于卡尔仍滞留波兰,彼得决心"不错过这次天赐的良机",直接在波罗的海建立一道属于俄国的海岸线。一支2万人的军队在舍列梅捷夫的指挥下,从施勒塞尔堡出发,穿过涅瓦河北岸的森林,朝海洋进军。彼得率领60艘从拉多加湖带来的舰艇,自水路紧随其后。涅瓦河只有45英里长,与其说是一条河流,不如说是一道宽阔、湍急、从拉多加湖延伸至芬兰湾的瀑布。途中并无瑞典人的重要据点。瑞典定居点尼恩斯坎(Nyenskans)孤悬于海湾上游数里处。尽管这座繁华的城市拥有无数忙忙碌碌的磨坊,城防工事却尚未竣工。1703年5月11日,俄国人的攻城炮开始轰鸣。第二天,人数很少的守军就停止了抵抗。

尼恩斯坎投降当晚,有消息传到俄军大营:一支瑞典舰队正朝海湾上游驶来。9艘由努姆尔斯将军指挥的军舰出现在涅瓦河口附近,用2发信号弹向尼恩斯坎的同胞宣告他们的到来。为了欺骗瑞典水兵,俄国人当即对信号弹做出回应。努姆尔斯放心不下,派了艘小艇沿河而上,前去探察情况。小艇被俘获。3天后,越发生疑的努姆尔斯命令2艘较为小型的战舰——1艘三桅帆船和1艘桨帆船入河调查。2艘军舰朝上游驶去,穿过危机四伏的湍急水流,行抵瓦西列夫斯基岛(Vasilevsky Island),抛锚过夜。与此同时,彼得和缅什科夫将2个团的近卫军装上30艘大船。他们顺着涅瓦河下行,利用夹杂在无数岛屿当中、沼泽般的水潭隐蔽自己。5月18日拂晓,他们突然现身,划着小船,从四面八方攻向瑞典军舰。战斗激烈进行,瑞典人用舰炮猛轰将他们团团包围的俄国小船,俄国人则以手榴弹和火枪"回敬"。最后,彼得和他的手下成功登上2艘战舰,俘虏了所剩无几的瑞典人。战舰和战俘被带往尼恩斯坎〔如今已更名为"斯洛特堡"(Sloteburg)〕。彼得头一次亲身参与海战,兴奋难当。战后,他与缅什科夫都被授予圣安德烈勋章。

凭借这场胜利,彼得成功实现了——至少暂时实现了他在宣战时公布的目标。他完全占领了涅瓦河,重新获得了波罗的海的入海口。因格里亚省也被俄国收复。彼得又举行了一场凯旋入城式,游行队列中飘扬着一面印有因格里亚地图的旗帜,旗面上还题着一行字:"我们没有侵占他人之地,而是夺回了祖先的遗产。"

彼得立刻着手巩固自己的战果。他的梦想是建立一座沿海城市,一座供俄国船舶和商业业务扬帆起航、走向世界各大洋的港口。因此,他刚刚在波罗的海拿下一片根据地,就立即开始修建自己的城市。在一些人看来,彼得的做法是操之过急、白费力气的愚行。他真正拥有的不过是一块巴掌大的立足点,何况它并不能算是牢牢被控制在彼得手里——卡尔远在天边,但至今未尝一败。总有一天,他肯定会将彼得背地里夺取的东西抢回去。到时候,这座辛辛苦苦建立起来的城市只会成为波罗的海的又一座瑞典市镇。

彼得是对的。瑞典人确实杀了回来,但他们一次又一次被击败。日后数百年间，率领大军进入俄国的征服者——卡尔十二世、拿破仑、希特勒没有一个能拿下彼得的波罗的海港口，尽管纳粹军队曾于二战时期围攻该城达900天之久。自彼得大帝踏足涅瓦河口之日起，这片土地，以及这座从这里拔地而起的城市始终掌握在俄国人手中。

## 27

## 圣彼得堡的建立

或许是运气促成了圣彼得堡的诞生。彼得一开始并不打算在涅瓦河上修建一座城市,更别提建立一座新都了。他最初的想法是盖个拱卫河口的要塞,然后再修座海港,如此一来,与俄国做生意的船只就不用绕远路前往阿尔汉格尔了。如果他先拿下里加,圣彼得堡就永远不可能出现在历史长河中了——里加是座繁荣的港口,对俄国人而言已经足以作为一座巨大的商业中心,它的非冰封期比涅瓦河口长6个星期。但里加直到1710年才落入彼得之手。彼得甫一踏上波罗的海海岸,便将自己的立足之地作为圣彼得堡的建城位置。他一刻也没有等,谁知道未来会发生些什么?他以争分夺秒的架势(这是他的一贯姿态)开始了建城工程。

圣彼得堡拥有许多独特之处。别的国家或在最初立国的激情作用下,或在改革的怒潮冲击下,于之前一片空白的土地上修建新都——华盛顿、安卡拉(Ankara)和巴西利亚(Brasilia)就是实例。但还没有第二个民族会在战时,在一片严格来说仍属于一个实力雄厚、未被击败的敌人的土地上建立新都。此外,1703年已属欧洲大城市诞生史的末期。到那时为止,就连美洲的欧洲殖民地都已涌现出一批大型城镇和城市——纽约已有77年历史,波士顿有73年历史,费城有60年历史。圣彼得堡是世界上所有大都市中最靠北的一座。它作为俄罗斯帝国首都达200年之久,如今是苏联的第二大城市。如果将它安置到北美大陆的同一纬度,那么就意味着在哈得孙湾(Hudson Bay)北岸建起了一座拥有350万人口的城市。

当彼得穿过重重密林、现身涅瓦河与波罗的海交汇处时,他发现自己置身于一片荒凉、平坦、空旷的沼泽地中。在涅瓦河口,宽阔的河流呈倒S状,一路蜿蜒向北,而后向西奔流入海。河段的最末5英里出现了4

条分岔,它们与众多横穿沼地的溪流纵横交错,分割出10多座布满灌木和矮林的小岛。1703年的时候,这里完全是一片充满湿气的泥沼。春天,因冰雪消融而形成的厚重雾气笼罩在沼地的上空。当猛烈的西南风从芬兰湾刮至时,河水开始倒流,许多岛屿彻底隐没于水下。就连那些数百年间一直利用涅瓦河作为进入俄国内陆的通道的商人也从未在当地建立任何定居点——这里的环境太荒凉、太潮湿、太不利于健康了,根本不是人住的地方。在芬兰语中,"涅瓦"一词的意思就是"沼泽"。

尼恩斯坎的要塞位于上游5英里处。一个芬兰地主在左岸近海处拥有一座带乡间宅邸的小农场。河中央的黑尔岛(Hare Island)上散布着几座粗糙的小土屋,那是几个芬兰渔夫的夏季住所;每当河水上涨的时候,渔夫就会丢下土屋,撤至较高的地面。但在彼得眼里,这条比伦敦的泰晤士河还宽的河流,掀起湍急、静默的洪水横扫一切时的样子蔚为壮观。彼得决定在这里修建一座更大的新要塞,来保护新近夺取的河口。工程于1703年5月16日破土动工,这一天成了圣彼得堡的建城日。①

这座以圣徒彼得和保罗的名字命名的要塞十分巨大,覆盖面积遍及整座岛屿,因此它被涅瓦河及其支流四面环绕。南端为湍急的涅瓦河所翼护,北端、东端和西端则分布着沼泽和纵横交叉的溪流。由于岛屿地势很低、沼泽遍布,有时会被洪水淹没,因而工程第一阶段的内容是运来泥土,使得岛屿的海拔升至海水无法淹没的高度。俄国工人除了简陋的十字镐和铁铲,别无其他工具。没有手推车,他们就将挖出的泥土盛在自己的衬衣或粗陋的袋子里,然后用双手将它们运到拔地而起的城墙处。

无论如何,不到5个月,要塞便开始成形。它是一个六角形的长方体,拥有6座巨大的棱堡,每座棱堡都是在沙皇一位密友的监督下建成的,且均以建造者的名字命名:缅什科夫、戈洛温、佐托夫、特鲁别茨科

---

① 传说彼得向一名士兵借了一支步枪,用上面的刺刀从黑尔岛的草地上割下两片带状草皮,然后将它们摆成一个十字形,并说:"这里应当有座城镇。"士兵们挖了一道壕沟,彼得将内盛使徒安德烈(俄国主保圣人)圣骨的箱子放置在里面。据说就在此时,一只低空飞行的鹰掠过彼得头顶,落在两株连结成拱门状的桦树顶端。拱门所在的位置,成了未来要塞东门(又名"彼得门")的坐落地。

伊和（库里尔·）纳雷什金。第六座棱堡由彼得亲自监修而成，因而名为"圣彼得堡"。要塞为土木结构，嗣后，彼得下令将城墙改建成更高、更厚的石墙。这些冷酷、阴森、无情的家伙屹立于波涛汹涌的涅瓦河上方30英尺处，它们的命运掌控于一排排火炮之手。在彼得统治生涯末期，汉诺威大使弗里德里希·韦伯（Friedrich Weber）记录道："在其中一座堡垒，他们每天都按照荷兰人的习惯，将一面巨大的要塞旗帜升到一根硕大的旗杆上……如果这一天是节日，他们升起的就是另一面巨大的黄色旗帜，上面绣着一只象征俄国的鹰，用爪子抓着四片与俄国接壤的海洋：白海、黑海、里海和波罗的海。"[1]

要塞的外面屹立着一座单层小木屋，当工程还在进行的时候，彼得就住在这里。它是军中木匠于1703年5月24日至26日建造的，长55英尺，宽20英尺，拥有3个房间——卧室、餐厅和书房各1间。屋里没有炉子或烟囱，因为彼得只打算把它作为自己的夏季住所。最有意思的一点是，沙皇竭力隐瞒它是一座木屋的事实：装有云母板的巨大窗户上镶着荷兰式的窗棂，坡度极高的屋顶上铺着一片片木瓦，木瓦则被画成瓷砖的样子。圆木搭成的墙壁被刨得平平的，上面画着一条条相互交叉的白线，目的是让人以为它是用砖砌成的。（这座城内最为古老的房屋被一层接一层的保护用外壳包裹着，至今犹存。）

要塞修建工程加班加点地进行着，因为工程刚开始的那几年，彼得根本不知道瑞典人何时会卷土重来。事实上，他们每年夏天都会杀回来。1703年，距彼得占领三角洲地带还不到一个月，一支4000人的瑞典军队从北方开来，在涅瓦河北岸安营扎寨。7月7日，彼得亲率6个团——4个龙骑兵团和2个步兵团，共计7000人，同瑞典人交战，他击败了敌人，迫使他们撤走。沙皇时常亲临火线，一同在场的帕特库尔不得不提醒自己的高个子保护人，"他和所有人一样，也是肉体凡胎。因此，敌方火枪手的子弹足以让全军陷入混乱，将整个国家置于岌岌可危的境地"。第一年夏天，瑞典海军上将努姆尔斯也一直率领9艘战舰停泊在涅瓦河口，封锁俄国人进入海湾的通道，同时伺机对上游正在成形的俄军要塞采取行动。此时彼得已经回到了位于拉多加湖的造船厂，敦促工人们加紧造船。最后，包括巡防舰"军旗"号在内的一批军舰驶抵涅瓦河的新要塞。但它们无力与努姆尔斯的强力舰队对抗，于是只能原地等待，直到寒冷天气来袭，他被迫撤离为止。随后，彼得驾驶"军旗"号驶出涅瓦河，进入芬兰湾。

这是历史性的一刻：俄国沙皇驾驶俄国舰艇首次遨游于波罗的海。尽管薄冰已在灰色的海面上形成，彼得却仍渴望着探索一番。当他向西驶离涅瓦河的时候，只要朝右望去，就可以看到卡累利阿海岸那岩石丛生的海岬，它们一直延伸到维堡，逐渐自视野里消失。如果往左望去，映入眼帘的就是低矮、起伏平缓的因格里亚丘陵，它们朝着西侧的纳尔瓦延伸，最后消失在地平线以外。在正前方，他看到一座后来被俄国人命名为"科特林"（Kotlin）的小岛，这座距涅瓦三角洲15英里远的岛屿，日后将成为喀琅施塔得要塞和喀琅施塔得海军基地的所在地。彼得绕岛而行，并亲手用一条铅线测量了海水的深度，他发现小岛以北的水域过浅，不适于航行。但南部水域是一条直通涅瓦河口的航道。为了保护这条航道，也为了建立一座前沿要塞以保护科特林岛上的大规模工程，彼得下令在航道边缘的水域中央修建一座堡垒。这是一项艰难的工程：为了构筑地基，人们不得不将一个个盛满石块的箱子拖过冰面，而后沉到水下。但到了春天，一座配有14门大炮的小堡垒仍径直自海水中升起。

从一开始，彼得就计划将自己在波罗的海的立足点变成一座商港兼海军基地。按照他的指示，戈洛温写信给身在伦敦的马特维耶夫，让他鼓动商船造访新港。首先到来的是一艘荷兰商船，抵达时间为1703年11月，当时俄国人刚刚掌控新港6个月。听到商船抵达河口的消息后，彼得立刻赶去迎接，并亲自指引它驶向上游。当船长得知这个皇家领航员的身份时，他大为震惊。而当彼得知悉船上的货物（酒和盐）属于他的老朋友赞丹的科尼利厄斯·克勒伊斯时，他大为欣喜。缅什科夫为船长举办了一场酒宴，后者还获赏500杜卡特。为了进一步纪念这一刻，商船被更名为"圣彼得堡"号，并被授予永久免缴通行费和关税的权利，全俄通用。同样的赏赐被允诺赐予下2艘抵达新港的船。不久就有在新港下锚的1艘荷兰商船和1艘英国商船前来领赏。从那以后，彼得竭力鼓励外国商船使用圣彼得堡的港口。他将新港通行费削减到不足瑞典人控制的波罗的海港口的通行费一半。他许诺将俄国商品以极低的价格运往英国,但装货地点定在圣彼得堡而非阿尔汉格尔。其后,他运用身为沙皇的权力,将全俄的大部分商贸活动从传统的北极商路转移到波罗的海的新港来。

为了加强对新产业的控制,彼得还花费了大量精力在拉多加湖造船厂打造新船。1704年9月23日,他写信给缅什科夫:"感谢上帝,这儿的一切都相当不错。明天和后天,3艘巡防舰、4艘二桅帆船、1艘定期客船和1艘轻型桨帆船就要下水了。"[2] 但位于涅瓦河末端的拉多加水域风暴频频、危机四伏,在接近坐落于水域中的施勒塞尔堡时于南岸沉没或触礁的船只实在太多太多。作为对策,彼得将主造船厂搬到圣彼得堡,这样,新船就不必再走拉多加航线了。1704年11月,他将新造船厂的地基设在涅瓦河左岸——位于彼得保罗要塞(Peter and Paul Fortress)对岸下游处。海军部大楼原本只是一座简陋的造船厂。这座占地广阔的开放式工厂建于涅瓦河畔,外观呈长方形。长方形的一条边坐落于水上,其余3条边由一排排木棚构成,这批木棚被用作工场、锻造作坊、工人宿舍,以及储藏绳索、船帆、火炮和木料的仓库。在造船厂正中央,一座又高又细的尖塔拔地而起,塔顶装着一个船形的风向标,这座塔楼先是被当作造船厂的办公楼,最后成了俄罗斯帝国的海军总部大厦。① 塔楼下方是一片被木棚围绕的空地,彼得的军舰就是在这里制造出来的。硕大的船体在涅瓦河畔制作完毕后,滑入河内,再被拖曳至码头,进行船装。海军部竣工后不久,彼得开始担心,全无保护的它很可能遭到瑞典人的攻击。因此,向陆的3侧构筑了由高大的石墙、滑坡和壕沟组成的防御工事。如此一来,圣彼得堡又多了一座棱堡,它的坚固程度几乎不亚于彼得保罗要塞。

接下来的几年内,瑞典人不断通过海陆两路,对这座新建立的城市进行试探性的进攻、骚扰。1705年,俄国人将一批高大的木桩钉进科特林岛附近航道的海水中,并用绳索将木桩连在一起,目的是将驶向圣彼得堡的瑞典船只拒之门外。当瑞典舰队朝这里开来时,它们从远处望见一大片

---

① 当海军部大楼于19世纪初用砖石彻底重建时,它的长方形外观、中央塔楼和船形风向标都被作为建筑特色保留了下来。时至今日,海军部大楼和要塞大教堂的双子尖塔依旧高耸在圣彼得堡的地平线上,并隔着涅瓦河彼此相望,就像这座城市刚刚建成时那样。

高高的木桩和绳索，还以为是一支规模庞大的俄国舰队的桅杆丛林，于是远远地放了一阵空炮便撤退了。1706年，彼得深入芬兰湾，看到一支瑞典舰队正向他驶来的时候，便立即返回，并用事先商定的信号炮向担任俄国舰队指挥的荷兰海军中将克勒伊斯通报消息。但克勒伊斯不肯相信，当他亲眼看到瑞典战舰时，才确定沙皇的报告是真的。过了段时间，沙皇在谈及此事时开了个讽刺性的玩笑。克勒伊斯在汇报海军事务时向彼得抱怨说，他手下的军官尽是些什么都不懂的家伙，还不听指挥。他认为"能力出众的陛下应当知道，完美的'服从'有多么重要"。彼得热情地回应道："中将（克勒伊斯）本人应当为海军军官的无能负责，因为这些人几乎都是他招募来的……至于我的能力，他的褒扬不太站得住脚。就在不久前，当我搭乘游艇出海并发现敌舰时，我按照惯例，将敌舰的数量用信号炮告知中将，结果他以为我在跟他开玩笑，或是在向他祝酒，甚至当我亲自登上中将的座舰时，他仍不愿相信，直到桅杆顶端的水手看到敌船为止。打那以后，我必须恳求他：要么把我的名字从他心目中的能人名单上剔除，要么别再开这样的玩笑。"[3]

随着时间流逝，彼得的圣彼得堡蓝图变得越来越宏伟。在他心中，它不再只是一座拱卫涅瓦河口的要塞，甚至不再只是一座波罗的海的军商两用码头兼造船厂。他开始将它视为一座城市。曾为丹麦国王弗雷德里克四世建造过一座华美宫殿的意大利建筑师多梅尼科·特雷齐尼（Domenico Trezzini）恰好在此时来到俄国。他与当时大多数在北欧从业的建筑师一样，深受荷兰风格影响。特雷齐尼将荷兰新教徒的北方巴洛克式建筑艺术带到了俄国。1703年4月1日，他签订合约，成为沙皇的御用建筑师、设计师和筑城师，彼得立刻将他带往涅瓦，监督那里的一应工程。9年的时光过去了，第一批落成的建筑由纯粹的木结构变成了砖石结构，特雷齐尼也为这座城市打上了属于自己的烙印。当劳工们还在为要塞地基挥汗如雨时，特雷齐尼开始在城墙内修建一座小而实用的教堂。由于缺少用于装饰教堂内部的精致材料，特雷齐尼给墙壁涂上黄色的灰泥，模仿大理石花纹的效果。1713年，特雷齐尼开始修建巴洛克式的彼得保罗大教堂。时至今日，这座历经无数次修改的建筑依旧屹立在原地，德意志式的金色塔顶高耸于400英尺的空中。

无休无止的建设工程对劳动力的需求极为惊人。要在沼地内打桩、砍伐和运送木料、搬运石料、砍光森林、推平山丘、铺设街道、修建船坞与码头、建立要塞及房屋和造船厂、开挖运河，都必须投入人力。为了满足人力需求，彼得年年颁布法令，征召木匠、石匠和泥瓦匠前往圣彼得堡工作，但最需要的还是毫无经验和技术的农民工。来自帝国各个角落的哥萨克、西伯利亚人、鞑靼人、芬兰人汇聚成一股带着满腹怨言的人流，涌向圣彼得堡。他们可获得一笔差旅费和6个月的生活费，当活下来的劳工获准返乡后，空出的位置就会在翌年夏天由新征集的劳工补上。彼得委派地方官员和贵族征募、遣送役人，这些人向沙皇抗议，地方的精干力量损失殆尽，数百村庄因此荒废，但彼得置若罔闻。

工人的生活艰苦到骇人的地步。他们住在粗糙、拥挤、肮脏的小屋内，地面潮湿不堪。坏血病、痢疾、疟疾和其他疾病将他们成批放倒。工资无法定期发放，逃亡现象时有发生。究竟有多少人在建城过程中丧生将永远是个谜——彼得时代的统计数字为10万；后世的数字要低得多——可能为2.5万到3万。但某个令人毛骨悚然的警句却是毫无争议的：圣彼得堡是座"建在白骨上的城市"。

除了人力，建城所需的物力亦有赖于外界输入。涅瓦三角洲的周边地带平坦如砥、沼泽丛生，可充作木料的大型树木寥寥无几，而岩石也甚为罕见。新城的第一批石料来自上游被夷为平地的瑞典城塞尼恩斯坎，这批建材被运至下游地区。那些年里，每辆进城的二轮马车、四轮马车和每艘俄国船，都会被要求将一定数量的石料连同普通货物一并运入城内。市镇码头和城门处特设了一个用于接受石料的办事处。没有装运石料的车子不得入城。有时石料的需求量变得极为巨大，就必须由高级官员来决定每块石头的命运。为了将树木留作建城之用，岛上的林木一律禁止砍伐。不论何人，加热浴室的频率都不得超过一周一次。木料得自拉多加湖和诺夫哥罗德的森林，新建的锯木厂（由水力和风力驱动）将树干削成木块和木板。1714年，当圣彼得堡的建设工程因石料短缺而延期时，彼得颁布法令：直到另行通知为止，莫斯科不准再修建石屋，违者"财产充公，本人流放"。不久之后，他又将法令的适用范围扩大到整个帝国。全俄的石匠和砌砖工不可避免地带上工具，到圣彼得堡找工作去了。

这座城市需要人口。自愿前往当地定居者寥寥无几。因此，彼得在这个问题上同样动用了强制措施。1708年3月，沙皇"邀请"妹妹娜塔莉娅、两个异母姐姐玛丽亚公主和费奥多西娅·阿列克谢耶芙娜（Feodosia Alexeevna）、两位前任沙皇的遗孀玛尔法、普拉斯科维娅，以及数百名贵族、高官和富商，于春季期间来圣彼得堡陪他。按照惠特沃思的说法，所有人"都不准以岁数已高、生意繁忙或身体不适为由推辞"。⁴ 这些人不愿去圣彼得堡。他们已经习惯了莫斯科乡间的安逸生活，他们在那里拥有一栋栋巨宅，一应食物都可以就地从邻近的庄园购得，或是以便宜的价格从繁荣的莫斯科市场买到，如今他们不得不花费重资，在波罗的海的沼泽地带修建新宅。他们不得不以高价购买那些从数百里外输入的食品。许多人估计自己将损失2/3的财产。至于娱乐，沙皇酷爱的水上活动恰是他们所厌恶的，除非被强迫，他们绝不会踏足舟船。即便如此，别无选择的他们还是来了。随同他们前来的商人和店主发现了一个聊以自慰的事实——他们可以以高得离谱的价格出售自己的商品。许多兴建公共工程的劳工——俄罗斯人、哥萨克和卡尔梅克人的服役期限已满，但他们不愿或是无力长途跋涉返回故乡，于是留了下来；如今他们被贵族雇去，兴造那些奉旨修筑的私宅。最后，这批劳工有数千人在圣彼得堡定居，并自建住房。无论在什么时候，只要受到邀请，彼得都会赶来，为新房铺上第一块基石，并喝上一杯，祝房主事业有成。

这些房屋的位置和风格既非房主决定，也非老天决定。贵族之家被要求用木块、板条和灰泥，"按照英式风格"，在涅瓦河左岸建宅（佃户达500人以上的贵族被要求建造两层住宅）；1000名商贩奉命在右岸修建木制住宅。房主满腹牢骚，劳工不情不愿，工程又草草了事，结果新宅往往存在着这样那样的瑕疵：不是屋顶漏水，就是墙壁开裂、地板塌陷。尽管如此，为了给这座城市添上几分宏伟色彩，彼得下旨：富裕市民的宅子若是只有一层，就必须加盖第二层。为帮助他们，他命特雷齐尼为不同规格的房屋免费制订相称的设计方案。

新城大半为木结构，火灾几乎周周发生。沙皇组建了一个连轴转的监督系统，以控制这一祸害。夜里，当整个城市进入梦乡时，坐在教堂塔楼内的巡夜人俯瞰着一片片静寂无声的屋顶。一旦出现火灾苗头，发现它的巡夜人就会敲响警钟，他发出的信号会立刻被另一位巡夜人接收并传递下去，直至全城皆知。鼓手被钟声惊醒后，便翻身下床，敲起鼓来。很快，街道上便挤满了人，他们拎着短柄斧跑向着火地点。如果当时恰好有士兵在城中，他们可能也会火速赶往现场。最后，每一位驻圣彼得堡的官员，无论是民政官还是军政官，都会被赋予一项特别的消防任务，并因此得到一笔按月发放的特别津贴；未现身火灾现场者马上就会受到惩罚。彼得与其他人一起受命，一起领取津贴。一位外国评论者表示："看到沙皇手持短柄斧，与工人一道爬上被烈焰包围的房屋屋顶是一件很平常的事，他以身犯险，看得连旁观者都浑身哆嗦。"到了冬天，水被冻上以后，短柄斧和长柄斧成了唯一可用的消防工具。如果能以足够快的速度将紧挨着火房屋的屋子劈碎、拖走，那么就可以防止火灾蔓延。一旦彼得在场，他往往能发挥很大作用。根据丹麦大使尤斯特·尤尔（Just Juel）的描述，"由于他的脑子转得特别快，他立刻就能想到灭火的注意事项。他攀上房顶；他前往所有最危险的地方；他鼓励贵族和平民一起帮忙灭火，鼓励他们不要停手，直到火焰熄灭为止。但是，假如皇帝不在场，情况就完全不一样了。那时人们会漠不关心地盯着火场看，却不去做一点儿有助于灭火的事。即使把他们训斥一顿，或者给他们钱也无济于事；他们只会做一件事，那就是伺机行窃"。[5]

另一种时隐时现的自然灾害是洪水。圣彼得堡与海平面相齐，无论何时，只要涅瓦河上涨那么几英尺，城市就会被淹没。1706年，彼得在给缅什科夫的信中写道：

> 前天从西南偏西方向刮来的风，导致海水上涨到据说是前所未见的程度。我家地板上的积水有21英寸深。在花园和街道另一头，人们划着船，自由自在地来来去去。然而，没过多久——不到3小时，

水就退了。有意思的是，洪水期间，我们可以看到人们坐在房顶上或是树上，不光那些农民如此，他们家的女人也一样。尽管水位上升得很厉害，但并未造成严重损害。[6]

"9日午夜，从西南方向刮来的海风极为猛烈，致使全城被淹。"一位英国居民于1711年1月写道，"要不是钟声将人们惊醒，促使他们爬到自家住宅房顶上，许多人一定会在惊讶中活活溺死。但他们的房屋大部分被毁，牲畜也大多被淹死。"[7] 涅瓦河几乎每年秋天都会泛滥，淹没地窖，冲毁存粮。被洪水冲走的房屋板材不计其数，以至于谁要是趁失主找回漂浮物前将它们从水里捞走，就会被判处死刑。1721年11月，另一场从西南方向刮来的大风导致河水再度泛滥成灾，一艘二桅纵帆船被冲过一条又一条街道，最后斜靠在一栋房子的侧面，动弹不得。"受损情况难以言表，"法国大使在给巴黎的报告中写道，"没有一栋房屋能够幸免于难。损失估计达二三百万卢布。（但）沙皇与（失去无敌舰队后的）西班牙的腓力一样，镇定自若，从而彰显了其灵魂的伟大一面。"[8]

即便是在城市诞生15年后，当安有窗户的高大宫室正沿着涅瓦河河堤拔地而起、法国花匠正在铺设整齐匀称的几何形花圃的时候，用一个外国人的话来说，圣彼得堡的日常生活仍是一场"危机四伏、勉强能糊口的露营活动"。一个问题在于，这个地区完全无法实现粮食自给。涅瓦三角洲及其广袤的水域、林地和沼地鲜有丰收的时候，有时遇上潮湿多雨的年份，作物还没成熟就烂掉了。当地的荒野倒是可以提供一些帮助。那里生长着草莓、黑莓和大量蘑菇，只需放上盐和醋，蘑菇就成了俄国人的美味佳肴。动物有小野兔（它那灰色的毛皮到冬天就会变白，肉又干又硬）、野鹅和野鸭。河里和湖里到处是鱼，但外国人懊恼地发现，他们根本买不到鲜鱼，俄国人更喜欢把鱼用盐腌上一腌，或是卤上一卤。然而，即便可以从大地、森林和水域获得上述食物，如果没有从外界运来的粮食，圣彼得堡仍将陷入饥荒。在温暖的季节里，数以千计的车辆从诺夫哥罗德，甚至从莫斯科出发，将食物运往这座城市；到了冬季，圣彼得堡的生命线依靠川流不息的雪橇来维持。如果供应物资在途中耽搁了哪怕一小会儿,圣彼得堡的粮价立刻就会扶摇直上,附近的村庄也是如此,因为这里的情况与正常情况相反,是城市向卫星区供应食物。

在圣彼得堡周边的森林,稀稀落落的桦树、纤细的松树、灌木和沼泽构成了一望无际的地平线,冒险上路的旅人很快就会迷失。这里的旷野上分布着几座农场,可通过没有路标的道路抵达。熊和狼在灌木丛和小树林中游荡。熊的危险性较低,因为夏天它们可以找到足够的食物,冬天它们就睡觉。但狼在一年四季都随处可见,冬天,三四十头狼会成群结队地现身并主动出击。此时它们会在饥饿的驱使下,闯入农场捕捉犬只,甚至攻击马和人类。1714年,两个在圣彼得堡中央铸造厂前方站岗警戒的士兵遭到狼群袭击;其中一人被撕成碎片,并被当场吃掉,另一人爬了出去,但不久就一命呜呼了。1715年,一名妇女于光天化日之下在瓦西列夫斯基岛惨遭吞噬,遇害地点就位于缅什科夫宫不远处。

毫不令人惊讶的是,几乎没有俄国人会选择生活在这种潮湿、荒凉、危险的地方。由于战争和瘟疫将说芬兰语的原住民几乎消灭殆尽,当地一时成了无人区。彼得将土地授予贵族和官员,他们带着家小,甚至整村农民从俄国内陆迁往此地。这些质朴的人被迫从环境宜人的莫斯科周边山区、牧场迁离,遭受了巨大的苦难却毫无怨言。"看到那些人,无分高低贵贱,都本着顺从、忍耐的态度,屈从于如此艰苦的环境,真是一件令人惊讶的事。"韦伯写道,"人们普遍认为,生活对他们而言不过是负担罢了。一名路德宗牧师告诉我:当他调查一些淳朴的俄国农民的信仰,并询问他们是否知道自己应当为获得永远的拯救而努力时,他们的回答是,他们甚至根本不确定自己是否会上天堂,因为他们觉得永恒的幸福是留给沙皇和他手下的大贵族的。"[9]

厌恶圣彼得堡的不仅仅是普通民众。这座城市在它的缔造者过世后,得以继续长久地存在下去,俄国贵族和外国大使对此既满腹牢骚,又惊讶不已。玛丽亚公主宣称:"我们的时代结束后,圣彼得堡就再也撑不下去了,或许这里只会留下一片荒原。"[10] 只有少数几个人看得更为透彻一些。缅什科夫认为,圣彼得堡将成为另一座威尼斯,这一天终会到来——外国人纯因好奇和欣赏它的美丽而来此旅游。

瑞典人始终未能理解彼得对这块沼泽地的强烈感情。沙皇决意拥有新城，这变成了和谈的首要障碍。当俄国在战争中走背运的时候，彼得很乐意放弃所有已占领的利沃尼亚、爱沙尼亚土地，但他死活不同意放弃圣彼得堡和涅瓦河口。鲜有瑞典人能明白，沙皇已将瑞典的波罗的海帝国永久地割裂开来；这根钉入瑞典北波罗的海省份和南波罗的海省份之间的楔子切断了横贯涅瓦三角洲的交通线，预示着瑞典人终将全面失败。大部分瑞典人认为这不过是微不足道的暂时性损失，而彼得是个傻瓜。他们知道，在风的驱动下，芬兰湾的海水会堆积起来，然后灌入涅瓦三角洲，淹没沼泽内的许多岛屿。他们以为狂风和洪水很快就会摧毁这座初生的城市。新定居点变成了人们的笑柄。这些瑞典人的态度就是极度自信的瑞典国王的态度："就让沙皇为修建新城而疲于奔命吧。我们会把夺取新城的荣誉留给自己。"[11]

彼得以自己主保圣人的名字将新城命名为"圣彼得堡"，它成了他统治时期的荣耀，成了他的"天堂"、他的"伊甸园"、他的"爱人"。1706年4月，他在一封致缅什科夫的信的开头写道："我实在按捺不住从伊甸园给您写信的心情，我们在这里的生活真的和身处天堂一般。"[12]这座用砖石造就的城市象征着他生命中的一切重要事物：逃离由窄小窗户和拱顶密室构成的莫斯科，那个幽暗的阴谋之地；拥抱海洋；开启通往西欧技术、文化之路。彼得热爱他的新杰作。汇入海湾的壮阔河流、拍打要塞墙脚的波涛和鼓满新船风帆的含盐海风给了他无穷无尽的乐趣。这座城市的营建燃烧着他的激情。再顽固的障碍也阻止不了他将心中的蓝图变为现实。为此他牺牲了大量的精力、数以百万计的卢布和不计其数的人命。起初，要塞和防御工事才是他最优先考虑的东西，然而一年不到，他就写信给莫斯科的提康·斯特列什涅夫，要求从莫斯科近郊的伊斯梅洛沃庄园送一批鲜花来，"特别是那些带香气的花。先前送到的芍药属植物长势喜人，但这里缺少凤仙花属植物和薄荷属植物。送一些来"。[13] 1708年，他修建了一座鸟舍，送信给莫斯科，索要"8000只不同种类的鸣禽"[14]。

彼得过世后，继任的沙皇们将这座最初由圆木和泥土构筑的定居点变成了一座令人目眩神迷的城市，它的建筑风格更偏欧式而非俄式，它的文化与思想是俄国与西欧文化、思想的融合体。一长列庄严宏伟的宫殿和公共建筑，或黄或红、或淡蓝或浅绿，沿着3英里长、面朝涅瓦河南岸的花岗岩码头拔地而起。由于位处风、水、海的交汇点，由于拥有150座将19座岛屿相连的拱桥、金色的尖塔和穹顶，以及花岗岩柱子和大理石方尖塔，圣彼得堡被人称为"雪国巴比伦""北方威尼斯"。它将成为俄国文学、音乐和艺术的发源地，成为普希金（Pushkin）、果戈理（Gogol）、陀思妥耶夫斯基（Dostoevsky）、鲍罗丁（Borodin）、穆索尔斯基（Mussorgsky）、里姆斯基－科萨科夫（Rimsky-Korsakov）、珀蒂帕（Petipa）、季阿吉列夫（Diaghilev）、帕芙洛娃（Pavlova）和尼金斯基（Nijinsky）的故乡。此外，它还将在两个世纪的时间内，成为展现俄国政治命运的舞台，这座由彼得缔造的城市将演出一幕幕君主为统治帝国而进行的明争暗斗。而这场大戏的末篇——彼得王朝的灭亡亦将在这里上演。后来，新政权为了向它的开创者列宁表达敬意，决定授予他"我们所能给的最好的荣誉"，结果这座城市连名字都被更换了。然而，新城名令许多市民难以宣之于口。对他们而言，"彼得之城"仍是这座城市的唯一名字。

# 28

# 缅什科夫和叶卡捷琳娜

大北方战争初年的历史舞台上，出现了两个人物：亚历山大·缅什科夫和玛尔法·斯卡夫隆斯卡娅。他们日后将成为彼得一生最为亲密的伴侣。两人之间有着几处显著的相似点：他们都出身寒微；在玛尔法遇到彼得前，两人便相识了；他们一起飞黄腾达：他本是一个马童，后来成为显贵的公爵，她本是一个父母双亡的农家女，后来问鼎九五，成为彼得和俄国皇位的继承人。两人都比成就他们命运的巨人皇帝活得长，但也没有长多久。彼得驾崩后，叶卡捷琳娜女皇不久即随之而去。其后是那个野心勃勃的马童，他本已登上人生的巅峰，却又在头晕目眩中跌回地面。

大贵族缅什科夫是帝国最有权势的高官，彼得的"知心伴侣"，他对缅什科夫的感情仅次于叶卡捷琳娜。这个人绝对可以"充当沙皇的代言人"，他除了是神圣罗马帝国的伯爵，还是陆军元帅、第一参政员、"尊贵殿下"和俄国公爵。在那幅最为知名的缅什科夫肖像画上，这个男人的额头高高隆起，蓝绿色的双目闪耀着智慧的光芒，鼻子很大，棕色的髭须呈笔尖型。他的微笑如同蒙娜丽莎的一般神秘莫测——乍一看给人以温和、真诚、亲切的感觉，再一看就显得有些冷淡、疏离。有人觉得，他的嘴、眼、微笑和整体外貌显然透着精明的气息，令人不喜。在着装方面，缅什科夫看起来就像是一位西化的"准沙皇"（普希金语）。他头戴卷曲的白色假发，如同路易十四身边的显贵一般，护胸甲外罩着一件镶有金边和金穗的白色长袍。他的颈上系着一条红色的丝质领巾，一条宽宽的蓝色带子斜披在他的胸前，那是圣安德烈勋章的绶带。这枚星形勋章，以及波兰的星形白鹰勋章，还有另一枚星形勋章，都别在他的长袍上。可以说，当我们看到这幅画像时，我们会觉得画中人是个非常睿智、权势滔天、极度无情的人物。

亚历山大·丹尼洛维奇·缅什科夫从名字到生涯都与彼得大帝的人生纠缠不清，但这位赫赫有名的彼得副手的出身为各种传奇故事所掩盖。一些人说他父亲是个立陶宛农民，把儿子送到莫斯科当糕点师学徒。在那里，年轻的缅什科夫卖起了小糕点和皮罗什基。按照这个传说，有一天，当这个机灵的年轻人在城里沿街叫卖时，他那充满活力的喊声引起了勒福尔的注意，后者停下脚步，与缅什科夫交谈。勒福尔被这个小伙子吸引住了，立刻将他带回去做自己的亲随。从这以后，尽管缅什科夫只会写自己的名字，但机智勇敢、能言善辩的他成了一颗耀眼的明星，很快引起了彼得的注意。沙皇也被这个机灵、幽默、岁数与自己极为相近的大男孩迷住了，他说服勒福尔放弃亚历什卡，让他做自己的私仆。这个职位的级别虽低，却是个贴近皇上的差使。打那以后，缅什科夫运用自身的出众魅力和各种才干，使自己跻身18世纪欧洲最具财富与权力者之列。鲁莽大胆的性格从未从缅什科夫身上消失，导致他在掌管国库时疯狂监守自盗。但这种性格后来也帮到过他，使他不至于被那位暴戾的独裁君主的怒火吞噬。据说彼得最后终于发出威胁，要把这位显贵的公爵送回莫斯科街头卖馅饼。当天晚上，缅什科夫系着围裙出现在彼得面前，一面肩扛一盘皮罗什基，一面高声叫嚷："热馅饼！热烘烘的馅饼！卖刚出炉的皮罗什基啦！"[1] 彼得先是难以置信地摇摇头，继而放声大笑，又一次饶恕了这位犯错的宠臣。

在某个较为可信的版本中，缅什科夫最初事迹的精彩程度只是略逊一筹而已。几乎可以肯定的是，缅什科夫的父亲是沙皇阿列克谢麾下的一名士兵，后来在驻普列奥布拉任斯科耶的部队当了一名下士文书。缅什科夫家族可能起源于立陶宛：册封缅什科夫为神圣罗马帝国伯爵的文书称，新任伯爵是一个立陶宛古老贵族家系的后裔。"古老"和"贵族"或许是附会之说，为的是让顽固、保守的哈布斯堡皇帝能痛痛快快地将头衔授予缅什科夫。但有证据表明，缅什科夫的亲属是明斯克周边地区的地主，而明斯克当时是立陶宛的一部分。

无论祖先是谁，缅什科夫都出生于1673年11月，比彼得小1岁半。童年时代的他是普列奥布拉任斯科耶皇家庄园里的一名马童。从幼时起，他就明白接近彼得的重要性。他是第一批以士兵身份加入少年军团、参与游戏的男孩之一。1693年，他成了普列奥布拉任斯科耶近卫团炮兵部队——近卫团中最受彼得宠爱的下辖部队的一名炮手。他以一名军士的身份与沙皇在亚速城下并肩作战。当彼得组建大特使团访问西欧时，缅什科夫是首批被选中的志愿者之一。这一次，缅什科夫被任命为"登契克"（dentchik）——伺候沙皇的小厮中的一种。登契克的职责是日夜陪伴在沙皇身边，轮流在御寝室的隔壁房间里睡觉，当沙皇出行时，他们就睡在龙床床头的地板上。缅什科夫曾陪着彼得一起在阿姆斯特丹和德特福德造船厂干活。在船舶木工技术方面，他几乎与彼得旗鼓相当。他是除沙皇外唯一一个展示过真正经商能力的俄国人。缅什科夫与彼得一道参观过西欧的工房和实验室，学习过少许荷兰语和德语，接受过文明社会的外表洗礼。他的适应能力很强，学起东西来也很快，但仍是一个彻头彻尾的俄国人，因此，他差不多正是彼得想要塑造的那种俄国榜样人物。如今彼得至少有了个试图领会他的新思想、愿意破除本国旧俗的臣属。这个人不仅足够聪明、有才，而且真心渴望助沙皇一臂之力。

从欧洲回来后，缅什科夫立刻被彼得的"快活帮"接纳，成了狂欢活动的一员。他高6英尺，身板结实，矫健灵活，擅长彼得喜爱的体育运动，变成了普列奥布拉任斯科耶的明星人物，那里的人们都知道他的昵称亚历什卡，或是他的教名丹尼洛维奇。他"在戈登将军家，与一大帮歌手合唱圣诞颂歌"。在处决射击军时，他表现积极。彼得赠给他一栋房屋。1699年2月2日，在沙皇在场的情况下，宅子里举行了一场"祭祀酒神的仪式"。

这个年轻人的迅速发迹不可避免地引发了他人的背后嘲讽，这些人拿他出身微末、没有文化这两件事做文章。"从血统来说，"公爵鲍里斯·库拉金说，"缅什科夫比波兰人还低贱。"[2] 科布轻蔑地写道："那个亚历山大靠着沙皇的恩典才成了宫里的耀眼人物。"他还说，这个年轻的宠臣已经在向那些需要政府各部门关照的商人及其他人士兜售自己的影响力。[3] 英国公使惠特沃思在1706年的报告中写道："我得到可靠消息，缅什科夫既不会读也不会写。"⁴ 这个罪名只有一部分是真的。缅什科夫已经学会了阅读，但他要写点什么时，总是让秘书代劳，而后用颤抖的手吃力地签上自己的名字。

然而，尽管遭到众人群起贬低，缅什科夫却依旧一路扶摇直上。他聪明机智、为人乐观，对问题有着不可思议的理解方式。对于彼得的命令和个人情绪，他几乎总能未卜先知，而当沙皇冲他发火甚至报以老拳时，他默默地忍受，这些特质令他变得与众不同。彼得从欧洲回来后，指责沙因将军贩卖军职，并当着宴会来宾的面拔剑砍向罪犯；令这一击转向、救下沙因性命的是勒福尔，但抓住沙皇胳膊，使他冷静下来的人是缅什科夫。不久之后，在为丹麦大使的儿子举办的洗礼宴会上，彼得瞥见缅什科夫在舞池内佩剑。外宾在场的情况下，此人做出这种违反礼仪的举动，把彼得惊得目瞪口呆。他一拳打在缅什科夫的脸上，致使后者鼻血狂喷。翌年春天，在沃罗涅日，缅什科夫弯下腰在彼得耳边私语，沙皇勃然大怒，又赏了他当面一拳。这一拳极为有力，受害者被打了个仰面朝天。面对这种虐待，缅什科夫并不是简单地辞职了事，而是始终保持着出色的幽默感。他能及时摸清彼得的心情，对于彼得所赐予的东西，无论是恩宠还是殴打，他都乐于接受。因此，对沙皇而言，缅什科夫是不可或缺的。他已经不再是仆人，而是朋友。

1700年，战争爆发时，缅什科夫依旧隶属于彼得的私人侍从队伍——当年彼得寄给他的一封信表明，沙皇的衣饰已专门交由缅什科夫负责。但战争开始后，缅什科夫投身其中，他在指挥岗位上的表现与在其他一应事务上的表现同样出色。他与彼得一起去了纳尔瓦，又在那场损失惨重的战役开始前，同沙皇一道离去。1701年，在彼得亲自指挥的因格里亚战役中，缅什科夫以沙皇副手的身份名扬四海。在围攻并夺取了诺德堡（今施勒塞尔堡）后，缅什科夫被任命为这座要塞的司令。他参与了对涅瓦河下游的进军，攻占尼恩斯坎，以及在河口伏击、俘获瑞典舰队的战役。1703年，彼得修建圣彼得堡与彼得保罗要塞，此时缅什科夫奉命修筑6座巨型棱堡之一，那座棱堡后来以他的名字命名。就在同一年，他当上了卡累利阿、因格里亚和爱沙尼亚总督。1703年，为了取悦沙皇，在出使维也纳帝国宫廷的特使彼得·戈利岑的安排下，缅什科夫被授予匈牙利伯爵的头衔。1705年，约瑟夫皇帝授予亚历什卡神圣罗马帝国伯爵头衔。两年后，当缅什科夫在波兰的卡利什（Kalisz）击败瑞典人后，彼得授予其因格里亚公爵（Prince of Ingria）头衔，以及大片土地。意味深长的是，受封仅仅两周后，新任公爵就写信要求查明封地有多少堂区、人口，自己可以从那里征收多少税款，并命令当地教堂在举行宗教仪式时不仅要提到沙皇的名字，还要提到他的名字。

比这些头衔和财富重要得多的是彼得的友谊，因为头衔、财富的获得完全依赖于它。勒福尔于1699年去世，此后，沙皇身边再也没有一个可以向其展露自己的伟大与渺小，以及梦想、希望与失望的亲密朋友了。缅什科夫担当起了这一角色，在大北方战争刚开始的那些年，彼得的友谊发展为深厚的感情。彼得走到哪，亚历什卡就跟到哪。无论沙皇下达什么样的命令，他都会执行。他可以陪彼得一起喝得烂醉，听彼得倾诉他的恋情，担任他的骑兵指挥官与政府大臣——不论什么角色，他都全身心投入，而且干得井井有条。随着他们的私人关系变得越来越密切，彼得对缅什科夫的称谓也发生了变化。1703年时，沙皇仍然称他为"我的心肝""我的宝贝"。到了1704年就变成了"我亲爱的伙伴""我亲爱的朋友"，后来又变成了"我的兄弟"。彼得在给缅什科夫写信时，总会在末尾写道："一切都好。愿主开恩，让我能与您欢喜重逢。这点您是清楚的。"①

在接下来的人生道路上，荣誉和赏赐继续如雨点般砸向缅什科夫，而他的敌人也在急剧增加。在他们看来，他阿谀媚上、野心勃勃，有了权力便专横暴虐。他有时确实是个残忍无情的人，对伤害过他的人念念不忘。缅什科夫最大的毛病是贪财，他几次差点因此遭遇灭顶之灾。他出身贫寒，如今却被获取财富的机会包围，敛起财来便不遗余力。随着年岁的增长，这一特质变得越发明显——至少没那么容易隐藏了。彼得发现自己的老友正在利用职务之便大肆敛财，还经常直接盗窃国库的储藏，多次试

---

① 这句话莫非别有深意？惠特沃思写道："一些人觉得他们之间的亲密关系更像爱情而非友情，他们老是吵嘴，但过后又总是和好。"[5] 但事实上，没有证据表明彼得与缅什科夫之间存在同性恋关系。

图阻止他。缅什科夫被送上过法庭、被剥夺过权力、被罚过款,甚至被暴怒的沙皇殴打过,但30年的同伴之谊总是从中作梗。彼得的气消了,缅什科夫也就官复原职了。

事实上,缅什科夫远不止一个聪明、贪婪的谀臣。尽管他是仰仗彼得的力量爬上高位的,但对彼得而言,他仍是个不可或缺的朋友。他变成了彼得的另一个自己,没有别人能做到这一点;他对沙皇在各种情形下的反应了如指掌,以至于别人将他的命令视若彼得的命令。"他想干什么就干什么,从不征求我的意见。"彼得曾这么评价他,"但就我而言,我要做什么决定时也从没征求过他的意见。"[6] 不管怎样,在彼得建立一个新俄国的过程中,都少不了缅什科夫的一份功劳。

玛尔法·斯卡夫隆斯卡娅的出身比缅什科夫更为寒微。在她于1703年(那年她19岁)遇到沙皇前,她的人生轨迹只能靠猜测。最为可信的说法是,她是一个名叫萨穆埃尔·斯卡夫隆斯基(Samuel Skavronsky)的立陶宛农民的女儿,她父亲可能是个天主教徒,有4个孩子。斯卡夫隆斯基从立陶宛迁出后,把家搬到了瑞典的利沃尼亚省。1684年,玛尔法出生于多尔帕特附近的林根(Ringe)村。当她尚在襁褓之中时,父亲就因瘟疫而死,不久之后,母亲也撒手人寰。几个一贫如洗的孩子彼此离散,玛尔法被恩斯特·格鲁克(Ernst Gluck)一家收养,格鲁克是马林堡(Marienburg)的路德宗牧师。尽管严格来说并不算一个用人,但玛尔法仍被要求给家里帮忙,她洗衣、缝补、烘烤面包、照料其他孩子。或许从一开始,她就没有被看作家中的正式成员,这个受过相对良好教育的家庭并没有花心思教她学文化,当她离开格鲁克家时,既不会读也不会写。

正值青春年华的玛尔法逐渐成长为一个清秀、结实的姑娘,她有着一双温暖人心的黑眼睛,身材丰满圆润,引人注目。据说格鲁克夫人的防备心日益加重,唯恐这个如花似玉的女孩令几个正在成长的儿子乃至牧师本人心猿意马。于是,玛尔法被怂恿着接受一名瑞典龙骑兵的求爱,后者所在的团就驻扎在附近。她与他订了婚。按照一些记录,实际上玛尔法于1702年夏嫁给了那个龙骑兵,两人一起度过了8天的短暂时光。就在此时，俄国人入侵了，他们势如破竹，迫使这名龙骑兵所在的团撤离马林堡。玛尔法从此再未见过自己的未婚夫（丈夫）。

瑞典人撤离后，多尔帕特地区连同那里的全部人口均落入舍列梅捷夫的俄军之手。格鲁克牧师和他的家人沦为战俘。老于世故的舍列梅捷夫友善地接待了这名路德宗牧师，并接受了格鲁克的建议，将他送往莫斯科，为沙皇当翻译。但魅力逼人的弃儿玛尔法没有去莫斯科，而是为舍列梅捷夫做了6个月的家务。（有人绘声绘色地描述了这样一则传闻：这个姑娘被带进陆军元帅的军营，全身一丝不挂，仅以一领士兵的斗篷蔽身。）一些人猜想玛尔法成了舍列梅捷夫的情妇，这种可能性不是没有，尽管没有任何迹象表明这个目不识丁的17岁少女与富有教养的中年陆军元帅之间真的存在这种关系。后来，玛尔法成了彼得的妻子，她对舍列梅捷夫并无敌意。另一方面，她也没有赐予他特别的恩宠。简而言之，除了空间距离近，两人之间就没有什么算得上亲近的东西。或许未来的女皇不过是舍列梅捷夫家的一名女仆罢了。

玛尔法与她的下一任保护人缅什科夫的关系更亲密些，也更复杂些。造访舍列梅捷夫时，他已经是沙皇跟前的红人了。玛尔法引起了他的注意。她出脱得越发俊秀；由于新工作不像之前那么繁重，她那一度因操劳而发红的双手变得更为白皙、更为细腻。她接受了东正教信仰，取了个俄国名字：叶卡捷琳娜（Ekaterina）。没人知道缅什科夫是怎么说服舍列梅捷夫，把这个立陶宛女孩转赠给他家的——一些人说他只是把她买了下来。无论如何，1703年秋，他将她带往莫斯科。

那些日子里，这个18岁的姑娘可能与那位32岁的宠臣同床共枕过。无论事实是否如此，两人于这段时间内建立了牢不可破、伴随终生的感情纽带。彼得去世后，他们成了俄罗斯帝国最有权势的两大人物，然而由于他们的出身都很卑微，他们完全仰仗彼得的鼻息。失去沙皇的保护后，势单力薄的皇后和宠臣开始结为同盟，相互扶持。

事实上，并无证据表明叶卡捷琳娜是缅什科夫的情妇，倒是有间接证据表明事实正相反。那段日子里，一位拥有"少女波雅尔"（她们唯一的使命就是陪伴皇家妇女）头衔的女子疯狂地恋上了缅什科夫。1694年，在彼得的母亲去世后，沙皇那活泼的妹妹娜塔莉娅搬到了普列奥布拉任斯科耶的男性世界，与哥哥同住。她带来了一小队这样的少女，其中有一对姐妹：达里娅·阿尔塞内娃（Darya Arseneeva）和芭芭拉·阿尔塞内娃（Barbara Arseneeva），她们是西伯利亚一位官员的女儿。缅什科夫以彼得朋友的身份迎接娜塔莉娅的随行贵妇团。不久，他就与漂亮的达里娅·阿尔塞内娃发展为恋人关系。不管他走到哪里，隔三岔五就要借助秘书之手给达里娅去信，并送给她一批戒指和珠宝。达里娅则在回信时寄来浴衣、亚麻布床单和衬衫。1703年，当缅什科夫从因格里亚凯旋，回到莫斯科时，阿尔塞内娃姐妹住进了缅什科夫家，这个家由缅什科夫的两个姐妹代为操持；而叶卡捷琳娜也被缅什科夫带进了这个家。尽管他完全可以一边向一位出身更高的女子求爱，一边和他的立陶宛女佣玩玩，但他深爱着达里娅，她后来成了他的妻子。

当彼得于1703年秋邂逅叶卡捷琳娜的时候，她是缅什科夫家的一员，尽管我们无法确定她当时的身份，但彼得无疑非常清楚。她的地位足以接近沙皇，与其对话。尽管彼得已经31岁了，叶卡捷琳娜只有19岁，但他很欣赏她。他与安娜·蒙斯之间维持了12年的关系正在分崩离析。[①]出现在他面前的是一个结实、健康、充满魅力、青春洋溢的姑娘。尽管她远远算不上绝色美女，但她那双黑天鹅绒般的眼睛、浓密的金发（后来她将它染黑，好让自己被太阳晒黑的肌肤显得稍白些），以及充满女人味的丰满胸部已经抓住了一位陆军元帅和一位未来公爵的目光；彼得同样被她深深吸引。

无论她之前受到了怎样的安排，从这时起，叶卡捷琳娜都成了彼得的情妇。为方便起见，她继续生活在缅什科夫位于莫斯科的房子里，那栋住宅如今已经住满了妇女。起初，它由缅什科夫的两个姐妹玛丽亚和安娜

---

① 安娜察觉彼得与她渐行渐远，便挑衅般地与普鲁士特使凯泽林（Keyserling）调情，试图重新引起彼得的关注。特使却反应过度，他坠入爱河，还向她求婚。彼得的反应是将安娜逐出她的庄园，断绝对她的恩宠，将自己的镶钻肖像画从她那里收回，并将她、她的母亲和姐妹软禁起来。后来他心软了，让她与凯泽林结了婚，安娜从此以特使夫人的身份生活，丈夫死后，她再未结婚，最后于1715年在德意志区去世。

负责照管，但在1703年12月，安娜与外交部长官费奥多尔·戈洛温的弟弟、贵族阿列克谢·戈洛温结了婚，从而大大改变了缅什科夫一族的家运。如今缅什科夫家的成员还包括芭芭拉·阿尔塞内娃和达里娅·阿尔塞内娃姐妹、她们的姨母阿尼西娅·托尔斯泰（Anisya Tolstoy），以及叶卡捷琳娜。

1703年10月，彼得前往莫斯科，与缅什科夫那奇特的"一家人"同住了5个星期，随即离开，但到了12月，他又回来了，并一直待到次年3月。不久，达里娅和叶卡捷琳娜与缅什科夫、彼得一道前往俄军营地附近的市镇旅行。几年下来，四人旅行团成员之间的感情一直很亲密，因而当哪个男性成员要与其他成员分别时，他就会感到悲伤、孤独。彼得和缅什科夫经常天各一方。缅什科夫指挥的骑兵、龙骑兵部队的战绩越来越出色，身为统帅的他经常远在立陶宛或波兰。为了符合礼节，两个女子总是结伴同行，但她们无法同时与两个男人相聚，其结果是，彼得或缅什科夫往往只能给其他三人寄去一封语气悲戚的信。1704年冬，叶卡捷琳娜诞下一个名叫彼得的儿子。1705年3月，彼得给叶卡捷琳娜和达里娅致信："在这里，我很少有开心的时候。啊，妈妈们！千万别丢下我的小彼得鲁什卡。给他做几件衣服，想带他去哪儿就带他去哪儿。但是，你们可得让他吃饱喝足。还有，女士们，代我向亚历山大·丹尼洛维奇问个好。你们不肯在来信中透露自己的健康状况，这对我来说可是很不近人情的。"[7] 1705年10月，次子保罗出世。1706年12月，一个女婴呱呱坠地，他们为她取名为"叶卡捷琳娜"。

1706年春，缅什科夫孤身在战场，形单影只。他给达里娅送去一份礼物：5只柠檬，这是他竭尽全力搜集到的。他建议达里娅与沙皇共享这些水果。彼得写信给缅什科夫，感谢他的柠檬，顺带将他招至基辅。"你必须在圣母升天节的时候来一趟，好在我动身前把我们之前已经充分讨论过的问题变为现实。"[8] 彼得如今坚决要求缅什科夫与达里娅结婚，这个问题他已经考虑过一段时间了。他从圣彼得堡给缅什科夫去信，敦促道："如你所知，我们都生活在天堂中，但有个念头一直在我脑海里挥之不去，你也知道我在想什么。我并不相信人的意志，我相信的是神的意志和仁慈。"⁹ 缅什科夫一再答应结婚，婚礼却一再延期。

彼得之所以坚决要求缅什科夫结婚，是因为他很想把两对情侣之间的同居关系合法化。针对四人团——包括两名未婚女子的闲言碎语已经被人厚颜无耻地传遍全俄，婚一结，舆论也就逐渐平息了。但光让缅什科夫和达里娅结婚是不能让此类议论彻底停止的；如今叶卡捷琳娜动不动就怀上彼得的孩子，沙皇只有娶了她，才能堵住悠悠众口。然而，彼得对此犹豫不决，因为叶夫多基娅还活着。尽管如此，作为解决问题的第一步，缅什科夫必须结婚——如此一来，达里娅就将成为一位受人尊敬的主妇，而叶卡捷琳娜也可以名正言顺地和她结伴出游了。1706年8月，缅什科夫终于低了头，达里娅成了他的妻子，她分享他的想法，也分担他的压力，还设法给他慰藉。一有机会，她就与他一起去旅行，一起上战场。

缅什科夫成家后，彼得立即开始考虑，自己是不是也该结婚了。从很多方面来看，这样做都弊大于利。如果沙皇迎娶一个不识字的外国农妇，会被作风传统的俄国人视为疯狂之举。如今正值国家危亡之际，俄国人在彼得的强迫下，为国家付出了巨大的牺牲，倘若彼得在这个时候激怒他们，是不可能不引发严重内乱的。尽管这些理由十分充分，但它们最终还是让位于彼得对那位非凡女性的欲望。15个月后（1707年11月），彼得继缅什科夫之后，与自己的女人结了婚。结婚典礼在圣彼得堡秘密举行，缅什科夫结婚时，现场鼓乐喧天，沙皇的婚礼却静悄悄的。尽管叶卡捷琳娜已经给他生了三个孩子，后来又生了第四个、第五个，但彼得仍暂时对子民隐瞒了自己秘密结婚的事，就连他的大臣和一些家庭成员也被蒙在鼓里。

叶卡捷琳娜对自己的新身份心满意足（她的崛起之路令人称奇，但她在任何阶段都没有试图爬得更高）。然而，尽管她继续给丈夫生儿育女，同丈夫的感情羁绊也日益加深，彼得却仍旧为她忧心忡忡。1711年3月，彼得将叶卡捷琳娜留在后方，自己动身前往普鲁特与土耳其人作战。在出发前，沙皇找来自己的妹妹娜塔莉娅、皇嫂普拉斯科维娅，以及普拉斯科维娅的两个女儿。他将她们介绍给叶卡捷琳娜，并告诉她们，她是他妻子，她们应将她视为帝国皇后。他表示，自己打算一有机会就同她公开举行婚礼，但他要是还没来得及实现计划就撒手人寰，那么她们就必须承认叶卡捷琳娜为自己的合法遗孀。

1712年2月，彼得履行了自己的诺言，与叶卡捷琳娜再次举行婚礼——这一次的婚礼庆典有了鼓声和号声，有了前来出席的外交使节团，有了盛大的庆祝筵席，有了烟火表演。仪式开始前，叶卡捷琳娜公开受洗，加入俄国东正教会。她的继子，皇储阿列克谢担任她的教父。其后，皇后的名字被公布为"叶卡捷琳娜·阿列克谢耶芙娜"。

彼得的新妻具有一种彼得以前从未在别的女人身上发现过的特质。她热情、快乐、富有同情心、为人善良、慷慨大方、心胸开阔、令人舒心、强壮健康、生机勃勃。在彼得的所有追随者中，她与缅什科夫最能与精力惊人又难以抑制内心冲动的沙皇保持一致。与其他性格朴实的人一样，叶卡捷琳娜能够凭借自己的感觉识破他人的谄媚与谎言。她的说话风格与彼得一样，简单易懂、直截了当、真诚可靠。私下里，她可以独自沉溺于自己的幽默风趣，并视彼得如一个发育过度的大男孩；在公开场合，她机智地隐身于幕后。她聪明伶俐，与彼得又心心相通，足以理解彼得的压力与性格。由于她性格温厚，无论彼得的心情有多么阴郁、行为有多么粗暴，她都不曾触怒过他。帕特里克·戈登的女婿亚历山大·戈登认为："她的脾气实在是太好了，这是沙皇对她视若珍宝的重要原因。从来没有人见过她大发牢骚，或是郁郁不乐的样子；她对所有人都热情有礼，从未忘记过自己的出身。"[10]

比起其他人，叶卡捷琳娜更擅长应付彼得的痉挛性昏厥。一出现发作迹象，沙皇的随从就赶紧去找叶卡捷琳娜，后者会立刻赶到，用双手稳稳地搀扶彼得躺下，把他的头放在自己的膝头，而后轻轻摩挲他的头发和太阳穴，直到抽搐现象有所缓解、彼得沉沉入睡为止。当他睡着以后，她会一连几小时静静坐在那里，轻轻抱着彼得的脑袋，要是他动弹的话，她则会安慰般地抚摸他的脑袋。彼得醒后总能恢复元气，但他对叶卡捷琳娜的需求远不止看护。她的思想与心地决定了她不但可以抚慰他，与他一同玩耍、爱他，还能参与他的内心生活、与他谈论各种要事、讨论他的想法与计划、为他的希望与抱负加油打气。她的存在令彼得感到安心，而与她会话能给彼得带来快乐与平衡。

彼得对女人特有的、神秘且百试百灵的性魅力从来都不是太感兴趣。他根本没工夫像路易十四一样,和那些讨人喜欢、机智诙谐的宫廷女子打情骂俏。他忙于战事和政事,无法像萨克森-波兰的奥古斯特那样,用一场场史诗级、纯粹出于肉欲的战役去征服那些女人。与叶卡捷琳娜成婚后,彼得偶尔也会拥有几个情妇,但她们几乎无法进入他的内心世界,对他而言毫无价值。彼得一生中深爱过的女人只有4个:母亲、妹妹娜塔莉娅、安娜·蒙斯,以及叶卡捷琳娜。其中以他母亲和叶卡捷琳娜的地位最高,从一定程度上说,叶卡捷琳娜做到这一点,是通过变成他的第二个母亲。她类似一个即使孩子犯下大错也不会严加批评的母亲,给彼得以纯粹的慈爱。因此,他百分之百地信任她。她甚至可以在他狂怒难制的时候靠近他、安慰他,使他平静下来,就像娜塔莉娅·纳雷什金——或者至少像勒福尔(他无疑也是爱彼得的)那样。有了她的臂弯,他得以度过一个又一个宁静之夜。在给她写信时,彼得常常(特别是在他们刚刚相识的时候)在开头部分以Moder或Moeder①来称呼她。后来,她成了他的"小叶卡捷琳娜"(Katerinushka)。就这样,叶卡捷琳娜在彼得的生活和内心中占据的分量逐渐加重。尽管彼得偶尔也会与一些年轻的美人儿搞搞外遇,但叶卡捷琳娜不吵不闹,镇定自若,只是微笑以对,因为她知道,自己是不可缺少的。

12个孩子(6个儿子和6个女儿)的出世将他们的同志之谊、爱情,以及叶卡捷琳娜的力量和忍耐力体现无遗。其中10个孩子还在襁褓中就夭折了,或是只活了短短几年。他们的名字和生卒年份读来令人心生怜悯:有些名字被彼得和叶卡捷琳娜用了多次,他们希望新出世的小彼得、小保罗或小娜塔莉娅的运气能比那些已入土的同名者要好一些。②有两个

---

① 均是德语"妈妈"之意。——译注
② 令人心生怜悯的名单如下:彼得(1704—1707)、保罗(1705—1707)、叶卡捷琳娜(1707—1708)、安娜(1708—1728)、伊丽莎白(1709—1762)、娜塔莉娅(1713—1715)、玛加丽塔(1714—1715)、彼得(1715—1719)、保罗(1717—1717)、娜塔莉娅(1718—1725)、彼得(1723—1723)、保罗(1724—1724)。

孩子活到了成人期：一个是生于1708年的安娜，她后来成了荷尔斯泰因公爵夫人和沙皇彼得三世的母亲；另一个是生于1709年的伊丽莎白，自1740年到1762年，她以女皇的身份统治俄国。尽管婴儿早夭现象在那个年代实在是太常见了，但对于一个频频忍受怀孕、分娩，以及先希望后失望之苦的母亲而言，负担并不会因此减轻半分。

无论在人生的哪个阶段，叶卡捷琳娜扮演的角色都与特蕾姆宫的皇族女性或藏于深闺的公主截然相反。这个坚强的农妇拥有强健的体魄，又渴望待在她的陛下身边。于是，她经常陪同彼得出游，他们一起走遍俄国，一起去波兰、去德意志、去哥本哈根、去阿姆斯特丹。她曾两度与彼得一起上战场——一次是在普鲁特，敌人是土耳其人；后一次是在里海一带，对手是波斯人。她忍受着行军的艰辛与战场上的喧嚣，毫无怨言。她在马背上颠簸过两三天，睡在没铺地毯的帐篷内，而大炮就在旁边隆隆作响。叶卡捷琳娜甚至目睹了自己的一名侍从被子弹击中，却镇定自若。

她既不假正经也不娇气，她正是彼得需要的那种男人般的伴侣，彼得即使在纵酒狂欢时也要她陪在身边。叶卡捷琳娜以和蔼的态度顺从自己的男人，但当她能够在不激怒彼得的情况下劝他适度饮酒时，也会运用一下自己的影响力。有一次，彼得将自己和几个亲密酒友锁在房间内，当他们纵情豪饮时，叶卡捷琳娜敲响了房门。"该是回家的时候了。"她说。门开了，彼得顺从地和她回家去了。

但叶卡捷琳娜再坚强、再具男子气，也还没到对女性喜好全无兴趣的地步。她学过舞蹈，能把最复杂的舞步用准确、优雅的姿势展现出来，还把这项才能传给了女儿伊丽莎白。叶卡捷琳娜对服装和华丽的装饰品爱不释手。她可以扮演军人皇后的角色，睡在帐篷里，但战事一结束，她就迫不及待地想重新回到珠光宝气的宫廷生活。彼得的个人喜好很简单，房子越小，天花板越低，他就越高兴。他却在圣彼得堡、彼得霍夫（Peterhof）和瑞威尔为叶卡捷琳娜修建了一批宫殿和花园。在她的行宫内，穿来服侍彼得的镶普通穗带的布质束腰外衣是上不了台面的。叶卡捷琳娜的廷臣穿的是金银线刺绣的丝质、天鹅绒和锦缎服装，袖子上带有精美的花边褶子，还有钻石和珍珠纽扣。她的大部分肖像画都是在30岁之后创作的，那时她已经是公认的皇后了。画像上的妇人身体结实、胸脯白皙、头发乌黑，拥有一对杏仁状的黑眼睛、浓浓的眉毛、美观迷人的嘴巴。通常情况下，她头戴一顶用珍珠和红宝石制成的王冠，身穿一件镶花边的锦缎礼服，奢华的貂尾披肩随意地从她的右肩处滑下来，她的红色腰带上别着一个圣凯瑟琳勋章，那是彼得为她而创立的。

然而，尽管叶卡捷琳娜喜欢珠光宝气的生活，她却从未在自己出身低微这个话题上撒过谎，即使在成为彼得的妻子、俄国的皇后之后，她对外国皇室成员仍尊敬有加。1717年，一名德意志外交官在谈及叶卡捷琳娜的外表和作风时描述道：

> 皇后正值壮年，在她身上看不到半点儿曾经美丽过的迹象。她又高又壮，肤色黑得出奇，脸上要不是搽了胭脂和增白粉，恐怕还会显得更黑。她的作风倒是没什么让人反感的，任何一个记得王妃出身的人都对此而称赞……她非常希望自己能表现得出色一些……我们完全可以认为，尽管这位王妃并不是个魅力十足的女人，却是个温柔到极点的人……在访问柏林期间，她对王后毕恭毕敬。对此，我们可以理解为：她那非凡的运气并未让她忘却那位王妃与自己之间的不同。[11]

随着岁月的流逝，彼得与叶卡捷琳娜的感情越来越深，最能生动地体现这一点的是他们之间的往来信件。每当他们分别，彼得每隔三至四天都要给妻子写信，诉说自己的孤单，担心她的健康状况，向她保证自己绝对健康，形势不妙时让她与自己同悲，形势大好时让她与自己同喜。他唯一的不满在于她的回信无法像他希望的那样频繁、迅速。叶卡捷琳娜的回信必须通过口授来让秘书代笔，因此"写"起信来绝不像他那样轻松镇定——字里行间充满了愉悦感。她关心他的健康，以及他们的孩子的消息。她从未向彼得抱怨过，也从未对他的决策和个性发表过意见。双方的语气都很温和，带着关怀与体贴，夹杂着戏谑般的私人玩笑。他们还会围绕着其他风流韵事和彼此许下的浪漫爱情承诺,开玩笑似地责备对方。["如果您在这里,"叶卡捷琳娜在给丈夫的信中写道,"用不了多久,又一个小西斯金卡(他们的一个小儿子的外号)就出世了。"[12]]两人在寄信时,几乎总会附上一小包水果、腌鱼、给彼得准备的新衬衣或晨衣,或是给叶卡捷琳娜准备的牡蛎——那是她的心爱之物。

彼得的信,1709年8月31日写于卢布林(Lublin):

> 妈妈:自打离开您后,我就再也没有收到我想知道的消息,特别是您什么时候能来维尔纽斯。没有您在身边,我心情烦闷,我想您也一样。奥古斯特陛下已经来了……波兰人一直在开会讨论伊瓦什卡·赫梅尼茨基(Ivashka Khmelnitsky)的事(也就是说,他们在喝酒)。[13]

1709年9月24日写于华沙:

> ……谢谢您的包裹。我给您寄了些鲜柠檬来。您开玩笑说,我在(和别的女人)寻欢作乐,但我们这里一个女人都没有,因为我们已经老了,而且也不是那种人。代我向姨妈(达里娅)问好。她的新郎(缅什科夫)前天与伊瓦什卡见了面(也就醉了一回),结果在船上狠狠摔了一跤,现在正有气无力地躺着;这事得慢慢透露给姨妈听,免得她精神崩溃。[14]

1709年10月16日,写于马林韦尔德(Marienwerder):

> ……代我向姨妈问好。关于她与一名僧侣坠入爱河的事,我已经告诉新郎官了。他因此悲伤不已。悲痛之余,他想干点儿傻事。[15]

1711年9月19日,写于卡尔斯巴德(Carlsbad):

感谢上帝，我们都好，只是我们的肚子胀得满满的，因为我们无事可做，只能像马儿喝水一样灌酒……您来信说，我应当先治疗，而不是急着赶到您那里去。很明显，您已经找到比我更好的男人了。客客气气地问一下：他是我们圈子里的人，还是托伦（Thorn）那边的某个人？我觉得是托伦那边的人，您是想报复我两年前的作为。你们这些"夏娃的女儿"就是这样对待我们这些老家伙的。[16]

1712年8月8日，写于格赖夫斯瓦尔德（Greifswald）：

我听说您甚感无聊，我亦是如此。但您可以想象到，我有正事要办，可没有太多的时间花在无聊上。我不认为我可以马上离开这里，上您那去，如果骑兵已到，那么奉命开往安克拉姆（Anclam）的三营步兵也会随之赶到。但是，看在上帝的分上，您得注意，千万别跑到离军营100码远的地方去，因为潟湖里停泊着大批敌舰，而敌军步兵也时常会成群结队进入森林内，横穿那些您必经的林子。[17]

1712年10月2日，写于柏林：

昨天我来到这里见国王。昨天早上他到我这里来了一趟，昨天晚上，我到皇后那里去了一趟。我把我搜罗到的牡蛎全都给您送了过去。现在只能弄到这么些，因为他们说汉堡出现了瘟疫，那里的一切东西禁止入境。[18]

1712年10月6日，写于莱比锡：

我这会儿正动身去卡尔斯巴德，希望能在明天赶到那里。您的衣服和其他物件已经买到了，但我一只牡蛎也没弄到。关于这事，我和你说，我已经尽力啦，上帝为我作证。[19]

1716年，彼得从叶卡捷琳娜处收到一副眼镜。他在回信中写道：

小叶卡捷琳娜，我的知心朋友，近况可好？谢谢您的礼物。我以同样的方式回礼，是来自这里的东西。说真的，你我的礼物都蛮适合彼此。您的赠予对我这个老头子而言是不可或缺的助力，而我的馈送让您这个年轻人熠熠生辉。[20]

1716年，6月5日，写于皮尔蒙特（Pyrmont）：

您的来信与礼物均已收到，我觉得您拥有一颗未卜先知的心，您只送来一瓶酒，为的是把我的饮酒量限制在一天一杯，这样库存就完全足够了。您在来信中说，您不承认我已经老了。为此，您试图把您的第一份礼物（眼镜）遮盖起来，这样人们就猜不出它是何物了。但人们不难看出，年轻人是不会戴眼镜的。我想快点见到你。酒是个好东西，但在这儿，喝酒成了件非常无聊的事。[21]

1716年11月23日，写于阿尔托纳（Altona）：

彼得鲁什卡已经长出第四颗牙齿了；谢天谢地，他的牙齿全都长势良好，我们或许可以看着他长大，如此一来，他的兄弟们之前带给我们的悲痛也算是得到补偿了……[22]

两年后，叶卡捷琳娜在给彼得的信中提到了这个儿子。写于1718年7月24日：

感谢上帝，我和孩子们都很健康。尽管在我回圣彼得堡的路上，彼得鲁什卡因为新长出的牙齿有点虚弱，但如今在上帝的帮助下，他已经完全好起来了，而且长出了三颗白齿。我恳求您，小爸爸，保护好彼得鲁什卡。他没少因为您的事和我吵闹；也就是说，当我告诉他,爸爸到别处去了,他就不高兴。但当我对他说爸爸在家的时候,他的心情就会好转,变得兴高采烈。[23]

1718年8月1日,写于瑞威尔:

谢谢您,我的朋友,谢谢您的无花果,它们已经平安送到。我亲手剪下我的头发,给您送了过去,虽然我知道您不会收下。[24]

1723年7月,此时彼得的寿命只剩下18个月,他再度从瑞威尔来信。他在那里为自己修建了一栋白色的灰泥小屋,又为叶卡捷琳娜修建了一栋富丽堂皇的粉色宫殿:

两年前刚刚落成的花园,如今已经发展到令人难以置信的地步,你在一些地方看到的唯一的大树,枝丫已经伸过了人行道……栗树全都长出了漂亮的树冠。屋子外面正在上灰泥,但内部已经装修完毕。总而言之,我们在别处的房子几乎都没有这栋那么漂亮。我给你送去一些草莓,它们在我们到来前就成熟了,樱桃也是如此。在与圣彼得堡处于同一纬度的地方,植物竟然生长得这么顺利,这让我惊讶不已。[25]

这些信读来令人欣慰。与叶卡捷琳娜共度的这段岁月是他一生中为数不多的清白无瑕、其乐融融的时光之一。透过这些信件,我们可以愉快地了解到,这个童年毁于惨剧、公共生活充满钩心斗角、家庭生活又经历过皇储阿列克谢骇人悲剧的男人至少拥有过几天幸福日子。叶卡捷琳娜是彼得在人生的狂风暴雨中发现的一座宁静小岛。

# 29

# 专制君主的手腕

在战争刚刚开始的那些年,彼得常常四处奔波。事实上,他在位时一直如此。纳尔瓦战役与波尔塔瓦战役之间隔着9年时光,在此期间,沙皇从未在任何一个地方待过3个月以上。当下在莫斯科、圣彼得堡和沃罗涅日,其后在波兰、立陶宛和利沃尼亚,彼得不停地奔走,到处视察、组织、鼓励、批评、下令。就连在他钟爱的圣彼得堡,他也在城内各处来回奔忙。倘若他在某个地方停留超过一个星期,就会变得坐立不安。他对自己的车夫时时下令——他要去看看某艘新船建造得怎么样了,某项运河工程进行到什么地步了,圣彼得堡或喀琅施塔得的新港是不是又有什么设施完工了。沙皇一面在广袤的帝国来回奔走,一面当着目瞪口呆的子民的面,将旧例统统打破。这位身穿绿色德式服装、头戴黑色三角帽、足蹬溅满泥巴的高筒靴、生着一对黑眼珠、下颔无须的巨人,与人们传统印象中那些远在天边、头戴皇冠、端坐龙椅、寸步不离白墙围绕的克里姆林宫的皇帝陛下没有半点相似之处。他走下马车,踏入俄国市镇那泥泞不堪的街道,索取啤酒解渴、索取床铺过夜、索取新马早行。

这段时期的陆上之旅是对精神和肉体的双重折磨。俄国的道路不过是一条条横贯草原或横穿森林的车辙痕迹罢了。要过河就只能利用毁坏的桥梁、简陋的渡船或浅滩。途中遇到的人要么穷困潦倒,要么惶恐不安,有些人还会心怀敌意。到了冬天,狼群在附近徘徊。由于道路泥泞、坑坑洼洼,马车开得很慢,而且经常抛锚;在一些路段,一天下来只能前进5英里。旅馆很少,旅人只好到私人住宅内投宿。即使车夫携有要求必须提供马匹的官家手令,要找到拉车的马匹也难于登天。马匹的使用距离往往被限制在10英里以内,超过这段距离,就必须卸下马具,将它们归还马主,而旅客和车夫只能另寻新马。在这种情况下，旅程意外中断是常有的事，接下来便是长久的耽搁。当圣彼得堡拔地而起时，彼得下令在新城与旧都莫斯科之间修筑一条500英里长的新路。顺着这条道路，从一座城市赶往另一座城市，要花上四五个星期。统治生涯行将结束时，沙皇下令修建一条更为笔直的大道（它同如今铁道的走向一致）。如此一来，两座城市之间的距离就缩短了100英里。当这项工程被废弃时，新大道已经完工80英里。诺夫哥罗德地区的湖泊、沼泽和森林构成了一道无法攻克的障碍。

公平来说，俄国道路的路况在18世纪早期并不是独一无二的。1703年，从伦敦到温莎25英里的路程要花上14小时。丹尼尔·笛福（Daniel Defoe）在1724年是这样藐视本国的高速公路的："称之为高速公路是对语言的滥用。"其中一条"低劣不堪，就是一条在车辙中央开辟出来的小径"，其他公路则"烂成了一堆坑洼，足以把人的骨头颠散架"。[1] 尽管公共马车在西欧得到了应用，而大城市也有了著名而舒适的旅馆，如维也纳的金牛酒店（Golden Bull），但长途旅行仍是份苦差事。要想在冬季时节从维也纳出发，翻越阿尔卑斯山前往威尼斯，旅客们就必须走下马车，步行穿越部分被雪覆盖的道路。

比起表面坑坑洼洼、触目惊心的道路，俄国与西欧之间的差距在荒凉、广袤的周边乡村体现得更加明显。1718年4月初，汉诺威驻俄公使弗里德里克·韦伯从莫斯科前往圣彼得堡。"我们得穿过20多条开阔的河流，那里既没有桥梁，也没有渡船，"他写道，"我们不得不竭尽所能，为自己搭建浮桥，这个国家的百姓不习惯看到旅客这样，我们一来，他们就带着孩子和马匹逃进森林里。我一辈子都没经历过比这次更艰辛的旅程，就连一些已经走遍大半个世界的同伴都坚定地认为，他们以前从未遭受过这样的劳累。"[2]

俄国人非常希望用水上之旅或雪地之旅来取代令人身心俱疲的陆地之旅。俄国的大江大河是国内贸易的首选路线。运载着谷物、木材和亚麻织物的小船和驳船在辽阔的伏尔加、顿河、第聂伯河和德维纳河水域行驶，后来，涅瓦河也成了它们的通道。往返欧洲的旅人往往选择从海路出行。在波罗的海向他们敞开怀抱前，自阿尔汉格尔前往西欧的俄国使节宁可冒着遭遇冰山和风暴的危险,乘船穿越北冰洋,也不愿走累人的陆路。

然而在彼得时代的俄国,最受欢迎的出行方式是冬季乘坐雪橇。先是秋季的泥泞被冰霜冻住,道路开始发硬;接下来,降雪会给万物覆上一层光滑的表面,马匹可以拉着雪橇,以两倍于夏季马车的速度从上面疾驰而过。冰封的河流和湖泊坚硬如铁,在城镇和村庄之间构筑了一条条便捷的高速公路。"对旅人和商品而言,乘坐雪橇无疑是这个世界上最方便、最快速的出行手段。"约翰·佩里写道[3],"雪橇轻快,制作方便,马匹可以毫不费力地拉着它,从冰雪表面平稳、顺利地掠过。"雪橇运货的开销仅相当于车辆的四分之一。因此,俄国商人整个秋天都在囤积货物,好等冬天到来时将它们运到市场去。等鹅毛大雪一落下,货物就被装上雪橇。每天都有数以千计的雪橇开到莫斯科,它们与城内的人群混杂在一起,无论是马匹还是驭手,都裹在腾腾热气中。

在农村,漆成红色的高大路标竖立在主干道上,长长的大道两侧栽种着一排排树木。"这些路标和树木是有用的,"一名荷兰旅行家评论道,"因为到了冬天,一切都被大雪盖住了,到时若没了它们,你就很难找到路。"[4] 每隔12或15英里就设有一座旅店,为旅人提供遮风挡雨之地,它们是遵照彼得的旨意修建的。

贵族和要人出行时乘坐的是封闭式雪橇,它实际上是一种涂成红色、绿色和金色,由2匹、4匹或是6匹马牵引的小型马车,但车厢装在滑板而非轮子上。如果旅程较长,那么这种马车式雪橇就成了一个移动的蚕茧,乘客只有在旅途结束时才会从车厢里出来。韦伯对这种旅行有着如下描述:

> 要不是有人对雪橇做了这种合宜的设计,俄国的酷寒天气本是旅客们无法忍受的。雪橇的上半部分被封闭、包裹得严严实实,连一丝空气都别想进去。两侧开有小小的窗户,装着两块搁板,上面放有食物和旅客随身携带的、用以消遣的书籍。顶上悬挂着一盏提灯,当黑夜降临,里面的蜡烛就会被点亮。雪橇的下半部分置有被褥,旅客们成天躺在被窝里,他们在脚下放着烤热的石头,或是一个内盛热水的

白镴箱子，它们的作用是保持雪橇内的温度，防止旁边箱子里的红酒和白兰地冻成冰块。尽管有着上述预防措施，这种浓度极高的液体依然经常结冰、变质。除非必要，否则乘客无论白天黑夜都不会踏出这种可移动式公寓一步。[5]

乘坐这种雪橇时，彼得频频换马，有时一天要赶100英里路。

马车、马背、雪橇、驳船和河船——彼得就是依靠这些工具走遍俄国大地的。佩里写道："他走过的路要比之前世界上任何一个王公贵族多20倍。"[6] 尽管他是个坐不住的人，但他不是因喜欢旅行而去旅行；相反，他将旅行作为统治手段。他总想亲眼看看各地的情况，以及自己的命令是否得到了执行。于是，他出行、视察、下达新的命令、再赶往下一个地方。当弹簧减震效果极差的马车在布满坑洼和车辙的道路上颠簸时，车内的彼得根本得不到片刻安宁，他的脊背不住地在座位上晃来晃去，当他打盹时，脑袋在铺着皮革的墙壁上颠来颠去，胳膊和手肘则在旅伴的身上撞来撞去。车轮"嘎吱嘎吱"作响，车夫扯着嗓子嚷嚷——这就是彼得的生活，一小时又一小时，日复一日，周复一周。难怪他一有机会就走水路。搭乘驳船或游艇从水面滑过时的情形无疑要好一些——彼得静静地立在甲板上，眺望着从身边掠过的村庄、田野和森林。

彼得不停地奔波，这让管理政府变得复杂而困难。沙皇极少待在首都。他趁着乘坐马车的时候，或是在旅馆、民居内过夜的时候，亲手将一条条法令写在牛皮纸上，俄国的许多法令就是这么诞生的。彼得准备认真处理国事时，总有其他因素将他拉走——要么是战争，要么是看到自己舰船的迫切渴望。与此同时，莫斯科的政府在波尔塔瓦战役爆发前一直处于有名无实的状态，中央政府官僚机构的运作效率极差。政府结构逐渐发生了一些变化。旧式官僚层级由波雅尔和小贵族组成，他们的重要性正在下降，那些与彼得最为亲近之人，如缅什科夫，从未受封为波雅尔。缅什科夫是神圣罗马帝国的伯爵，也是俄罗斯帝国的公爵。彼得的其他伙伴被授予西式的伯爵、男爵头衔。事实上，像舍列梅捷夫和戈洛温这样的波雅尔更愿意被人称为舍列梅捷夫伯爵、戈洛温伯爵。政府官员得到的则是新的西式官僚头衔,如首相、副相和枢密院委员。

被替换的不单单是头衔,还有头衔的拥有者。接替勒福尔成为海军上将的费奥多尔·戈洛温兼任外交大臣。1706年,55岁的他因热病辞世,沙皇立刻将他的头衔和职权一分为三,并分别交予三人:费奥多尔·阿普拉克辛成为海军上将,加夫里尔·戈洛夫金(Gavril Golovkin)掌管外交部,并在波尔塔瓦战役后被任命为首相,彼得·沙菲罗夫当上副相。阿普拉克辛的背景不简单——他是一个古老波雅尔家族的子孙,也是沙皇费奥多尔之妻玛尔法皇后的兄弟。生着一对蓝眼睛的阿普拉克辛为人直率、活力十足、自尊心极强,无法忍受来自他人的侮辱,即使对方是沙皇也不行。阿普拉克辛在彼得手下干着多份差使:将军、总督、参政员,但他的真正喜好是海军,这在彼得的臣僚中是很罕见的。他成了俄国首任海军上将,并在汉科战役(Battle of Hango)中指挥新建立的舰队赢得了第一场海上大捷。

戈洛夫金是个较为精明、审慎的人,但他同样一生忠于彼得。他父亲是沙皇阿列克谢手下的高官,他自己则是宫廷侍从,17岁那年,他成了5岁彼得的寝宫仆役。在纳尔瓦战役中,戈洛夫金表现得极为英勇,因而获得一枚圣安德烈勋章。彼得的大部分与身在海外的俄国外交官往来的信件均由戈洛夫金收发、签署(尽管彼得经常审阅并纠正那些即将发出的指示)。在肖像画上,戈洛夫金那张英俊、睿智的面庞被裹在一项精致的假发下面,肖像画并无法体现他那广为人知的吝啬性格。

彼得·沙菲罗夫是沙皇的三位高级副手中最有意思的一位,他起于微末,后飞黄腾达,于1710年成为俄国第一位男爵。沙菲罗夫出身于一个犹太家庭,本来定居在靠近斯摩棱斯克的波兰边境地区,但他的父亲改宗东正教,并在俄国外交部找到了一份翻译工作。① 彼得·沙菲罗夫走上了父亲的老路,在费奥多尔·戈洛温手下担任通事,后来与戈洛温一起加入

---

① 伊凡雷帝禁止俄国境内的犹太人参政。但在帝俄时代,犹太人若是放弃犹太教信仰,则可不受限制地爬上社会与政界的高位。

大特使团。他掌握多门西方语言，包括拉丁语，再加上他起草外交文件很有一套，因而于1704年被提拔为私人秘书。1706年，他掌管了外交衙门，位居戈洛夫金之下。1709年，他当上副相，旋即受封男爵，并于1719年获得圣安德烈勋章。沙菲罗夫是个大块头，生着双下巴，脸上挂着满足的笑容，双目透着智慧、警觉的光芒。多年来，沙菲罗夫和戈洛夫金的关系持续恶化，一直闹到互相敌视的地步，尽管彼得很需要他们俩，严令他们留在各自的岗位上。外交官们对沙菲罗夫尊敬有加。"他的脾气真的很坏，"一名外交官说，"但他的话一向百分之百可信。"

此外，这些官职的名称也在变化。新的海军衙门、炮兵衙门和采矿衙门都出现了。这些衙门的头头（如今叫作大臣）掌管着政府的日常事务。早先，大部分请愿书是寄给沙皇的，如今它们被寄给相关的衙门或大臣。彼得发现，当他不在莫斯科时，旧波雅尔杜马（如今叫作枢密院）的成员往往不去参会。倘若沙皇日后指责会议做出的决定，这些人就以自己当时并未出席会议为由推脱责任。于是，彼得要求他们必须准时参加每一场会议，并规定，一旦会议做出决定，每一名参会人员都必须在决定书上签字。无论彼得身在何处，信差都必须将决定书、所有会议记录，以及其他重要文件一道送往他处。

为了处理这些文件，彼得一直将一个可移动式档案处带在身边，这个档案处由彼得的内阁秘书长阿列克谢·马卡洛夫（Alexis Makarov）领导。富有才华、为人谦逊的马卡洛夫来自北方，他从地方文职部门的底层岗位做起，依靠自身积累的功劳，一直上升到彼得政府的重要位置。他的职责不是为皇上出谋划策，而是在最合适的时候，将所有可能引起彼得关注的公文按照正确顺序仔细审查一遍。做这份工作的人必须极为老练，且拥有旺盛的精力。马卡洛夫的助手是个年轻的德意志人，名叫安德烈·奥斯捷尔曼（Andrew Osterman）。奥斯捷尔曼是一名路德宗牧师的儿子，他的工作是翻译沙皇与外国宫廷的往来信件。随着时间推移，奥斯捷尔曼将扮演更为重要的角色。

那些年里，沙皇政府的大部分业务都与战争和税收有关。彼得总是在全国各地奔波，而他的敕令也几乎总是涉及征募兵员或征收税款。沙皇对金钱的要求是无止境的。为了开发新的收入来源，彼得于1708年设立了一批新税务官职，任职人员的责任是制定面向民众的新征税手段。这批官职被起了个外国名字——"财政官"。他们的使命是"坐着为陛下创收"。财政官的领导人是阿列克谢·库尔巴托夫，他也是这些人中干得最出色的一个。库尔巴托夫曾是鲍里斯·舍列梅捷夫的农奴，他由于提议一切法律文件都必须用官卖印花票用纸来书写，已经引起了彼得的注意。在库尔巴托夫和他那帮足智多谋、招人痛恨的同僚的努力下，针对各式各样的人类活动的新税种一一设立，其中有出生税、结婚税、丧葬税和遗嘱登记税。有一种税是对小麦和牛脂征收的。马、马革和马轭都要上税。戴帽子要交税，穿皮靴也要交税。对胡须征税的法条被系统化，并被强制执行，后来又增加了髭须税。所有已产生的出租马车车费须抽取10%的税。莫斯科有房屋税，全俄各地的蜂箱也须上税。还有床税、洗澡税、旅馆税、厨房烟囱税（里面焚烧的木柴也要交税）。坚果、甜瓜和黄瓜都要上税。就连饮用水也成了征税对象。

数量不断增长的国家垄断行业亦是收入来源之一。此类行业的商品，从生产到销售都完全控制在国家手中，价格也完全按照国家的意愿制定，这种安排被应用于酒精、树脂、焦油、鱼油、白垩、碳酸钾、大黄、骰子、棋子、纸牌、西伯利亚狐皮、白鼬皮和黑貂皮。对亚麻织物的垄断权原本已被授予英国商人，如今又被俄国政府收回。1698年，彼得在英国将烟草专卖权给予卡马森勋爵，现在这一决定也作废了。俄罗斯沙皇国的有钱人为了在死后继续享受奢华生活，给自己准备了实心橡木棺材，国家接管了这一行业，然后将价格提高到原来的4倍。但在这些垄断行业中，最能给国家带来利润、对人民压迫也最重的一项是食盐专卖。相关法案制定于1705年，将盐价固定在政府所需成本的2倍。无力负担升高了的盐价的农民往往落得患病乃至死去的结局。

为了强化行政控制、提高分布于庞大帝国各地的税吏的工作效率，彼得于1708年将俄国划分为8个大省，并将这8个大省分别交给自己的密友。就这样，莫斯科大省被交给波雅尔提康·斯特列什涅夫，圣彼得堡大省被交给缅什科夫，基辅大省被交给公爵德米特里·戈利岑，阿尔汉格尔大省被交给公爵彼得·戈利岑，喀山大省被交给波雅尔彼得·阿普拉克辛，亚速大省被交给海军上将费奥多尔·阿普拉克辛，斯摩棱斯克大省被交给波雅尔彼得·萨尔特科夫（Peter Saltykov），西伯利亚大省被交给公爵马修·加加林（Matthew Gagarin）。总督须对本辖区内的一切军事、民事事务负责，特别是创造税收。不幸的是，一些"总督"居住在远离其辖省的首都，另一些"总督"的职能则相互冲突（缅什科夫经常是在军队方面有冲突），因此，他们的权威尚且有待提高。

尽管如此，大家仍在努力。总督发号施令，财政官制订方案，税吏竭尽全力，老百姓埋头苦干，但再怎么榨取，俄国的土地所能提供的金钱也是有限的。想要获得更多收入，就只能发展工商业。彼得注意到英国和荷兰的在俄公司运作得极为成功，于是命令莫斯科商人成立类似的社团。起初，荷兰人担心卓有成效的本国贸易组织会因此受到危害，但他们很快意识到这样的担忧毫无依据。"至于商贸问题，"荷兰公使写信安慰本国人，"它自己就能把这件事搅黄。俄国人根本不懂得如何开展如此复杂、困难的业务。"[7]

无论臣民多么努力，彼得的税收和垄断依旧无法带来足够的收益。1710年发布的第一份国库收支表显示：收入为3 026 128卢布、支出为3 834 418卢布，财政赤字超过808 000卢布。支出绝大部分被用于战争。陆军用去了2 161 176卢布，海军用去了444 288卢布，炮兵和炮弹方面的开销是221 799卢布，招募新兵花掉了3万卢布，军备开销为84 104卢布，外交使团的开销为148 031卢布，宫廷、医疗部门、供养战俘及其他方面的开销为745 020卢布。

税收方面的巨大需求与人员方面的巨大需求是相匹配的。从纳尔瓦到波尔塔瓦的9年间，彼得征召了30多万人入伍。其中一些人战死或战伤，还有一些人死于疾病，但绝大多数人员损失来自逃亡。另有一批农村劳动力被征发去修建彼得那些雄心勃勃的建设工程。为了修筑亚速要塞与塔甘罗格海军基地，每年需要投入3万名劳工。沃罗涅日的造船厂与未能完工、从顿河延伸至伏尔加河的运河工程亦需数千名劳动力。在波尔塔瓦战役开始前，圣彼得堡建城工程所消耗的人力首屈一指。根据彼得于1707

年夏给斯特列什涅夫下达的指示,单单莫斯科总督区要送往圣彼得堡的劳工就多达3万人。

这些空前的财力、人力需求给各个社会阶层都带来了沉重负担。不满与抱怨在俄国并不是什么新鲜事,但当情况开始恶化时,人们往往认为责任在波雅尔,而不在沙皇。打破这一观念的正是彼得。如今,人们意识到,沙皇就是政府,是这个一身洋服的高个子男人用他的谕旨,把他们的生活变得如此艰难。"自打上帝让他当上沙皇,我们就没过过一天好日子。"一个农民埋怨道,"又要供应卢布和半卢布,又要供应马车,村子被压得喘不过气来,俺们农民一刻也不得休息。"⁸ 一名贵族的儿子表示赞同。"他到底是哪种沙皇?"他问道,"他强迫每个人都给他干活,他让我们和农民去当兵。无论你跑到哪儿,都躲不开他。人人都难逃一劫。他甚至亲自上阵扛枪,却还没有被取走性命。只要敌人把他干掉,那么我们就不用再服兵役,而人们的日子也会好过一点儿了。"⁹

这类言论是无法进一步发展下去的。新设立的普列奥布拉任斯科耶秘密警察厅(Secret Office of Preobrazhenskoe)将密探派往各地,监听"激烈和不恰当言论"。这些特别警察是射击军的首批继任者。在被解散前,射击军一直扮演着公共秩序维护者的角色,随后这项任务被交给了普列奥布拉任斯基团的士兵,他们取代射击军,成了街头宪兵。当近卫军被调往战场后,彼得创立了一个新组织——秘密警察厅。1702年颁布的敕令将该组织正式化,秘密警察厅从此拥有了针对一切犯罪,特别是"言行"叛国罪的管辖权。毫不令人意外,新警察组织的头子是彼得的密友,冒牌沙皇费奥多尔·罗莫达诺夫斯基。此人野蛮、残忍,一心忠于彼得,对待一切带有叛逆或煽动叛乱迹象的言论毫不留情。依靠无孔不入的窃听网与告密网,以及随后的酷刑与死刑,罗莫达诺夫斯基和秘密警察厅出色地完成了他们的无情使命:即使在税吏和徭役征发者的极端高压下,"言行"叛国者也从未达到威胁王朝统治的地步。

但这些年的记录并非都是些惨不忍睹之事。彼得竭尽全力,从各个方面改善俄国人的日常习俗和生活条件。他设法提高妇女的地位,宣布不许她们再待在与世隔绝的特蕾姆宫,而应当与男人一道出现在宴会和其他社交场合中。他取缔旧俄时代的婚姻包办制度——在这种制度下,新娘和新郎对婚姻毫无自主选择权,甚至直到婚礼举行都不曾见过面。1702年4月,彼得下诏:一切婚姻决策都必须出于自愿,这令俄国年轻人欣喜若狂。未来配偶必须至少在举办婚事前6周见面,任何一方都完全有权拒绝另一方。在结婚仪式上,新郎象征性挥鞭抽打新娘的程序被接吻取代。

彼得禁止杀害畸形新生儿——按照俄罗斯沙皇国的习俗,这种孩子一生下来就会被偷偷扼杀,彼得下令将此类婴孩统统登记在案,这样当局就能加以监督,使得他们能够继续生存。他严禁街头摊贩随意贩卖药草和麻醉药,只准药店出售此类物品。1706年,他在亚乌扎河畔设立了莫斯科第一座大型公立医院。为了加强街道治安,他禁止佩带匕首或尖刀,这些家伙会将醉汉的街头斗殴变成血腥杀戮。决斗(多半是外国传来的)被禁止。每条街道上都有成群结队的职业乞丐围着观光客转,彼得的处理办法是要求乞丐去济贫院乞讨。随后,沙皇通过迂回战术解决了这个问题,他宣布:不论是谁,只要在街道上施舍乞丐时被抓到,就会被课以罚金。

为了鼓励外国人来俄国效力,彼得下诏:从现在起,先前一切针对外国公民自由出入边境权的限令统统撤销。所有效力于俄国的外国人都被置于沙皇的保护下,一切对他们构成影响的法律纠纷均不由俄国法律和俄国法庭裁决,而是交予由外国人组成的特别法庭,按照罗马民法程序来裁决。此外,他还向全体外国人做出承诺:当他们待在俄国时,可以享受绝对的宗教自由。沙皇宣布:"我们不应当对人们的道德心采取任何强制措施,而应当以欣然的态度,允许每个基督徒以自担风险为代价,将精力放到自我救赎上。"[10]

尽管还要兼顾战争,彼得依旧坚持着自己的兴趣——拓展臣民的教育视野。1701年,亨利·法夸尔森(Henry Farquharson)与另两名苏格兰人在莫斯科创办了数学与航海学院(School of Mathematics and Navigation),学校办得有声有色,俄国学员达200人。这批宝贵的未来资产成了负责征兵的军士与库尔巴托夫之间争夺的目标,后者出手干预,以免学员被军队征召。他抱怨说,如果他们接受训练后只能充当普通士兵,他们的教育经费岂不是被白白糟蹋掉了?叶卡捷琳娜的路德宗监护人格鲁克牧师于1703年携家来到莫斯科后，创办了一所古今语言学校（School of Ancient and Modern Languages）；格鲁克教授未来的俄国外交官拉丁文、现代语言、地理、政治、骑术和舞蹈。沙皇下诏将古代俄国编年史（特别是那些储存在基辅和诺夫哥罗德修道院的编年史）送往莫斯科妥善保管。他发布指示：那些由阿姆斯特丹的特辛兄弟翻译成俄文并在俄国出版的外国书籍是准确的译本，即使其中有些内容令俄国人感到不快。他表示，这样做的目的"不是讨好我的臣民，而是向他们展示外国对他们的看法，以此教育他们"。[11] 1707年，当一名铸字工人和两名印刷工人来到莫斯科后，经彼得批准，新修订的西里尔字体开始出现在俄国境内印刷的新书上。首先使用该字体的是一本几何手册，然后则是一本小册子式的书信写作指南，内容包括指导写信者如何表达问候、如何发出邀请，以及如何求婚。其后应用新字体的书籍大多属技术类，但彼得也订制了2000本历书、特洛伊战争史、亚历山大大帝生平传记，以及关于俄国生活的图书。沙皇不仅委托印制书籍，还对它们进行校订、注解。"我们已经读过您翻译的关于防御工事的书了。"他写信给一名译者，"会话部分翻译得很好，表达清晰，但关于如何修筑防御工事的段落翻译得晦涩难懂。"[12]

为了让自己的臣民与世界保持同步，彼得下令在莫斯科发行一份日报——《纪事报》（Vedomosti）。所有政府机关均奉命提供新闻。就这样，第一份俄文报纸于1703年诞生，报头部分写着："记录俄罗斯沙皇国和周边国家发生的军事及其他值得关注、纪念之事的报纸。"为了进一步教育、教化国民，彼得试图建立一座开放式公共剧院，舞台剧将在红场的一栋木质建筑内上演。一位德意志剧院经理和他的妻子携7名演员来到莫斯科表演，并训练俄国演员。7部喜剧与悲剧上演，其中包括莫里哀的《屈打成医》（"Le Médecin malgré lui"）。

俄国人认为，君为臣纲。这些年来，彼得一直在试图改变这一观念。1701年末，他下诏：人们不用再向君主下跪或下拜。莫斯科人冬天路过宫殿时，无论沙皇是否在内，都必须脱帽以示尊敬。彼得废除了这一规定。"如果对上帝与沙皇致以同等的敬意，他们之间又有什么不同？"彼得问道，"少些奴颜婢膝，多把热情用于为国效力上，对我和国家多几分

忠诚——这才是应当致以沙皇的敬意。"¹³

对一些人而言，自己的负担实在是太重了，面对税吏的索取和劳工队的召唤，唯一的对策便是逃亡。一逃了之的农民可能有数十万之多。一些人遁入森林，或是前往北方，旧礼仪派已经在那里建立了一批欣欣向荣的定居点。大部分人则向南逃至乌克兰和伏尔加干草原地带，那里是哥萨克的地盘，是俄国逃亡者的传统避难所。留在他们身后的是一座座荒废的村庄，以及紧张不安、试图对自己未能完成皇上动员令做出解释的总督、地主。为遏止这种危险的人口外流，沙皇勒令逃亡者返回故乡。对此，哥萨克的态度先是犹豫，接着是推诿，最后终于发展成藐视。

截至20世纪，俄国史上几次从历史演变为传奇的大规模叛乱——斯捷潘·拉辛（Stenka Razin）领导的，矛头指向沙皇阿列克谢的起义；普加乔夫（Pugachev）发动的，矛头指向叶卡捷琳娜大帝的暴动——均发生于南部地区。在彼得时代，他与卡尔十二世的战事状况最严峻的几年里，3场叛乱先后爆发，地点均为俄国南部。它们分别是阿斯特拉罕之乱、巴什基尔人的暴动，以及由布拉温（Bulavin）领导的顿河哥萨克起义——它对彼得统治构成的威胁最大。

汹涌澎湃的顿河一路流向里海，阿斯特拉罕就坐落在河畔，它的血液中沸腾着反抗与叛乱的因子。射击军遭解散后，余部被流放到这里，1698年那场大处决带来的痛苦回忆依旧在射击军官兵的遗孀、儿子和兄弟心中熊熊燃烧。伏尔加流域的商人对新税满腹怨言，农民对过桥费怨恨不已，渔民对捕鱼量遭限制表示抗议。没人喜欢彼得的西式改革。充满煽动性的谣言成了落入火药桶的火星：沙皇已死。那帮外国人把他钉在一只桶里，丢进海中；而现今坐在俄国皇位上的，则是个冒名顶替的骗子，他甚至可能就是敌基督者。

1705年夏，一则荒诞得出奇的谣言把阿斯特拉罕市民吓得目瞪口呆。谣言称，沙皇下令，俄国男人7年内不得结婚，好让俄国女人嫁给乘船入境的外国人。为了保护自家的年轻女性，阿斯特拉罕人趁着外国人还没到来，安排了一场大规模婚礼。1705年7月30日，仅一天内就有100名妇女成婚。许多喝得满面红光的婚礼参与者和旁观者冲出庆典现场，开始进攻当地的政府机关，他们将总督定罪、斩首，宣布拒绝承认沙皇的权威，还推选成立了一个新"政府"。新"政府"发表的首份公告称："总督和其他官员举行各式各样的偶像崇拜活动，还打算强迫我们这样做。但我们不允许这种事发生。我们已将那些偶像从官员的家中丢了出去。"[14] 事实上，这些"偶像"是彼得手下的西化官员用于放置假发的半圆形架子。叛乱者朝伏尔加流域的其他城镇，特别是顿河哥萨克处派遣使者，邀请全体货真价实的基督徒加入他们的行列。

阿斯特拉罕暴动的消息在莫斯科引发恐慌。当彼得收到消息时，他正在库尔兰围攻米陶。他意识到必须在这场大火灾蔓延开来之前将它控制住。他将舍列梅捷夫和几个骑兵、龙骑兵团派往阿斯特拉罕。作为进一步的预防措施，他命令斯特列什涅夫将国库里的钱款藏起来，并暂时禁止一切信件离开莫斯科，以免暴动消息传到卡尔那里。彼得对叛乱者宽大为怀。他邀请叛军"政府"派代表前往莫斯科，戈洛温会在那里倾听他们的不满。代表团到来后，控诉了那位被杀害的总督，以此为自己辩护，他们的诚挚态度给戈洛夫金留下了深刻印象。"我和他们谈了一阵子，他们看起来是些忠实、可靠的人。"戈洛温在给彼得的信中写道："大人，即使只是出于强迫，也请您屈尊一下，向他们展现您的仁慈。就连我们当中也并不是没有恶棍。"[15] 彼得同意了，当代表团返回阿斯特拉罕时，每人的荷包里都多了50卢布的路费。他们还得到承诺：如果阿斯特拉罕城投降，每个市民都可以获得赦免。此外，日后官员们会以更为谨慎的态度征税。指令被发往正在进军的舍列梅捷夫部，以免当地发生流血冲突。

但在这个年代，宽仁往往被看作软弱，当代表团返回阿斯特拉罕，带回彼得的和平提议后，叛乱并没有因此平息，反而得到了鼓励。阿斯特拉罕市民自行庆贺：他们公然违抗沙皇，并且已经获得了胜利。当舍列梅捷夫派一名使者前往城市，告知其部欲入城，且拒绝承认叛乱领袖亦在大赦之列时，叛乱再度爆发。陆军元帅的使者遭到粗暴对待，叛乱者大肆侮辱彼得，还吹嘘说，他们将在春天进军莫斯科，火烧德意志区。当他们将使者送走时，他们让他将这些话带回去。

但叛乱者高估了自己的力量，而外界的援助并没有到来。顿河哥萨克回复说，他们并没有受到沙皇的压迫，仍然按照东正教义过着自己的生活。他们质问，本地根本没有知晓西服款式的裁缝，自己怎么可能穿上西服？阿斯特拉罕被孤立了。尽管如此，当舍列梅捷夫的军队开到时，他们仍然遭到了攻击。正规军很快就击败了叛乱者，开进城内。当俄国骑兵纵马冲过时，数以千计的市民沿街匍匐于地，乞求宽恕。舍列梅捷夫审问为首者。"我从未见过如此疯狂的暴民，"他在给戈洛温的信中写道，"怨恨使他们膨胀，他们相信我们已经背离了东正教信仰。"[16] 大赦令被撤销，数以百计的叛乱者或被送往莫斯科，或被施以轮刑。彼得大大松了口气，他重赏舍列梅捷夫，不仅给他加薪，还赠予他一大批封地。

就在同一年（1705年），巴什基尔人中开始出现骚动，这个信奉伊斯兰教的半东方民族居住在伏尔加和乌拉尔之间的辽阔干草原地带。他们是半游牧民族，放牧牛、绵羊、山羊，偶尔畜牧骆驼。他们骑乘小而强健的马，背挎弓和成袋的箭。整个17世纪，俄国殖民者都在向东迁移，并在巴什基尔人的牧场上修建市镇和农场。除了俄国移民带来的压力，巴什基尔人还遭受着俄国税吏的索取。1708年初，巴什基尔人开始公然造反。他们焚烧了卡马（Kama）河和乌法（Ufa）河沿岸一些新建立的俄国村庄，并推进到离大都市喀山不到20英里的地方。尽管卡尔十二世正在向俄国西部边境逼近，彼得还是派了3个团前去料理这一威胁。西巴什基尔人和平投降，除了他们的首领，其他人均获赦免。但东巴什基尔人仍在焚烧、掳掠，当彼得召回正规军团对付瑞典人时，他们闹得尤其凶。但沙皇成功地召集到1万名信奉佛教的卡尔梅克人与之对抗，最终制服了巴什基尔人。

彼得扑灭阿斯特拉罕的叛乱之火靠的是运气和舍列梅捷夫的龙骑兵部队。巴什基尔人缺乏团结和领导，最终也被镇压了下去。但在彼得与他的军队全力同瑞典人交战时，他统治时期最为严重的叛乱爆发了，这就是由孔德拉季·布拉温（Kondraty Bulavin）领导的顿河哥萨克之乱。

哥萨克之乱的直接诱因是彼得试图围捕逃兵和加入哥萨克的逃奴。与美国西部一样，人口稀少、许多地方荒无人烟的乌克兰如同磁铁一般吸引着那些不安分的灵魂，他们渴望着逃离传统社会的约束与压迫。而在俄国，很多这样的拓荒者都是逃犯：他们要么是被伊凡雷帝时代制定、沙皇阿列克谢时代得到加强的法案束缚在土地上的农奴；要么是被强行征入彼得的军队，须服25年兵役的士兵；要么是被征去修建沃罗涅日造船厂或亚速、塔甘罗格要塞的劳工。在南方，哥萨克欢迎他们，要求逃犯返回的敕令往往遭到无视。最终，在1707年9月，公爵尤里·多尔戈鲁基率1200名军人来到顿河，准备用武力执行沙皇的法令。

多尔戈鲁基的出现令哥萨克长老和民众大为惊恐。阿塔曼卢基扬·马克西莫夫（Lukyan Maximov）恭恭敬敬地接待了多尔戈鲁基，并协助他追捕逃亡者，但性如烈火的巴赫穆特（Bakhmut）阿塔曼孔德拉季·布拉温的反应就不一样了。1707年10月9日夜，他的哥萨克袭击了多尔戈鲁基位于艾达尔（Aidar）河畔的宿营地，将俄国人杀得片甲不留。与类似的农民起义一样，布拉温并没有提出明确的政治纲领。他表示，自己反的不是沙皇，而是所有"王公与权贵、投机倒把者和外国人"。他号召全体哥萨克"起来保卫圣母的殿堂和基督教会，抵御那帮波雅尔和德意志人力图引进的异教教义和希腊教义"。[17] 他以斯捷潘·拉辛的名义，宣称自己要解放亚速和塔甘罗格的役夫，并在来年春天进军沃罗涅日和莫斯科。

然而，与此同时，阿塔曼马克西莫夫害怕彼得会因多尔戈鲁基被杀一事降罪于他，于是集结了一支忠于沙皇的哥萨克武装部队，击败了布拉温叛军。马克西莫夫写信给彼得，表示自己已经为皇上报了仇：割掉战俘的鼻子，把他们倒吊起来，鞭打他们，最后用行刑队处决他们。松了一口气的彼得于1707年11月16日致信缅什科夫："托上帝的洪福，这事如今已经结束了。"[18] 但彼得的神经松懈得太快了点，布拉温本人从马克西莫夫手中逃掉了，并且又召集了一帮人。1708年春，他再度游荡于顿河干草原地带。马克西莫夫又一次向叛军进军，他还得到了一支俄国正规军的支援。但这一次，一批哥萨克叛投布拉温，（效忠政府的）余众于1708年4月9日战败。

正在蔓延的布拉温叛乱如今已成大患。村庄遭到火焚，受害地区北至图拉，沃罗涅日和整个顿河上游受到威胁。由于担心暴动的烈火燃烧到遥远的北方，彼得命令其子皇储阿列克谢在莫斯科克里姆林宫城墙上增设火炮，与此同时，沙皇主动出击。一支总计有1万人、由正规步兵和龙骑兵组成的队伍被交予近卫军少校瓦西里·多尔戈鲁基公爵（Prince Vasily Dolgoruky）指挥。他是去年秋季被布拉温杀害的尤里·多尔戈鲁基公爵的兄弟。多尔戈鲁基接到的命令是"一劳永逸地扑灭暴乱之火。这群暴民我们只能用残酷的手段对付"。[19] 事实上，彼得非常担心亚速和塔甘罗格有落入布拉温之手的风险，他一度打算亲自前往顿河指挥。幸运的是，一连3个月，卡尔十二世都选择待在明斯克附近的军营内，按兵不动，而这3个月恰恰是布拉温为祸最烈的时候。

一时间，布拉温所向无敌。他再度击败马克西莫夫，并处死了他。他的军队进攻亚速，在攻陷了一片郊区后被忠于政府的守军击退。其后，正春风得意的布拉温轻率地将所部一分为三。5月12日，第一路人马被击败，7月1日，第二路人马被多尔戈鲁基的推进部队击溃。察觉到风向有变后，大多数哥萨克（连那些曾经支持过布拉温的人也在其中）起草了一份给皇上的请愿书。他们承诺：沙皇若能宽恕他们，他们就拥戴他。当布拉温那支势力日蹙的队伍再一次被击败后，长老们决定逮捕、处决这位首领，以取悦沙皇。布拉温在反抗中杀死了两名前来逮捕他的哥萨克，但当他看到大势已去，就自杀了。干草原地区的反抗之火逐渐微弱、平息。11月，叛军残部被多尔戈鲁基逼入绝境，3000名哥萨克战死沙场。叛乱结束了。彼得给多尔戈鲁基的命令是："处死叛军领袖中的最恶者，把其他领袖送去服苦役；剩下的哥萨克统统送回原住地，至于他们的新定居点，按照之前命令的那样烧掉。"[20] 200名叛乱分子被吊死在立于木筏中的绞刑架上，而后顺着水流被送往顿河下游。当尸体静静地漂过沿河的城镇和村庄时，所有亲眼看到这一切的人都得到了警告：专制君主彼得的铁腕可以触及帝国的每一个角落。

# 30

# 波兰泥潭

卡尔十二世和大北方战争是彼得在那些年间的重点关注对象。在涅瓦三角洲建立新城的前一年（1704年），彼得试图控制爱沙尼亚的两座重要城市——多尔帕特和纳尔瓦。行动一旦成功，因格里亚就将牢牢掌握在俄国手中，而瑞典人再也无法从西面进攻圣彼得堡。两座城市都有重兵把守（仅纳尔瓦一地的守军就有4500人），但卡尔和瑞军主力在波兰，因此一旦两座城市被包围，守军就再也无法指望救援了。

1704年5月，俄军出现在纳尔瓦城下，攻占了城墙，4年前，他们就是在这道长墙前方被击溃的。俄国人用驳船从圣彼得堡运来攻城炮，彼得亲自监督运输工作。运输船紧靠着海湾的南部海岸线行驶，如此一来，由于巡弋水面的瑞典战舰无法进入浅水水域，也就无法追上他们了。在纳尔瓦的俄军军营，沙皇见到了陆军元帅乔治·奥希尔维（George Ogilvie），这位60岁的苏格兰人为哈布斯堡帝国军队效力了40年，如今接受帕特库尔的雇佣，为俄国效劳。奥希尔维的资历给彼得留下了深刻印象，他立刻赶在纳尔瓦战役开始前，将俄军指挥权交给了此人。当攻城战开始以后，要塞的大炮和瑞典人的出击给俄国人带来了损失，但守军意识到敌人已经下定了新的决心。"他们似乎决心要把战斗继续下去，无论要蒙受何等惨重的伤亡。"一名守军军官说。[1]

彼得将奥希尔维留在纳尔瓦指挥战事，自己则骑马赶往南方的多尔帕特。自6月起，舍列梅捷夫就率领2.3万人马、46门大炮围攻该城。彼得发现舍列梅捷夫处置失当——俄军大炮正在轰击该城最为坚固的棱堡，这意味着他们完全是在浪费炮弹。彼得迅速掉转炮口，轰击城墙最薄弱的部分，并打开了一个缺口。俄军进入城内。7月13日，瑞典守军投降，此时若是从攻城战开始算起,时间已经过去了5个星期,但是若从沙皇赶来接掌指挥权算起,则只过了10天。

多尔帕特的陷落注定了纳尔瓦的厄运。彼得与舍列梅捷夫部火速回师,与纳尔瓦的部队会合,俄军现在有了4.5万兵马、150门大炮。7月30日,猛烈的炮击开始了。炮击持续了10天,要塞挨了4600多发炮弹。当其中一座棱堡的城墙崩塌时,彼得按照战争礼仪的规定,向瑞典城防司令阿尔维德·霍恩提供了一份宽松的协议。愚蠢的霍恩不仅加以拒绝,更出言侮辱沙皇,导致事态恶化。攻势于8月9日发起,尽管瑞典人凶狠作战,但普列奥布拉任斯科耶近卫军的士兵只用了不到一小时就冲进一座主力棱堡,攻占了它。俄军步兵随即一波波涌入城墙内,横扫全城。此时霍恩见抵抗已无用处,就亲手敲响谈判用鼓,试图有条件投降,但为时已晚。没人听到鼓声。俄军士兵挤满了街道,汇聚成一股盲目而狂暴的洪流,杀戮男人、妇女和儿童。两小时后,当彼得与奥希尔维一道驰马入城时,他发现街道被鲜血弄得滑溜溜的,瑞典士兵"尸积如山";4500名守军中,只有1800人还活着。沙皇命令一名号手骑马穿过大街小巷,吹号让全城停火,但许多俄军士兵仍未住手。愤怒的彼得亲手砍倒了一名拒绝服从命令的士兵。他大步流星地进了市政厅,迎面遇上一群魂不附体的市议员。彼得将血淋淋的佩剑丢在他们面前的桌子上,轻蔑地说:"不要害怕,这是俄国人的血,而不是瑞典人的。"[2] 但沙皇对霍恩充满愤怒。这位敌军司令官的妻子已在攻势中遇害,当司令官被带到沙皇面前时,彼得要求知道他为什么不按照战争规则,在第一座棱堡被摧毁后立即投降。如此一来,一切不必要的杀戮就都可以避免了。

在纳尔瓦取得的胜利不仅极大地振奋了俄国人的精神,也拥有非同一般的战略意义。圣彼得堡从此不必再遭受来自西面的进攻,而俄军也得以洗雪4年前在同一地点遭受的耻辱。这场大捷证明彼得的军队已不再仅仅是一群训练不周的农民。奥希尔维表示,他觉得任何德意志步兵都比不过彼得的步兵。他还告诉英国公使查尔斯·惠特沃思(Charles Whitworth),"他从未见过任何一个国家士兵的加农炮和臼炮操作技术能强于俄国士兵"。[3] 彼得写信向奥古斯特、罗莫达诺夫斯基和阿普拉克辛告捷,喜悦之情跃然纸上。当沙皇于4个月后回师莫斯科时，街道上回响着又一支胜利游行队伍的沉重脚步声。彼得一马当先，从7座凯旋门底下穿过。紧随其后的是夹杂于游行队伍中的54面敌军战旗和160名被俘的瑞典军官。

彼得在波罗的海取得的胜利对卡尔而言几乎算不了什么。他完全可以等到轻松击溃彼得军队的那一天，再收复所有落入俄国之手的前瑞典领土。如今更令他烦心的是，他在波兰取得的战果尚不具备政治上的决定性意义。奥古斯特仍不愿认输并放弃波兰王位，而波兰议会也依旧不准备逼他退位。在克利索对奥古斯特取得的胜利只是长达数年的波兰战争的开始，而非终结。而瑞典和萨克森两军正在一望无际的波兰平原上来回拉锯。这个拥有800万居民的大国对瑞典或萨克森军队（他们的数量都只有2万出头）而言，实在过于广袤，以至于他们的控制区域仍不超过开战时期的规模。

尽管卡尔在政治上遭受挫折，但在波兰的那些年（1702—1706年）对他而言仍是一段战功赫赫的岁月、一段成就英雄功业的岁月、一段令他更添传奇色彩的岁月。例如，1702年秋，刚刚结束克利索战役的卡尔仅率300名瑞典骑兵赶至克拉科夫城门口，卡尔在马上扬声大叫："打开城门！"城防司令将城门敞开一条缝，探出头来看看是谁在叫喊。[4]卡尔立刻用自己的短马鞭击中司令的面部，跟随其后的瑞典人推开城门，吓坏的守军一枪未发就投降了。

不可避免的是，发生在波兰的战争令波兰人陷入苦难的泥潭。进入这个国家的时候，卡尔曾许诺只索取必不可少的军需物资，但他的诺言仅维持了3个月。在波兰军队与奥古斯特国王一道在克利索奋战之后，卡尔为了报复，决心完全由这片土地来供养瑞典军队。不到3个星期里，瑞典人就从克拉科夫索取了13万泰勒、1万双鞋、1万磅烟草、16万磅肉和6万磅面包。随着战事迁延日久，卡尔给手下将领的指示越发显得冷酷无情："必须迫使波兰人加入我们，否则就消灭他们。"[5]

在克拉科夫附近，卡尔遇到了一起意外事故，导致他终生跛行。观看骑兵演习时，他的坐骑被一根帐篷绳绊倒，国王被坐骑压伤，左腿膝盖以上骨折。由于大腿骨未能正确固定，他的一条腿比另一条略短。瑞军于

10月从克拉科夫北上,卡尔被人用担架抬着行军,他要再过几个月才能重新骑马。

一年又一年过去了,战役不断进行着,胜场越积越多,但最终胜利似乎始终远在天边。与此同时,别人的捷报也在传来,俄国人在波罗的海一线取得了一场又一场胜利:施勒塞尔堡被围、陷落;涅瓦河全线沦陷;芬兰湾的新城和新海港拔地而起;瑞典舰队在拉多加湖和佩普西湖遭遇毁灭性打击;瑞典的粮仓利沃尼亚省化为一片焦土,瑞典属民全部被俘;多尔帕特和纳尔瓦失陷。在这一连串可怕事件上演的同时,来自卡尔臣民的绝望乞求如潮水般涌来:波罗的海诸省人民的绝望号泣、瑞典议会的建议和恳求、军队将领的一致要求,连卡尔的姐姐赫德维希·索菲亚也发出呼吁。所有人都在乞求国王放弃在波兰的战事,北进援救波罗的海诸省。"对瑞典人来说,这些事件的意义比波兰国王人选问题重要得多。"皮佩说。[6]

卡尔对所有人的回复都一样:"即使我要在这里待上50年,我也不会在奥古斯特被废黜前离开这个国家。"[7] "相信我,如果我能相信奥古斯特的话,我会立刻赐给他和平,"他对皮佩说,"但一等和议达成,我们朝俄罗斯沙皇国进军的时候,他就会接受俄国人的资助,袭击我们的后方,到那时,我们要完成使命就会比现在更艰难。"[8]

1704年,波兰的形势开始朝着对卡尔有利的方向转变。他夺取了设防城镇托伦,俘获了其中的5000名萨克森士兵。随着奥古斯特势力的急剧衰落,波兰议会接受了卡尔的论点:只要奥古斯特还待在波兰王位上,波兰就会继续沦为战场。1704年2月,它正式废黜了奥古斯特。卡尔原本想让波兰名王扬·索别斯基之子雅各布·索别斯基(James Sobieski)成为波兰王位的候选人,但他被奥古斯特的间谍富有预见性地绑架,囚禁在萨克森的一座城堡内,于是卡尔另择27岁的波兰贵族斯坦尼斯劳斯·莱什琴斯基(Stanislaus Leszczynski)。此人之所以中选,是因为他的脑袋不太灵光,且对卡尔十二世忠心耿耿。

斯坦尼斯劳斯的中选是一次无耻的作弊。波兰议会的剩余成员被瑞典军人集中起来,于1704年7月2日在华沙附近的旷野上召开会议。会议进行期间，100名瑞典士兵驻守在一枪之遥的地方，以"保护"选举人，并"教教他们怎么好好说话"。[9] 卡尔的候选人被宣布为波兰国王斯坦尼斯劳斯一世。

如今奥古斯特被取代了——这是卡尔入侵波兰的唯一目标。瑞典人和波兰人都希望国王能最终将注意力转向俄国，但卡尔并不准备离开波兰，因为教皇反对斯坦尼斯劳斯。他威胁说，谁参与了这位党附新教君主之人的选举活动，谁就要被逐出教会。由于出席选举的波兰大贵族寥寥无几，新国王充其量只是勉强控制着自己的王国。卡尔决定留在自己扶植的傀儡君主身边，直到斯坦尼斯劳斯成为真正的国王为止。一年多以后（1705年9月24日），斯坦尼斯劳斯以一种给那些认为他的王位不合法的人留下话柄的方式——就像议会宣告他当选那样——加冕。新国王的加冕地并不是波兰国王传统上的加冕地克拉科夫，而是华沙，因为卡尔和瑞典军队在那里。戴在斯坦尼斯劳斯头上的王冠并不是波兰史上的那顶著名王冠——它仍为奥古斯特所有，后者并不承认自己已被废黜；而是一顶由卡尔自掏腰包，连同新权杖和新徽章一起打造的新王冠。瑞典国王微服出席加冕典礼，以免新盟友受到的关注因自己在场而减少，但这位傀儡君主的登基没能欺骗任何人。如今已经成为波兰王后的斯坦尼斯劳斯之妻觉得待在动荡不安的波兰很不安全，因而决定住到瑞属波美拉尼亚去。

尽管如此，由于新任波兰国王对瑞典持友好态度，卡尔相信自己已经达成了第二个目标。加冕典礼结束后不久，他就与斯坦尼斯劳斯签订了一份协议，瑞典和波兰从此结为反俄同盟。随后，卡尔突然发动袭击——就好像将胸中积压已久的对俄国的情感一下释放出来，又好像把未能听从臣民吁请而产生的巨大罪恶感一下卸下。1705年12月29日，国王拆除设在华沙附近旷野的军营，向东疾速穿过冰封的沼泽和河流，朝格罗德诺（Grodno）进发。在那里，彼得的主力部队正集结于涅曼河（River Neman）后方。突袭格罗德诺并非瑞典人期待已久的侵俄行动。卡尔尚未制订这样的计划，或是调集用于进军莫斯科的史诗级远征的装备和给养。由于奥古斯特仍未退出战争，也不愿承认自己已被废黜，位于卡尔后方的波兰还不算是真正安定。因此，卡尔没有把所有部队都带在身边；伦斯舍尔德连同1万兵力被留在后方,监视萨克森方向。但卡尔出击时带走了2万人马,意在挑起一场冬季战役。沙皇终于要亲眼面对瑞军那闪亮的刺刀,他的士兵也终于要尝尝瑞军钢铁兵器的滋味了。

彼得于1704年夏攻占多尔帕特和纳尔瓦后,在莫斯科过冬,随后于3月前往沃罗涅日,在造船厂工作。1705年5月,他动身前去与军队会合,但他病倒了,在费奥多尔·戈洛温家休养了一个月。6月,他在德维纳河畔的波洛茨克(Polotsk)赶上了自己的部队。俄军占领此地后,便可在形势需要时进入利沃尼亚、立陶宛或波兰。此时,俄军已经发展成一支拥有雄厚实力的作战部队。它拥有4万名身穿专属制服、装备火枪和手榴弹的步兵。骑兵和龙骑兵的人数达2万之众,他们装备充足,配有火枪、手铳和战刀。火炮数量极多,且已经实现了标准化。与瑞典人一样,俄军研制出一种高机动型火炮,它发射的是3磅重的炮弹。这种火炮可以随步、骑兵部队一起行动,提供即时火力支援。

这支军队目前的问题在于高层,在于指挥结构——俄籍和外籍将领彼此不和,相互猜忌。俄军训练有素,纪律总体良好,这一切应归功于第二次纳尔瓦围攻战的指挥官奥希尔维,他已成为俄军第二位陆军元帅(第一位是舍列梅捷夫)。奥希尔维关心士卒,因此广受爱戴,但俄军军官并不是太喜欢他。他不会讲俄语,只能通过翻译来与俄军军官打交道。他与舍列梅捷夫、缅什科夫和列普宁的关系尤其糟糕,后两人是他的下属,受他指挥,但舍列梅捷夫的军衔严格来说不在他之下,他经常因此生气。彼得为了解决这一问题,起初试图将骑兵尽数交给舍列梅捷夫指挥,步兵则尽数交给奥希尔维指挥。舍列梅捷夫觉得自己受到羞辱,于是向彼得抱怨。"我已经收到您的信了。"沙皇在答信中说,"您的烦恼之情跃然纸上,对此我委实觉得很遗憾,因为这根本没有必要;这样做根本不是为了羞辱您,而是为了让我军成为一个更有效率的组织……但是,鉴于您现在苦恼异常,我将暂时叫停这次改编,下令一切照旧,直到我赶到为止。"[10]

彼得接下来的对策是将大军一分为二:派舍列梅捷夫率8个龙骑兵团和3个步兵团——总计1万人负责波罗的海地区战事,而立陶宛的主力部队他们仍交由奥希尔维指挥。7月16日，舍列梅捷夫进攻利沃尼亚的瑞军统帅莱文豪普特（Lewenhaupt），结果俄军遭到惨败。彼得怒气冲冲地写信给舍列梅捷夫，认为败因是"说过很多次的问题：龙骑兵部队训练不足"。[11] 3天后，彼得对自己在前一封信中的严厉语气感到懊悔，遂又写了一封信安慰舍列梅捷夫："不必为您的不幸而难过，很多人都是因为没有尝过失败的滋味，最后走向灭亡。忘掉这场失利吧，然后试着鼓励鼓励您的部下。"[12]

此时恰好传来阿斯特拉罕发生动乱的消息，舍列梅捷夫和他的骑兵团被派往千里之外的本土地区平乱。这支队伍的整体实力因而遭到削弱，彼得取消了接下来的行动，命主力部队进入位于涅曼河东岸的格罗德诺冬季营地。卡尔十二世只能指望来年春天再战了。

不幸的是，尽管舍列梅捷夫已经离开，彼得麾下将领之间的不和却仍在继续。从名义上说，身为陆军元帅的奥希尔维是最高统帅，而缅什科夫和列普宁是他的下级。尽管缅什科夫在涅瓦河取得的胜利令他在军中声望日隆，但他之所以变得桀骜不驯、不服指挥，并不是因为他是个资深的军人，而是因为他与彼得私交甚笃。他是彼得最亲密的朋友，因此不甘居于人下。他经常动用自己与沙皇的特殊关系否决更有经验的奥希尔维的意见，他的话很简单："陛下不喜欢那样，我知道他更喜欢这样。"此外，按照缅什科夫的安排，奥希尔维致沙皇的信均须经由他手。其中一些信被他直接藏起来，然后他对彼得解释说，陆军元帅汇报的是沙皇已经从缅什科夫那里得知的消息。

1705年，奥古斯特与俄军会合，俄军指挥结构本就已经够复杂了，如此一来变得更加混乱。这位国王兼选侯此时正值人生低谷。波兰如今完全被卡尔和新加冕的斯坦尼斯劳斯的军队占领。被废黜的奥古斯特不得不舍近求远，乔装化名迂回穿过匈牙利。即便如此，彼得仍视他为波兰国王，为了尊重奥古斯特的身份，彼得将格罗德诺的军队总指挥权交给了他。奥希尔维仍保留着高级指挥官身份，缅什科夫指挥骑兵，列普宁和经验丰富的德意志骑兵军官卡尔·埃瓦尔德·罗恩（Carl Evald Ronne）任次级指挥官。这种情况下，灾难已不可避免。

卡尔的东进速度很快。从维斯瓦河到涅曼河的距离是180英里，卡尔取道冰封的道路和河流，只用了两周时间就走完了这段路程。1706年1月15日，他率领前锋部队出现在格罗德诺城下。国王率领600名掷弹兵渡河，但他发现要塞太过坚固，无法通过突袭夺取，于是他掉头在4英里外的地方修建了一座临时军营。当为数2万的瑞军主力抵达后，卡尔移师格罗德诺上游50英里处，在这里，他可以找到更多的粮秣。他在当地修建了一座永久性营地，等待观察俄国人的动向。在卡尔看来，敌人要么走出要塞与自己交战，要么待在要塞内，落得个活活饿死的结局。

当卡尔逼近的时候，俄军将领召开了一场由奥古斯特主持的作战会议。直接出城进攻敌人是不可能的。尽管俄军的数量比瑞军多上近一倍，但即使拥有这一优势，彼得也尚未准备用这支由自己精心打造的军队来冒险。他断然驳回了奥希尔维提出的在旷野与瑞典人交战的建议。即便如此，奥希尔维仍旧认为他的军队实力很强，足以承受敌人的围攻，因此极力建议出击。其他人则持相反看法：倘若瑞典人包围了格罗德诺堡，俄军就将孤悬于境外，无法保护俄国边境；此外，尽管要塞固若金汤且配有大批火炮，存粮却不足以应付长时间的围攻战。他们极力建议撤军。奥希尔维被惊得目瞪口呆，他指出：俄军人数众多，在炮火上也占有优势。如果他们撤退，那么就不得不牺牲自己的火炮，在没有马匹牵引的情况下，它们根本无法翻越茫茫雪原。他们会离开城镇内的房屋和军营，在开阔的大道上忍受刺骨的寒冷，不少人会因此丧生。瑞典人肯定会追击，彼得所禁止的野战将发生。此外，俄军若是不战而退，奥希尔维的名誉将因此受损，这对他而言是最为糟糕的。如果一个职业军人在所部兵力是敌军两倍的情况下，抛弃一座拥有压倒性炮火优势的坚固要塞，那么欧洲人会怎么议论他呢？

奥古斯特夹在两种相互对立的观点之间，不愿承担最终责任，他给彼得送了一封加急信，恳求沙皇"立即做出绝对明确的决定"。但在决定送达前，奥古斯特就从格罗德诺溜走了。由于卡尔已经离开华沙，他看到了一丝夺回波兰首都的机会。他率领4个龙骑兵团急匆匆地上路，并向奥希尔维许诺，自己将在3个星期内带回整支萨克森军队。届时，他们将率领为数6万的俄、波、萨联军与卡尔为数2万的瑞典军队对阵。

当彼得听闻卡尔正朝格罗德诺进军时,他正在莫斯科。他写信给缅什科夫,对这份报告表示怀疑:"您从谁那里得到的这个消息?可信吗?过去我们收到了多少份这样的报告?"[13] 尽管如此,他照样心神不宁,宣布自己将于1月24日启程离开莫斯科。他大发牢骚,说天气"冷得无法形容",自己的"右半边脸肿得厉害"。接下来他是这样抱怨的:

> 我得离开这里,这真是太让人遗憾了,因为我正忙于征税和其他同伏尔加河上的行动相关的必要事务。因此我恳求您,情况倘若有变,就派人通知我,这样我就不会没有理由地慢腾腾地上路了(哎呀!我基本不会那样啦)。如果局势毫无变化,我希望您能天天向我汇报情况,这样我就会尽快上路。

从莫斯科到格罗德诺的距离是450英里,当他在斯摩棱斯克附近被缅什科夫拦下时,已经走了一半的路。缅什科夫带来一个消息:卡尔已经抵达格罗德诺,如今沙皇无法与他的军队会合了。忧心忡忡的彼得给奥希尔维下达了一系列新的手令,这批手令的关键在于那支经验丰富的萨克森军队能否按照允诺赶到。如果萨克森人确定能来,彼得就允许奥希尔维留在格罗德诺;倘若情况相反,或是奥希尔维缺乏信心,他就得按照命令,从最近、最快的路线撤至俄国边境。"但是,"彼得补充道:

> 我把一切决定权交到您手里,因为我们隔得太远,我没法给您下达指令。当我们写信的时候,时间就从您手中溜走了。最安全、最有利的办法,就是谨慎行事。不要忘了我的伙伴(缅什科夫)的话,他在动身上路前曾敦促过您,把军队的安全放在第一位。别管那些重炮了。如果它们拖累了撤退进程,就把它们炸掉,或是丢进涅曼河里。[14]

与此同时,格罗德诺要塞内的形势正在恶化。粮秣很快就耗尽了。随后,急切地等待着萨克森人到来的俄军又收到了一个不幸的消息。1706

年2月3日，在位于西里西亚（Silesian）边境的弗劳施塔特（Fraustadt），一支总计3万人、包括俄国和波兰辅助部队在内的萨克森军队被伦斯舍尔德的8000名瑞军击败。这是伦斯舍尔德一生中最为辉煌的胜利，卡尔闻讯，当即晋升伦斯舍尔德为陆军元帅，还封他为伯爵。彼得在向戈洛温告知此事时，语气中带着愤懑和沮丧：

> 海军上将先生：萨克森军队已经尽数败于伦斯舍尔德之手，火炮损失殆尽。萨克森人的背信弃义和懦弱无能如今昭然若揭：3万人被8000人打得落花流水！他们的骑兵没放一枪就溜掉了。他们的步兵大半弃枪而逃，把我们的人丢下不管。我想他们现在活下来的不到半数。天知道这个消息会给我们带来多大的悲痛。我们（在奥古斯特身上）花了一大笔钱，却只买到不幸……前面提到的那起灾难，还有那位国王被他自己的臣民背叛的事，你可以告诉大家（但要说得尽量委婉些），因为纸包不住火。还有，讲述这些事的时候，细节方面尽量简略些。[15]

弗劳施塔特之战的消息进一步凸显了瑞典军队的优势，也使彼得下定决心，要以最快的速度将自己的军队从格罗德诺撤离。他命令奥希尔维一有机会就撤军，但如今春季已经来临，因此他劝告陆军元帅推迟行动，直到河冰开裂、瑞军的追击受阻为止。4月4日，俄军遵照沙皇的命令，将100门大炮推进涅曼河，而后开始绕过一片由森林和沼地组成、名为普里佩特沼泽（Pripet Marshes）的地带，自东南方向朝基辅撤退。

当卡尔发现俄国人正从格罗德诺要塞撤出时，兴高采烈的他命令部队立刻追击。但早已备好的浮桥刚一晃晃悠悠地架到涅曼河上，就被随暴涨的河水而来的冰块卷走了。当瑞典国王得以渡河时，俄军已在一星期前走远了。卡尔试图抄捷径，横穿普里佩特沼泽。"在这次行军中，瑞军人马遭受的痛苦难以言状。"一名目击者写道，"这一地区为沼泽覆盖，春天令大地解冻，骑兵几乎迈不开步子，辎重车队深深地陷入泥泞之中，无法前进。国王的车驾掉进泥沼里，动弹不得。我们的伙食极为糟糕，以至于谁要是能在这片荒凉之地行走时,从口袋里掏出一片干面包来,就会欢天喜地。"[16]

瑞典人一路挣扎向前,最后总算穿过沼泽,抵达平斯克(Pinsk),但他们没能追上俄军。卡尔登上城内最高的教堂塔楼,凝视着南方和东方,一直延伸至地平线、水泽遍布的荒野映入眼帘。卡尔接受了俄国人已经逃脱的事实,他在附近停留了两个月,将城镇和村庄夷为平地。由于无法确切知晓后方的情况,也没有做好在东面再度大战一场的准备,瑞典国王终于在1706年仲夏时节掉头返回欧洲。

当得知军队安然无恙时,彼得欣喜若狂。4月29日,他从圣彼得堡写信给缅什科夫:

> 当我得知这个……(消息)时,我正待在泊于喀琅施塔得的海军中将座舰"大象"号(*Elephant*)上。我高兴得难以言状。对上帝感激不尽的我们立刻在船上和要塞连发三炮,以表谢意。托上帝的福,我又能见到您和三军将士了。因为这,我们是多么开心,又是多么吵闹……尽管我们生活在天堂里,但我们的内心仍然时时痛苦不已。赞美上帝,这儿的一切都好,没有任何新闻发生。下个月我们就将从这里启程。不用怀疑,我肯定会来的。如果老天不存心阻拦,我肯定会在本月月底动身。再早可就不成了,哎呀!这可不是因为正玩得起劲,而是因为医生在给我放血(他们昨天就开始了)后,命令我必须一动不动地躺上两个星期,同时吃上两个星期的药。然后我马上就可以赶来了,你自己也看见过,我们从军中离开时,我是怎样的光景。[17]

从格罗德诺撤退后,奥希尔维与俄军的缘分也走到了尽头。在撤军途中,他与缅什科夫的争吵日益频繁。"骑兵统帅(缅什科夫)在我毫不知情的情况下,以陛下的名义命令全军向贝科夫(Bykhov)进发,搞得他才是最高统帅一般。"被激怒的奥希尔维抱怨道,"他拥有属于自己的步、骑兵仪仗队,旌旗飘扬,根本没把我放在眼里……我纵横沙场这么多年,无论走到哪里,还从没有遭到过这样恶劣的待遇。"[18] 他以健康不佳为由,请求解除他的指挥权，允许他离开俄国。彼得同意了，接受了奥希尔维的辞呈，还全额支付了他的薪水。奥希尔维前往萨克森，以陆军元帅的身份为奥古斯特效力4年，直至辞世。

当卡尔自平斯克西行而非东进时，彼得知道俄国遭受入侵的危险已过，至少暂时已过。但瑞典国王对格罗德诺的突袭是一个警告。通过这件事，彼得明白了一点：他的军队、他的将领和他的国家都还未做好准备。

急袭格罗德诺后，卡尔接下来的行动成了他在针对奥古斯特的漫长波兰战争中走出的最后一步棋。1706年8月，国王通知伦斯舍尔德，自己最终决定入侵萨克森，在奥古斯特的世袭领地内打倒他。为追击敌人，他在波兰境内来回奔波了4年，如今他已从此事中得出结论：与奥古斯特一决胜负的想法不可能在波兰的土地上实现。对目中无人的奥古斯特而言，萨克森一直扮演着避难所的角色，他可以撤入此地养伤、组建新的军队，等到时机合适，他就会再度出现在波兰。

几个海上强国的反对是卡尔入侵萨克森的主要外交障碍，如今随着几件大事的发生，这些障碍已不复存在。马尔伯勒在巴伐利亚的布伦海姆及荷兰的拉米伊（Ramillies）大获全胜，导致路易十四处于守势。那几个海上强家再也不用担心瑞典军队进入德意志中心地带会引发对法战争形势逆转了。至于卡尔，他表示，如果那些海上强者能说服奥古斯特声明放弃波兰王位，自己则很愿意终止入侵萨克森的计划。他们试了试，但未能成功。因此，当卡尔看到没有别的办法能迫使奥古斯特屈服后，他决定实施入侵计划。1706年8月22日，瑞典军队从拉维奇（Rawicz）越过西里西亚边境，朝萨克森进军。卡尔率领近卫骑兵泅渡奥得河——它扮演着界河的角色。

瑞典士兵越过西里西亚边境后，当地新教徒欢声雷动，震耳欲聋。又过了5天，他们抵达萨克森选侯国边境。瑞典人的到来令当地人产生了一种类似恐惧的感觉。他们绘声绘色地复述瑞典人在三十年战争期间奸淫掳掠的传说。奥古斯特的家人逃往四面八方——他的妻子火速赶往自己父亲拜罗伊特边疆伯爵（Margrave of Bayreuth）处寻求保护，奥古斯特10

岁的儿子前往丹麦，上了年纪的母亲则躲至汉堡。该国国库的钱财和珠宝被藏在一座地处偏僻的城堡内。尽管如此，获准在奥古斯特外出时管理本国的萨克森管理委员会仍旧决定不抵抗瑞典入侵者，将选侯国的安危托付给卡尔的仁慈。事实上，委员会已经受够了选侯对波兰的野心——为了保住他的波兰王位，萨克森付出了3.6万名士兵、800门大炮和800万利弗尔的代价；如今，萨克森已经厌倦了战争，决意不再为奥古斯特的利益而牺牲选侯国本身的利益。

于是，卡尔的军团未遇抵抗便开进了萨克森，占领了该国的主要城市莱比锡和首都德累斯顿。9月14日，卡尔将指挥部设在莱比锡附近的阿尔特兰施泰特（Altranstadt）城堡。在那里，他与萨克森的两位大臣商讨议和条件。卡尔要求奥古斯特永久放弃波兰王位，承认斯坦尼斯劳斯为波兰国王，毁弃与俄国的盟约，将受雇于奥古斯特或与萨克森军队并肩作战的瑞典国民全部移交给自己。作为回报，奥古斯特可以保留国王的尊称，但不得自称波兰国王。最后，瑞典军队将在萨克森过冬，所有供应物资和给养均由萨克森政府负担。在奥古斯特缺席的情况下，萨克森代表接受了这些条件。1706年10月13日，《阿尔特兰施泰特条约》签订。

对奥古斯特而言，无论是这份条约的内容还是签订时间都很不利。当卡尔与萨克森的大臣商讨奥古斯特退位一事时，奥古斯特本人正与一队庞大的、由缅什科夫指挥的俄国骑兵一道穿越波兰，意在进攻一支人数较少、由马德费尔特上校（Colonel Mardefelt）指挥的瑞典军队。奥古斯特向缅什科夫大倒苦水，说自己已经惨到无米下锅的地步了，缅什科夫自掏腰包，给了这位一贫如洗的国王1万杜卡特。沙皇为了支持自己的萨克森盟友，已经在奥古斯特身上投入了无数财力和人力。听闻此事后，他大为反感。"您很清楚，这个国王从来只会和别人说一句话：'给我钱！给我钱！'您也清楚，我们现在兜里已经没剩几个子儿了。"他在给缅什科夫的信中写道。"但是，"彼得无奈地补充道，"如果那位陛下的处境总是如此艰难，我觉得最好还是给点令他心动的希望，等我到来时就满足他。我会试着从最快的路线赶到。"[19]

当奥古斯特私下得知和平条约已在萨克森签订时，他仍待在俄军军营内,且刚刚接受了缅什科夫的慷慨馈赠。他把消息瞒了下来,没让缅什科夫知道,但他的处境依然很尴尬。条约要求他背弃与沙皇的盟约,停止战争,但他仍与俄军一起行动,准备进攻一支瑞典军队。奥古斯特试图阻止战役发生,他给瑞军统帅马德费尔特送去密信,告知条约已签订一事,恳求他撤军,不要应战。奥古斯特的名声最终让他在这件事上尝到了苦头。国王大人那口是心非、狡诈多端的作风已是尽人皆知,马德费尔特以为这封密信只是奥古斯特的又一次诡计,没有理会。结果在1706年10月29日的卡利什战役(Battle of Kalisz)中,奥古斯特的前盟友俄国人经过三小时的战斗,把刚刚与他的大臣签过字的议和对象瑞典人打得一败涂地。对彼得而言,这是一场意义非凡的胜利。尽管俄国人的兵力是瑞典人的两倍,但在这之前,即使兵力差距更大,瑞军也总能成功地应对。这也是缅什科夫首次以独立指挥官身份取得的重大胜利。沙皇对此欣喜万分。

俄国人的胜利令奥古斯特尴尬不已,他拼命调整自己,以适应夹在彼得和卡尔之间的新位置。他写信给卡尔,就这场战役致歉,同时为自己没能阻止它发生而辩解。为摆出更加明确的姿态,奥古斯特说服毫不知情的缅什科夫,将1800名瑞典战俘全部交给他管理。当这些人立誓后,他立刻把他们送回瑞属波美拉尼亚。等到来年春天,他们便可再度拿起武器。

与此同时,奥古斯特设法不激怒彼得。他与沙皇驻波兰代表瓦西里·多尔戈鲁基公爵举行了一次私人会谈,为自己的别无选择而辩解:他不能任由萨克森遭受卡尔军队的蹂躏,除非放弃波兰王位。他已经找不到其他拯救祖国的办法了,但他向多尔戈鲁基保证,目前的做法只是权宜之计。等到瑞典军队离开萨克森,他就会拒绝承认条约,组建一支新军,然后再度站到彼得一边。

11月30日,奥古斯特抵达萨克森,而后前往阿尔特兰施泰特拜访卡尔。他亲自为卡利什的事向卡尔赔不是,卡尔接受了他的解释,但坚持要求奥古斯特写信给斯坦尼斯劳斯,恭贺其登上波兰王位,以确认自己退位。此时的奥古斯特完全处于卡尔的掌控之下,即使是这样的苦药,他也只能咽下去。正如卡尔在他给斯德哥尔摩的信中以谨慎而平静的笔调所写的那样:"眼下我才是萨克森选侯。"[20]

两位有着表兄弟关系（他们的母亲均为丹麦公主，是姐妹关系）的国王相处得很好。卡尔在给姐姐的信中称，他的表兄弟是个"很有趣、很会引人开心的人物。他个子不高，但体格结实，还有点胖。他不戴假发，头发乌黑乌黑的"。[21]尽管如此，1706—1707年那个冬天，奥古斯特显然并不急于履行条约，特别是条款二。它是专门为利沃尼亚煽动者约翰·莱因霍尔德·冯·帕特库尔制定的。

受《阿尔特兰施泰特条约》影响最大的人不是奥古斯特，而是帕特库尔。这位致力于反瑞典事业的利沃尼亚贵族是导致大北方战争爆发的推手，卡尔十二世对他尤为憎恨。因为这个缘故，条款二被写进《阿尔特兰施泰特条约》内，它规定：奥古斯特必须将所有藏匿于萨克森的瑞典"叛国者"移交给卡尔。帕特库尔名列首位。在接下来发生的事件中，奥古斯特的不守信和卡尔的报复心将令整个欧洲为之骇然。

帕特库尔是个引人注目、富有才干、难以相处的人物。战争开始时，他先是以将军的身份效力于奥古斯特的军队。后来他负了伤，康复期间，他决定不再为国王服务，原因是他不赞成"国王对待盟友的方式"。彼得欣赏帕特库尔的品质，立刻将这位无家可归的利沃尼亚人请到莫斯科，说服他以枢密院委员和陆军中将的身份为俄国服务。接下来的5年间，帕特库尔不知疲倦地为彼得效劳，但他作风专横，树敌无数。他在海牙与马特维耶夫发生过争吵，在维也纳同戈利岑发生过争吵。多尔戈鲁基在华沙时，甚至拒绝与他通信，还在给费奥多尔·戈洛温的信中写道："我想您是了解帕特库尔的。那人写的东西，别人不仅每个单词都要好好研究一番，连字母也是如此。如果他写信时心情不佳，他甚至不会赞美上帝。"[22]

日后发生的一系列事件导致了帕特库尔的倒台，讽刺的是，这些事件的诱因竟是帕特库尔性格中友善的一面。他对彼得派去支援奥古斯特的俄军士兵的悲惨处境深表同情。11个俄国团（兵力9000人）和一支哥萨克骑兵队（兵力3000人）在公爵德米特里·戈利岑的指挥下，于1704年夏自基辅开拔，与正在波兰的奥古斯特会合。当他们抵达目的地时，身为俄国枢密院委员和陆军中将的帕特库尔代替戈利岑，成了他们的统帅。1704年秋的短暂战役结束后，帕特库尔奉奥古斯特之命，率军撤入萨克森。到了那里后，他发现自己的部下无人照管。萨克森政府的大臣们对援助奥古斯特打波兰战争的俄国军队毫无好感，拒绝为他们提供食物和住房。俄军士兵累月领不到军饷，即使他们领到军饷，萨克森商人也拒绝接受俄国货币，因为他们认为俄国货币毫无价值。身着单薄褴褛制服、打着赤脚的俄国士兵外表十分骇人，以至于人们对他们瞠目而视。看样子，他们中的许多人会在即将到来的冬季活活饿死。但帕特库尔为了给他们争取权益，孜孜不倦地努力着。他指责萨克森的大臣违反奥古斯特的命令，不给俄军提供粮食和过冬营地。他写信给彼得、戈洛温、缅什科夫，声称俄军的现状是给沙皇抹黑。他们回信称，士兵们应该返回俄国——这显然是办不到的，因为经由波兰的道路已经被瑞典军队封锁了。最后，为了让部下活下去，帕特库尔依靠自己的信用筹集了一大笔钱。春天，他给他们发放新制服。到了夏天，他们的面貌焕然一新，以至于萨克森人承认他们比德意志军人还要好看些。俄国方面仍未寄来半个钱，帕特库尔的信用正在消耗殆尽。

为了确保部下的生存，帕特库尔最终提议，将这支部队暂时租借给奥地利政府，由他们负责供应军饷和军粮。戈洛温的答复是，到了万分必要的时候，沙皇就会批准他的计划。1705年12月，在与手下的军官达成一致意见后，帕特库尔签订协议，让这支部队为帝国政府效力一年。

帕特库尔的做法令萨克森的大臣们惊慌不已，他们害怕国王和沙皇会因他们拒绝援助俄军、导致同盟损失了这批作战力量而大光其火。在德累斯顿，帕特库尔老早就不受欢迎了。（他在写信时从不谨慎用词，而是以尖锐的语气指责萨克森大臣们无能、腐败，而这些信件很多都寄到了被指责对象的手上。）奥古斯特本人也警觉了起来。"我很了解帕特库尔，"他向多尔戈鲁基抱怨，"沙皇陛下很快也会知道，帕特库尔抛弃旧主（卡尔）只是为了自己的计划和利益而已。"[23]

令人愤慨的是，帕特库尔签署军队租赁协议本是仁慈之举，结果却成了他通敌的罪状。尽管谈判每个阶段的情况都会通知萨克森政府的大臣，他们却突然指责帕特库尔签字放弃了奥古斯特麾下数千兵力的使用权，损害了奥古斯特的利益。他被下令逮捕。此时的帕特库尔已经厌倦了周旋于几大势力之间的日子，对自己的复国大计也失去了信心，他与一位富孀订了婚，眼看就要结婚了。他买下了瑞士的一座庄园，打算退出政治舞台，就此隐居。

当帕特库尔完成订婚手续返回时，他遭到逮捕，并被带往松嫩施泰因（Sonnenstein）堡，关进一间单身牢房。在入狱的头5天，他没有得到一张床铺，也没有得到一点儿食物。此事轰动全欧：一名为君主效力的外国使节，由于履行了自己的职责，竟遭逮捕。在德累斯顿，丹麦和帝国大使提出强烈抗议，并以自身安全无法再得到保障为由撤离萨克森首都。帝国大使驳斥帕特库尔的叛国罪状，他宣称，自己亲眼看到帕特库尔手握莫斯科方面授予的移交军队使用权许可令。戈利岑公爵此时已再度成为俄国远征军的高级将领，尽管他本人与帕特库尔对立，但还是为后者被捕一事提出抗议，他表示这是对他的主君（沙皇陛下）的公然侮辱，并要求立刻释放帕特库尔。

萨克森的大臣担心自己做得太过火，便将他们的行为通知了正在波兰的奥古斯特。奥古斯特回信称，自己赞同他们的做法，并给彼得写了封简短的信，告知本国枢密院为了维护他们的共同利益，不得不逮捕了帕特库尔。起草诉状的任务被交给了王室副官长阿恩施泰特（Arnstedt），后者极不情愿地执行了命令，并给莫斯科的沙菲罗夫写了封密信："我正竭尽全力救他出来。您也务必为此努力。我们不能，也绝不允许这样一个好人遇害。"[24]

奥古斯特认为帕特库尔应当先等待莫斯科方面下达更为明确的指令，再与奥地利签署军队让渡协议，彼得表示同意，但尽管如此，他仍要求将犯人立刻送到自己这里，好让自己着手调查针对他的指控，毕竟帕特库尔是俄国的人，而那支争议中的军队也是俄国的军队。奥古斯特以种种借口拖延。1706年2月，彼得再次去信，要求遣返帕特库尔。但此时瑞典人正在格罗德诺附近筑营，而奥古斯特的萨克森大臣们也知道，沙皇实际上根本无力干预此事。帕特库尔依然身陷囹圄。

接下来，卡尔从格罗德诺火速回师、入侵萨克森、奥古斯特有条件投降、《阿尔特兰施泰特条约》签订等事件一一上演。将帕特库尔和其他

"叛国者"移交瑞典是条约规定之一。奥古斯特陷入困境。之前他没有释放帕特库尔,如今就不得不把此人转交给卡尔。局促不安的他在绝望之余,派戈尔茨(Goltz)少将向沙皇做出保证:帕特库尔永远不会被交到瑞典国王手中。彼得不相信他的承诺,且对帕特库尔的性命极为担忧,遂向皇帝、普鲁士国王、丹麦国王及荷兰联省议会求助。他对每一方的说辞实质都相似:"我们相信,瑞典国王很乐意服从陛下的仲裁,这样,他就可以在全世界面前赢得豪爽之君、不与不信神的野蛮人为伍的好评。"[25]

奥古斯特踌躇未决,迟迟不肯执行协议条款,但卡尔心如铁石,不可逆转。1707年3月27日夜,帕特库尔终于被交到瑞典人手里。他在松嫩施泰因的牢房里被关押了3个月,这一期间他被人用沉重的铁链缚在一根木桩上。1707年10月,他站到了瑞典军事法庭上,卡尔已经指示法庭,给予帕特库尔"最严厉"的裁决。瑞典法庭依令判处帕特库尔轮磔、斩首及分尸四块之刑。当帕特库尔被绑在轮式刑具上时,终于再也无法保持镇定。充当刽子手的是一个当地农民,他用一柄大锤猛击了帕特库尔15下,打折了他的胳膊和腿,然后开始击打他的胸膛。帕特库尔尖叫着、呻吟着,然后,再也喊不出声时,他用"咯咯"声表示:"砍掉我的脑袋。"[26] 毫无经验的刽子手用一柄农家斧砍了他四下,才把脖子砍断。他的尸体被斩为四块,在轮式刑具上示众,头颅则被置于大道旁的一根路标上。

## 31

## 卡尔在萨克森

卡尔十二世及其瑞典军队出人意料地现身于德意志心脏地带,给整个欧洲带来极大的震动。在萨克森时,这位年轻君主前所未有地出现于欧洲大陆面前,人们对他的好奇永无止境。他的每一个动作、每一段情绪和每一个习惯都被翻来覆去地研究;旅行者们打算顺路到阿尔特兰施泰特的瑞军指挥部走一趟,希望能看上年轻的国王一眼。至于各国君主及其大臣、将军,他们对卡尔十二世既好奇又担心。大家都知道,卡尔十二世此行的目的是让萨克森的奥古斯特的退位令得到正式承认。但眼下他已如愿以偿,那么接下来会发生些什么?那支经验丰富、未尝一败的瑞典军队驻地位于中欧地区,离莱茵河仅有200英里。这位年轻的君主会把他战无不胜的刺刀转向哪个方向?从1706年冬季至次年春季,各国使节和间谍纷纷赶往瑞典国王处,寻求上述问题的答案。

有些人带来了特别的请求或提议。路易十四的大使建议瑞典人与法国元帅维利耶(Villiers)合兵一处。如此一来,德意志局势就将扭转;自此以后,法国和瑞典就可以瓜分德意志诸邦。西里西亚的新教徒请求卡尔留在德意志,以保护他们免受信奉天主教的皇帝迫害。(卡尔威胁要进军维也纳,从而为西里西亚人赢得了重新开设路德宗教堂的权利;事实上,约瑟夫皇帝表示,自己很走运,因为瑞典国王没要求他成为一名路德宗信徒。)但在所有取道前往卡尔所在的萨克森城堡的访客中,马尔伯勒公爵约翰·丘吉尔是最为著名的一位,无论是从军事还是政治角度而言,此人都是反太阳王同盟的中心人物。

卡尔一踏入萨克森的土地,公爵就表达了自己的担忧:各个天主教和新教政权因反对路易十四称霸欧洲的野心而结为同盟,如今这一微妙平衡可能因那位年轻、冲动的君主,以及他对哈布斯堡帝国的敌意而遭颠覆。正在卡尔军营的英国公使约翰·罗宾逊(John Robinson)在发往伦敦的信中做出了一个令人沮丧的预言:大获全胜的卡尔有可能扮演欧洲仲裁者的角色。"他是否会支持同盟?非常不确定。"罗宾逊写道,"他是否会强迫它们签订一份不利于它们的和平协议?不是没有这种可能性。他会站到他们的对立面去吗?有可能。如果他这样做……那么他想让我们吃什么样的苦头,我们就得吃什么样的苦头。假使波兰和俄国的战事结束,那么无论是皇帝、丹麦、普鲁士,还是德意志的任何王公和邦国,都没人敢站出来反对他。所有人都得屈服于他的意志,英国和荷兰只能有样学样,否则就将沦为孤家寡人。"[1]

马尔伯勒心里明白,与易怒的卡尔打交道必须慎之又慎。在瑞典国王入侵萨克森后不久,公爵就给自己的荷兰盟友去信:"无论贵国(荷兰联省议会)或荷兰何时致信瑞典国王,都切勿在信中使用任何带有威胁意味的言辞,因为瑞典国王的幽默感甚为特别。"[2] 同卡尔打交道不仅要极度谨慎、小心,还要拥有敏锐的外交嗅觉和出色的情报探知能力。马尔伯勒自告奋勇与卡尔会面。别人千恩万谢地批准了他的提议。1707年4月20日,马尔伯勒乘车从海牙出发,横穿德意志,前往阿尔特兰施泰特。尽管马尔伯勒当时威名赫赫,但他并不是君主,因此他在阿尔特兰施泰特接触到的第一个人并不是国王,而是皮佩伯爵,他是卡尔的高级文职顾问,也是事实上的首相。当这位英国人到来时,皮佩派人捎话来,说他现在很忙。他让马尔伯勒在马车上等了半小时,然后才走下台阶迎接安妮女王的使节。马尔伯勒以牙还牙。当瑞典人走上前来时,公爵步下马车,戴上帽子,从皮佩身边走过,无视他的存在。走出几英尺远后,公爵背对伯爵,平静地对着一堵墙撒起尿来,把皮佩晾在一边干等。而后,公爵整整衣冠,按照宫廷礼节向皮佩问好。相互扯平后,他们一起走进屋里,进行了一小时的会谈。

第二天早上10点刚过,公爵拜访国王。在此碰面的是当世两位最伟大的军事统帅:马尔伯勒57岁,生着粉红色的脸膛,严装正服——鲜艳的猩红色外套上别着蓝色绶带和嘉德骑士团星形勋章;卡尔25岁,脸庞因风吹日晒而变得黝黑，身着惯常穿的蓝色外套，足蹬一双大靴子，佩着长剑。二人谈了两小时，直到"12声号响将国王召去做晚祷"。[3] 会谈时，马尔伯勒说的是法语，卡尔懂法语，但并不说。必要时候，任英国驻瑞公使达30年的罗宾逊会翻译一下。马尔伯勒交给国王一封来自安妮女王的信。用女王的话来说，这封信"并非出自她的外交大臣之手，而是她自己的肺腑之言"。马尔伯勒补充说明道："要不是受制于自身性别，她或许已经远渡重洋，前来拜访这位全宇宙钦佩的国君了。就这点而言，我（马尔伯勒本人）比女王幸运多了。如果可以，我很愿意在这位伟大的宿将麾下效力一阵子，这样，我就可以学到我一直想了解的战争艺术。"[4] 卡尔对这番阿谀之词并不是很受用，他在随后的谈话中表示：马尔伯勒身为军人，打扮过于讲究了，言辞也过于做作了。

马尔伯勒对瑞典军营的造访持续了两天，其间并没有提出什么正式建议。他只是试图探知国王的意向，以及瑞典军队的情绪。得知卡尔关心的是德意志新教徒的福祉时，公爵声称，英国对卡尔的事业报以最热烈的支持，但他也表示，英国同样注意不向天主教皇帝施加压力，直到与更危险的天主教敌人——法国的路易十四之间的战争结束为止。这位访客小心翼翼地侦察瑞典军队的情况，他注意到，瑞军的火炮少到不能再少的地步，医护力量也很缺乏，英军却将医护服务视为部队的标配。他从自己听到的议论中得出结论：瑞典对俄开战是板上钉钉的事。瑞典军官认为这场战争会很艰难，至少要持续两年时间。当马尔伯勒离开阿尔特兰施泰特时，心头如释重负。他对这次任务很满意："我希望它（此行）能彻底击垮法国宫廷对瑞典国王的期望。"[5]

1707年，卡尔最伟大的一次冒险即将揭开序幕。与7年多前那个渡海击敌的18岁少年相比，这位事业蒸蒸日上的国王已是判若两人。从体型上看，卡尔依旧是个少年——他高5英尺9英寸，臀部瘦削，肩膀宽阔，但他的面容明显苍老了。那张满是麻点的椭圆形长脸如今已经永远被晒成了棕褐色，上面分布着一条条细小的、斜斜的皱纹。深蓝色的眼睛透着更为冷静古怪的光芒，当他凝视周遭的世界时，厚厚的嘴唇就会勾起一抹持久、精明的微笑。他不蓄胡须，不蓄髭须，不戴假发；他那赤褐色的头发剪得很短，向上梳起，露出一个日益明显的秃顶。

卡尔对自己的着装倒不像对自己的人那么用心。他的制服很简单——简朴的深蓝色外套，衣领很高，纽扣是黄铜做的；黄色的背心和马裤；大半为厚皮革覆盖的高跟马靴，马刺很长，筒口包边很长，可以将整个膝部和半截大腿都包裹起来。此外，他的装备还包括一条在领口处缠绕数层的黑塔夫绸领巾，一双巨大、沉重、护腕甚宽的鹿皮手套，一柄特大号的瑞典式佩剑。他很少戴上自己那顶宽宽的三角帽。夏天的时候，他的头发会被阳光晒白；到了秋天和冬天，雨点和雪片就直接落到他的头上。天气寒冷的时候，他会匆匆给自己的肩膀围上一件普通的骑兵披肩。即便战斗已经进行到白热化阶段，他也绝不会披上一件用来让子弹、长矛和马刀偏向的胸甲。在征战期间，他的衣着依然不变，且往往多日不换。睡觉时，他就和衣卧在一张床垫、一堆稻草或是一片光秃秃的厚木板上。他脱去靴子，将佩剑搁在自己能摸黑触及的近处，把身躯裹在自己的斗篷里。在入睡前，他会读《圣经》，这本镶有金色浮雕图案的书被他时时带在身边，直到在波尔塔瓦战役时遗失为止。他的睡眠时间从不超过6小时。

国王的饮食很简单。早餐是面包，如果条件允许，他会用自己的拇指给它涂上些黄油。午餐是带脂肪的肉、粗糙的蔬菜、面包和水。他吃饭用手抓，用餐时间极少超过15分钟，从头到尾一言不发。长途行军时，他就在马背上进食。

甚至在瑞典军队驻扎期间，卡尔仍渴望剧烈运动。他在阿尔特兰施泰特堡的庭院中备着一匹上过鞍的马，这样当他觉得有必要的时候，就可以跃上马背，驰骋几英里了。他尤喜欢在风雪、暴雨漫天的日子骑马出行。当他无法外出时他也不闲着，他会一刻不停地踱来踱去。卡尔的写字方式很粗暴——他的信件上布满墨点和擦拭时留下的污渍，因此他更喜欢口授。口授时，他一边在房间内踱步，一边把戴着手套的双手背在背后，而后突然抓起一支笔，在文件上添上一行潦草难辨的"卡尔"。

尽管他是个好动的人，但也是个耐心的听众。在倾听他人说话时，他一面坐在那里，一面把手安安静静搁在长剑柄上，脸上闪过一丝微笑。如果有人在他骑马的时候同他说话,他会摘下帽子,把它塞进自己胳膊底下,直到对话结束为止。在与下属打交道时(卡尔只同下属说话,一生中鲜有例外),他态度冷静、友善、令人安心,但并不显得过于亲切;君主和臣子之间一直存在距离。他几乎从不动怒,在处理日常事务时,他发现要拒绝军官们的请求是很困难的事。他喜欢身边的军官活活泼泼、开开心心的样子,这样他就不用自己动手,只需一边静静地微笑,一边观察、倾听就行了。他更喜欢自信、率直、乐观的下属,给予他们极大的言论自由,允许他们持有不同观点。

一心一意既是卡尔的优点,又是他的弱点。他固执地追求着自己的目标,无视其他所有考量。无论是在猎取野兔时、在下棋时吃掉对手的某个子时,还是在推翻敌国君主时,只要确定了目标,在达成前他是不会考虑其他事情的。卡尔与当时的另一王室统帅威廉三世一样,坚信自己是上帝派来惩罚那些发动"不义"战争之人的。祷告是他日常生活的一部分,也是瑞典军队日常生活的一部分。驻泊的时候,士兵们每天要被召去祷告两次。即使是在行军途中,号声也会在早上7点和下午4点响起,此时全军一齐停下脚步。紧接着,每个士兵都会摘掉帽子,跪在道路中央,口念祷词。

由于信仰的缘故,卡尔成了一名宿命论者。他平静地认为,只要上帝还需要他来达成目的,命运就会一直守护着自己。尽管他做起事来不顾后果(因而极易遭遇意外),但他依旧抱着对危险和死亡嗤之以鼻的态度,纵马杀向战场。"只有命中注定的那颗子弹才能击倒我,当它朝我射来的时候,我就算再谨慎也无济于事。"[6]他说。尽管卡尔自己视死如归,也能狠下心来将他人推向死地,但他之所以命令己方步兵迎着敌军火力发动进攻,是因为渴望胜利,而不是因为喜欢死人。事实上,瑞典国王对己方士兵的牺牲感到哀痛,他曾对皮佩提出建议,让自己向沙皇彼得下一对一决斗的战书,以免战场上血流漂橹的惨景一再上演。皮佩劝阻了他。

驻萨克森的一年相对轻松,在此期间,尽管他的士兵发福了,但卡尔依旧过着简朴的生活、专注于战争。他在阿尔特兰施泰特堡的生活与在军帐中枕戈待旦无异。他的两个姐妹要来德意志拜访他,被他拒绝。他祖母恳求他回国，或者至少回来一趟，他也置若罔闻，还说这样会给自己的士兵树立不良榜样。

在性方面，卡尔依旧保持着禁欲。"在战争期间，军队就是我的妻子。"国王宣称。他还下定决心，只要战争还在继续，自己就要抵制性行为。[7]正如卡尔所认为的那样，禁欲、克己对军事指挥官而言是必不可少的准则，有人却因此认为瑞典国王是个同性恋。卡尔一生中几乎从未接触过女人。6岁那年，他就被人从母亲身边接走，此后在一群男人的陪伴下长大。他喜欢盯着漂亮女孩看，在青春期时还调戏过一个首席小提琴手的妻子，但其中并不包含情欲成分。征战沙场的那些岁月里，卡尔频频给姐妹和祖母去信。然而17年过去了，他从未见过自己的女性亲属一面。当他回到瑞典时，他的祖母和姐姐已经去世。当国王在社交场合见到女士的时候，他的态度彬彬有礼，但并不温暖人心；他不想同女人相伴，一有机会就躲开；看样子，与女人待在一起会让他觉得困窘不安。

卡尔不遗余力地将瑞典军队塑造成自己的样子。他要求由未婚男子组成的精锐部队将心思完全放到职责而非家庭上，将精力留下来用于作战，而非用于追逐女人、关心婚姻。当一个男人结了婚、有了孩子后，他就不太可能勇猛地迎着枪林弹雨冲锋陷阵了。每逢瑞典进入战争状态，卡尔的父亲卡尔十一世便过着严格的禁欲生活，直至战争结束。卡尔崇拜自己的父亲，并以他为榜样，诚心诚意地加以效仿。

随着时间推移，国王对女人缺乏兴趣的事实变得愈来愈明显。在瑞军于萨克森休养期间，许多女人怀上了瑞典人的孩子，时年25岁的国王领导的指挥部却从未传出过此类谣言。后来，卡尔在土耳其过了5年亦因亦客的生活，在此期间，他用莫里哀戏剧和室内音乐会来打发漫漫长夜。女人的低语声依旧不曾在他的住处响起。或许是因为长期排斥情爱与女性，他已经完全丧失了对这两方面的兴趣。

如果他对女人毫无感觉，那么对男人是否感兴趣？这个问题并无相关证据。战争之初，卡尔是独寝的。后来，一名侍从睡进了他的房间。但侍从们同样会轮流在彼得房间内睡觉，有时沙皇还会把脑袋枕在年轻侍从的肚子上打个盹儿，而卡尔或彼得都没有因此变成同性恋。

关于卡尔，我们只能说他心中燃烧的那团火焰已经到了如痴如狂、抹除其他一切的地步。他是一名战士。为了瑞典，为了他的军队，他选择了让自己变得铁石心肠。女人会软化他的意志，令他分心。他从未有过性体验，这或许是因为他清楚它的可怕力量，因而他将欲望抑制下去，没敢去尝试。就这方面而言，卡尔十二世的表现异于常人。但我们已经知道，瑞典国王在很多事情上都显得特立独行。

奥古斯特遭到废黜，斯坦尼斯劳斯当选，并被加冕为波兰国王。对此，彼得的反应是立刻给自己的宫廷弄臣戴上瑞典国王的王冠。但他清楚，波兰发生的事对俄国非常不利。经过这些年，沙皇逐渐明白，自己的对手是一个狂热的疯子；卡尔决意要在波兰推翻奥古斯特，在达成这一目标前，他是不会入侵俄国的。很大程度上来说，保住奥古斯特，就是保住彼得自己。正是意识到这点，彼得才把俄国的大量财力、人力用于维持萨克森选侯的波兰王位。波兰兵戈不息，俄国就无刀兵之虞。

当奥古斯特被迫放弃对波兰王位的要求后，彼得开始寻找替代者——他要的不是一个傀儡，而是一个强悍、独立、既能治国又能统兵打仗的君主。他首先选中的是萨伏依的欧根亲王，此人是那个年代最伟大的军事统帅之一，当时威望极盛。欧根感谢沙皇赐予他这样的荣誉，但他声称自己接受与否取决于主上——神圣罗马帝国皇帝——的意志；他随即写信给约瑟夫皇帝，表示自己将决定权完全交给陛下。欧根20年来一直忠于主君，这次也不例外。约瑟夫左右为难：他知道让一个忠诚、能干的臣子登上波兰王位对自己有好处，但他不敢得罪卡尔。他明白，任命欧根为王将引发他与斯坦尼斯劳斯之间的战争，而卡尔是会站在斯坦尼斯劳斯一边的。因此，他把这个问题留待日后决定。他写信给彼得，表示欧根即将着手发动一场新的战役，因此在来年冬天之前无法做出决定。

但彼得不能再等了。驻萨克森的瑞典军队正准备出发，如果彼得想立一位新的亲俄派波兰国王，他就必须立即采取行动。他同前波兰国王扬·索别斯基之子雅各布·索别斯基接触，后者当即谢绝了这份棘手的荣誉。彼得又与匈牙利爱国者弗朗西斯·拉科齐（Francis Rakoczy）商议。

拉科齐曾领导匈牙利人发动反对神圣罗马帝国的起义,他同意接受王位,条件是彼得能说服波兰议会立他为王,但这一计划在有所进展前就被遗忘了。卡尔已经从萨克森开拔,朝俄国进军。

反瑞典同盟原先是三国同盟,奥古斯特退位后,彼得失掉了他的第二个盟友。此时的局势正如彼得日后所说的那样:"这场战争得完全由我们来扛了。"[8] 如今要独自面对瑞典的彼得开始抓紧活动。他打算与卡尔和解,如果不成,就再找几个有能力的盟友,来帮他避免这场被大半个欧洲视为必败之战的战争。

气势恢宏的西班牙王位继承战争导致欧洲分裂为两大阵营,在寻找调停者或盟友期间,彼得与两个阵营的人都接触过。1705年,安德烈·马特维耶夫向荷兰联省议会提议,如果这个海上强国能说服瑞典与俄国和谈,沙皇愿向其提供3万名最精锐的军人,用于支援反法战争。荷兰没有给出答复,彼得随后同两个中立国家——普鲁士和丹麦接洽,请求它们帮忙调停。这次尝试同样没能成功。最后,彼得于1707年3月向路易十四提出建议。沙皇允诺,如果太阳王能成功斡旋俄瑞关系,他愿以本国军队支援法国对抗英国、荷兰和奥地利。彼得向瑞典提供的条件是,自己彻底放弃多尔帕特,支付一大笔钱以保留纳尔瓦。唯有圣彼得堡和涅瓦河坚决不能让与。路易答应试试。

彼得也与英国协商过。早在1705年,安妮女王的新任大使查尔斯·惠特沃思来到莫斯科时,彼得就希望他能说服自己的主君出手调停波罗的海局势。惠特沃思予以同意,但他给英国政府去信后,后者并未出面为沙皇说项。1706年末,彼得决定直接向伦敦方面求助,他命令马特维耶夫离开海牙,前往英国首都,请求女王以战争胁迫瑞典与俄国和谈。彼得将和谈条件的制定权完全交给女王,只坚持将俄国在波罗的海的祖产——因格里亚和涅瓦河留给自己。如果正式协商以失败告终,马特维耶夫将偷偷向马尔伯勒和西德尼·戈多尔芬(Sydney Godolphin)——英国主要大臣行贿。彼得对这件事的看法很现实,他说:"我不认为马尔伯勒会被收买,因为他实在是太有钱了。但你可以许诺给他20万,或者

更多。"⁹

离荷去英前,马特维耶夫在海牙见到了马尔伯勒。会面结束后,公爵写信给伦敦的戈多尔芬:

> 莫斯科的大使和我在一起,他再三表示,自己的主君对英国女王怀有极大的敬意……为了表明这一点,沙皇已经下定决心,要把自己唯一的儿子送到英国(接受教育)……我希望女王能够……(批准),因为你肯定无法满足他的任何谈判条件。¹⁰

因此,尽管马特维耶夫的使命尚未开始,但已经没有多少成功的可能性了,因为马尔伯勒的意见是很权威的。不过,外交的本质是让每个参与者都有扮演自己角色的机会,马尔伯勒不仅没有劝阻马特维耶夫去伦敦,甚至还将私人游艇"游隼"号借给俄国大使,以供横渡英吉利海峡之用。

马特维耶夫于1707年5月抵达英国首都,受到了亲切的欢迎,但不久之后他就明白,自己在短时间内办不成任何事。他写了一封警告信给戈洛夫金(此人如今已经接替戈洛温成为首相),称谈判进程会很慢:"这里没人能独裁专断";¹¹ 没有议会的批准,女王什么也不能做。终于,安妮女王于当年9月接见了俄国大使。她表示,自己准备通过将俄国拉入"大同盟"来使英俄结盟,但她首先必须获得当前的盟友——荷兰和哈布斯堡帝国的默许。在英逗留期间,马特维耶夫的希望因马尔伯勒而得以继续保留,后者从荷兰来信,称他正运用自己的全部影响力来说服联省议会同意英俄结盟。

较量在悄无声息地进行着——卡尔已于8月从萨克森出发,开始了漫长而恐怖的侵俄之旅,而马特维耶夫变得更加恼怒。"即便是在手腕和阴谋方面,法国内阁也不如这个国家的内阁来得精明。"他在给莫斯科的信中写道,"他们说起话来又圆又滑,对我们毫无益处,只是在浪费我们的时间而已。"¹² 11月,马尔伯勒来到伦敦。马特维耶夫在他抵达当晚便前来拜访,且向公爵提出请求:请公爵像个从不许下诱人诺言的实诚人那样,说几句明白话——沙皇是否有希望从英国人这里得到些什么。但马尔伯勒再次拒绝给予明确答复。

俄国人考虑通过另一个渠道同马尔伯勒接洽，也就是通过俄国驻欧陆的外交官许森（Huyssen）。按照许森的说法，公爵曾表示自己很乐意想办法让英国帮俄国的忙，作为交换条件，俄国必须赠给他本人大量金钱、土地。当戈洛夫金将此事汇报给彼得时，沙皇宣称："告诉许森，如果马尔伯勒愿意成为俄国的公爵，他可以许诺把基辅、弗拉基米尔或是西伯利亚封给那个人——三块封地任他挑。他还可以向马尔伯勒承诺，如果他能说服女王让瑞典和我们缔和，那么当他在世的时候，他的公国每年都可以给他带来5万杜卡特的收入，除此之外，他还可以得到圣安德烈勋章，以及一块全欧洲最大的红宝石。"[13]

无论是马特维耶夫还是许森都没能在谈判之路上走得更远。直到1708年2月，正在朝莫斯科进军的卡尔十二世已经越过维斯瓦河，马特维耶夫才最终呼吁英俄结盟。他的呼吁没能得到回应。4月，彼得写信给戈洛夫金："至于安德烈·马特维耶夫，很久以前我们就说过，他该离开了。待在那个地方（伦敦）只会给他带来谣言和耻辱。"[14]

卡尔坚决拒绝考虑与俄国人进行和平谈判。他回绝了法国人的调停建议，说自己不相信沙皇的话；事实上彼得已经将因格里亚公爵的头衔赐给了缅什科夫，此事证明沙皇已无意归还该省。因此，他不可能对和谈感兴趣。当有人认为彼得可能为了把波罗的海的一小块已征服领土留在自己手里而对瑞典做出补偿的时候，卡尔的答复是，自己绝不会把波罗的海的本国臣民卖给俄国人换钱。当彼得提议将利沃尼亚、爱沙尼亚和因格里亚全部还给瑞典，只保留圣彼得堡、施勒塞尔堡（诺德堡），以及将上述两地连接在一起的涅瓦河时，卡尔愤怒地宣称："我宁可牺牲最后一名瑞典士兵的生命，也不会放弃诺德堡。"[15]

上述和平提议是在侵俄战争开始前由彼得试探性地提出的，结果遭到卡尔的拒绝。事实有目共睹：两人之间存在某个不可调和的分歧，那就是圣彼得堡。彼得为了保住这个出海口，可以放弃一切。于是，因为圣彼得堡——它依然几乎只是一大堆木屋、一座带土墙的要塞和一座简陋造船厂的组合，这场战争只能继续进行下去。

事实上，谈判对卡尔而言毫无意义。此时的他正值成功的顶峰，整个欧洲都登门向他献殷勤，他那支训练有素的军队挟胜利之威，已经做好了出击的准备，而他一心一意坚持的宏大战略也已经成功地进行到现在这个地步了，他为什么还要心甘情愿地把瑞典的土地让给敌人呢？按照他的祖父卡尔十世与沙皇阿列克谢郑重签订的条约，那些如今被敌人背着瑞典国王和瑞典军队暂时占领（可以这么说）的土地，在形式上依旧属瑞典人所有，如果他放弃这几个省份，此事就将是他的耻辱与污点。此外，对俄战争为卡尔提供了一次梦寐以求的征伐沙场的机会。在波兰的那些年，他一直纠缠于跌宕起伏的欧洲政治舞台中，无法脱身。如今，他只要干净利落地挥动手中剑，便可决定一切。如果率军千里远征俄国包藏着极大的风险，相应的潜在回报——瑞典国王立于克里姆林宫，将和平条件强加在俄国人身上，则可惠及数代人。或许这次行动并不需要冒太大的风险。瑞典人和西欧人普遍认为俄国人的作战水平依旧很低。纳尔瓦之战带来的影响实在是太深了，彼得日后在波罗的海取得的胜利无法完全抹去人们对俄国军人的印象：一群毫无纪律观念的乌合之众，根本无法与训练有素的西方军队抗衡。

最后，卡尔性格中存在着以救世主自居的一面。在他看来，彼得必须遭受与奥古斯特一模一样的惩罚——从皇位上滚下来。斯坦尼斯劳斯因波兰人民过着水深火热的生活而敦促卡尔与俄国讲和，卡尔告诉他："沙皇还没被羞辱够，因此还不会接受我打算给他开出的那些和平条件。"[16] 后来，他又一次断然回绝了斯坦尼斯劳斯，这次他说："只要这位无理发动战争的不义沙皇还在与波兰为邻，波兰就永远无法得到安宁。我得先赶到他那儿去，把他也给废了。"[17] 接下来，他表示自己要恢复莫斯科的旧政体，废除彼得的新改革，而最重要的是必须取缔新军。"由于引进了外国式军纪，俄罗斯沙皇国得以崛起到如今的高度，它必须被破坏、摧毁。"国王宣称。[18] 卡尔盼望着给俄国动手术，他一面朝莫斯科进军，一面眉飞色舞地对斯坦尼斯劳斯说："我希望索别斯基王子能一直保持对我们的忠诚。难道陛下不觉得他可以成为一位出色的俄国沙皇吗？"[19]

从一开始，卡尔就清楚，对俄战争绝非易事。它意味着自己要跨越广袤无垠、高低起伏的平原，要穿过无边无际的幽深森林，要横渡一道道波澜壮阔的河流。事实上，莫斯科和俄国中心地带的保卫者似乎是大自然。瑞典人必须越过由一条条纵贯俄国的巨大河流构成的障碍——维斯瓦河、涅曼河、第聂伯河、别列津纳河（Berezina）。奥古斯特将波兰地图和一张新版俄国地图作为礼物献给卡尔，卡尔及其谋士依靠这些地图制订行军路线，但真正被采用的路线受到严格保密，卡尔的军需总监于伦克罗克（Gyllenkrook）负责绘制地图，但就连他也无法确定究竟是哪条路线被选中了。

第一条可能的路线是挺进波罗的海，肃清前瑞典诸省的俄国占领军，驻萨克森的瑞典指挥部大部分军官都相信陛下会采用这条路线。这场战役将洗刷瑞典人的失土之耻，夺取彼得修建的新城市兼海港，迫使俄国人远离海洋，退回原地——这将是对彼得的一记沉重打击，他对海洋和圣彼得堡的情结举世皆知。从军事角度而言，扫荡波罗的海沿岸地区的好处是，卡尔在进军途中，左翼部队可以紧靠大海，这样，他的部下就能轻而易举地通过海路获得来自瑞典本土的补给和援军。此外，正在集结的庞大军团也可以得到已驻扎于波罗的海地区的瑞典军队的进一步补充：驻里加的莱文豪普特麾下有近1.2万兵力，驻芬兰的吕贝克（Lybecker）统领着1.4万兵马，他们都已经做好了攻打圣彼得堡的准备。但进攻波罗的海也存在消极的一面。由于绵延7年的战争，这些瑞典省份受难深重。当地的农场被烧毁，田地里野草丛生，市镇人口几乎被战争和疾病扫荡一空。如果这些资源已枯竭的省份再度沦为战场，当地就什么也不剩了。比卡尔的同情心更重要的是，瑞典国王还意识到，即使这场战役获得全胜，即使沿海地区全部被收复，即使瑞典的旗帜飘扬在彼得保罗要塞上空，他也无法获得决定性的胜利。彼得依旧安坐在莫斯科城内，当他的沙皇。俄国势力即使被击退，也只是暂时的。这位精力充沛的沙皇迟早会再度杀回海边。

当然，这件事可不能让俄国人知晓。为了促使沙皇相信自己的目标是波罗的海，瑞典人计划在该地区发动几场意义非凡的次要战役。一旦卡尔开始径直东进，横穿波兰，俄国人就得将波罗的海沿岸的部队调往波兰和立陶宛，此时波罗的海的瑞典军队就将发动进攻；由吕贝克统领的芬兰军队将沿着卡累利阿地峡，朝施勒塞尔堡、涅瓦和圣彼得堡推进。随后，当深入的瑞军主力迫使俄国人将与里加附近的莱文豪普特部对峙的军队调走时，卡尔就可以利用这几支部队来护送庞大的供应车队，后者将从里加南下，与主力部队会合，主力部队在得到重新补给后，就可以踏上进军俄国首都的最后一段路程。

与此同时，每一座驻有瑞典军队的萨克森市镇和村庄都在进行备战工作。士兵们在房屋和谷仓内无所事事地度过了几个月，如今他们被召集起来，编成一个个班、排。数以千计的新兵蜂拥而至，加入队列中，他们中很多人是德意志的新教徒。西里西亚的新教徒渴望为支持他们反对天主教统治的君主效力，他们飞也似地聚集起来，因此新兵报名站的瑞典军士只能挑拣、选择他们中的最佳者。

得到这批新志愿兵的补充后，进入萨克森时拥有1.9万兵力的瑞典军队，如今已经扩充至3.2万余人。此外，尚有9000名来自本土的新兵正在瑞属波美拉尼亚操练，准备在主力部队进入波兰后与之会合。届时，瑞典军队的总兵力将达到4.17万人，其中步兵1.72万人、骑兵8500人、龙骑兵1.6万人。许多龙骑兵是新招募的德意志人，但他们未必缺乏战斗经验。龙骑兵实际上是一种骑马步兵，根据形势需要时而下马步战，时而骑乘作战。最后是瑞军中的外科军医、随军牧师、勤务兵和文官。数以百计的赶车民夫由于不属于任何一支正规部队，故未被计入，他们是些当地人，被瑞典人雇去，负责驾驶一辆辆装载供应物资和军火的车子，通过某些特定路段。

加上奉卡尔之命在立陶宛和芬兰等候的莱文豪普特部和吕贝克部（共2.6万人），这支准备进军俄国的军队总兵力近7万人。它被训练、打磨成可怕的战争机器的一部分。外籍新兵接受瑞典式的作战训练，学习瑞典式的击鼓信号，被教导使用瑞典式的兵器。全军得到了重新武装。所谓的"卡尔十二世战刀"（一种更轻、更尖的战刀）被发放给士兵们，取代了继承自卡尔十一世时代的更为沉重、更不易使用的兵器。大部分陆军部队都已经装备了新式的燧发枪，如今瑞典骑兵也装备了燧发手铳。为了作战需要，瑞军购入大批火药，但他们仍旧一如既往地强调冷兵器在进攻中的作用。

为了给这些骄傲而营养充足的士兵缝制新制服，萨克森的裁缝们忙得团团转。当瑞典老兵身穿饱经风吹雨打的破烂制服进入萨克森时，有人描述他们看起来活像一群吉卜赛人。如今他们得到了合身的新靴子和配有深蓝色或深灰色斗篷的崭新蓝黄色制服。在一些骑兵团里，布马裤被换成了更经久耐磨的驼鹿皮马裤。军队从瑞典购得一批新的《圣经》和赞美诗集，医疗用品堆积如山。大批食物被贮存起来，然后分发到各团的辎重马车上。瑞典士兵对丰盛的口粮已经习以为常：他们每天能得到近2磅面包、2磅肉及2.5夸脱淡啤酒、一些豌豆或谷物、盐和黄油，每周能得到一次烟草。

到了8月中旬，一切都已准备就绪。卡尔命令所有设法进入瑞军军营的妇女统统离开。随后，他参加了一场为军队举行的庄重的祷告仪式。1707年8月27日早上4点，瑞典国王卡尔十二世纵马离开阿尔特兰施泰特，开始了此生最伟大的冒险。他身后是一长列喜气洋洋的士兵和精神抖擞的战马，这支军队无论是数量还是质量，都创下了历代瑞典国王指挥的军队之最。8月末的那些日子里，这支行走在尘土飞扬的萨克森道路上的蓝黄色长队给人留下了深刻的印象。"在人们眼里，这些勇敢、坚定、训练有素、装备精良的家伙一看就是不可战胜的。"一名瑞典目击者狂喜地评论道。[20] "瑞典人的外观之帅气，已经到了无法言表的地步：这些身穿蓝黄色制服的家伙强壮、丰满、结实，"一个萨克森人报道说，"所有德意志人都应当承认，他们无法与瑞典人相比。许多莱比锡妇女大感悲伤。她们先是低声抽泣，然后犹嫌不足，索性放声大哭起来，但临到分别之际，她们必然会昏倒在地……其他小镇皆是如此……我们瑞典人在这类问题上的态度已成为过去时。有些人（不，是所有人）被宠过头了。如果他们还能回到祖国，我可要对他们的妻子抱以同情了，她们迎来的是被德意志女人惯坏的丈夫；如果某个姑娘是我的死敌，我不会建议她在那些军官中找一个来做丈夫——无论他是不是上校。"[21]

远征的第一阶段是穿过信奉新教的西里西亚地区，结果变得更像是一场胜利进军，而不是一场艰巨战役的开始。当地的新教教会再一次开始向卡尔致谢，他们视瑞典国王为自己的救星。人们成群结队地参加军营内举行的每日露天祷告仪式，只为了看上心目中的英雄一眼。卡尔跪在部下中间的姿态给人留下了深刻印象，许多完全未接受过军事训练的年轻人想跟着瑞军走，就好像他们是一支路过的十字军。这种万人追捧的感觉令卡尔欣喜若狂，甚至沉浸其中。他指示随军牧师，唱赞美诗时只选择那些已经被翻译成德文的，这样，那些拜访军营的民众就能听懂歌词，就能加入合唱之中。

瑞典国王发动的这场战争，对他打造的那架超级战争机器而言是一次至高无上的考验。从一开始，这场远征就摆明了是史诗级的。率领一支军队从位于欧洲中心的德意志腹地向东直趋千余里外的莫斯科所需要的勇气不亚于汉尼拔远征或亚历山大远征。3年前，马尔伯勒在布伦海姆战役开始前，曾发动了一场以莱茵河为目的地的著名远征，当时英国人从尼德兰出发，跨越250英里的征程，抵达巴伐利亚。但马尔伯勒的部下经过的是人烟稠密的地区，他们的行军路线紧靠波澜壮阔的莱茵河，英军的驳船载着供应物资沿河前进。一旦局势开始恶化，莱茵河就会变成英军的水上通道，他们可以登船顺流而下，返回出发时的基地。而卡尔即将发动的远征，路程是马尔伯勒的4倍不说，途中还要经过一片片平原、沼泽、森林和河流，道路稀少，人烟零落。如果遇到灾难或不幸，远征军只能靠自己的双腿走回去。

尽管如此，卡尔却更为自信，心态很轻松。甚至当一列列瑞典步兵、骑兵、炮兵和辎重车队从萨克森的道路上滚滚而过时，卡尔仅由7名瑞军军官陪同，微服进入德累斯顿，与他的前对手奥古斯特选侯消磨了一个下午。卡尔的到访实在太过突然，以至于他发现选侯还穿着晨衣。两位君主相互拥抱后，奥古斯特披上一件外套，两人一起驱着坐骑，沿着易北河走了一个下午。这是一次表兄弟之间的愉快会面。尽管奥古斯特于6年前发兵攻打卡尔，而卡尔也不屈不挠地在波兰平原追杀奥古斯特多年，导致后者被赶下台，但从私人情感角度而言，卡尔对奥古斯特并无恨意。如今奥古斯特已经得到惩罚，卡尔对他的态度也变得温暖亲切起来。在这次骑马出行即将结束时，卡尔参观了著名的绿穹珍宝馆的藏品，9年前，它们把彼得迷得神魂颠倒。卡尔还拜访了奥古斯特的母亲，自己的姨母——孀居的选侯夫人。这是瑞典国王与他的姨母和表兄弟最后一次见面。[①]尽管双方相处甚欢，但国王只带7个人就进入前敌国首都的鲁莽决定还是令卡尔的部下忧心忡忡。卡尔后来对他们的担忧付之一笑，说："没事，大军正在前进呢。"[22]

---

[①] 实际上，在卡尔36年的人生中，奥古斯特是他见过的唯一君王级人物。

# 32

# 通往莫斯科的大道

卡尔意欲经由波兰入侵俄国,彼得对此并不意外。卡尔已经结果了丹麦与波兰,俄国必将成为下一个目标。早在1707年1月,沙皇就下令制造一片无人区,敌军若推进到此地,则将难以生存。哥萨克和卡尔梅克人奉沙皇之命,纵马驰入波兰西部(它将成为瑞军首先进入的地区),蹂躏乡间地带。波兰的市镇遭到焚烧,桥梁被破坏、摧毁。拉维奇(1705年,卡尔的指挥部就设在这里)被夷为平地,敢于抵抗的波兰人遭到杀戮,他们的尸体把当地的井水都给污染了。

彼得一面以焦土战术抵挡敌人,一面不知疲倦地致力于扩充、改良本国军队。一批新的政府代表被派去招募新兵。潜在的士兵有时不易寻找,这时彼得就需要帮助。例如,有个名字叫别佐布拉佐夫(Bezobrazov)的贵族从自己所在的布良斯克(Bryansk)区发来报告,称近期数量激增的教堂仆役有可能成为优秀的龙骑兵。彼得的反应是将拥有行军或骑马能力的仆役尽数收入麾下。瑞典人的一桩暴行被用于激发俄国人的爱国情绪:46名被俘的俄国士兵先是被瑞典人斩去右手食指与中指,然后被送回俄国。彼得被这种残忍的国家行为激怒了:"此事表明,这个国家和它的人民是一群不信基督的野蛮人。"[1] 此外,根据惠特沃思的报告,彼得有意对瑞典人的做法加以利用,使之变成对付瑞典人的手段:"他打算在每个团都编入一名被弄残的士兵,他们可以作为活生生的教材,警示同伴,一旦落得被俘的下场,从残忍的敌人那里会得到怎样的待遇。"

沙皇做好了最坏的准备,下令在莫斯科城修建新的防御工事。6月中旬,工程师伊凡·科尔奇明(Ivan Korchmin)赶到,他接到的命令是将防御工事整顿妥当,特别是克里姆林宫的防御工事。尽管采取了这些措施,一想到自己要被瑞典人占领,莫斯科城便直打冷战。"除了逃跑或死亡,就没有别的话题可谈了,人人都是如此。"奥地利政府驻莫斯科代表普雷尔写道,"许多商人以赶集为由,带着妻儿前往阿尔汉格尔,往常他们可都是一个人到那里去的。当工匠和技工被动员起来时,外国的大商人和大资本家却急急忙忙地携带家小、财产跑到汉堡去。莫斯科及周边所有城镇的外国人都在向本国公使寻求庇护,他们害怕瑞典人的无情与贪婪,更担心暴动与屠杀会在莫斯科全面爆发。捐税加得没完没了,当地人已是苦不堪言。"[2]

1707年初夏,莫斯科的防御工事正在兴建。在萨克森,备战工作已进入最后阶段,卡尔正为此而奔忙。此时彼得正在华沙。他在波兰首都待了两个月,并非完全出于自愿;大部分时候,他都因热病的侵袭而再度卧床不起。8月末,他收到消息:瑞典国王终于启程东进。不久,沙皇离开华沙,慢腾腾地穿过波兰和立陶宛。途中不时停下来,视察防御工事,并与当地驻军司令谈上一谈。

彼得和缅什科夫参加了俄军将领会议,会上一致批准了沙皇的防御战略。他们决定不冒险在波兰开战,至少肯定不会发动那种按照传统方式进行的大型野战,因为彼得认为俄国步兵仍未做好战斗准备,他坚决拒绝让俄军以身犯险。没有了军队,俄国就会失去保护。于是,步兵部队主力从波兰撤出,驻扎在明斯克附近,交由舍列梅捷夫统辖。

按照这一战略,驻波兰俄军的指挥权被交给了彼得麾下最出色的骑兵统帅缅什科夫。缅什科夫的龙骑兵团试图在几处河流渡口阻滞瑞典人:维斯瓦河靠华沙一侧、纳雷夫河(Narew)的普乌图斯克(Pultusk)河段、涅曼河的格罗德诺河段。

10月23日,彼得抵达圣彼得堡,立刻行动起来。他视察了城区的防御工事,它们分别位于喀琅施塔得的出海口,以及涅瓦河和拉多加湖靠施勒塞尔堡的一侧。他一直待在海军部,制订了一份完整的造舰计划以供明年实施。接下来,他发布了一些与即将到来的战争有关的命令,以及大量关于征兵、供应军装和补给的指示。同时,他抽空向伊凡·特勒库罗夫公爵的父亲致以哀悼,后者的儿子在战场上牺牲了。他用友好的语气给达里娅·缅什科夫送去一封短笺，恳求她在照顾丈夫这件事上再用心些："把他养胖一点，别让他再像在梅列季（Meretch）时那么瘦。"[3] 他订购了几部拉丁文的作品交给阿普拉克辛，让他翻译成俄文，还下令训练他喜欢的宠物狗生下的小狗。

然而，尽管做了这些工作，整个秋天和初冬，彼得都陷入了焦虑和压抑的情绪里。他有足够的理由这样，因为当他一面关注着瑞典人的入侵，一面抵达圣彼得堡时，迎接他的却是巴什基尔人和顿河哥萨克发动叛乱的消息，以及多尔戈鲁基及其部下在艾达尔河惨遭布拉温屠戮的报告。在这场灾难的威胁下，彼得不得不提前离开圣彼得堡，现在他似乎恨不能插翅飞到莫斯科，甚至乌克兰干草原去。但当他准备动身时，新的消息来了：布拉温的军队已经被打垮。

除了这些担忧，在危如累卵的那几个月里，彼得的身体始终未能完全恢复。由于热病的侵袭，他一连数周卧床不起，时常感到烦躁，动不动就发火。有一次，他对阿普拉克辛大发脾气，原因是有几名总督送来的新兵数量少于定额，阿普拉克辛却没有处罚他们："那几个总督没能按照规定送来兵员，而您什么也没做，您把责任丢给莫斯科的衙门，这样并不值得赞扬，原因只有两个——要么是您偷懒，要么是您不愿和他们发生争执。"[4] 阿普拉克辛的心被深深刺伤了，彼得意识到自己有失公允，于是回信道："之前我就总督的事写信给您，让您觉得受委屈了。不过看在上帝的分上，其实没什么好难过的。我真的对您没什么恶意。但自打我来圣彼得堡起，哪怕遇上半点儿不遂心的事，都会惹得我大发雷霆。"[5]

可能是因为感到消沉、孤独，彼得意识到，他需要、可以依赖的是一个能够在极度焦虑的时候让自己真正放松下来的人。1707年11月，刚刚回到圣彼得堡的彼得终于和叶卡捷琳娜结了婚。

11月末，彼得动身前往莫斯科度过圣诞假期，顺带造访本国首都，他已经两年多没见过首都了。他急于视察该城的防御工事，如今科尔奇明正带着两万人在那里日夜劳作。要修建防御墙，就必须刮去地面的表层，为此就得把冻住的泥土化开，科尔奇明的工人只好直接在去土区放了一把大火。在莫斯科期间，彼得还对银币的铸造加以监管。他去了印刷所，参观了刚刚运到的新型印刷机,它们是彼得从荷兰订购的。他关心外交人员的薪水标准化问题,又派了一批俄国青年出洋。他重新开始强调神职人员的教育问题,重新开始确保莫斯科制作的衣帽符合已批准的样式。因为他忙得不可开交,所以当有人提出在他看来微不足道的小问题时,他就会显得很烦躁。当惠特沃思很不明智地为在俄英商小小地抱怨了一下时,彼得态度生硬地回答说,他有机会就考虑一下解决方案,但不要对他抱太大的希望,因为"上帝交给沙皇的工作比交给其他人的多20倍,却没赐予沙皇20倍的人手或能力来完成这些工作"。[6]

1708年1月6日,彼得离开莫斯科,重新与军队会合。前往明斯克途中,他从缅什科夫那里得知,卡尔正在疾速穿过波兰。他赶紧前往格罗德诺。瑞典军队有能力在冬天急行军、打敌人一个措手不及,这令彼得更加忧虑。4天后,他写信给阿普拉克辛,让他"马上到维尔纽斯去……但您如果已经到那里了,就不必再前进,因为敌人已经朝我们逼近了"。[7]

排成6道平行纵队的瑞军已经从西里西亚越过边境,进入波兰的拉维奇地区。在那里,进入波兰境内的瑞典国王和他的军队首次见识到未来战事的残酷。拉维奇城被烧成一片白地,井里和河里漂着一具具尸体,瑞军东进前,缅什科夫手下的哥萨克和卡尔梅克骑兵已经开始了地毯式的焦土作战行动。在波兰另一头,空气中弥漫着烟熏火燎的刺鼻味道,那是被缅什科夫所部骑兵付之一炬的农场和村庄发出的。俄国骑兵避免与瑞军发生接触,他们待在瑞典人无法追及的地方,并东撤至华沙。在那里,缅什科夫正在维斯瓦河的掩护下挖掘工事。

在骑兵和龙骑兵的掩护下,瑞典人迈着悠闲的步伐,径直向华沙开去。抵达华沙西面后,卡尔折而向北。在波兹南(Posen),瑞军停下脚步,卡尔修建了一座临时军营,他们在那里待了两个月,等候援军抵达,以及天气转好。卡尔派了5000名龙骑兵和3000名步兵,交由克拉索夫少将统领,留在波兰,巩固摇摇欲坠的斯坦尼斯劳斯的王位。

秋天已经过去,冬天的脚步正在临近。瑞典军队依旧没有行动,瑞典国王显然陷入了又一个漫长的懒散期,华沙周边的俄军信心更足了。毫无疑问，由于冬天即将到来，瑞典人会在现有的军营里一直待到春天。但卡尔不这么打算。他没有在夏末离开舒适的萨克森驻地，结果却得在东边几英里外更加荒凉的地方过冬。事实上，在操练新军时，卡尔只想等到秋雨过去为止，道路因大雨而化为泽国。等到霜冻降临、路面变得硬邦邦时，国王就可以出发了。

但他的方向不是华沙。战役刚刚开始时，卡尔有意将他赖以成名的因素之一——凶猛的正面进攻战术搁到一边。他急于避免与敌人爆发大规模冲突，这样会导致他离本就遥不可及的目标越来越远。他在波兰的战略是，任由俄国人在河流后方修建防御阵地，然后他北进渡河，包抄掘壕固守的敌人，迫使他们不战而退。

初施此计，瑞典人轻而易举地得了手。经过两个月的准备，瑞典人拆除波兹南军营，朝东北方向前进50英里。维斯瓦河在此弯曲向西，瑞军也随之折而向西。这里的河面很宽，水流懒洋洋地流淌着。白雪皑皑、任风吹袭的大地上，见不到一个俄国士兵或哥萨克骑兵的影子，但瑞典人不得不与大自然搏斗。积雪已是深不见底，但河流仍在流淌。由于浮冰的存在，架桥过河根本是件不可能的事。卡尔不得不按捺焦急的心情，花了一个月时间等待河面结冰。圣诞节那天，气温下跌，河面开始冻结。28日那天，冰层已有3英寸厚。瑞典人在冰面上洒水，使之冻结，然后再铺上稻草和木板，用这种办法将河冰加固到足以承受马车和火炮重量的程度。28日到31日，瑞军尽数过河。"他们完成了自己的计划，"詹姆斯·杰弗里斯上尉（Captain James Jefferyes）[①]写道，这个年轻的英国人此时正随同瑞典军队一起行动，"除了两三辆马车沉入河底，他们毫无损失。"[8]

---

[①] 杰弗里斯是个与瑞典有着紧密联系的军人外交官。他的父亲长期为卡尔十一世效力，杰弗里斯于此期间出生在斯德哥尔摩；他的哥哥在随同瑞典军队作战时，在纳尔瓦战役中阵亡；杰弗里斯自己则是英国驻瑞典大使手下的一名秘书。1707年，他以"志愿者"的身份加入瑞典军队，这个点子是瑞典政府的大臣想出来的。卡尔十二世不喜欢外国使节跟随他的军队一起行动，大臣们就设计了这个应对的办法。事实上，尽管杰弗里斯在情感上倒向瑞典一方，但他的真实使命是观察侵俄战争的进程，并以客观的态度向白厅汇报。杰弗里斯于波尔塔瓦一役被俘，后获准返英。1719年，他再度在俄国短暂露面，身份是英王乔治一世派往圣彼得堡的大使。杰弗里斯的最后二十年人生是在爱尔兰科克郡（County Cork）的布拉尼堡（Blarney Castle）度过的，这座城堡是父亲留给他的遗产。

就这样，1708年元旦，瑞典军队踏上了维斯瓦河东岸。华沙一线已遭迂回，缅什科夫疏散城内居民后，撤至位于纳雷夫河后方位于普乌图斯克的新阵地。从侦察兵处得知该阵地有兵马守御后，卡尔再度祭出老办法：朝东北方向进军，悄悄绕过俄军防御阵地。

但第二次就没那么容易了。大道以北分布着一些东欧最为难行的地区。由沼泽、湿地和茂密森林组成的马祖里（Masurian）湖区人口稀薄，狂野的当地农民对所有陌生人都怀有敌意。道路不过是动物踩踏或者农家大车碾压出来的一条条小径罢了。尽管如此，国王依然勇往直前。行军路上，人们备受折磨。每天晚上，卡尔都会命令各连升起大堆大堆的篝火，并演奏军乐以维持官兵的斗志，但森林依旧给他们造成损失。马匹死去，因试图在坑坑洼洼的道路上拖曳辎重车辆和火炮而疲惫不堪。德意志龙骑兵团出现逃亡现象，他们领的那点军饷与他们在这种战争中的付出不成正比。草料供给不足。为了逼迫农民放弃他们小心翼翼贮藏起来的草料，瑞典人用最简单、最残忍的方式威胁他们。一个儿童被捉去，瑞典人当着孩子母亲的面，把绳子系在孩子的脖子上。而后，一名瑞典军官最后一次要求孩子母亲说出她家的食物藏在哪里。如果她拒绝透露，孩子就会被吊死。这种情况下，农民往往会精神崩溃，开口招认，尽管这样意味着他们全家都会饿死。

毫不令人意外，一些居民起来反抗了。大部分农民都是生活在熊群和狼群之中的猎手，受过火器应用训练。他们或藏身于树木后方，或隐伏于灌木之中，狙击行进中的瑞军纵队，伏击掉队的士兵。游击战的冷酷法则很快就因战争的存在而显现出来。当一群瑞典士兵在谷仓内睡觉时，谷仓被锁起，然后点燃。作为报复，瑞典国王吊死了10名来自事发村庄的人质。当最后一个团通过以后，整个村子被烧成一片白地。又一次，克罗伊茨将军俘获了一个为数50人的劫掠团伙，他强迫俘虏互相吊死，最后几人则被瑞典士兵吊死。

尽管进军之路举步维艰，卡尔仍于1月22日走出森林，现身科尔诺（Kolno）。当俄国骑兵从南方到来时，他们发现大批瑞军早就等在那里了，只得撤退，然后将消息带给缅什科夫。

由于自己的大胆举措获得了极大的成功，卡尔决定再发动一次猛烈的穿插进攻，目标是俄国人的第三道河流防线——涅曼河。横亘在他面前的是立陶宛边境城镇格罗德诺，这座城市坐落在河道中段，是涅曼河一线的要冲。两年前，奥希尔维统领的俄军就是在这里过冬的。无论卡尔最终选择北上波罗的海，还是东进莫斯科，他和彼得心里都清楚，格罗德诺是必经之路。这条道路对他来说不可或缺，他不可能老走森林和沼地。由于这座城市至关重要，俄军正在朝这里进军。卡尔决定立即发动进攻，希望能在俄军把格罗德诺变成铜墙铁壁之前拿下它。国王让主力部队跟在自己后面，仅与600名近卫骑兵及伦斯舍尔德、克罗伊茨打头阵，途中又补充了50名先前派出的侦察兵。当卡尔于当日下午抵达格罗德诺时，他发现涅曼河上的桥梁依旧完好无损。守桥的是由陆军准将米伦费尔斯（Muhlenfels）统领的2000名骑兵，此人是彼得手下的德意志将官之一。卡尔没有任何犹豫，当即发动进攻，试图夺桥。一些瑞典人越过河上的冰面，从后方杀向俄军，其他人则径直冲上桥梁。混战爆发了，俄国人和瑞典人施放火铳，挥舞刀剑，相互厮杀。在震耳欲聋的呐喊声中，国王亲手结果了两个俄国人：一人被以手铳击毙，另一人则被他用剑斩杀。白昼是短暂的，当下午的天色变得越来越黑时，俄国人已经搞不清瑞军究竟有多少人。他们很快放弃桥梁，撤入城内。卡尔尾随其后。当夜，他在城墙下方的河岸上扎营，同时派遣信使回去传令，让其余部队火速前进。他还不知道，沙皇本人就在格罗德诺城内，离他只有几百码远。

彼得前往格罗德诺是来支援惊惶万状的缅什科夫的，后者被卡尔发起的一次次无法预测的机动和一场场突然、迅速、不按常理出牌的进军弄得手足无措、心烦意乱。此时他正打算撤退，以免自己再度遭到迂回。但沙皇清楚涅曼河一线的重要性，想确保涅曼防线不至于像维斯瓦防线和纳雷夫防线那样被敌人毫不费力地突破。他和缅什科夫都不曾料到，卡尔竟然近在咫尺，而且还出人意料地以风驰电掣之势，越过了尚未被摧毁的涅曼河渡桥。

当城内的彼得和俄军军官听到火器射击的声音，看到渡桥上的骑兵大战时，他们根本无法搞清到底有多少瑞典人正在逼来。彼得以为瑞军已经全部赶到，桥梁如今落入他们手中，他觉得格罗德诺守不住了。当俄军趁夜撤离时，彼得让自己的车驾守在东门附近。拂晓到来前，他与缅什科夫登上马车，前往维尔纽斯和圣彼得堡的方向。要是卡尔知道彼得就在这里，他一定会发疯般地将这个价值连城的目标俘虏到手，这场战争的性质也就会因这次突袭而改变。事实上，当卡尔的骑兵于翌日早上杀向格罗德诺城时，他们发现该城已被遗弃。瑞军随即进入城内，但戏剧般的一幕并没有结束。正午时分，彼得在赶往维尔纽斯途中得知了这场突袭的真相：发起行动的瑞军数量很少，占领城市的就是这一小队人马，但他们尚未得到主力部队的增援，而卡尔本人就在这支队伍中。彼得决定发动一次大胆的反攻行动——趁夜奇袭格罗德诺，收复该城，运气好的话，也许还能抓到瑞典国王。颜面扫地的米伦费尔斯被派回格罗德诺，给他的命令是，天黑以后，率领3000名骑兵率先发起进攻。

当夜，卡尔本着他特有的、对俄国人一切可能的行动均嗤之以鼻的态度，命令"全体骑兵解下马鞍，脱衣睡觉"。[9] 50名负责守望的龙骑兵被部署在大道（俄国人就是从这里撤离格罗德诺的）沿线的房屋内过夜，他们保持着半警戒状态，坐骑上了马鞍。在这50人中，路障后方的15名警戒哨依旧清醒，但为了抵御1月夜晚的严寒天气，其中13人下马围拢在一处火堆旁。只有2名龙骑兵真正坚守在岗位上，保卫着瑞典国王及其精疲力竭的部下的安全，他们如今都已沉沉入睡。

午夜过后，数百名俄国骑兵悄无声息地朝寂静的城市开来。他们的战马发出的声响，被2名值守的龙骑兵察觉。他们对着火堆旁的战友大声喊叫，后者及时上马，在路障处迎上了第一批到达的俄国人。紧接着，另35名龙骑兵跌跌撞撞地冲出屋子，跨上已配好马鞍的坐骑，而后驱马加入战斗。尽管瑞典人在数量上严重处于下风，但夜色"漆黑如墨，人人伸手不见五指"，俄国人将这支警戒部队的人数多算了许多[10]。许久以后，卡尔和伦斯舍尔德双双拍马赶到，瑞典国王脚上还套着袜子。他们急于加入混战，但在黑暗中无法辨明敌我。几分钟后，又有一批瑞典人赶来，一些人衣服只穿了一半，马也没上鞍。尽管身处黑暗之中，但俄国人仍感觉到敌人的援军越来越多，他们不愿继续混战下去，拨转马头，沿着来时的道路撤走。不到一小时,格罗德诺就恢复了平静。对卡尔而言,那一夜是幸运的,也是令人愉快的,他一刻不停地自问:如果米伦费尔斯将他的战术学去,率领3000人以迅雷不及掩耳之势冲进小镇,后果将如何?他们只要飞快地掠过两名岗哨和一小队围着篝火的人马就行了。

接下来的3天里,卡尔及其麾下那支小小的近卫骑兵依旧没有得到一兵一卒的增援,但俄方再未尝试夺回格拉德诺。已经吃到两次败仗的米伦费尔斯遭到逮捕,他的正式罪名是没有摧毁涅曼桥。当瑞军主力开始抵达时,国王率领几个精锐团前去追赶彼得,但很快便被迫放弃追击。他的军队人数太少,也太疲劳了。而且,俄国人采取焦土战术,将乡间地带变成了一片冷冷清清的荒漠。

接下来的几天里,俄军全体从涅曼河一线撤离,放弃了固若金汤的防御阵地和已经备好的冬季营地,撤至别列津纳河的新防线。卡尔追击,再度率领近卫骑兵冲在主力部队前头,但瑞典军队已经精疲力竭,需要休息。他们已经赶了500英里路。冬季的3个月里,瑞典人几乎每一天都在作战。马匹缺少草料成了至关重要的因素。剩余的庄稼收成要么被俄国人烧掉了,要么被农民藏起来了。很显然,要想让牲口活下来,进军就必须暂停,直到来年春天绿草发新芽再重新开拔。2月8日,卡尔停止前进,当主力部队与他会师时,他允许部下驻营休整。3月17日,他再度启程,将军营搬到了明斯克西北的拉多什科维奇(Radoshkovichi)。来到这片位于维尔纽斯、格罗德诺和明斯克之间的三角地带后,国王终于把他的军队带进了冬季营地。

波兰的战事结束了。在格罗德诺渡过涅曼河后,瑞典军队就进入了立陶宛地界。这片辽阔、形状不规则、没有政府组织的地区位于波兰、俄国和波罗的海之间。在3条可能难以逾越的河流屏障处,以及整个波兰地区,除了在格罗德诺桥上爆发的小型骑兵战,再未爆发过规模更大的战斗。这场战役带来的外交成果不亚于军事成果。在英国,安妮女王的政府不愿承认卡尔立的波兰傀儡国王,但当卡尔轻松打通波兰通道的消息传到伦敦后,斯坦尼斯劳斯被正式承认为奥古斯特的继任者。在波兰,那些原先拒绝支持斯坦尼斯劳斯的贵族阶层重要成员,如今转而开始与他修好。

西欧各国的君主和政治家没给彼得一点儿机会。瑞军官兵变得更加自信，对敌人也更加蔑视。如果一支由沙皇亲自指挥的俄国军队，在区区600名瑞典骑兵逼近的时候，就丢下河流防线和要塞化市镇逃之夭夭，这样的一支军队还能做些什么？

对瑞典军队而言，禁足于冬季营地里的时光比在开阔地带作战更加难熬。被关在窄小、取暖条件极差的房间里，吃不到合适的食物，许多士兵——特别是来自本土的新兵患上了痢疾，一些人一命呜呼。卡尔也不能幸免，受了几周的罪。至于外头，在军营哨所以外的地方，只有咆哮的寒风、大雪、严寒、被焚毁的村庄的灰烬，以及被烧得乌漆墨黑、坠入冰封溪流中的断桥木梁。瑞军的征粮队每天都要在这片饱受摧残的土地上搜寻食物。他们得知了立陶宛农民有把自家存粮藏在地洞里的习惯，并学会了利用某些痕迹来查找这些秘密贮藏点的办法，例如，如果地下埋着有温度的东西，地表的积雪就会融化得比较快。征粮队经常遭遇俄国骑兵，小规模交战时有发生。通常的情形是，10至20名骑兵来到农舍附近的一处空地，此时哥萨克或卡尔梅克人偶然发现了他们。刹那间，一阵突如其来的喊叫声划破了冷冰冰的冬季天空。人们用马刺刺着坐骑，横穿雪地，一阵短暂的火器互射或刀剑相交后，一方或另一方撤离战场。这是一场冷酷无情的战争，瑞典人与俄国非正规军相互仇视。如果其中一方的人员被对方俘房，后者会把战俘锁在一栋小屋内，然后一把火将屋子烧个精光。

整个冬天，卡尔及其幕僚都在那栋充作指挥部的建筑里，挤在地图前。一天，当军需总监于伦克罗克正忙着研究地图的时候，"陛下朝我（即于伦克罗克）走来，看着我干活。然后，他先是说了些别的话题，接着突然插了一句评论：'我们现在正走在通往莫斯科的大道上。'我回答说，我们离莫斯科还很远。陛下答道：'当我们再度开始进军时，应该就能到达那里了，别担心。'"[11] 于伦克罗克顺从地回去工作，他准备沿着通往斯摩棱斯克和莫斯科的道路，画一条远至第聂伯河的莫吉廖夫（Mogilev）的行军路线。为了给进军行动提供支援，卡尔将里加驻军司令亚当·莱文豪普特召至拉多什科维奇。他命令莱文豪普特遍搜里加全境，征集大批粮食、火药、弹药,以及用于运输这些后勤物资的马匹和马车,并准备用所部士兵护送这支庞大的车队,于仲夏时节在指定地点与主力部队会合。

5月初起,在瑞军军营内,进军行动即将开始的迹象日益明显。瑞军加强了操练,做好了启程准备,并搜集了足以维持6周行动的粮食。天空开始放蓝,微风中多了几分暖意,卡尔的士兵随之流露出惊人的乐观精神,对俄国人的蔑视情绪空前高涨。少将拉格克罗纳(Lagercrona)宣称:"当陛下朝莫斯科挺进的时候,敌人根本不敢抵抗。"[12] 少将阿克塞尔·斯帕雷告诉国王:"有则古老的预言称,斯帕雷家族的一名成员有朝一日将成为莫斯科总督,国王将因此事而乐不可支。"[13]

格罗德诺的战事结束后,彼得驱车北进维尔纽斯。看着他的伟大对手以无可阻挡之势越过波兰的河流与平原,他已经开始绝望了。其后,排山倒海而来的瑞典人突然看似不可思议地停下了脚步。接下来,在近3个月内,他们一直无所事事。在维尔纽斯,彼得一边等待,一边与将军们一起尝试着探明卡尔未来的进军方向。从格罗德诺出发的瑞军可以有多个选择。如果他们尾随彼得北上维尔纽斯,沙皇就会知道他的敌人将北进解放波罗的海各省,并朝圣彼得堡发动进攻。如果卡尔东进明斯克,他的目标就无疑是莫斯科。卡尔也可能推迟决定,甚至同时实现上述两个目标:越过东北方向的佩普西湖,夺取普斯科夫和诺夫哥罗德。然后,他就能以它们为跳板,进击圣彼得堡或莫斯科。

彼得不能忽视上述任一可能性。他命令主力部队撤至第聂伯河对岸,但陆军元帅戈尔茨与8000名龙骑兵被部署在别列津纳河的鲍里索夫(Borisov),以阻止敌人渡河。缅什科夫奉命砍伐树木,堵塞格罗德诺周边的所有道路。几周后,沙皇用一种冷酷无情的方式赌了一把。在一场作战会议上,彼得命令制造一片彻底毁灭的区域。如此一来,无论瑞军拔营后进军何方,他们都无法维持生存。俄国人沿着从瑞军军营通往北方、东方或南方的各条道路,制造了一片辽阔的、纵深达120英里的完全毁灭区,它从普斯科夫一直延伸到斯摩棱斯克。一等卡尔启程,毁灭区内的所有建筑，所有残余的食物和草料统统都会被烧掉。农民收到命令，将谷仓内的干草和谷物尽数埋掉或转移到森林里藏起，违者以死刑论处。他们将在远离道路的密林深处为自己和自己的牲口备好藏身之处。等着敌人的必定是一片荒漠。

多尔帕特城受到的摧残最为严重，这座于1704年被彼得攻陷的城市直接坐落于卡尔进军波罗的海的必经之路上。彼得下令彻底清空当地人口，彻底摧毁该城。为这幕惨剧增添了几分讽刺意味的是，这么做完全是白费力气。卡尔并没有北进，多尔帕特的毁灭毫无意义。

当卡尔进入拉多什科维奇的冬季营地时，彼得决定利用眼下的间歇期，回圣彼得堡过复活节。启程前夕，他再度严重发烧，但还是离开了。当他于3月最末一天抵达圣彼得堡时，他的力量消耗殆尽。4月6日，他写信给戈洛夫金：

> 我在这里的时候，就和在伊甸园一样健健康康。我搞不清自己是怎么把热病从波兰带来的，因为乘雪橇时，我把我自己照料得很好，身上被温暖的衣服裹得严严实实。但整个受难周期间，我都被热病折磨着。由于患病，我甚至连复活节仪式都无法参加，除了在晚祷的开头阶段，以及宣读福音的时候。感谢上帝，如今我正在好转，但仍然足不出户。除了发烧，我的喉咙和胸膛也在发痛，末了还伴随着咳嗽。如今我咳嗽得很厉害。[14]

两天后，彼得又写了一封信：

> 我恳求您担起一切，要是没有我，您也能行。如果身体还好，我是不会让时间白白过去的，但自打我在这里和波兰得了这病后，只有上帝才知道我是个什么样子，如果接下来几周我再抽不出时间吃药休息，天知道会发生些什么。[15]

当缅什科夫传来消息，说瑞典人正在修建桥梁，显然准备重新开始进军时,彼得于4月14日用忧心忡忡的语气回复,他知道情况的严重性,必要时他会动身。但他恳求缅什科夫,除非到了绝对必要的时候,否则千万不要把他召到军中,因为他现在依然极度需要进一步的休息和治疗。他补充道:

> 您自己也知道,我很不习惯用这种方式写信,但只有上帝才清楚我现在多么虚弱无力。没有健康,没有力气,我就什么贡献也做不了,但如果我能在这儿躺上五六周,再加上药物和上帝的帮助,也许还有望健健康康地出现在您面前。[16]

## 33

## 戈洛夫钦之役和列斯纳亚之役

新战役的舞台准备好了。两支互相对垒的军队驻地星罗棋布。瑞军主力与卡尔驻扎在格罗德诺、维尔纽斯、明斯克之间的三角地带。国王在当地拥有12个步兵团和16个骑兵、龙骑兵团，总兵力约为3.5万人；此外，波罗的海地区还有几支规模较小的部队可用。驻里加的莱文豪普特部的1.2万人已经接到命令，与主力部队会合。而由吕贝克指挥的1.4万人的独立部队则奉命从芬兰出发，经卡累利阿地峡开往圣彼得堡。如果计划完全成功，这支部队就能拿下彼得的新首都；即便不成，它也至少可以起到让沙皇分心，以及占用其手中资源的作用。最后，波兰驻有克拉索夫将军麾下的8000名瑞典士兵，如果波兰局势保持稳定，他们就可以东进增援卡尔。总之，把整个前线的兵力都算进去的话，卡尔手上共有7万人马可供调遣。

彼得的兵力相当雄厚。由舍列梅捷夫和缅什科夫指挥的俄军主力奉沙皇之命，保卫普斯科夫和莫斯科，他们被部署在一片宽阔的弧形地带，该地带从北面的波洛茨克和维捷布斯克（Vitebsk）一直延伸到南面的莫吉廖夫和贝科夫，对瑞军大营所在的三角地带形成包围之势。步兵部队被撤回，安置于德维纳河与第聂伯河之间。在他们前方，戈尔茨统率一支庞大的骑兵分遣队横亘于明斯克-斯摩棱斯克的大道两侧，并沿着别列津纳河巡逻，他们的任务是在瑞军挺进时承受后者发起的第一波冲击。在他们的南面，自明斯克向南延伸至莫吉廖夫的道路上，另一支部队防守着别列津纳河渡口。在这片弧形区域，彼得总共有了26个步兵团和23个龙骑兵团，总兵力约为5.75万人。此外，被派去守御圣彼得堡的阿普拉克辛统御着2.45万兵马。在位于波罗的海与弧形战线中央之间的多尔帕特，驻扎着第三支俄军,这支1.6万人的部队归鲍尔将军(General Bauer)节制,任务是监视里加的莱文豪普特部。这些部队被准备用于对付瑞军的种种行动。倘若卡尔进军普斯科夫和圣彼得堡,缅什科夫和舍列梅捷夫就会率领俄军主力北进阻止他;如果瑞典国王直取莫斯科,俄军将领就会在别列津纳河与第聂伯河同他大战一场。鲍尔的活动同莱文豪普特部直接相关。如果莱文豪普特北进圣彼得堡,鲍尔就北进支援阿普拉克辛。假使莱文豪普特南下与国王会合,鲍尔也会南下支援舍列梅捷夫。公爵米哈伊尔·戈利岑(Prince Michael Golitsyn)指挥一支1.2万人的独立部队驻扎于基辅附近,监视通往乌克兰的道路。眼下这里似乎是瑞军最不可能进兵的方向。

俄军的兵力比瑞军多7万至11万(也许实际数字是6.2万,因为克拉索夫的军团还远在天边,无法动用)。人数上的差距只意味着一件事:在这场迁延日久的战役中,俄军补充起兵员来,要比瑞军更为轻松。在纳尔瓦时,俄国人对瑞典人占有4倍的数量优势,而目前双方的兵力比仅为5∶3。

6月6日,破土而出的新草已经长到几英寸高,卡尔决定行动。在拉多什科维奇屹立了3个月的军营被拆毁,瑞军各团集结于明斯克。集合地点位于华沙-斯摩棱斯克-莫斯科大道上。这条道路从明斯克向东延伸至别列津纳河的鲍里索夫渡口——它正是俄军准备保卫的地方。

在4月26日和6月13日举行的系列军事会议上,舍列梅捷夫和缅什科夫决定先抗击别列津纳河的瑞军。彼得没有出席这两场会议,但他对守住别列津纳一线的决策予以强烈支持。5月,俄军各部在缅什科夫、舍列梅捷夫、哈拉特、列普宁和戈尔茨的率领下,从冬季营地开出,沿着河流东面40英里长的战线构筑阵地。由于无法确知瑞典国王究竟会从何处发动进攻,俄军的兵力部署保持着变通性,但最为明显的目标——位于鲍里索夫的渡口由戈尔茨手下的8000人马把守着,并挖掘了坚固的战壕。

得知这一情况后,卡尔再一次选择迂回敌军战线,这一次他从南面进兵。6月16日,经过9天的行军,瑞军抵达别列津纳河的别列津纳-萨佩任斯卡亚（Berezina-Sapezhinskaya）支流。由哥萨克和俄国龙骑兵组成的掩护部队不战而退，瑞典工兵搭起两座桥梁，远征军随即渡过别列津纳河。卡尔的策略获得成功后，明斯克就被他甩到身后50英里处了。同时这意味着瑞典国王告别了自己生活、战斗过8年的波兰-立陶宛地区，永不再返。

缅什科夫和舍列梅捷夫被对手用计策轻而易举地击败，这让他们懊恼万分，他们可以猜到沙皇将对他们的失败有什么反应。6月23日，一场军事会议在莫吉廖夫举行。会上，缅什科夫和舍列梅捷夫一致认为，他们必须继续努力保卫第聂伯河以西地区及莫吉廖夫、什克洛夫城（Shklov）。俄军各部接到命令：在巴比奇河（River Babich，德鲁季河支流）西岸集结。他们将主动求战，这并不是一场孤注一掷、生死攸关的战役，而是一场让入侵者付出代价的战役。

此时卡尔打算折向北面，捕捉位于自己身后、拱卫鲍里索夫渡口的戈尔茨部，但侦察兵汇报说，俄军正在全体南移，并在巴比奇河后方一座名为戈洛夫钦（Golovchin）的村庄附近集结。这一次，瑞典国王决定不再与敌人玩捉迷藏游戏了。瑞军朝戈洛夫钦开去。天气状况开始恶化。大雨下得没完没了，地面化为一片泥海。每隔几码，俄国人就会砍倒树木，让它横卧在道路上，以阻挡敌人前进。杰弗里斯在给伦敦的信中写道："这个时候，我不能不把瑞典军队应得的赞誉赐予他们，无论是考虑到他们强行穿过那些几乎无法通行的地方、涉渡那些齐腰深的沼泽时被迫经历的艰难困苦，还是考虑到他们忍饥受渴的能力——大部分时候，他们都只能靠面包和水生存，我都必须得出这样的结论：他们是可供欧洲任何一位国君炫耀的精兵猛将。"[1]

6月30日，瑞典国王进抵戈洛夫钦，这座村庄坐落于沼泽丛生、水位甚浅的巴比奇河前方。他发现，在位于河对岸的坚固阵地上，俄军沿着沼泽遍地、因下雨而地势上涨的河岸，排成一道绵延6英里的队列。相当一部分瑞军花了几天时间才赶到，而对岸的俄军亦不断得到新赶来的步兵、骑兵增援。与此同时，卡尔在仔细考察了当地地形后，制订了一份作战计划。瑞军老兵变得越来越烦躁不安。河水并不深，可以轻而易举地涉过去——为什么他们不直接过河，击溃那群乌合之众般的俄国人呢？但卡尔明白，事情或许并没有那么简单。固若金汤的敌军阵地前方横亘着一道道战壕和深沟，再往前则放置了一批拒马。俄军分为两大部分：北面部署着13个步兵团和10个骑兵团，由舍列梅捷夫和缅什科夫指挥；南面的主力部队则由9个步兵团和3个龙骑兵团组成，指挥官是列普宁。两支主力部队被战场中央一片为沼泽和森林所覆盖的地区分隔开来，一道注入巴比奇河的支流从这片区域贯穿而过。沿着河流两岸继续往前，更多的俄军正驻扎在那里：在舍列梅捷夫部北面，一道更深、更宽阔的沼泽另一头，部署着其他俄军步、骑兵部队，统帅是哈拉特；戈尔茨部位于列普宁部南面，它拥有10个龙骑兵团（兵力1万人），外加一批哥萨克和卡尔梅克骑兵。

事实上，俄国人在一而再再而三地遭到迂回包抄后，将各支部队分散开来，以免重蹈覆辙。卡尔决定利用对手过度延伸战线的机会，将它变成自己的优势。当瑞军正在集结时，卡尔派出几支分遣队在河岸处来回奔走，到处佯攻，诱使俄国人在外侧翼布有强大的兵力。哈拉特麾下的俄军因而一直驻扎在战场的北侧远处，始终未曾参加之后的战役。

但这次卡尔没再进行侧翼运动。他已经发觉了俄军漫长战线上的最薄弱位置：它位于战场中央，舍列梅捷夫部与列普宁部之间，也就是被巴比奇河支流贯穿的沼泽地带。如果卡尔进攻这里，沼泽就会阻止或妨碍俄军一部前来支援另一部。国王决定将沼地南面的列普宁部作为打击对象。攻势发起时，他将亲自率领步兵与列普宁部的俄国步兵对决。骑兵则将在伦斯舍尔德的指挥下与戈尔茨部骑兵交锋。

7月3日，集结在卡尔麾下的瑞军达2万人，已超过总兵力的半数。午夜时分，处于待命状态的各团收到指令：准备战斗。当夜，浓雾从河面上升起，河流和河对岸均隐于其中。在大自然的掩护下，卡尔悄无声息地把大炮调了上来，并成功地将它们推进到之前选定的位置。凌晨2点，他已将8门最重的火炮安置在炮位上，准备近距离直射河对岸。拂晓时分，当第一道阳光穿透雾气时，瑞军火炮突然朝惊慌失措的俄军发出雷鸣般的咆哮，与此同时，卡尔率领7000名瑞军士兵跃入河中。

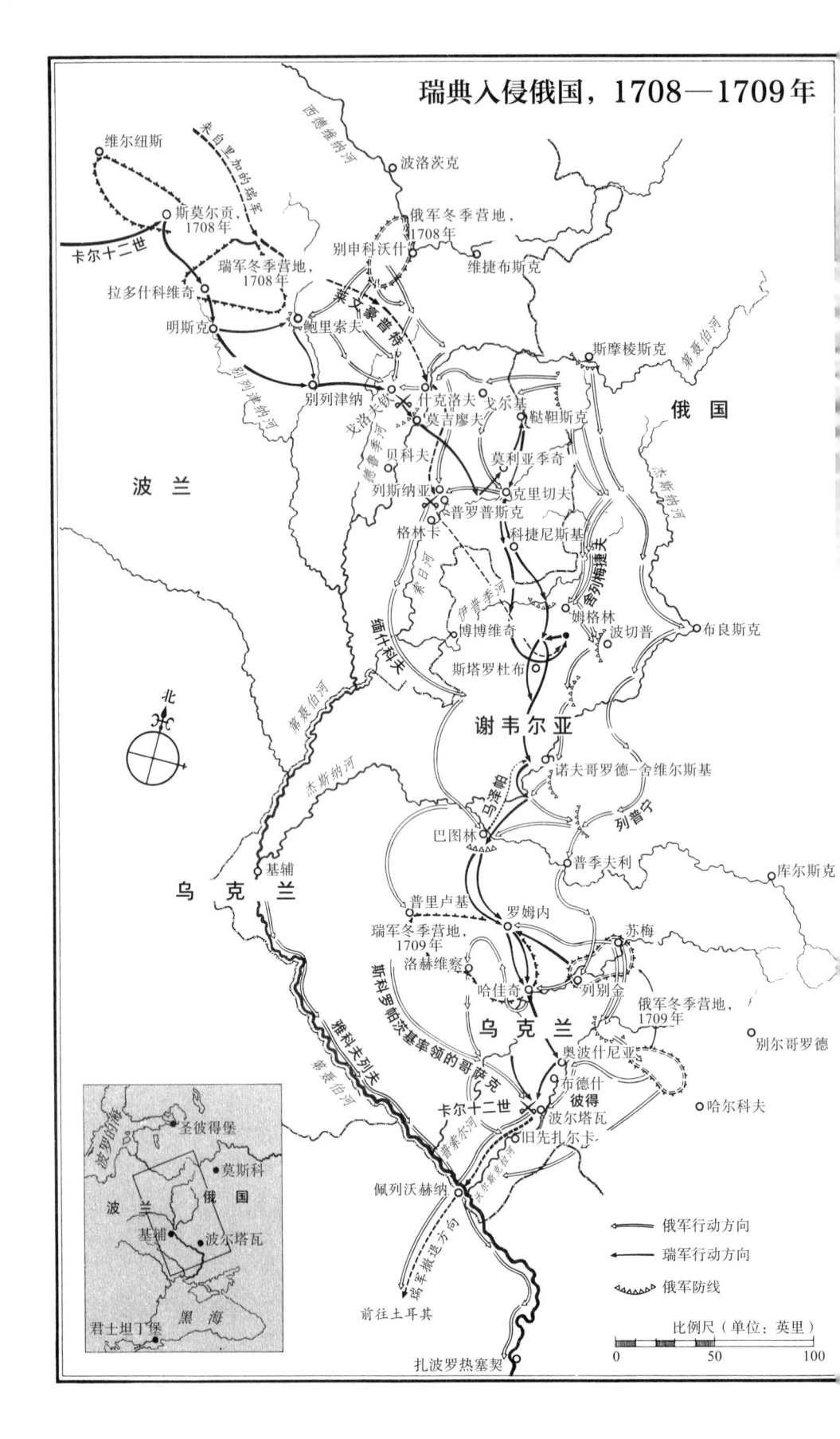

# 瑞典入侵俄国，1708—1709年

河水一直淹到瑞典人的胸膛，有时没及肩部，而俄军的火力也很猛烈。但瑞典人高举着自己的武器，就像平日里训练的那样，镇静而稳定地前进。瑞军一登上河对岸，就立刻停下脚步，重整队形。卡尔沿着队列迈步前行，镇定自若地整理着队伍，而后率领他们朝着沼泽挺进。前进的过程是艰难的，令卡尔诧异的是，俄军并未溃散，而是坚持战斗。他们从30至40步远的地方向瑞典人射击，然后以几近井然有序的姿态后退，重新装弹后跑步向前，朝迎面而来的瑞军队列再次开火。但一旦瑞军步兵发动白刃冲锋，他们就不愿坚守原地、与敌相搏了。尽管他们的火力给敌人带来了一定损失，但对稳步前进的瑞典老兵几乎没有造成任何影响。

当始终保持有序的瑞军队列开到可以用肉眼看到俄军的位置时，他们开始以彼之道还治彼身。瑞军队列停下脚步，装填弹药，用手中的枪支回击俄国人。这场交火在卡尔十二世的历次战役中绝无仅有。杰弗里斯写道："战役变得越发激烈。整整一小时过去了，除了持续不断的火器互射声，什么也听不见。"[2]

上午7点时，列普宁开始明白，自己正在承受瑞军的全力进攻。在他的请求下，戈尔茨麾下的1200名龙骑兵从南面驰来，冲击瑞军步兵部队的右翼，试图支援遭受重压的俄军步兵。卡尔得到了伦斯舍尔德的援救，后者当时带着尚未参加战斗的骑兵部队守在对岸，正好看到了俄军骑兵的行动。俄军还未触及瑞典步兵，伦斯舍尔德便率领4个中队——共600人的近卫骑兵飞也似地穿过巴比奇河，与他们交起手来。在两军骑兵的血腥碰撞中，瑞典人多次击退兵力两倍于己的对手。渐渐地，越来越多的瑞军骑兵冲到对岸，加入战团。俄国人被迫中止进攻，退回森林内。

与此同时，由于俄军骑兵未能突破瑞军骑兵的拦截、进攻瑞军步兵，俄军步兵只能独自面对卡尔的攻势。瑞典人继续无情地向前推进，而渡过河来的瑞军步兵也越来越多。正如卡尔早已料到的那样，在瑞军猛烈的集中攻击下，俄军战线的某个部分终于被压垮。列普宁的队伍向后撤退，重新集结，随后开始动摇，并最终崩溃。俄军左翼丢弃军营和大炮，分解为一个个连级单位，经由森林撤退。

此时是上午8点。卡尔那突然而坚决的攻势击溃了列普宁的部队，但北侧（位于沼泽对面）的舍列梅捷夫部尚未参战。起初在听到枪炮声、看到瑞典人渡河进攻列普宁后，舍列梅捷夫试图派兵支援同僚。但正如卡尔所料，沼泽令俄军举步维艰，当卡尔转过头来准备料理舍列梅捷夫时，他发现已经没有必要了——俄国元帅已朝莫吉廖夫和第聂伯河撤退。他将彼得的劝告铭记在心，因而并不准备孤注一掷。

自打卡尔从萨克森启程，踏上长征之路以来，时间已经过去了近一年。戈洛夫钦战役是这段时间内俄、瑞两军发生的第一次真正意义上的交锋。根据"胜利"一词的经典定义，赢家是瑞典人。他们攻占了一座坚固的阵地。瑞军骑兵发挥出色，击退了数量远多于己的俄军。在激烈的战斗中，国王亲自上阵，表现得极为英勇，且并未受伤。俄军再度撤退。通往第聂伯河的大门轰然洞开。瑞典国王传奇依旧。

但等待彼得的也未必都是坏消息。沙皇后来赶到戈尔基（Gorky），从缅什科夫处得知了战役的情况。尽管他对俄军又一次被迫放弃河流防线感到闷闷不乐，但以下事实令他宽慰：真正参战的俄军只有在场俄军的1/3，瑞典国王亲自领导的著名攻势完完全全落在了这几个团身上。在持续4小时的恶战中，他们始终没有崩溃，而是井然有序地后撤，每一步都在作战。当他们最终放弃战场时，也没有变成一群毫无组织的乱兵，而是成单位地撤退，这样他们就能重新集结起来，再次走上战场。俄军的伤亡数字为977人战死，675人负伤。瑞军有267人阵亡，1000余人负伤。但其中存在一个重要区别：彼得的损失是可补充的；而卡尔的士兵倒下一个，国王的军队就永久性减员一人。

彼得下令调查哪几个团坚持了下来，哪几个团溃散了。他对某些军官感到恼火，并惩罚了他们。列普宁被送上军事法庭，并被暂时解除了指挥权。战役结束后的第四天，一场会议在什克洛夫召开，会上决定不再尝试保卫第聂伯河上的莫吉廖夫，而是沿着通往斯摩棱斯克的道路继续后撤至戈尔基，但这要等到哥萨克和卡尔梅克人完成他们可怕的作业才行。这片区域因沙皇的命令已是在劫难逃，卡尔的得胜之师穿过的将是一片白地。

尽管卡尔欣喜异常，而瑞军再获胜捷的消息也传回了斯德哥尔摩，乃至传遍全欧，但国王还是意识到，自己的俄国对手的面貌已经发生了变化。戈洛夫钦战役让他看清了一个事实：俄军已不再是那支曾在纳尔瓦战场上大败而逃的军队，已不再是一群毫无纪律可言的乌合之众。在这场实际参战人数相差无几的战役中，俄国人打得很漂亮。杰弗里斯承认："就吸取教训而言，莫斯科人的表现要强得多，他们在军事方面的进步很大。他们的士兵只要能展现出相当于军官（大多是外国人）一半的勇气，那么我们或许直到最后都难以击败他们。"[3]

瑞典军队沿着通往莫吉廖夫的道路前进，他们两旁是一栋栋正在阴燃的房屋和谷仓。7月9日，他们抵达这座位于第聂伯河边上的城市，接下来就是俄国边境了。不费一枪一弹，国王派遣的部队便成功过了河，但瑞军主力仍留在西岸。每个人都以为这次停步只是暂时的。他们只需休息一小阵，等着用于长征最后阶段的补给物资汇集到这里就行了。如今战役实际上已经结束了，所有大河障碍均已被通过。斯摩棱斯克位于东北面100英里处，再过去200英里就是莫斯科。

在莫吉廖夫，卡尔派几支分遣队渡过第聂伯河，在河上架起桥梁。但随后的渡河行动宣告失败，这令瑞军和负责监视的俄军巡逻队都惊诧不已。整整一个月——从7月9日至8月5日，3.5万名瑞军士兵守在第聂伯河西岸，等待莱文豪普特部从里加前来与他们会合。陆军将领亚当·路德维希·莱文豪普特浑身上下透着一股迂腐的学究气，卡尔为此送了他"小拉丁上校"的外号。此人谨小慎微，忧郁惆怅，对身边人的看法极度敏感。他四处树敌，四处寻找阴谋，但他仍是个勇敢、老练、对命令极为上心的军官。无论他指挥的步兵部队数量少到何种程度，无论敌军的规模大到何种程度、防御工事又坚固到何种程度，只要莱文豪普特收到明确的指令，他就会整理队伍，然后以绝对冷静的态度迎凶猛的敌方火力而上。他的悲剧，同时也是卡尔的错误在于，他所接受的使命对执行者的主观能动性和临场应变能力有着极高的要求。

莱文豪普特是库尔兰和剩余的瑞属波罗的海省份的军政长官。在里加要塞及周边地区，他统率着1.25万人马。当他于3月在拉多什科维奇拜访卡尔时，瑞典国王给他下了一道简单易懂的指令：动用里加的部队征收补给物资,集结一支庞大的马车队,并用它装载足够莱文豪普特部维持3个月、足够整支远征军维持6周的粮食和弹药,而后护送车队穿过立陶宛乡村地带,与主力部队会师。莱文豪普特车队里的物资将作为远征最后阶段的补充,莱文豪普特部的士兵则将极大地扩充国王的作战力量。尽管选定的从里加到莫吉廖夫的路线有400英里长,但按照事先的估计,如果他于6月初启程,两个月时间就能走完全程。

这些设想是错误的。5月初,莱文豪普特返回里加,着手搜集补给物资,但征集2000辆马车和8000匹拉车用马以及补给物资本身的艰巨使命,耽搁了他的任务进程。6月3日,当卡尔的军队准备拆除拉多什科维奇的军营时,莱文豪普特收到命令:离开里加,前往别列津纳河。但他报告说,自己无法在月底前动身。的确,直到6月末,长龙般的补给纵队及担任护卫的7500名步兵、5000名骑兵方才上路。莱文豪普特本人在里加又逗留了一个月,直到7月29日,他才与部下会合。而按照原定计划,此时他本应接近与主力部队会合的地点了。事实上,鹅行鸭步的莱文豪普特部仅前进了150英里,此时仍在维尔纽斯北面,卡尔麾下的主力部队却已在前往莫吉廖夫的路上了,双方的距离超过250英里。

莱文豪普特部离开利沃尼亚和库尔兰南下、远离波罗的海的消息令彼得大大松了口气。如此一来,他就有充分的理由肯定:瑞典国王的最终目标不是圣彼得堡,而莱文豪普特自南方、吕贝克自芬兰合击涅瓦的可能性也不复存在。由于无须再顾及莱文豪普特,阿普拉克辛便有足够的兵力应付吕贝克可能采取的行动。于是,鲍尔将军的1.6万兵马——其使命是监视莱文豪普特,当即奉命南下。

如今,莱文豪普特军成了卡尔计划的成败关键。批评家严厉指责莱文豪普特在路上耽搁太久,但天气不是莱文豪普特所能控制的。事实证明,即使在地面铺上捆好的灌木、树枝和木板,要想冒雨让重型补给车的巨大车轮在泥泞中滚动前进也基本是件不可能的事。莱文豪普特甚至携有一座可携式桥梁,这架工兵部队的得意之作靠着柔软的皮带连接在一起,由于皮带被雨水浸透,桥梁的每个部分都需用32个人来扛,每走20步,他们就得把它放下来,歇息一阵子。一个月下来,这支部队只走了143英里,平均每天不足5英里。7月过去了，8月过去了，到了9月，莱文豪普特的车队依旧慢腾腾地在前进的道路上辘辘地行驶着、挣扎着。

宝贵的两个月——7月8日至9月15日，最适宜作战的仲夏时光在卡尔的等待中过去了。瑞军还未到急需补给物资的地步，但卡尔觉得，自己不能把莱文豪普特部甩得太远，以免俄军偷偷楔入两支瑞军之间的缺口，截击那支兵力较小又毫无掩护和支援的队伍。起初，瑞典国王希望在第聂伯河上的莫吉廖夫与莱文豪普特会师，然后再让主力部队过河。但收到动作迟缓的补给纵队的进程报告后，卡尔不耐烦地踱起了步子，他认为，等到8月15日，车队总该赶到了。那个日子过去了，莱文豪普特却仍未现身。与此同时，卡尔所部变得死气沉沉、焦躁不安。戈洛夫钦之役的伤员恢复了，数千匹放牧于草场的军马却把莫吉廖夫周边乡间啃得光秃秃的。

卡尔认定，必须重启攻势：并非如既定计划那般大胆深入莫斯科，而是朝第聂伯河再贴近一点，这可能引发一场战斗，但从某种角度上看，也是对莱文豪普特的掩护。他开始了一系列行动：每天前进一小段路程，一边行军，一边改变方向——先是向南，然后向北，希望以此迷惑沙皇，同时捕猎一部分放松警惕的俄军。

8月5日至9日，瑞军最终渡过第聂伯河，旋即开向东南，朝彼得设在斯摩棱斯克大道上的阵地南侧挺进。8月21日，卡尔所部抵达位于索日（Sozh）河畔的切里科夫（Cherikov），发现缅什科夫的骑兵已经在河对岸就位，而大队俄军步兵正朝这里开来。两军如今近在咫尺，他们的巡逻队频频接触，小规模冲突屡屡上演。8月30日，一场战役爆发。它并不是卡尔希望乃至盼望的那种类型的战役。国王命部下在黑色纳托帕（Chornyaya Natopa）河支流沿线扎营，该地与一片沼泽相邻。后卫部队统帅罗斯（Roos）将军营设在3英里外的沼泽边缘。这片沼地难以逾越，但并非不可逾越。沙皇及其将官很快就汲取了戈洛夫钦战役的教训：沼泽是可以通行的。8月30日拂晓时分，9000名俄军步兵和4000名龙骑兵在米哈伊尔·戈利岑公爵的指挥下，乘着清晨的浓雾穿过沼泽，进攻罗斯的军营。瑞典人被打了个措手不及，他们以前从未遭受俄军步兵的攻击。接着，激烈的白刃战持续了两小时。此后，援军从瑞军主营赶到，俄国人撤退了，他们越过沼泽，消失不见。当交火声传到卡尔耳朵内时，他以为彼得想要大战一场。第二天，瑞军全军排成作战队列，但俄军并未来攻。当伦斯舍尔德的骑兵侦察寂静无声的俄军阵地时，他们发现那里空无一人。俄军最后一支后卫部队刚刚撤走，他们一路骑行，纵火焚烧村庄和田地。

尽管莫利亚季奇（Molyatychy）附近的这场战斗只是小打小闹，且俄军的伤亡是敌军的两倍（俄军700人战死，2000人负伤。瑞军300人战死，500人负伤），彼得依旧心花怒放。俄军步兵第一次主动发起进攻，而瑞军部队也是第一次遭到分隔、攻击。俄军官兵英勇奋战，而后成功中止行动并有条不紊地撤离。戈利岑被授予圣安德烈勋章。沙皇兴高采烈地写信给阿普拉克辛："自打我入伍起，我就对您深信不疑，我从未见过我们的士兵能拥有如此出色的射击技术，行动起来又是如此井然有序。仗打到现在，瑞典国王还是头一回见到我军有这样的表现。上帝呵，愿您今后保佑我们。"[4]

卡尔重新开始慢腾腾地北上。9月11日，瑞典军队来到俄国边境的鞑靼斯克（Tatarsk），这是卡尔在俄国境内抵达的最靠东北的地方。这里的道路直通斯摩棱斯克，但沿途的场景令人不寒而栗——从早到晚，地平线都笼罩在红色的烟雾中，宛如燃烧一般。卡尔目睹过毗邻俄国的波兰、立陶宛省份遭受蹂躏的情景，但他本不相信沙皇在自己的领土上也会来这一套。眼前的一幕让卡尔停下了脚步。就算他追击敌人的意志再坚定，都无法再赶上了。他的士兵排成作战队列，结果却发现自己面对的是一片空旷的荒野。从莫吉廖夫征来的补给品逐日减少。食物的质量很差，尽管国王拒绝吃得比普通士兵更好，但德意志雇佣兵仍然大发牢骚，连一些瑞典老兵也口吐怨言。他们总是在焦土区行军。天际总是悬挂着一团团烟云，那是从熊熊燃烧的村庄和阴燃的田地间升起的。有时烟雾实在太浓，连阳光都变得暗淡了。一队队尾随跟踪的卡尔梅克、哥萨克骑兵总是在无情地等候着杀死掉队者的机会。杰弗里斯在报告中用悲哀的笔调写道："眼下我们不得不搜寻（农民）埋在地下的粮食，以此维生，但一场霜冻突降，连这一应急手段都行不通了。我担心陛下带到俄国的不是一支令人生畏的军队，而是一群饿得半死的乞丐。"[5]

莱文豪普特成了左右战局的关键。如果瑞军主力拿到他带来的补给物资，他们就能突破前方的焦土区，进抵较为肥沃的莫斯科近郊。在瑞军指挥部，国王及其将官一边向东凝视着燃烧的村庄冒起的浓烟，一边焦急地回视着自己的身后。莱文豪普特究竟在哪里？

每过一天，卡尔面对的问题就加剧一分。瑞军已经准备就绪，只要再来一次大进军，这场战争就结束了。但莱文豪普特没到，他们就无法前进，因为沙皇已将前方区域烧得光秃秃的。由于缺乏食物，他们连原地不动都办不到了。目前还剩下两个选择：第一是撤至第聂伯河，就地等候莱文豪普特到来。卡尔拒绝考虑此方案。原路返回的想法令他觉得恶心——那样就是公开承认整个夏季战役已归于失败。虽然无法确定莱文豪普特的准确位置，不过卡尔相信，他正在向自己靠近。尽管他耽搁了这么久，但两军不久便可会师。第二个选择要更大胆，因此也更中卡尔的意：向南进军，远离斯摩棱斯克和莫斯科，进入俄国的谢韦尔亚（Severia）省。如此一来，瑞典人便能继续维持进攻的势头。同时，卡尔也可以把军队带到尚未被彼得的焦土战术波及的富庶地区，那里的庄稼刚刚收割完毕。在谢韦尔亚获得补充，再得到莱文豪普特的支援后，卡尔就可以进军莫斯科了。

卡尔与伦斯舍尔德、皮佩在鞑靼斯克商议了很久，之后他决定走第二条路。一旦拿定主意，秘密而迅速地上路，以确保抢在俄国人前头赶到谢韦尔亚便成了瑞典人的当务之急。瑞典人拥有自己的优势：卡尔离谢韦尔亚更近，可用的进军路线也更为笔直。如果他现在不去搭理俄国人、飞速南下，就会把他们甩在后面，抢先抵达那里。于是，鞑靼斯克的瑞典军队接到了新的指令。他们特别组建了一支拥有2000名步兵及1000名骑兵的机动前锋部队——都是近卫部队和其他团的精锐士兵，该部领到了两周的口粮，这样他们就可以立即上路，而不必再浪费时间搜寻粮秣了。交给这支由安德斯·拉格克罗纳将军（General Anders Lagercrona）

指挥的部队的使命是，通过强行军火速占领通往谢韦尔亚的市镇和河流渡口，为瑞军打通道路，同时将俄军拒之门外。拉格克罗纳被授予全盘计划，并得知行动目标是拿下谢韦尔亚省的首府斯塔罗杜布（Starodub）。从鞑靼斯克到斯塔罗杜布之间的直线距离为125英里。当天晚上，三个信使分别被差往莱文豪普特处，告知计划已经变更，命他将进军方向改至斯塔罗杜布。三个信使的派出时间彼此错开，以确保至少一个信使能够抵达。

9月15日清晨，南进开始了，这次进军决定了卡尔十二世的人生，也决定了彼得和俄国的历史。瑞典人的进军方向本是莫斯科，如今被改变了——永远地改变了。卡尔在鞑靼斯克做出的决定亦标志着瑞军的时运起了变化。前一年秋天和冬天，他横穿半个欧洲，利用出色的机动战术迫使敌人撤离一道道坚固的河流屏障。但在1708年夏，卡尔的战略计划出现了严重的失误：他无所作为，坐等莱文豪普特和供应物资的到来。莱文豪普特没到，夏天的战机却丧失了，而进军莫斯科的计划也没能实现。尽管如此，当卡尔于1708年9月在鞑靼斯克做出南下决定时，主动权仍掌握在他手中。他的军队依旧建制完整。他抱着乐观的想法，掉头朝谢韦尔亚进发。他希望，即使莫斯科战役没能成功，挫折也只是暂时的。

事实上，一连串灾难即将降临到他头上，而最后等待卡尔的，将是毁灭。

第一个受到卡尔行动影响的是莱文豪普特。9月15日，也就是卡尔拆除位于鞑靼斯克的军营、启程南下的那一天，莱文豪普特尚在第聂伯河以西30英里处。此时卡尔则位于第聂伯河以东60英里处。彼得立刻看到了机会：两军之间出现了90英里的缺口，导致辎重车队毫无掩护地暴露出来。沙皇派舍列梅捷夫率主力队伍南进，跟踪卡尔，但他把10支最精锐的步兵部队留在自己手里，包括普列奥布拉任斯基近卫团和谢苗诺夫斯基近卫团。他让这批步兵跨上战马，并给他们补充了10个龙骑兵及步兵团，从而组建了一支新的、高机动的"飞行纵队"（flying corps），这支11 625人的队伍由他亲自指挥。在缅什科夫的陪伴下，彼得直奔西方，前去截击莱文豪普特。尽管沙皇并不清楚莱文豪普特部的人数,但送至俄军指挥部的报告将这个数字定位在8000左右。实际上,莱文豪普特拥有1.25万兵力。彼得命鲍尔另率3000名龙骑兵向西与自己会合,作为防范措施。就这样,14 625名俄军踏上征程,前去截击1.25万名瑞军。

与此同时,疲惫不堪的莱文豪普特部一路颠簸了3个月后,仍在缓慢前进。9月18日,他们终于抵达第聂伯河。在那里,莱文豪普特收到3名王室信使发来的命令:渡过第聂伯河,然后转而向南,朝新的会合地点斯塔罗杜布进发。整整3天,累得半死的士兵推着车子过河。当最后一个连队于23日渡河后,莱文豪普特意识到有支俄军正在向他开来。穿着红外套的俄国骑兵开始出现在森林地带的边缘。莱文豪普特不肯放弃,他快马加鞭,朝索日河畔的城镇普罗普斯克(Propoisk)赶去。一过河,他就有很大机会阵容齐整地与主力部队会合了。

竞赛开始了。莱文豪普特不顾一切地试图赶到普罗普斯克,但泥泞不堪的道路令他的重型马车动弹不得。27日早上,俄军骑兵先头部队追了上来,与瑞军后卫交上了手。莱文豪普特意识到大战已迫在眉睫,他面临着抉择:可以把后卫部队留在后面,让他们尽可能地拖住追兵——如果有必要,就牺牲掉他们,同时带领主力部队和辎重车队全力赶往索日河;也可以停止逃跑,率领全军留在原地与敌人作战。莱文豪普特毕竟是莱文豪普特,他选择了第二条路。他打发车队先行,而后率领步、骑兵主力回到大道上,排成作战编队,等待俄军发动进攻。他们在原地不动中度过了27日的上午和下午。日渐西斜,情况变得明显起来——俄国人不会来攻了。莱文豪普特解散队列,沿着道路后撤了几英里,而后再度排列成阵。整整一个夜晚,他的部下都保持着作战队形,一动不动。

翌日(28日)晨,俄军的攻势仍未到来,瑞典人再度后撤,他们的纵队不断与从四面而来的俄国骑兵发生接触战。当他们赶到列斯纳亚(Lesnaya)村后,离普罗普斯克就只有一天的路程了。几乎整个27日都被浪费掉了。如今,之前丧失的时间开始体现它的重要性。如果不是空等了一天,主力部队或许已到达、渡过索日河,进入安全地带了。

尽管如此,由于被俄军重重包围,莱文豪普特意识到自己已无法抵达索日河，一场厮杀不可避免。他先将3000名骑兵打发到普罗普斯克控制渡口，而后率领余下的9500人准备作战。他下令丢弃多余的马车：上校可以保留4辆车，少校可以保留3辆，以此类推。

在另一边，彼得命令部下下马作战——龙骑兵和骑马步兵都不例外。他将他们部署在森林地带边缘。缅什科夫指挥左翼的8个团，彼得亲自率领普列奥布拉任斯基团和谢苗诺夫斯基团，以及3个龙骑兵团，于右翼列阵。28日下午1点，战役开始。激烈的战斗持续了整整一个下午，用彼得的话来说："一天过去了，鹿死谁手仍未可知。"⁶ 缅什科夫的部队一度动摇，彼得以谢苗诺夫斯基团支援。在近卫团官兵的拼死反击下，本已崩溃的俄军队列重新恢复了秩序。下午4点刚过，鲍尔就率领3000名龙骑兵赶来增援俄军，但这一优势因瑞典一方3000名骑兵的回归而被抵消，他们先前被派去攻占渡口，随即被召回。战斗一直持续到日暮时分，此时一场暴风雪突然降临（这在初秋时节是很罕见的），战士们顿时目不见物，战斗暂停。尽管队伍依旧完整，莱文豪普特仍下令撤退，并烧毁车辆。一车车在泥泞不堪的道路和被雨水浸透的森林中颠簸了500英里、费尽千辛万苦才从里加运到这里的补给物资，如今化作一堆堆架在车轮上的篝火，熊熊燃烧了一整夜。用铜与铁制成的炮弹被从马车上搬下，埋进土坑里，以免被俄军找到、缴获。燃烧的马车散发着诡异的光芒，混乱占据了人们的心灵，瑞军的纪律崩溃了。士兵们开始洗劫军官的马车上的财物和白兰地。队伍丧失了凝聚力，掉队者跌跌撞撞地逃进了森林。一些步兵骑上从车辕上解下的马匹，驰向普罗普斯克，以渡河前往安全地带。当残余的几个团于拂晓时分赶到普罗普斯克时，他们发现桥梁已被烧毁。剩下的几辆马车由于无法运过河去，也被在河岸上烧掉。就在此时，一大群哥萨克和卡尔梅克骑兵追击而至，他们俘虏了一部分正乱哄哄地聚集在河岸上的瑞军，并歼敌五百。

瑞典人的灾难在清晨降临。战斗和夜间的混乱导致莱文豪普特部损失了一半兵力。骑兵原有2000人，尚余1393人；龙骑兵原有2500人，尚余1749人；但8000名步兵仅存3451人。总计损失6307人，其中3000余人沦为战俘，其他人则或独自、或小股离开队伍，遁入森林。许多人一命呜呼，或最终被俘。有1000人竟成功找到了路，经由立陶宛返回里加。卡尔急需的补给物资、衣服、食物、弹药和药品丢了个精光。俄方有1111人战死，2856人负伤。双方均有约1.2万人参战，俄军的人员损失为1/3，瑞军却损失了一半兵力。

莱文豪普特带着全身泥污的幸存人员——总计6000人，如今他们骑上了拉车的马沿着大道前往谢韦尔亚。彼得忙着占领战场，没有追击。10天后，莱文豪普特终于与国王会师，他交出的答卷却与卡尔的预期相去甚远！莱文豪普特带来的不是一支满载补给以供全军所需的庞大车队，以及1.25万人的援军，而是6000个精疲力竭的饿鬼。他们七零八落地走进军营，火炮和补给品全不见了踪影。骑兵部队尚能保持队列，但步兵部队已分崩离析，不复成伍。他们被解散，用于补充主力部队各团的空缺。

看到这帮新来者后，又一股忧愁情绪开始在瑞军军营中蔓延。列斯纳亚战役进一步证明了俄军的战斗力已今非昔比。瑞典人在兵力相差无几的情况下输掉了战役。尽管如此，卡尔却以平静的态度对待这次失利。他既没有因莱文豪普特行动迟缓而批评他，也没有因打了败仗而责怪他。事实上，国王认识到自己也有责任：一开始花了太长的时间来等待莱文豪普特，最后却没能耐心等下去。

俄国一方欢声雷动。俄国人相信瑞军的规模比他们要大一些——因此，他们不仅胜利了，而且是以少胜多。彼得意识到这场战役对俄军的自信心有着非同一般的意义，他后来写道："这场胜利可称为我们的第一场胜利，因为我们之前从未击败过瑞典正规军，况且还是在兵力少于敌人的情况下。说真的，俄国日后能时来运转，都应归功于这场胜利，是它鼓舞了我们的斗志。没有它，就没有波尔塔瓦战役。"[7]

对彼得而言，他的长远目标在于建立一支能征善战的俄国强军，而所有这些行动都是该进程中的步骤。即使在他的军队一败涂地时，他仍对他们怎样冒着敌方火力展开行动、是否从容有序地撤退极感兴趣。他从列斯纳亚战场给自己的朋友写信，甚至给奥古斯特致信。他将这场战役的记录和图表送往莫斯科的皇储处，命他将它们用俄语和荷兰语刊印出来：沙皇击败了传说中不可战胜的瑞典军队,这一新闻不仅将传遍俄国大地,还将在欧洲不胫而走。战役之后,彼得率领"飞行纵队"进入斯摩棱斯克。他在当地筹划了一场凯旋游行。在雷鸣般的礼炮声中,俄军游行队伍昂首阔步,瑞军俘虏和缴获的瑞典军旗则尾随其后。

10月中旬,彼得仍待在斯摩棱斯克,此时又有喜讯从北方传来。作为全面战略的一部分,卡尔本计划让在芬兰的吕贝克率领1.4万人的军团攻打圣彼得堡。尽管这次进攻是牵制性的,目的在于吸引沙皇的注意力,让俄军中调虎离山之计,为瑞军主力进攻莫斯科创造条件,但卡尔自然还是希望吕贝克能够成功拿下这座位于涅瓦河口的新城市。

吕贝克开始沿着卡累利阿地峡进军。8月29日,他成功抵达、渡过位于圣彼得堡上游的涅瓦河,但阿普拉克辛炮制的假情报令他确信该城的防御工事固若金汤。吕贝克没有攻城,而是经由因格里亚的乡村地带,继续在圣彼得堡南面和西面前进,划出一道弧线。彼得先前无情地下令毁灭这一地区,如今收到了成果:瑞典人的粮食很快便耗尽了,他们在当地一无所获,便开始杀马充饥。没有大炮,吕贝克无法攻打拥有城墙的城市,他漫无目的地在因格里亚游荡,最后来到纳尔瓦附近的海滨。在那里,一支瑞典舰队接走了士兵,却没有接走马匹。6000匹军马或被宰杀,或被割断脚筋,以免被俄国人利用。舰队返回芬兰的维堡。吕贝克部就这样围着圣彼得堡绕了整整一圈,除损失了3000名瑞典士兵外没有获得任何战果。即使作为牵制性战术来讲,这次远征也是失败的——与卡尔对峙的俄军主力没有一兵一卒被调往北面。

彼得在斯摩棱斯克逗留了3个星期,然后启程与舍列梅捷夫及主力部队再度会师。他发现俄军指挥部的人斗志高昂。列斯纳亚大捷和阿普拉克辛在因格里亚成功的消息令俄军官兵满怀激动,也令他们更为自信。

战争之初,命运女神对俄国并不友善,眼下她似乎飞快地倒向沙皇一边。但就在此时,她再度翻脸,给了兴高采烈的彼得看似沉重的一击。10月27日,当卡尔所部深入谢韦尔亚、急速朝乌克兰推进时,彼得收到了来自缅什科夫的紧急消息:21年来一直对俄国忠心耿耿的乌克兰哥萨克盖特曼马泽帕已背叛沙皇,与卡尔结盟。

# 34

# 马泽帕

卡尔于9月中旬决定转头南下，从这一角度来看，马泽帕的背叛就好理解多了。安德斯·拉格克罗纳将军麾下的3000名前锋士兵和6门大炮奉命先行，他们的任务是夺取索日河和伊普季（Iput）河的渡口，然后朝要塞化市镇姆格林（Mglin）和位于波切普（Pochep）的隘口进军。这两个地方对卡尔而言至关重要：如果他的军队要想抢在俄国人赶到前毫发未损地夺占谢韦尔亚及其首府斯塔罗杜布，就必须占领上述两地，它们实际上是该省的门户，并将彼得拒之门外。

拉格克罗纳的快速纵队带着瑞典军需处人员制作的地图启程，但还没抵达伊普季河，他们就遇到了几条未被注意到的道路，它们似乎比瑞典地图上标绘的道路要好走一些，也更直一些，拉格克罗纳便选择了它们。但他不是朝着东南方向的姆格林和波切普前进，而是直接南进斯塔罗杜布。他略过了自己本应占领的两座关口，任由它们的大门敞开着。

与此同时，卡尔率领主力部队随后而行。他于9月19日抵达索日河畔的克里切夫（Krivchev），他的军队越过拉格克罗纳的先头部队搭建的桥梁，南下进入一片位于索日河和伊普季河之间的原始森林。士兵和军马一连挨了几个星期的饿，变得虚弱不堪，他们跟跟跄跄，甚至倒地身亡。痢疾在队伍中肆虐，令瑞军付出了惨重的代价。杰弗里斯写道："大家觉得，即使我们与敌人战上一场，损失也要比这次游荡造成的来得小。"[1] 走出森林后，大军朝姆格林方向前进。此时卡尔得知，拉格克罗纳直接南下了，因此姆格林和波切普或许并未被占领。卡尔见势不妙，急忙从那些跟着自己跌跌撞撞走出丛林的士兵中挑选出一批最为健康的人员，组建了第二支先锋部队，并亲任统帅，出发去攻占上述两地。费了好大一番功夫后,他来到了科捷尼斯基(Kotenistchi)村,该地离姆格林城约60英里。此时他发现姆格林驻满了俄国军队。彼得在斯摩棱斯克大道上修建防御据点的同时,留下了一支由尼古拉·伊夫兰将军(General Nicholas Ifland)统领的分遣队保卫谢韦尔亚,这支部队已经占领了姆格林和波切普。卡尔的小部队可以攻打姆格林,但要把敌人逐出一座要塞城市,他就必须动用大炮,而他的火炮正远在天边。拉格克罗纳的部队拥有6门炮,但他现在不知去向。卡尔就这样输掉了堵住谢韦尔亚门户的竞赛,他让部下停下脚步,他们已经精疲力竭,无法再继续前进了。此时卡尔意识到,拉格克罗纳的失误或许提供了一个夺取谢韦尔亚的新机会。已经南下的他如今正直趋斯塔罗杜布,而该地不仅是谢韦尔亚省的首府,也是那里的重要道路交叉口。倘若拉格克罗纳占领了斯塔罗杜布,攻占姆格林和波切普失利带来的损失就能得到加倍补偿。信使被派去追赶拉格克罗纳,指示他攻占斯塔罗杜布。

事实上,拉格克罗纳已进抵斯塔罗杜布,但没有夺取它。他尴尬而恼怒地发现,自己走错了路,因而来错了地方。但当手下的团长急切地恳求他占领斯塔罗杜布时,拉格克罗纳拒绝了。他得到的命令是先占领姆格林和波切普,再攻取斯塔罗杜布。他打算严格按照这一顺序执行使命。尽管他在斯塔罗杜布城下扎营,却驳回了部下的进城请求,甚至不允许他们搜寻食物和住所。第二天,伊夫兰麾下的俄军控制了该城。当卡尔得知此事时,他吼道:"拉格克罗纳一定是疯了!"[2]

卡尔意识到,如今自己已是举步维艰。斯塔罗杜布、姆格林和波切普均落入敌人之手。当最后一支分部走出森林、在姆格林城下与大部队会合后,卡尔在他们中间转了转,发现他们根本无力进攻伊夫兰。这些人饥肠辘辘,吃的是补充口粮所用的植物根茎和浆果。10月7日,国王于姆格林得知:莱文豪普特被俄军击败。消息先是传到姆格林城内的俄国人处,他们鸣炮庆祝沙皇的胜利,炮声传到了附近军营内的瑞典人耳中。10月11日,莱文豪普特的残部开始抵达瑞军大营。马车自然是一辆也不剩了,而莱文豪普特带来的也不是1.25万名生力军,他们的人数只有原来的一半。由于饥疲交加,又打了败仗,这些人的面色苍白如纸。

谢韦尔亚丢掉了。舍列梅捷夫的军队经由敞开的波切普隘口，潮水般涌入该省；卡尔梅克人的马蹄踏遍了谢韦尔亚的每个角落，四处蹂躏纵火。卡尔别无选择，只能继续南下。10月11日，国王拆除军营，南进杰斯纳河（River Desna），这条河流构成了俄国谢韦尔亚省与乌克兰之间的疆界。

富饶的乌克兰盛产牲畜和谷物，瑞典军队在这里得到了他们想要的——避难所、休整和潜在的援军。如果卡尔能说服哥萨克盖特曼马泽帕加入他的事业，瑞典军队就能安安稳稳地在此地过冬，还能获得数千名哥萨克骑兵来补充当年的作战损失。马泽帕的首都巴图林（Baturin）存有火药。基于上述理由，在莱文豪普特败北的消息传来后的那天，卡尔就派了一名专使前往马泽帕处，请求后者提供过冬营地。马泽帕理所当然地给予肯定的答复——几个月来，他一直在秘密而主动地与瑞典人进行结盟谈判。

为了尽快渡过杰斯纳河，进入乌克兰，卡尔派克罗伊茨统领一支先遣队前去夺取诺夫哥罗德-舍维尔斯基（Novgorod-Seversky）城，以及当地的渡桥。克罗伊茨日夜兼程，于10月22日抵达目的地，但他还是晚了一步——俄国人抢先赶到这里，摧毁了桥梁。如今俄国人首次处于上风。他们拥有优秀的侦察兵，似乎总能提前掌握瑞典人的动向，并占得先机。这对瑞典人而言是件值得担忧的事，甚至是个不好的兆头，但他们依旧怀着希望与信心，迈向乌克兰哥萨克盖特曼伊凡·马泽帕将军的故乡——用杰弗里斯的话来说，那里是一片"流淌着奶与蜜的国度"。[3]

整个1708年的春季和夏季，哥萨克盖特曼都在绝境中挣扎。他身为沙皇彼得的藩臣，位处几大势力之间——北有俄国人，西有波兰人，南有鞑靼人，这几股势力的实力都在他之上，但马泽帕依然怀着古老的哥萨克独立之梦。他渴望走一条万无一失的路，与此同时，也准备抓住一切可能的机会。如今瑞典人出兵俄国，而沙皇彼得几乎必败无疑，似乎正是机会大于风险的时候。这位哥萨克首领无论是在情场还是战场都战果累累，并因此闻名天下。他统领这群桀骜不驯的人们已有21年之久，如今对他而言，正是至关重要的抉择时刻。马泽帕时年63岁，患有痛风，精明狡猾，工于算计，魅力逼人。他的一生贯穿了哥萨克的一个历史时代。

伊凡·斯捷潘诺维奇·马泽帕（Ivan Stepanovich Mazeppa）生于1645年，是波多利亚（Podolia）一个小贵族的儿子。波多利亚地处第聂伯河以西的广袤乌克兰边陲，后被波兰占据。波多利亚的波兰宗主信仰天主教，而马泽帕的家庭信仰东正教。在马泽帕出生50年前，他家有个胆大妄为的亲戚被波兰人活活烧死。但在那个年代，要想往上爬就得进入天主教学校和波兰宫廷。马泽帕进了一所耶稣会学院，习得一口流利的拉丁语，但他从未放弃自己的东正教信仰。这个聪明、英俊的少年被波兰国王扬·卡齐米日（Jan Casimir）收作宫廷侍从。由于他的信仰和出身，马泽帕在宫中屡屡受到信奉天主教的同伴的嘲弄与奚落。有一天，他被气得拔出剑来。这种行为在宫中可是死罪，但国王考虑到当时的情况，减轻了处罚。马泽帕被流放到其母位于沃伦尼亚（Volynia）的庄园。一则传说称，他把当地一个贵族的妻子迷住了，后被愤怒的丈夫当场抓住。这个闯入者被扒光衣服，涂上焦油，粘上羽毛，绑在自家坐骑的背上。随后，马匹在驱赶下载着无助的马泽帕飞奔着穿过一片片森林和灌木丛。当坐骑最终带着主人回到家时，年轻的马泽帕身上布满了割伤和撕裂伤，几乎面目全非。遭受这样的羞辱后，马泽帕已无法再回归波兰社会，于是他前往母国的哥萨克领地寻求庇护，那里是被社会遗弃者的传统避难所。

哥萨克盖特曼很快发现了这个年轻人的才干——他聪明、勇敢，能讲流利的波兰语、拉丁语、俄语和德语。他成了盖特曼的助手，被提拔为哥萨克的秘书长。尽管他还年轻，却担当起了代表定居在第聂伯河波兰一侧的哥萨克出使定居在俄国一侧的哥萨克处的职责，还曾前往君士坦丁堡执行一项外交使命。回国途中，他被忠于沙皇阿列克谢的扎波罗热哥萨克俘虏，并被送往莫斯科审问。审讯者不是别人，正是阿列克谢的好友兼首席大臣阿尔捷蒙·马特维耶夫。马泽帕给他留下了深刻印象，特别是当这个年轻人声称自己站在俄国一边时。马泽帕被释放了，被赐予谒见沙皇的荣誉，然后被送回乌克兰。索菲亚统治期间，马泽帕获得了瓦西里·戈利岑公爵的欢心，后者与马特维耶夫一样，被马泽帕的魅力和学问迷住了。1687年，因戈利岑进军克里米亚失利，哥萨克盖特曼萨莫约维奇

（Samoyovich）被当作替罪羊之一，遭到废黜。此后戈利岑选择马泽帕作为萨莫约维奇的继任者。

大体上说，马泽帕的统治是成功的。他懂得，要想保住自己的地位，就必须始终如一地站在莫斯科的执政者那边。他切实地遵守着这条准则。他上任两年后，彼得和索菲亚之间进行了最后一场较量。在此期间，马泽帕靠着出色的时机选择和运气，成功地站对了队伍。1689年6月，他动身前往莫斯科，准备宣布支持公主与戈利岑，但就在他抵达目的地时，形势变得明朗起来：彼得将成为赢家。马泽帕立刻赶往圣三一大修道院，宣布效忠于年轻的沙皇。尽管这位哥萨克首领是国内最后一批站到彼得一边的要人之一，但他很快就得到了沙皇的欢心。马泽帕那充满魅力的作风很快赢得了彼得的宠爱与信任。尽管遭到谣言的中伤和他人的指控，但这位活泼、有趣的盖特曼一直稳如泰山。在莫斯科，马泽帕的地位不亚于彼得宫中的头号要人。他是头一批被授予令人垂涎三尺的圣安德烈勋章的人之一，彼得还让奥古斯特颁给他一枚波兰的白鹰勋章。

尽管彼得相信马泽帕的能力，但盖特曼可不是好当的。哥萨克内部除了分为仇俄派和附俄派，还分为两个阶级：一是新生的地主阶级，他们填补了波兰人离去后留下的空白；一是纯粹的平民阶级，他们对新兴的上层阶级没有好感，梦想成为扎波罗热哥萨克那样热爱自由的哥萨克团体，居住在第聂伯河急流下游，过着古老而纯粹的哥萨克式生活。这一榜样时时激励着他们，令他们心神不宁。然而，乌克兰的地主和市民对这种挥之不去的开拓精神感到不安，他们要的是更为稳定的环境，这样他们就能平平安安地做生意，平平安安地发家致富。底层哥萨克对盖特曼牢骚满腹：如今的他只是莫斯科政府的傀儡，对沙皇奴颜婢膝。与此同时，哥萨克市民和上层阶级则希望盖特曼和沙皇能够控制那帮不安分的平民，给他们带来秩序和稳定。

由于马泽帕接受的是波兰式教育，作风也是波兰式的，因此他倾向于支持地主阶级——他自己也是其中一员。多年来，他一直能够成功平衡、协调哥萨克地主、莫斯科和他自己的利益。作为盖特曼，他聚敛了可观的财富和权力——他甚至梦想着把盖特曼由选举制变成世袭制，但他的内心是矛盾的。忠于沙皇、维持莫斯科方面的信任与支持是他的政策基石，但他藏在心里的愿望和他子民的愿望一样：实现乌克兰独立。并入俄国给乌克兰带来了沉重的负担，特别是在战争旷日持久的时候。赋税增加，哥萨克的领地内建起了新的防御工事，屯驻了大批俄军。粮食和马车被随意征用，然后随着川流不息的车队穿过干草原地带，前往俄国要塞。沙皇的军官在乡村征兵时，完全不顾被征者的意愿。俄国人洗劫哥萨克的住宅，盗走他们的粮食，奸淫他们的妻女。由此引发的抗议一刻也没停止过。民众将此类暴行，以及莫斯科政府愈来愈沉重的索取、愈演愈烈的侵占统统怪罪到马泽帕的头上。马泽帕痛恨自己的傀儡角色，彼得身边的那些人仇视他、妒忌他。他尤为害怕缅什科夫，此人不止一次羞辱过他。有传闻称，缅什科夫想成为盖特曼。此外，无论从文化层面还是宗教信仰层面而言，马泽帕都是个极度保守、刻板的东正教徒，彼得的西化政策令他感到恐惧和惊慌。

然而，尽管身处多股势力之间，尽管被真实的、潜在的和想象中的敌人团团包围，但马泽帕毕竟是沙皇的拥护者，所以他依然大权在握。说到底，只要他支持沙皇，沙皇就会支持他。身为哥萨克盖特曼，他的成败取决于此。在漫长的任期内，马泽帕多次以实际行动表明自己的忠心，最近的一次是布拉温之乱期间，在他的努力下，扎波里日亚的哥萨克没有生事。有这些新功劳为证，彼得对马泽帕深信不疑。尽管他一次次听说马泽帕正在密谋通敌，与斯坦尼斯劳斯乃至卡尔相互通信，但彼得坚决拒绝采信，他认为此类指控是马泽帕敌人的杰作，目的是破坏他对忠心耿耿的盖特曼的信任，从而给他制造麻烦。

事实上，这些指控都是真实的。马泽帕这么做的动机只有一个，那就是投入胜利方的阵营。就算他常年忠于沙皇，倘若卡尔进军莫斯科、废掉沙皇，哥萨克和盖特曼的未来又会如何？如果卡尔立了个新沙皇（就像他立了个新波兰国王那样），那么他会不会也给乌克兰哥萨克任命一个新盖特曼？从另一个方面来说，如果马泽帕在时机合适的时候表态拥护卡尔，而卡尔又获胜，那么能否为哥萨克独立建国事业，以及盖特曼世袭制的建立开辟新的可能性？

为了研究这些可能性，马泽帕在近3年的时间里一直与彼得的敌人保持着秘密接触。最初来接洽的是斯坦尼斯劳斯，但遭到马泽帕的拒绝。1705年，一支波兰使团前来拜访哥萨克首领，马泽帕给使团成员戴上镣铐，送往彼得处，附上一封辞藻华丽的信：

> 我身为盖特曼和沙皇陛下的忠实奴仆，在为您的父兄效劳时一直忠于职守，从未违背过自己的誓言，圣福音书可为我作证。如今我真诚地侍奉您，到目前为止，无论面对何等诱惑，我的赤胆忠心都像石柱一样不可动摇，像钻石一样牢不可破，如今我谦卑地匍匐于您的脚下，为您效上一点微末之劳。[4]

卡尔远在天边的时候，马泽帕对彼得的忠心确如钻石般坚不可摧。但随着卡尔那支看似所向无敌的军队越逼越近，马泽帕变得兴奋不安起来。他与欧洲大部分国家一样，想当然地认为瑞典国王只要下定决心，就能击败沙皇。但如果他过早宣布倒向卡尔，俄军就可能突袭乌克兰，把他打垮。

1708年春，马泽帕的活泼性格引发了一段插曲，差点导致他的政治阴谋流产。马泽帕的女人缘和他的男人缘一样出色。事实上，他终其一生都是个大名鼎鼎的诱奸者。一生热情、风流的他于63岁那年恋上了自己的教女马特廖娜·科丘别伊（Matrena Kochubey），这位漂亮的哥萨克姑娘疯狂地回应他的爱。马泽帕向她求婚，马特廖娜的双亲对此气愤难当，胆大妄为的马特廖娜逃出家门，前往盖特曼处避难。马泽帕把她送了回去，告诉她："尽管您是我在这个世界上最爱的人，尽管您跑来与我同住令我感到幸福、快乐"，但由于教会的反对和她父母的憎恨，这门亲事是成不了的。[5] 马特廖娜的父亲是哥萨克的军法官，既震惊又愤怒。他认为自己的女儿遭到了强奸，名声扫地，下定决心要毁了盖特曼。他曾听说马泽帕正密谋与波兰人、瑞典人一起对付彼得，于是他公开了这则传闻。传闻于1708年3月初传到彼得耳中。沙皇依旧信任自己的盖特曼，他对科丘别伊的告密感到愤怒，认为这是种危险且有害的举动，是为了在俄国遭受外来危机之际引发乌克兰的动荡。他写信给马泽帕,向他保证自己不会相信这种指控,并已下定决心终结流言。科丘别伊遭到逮捕、审问,在没有确凿证据证明其罪行的情况下被移交给马泽帕。马泽帕大大松了口气,于1708年7月14日将马特廖娜的父亲斩首,马特廖娜为之大惊失色。

就在这个时候,马泽帕最终决定将自己的命运同瑞典人系在一起。卡尔承诺,只要有可能,他绝不会插手乌克兰事务,也不会把哥萨克的土地变成战场,但他并没有承诺让乌克兰独立——这是马泽帕的终极目标。卡尔想在哥萨克与波兰人之间保持中立。波兰依旧主张自己对乌克兰西部享有主权,卡尔可不想贸然为了满足一个盟友的利益,而导致另一个盟友疏远自己。

尽管科丘别伊被处决了,但关于这些秘密接触的流言仍在继续外泄,彼得命令盖特曼到他面前解释一下。马泽帕并不怕到沙皇那里去——他依然相信自己有能力让沙皇为自己倾倒,但他想拖延时间,直到他能更为准确地判断战争结局为止。如果沙皇的赢面更大,他与瑞典人的协议就会被悄无声息地废弃。为了争取时间,他寻找借口,假装身患重病。为了消除彼得派来请他上路的使者的疑心,他甚至躺到床(他称之为"临终病榻")上,让一名神父来为他行临终圣礼。与此同时,他送出两批书信:一批的内容为请求协助彼得抵御瑞典侵略者,以此保证自己将忠于沙皇;另一批的内容则是请求协助卡尔与沙皇作战,以此保证自己将忠于协议。

9月,卡尔突然决定进入乌克兰,这对马泽帕是一记沉重的打击。盖特曼认为,如果卡尔直取莫斯科,那么沙皇就会倒台,而卡尔也是这么承诺的。他意识到,瑞典国王已经在前往乌克兰的路上了,而自己也终于必须面临无可挽回的阵营选择问题。无论他如何抉择,他的人民和土地都将被卷入这场战争。此时马泽帕惊慌失措到了极点。两位拥有强大兵力的雄主正同时向他逼来。他向他们都许下了诺言,如果他在这个最终的抉择时刻站错队,那么他将输得精光。

初夏时,彼得曾命令马泽帕让哥萨克做好战斗准备,而后带领他们越过第聂伯河,从后方袭击瑞典军队。马泽帕的回复是他病得太厉害,无力领兵作战。而且他不敢离开乌克兰——他必须留在后方,为彼得看紧哥萨克军团。彼得接受了这些理由,他也担心瑞军的推进将导致桀骜不驯的哥萨克蠢蠢欲动。

10月13日,彼得再次召马泽帕来见他,这次的见面地点是斯塔罗杜布。盖特曼再次以各种理由推托,彼得同意让他留在哥萨克首都巴图林。原因正如沙皇在给缅什科夫的信中所写:"他的宝贵价值在于约束他的部下,而非作战。"[6]

然而就在此时,数以千计的士兵正身穿破破烂烂、溅满泥浆的制服——俄国人的制服是红绿色的,瑞典人是蓝黄色的,或肩扛步枪,或垂头丧气地骑在马背上,排成一列列纵队沿着道路向南行进。舍列梅捷夫和俄军主力与卡尔所部同向而行,一旦有瑞军东进,他们便会加以堵截。在他们的西侧,缅什科夫统领的一支独立骑兵部队也在朝这个方向行进。彼得相信马泽帕的谎言,以为他已"不久于人世"。由于这支独立骑兵将从巴图林附近经过,彼得命缅什科夫前去探望盖特曼,顺带与哥萨克长老商议选举一位忠于沙皇的继任者的事宜。于是,缅什科夫送信给马泽帕,表示自己已在前来拜访的路上。当得知令自己又恨又怕的缅什科夫要来看望时,盖特曼更加确信沙皇已获知了他的计划,这位公爵是来逮捕或处决他的。这下马泽帕可慌了手脚。

事后想想,马泽帕要是决心加入卡尔一方,或许他所能做的最明智的选择就是守在巴图林,等待卡尔所部到来。就算缅什科夫出现了,他和手下缺乏支援的骑兵,他们对一座有大炮保护的要塞几乎也是无计可施。可是,马泽帕并不了解正朝巴图林开来的俄军的具体规模,但他很了解缅什科夫这个人,也很害怕他。他更害怕彼得知道他里通外国后的反应。当他认定游戏已经开始的时候,便跨上坐骑,带上2000军马,又部署了3000军马守卫巴图林,并命令他们不要放缅什科夫入城。然后,他就驰往北方,与瑞典国王同生共死去了。缅什科夫以迅速而果决的行动为彼得挽回了局面。公爵于10月26日抵达巴图林,发现马泽帕已不见踪影,留在城内的哥萨克拒绝让他的部下入城。缅什科夫又惊又疑,他询问乡下居民,得知马泽帕已率领一大队骑兵前往杰斯纳河渡口了。当一群哥萨克军官要求缅什科夫阻止盖特曼时,这个消息暗含的不祥之兆就得到了证实。那帮军官表示,他们的盖特曼已经背叛沙皇,投奔瑞典人去了。

缅什科夫意识到,必须立刻将此事告知彼得。他让戈利岑公爵带领一队骑兵留在巴图林城外,以切断该城与外界的联系。他本人则快马加鞭赶往沙皇处,后者此时正在舍列梅捷夫军中。当彼得得知马泽帕叛变后,他惊得目瞪口呆,但并未失去理智。马泽帕的叛乱活动一旦蔓延开来,必将带来更大的威胁,须不惜一切代价加以阻止。

为了阻止叛乱引发连锁反应,沙皇积极加以应对。在听闻马泽帕投敌的当晚,他就命令缅什科夫派遣龙骑兵团堵死乌克兰哥萨克部队和扎波罗热哥萨克部队的最近去路,以免他们投奔已在瑞军军营内的马泽帕。第二天,也就是10月28日,彼得向乌克兰人民发布了一篇正式公告。在宣布马泽帕为叛国者的同时,他试图在乌克兰人的东正教信仰上做文章:他表示,马泽帕已叛投瑞典人,"为的是将小俄罗斯(乌克兰)的土地像之前一样置于波兰统治之下,且将教堂和修道院转交给天主教徒"。[7] 这则公告传遍了乌克兰和伏尔加河下游的市镇和乡村。彼得在公告中号召哥萨克起来支持新盖特曼与瑞典侵略者作战,这些瑞典人是哥萨克的宿敌——波兰人的盟军。彼得还试图从不甚光彩的层面入手,对抓获瑞典战俘者予以奖赏,试图在以劫掠闻名的哥萨克的贪欲上做文章:俘虏瑞典将军者赏2000卢布,俘虏上校者赏1000卢布,俘虏普通士兵者赏5卢布。一颗瑞典人的脑袋值3卢布。

很快,彼得就把精力转移到应对当前的战争局势上来。显然,卡尔接下来将前往设有防御工事的马泽帕首都巴图林。众所周知,那里储存着大量火药和粮食。俄军紧急召开军事会议,决定派缅什科夫率领一支编有炮兵的强力部队,抢在瑞典人和马泽帕抵达巴图林之前攻打该城。彼得知道瑞典人即将越过杰斯纳河,因而坐立难安。当缅什科夫正在做准备时,沙皇再三敦促他迅速、果断、无情地行动起来。

以巴图林为目标的竞赛就这样开始了。

10月末,当卡尔的军队正在向杰斯纳河推进时,马泽帕及其麾下那批怪模怪样的哥萨克军人的到来令瑞典士兵欢欣鼓舞。他们希望有更多的哥萨克前来投奔，但前提条件是瑞军开到巴图林。对瑞军官兵而言，即将进抵一座拥有防御工事、固定驻地、可口食物和大量火药的友好城市的希望足以振奋他们的精神。因此，尽管事实上俄国人已经占领了诺夫哥罗德-舍维尔斯基的渡口，瑞典人要想渡河就得在旷野与哈拉特统领的俄军对决，但卡尔的手下仍然兴高采烈。渡河并非易事。杰斯纳河是一条宽阔、湍急的河流，河岸很高。冬天的结冰期一到，河内就布满了浮冰。11月3日，在马泽帕的陪伴下，卡尔使出了他最爱用的策略。他假装在上游渡河，以迷惑俄国人，随即径直渡河，猛攻俄军战线的中央地段。下午晚些时候，在战胜了人数较少但抵抗坚决的俄军后，瑞典国王踏上了乌克兰的土地。如今他的目标很明确。巴图林就在南面，而且通往哥萨克首都的道路已经敞开。但卡尔不知道的是，就在国王渡河进入乌克兰的那一天，巴图林不复存在。

缅什科夫赢得了竞赛。11月2日，当他率领一支由骑兵和骑马步兵组成的部队回到巴图林时，他发现城内的哥萨克还在忠于盖特曼还是忠于沙皇的问题上摇摆不定。对于缅什科夫的要求，他们先是答复说俄国人不能进城，直到选出一位新的盖特曼号令他们为止。缅什科夫知道敌军正在加紧前进，于是再次要求立刻进城。守军再度对此予以拒绝，但他们坚称自己对沙皇忠心不二，可以放缅什科夫部进城，不过他要等上三天才行——这样，他们就能自由撤出。缅什科夫拒绝再拖下去，他针锋相对地表示：如果守军现在就出城，他们就不会受到任何伤害。被逼着做决定的哥萨克变得强硬起来，他们把使者打发回去，并以一句挑衅式的呐喊作为回信："我们都会死在这里，但我们不会让沙皇的军队进城。"[8]

翌日（11月3日）早晨，天刚破晓，缅什科夫的军队就开始猛攻巴图林，经过两小时的战斗，要塞屈服了（有些人声称一个怀有叛意的哥萨克为俄国人打开了一扇城门）。彼得已将该城的处置权交给了缅什科夫。在缅什科夫看来，自己别无选择。瑞军主力部队和马泽帕正疾速朝这里推进，他没有足够的时间，也没有足够的人手来为抵御敌人的围攻做准备。

他不能让巴图林和城内贮备的粮食、军火落到卡尔手里。于是，他下令摧毁城池。他的军队将7000名居民全部杀死，军民均难逃一劫，只有1000人得以杀出条血路。能搬走的东西全部被分给了缅什科夫的士兵，瑞典人急需的补给物资被销毁，整座城市也被烧成一片白地。古老的哥萨克要塞巴图林就此灰飞烟灭。

彼得相信，巴图林的命运可以对那些潜在的叛乱分子起到以儆效尤的作用。事实上，在他看来，这座城市惨遭摧毁一事确实有其积极效果。这种简单、粗暴的打击与惩罚是哥萨克所能听懂的语言，它向他们展示了谁才是最强大惩治力量的掌握者。为了进一步遏制马泽帕叛乱带来的不良后果，彼得立即召集哥萨克长老和官员。他的候选人——哥萨克斯塔罗杜布团上校斯科罗帕茨基（Skoropadsky）被选为盖特曼，接替马泽帕。次日，基辅都主教和两名大主教到来。他们公开宣布革除马泽帕的教籍，当众宣读咒词，并举行了全套破门仪式。为了给人留下更为强烈的印象，马泽帕的雕像被拖曳着穿过一条条街道，然后悬挂在绞刑架的绳索上。紧挨着它的，是摇摇晃晃的巴图林守军将领的尸体。莫斯科及全俄、全乌的教堂内也举行了类似的诅咒仪式，还宣称其他背叛沙皇者也必将遭到同样的下场。

就这样，彼得成功地赶在马泽帕叛乱的烈火蔓延开来前将它扑灭。此后，全体乌克兰人并没有在马泽帕的带领下投入瑞典军队的怀抱，而是逐渐分裂为追随马泽帕的少数派和依旧忠于彼得的多数派。卡尔许诺将哥萨克置于自己的保护下，结果收效甚微。乌克兰人支持的是沙皇和他们的新任盖特曼，他们藏起马匹和粮食，不让瑞典人找到，还把被俘的瑞军掉队士兵交给俄国人，以换取赏金。彼得欢欢喜喜地写信给阿普拉克辛："天助我也，小俄罗斯人民的意志或许比我们预想的还要坚定。瑞典国王用声明来引诱他们，但人们依旧忠诚，还把国王的信交给我们。"[9]

失去了巴图林贮存的粮食和弹药，再加上莱文豪普特的辎重也损失殆尽，瑞典人库存的粮食、火药少到岌岌可危的程度。深入俄境后，卡尔已无法补充本就匮乏且日益稀少的火药储备。在乌克兰境内引发大规模叛乱的希望丧失后，情况进一步恶化。侵略军再度被一群群到处踩躏、纵火的敌军骑兵团团包围，无法找到安全的避难所。他们的人力也越发短缺。

这些事件对马泽帕而言是灾难。他没能与胜利者共富贵，而是选择了一条自取灭亡的道路。他眼睁睁地看着自己的首都被夷为平地，自己的头衔被剥夺，追随者们抛弃了自己。起初他告诉卡尔，缅什科夫的野蛮行径只会激起哥萨克的愤怒，但事实证明这是他的错觉。一夜之间，这位高贵的哥萨克盖特曼就沦落为一败涂地的老者，现在的他不过是一个受瑞典军队庇护的逃亡者罢了。卡尔如今成了马泽帕唯一的希望——瑞典国王只有拿下一场决定性的胜利，进而推翻沙皇，马泽帕才能重享荣华富贵。直到生命尽头，马泽帕仍滞留于卡尔军中。尽管他已不再是一位强力盟友，但看在他为自己冒险的贡献上，卡尔依然对他忠诚以待。卡尔也很欣赏这位瘦削的小个子的睿智与活泼。尽管马泽帕年事已高，他却仍然激情洋溢、活力四射，他的拉丁语与瑞典国王一样流利。在征俄战争的余下阶段，马泽帕凭着聪明才智以及对俄国的深刻了解，成了一位富有价值的顾问和向导。他和他的数千名骑兵依旧忠于卡尔，他们知道自己一旦落入俄国人之手，会落得什么样的下场，因而一心一意地为瑞典效力。但有证据表明马泽帕从未彻底放弃阴谋手段。与马泽帕一道投奔瑞典人的一名哥萨克军官，带着一个据说来自老盖特曼的口信回到彼得那里：彼得若同意赦免马泽帕，并恢复他的地位和官职，他愿将卡尔交到彼得手里。彼得答应了，并让信使回报马泽帕，但此事再无下文。

## 35

# 人类记忆中最可怕的冬日

11月11日,卡尔十二世和先头部队抵达巴图林。废墟依然在阴燃,空气中弥漫着烧得半焦的尸体散发出的恶臭。按照悲痛的马泽帕的建议,瑞典人继续朝南面的罗姆内(Romny)方向前进,该城坐落于基辅与哈尔科夫(Kharkov)之间的地区,那里布满了肥沃的草地和粮田,滋养着大群牛羊。随着冬天临近,库房和谷仓内塞满了谷物、烟草、牛羊,而面包、啤酒、蜂蜜、干草和燕麦堆积如山。到了那里后,瑞军人马终于得以吃饱喝足。感激涕零之余,瑞典人在一片宽阔的长方形地带安顿下来,那里为罗姆内城、普里卢基(Pryluky)城、洛赫维察(Lokhvitsa)城和哈佳奇(Gadyach)城所包围。各团拆分为多个连级和排级单位,住进当地的一座座房屋和茅屋内。尽管这支深入乌克兰的孤军远离瑞典和欧洲,"宛若置身于世外一般",但他们仍然相信这里是安全的,自己可以好好休息一番了。[1]

与此同时,彼得和舍列梅捷夫率领俄军主力与瑞典人同向而行,但位于东面的他们与瑞军之间保持着数里的距离。此时他们也在南进,一边时时监视瑞典人,一边将他们隔离在莫斯科东北面400余英里处。当瑞典人安营过冬时,彼得在列别金(Lebedin)城建立了冬季指挥部,他将俄军分派到一片西北—东南走向的弧形地带内,占据了普季夫利城、苏梅(Sumy)城和列别金城,堵住了通往莫斯科的库尔斯克-奥列利(Kursk-Orel)大道。为了防止瑞典人向东穿插至哈尔科夫,或是向西穿插至基辅,他在瑞军驻地东、南、西三面的市镇和村庄部署了守卫力量,其中一座城市的名字叫波尔塔瓦。

小规模战斗依然不断,但两军的作战模式正在逐渐颠倒。往常很喜欢在冬季主动进攻的卡尔如今采取守势。俄军巡逻队则不断在瑞军驻地的漫长边界进行骚扰、挑衅。彼得的目的并非与敌人决战，他只想持续施压，从而在春季到来前逐步削弱孤立无援的瑞典人，极大地消耗他们的力量，把他们弄得精疲力竭、士气低落。彼得知道，时间是站在自己这边的。

于是，沙皇采取了新的战术，意在让他的敌人失去镇定，搅得他们不得安宁，令他们无法放心大胆过冬。正在逼近的冬天已经体现出比平时更可怕的威力，俄国的非正规骑兵任何时候都可以轻轻松松地越过冰封的河流和溪流。由于俄军的机动力有了新的提高，瑞军发现守卫驻地边缘变得更加困难。俄国人还用一系列佯攻、牵制战术来使瑞典人失去理智。彼得的战术是派遣一支规模很大的部队进入临近瑞军驻地的地区，引诱卡尔集结人马来攻，然后便撤走。此事于11月24日发生在斯梅洛耶（Smeloye），当时瑞典军队倾巢而出，准备厮杀，结果却发现前方的俄军踪迹全无。瑞军垂头丧气，被激怒的国王纵兵大掠斯梅洛耶城并将它焚为白地，瑞典人的行动是有组织的，每个团都被分配到一片城区。

俄军持续使用此类战术，卡尔的怒火越烧越旺，他希望用一场决战来沉重打击俄国人，终结他们的骚扰，他就这样掉进了彼得给他准备好的陷阱。3个瑞典团级单位，连同马泽帕哥萨克军一部驻扎在罗姆内以东约35英里处的哈佳奇。12月7日，彼得将俄军大部派往东南方向，仿佛准备攻打该城。与此同时，他派哈拉特统领另一支队伍朝罗姆内进军，给他的指令是，如果瑞军主力出动支援哈佳奇，就攻占那座城市。他的目的是迫使瑞典人丢下暖烘烘的炉子，开进冰天雪地的乡间，然后从他们眼皮底下偷偷夺走罗姆内。

当卡尔闻知俄军正向哈佳奇城郊蜂拥而来时，他那好战的天性一下被点燃了。他的将军劝他按兵不动，放手让哈佳奇驻军挫败俄国人的进攻，但徒劳无功。尽管将领纷纷劝谏，天气又冷得可怕，但卡尔仍于12月19日命令全军出动。他统领近卫军团率先出发，希望像纳尔瓦战役时那样打俄国人一个措手不及。当彼得得知卡尔的军队已经上路时，他命令自己的部下留在哈佳奇附近的阵地里，等瑞典人逼近，立即撤退。俄国人实际上一直坚持到瑞军先锋离自己只有半英里远的时候，而后，他们按照既定计划消失得无影无踪，撤往沙皇指挥部所在地列别金。与此同时，瑞典人甫一离开，哈拉特的部下便杀进罗姆内，如彼得预计的那般轻松占领了该城。

当瑞典军队如彼得希望的一般在哈佳奇和罗姆内之间的道路上排成长列时，一个比俄军更可怕的敌人袭击了卡尔及其手下的士兵。那一年的冬天给整个欧洲留下了最为恐怖的记忆。在瑞典和挪威，驼鹿和牡鹿被活活冻死在林子里。波罗的海被冰块堵住了，海面经常结冰，满载着沉重货物的马车驶过海峡，从丹麦前往瑞典。威尼斯的运河、葡萄牙塔古斯（Tagus）河的河口，乃至罗讷河都被冰面覆盖。巴黎的塞纳河冻住了，马匹和车辆可以横穿而过，就连大西洋沿岸的海湾、水湾都结了冰。野兔被冻死在巢穴内；松鼠和鸟类从树上坠亡；在田野里，家畜的尸体被冻得硬邦邦的。在凡尔赛，葡萄酒在酒窖里冻住了，在桌子上结了冰。廷臣们顾不得赶时髦了，把厚重的衣服一件件裹在身上，围着大壁炉（为了给冰冷刺骨的房间加热，炉火日夜不熄）挤作一团。"人们像苍蝇一样活活冻死。风车的帆叶插口冻住了，磨不了谷子，许多人因此饿死。"路易十四的弟媳普法尔茨郡主写道。在广袤、空旷、毫无遮掩地暴露在风中的乌克兰大地，严寒的侵袭更为猛烈。衣衫褴褛、冻得发抖的瑞典军队此时就在这座冰封地狱中穿行，他们前去支援的却是一支并未面对危险的守军。

尽管瑞典人只是在白费力气，哈佳奇守军即将遭遇残酷命运的想法却让他们更加努力。瑞典人奋力向前，于夜间抵达目的地。他们希望能在城内找个能够藏身、取暖的地方，但他们发现，进城的唯一通道是一扇窄窄的城门，它很快就被成群的人、马、车辆挤得水泄不通。大部分瑞典人都只能在城外露营，挨过这一夜，有的人要挨过两三夜。他们苦不堪言，哨兵被冻死在自己的岗位上。人们的鼻子、耳朵、手指和脚趾在不知不觉中被冻掉了。满载着冻伤者的雪橇和一长列一长列的马车缓缓爬过狭窄的城门，进入城内，一些乘客已经死去。"天气冷得难以形容，团里有数百人冻伤，他们或被冻掉阳具，或被冻掉脚、手和鼻子，还有90个人被活活冻死了。"一个参与行动的瑞典青年军官写道，"我亲眼看到一些龙骑兵和骑兵在马背上断了气，冻成石头。他们的双手死死攥着缰绳，不把手指切下来是不会松开的。"[2]

城内几乎每栋房子都成了医院。病人或在靠近火堆的长凳上挤成一团，或并排躺在铺了一层稻草的地板上。空气中弥漫着坏疽散发出的恶臭味。军医忙碌着，粗暴地把冻坏的肢体砍下，让地板上堆积成山的已切下的指头、手和其他人体部件垒得更高。当夜冒着风雪露宿户外的瑞典官兵死亡枕藉，损失数字比以往任何一场卡尔主动寻求的战役都要恐怖——3000多个瑞典人被活活冻死，少数死里逃生者也因冻伤而部分致残。由于无知，大多数瑞典人都拒绝像哥萨克那样用雪来摩擦冻僵的肢体。卡尔本人的鼻子和脸颊冻伤了，脸色也开始变白，但他很快按照马泽帕的建议，用雪来擦脸，从而恢复了过来。

圣诞节期间，温度跌到了极点。按照瑞典教会的历法，彼时通常是一年中最喜庆的时节。那些日子里，卡尔骑着马，一个团一个团地视察部下的情况，他们以二三十人为一组，挤在小屋内。为了避免把士兵们召到户外来，包括圣诞当天的仪式和布道在内的一应宗教仪式和布道全部取消，改为简单的晨祷和晚祷仪式，分组进行的每组由一名普通士兵带领。圣诞过后的两天比以往任何时候都要寒冷，第三天算是暖和了点。12月30日，人们再度开始出门。卡尔认为，既然冬天让自己的手下吃了这么多苦头，它对俄国人必定也同样无情，并用这个想法安慰自己。事实上，尽管彼得的军队也在受罪，但他们普遍穿得比较暖和，因此遭受的损失也相对较轻。

令人惊讶的是，尽管大家全都苦不堪言，而部队也遭到一定的损失，卡尔却仍按捺不住进攻敌人的冲动，当初正是这股欲望导致他任由瑞军被引至哈佳奇。"尽管现在大地、天空和空气都在与我们作对，"年轻的符腾堡公爵马克斯（Prince Max of Wurttemberg）高声嚷道，"但国王的目标必须达成。"[3] 罗姆内被哈拉特攻陷，这激怒了卡尔，他想夺回主动权。在距哈佳奇仅8英里的一座山的顶端，有一座设有防御工事的小型哥萨克村庄，名为韦普里克（Veprik）。一座俄军阵地离自己如此之近，这令卡尔感到不快，他决定夺取它。但韦普里克的守备力量甚强——除彼得部署的1100名俄军外，尚有数百名忠于沙皇的哥萨克，他们由彼得手下的一名英籍军官全权指挥。这位精力充沛的指挥官下令将一篮篮泥土堆积起来，增高村庄的围墙。随后，这些土制壁垒的表面被浇上水，变得更加难以攀爬，当气温急剧下降时，它们就变成了一道道坚冰栅栏。村子的大门以类似的方式封死，不过用的是一车车结冰的粪便。由于经过了精心准备，当卡尔于1月7日到来，并要求英籍军官投降时，后者全无畏惧。当瑞典国王威胁要把这位英国人和全体守军一道吊死在土墙上时，指挥官镇静地予以回绝，并让他的部下做好遭受进攻的准备。他知道瑞典军官会带头率领部下攀爬覆冰壁垒，于是命令士兵专门瞄准走在前头的瑞典人。

卡尔的进攻部队由6个减员严重的步兵营和2个龙骑兵团组成，共有3000人被投入到这次看似简单的行动中。他打算用火炮肃清土墙上的守军，而后让3队步兵猛攻土墙，杀入村内。瑞典老兵以坚定的决心揭开了攻势的序幕。在大炮的轰鸣声中，3支攻击纵队携带梯子，朝围墙逼近。但炮击未能发挥作用。火炮的数量太少，炮火太过稀疏。守军得以继续坚守在围墙上，许多携带梯子的瑞典士兵还未将梯子放到合适的位置，便被击毙。当剩下的梯子就位、步兵开始攀爬的时候，他们发现土墙太过光滑，而梯子又太短了。哥萨克、俄国射手把枪管探出墙顶，按照事先吩咐的那样优先射击瑞军军官，其他俄军士兵则将圆木、沸水甚至热粥砸向进攻者的头顶。

尽管瑞典人的尸体在韦普里克的冰墙下越堆越高，但卡尔拒绝承认自己会被这样一座"棚舍"挡住。他再度发动攻势，但再度被击退，并付出了沉重的代价。在战斗中，伦斯舍尔德被一颗爆炸的手榴弹碎片击中，胸部受创，再未完全恢复。当夜幕降临、瑞典人被迫中止攻势时，堡垒仍在坚持。卡尔很走运，守军指挥官不知道瑞军死伤惨重，担心部下无法撑过第三波攻势，便在天黑以后派了一名使者前去谈判，要求以体面的方式投降。卡尔同意了，1500名守军带着4门大炮走出村子，举手投降。但卡尔已经蒙受了巨大的伤亡。这个短暂的冬日午后，瑞军在两小时内便战死400人、战伤800人——进攻部队的伤亡超过1/3。对兵力日益减少的瑞典军队而言，这是一次严重的消耗。

韦普里克被拿下，但卡尔并未从中获得太大的好处。

从1月中旬至2月中旬，瑞典军队再次有所动作。卡尔发动了一波有限的攻势，总的来说向东行进，越过冰封的河流和人迹罕至的雪原。彼得不安地盯着他的举动。瑞军前锋距东乌主要城市哈尔科夫已不足100英里。在沙皇眼里，情况更严峻些：瑞典国王可能朝着他心爱的、位于顿河河畔的沃罗涅日造船厂去了。为保护这个凝结了大量心血的场所，彼得可以付出任何代价，甚至不惜与敌人决战。于是，当瑞典人着手包围自己的南翼时，舍列梅捷夫和俄军主力开始转身南下。他在瑞典人的东侧运动，与敌人同向而行，行进路线一直位于侵略军与造船厂之间。与此同时，缅什科夫与俄军骑兵（包括骑兵和龙骑兵）大部快速而隐蔽地移动至瑞军先头部队的南面，将卡尔与沃尔斯克拉（Vorskla）河隔离开来，并随时准备阻止瑞军渡河。

1月29日，卡尔突袭缅什科夫部。公爵刚刚在沃尔斯克拉河畔的奥波什尼亚（Oposhnya）吃完晚饭，警号突然响起，卡尔率领5个骑兵团突然出现在驻地前方。瑞典国王喜欢这种战术，去年他就以同样的方式猛袭格罗德诺桥。卡尔横刀纵马，与布拉班特团一起杀向敌人。缅什科夫本人逃掉了，但他的7个龙骑兵团被赶出了市镇。瑞典人一路追杀，直到厚厚的积雪最终迫使他们罢手。当卡尔下令撤退时，他给敌人造成了400人的伤亡，而己方仅仅阵亡2人。

攻势期间，卡尔一路蹂躏、破坏。他用的是彼得教给他的战术——制造一片焦土地带，让敌人的穿插渗透变得痛苦而艰难，以此保护己方部队。2月中旬，卡尔转头朝东南方向的哈尔科夫进发，13日抵达科洛马克（Kolomak），该城位于一条同名的小河畔。此后，侵俄瑞军再未继续东进，也再未继续深入。就在此时，卡尔历时一个月的攻势因某个新因素的出现而中止：俄国的天气再度发生剧烈变化。严寒戛然而止，取而代之的是席卷全俄的解冻潮。雷暴摧山坼地，大雨倾盆而下，紧接着，成堆的积雪迅速消融。河流和溪流开始泛滥，瑞典士兵陷入泥泞中，水和融化的积雪从他们的靴口灌了进去。继续开展军事行动已无可能，卡尔别无选择，只好下令撤退。瑞典人吃力地拖曳着大炮和马车，在一片泥沼中行进。19日，他们回到沃尔斯克拉河畔的奥波什尼亚。3月中旬，解冻期结束,地面再度硬化,通行成为可能。瑞典人抓住时机,带着全部辎重与大部分哥萨克盟军继续南进,他们的新驻地位于普索尔(Psyol)河与沃尔斯克拉河之间,两条河都是第聂伯河的支流。到了那里后,各团沿着沃尔斯克拉河西岸排成一道长40英里、由北向南的队列。波尔塔瓦城坐落于瑞军战线最南端附近,此时它依旧由俄国军队牢牢地把守着。在这片刚刚被占领、受损程度较轻的地区,瑞典军队于等待中度过了3月的其余时光和整个4月。在他们身后的北边,那片流淌着奶与蜜的土地如今沦为一片焦土,城市遭到洗劫,村庄化作灰烬。

卡尔得以视察己方部队,估定他们在冬季遭受的损害。情况令人担忧:冻伤、热病和战伤给瑞典人带来了惨重的损失。他们的鞋子和靴子被穿坏了,制服磨得破破烂烂。粮食还够,但炮兵部队如今总共只剩下34门大炮了,火药受了潮,威力大打折扣。"战局太艰难了,我们的处境太可怜了,"皮佩伯爵在给妻子的信中写道,"我们遭受的痛苦到了无法形容、无法置信的地步。"稍后,他又写道:"部队状况之凄惨,难以言状。"[4]

但卡尔似乎决意不去理会这些。4月11日,他写信给斯坦尼斯劳斯:"我和我的军队情况非常好。敌人每次都被打得大败而逃。"[5] 他决心要让官兵保持积极的态度,提高他们的士气,鼓舞他们的乐观精神。例如,他会见了一名负伤的年轻军官:近卫军少尉古斯塔夫·皮佩(Gustav Piper)。皮佩拒绝让军医截去他的双腿,即便如此,他仍失去了几根脚趾和双踵。他成了一个无法行走的残废,当国王来见他的时候,他正以一辆辎重马车代步。

> 我远远地望见卡尔十二世陛下,他正带着由约50名骑兵组成的随从队伍,与一队马车同行。当时我正躺在一辆运送弹药的马车上,车顶是半开放式的,既可以为我遮挡阳光,又不妨碍新鲜空气进入。因为我身上只穿着一件白色汗衫,觉得现在这个样子不适合与国王相见,所以我转过身去,背对着敞口,假装在睡觉。但陛下继续沿着车队径直向前。他终于朝我驰来,询问我是谁。团长答道:"这位是不幸的近卫军少尉皮佩,他的脚冻伤了。"陛下随即驱动坐骑,靠近

马车，询问车夫："他睡了吗？"车夫答道："我不知道。他刚才还醒着。"国王继续待在车旁，我觉得继续背对他是不合适的，于是转过身来。他问我："你怎么样了？"我答道："病得很厉害，我都没法站起来了。"陛下问道："你的脚上少了什么吗？"我告诉他，我的脚踵和脚趾没了。对此他表示："小事儿，小事儿。"然后，他把自己的腿搁在鞍桥上，用手指指向自己的脚掌中央，说："我曾见过有人失掉了大半个脚掌，不得不用填充物塞满他们的靴子（用来支撑缺失的部分），结果走起路来和以前一样利索。"陛下随后转向团长，问："军医是怎么说的？"团长答道："他认为自己可以对这个人的脚做点什么。"陛下道："或许他可以重新跑起来？"团长答道："如果他还能走路，就要感谢上帝了；他还是断了跑起来的念头罢。"当陛下离开的时候，他对团长说了些什么，团长后来把这句话转述给我："他真可怜，因为他还那么年轻。"[6]

那一年，卡尔26岁。

瑞典军队的状态不断下滑，且毫无掩蔽地暴露在干草原上，皮佩伯爵和卡尔的军官们因而得出了一个亟待执行的结论：皇上陛下必须撤出乌克兰，越过第聂伯河撤往波兰方向，寻求波兰的斯坦尼斯劳斯和克拉索夫部的支援。在得到扩充后，他就可以重启侵俄行动，尽管很多人怀疑，继续追击那位难以捕捉、极具威胁的沙皇能否带来一场决定性、压倒性的胜利——国王执着追求的正是这个。

卡尔断然拒绝停战撤军，他声称撤退看起来就像是逃跑，只会助长彼得的胆量。不仅如此，他还告诉沮丧的高级参谋，自己打算留在这儿，继续与彼得对决。他承认，瑞典军队的实力已遭到削弱，单凭当前的这点兵力，即使再加上马泽帕的人马，在没有援助的情况下也是不足以坚持到莫斯科。于是他一面守住前沿阵地，一面寻求支持。早在去年12月，他便命令波兰的克拉索夫加入斯坦尼斯劳斯的波兰王室部队，而后从波兰开往基辅，再东进与主力部队会合。此外，他还希望在乌克兰的哥萨克中招募更多的盟友。马泽帕曾向他保证，当瑞典军队来到哥萨克身边，有能力保护他们免受沙皇惩罚的时候，很多人就会欣然加入瑞典国王的阵营。最后，卡尔怀有一个最宏伟的梦想：他希望自己可以说服克里米亚鞑靼人，或许还有他们的宗主奥斯曼土耳其人，撕毁1700年签署的停战协议，与他一道组建强大的同盟。他自己担任同盟军的最高统帅，瑞典老兵担任钢铁核心，这支庞大的军队将以不可抵挡之势从南面进军莫斯科。等瑞典国王踏入克里姆林宫后，俄国就将被瓜分，每个入侵方——瑞典人、哥萨克、鞑靼人和土耳其人都能分得最满意的一份。但卡尔坚持认为，除非远征军留在这里，充当伟大事业下一阶段的核心与发起点，否则一切都无从实现。

　　按照马泽帕的意见，距卡尔最近、最直接的新盟友是扎波罗热萨克，这群无法无天的人们定居在位于第聂伯河急流下游13座设有要塞的岛屿上。他们组成了一个河盗团体，只效忠于他们的盖特曼康斯坦丁·戈尔杰恩科（Konstantin Gordeenko）。众所周知，他们是哥萨克当中最凶猛的武士。当鞑靼人和土耳其人侵犯他们的牧场，修建河堡阻挡他们的船只时，他们曾与鞑靼人和哥萨克人作战。如今俄国人包围并剥夺了他们的自由，因此，现在他们又和俄国人干仗。马泽帕与戈尔杰恩科谈判过，知道他那帮人有意与瑞典人结盟。瑞典军队之所以转头南进波尔塔瓦地区，部分目的在于鼓动扎波罗热人，让他们相信向彼得沙皇宣战是安全的。

　　3月28日，戈尔杰恩科与6000名部众加入瑞典一方，为了向新主子表忠，他们攻击了一支驻守佩列沃赫纳（Perevoluchna）城的小型俄国龙骑兵部队，该城坐落于一处有着重要价值的十字路口，沃尔斯克拉河就从这里注入宽阔的第聂伯河。一拿下佩列沃赫纳，扎波罗热哥萨克便尽起己船北上，而后将船只成排泊于河岸。这批单程可搭载3000人的船只对卡尔而言比一支骑兵队还重要，因为第聂伯河很宽，水流又急，河上没有一座桥梁。如果克拉索夫和斯坦尼斯劳斯的军队要与卡尔会合，只有这种船只能够运送他们过河。

　　3月30日，戈尔杰恩科来到卡尔的指挥部，与瑞典国王正式展开谈判。一份由卡尔、马泽帕和戈尔杰恩科共同签署的条约规定：在乌克兰和扎波罗热哥萨克获得完全独立之前，国王不得同彼得握手言和。卡尔还做出承诺：一有机会，他就会把军队调离乌克兰，不再将那里作为战场。两位哥萨克领袖开出的条件是同意与国王并肩作战，并说服其他哥萨克和乌克兰人加入反对沙皇的阵营。他们奔走呼吁，最后真的给瑞军带来了1.5万名没有武装的乌克兰新兵。但卡尔和哥萨克盖特曼都没有多余的火枪可用来装备这群农民，瑞典军队的潜在作战力量几乎没有得到半点增长，而这批新兵的存在也给奉行禁欲主义的卡尔招来了痛苦，因为他们把自己的女人带来了。很快，瑞典军营内便挤满了扎波罗热哥萨克家的"荡妇"。

对卡尔而言，更为糟糕的是，他与扎波罗热哥萨克签订协议本是对彼得的一记突然而出色的打击，结果还不到两周，它所带来的大部分积极效果便被消除了。彼得很清楚戈尔杰恩科叛变的危险性，也从未指望后者会忠于自己。于是，他命雅科夫列夫上校（Colonel Yakovlev）率2000人搭乘驳船从基辅出发，沿河驶向佩列沃赫纳和扎波罗热塞契。当盖特曼戈尔杰恩科和他的随从仍在与卡尔谈条件时，雅科夫列夫已抵达佩列沃赫纳，并打垮了那里的哥萨克。几周后，同一支俄军登陆、猛攻扎波罗热哥萨克的岛屿基地。市镇被攻克、夷平，许多哥萨克战死，其余则被俘虏，并被作为叛徒处决。这场胜利具有多方面的重大影响。曾经令人谈之色变的哥萨克河盗团伙实力一落千丈。此外，彼得借此展示了与敌人结盟的可怕代价，就像他摧毁马泽帕的首都巴图林那样。不仅其余哥萨克不敢再轻举妄动，众边民也因此陷入深思。最后，俄军的胜利对彼得而言也有纯粹的军事价值。夺取了佩列沃赫纳和塞契后，雅科夫列夫的部下将停泊在河边的哥萨克船只统统付之一炬。卡尔位于第聂伯河上的浮桥一下就被摧毁了。

船只完蛋了，更多哥萨克士兵加入的希望也泡汤了，但卡尔若能成功与更为强大的潜在盟友——性格暴烈且怀有仇俄思想的克里米亚鞑靼可汗杰夫列特·盖赖伊达成协议，那也无甚要紧。9年来，这位闲不住的可汗一直被一纸休战协定束缚着，那是彼得于1700年与他的宗主土耳其苏丹签订的。但杰夫列特的仇俄倾向并未有所缓和。当卡尔的部队似乎正在朝莫斯科进军时，他焦急地敦促高门抓住这个机会。1709年春，应皮佩伯爵的邀请，急不可耐的可汗派两位鞑靼上校前往瑞典军营开展谈判。当然，协议必须获得君士坦丁堡方面的最终批准。杰夫列特的条件包括要求卡尔做出保证，在鞑靼人和瑞典人的目标全部达成前，不得与彼得讲和。正常情况下，卡尔是绝不会考虑许下这种诺言的，但瑞军现在虚弱不堪，他又一心要结果彼得。进退两难之余，他开始与鞑靼人协商。就在此时，塞契遭摧毁的消息传来。深感不安的可汗代表退出谈判，回国向主君请示去了。

与此同时，卡尔和斯坦尼斯劳斯都要求与土耳其苏丹直接订立盟约。事实上，他们的论据与杰夫列特·盖赖伊是一样的：久经沙场的瑞典军队已深入俄国境内，若要逆转彼得的亚速战役带来的后果，重夺亚速城，摧毁塔甘罗格的海军基地，焚毁基地内的海军舰队，迫使这位放肆无礼的沙皇退回到干草原地带另一头，一劳永逸地将黑海重新变成"一位纯洁无瑕的处女"，再也没有比现在更好的时机了。

彼得知道，上述诱惑是会摆到苏丹面前的，他从外交及军事层面双管齐下，加以阻止。1708年，戈洛夫金命俄国驻君士坦丁堡大使、诡计多端的彼得·托尔斯泰采取一切必要手段，让土耳其人在侵俄战争期间保持安静。1709年初，托尔斯泰汇报说，大维齐尔已承诺土耳其人会继续遵守休战协定，不会允许鞑靼人出兵。尽管如此，新派遣的鞑靼使团仍于当年4月来到君士坦丁堡，极力要求与瑞典人结盟。托尔斯泰使出浑身解数，极力阻碍鞑靼人完成使命。他散布与瑞典军队的凄惨处境相关的消息。他对外透露，塔甘罗格的俄国舰队已得到有力的增援。在奥斯曼宫廷中一直具有影响力的大批黄金被分赠给土耳其的廷臣和政客。托尔斯泰还四处炫示一则假消息，说彼得与卡尔即将缔和。他宣称，和议基本已经敲定，相关消息将与彼得的妹妹娜塔莉娅同卡尔结为连理、成为瑞典王后的喜讯一并公布。在使阴招方面，托尔斯泰罕有其匹，他的活动起到了效果。5月中旬，苏丹给可汗去信，禁止他加入瑞典一方。信件的副本被交给托尔斯泰。

尽管托尔斯泰估计土耳其人至少在短时间内会继续遵守停战协定，尽管孤悬于干草原地带的瑞典军队实力日趋衰落，但彼得知道，卡尔依旧在策划进攻。不过沙皇也知道，如果没有援助，卡尔就再也无力给予俄国致命一击了。因此，彼得在当年冬天和1709年春天的主要目的是阻止卡尔获得支援。早在12月，彼得就从主力部队中抽调出一支庞大的机动部队，交由戈尔茨统帅，而后派往基辅以西活动。它的目标是拦截、封阻克拉索夫和斯坦尼斯劳斯率领的援军。但更具威胁性的是，土耳其人和鞑靼人有可能加入敌方阵营。倘若大批鞑靼骑兵和土耳其步兵与久经沙场的瑞典军队联合起来，将产生出一支所向无敌的军队。要阻止他们联手，关键在于，必须让苏丹和大维齐尔确信与俄国开战是划不来的。最戳苏丹及其大臣神经的是恐怖的俄国舰队。因此，彼得决心让他的舰队做好准备，等到1709年夏，就把它们派到黑海去，以发挥威慑力。假如战争爆发，他还能把它们当作武器。

整个冬天，彼得都在为他的舰队而心神不宁。1月，当卡尔开始向东发动有限攻势时，彼得担心瑞典国王打算进军沃罗涅日，烧毁那里的码头和造船厂，以此作为给苏丹的献礼，顺带证明与瑞典结盟能带来些什么。2月，彼得写信给阿普拉克辛，命令他前往沃罗涅日做准备，使那里的战舰能够经由顿河与塔甘罗格的舰队会合。其后，他自己火速赶往沃罗涅日，走的是平时发送系列信件和指令的道路。他命令阿普拉克辛派一个技艺出色的园丁，携带大量种子和植物到塔甘罗格去。当他得知沃罗涅日将于3月11日发生日食时，他要求莫斯科的西洋数学教师计算日食的覆盖范围和持续时间，并将绘制的图表交给他。他阅读了一本由俄国人翻译的西式筑垒指南，然后把它退回去，要求重译。他在别尔哥罗德逗留了很长一段时间，成了缅什科夫新生儿的教父后才上路。

在沃罗涅日，沙皇发现许多较旧的船只已经腐烂到无可挽救的地步，他下令把它们拆散，这样还能抢救回一些索具和材料。他再度抡起锤子，亲自上船干活。刚刚经历了一年反侵略战争的彼得一直承受着巨大的压力，木工活儿和挥汗如雨后的疲劳感成了他的安慰剂，这些将他从焦虑中解放出来。叶卡捷琳娜、他的妹妹娜塔莉娅、他的儿子阿列克谢都在现场为他加油打气。缅什科夫两次丢下军队，前来探望。到了4月，河冰已经融化，彼得乘船沿顿河而下，前往亚速和塔甘罗格。到那里后，他发现舰队已经做好了出海准备。第一轮演习时，他患上了热病，因而没能参与。从4月底至5月底，他一直卧病在床。当他能下床时，君士坦丁堡的托尔斯泰收到了苏丹关于土耳其和鞑靼军队不会进军俄国的保证。舰队为确保诺言得到遵守而时刻准备着，但彼得急于回到军中。5月27日，他终于好得差不多了，于是乘坐马车出发。干草原地带即将迎来又一个夏日，要同卡尔一起面对的人生高潮也即将到来。

# 36

# 调集兵力

4月初,乌克兰的冬天终于走到了尽头。大雪不见了,泥泞正在变干,河岸边高低起伏的草原地带上,绿草开始生长,野生的番红花、风信子和郁金香正在绽放。一片春色中,卡尔的心态是愉快、向上的。如今他正与克里米亚鞑靼人和苏丹谈判,与此同时,他还在等待瑞典生力军和波兰王室军队的到来。他信心十足,回绝了俄国人试探性提出的和平建议。一名在列斯纳亚被俘的瑞典军官带着彼得的提议到来,沙皇"有意讲和,但他不肯放弃圣彼得堡"。[1] 卡尔没有答复彼得的提议。

卡尔一面等待自己与鞑靼人、土耳其人的谈判开花结果,一面决定继续南进,以进一步靠近期待中的来自波兰和南方的援军。波尔塔瓦是个很小但很重要的商业城镇,它坐落在哈尔科夫大道上,距离基辅东南200英里。它位于两座高耸的峭壁顶端,俯瞰着一望无垠、沼泽遍地的沃尔斯克拉河流域,后者是第聂伯河的重要支流。按照欧洲人的标准,波尔塔瓦不能算是一座强力要塞。它那10英尺高、顶端立有木栅的土制围墙是为了抵挡四处劫掠的鞑靼和哥萨克团伙,而不是配有火炮和职业攻城工兵的现代欧洲军队。倘若卡尔在去年秋天进军波尔塔瓦,他就能轻而易举地拿下这座城市,但当时国王不喜欢在这么大的一片地方修建冬季营地。在那之后,俄国人加强了防御,在城墙上配置了91门火炮,守军数量也增加到4182名士兵、2600名武装市民,他们全部归精力充沛的O. S. 克林(O. S. Kelin)上校指挥。

尽管如此,卡尔如今仍决定夺取此城。技术方面的安排工作交给了军需总监于伦克罗克,他是坑道战专家,对其他攻城战战术也极其精通。"你是我的小沃邦。"国王告诉于伦克罗克,敦促他将那位法国大师的精妙技艺全使出来。² 于伦克罗克开动了,尽管他事先警告过国王,瑞军兵力不足,无法进行持续性炮击,而这却是攻城战成功的先决条件。最后,他认为卡尔会用步兵来进攻城墙,对此他表示:"陛下的步兵将遭到毁灭性打击。每个人都会觉得是我这样建议陛下攻城的。如果失败,我卑微地恳求您不要归罪于我。""不会的,"卡尔愉快地答道,"你不用为此负责。我们自担责任。"

第一批壕堑挖掘完毕,5月1日,炮击开始。战壕逐渐朝着城墙延伸,但对一些瑞典人——特别是于伦克罗克来说,进度似乎本可再快一些。炮火持续了一整天,一颗颗赤红的炮弹被射入波尔塔瓦城内,但到了晚上11点时,国王突然下令暂停。于伦克罗克提出抗议,他恳求说,只要再轰上6小时,波尔塔瓦就任由国王处置了,但卡尔坚持己见,于是大炮沉寂了下来。此后,炮弹用量被限制在5发/天——除骚扰外全无意义。瑞典人的火药虽然短缺,但并没有短缺到这种地步。

于伦克罗克和其他人不理解卡尔的奇怪做法,实际上,他们不理解的是围攻波尔塔瓦的目的。为何精于野战的国王要发动侵俄战争以来的第一场攻城战?为何在攻城战开始后,他要采取这样一种慵懒的作战方式?带着疑惑和忧虑,于伦克罗克去请教伦斯舍尔德。"在波兰人到来前,国王想小小地消遣一下。"陆军元帅答道。³ "这场代价昂贵的消遣要牺牲很多人的性命。"于伦克罗克议论道。"如果陛下乐意这样,我们必须对此表示满意。"伦斯舍尔德表示。然后他结束了会谈,策马离开。

卡尔手下的许多军官与于伦克罗克一样充满困惑,他们相信这场围攻战只是一个精心设计的诱饵,意在诱使彼得动用俄军主力来战。如果这就是卡尔的目的,那么俄国守军倒是为他提供了便利。这座城市被守得像铁桶似的,守军打退了一次又一次进攻,还派兵出击,摧毁了那些于伦克罗克挖掘的不断逼近城墙的坑道。守军的活跃表现令卡尔感到吃惊。"怎么会这样!我敢肯定俄国人是一群疯子,他们会用正规化的办法来保卫自己。"⁴

6个星期过去了,围攻战悬而未决,而乌克兰已进入炎热的夏季。卡尔一直在积极参与战斗。为了鼓励部下,他住进一座紧靠要塞、墙上弹痕累累的房子里。尽管俄军神枪手专门瞄准工兵和负责监督的战斗工程官射杀，瑞典人的战壕仍在一点一点地接近城墙。当天气热到越发让人喘不过气来时，负伤者的伤口因生了坏疽而开始化脓，然后死去。食物日益稀少，瑞军征粮队一次又一次地骑着马在当地四处奔走，将那些在一星期前就已经被搜刮干净的农场和村庄再次搬空。很快，除了马肉和黑面包，瑞典人就再也没有什么可吃的了。火药少得可怜，由于之前被融雪和雨水弄湿，它们的威力大打折扣。炮声听起来不比拍掌声更响亮。子弹从瑞军的枪膛里射出后，几乎飞不到20码便落在地上。子弹所剩无几，以至于瑞典人派出一支支搜索队前往要塞四周的战壕，搜集、捡拾俄国人用过的弹丸，把它们带回去再重新利用。

与此同时，在河的另一边，即沃尔斯克拉河东岸，俄军正在集结。彼得手下最敢为的将军缅什科夫坐镇设于克鲁托伊别列格（Krutoy Bereg）村的指挥部，指挥这支队伍。与此同时，舍列梅捷夫率领主力部队自东北方向开来。缅什科夫接到的命令是观察河对岸的瑞军动向，并尽其所能援助波尔塔瓦守军。后一个任务并不简单。俄军所在的低矮东岸和高出200多英尺、直抵城墙的陡峭西岸之间，沃尔斯克拉河蜿蜒穿过一片迷宫似的沼泽，大部队是无法通过那里的，就连小部队想越过去也很困难。俄国人多次试图让援军直接穿过沼地前往波尔塔瓦，甚至打算用一袋袋沙子铺出一条路来，但这些努力都失败了。通信问题最终靠如下办法解决了：将信件置于挖空的炮弹内，然后用大炮在位于河流两岸的缅什科夫部和克林上校部之间来回发射。

河畔的战斗仍在继续。一队队俄国和瑞典骑兵沿着河流两岸飞驰，一边巡逻，一边观察着对岸的一举一动，他们还试图捕捉俘虏，然后从他们口中获得一些情报。5月末，舍列梅捷夫率领大队步兵抵达克鲁托伊别列格军营。尽管俄军数量占优，俄国将领却还没有敲定作战计划。他们自克林上校处得知，他贮备的火药已经少到岌岌可危的程度，而瑞典人在城墙下方坑道的挖掘工作也已接近完工。上校估计自己顶多坚持到6月底。缅什科夫和舍列梅捷夫不希望这座城市沦陷，但也不准备与敌人全面交火。

当着坚韧不拔的对岸瑞军的面，集体横渡沃尔斯克拉河，这种行动尽管极具戏剧性和决定性，却自然毫无吸引力。即便如此，缅什科夫知道这个决定性的时刻即将到来，于是捎信给彼得，让他加快速度，而彼得此时已离开亚速，正穿行于干草原地带。沙皇于5月31日回信说，他正尽快赶来，但即使他不在，俄军也必须战斗，绝不能失去现有的优势。由于波尔塔瓦仍在坚守，俄军将领决定再等一小阵。

6月4日，彼得赶到，他的习惯是任命麾下的将领为总司令，而自己只担任次级职务，但这次他亲掌最高指挥权。彼得带来8000名新兵，用于补充正在备战的部队。他的到来为俄军官兵注入了一股新的勇气，他们活跃起来，河流沿线到处爆发小规模交火。6月15日，俄军出其不意地袭击了位于瑞典占领区内的旧先扎尔卡（Stary Senzhary），解救了1000名去年冬天在韦普里克被俘的俄国人。忠于沙皇的哥萨克骑兵冲进城内，洗劫了瑞典人的一支辎重分队。

此时此刻，一场重大考验正在逼近。两支分别由各自君主指挥的军队彼此近在咫尺。双方都意识到高潮即将到来。卡尔被限制在越发逼仄的空间内，现在他终于试图冲破囚笼，彼得对此表示理解并接受。沙皇过去一直不愿意把所有赌注都押到一场战役上，眼下他下定决心直面最后的考验。他的战略已经奏效，敌人正处于孤立无援的状态。陆军元帅戈尔茨率领一支强大的队伍，横亘在卡尔撤往波兰的路线上，它既能阻截援军，又能切断卡尔的退路。彼得位于沃尔斯克拉的军队如今两倍于卡尔。因此，彼得与大军会合后，在6月7日写给阿普拉克辛的信中，流露出一股冷酷的乐观情绪——"我们在我们的邻居家门口集结起来了。得天之助，我们一定要在本月和他们玩玩。"[5]

抵达克鲁托伊别列格没几天，彼得就将全体将领召集到自己帐下，让他们一起审时度势。波尔塔瓦的陷落只是时间问题。这座城市落入瑞典人手中后，卡尔所期望的，也是彼得所恐惧的，是可能加入瑞典国王一方的潜在援军将在那里集结，通往莫斯科的道路日后甚至也将因此敞开。这些利害关系实在是太要命了，足以迫使彼得和他的将军做出一个至关重要的决定：动用俄军主力，缓解波尔塔瓦守军的压力，阻止城市陷落。为了拯救波尔塔瓦,这场很可能具有决定意义的重大战役必须在6月29日前打响。到了29日,彼得希望集结手头的全部兵力。不仅斯科罗帕茨基手下的哥萨克赶到战场,连卡尔梅克可汗阿尤克(Ayuk)也带着5000名部众来了。但只要俄军还留在沃尔斯克拉河东岸,这些兵力就无法投入使用;它必须渡河前往西岸。等到俄军来到瑞军所在的河岸,彼得就可以向正在围攻城市的瑞军发动侧袭。纵使俄军没有加入会战,它的存在至少也能迫使瑞典人从波尔塔瓦城下调走大量兵力,从而减轻该城的压力。此外,若能在瑞典人的侧翼占据一处阵地,沙皇就能把大批野战炮运往那里架设起来。到时候,他的大炮(如今它们正在河对岸沉寂、闲置)就可以向瑞军军营开火了。

接下来彼得必须决定渡河地点和渡河时间。他并不打算像卡尔经常干的那样,当着强敌的面强行穿过一望无际、沼泽遍地的河流流域。相反,彼得决定在位于波尔塔瓦北部和南部的河滨沿线发动牵制性的佯攻,以转移瑞典人的注意力。与此同时,主力部队将于城市以北7英里处的彼得罗夫卡(Petrovka)渡河,那里的几处河段水位很浅,足以让骑兵涉渡而过。罗恩将率领10个骑兵和龙骑兵团打头阵,哈拉特指挥10个步兵团继之。等到这支队伍扫清桥头阵地并成功地在滩头下游1英里处的谢苗诺夫卡(Semenovka)设营固守时,彼得就会带领主力部队过河。罗恩和哈拉特很快率军就位。6月14日夜,他们试图渡河,结果被击退,但沙皇没有放弃。克林上校从波尔塔瓦捎信来说,自己坚持不了太长时间了。彼得决定立即再次尝试渡河。

瑞典人很清楚俄国人即将从彼得罗夫卡渡河。6月15、16日夜,瑞典军队留在战斗岗位上。伦斯舍尔德指挥的队伍——10个骑兵团加16个步兵营,将在俄军渡河时迎击。他的策略是放俄军一部过河,然后在瑞军仍占有人数优势的情况下,进攻这支俄军先头部队,把他们赶回河里去。部署在波尔塔瓦前方和城市南面河段的部队仍归卡尔统带。他打算按兵不动,直到战斗开始。卡尔决意不让俄军大部队从波尔塔瓦南面过河,然后他就策马北上,与彼得罗夫卡的伦斯舍尔德会师。卡尔的策略合乎作战逻辑，足以取得胜利，但瑞典人的计划还没来得及执行，灾难就降临了。

1709年6月17日是卡尔十二世的27岁生日。此时瑞典国王驰骋疆场已有9年，就在战场上受过的伤而言，他可谓吉星高照。尽管他曾在纳尔瓦被一颗耗尽动能的子弹击中，曾在波兰摔坏了腿，但从未受过重伤。如今，在他军事生涯最为关键的时刻，运气突然抛弃了他。

那天拂晓，国王策马前往波尔塔瓦南部的下姆林尼（Nizhny Mliny）村，视察位于沃尔斯克拉河沿岸的瑞军和哥萨克阵地。他有着充分的理由：当俄军渡河时，战斗会预先在城北打响，届时大部分瑞军的注意力都会被吸引到那个方向。在允许他们这样做之前，卡尔想确认一下南面的河流防线是否坚固到足以将敌人在这一区域的渡河行动统统击退。在对岸，作为彼得声东击西战术的一部分，一支俄军骑兵正竭力将瑞典人的注意力吸引到自己身上。俄国人的一次渡河尝试已经被击退。

上午8点左右，卡尔率布拉班特团的一个中队抵达目的地，而后开始沿着河岸视察部队和阵地。先前那支被击退的俄军部分官兵仍滞留于河中央的众多小岛之一上面。当这批瑞典军官开始渡河的时候，俄国人朝他们开火。火枪的射程很短，但一个布拉班特团的成员还是被打死在马背上。卡尔全然不顾自身安危，继续缓缓走向河边。视察结束后，他拨马返回河岸。当他背对敌人时，俄国人射出的一颗子弹击中了他的左脚。

这颗弹丸击中了他的脚踵，透过靴子向前推进，洞穿了整个足部，击碎了一根骨头，最终从大脚趾附近穿出。波兰国王斯坦尼斯劳斯派往卡尔十二世处的贵族斯坦尼斯劳斯·波尼亚托夫斯基（Stanislaus Poniatowski）伯爵当时正与卡尔并驾齐驱，他注意到国王受了伤，但卡尔命他保持安静。尽管这伤无疑极为痛苦，国王却继续若无其事地巡视着。直到上午11点，他才返回指挥部，准备下马，此时距离他被击中已过去了近3小时。这时，国王身边的军官和士兵注意到他的脸色极为苍白，鲜血正从撕裂的左边靴子上滴落。卡尔试图下马，但这个动作引发了一阵剧痛，他昏了过去。

此时，卡尔的这只脚已经肿得极为厉害，以至于人们不得不把靴子割下来。外科军医为卡尔做了检查，发现那颗已经从足部穿出的弹丸还留在国王的长袜内，此时正处于他的大脚趾附近。几根骨头已经粉碎，一些碎片位于伤口内。要取出这些碎片，就必须深深地切开伤口，医生犹豫了，但渐渐从昏迷中醒来的卡尔坚决无比。"动手！动手！切下去！切下去！"[6] 他一边叫，一边抓住自己的腿，把脚抬起来，送到刀下。手术过程中，他一直在盯着看，倔强地不让自己露出一丝感到疼痛的迹象。事实上，当外科军医动手处理已经肿胀、发炎、过敏的伤口边缘时，他畏缩了，不敢把它们切下来，此时卡尔自己抓起剪刀，从容不迫地把必须去除的肉给剪了下来。

卡尔负伤的消息很快就传遍了瑞军军营，这对士兵们而言是一记沉重的打击，因为瑞典军队的士气是建立在这样一个信念上的：国王不仅所向无敌，而且刀枪不入。卡尔参与过无数场激烈的战斗，从未受过伤，就像上帝在用一面特殊的盾牌保护他一样。士兵们对此深信不疑，所以敢跟着卡尔东讨西伐。卡尔立刻意识到己方部队的士气将因此受到威胁。当皮佩伯爵和将军们揪心扒肝地跑来跑去时，卡尔镇定地向他们保证：自己的伤很轻，很快就能痊愈，因此用不了多久就能回到马背上。

但卡尔的伤不仅没有痊愈，反而开始恶化。卡尔发起高烧来，炎症开始蔓延，最终扩散到膝部。外科军医认为可能需要截肢，但他们知道这样会给卡尔的心理带来什么样的影响，因而不敢动手。两天以来（19日至21日），情况似乎到了几乎无可挽回的地步，卡尔一直在生死关头徘徊；21日，外科军医以为他可能会在两小时内死去。发烧期间，年老的私仆坐在国王床边，为他讲述孩提时代的童话，讲述古老的北方传奇故事：英雄般的王子成功地战胜了邪恶的对手，宣布美丽的公主成为自己的新娘。

瑞典国王的病情立刻对围绕着波尔塔瓦运动的两支军队的战术态势产生了影响。17日（此时卡尔已经受伤，但尚未被热病打倒），卡尔将是否在彼得罗夫卡作战的决定权交到了伦斯舍尔德手中。陆军元帅的队伍已经做好了准备，等待着俄国人一中队接一中队、一个营接一个营地渡过河来。但听到卡尔负伤的消息后，伦斯舍尔德立刻丢下北部前线，赶回总部打听主君伤情的严重性,同时想知道国王希望对整体作战计划做怎样的调整——如果有的话。卡尔命他掌管指挥权,伦斯舍尔德与同僚商议一番后,决定不再按照原定计划在北面发动进攻。由于国王负伤,瑞军官兵的士气大受打击,此时尚未恢复。

17日晚,彼得知道了瑞典国王受伤一事。渡河作战的决定原本是在犹豫不决中做出的,他实际上是想把一部分兵力先放到西岸,看看会发生些什么。现在听说卡尔负了伤,彼得立刻命令全军一齐行动。6月19日,罗恩的骑兵和哈拉特的步兵顺顺当当地越过沃尔斯克拉河,很快就在谢苗诺夫卡站稳了脚跟。同一天,主力部队拆除位于克鲁托伊别列格的军营,朝北面的彼得罗夫卡浅滩开去,近卫旅打头阵,接下来是缅什科夫军团、炮兵和辎重车辆,列普宁部担任后卫。两天以来(19日至21日)——此时卡尔正卧病在床,命悬一线,河内挤满了一队队兵士、军马、大炮和马车,一个个俄国步兵和骑兵团从东岸移动到西岸。等到他们抵达对岸,一场大战便不可避免了。两军在咫尺之遥互相对峙,双方都被河流障碍包围,都无法轻易撤退。事实上,面前的敌军如此之众,距离又如此之近,在这种情况下撤退极为危险。西岸的俄军发现自己并未遭遇战斗,于是一边继续背对河流挖掘工事,一边准备迎接瑞军的进攻。他们认为瑞典人一定会杀来,但后者并没有这样做。

到22日,瑞军完成了重新编组。卡尔依旧病得很重,但他已经退了烧,脱离了生命危险。伦斯舍尔德将部队拉到波尔塔瓦西北面的一处旷野,排成作战队列。如果彼得愿意,伦斯舍尔德就与俄国人战上一场。为了振奋士气,卡尔躺在一副悬挂于两匹马之间的担架上,出现在士兵面前。但彼得依旧忙于挖掘战壕,无意出战。由于彼得将瑞典军队从波尔塔瓦城下引开,他已经实现了自己的直接目标——减轻城中人的压力。看到俄国人并未出击,卡尔命令伦斯舍尔德解散队伍。就在此时,当国王躺在一具位于野外的担架上、被士兵们簇拥着的时候,信使从波兰和克里米亚赶到,带来了等候已久的援军的消息。

根据波兰方面的来信,卡尔得知斯坦尼斯劳斯和克拉索夫无法前来。这是一个历史悠久、耳熟能详的波兰故事,由阴谋、猜忌和犹豫构成。斯坦尼斯劳斯在摇摇欲坠的王位上坐得并不安稳,不愿丢下动荡不安的新王国东进。他和克拉索夫起了争执,克拉索夫已将所部尽数撤往波美拉尼亚,训练从瑞典赶到的新兵,然后再前往乌克兰同卡尔会合。眼下克拉索夫不可能在夏末之前赶到。第二个信使来自杰夫列特·盖赖伊处。可汗确认,由于苏丹不允许他与瑞典国王联手对付彼得,他无法派兵前来;他承诺将与瑞典方面保持友好关系。就这样,躺在担架上的卡尔得知自己在波尔塔瓦待援的策略失败了。他那用一支庞大的联军从南面向莫斯科推进的梦想化为了泡影。

国王将消息传达给参谋,他们沮丧地接受了事实。务实的皮佩极力建议卡尔立即放弃俄国方面的全部战事,解除波尔塔瓦之围,越过第聂伯河撤往波兰,以挽救他和军队的未来。此外,他还建议将更多精力放到争取与沙皇进行外交谈判上。他告诉卡尔一件事:缅什科夫不久前写信向他提议,如果卡尔能给予他安全通行权,他想亲自造访瑞典军营。皮佩劝谏道,即使卡尔与俄国签订了一纸和议,日后他若想要求更为有利的条件,仍可不断重启战争。但卡尔既拒绝撤军,也拒绝谈判。

与此同时,他面临的局势正在缓慢而无情地恶化。他的军队正在遭受蚕食;每天都有人在小规模冲突中战死或负伤,留下的缺额却无法补充。粮食所剩无几,因为这个地区已被掠夺一空;火药受了潮,子弹也不够了;士兵的制服上打满了补丁,靴子已经磨穿,脚都露了出来。确信俄国人不会出战后,他们已是沮丧万分,而在酷热的影响下,全军上下都处于一种半麻木半困乏的状态。卡尔本人日复一日地卧病在床,被一种混杂着厌倦和焦虑的奇怪情绪折磨着。他知道自己必须做点什么,身体却完全无法动弹,这令他大为泄气。随着希望一个接一个地破灭,随着瑞军在波尔塔瓦城下越来越难以坚持,他迫切希望用一场突袭结束所有的烦恼。他知道的唯一办法就是战上一场——为挽回自己的名誉战上一场,结果如何无关紧要。如果他赢了,就有可能用一场胜利来恢复刚刚崩塌的希望,而鞑靼人和土耳其人也可能会欣然与瑞典的胜利之师一道完成莫斯科进军行动的最终阶段。如果他未能获得全胜(因为局面对他不利),那么另一场戈洛夫钦那样的对峙也可以为脚踏实地的谈判扫清障碍,让他得以载誉回到波兰。

因此,卡尔决定与敌人交战。他将率领自己的军队,以剩余的全部力量向敌人猛扑过去。攻势越早发动越好。如果可能,瑞典人的进攻将变成一场突袭。

与卡尔不同,那些倾向于交战的理由对彼得而言并不那么具有说服力。卡尔要挽回局势,就只能引诱俄军出战,并且必须至少赢得一场局部胜利。另一方面,由于彼得减轻了波尔塔瓦方面的压力,彻底堵死了瑞典孤军获援的希望,他已经达成了自己的目标。沙皇已经不再需要与敌人实打实地厮杀一场了,除非他能设计迫使瑞典人去攻打一处拥有坚固工事的防御阵地,从而进一步扩大俄军的优势。如今彼得正设法促成这一情况的实现。

6月26日夜,俄军从谢苗诺夫卡营地南进,在距波尔塔瓦城墙以北仅4英里处的雅科夫斯基(Yakovtsy)村附近建立了一座新的主营地。在这里,俄国士兵兴奋地干了一整夜,用泥土迅速建起一座巨大的方形壕堑工事。彼得对他的瑞典对手依旧心存敬意,但通过这一办法,他尽管没有发起进攻,却步步逼近敌人——他邀请、引诱,甚至几乎是在强迫敌人进攻他新建的土制防御工事,以及置身于壕堑工事内的俄军。俄军新营地的后方俯瞰着沃尔斯克拉河畔的绝壁,那里的河岸极为陡峭,河面也极为宽阔,且沼泽密布,人数众多的部队无论从哪个方向都无法渡河。因此,身处此地的军队若想撤退,就只能北上,后退至彼得罗夫卡的浅滩。

尽管如此,这个位置仍是个不错的选择。在南面,军营与城镇之间的地面为密林所覆盖,且被山涧和溪谷切割成带状,不适合作为大兵团机动的场地。北面则是一片茂密的森林,部队(特别是骑兵部队)根本无法从这里通行。只有从西面才能接近营地,那里是一片被几块林地环绕的辽阔平原。军营四面皆设有防御工事,但西面壁垒的工事最为严密——这是自然的。在那里,一道6英尺深的壕沟从一面土墙前方延伸开来,土墙上架着70门俄制火炮。土墙后方部署着58个步兵营,共计3.2万兵力,他们搭起帐篷,等待着。在不远处,在壁垒另一端的平原上,驻扎着17个

# 波尔塔瓦 一

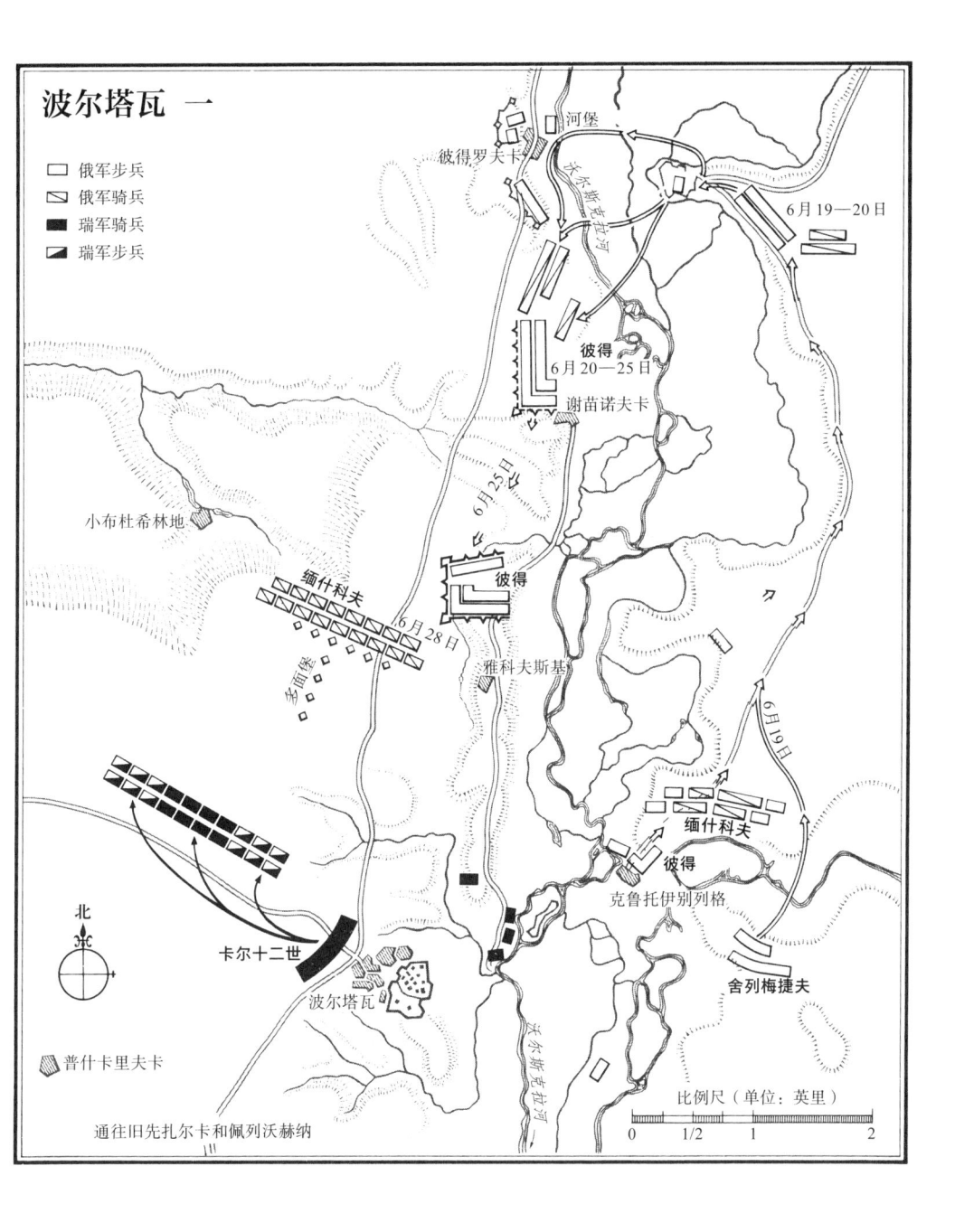

- ☐ 俄军步兵
- ▨ 俄军骑兵
- ■ 瑞军骑兵
- ◩ 瑞军步兵

俄军骑兵和龙骑兵团,总计1万人。他们把自己的战马拴起来,等待着。

尽管拥有一条深沟,且在人数上占优势,但这些对彼得而言仍然不够。自9年前起,彼得就领教了瑞典军队对突袭战术的喜爱,以及他们在这方面的才干，他不得不进一步采取预防措施。瑞典人若想进攻俄军军营，就必须走波尔塔瓦方向。在营地南方约1英里处，平原变得狭窄了，东面是一片被森林和溪谷分割开来的地区，西面则是一片林木繁茂的沼泽地带，道路就从这中间穿过。沿着这道缺口，彼得用泥土匆匆立起6座多面堡，它们排成一排，彼此相隔一枪之地（约300英尺）。每座多面堡各有4面，每面高约100英尺。土木工事由别尔哥罗德团（Belgorodsky Regiment）的2个营，以及涅克柳多夫（Nekludov）团、涅恰耶夫（Nechaev）团各一部把守，每座多面堡则由数百名士兵和1至2门大炮防守。在这道由多面堡组成的防线背后，彼得部署了17个龙骑兵团，它们配有13门骑兵炮，由缅什科夫、罗恩和鲍尔指挥。野战工事和密密麻麻的骑兵队伍叠加起来，既是对任何一支挺进平原较宽一侧的瑞典军队的警告，也是第一道阻挡他们的防线。

6月26日，彼得对部下发表了一则宣言："士兵们，时候已到，如今整个祖国的命运都掌握在你们手中。俄国要么毁灭，要么以更为高贵的形态重生。士兵们不应认为自己拿起武器、列队作战是为了彼得，他们是为了俄罗斯帝国，它被交托到彼得手里，是因为他的出身，也是人民的选择。"他在末尾是这样说的："至于彼得，应当知道，他并不看重自己的性命，他唯一看重的是，俄国应当以虔诚、光荣、成功的姿态生存下去。"[7]

# 37

# 波尔塔瓦

6月27日是周日。下午晚些时候,祷告过后,卡尔将瑞军将军和团长召到病榻前,告诉他们,自己计划于明天强行求战。他宣称,彼得的人数更多,但若采取大胆的战术,这一优势就会被克服。瑞典人似乎已经让俄国人去到他们想让后者前往的地方了。彼得的军队已经把自己封进了一片由河流及河流后方的峭壁构成的地区,那里只有彼得罗夫卡的浅滩可供撤离。如果卡尔的军队能切断这条撤退路线,俄国人就将被困死。几经波折,卡尔一直在寻求的战胜彼得的机会终于出现了。由于沙皇和他的军队在一起,瑞典人运气如果足够好,或许可以捕捉到一条价值连城的大鱼。

就实际兵力而言,眼下正在备战的瑞典军队是两年前从萨克森启程的那支的一半多一点。如今它拥有24个步兵营和17个骑兵团,总计2.5万人,但一部分人员因负伤及去年冬天的冻伤而落下严重残疾。负责指挥步兵部队的莱文豪普特想把所有可用之兵统统派去打俄国人,但卡尔拒绝了。2000名步兵被留在波尔塔瓦前方的围攻工事内,以预防守军出击。另有2500名骑兵被派去守卫瑞军的辎重车辆。此外还有1500人的步、骑兵混编部队被分散部署于城市下游的沃尔斯克拉河沿线,用于支援哥萨克巡逻队,后者的任务是防备俄军在此地渡河。马泽帕和戈尔杰恩科统率的6000名哥萨克并未被列入卡尔的计划中。战斗期间,他们被布置在远离瑞军主力的位置。国王觉得这些行为散漫的人只会连累自己手下训练有素的瑞典老兵,把他们的队伍搞得一团混乱。总而言之,用于作战的瑞军有1.9万人,而他们面对的俄军有4.2万人。

尽管卡尔会与部下一起出阵,但他的角色在很大程度上是象征性的,作用在于鼓舞士气。国王将躺在一副悬挂于两匹马之间的担架上,与步兵部队待在一起。倘若马匹变得焦躁不安、难以控制，或是其中一匹碰巧被击中，由24名近卫军士兵组成的队伍将被派到国王身边。如有必要，担架就由他们来抬。因此，尽管国王现身战场的意义非同小可——让迎难而上的瑞军官兵知道国王同他们在一起，但卡尔实际上根本做不了什么。仰卧在担架上的他除天空和附近的树梢外什么也看不见。在这种情况下，想要在一场大会战中随同一支野战军一起行动，或是控制其行动，根本没法办到。

由于卡尔正在病中，无力骑马，他不得不将权力授予他人。指挥权自然而然地落到了地位仅次于国王的瑞典高级军官伦斯舍尔德手里。事实上，他不仅是卡尔的私人指导，也是卡尔麾下最有经验、最值得信任的将领。的确，伦斯舍尔德是位一流的统帅，他拿下过弗劳施塔特之战的胜利。在克利索之战和戈洛夫钦之战中，他身为骑兵将领，也有出色表现。但如今他指挥的是国王的军队——国王仍然在场的情况下。这是个难以扮演的角色，而瑞军将佐的性格令这一任务难度更增。

第一个困难因素就是伦斯舍尔德自己的性格。现年58岁，比卡尔大上30多岁的他强悍、暴躁，体格令人印象深刻。他的工作能力很强，对卡尔极度忠诚、爱戴。下属们有时会抱怨这位陆军元帅傲慢、粗鲁。伦斯舍尔德能把人骂得狗血淋头，但都事出有因。大多数士兵到他这个年龄都已退役，他却依旧孜孜不倦地在疆场上驰骋了9年。他与国王一样，每年夏天和秋天都在战场上度过，冬天依然留在军营里，从不考虑休假的事。他的睡眠时间很少，吃得也很差，一直处在压力之下，因此，他那暴躁易怒、精神亢奋的性格也是可以理解的。他很少对人好言好语，也很少对人微笑，卡尔却用这两种方式来责备他人，这样，犯错者以后就会竭尽全力取悦国王。

伦斯舍尔德的易怒性格因两个低头不见抬头见的人的存在而严重加剧了。他厌恶掌管军事法庭的高级文官皮佩。皮佩在出席军事会议时，总是提出外交或其他非军事方面的意见，这大大激怒了伦斯舍尔德。此外，陆军元帅知道，如果国王出了什么意外，那么皮佩就将在战场上名正言顺地掌管政府，成为伦斯舍尔德的顶头上司。

然而，伦斯舍尔德尤为不喜欢的人是莱文豪普特。那列不幸的辎重车队就是他指挥的，此人喜怒无常、不服管，当伦斯舍尔德不耐烦地冲着他大吼大叫时，他就变得更加易怒。在战场上，莱文豪普特是个坚定的指挥官，从不缺乏勇气。除了卡尔本人，他是王国军队中最好的步兵指挥官，正如伦斯舍尔德是瑞典最好的骑兵指挥官那样。因此，卡尔很自然地将波尔塔瓦战役的指挥权交到他们两人手中，却错误地忽视了两人的矛盾。当他与伦斯舍尔德制订作战计划的时候，他以为陆军元帅会将计划告知莱文豪普特，后者是步兵统帅兼代理总司令，必须了解全盘计划，这样才能依计行事，并在战斗进入白热化阶段时根据形势的变化加以调整。但伦斯舍尔德决定什么也不告诉莱文豪普特，因为他甚至不愿与后者交谈。莱文豪普特在接受命令时，显得傲慢而轻蔑，就好像他只是因为忠于卡尔才不得不听命于这位愚蠢的伦斯舍尔德一般，惹得陆军元帅大为光火。所以，尽管波尔塔瓦战役即将打响，但伦斯舍尔德仍不愿将明天的计划告知莱文豪普特。

事实证明，瑞军由于缺少一位有能力克服这类猜忌心理、有能力让他人绝对服从的指挥官，最终导致了混乱局面的产生，这在战场上是致命的。战后，莱文豪普特自己也意识到了这一点。"我真希望上帝没让和蔼可亲的国王受伤，"他说，"那样，后面的事就不会发生了。"[1]

卡尔与伦斯舍尔德制订的瑞军作战方案是，在拂晓之前以疾如雷电之势发起进攻，打俄国人一个措手不及，然后迅速穿过多面堡防线，无视可能的守军火力。一把多面堡甩在身后，瑞军纵队立刻左转，出其不意地扑向俄军主营地前方的宽阔平原。步兵沿着平原的西部边缘前往俄军工事西北方某处，瑞军骑兵则负责肃清旷野上的俄军骑兵。当瑞军抵达预期的位于俄军与彼得罗夫卡浅滩之间的位置后，他们将一齐右转，排成作战队列。如果行动成功，瑞军将横亘在通往彼得罗夫卡的撤退路线上，俄军则会发现自己被钉死在背对河岸峭壁的军营内。如果俄军不愿接受卡尔的挑战，瑞典人将任由他们留在壕堑工事内，最后活活饿死。

莱文豪普特的步兵军团总兵力仅有7000人，它被分为4队——2队在左,由10个营组成;2队在右,由8个营组成。国王与他的担架同左翼第一队在一起,这队人马全部由近卫军团组成。左翼第二队由卡尔·古斯塔夫·罗斯(Karl Gustav Roos)少将统帅。右翼的2队人马则分别由伯恩特·斯塔克尔贝里(Berndt Stackelberg)将军和阿克塞尔·斯帕雷将军指挥。骑兵军团被分为6队,全部归克罗伊茨节制。瑞军尚可使用的大炮有30门,大多被留在后方的攻城工事或辎重车队内。这一决定部分程度上是伦斯舍尔德做出的。他怀有一种骑兵式的针对火炮的嫌恶感,认为拖着大炮穿过多面堡防线会让他所需要的快速机动大打折扣。再者,瑞典人也没有时间架好火炮再开始炮击了。此外,拜前一年冬天的潮湿天气所赐,火药的质量已大大下降。因此瑞典人只带了4门炮。伦斯舍尔德希望自己的最终计划能依靠钢剑和刺刀来达成。

在那个短暂的夏夜,晚上11点,天色漆黑如墨,瑞典步兵静悄悄地拔营启程,奔向集合地点。卡尔用新绷带包裹自己的伤足,他穿上了全套制服,未受伤的右腿上套着一只装有马刺的高筒靴子。他把出鞘的佩剑搁在自己的担架边上。担架被人抬着向前,穿过行进间的长长队列,前往近卫军各营集结的地方。在那里,他发现伦斯舍尔德、皮佩、莱文豪普特和其他将领正裹着斗篷,一边低声交谈,一边等待着。天上几乎看不到月亮,就夏天的乌克兰而言,这个短暂的夜晚是比较黑暗的。

子夜时分正是这个短暂的夜晚最暗的时候,先前坐在或躺在地上的士兵们开始列队。各支部队在摸黑整理队伍、排成纵队时出现了些许混乱。经过两年的征战,制服已经变得又旧又褪了色,还打着补丁,有些人的制服几乎无法辨认。为了将自己与敌人区分开来,每个瑞典士兵都拿了一小束稻草,固定在军帽上。此外,口令"在上帝的帮助下"已传遍全军,要是陷入混乱,他们便会用瑞典语喊出口令。4支纵队编成后,人们获准再次坐下休息一阵,等待骑兵到达。这次耽搁的时间比预期要长。通常情况下,骑兵部队由伦斯舍尔德以熟练的手法调度、统领,但他如今已被授予全军的指挥权,没与他们在一起。因此,战马在普什卡里夫卡(Pushkarivka)上鞍和6支骑兵纵队的编成都落后于计划进度。

当瑞典将军正在等待时,他们听到俄军防线传来一阵新的声响,那是一阵"敲打声和劈砍声",表明有人正在不远处干活,与头6座多面堡组成的防线相比,这些人离瑞典人要近得多。很显然,俄军施工队正在这片无人区搞鬼。但他们究竟在干什么?为了查明此事,伦斯舍尔德亲自前往调查。

借着昏暗的光线,陆军元帅发现了一件可怕的事。俄国人正利用当晚的时间,飞快地堆积土方,修筑由4座多面堡组成的新防线,它们排成一线,与头6座多面堡相互垂直。这些新的多面堡沿着波尔塔瓦的道路,径直朝瑞典军营方向延伸。任何一支瑞典军队都将被迫分为独立的两翼,然后才能从多面堡两侧经过。此外,当瑞军纵队越过堡垒时,俄军人可以将侧翼火力倾泻到他们头上。与此同时,正在干活的俄国人看到了伦斯舍尔德和他的骑兵队。一声呐喊响起,然后是一声手枪开火声,接着又是几声枪响。随后,俄军阵地内的警鼓开始敲响。伦斯舍尔德匆匆返回,赶往躺在担架上的卡尔身边,一场作战会议随即召开。天色在迅速放亮。骑兵部队已经赶到,但奇袭的要素正在迅速消失。时间极度紧张。伦斯舍尔德想趁现在命令瑞军按照计划发动进攻,否则他就不得不放弃行动,整个作战计划也就只能全部取消了。

尽管卡尔无法亲身前往侦察,但他一直是进攻主张的拥护者。他同意了伦斯舍尔德的意见,命令立刻传达了下去。步兵部队重新编组为5个纵队,其中4个纵队的指挥官接到命令:迅速越过新的多面堡,不要管射来的火力,然后按照原定计划,在平原上组成作战阵形。由4个营组成的第五支纵队将围攻那4个新的多面堡。于是,前进中的瑞军被几个多面堡组成的突出部割开来,此情此景宛如一道溪流被一连串巨岩截为数段,当溪流从礁石边流过时,中央的波浪猛地拍打过去,力求漫过这些新的障碍物。

当瑞典将军火急燎地下达新的指令时,黑漆漆的天空正在变成灰白色。当前方多面堡的火炮开始发射时,瑞典步兵仍在重整队形。炮弹猛烈地撞进密集、静止的瑞军队列,削掉了1名上尉、2名掷弹兵和4名火枪手的头颅。必须有所行动了。清晨4点,当太阳自东边的树梢上露脸时,瑞军已重新编组完毕,伦斯舍尔德下令前进。波尔塔瓦战役开始了。

7000名瑞典步兵排成一个个蓝色阵列，怀着坚定的意志装上刺刀，穿过旷野，朝俄军多面堡开去。步兵纵队左后方是一支支行进中的瑞典骑兵纵队，一些人穿着黄色镶边的蓝外套，少数人穿着蓝色镶边的黄外套。骑兵驾驭着坐骑，迈着缓慢的步伐，以免跑到步兵部队前头去，但朝阳的光线已将领头的几个中队的出鞘钢刀映照得闪闪发亮。大多数瑞军官兵都无视了多面堡，但当步兵军团的中央纵队抵达第一座多面堡时，瑞典掷弹兵朝未完工的土木工事猛扑过去，用刺刀与守军展开激烈的白刃战。它很快就陷落了。当瑞典步兵爬进土木工事内，枪击刀刺的时候，第二座多面堡遭到了同样的命运。参与攻克两座多面堡的一些连队随即回到正从左侧涌过多面堡的队伍中。与此同时，其他连队准备扑向第三座多面堡，它已经遭到罗斯麾下两个营的攻击。

在进攻第三和第四座多面堡时，出现了一个危险的情况。第三座多面堡的守军英勇地保卫着它，瑞典人的第一波攻势遭到挫败。更多的军队被投入进来，最后，聚集在这道障碍前方的兵力达6个营之多。就像瑞典人在冲过多面堡时，身上的一块布片被讨厌的荆棘丛挂住了；被缠住后，他们想把自己解开，但没有成功，于是不断将愈来愈多的精力从原定目标转移到这件事上。

麻烦在于，伦斯舍尔德的进攻计划一直对下属保密。罗斯根本不知道自己的首要目标只是在其他部队从多面堡两侧涌过时，对堡垒进行掩护性射击。当罗斯被击退时，他本该后撤，越过多面堡，前往远侧的集结地点。可是，他却无情地重整队列，再度开始尝试进攻。第二次被击退后，他倔强地将兵力增加到2600人，致使6个步兵营的宝贵力量被钉在这道并不重要的障碍上。攻占这座多面堡成了罗斯唯一的野心，他根本不去考虑其他部队的情况，甚至不去考虑他们现在的位置。因此，瑞典人在进攻的第一阶段就犯下了一个重大错误。莱文豪普特于日后点评战役过程时表示，包括罗斯所部在内的三军将士本应彻底避开战场中央的多面堡，只要把它们越过去就行了。后来，伦斯舍尔德以战俘身份滞俄时也承认了这次失误，他说："一次错误可以令之前的一切荣耀黯淡无光。"[2] 卡尔在战后拒绝批评自己的将军，但就连他也悲伤地承认："此处的侦察工作没有做好。"[3]

多面堡附近激战正酣时，缅什科夫麾下的两队龙骑兵排成密集队列，突然从多面堡的间隙杀出，冲向瑞军步兵。看到俄国龙骑兵出现，瑞典步兵高呼："骑兵，前进！"瑞典骑兵则排成一个个楔形编队，他们膝盖并着膝盖，迈着小碎步迎向正在逼近的俄国龙骑兵。2000柄出鞘的战刀在阳光下闪闪发亮，两支密密匝匝的骑兵队伍在多面堡之间的空地上迎头相撞。烟尘大起，遮天蔽日，中间夹杂着大炮的咆哮声、手枪开火的爆裂声和金铁的交鸣声。近一小时过去了，俄国人与瑞典人之间的混战仍在继续，双方都寸步不退。兴高采烈的缅什科夫将缴获的14面瑞典军旗和旗帜送往军营内的彼得处，顺带极力建议沙皇立刻将全部兵力投入多面堡一线的战场。彼得依旧对瑞典人的勇猛保持着警觉，他几乎不相信缅什科夫的人能表现得如此出色，两度命令倔强的副手中止行动、撤回。公爵最终不情愿地服从，率队北转，将大部分兵力交给鲍尔（罗恩受了重伤），让他撤往俄军大营北侧，自己则率领小部分兵力撤往大营左侧。在俄军军营，架于壁垒上的大炮喷吐着保护性弹幕，掩护后撤的俄军龙骑兵，阻击追杀得起劲的瑞军骑兵。

与此同时，伦斯舍尔德没有给下面的将佐下达全面的指示，导致战场其他部分也出现了混乱。瑞军右翼的6个步兵营由莱文豪普特亲自指挥，他们的目标本来只是越过多面堡，同战场远端的主力部队会合。然而，骑兵战掀起的烟尘把他们弄得很混乱。同时，多面堡守军也开始用火枪和大炮朝他们倾泻毁灭性火力。为了拯救自己的部下，莱文豪普特将行军路线右移，让队伍脱离烟尘和俄军的火力范围。当莱文豪普特把队伍引向东面、朝着战场右侧渐行渐远时，瑞军战线上出现了一个宽敞的口子。事实上，伦斯舍尔德并未将整体目标告知莱文豪普特，而莱文豪普特也根本不关心伦斯舍尔德的整体目标是什么，他只是一心想着率领自己的步兵纵队进击敌军主力。他忘记或无视了陆军元帅下达的基本指令——队伍须同向而行，越过最后一排多面堡后，他继续向右行进，因为那里的地面看上去好走一些。每踏出一步，他和他的6个营就远离主力部队一步。事实上，能远离伦斯舍尔德，莱文豪普特是非常高兴的，后者待他"如仆役"，令他怨怅不已。

眼下，莱文豪普特正径直朝设有防御工事的俄军主营地开去。此时在偌大的军营内，人们已完全清醒过来。当莱文豪普特向前推进时，壁垒上的火炮朝他开火。但莱文豪普特此时正沉浸在获得自主的快乐中，并没有被自己的6个营即将面对俄军全部兵力的事实吓倒，他的部下排成操典规定的队列，大步向前。进入壕堑内俄军的火枪射程后，他发现一道未曾意料到的溪谷挡住了自己的去路。他无所畏惧地带领士兵绕过这道障碍，继续愉快地准备进攻俄军壁垒——或者说，准备率领2400人杀进由3万人把守的阵地。

与此同时，在多面堡防线左侧、莱文豪普特部远侧，瑞军主力的3个梯队只有1个在按照原定计划行事，原因是毫无疑问的：这个梯队由伦斯舍尔德亲自指挥。等到俄国骑兵离开战场，伦斯舍尔德部的两支步兵纵队就按照设想的那样迅速越过多面堡，尽管堡垒的侧面火力给他们造成了一定损失，但他们还是飞快地进入战场另一侧。根据计划，瑞军步兵的全部18个营将在此处集合，准备进攻俄军军营。伦斯舍尔德身边的军官此时喜气洋洋，一切似乎都在按照计划进行。当左翼的6个营到达指定集合地点、转身进入阵地时，军官们上前向国王表示祝贺。卡尔躺在担架上，与步兵部队一道穿过了多面堡防线。此时他正一边喝水，一边矫正自己的伤腿。

不幸的是，当伦斯舍尔德四处寻找其余的步兵部队时，他一无所获。12个营不见了——这些部队被分配给了莱文豪普特和罗斯。不一会儿，莱文豪普特的6个营就被找到了——他们此时身处战场右侧的最前线，能听到他们开火的声音，那时他们正设法从俄军营地西南角的溪谷绕过去。伦斯舍尔德赶紧派出一名信使，命令莱文豪普特停止从那个方向进攻俄国军营，并立刻与正在战场西部边缘等他的瑞军主力重新会合。当莱文豪普特收到命令时，他怒不可遏。尽管他只有步兵——他的军队连一门炮也没有，但他已经穿过了两座堵在前进道路上的俄军堡垒，正要用战刀与刺刀攻打俄军军营的南面壁垒。这里的防御力量较弱，莱文豪普特与他的2400名部下即将实现瑞军在战斗中的经典目标——利用动能冲垮敌军战线上的薄弱环节，突破防线后再利用敌军陷入恐慌、混乱之机加以席卷。即使他真的冲过壁垒，冲进彼得的营地，他这支区区之众能否让俄军陷入恐慌还是个问题。这批俄军不是纳尔瓦战役时的新兵，而是训练有素的老兵。此外，彼得已将部队派往军营前方，集结待战，这就是为何莱文豪普特发现营地西南角防守薄弱。如果他那支斗志昂扬的部队越过壁垒，与兵力10倍于己并已做好战斗准备的俄军遭遇，那么他们最初可能会占得上风，但在孤立无援之下，他们很快就会被俄军吞噬。无论如何，莱文豪普特部都接到了撤退命令，也照办了，这令莱文豪普特气馁不已。

此时已是早上6点，瑞军大部分人马都已暂停战斗。包括伦斯舍尔德、国王、骑兵和1/3步兵在内的主力部队朝西北方向移动，穿过俄国军营前方，前往预先定下的阵地。他们可以以那里为进攻发起点，突击俄国军营或彼得罗夫卡的河流渡口。莱文豪普特的6个营从俄军营地的南部围墙处退了下去，前往伦斯舍尔德处；当他们与主力部队会合、就位后，伦斯舍尔德已经掌握了手下18个步兵营中的12个，但另外6个营到哪里去了？

事实上，他们仍待在由6座多面堡组成的十字防线南侧，这几座堡垒大多仍在俄国人手中，而前排第三、第四座堡垒也仍在罗斯指挥发动的攻势中苦苦挣扎。瑞典人表现得很勇敢，但可悲的是，他们的努力也是毫无意义。攻击突出部堡垒的唯一目的是在主力部队穿过此处时提供掩护；这一目标已经完成，进攻部队理应放弃进攻，火速与主力部队重新会合。

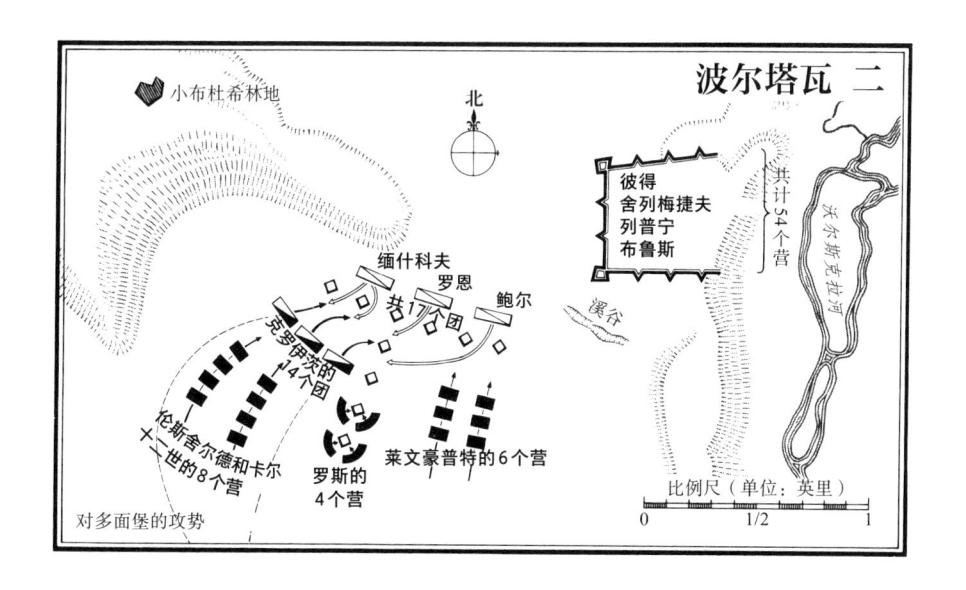

波尔塔瓦 二

对多面堡的攻势

但没人告诉罗斯少将这些，这位英勇的军官依旧在试图履行瑞典军官应尽的职责：攻占前方的目标。

多面堡一带的战斗并没有持续太长时间。罗斯三次发动进攻，三次被击退。最后，由于部队伤亡率达40%，他决定撤退。他接下来打算与主力部队会合，但他不知道它到哪里去了。他需要时间来把支离破碎的部队重组为一个个连和营，并开始撤入多面堡东面的森林。许多伤员用手和膝盖在地上爬行，试图跟上队伍。

此时，彼得正立于营地西面的壁垒之上，俯瞰战场。他发现瑞军已经越过多面堡，如今正在他右边（战场西北面）集结。当他目送莱文豪普特撤退时，看到一条完全敞开的道路从营地延伸向多面堡防线，那边已经顶住了罗斯的进攻。彼得当即命令缅什科夫率领一支实力雄厚的队伍——从主营地抽调的5个营的步兵，再加上缅什科夫麾下5个团的龙骑兵，共计6000人去搜索森林内的罗斯，打垮他。这支部队也可用于增援波尔塔瓦，通往那里的道路如今已经敞开了。缅什科夫的龙骑兵先遣队接近时，被包围的罗斯所部将他们当成了瑞典援军。他们还没来得及发现错误，俄国人就冲了上来。在推进中的俄国步、骑兵火力下，罗斯那支离破碎的队伍彻底崩溃了。在激烈的白刃战中，他的部下大多战死或被俘。罗斯带着400人向南逃去，缅什科夫的骑兵紧随其后。在波尔塔瓦附近，瑞典人跳进一条已废弃的壕堑内，但俄国人再度贴了上来。最后，被一路追击、损失惨重、人数又处于下风的罗斯别无选择，只能投降。他刚刚被带走，西北面便响起了炮声——这次是动真格了。战斗正式打响，但罗斯及其部下已经不在那里了。波尔塔瓦战役尚未进入主要篇章，瑞典一方就有6个营——相当于瑞典步兵兵力的1/3被白白歼灭了。这场灾难的责任在于罗斯或伦斯舍尔德，前者滞留时间过长，后者由于不信任部下将佐，没有在战役开始前把任务简报说得更透彻些。但真正的弊端是，瑞军失去了自己的大脑。那个思路清晰、从容不迫、能让全体官兵毫无异议地服从的指挥官并没有在波尔塔瓦战役中发挥自己的作用。

正在等待国王与其他军官的伦斯舍尔德发现罗斯所部没有到场，立刻派一名信使往回赶，看看到底发生了些什么。信使回来后汇报说，罗斯仍旧在进攻第一批多面堡，如今他处境困难。伦斯舍尔德赶紧派遣两个骑兵团和两个步兵团前去支援罗斯。与此同时，瑞军主力仍然只能原地等待。瑞典人的位置在俄国军营西北角约1英里处，处于俄国的火炮射程内，因而他们完全暴露在敌军面前。不可避免地，俄军炮兵将火力转向他们。炮弹开始削去他们的头颅、胳膊和腿。一颗炮弹击毙了两名立于国王身侧的近卫军士兵，另一发炮弹击中了国王的担架。附近的军官又多了一件可忧心之事——除了其他烦恼和责任，他们不得不担心国王的安全。在俄军的火力打击下，一些瑞典步兵进入南面的小布杜希（Maly Budyschi）林地，寻找掩体躲避俄军炮火。此时，莱文豪普特和其他人懊悔万分：瑞军火炮本就少得可怜，而他们还决定把大部分火炮留在后方。俄国军营内有70门大炮在开火，而瑞典人仅有4门炮可用于回击。

1小时以后，率领两个瑞典步兵团支援罗斯的斯帕雷带着队伍回来了，他汇报说，俄国大军将罗斯所部团团包围，突围已无可能。因此，他依令返回。

眼下，伦斯舍尔德的处境越来越危险。他已经按照计划攻破了多面堡防线。在一次大规模骑兵战中，他的队伍战胜了俄国骑兵，并将他们逐出战场，但现在形势起了变化。瑞军当初的冲击势头已消耗殆尽，奇袭的条件也已丧失。他不得不顶着敌军的猛烈火力，花了两小时来等待两支迷失方向的步兵分队——莱文豪普特部和罗斯部前来与主力部队会合。莱文豪普特已经赶到，但罗斯的人马显然已经折损殆尽。为了填补空缺，伦斯舍尔德派信使返回波尔塔瓦城下的瑞军主营地，命令看守辎重的预备队赶紧带上大炮赶来，但这批信使始终未能将命令送达。无论是精疲力竭的瑞军步兵，还是仅有4门炮的瑞军炮兵，都未能得到增援。

此时已接近上午9点，伦斯舍尔德不得不做出决定。他已经等了两小时，显然援军不会来了。他不能继续待在原地，必须转移；可能的选择有3个。他可以北进，再次进攻俄国骑兵，尝试着突破俄军防线，夺取彼得罗夫卡的浅滩，只要把它掌握在自己手里，就可以把俄国人饿死在军营内。这个计划的缺陷在于，他那支规模不大的队伍在数量上本已明显少于敌军，如今又要分兵波尔塔瓦和彼得罗夫卡，两股部队之间还无法指望互援；彼得若想转入进攻，他只要对付其中一支瑞军就可以了，根本不用阻击另一支瑞军，甚至无须知道它的存在。另一个选择是继续执行原定计划，进攻工事内的俄军，后者毫发未损，依旧等候在军营壁垒后方。但这就意味着兵力益减的瑞军必须径直穿过平原地带，迎着数十门俄军大炮（它们之前就把瑞军的队列截为数段）的炮口发动进攻。越过战壕、登上壁垒后，瑞典人就必须面对3万名正守于其内的俄军步兵。

伦斯舍尔德采用了第三个选择，那就是后撤。他的兵力太少，与敌军的差距实在太大。他打算经多面堡防线返回，在越过多面堡时救援罗斯，将后者的队伍并入自己的队伍。回到拂晓时分的进攻发起地时，他就会把守卫辎重车队的人马、波尔塔瓦前方壕堑工事内的人马、在城市下游渡口巡逻的人马全部叫来。然后，等到自己指挥的瑞典步兵不再是此时的12个营，而是恢复到24个营时，他再决定接下来在何处与沙皇作战。

然而，正当伦斯舍尔德的部下开始执行命令，解散漫长的作战编队，排成行军纵队时，一件惊人的事发生了。正在监视俄国军营的瑞典军官注意到，俄军似乎全体开始移动。军营入口打开了，架在防御壕上的桥梁降下了，大批俄国步兵越过桥梁，涌出壕堑工事，在军营前方排成作战序列。自战争开始以来，这是俄军主力第一回准备在彼得和卡尔同时在场的情况下与瑞军主力对决。

俄军的动作又快又稳，表明他们训练有素、纪律严明——这是此时俄军的显著特征。部署完成后，一支又长又厚、拥有数万人马的新月形队列面朝西方，与瑞典人对峙着。俄军的右翼是由18个龙骑兵团组成、如今归鲍尔指挥的骑兵，他们穿的是红绿两色的制服。新月阵的另一端布置着6个龙骑兵团，它们的统帅缅什科夫为了突出自己，以一袭白衣出阵，这是他的典型作风。军阵中央集结着大批身着绿色外套的俄国步兵，他们由舍列梅捷夫和列普宁统领。俄军炮兵统帅布鲁斯将军将火炮分散部署。一些火炮仍架在军营的土墙上，它们就在俄军头顶上开火。其他由身穿红衣的炮兵操作的火炮则被推到俄军军阵前列，一旦瑞军发动进攻，俄军就会用毁灭性的近距离火力迎接他们。

**波尔塔瓦 三**

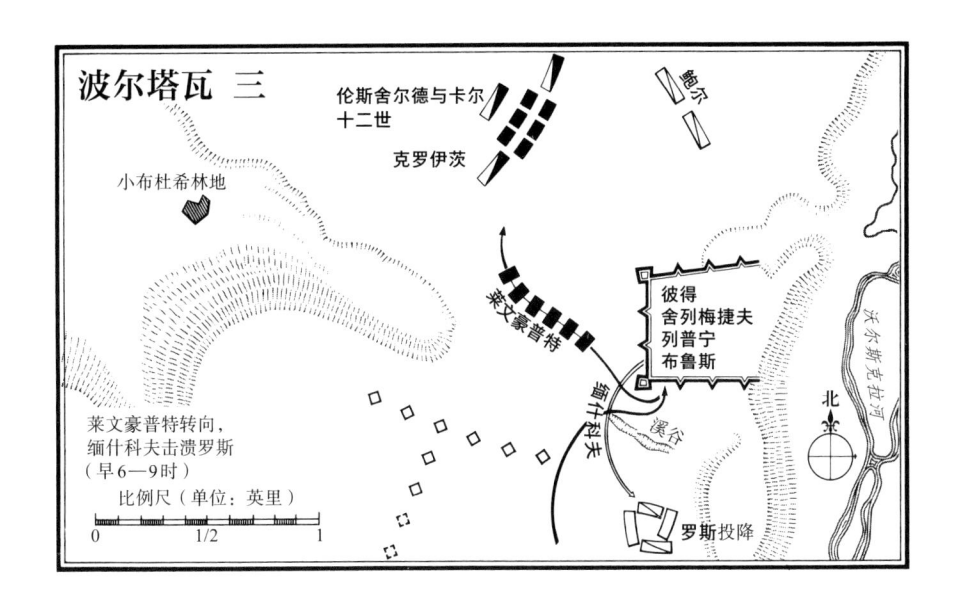

伦斯舍尔德与卡尔十二世
克罗伊茨
艳尔
小布杜希林地
莱文豪普特
彼得 舍列梅捷夫 列普宁 布鲁斯
缅什科夫
沃尔斯克拉河
溪谷
北
罗斯投降

莱文豪普特转向，
缅什科夫击溃罗斯
（早6—9时）
比例尺（单位：英里）
0　　　1/2　　　1

　　彼得骑在马上，与诺夫哥罗德步兵团一起待在俄军军阵左翼。他骑的是自己心爱的坐骑，这匹暗褐色的阿拉伯马是苏丹送给他的。这天的马鞍以绿色天鹅绒制成，覆在皮革上，绣有银线；马具则以黑色皮革制成，配有金制附件。沙皇的制服与许多军官一模一样：黑色三角帽、黑色高筒靴、深绿色的普列奥布拉任斯基团制服，袖子和装饰是红色的。唯一令这位君主显得与众不同的是蓝色的丝质圣安德烈勋章绶带。3个由老兵组成的诺夫哥罗德营环绕于彼得身侧，他们身穿灰色军服，头戴黑色帽子。这是由沙皇提出的计策。通常情况下，只有新兵才会穿灰色外套，但当天彼得选择让几个最精锐的营穿得一身灰，希望能欺骗瑞典人，诱使他们进攻俄军队列的这一部分。

　　俄军的新阵地位于军营前方，这令伦斯舍尔德更加为难。瑞典步兵已经解散了作战编队，排成行军纵队，准备返回南方寻找罗斯。如果伦斯舍尔德就这样启程，俄军又发动进攻，接下来上演的就不是一场战斗，而是一场屠杀了。他无法忽视这种可能性，因此很快做出决定：停止撤退，掉头迎战。瑞典步兵再一次转过身来，在俄军对面组成作战编队。

　　伦斯舍尔德与莱文豪普特随即商议了一下，然后前去向卡尔汇报彼得正在派出步兵的事。"我们先进攻、击退他们的骑兵，不是更好吗？"卡尔问道。"不，"伦斯舍尔德答道，"我们必须要对付他们的步兵。"此时的国王正仰面朝天，根本看不到战场上的情况。"好吧，"他说，"你觉得怎样最合适就怎样做。"[4]

到了上午10点，瑞军已排兵布阵完毕，与俄军正面相对。瑞典骑兵不像彼得手下的骑兵那样被置于两翼，而是被置于步兵队列后方。莱文豪普特的步兵军团目前只有12个营，兵力几乎不到5000人。他们的对面是两支密密麻麻的步兵横队，而莱文豪普特麾下只有1支横队。每支俄国横队的长度和人数都要多于莱文豪普特的那支。第一横队由24个步兵营组成，兵力为1.4万人；第二横队拥有18个营，兵力为1万人（尚有9个步兵营留在俄军营地内充当预备队）。俄国人在人数与火力上的优势令这场较量显得荒诞不经——5000名因饥饿、疲惫而浑身无力，且没有火炮的步兵即将朝2.4万名拥有70门火炮支援的敌人发动进攻。莱文豪普特唯一的希望就是祭出老战术：猛攻俄军战线的某个部分，希望能在突破后使混乱在俄军中蔓延，这样就能席卷规模远大于己的军队。

就在此时，瑞军两位主官之间的宿怨结束了。伦斯舍尔德策马前往莱文豪普特处，后者负责领导这次几无获胜希望的攻势。陆军元帅一边握着莱文豪普特的手，一边说："莱文豪普特伯爵，你必须去进攻敌人。扛起你的荣耀，为陛下效力吧。"莱文豪普特问，让他立刻发动攻势是否是伦斯舍尔德的命令。[5] "是的，马上开始。"总司令答道。"苍天在上，我这就开始，或许他会对我们大发慈悲。"莱文豪普特说。他发出前进的信号。鼓声隆隆响起，举世闻名的瑞典步兵迈开步伐，开始了自己的最后一战。这支队伍小得可怜：12个步兵营肩并肩，排成一道细细的横队，各营之间留有缺口，好让这条推进中的队列尽可能显得宽一些。

无视己方与敌方的实力差距，身着蓝色军服的瑞典军团轻快地越过战场。当他们推进时，俄军火炮的发射速度增加了一倍，一颗颗炮弹呼啸着钻进瑞军队列中，削出一个个血洞。瑞典人依旧跟随着他们的蓝黄色旗帜，迈步向前。随着他们不断逼近俄军战线，俄国步兵开始将成排的弹丸射进稀稀落落的瑞军队列内。尽管如此，瑞典人依旧毫无惧色地前进，甚至没有回击过一枪。在近卫军的引领下，右翼瑞军最终进抵第一列俄军步兵的位置，随即发动猛攻。依靠刺剑和刺刀，瑞典人突破了俄军的防线，击退了面前的俄国人，还缴获了被安置于阵地前端的大炮——当他们穿过战场时，这些大炮一直在朝他们开火。几分钟之内，它们就掉过头来，朝陷入混乱、动摇，此时已经开始后撤的第一列俄军开火。

如今，在达成第一个目标并突破一段敌军防线后，莱文豪普特四处寻找瑞典骑兵，他们本应迅速赶来，对他打开的突破口加以利用，但他一个瑞典骑兵也没看到。相反，他透过弥漫于战场的硝烟，发现左翼瑞军陷入重重困境中。之前就有一批火炮被集中到该地段，为集结于北面的俄国骑兵提供保护性火力，此时它们的炮口已经放平，直接对准了正在推进的瑞典人。炮火极为密集、致命，瑞军队列被轰得支离破碎，半数人员还未抵达俄军步兵阵地就被放倒。跟跄而行的瑞军仍在继续前进，预备攻击第二列俄军，左翼与右翼部队之间出现了一道缺口。当瑞军右翼继续朝第二道俄军战线挺进时，这道缺口变得越来越大。

彼得与诺夫哥罗德团正位于这一地段，也看到了战场上正在发生的事。他注意到瑞军横队已被分割为两个部分——左翼陷于困境，遭受着己方炮兵的沉重打击，无力威胁俄军右翼；瑞军右翼则继续向前深入俄军阵地，即将与正在等待的第二列俄军步兵接触。当他正在观察时，缺口愈扩愈大。在彼得的命令下，俄军步兵如潮水般涌入这一缺口。

这一情况正是彼得所希望的，也正是莱文豪普特所担心的。瑞军战线如今出现了裂口，俄军步兵将向前挺进，用一波势不可挡的反攻席卷破裂的敌军队列。瑞军骑兵没有出现，就不能造成阻碍，在这种情况下，俄国步兵开始包围瑞军右翼。瑞典人的攻势实际上对彼得的策略起到了助推作用：当瑞典人被冲锋时产生的动能推着向前、不断深入俄军军阵时，俄军其他营便可穿过瑞军横队的缺口，轻轻松松地绕到敌人后方。瑞典人越是继续向前，就越是绝望地被汪洋般的俄军所吞没。最后，当瑞军冲锋时产生的冲击力被成千上万俄军吸收时，它前进的势头也就停止了。

瑞典骑兵终于抵达，但伦斯舍尔德那支训练有素的骑兵军团并未全部赶来。现身的骑兵仅有50人，均来自近卫骑兵队，他们举着闪闪发亮的马刀，冲进俄军步兵当中。这些人很快就被击中、刺中或脱离马鞍，无一幸免。被吞没、压倒的瑞典人试图撤退，起初他们尚能保持纪律，但随着恐慌情绪的蔓延，没多久他们便乱作一团。莱文豪普特手下大部分军官要么战死，要么即将死去，他自己则驱着坐骑，沿着正在分崩离析的瑞军战线来回奔驰，试图让部下坚守不退。"我又是乞求，又是威胁，又是诅咒，又是奋力殴打，但一切都是白费力气，"他于日后回忆道，"他们仿佛根本没有看到我，或者听到我说话。"[6]

在战役的这一阶段，身材高大的彼得一直是俄军中的耀眼人物。尽管身高使他成为一个显眼目标，但他无视危险，将精力花在指挥、鼓励部下上。他在这段时间内并未受伤，这一点是很了不起的，因为他在战役期间被击中3次。一颗子弹打掉了他的帽子，另一颗嵌入他的马鞍内，而第三颗弹丸倒是真的击中了他的胸膛，但彼得的颈间挂着一串项链，上面的古代圣人银像让子弹偏离了方向。

几分钟内，瑞典人的攻势便冰消瓦解了，尽管个别单位仍在战斗。瑞典近卫军本着一贯的顽强作风，坚持奋战。他们一个个战死在自己屹立的地方，俄军如洪流一般淹没了他们。瑞军整连整连地被包围、逼到一起，俄国人朝他们扑来，用长矛、战刀和刺刀将他们杀死，留下成堆成堆的尸体。

瑞典骑兵到哪里去了？他们或许再次错过了伦斯舍尔德长官的调遣，后者眼下试图指挥全军。在瑞军右翼，骑兵部队部署得晚了些。当莱文豪普特的步兵开始前进时，骑兵还未做好跟进的准备。其后，当骑兵队开始向前移动时，他们的行动受到了崎岖地形的妨碍。在左翼，瑞典骑兵把精力转移到自己的任务上：阻截位于北面、已做好战斗准备的大队俄国骑兵，不让他们进入战场。当几个瑞军骑兵团最终赶来支援处于困境的步兵时，他们发现自己不但无法提供帮助，反而很快就陷入不得不自救的境地。俄军大炮和火枪的密集火力已经歼灭了大批瑞典步兵，如今又将冲向俄军战线的瑞典骑兵团打得溃不成军。

就这样，战斗又持续了半小时——对彼得而言是荣耀，对卡尔而言是灾难。大部分越过战场、杀进俄军队列的瑞军步兵部队被彻底歼灭。伦斯舍尔德看着眼前发生的一切，对皮佩喊道："一切都完了！"[7]他冲进战斗最为激烈的地段，很快便被俘虏了。

**波尔塔瓦 四**

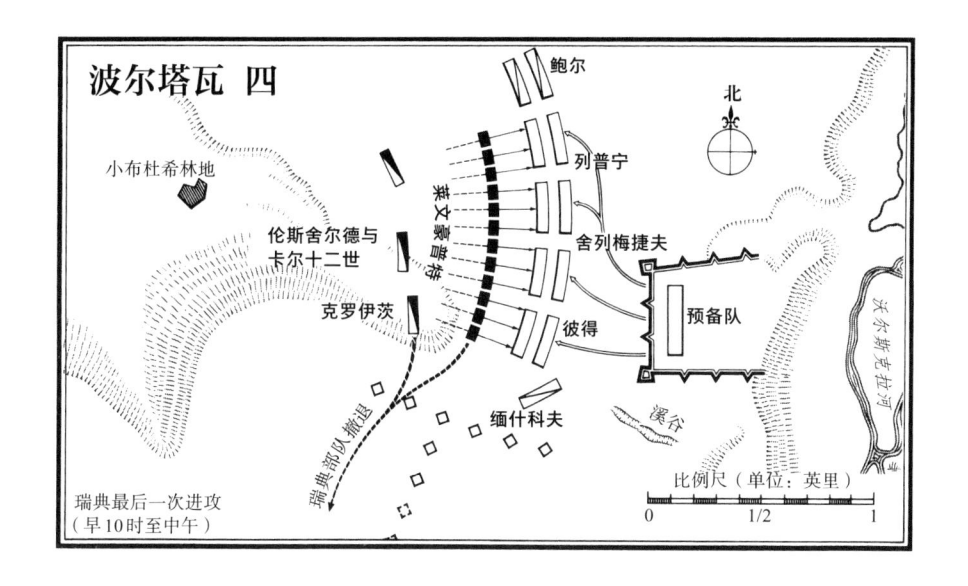

地图标注：小布杜希林地、伦斯舍尔德与卡尔十二世、克罗伊茨、鲍尔、列普宁、舍列梅捷夫、彼得、预备队、缅什科夫、莱文豪普特、瑞典部队撤退、沃尔斯克拉河、溪谷、北、比例尺（单位：英里）、瑞典最后一次进攻（早10时至中午）

灾难发生时，卡尔就在现场。当瑞军开始崩溃时，国王竭力将恐慌中的部下集合起来，但他那微弱的喊声"瑞典人！瑞典人！"并没有引起人们的注意。俄国人的火力极为猛烈，以至于"人、马和树枝纷纷倒在地上"。国王的24名担架手中，有21人被击毙，担架也被击中散架。一时之间竟无人来抬担架，眼看国王就要沦为俘虏。此时，一名军官跳下马来，卡尔被抬上马鞍。他脚上的绷带松开了，鲜血从重新开裂的伤口滴落。卡尔身下的坐骑被击中，但又有人向他提供马匹，国王因而得以倚着马脖子，拖着鲜血淋漓的伤足，回到瑞军战线。此时国王遇到了莱文豪普特。"我们现在要做些什么？"卡尔问道。"除了试着收集我军余部，没什么可做的了。"将军答道。[8] 在他的指引下，瑞军步兵残部由相对较为完整的骑兵掩护，穿过多面堡防线，南撤至暂时安全的普什卡里夫卡营地。当七零八落的瑞军撤退时，预备队、炮兵，以及马泽帕和戈尔杰恩科的哥萨克被部署在军营四周的防御阵地内，阻挡俄军的追击。至中午时分，大部分败兵均已抵达营地，精疲力竭的人们总算可以休息一下了。莱文豪普特又饥又渴，他吞下一块面包，又连灌两杯啤酒。

在战场北部，最后一声枪响过后，旷野陷入沉寂。兴高采烈的彼得在战场上做过感恩祷告后，就去赴宴了。波尔塔瓦战役落下帷幕。

# 38

## 投降，在河畔上演

战场成了一片杀戮场。战役开始时拥有1.9万人的瑞典军队在战场上丢下了1万人，其中6901人战死、受伤，2760人被俘。这些损失中包括560名军官——300人战死，260人沦为战俘，陆军元帅伦斯舍尔德、符腾堡公爵马克斯、4位少将和5位上校均在被俘之列。皮佩伯爵整天都陪伴在国王身边，但在最后的混战中与卡尔走散，他与两名秘书在战场上徘徊了一阵，而后走向波尔塔瓦城门，举手投降。

俄军的损失相对轻微。这并不令人惊讶，因为大部分时候俄军都在防御阵地——多面堡的和带壕沟的军营中作战，同时用大炮向推进中的瑞军倾泻毁灭性的火力。彼得一方有4.2万人参战，其中1345人战死，3290人战伤。这一伤亡比和战役结局是对先前双方之间每一场战役的颠覆。

当瑞典人朝普什卡里夫卡撤退时，俄国人没有追击。战役进入到高潮阶段时，每一秒都是白刃战。最后，彼得的步兵也和卡尔的步兵一样乱作一团。在没有完全确认已经获胜的情况下，他们对进军持谨慎态度。但更重要的原因在于，彼得实在是太想庆祝了。做过感恩祷告后，他走进御帐内，与将军们一道入席。俄国人又饥又疲，但喜不自胜。敬过多轮酒后，沦为俘虏的瑞典将军、上校被带进来，围坐在彼得身旁。这是彼得一生中至为重要的一刻。9年来一直压在沙皇心头的焦虑感烟消云散了，看着伟大的对手节节推进却无力抵挡的绝望感也荡然无存了。但兴奋中的彼得并未变得傲慢专横。他以体贴乃至亲切的态度对待战俘，特别是伦斯舍尔德。在那个漫长的下午，皮佩伯爵被从波尔塔瓦带到御帐，也被安排到沙皇身边就座。

彼得不住地环顾四周，满心希望瑞典国王在某个时刻被带到他面前。

"我的兄弟卡尔在哪里?"他一次次问道。[1] 他以极为尊重的语气,询问伦斯舍尔德为什么敢率领一小撮人马入侵一个庞大的帝国,伦斯舍尔德回答说,这是国王的命令,身为一名忠臣,他的第一职责是服从自己的君主。"您是个诚实的人,"彼得说,"鉴于您的忠诚,我把您的剑还给您。"[2] 其后,当壁垒上的大炮再次鸣响致敬时,彼得站了起来,手里端着杯酒,提议为那些教给他战争艺术的老师举杯。"谁是你的老师?"伦斯舍尔德问道。"是你们,先生们。"彼得说。"那么,学生可以向老师回馈他们的感恩之情了。"陆军元帅挖苦道。[3] 彼得继续兴奋地与他的俘虏们交谈,庆祝活动持续了大半个下午。到了下午5点,才有人想起追击瑞典败军的事。随后,沙皇命米哈伊尔·戈利岑公爵率近卫军、鲍尔将军率龙骑兵南下追赶卡尔。第二天早上,缅什科夫又率领一批俄国骑兵加入追击行列。

当天晚上,庆祝活动结束后,彼得花了些时间,在御帐内记录当天发生的大事。他给叶卡捷琳娜写了封信:

圣母(小妈妈),日安。我要向您宣布一件事:最仁慈的主于今天赐给我们一场空前的胜利。总而言之,敌军被我们全歼了,您会从我们那里知道相关情况的。

彼得

又:到这儿来和我们一起庆祝吧。[4]

另有一些内容较长的信(总计14封)"从波尔塔瓦军营发出",寄往罗莫达诺夫斯基(此时他暂时从冒牌沙皇升级为冒牌皇帝)、布图尔林、鲍里斯、彼得、德米特里·戈利岑、阿普拉克辛、彼得·托尔斯泰、亚历山大·基金(Alexander Kikin)、教会首脑斯蒂芬·亚沃尔斯基(Stephen Yavorsky)、彼得的妹妹娜塔莉娅公主、皇储阿列克谢和其他几人处。这批信件的内容大同小异:

谨此通知您:依靠上帝的祝福和我军将士的英勇,我刚刚在没有付出太大代价的情况下赢得了一场意料之外的全胜。以下是这次行动的细节。

今天早晨，敌军骑兵和步兵攻击了我军骑兵，我军英勇抵抗一番后撤退，并遭受了相当大的损失。

敌军在我方军营的正对面排列成阵。我当即率领步兵走出壕堑工事与瑞典人对阵，并将骑兵置于两翼位置。

敌军见此情形，便对我们发动进攻。我军主动上前，英勇迎战，敌军稍做抵抗或干脆不做抵抗便落荒而逃，丢给我们一批火炮、军旗和国旗。俘虏中除瑞典陆军元帅伦斯舍尔德，以及施利彭巴赫将军、斯塔克尔贝里将军、汉密尔顿将军和罗斯将军外，尚有首相皮佩伯爵、秘书伊梅林（Imerlin）与塞德黑姆（Cederheilm），以及数千官兵。

稍后我将给您送交一份较为详细的报告。目前我实在太忙，无法完全满足您的好奇心。总而言之，敌军遭遇了法厄同式的命运。我没法和您描述瑞典国王的情况，因为我连他是死是活都不知道。我已经派遣戈利岑公爵和鲍尔率领一部分骑兵去追击那批逃走的瑞典人了。我用这个喜讯来向您道贺，请帝国的文武百官将它视为一个好兆头吧。

彼得[5]

在给阿普拉克辛的信件末尾，彼得添加了一条附注，以最为简洁的方式表达了自己的狂喜之情与波尔塔瓦战役的终极意义："如今，在上帝的帮助下，圣彼得堡的最后一块基石砌下了。"[6]

就这样，波尔塔瓦战役仅仅用了一上午的时间便终结了瑞典对俄国的入侵，并且永远改变了欧洲政治轴心的位置。直到那一天，每个国家的政治家都在期待着卡尔再度凯旋的消息，期待着他那支名满天下的军队开进莫斯科的消息，期待着沙皇被取代的消息。他们甚至以为，失去领袖后，俄国民众必然掀起全国性的骚乱和叛乱，彼得可能因此命丧黄泉。一位新沙皇将宣告当选，然后像斯坦尼斯劳斯那样成为傀儡。瑞典已是北方的女主人，如今她将成为东方的女皇，享有易北河及阿穆尔河流域之间一切事务的仲裁权。随着瑞典人、波兰人、哥萨克，可能还有土耳其人和鞑靼人划走大量领土，沦为奴隶的俄国版图将大大缩水。圣彼得堡将被从俄国的土地上抹去，波罗的海的大门将就此阖上，觉醒的俄国民众将停止前进，转过身去，像囚犯一样回到旧俄时代的黑暗世界里。如今，这些梦想中的城堡轰然崩塌，在从拂晓到黄昏的短短时间里，征服者就变成了逃亡者。

波尔塔瓦战役是第一份向世界宣告一个崭新的俄国诞生的宣言，声如雷鸣。在此之前，欧洲的政治家对沙皇相关事务的关注并不比他们对波斯沙阿或印度莫卧儿皇帝的多多少，但在接下来的那些年，他们学会了慎重估计俄国利益的分量和方向。那天早上，舍列梅捷夫的步兵、缅什科夫的骑兵和布鲁斯的炮兵，在身高6英尺7英寸的主君的面前，建立起了新的权力平衡，这种平衡贯穿了18、19和20世纪，并不断发展壮大。

瑞典军队被击败了，但并没有投降。那天午后，当彼得正与他的瑞典客人同席而坐，共进晚餐时，逃得一命的瑞典残军七零八落地回到普什卡里夫卡的军营。加上波尔塔瓦城下攻城工事内的军队，以及把守辎重和沃尔斯克拉河下游渡口的分遣队，瑞军总兵力已有1.5万余人，此外还有6000名依旧拥有武装的哥萨克，他们等待着国王和将军们的命令。他们中的一些人刚刚负了伤，还有一些人则因之前作战受伤或去年冬天被冻伤而依旧无法参加战斗。这批残军中只有很少一部分是步兵，大多数幸存者都是骑兵。

卡尔与最后一批残军一道抵达普什卡里夫卡。他把脚重新包扎了一下，并吃了片冷肉，然后询问伦斯舍尔德和皮佩在哪里，随即得知两人均下落不明。莱文豪普特如今成了这支瑞典军队的首席指挥官。眼下，有伤在身的国王只能指望这位"小拉丁上校"了。

瑞典人现在该做些什么？答案是毫无疑问的。他们必须在俄国人充分意识到自己取得了何等辉煌的胜利并开始追击前逃离此地。至于撤退路线，同样是毫无疑问的。北面、东面和西面都部署着彼得的胜利之师，只有通往南面的道路敞开着。再也找不到更好、更笔直的通往鞑靼人领土的道路,瑞典人可以在那里寻求杰夫列特·盖赖伊的庇护。卡尔是个非常现实的人,他知道如今自己手下只有一支七零八落的残军,因此当他来到鞑靼人的地盘时,所受到的待遇也将大不相同。但他希望可汗能提供一座长期的避难所,让这支败军获得休整和积聚力量的时间,然后他再长途跋涉,穿过鞑靼和土耳其的边陲,返回波兰。

于是,卡尔当即决定南下,沿沃尔斯克拉河西岸朝80英里外的佩列沃赫纳前进,沃尔斯克拉河就是在此地注入第聂伯河的。沿着这条路走下去,可以遇到几个为哥萨克所知的浅滩,如果瑞军渡河来到东岸,随后就可以遇到一条从哈尔科夫延伸至克里米亚的道路。这条路畅通无阻,途中有几座哥萨克城镇,它们可以在粮秣和救援问题上助瑞军一臂之力。

开拔命令于当天下午下达。瑞典人井然有序地撤离普什卡里夫卡,炮队和辎重车队先行。指挥后队的克勒伊斯将分量较沉的马车丢弃、烧毁,把拉车的马取下来交给步兵,以提高部队的机动力。当这支匆匆重组完毕的纵队启程时,他们并没有急着赶路;这是一支训练有素的军队,纵使战败,撤退工作依旧组织得甚为妥当。它仍然拥有几千名老兵,一旦接到命令,他们依旧可以爆发出可怕的战斗力。

然而,瑞军上下均已疲惫不堪。前一晚,他们都没合眼——仅仅18小时前,这支军队还在集结,准备发动以多面堡为目标的拂晓攻势。临近黄昏时,士兵们跌跌撞撞、漫无目的地跟在军官身后。逃离战场的渴望成了驱使他们前进的主要动力。卡尔的身体状况已经恶化。缺乏睡眠令他精疲力竭,伤口重新开裂令他越发虚弱,战场上的惨败、不可确定的阴郁未来和令人窒息的炎热折磨着他。卡尔躺在一辆马车上,最后进入梦乡。当他醒来后,部队正在行进,他的脑子混乱了,根本搞不清当前的状况。他再次询问皮佩和伦斯舍尔德在哪里,当被告知两人不在时,他躺了回去,说:"好吧,好吧,你们想干什么就干什么。"[7]

第二天,也就是6月29日,瑞军继续冒着难耐的酷暑南进。他们觉得俄国人正在追击自己,因而心惊肉跳,接连路过了沃尔斯克拉河的3座浅滩,完全没认真考虑渡河。在陆路上保持南进势头比停下来涉水渡河要来得容易。俄国人的阴影笼罩在他们心头,恐惧于30日凌晨4点变成了现实：克罗伊茨追上大部队，报告说俄军的追击行动已经开始；不止哥萨克，连俄国正规军也在追踪他们。

两天来，瑞军纵队三三两两地抵达位于沃尔斯克拉河与第聂伯河交汇处的陆地尽头。29日夜，大炮、残存的马车和成群结队的人开始涌入佩列沃赫纳，两条河流在此交汇。当地没有一座浅滩，士兵们俯瞰一望无际的第聂伯河，恐惧感攥住了他们的心灵。城池和扎波罗热哥萨克集中停放的数百艘船只均已在彼得于4月发动的闪电式突袭中被焚毁。显然，这支军队的人员太多，剩下的船远远不够用。只有少数人能赶在俄国人追上前渡河。不难想象，瑞军可以集体折回北面，再渡过沃尔斯克拉河，但俄国人无疑正在逼近。南面、东面和西面都被两道河流拦着，瑞典军队被困住了。

做决定的时候到了：只有少部分人能渡过第聂伯河。该让谁上船？莱文豪普特和克勒伊斯跪在地上，恳求国王抓住这次逃生机会。起初，卡尔予以拒绝，坚持留下与军队共患难。随后，他实在痛得吃不消也累得撑不住了，于是同意动身。日后有些人声称卡尔为了自保而抛弃了部下，卡尔知道，逃跑意味着那些勇敢地追随他的将士将落得被杀或被俘的下场，但卡尔的决定建立在合理判断的基础上。他受了伤。摆在瑞军面前的是一条漫长的南进之路——可能还要冒着新近得胜的强敌的紧追。眼下大部分官兵都有了坐骑，可以快速机动，但卡尔躺在马车上，除了为军官担心，妨碍他们发号施令，什么也做不了。此外，卡尔可是瑞典国王。如果他被俘，沙皇就会把他放在游行队伍里招摇过市，以此羞辱他。更为肯定的是，一旦落入俄国人之手，在瑞典与俄国签订和平协议的时候，他就会成为一大不利因素。为了让君主获释，瑞典将不得不割让大片本国领土。

卡尔还有其他逃生理由。如果他与军队一道前往克里米亚，那么即使长征获得成功，他与位于欧洲另一端的祖国的联系也断绝了，他也就左右不了任何事情。此外，他知道彼得获胜的消息很快就会传遍欧洲大陆。他必须找到安身之处，然后才能反驳彼得的吹嘘，宣传瑞典方面的说法。如果他抵达奥斯曼帝国领土，也就可能说服土耳其人与他缔结同盟，给他提供一支新的军队，让他可以将战争继续下去。最后，他还要考虑马泽帕和戈尔杰恩科率领的哥萨克追随者。如今卡尔必须对他们负责。倘若卡尔或瑞军被俘,哥萨克就将被当作叛国者对待,被拷打、绞死。如果瑞典人任由这批盟友落入俄国人手中,那将是对他们名誉的玷污。

基于上述理由,国王决定带上尽可能多的瑞典伤员,以及担任护卫的作战兵员,同哥萨克一道径直穿过干草原地带,前往布格河(Bug River)——奥斯曼帝国的界河。到那里后,他们就可以请求避难,等待伤员恢复健康,等待瑞军余部与他们会合。瑞军主力将北进沃尔斯克拉河浅滩,渡河后沿着第聂伯河南进,前往鞑靼可汗的地盘,然后与国王在黑海畔的奥恰科夫重聚。会合后,全军便可返回波兰。

那天晚上,卡尔躺在担架上渡过第聂伯河。他的四轮马车随后也被运了过去,两艘捆在一起的船分担了它的重量。小小的渔船载着负伤的瑞军官兵,在河面上来回穿梭了一整夜。被国王带在身边的有布拉班特团的幸存者(如今只剩下80人了)、约700名骑兵和约200名步兵,外加王室雇员及军事法庭的工作人员。马泽帕手下的许多哥萨克是游泳高手,他们抓着坐骑的尾巴,泅水过江。船只还运走了瑞军的一部分财产,以及马泽帕从巴图林一路带来的两桶金杜卡特。总计有约900名瑞典人和2000名哥萨克过河。拂晓时分,卡尔在动身前回望河边的瑞军营地,当他看到留在那里的瑞军没有任何行动迹象时,不安的感觉袭上心头。一些瑞典人看到地平线上有云团升起,认为这可能是大队骑兵接近时掀起的烟尘。

莱文豪普特负责指挥瑞军主力。这正是他所希望的。这位喜怒无常的将军显然是自愿留在后方,与军队共患难的。他同克罗伊茨、卡尔一道讨论军队的行进方向,并计划在奥恰科夫会合。莱文豪普特向国王做出承诺:如果俄国人追击他,他就会战斗。后来发生的事情证明,两人之间产生了严重的误会。卡尔以为莱文豪普特的承诺是无条件的,但莱文豪普特的理解是,率军远离佩列沃赫纳后,他才会与俄国人交战。"如果上帝对我们大发慈悲,没让我们在当夜和次日遭到强敌的步兵突袭,那么我相信这支军队还有一些保全的希望。"[8] 无论如何,只有他们两人能够阐述讨论过程——卡尔下令,莱文豪普特许诺,再没有第三个人在场。卡尔后来承认自己对后面发生的事负有部分责任:"我有罪……我忘了把只有莱文豪普特和克罗伊茨知道的命令告诉其他将军和上校。"⁹ 罗斯与波尔塔瓦多面堡的故事再度上演。卡尔没想到把全部计划告知其他军官和无助的士兵。

莱文豪普特的第一目标是远离佩列沃赫纳。这意味着他将循着来时的路向北行进，经由一座浅滩越过沃尔斯克拉河。但瑞军已筋疲力尽，许多军官用了一夜的时间帮助国王一行渡过第聂伯河，此时更加疲惫不堪。因此，莱文豪普特命令部下安歇，准备拂晓启程。

当夜，迅速轻装行军的准备工作进行着。各团钱箱内的余款被分发给士兵们，打这以后，各人的钱财归各人保管。弹药和粮食同样被分发下去，每个人分得的份额以坐骑的承载能力为限，余下的被抛弃。剩下的辎重和补给马车可能拖累行军速度，因而被留在后方。瑞军试图带走火炮，但如果它们变得碍手碍脚，那么它们也会被丢弃。

夜晚在一分一秒地流逝，瑞典军队遭受了进一步的损害。军纪崩坏了。对士兵们而言，安全之地显然是宽阔的第聂伯河对岸。早上，他们收到必须再度北行的消息，这令他们闷闷不乐。莱文豪普特筋疲力尽，又患上了严重的痢疾，导致身体状况进一步恶化。他再也支撑不住了，躺下睡了几小时。

翌日（7月1日）拂晓时分，两位将军起了床，营地骚动起来，人们开始给马匹套上鞍子，准备上路。随后，在上午8点，当纵队刚刚编组完毕、即将启程时，一堆人影出现在河流上方的高地上。他们的数量每分钟都在增多；很快，高地上就挤满了骑兵。那是缅什科夫与麾下的6000名龙骑兵及2000名忠于沙皇的哥萨克。公爵派了一名号手和一名副官前往瑞典军营谈判。莱文豪普特令克罗伊茨回访俄军，看看缅什科夫给出什么样的条件。缅什科夫提供了一些属正常范畴的投降条件，克罗伊茨将它们汇报给莱文豪普特。疲惫不堪的司令官决定与上校们商议商议。上校们询问国王的最后命令是什么。莱文豪普特将进军鞑靼地方、前往奥恰科夫会师的计划细节按下不表，声称卡尔只要求军队"尽可能保护自己"。上校们回到士兵那里，问他们是否还想战斗。同样不愿承担责任的士兵们答道："如果其他人欲战，我们就战。"[10]

等到谈判和商议开始，投降的诱惑就变得不可抵挡。尽管在场的瑞典人和哥萨克与俄国人的数量差不多是3∶1，但瑞典人在精神上已经撑不下去了。他们的国王逃掉了，他们孤立无援，摆在他们面前的是一条通往未知地区的长征之路。历时9年的漫长征途如今有望画上句号，这对一些人来说似乎是件可喜可贺的事。一些瑞典军官有可能通过与俄国人换俘的方式，迅速被送回瑞典。相对于瑞典人，俄国人的位置居高临下，在河流上方的高地上俯瞰他们，这一事实可能助长了在瑞军中风行的失败主义心理。最后一个因素是波尔塔瓦战役带来的影响。瑞典人的无敌传说已被捣得粉碎。现在的瑞典军队已经成了一群败卒、疲卒和胆小鬼的组合。

7月1日上午11点，莱文豪普特未发一枪就投降了。他交出的这支军队包括官兵14 299人、大炮34门、战旗264面，再加上在波尔塔瓦战场俘获的2871名瑞军，彼得手中如今掌握着1.7万余名瑞典俘虏。

瑞典人当了战俘，但留在莱文豪普特手中的5000名哥萨克就没那么好运了。缅什科夫没向他们提供任何投降条件。许多人只能跨上坐骑，策马逃走，但一些人被俄国骑兵追及俘获。他们残缺不全的身体被吊在绞刑架上，向世人昭示着叛国贼的下场。


与此同时，在第聂伯河另一边，马泽帕接管了逃亡队伍。7月1日，天未破晓，他就打发卡尔乘坐马车先行，车驾由700名瑞军护卫，并配有哥萨克向导。马泽帕因为患病，只能待在马车上，他将剩下的瑞典人和哥萨克分为数队，让他们通过不同的道路朝西南方向而行，希望扰乱试图追踪的俄国人的视线。到了晚上，过河人员均已离开西岸，进入长着高草的干草原地带。当夜，马泽帕追上卡尔，敦促国王和卫队加快速度。

这批逃亡者急急穿过的干草原地带是一片位于第聂伯河与布格河之间的高草草原，那里杳无人迹。为了将它变成沙皇与苏丹国度之间的缓冲带，沙皇有意将它弄成了无人区。那里没有树木、没有房屋、没有耕地——除了长得比行人还高的草，什么也没有。逃亡者几乎找不到食物，除了一道从草丛中奔腾穿过的肮脏小溪，也找不到水。天气酷热难当，一行人不得不在中午时分停下来休息几小时。

到了7月7日，瑞典人抵达布格河东岸，已经可以望见位于河对岸的避难之地。在那里，又一道障碍出现了。当瑞典人与苏丹政府驻当地代表奥恰科夫帕夏（Pasha of Ochakov）商谈船只与避难所价格时，他们不得不在布格河的另一侧等了两天时间。这场讨价还价一直持续到那位地方统治者得到了足够的贿赂，提供了船只为止。瑞典人开始渡河，但船只的数量不足。第三天即将过去，当俄国人最终追赶上来时，仍有300名瑞典人和300名哥萨克被困在布格河的俄国一侧。

莱文豪普特在佩列沃赫纳签署了投降协议后，缅什科夫立即派遣沃尔孔斯基（Volkonsky）率6000名骑兵渡过第聂伯河，追击、俘虏瑞典国王和马泽帕。哥萨克布下的伪装让他们上了当，但真的找到了逃亡者留下的足迹时，他们便立即策马扬鞭，与逃亡者比赛前往布格河。当他们赶到时，发现头号猎物已经逃掉了，但仍有600人留在东岸。俄国人发动进攻，300名瑞典人很快投降。哥萨克知道俄国人饶不了自己，于是战至只剩最后一人。河对岸的卡尔眼睁睁地望着这场毫无希望的战斗，却无法提供任何帮助。

这场屠杀是瑞典侵俄战争的最后一战。卡尔离开萨克森23个月后，一支伟大的军队被摧毁了。此时瑞典国王与600名幸存者正置身于奥斯曼帝国的黑海边陲，那里是欧洲世界的外侧边缘。

# 39

# 波尔塔瓦战役的成果

对彼得而言，波尔塔瓦战役的胜利实在是件大喜事，以至于胜利宴会散场后很长一段时间内，他仍旧沉浸在强烈的兴奋和欢庆情绪中。长期威胁俄国的祸患突然消失，好像乌克兰的大地一张嘴就把它吞了下去，这看上去几乎如钻火得冰一般。战役结束两天后，沙皇与他的将军们一道进入波尔塔瓦。他发现，经过两个月的围攻，这座城市的状况变得糟糕透顶，城墙破损不堪，4000名守军饥饿且筋疲力尽。在守军指挥官——英勇的克林上校陪同下，彼得在斯帕斯卡亚教堂（Spasskaya Church）做了感恩祷告，并庆祝了自己的命名日。

当缅什科夫从瑞典人的集体投降地佩列沃赫纳凯旋后，彼得开始朝这支得胜之师分发奖赏和勋章。缅什科夫升衔为陆军元帅，已是陆军元帅的舍列梅捷夫被授予更多的封地。这支俄军的所有将领都得到了晋升，或是被授予新的封地。其后，他们又得到了一幅镶钻的彼得肖像画。沙皇本人此时的军衔仍是陆、海军上校，但也允许自己获得晋升——他现在成了陆军中将和海军少将。

授予这些奖赏和晋升时，与罗莫达诺夫斯基之间的冒名游戏仍在继续。彼得感谢冒牌沙皇升了他的职。

阁下：

陛下那封亲切的信已收到，另外，我已收到通知，您在发给陆军元帅、骑士（圣安德烈骑士）舍列梅捷夫阁下的命令中，以您的名义任命我为海军将官及陆军中将。我配不上如此辉煌的荣耀，但它是您全然出于善意授予我的。因此我祈求上帝赐予我力量，好让我能够在

未来报效这份荣誉。¹

彼得

整个俄国一片欢庆。在莫斯科，市民喜极而泣。波尔塔瓦战役意味着摆脱了外国侵略者，他们还希望，因战争而强加在头上的重税到此为止。同时，这场战役也意味着长期离家的丈夫、父亲、儿子和兄弟可以回家了。在首都，一场正式的庆祝活动被推迟到沙皇与部分俄军抵达后。但与此同时，19岁的皇储阿列克谢扮演起了他父亲的角色，在普列奥布拉任斯科耶举行了一场盛大的宴会，款待全体外国大使。彼得的妹妹娜塔莉娅也大宴首都的女性要人。大街上摆着一张张桌子，上面满是免费的啤酒、面包和肉，好让大家都能参与庆祝。整整一个星期，教堂的大钟从早至晚响个不停，在克里姆林宫的围墙上，成排的大炮一齐鸣放，声若雷霆。

7月13日，波尔塔瓦的俄军结束了自己的庆祝活动。俄军与瑞军死者的尸体被搜集起来，分别被埋葬于战场上的集体墓穴内。军队休整完毕，如今必须动身了——城市周边地区的粮食已被搜刮得一粒不剩。（战役结束8天后，1.2万名卡尔梅克骑兵赶到战场支援俄军。他们来得太迟，错过了战斗，却仍与其他军队一样要吃要喝。）此外，瑞典军队已被歼灭，战士国王也已逃跑，现在该是收获胜利果实的时候了。波罗的海和波兰这两大片顽固妨碍沙皇实现野心的地区，如今以几乎完全不设防的姿态敞开在他面前。7月14—16日，俄军在波尔塔瓦军营召开了一场作战会议，会上决定将军队一分为二。舍列梅捷夫率全体步兵和部分骑兵北进波罗的海，夺取宏伟的要塞化港口里加。缅什科夫率领骑兵大部向西进入波兰，与戈尔茨一道对付克拉索夫麾下的瑞军，以及那些支持斯坦尼斯劳斯国王的波兰人。

彼得本人从波尔塔瓦前往基辅。在乌克兰首府，他参加了圣索菲亚大教堂（Santa Sophia Cathedral）举办的感恩祷告仪式，这座拥有分层式穹顶、联结式拱门和鲜艳的室内马赛克的大教堂是古代建筑的杰作。大教堂的主持神父费奥凡·普罗科波维奇（Feofan Prokopovich）宣读了一篇献给彼得和俄国的颂词，激荡起伏、文采斐然。沙皇龙颜大悦，于是向神父预订了一场更高级别的仪式。普罗科波维奇将于日后成为彼得改革俄国教会的主要工具。

彼得无意在基辅逗留，但他于8月6日写信给缅什科夫，称自己患了热病：

> 由于我犯下的罪孽，疾病侵袭了我。这病实在可恶，尽管现在我已经不再打战、发烧，反胃和疼痛的症状却出现了。这场病来得很突然，眼下我身体虚弱，不可能在10号或圣母升天节之前离开了。[2]

彼得想让全世界都知道他的胜利。沙皇从波尔塔瓦军营向驻外国首都的俄国公使去信，将战役细节告诉他们，让他们加以宣传。按照沙皇的命令，缅什科夫写了一封专信，交由速度最快的信差送达马尔伯勒公爵处。之前西方人听到的一直是瑞典军队的捷报，他们已习以为常，如今大量来自东方的信件和信息如洪水般涌入，全都在描述沙皇的"完胜"和卡尔十二世的"完败"。缅什科夫的信还没到，马尔伯勒就在佛兰德收到了第一条关于波尔塔瓦战役的消息，他当即写信给伦敦的戈尔多芬：

> 我们至今未能确认这场发生在瑞典人与莫斯科人之间的战役，但前者若真如报道的那样被彻底击败，那么在经历了十年的不败生涯后，他（卡尔十二世）竟然因两小时的处置失当和失利而葬送了他和他的国家，这可真是个值得深思的悲剧。[3]

8月26日，缅什科夫的信寄到了，于是马尔伯勒给妻子萨拉（Sarah）公爵夫人写了封信：

> 今天下午，我收到了一封来自沙皇爱将缅什科夫公爵的信，其中描述了瑞典人被彻底击败的事。如果这位不幸的国王能慎重考虑，在夏初缔和或许就能大大影响法国与反法同盟之间的和平进程，也能给

他的王国带来幸福；然而他现在的命运完全为邻国所掌控了。[4]

胜利的消息传遍欧洲大陆，先前欧洲人对彼得和俄国怀有敌视甚至轻视心理，如今他们的看法开始改变。哲学家莱布尼茨曾在纳尔瓦战役后宣称，自己希望能亲眼看到卡尔统治远至阿穆尔河流域的俄罗斯沙皇国领土；而现在他表示，瑞典军队的覆灭是历史上最辉煌的转折点之一：

> 我以造福于人类为己任。一个伟大的帝国自觉走上理性、有序的道路，对我而言是件非常值得高兴的事，依我看来，此乃天降大任于沙皇也。他成功地拥有了一支能征善战的军队。我毫不怀疑……他将来还会成功地拥有良好的对外关系，如果我能帮助他实现俄国的科学繁荣，那我可要欣喜若狂了。我敢打包票：他在这方面的成就完全可以超越任何一位君主。[5]

莱布尼茨为这位新潜在保护人准备的想法与建议突然如泉水一般喷薄而出。在请求为彼得效劳时，他着重强调自己已准备为俄国起草科学院、博物馆和大学的建设方案，甚至还准备设计一批用于纪念波尔塔瓦战役的勋章。

整个欧洲都在步莱布尼茨的后尘，飞快地调整自身立场，以迎合成为新贵的沙皇。他们的外交政策迅速转向。彼得收到了一大堆关于订立新协议和新条约的建议。普鲁士国王和汉诺威选侯都发出迫切希望与俄国人建立关系的信号。俄国驻哥本哈根大使瓦西里·多尔戈鲁基公爵接到通知：路易十四很乐意与沙皇缔结同盟。法国打算确保俄国人征服波罗的海，以损害英国与荷兰的贸易利益。由于卡尔已威风扫地，瑞典的敌人立刻重返战场。丹麦国王弗雷德里克四世向多尔戈鲁基提议，丹麦与俄国重新结盟对付瑞典。对多尔戈鲁基而言，这个提议固然令他非常愉快，却也极具讽刺意味。他已经花了许多个月，目的正是建立这样一个同盟，结果却徒劳无功。彼得同意了。当月，丹麦军队越过厄勒海峡，入侵瑞典南部。当丹麦军队登陆时，心满意足的多尔戈鲁基就在入侵舰队的船上望着。

波兰发生的一系列事件，是波尔塔瓦战役最直接的影响。战役的消息一传来，萨克森的奥古斯特就发表声明，拒绝承认之前迫使他放弃波兰王冠的《阿尔特兰施泰特条约》，并率领1.4万人的萨克森军队开进波兰，然后召集自己的波兰臣属，让他们重新效忠于己。没有了卡尔的军队，波兰贵人们也不必再被迫承认斯坦尼斯劳斯，他们欢迎奥古斯特归来。斯坦尼斯劳斯溜掉了，他先是跑到瑞属波美拉尼亚，接着又逃往瑞典，最后前往位于奥斯曼帝国境内的卡尔军营。

9月末，在基辅的彼得恢复健康，开始了历时3个月的漫长周游，他从乌克兰首府出发，先后来到华沙、东普鲁士、里加、圣彼得堡，最后抵达莫斯科。10月初，他在经过华沙后，沿着维斯瓦河而下。在托伦附近，他登上波兰国王的王室驳船，见到了奥古斯特。奥古斯特非常紧张，自从他背弃与彼得的誓言、同卡尔签订条约、退出战争、把俄国丢下独自面对瑞典后，两位君主便再未见过面。但沙皇态度亲切，心情愉快，还让奥古斯特忘掉过去的事——他知道奥古斯特过去的做法是不得已的。尽管如此，在宴席上，彼得还是忍不住讽刺奥古斯特的不守信。"我一直佩带着你送我的弯刀，"彼得说，"但你好像并没有把我送你的剑放在心上，因为我看到你没有佩带它。"6 奥古斯特回答说，他珍视彼得的礼物，但从德累斯顿启程时有些匆忙，因而把它落在家里了。"啊哈！"彼得说，"那让我再送你一柄吧。"于是他交给奥古斯特一柄剑，就是彼得之前送给奥古斯特的那柄，波尔塔瓦战役时，彼得在卡尔的辎重行李中发现了它。

作为报复，这就足够了。1709年10月9日，彼得与奥古斯特签订了一份新的同盟协议。在协议中，沙皇再度承诺帮助奥古斯特获得、保住波兰王位，而奥古斯特也再次答应同瑞典及沙皇的所有敌人作战。两人在一点上达成一致：他们的目标不是摧毁瑞典，只是迫使卡尔退回瑞典境内，并使他无力进攻两人的邻国。协议中关于彼得的部分在签订前几乎已履行完毕。到了10月末，缅什科夫的军队不费一枪一弹便占领了波兰大部分领土。瑞典将军克拉索夫认定自己的小部队无力与俄军抗衡，已撤至波罗的海地区，避难于瑞属波美拉尼亚的被当作要塞的市镇斯德丁和施特拉尔松德。斯坦尼斯劳斯以流亡者的身份同克拉索夫待在一起，自此以后多年间，关于斯坦尼斯劳斯是波兰国王的假话，只在斯坦尼斯劳斯本人面前才有人提起。

彼得从托伦顺着维斯瓦河下行，前往马林韦尔德会见普鲁士国王弗里德里希一世，俄国作为一股新势力在北欧冒头，这令弗里德里希感到担忧，但他迫切希望得到德意志境内的所有瑞典领土，它们如今已经成了可攫取的对象。彼得清楚国王打的是什么算盘——既不想流血，又想搜集战利品。因此，他表现得很冷淡。尽管如此，这次会面仍是成功的：双方签订了一份条约，在俄普两国之间建立了防御同盟。在场的缅什科夫被授予普鲁士黑鹰勋章。

在与弗里德里希会面时，彼得还安排了一桩婚事。这是当时彼得替俄国皇室成员商定的第二桩涉外婚事，两桩婚事都反映出俄国政策发生了重大变化。按照传统，俄国王公只能迎娶俄国妇女，以免非东正教信徒进入王室家族，玷污王室血统。从大特使团时期开始，彼得就想改变这一状况，但没有一位外国君主认为与俄国王室联姻能给自己带来巨大的利益，他们认为俄罗斯沙皇国对欧洲事务的影响力可以忽略不计。自1707年起，彼得一直在与德意志的一个小贵族——沃尔芬比特尔家族（House of Wolfenbuttel）交涉，希望能说服公爵同意把他的女儿夏洛特嫁给皇储阿列克谢。谈判久拖不决，因为公爵并不急于把女儿许配给一个快要被瑞典国王推翻的沙皇的儿子。波尔塔瓦战役后，结亲的障碍突然消失了，如今与莫斯科皇室联姻似乎成了件极为诱人的事。甚至在公爵释放他已改变心意的信号前，来自维也纳的信使就带来了神圣罗马帝国皇帝的提议：皇帝想把他最小的妹妹玛格达莱娜女大公（Archduchess Magdalena）给皇储当准新娘。彼得继续与公爵谈判，并订立了婚约。

彼得安排的第二桩涉外婚事发生在他的侄女安娜与年轻的库尔兰公爵弗雷德里克·威廉（Duke Frederick William of Courland）之间，女方是彼得的异母兄弟伊凡之女，男方则是普鲁士国王弗里德里希的外甥。作为协议的一部分，彼得同意将占领库尔兰公国（里加南部的一个小公国）的俄国军队撤走，并允许库尔兰在未来的战争中保持中立。普鲁士的弗里德里希对此甚感喜悦，因为这份条约将在他与波罗的海边境的俄国人之间制造一片缓冲带。对彼得而言，安娜的婚姻意义非同一般。她是200多年来第一位嫁给外国人的俄国公主。她被接受既标志着欧洲对俄国新地位的认可，又标志着彼得与之后的沙皇从此能够以适婚的俄国公主为工具，介入德意志各邦错综复杂的王室事务。①

离开东普鲁士后，彼得向北穿过库尔兰公国，与舍列梅捷夫会合，他的部队已经完成了里加周边的围攻工事，但舍列梅捷夫将炮击的开始时间推迟到沙皇赶到现场之时。11月9日，彼得到来。13日，他亲手将头三枚臼炮炮弹送进城内。这一举动减轻了他那越来越强烈的怨恨感，这份怨恨源自彼得于13年前（大特使团刚刚启程时）经过里加时所遭受的待遇。但里加的抵抗很猛烈，离开此地前，彼得吩咐舍列梅捷夫，切莫把部下留在战壕内度过波罗的海的严冬，他只需封锁该城，然后把部队安置进冬季营地。

彼得从里加继续往东北方向行进，目标是如今已经安全了的"伊甸园"圣彼得堡。他没有在那里停留很久，只是把时间用于下令修建一座纪念圣参孙（St. Samson）的教堂——波尔塔瓦战役就是在这位圣徒的命名日打响的，用于为一艘名为"波尔塔瓦"号（Poltava）的新战舰安装龙骨，用于指示设计、装修一座公共花园。随后他南下莫斯科，庆祝自己的胜利。他于12月12日抵达卡罗缅斯科耶，但不得不在那里逗留一周，直到两个参与游行仪式的近卫团抵达、最后的布置和安排完成为止。12月18日，一切都已准备就绪，盛大的游行活动即将开始，此时彼得得知叶卡捷琳娜刚刚生下一个女婴。他立刻推迟游行，与朋友火速赶去看望这个孩子，她被取名为"伊丽莎白"。

两天后，祝捷大会开始。一队队小跑着的俄国骑兵和一门门马拉火炮从古典式罗马拱门下方穿过，紧随其后的是近卫军步兵——身着深绿色外套的普列奥布拉任斯基团和身着蓝色外套的谢苗诺夫斯基团。接下来是彼得，他的剑已出鞘，人则骑在奥古斯特赠给他的一匹英国马上，身上

---

① 安娜的婚礼于一年后在圣彼得堡举行。不幸的是，婚礼期间，19岁的新郎酗酒病倒，在归途中一命呜呼。安娜仍在库尔兰当她的公爵夫人，直到1730年她被召回圣彼得堡，成为俄国女皇安娜为止。

正是他在波尔塔瓦穿过的那件团长制服。当他经过时，女人们开始投掷鲜花。在俄军领袖身后的是300面缴获的瑞军战旗，它们被倒拖于泥污中。接着是排成一排、徒步行走的败军将领，领头者为陆军元帅伦斯舍尔德和皮佩伯爵。最后是一长列一长列的瑞军士兵——人数超过1.7万人，以战俘的身份，穿过银装素裹的莫斯科街道。第二天，彼得参加了圣母升天大教堂的感恩颂齐唱活动。现场人山人海，沙皇立于教堂中央，四面八方都是黑压压的人群。

正式宣布胜利及颁发奖赏之事由扮演沙皇的罗莫达诺夫斯基执行。两位陆军元帅——舍列梅捷夫和缅什科夫相继走向沙皇宝座，向坐于其上的冒牌沙皇汇报他们的胜利，紧接着是彼得，他的身份是由上校晋升上来的中将。舍列梅捷夫描述完毕后，他被认定为波尔塔瓦战役胜利的功臣；缅什科夫的功劳则是在佩列沃赫纳俘虏瑞典人；但彼得描述完毕后，他却仅被认定为列斯纳亚大捷的功臣。听取汇报后，罗莫达诺夫斯基正式向他们致谢，并确认了先前宣布的对他们的晋升和奖赏。当伦斯舍尔德、皮佩和其他瑞军将领被带进来时，他们惊讶地发现：坐在宝座上的不是那个战后宴席上的东道主，那个引领着他们穿过莫斯科街道的高个子，而是一个他们根本不认识的人，弯腰曲背、年纪更大。大厅一侧的高大围屏被移去，露出了一张张摆着银盘和银烛台的桌子。数百根蜡烛被点燃，驱散了冬日的黑暗，人们不分贵贱，纷纷就座。罗莫达诺夫斯基坐在上座，两位陆军元帅、首相戈洛夫金和沙皇陪于他身侧。瑞军将领单列一席。每当有人提议为谁干杯时，立于彼得扶手椅后的宴会主持人就会用手铳朝窗外来一发，作为给屋外的炮手和火枪手的开火信号。几分钟后，当众人举起酒杯时，墙壁就会被雷鸣般的炮声震得颤颤巍巍。那天是在一场华丽的烟火表演中结束的，按照丹麦大使的说法，这场表演比他在伦敦目睹的那场"花费了7万英镑"的要强多了。[7]

瑞典战俘分别是在波尔塔瓦和佩列沃赫纳被俘获的，后者的数量要多得多。这些战俘最终抵达了他们的目的地莫斯科，却并非征服者，而是沙皇率领的凯旋游行队伍的一部分。高级将领受到礼待，有几人获准携带彼得提出的和平条件及交换战俘的建议返回斯德哥尔摩。年轻的符腾堡公爵马克斯被无条件释放，但在归途中因热病身亡。彼得为他举办了一场军葬，并将尸体交还给他在斯图加特的母亲。愿意加入俄军的瑞典军官被彼得收入麾下。等他们照要求立过效忠誓言后，彼得立即授予他们军衔，这些军衔与被授予者在瑞典军队里的军衔一模一样，他还将俄军的一个个连、营和团交给他们指挥。他们均未被要求在大北方战争期间与自己的国王或同胞作战。相反，他们被派往南部或东部的驻军处，到那里后，负责在边境巡逻，守卫遭库班河鞑靼人（Kuban Tatars）、哈萨克人及其他亚洲民族侵袭的前线。剩下的瑞典军官以战俘的身份被分遣至俄国的各个角落。起初他们可以享有相当大的行动自由，但一些人在获准暂时返回瑞典后便再也没有回来，还有几个为俄国效力的军官利用俄国军衔逃跑。在这些人滥用俄国人对他们的信任后，剩下的人受到了严格的限制。

多年过去，分散在俄罗斯帝国各省的瑞典军官由于身无分文，经常过着贫困的生活。普通士兵可以从祖国政府那里领到一小笔补贴，军官却一个子儿也没有。2000名军官中，只有200人能收到家人的汇款；剩下的人为了养活自己，不得不去学手艺。最后，这些曾经只懂得打仗的前军官中诞生了数量惊人的人才。仅在西伯利亚一地，就有1000名瑞典军官改行当了画家、金匠、银匠、车工、木匠、裁缝、鞋匠，以及制作扑克牌、鼻烟盒和上等织金银缎子的匠人；其他人则当了乐师、旅店店主，有一个成了流浪傀儡师。一些学不了手艺的人成了伐木工人，还有一些人开办学校，教战俘同伴的孩子读书（一些战俘把妻子从瑞典叫来团圆，另一些人则娶俄国女子为妻）。这些孩子受到的教育要强于大部分俄国孩子，他们学习数学、拉丁语、荷兰语、法语和瑞典语。不久，俄国街坊开始把他们的孩子送往这些外国教师处。一些军官皈依俄国宗教，加入东正教会，其他人则坚持信奉新教，并在荒野修建自己的教堂。尽管西伯利亚一片荒凉、沉闷，但俄国总督马修·加加林公爵以大度而闻名，生活在他辖区内的瑞典军官都对他的温暖、宽仁赞不绝口。最后，随着俄国行政管理的西化进程开始，有技术的行政人员和官僚成了彼得需要的人才。一些前瑞典军官得到了饭碗，他们前往圣彼得堡，就职于新设立的战争、海军、司法、财政及矿业机关（衙门）。

人数超过1.5万人的瑞典普通士兵受到的对待更为严苛。他们也得到了为彼得效劳的机会（有个600人的龙骑兵团，清一色由瑞典军人组成，由德意志团长指挥，被用于对付库班河鞑靼人），但许多人予以拒绝，结果被送去强制劳动。一些人在乌拉尔的矿山工作，另一些人则在圣彼得堡的造船厂和要塞干活。尽管关于被拘军官的去向记录保留了下来，但这些普通士兵的去向没有记录。许多人住在城镇和俄国贵族的庄园内，他们结了婚，在俄国的教会和世俗社会中过着安定的生活。1721年，波尔塔瓦战役结束12年后，和平终于到来，瑞典战俘获准返乡，但4万人的远征军中，只有约5000名令卡尔引以为豪的掷弹兵得以回到瑞典故土的城镇与乡村。

1710年春，彼得开始摘取波尔塔瓦战役的果实。俄军以不可抵挡之势横扫瑞属波罗的海诸省，其间从未受到瑞典军队的抵抗。当舍列梅捷夫率3万人围攻南部的里加时，彼得派海军上将费奥多尔·阿普拉克辛（此人于不久前获得伯爵爵位与枢密院委员头衔）率领1.8万人包围了北部的维堡。该城位于卡累利阿地峡的起点，距圣彼得堡西北75英里，是一座具有重要意义的要塞，也是进攻圣彼得堡的瑞典军队的集结点。1706年，俄国人曾试图从陆路攻取维堡，结果失败了，但现在出现了某些对彼得有利的新条件。他那支日益壮大的波罗的海舰队由多艘巡防舰和众多桨帆船组成，后者依靠船帆和船桨联合驱动，极适合在布满礁石的芬兰海岸水域活动。这支舰队既可用于运输人员和补给，又可用于让瑞典舰队身处绝境。4月，等到涅瓦河解冻，俄国舰队就从喀琅施塔得出发，舰队司令是海军中将克勒伊斯，彼得以新晋海军少将的身份担任他的副手。舰队从芬兰湾的浮冰中穿过，抵达维堡时，发现阿普拉克辛的那支围城部队饥寒交迫。舰队带来了粮食和援军，使阿普拉克辛的兵力增至2.3万人。彼得在把围攻计划研究了一番后，嘱咐阿普拉克辛不惜一切代价攻取此城，而后乘坐一艘小船返回圣彼得堡，结果差点被一艘瑞典战舰俘虏。

次月，在圣彼得堡的沙皇又一次病倒。6月初，得知维堡围攻战正接近尾声时,他写信给阿普拉克辛:"我听说您打算在今天发起进攻。如果您已经下令,愿上帝帮助您。但如果您并未将进攻时间确定为今天,就推迟到周日或周一,那时我就能赶到了,因为我只需再吃一天的药,明天应该就能自由活动了。"8

1710年6月13日,维堡及其守军(154名军官、3726名士兵)一齐落入阿普拉克辛之手。彼得及时赶到,目睹了该城的投降。随后,凯克斯霍姆及整个卡累利阿地峡被肃清,并被永久占领,圣彼得堡得到了一片纵深达100英里的北方缓冲带,这意味着彼得的"神圣伊甸园"从此不必再遭受来自北面的瑞典军队突袭。沙皇如释重负,欣喜万分,他从维堡写信给舍列梅捷夫:"我们夺取了这座城市,这下圣彼得堡终于安全了。"9 他在给叶卡捷琳娜的信中写道:"托上帝的帮助,圣彼得堡现在有了块牢靠的垫子啦。"① 10

1710年夏,波罗的海上侧南部海岸的瑞典要塞全部投降。7月10日,经历了8个月的围攻后,宏伟的里加城连同4500名守军一并落入舍列梅捷夫之手。这座城市遭到8000枚俄国白炮炮弹的轰击,守军因被彼得称为"上帝的怒火"的饥饿与疾病而成批死亡。尽管彼得曾同奥古斯特达成协定,将利沃尼亚和里加划归波兰,但他如今判定,俄国人在波尔塔瓦战役中已经用他们的鲜血将这座城市及所属省份买下来了,那时奥古斯特已不再是波兰国王,也不再是俄国的盟友。因此,沙皇决定将它们留在自己手里。他将以宽容来统治这些土地。尽管他要求波罗的海贵族和里加商人宣

---

① 多年来,俄国人一直试图保护圣彼得堡(彼得格勒)免受来自这个方向的威胁。在芬兰成为沙俄帝国大公国的109年间,这种威胁是不存在的。但当芬兰于1918年获得独立时,维堡和卡累利阿被划归这个新国度所有。苏联政府敏锐地感觉到,彼得格勒毫无掩蔽地暴露在芬兰人面前,这座苏联第二大城市当时距芬兰边境仅有20英里。苏联政府和彼得一样,迫切希望获得一块更大的"垫子"。1940年,苏联进攻芬兰,主要目的就是重占这片缓冲带。起初,"冬季战争"(Winter War)的局面对苏联人极为不利。芬兰人英勇奋战,博得了西方世界的钦佩。苏联军官队伍被斯大林清洗得千疮百孔,军队发展陷入停滞。最后,数量上的绝对优势发挥了作用,红军突破芬兰的曼纳海姆(Mannerheim)防线。两国议和后,划定了一条位置与彼得时代大体相似的新边境线。从1941年至1943年,彼得格勒遭到纳粹及芬兰军队进攻,在历时900天的围攻战中,这片额外的缓冲带帮助这座城市挽救了自己的命运。

誓效忠自己，但他承诺尊重他们之前拥有的一切特权、权利、习俗、财产和豁免权。当地教会依旧从属于路德宗，德语也依旧是本省的官方语言。多年来，这几个省份的主要问题只是如何生存而已，战争令这里的农村和城市沦为半荒漠地区，但对贵族阶层和上流阶层而言，主子由瑞典人变成俄国人并不是件令人不快的事。

里加陷落3个月后，瑞威尔——波尔塔瓦战役中结出的最后果实投降了。彼得喜不自胜。"最后一座城市投降了，利沃尼亚和爱沙尼亚的敌人完全被肃清了，"彼得写道，"总而言之，现在在波罗的海左面，不要说一座城镇，就连一寸土地都不再为敌人所有。如今我们必须祈祷上帝赐予我们一份令人满意的和平。"[11]

第四部分

# 在欧洲舞台上

# 40

# 苏丹的世界

彼得是个特别走运的人,当他是沙皇时,俄国从未与两个对手同时作战。1686年签订的协议把俄国的宿敌波兰变成了它的盟友。因彼得两度发动旨在夺取亚速的战役,俄国与土耳其之间重燃战火,战争却因1700年8月签署的《三十年休战协议》而中止。之后,彼得得以与波兰、丹麦联手进攻瑞典。在波尔塔瓦战役前,俄国的形势一直岌岌可危,当时卡尔十二世似乎所向无敌,土瑞同盟若在当时达成,则俄国的命运将成为定数,但苏丹没有破坏和平。当波尔塔瓦战役结束后,瑞典军队变成了一队战俘,奥斯曼帝国才迟迟做出与沙皇开战的决定。尽管如此,由于彼得一方过于乐观,再加上他的巴尔干基督教新盟友之一叛变,这场战争仍给俄国带来了近乎灾难性的结局。

奥斯曼帝国的疆域横跨三大洲,它的每一寸土地都是用剑征服的。苏丹的统治范围比罗马皇帝更大。整个东南欧均囊括其中。它向西延伸,横贯整个非洲海岸,直至摩洛哥边界。它触及了里海、红海和波斯湾海岸。黑海是奥斯曼帝国的内湖。土耳其人以君士坦丁堡为中心,控制着各式各样、距离遥远的宏伟都市:阿尔及尔、开罗、巴格达、耶路撒冷、雅典和贝尔格莱德。在前奥斯曼帝国的疆域内,诞生了21个现代国家。[①]

在这片由山区、沙漠、河流和肥沃谷地组成的广袤国土上,生活着约

---

[①] 土耳其、希腊、保加利亚、罗马尼亚、南斯拉夫、匈牙利、阿尔巴尼亚、叙利亚、黎巴嫩、约旦、以色列、亚丁、科威特、埃及、苏丹、利比亚、伊拉克、也门、突尼斯、阿尔及利亚、塞浦路斯,隶属苏联的乌克兰、克里米亚、高加索、亚美尼亚和格鲁吉亚大片地区尚不包括在内。

2500万人,这在当时是个巨大的数字,是除法国外任何一个欧洲帝国或王国的近两倍。这个帝国信奉伊斯兰教。阿拉伯地区的中心城市——圣城麦加和麦地那位于其腹地,它们的圣殿由身为哈里发的苏丹亲自负责保护。在帝国的穆斯林民众中,奥斯曼土耳其人占压倒性多数,但也有阿拉伯人、库尔德人、克里米亚鞑靼人、高加索人、波斯尼亚人和阿尔巴尼亚人。苏丹还统治着数百万基督教臣民:希腊人、塞尔维亚人、匈牙利人、保加利亚人、瓦拉几亚人和摩尔达维亚人。

联结着如此复杂多样的族群和宗教的政治纽带,几乎必然是灵活而松弛的。苏丹坐镇君士坦丁堡统治全国,但在地方,他的统治要依靠一群群帕夏、王公、总督、贝伊、可汗和埃米尔来维持,有些人实际上处于自治状态。富饶的巴尔干瓦拉几亚、摩尔达维亚行省位于多瑙河和喀尔巴阡山脉之间(今属罗马尼亚),统治当地的信仰基督教的王公由苏丹亲自挑选,但等到就职,缴纳年贡就成了他们唯一的忠诚表示。每年都有一辆辆运载着黄金和其他税款的马车自北方来到君士坦丁堡政府的大门前。以巴赫奇萨赖为统治中心的克里米亚鞑靼可汗享有克里米亚半岛的绝对统治权,所担负的责任仅仅是在战时亲率2万至3万骑兵响应苏丹的号召而已。在西面1200英里处,包括的黎波里(Tripoli)、突尼斯和阿尔及利亚在内的柏柏里(Barbary)王国对奥斯曼宗主负有派遣海盗船参战的义务,而到了和平时期,这些快速战舰就变成了获利工具,它们往往被用于劫掠世界各国、攻击基督教海洋强国——威尼斯和热那亚的舰队。

16世纪,在苏莱曼大帝(Sultan Suleiman the Magnificent,1520—1566年在位)的统治下,奥斯曼帝国达到了顶峰。当时是君士坦丁堡的黄金时代,大量财富涌入这座城市,无数美轮美奂的帝国清真寺如雨后春笋般拔地而起,一座座炫目的享乐宫沿着博斯普鲁斯和马尔马拉海岸排列开来。苏莱曼是文学、艺术和科学的赞助者,他热爱音乐、诗歌和哲学,但他首先是个武士。奥斯曼军队踏着伟大的征伐之路一路向北,经过贝尔格莱德,经过布达,最后直抵维也纳,留下了一座座散布于巴尔干山脉、河谷的清真寺和宣礼塔。这些象征伊斯兰占领的显眼标志激怒了西方的基督教王国,他们视土耳其人为希腊人及东方其他基督教族群的压迫者。然而，就这方面而言，奥斯曼帝国比大部分西方王国都要宽宏大量，它认可本国国教以外的宗教信仰。苏丹正式承认希腊正教，也承认牧首和都主教的管辖权。正教修道院得以保留它们的财产。土耳其人更愿意通过地方的政治机构来统治地方，以换取它们的贡赋。基督教行省自有的政府、等级和阶级体系被允许存在。

奥斯曼土耳其人在表达自己对基督教臣民最高程度的嘉许时，用的是一种奇怪的方式：他们招募后者补充帝国中央行政机构的空缺，还组建了以基督教臣民组成的特别军团——耶尼切里军团来充当苏丹的禁卫军。在帝国治下的巴尔干行省，脑子灵活的基督教少年若想飞黄腾达，就必须改宗伊斯兰教，他们将被送往伊斯兰学校，最初是强制性的，接受严格的教育，以清除他们关于父母和兄弟姐妹的全部记忆，彻底抹去他们身上的基督教痕迹。他们只效忠于《古兰经》和苏丹，组成了一个无所畏惧、乐意献身的追随者军团，能够为苏丹做任何事。最聪明的成员有机会成为宫廷侍从或是行政部门的见习人员，进而登上帝国的权力巅峰。许多权贵走的就是这条路。在强盛的奥斯曼帝国，基督徒出身的人坐上管理岗位是常有的事。

然而，这些年轻人大多进了禁卫军——耶尼切里军团的门。自少年时代起，他们就完全住在军营里，成为军人后仍是如此，他们被禁止结婚或生子，好一心一意地侍奉苏丹。在地位上，耶尼切里士兵属于奴隶阶层；军营是他们的家，《古兰经》是他们的信仰，苏丹是他们的主人，战斗是他们的职业。帝国初年的几个世纪里，耶尼切里军团像是一个狂热的军事僧侣修会，誓与安拉和苏丹的敌人作战。他们为奥斯曼军队贡献了一支由受过精心训练的虔诚军人组成、铁一般的步兵军团。在路易十四的新式法军问世前，耶尼切里军团比欧洲其他任何一支军事力量都要强大。

耶尼切里连队是一道五颜六色的风景线。他们头戴镶金边的红色帽子，身穿白色短衫和宽松的马裤，足蹬黄色靴子。担任苏丹亲卫队的耶尼切里战士穿的是红色靴子，以示区别。在和平时期，他们只佩着一柄弯刀，但走上战场的时候，每个耶尼切里士兵都获准用最喜欢的武器装备自己：投枪、剑、火绳枪，还有后来出现的滑膛枪。

14世纪，耶尼切里军团有1.2万人；1653年，这个数字上升到51 647。几个世纪以后，年老的耶尼切里士兵获得了退役、结婚、成家的权利。穆斯林家庭和基督徒家庭都恳求军团将自家儿子招收入伍。最后，只有前耶尼切里军团成员的孩子和亲属才能享受进入军团的特权。耶尼切里武士成了一个享有特权、可世袭的自由民阶层。在和平年代，他们与射击军一样从事商贸。最后，这个数世纪来一直担任皇家护卫的军团终于成了一个比敌人更能害主的存在。大维齐尔的崛起与倒台，甚至苏丹的废立，都取决于耶尼切里的心血来潮。这种状况一直持续到军团于1826年被最终取缔。

从海上驶向君士坦丁堡时，这座历史名城看起来就像是一座广阔无垠、鲜花怒放、令人赏心悦目的花园。它从蔚蓝色的博斯普鲁斯和马尔马拉海域拔地而起，是世界上最漂亮的城市之一，一座座教堂的穹顶和清真寺的尖顶散落在暗绿色的柏树丛和花朵累累的果树丛中。时至今日，身为伊斯坦布尔的它依旧色彩鲜明、充满朝气，但已不再是都城；土耳其共和国政府为了让自己免于沾染这座城市犯下的罪孽，已将首都迁往位于安纳托利亚平原中心地带的安卡拉，这座城市作风朴素，现代历史一清二白。但在17世纪，君士坦丁堡是伊斯兰世界的首都，也是强盛的奥斯曼帝国的军事、行政、商业和文化中心。它拥有70万人口，超过欧洲任何一座城市，众多不同民族和不同信仰的人群杂居其间。在市内，宏伟的清真寺、大学、图书馆、医院和公共浴室星罗棋布。来自世界各个角落的商品在集市和码头堆积如山。公园和花园开满鲜花，果树遍地。春季时节，野玫瑰逞妍斗色，灌木树篱内飘扬着夜莺的歌声。

苏丹的后宫——托普卡帕宫（Topkapi Palace）坐落于一片可俯瞰这座宏伟都市的高地上，博斯普鲁斯海峡与马尔马拉海在此处被金角湾分隔开来。高大宫墙的后方，分布着不计其数的建筑物——军营、厨房、清真寺、花园。在花园内，泉水汩汩流动，柏树成荫的大道一望无际，两侧是一排排玫瑰和郁金香花床。作为一座完全为取悦苏丹一人而存在的城中城，后宫对外部世界有着巨大的需求。每年都有一船船、一车车的大米、糖、豌豆、小扁豆、胡椒粉、咖啡、马卡龙、海枣、藏红花、蜂蜜、盐浸柠檬汁的李子、醋、西瓜，以及一年运量就达780车的雪从帝国的各个行省运到。城内有5000名仆役，用于满足苏丹的需求。苏丹的一日三餐由膳食仆役长负责，他的助手有高级托盘侍者、水果侍者、腌菜侍者、冰冻果子露调配师、首席咖啡冲泡师和饮用水侍者（身为穆斯林的苏丹是绝对不能喝酒的）。此外还有首席头巾折叠师和他的助手、苏丹长袍保管人、首席洗衣夫和侍浴夫。首席理发师配有一名助理：每周四负责为苏丹修剪指甲的修甲师。此外，还有负责点烟和开门的仆人、乐师、园丁、马夫，甚至还有一批被苏丹用作信使的侏儒和哑巴。苏丹在处理机密事宜的时候，这些侏儒和哑巴是特别有用的侍从。

事实上，后宫只是戒备更为森严的私人世界——"哈莱姆"（harem，内宫）的外围而已，尽管苏丹的臣民们看不到这些。阿拉伯语"哈利姆"（harim）意为"禁止"，苏丹内宫除苏丹本人、宾客、居于其中的妇女及保护她们的宦官外，他人一律禁止进入。要进入内宫，只能走一条始于后宫、先后经由4扇带锁的门（2道铁门、2道铜门）的通道。每扇门都有宦官日夜把守，唯一的钥匙由他们保管。在通道的尽头，是一个由豪华公寓、走廊、楼梯、秘门、庭院、花园和水池构成的错综复杂的迷宫。由于许多房间被其他房间四面包围，光线就透过穹顶天窗和窗户的彩色玻璃洒下来。皇室公寓的墙壁和天花板上布满了复杂精细的图案，那是用一块块蓝色和绿色的尼西亚墙砖拼成的。地板上铺着鲜艳的土耳其地毯，还放置着低矮的沙发，公寓居民可盘腿坐于其上，一边啜饮土耳其咖啡，一边品尝新鲜水果。苏丹可能希望用公寓房间作为他与顾问之间秘密会话的场所，那里设有几座喷泉，流水声可以避免对话内容被不该知道这些的人听到。

内宫是一个由面纱、流言蜚语、阴谋诡计和性爱构成的封闭世界，但它也是个被礼仪和等级严厉统治的世界。直到苏莱曼大帝时代，苏丹都是已婚人士，伊斯兰教法允许他们娶4个妻子。但苏莱曼大帝的妻子罗克塞拉娜（Roxelana）是个红头发的俄国女人，她过多地干预国家事务，以至于后来的奥斯曼苏丹都不结婚了。因此，苏丹的母亲成了内宫的统治者。土耳其人相信，"天堂位于母亲的脚下"。无论一个男子娶了多少妻妾，他都只有一个母亲，她在他生命中是独一无二的存在。有时候，由于苏丹年幼或虚弱，他的母亲就会以他的名义直接对大维齐尔发布命令。太后往下是法定继承人（如果有）的母亲，接下来是其他为苏丹生了男孩的妃子，最后是宫奴，即苏丹的姬妾。至少从严格意义上说，这些妇女都是奴隶。由于穆斯林妇女不能为奴，为了遵循这一规定，内宫妇女全是外国人：俄罗斯人、高加索人、威尼斯人、希腊人。自16世纪末起，高加索女性成了内宫妇女的最大来源，因为该地区的蓝眼女子以美貌著称。一个女人一旦踏入内宫大门，便要在此度过一生。没有人能例外。

后妃姬妾通常是在10岁或11岁的时候进宫的，入宫后，这些女孩便要接受旨在展现女性魅力的严格训练，教导她们的是一些经验丰富的年长女性。那些经过充分训练且有望被选中的姑娘期待着苏丹将一顶头巾丢到她们脚边的一刻，这代表着苏丹对她们的初步认可，从此她们就变成了"格兹德"（gozde，意为"入眼者"）。并不是每个"格兹德"都能迎来一生中最重要的时刻——被苏丹召去，成为"伊克巴勒"（ikbal，意为"侍寝者"）。"伊克巴勒"可以得到属于自己的公寓、仆人、珠宝、服装，以及一笔津贴。由于内宫女子的命运完全取决于苏丹有多喜欢她，因此，她们都在渴望着爬上龙床的机会，一旦如愿以偿，她们就会拼尽全力取悦他。爱慕苏丹的饥渴女子实在太多，以至于有几位苏丹沉迷于她们带来的日夜无休的激情，无力自拔——简而言之，就是陷入癫狂之中。①

除了苏丹，没有一个男人能获准进入这个全是女人的私人世界。内宫的专属性如此之强，以至于有句土耳其谚语是这么说的：如果太阳不是女性，就连她都永远不会获许照进后宫。确保内宫只属于苏丹一人，是宦官的责任。起初，宦官一直由白人担任，他们与内宫女性一样，多数来自高加索。但到了17世纪初，守护内宫的200名宦官变成了黑人。这些人大多在孩提时便被一年一度的来自上尼罗河（upper Nile）的奴隶车队运往土耳其。他们在沿尼罗河下行的途中，于阿斯旺（Aswan）附近接受净身手术。讽刺的是，由于伊斯兰教禁止阉割行为，手术由科普特人

---

① 一些奥斯曼苏丹的内宫中不仅养着女人，还养着少年。不过，尽管某些土耳其苏丹确实和某些基督教君主一样，有龙阳之癖，但大部分苏丹还是更喜欢女人。内宫所藏女性的数量要远多于男性。

（Copts）——居住在该地区的一个基督教宗派的信众负责实施。这些残废的孩子随后被下埃及地区的省长、总督作为礼物送给苏丹。

从理论上说，宦官属奴隶阶层，他们是同为奴隶的内宫女子的仆人。但由于他们是苏丹的身边人，宦官经常大权在握。在永无休止的宫廷阴谋中，女人和宦官组成的同盟可以在谁得势、谁失势、谁得官、谁丢官之类的事情上产生不可估量的影响。扮演重要角色的黑人宦官总管（绰号"妇女阿加"或"幸福之家阿加"）频频在国家事务中扮演重要角色，最后终于成了全后宫的专制君主，以及帝国的第三号人物——仅次于苏丹和大维齐尔。黑人宦官阿加一直过着显赫的生活，他拥有众多特权，手下还有一大堆人，其中包括一批专属女奴。至于她们的职责，必须说是难以想象的。

在奥斯曼帝国，苏丹无论走到哪里都是半神式的人物，这点在内宫也一样。未经召见，没有女人能获准一睹龙颜。当他走近时，沿途的人都得飞快地躲起来；有位苏丹为了预告自己的到来，穿上了一双装有银鞋底的拖鞋，这样他就能在石道上制造出"咔嗒咔嗒"的响声。当要洗澡时，苏丹会先去脱衣室，在那里，年轻女奴会给他脱去衣服；在隔壁的按摩室，有人给他的身体涂油、按摩。接下来，他将前往配有一座大理石浴缸、几座冷热自来水喷泉和几个金制水龙头的浴室。到了那里，只要他想要，身体就会得到清洗，这份活儿通常交给较为年长的女奴。最后，那些年轻女奴又会给他穿上衣服，洒上香水。当苏丹想要欢宴的时候，他就到自己的会堂去，那是一个砌着蓝色墙砖、铺着绯红色地毯的巨大房间。在那里，他坐在宝座上，他的母亲和姐妹、女儿坐在沙发上，"伊克巴勒"和"格兹德"则坐在置于他面前地板上的坐垫上。如果宴会上有舞女和音乐，宫廷乐师就可能被要求出席，但在这种场合，他们的眼睛会被人小心翼翼地蒙上，以免他们看到内宫妇女。后来，会堂的上方建起了一座为乐师准备的楼厅，它的墙壁非常高，只有音乐能从那里飘出来。

苏丹偶尔会在会堂内接见外国大使。此时他会坐在大理石宝座上，身穿以黑貂皮为饰的金色长袍，头戴镶有一根黑白色羽饰和一块硕大祖母绿的白色头巾。他总是侧身而坐,这样,那些异教徒就无法凝视"真主在世间的影子"的完整面容了。

纵观其史,奥斯曼帝国一直是一个武士之国。一切权力都掌握在苏丹手中。当苏丹是个强悍的天才时,帝国欣欣向荣;当苏丹软弱无能时,帝国便江河日下。突厥武士本以征服起家,但毫不令人意外的是,被爱慕自己的女子和百依百顺的太监团团包围的内宫生活极大地消磨了苏丹身上的民族性。随着帝国历史的发展,又一种状况导致了在位苏丹素养的下降。讽刺的是,这种状况始于一次仁慈之举。按照奥斯曼帝国的传统,苏丹众子中若有一人继位,他就立刻会将自己的兄弟统统勒死,以消除对皇位的一切威胁,直至16世纪仍是如此。苏丹穆拉德三世(1574—1595年在位)的孩子超过100人,他去世时仍活着的儿子有20个。长子继承皇位,成为穆罕默德三世(Mehmet III)后,勒死了他的19个弟弟。为了彻底肃清潜在的竞争者,他又谋害了父亲的7个恰巧在那时怀孕的小妾。但在1603年,新任苏丹艾哈迈德一世(Ahmed I)终结了这一可怕的习俗,他拒绝缢杀自己的兄弟。作为替代手段,他将兄弟们禁闭在一座特别建造、名为"鸟笼"(The Cage)的阁楼内,令他们过着与世隔绝的生活,以免他们危害自己。此后,所有奥斯曼王子都在那个地方,在太监和姬妾的陪伴下虚度一生,姬妾必须是些已过生育年龄的女人,以防止她们生子。如果孩子因一时疏忽而呱呱坠地,那么皇室是绝不允许这个婴儿活下去的,免得皇室的系谱因此复杂化。于是,当一位苏丹驾崩,或是无子被废的时候,他的一个兄弟就会被从隐居地找来,被宣布成为下一任"真主在世间的影子"。无论是耶尼切里军团还是大维齐尔,都无法经常在这批无知、无进取心的皇族男性中,找出一个在智力发展和政治知识上足以统治帝国的对象。

奥斯曼帝国的实际管理者一直是大维齐尔,在苏丹暗弱时尤其如此。在后宫附近,矗立着一栋建于1654年的宏伟建筑,欧洲人称之为"高门",大维齐尔坐镇于此,控制着帝国的行政事务和武装力量——事实上,除了后宫,一切都归他管辖。从理论上说,大维齐尔是苏丹的仆人。

他的任命，以他从苏丹手中接过一枚图章戒指为象征；而他的免职，则以这枚帝国印章被收回为标志。但事实上，大维齐尔是帝国的统治者。和平时期，他是最高行政长官和最高司法官；战时，他就成了奥斯曼军队的作战统帅，耶尼切里军团阿加（Janissary Aga）和海军司令帕夏（Captain Pasha of the Navy）协助他指挥军队。他在一座装有半圆形屋顶的巨型会客厅主持国务会议，那里的墙壁以马赛克、阿拉伯花纹和蓝金色的幔帐为饰。在那里，一条环绕整个厅堂的板凳上坐着高门的高官，他们身穿毛皮镶边的宽袖长袍，袍子上的色彩——绿色、紫罗兰色、银色、蓝色、黄色代表他们的身份。大维齐尔坐于中央，披着一件白色缎袍，戴着一顶镶金边头巾。

谁当上大维齐尔，谁就能拥有巨大的权力——有时候，大维齐尔可以设法让苏丹倒台，但也担负着巨大的风险，且鲜有善终的希望。战争一旦失败，责任就将落到大维齐尔身上，接下来便是不可避免的免职、流放，以及并不罕见的缢杀。只有精通阴谋者才能获得这一职位。从1683年到1702年，先后有12位大维齐尔出入国务会议厅与高门的大门。

尽管如此，17世纪初，当苏丹一头扎进内宫、沉迷于纵情享乐和白日梦的时候，拯救了帝国的正是这些大维齐尔。① 在外部世界，奥斯曼人的势力一落千丈，威尼斯人的舰船游弋于达达尼尔海峡（Dardanelles），而哥萨克的"海鸥"式海盗船则自第聂伯河驶出，突袭博斯普鲁斯海峡的西面入口。帝国境内腐败横行，社会秩序瓦解。此时，有几位大维齐尔运用他们的能力，挽救帝国于危亡之中，这几个大维齐尔加起来就组成了整个王朝：父亲、儿子和妹夫。

1656年，当帝国行将崩溃时，内宫集团才极不情愿地任命71岁的穆罕默德·科普鲁卢（Memmed Koprulu）为大维齐尔，这位严厉的阿尔巴

---

① 有位苏丹——疯子易卜拉欣（Ibrahim the Mad）——用钻石编成的网包裹自己的胡子，并用金币投掷博斯普鲁斯海峡里的鱼，以此打发时间。他唯一想看到和触摸到的东西是毛皮，他对俄国进口的黑貂皮课以特别税，这样他就可以用那些珍贵的毛皮铺满自家公寓的墙壁了。他坚定地认为，女人体形越大，就越能取悦人，他派自己的代理人在帝国境内搜罗最胖的女人。他们带给他一个亚美尼亚女巨人，她把他迷得神魂颠倒。苏丹赐给她大量财富和荣誉，最后让她当了大马士革总督。

尼亚人用冷酷无情的手段解决问题：5万到6万人被处决，奥斯曼行政机构中的腐败、贪污分子一扫而空。5年后他去世时，帝国国运的衰落势头暂时停止了。他的儿子艾哈迈德·科普鲁卢（Ahmed Korpulu）与妹夫卡拉·穆斯塔法（Kara Mustapha）先后成为大维齐尔，在他们执政期间，奥斯曼帝国的势力曾短暂复炽。基督教政权——奥地利、威尼斯和波兰的海陆攻势被击退。1683年，卡拉·穆斯塔法决定攻占维也纳，以响应匈牙利人提出的支援他们反抗利奥波德皇帝的请求。一支20多万人的军队由卡拉·穆斯塔法亲自指挥，在一杆用马尾装饰的旗帜指引下朝多瑙河上游进军。它征服了匈牙利全境，而后来到维也纳城下，这在奥斯曼历史上是第二遭。整个1683年夏，全欧洲都以忧心忡忡的目光关注着战事。来自德意志各邦的军队投奔到哈布斯堡皇帝旗下，同土耳其人作战。路易十四一贯与哈布斯堡为敌，与土耳其人秘密结盟，但如果他不出手帮助拯救这座伟大的基督教城市，后果就连他也承担不起。1683年9月12日，一支多国援军自后方猛袭土军的封锁线，迫使土耳其人逃往多瑙河下游。按照苏丹的命令，卡拉·穆斯塔法被缢死。

从维也纳败退后的第二年，灾难落到土耳其人的头上。先是布达失陷，接着贝尔格莱德也丢了，奥地利军队甚至朝阿德里安堡步步逼近。威尼斯海军名将弗朗切斯科·莫罗西尼（Francesco Morosini）攻占伯罗奔尼撒（Peloponnesus），越过科林斯地峡（isthmus of Corinth），围困雅典。不幸的是，在炮击期间，他的一发炮弹命中了被土耳其人用作火药库的帕特农神庙（Parthenon）。1687年9月26日，这座当时依旧大部分完好的建筑被炸毁，沦为今天的模样。

1703年，苏丹穆斯塔法二世（Mustapha II）被耶尼切里军团废黜，军团支持的是穆斯塔法30岁的兄弟艾哈迈德三世（Ahmed III），后者走出与世隔绝的"鸟笼"，登上皇位，开始了持续27年的统治。这个善变、癖好怪异的唯美主义者受其母影响甚深，喜欢女人、诗歌和花卉画。他酷爱建筑学，修建了一批美轮美奂的清真寺以取悦人民，并修建了一批美不胜收的花园以取悦自己。他在金角湾沿岸修建了一批赏心悦目的奢华夏宫，一些是中国式的，一些是法国式的。在那里，他坐在树荫里，在一群宠妾的陪伴下，聆听他人朗诵诗歌。艾哈迈德喜欢戏剧演出。到了冬天，精心设计的中国皮影戏上演，接着便是珠宝、糖果和荣誉长袍的分发；夏天上演的则是精心安排的模拟海战和烟火表演。郁金香狂热（Tulipmania）占据了苏丹的宫廷。在春天的夜晚，花园内悬挂着一盏盏灯笼，洒满了月光。苏丹和廷臣在乐师的陪伴下，徜徉其中，小心翼翼地从数百只在郁金香花丛间爬行的海龟身上跨过，从草地上穿过，人们举着一支支点燃的蜡烛，跟随在他们身后。

在这种与世隔绝、芳香弥漫的环境里，艾哈迈德三世度过了一年又一年。而就在同一时期，俄国的彼得却以活跃而激烈的方式统治着自己的国度。尽管艾哈迈德的在位时间比彼得长，他的统治生涯却是以一种带有明显奥斯曼风格的方式终结的。1730年，帝国再度陷入动乱，艾哈迈德下令勒死现任大维齐尔（此人恰好还是他的妹夫），然后将尸体交给暴民，想以此安抚敌人。但这种做法只是让艾哈迈德的厄运暂缓到来而已。不久之后，他就被废黜，并被接替自己的侄子毒杀。

# 41

# 巴尔干基督徒的解放者

17世纪后半叶，一种新的危险极为突兀地出现在北方，威胁着奥斯曼帝国的安全。对"真主的影子"而言，俄国势力的崛起可不是什么好兆头。土耳其人习惯于以轻蔑的态度看待俄国人，与俄罗斯沙皇国打交道的不是他们，而是从属于他们的克里米亚鞑靼人。事实上，克里米亚鞑靼人大占上风，以至于沙皇要向这些苏丹附庸缴纳贡赋。对克里米亚可汗而言，俄国是他们收割的对象，鞑靼人每年都要对乌克兰和俄国南部发动几次大规模突袭，掠取奴隶和牲口。

奥斯曼帝国之所以能够表现出对沙皇俄国的漠不关心，是因为莫斯科政府还有别的敌人。信奉东正教的俄罗斯人和信奉天主教的波兰人是东欧两个人口最众多的基督教民族，他们之间的厮杀已经持续数代之久。但到了1667年，情况发生了令苏丹不快的变化——俄罗斯人和波兰人联手对付土耳其人，从而至少在短期内消除了双方的分歧。1686年，波兰国王扬·索别斯基一心对付奥斯曼帝国，将基辅暂时交予（后来成了永久性转交）摄政者索菲亚，以换取俄国对波兰-奥地利-威尼斯抗土同盟的追随。

在盟友的敦促下，俄国最终在这场战争中采取军事行动。在索菲亚的宠臣瓦西里·戈利岑的指挥下，俄国于1677年和1689年朝克里米亚鞑靼人发动攻势，最后均以失败告终。在君士坦丁堡，俄国军力无足轻重的观点似乎得到了进一步确证，而在莫斯科，戈利岑的败绩促成了一次权力更迭。此事暴露了索菲亚的虚弱无能，导致了摄政者倒台，以及纳雷什金党以彼得的名义夺权。此后，当年轻的沙皇忙着操练军队、建造船只、造访阿尔汉格尔时，俄土关系一直风平浪静。严格说来，两国之间仍处于战争状态，但事实上双方从未发生过交火。

当彼得成年后，发现反土同盟和永无休止的反土战争给了他一个实现个人梦想——突破南面封锁线，将一支舰队送入黑海的机会。1695年夏和1696年夏的两次亚速战役是俄国人发动的第一次以土耳其士兵镇守的土耳其要塞，而非以鞑靼人为目标的攻势。彼得的第二次进攻尝试获得了成功，这给苏丹政府敲响了警钟——俄国战舰似乎比俄国士兵更危险。如今，沙皇已经扫清了顿河河口，并在塔甘罗格和亚速集结了一支舰队，但是，以土方观点来看，俄国人是不幸的，奥斯曼人的要塞依旧控制着刻赤海峡，阻挡着俄国舰队驶向黑海的道路。

彼得当然想正式重启战争，想鼓舞自己的盟友，可能还想寻找几个新盟友（1697年他随大特使团一起出行时就是这么打算的）。正如我们已知的那样，彼得没能达到自己的目的。当他的盟友在卡尔洛维茨签订和平条约后，俄国这个参战国阵营中无足轻重的一方就被抛弃了，他们只能依靠自己的力量，尽可能地向土耳其人争取最有利的和平条件。沙皇没能尝到渴望已久的胜利果实，他对奥地利人在卡尔洛维茨将自己抛弃一事念念不忘。"在他们眼里，我并不比一条狗更值得关心，"他悻悻地抱怨道，"我永远不会忘记他们对我做过的事。我觉得自己最后什么也没得到。"[1]

尽管彼得并没有完全得到他想要的，亚速却将成为一个意义深远的战果。俄国人首次战胜土耳其人，这表明，在与那个之前它一直谨慎对待的政权的对决中，俄国至少取得了短暂的局部优势。俄国是幸运的，在彼得时代，奥斯曼帝国并未诞生一位雄才大略如前辈的苏丹或大维齐尔。这个位于俄国南面的大国现在正处于沉寂状态，但它的体量依旧可观，拥有的资源也依旧无穷，当它被激怒时，将给邻国带来无法承受之重。

1711年，当彼得进军巴尔干时，这个昏昏欲睡却依旧可怕的巨人将成为他的对手。

与土耳其缔结的《三十年休战协议》是在大北方战争前夕签订的，至1710年，协议已经持续了10年；即使是在彼得看似已脆弱到极点的时候，协定仍被继续遵守着。创造这份好运的头号功臣是彼得手下第一任，也是俄国第一任常驻君士坦丁堡大使彼得·托尔斯泰。托尔斯泰的肖像显示，这个男人长着精明的蓝眼睛、浓密的黑眉毛、高高的前额，戴着一顶灰色的西式假发。他那刮得干干净净的脸显得很安详。此人浑身上下散发着活力、坚韧、自信和成功的气息。

上述品质，以及巨大的运气是托尔斯泰不可或缺的，这样他就能规避那些在漫长而精彩的人生道路上已经遇到的陷阱。此人于1645年出生在一个拥有土地的小贵族之家，起初，他偏向于米洛斯拉夫斯基家族。1689年，当摄政者索菲亚与年轻的沙皇彼得之间的斗争达到顶峰时，托尔斯泰热烈地支持摄政者索菲亚。但就在对峙即将进入尾声的时候，他转投胜利方阵营。彼得并没有完全信任这位新追随者，把他打发去管理遥远的北方省份乌斯丘（Ustiug）。当沙皇于1693、1694年夏往返阿尔汉格尔时，招待皇上的使命落到了身为总督的托尔斯泰身上。托尔斯泰给彼得留下了良好印象，在第二次亚速战役期间，他表现出色，令彼得对他好感更增。1696年，托尔斯泰终于赢得了彼得的恩宠。那一年，尽管他已52岁，还是一家之父，但仍自愿前往威尼斯学习造船术和航海术。他学到了一部分技艺，还在地中海游历了一圈，但更重要的收获是学会了如何讲意大利语，理解了一些西方生活方式和文化，这些对他日后的外交官生涯大有用处。托尔斯泰精明、冷静，奉行机会主义，按照俄国人的标准，算是个世故的文雅人。他成了沙皇的栋梁之材。发现托尔斯泰拥有这些品质后，彼得将自己统治时期最为艰巨的两个任务托付给他——在君士坦丁堡的长期使命，以及日后的诱使皇储阿列克谢返俄的使命。为了奖赏这位精明强干的仆人，彼得封托尔斯泰为世袭伯爵，但他从未完全忘却这位长者早年的反对派经历。有一次，当这件不快的事掠过沙皇心头时，他将这个老头的脑袋捧在自己有力的双手之间，说：“呵，脑袋，脑袋！要是您不那么聪明，现在它就已经不在肩膀上了。"[2]

托尔斯泰的性格和阅历使他成为俄国首任常驻苏丹宫廷大使的绝佳人选。当他于1701年末到达任所时，接到的指示与自古以来那些外交官接到的指示没什么两样：设法维持土耳其与俄国之间的休战协定，尽可能地在土耳其与奥地利之间制造麻烦，搜集有关奥斯曼帝国对外关系和国内政策的情报，并将它们送往莫斯科，将他对当权者和可能的未来当权者的判断传回国内,尽可能地探知关于土耳其陆海军战术及土耳其黑海要塞驻军力量的情报。由于土耳其人根本不欢迎俄国大使来到君士坦丁堡,这个任务格外具有挑战性。其他驻帝都的外国大使是为了促进国际商贸而来,但俄土两国之间根本没有生意往来。因此,土耳其人对托尔斯泰的存在持怀疑态度。

起初,他的处境在某种程度上接近于软禁。正如他在给彼得的信中所写的那样:

> 我的驻留令他们很不高兴,因为他们的内部之敌——希腊人是我们的教友。土耳其人认为,当我与他们住在一起的时候,希腊人可能就会被我鼓动起来反对伊斯兰教。因此,希腊人被禁止与我交往。基督徒受到极大的惊吓,以至于他们甚至不敢经过我的住所……您的舰队令他们无比害怕。谣言到处传播:70艘巨舰已在阿尔汉格尔完工。他们认为,必要时这些舰只将从大西洋各地进入地中海,然后驶向君士坦丁堡。[3]

尽管遇到这些困难,托尔斯泰仍取得了相当大的成果。他成功地建立起一个情报网络,该网络的建立部分依赖于奥斯曼帝国内部的正教会[耶路撒冷牧首多西修斯(Dositheus)给予的帮助尤其大],部分依靠荷兰人的协助,他们对土耳其宫廷的政治迷宫拥有丰富的经验。

在托尔斯泰担任大使的那些年里,这座迷宫尤为错综复杂。大维齐尔一任接一任,有些对托尔斯泰的态度比其他人更宽容,但俄国大使从未过过一天舒心日子。1702年,大维齐尔达尔塔班·穆斯塔法掌权后,决意支持鞑靼可汗,欲与俄国重启战争。托尔斯泰大肆行贿,设法使大维齐尔的计划引起苏丹之母的注意。达尔塔班遭到罢免、斩首。下一任大维齐尔对托尔斯泰的态度较为小心翼翼,但仍有两名耶尼切里军人守在大使的家门口,监视着他的一举一动。

1703年,当苏丹穆斯塔法二世被他的兄弟艾哈迈德三世取代后,托尔斯泰最初被允许去他想去的地方。随着一位新大维齐尔就任,他再度被限制行动。绝望之余,大使写信给莫斯科方面:"新任大维齐尔对我心怀恶意,我的处境糟糕透顶,我的麻烦和恐惧甚于往日。别人又不敢接近我了,我哪里都不能去。我费尽千辛万苦才把这封信送出去。此人是我赴任以来经历的第六位大维齐尔,也是最坏的一位。"[4] 第六位大维齐尔不久就被第七位取代,但托尔斯泰的境况依旧凄惨。

某种程度上说,托尔斯泰之所以遭受苛刻的对待,是因为一个出使莫斯科的土耳其特使对自己在俄国人那里受到的待遇口出怨言。这位土耳其大使的使命是通知艾哈迈德三世继位一事,俄国人以礼相待,但他等了很久才见到沙皇。这次拖延是有意为之——彼得想争取时间,并让特使对俄国沙皇的威严留下深刻印象。此外,彼得不让特使看到他最想看到的东西:亚速的俄国海军基地和沃罗涅日的造船厂。彼得写信给亚速总督:"不要靠近沃罗涅日。尽可能地放慢行程,拖得越久越好。无论如何,不要让他看到亚速的情况。"[5]

当特使写信回国,讲述他在俄国遭受的对待后,上述限制手段全部被反过来用到托尔斯泰头上。"他(托尔斯泰的同行,土耳其访俄特使)在信里写了些什么,我一无所知,"托尔斯泰说,"但他们以一种可怕的方式虐待我,他们把我们统统囚禁在住所内,禁止任何人进出。由于他们不让我们去外面买面包,有些日子我们差点儿断粮,我费了好大力气,送了好多礼物,方才获准让一个伙伴出去购买粮食。"[6]

令托尔斯泰担心的事还有一件:自己的随员是否会改宗伊斯兰教,然后泄露他的情报员身份?最后,当他的担忧变成现实时,大使的应对方法概括如下:

> 我非常担心我的随员(他在给莫斯科的信中写道)。我在这里已经住了三年,所以他们与土耳其人相熟,也学会了土耳其语。我们现在的日子很难熬,我害怕他们会因遭到囚禁而失去耐心,改变自己的信仰,伊斯兰信仰对那些自私自利的人是很有吸引力的。如果某个"犹大"公开宣布改宗,将造成极大的伤害,因为我的人是知道我和哪些基督徒往来密切、哪些人为沙皇效力的……如果有人叛教,并

把为沙皇工作的人的名字告诉土耳其人，不仅我的朋友要遭殃，全体基督徒也将受害。我密切关注着这个问题，但我不知道上帝的想法。我已经遇到过一次这样的事了。有个叫蒂莫西的年轻秘书与土耳其人厮熟，他打算改信伊斯兰教。上帝助我，令我得知此事。我私下把他找来，与他谈话，他坦言自己想成为一名穆斯林。我当即把他禁闭在他的卧室里，直到晚上。当夜他饮下一杯酒，很快就死了。上帝就这样阻止了他的恶行。[7]

随着时间推移，托尔斯泰遇上了别的麻烦。他的薪水没有送到，为了实现收支平衡，他不得不卖掉一些原本用作赠礼的黑貂皮。他写信给沙皇，恳求支付他的薪水，并允许他辞职回国。彼得在回信中予以拒绝。沙皇告诉托尔斯泰，他的工作非常重要。托尔斯泰继续努力，又是行贿，又是使诡计，把所有本事都拿了出来。1706年，他汇报说："两个最审慎的帕夏在大维齐尔的煽动下被缢死了，此人不喜欢有能力的人。如果上帝允许，其他能人也都会被以同样的方式处死。"[8]

当布拉温手下的哥萨克在顿河起事、瑞典人又入侵俄国的时候，彼得担心苏丹可能会禁不住诱惑，尝试收复亚速。他出于本能，打算安抚土耳其人，于是下令，务必将俄国监狱里的土耳其或鞑靼俘虏统统释放。托尔斯泰不赞成这个办法。他觉得要让土耳其人保持安分，更好的策略是强压，甚至威胁他们。事态的发展证实了他的判断。1709年的春天和夏天（波尔塔瓦战役就在此时爆发），土耳其人没有加入瑞典一方，而关于与俄国开战及一支俄国舰队出现在博斯普鲁斯海峡入口的传言，还把君士坦丁堡的大街小巷搅得人心惶惶。

就这样，在充满艰辛的8年间，托尔斯泰成功地维护了主君的利益与俄土两国间的和平。其后，卡尔十二世于1709年逃离波尔塔瓦，来到苏丹的地盘。此后，苏丹在3年内4次对俄国宣战。

当卡尔十二世越过布格河、进入奥斯曼帝国境内后，他成了苏丹的座上宾。国王和哥萨克盖特曼马泽帕在苏丹的领土内寻求避难。按照伊斯兰教的规定，艾哈迈德三世有义务接待、保护他们。苏丹的义务感极为强烈，所以当滞留河对岸的哥萨克因当地帕夏使用拖延手段而惨遭屠杀的消息传到君士坦丁堡时，苏丹考虑给帕夏送去一根丝绳。

一得知瑞典国王已进入帝国境内，苏丹立刻采取行动向其赔罪。几天后，本德尔的军政长官（Seraskier of Bender）优素福帕夏赶到卡尔处，向后者表示正式欢迎，他带来一车队的特别供应品。饥肠辘辘的瑞典幸存者很快便享用到甜瓜、羊肉和上等的土耳其咖啡。优素福帕夏还带来了苏丹的建议，这个建议略带命令意味，让客人们移步德涅斯特河（Dniester River）畔的本德尔，此地位于西南面150英里处。来到新地点后，卡尔住进了一排漂亮的土耳其帐篷内，营地设于德涅斯特河岸的一片草地上，那里立着成排的果树。这片令人心旷神怡之地如今名为比萨拉比亚（Bessarabia），永不安分的瑞典国王将在这里度过3年时光。

当卡尔移步此地的时候，根本没想到日后事情会变成这样。国王打算回到波兰，等他的脚伤痊愈后，便立即统领克拉索夫和斯坦尼斯劳斯的军队。他还希望在波兰与之前留在佩列沃赫纳的莱文豪普特部会合。此外，他还给斯德哥尔摩的议会发去命令，让他们组建几个新的团，把它们派到波罗的海对岸去。自然和政治都同他作对。伤愈合得很慢，又过了6个星期，国王才能上马。康复期间，他得知自己的姐姐、荷尔斯泰因公爵的遗孀赫德维希·索菲亚已在麻疹流行期间死于斯德哥尔摩。一连几日，这位还未结婚的国王都止不住泪水。他把自己关在帐篷内，拒绝会见任何人，连最亲密的朋友也不例外。他一时间甚至不肯相信这一报道是真的，尽管瑞典议会已经以正式吊唁信的形式将消息送到。他在给妹妹乌尔丽卡的信中表示，自己希望这个"骇人至极，令我措手不及、呆若木鸡的传言"不是真的。[9] 后来他又写信给乌尔丽卡，称自己如果能死在两个姐妹的前头，那么他会很高兴。现在他祈求老天至少让自己比她先死。

第二件伤心事接踵而至。年迈的盖特曼马泽帕在波尔塔瓦战役之前决定与卡尔共患难，这导致了他的毁灭。他从卡尔的营地被带往本德尔城的一座房屋。炎炎夏日间，他的身体状况恶化了。卡尔依旧忠于友谊——彼得送来提议，卡尔若交出马泽帕，他便释放皮佩伯爵。国王拒绝了。

1709年9月22日,马泽帕去世,卡尔拄着拐杖,一瘸一拐地出席了他的葬礼。

打击一个接一个。消息接二连三地传到卡尔处:莱文豪普特已在佩列沃赫纳投降;缅什科夫麾下俄军席卷波兰;斯坦尼斯劳斯和克拉索夫撤走;奥古斯特撕毁《阿尔特兰施泰特条约》,入侵波兰重夺王位;丹麦重启反瑞战争;瑞典本土遭到丹麦军队入侵。与此同时,彼得麾下的俄军穿过波罗的海各省,占领里加、帕尔努、瑞威尔和维堡。为何卡尔不返回瑞典担起统兵之责?因为归国的路途并不平坦。本德尔位于斯德哥尔摩以南1200英里,途中要经过已被彼得和奥古斯特的军队封锁的波兰。由于瘟疫再度出现,奥地利人将边境线统统关闭。路易十四多次表示愿意提供船只,送卡尔回国。太阳王迫切希望瑞典战神能再一次将位于敌国——英国、荷兰和奥地利后方的东欧搅得不得安宁,但卡尔担心自己会被海盗俘获。况且,如果他接受了法国——甚至英国或荷兰的通行条件,那么又要付出什么样的代价呢?几乎可以肯定,这将意味着他得选择支持西班牙王位继承战争中的某一方。

事实上,当未能立刻前往波兰的失望之情过去后,卡尔实际上更愿意留在土耳其。正如他所判断的那样,只要待在奥斯曼帝国境内,他就可以得到一个激动人心的新机会。如果他能说服苏丹对沙皇开战,与他一起进攻俄国南部并获得成功,彼得就依然有战败的可能,而瑞典人之前丧失的一切也依然有复得的可能。从1709年秋起,卡尔的代理人波尼亚托夫斯基(Poniatowski)和诺伊格鲍尔(Neugebauer)投身于扑朔迷离的君士坦丁堡政局中,为抵消托尔斯泰的努力而绞尽脑汁。

他们的任务并不简单。土耳其人不想打仗。人们不约而同地想到一个问题:再过多久,沙皇的舰队就会出现在博斯普鲁斯海峡入口?这个念头给君士坦丁堡政府留下了深刻印象,而波尔塔瓦战役的消息令它越发深入人心。面对这一威胁,苏丹的许多谋臣很乐意按彼得要求的那样,将那帮招祸的瑞典人逐出帝国国境。同一时期的一份土耳其文件提道:"瑞典国王就像一副重担,压在高门的肩头。"[10] 另一方面,奥斯曼帝国内部有一群人迫切希望与俄国开战。性格暴烈且怀有仇俄情绪的克里米亚可汗杰夫列特·盖赖伊是其中最为突出的一个，1700年协定令他丧失了从俄国收取年贡的权利。他和他的骑兵渴望着再一次对乌克兰发动大规模袭击的机会，好掠取利润丰厚的战利品和战俘。此外，诺伊格鲍尔极为走运，他得到了苏丹艾哈迈德之母的关注，这个妇人对卡尔十二世的英雄传奇极为着迷；如今诺伊格鲍尔让她亲眼看到，她儿子是有能力帮她的"狮子（卡尔）吞噬沙皇"的。[11]

另一个要素对卡尔的计划而言也是不可或缺的。只是说服苏丹发动战争并不够；仗必须打赢，应该实现的目标必须实现。卡尔明白，要想在这些问题上拥有发言权，他得在欧洲大陆上拥有一支新的瑞典军队。甚至当奥斯曼军队正在动员时，卡尔仍急切地写信给斯德哥尔摩："确保前面提到的那几个团被及时、安全地运往波美拉尼亚。对我们而言，即将到来的战争不容失败。"[12]

在斯德哥尔摩，议会对这个要求感到震惊乃至骇然。波尔塔瓦战役结束后，重新鼓起勇气的丹麦已于1709年11月撕毁《特拉文达尔和约》，重启反瑞战争。丹麦军队已入侵瑞典南部。对瑞典议会而言，本土遭受的直接威胁，以及战争开销带来的沉重负担似乎已经让他们徒呼奈何了，另组建一支派往波兰的远征队的谕旨堪称疯狂。他们捎信给卡尔，称无兵可调。

讽刺的是，当卡尔在斯德哥尔摩一败涂地的时候，诺伊格鲍尔和波尼亚托夫斯基却最终在君士坦丁堡大获成功。奥斯曼帝国在开战问题上被说服，令瑞典人引以为豪、既可强化土军作战意志又能增加瑞典国王发言分量的瑞典军团却一点也没现身。尽管他是帝国境内无可置疑的最伟大的军事统帅，尽管土军官兵普遍崇拜这位武士国王，而耶尼切里军团更是视他为偶像，但卡尔并不是土耳其人的正式盟友，因而他并未在接下来的战争中起到任何积极作用。最后可能也是最大的一次战胜彼得的机会就这样化为乌有。

卡尔十二世出现在奥斯曼帝国，对此表示关切的不只有土耳其人。自从瑞典国王抵达，彼得就开始通过托尔斯泰施压：要么交出卡尔，要么驱逐他。几个月过去了，他在信中的语气变得越来越强横，这直接给了君士坦丁堡和阿德里安堡的主战派以可乘之机。沙皇的断然要求于1710年10月10日得到苏丹的答复：将卡尔逐出土耳其的要求被看作对"真主的影子"尊严的侮辱。这件事与先前可汗、瑞典人、法国人以及太后的劝说叠加，导致局势发生扭转。11月21日，在一场庄重的国务会议上，奥斯曼帝国向俄国宣战。托尔斯泰第一个遭殃。按照土耳其法律，大使在战时不享有外交豁免权。托尔斯泰被逮捕，然后被剥成半裸，放在一匹老马上游街，最后被关进七塔城堡（Seven Towers）内。

土耳其宣战后，将对俄作战的职责交给穆罕默德·巴尔塔西（Mehemet Baltadji），并因此任命他为新大维齐尔。这是个奇怪的选择，据时人描述，此人愚蠢、粗笨、年老，喜好男色，从不是一名严肃的军人。他却决定主动进攻。当年冬天，等到可汗的骑兵准备完毕，来去如风的鞑靼军队就能从克里米亚北攻乌克兰，劫掠哥萨克，收获战俘和牲畜——这是他们在10年的和平时光中被剥夺的权利。来年春天，奥斯曼军队主力将从阿德里安堡启程，朝东北方向进发。火炮与补给物资将经由海路，在位于多瑙河流域的伊萨克恰（Isaccea）城与大军会合。鞑靼骑兵将在此地与他们合兵一处，组成一支近20万人的联军。

1月，鞑靼人出击，蹂躏了第聂伯河中游与顿河上游之间的地区。他们遇到彼得新任命的盖特曼斯科罗帕茨基的猛烈抵抗，被迫撤退，未能像大维齐尔希望的那样大大牵制俄国人的注意力。2月末，土军精锐耶尼切里军团的马尾旗在宫廷中立起，这象征着战争的开始，2万名官兵扛上擦得锃亮的火枪和装饰性质的弓，启程向北。主力部队的速度很慢，直到6月初才抵达多瑙河。在那里，大炮从船上卸下，安上炮车，辎重车队被编组起来，三军一齐移步多瑙河东岸。

波尼亚托夫斯基代表卡尔出使苏丹宫廷，当土耳其人在多瑙河集结的时候，他被大维齐尔派往本德尔邀请瑞典国王前来参战，但后者的身份仅仅是大维齐尔的宾客。起初，国王对此很感兴趣，但他决定加以拒绝。身为君主，他不能加入一支他指挥不了的军队，特别是一支由地位低于他的人指挥的军队。事后看来，这是一个致命的失误。

1711年战争可不是彼得想要的，这场发生于俄罗斯帝国和奥斯曼帝国之间的战争是在卡尔十二世的挑唆下爆发的，它成了普鲁特战役的导火索。尽管如此，当战争开始时，彼得依旧沉浸在波尔塔瓦大捷带来的激动心情中，他满怀信心地接受了挑战，并迅速采取备战措施。10个俄国龙骑兵团从波兰出发，被派去监视奥斯曼边境。舍列梅捷夫奉命率领22个步兵团自波罗的海前往乌克兰。为了支撑即将到来的战事，又一笔沉重的特别税开始征收。

1711年2月25日，一场盛大的典礼在克里姆林宫举行。普列奥布拉任斯基近卫团和谢苗诺夫斯基近卫团在圣母升天大教堂前方的大教堂广场排列成行，他们的红色旗帜上绣着十字，题着君士坦丁皇帝的古老口号"有此标志，汝将得胜"（By this sign you shall conquer）。在大教堂内，彼得庄重地宣称，这是一场"对抗基督之敌"的圣战。沙皇意欲亲自指挥对土战争。3月6日，他离开莫斯科，叶卡捷琳娜陪在他身边。彼得却病倒了，他在信中流露出失望和听天由命的语气。"我们面前是一条不可确知的道路，只有上帝才清楚它的模样。"他在给缅什科夫的信中写道。[13] 顿河下游地区的指挥权被尽数交予阿普拉克辛，亚速和塔甘罗格亦在其管辖范围内。他来信请示指挥部的选址问题，沙皇的答复是："您觉得哪里最合适就设在哪里，因为整个国家都托付给您了。我现在远在天边，身陷绝境，病得奄奄一息，更何况局势每天都在发生变化，所以让我拿主意根本就是不可能的事，还望您体谅这点。"[14]

彼得病得很重。他给缅什科夫去信，表示痉挛发作已经持续了一天半，自己这辈子都没病得这么厉害过。几星期后，他开始觉得有所好转，便继续赶往亚沃罗夫（Yavorov）。到那里后，叶卡捷琳娜受到当地波兰贵族的隆重接待，并被称为"陛下"，这令沙皇很高兴，叶卡捷琳娜也很开心。"在这里，我们频频出席宴会和晚会。"她在5月9日致缅什科夫的信中写道，后者留守圣彼得堡，"3天前我们拜访了盖特曼谢尼亚瓦斯基（Sieniawski），昨天我们去了拉齐维尔公爵（Prince Radziwill）处，在那里跳了好久的舞。"[15] 随后，她笔锋一转，谈到公爵以为彼得对他心怀蔑视（某种程度上说，这只是公爵的臆想而已）的话题来。她安慰闷闷不乐的公爵："我恳求殿下别因听信那些从这里传过去的无聊闲言而心生烦恼，因为海军少将（彼得）一如既往地爱您，保留着那些最亲切的回忆。"

彼得前往亚沃罗夫的目的是签署结婚协议，他的儿子阿列克谢与沃尔芬比特尔公爵小姐夏洛特因这一纸协议而结为连理。沃尔芬比特尔公爵的大使施莱尼茨（Schleinitz）在给主子的信中讲述了沙皇夫妇当时的情形：

> 第二天4点左右，沙皇又一次派人来请我。我知道应当去皇后的房间找他，如果我就皇后婚讯公开这件事向她道喜，沙皇就会大为开心。由于波兰国王与世袭贵族已对此事发表声明，我不觉得这样做有什么不妥。此外我还知道，波兰公使赠予皇后"陛下"头衔。当我走进房间后，我转过身去。尽管沙皇在场，但我还是以您的名义，就皇后婚讯公开一事向她道贺，并将公爵小姐（夏洛特）托付给她的友谊和保护。[16]

叶卡捷琳娜非常高兴，请施莱尼茨代她对公爵的真诚祝福表示感谢。她声称迫不及待要见到、拥抱即将成为自己继子妻子的公爵小姐，还询问皇储是否像人们所说的那样深爱着夏洛特。当叶卡捷琳娜与大使交谈时，彼得正在仔细观察房间另一头的数学仪器。听到叶卡捷琳娜提及阿列克谢时，他将它们放在桌上，走过来，但并没有插嘴。

"我受到了警告。"施莱尼茨在给公爵的信中继续写道：

> 因为沙皇对我知之甚少，所以我有义务主动与他搭话。因此我告诉他，皇后陛下问我，皇储是不是真的深爱着公爵小姐。我宣称，我可以肯定皇储正焦急地等待着父亲点头同意，这样他就能尽情享受幸福了。沙皇通过翻译答复我："我不想耽搁我儿子的幸福，但同时我也并不完全愿意剥夺我自己的幸福。他是我唯一的儿子，我想我还是等战争结束后，亲自开开心心地出席他的婚礼好了。他的婚礼将在不伦瑞克举行。"他解释说，这事不能完全由他做主，因为他必须对付一个强大而行动迅速的对手，但他会试着这样安排：于秋季在卡尔斯巴德的矿泉水胜地疗养，然后前往沃尔芬比特尔。

3天后，婚约送到，沃尔芬比特尔公爵一字未改便签了字。彼得将施莱尼茨大使找来，用德语向他发表欢迎声明。"我有一些极好的消息要带给您。"他拿出婚约，当施莱尼茨向沙皇道贺并亲吻他的手时，彼得在他的前额和脸颊上吻了3次，并下令把他心爱的匈牙利葡萄酒拿来。他们举杯相碰，彼得兴奋地谈论他的儿子、他的军队，以及即将上演的对土战争，一谈就是两小时。兴高采烈的施莱尼茨后来写信给公爵："殿下，沙皇断事之清醒、论事之稳重，微臣实难尽抒笔端。"[17]

彼得相信对土战争很快就会结束，这样他就能在卡尔斯巴德享受水疗，然后出席他儿子的婚礼。这种自信心态在他与奥古斯特会面时再次得到体现。萨克森选侯已再度进入华沙，登上波兰王位，他的竞争对手斯坦尼斯劳斯则与撤走的瑞典人一起逃往瑞属波美拉尼亚。奥古斯特有意追击敌人，并围攻被瑞典占据的波罗的海港口施特拉尔松德。为了对他的做法表示支持，彼得允诺给予奥古斯特10万卢布，并将1.2万名俄军交给他指挥。

彼得的对土作战计划大胆到鲁莽的地步：进军多瑙河下游，在多瑙河与黑海交汇处渡河，然后向西南行军，穿过保加利亚，推进至一处足以威胁土耳其第二首都阿德里安堡，乃至足以威胁传奇之城君士坦丁堡的所在。相较于苏丹可投入战场上的庞大兵力，彼得带去的兵马不算多——步兵4万，骑兵1.4万。但彼得预计自己一进入与俄国接壤的奥斯曼帝国基督教行省，就会被当作解放者加以欢迎，并得到3万瓦拉几亚人和1万摩尔达维亚人的增援。此时他的兵力将达到9.4万人。

从某种程度上说，这个进攻计划被当作一种手段，目的是让战火远离乌克兰，这片土地因瑞典人的侵略和马泽帕的背叛而惨遭蹂躏，如今它至少暂时得到了安宁。如果奥斯曼军队入侵乌克兰干草原地带，谁知道反复无常的哥萨克会走上哪条路？倘若彼得杀进奥斯曼境内，他至少不必担心这些事。对他来说，在苏丹那些不安分的藩臣中制造麻烦是最好的办法。

彼得认为，自己的军队进入奥斯曼帝国基督教行省的时候会得到他人的帮助，这种期待并非毫无依据。统治期间，他不断收到巴尔干的正教民众——塞尔维亚人、黑山人、保加利亚人、瓦拉几亚人和摩尔达维亚人代表送来的请求。1698年,彼得对土耳其取得局部胜利,并占领了亚速城,此事激发了正教民众心中的解放之梦,令他们产生了不切实际的期望。他们承诺,一旦俄军出现在他们的土地上,当地军队就会加入,俄国人可以获得丰富的供应物资,而全体巴尔干人也将揭竿而起。1704—1710年,先后有4位塞尔维亚领袖来到莫斯科,敦促俄国人采取行动。"只有最为正统的沙皇彼得才是我们的沙皇。"他们说。[18]

波尔塔瓦战役前,彼得小心翼翼,绝不做出任何可能导致苏丹撕毁1700年休战协定的举动,因此他对上述请求予以谨慎回应。但在波尔塔瓦战役后,托尔斯泰和其他潜伏在奥斯曼帝国内部的俄国间谍开始为起义做准备。此时(1711年春),时机已经到来。离开莫斯科前,彼得在克里姆林宫举行的典礼上发表宣言,公开自封为巴尔干基督徒的解放者。他号召天主教徒和正教徒起来反抗他们的奥斯曼主人,并保证"那帮伊斯兰异教徒将被赶回他们的老家——阿拉伯沙漠和干草原地带去"。[19]

# 42

# 普鲁特的五十击

就彼得发动的战争而言,关键在于两个基督教公国:瓦拉几亚和摩尔达维亚。这些位于喀尔巴阡山脉以南、多瑙河以北的地区构成了苏联东南部和罗马尼亚的很大部分。在15、16世纪,它们为了保证自身安全,承认土耳其为宗主国。两国保留内政自主权,但同意支付苏丹一笔年贡,以换取后者的保护。

然而,随着时间的流逝,高门开始掌握两国国君的废立权。渴望将君位变成世袭制的公国国君开始秘密寻求他国的保护。沙皇阿列克谢在位时期,他们曾与莫斯科方面初步探讨过向俄国称臣的事宜,但沙皇依旧将太多的精力投入与波兰有关的事务中去。

1711年,两公国中较为富强的瓦拉几亚由一位名曰康斯坦丁·布兰科沃的国君[Constantine Brancovo,本国人称之为"大公"(hospodar)]统治,诡计多端、手腕灵活的他毒杀前任,当上了大公。他运用自己的才干,不仅牢牢控制君位达20年之久,还建立了一支强大的军队,并为自己聚敛了庞大的财富。在苏丹看来,布兰科沃作为一个卫星国的君主,实在是太富有也太强大了。苏丹已拿定主意,一有机会就用他人取代布兰科沃。无可避免,布兰科沃察觉了这一点。波尔塔瓦战役后,他确信彼得的运势正在上升,于是同沙皇达成了一份秘密协议:如果俄国与土耳其开战,瓦拉几亚将站在沙皇一边,派遣3万兵马参战,并为抵达瓦拉几亚的俄军提供补给;但彼得必须为补给付钱。作为回报,彼得承诺确保瓦拉几亚的独立与布兰科沃的世袭权。他还将布兰科沃册封为圣安德烈骑士团成员。

摩尔达维亚的实力和财力都不如瓦拉几亚,它的君主更换如走马灯。

最新一任大公季米特里奥斯·坎泰米尔（Demetrius Cantemir）于1711年即位，在位尚不足一年。坎泰米尔是由苏丹任命的，后者与他达成协议：帮助奥斯曼帝国攻占邻国瓦拉几亚，推翻布兰科沃的统治。作为回报，坎泰米尔可以同时统治瓦拉几亚和摩尔达维亚。但来到新都雅西（Jassy）后，坎泰米尔也发觉形势起了变化，于是他开始同彼得进行极为隐秘的协商。1711年4月，他与沙皇签订了一份协议，同意协助俄国入侵，并提供1万军马。作为回报，俄国将宣布摩尔达维亚为接受本国保护的独立国家。坎泰米尔无须缴纳年贡，他的家族将成为该国的世袭统治者。

就这样，在两个野心勃勃且互相憎恨的国君允诺提供帮助的情况下，彼得发动了对土战争。

坎泰米尔的决定在摩尔达维亚得到了普遍赞同。"你邀请俄国人来把我们从土耳其人的枷锁中解救出来，这事办得漂亮。"他的贵族对他说，"如果我们发现你打算满足土耳其人的要求，我们就会下定决心抛弃你，然后向沙皇彼得投诚。"但坎泰米尔同样清楚，奥斯曼军队已经上路。随着大维齐尔的逼近，他和他的行省叛投沙皇的事实就会变得明显。因此，他差人给俄军主力部队统帅舍列梅捷夫送信，敦促陆军元帅抓紧行动。坎泰米尔恳求说，如果主力部队的速度没法再快，至少派一支4000人的先头部队前来，保护他的人民免遭奥斯曼人报复。舍列梅捷夫亦从彼得处收到要求加紧进军的指令，沙皇要他在5月15日前抵达并越过德涅斯特河，保护两个公国，并鼓励塞尔维亚人和保加利亚人揭竿而起。

为确保摩尔达维亚人将外国军队的到来视为一件幸事，舍列梅捷夫随身带着一批印刷好的信件，信是沙皇写给巴尔干全体基督徒的：

> 你们知道土耳其人是怎样把我们的信仰践踏在泥里的。他们利用叛徒占领了所有圣地；他们蹂躏、摧毁了许多教堂和修道院；他们大施诡诈；他们制造悲剧；他们如狼入羊群一般，抓走一批批孤儿寡母，把他们带到各地去。如今我来支援你们了。如果你们希望如此，请不要逃离我的伟大帝国，因为它是正义的。不要上土耳其人的当，

不要把我的话当耳边风。克服心中的恐惧，为信仰和教会而战，我们应当为此流尽最后一滴血。[1]

彼得还给陆军元帅下了几道严厉的指令，对俄军行经摩尔达维亚时的行为做出规定：他们必须恪守礼仪，从基督徒那里拿东西必须给钱；犯下抢劫罪者一律处死。当坎泰米尔声明拥护俄国人、第一批俄军开始出现时，摩尔达维亚人立刻朝境内的土耳其人猛扑过去，先是雅西，接着是整个公国。许多土耳其人被杀，其他人则失去了他们的牛、羊、马匹、衣服、银子和珠宝。

彼得原本打算派舍列梅捷夫径直沿普鲁特河东岸南下，前往普鲁特河与多瑙河的交汇点，不让土耳其人从那里通过。然而，当舍列梅捷夫于5月30日（比彼得的计划日程迟了两周）抵达德涅斯特河附近的索罗卡（Soroka）时，坎泰米尔恳求他直接前往摩尔达维亚首都雅西，舍列梅捷夫同意了。6月5日，他的军队在普鲁特河西岸靠近雅西之处扎营。舍列梅捷夫漠视彼得命令的理由是：部队在穿越干草原地带时因烈日而损失惨重，补给必须加以补充。牲口的饲料已经少到不能再少，草料已被徘徊于大军侧翼的鞑靼骑兵烧得一干二净。此外，舍列梅捷夫意识到，现在要阻止土耳其人横渡多瑙河可能已经太晚了。只要越过普鲁特河，他就可以更好地从大维齐尔手中保护摩尔达维亚。

彼得在舍列梅捷夫之后抵达索罗卡，对他的陆军元帅大光其火。沙皇写道：这员宿将已经让土耳其人赶到他前头去了。尽管如此，当舍列梅捷夫改变原定计划时，沙皇也就别无选择，只能跟着接受新的进军路线；其他方案只会导致远征军分裂。彼得所部在进军途中饱受折磨，当它于6月24日进抵普鲁特河时，人员已精疲力竭。彼得将部下留在原地，自己策马先行，渡河进入雅西，与坎泰米尔会谈。坎泰米尔用帝王级的华丽典礼和盛大的宴席款待沙皇。大公给彼得留下了良好的第一印象，沙皇对他的评价是："一个非常有头脑，对协商大有裨益的人。"[2] 在雅西时，彼得接见了两名使者，他们带来了大维齐尔的和平提议。提议显得拐弯抹角，却反映了一个事实：大维齐尔和他的背后主子苏丹不愿开战，更不愿激得俄国人派遣舰队进入黑海。彼得回绝了提议。此时他身边兵甲如云,又有摩尔达维亚人和瓦拉几亚人的支持保证。在听到大维齐尔不愿开战的报告后,沙皇觉得胜利在握。心情愉快的彼得带着坎泰米尔参观位于普鲁特河畔的俄军军营。到那里后,彼得在叶卡捷琳娜和访客们的陪伴下庆祝波尔塔瓦战役胜利两周年,是这场大捷让这一切成为可能。

虽说沙皇正大肆庆祝,战局却在一步步恶化。大维齐尔已在伊萨克恰完成了横渡多瑙河的行动,并获知了彼得拒绝议和的消息。此时他正率领20万大军北进。此外,瓦拉几亚方面毫无音讯,这可不是什么好兆头。从长远来看,该国在彼得的战争中起到的作用远远超过摩尔达维亚。瓦拉几亚的一切均取决于大公布兰科沃。在他公开以君主身份支持沙皇之前,该国贵族和普通民众几乎不可能响应彼得的号召,起来反对土耳其人。但布兰科沃心存顾虑,因此处事谨慎。他知道土耳其方面已经出动了一支庞大的军队,也清楚如果土耳其人得胜,他又站在失利一方,后果将是什么。他压下了公开支持俄国人的念头。他的波雅尔表示赞同。他们劝道:"在沙皇的军队越过多瑙河之前,声明支持俄国是件危险的事。"[3] 当土军率先渡过多瑙河后,布兰科沃做出了选择。正当大维齐尔获知大公叛变一事,下令逮捕布兰科沃时,后者突然再度改变立场。他以彼得的一封信在语气上冒犯自己为由,声称他认为自己不必再遵守同沙皇订立的秘密协议。然后他将自己为俄军积攒的补给物资连同彼得支付的费用一道移交给土耳其人。这一背叛行径立刻给俄方局势带来了毁灭性的影响。军粮已经耗尽,摩尔达维亚人却无力解决短缺问题。

尽管如此,彼得并未放弃军事行动。他得知为土耳其人搜集的大批补给物资被放在普鲁特河下游,地点位于该河与多瑙河交汇处附近,却未派人看守。此时土军主力已越过多瑙河,正北进普鲁特河东岸,准备迎战沙皇,后者决定渡河前往西岸,然后南进。如果事成,他就可以迂回到大维齐尔侧翼,缴获土军的补给物资,还能切断土军与后方基地之间的联系。为了增加成功率,彼得派罗恩率全体骑兵(1.2万人)先行,他们的任务是前往普鲁特河西岸,楔入奥斯曼人后方,占领或烧毁多瑙河畔的布赖伊拉(Braila)的军火库和仓库。6月27日,骑兵队开拔。3天后,步兵渡过普鲁特河，而后分为3部，开始沿西岸南下。第一部由亚努斯将军（General Janus）指挥，第二部由沙皇亲统，第三部则归列普宁节制。

亚努斯首先与土耳其人发生接触。当俄国人沿普鲁特河西岸南下的同时，土耳其人正沿东岸北进。7月8日，两军的先头部队都发现了位于河对岸的敌军。看到彼此近在咫尺的时候，双方都被吓了一跳。大维齐尔得知此事后，吓得魂不附体，他的第一想法是撤退。"由于他之前从未见过敌军，而且生性胆小如鼠，他当下就以为自己输定了。"与奥斯曼军队一道行动的波尼亚托夫斯基写道。⁴ 在鞑靼可汗杰夫列特·盖赖伊、波尼亚托夫斯基和耶尼切里军团阿加的共同努力下，大维齐尔鼓起勇气，镇定了下来。第二天，土军继续北进。土军工兵匆匆架起桥梁，好让大军返回西岸迎击敌人。彼得知悉土耳其人正渡河前往己方一侧后，当即命令亚努斯退回，与主力部队会合。

此时彼得正在据守一片位于斯特尼莱什蒂南面的沼泽后方的阵地，疲惫不堪的亚努斯部撤入防御工事内。他们只休息了很短的时间。翌日（周日），土耳其人很快就出现在阵地后方，屡屡发动进攻。坎泰米尔的摩尔达维亚部队尽管缺乏作战经验，却顽强抵抗。俄军大体上守住了自己的阵地。然而，沙皇给列普宁发去紧急通知，命他率领第三部前来救援另外两部，结果却徒劳无功。列普宁的人马在斯特尼莱什蒂遭受鞑靼骑兵牵制，寸步不得进。

土耳其人发动的猛烈攻势持续了一整天，当漫长的白昼过去后，列普宁部仍未赶到，而军粮也见底了，这让沙皇忧心忡忡。当晚，俄军召开作战会议。如今已没有多少选择的余地：撤退势在必行。俄军于夜间撤往列普宁所在的斯特尼莱什蒂方向，行动贯穿了第二天的整个上午。这次撤退是一场梦魇。土耳其人在后紧逼，不断袭击俄军后卫。鞑靼骑兵队在俄军车队中驰进驰出，载着剩余粮食的俄军辎重车辆大多遗失了。俄军步兵筋疲力尽，满脑子想的都是如何解决口渴问题。官兵们以连和营为单位，组成一个个方阵，而后以此为编队开往河岸。到达那里后，他们分为几部，一部分人饮水，另一部分人击退鞑靼骑兵。直至周一（7月9日）下午临近傍晚时分，全体俄军步兵才在斯特尼莱什蒂重新会合。该城坐落于一处海角之上。俄军开始挖掘几道浅浅的战壕,用于抵抗将他们蜂拥包围的敌军骑兵。

天还没黑下来,排成长列的土军步兵便开始抵达,耶尼切里军团也在其中。在大维齐尔的注视下,这支奥斯曼精锐近卫队朝草草建成的俄国军营发动了一波大规模进攻。俄军丝毫不乱,彼得的部下将猛烈的火力倾泻到正在推进的耶尼切里军团队列中。第一波攻势被挫败后,土军步兵撤回。他们反其道而行之,挖掘了一排壕沟,将俄军营地完全围住。土军炮兵赶到,一门门火炮被推上炮位,形成一个巨大的新月形。到了傍晚时分,300门大炮的炮口对准了俄国军营。数千名鞑靼骑兵与卡尔提供的波兰兵和哥萨克一道在河对岸巡逻。沙皇和他的军队被困住了,无路可逃。

土军的兵力是压倒性的——12万步兵、8万骑兵。彼得麾下仅有3.8万名步兵;他的骑兵远在南边,由罗恩指挥。彼得被钉死在普鲁特河畔,300门大炮将他团团包围,其火力足以荡平他的军营。最重要的是,他的部下被饥饿和酷热折磨得精疲力竭,一些人已无力再战。就连从河里打水都成了难题,派去取水的人须得经受聚集在河对岸的鞑靼骑兵的猛烈进攻。彼得的土木工事少得可怜,有整整一段工事仅仅是由死去的驾车马匹尸体与临时代用的拒马构筑而成的。在军营中央,一个掘得很浅的坑被用于保护叶卡捷琳娜和她的女伴。她们被马车环绕着,一顶遮篷为她们挡住日光。这道屏障在土耳其人的炮弹面前不堪一击。在屏障内,叶卡捷琳娜镇定地等待着,她身边的其他女人却哭哭啼啼。

彼得处于绝境。当夜他环视四周,目之所及之处,但见土耳其大军生起的数千堆营火在河流两岸的低矮山丘上闪闪发光。等到早上,土耳其人必然会发动进攻,到时候他就死定了。他,俄国的沙皇、波尔塔瓦的胜利者,将被打垮,可能还会被关进笼子里,拉到君士坦丁堡游街。宵衣旰食、呕心沥血20年换来的成果,即将在一天之内化为乌有。事情怎么会闹到这种地步?但这又有什么不可能?同样的事不是已经在他的对手卡尔身上发生过了?致因也一模一样——过于骄傲,过于确信自己是天命所归,过于深入敌境。

事实上,此时的局势比卡尔在佩列沃赫纳的局势凶险得多。在佩列沃

地图中的标注(按大致位置):
- 亚沃罗夫
- 波兰
- 基辅
- 通往莫斯科
- 俄国
- 彼得与叶卡捷琳娜
- 舍列梅捷夫
- 索罗卡
- 第聂伯河
- 哥萨克
- 摩尔达维亚
- 雅西
- 斯特尼莱什蒂
- 普鲁特河
- 本德尔
- 布格河
- 奥斯曼帝国
- 瓦拉几亚
- 布赖伊拉
- 伊萨克恰
- 多瑙河河口
- 克里米亚汗国
- 黑海
- 北
- 阿德里安堡
- 君士坦丁堡
- **普鲁特河战役**
- 比例尺(单位:英里) 0　100　200

赫纳,瑞军并未被优势敌军包围,国王得以设法逃脱。但在这里,土耳其人手握全部王牌:他们有能力将俄军、新皇后,以及最重要的众人的主心骨——沙皇本人变成自己的俘虏。彼得和俄国要在领土和财富上做出多大的牺牲,才能换取他的自由?

有说法称,当时沙皇询问摩尔达维亚军队统帅内库尔(Neculce)能否护送叶卡捷琳娜和自己前往匈牙利边境。内库尔拒绝了,他知道即使自己设法穿过重重包围圈，摩尔达维亚如今也已被鞑靼骑兵完全淹没。一些人宣称这个请求反映了彼得的胆怯，但当战役已经失利、军队处于投降边缘之时，一国元首必须考虑如何拯救自己的国家。彼得知道，此时他就是俄国。他很清楚，自己一旦沦为阶下囚，将是对俄国和他精心打造的军队的沉重打击。士卒的损失早晚可以用新的部队补上——如果他可以自由处理此事，但他自己要是陷于敌手，造成的损害将不可挽回。

事情本应在第二天（10日，周二）早上结束。土耳其人的大炮开火了，俄军做好了最后一搏的准备，但耶尼切里军团没有发动进攻。彼得孤注一掷，下令突围，数千名疲惫不堪的俄军士兵爬出战壕，扑向奥斯曼人的第一道战线。在遭受沉重伤亡后，他们被迫撤退。在突围期间，俄军抓到一些俘虏，彼得从其中一人那里得知：耶尼切里军团在前一天的战斗中损失惨重，不愿再朝俄军防线发动一波全面攻势。此事或许多少给了沙皇一点进行有条件投降谈判的余地。

在战斗的间歇期，彼得向舍列梅捷夫和副相沙菲罗夫提议，派一个使者前往大维齐尔处，看看土耳其能够提供怎样的投降条件。舍列梅捷夫明确估计了战场局势后，朝主君坦言：这个建议是荒谬的。土耳其人凭什么愿意考虑投降以外的事？猫是不会和老鼠谈判的。但叶卡捷琳娜出席了本次会议，她鼓励丈夫将想法付诸实施。舍列梅捷夫受命以自己（俄军统帅）的名义起草提案。

起草提案时，彼得以悲观的现实主义角度审视自己的前景。他知道卡尔现在是苏丹的座上宾，如今已经与苏丹结盟，他觉得如果要实现和平，就必然牵涉他与瑞、土两国争端的解决。他认为自己必须做出极大的让步。最后，他准备交出亚速，拆毁塔甘罗格，并放弃20年来从土耳其人那里赢得的所有战果，尽管这些条件并没有被写进初步提案里。对于瑞典人，他准备交还利沃尼亚、爱沙尼亚和卡累利阿——他在这场战争中获取的全部，只有他"心爱的伊甸园"圣彼得堡除外。如果这还不够，他可以放弃古老的俄国城市普斯科夫和其他领土。此外，他还准备允许卡尔返回瑞典故土，承认斯坦尼斯劳斯为波兰国王，承诺停止干涉波兰事务。为了诱惑大维齐尔和其他土耳其官员，他打算提供巨额贿赂：沙皇提议送给大维齐尔15万卢布。到了下午，提案起草完毕，沙菲罗夫与一名打着白旗的号兵被派往大维齐尔处。

这些俄国人不知道的是，当沙菲罗夫造访大维齐尔的军营时，这名犹豫不决的武士松了好大一口气。在有多个房间的丝制帐篷内，老巴尔塔西陷入深深的困惑、不安中。他最精锐的军队——耶尼切里军团——对重启攻势一事满腹牢骚。如果继续发动进攻，即使目标是一座脆弱不堪的俄国军营，也可能大大消耗军团的兵力。当时有流言称，奥地利哈布斯堡王朝正为一场新的战争动员力量。此外，大维齐尔听到了一则彼得尚未闻知的消息：罗恩统领的俄军骑兵已经拿下布赖伊拉，缴获大批土军补给，并烧毁了一些土军火药库。在大维齐尔身边，波尼亚托夫斯基与鞑靼可汗敦促他用最后一波进攻一举结束战斗，终结这场战争，了结沙皇的性命。巴尔塔西不情愿地点了头，下令发动一波大规模攻势。就在此时，沙菲罗夫被带进了帐篷。俄国副相将舍列梅捷夫的信交给大维齐尔，信中认为，这场战争是因他人的阴谋诡计而引发的，并不符合双方的真正利益。因此，两军将领应停止流血冲突，研究可接受的和平条件。

在大维齐尔看来，这是安拉在助他。他不必再冒险作战就能获得胜利，成为英雄。巴尔塔西不顾波尼亚托夫斯基和可汗的苦苦乞求，下令暂停炮击，然后欢欢喜喜地与俄国使者一起坐下来。谈判持续了一整夜。第二天早上，沙菲罗夫送回消息：尽管大维齐尔急于讲和，谈判却裹足不前。焦躁的彼得给他的使者下令："除了把我们变成奴隶"，其他条件一概接受，但坚持要求立刻达成协议。俄军饿得两眼翻白，如果和议未成，彼得就得用最后的力量朝土军阵地发动一波拼死突围。

厮杀再起的威胁促使巴尔塔西逐一罗列了他的条件。土耳其人开出的条件正如彼得所料：沙皇放弃他在1696年战役和1700年协议中获得的一切成果。亚速和塔甘罗格将被交还，黑海舰队将被废弃，第聂伯河下游的要塞将被夷平。此外，俄军将撤离波兰，沙皇在君士坦丁堡设有一名常驻大使的权利被取消。至于瑞典人，卡尔十二世将获准自由返乡。沙皇"如果能与他达成一致，双方将缔结一份和平协议"。作为上述承诺的回报，奥斯曼军队将让出一条路，允许包围圈内的俄军和平返回俄国。

当彼得听闻这些条件时，他很是惊讶。它们不算宽厚——他在南方获得的成果皆付诸东流，但这比他预期中要温和多了。除了应放卡尔回国，以及彼得应试图与卡尔缔和，协议中根本没提到瑞典人和波罗的海的事。在当前的局势下，这是一种解脱。土耳其人补充了一个要求：沙菲罗夫和陆军元帅之子米哈伊尔·舍列梅捷夫上校必须以人质的身份留在土耳其，直到俄国人履行诺言，归还亚速和其他领土为止。

彼得渴望在大维齐尔改变主意前签署条约。沙菲罗夫立刻带着小舍列梅捷夫返回土耳其军营。7月12日，条约在那里签订。13日，保留武装的俄军排成纵队，从普鲁特河畔那座不幸的军营开出。但在彼得和俄军得以离开前，他们在不知不觉中经历了最后一次灾难性的潜在危机。

当巴尔塔西与沙菲罗夫协商的时候，波尼亚托夫斯基一直在全力阻滞谈判进程。卡尔十二世的代理人已经意识到，如今彼得陷入困境。不论大维齐尔提出什么样的条件，沙皇几乎都会照单全收。如果他的主君的要求不被忽视，瑞典就有可能收回之前失去的一切，或许还能得到更多。因此，当沙菲罗夫抵达大维齐尔的帐篷时，波尼亚托夫斯基立刻冲了出去，草草写了封致卡尔的信。他将信交给一位信使，让后者火速骑马赶往本德尔。

波尼亚托夫斯基的便条在7月11日中午写就，骑马信差于12日晚上抵达本德尔。卡尔立即做出反应，他的坐骑被套上马鞍，晚上10点，他摸黑朝50英里外的普鲁特河疾驰而去。13日下午3点，经历了17小时不间断的驰骋后，卡尔突然出现在大维齐尔营地的边缘。他纵马穿过土军防线，俯视俄军的临时防御工事。在他面前，最后几支俄军纵队正在一队队鞑靼骑兵的护送下，毫无阻碍地从工事内开出。国王将一切看得清清楚楚：土军的大炮控制着战场，他们甚至无须发动进攻，只要等上几天，就能轻轻松松地把饥饿的俄国人变成阶下囚。

没人知道懊恼的卡尔此时心里是什么滋味，他可能一面仔细观察眼前的动态场景，一面想起了自己之前做出的不与土军一起出征的决定。如果他身在此地，与鞑靼可汗（在大维齐尔签署和平协议的时候，他正因失望而泪流满面）一道以强有力的语气提出要求，大维齐尔或许就会做出不一样的决定。他骑着马，静静地掠过注视着他的土耳其士兵，前往大维齐尔的帐篷。在波尼亚托夫斯基和一名翻译的陪同下，他粗鲁地闯入大帐，疲惫地重重躺到一张接近神圣的绿色穆罕默德旗帜的沙发上，此时他仍佩着马刺，穿着肮脏的靴子。但大维齐尔在可汗和一群官员的陪伴下到来时，卡尔要求他们离开，让他和巴尔塔西私下谈谈。两人按照礼节，沉默地饮下一杯咖啡。然后，卡尔极力控制着自己的情绪，询问大维齐尔为何放走俄军。"我已经为土耳其赢得了足够的利益，"巴尔塔西镇定地答道，"拒绝一个乞和的敌人有违先知律法。"[5] 卡尔问苏丹是否满足于这么有限的胜利。"我是这支军队的统帅，我想什么时候缔和就什么时候缔和。"巴尔塔西答道。

此时，再也无法抑制失望之情的卡尔从座位上站了起来，最后一次提出请求：由于他并未参与协议的制定，大维齐尔可否借给他一小支土军和几门炮，让他追击俄国人，赢得多得多的战果？巴尔塔西拒绝了，宣称伊斯兰军队绝不可交由一位基督徒来统带。

博弈结束，卡尔被击败。从那时起，他与巴尔塔西成了死对头，双方都竭尽全力，以期摆脱对方。大维齐尔停止支付瑞典人的每日津贴，禁止商人出售粮食给瑞典人，还拦截国王的信件。作为报复，卡尔以激烈的语气向苏丹控诉巴尔塔西的所为。他特地在君士坦丁堡安插间谍，让他们散布谣言，说大维齐尔之所以放任沙皇和俄军逃走，真正原因是他收受了巨额贿赂。

这一说法在俄国同样深入人心，其中一个版本是叶卡捷琳娜命沙菲罗夫向大维齐尔许以重贿（其中包括她自己的珠宝），以保障沙皇的自由——一些人说她丈夫不知道此事，另一些人则声称彼得私下对此予以同意。

事后看来，此说法似乎有所夸大。俄国人承诺送给巴尔塔西15万卢布，这是一笔巨款，但大维齐尔似乎不大可能因此而在缔和时提出相对温和的条件。他有着别的理由：他本质上并不是一名武士；他的军队不愿作战；他担心土奥之间发生新的战争，因而很乐意结束与俄国的战争；他不喜欢抱有狂热仇俄情绪的可汗杰夫列特·盖赖伊，想把他约束起来。此外，他无疑已经得知波尼亚托夫斯基送信给卡尔十二世的事，瑞典国王随时可能驰入军营，要求发动歼灭战。事实上，如果卡尔赶到，彼得又被俘，他面临的情况就复杂了：两位欧洲最伟大的君主同时做了他的"座上宾"，而又都无兵无势。随之而来的外交问题是无法想象的。从奥斯曼人的视角来看，巴尔塔西已经达成了所有目标。俄国从土耳其那里占去的领土如今已全部收复。他还有必要在和平协议中提更多的要求吗？

这些理由都无法安抚卡尔的情绪。当时本可利用压倒性火力打击近乎无力自保的敌人，没这样做使得一次绝无仅有的机会失去了——不仅仅是失去，还是被有意抛弃。此后，尽管卡尔孜孜不倦地推波助澜，并三度成功挑起俄土两国之间较为短暂的战争，这样的机会却再也没有回来。在彼得与卡尔的对决中，波尔塔瓦战役依旧起着决定性的作用；普鲁特河之战并未颠覆这一结果。与卡尔一样，彼得认识到了这一点。"他们曾把猎物攥到了手心里，"他日后说道，"但这样的情况不会再发生了。"[6]

大维齐尔赢得了普鲁特河战役的胜利，但没有人（特别是苏丹）会感谢他。彼得和卡尔都是输家，前者似乎输得没那么惨，因为后者本可赢得一切，最后却一无所获。彼得的盟友——摩尔达维亚大公和瓦拉几亚大公也是输家：一人输掉了领土，另一人则输掉了项上人头。

交出摩尔达维亚大公坎泰米尔是大维齐尔最初提出的和平条件之一，大公躲进了一辆马车内，藏身于皇后叶卡捷琳娜的行李底下，只有他的3个手下知道他在哪儿。如此一来，沙菲罗夫就能理直气壮地告诉大维齐尔：交出坎泰米尔是不可能的，因为自打战役的第一天起，就没人见过他。大维齐尔把这个问题抛到一边，轻蔑地宣称："好吧，那我们就不提这事了。两个伟大帝国之间的战争不应因一个懦夫而继续下去。他很快就会得到应有的惩罚。"

坎泰米尔随同俄国人一道逃亡，他到雅西后，将自己的妻儿和24名地位最高的摩尔达维亚波雅尔召至身边，然后与沙皇的军队一起回到俄国。到俄国后，彼得对他恩渥备至，授予他俄国公爵头衔，还将哈尔科夫附近的大片土地赐给他。坎泰米尔的儿子进入俄国的外交衙门，成了俄国驻英国和法国大使。坎泰米尔的公国摩尔达维亚就没那么幸运了，巴尔塔西允许鞑靼人用火与剑蹂躏当地的市镇和村庄。

瓦拉几亚大公布兰科沃先是背叛苏丹，接着又背叛沙皇，他的命运同样一波三折：土耳其人始终没有再度信任他。尽管他得到警告，在君士坦丁堡，形势正朝着不利于他的方向发展。尽管他开始向西欧送去巨款，准备去那里过舒适的流亡生活，但布兰科沃仍迟迟没有动身。1714年春，他被逮捕并送往君士坦丁堡。到了那里后，他在60岁生日那天，与自己的两个儿子一起被斩首。

在普鲁特河签订的协议终止了战争，但这并没有带来和平。彼得不得不交出亚速和塔甘罗格，这令他感到沮丧，他迟迟不肯履行协议，除非土耳其赶走卡尔十二世。沙菲罗夫如今取代托尔斯泰，成了驻君士坦丁堡的俄国高级外交官。他极力敦促大维齐尔驱逐瑞典国王。巴尔塔西做了尝试。"我希望他被魔鬼带走，因为我如今发现他只是个名义上的国王，他已经失去了理智，就像一头野兽一样。"大维齐尔告诉沙菲罗夫，"我会设法摆脱他。"[7] 巴尔塔西失败了，因为卡尔断然拒绝离开。与此同时，国王在君士坦丁堡的间谍积极地活动着，暗中陷害巴尔塔西。彼得继续拖延，给阿普拉克辛发去命令，让他不要马上摧毁亚速的要塞，而是等待进一步的指示。沙菲罗夫在压力下向土耳其人许诺，亚速将在两个月内交付。此时彼得再度写信给阿普拉克辛，吩咐他推平要塞的城墙，但不要破坏地基。他让阿普拉克辛严格按照计划行事，如此一来，情况若是发生了某些新的变化，要塞便可迅速重建起来。

到11月，距离普鲁特河条约签订已经过去5个月，俄国仍未放弃亚速和塔甘罗格。卡尔的间谍利用了这一事实，他们巧妙地将那些谣言（大维齐尔之所以在普鲁特河之役放跑沙皇，是因为满载着俄国黄金的车子驶进了他的帐篷）与此事掺杂在一起，促成了巴尔塔西的倒台。他被耶尼切里军团阿加优素福帕夏取代。令卡尔感到满意的是，优素福帕夏以俄国不肯交出亚速和塔甘罗格为借口，重新对俄宣战。沙菲罗夫、托尔斯泰和小舍列梅捷夫被送回七塔城堡。此时托尔斯泰写信给彼得，乞求沙皇准许他返回俄国。他已经在土耳其受了10年折磨，由他主持的谈判工作如今已被他的上司沙菲罗夫接管。彼得同意了，但土耳其人没有同意，他们通知这位年迈的外交官，他必须等到两国签订最终协议，届时才能与沙菲罗夫一道回国。

新的战争于1712年4月悄悄结束，其间并未发生任何战斗，彼得最终交出了亚速和塔甘罗格。事实上，阿普拉克辛与前来占领要塞的土耳其帕夏交情甚笃，结果他成功地把所有的大炮、火药、供应物资，以及剩下的4艘俄国舰艇卖了个好价钱，尽管一名俄国舰长事后向惠特沃思保证，被卖掉的舰只已经腐烂不堪，"一遇到风暴就会散架"。[8] 当优素福帕夏被推翻并被苏莱曼帕夏取代时，这份和平协议立刻作废。苏莱曼听闻卡尔继续在抱怨，说沙皇仍未从波兰撤走他的军队。1712年12月10日，土耳其人为了迫使彼得履行协议中的撤军条款，第三次对俄宣战。沙菲罗夫在英国和荷兰大使的支持下，再一次成功地在战争真正开始前平息了事态。沙菲罗夫在给戈洛夫金的信中写道："这场战争为全体土耳其民众所嫌恶，只因苏丹的个人意志而起。苏丹从一开始就对普鲁特河和平协议感到不满，他对大维齐尔充满愤怒，因为后者没有用有利条件获取应得的利益。"[9]

1713年4月，艾哈迈德三世集结大军，第四次对俄宣战。他在波尼亚托夫斯基的协助下，制定了几项新的、更为苛刻的和平条件，要将它们强加给俄国：乌克兰全部割让给土耳其，彼得的所有征服成果（包括圣彼得堡在内）尽数归还瑞典。面对这个威胁，彼得的回应很简单：他拒绝委派获得授权的新大使讨论相关事宜。随着时间流逝，苏丹对战争的热情在消退。他开始怀疑入侵俄国是否明智，同时开始把卡尔视为自己面临的诸多麻烦的根源。本德尔的帕夏奉命向瑞典国王施压，要他离开奥斯曼帝国，回到自己的国家去。与俄国的谈判在继续，大维齐尔换了一任又一任——苏莱曼帕夏被易卜拉欣帕夏接替，其后又被苏丹宠爱的女婿达马德·阿里（Damad Ali）帕夏取代。1713年10月18日，苏丹批准了《阿德里安堡条约》，历时3年的第四次战争终于落下帷幕。但沙菲罗夫、托尔斯泰和米哈伊尔·舍列梅捷夫仍被拘押，直到俄土边境线最终确定。

1714年12月，大使们最终获释，并获准回国。身陷囹圄、劳心焦思的日子令年轻的米哈伊尔·舍列梅捷夫不堪忍受，他在七塔城堡发了疯，于返乡途中死去；沙菲罗夫和托尔斯泰则继续在彼得大帝在位时期扮演重要角色。

回顾普鲁特河的那场灾难，要让彼得明白自己错在哪里并不是什么难事。他抛弃了惯用的等待战术，这一谨慎的策略曾在他与卡尔十二世交手时取得过巨大成功。相反，他重蹈了卡尔的覆辙，急不可耐地闯入奥斯曼帝国，把希望寄托在一个后被证明并不可信的盟友的支援和供给上。关于土军兵力的情报出了错，而他也错误估计了大维齐尔的行军速度。即使在得知土军已经越过多瑙河北上后，他仍然继续前进。事后，他的解释是自己不得不这样做，"为的是不让那些（向朕）求援的基督徒陷入绝望"。[10] 事实上，那些对战局至关重要的基督徒——瓦拉几亚人已经背叛了他。

即便如此，尽管以失败告终，但彼得进军普鲁特河之举依旧预示着俄国历史翻开了新的一页。俄国沙皇闯进了巴尔干半岛，俄国步兵推进至距多瑙河40英里以内的地方，俄国骑兵在基辅西南500英里处的多瑙河饮马。彼得号召巴尔干基督徒起来反抗异教徒，将俄国人作为解放者迎接一事则进一步预示了将来。这一充满激情的呼吁，把俄国人将成为巴尔干斯拉夫人的正教捍卫者的想法化作一颗顽强的种子，让它在人们心中生根发芽。

普鲁特河之役的失利，以及彼得与苏丹签订的最终协议永远地终结了沙皇对南方的野心。随着俄国国旗在亚速和塔甘罗格降下，当地的堡垒被夷为平地，彼得少时的梦想和16年来的心血化为泡影。彼得在提到失去亚速时说："我主耶和华把我赶出此地，就像把亚当赶出伊甸园一样。"终彼得一生，黑海舰队不复存在。顿河口依旧封闭，俄国船只也依旧被禁止进入黑海——它仍是苏丹的私湖。直到叶卡捷琳娜大帝时代，俄国才征服了克里米亚，打开了顿河通道，强占刻赤海峡，最终完成了彼得开辟的征程。

俄国只是因为实力不够强大，无法同时实现彼得的所有目标而已。彼得仍在与瑞典交战，仍在建设圣彼得堡，并试图通过全方位的改革与整顿，将沙俄帝国重塑为一个崭新的、拥有现代科技的欧洲国家。就最后这个最具意义的目标而言，波罗的海和圣彼得堡比黑海和亚速更为重要。如果彼得做出了不同的选择，如果他停止涅瓦河畔的工程，如果他把精力、人力和财力倾注到殖民乌克兰上，如果他把陆军和海军从波兰和波罗的海撤走，再把他们统统派去对付土耳其人，那么在他有生之年，或许就能看到挂着他旗帜的俄国舰队行驶在黑海海面上的情景。可他选择了另一条路。南下让位于西进，黑海让位于波罗的海。在彼得大帝执政时期，俄国的进军方向最终被定为欧洲，而非奥斯曼帝国。

彼得本人毫不讳言自己的失败，他很清楚这意味着什么。他在给阿普拉克辛的信中写道：

> 我们失去了那些曾经投入过大量人力、财力的地方，尽管此事不可能让人不觉得悲痛，但我希望我们应趁着这次惨重损失，大力加强我们在另一头（波罗的海）的力量，那个地方给我们带来的收益是无可比拟的。[11]

其后，彼得对自己在普鲁特河一役中的遭遇做了更为简洁的评价："我'吉星高照'，原本注定要被揍上100下的，结果只挨了50下。"[12]

## 43

## 德意志的战争与弗里德里希·威廉

离开普鲁特河后,彼得与叶卡捷琳娜北进波兰。彼得的目的是在那里和德意志为波尔塔瓦大捷重新造势,重启对瑞典的战争。第一步是朝他的盟友——波兰的奥古斯特和丹麦的弗雷德里克四世保证,普鲁特河的惨败不会动摇他迫使卡尔十二世订立一份可接受的和平协议的决心。此外,彼得还有更为直接的打算:访问德意志,在卡尔斯巴德接受治疗,然后亲眼见证他儿子阿列克谢与沃尔芬比特尔公爵小姐夏洛特的婚礼。上述计划靠着波尔塔瓦大捷才成为可能,就连彼得的旅行规划也不例外。在瑞典军队覆灭前,卡尔十二世控制着波兰,沙皇想要穿过波兰进入德意志是根本不可能的事。如今,瑞典人已被消灭,卡尔远在土耳其。终其余生,彼得在德意志各邦的旅行,几乎就和他在俄国境内的旅行一样频繁、安全。

精疲力竭的彼得需要的是休息与恢复,夏天他在巴尔干损失惨重,沮丧和疾病也来凑热闹。彼得是在乘船沿维斯瓦河前往华沙途中得病的。他在华沙待了两天,然后再赶往托伦,并将叶卡捷琳娜留在那里。在波兹南,他患上了严重的腹绞痛,在床上躺了几天后,继续前往德累斯顿和卡尔斯巴德——他准备去那里做个矿泉疗养。饮用矿泉水(人们觉得这样可以清理身体系统)是一个枯燥无味的过程,往往令人感到不快。陪在彼得身边的惠特沃思如实向伦敦的主君汇报,沙皇得了"严重的腹泻"。[1] 彼得起初就觉得这样百无聊赖,他向叶卡捷琳娜抱怨道:

小叶卡捷琳娜,我的朋友,你还好吗?感谢上帝,我们顺利地来到这里,明天就开始治疗。这个地方太好玩了,你可以把它叫作可敬的地牢。因为它位于两座高得出奇的大山之间,以至于在这里几乎看不到太阳。最糟糕的是,这里没有上等的啤酒。

但是,我们希望上帝能用水让我们康复。我给你寄去一份礼物:一台新款的时钟,为了防尘,它被罩在玻璃底下……(由于)太过匆忙,我在德累斯顿只待一天,不然我还可以给你多弄几个。[2]

离开卡尔斯巴德后,彼得返回德累斯顿,并在那里逗留了一周。他不去住王宫,而是住进了金戒指旅馆。他没有挑选旅馆的头等客房,而是选中了一间脚夫住的低顶房间。他去了一座网球场,抓起球拍玩了一阵。他两次造访一座造纸厂,并亲手制作了几张纸。他拜访宫廷珠宝匠约翰·梅尔希奥·丁林格(Johann Melchior Dinglinger),后者设计的珠宝、贵金属和珐琅制品精美华丽,驰名全欧(当彼得于一年后造访德累斯顿时,他坚持要求在丁林格家住上一周)。他与宫廷数学家、机械师安德鲁·加特纳(Andrew Gartner)一起度过了3小时,后者的发明举世闻名。彼得对加特纳设计的一种机械尤为感兴趣,它能把人、物从一个楼层送到另一个楼层:简而言之,就是升降机。为了对加特纳的造访表示感谢,沙皇送给加特纳一堆黑貂皮,并建议他为自己制作一件过冬用的保暖外套。

10月13日,彼得来到波兰王后的城堡:托尔高(Torgau)堡,他儿子的婚礼将在这里举行。选择这里而非德累斯顿作为婚礼举办地,典礼就可以不公开举行,也不用邀请普鲁士国王、汉诺威选侯和其他德意志邦国君主,从而避免了一堆外交礼节问题,节约了沙皇的时间,还能为新娘的父亲沃尔芬比特尔公爵省钱。婚礼于周日(1711年10月14日)在宫殿大厅举行。为了让现场变得更为璀璨夺目,窗户被遮了起来,墙上挂上镜子,用以映照数千支蜡烛发出的光芒。结婚仪式是东正教式的,全程采用俄语,只有照礼节向新娘提问时才采用拉丁语。她已经改宗,不再信奉路德宗,以成为未来沙皇的配偶。婚宴在王后的居室内举行,随后举办了舞会。根据当时的一名编年史家报道,舞会结束后,"大帝陛下以一种最为动人的方式,将父亲的祝福赐予这对新人,并亲自将他们领进卧室"。[3] 当天晚上,彼得在就寝前支撑着给缅什科夫写了一封信:

> 我将在晚些时候给您回信。现在我可没那工夫，因为我儿子今天结婚。感谢上帝，婚礼举行得很顺利，很多知名人士都来了。婚礼在波兰王后的住所举行，您送来的西瓜被摆到了餐桌上，这种蔬果在那里可是令人啧啧称奇的。[4]

在托尔高，彼得终于见到了戈特弗里德·冯·莱布尼茨。自从彼得于大特使团时代首次访德起，这位著名的哲学家、数学家就等待着向沙皇进言、敦促他建立几所新的学习和研究机构的机会。当莱布尼茨最终见到彼得时，他至少获得了部分成功。沙皇没有将俄国文化、教育的未来交给他，但于第二年任命莱布尼茨为司法委员，拨给他一笔薪水（从未支付过），还要求他起草一份关于教育、法律和行政改革的计划清单。他们的下一次会面是1712年在卡尔斯巴德，莱布尼茨对索菲亚选侯夫人描述了当时的情景：

> 我见到陛下时，他的治疗过程行将结束。尽管如此，他仍想等上几天再离开此地，因为去年他在结束治疗后立刻上路，结果引发了身体的不适……选侯夫人殿下，您会发现一件令人惊讶的事：从某种意义上说，我就是俄国的梭伦，尽管我人不在俄国。换句话说，沙皇让首相戈洛夫金通知我，吩咐我改革律法，制定一些关于司法行政的规章制度。因为我认为最简的法律就是最好的法律——比如十诫或古罗马的十二铜表法，何况我一开始研究的就是这项课题，因此这份工作不会花费我多长时间。[5]

经常与莱布尼茨通信的沃尔芬比特尔公爵以开玩笑的语气警告这位"新梭伦"，他的付出可能只会为他换来一枚圣安德烈十字勋章而已。莱布尼茨则在回信中流露出对新职务的不屑之情：

> 我这个"俄国梭伦"的身份能让殿下稍稍一乐，这让我很高兴。但俄国梭伦不需要具备希腊人的智慧，所得回报自然要少一些。圣安

德烈勋章如果是镶钻的,那么我将爱不释手,但在汉诺威,我根本没有获得它的机会,只有沙皇才能给我这个机会,而且他应许给我的500杜卡特薪水令我非常满意。[6]

1711年12月末,彼得回到了阔别近一年的圣彼得堡。一到那里,他就埋头于国内行政事务中,当他在普鲁特河和德意志的时候,这些事有所懈怠。他下令扩大对波斯贸易,组织一群商人与中国做生意。1712年4月,他颁布谕旨:将自己新近设立的俄国参政院从莫斯科迁到圣彼得堡来。因沙皇身在此地,涅瓦河沿岸的新城建设进度大大加快。5月,彼得为新动工的彼得保罗大教堂奠基,特雷齐尼将把这座教堂建在要塞内。

1712年春天对彼得而言是一段不安的日子——他依旧没有把亚速和塔甘罗格的守军撤走,土耳其人已第二次宣战。但某个非同寻常的异象令他定下心来,他将它讲给惠特沃思听,大使则如实向伦敦汇报:

> 前几天晚上沙皇做了个梦:他看到各式各样的野兽战成一团,其中有只凶猛的老虎张口向他咬来,他的脑子一片混沌,既无力自卫也无法逃走。但一个声音(究竟是从哪里传来的,他也说不上来)几次朝他大喊,让他不要害怕。老虎突然停了下来,没有继续尝试(伤害他)。接着,四个白衣人出现,并走进群兽中间,它们的狂怒立刻止息。随后,它们被一一分离开来,在这一过程中,所有的野兽都表现得安安静静。这个梦给他(沙皇)留下了深刻印象,因此他将它记在笔记本上,并注明了几月几日。我发现这个梦委实增强了他的信心。[7]

1712年2月19日,彼得正式与叶卡捷琳娜成婚,并将婚讯公之于众。婚礼于早上7点,在缅什科夫公爵的私人礼拜堂举行。一些人表示,对沙皇和皇后而言,单单一个1707年11月的私人婚礼是不够的,举办婚礼的用意就是向这些人明示,叶卡捷琳娜是彼得的妻子和正式配偶。此举还象征着彼得对这位冷静、忠诚的女子的感激之情。在普鲁特河战役期间,是她用坚定的勇气帮他度过了那段灾难性的插曲。彼得的结婚礼服是一套海军少将的制服,海军中将克勒伊斯担任主婚人,其他海军军官则充当了见证人。彼得在两排号手和鼓手的夹道陪伴下,乘坐雪橇回到了自己的宫殿,他在抵达正门前停了下来,为的是步行入内,并把送给叶卡捷琳娜的结婚礼物挂在餐桌上方。那是一只用象牙和乌木制成的六枝烛台,是彼得亲手制作的,花了他两周时间。惠特沃思写到,当晚"宾客如云,蔚为壮观,珍馐累累,酒是来自匈牙利的,品质上乘。最令人高兴的是,没人强迫客人酗酒。当夜的收尾戏是一场舞会和一场烟火表演"。[8] 彼得心情愉悦,他在宴席上向惠特沃思和丹麦大使透露,这是"一场硕果累累的婚礼,因为他们已经有了5个孩子"。

两年后,彼得再一次赐予叶卡捷琳娜尊荣,他设计了一款新的勋章:圣凯瑟琳(她的主保圣人)勋章。它由一根白色绶带和一枚挂在绶带上的十字架组成,十字架上刻着一句格言:"出于我们对祖国的爱与忠诚。"彼得宣称,新勋章被用于纪念他妻子在普鲁特河一役中做出的贡献,当时她表现得"不像一个女人,而像一个男人"。

1711年初,甚至在不幸的普鲁特河一役开始前,彼得的兴趣就放在同瑞典缔和上了。他已经充分实现了战争目标。攻陷维堡和卡累利阿省令圣彼得堡获得了一块位于北面的"缓冲垫"。拿下因格里亚和利沃尼亚则确保了南面的安全。另两座海港——里加和瑞威尔与圣彼得堡一起在俄国的波罗的海部分打开了一扇尽可能宽的"通往西方的窗户",能够满足俄国的需求。彼得已再无所求,对和平的渴望乃是出自真心。

瑞典议会和瑞典人民也想要和平。瑞典已经战败,战争给它造成了巨大的损害,唯一现实的是战争若继续下去,瑞典的未来将更加悲惨。波尔塔瓦战役发生的那年(1709年)夏天,瑞典遭遇歉收。当年秋季,俄国人的胜利令丹麦鼓起了勇气,它重新加入战争。1710年和1711年,瘟疫席卷瑞典,斯德哥尔摩损失了1/3的人口。此时(1711年末),当沙皇漫游德意志各地、与王公们会面、进行矿泉疗养时,瑞典已耗尽元气。它孤立无援,而它的对手是一个由俄国、丹麦、萨克森和波兰组成的强大联盟。不久,汉诺威和普鲁士也将加入反瑞同盟。

如果理性决定和平,那么和平为何不到来?首要原因是瑞典国王禁止讲和。对卡尔而言,波尔塔瓦只是暂时的挫折。瑞典有能力组建新的军队取代在乌克兰覆灭的那一支。他是逃亡到土耳其去了,但如果他能说服苏丹和奥斯曼大军与他一起进军莫斯科,此举就会变成一次绝好的机会。可以肯定的是,两国之间若要缔和,俄国人就必须交出手中的每一寸瑞典土地。包括沙皇设在涅瓦河畔的新都在内的所有瑞典领土都必须归还。既然沙皇拒绝交出土地,那么除武力夺回外别无他法。彼得承认对手的顽强,他同样决计不会放弃圣彼得堡。于是,战争就得继续下去了。

1711年和1712年,俄国人与盟友朝崩溃中的瑞典帝国发动新的攻势,将目标对准了瑞典在北德意志的领土。这些土地——波美拉尼亚及附属港口施特拉尔松德、斯德丁和维斯马,威悉河畔的不来梅-费尔登是瑞典进入欧洲大陆的口岸,也是瑞典军队的跳板。这些土地的处置自然成了所有与它们接壤的国家——丹麦、普鲁士和汉诺威最感兴趣的问题。最后,这3个国家全成了彼得的盟国。

对瑞属波美拉尼亚的进攻于1711年夏开始。当彼得、叶卡捷琳娜、舍列梅捷夫和俄军主力南进普鲁特河的时候,另一支1.2万人的俄军正在西进,准备经由波兰前去攻打柏林以北的瑞典领土。这是一次联合行动,8月中旬,1.2万俄军、6000名萨克森军和6000名波军穿过距柏林仅几英里的普鲁士地区。一支丹军分队加入他们,与这支多国部队合围施特拉尔松德和维斯马。不幸的是,由于统帅之间意见不合,加上缺少攻城火炮,联军未能取得任何战果。当秋季来临时,围困被解除,联军则留在波美拉尼亚过冬。1712年春,他们转而围攻斯德丁。意向上的混乱和火炮的缺乏再一次导致了联军的失利。负责围攻这座要塞化港口的是现由缅什科夫指挥的俄军,但他们无法发动强有力的攻势。丹麦国王弗雷德里克四世已承诺供应大炮,他实际上却把这批火炮用来为他自己夺取更为诱人的目标:与丹麦半岛隔海相对的瑞典领土不来梅-费尔登。丹麦人向缅什科夫提出异议,认为提供火炮是波兰人的义务。

当彼得于1712年6月与叶卡捷琳娜一同来到斯德丁城下时,形势正如上所述。沙皇被激怒了。"依我看来,来这个地方算我倒了八辈子霉。"

他在给缅什科夫的信中写道,"上帝可鉴,我一片好心,他人却一肚子坏水。我所遭受的对待令我夜不能寐。"[9] 彼得还写信给丹麦的弗雷德里克,抱怨说又一个夏天被浪费掉了。尽管他怒不可遏,但除了抱怨无计可施。丹麦的舰队对联合行动而言不可或缺,其他波罗的海国家的海军均无与瑞典海军对抗的资本,也没有切断瑞典陆军与本土根据地之间联系的力量。尽管如此,彼得的语气依然尖刻:

> 我想陛下是知道的,去年我已就兵力供应问题……与波兰国王达成一致,不仅如此,我甚至提供了三倍于约定数量的军队,此外,为了我们的共同利益,我不顾持续疲劳和长途跋涉对我健康的损害,亲身到来。但当我抵达此地时,发现士兵们无所事事,因为您承诺的火炮没有送到。当我询问您的海军中将塞格斯克特(Segestet)时,他答复说,没有您的特别命令,他不能供应火炮。我完全不能理解,为什么会发生这样的变化,为什么大好时光要被这样白白浪费掉。如此一来,除了财力和共同利益方面的损失,我们所能收获的只有敌人的嘲笑而已。我时刻准备着(并已经准备好)在一切关乎共同利益需求的事务上助盟友一臂之力。如果您不答应我的请求(把大炮送来),我有能力向您和全世界证明这场战争的失利原因并不在我,如果我不得不撤军,那么就像我在此无所作为一样,相关责任也不应由我承担,因为待在这里不过是空耗金钱罢了,而且我也无法忍受敌人的侮辱。[10]

彼得的信没有起到任何作用,丹麦人的大炮继续朝着不来梅而非斯德丁发射。1712年9月底,灰心丧气的彼得丢下军队,返回卡尔斯巴德进行矿泉疗养——这三年来,他每个秋天都要如此。在途经维滕贝格(Wittenberg)的时候,他参观了马丁·路德(Martin Luther)墓和路德曾经住过的屋子。在屋子里,管理员向他展示了一个印在墙上的墨点,据说它是路德看到恶魔,并将墨水瓶砸向他而生成的。彼得笑问:"像这样一个智者真的相信恶魔是可以被看见的吗?"彼得要求在墙上署名,然后用责备的语气写道:"墨点很新,所以这个故事显然不是真实的。"[11]

在前往卡尔斯巴德途中，彼得也从柏林经过，并拜访了年迈的普鲁士国王弗里德里希一世和他的儿子——王储弗里德里希·威廉。"沙皇于上周二下午7时抵达此地。"一名普鲁士宫廷成员写道。

> 当陆军元帅前来向国王通报的时候，我们正待在tabiage（吸烟室）内，他问我在德累斯顿是如何接待沙皇的。我说，尽管国王（奥古斯特）不在，我们还是以各种方式礼待沙皇，但他概不接受，而是住进一栋私宅内。陛下回答说，自己同样会向沙皇提供一切。
> 
> 沙皇来到王宫，登上私人楼梯，把正在卧室与王太子对弈的国王吓了一跳。两位陛下在一起待了半小时。此后，沙皇望着丹麦国王入住的房间，赞不绝口，但不肯占用它们。王太子设下晚宴，有8人与沙皇同席，后者听任他人不向自己祝酒。尽管他已用过晚餐，却仍然享用着宴席上的食物，不过滴酒不沾。
> 
> 昨天沙皇同国王在吸烟室里会面，然后参加了晚宴，由于他觉得穿皮上衣太热，他穿上了一件质地优良的红色镶金边外套。他是个很有勇气的人，把一只戴着肮脏不堪的手套的手伸给王后。国王和全体王室成员与他共进晚餐……从头到尾，沙皇都保持着克制。他既没有打嗝，也没有放屁，也没有剔牙——至少我没有看到或听到他这样做。在与王后和公主谈话时，也没有露出丝毫窘色。围观者人数极众。沙皇与国王相拥告别，在向全体同席者鞠上一躬后，他迈着大步离开了，因此国王不可能追上他。[12]

5个月后，彼得在回国途中再度路过柏林。弗里德里希一世于不久前驾崩，25岁的王太子现已登上王位，成为国王弗里德里希·威廉一世。"我发现新国王非常讨人喜欢，"彼得在给缅什科夫的信中写道，"但他决定不了任何事。我所能想到的理由有两个：第一，他囊空如洗；第二，国内仍有许多在感情上支持瑞典的卑鄙小人。国王本人缺乏处理政治事务的经验，当他向大臣征求建议时，那些家伙就千方百计地站在瑞典人一边……那里的宫殿已经不像过去那样宏伟了。"[13] 关于加入正在活动的反瑞同盟的问题，普鲁士新国王表示，他至少需要一年时间来整顿军队和财政。

彼得大帝在世的时候正是俄国崛起的时候，也是一个崭新的、纪律严明的军事化国家——普鲁士王国在北德意志崭露头角的时候。它源自勃兰登堡选侯国，该国的统治家族霍亨索伦家族是条顿骑士团的后裔。首都柏林在彼得时代还是一座镇子，1700年时，它的人口为2.5万。该国民众信奉新教，生活节俭、富有效率、长于组织、乐于牺牲，相信自身使命即为最高召唤。在其他德意志人——莱茵兰人、巴伐利亚人、汉诺威人和萨克森人眼里，勃兰登堡是个文明程度较低的半封建国家，勃兰登堡人也比他们更具侵略性。

这个国家的弱点在于其地理位置。由于它是王朝联姻和继承的产物，它的领土散布于整个北德平原，支离破碎，互不联系。最西端的领土为莱茵河畔的克莱沃公国，它坐落于这条雄伟的河流进入荷兰的那一点附近。最东端的采邑东普鲁士公国位于涅曼河畔，在克莱沃以东超过500英里。1648年的《威斯特伐利亚和约》在终结了三十年战争的同时，也丢给勃兰登堡选侯国一个黯淡的未来。它与海洋相互隔离。该国自然资源稀缺，由于土地贫瘠，它被称为"神圣罗马帝国的沙箱"。外国的新教和天主教军队往来不断，将该国的乡间地区变成一片片人烟稀少的焦土。然而就在1640年，自1417年开始统治勃兰登堡的古老家族霍亨索伦出了一位杰出的君王：选侯弗里德里希·威廉。尽管他的领土零散、贫穷，但他梦想着建立一个崭新的霍亨索伦王国，它应当是一个独立、统一、强大的国家。人称"大选侯"（Great Elector）的弗里德里希·威廉缔造的国家机器使普鲁士跻身欧洲国家前列。他利用受过训练的文官群体，组建了一个高效的中央化政府，还创立了邮政体系和分级所得税。经过48年的统治，至1688年，在大选侯的努力下，仅有100万人口的勃兰登堡拥有了一支3万人的现代常备军。

大选侯的子孙脚踏实地地将大选侯打下的基础发扬光大。1701年，普鲁士国家的实力暴涨，以至于大选侯之子弗里德里希不再满足于选侯头衔，而是想成为国王。有权授予头衔的维也纳皇帝并不情愿，如果他让弗里德里希当了王，那么汉诺威选侯、巴伐利亚选侯和萨克森选侯也会提出同样的要求。但在当前的情况下，皇帝别无选择。他知道，自己即将与法国展开漫长而艰难的战争（西班牙王位继承战争），他迫切需要普鲁士的军团，而弗里德里希会开开心心地把本国军队租借给他——如果他能当上国王。皇帝妥协了。1701年1月18日，弗里德里希在柯尼斯堡给自己戴上了王冠，成为普鲁士国王弗里德里希一世。

1713年，弗里德里希为25岁的国王弗里德里希·威廉一世所接替，后者成为俄国的彼得的朋友和盟友。弗里德里希·威廉一世在用心专一上更甚于自己的父亲或祖父，他把实现普鲁士军力最大化定为自己的唯一目标。他所做的一切均服务于这一目标：稳定的经济被用于支撑一支庞大的军队；高效的官僚阶层令征税变得更为方便，以供养更多的军队；优质的教育体系被用于培养更为聪明的士兵。法国将国家财富成批投入构筑宏伟的公共建筑上，而普鲁士的情况正相反，那里的建筑只作军用——火药工厂、火炮工厂、军械库、兵营。普鲁士国王的目标是组建一支8万人的职业军队。然而，尽管本国的军力在不断膨胀，普鲁士的外交政策却小心翼翼。与其父一样，弗里德里希·威廉也渴望夺取新的土地和海港，但他并不急于下手。普鲁士军队在哈布斯堡帝国军中效力，在佛兰德和意大利冲锋陷阵，但那从来都只是契约行为；普鲁士自己从未与他国开战。尽管大北方战争的硝烟弥漫在普鲁士边境一带，普鲁士在参战问题上却表现得尤为谨慎。卡尔在波兰境内往来征战的那些年里，普鲁士始终保持中立。只有在波尔塔瓦战役结束、瑞典已被制服之后，普鲁士才与汉诺威一道宣战，坐收渔翁之利。

弗里德里希·威廉一世的个人生活充满传奇与不幸。古怪、朴实、易怒、严格的他痛恨其父钟爱的一切，特别是有关法国的一切。弗里德里希·威廉瞧不起法国的人民、语言、文化乃至食物。当罪犯被吊死的时候，国王做的第一件事是给他们穿上法国服饰。从表面上看，弗里德里希·威廉是个名副其实的新教君王、一个忠诚的丈夫、一个庸俗保守的父亲。他把宫廷奢侈品统统去掉了，还变卖了父亲的大部分家具和珠宝，遣散了大部分廷臣。他与汉诺威的表姐索菲亚·多萝西娅坠入爱河,她是未来的英王乔治一世的女儿。他宁愿称她为"我的夫人",而非"王后";宁愿称他的儿子为"弗里茨",而非"王储"。他每晚都与家人一同用餐。

当弗里德里希·威廉陷入狂怒时,美好的家庭一幕就会被弄得一团糟。他会突然冲着他的孩子或附近任何人无情地发怒。一句微不足道、毫无恶意的言论,甚至一瞥都可能触发他的怒火,此时他会挥舞木制手杖,抽打人们的脸,有时会把他们的鼻子或牙齿打折。当他在柏林的街道上发作时,受害者无计可施;谁要是抵抗或回击这位暴怒的君主,谁就会受到死刑的惩罚。显然,他的行为可用卟啉症来解释,这种疾病可能遗传自苏格兰女王玛丽,其后乔治三世也受到它的折磨。这种新陈代谢错乱症的症状包括痛风、偏头痛,身上长出脓肿、疖子,患痔疮和胃部剧痛,它令国王痛苦不堪,导致他患上轻度的精神错乱。他变得极度肥胖,眼珠凸出,皮肤像磨光的象牙那样闪闪发亮。为了从痛苦中分散注意力,弗里德里希·威廉学会了作画,他在自己创作的油画上题上"痛苦中的FW(弗里德里希·威廉)作"。每晚饭后,他都会将大臣和将军召来,众人饮着大杯的啤酒,抽着长长的烟斗。在这些草草安排的男人聚会上,普鲁士王国的领袖们愉快地取笑、作弄着一位学究气的宫廷历史学家。有一次,他们居然把他的衣服给点着了。

这位国王最为知名的癖好是搜集巨人,并为此驰名全欧。名为"蓝色普鲁士人"(Blue Prussians)或"波茨坦巨人"(Giants of Potsdam)的部队拥有1200余名巨人,他们被编组为2个营,每营600人。每个成员的高度都在6英尺以上,第一营的红色特别部队中一些人的身高几近7英尺。国王给他们配发的制服为带猩红翻领的蓝色镶金边夹克衫、猩红色裤子、白色长袜、黑色鞋子和红色高顶帽。他给他们配备了滑膛枪、白色子弹带和小匕首,他同这些人一起玩耍,就像一个孩子对待有生命的巨型玩具那样。为了这一爱好,他不惜斥巨资。弗里德里希·威廉花了几百万来招募、装备他的巨人掷弹兵,他们是从欧洲各地雇佣来或买来的。国王的募兵代理人的提议若是遭到拒绝,他们便干脆将对方绑架了事,在碰到令人满意的样本时尤是如此。这种征募方式的代价最终变得过于昂贵——

招募一个7英尺2英寸的爱尔兰人的花费超过6000英镑，弗里德里希·威廉因而试图为巨人配种。该国的每一个高个子男人都被迫娶一个高个子女人为妻。这种办法的缺点在于国王必须花上15—20年的时间，来等待巨人结合的产物成年，而且往往等来的是正常身高的男孩或女孩。要获得巨人，最轻松的渠道是把他们作为礼物接收。外国大使们建议自己的主君送巨人给普鲁士国王，以取悦于他。彼得尤为欣赏这位君主同行对这些自然奇物的嗜好，俄国每年向普鲁士国王供应50个新的巨人。（有一次，彼得将他借给弗里德里希·威廉的一部分巨人召回，用一些个头稍矮的人取而代之，当时国王心中烦乱至极，以至于根本无法与俄国大使议事。他表示，自己心上的创伤依旧血迹未干。）

毋庸置疑，国王从不会让他心爱的巨人去冒险面对敌人的火力，而这些人反过来又给予疾病缠身的国王最大的快乐。当他身体不适或情绪低落的时候，整整两个营的人马就会在手持铜钹、军号且缠着头巾的摩尔巨人，以及一只巨熊（这批掷弹兵的吉祥物）的带领下，排成一道长长的队列，从国王面前走过，让他振奋起来。

毫不令人意外的是，弗里德里希·威廉的王后索菲亚·多萝西娅不喜欢这个怪人。她要的是更豪华的排场、更多的廷臣、更多的珠宝、更多的舞会。特别是在她父亲成为英国国王、势力堪与神圣罗马帝国皇帝相匹敌后，她蔑视霍亨索伦家族，蔑视狭小、简朴的柏林廷宫。尽管如此，她仍然给丈夫生了14个孩子。当暴怒的丈夫用手杖把孩子赶得满宫殿跑的时候，她把孩子藏在自己的私室内，保护了起来。他们的头两胎都是儿子，都叫弗里德里希，也都很快夭折了。第三个孩子也叫弗里德里希，他与自己的9个弟弟、妹妹一道活了下来。他是个温和有礼的少年，热爱一切与法国有关的事物——语言、服饰，甚至发型，伶牙俐齿，同父亲争论时占尽上风。尽管他天性敏感脆弱，却仍被当作一位继承军事王国的武士国王来培养。他父亲把自己的玩具军团——"王储士官生团"（Crown Prince Cadets）送给他。它由131名小男孩组成，王子可以随意指挥他们以资消遣。14岁那年，这个小个子少年（他的身高从未超过5英尺7英寸）成了波茨坦巨人掷弹兵部队的长官，在阅兵场上对这些个头比他魁梧得多的巨人发号施令。

父子间的关系愈来愈恶劣。国王痛苦不堪,动不动就坐轮椅,他轻蔑地对待自己的儿子。与此同时,国王对自己的所作所为有着清醒的认识,他对弗里德里希说:"如果我父亲像我对你那样对我,我可忍不下去,我要么自杀,要么就逃走。"[14]

1730年,18岁的弗里德里希真的出逃了。他很快就被抓了回来。国王用对待逃兵的办法对待他的儿子及其同伴——爱好艺术的亲法分子汉斯·赫尔曼·冯·卡特(Hans Hermann von Katte),后者是一名将军的儿子。他们被投入监狱,一天早上,王子醒来后,看到冯·卡特被带到监狱的院子里,然后被人用马刀斩首。

1740年,身体每况愈下的弗里德里希·威廉国王撒手人寰,28岁的王子弗里德里希继位为普鲁士国王。没几个月,他就将祖父和父亲小心翼翼打造的普鲁士战争机器运转了起来。他入侵西里西亚,挑起了与哈布斯堡帝国的战争,令欧洲大为震惊。这是这位年轻、瘦小的君王的第一场漂亮仗,在彰显了他的军事天赋的同时,也为他赢得了弗里德里希大王的头衔。

1712年秋,当彼得的军队在斯德丁城下陷入困境,沙皇本人在德累斯顿、卡尔斯巴德和柏林之间穿梭的时候,令人难以置信的事发生了:瑞典准备在欧洲大陆发动最后的攻势。卡尔十二世下令再组建一支军队,然后送往北德意志。它的任务是向南穿过波兰,同卡尔和一支奥斯曼军队会合,以实现卡尔的侵俄之梦。当困厄中的瑞典人听到这道命令的时候,他们大失所望。"告诉国王,"一名瑞典官员写道,"瑞典已经无力进兵德意志,因为她不得不抵御丹麦,特别是沙皇的侵犯。沙皇已经攻占波罗的海诸省及芬兰的部分土地,如今威胁说要入侵我国,将斯德哥尔摩夷为平地。瑞典人很是坚忍,但还没有坚忍到打算成为俄国人的地步。"[15] 尽管如此,国王的命令最终还是得到了遵守,新军在重重困难中组建了起来。马格努斯·斯滕博克率领一支1.8万人的机动野战军在瑞属波美拉尼亚登陆。他刚刚开始执行使命,就惨遭重挫:一支满载着斯滕博克部所需的粮食、弹药和火药的瑞典货船队遭到丹麦舰队拦截，30艘货船被击沉。尽管如此，登陆行动仍旧引起了反瑞联盟的高度关注，歼灭斯滕博克部成了联军的当务之急。此时，治疗完毕的彼得正在德累斯顿休养，他敦促丹麦的弗雷德里克率军从荷尔斯泰因出发，进攻瑞典人："我希望陛下能认识到这么做的必要性。我以最为友好、亲切的态度恳求您这样，同时我声明，尽管出于健康的需要，结束治疗的我得休息一阵，但我不会忽视这件有利可图的事，我会前往军中。"16 彼得对缅什科夫的态度更为急切："看在上帝的分上，如果大好机会出现，即使我没法赶到你身边，你也千万不要浪费时间，以主之名朝敌人发动进攻吧。"17

面对正在会合的丹麦、萨克森、俄国军队，斯滕博克决定抢在沙皇、俄军主力和萨克森军队赶到前，单独进攻丹麦军队。1712年12月20日，他穿过暴风雪，在加德布施（Gadebusch）的丹军营地捕捉到1.5万名丹军，并重创了他们，差点活捉弗雷德里克四世。但他的胜果有限，他的兵力下降到1.2万人，并且很快就遭到3.6万人的萨克森、俄国和丹麦军队追击。斯滕博克仍在等待瑞典送来新的补给和援军，当他发现波罗的海的海港结冰后，便意识到今冬不会有任何来自本土的援助到来。他西进汉堡和不来梅，想找个藏身之处。他要求阿尔托纳城为他的损失支付10万塔勒的赎金，当这座与汉堡相邻的城市只筹集到4.2万塔勒时，斯滕博克的手下将它烧成白地，只留下30栋房屋。2天后，一支瑞军分队折回来，烧掉了其中25栋。8天后，彼得率领追击部队到达阿尔托纳，难民无家可归、栖身废墟的景象令他大受震动，向他们发放了1000卢布。在位于北海海岸的滕宁要塞，斯滕博克的撤退之路终于走到了头，他被联军包围、封锁了整整一个冬天。

由于春季到来前无法采取进一步的军事行动，1713年1月25日，彼得将俄军交给缅什科夫指挥，把联军指挥权留给丹麦国王，然后离军而去。彼得从滕宁出发，前往汉诺威面见选侯格奥尔格·路德维希，此人在安妮女王去世后不久便成为英王乔治一世。彼得不仅想说服汉诺威加入反瑞战争，还想通过选侯确定英国的态度。拜访结束后，彼得写信给叶卡捷琳娜："选侯看上去很支持我们，给了我许多建议，却不愿采取任何积极行动。"[18]

沙皇随即返回圣彼得堡，4个月后（1713年5月），斯滕博克在滕宁举起白旗。缅什科夫率领俄军返回波美拉尼亚，途中把汉堡恐吓了一番，并从这座自由城市强索了10万塔勒"捐赠"，作为对它与瑞典从事高利润贸易的惩罚。对此彼得颇为愉快，他在给缅什科夫的信中写道："谢谢您以彬彬有礼的方式从汉堡弄到了这笔钱，也谢谢您没有浪费时间。请把这笔钱的绝大部分送到库拉金（荷兰）来。它们是至关重要的购船款。"[19] 缅什科夫自汉堡东行，围攻斯德丁。这一次，他装备了萨克森的攻城炮。1713年9月13日，斯德丁陷落。按照约定，斯德丁随后被移交给普鲁士的弗里德里希·威廉，后者至今未被要求参战。

卡尔的波罗的海帝国，一度以雄伟的姿态立于这片海洋南面，事到如今，只剩施特拉尔松德港和维斯马港依旧飘扬着瑞典的蓝黄色国旗。

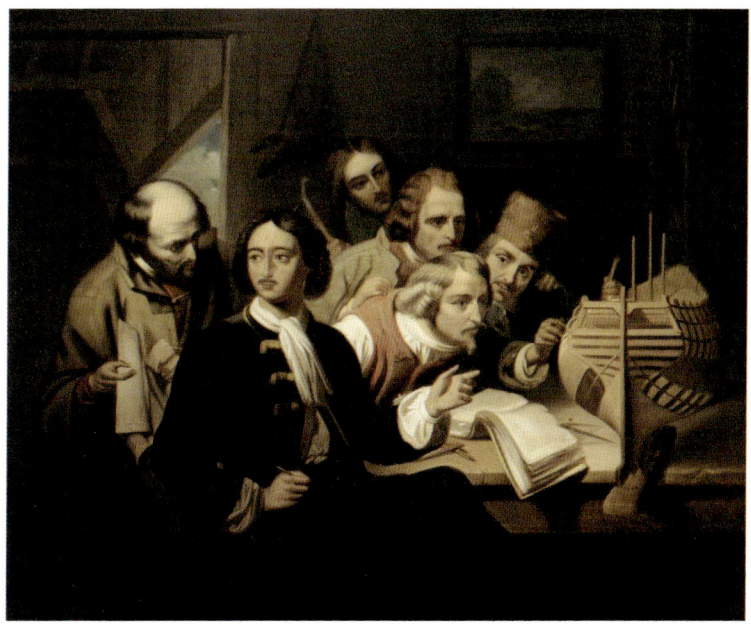

上：1697年8月至9月，彼得大帝访问阿姆斯特丹
下：彼得大帝在荷兰赞丹学习造船

上：彼得大帝在德特福德造船厂
下：彼得大帝在海边构思如何建设圣彼得堡

上：俄罗斯官员剪掉胡须和袖子
下：坚持蓄须的俄国人在缴纳税款后获得的圆形牌子,他们以此证明自己的胡子合法

上：纳尔瓦战役
下：列斯纳亚战

上：彼得大帝在1709年的波尔塔瓦战役中毁灭性地击败了瑞典人
下：卡尔十二世的遗体返回瑞典

"太阳王"路易十四

上：内嵌彼得大帝肖像画的奖章
下：彼得大帝抱起年幼的路易十五

上：亚历山大·丹尼洛维奇·缅什科夫
下：约翰·丘吉尔，第一代马尔伯勒公爵

## 44

## 芬兰海岸

1713年3月22日,彼得回到圣彼得堡,但在他心爱的城市只待了1个月。4月间,他从身在土耳其的沙菲罗夫处得知,尽管鞑靼人在乌克兰制造破坏性突袭,但奥斯曼土耳其人无意在南面挑起恶战。沙皇因而得以将自己的精力尽数投入组织陆、海军攻占上波罗的海北海岸的准备工作中去。

对被围困在滕宁要塞的斯滕博克而言,投降的命运似乎已无可避免,彼得当即将目光转向波罗的海的另一端,决心把瑞典人赶出芬兰。他不打算把这个省份留在自己手里,但他在卡累利阿之外获得的每一寸芬兰土地,都将成为和平谈判开始后的议价筹码。例如,可以用来抵消那些彼得有意留下的瑞典领土,如因格里亚和卡累利阿。在芬兰发动战役还有另一个好处:他可以自行其是,无须与那些妨碍他行动的盟友争吵。火炮的运送问题是要解决的,为了让别国君主践行诺言,死告活央也是没法避免的。为此,彼得在波美拉尼亚耽搁了一阵子。这些痛苦的日子过去后,彼得终于可以松一口气了:如今仗到底该怎么打、该在哪里打,都由他决定了。

事实上,彼得还没等到春天便决定发动战役。去年11月,他便从卡尔斯巴德给阿普拉克辛去信,命他加强进军芬兰的陆、海军的筹备工作。"这个省份,"彼得写道,"正如您知道的那样,是瑞典之母。不仅是肉类,连瑞典的木料也是从那里带来的。如果上帝让我们打到奥博(位于波的尼亚湾东岸的一座城市,当时是芬兰的首府),那么到了明年夏天,我们就可以更轻松地扭弯瑞典人的脖子。"[1]

发生在当年及次年夏天的芬兰战役很快便结束了,俄军的作战效率很高,牺牲也相对较小。这一辉煌的战果几乎完全归功于新建立的俄国波罗的海舰队。

彼得在位时期,战舰的设计和海战战术发生了根本性变化。17世纪90年代,专有名词"战列舰"(ship-of-the-line)首次出现。此时,战舰与战舰之间混乱不堪的近距离决斗为"线列"战术所取代——双方战舰排成两道平行行驶的队列,以重炮对轰。"线列"战术对战舰的设计标准产生了影响;相较于那些体形较小、速度较快、被用于侦察及袭击敌方商船的巡防舰和单桅帆船,主力舰必须拥有足以留在战列线中的实力。相应的限制条件是严格的:舰身结构结实;配备50门或者更多重炮,以及一群受过专业航海训练和精准炮术训练的船员。英国人在上述各个方面均处于世界前列。

平均每艘战列舰配有60—80门重炮,它们在2层或3层火炮甲板上排列开来,并被分置于左右舷处,因此,即使战舰的舷侧火力全开,朝敌人射击的火炮也只有舰载火炮的半数而已。有些战舰的体形较大,那些拥有90或100门火炮的巨舰,配属的船员数量有800余人,包括一些部署在帆索上的海军狙击手,他们专门狙杀敌舰甲板上的军官和炮手。

除了在战斗中遭受的创伤,战舰的作战效能还受到时间和自然力量造成的损害的限制。舰只在海上航行时,船壳开裂、桅杆松动、帆索扯烂或分离司空见惯。当舰只需要大修时,就必须把它驶入港口。就制海权而言,为战舰提供支持的基地是不可或缺的要素。

到了冬天,舰队即进入蛰伏期——特别是在波罗的海,结冰后,海上军事行动根本无法展开。舰只被带到码头边,船帆、索具、中桅、帆桁、大炮和炮弹被搬走,而后被成排放置,或是堆成金字塔状。在波罗的海的海军基地——卡尔斯克鲁纳、哥本哈根、喀琅施塔得和瑞威尔,巨大的船壳并排排列,宛如一只只沉睡的大象,它们以冻结于冰层中的姿态过冬。入春后,它们一艘接一艘地被倾斜过来,也就是侧翻过来,好替换朽烂或损坏的船底板,刮去附在船底的藤壶,重新填充船板接缝,将其涂上焦油。一切完毕后,舰只就会回到码头,去年秋天的程序将被倒过来重复一遍:大炮、帆桁和索具全部被搬回船上。空壳船将再度成为一艘战舰。

与用100艘战舰组成战列线的英国皇家海军相比，波罗的海的海军力量要弱一些，它们主要被用于内海范围内的对战。丹麦几乎是个岛国，首都哥本哈根四面临海。瑞典帝国在卡尔十二世登基时也是个海上政治实体。它的领土完整取决于本国交通能否得到保障，以及能否在瑞典、芬兰、爱沙尼亚、利沃尼亚和北德意志之间自由调动军队和粮食。1658年，它在卡尔斯克鲁纳建立海军基地，目的是压制丹麦人，保护本土与德意志省份之间的海上交通线。依靠这一新建的战略基地，瑞典得以控制整个中波罗的海和上波罗的海地区。即使在昔日所向无敌的瑞典陆军于波尔塔瓦战役中威风扫地后，瑞典海军依旧具备强大的实力。波尔塔瓦战役结束1年后（1710年），瑞典拥有41艘战列舰，丹麦拥有41艘，俄国却一艘都没有。瑞典海军高级将领瓦赫特迈斯特的头等大事就是对付丹麦人，但强大的丹麦舰队依旧游弋在芬兰湾和利沃尼亚海岸。

对于俄国人，瑞典海军几乎无能为力。它可以确保供应物资和援军送抵，但一旦瑞典陆军被投入陆地行动中，瑞典舰队就帮不上多大忙了。俄军围攻里加时，瑞典海军尽数集结于德维纳河口，它们却无法为该城的保卫战提供任何帮助。里加最终投降。但在大北方战争后期阶段，海上力量变得愈来愈重要。彼得意识到，迫使倔强的瑞典讲和的唯一办法就是跨越波罗的海，威胁瑞典本土。径直穿过丹麦杀向瑞典是入侵路线之一，丹麦海军可为大规模登陆行动提供支持和掩护，这项进攻计划在1716年的夏天和秋天占去了沙皇的全部精力。另一条路线是沿着芬兰海岸进军，然后横穿波的尼亚湾，进入奥兰（Aland）群岛，然后驶向斯德哥尔摩。1713、1714年夏，彼得最初尝试的就是这条路线。

彼得更希望用强大的、由50艘战列舰组成的俄国海军打头阵。然而，安装龙骨、再加上肋材和板材、铸造大炮、安装索具，以及招募船员、训练他们的航海和作战技术，免得他们杀敌八百自损一千可是艰巨的任务。尽管俄国雇用了一批外籍造船工人、海军将领、军官和水手，计划的进度还是很缓慢。它在沃罗涅日、亚速和塔甘罗格投入甚巨，如今这些付出却尽数付诸东流，波罗的海新舰队的组建工作不得不从头开始。

从1710年到1711年，俄国拥有的巨舰逐渐增多，但彼得手里的资本依然太少，无力以典型的作战方式挑战瑞典海军，夺取上波罗的海的控制权。此外，一旦他投入了大量必不可少的时间和财力来建造、装备军舰，他就必须好好爱护它们。于是，他给自己的海军将领们下了一道指令：除非己方拥有压倒性优势，否则绝不容许他们冒险用战列舰和巡防舰与瑞典人交战。因此，彼得的波罗的海舰队的新巨舰大多数时候都只能留在港口内。

尽管彼得继续在本土建造战列舰，还从荷兰和英国的造船厂购买，但沙皇的海军于1713年和1714年在芬兰湾取得辉煌战果的原因是彼得动用了一种之前在波罗的海从未出现过的战舰——桨帆船。桨帆船是一种混合型舰船。标准的桨帆船的长度通常为80—100英尺，单桅单帆，但同时配有多排划桨手。因此，它的装备结合了帆船和桨船的特色，无论是有风还是无风的时候，它都能行驶。数百年来，桨帆船一直被应用于地中海的封闭水域，那里的风况变化无常，无法信赖。甚至到了18世纪，在当地那些被暴晒的海湾，波斯帝国和罗马共和国时代的海军传统仍被保留了下来。桨帆船上配有几门小炮，但船体实在太小、太不结实，无力承载大型舰使用的海军重炮。因而18世纪的桨帆船使用的是薛西斯和庞培时代发展起来的战术——水手们划着桨，驾船冲向敌船，与它缠斗在一起，而发生在拥挤、光滑的甲板上的激烈步兵白刃战将成为决定战局的因素。

在彼得时代，奥斯曼海军的舰船几乎全是桨帆船。希腊人负责指挥，驾船则是奴隶的事，它们体形巨大，其中最大者乘员多达2000人，除了2层甲板上的划桨手，还有10个连的士兵。为了与土耳其人在爱琴海和亚得里亚海的封闭水域内一决雌雄，威尼斯人也在建造桨帆船，彼得后将众多俄国年轻人送到威尼斯去学习桨帆船制造艺术。法国在地中海维持着约40艘桨帆船的兵力，桨手由囚犯充当，他们被派到桨帆船上终身服役，以使他们免于死刑。英国四面皆是风浪湍急的海洋，桨帆船在这里根本派不上用场。

彼得一直对桨帆船感兴趣。它们的制作材料是松木而非硬木，制造时间短，造价低廉，即使是毫无经验的水手、士兵也能驾驶，这些人可以兼任登船杀敌的海军步兵。最大的桨帆船可搭载300人、装备5门炮，最小者可搭载150人、装备3门炮。①彼得先是在沃罗涅日，接着又在塔甘罗格建造桨帆船。那些在佩普西湖打造的船只在发生于1702年、1703年和1704年的旨在将瑞典小舰队逐出该湖的战役中派上了用场。在波罗的海，要避开瑞典人在大型战舰上的优势，桨帆船是个完美的选择。在芬兰海岸，无数为红色花岗岩和冷杉树包围的岩石岛屿与峡湾星罗棋布，考虑到这一自然环境，彼得只需将开阔水域让给瑞典舰队，同时让己方机动性较强、吃水较浅的桨帆船在瑞典大型舰船不敢进入的近海海域活动，便可令瑞典舰队成为无用之物。运载补给和军队的俄国桨帆船可以沿着海岸航行，遭到位于远海、体形较大的瑞典军舰攻击的可能性几乎不存在。如果瑞典人前来迎击，他们的大型战舰将很容易触礁沉没。如果瑞典战舰因风停止而无法动弹，在划着船桨发动进攻的俄国桨帆船面前，它们就只能任人宰割了。

突然出现在波罗的海的俄国海军，以及彼得深深依赖的桨帆船给瑞典人带来了痛苦的困境。长年累月下来，瑞典海军将领已习惯于维持一支由现代重型战列舰组成的常规舰队，预备用它们来对付他们的传统对手——丹麦人。当彼得的桨帆战舰开始下水的时候，瑞典人就将面临一种全然不同的海战。瑞典的财力已经枯竭，无法在维持用于对付丹麦人舰队的同时，再组建一支用于与俄军作战的大型桨帆舰队。于是，瑞典的海军将领和船长只能待在远海的巨舰上，无助地望着彼得那些用桨驱动、吃水很浅的小型桨帆舰队在近海海域来来去去，以极高的速度和效率攻占芬兰海岸。

这些以胜利告终的海上战役中，担任总司令的是费奥多尔·阿普拉克辛上将，他往往还亲自指挥桨帆舰队。协助彼得建造舰队、训练水兵的荷兰籍海军中将科尼利厄斯·克勒伊斯通常将自己的旗帜挂在一艘战列舰上。而沙皇本人在海上的时候总是坚持要求别人称自己为"海军少将彼得·阿列克谢耶维奇"，他时而指挥大舰舰队，时而指挥桨帆船队。阿普

---

① 建于1721年的俄国桨帆船"德维纳"号（*Dvina*）的模型，如今存放在彼得格勒的俄罗斯海军博物馆内。这具船模长125英尺，宽20英尺，拥有50条长凳，每条可容纳4至5人，他们的划桨长43.5英尺。

拉克辛的作风和能力给他手下的外籍军官留下了深刻印象。按照一名英籍舰长的描述,他"中等个头、身材匀称、食欲旺盛,对自己一头极长的头发(如今已变白)小心翼翼,通常用一根缎带将头发束起。他鳏居多年,也没有孩子,但你会注意到他的住宅、花园、用人和服装的俭省、有序、得体程度无与伦比。他的好脾气是公认的,但他喜欢按照他人的地位来决定待人方式"。[2] 无论是在陆上还是在海上,阿普拉克辛与彼得之间都维持着一种自尊与谨慎混杂的微妙关系。在宫中发言时,如果阿普拉克辛确信自己的论据更有力,那么"即使遭到君主绝对意志的反对,他也会继续坚持他所要求的公正,除非盛怒的沙皇威胁他,强迫他闭嘴"。但在指挥海战时,阿普拉克辛是不会对彼得让步的。上将年轻时从未出国,也从未受过航海技术和海军战术方面的训练,但尽管如此,当与身为下级将官的沙皇意见相左时,他也不肯屈服,即使沙皇试图以阿普拉克辛从未见识过外国海军为由,否定上将的观点。[3] 阿普拉克辛伯爵会立即用同样令人不快的指责加以驳回,令沙皇怒不可遏;不过,他后来还是妥协了,并发表了如下声明:"当我以海军上将的身份,同身为海军少将的陛下辩论时,我是绝不会让步的;但当您身为沙皇(九五之尊)时,我知道自己该怎么做。"

1713年春,桨帆舰队已准备完毕。4月末,从波美拉尼亚刚刚回来一个月的彼得率领一支舰队自喀琅施塔得起航,这支舰队由93艘桨帆船组成,一艘大船也没有,搭载的士兵有1.6万余人。阿普拉克辛指挥全军,沙皇统领后卫舰队。战役取得了压倒性的胜利。俄军利用桨帆船将陆军从海岸的某个地段运往另一地段,奋力而稳当地沿着芬兰海岸向西挺进。这是一次两栖作战的经典范例:每当瑞典将军吕贝克将他的军队部署在一座坚固的防御阵地内时,俄军桨帆舰队就紧挨着海岸线,悄悄从他背后绕过去,驶入一座港口,卸下数百或数千军人。他们拥有大炮和补给物资,且未因行军而疲乏。瑞典人根本没有任何办法来阻止俄国人,吕贝克无可奈何,只能撤退。

5月初,大批满载士兵的俄国军舰出现在赫尔辛弗斯(Helsingfors,

今赫尔辛基）附近的海面上，这座繁华的城市拥有一座优良的深水港。面对数以千计突然从海上到来的俄国人，守军只能烧掉储备物资，弃城而去。彼得当即乘船前往附近的博尔戈（Borga）港——吕贝克也放弃了那里。吕贝克在斯德哥尔摩始终不得人心，针对他的抱怨一直没停止过，但议会不敢免他的职，因为他是国王亲自任命的。然而，如今有人开始争论："问题在于，我们应当摆脱吕贝克还是摆脱芬兰。"[4]

至1713年9月，俄国人的两栖作战行动已推进至奥博（Abo）。吕贝克被召回，并被卡尔·阿姆费尔特将军（General Karl Armfelt）接替，后者是土生土长的芬兰人。10月6日，阿姆费尔特的军队在塔墨尔福斯（Tammerfors）附近的一条羊肠小道进行了一次抵抗。俄军发动进攻，把他们打得大败，并赶出了小道。此后，奥博以北仍有一支瑞军小部队留在芬兰，但芬兰省政府的全体瑞典籍文职官员、官方文件和藏书都被转移到斯德哥尔摩。许多芬兰民众越过波的尼亚湾，逃往奥兰群岛避难。就这样，在没有任何外国盟友支援或妨碍的情况下，彼得只用了一个夏天就征服了整个芬兰南部。

但在海上，瑞典海军仍然是统治者。在开阔的水域，瑞典战列舰可以顶住俄国桨帆船的攻击，并用重炮将它们轰成碎片。桨帆船唯一的机会是把这些大船引至近海，然后趁海风停歇的时候俘虏它们。在1714年8月的汉科之战中，彼得就遇到了这种偶然情形。

在为1714年的那场海上战役做准备时，彼得把波罗的海舰队的规模扩大了近1倍。单单在3月，就有60艘新桨帆船完工。3艘购自英国的战列舰抵达里加，另有1艘在圣彼得堡制造的战列舰停泊于喀琅施塔得。至5月，20艘俄国战列舰和近200艘桨帆船已做好出战准备。

6月22日，100艘桨帆船驶向芬兰，阿普拉克辛再次成为这支舰队的总司令，彼得则以海军少将的身份担任副手，这批军舰几乎全部由曾在地中海作战的威尼斯人和希腊人指挥。仲夏时节，俄国军舰游弋在芬兰南部近海，却始终不敢冒险越过芬兰湾最西端岩石遍布的汉科海角（Cape Hango），以免碰上可怕的瑞典舰队，后者正在地平线处等待他们。这支庞大的舰队包括16艘战列舰、5艘巡防舰、若干桨帆船和一些小船，它的指挥官是瑞典总司令瓦特朗（Wattrang）海军上将，他的使命是堵死西进奥兰群岛和瑞典海岸的敌人的去路。

僵局持续了几周。瓦特朗无意在近海与敌作战，而俄国桨帆舰队也不愿在开阔水域挨瓦特朗的重炮，它继续停泊在汉科海角以东6英里处的特维尔米内（Tvermine）。8月4日，瓦特朗的舰队终于朝俄国人开去，在看到俄国舰队的庞大数量后掉头返回开阔水域。俄国桨帆船立刻追了上去，希望至少在风停的时候捕获几艘瑞典军舰。在接下来的机动中，大多数瑞典舰只成功摆脱了俄国人的追击。

但到了第二天早上，彼得的希望终于变成了现实。风停了下来，大海沉寂了。平静如镜的海面上，漂浮着一支由海军将领埃伦斯舍尔德（Ehrenskjold）指挥的瑞典分舰队。俄国人立刻行动，试图抓住这次大好机会。拂晓时分，20艘俄国桨帆船划着桨，离开了保护自己的海滨水域，驶向一动不动的瑞典战舰所在的外部海域。埃伦斯舍尔德的舰队意识到即将发生什么后，放下用桨驱动的小船，试图将战舰拖走。但小船上仅有区区数名桨手，他们的力量根本不及俄国桨帆船上那些同心协力的桨手。当天晚上，阿普拉克辛的主力部队（60多艘桨帆船）悄悄从瑞典人与海岸之间驶过，进入瓦特朗舰队与埃伦斯舍尔德舰队之间的海域。为了避难，埃伦斯舍尔德撤入一条狭窄的峡湾，然后将他的战舰排成一道首尾相连的战列线，这道战列线从峡湾一侧一直延伸至另一侧。第二天，当这支分舰队落单后，阿普拉克辛准备发动进攻。他先派一名军官登上瑞军旗舰，向埃伦斯舍尔德提供了一份体面的投降协议。协议遭到拒绝，战斗开始了。

这场发生在一古一今两种不同类型的战舰之间的争斗显得既古怪又特别。瑞典人在重炮和老兵上占上风，但俄国人在船只和人员数量上拥有压倒性优势。体积更小、机动性更强、甲板上站满士兵的俄国桨帆船一齐向瑞典军舰冲杀过去。在瑞军的炮火下，俄国人忍受着不可避免的损失，贴近、登上动弹不得的瑞典舰艇。事实上，在战舰的使用方面，阿普拉克辛的表现不像一名海军将领，倒像派遣步兵或骑兵发动一波波攻击的陆军将领。8月6日下午2点，他用35艘桨帆船发动了第一波进攻。瑞典人持续开火，直到桨帆船逼近为止，而后，他们用炮火扫射桨帆船的甲板，迫使它们退却。由80艘桨帆船发动的第二波进攻也被击退了。其后,阿普拉克辛将两批战舰合并(总计95艘桨帆船),再发起攻击。他集中进攻首尾相连的战列线左翼,俄军的跳帮部队肃清了瑞典战舰的抵抗。由于甲板上厮杀的人太多,一艘瑞军战舰不堪重负,当场倾覆。瑞军战列线被突破后,俄国桨帆船立刻突入缺口,密密麻麻地裹住战列线的其余部分。它们同时从两侧发动进攻,逐船攻占无法动弹的战列线。激烈的战斗持续了3小时,双方都蒙受了惨重伤亡。末了,瑞典人被打垮,361人战死,900多人被俘。埃伦斯舍尔德本人也成了阶下囚,一起被俘的还有他的旗舰——巡防舰"大象"号,以及9艘瑞典小舰。

彼得在战役期间的去向存在争议。一些人声称他负责指挥阿普拉克辛的桨帆舰队第一分队,其他人则认为他当时在海岸上观战。汉科之战并不是一场经典海战,却是俄国人在海上的首捷,彼得一直认为,这场胜利证明了自己用于建设海军的多年心血没白费,它的重要性不亚于波尔塔瓦战役。

兴高采烈的他打算用最为壮观的方式来庆祝。彼得一面将大半支桨帆舰队派去占领西面如今已毫无保护的奥兰群岛,一面带着战利品返回喀琅施塔得。当叶卡捷琳娜分娩,女儿玛加丽塔呱呱坠地时,彼得在那里停留了几天。其后,他于9月20日举行凯旋仪式,率领俘获的巡防舰及其他6艘瑞典军舰驶入位于上游的涅瓦河,与此同时,大炮鸣响了150次,以示庆祝。舰队停泊在彼得保罗要塞附近。俄国船员与瑞典船员登岸参加胜利游行。普列奥布拉任斯基团走在游行队伍的最前头,队伍中包括200名瑞典军官和水兵、缴获的海军将军旗帜以及埃伦斯舍尔德本人。上将身穿一套崭新的镶银边衣服,那是沙皇的礼物。彼得则穿着镶金边的绿色俄国海军少将制服现身。临时为此立起的新凯旋门上装饰着一只捕获一头大象(暗指被俘虏的瑞典巡防舰)的俄国鹰,还题着一行字:"俄国鹰不抓苍蝇"。胜利者与失败者穿过凯旋门,走进要塞,在那里他们受到罗莫达诺夫斯基的迎接。以冒牌沙皇身份出场的他坐在宝座上,身侧环绕着参政员。罗莫达诺夫斯基将高大的海军少将召至自己面前,从他手中接过一份关于这次海战的文字记录。记录被高声朗读后,冒牌沙皇与参政员们问了彼得几个问题。经过短暂的商议，他们一致宣称：鉴于海军少将的忠诚服务，晋升他为海军中将。人群爆发出一阵欢呼："为海军中将的健康干杯！"彼得在发表致谢演说时提醒自己的战友注意，有些变化是在区区20年内发生的："朋友们，伙伴们：20年前，你们当中可曾有人胆敢想象，有朝一日，我们会用亲手建造的舰船铺满波罗的海海面，或是在这座建于从敌人手中夺得的土地上的城市里生活？"[5]

仪式结束后，彼得登上自己的单桅帆船，亲手升起海军中将旗。当夜，一场盛大的酒宴在缅什科夫的宫殿内举办，出席者既有俄国人，也有瑞典人。彼得起身转向他的俄国随从，开始夸奖埃伦斯舍尔德将军。"站在你们眼前的，是一名忠心侍主的勇敢仆人，他的所作所为绝对配得上最高规格的奖赏。只要他追随我，他就应当永享我的恩宠，尽管他杀死了许多勇敢的俄国人。我宽恕您，"他直接对埃伦斯舍尔德说，"您可以信赖我的善意。"[6]

埃伦斯舍尔德谢过沙皇，然后答道："不管我为我主人做的事可能有多光荣，我也只是尽到自己的义务而已。我本想一死了之，但没能如愿。不幸沦为陛下的阶下囚，被一位如此伟大的海军军官（如今成了一位可敬的海军中将）如此重用、如此优待，于我而言是个不小的安慰。"随后，在与在场的外国大使交谈时，埃伦斯舍尔德声称，俄国人委实很会打仗，他仅凭自己的经验便能确定，沙皇有能力把自己的俄国臣民变成优秀的陆、海军战士。

汉科之战的胜利不仅将芬兰湾，也将波的尼亚湾东面的瑞典战舰一扫而空。瓦特朗上将如今彻底放弃上波罗的海，他不愿让自己的大型战舰冒险与使用非正统战术的俄国桨帆船对抗。继续西进的道路就这样朝着俄国舰队敞开。9月，一支拥有60艘桨帆船的舰队在奥兰群岛卸下1.6万名士兵。不久以后，俄军大舰返回喀琅施塔得，但阿普拉克辛的桨帆船继续朝波的尼亚湾奋力挺进。9月20日，他行抵瓦萨（Wasa），并从那里派出9艘桨帆船横穿海湾，进攻瑞典海岸，焚毁瑞典城市于默恩（Umean）。由于损失了一些桨帆船，而冬季的冰冻期也即将到来，阿普拉克辛将他的舰队安置在冬季营地，它们分别设于芬兰海岸的奥博和芬兰湾对岸的瑞威尔。

　　芬兰战事的成功对彼得是个鼓舞，促使他扩大了造舰计划。后来，在沙皇统治末期，波罗的海舰队已拥有34艘战列舰（其中许多是60炮或80炮战舰）、15艘巡防舰、800艘桨帆船和一些小船，配备的俄国海员总计达2.8万人。这是一个巨大的成就，因彼得的舰队在规模上依旧小于大不列颠海军而不满的人忽视了一个事实：彼得刚刚开始组建海军时，俄国没有一艘军舰，没有海军传统，没有造船工人、海军军官、领航员或水手。在彼得去世前，一些俄国战舰就能与英国海军最好的战舰相媲美，用一名观察家的话说，它们"装备更豪华"。唯一的不足在于，彼得始终没能激发本国同胞对海洋的兴趣。外籍军官——希腊人、威尼斯人、丹麦人和荷兰人继续指挥着俄国军舰，俄国贵族依旧厌恶大海，被迫服海军兵役也依旧几乎是他们最为痛恨的事。热爱蓝色波涛和含盐空气的彼得在俄国人中仍是独一无二的。

# 45

# 骚 乱

未能阻止土耳其与俄国在普鲁特河缔和，卡尔十二世感到失望，感到痛苦，他顽强地努力着，试图破坏和议。后来俄罗斯帝国与奥斯曼帝国之间发生了3场彼此间隔1或2年的短暂"战争"，一定程度上说，它们算是卡尔的杰作，但彼得不愿交出亚速、从波兰撤军也是卡尔的责任。1712年10月土耳其人第三次宣战，颇有希望的机会随之到来。当时，一支庞大的奥斯曼军队在阿德里安堡集结，苏丹亲自统军。作为联合作战计划的一部分，艾哈迈德三世同意让卡尔十二世在一支强大的土耳其军队护送下北进波兰，如此一来，国王就能与斯滕博克指挥的一支新的瑞典远征军会合。但斯滕博克在德意志登陆后没有南下，而是西进，他最终在滕宁要塞沦为俘虏。卡尔依旧是个无兵之王，而苏丹经过慎重考虑，觉得仅凭自己的力量入侵俄国前途难料，于是决定讲和，然后回内宫去了。

就这样，到了1713年冬，卡尔十二世已经在土耳其待了3年半。尽管穆斯林热情好客，但大多数土耳其官员都已对他心生厌倦。他实际上成了"高门的沉重负担"。苏丹想与俄国缔结一份永久性的和平协议，但卡尔不停地玩弄阴谋，和谈之路已变得困难重重——这就决定了土耳其人无论如何都得把卡尔送回国去。

这个决定引发了一场阴谋。鞑靼可汗杰夫列特·盖赖伊原本是卡尔的仰慕者，但当国王拒绝与土耳其军队一起进军普鲁特河的时候，他的情感发生了变化。如今可汗与波兰的奥古斯特取得联系，并制订了一个计划。按照计划，可汗将假意为瑞典国王提供一支强力的鞑靼骑兵，护送他穿过波兰返回瑞典。等到上路，可汗就会以各种各样的借口，将卫队一部接一部地调离，逐步削弱其力量。在越过波兰边境的时候，这批人马会遭遇一支强大的波兰军队,届时兵力缩水的卫队无力抵抗,将举手投降,并把瑞典国王交出去。如此一来,双方都将获利——土耳其人可以摆脱卡尔,而奥古斯特将得到卡尔。

但这一次,运气站到了卡尔一边。他手下的一帮人扮成鞑靼人,截住信使,将奥古斯特与可汗之间的往来信件带给了身在本德尔的国王。卡尔得知可汗和本德尔的军政长官都被卷入了这场阴谋。他使出浑身解数,查明苏丹并未参与其中。多年来,卡尔一直试图逃离土耳其,但现在他打定主意不走了。他打算与艾哈迈德三世联系,把阴谋告诉他,但发现本德尔与南方之间的所有通信都被切断了。他的书信一封也没能送达,即使走迂回路线也一样。

事实上,苏丹巴不得早点赶走卡尔,但他制订的解决方案不同。1713年1月18日,他下令劫持瑞典国王,如有必要就动用武力,但不准伤害他。卡尔将被带到萨洛尼卡(Salonika),然后就地带上一艘法国船,那艘船将载着他回到瑞典。艾哈迈德不认为必须动用武力。他对可汗的阴谋一无所知,当然,他也不知道卡尔已经发觉此事。这场阴谋错综复杂,由此导致的一知半解和误解引发了一段特别的插曲,它的土耳其名字叫作"卡拉巴里克"(Kalabalik,意为"骚乱")。

位于本德尔的瑞典营地在三年半的时光里发生了翻天覆地的变化。帐篷不见了,取而代之的是一排排永久性营房——就像兵营那样。军官的营房装上了玻璃窗户,普通士兵的营房窗户覆上了皮革。国王住在一栋又大又新且配有漂亮家具的砖房内,它与一栋军事法庭大楼、军官营房,以及一座马棚一起构成了一座坐落于建筑群中央的半要塞化广场。透过楼上阳台的窗户,他可以将整个瑞军营地和周边的一排排咖啡馆和小商铺尽收眼底,商店店主向瑞典人出售无花果、白兰地、面包和烟草。这个名为新本德尔(New Bender)的社区是一座迷失在土耳其海洋中的瑞典迷你小岛,但海洋对它并无敌意。驻扎此地保护国王的耶尼切里团以崇拜的目光注视着他。眼前的这位英雄正是土耳其极度缺乏的那种英雄。"如果有这样一位国王来领导我们,我们还有什么办不到的呢?"他们问。[1]

尽管有这些友好情谊在，但苏丹的谕旨于1713年1月送达时，瑞典营地周边仍然开始布满紧张的气氛。卡尔的军官从阳台望见数以千计的鞑靼骑兵纵马驰来，与耶尼切里部队会合。面对这支土军，卡尔手下的瑞典士兵不足1000名，也没有盟友。看到土军正在集结，名义上接受卡尔指挥的波兰人和哥萨克偷偷离去，将自己置于土耳其人的保护下。国王没有被吓倒，他开始着手准备抵抗，他的部下开始搜集足以支持6个星期的粮食。为了提高瑞军的士气，一天，卡尔单枪匹马，平安无事地穿过等待中的鞑靼军队列，后者屹立于斯，厚厚重重，"就像四面紧贴的风琴管一般"。[2]

1月29日，卡尔收到警告：进攻将于翌日发起。他和部下砌起一道围墙，但泥土冻住了，无法掘开。他们改用木制手推车、马车和桌椅筑起一道路障，然后用铲子把牲畜粪便堆到马车之间。第二天上演的是欧洲历史上最为离奇的一段军事插曲。当这个戏剧性的故事在欧洲各地流传的时候，人们纷纷摇头不信。但在当时，听闻这个传说的人自然无一知道卡尔只想做一次象征性的抵抗，以挫败将他带走、然后在波兰出卖他的阴谋。无法将这个阴谋告知苏丹的他，希望用抵抗迫使可汗和军政长官撤军，等待、请求他们的主君艾哈迈德三世下达新的指令。

"骚乱"于星期六（1月31日）开始，土耳其大炮开火了，它们一齐将炮弹射向瑞典人的临时防御工事。有27发炮弹命中了国王的砖房，但土耳其人火药装少了，炮击造成的损害甚为轻微。数千名土耳其人和鞑靼人一起攻过来。"大批鞑靼人杀向我们的战壕，每走三四步，他们便暂停前进，看上去非常可怕，"[3] 一名瑞典参战者写道，"上午10点，数千名土耳其骑兵出现，随后数千名耶尼切里步兵从本德尔开到。他们排成整齐的队列，仿佛现在就要进攻我们。"

攻势已准备完毕，但出于某种原因始终没有发动。根据一份记录，土耳其士兵不愿进攻瑞典国王，他是他们的崇拜对象。他们要求查看苏丹命令他们这样做的书面指令。另一个故事称，50或60名耶尼切里士兵只带着白色棍棒，走向瑞军营地，恳求卡尔把自己交到他们手里，并发誓不会碰他一根头发。据说卡尔不但予以拒绝，还警告说："如果他们不离开，我就火燎他们的胡须。"于是耶尼切里士兵全都丢掉他们的兵器，宣称自己不会发起进攻。最后一个故事是这样的：就在攻势开始前，三道彼此层叠的彩虹出现在卡尔的住宅上方。目瞪口呆的土耳其人拒绝发动进攻，声称安拉在保护瑞典国王。最为可能的原因是，军政长官和可汗只是假装发动炮击、集结队伍，试图在不使用暴力的情况下吓倒卡尔，使其投降。无论如何，土军静静站着，毫无动作，当炮击停止后，队列就解散了。

第二天（2月1日，周日）早上，当人们从瑞典营地向外张望时，看到的是令人沮丧的景象："异教徒为数众多，以至于站在国王房子顶端的我们根本看不到他们队伍的尽头。"[4] 沿着等待中的土军队列望去，小小的红色、蓝色和黄色旗帜迎风飘扬，在一座山丘的后方，插着一面巨大的红旗，"土耳其人立起这面旗帜，表明他们准备迫使瑞典人流尽最后一滴血"。一些瑞军士兵和下级军官为这一幕所震惊，他们不知道这一切不过是场游戏，以为自己将要沦为一场大屠杀的受害者。他们开始三三两两地越过路障，将自己置于土耳其人的保护下。为了鼓舞士气，卡尔命令号手和铜鼓手在自己的住所屋顶吹号击鼓。为了阻止逃亡，他给全体部下送去一个承诺和一个威胁："陛下保证，全军上下，无论是谁，只要与他一起再坚持两小时，他就会以最亲切的方式奖赏此人。但无论是谁，只要叛逃到异教徒那儿去，他就别想再看到明天的太阳了。"[5]

由于那天是星期天，国王到自己的住所里做礼拜去了，当他正在聆听布道时，大炮的轰隆声和炮弹的呼啸声突然响彻天际。瑞典军官冲到住所楼上的窗户边，看到不计其数的土耳其人和鞑靼人手举刀剑，冲向他们的营地，并且喊着："安拉！安拉！"路障边上的瑞典军官随即朝部下喊道："不要开枪！不要开枪！"有几个人用手中的步枪开了火，但路障处的大多数官兵立刻投降了。纵使当时身处绝境，此举也与瑞典官兵的正常做法大不相同，它强烈地暗示了一件事：国王下令避免与土军发生流血冲突。

与之类似，在战场另一边，可汗和军政长官显然也下达了一模一样的指示。尽管建筑群内"箭如雨下"，却什么也没有命中。射向国王住宅的炮弹要么"从房屋上方飞过去，未曾造成任何损害"，要么由于只装填了最少量的火药，炮弹从围墙上弹了开去，没有伤到墙体分毫。

即便如此,虽然双方的本来意图可能都只是演戏,而非真打,但一场动用了炮弹、枪弹和出鞘之剑的戏是很难一直以和平的方式演下去的。很快,人们的怒火被点燃,流血冲突开始了。由于大多数瑞典人几乎没有抵抗,土耳其人蜂拥进入卡尔的住所,开始洗劫。大厅里挤满了土耳其人,他们看到什么,就掠走什么。这种侮辱超出了卡尔所能忍受的程度。狂怒的国王右手持剑,左手持枪,突然打开大门,冲进大厅,他的身后跟着一群瑞典人。双方一齐用手铳射击,房间内弥漫着火药散发出的浓烟。被呛得咳嗽连连的瑞典人和土耳其人透过令人眩晕的烟雾展开白刃战,他们捅刺着,闪躲着。如同战场上经常上演的那样,瑞典人的冲击力产生了效果;此外,在住宅内,瑞典人和土耳其人的人数更为接近。大厅和房屋很快就被清扫干净,最后一批土耳其人从窗户跳了出去。

就在此时,布拉班特团成员阿克塞尔·罗斯(Axel Roos)环视四周,没有看到国王。他飞快地穿过屋子,发现卡尔正在高级膳食官的房间里。"他站在三个土耳其人中间,双臂高举,右手持剑……我击毙了那个背对房门的土耳其人……陛下放低持剑的胳膊,刺穿了第二个土耳其人的身体,我毫不迟疑地打死了第三个土耳其人。"[6] "罗斯,"国王的喊声透过浓烟传来,"是你救了我吗?"当卡尔和罗斯从尸体上跨过去时,血从国王被子弹擦伤的鼻子、面颊和一只耳垂上流下来。他为了抵挡土耳其人的刀锋,徒手去抓敌人的刀身,导致自己左手拇指与食指之间的部分被严重割伤。国王、罗斯同其他人重新会合,后者已经把土耳其人赶出了房子,正从窗口朝他们射击。

土耳其人把大炮推上来,开始近距离开火。炮弹把砖块打得粉碎,但厚实的墙壁顶住了冲击,卡尔在自己的帽子里塞满步枪子弹。他在房屋内到处走动,将备用的火药和弹药打包,交给守在窗边的士兵。

此时黄昏正在降临。土耳其人知道,屋内人员不到100人,动用一支1.2万人的军队去攻打是滑稽可笑的,更何况他们接到命令说不许伤了这100人的性命。他们决定尝试一种新战术,迫使瑞典人走出屋子。鞑靼弓箭手把燃烧的麦秆系在箭支上,射向用木板钉成的国王住宅屋顶。与此同时,一队耶尼切里士兵携带一捆捆干草和稻草,冲向屋子的一角,把它们堆积起来，点燃。当瑞典人企图用铁棒把燃烧的草捆推出去时，鞑靼弓箭手用精准的箭法把他们逼了回去。几分钟内，房顶就着了火。卡尔和他的同伴冲进顶楼，与上方的烈焰搏斗。他们用马刀尽可能地将屋顶劈开，但火势蔓延得十分迅速。燃烧的房梁喷吐着凶猛的火舌，迫使国王和他的部下退回到下方的楼梯上，他们用外套裹住脑袋，以免自己被高温灼伤。在一楼，精疲力竭的人们朝嘴里灌着白兰地，连国王也接受建议，饮下一杯酒，因为他和别人一样口渴难耐。自从离开斯德哥尔摩以来，13年过去了，卡尔还是头一回触碰酒精。

与此同时，燃烧的木瓦从屋顶掉到顶楼楼板上，火势在蔓延。突然，屋顶的残余部分塌了下来，房屋的整个上半部分成了一座火炉。此时，一些瑞典人觉得落得个活活烧死的下场对自己毫无好处，便提议投降。但国王可能被那一大口他不习惯的酒精刺激得异常亢奋，拒绝屈服，"直到我们的衣服烧起来为止"。

尽管如此，他们显然无法继续待在原地了。有人提议冲向军事法庭大楼，过去后再厮杀，那栋离这里50步远的建筑仍然完好无损。卡尔予以同意。土耳其人望着眼前的情景，他们想知道国王是否还活着。那些人竟然能在面前这座火炉内存活下来，这令他们大为吃惊。突然，他们看到卡尔国王领着他那支小队伍出现，他手持宝剑、手铳，从夜幕中飞奔而过，熊熊燃烧的建筑映亮了他的身影。土耳其人向前冲去。这是一场竞赛。不幸的是，当卡尔绕过那栋建筑的一角时，被他时常佩戴的马刺绊了一下，头朝前跌倒。

他还没爬起来，土耳其人便已经逼近了。他的侍从奥贝里中尉（Lieutenant Aberg）以身蔽主，欲保护主君免受土耳其人刀剑的伤害。奥贝里的头上挨了一马刀，当场受伤，然后被人拖走。两个土耳其人随即朝国王猛扑过去，想把他的剑夺下来。他们的重压给卡尔造成了当天最为严重的伤害——他右脚的两根骨头折了。土耳其人根本没有注意到这点，他们开始扯碎国王的外套；按照承诺，生擒并交付瑞典国王者可得到6个杜卡特，而外套就是他们的证据。

尽管足部疼痛不已，卡尔还是站起身来。他没有受到其他伤害，身后的瑞典人看到国王已经放弃抵抗，立刻投降了。他们的表、钱财和外套上的银纽扣当场被夺走。卡尔的鼻子、脸颊、耳朵和手都流着血，眉毛被烧焦，面部和衣服被火药熏得乌黑，散发着刺鼻的烟味，他的外套被撕成一条一条的，但他又恢复了一贯的镇定自若的姿态，他心中毫无忧虑，乃至近乎愉悦。他已经实现了自己的计划，抵抗了不是2个而是8小时。心满意足的他任由自己被带往本德尔军政长官的住宅。走进官邸时，卡尔衣衫破烂，满身血污，鲜血和泥土已在他脸上凝结成块，但他显得泰然、平静。军政长官很有礼貌地接待了他，并为因误会而引发冲突一事致歉。卡尔在一把躺椅上坐下，要了水和一盘冰冻果子露。他拒绝了别人拿给他的晚餐，很快就进入了梦乡。

第二天，卡尔和他的全体战友被护送往阿德里安堡。一些人见此情形，黯然神伤。杰弗里斯写信给伦敦："阁下，当我看到那一幕时，心情之悲痛实在无法用语言形容。我先前看到的，是一位极为荣耀、极为可畏的国君，如今我目睹了他跌落神坛，以至于惨遭土耳其人和异教徒蔑视、嘲笑的情景。"[7] 但其他人觉得卡尔似乎很愉快。有人说："他的心情很好，就像是欢度幸运日或解放日一样。"[8] 另一人声称，卡尔看上去颇为自得，"仿佛所有的土耳其人和鞑靼人都归他管"。毫无疑问，他已经成功实现了自己的目标：经过如此规模的一役，可汗和军政长官是不会把他送到波兰去了。

讽刺的是，"骚乱"结束后的那天，苏丹的新谕旨送抵本德尔，撤销了授权动用武力劫持卡尔的许可。苏丹的使者在与国王会面时辩称："伟大的陛下对这些可憎的阴谋一无所知。"[9]

在阿德里安堡，卡尔受到礼待，并被安置在富丽堂皇的蒂穆尔塔什堡（Timurtash），他在那里待了几个星期，等待自己的足部痊愈。作为对骚乱的惩罚，可汗和军政长官都被免了职。3个月后，奥斯曼帝国发动了第四次短暂的对俄战争。卡尔的行动在各方面都取得了暂时的成功。

这场骚乱轰动全欧。一些人视它为英雄事迹：国王像一位传奇英雄那样，凭借一己之力与占有压倒性优势的敌人大战；但许多人觉得这是一次十足的疯狂之举。国王怎么能如此冒犯殷勤款待他的苏丹？当彼得听闻消息时，他的态度就是如此："我现在意识到，上帝已经抛弃了我的兄弟卡尔，因为他居然开始攻击、激怒他唯一的朋友和盟友了。"[10]

事实上，这真的是一起英雄事迹吗？从表面上看，是100个装备步枪、手铳和马刀的瑞典人在抵御1.2万个装备大炮的土耳其人的进攻。在欧洲流传的故事称，土耳其人成批倒下，他们的尸体在国王的住宅前方堆积如山。事实上，土耳其一方战死40人，而瑞典一方损失了12人。甚至连这些伤亡都是可以避免的，因为耶尼切里士兵表现得极为克制。如果土耳其人没有闯进卡尔的住所疯狂洗劫，土方大部分死者是可以活下来的。"卡拉巴里克"其实就是一场出于政治因素上演的蹩脚戏，由于有人试图阻止国王被俘虏、驱逐而演变成一场流血冲突，但它同样是一场卡尔酷爱且任其继续的游戏。他已经3年多没打仗了，他在普鲁特河战场受到羞辱；而在这儿，他至少能挥舞自己的剑。是卡尔十二世对战争所带来的兴奋、刺激感的热爱导致了骚乱的发生。

骚乱过后的20个月内，卡尔继续留在土耳其，身为苏丹座上宾的他被安置在带有漂亮的庭院和花园的蒂穆尔塔什堡。他的足骨经过很长时间才完全愈合。到了第十个月，他可以走动或骑马了。就在这段时间内，欧洲的局势急速变化。1713年4月，《乌得勒支条约》（Treaty of Utrecht）的签订终结了持续12年的西班牙王位继承战争。这场战争没有赢家。太阳王的外孙菲利普·德·波旁坐上了西班牙的王位，遂了路易十四的心愿，但按照条约的规定，法兰西王国和西班牙王国被小心谨慎地分隔开来。71岁的路易只剩下2年寿命，而法国已经被战争折腾得穷困潦倒。另一位对西班牙王位提出所有权主张者——奥地利的查理如今占据了另一把王座。当他的哥哥于1711年去世时，他成了神圣罗马帝国皇帝。

这些年间，俄国与土耳其最终订立了永久和平协议。在经历了普鲁特河战役和3场继之而来的无血战争后，彼得最终放弃了亚速，并从波兰撤军。土耳其人则渴望实现和平，西欧战事的结束解放了奥地利军队，它现在可以对巴尔干的土耳其人采取行动了。苏丹想做好应对准备。1713年6月15日，《阿德里安堡条约》签订，给两国带来了为期25年的和平承诺。

这份条约签订后，卡尔十二世终于无法再在奥斯曼帝国待下去了。土耳其人已经庇护了瑞典国王4年,如今他们与卡尔的敌人实现了和平。因此,卡尔无论如何必须离开。由于欧洲大陆正处于和平状态,横贯欧洲的道路已经敞开。卡尔无法按照原先计划的那样穿越波兰,因为他的对头奥古斯特现在正头戴波兰王冠,但他可以取道奥地利和德意志各邦。事实上,新任皇帝查理六世日夜盼望瑞典国王回到北德意志。当地的国王和统治者准备把神圣罗马帝国境内的瑞典领土统统吞掉,皇帝宁愿维持现状和平衡。因此,皇帝不仅答应让卡尔通过帝国领土,还敦促国王前往维也纳,获得正式接待。卡尔拒绝了第二个要求,他坚持认为自己享有通行权,不需要任何形式的程序或承认。如果这一权利被否决,卡尔就将发表声明,宣布接受路易十四的邀请,搭乘一艘法国船回国。皇帝同意了。

卡尔决定匿名上路。如果他以尽可能快的速度纵马疾驰,是可以赶在消息传开、欧洲得知他已离开土耳其之前抵达波罗的海海岸的。1714年夏末,卡尔开始练习骑乘,锻炼自己和坐骑,为长时间骑马做准备。到9月20日,他做好了动身准备。苏丹送给他几件告别礼物——几匹骏马、几顶豪华帐篷、一具镶珠宝的马鞍。在一支土耳其骑兵仪仗队的护送下,国王与130名自骚乱开始后一直跟在他身边的瑞典人一道骑马北行,穿过保加利亚、瓦拉几亚和喀尔巴阡山口。在位于奥斯曼帝国及奥地利帝国边境的皮特什蒂(Pitesti),卡尔和他的小队伍遇上了大批骚乱结束后留在本德尔的瑞典人。与他们一道骑马前来、打算一路走到底的还有几十个债主,他们决定陪着瑞典人跨越欧洲,希望国王踏上瑞典土地后,能够把欠他们的钱还上。当队伍正在集结时,卡尔更加努力地练习马术,他策马绕着营地奔驰,纵马越过横木,在疾驰间从鞍子上俯下身来捡拾地上的一只手套。

当瑞典流亡者全部集合起来后,他们的队伍有了1200人、近2000匹马,以及数十辆马车。这样一支队伍的移动速度很慢,而且附近一带人们的注意力都会被吸引过来。卡尔非常希望动作能快点,免得被萨克森、波兰或俄国间谍发现,也免得帝国境内那些仍视他为保护者的新教徒举行各种公共活动以表示对他的支持,那样会令他难堪。因此,国王决定独自上路。

除了速度，卡尔依赖的还有伪装。由于卡尔禁欲式的个人习惯已是全欧皆知，队伍里的一名成员打趣说：只要国王戴上一顶卷曲的宫廷假发、住进最奢华的旅店里、酗酒、到处和姑娘调情、一天的大部分时间都穿便鞋、睡到中午，他的伪装就没人能识破。卡尔做不到那种程度，但他蓄起髭须、戴上黑色假发、穿上棕色制服、戴上镶金边帽子、带上一本护照（上面填的名字是上尉彼得·弗里斯克）。他和两个同伴骑上马，赶在车队出发前便上路，给人这样一种印象：他们奉命先行，为走在后头的皇家车队购买马匹和膳宿。在主力队伍中，有一名军官身穿卡尔的衣服，佩戴卡尔的手套和剑，他的任务是假扮国王。卡尔的两名护卫中有一名在途中掉了队，因此瑞典国王在跨越欧洲时，身边实际上只有一名同伴。

他越是往前走，心中就越是焦急。他在途中的补给站——匈牙利的德布勒森（Debrecen）、多瑙河上的布达停留的时间很短，从未超过一小时。他几乎从不在旅馆就寝，宁可以乘客身份在一辆快速邮车上过夜，马车一路颠簸，他则蜷起身子，躺在铺着稻草的车厢底板上睡觉。他以最快的速度从雷根斯堡赶到纽伦堡（Nurnberg），再到卡塞尔（Kassel）和北方。11月10日晚，在位于波罗的海海岸的瑞属波美拉尼亚城市施特拉尔松德，城门卫兵为一个急切的敲门者打开城门。在门外，他看到一个头戴黑色假发的人，假发上扣着一顶巨大的帽子。越来越多的高级官员被召集起来，直到凌晨4点，施特拉尔松德总督满腹牢骚地从床上爬起，前去确认一个惊人的报告：历经15个寒暑，瑞典国王又一次站在了瑞典的土地上。

这趟旅程缔造了另一个惊人的故事。在不到14天的时间里，国王从瓦拉几亚的皮特什蒂赶到波罗的海的施特拉尔松德，行程达1296英里。531英里的路程是依靠乘坐邮车完成的，其余则是在马背上完成的。他的日平均速度超过100英里，在最后6天的行程（从维也纳到施特拉尔松德）里，渐盈的月亮助了他一臂之力，照亮了道路，他的速度更快了——卡尔用了6个日夜，走完了756英里。一路上他衣不解带，靴不离足。当他抵达施特拉尔松德时，人们不得不把靴子从他的脚上切下来。

这趟著名的行程引发了欧洲人的想象力。瑞典国王再一次做出了出人意料、不可预知的举动。在瑞典，得到消息的人们"欢喜到难以形容"。15年后，奇迹发生了：国王回来了。尽管自波尔塔瓦战役结束后，5年来瑞典遭受了各式各样的灾难，但如今国王会设法扭转乾坤。瑞典各地的教堂举行感恩祷告。但在别处，卡尔赶往施特拉尔松德一事引发的不是感恩，而是忧虑。现在武士国王回到瑞典了，接下来会有怎样的戏剧性情况发生？对那些与卡尔较量多年的人——俄国的彼得、萨克森的奥古斯特、丹麦的弗雷德里克四世，以及那些为掠夺战利品而参与进来的人（汉诺威的格奥尔格·路德维希和普鲁士的弗里德里希·威廉）而言，这起突发事件是非常值得怀疑的。但是，被动员来对付他的那支庞大联军此时已胜利在望，它可不会因一段意外插曲而灰飞烟灭。

尽管行程结束后，每个瑞典人和欧洲人都预计卡尔会立刻登船返回本国，国王却再次出乎所有人的意料。他一边休息，一边叫来一名裁缝，为自己量身定做了一套新制服——一件纯蓝色外套、一件白色背心、一条鹿皮马裤和一双新靴子。随后，他宣布自己打算留在施特拉尔松德，它是瑞典在欧洲大陆的最后一座前哨。卡尔这样做自有他的道理。施特拉尔松德作为波美拉尼亚最为坚固的瑞典棱堡，势必将遭到正在迫近瑞典且数量日益增多的敌人的攻击。如果国王亲自指挥守城战，就有可能将计划渡过波罗的海进攻瑞典本土的敌人吸引过来。此外，他本人也将再度获得一次闻到火药气味的机会。

卡尔命令瑞典提供新的军队和火炮。如今国王正在与本土一苇可航的瑞典土地上，议会无法抗拒他的指令，遂拼凑了1.4万人马用于保卫该城。正如卡尔预料的那样，1715年夏，一支普鲁士、丹麦、萨克森联军出现在城下，数量达5.5万人。

与本土之间的海上航路是这座被围困城市的生命线。只要补给和弹药能在瑞典海军的护送下运到，卡尔就有机会阻止它落入敌人之手。接着，丹麦舰队于1715年7月28日出现，两国海军进行了6小时的激烈炮战。末了，双方舰队都受到严重损失，不得不摇摇晃晃地返回本土修理。然而，6个星期后，得到8艘英国大型战舰支援的丹麦舰队再度出现。瑞典舰队司令却抱怨风向不利于己，在港口内按兵不动。

海路一被封锁，施特拉尔松德的陷落便不可避免了。丹麦军队率先占领了吕根（Rugen）岛，它坐落在施特拉尔松德向海一侧。在场的卡尔率领一支2800人的军队发动进攻，试图驱逐1.4万名掘壕自守的丹麦和普鲁士士兵。攻势被挫败了，国王被一颗耗尽动能的步枪弹丸击中胸部，但未受重伤，瑞典军队放弃了这座岛屿。围攻持续了整个秋天，其间卡尔频频在陆上和海上以身犯险。① 最终，瑞典人的防线于1715年12月22日被突破，城市陷落了。

在守军投降前夕，国王搭乘一艘小型无甲板船离开施特拉尔松德。他的水手与布满浮冰的寒冷海水奋战了12小时，以期与一艘等候在近海海面上、准备将国王接往瑞典的船会合。卡尔平安登船。两天后（1715年12月24日），凌晨4点，离乡15年3个月的瑞典国王冒着黑暗和冰冷的雨水，站在了祖国的土地上。

---

① 有一次，卡尔决定乘船侦察一处敌军阵地，他搭乘的是一艘小划艇，舵手叫施密特（Schmidt），是个技艺纯熟的造船工人。一进入普鲁士人的火力范围，小船就笼罩在弹雨下。施密特尽可能地在船上伏低身子，卡尔见状站起身，将自己的身体完全暴露出来，还朝敌人挥动右手。他并未被击中，当他观察够了以后，便命令施密特驾船驶向安全的地方。施密特并不为自己的行为感到骄傲，他向国王道歉："陛下，我不是舵手，而是陛下的造船工人，我的使命是白天造船，晚上造人。"[11] 卡尔用一个善意的玩笑作为答复，说施密特即使今天为他掌舵，也没有因此丧失造船和繁衍后代的能力。

# 46

# 北方威尼斯

有个传说是这样的：圣彼得堡本是一座完全修建于蓝天之上的空中城市，其中一部分后来落到涅瓦的沼地上。这则传说告诉人们，只有这样才能解释这座美丽动人的城市为何会出现在如此荒凉的地方。事实真相只是少了几分神话色彩而已：一个男人用他钢铁般的意志，数百名外国建筑师和工匠用他们的技艺，数十万俄国工人用他们的汗水铸就了一座令访客赞不绝口的城市，他们后来用"北方威尼斯"和"雪国巴比伦"来形容它。

用圣彼得堡缔造者的话来说，1709年的波尔塔瓦大捷为这座城市"奠定了基石"，在那之后，圣彼得堡的建设正式开始。翌年，里加和维堡落入俄国之手，刺激了这一进程的发展，"有了这两块缓冲垫为倚靠，现在圣彼得堡彻底安定下来了"。此后，尽管彼得一走就是几个月（有时要一年或者更久），"伊甸园"的建设却从未停止。无论他身在何方，无论还有什么样的事需要他去关心，彼得的信中都充满了相关的疑问和指令——河堤、皇宫和其他建筑的修建，运河的开挖，花园的设计和栽种。1712年，圣彼得堡成为俄国首都，尽管彼得并未就此事颁布诏书。专制政府以沙皇为中心，而圣彼得堡是沙皇的至爱。于是，政府机关自莫斯科迁移而来，新的衙门在这里出现。很快，这座位于涅瓦河畔、刚刚诞生的城市就因彼得的存在而变成了政府所在地。

在头10年，圣彼得堡的发展是迅速的。据韦伯报道，彼得于1714年4月做了一次普查，计得城内建筑3.45万栋。这个数字无疑将每一座拥有四面墙壁和屋顶、可能成为住宅的建筑都包括了进去，即便如此，它也无疑被夸大了。然而，给人留下深刻印象的不仅是圣彼得堡新建筑的数量，它们的质量也是如此。建筑师自众多国家来到这里工作。首任总设计师特雷齐尼已经在俄国待了近10年，1713年，他被德意志人安德列亚斯·施吕特（Andreas Schluter）接替（但特雷齐尼留了下来，继续大兴土木），施吕特带来了一些同胞和建筑师同行。

到了1714年，新城的核心部分仍坐落于离彼得保罗要塞以东几码远的彼得格勒岛。三一广场是它的中心，广场面朝河堤，彼得最初居住的三室木屋就位于河堤附近。广场四周矗立着一些雄伟的建筑。木制的圣三一教堂即是其中之一，它建于1710年，彼得在此出席定期举行的宗教仪式、庆祝胜利、凭吊死者。国家办公楼的主楼、政府印刷局（圣经、科学、技术书籍在此印刷成铅字，印刷机是从西方进口的）、该城的第一家医院，以及首相戈洛夫金、副相沙菲罗夫、伊凡·布图尔林公爵、尼基塔·佐托夫（已被封为伯爵）、西伯利亚总督马修·加加林公爵的新石制宅邸均坐落在广场上。在附近，著名的四巡防舰酒店（Four Frigates Tavern）一直在提供舒适的放松服务，包括沙皇本人在内的政府官员、外国大使、商人，以及衣冠楚楚的路人均可在此驻步，用烟草、啤酒、伏特加、红酒和白兰地恢复元气。

在三一广场不远处，矗立着该城唯一一座市场，那是一栋巨大的两层木制建筑，三面为一座广阔的庭院包围。这里的商店、货摊数以百计，十几个国家的商人和交易员在此展示自己的商品，他们全都向沙皇缴纳租金。为了保护自己的贸易垄断地位，沙皇禁止在该城的其他任何地方出售货物。附近另一栋巨大的木制建筑是一座食物及家居用品市场，那里卖的是豌豆、小扁豆、卷心菜、黄豆、燕麦粉、面粉、熏猪肉、木器和陶罐。在几条背街陋巷内，坐落着鞑靼跳蚤市场，那里乱糟糟地分布着各式各样的小型货摊，提供二手鞋子、一块块旧铁、一根根旧绳、一张张旧凳子、一具具二手木鞍及数百种其他商品。集市上人山人海，接踵摩肩。在货摊附近，人们推来挤去，扒手则寻觅着薅肥羊毛的机会。"人流如织，以至于人们不得不用心看好自己的钱包、马刀和手帕，"韦伯写道，"明智的做法是把东西全都拎在手里。我曾看到一个掷弹兵部队的德意志军官从市场回来时没戴假发，还有贵妇丢了一顶软帽。"[1] 鞑靼人骑着马飞驰而过，一把夺走假发和软帽。随后，在人群的哄笑声中，他们当着光着头的受害者的面，将盗来的物品出售。

当波尔塔瓦战役消除了瑞典人的威胁后，这座城市自位于要塞以东的中心地区朝着其他岛屿和大陆延伸。河流三角洲最大的岛屿——瓦西列夫斯基岛（Vasilevsky Island）——位于涅瓦河主支流以北的下游地带。圣彼得堡总督缅什科夫公爵是当地地位最高的居民，彼得将大半座岛屿作为礼物赠送给他。1713年，缅什科夫开始在面朝涅瓦河的堤岸上修建一栋三层高的宏伟石宫，它的屋顶以漆成鲜红色的铁片铺就。这座宫殿由德意志建筑师戈特弗里德·舍德尔（Gottfried Schadel）设计，终彼得一生，它都是圣彼得堡最大的私宅。宫殿的陈设富丽堂皇，有精美的家具、华丽的银器和无数物品——丹麦大使冷冷地评论道：它们似乎"是从波兰的城堡搬来的"。[2] 宽敞的大厅是该城重大娱乐活动、婚礼和舞会的主要举办场所。彼得对缅什科夫的宫殿的使用，与他早先在莫斯科为弗朗西斯·勒福尔修建的大宅差不多，他自己更愿意在那些小到办不了大型娱乐活动的房子里过着较为简朴的生活。有时候，当缅什科夫正在招待沙皇的客人时，彼得会从自己的小屋内遥望河对岸，瞧着缅什科夫的大宫殿那些闪闪发亮的窗户，一边咯咯地笑，一边自言自语："缅什科夫在寻欢作乐。"[3]

在缅什科夫住所的后方，坐落着公爵的私人教堂，附有一座钟楼，钟声柔和悦耳；此外还有一座巨大的规则式花园，内有格子墙、树篱、树林、供园丁住的屋子，以及一座饲养鸡和其他动物的农场。这座位于涅瓦河北面的花园出产各种水果，甚至还有西瓜，它充分利用了来自南边的日照，花园内的树木和树篱起到了防风的作用。在岛屿的其余部分，分布着几座木屋和几片用于放牧牛马的牧场，但瓦西列夫斯基岛的大部分土地依旧为森林和灌木覆盖。

波澜壮阔的涅瓦河始终是城市的中心，又深又急、寒冷刺骨的水流静静地快速掠过，沿着拉多加这个内陆湖轻快地下行，流过要塞，流过缅什科夫的巨大红顶官邸，贯穿群岛后奔腾而出，活力十足地涌入芬兰湾。这一河流入海的情景，在距离海岸1英里远的地方仍清晰可见。水流带来的巨大冲击力、冬冰的挤压，以及嘎吱作响的春季浮冰，导致修建桥梁成了彼得时代的一个难题。但是，没有桥梁是无论如何也说不过去的。彼得想让臣民学会驾驶和航海技术，因此他坚持要他们乘船越过涅瓦河——不得使用船桨。那些无力购置私人船只的人可以使用20艘政府批准使用的渡船，但船夫大多是毫无经验的农民，经常在湍急的水流和猛烈的阵风面前一败涂地。当波兰大使、一位少将及沙皇的一名私人医生相继在航行事故中溺亡以后，彼得的态度方才有所缓和，允许船夫使用船桨。对普通人群而言，渡河仍是一件危险的事。如果风暴到来，人们可能要滞留在河流另一边数日之久。在冬天，市民可以轻而易举地步行穿越冰面，但遇上夏天起风暴的时候、秋天结冰或春天融冰的时候，涅瓦河中岛屿上的人们与俄国其他地区的联系就基本被切断了。（1712年4月，彼得想出了一种办法，既能渡河，又不必冒落入正在变薄的冰层下方的巨大危险：他把一艘四桨小船放在一具雪橇上，自己则坐进船里。马和雪橇可以从冰层上穿过，但小船和沙皇则漂浮在水上。）

由于存在这种隔离现象，政府机关和私人府邸开始沿涅瓦河南岸涌现，此处属于大陆地区。其中最大的一栋是拥有30个房间的宫殿，它归海军上将阿普拉克辛所有，紧挨着海军部大楼，位于如今冬宫所在地一隅，而拥有1100个房间的冬宫是拉斯特雷利（Rastrelli）为伊丽莎白女皇（Empress Elizabeth）营建的。在南部河堤上游，坐落着司法大臣亚古任斯基（Yaguzhinsky）、海军中将克勒伊斯的住宅，以及彼得的冬宫。这些建筑的所在地如今被叶卡捷琳娜大帝的小艾尔米塔什（Hermitage）占据。彼得的宫殿是用木头搭建的，有两层楼高，拥有中心建筑和两翼建筑。除了门口悬着一顶海军金冠，它与河流沿线的其他府邸毫无区别。宽敞的房间令沙皇觉得不自在，他更喜欢低顶的小房间，但为了使沿河排列的宫殿在外观上显得匀称，他只能让自宅楼层的高度统统大于自己中意的高度。彼得的对策是给自己居住的所有房间全都安上一道低矮的天花板，这道假天花板位于真天花板的下方。1721年，第一座冬宫被拆除，目的是用一栋更雄伟的石制建筑取代它。①

---

① 第二座冬宫也已不复存在。时至今日，它的所在地被第五座冬宫所占据，后者被改造为艾尔米塔什博物馆，并已成为该市的中心。

1710年，特雷齐尼开始修建一座美轮美奂的夏宫，地址位于海军部上游1英里处，丰坦卡河（Fontanka River）在此流入涅瓦河。宽大的格子窗俯瞰着两侧的河流。两座烟囱是荷兰式的，结实牢固。陡峭的屋顶呈人字形，上面安着一个镀金的风向标，它的形状是骑在马上的圣乔治。这里是彼得与叶卡捷琳娜的共同居所，14个宽敞、明亮的宫殿房间被夫妻平分，一楼的7个房间由彼得使用，楼上的7个房间归叶卡捷琳娜所有。丈夫的房间体现了彼得的朴素品味和务实喜好，妻子的房间则反映了她渴望进入纸醉金迷、富丽堂皇的皇家世界的想法。例如，彼得的书房和会客室墙上覆盖着数百片延伸至窗户位置的蓝色荷兰墙砖，每片墙砖上都绘有船只图案，或是一幅航海场景、乡村风景。在会客室和小小的卧室的天花板上，画着几个长着翅膀、正在庆祝"俄国的胜利"的小天使作为装饰。沙皇的书桌上摆着一座华丽的船用时钟和一面罗盘，这些用黄铜和刻字的白银制成的物件是英王乔治一世送给沙皇的礼物。彼得的床是带遮篷的，上覆红色立绒呢。床很大，但没有大到可以让沙皇伸直四肢平躺在上面的地步；18世纪的人们睡觉时用枕头垫着自己。在彼得所在楼层的房间中，车工室（Turning Room）是最有意思的一个，沙皇在那里存放着几台车床，于闲暇时摆弄。在车工室，一具12英尺高、用手工雕刻而成的木制支架靠墙而立，它是丁林格于1714年在德累斯顿为彼得制作的特殊仪器。3个巨大的日晷，每个直径都有3英尺，它们被用来计时，依靠连在屋顶风向标上的杆子，便可测算出风向和风力。彼得的餐厅仅能容下他的一家和少数几个宾客，一应公共宴会均在缅什科夫的宫殿举行。彼得的厨房贴着蓝色的墙砖，上面绘有各种花卉图案。圣彼得堡首个水管系统将水引到厨房的黑色大理石水池内。最重要的是，厨房的一扇窗户正对着餐厅。在那些大型宫殿，食物出炉后，在送往餐桌的途中就冷掉了，喜爱热食的彼得对此深恶痛绝。

在第二层，叶卡捷琳娜拥有一间会客室、一间御座室、一间舞蹈室、一间卧室、一间育婴室（婴儿床是船形的）和自己的厨房。她的房间安有彩绘天花板、镶木地板，墙上挂着来自佛兰德和德意志的挂毯，或是用金银线织成的中国丝绸壁纸，另外还配有窗帘、地毯、镶象牙和珍珠母的家具，以及威尼斯、英国产的镜子。如今，这座迷你宫殿得到了极好的复原，里面摆满了宫中原先的物件，或那个时代的物件，并被众多彼得家庭成员和彼得左右手的画像装饰着。一踏入这里——以及小小的、位于彼得霍夫的"快乐"（Mon Plaisir）避暑宫，人们的心中就会产生一股极为亲切的感觉，仿佛彼得尚在人间。

1716年，又一名外国建筑师来到圣彼得堡，给彼得的"伊甸园"留下了一个永久性标志。他就是法国建筑师亚历山大·让·巴蒂斯特·勒布隆（Alexandre Jean Baptiste LeBlond）。他是巴黎人，是凡尔赛宫花园设计者、伟大的勒诺特尔的弟子。勒布隆只有37岁，但在巴黎已有多个建筑作品问世，又完成过几本关于建筑学及规则式花园的著作，因此名扬法国。1716年4月，勒布隆签下一份史无前例的合约：远赴俄国担任总设计师，为期5年。他的年薪是5000卢布，且受到合约保障。他还得到一座国家公寓。5年期满后，他无须缴纳一分财产税便可离开俄国。作为回报，勒布隆承诺尽可能地将自己的知识传授给俄国同事们。

在前往新岗位的途中，勒布隆行经皮尔蒙特。彼得正在那里进行矿泉水疗养。两人谈到沙皇的计划，以及他对新城市的希望。彼得对自己的新雇员感到满意，在勒布隆离去后，他兴冲冲地写信给圣彼得堡的缅什科夫：

> 以友好的方式迎接勒布隆，遵守与他签订的合约，因为我一眼就能看出，他是个真正的奇才，比世界上最棒的建筑师还要棒。除此之外，他还是个活泼、聪明的人，备受法国建筑界的尊敬。因此我们可以通过他的关系，雇佣任何我们想雇佣的人。所以，必须告知我国全体建筑师：从现在起，所有有关新建筑的方案都得提交勒布隆批准。如果还有时间，就让他们按照勒布隆的指令，纠正旧有建筑[4]。

带着总设计师的头衔、待己如王侯的合约，以及沙皇的热情推荐，勒布隆来到俄国，打算履行自己的职责。他是带着一行人来的，其中不仅有他的妻子、6岁的儿子，还有数十名法国绘图员、工程师、细木工、雕塑家、石匠、砖匠、木匠、锁匠、凿工、金匠和花匠。他立刻修建了一栋崭新的行政办公楼，所有建筑方案都必须送到这里，由他批准通过。然后，他开始根据自己与彼得的谈话内容起草一份全面计划，它将在未来几年内决定这座城市的主要发展方向。

新计划中最具野心的部分是效仿阿姆斯特丹，创造一座运河之城，工程地址位于瓦西列夫斯基岛的东半部。互相平行的街道与互相交错的运河将构成一个贯穿低洼沼地的长方形网格。2条主运河将纵贯全岛，12条小运河将横穿而过。即使是小运河，其宽度也足以容许两条船通过。每栋房屋都将带有一个院子、一座花园和一座码头——用于停靠屋主的船。拥有一座巨型规则式花园的沙皇新宫将坐落在这个巨大的棋盘状水体中央。

1716年8月，勒布隆来到圣彼得堡，立刻开始动手。他在沼地里打下木桩，用于标出新城的边界线。当年秋天和来年春天，运河挖掘工程开工。第一批新房主在彼得的严令下，着手修建自己的住宅，但诸事皆不顺。在运用新权力的过程中，勒布隆对更有权势的圣彼得堡人——缅什科夫的特权与财产造成了损害。后者既是该城的总督，也是大半个瓦西列夫斯基岛的所有者，而瓦西列夫斯基岛的部分土地被勒布隆的新城运河所占用。缅什科夫不敢直接反对经彼得批准的计划，但沙皇长期外出，在此期间，总督全权管理这座城市的一切活动，包括新建工程的开展。缅什科夫的报复以一种很有代表性的方式上演。运河是修成了，但它们的宽度和深度都达不到勒布隆的要求；两艘船无法同时通过，不久，这些浅浅的水道就开始被淤泥堵塞。彼得回到圣彼得堡后，前去视察新工程，运河沿岸拔地而起的新房令他龙颜大悦，但注意到水道的体积时，他又惊又怒。勒布隆此时已经明白，与其直接挑战缅什科夫，不如保持沉默。在建筑师的陪伴下，彼得把瓦西列夫斯基岛走了个遍，然后转向勒布隆，问道："要实现我的计划，还能做点什么？"

法国人耸耸肩。"毁掉吧，陛下，毁掉吧。除了填平已完成的运河，挖掘一条新运河，没有别的补救办法了。"[5] 然而，即使是对彼得而言，这样的代价也太大了。工程被废弃了，但彼得仍一次次踏上瓦西列夫斯基岛凝望运河，然后一言不发，怀着悲痛的心情回家。但在南岸，勒布隆修建了这座城市的主干道——雄伟的涅夫斯基大街。它从海军部一直延伸到亚历山大·涅夫斯基修道院（Alexander Nevsky Monastery），笔直地穿过长达2.5英里的草地与森林。涅夫斯基大街的修筑和铺设工作是由一群群瑞典战俘（他们还被勒令在每周六清扫大街）完成的，不久它便成为俄国最著名的街道。

勒布隆也为圣彼得堡的另一处地标——夏园（Summer Garden）做出了重大贡献。甚至在波尔塔瓦战役前，彼得就已经开始营建这座花园，它位于夏宫前方，坐落在涅瓦河与丰坦卡河的交汇处，占地37英亩。在沙皇对瑞典人的担忧情绪达到顶峰的那段时期，他频频下达有关花园的指令。莫斯科接到命令，要求送"一批种子、根茎，还有13名年轻小伙（用于培训成园丁）来"。[6] 法国和荷兰的园艺书籍被搜集起来。按照命令，大街两旁被栽上各种树木，包括来自基辅和诺夫哥罗德的酸橙树与榆树、来自汉堡的栗子树、来自莫斯科和伏尔加地区的橡树与果树、来自南方的柏树。花卉则是从世界各地运来的，包括来自阿姆斯特丹的郁金香球茎，来自吕贝克的丁香树丛，来自俄国其他地区的百合、玫瑰和康乃馨。

勒布隆对夏园做出的贡献体现在用水上。"喷泉和水是一座花园的灵魂，也是它的重要装饰元素。"他写道。[7] 他用水泵把水从丰坦卡（这个名字源于"喷泉"一词）河抽出来，注入一座新水塔内，水塔高度产生的压强引发了新喷泉的喷射效果。50座喷泉分布于花园各处——人工洞穴、小瀑布、从"口"中喷出羽状水柱的海豚形和马形喷泉。在喷泉下方的水池内，真实生物和神话生物——石头怪兽、真鱼，甚至还有一头海豹，它们或游弋其中，或溅起一朵朵水花。在附近，珍稀鸟类在形如宝塔的笼子里歌唱，一只蓝色的猴子吱吱直叫，一只豪猪和几只黑貂用忧郁的目光回盯人类观光者。

运用自己从勒诺特尔那里学到的知识，勒布隆为彼得设计了一座真正法国风格的规则式花园。他用错综复杂的曲线，画出一幅幅花圃、灌木和砾石的草图。他把乔木和灌木的顶冠部分修剪成一个个球体、立方体和圆锥体。他建造了一座玻璃温室，在里面栽上橘子树、柠檬树、月桂树，甚至还有一株小丁香树。意式雕塑被放置在每条人行道的交叉点和大道两侧，最后，60 尊白色大理石雕像与其他雕塑作品摆在一起，前者被用于展现伊索寓言的情节，后者则被命名为"和平与富饶""航海""建筑学""真理""真诚"。

当彼得待在圣彼得堡的时候，他经常到夏园去。在那里，沙皇坐在一条长凳上，喝着啤酒，或是同他的朋友玩西洋跳棋，而叶卡捷琳娜与一些贵妇沿着小路散步。花园对公众开放，公众则会在下午时分进来逛逛，或在 6、7 月的漫长白夜里坐到喷泉边。1777 年，一场可怕的洪水给夏园造成了巨大的破坏，树木被连根拔起，喷泉粉身碎骨。其后，叶卡捷琳娜大帝用别的设计风格重建了这座花园，她更属意不那么规则的英式花园，而非法式花园。她没有重修喷泉，乔木和灌木被允许正常生长。夏园继续保持着它的魅力和吸引力。普希金就住在附近，他经常来这里散步；格林卡和果戈理也是彼得的夏园的常客。尽管与这座城市同龄，但夏园依旧在每年春天自我更新，依旧年轻得像最新的叶片和最娇嫩的蓓蕾一般。

缅什科夫对受宠于沙皇的勒布隆的妒意与日俱增，他将夏园作为打击法国人的又一工具。1717 年，他写信给彼得，说勒布隆砍倒了夏园的一些树，他知道那几棵树令沙皇极度引以为傲——事实上，勒布隆只是剪掉了一些树枝，目的是让这些树木变得更好看些，并按照法国人的审美观给它们塑形。当彼得回到圣彼得堡，遇见勒布隆时，他想起了自己失去的树，顿时勃然大怒。在他意识到自己的作为前，他用自己的手杖击打这位建筑师，导致勒布隆休克卧床，发起烧来。彼得随后到花园看了看，意识到那些树木只是被修剪了一下，他慌忙向勒布隆致歉，并下达命令，总设计师必须享受特别看护的待遇。不久之后，沙皇在楼梯上遇到缅什科夫。彼得揪住缅什科夫的衣领，重重地把他推到墙上，咆哮道："就因为你这个恶棍，害得勒布隆卧病在床！"[8]

勒布隆恢复了健康，但 1 年半后染上了天花。1719 年 2 月，39 岁的他撒手人寰，此时他仅仅在俄国度过了 30 个月。如果他能活下来，并继续运用彼得的恩宠带来的巨大权力，那么圣彼得堡的面貌将明显更富有法国风情。而这片"可能问世的建筑群"的一个经典范例真的出现了。去世前，勒布隆已经选好位置，备好了图纸，为一座临海的避暑山庄、宫殿设计了花园，这座行宫被命名为"彼得霍夫"。

营建彼得霍夫的构想在勒布隆来俄国之前很久便开始了，它的起源与喀琅施塔得有关。1703年，征服涅瓦三角洲仅数月的彼得驶入芬兰湾，首次见到科特林岛。不久之后，他决定在那里建造一座要塞，作为圣彼得堡的海上屏障。工程开始后，沙皇时常造访这座岛屿，视察进程。有时他无法直接从圣彼得堡起航，特别是在海上风暴频发的秋季。这种情况下，他会从陆路前往位于岛屿南面的某个海岸地段，然后再从海路完成已经缩短了的旅程，他在当地海岸修建了一座小型码头和一座两室小屋。如有必要，他会在那里等到天气好转。这栋小屋就是彼得霍夫的起源。

彼得在波尔塔瓦获胜后，因格里亚已成为他的囊中之物。他把圣彼得堡郊区的芬兰湾南部海岸沿线土地划成多块，然后分给自己的主要助手。许多人沿着一道高50至60英尺的山脊修建宫殿或宅邸，那道山脊从海岸线朝内陆延伸，约有半英里长。这些面朝芬兰湾的乡村豪宅排成一个半圆，其中最大、最好的一栋属于缅什科夫，舍德尔为他营建了一座高三层的椭圆形宫殿，缅什科夫将它命名为"奥拉宁鲍姆"（Oranienbaum）。

彼得的第一座临湾避暑别墅建于一个名叫斯特列纳（Strelna）的地方，它无法与缅什科夫的华丽宫殿相比。斯特列纳只是一座大型木屋，最为突出的特点是附有一栋彼得可乘梯登上的树屋。晚上，彼得一边抽着烟斗，一边心满意足地凝视着海湾内的船只。最后，他想要些更宏伟的东西。他把修建一座堪比奥拉宁鲍姆的宫殿的任务交给勒布隆。这座临海的凡尔赛宫名叫彼得霍夫。

勒布隆营建的宏伟宫殿是一栋两层高的巨型建筑，它拥有精美的装潢和家具，通向一座宽敞的法式规则式花园，花园位于宫殿后方。但就规格和华丽程度而言，它不仅与凡尔赛宫相去甚远，也远逊于拉斯特雷利于一代人之后在同一地点为伊丽莎白女皇扩建、改建的宫殿。彼得霍夫的骄傲之处，也正是勒布隆的杰作，即对水的应用。在彼得霍夫，水柱直冲高空；数十座极具想象力的喷泉倾泻出一道道羽状和雾状水流，它们溅落在一尊尊人像、神像、马像、鱼像,以及一些人神均从未见过的神秘生物雕像上;它们从铺在大理石台阶边缘,宛如镜子一般的薄片上滑过;它们在又深又暗的水池、水潭和水渠内游动。在宫殿前方,一座壮观的小瀑布从两道位于一个人工洞穴两侧的巨型大理石阶梯上流下来,注入一个宽大的中心水池内。在阶梯两侧,一尊尊镀金雕像在阳光的照耀下闪闪发光;水池中央屹立着一座参孙金像,它沐浴在无数喷水口喷出的水流之下,正在撬开一只金狮子的嘴。这些水通过一条长长的水渠,流向大海,水渠的宽度足以使小型帆船驶抵宫殿脚下。这条大水渠从位于低地的花园中央直穿而过,水渠两侧同样坐落着喷泉、雕像,以及一排排树木。供喷泉使用的水并非来自海湾,而是用一些木管引来的,水源则位于13英里外的高地。

低地花园坐落在宫殿与大海之间,园内大道小径纵横交错,其间散布着一座座喷泉和白色大理石雕像,勒布隆还在那里修建了3座精美的避暑宫殿——艾尔米塔什宫、马尔利(Marly)宫和快乐宫,它们直到今天仍屹立于斯。艾尔米塔什是一栋典雅的小型建筑,为一道小小的护城河环绕,河上架着一座吊桥,通往唯一的大门。宫殿有两层高,底层为一间厨房和一间办公室所占据,第二层则是通风良好的单间,高大的窗户直通阳台。它仅用于举办私人宴会。房间的正中央摆着一张能坐下12个人的巨大椭圆形桌子,这张桌子吸收了一项惊人、壮观的法国机械工艺成果——当东道主在上菜期间摇动铃铛的时候,桌子的中央部分就会下降到一楼,以便有时间撤去碟子,摆上下一道菜肴,然后桌子又会升回原来的位置。有了这种办法,用餐者就再也不会因仆人在场而局促不安了。

马尔利这个名字源于路易十四的私人隐居所,但法国大使在递交给巴黎的报告中称,它"与陛下的行宫没有半分相似之处"。[9]彼得的马尔利宫是一栋简朴的荷式住宅,房间用的是橡木护墙板,铺着荷兰瓷砖。它坐落在一个静谧的湖泊边缘。

快乐宫是这几座避暑行宫中最重要的一座,也是彼得的乡村别墅中最受主人钟爱的一座。它是一栋单层的荷式红砖房,结构匀称,恰好坐落在海边。从某种程度上说,快乐宫不比夏园内的迷你夏宫差,是沙皇的又一珍宝。高大的落地窗使人们可以从任何一个房间直趋悬于水面上几英尺处的砖砌露台。在宫殿内，中央大厅和会客室的墙壁按照荷兰风格，以黑色橡木制成，护墙板上挂着荷兰油画，特别是以荷兰舰船为主题的油画。天花板上画着欢快的法式花纹图案，地板上则用黑色和白色的瓷砖铺成一个真人大小的棋盘。

时至今日，快乐宫的面貌与彼得居住于此的时候几乎并无二致。家具、装潢和家居用品都来自那个时代，有些实际上是沙皇的财产。彼得的书房位于中央大厅一侧，俯瞰着海湾，书桌上摆满了航海仪器。墙壁上贴着蓝色的荷兰瓷砖，与窗户位置齐平，上面画着舰船图案。瓷砖的上方镶嵌着木制护墙板。彼得的卧室很小，紧挨着书房，沙皇从床上可以望见大海。贴着蓝色瓷砖的厨房位于大厅另一侧，离餐桌仅有一步之遥。一间精美的小小中国式房间在宫中堪称珍奇，它完全以红黑色油漆为饰。房屋前后两侧各有一条漂亮的侧廊，安着高大、宽阔的窗户，前面的窗户朝向大海，后面的窗户朝向一座满是郁金香和喷泉的花园；窗户与窗户之间也挂着一幅幅荷兰油画，大多为海景画。彼得喜欢这栋小型宅邸，也喜欢住在这里，甚至在叶卡捷琳娜住在山脊上的大皇宫时也是如此。在这里，他可以凝望海洋，或是躺在靠近敞开的窗口的床铺上，聆听波涛的声音。在他的后半生，这位永不安分的君主在快乐宫获得的安宁比在其他任何地方获得的都要多。

## 47

## 一位大使的报道

当彼得把他的宫廷、政府和贵族从莫斯科迁往圣彼得堡后,派驻沙皇国的外国大使也只好迁往涅瓦河畔。许多外交官有任职记录存世,他们中有英国的惠特沃思、法国的康普勒东(Campredon)、丹麦的尤尔,以及荷尔斯泰因的贝格霍尔茨(Bergholz)。然而,就后几年的彼得宫廷情况而言,最见多识广者当属汉诺威大使弗里德里希·克里斯蒂安·韦伯(Friedrich Christian Weber),他对圣彼得堡宫廷生活的描写同奥地利人约翰·科布于20年前贡献的莫斯科宫廷生活记录可以互补。韦伯于1714年来到俄国,在圣彼得堡待了7年,而后返回祖国,出版了一本厚厚的回忆录。他是个端重、思想相对开明的人,对彼得不胜钦佩。他对自己看到的一切都很感兴趣,尽管也看到了一些他并不赞成的事。

在他参加的第一场大型公共集会上,这位迟钝的汉诺威特使领教了一件事:作为一名驻沙皇宫廷大使,需要何等的才干。"海军上将阿普拉克辛奉陛下之命,用一场盛大的宴会款待全体宫廷人员,我也跟着沾了光,"韦伯在开头写道,"但我当时差点就到不了了。"[1] 那时,新任大使在门口与卫兵起了冲突:"他们对我说粗话,把长戟一直横在门口。随后,他们变得更加粗鲁,把我推得滚下楼梯。"最后,依靠一个朋友的干预,韦伯才得以进门。他学到了关于俄国生活的第一课,那就是:

> 除非我换掉自己那套虽然整洁但显得朴素的行头,以全身镶金戴银的形象示人,再派两个随从走在我的前头,高呼"让道!",否则将来我很可能遭到类似的待遇。没过多久,我就再一次发觉,我还有太多太多的东西要学。当我在宴席上吞下满满一打匈牙利葡萄酒后,

又从代理沙皇罗莫达诺夫斯基手里接过整整一夸脱白兰地,我被迫分两次把酒喝光。很快我就失去了意识,尽管我欣慰地注意到,剩下的宾客都已睡倒在地板上,无法对我那拙劣的饮酒水平发表看法。

**上任伊始,韦伯的尊严就受到了其他因素的影响:**

> 为了与俄国宫廷最尊贵的人物结识,我按照文明国家的凡俗,前去向他们表示敬意。由于俄国人没有事先通报的习惯……我不得不在寒冷中等候,直到贵人出现为止。当我向他致意后,他问我是否还有别的话想说;我的回复是没有了,结果他答道:"我也没什么要对您说的。"然后把我打发走了。我冒着风险,又一次去拜访另一位俄国人。但他一听到我谈起我的祖国,就打断我的话,然后直截了当地对我说:"我对这个国家一无所知。您可以离开,再找您中意的人讲这些话。"这句话浇熄了我登门拜访的欲望,我下定决心:除非得到邀请,我再也不会到任何一个俄国人那里去。那些必须打交道的大臣不在此列,事实上,他们用一切可以想象到的礼貌来对待我。一星期后,我在宫中遇到那些无礼的廷臣。他们已经注意到沙皇陛下同我聊了好一阵子,且对我颇有好感,还命令阿普拉克辛上将好好招待我。于是他们当即向我走来,以一种极其卑贱、可怜,近乎匍匐于地的姿态请求我宽恕他们的过失,还异常大方地把他们的白兰地全部拿出来,向我示好。[2]

在彼得随海军外出征战期间,他的妹妹娜塔莉娅公主举办了一场宴席,韦伯再度得以一窥俄国的风俗。

> 宴席甫一开幕,人们便开始用巨大的钟形酒杯和玻璃杯祝酒。在这种名流出没的场合,匈牙利葡萄酒是唯一供应的酒类……全圣彼得堡的美女都在这里现身,此时她们已经穿上了法式服装,但这种服饰似乎很难符合她们的身材,特别是钢箍衬裙。而她们的黑色牙齿足

以证明她们尚未抛弃一个在老派俄国人心中根深蒂固的观念：只有黑人和猴子才一口白牙。[3]

染黑牙齿的习俗消失得很快，到了1721年，即韦伯提笔写下这份报道的那一年，他信誓旦旦地告诉读者，这个习俗与其他旧式习俗"自那以后就被彻底抛弃了，以至于一个外乡人如果去参加圣彼得堡的上流社会聚会，只要不与他人谈话，他就很难相信这是在俄国，而会以为自己正置身于伦敦或巴黎"。

在圣彼得堡的大使同行中，韦伯对卡尔梅克汗国和乌兹别克汗国驻俄代表尤感兴趣。韦伯回忆说，有天早上：

> 我有幸在外事办公室见到了卡尔梅克汗国的大使。从外表上看，他是个可怕、凶猛的人。遵照那个国家的风俗，他的脑袋剃得精光，只留下一绺从头顶垂到脖子上的头发。他代表他的主君（是沙皇的藩臣）来投递一卷文件。随后，他匍匐在地板上，嘴里低语了好久。当他的恭维被翻译给首相戈洛夫金听时，后者心里已经有了答案：这样很好。仪式结束了，大使恢复了凶猛的神态。[4]

当年晚些时候，另一名大使从卡尔梅克汗国到来，他肩负着一个奇特的使命。韦伯写道：前一阵子，缅什科夫公爵"将一辆漂亮的英式马车赠给可汗。现在，马车的一个轮子坏掉了，这个大使奉命前来请求公爵再给他一个轮子。大使告诉我们，他的主君坐在马车上接见邻国使节。某些庄重的日子里，他还会在马车上用餐"。[5]

1714年5月17日，乌兹别克汗国的大使来到圣彼得堡。他的使命之一是将主君的一个提议带给沙皇：

> 让沙皇令每年派往中国的车队取道汗国。这样做的好处惊人，要知道当时的车队必须忍受极大的不便，循着一道道蜿蜒曲折的河流，用一年的时间翻越整个西伯利亚（那里连一条被踏平的路都没有），

前往北京。反之，如果车队改道大使主君的领土，那么他们就能走上一条康庄大道，而行程也只需4个月而已。

随后，他将许多丝绸，其他中国、波斯的商品，以及一批珍贵的毛皮放在沙皇的脚下，这是他主君的礼物。大使补充到，他把一些波斯马、兽留在莫斯科了，并忧心忡忡地表示，一头上等的花豹和猿猴已在途中死去。在发言期间，他只称呼沙皇为"英明的陛下"，这对他们来说是至为光荣的头衔。大使……年约50岁，从外表上看，是个活泼、可敬的人。他蓄着长长的髯须，头巾上插着一根鸵鸟羽毛，据他所说，在他的国家，只有第一等的王公和贵族才有权佩戴这种羽饰。[6]

**韦伯对复活节——俄国最重要的宗教节日——的描述如下：**

复活节的节日庆祝分外盛大，在之前的大斋节，俄国人一直过着严格的、令人痛苦的禁欲生活，而到了复活节，他们便大肆补偿自己。在那些日子里，他们的快乐，或者说癫狂是无法形容的。按照他们的观点，一个人如果不醉上十几回，就不足以体现对复活节的虔诚。教会歌手的纵酒程度无人能及。当我看到两伙歌手在一家酒店内发生争吵，用大棒凶狠对打，以至于有数人丧命时，我一点儿也不觉得惊奇。在上述节日期间，最为引人注目的仪式是俄国男女互赠彩蛋与和平之吻（Kiss of Peace）。其中一人说："Christos voskres."（基督升天了。）另一人答道："Voistino voskres."（真的升天了。）于是他们就交换彩蛋，然后这样分手。你可以看到许多喜欢以这种方式亲吻妇女的人（特别是外国人）带着自己的彩蛋，逛来逛去一整天。[7]

在彼得时代，侏儒与巨人作为皇室和贵族府邸内的异国装饰品，有着极高的价值，全欧皆然。欧洲大陆的大部分巨人已经成了普鲁士国王弗里德里希·威廉的收藏，但彼得将尼古拉斯·布儒瓦（Nicholas Bourgeois）留在自己身边，这个7英尺2英寸的巨人是他在加来（Calais）发现的。多年来，尼古拉斯一直立于彼得的桌子后方。1720年，沙皇为他娶了个芬兰女巨人,希望他们能产下巨人后代;可彼得失望了,这对夫妇始终没有孩子。

侏儒的分布则较为平均。每位西班牙公主身边都有一个宫廷侏儒陪着,以彰显她的美丽。在维也纳,皇帝查理六世养着一个著名的犹太侏儒雅各布·里斯(Jacob Ris),他的身份是帝国宫廷职权上的顾问。更多时候,侏儒被作为人类宠物来饲养,他们那古怪的动作与滑稽的外表比会说话的鹦鹉、能用后肢站立的狗更能起到逗趣、令人发笑的效果。在俄国,侏儒尤受珍视。每个大贵族都想要个侏儒作为地位的象征,或是用来取悦他的妻子。贵族之间因自家侏儒而展开的竞争变得越来越激烈。侏儒的出生被当作吉兆,生而为农奴的侏儒经常被赐予自由。为了促进侏儒人口的最大化,俄国人特别关心他们的婚姻,希望侏儒夫妇能生下侏儒孩子。

如果一个乃至一对侏儒被用来送人,那便是一份贵重的礼物。1708年,尤为热衷于收藏侏儒的缅什科夫公爵写信给妻子:"我给您送去一份礼物:两个女孩,其中一个的体形特别袖珍,您可以把她当作一只鹦鹉。她比那些普通的小人儿更健谈,哪怕她是一只真正的鹦鹉,都不能给您带来更多快乐。"[8] 1716年,缅什科夫向彼得提出请求:"我的一个女儿有一个侏儒女孩,但其他女儿没有,因此我友好地恳求您问问皇后的意见,请她恩准我从玛尔法皇后去世后留下的侏儒中带走一人。"[9]

彼得对侏儒爱若珍宝。终其一生,他身边都围着一群侏儒。孩提时代,上教堂去的时候,他就从两排举着红色帷幕的侏儒之间穿过;成了沙皇以后,他在宫里养着一大群侏儒,他们除了取乐于彼得外,还在某些特殊场合扮演显眼角色。在酒宴上,他们被夹进巨大的馅饼里;当彼得动手切馅饼皮的时候,一个侏儒就蹦了出来。彼得喜欢把他们古怪的体形结合到他引以为乐的模拟仪式中去。侏儒的婚礼,甚至葬礼,都逼真地模仿彼得宫中举行的婚礼、葬礼仪式,把彼得逗得捧腹大笑,连眼泪都滚到脸上了。

1710年,在彼得的侄女安娜与库尔兰公爵弗雷德里克·威廉完婚两天后,举行了两个侏儒的婚礼,其仪式、盛况与王室夫妇的婚礼别无二致。韦伯以其他人的记录为基础,描述了这场有72个侏儒参加的婚礼庆典的情形：

> 一个异常迷你的侏儒走在队列前头，他是这场庆典的典礼官……指挥和司仪。他身后跟着着装整洁的新郎、新娘。接着走来的是沙皇，他的大臣、公爵、波雅尔、官员和其他人陪在身边；随后的队伍清一色由成对男女侏儒组成。他们总共有72人，一些人为沙皇、前任沙皇遗孀、缅什科夫公爵夫妇以及其他著名人士服务，但其他人是从俄国各地找来的，不管多么偏远的地区都有。在教堂里，神父以洪亮的嗓音询问新郎，是否愿意娶新娘为妻。新郎以洪亮的嗓音回应，他对自己的爱人说："就是您，没有别人。"当新娘被问到她是否只向新郎许下婚姻承诺时，她答道："那样很好，真的。"但在问主要问题"她是否愿意让新郎做她丈夫"时，她说了声"是的"，声音低到难以听清，引得众人哄堂大笑。沙皇愉快地遵照俄罗斯风俗，把一个花环戴在新娘的头上，以示恩宠。仪式结束后，众人经水路前往缅什科夫公爵的宫殿。宽敞的大厅内已经备好了酒宴，两天前沙皇就是在这里款待应邀出席公爵婚礼的宾客的。大厅中央摆着几张小小的桌子，那是为新婚夫妇和其他侏儒准备的，他们都穿着华丽的德式服装……宴席结束后，侏儒开始跳起俄式舞蹈来，一直到夜里11点。这支七拼八凑的矮人队伍中，大部分成员的体形极其袖珍，以至于别人一看到他们就会被逗笑，不难想象沙皇与其他宾客被他们用滑稽的舞蹈、怪相和奇特的身姿逗得前仰后合的场景。这一个的背上高高隆起，腿短得可以；那一个的肚子大得出奇，引得众人纷纷注目；第三个长着一双歪歪扭扭的短腿，活像一只獾子，走起路来摇摇摆摆；第四个顶着一颗大得怕人的脑袋；有几个家伙的嘴巴歪歪斜斜的，耳朵长长的，眼睛小小的，像猪一样，脸蛋圆圆胖胖的，还有许多侏儒也有着诸如此类的滑稽体形。当这些消遣活动结束后，新婚夫妇被带往沙皇的住宅，安置在沙皇的卧室。[10]

或许是因为自己的个子高得出奇，沙皇才养成了用畸形人取乐的癖好。无论如何，他喜好的不单有巨人和侏儒，也有各种因年龄、疾病致残或遭受折磨的人。例如，1715年1月27日和28日，整个宫廷都参加了一场为期2天的假面舞会，此时准备工作已经进行了3个月。这场舞会的契机是尼基塔·佐托夫要结婚，此人40年前担任过彼得的家庭教师，如今，84岁的他扮演的是冒牌教皇的角色。新娘是一个34岁的丰腴寡妇。

"戴着面具的宫廷人员，为这对特别的夫妇举行了隆重的婚礼。"韦伯报道。

> 4人被派去邀请宾客，他们是整个俄国所能找到的口吃最厉害的人。几个路都走不动，或是根本站不起来的耄耋老者被挑选出来，担任男傧相、膳务员和侍者。舞会上有4名男仆，都是些最为笨拙的人，他们大半生都被痛风所折磨，体形过于庞大臃肿，以至于必须让别人引领他们走路。莫斯科的冒牌沙皇打扮成大卫王的样子，他弹奏的不是竖琴，而是包裹熊皮的七弦琴。他乘坐的是一种放在雪橇上的游行彩车，车子四角都绑着同样数量的熊，在几名刻意安排的人员的刺棒刺激下，它们发出令人畏惧的咆哮声，其他人则用不同的乐器制造混乱可怕的喧嚣声，两股声浪完美地契合在一起。沙皇穿得像个弗里斯兰农民，与3位将军一道熟练地敲打一面鼓。就这样，这对不相称的夫妇在四下叮当作响的钟声中，在戴着面具的人群的陪伴下前往大教堂的祭坛。到了那里后，他们在一位百岁神父的主持下结为伉俪，神父丧失了视力与记忆，为了弥补这一缺陷，人们在他的鼻梁上架起了一副眼镜，在他的眼前竖起了两根蜡烛，并对着他的耳朵说话，好让他能够宣布这对新人结合。队伍离开教堂后，前往了沙皇的宫殿。那里的娱乐活动持续了好几天。[11]

当然，韦伯的回忆录里可不只有对彼得宫廷的人们和活动的描写。俄国和俄国的人民令他着迷。他对俄国百姓的沉着、坚忍钦佩不已，与此同时，他经常被他笔下的俄国"野蛮风俗"骇得目瞪口呆。例如，下述描写俄式洗浴的段落中就混杂了惊讶与钦佩之情。（但韦伯没有注意到，由于俄国人有着一周洗一次澡的习俗，他们一直比大部分欧洲人都干净得多，后者有时几周或几个月都不洗一次澡。）

俄国人普遍将洗浴作为针对任何一种微小疾病的治疗手段，俄式沐浴有4种不同的方式，俄国人从中选取一种他们认为适用于对抗特有的瘟热病的方式。

一些人赤身裸体地坐在一条船上，拼命划船，让自己出一身大汗，然后跳进河里游上一阵子。出水后，他们或晒干，或用衬衣擦干身子。

其他人则冒着寒冷跳进河里，然后在岸上生一堆火，自己紧挨着火堆躺下，一边用油或油脂摩擦全身，再长时间对着火堆转动身子，直到擦热为止。在他们看来，这样做可以让他们的四肢变得柔软、灵活。

第三种方式最为普遍：沿着一条小河的上游修建30座浴室，一半供男人使用，另一半供女人使用。那些想洗澡的人在户外脱掉衣服，跑进浴室里；出了足够多的汗、把冷水浇在身上以后，他们晾干自己的身体，然后在灌木林中跑来跑去，相互嬉闹。令人惊讶的是，你可以看到，不单单是男人，连未婚和已婚女人也这样……他们以四五十人或者更多的人为一群，一丝不挂地奔跑，毫无羞耻或庄重感。如果有陌生人路过附近，他们非但不回避，反而会嘲笑前者。在冬天和夏天，俄国的男男女女往往至少一周洗两次这种澡。由于浴室归沙皇所有，他们每人须支付一个戈比。那些家里有浴室的人每年都要缴纳一笔浴室税。在俄国，洗澡蔚然成风，全国皆然，这为沙皇的金库带来了一笔可观的收入。

第四种洗浴方式是治疗最严重的瘟热病的最有效办法。治疗时要把一个炉子像平时那样加热，当温度稍有减退（但还是烫得厉害，我如果把手放在炉底，连15秒都坚持不了）时，五六个俄国人爬进去，将全身伸展开来，此时候在外面的同伴以迅雷不及掩耳之势将炉门关上，以至于里面的人连气都很难喘上一口。当他们再也无法忍受的时候，就发出叫喊，听到声音的看守者就会让病人出来。病人呼吸几口新鲜空气后，便再次爬进炉子里，重复这一操作，直到他们几乎被烤熟为止。当他们爬出来时，身体红得像一块红布似的。此时若是夏天，他们就会跳进水里，若是冬天，就会跳进雪里，这是他们最喜欢的方式。他们用水或雪将自己全身覆盖，只露出鼻子和双眼。他们根据所患瘟热病的程度，把自己埋上两三小时。他们觉得这是一种恢复健康的好办法。[12]

韦伯也见证过俄国人的体育运动和娱乐活动。周日下午，农民、工人和各式各样的普通人在酒馆内痛饮一番后，聚集到涅瓦河南岸的一块巨大草地上。男人和男孩分为多个小组，一边叫嚷，一边用拳击和格斗取乐。这些醉汉间的混战弄得尘土飞扬，把外国人吓得目瞪口呆，根据他们的报道，格斗"场地上满是鲜血和毛发，许多人只能被抬走"。[13]

盛夏时节，圣彼得堡热到几乎令人无法忍受的地步；即使在太阳消失在地平线以下、夜幕降临后的那段时间内，空气也没有真正凉爽下来。一些俄国人用啤酒解决问题。然而一旦有人拜访俄国酒馆，亲眼看到啤酒的分配方式，大多数外国人便再也不想碰俄国啤酒了。韦伯是这样描述这一幕的：

> 酒盛在一个敞口的桶或冷却器里，百姓涌向那里，用木制长柄勺舀酒、喝下，他们的嘴巴就悬在桶口上方，而桶是不会漏水的。如此一来，一旦他们的嘴巴没接住酒，酒液便会顺着他们的胡子往下流，然后再度落入桶内。如果一个顾客碰巧身上没钱，他会留下自己的旧毛皮外套、一件衬衣、一双长袜，或是身上服饰的其他部分做抵押，直到晚上领了工资为止。在此期间，那些脏兮兮的抵押品就挂在酒桶的边沿上，至于它们是否会被挤到桶里、在酒液上漂一阵子，这个问题并不是太重要。[14]

当他的人民在草地上扭打、用啤酒让自己凉爽时，彼得把泛舟芬兰湾作为心爱的夏季休闲方式。有时候，当他坐船前往喀琅施塔得或彼得霍夫时，会邀请外国大使作陪。韦伯记录了一次这样的短途旅行，它为我们展现了一幅生动、翔实的画卷——以彼得大帝宾客的身份在乡间度过一个周末是什么样子：

  1715年6月9日，沙皇前往喀琅施塔得，我们也搭乘一艘桨帆船随同，但一场大风暴导致我们被迫抛锚，我们在这艘无甲板的船上逗留了两天两夜，没有光亮，没有床铺，没有食物和饮料。当我们最终抵达喀琅施塔得后，沙皇邀请我们到他位于彼得霍夫的别墅去。我们一路顺风。在宴席上，陈年匈牙利葡萄酒弄得我们暖洋洋的，离席时，我们几乎站不稳，陛下自己却一滴也没喝。皇后递给我们每人一个碗，里面盛着一夸脱酒，当我们被迫一饮而尽时，我们失去了知觉。在这种情况下，他们把我们带到不同的地方，一些人被抬到花园，一些人被抬到树林里，剩下的人则躺了一地。

  下午4点，他们叫醒我们，并再度邀请我们前往避暑别墅，到了那里后，沙皇给了我们每人一把斧头，然后吩咐我们跟着他。他带领我们走进一片幼林，在那里，他指向一些树木。它们必须被砍倒，以开辟一条直通大海、长约100步的林荫道。他让我们砍倒那些树。他自己当即开始工作（除了沙皇，那里还有我们7个人），尽管我们不习惯，特别是在我们的意识远未恢复的时候，我们也完全不喜欢干这种活，但我们依旧大胆而勤奋地砍伐着，结果过了约3小时，林荫道便已开辟就绪，而我们也彻底醒酒了。我们没有受伤，除了一名大使，他异常狂暴地砍树，结果一棵树倒下时，他被砸中，摔倒在地，满身青肿，被严重划伤。口头表示谢意以后，晚饭后我们得到了真正的酬劳——第二杯酒，酒实在太烈，我们不省人事地被带到了床上。

  接下来，我们几乎还没睡上一个半小时，沙皇的亲信便于午夜时分出现，将我们拖下床，然后也不管我们是否愿意，就把我们拽到一位高加索公爵的卧室，此时公爵和他的妻子正在熟睡。在公爵夫妇的床边，他们没完没了地给我们灌葡萄酒和伏特加，昏天黑地，以至于第二天我们谁也不记得是怎么回来的。

  早上8点，我们受邀前往宫殿吃早餐，早餐中并没有我们预料的咖啡或茶,而是一大杯伏特加。其后,我们被带到一座小山脚下,跨上8匹可怜的、未配马鞍和马镫的乡村老马,然后在陛下的注视下(他把身子探出窗口)排成检阅队形行进,长达一小时。一位俄国贵人充当前锋,依靠鞭子和棍子帮助,我们竭力驱动胯下的老马朝山上前进。我们在林子里兜了一小时的圈子,痛饮清水,恢复了元气。午饭时,我们痛饮了第四回。

当我们登上沙皇的带棚船时,风刮得很紧,皇后和宫女已经占用了船舱,沙皇则与我们一起站在露天甲板上,他向我们保证,尽管风势正猛,但我们应当可以在4点抵达喀琅施塔得。然而,随后的两小时内,我们一直在海上来来回回地抢风航行,当一股可怕的暴风攫住我们时,沙皇把他开过的玩笑统统丢到九霄云外,亲手掌起舵来。在这次危机中,他不仅展现了高超的驾船技巧,更显示了他那非凡的体力和无所畏惧的精神。皇后躺在被淹没的船舱的高凳上,海浪不住地拍打着船体,瓢泼大雨倾盆而下。在这种危急处境下,她也展现出极大的勇气和决心。

我们已经彻底听天由命,用"即使溺死也是与一群贵人一起死"的想法安慰自己。酒精的作用迅速消逝得无影无踪,我们满脑子都是悔意。4艘体积较小、由皇后宫中人及我们的仆人搭乘的船被海浪抛来抛去,它们被带到了海边。我们的座船结构坚固,配备了有经验的水手,在经历了九死一生的7小时后,我们抵达喀琅施塔得港。沙皇临走前对我们说:"晚安,先生们。这个玩笑开得太大了。"

第二天早上,沙皇发起烧来。至于我们,在齐腰深的海水里泡了这么久后,浑身上下都湿透了。我们匆匆登陆上岛,但我们没能得到衣服或床铺,我们的行李走的是另一条路。我们升起一堆火,脱得一丝不挂,然后用盖雪橇的粗劣布匹把身体再度包裹起来,这些布匹是我们从农民手里借来的。我们一边用火取暖,一边从道德层面解释人生中的不幸与不确定因素,并认真思考了一番,就这么度过了当天晚上。

7月16日,沙皇率领舰队出海,我们不幸未能亲眼得见,因为我们要么发烧,要么得了别的小毛病,无人幸免。[15]

# 48

# 第二次西方之旅

1697年至1698年的大特使团之旅过去19年后，彼得的第二次历史性的西方之旅开始了，这次从1716年持续到1717年。这位年轻、求知欲旺盛、心怀热忱的俄国巨人坚持在自己学习造船时隐姓埋名。他被欧洲人视为一个介乎乡巴佬与野蛮人之间的人物。如今，44岁的他成了一位高奏凯歌的雄主，他的功业举世皆知，影响力遍及所到之处。当然，这一次沙皇访问的许多地方都已经熟悉了他。彼得于1711年、1712年和1713年拜访过北德意志各邦国的一些城镇与宫廷，关于他的外表、行为的古怪传说正在消失。他依然未去过巴黎。路易十四是瑞典的朋友，直到1715年9月太阳王驾崩，沙皇方才毫无顾忌地出访法国。访问巴黎是第二次西方之旅中最值得纪念的事件。讽刺的是，当彼得离开圣彼得堡时，巴黎之行并不在他的行程计划中。此次出行，他有3个目的：尝试改善自己的健康状况；参加一场王室婚礼；尝试给予卡尔十二世最后一击，终结对瑞战争。

彼得的医生长期坚持认为彼得必须出去走走。多年来，沙皇的健康问题一直让他们忧心忡忡。困扰他们的不是彼得的癫痫性惊厥，它的持续时间很短，几小时过后，彼得似乎就完全恢复了正常。但发烧能让他一连几周卧床不起，他之所以发烧，有时是因为无节制的饮酒，有时是旅途疲劳和担忧导致的，有时则是这些因素综合作用的结果。1715年11月，在阿普拉克辛位于圣彼得堡的家中痛饮一番后，彼得病得非常厉害，以至于连临终圣礼都举行了。两天以来，他的大臣和参政员一直待在隔壁的一个房间内，担心着最坏的结局。但不到3个星期，沙皇便恢复了健康，能够上教堂去了，尽管他的面部干瘪、苍白。在彼得患病期间，一名医生前往德意志和荷兰咨询，并带回意见：病人应尽快前往汉诺威附近的皮尔蒙特

（Pyrmont），从当地地面涌出的矿泉水被认为比卡尔斯巴德（彼得先前拜访过那里）的矿泉水更温和。

彼得还计划去监督侄女叶卡捷琳娜的婚礼，后者是他的异母哥哥伊凡的女儿。伊凡的妻子普拉斯科维娅皇后忠于彼得，允许彼得利用她的女儿安娜和叶卡捷琳娜的联姻来促进德俄结盟。1709年，安娜嫁给了库尔兰公爵，不料两个月后便守了寡。如今，两姐妹中年长的那位，24岁的叶卡捷琳娜将与梅克伦堡公爵（Duke of Mecklenburg）结婚，公爵的小公国坐落在波罗的海海岸，位于波美拉尼亚、勃兰登堡和荷尔斯泰因之间。

彼得西行的第三个目标是会见他的盟友：丹麦的弗雷德里克四世、普鲁士的弗里德里希·威廉和汉诺威的格奥尔格·路德维希——此人如今兼任英国国王乔治一世（1714年9月继位）。俄国驻哥本哈根大使瓦西里·多尔戈鲁基公爵一直极力劝说弗雷德里克四世加入彼得的联合入侵瑞典斯堪尼亚（Scania）省的计划，该地区位于丹麦的西兰海岸对面3英里处，中间隔着厄勒海峡。弗雷德里克犹豫不决，彼得相信，只有亲自前往，才能说服丹麦人走上这条路——当前来看，这似乎是唯一能够迫使卡尔终止战争的路。

1716年1月24日，沙皇一行离开圣彼得堡。与彼得同行的有外交部高官戈洛夫金、沙菲罗夫和托尔斯泰，以及官运正旺的二把手奥斯捷尔曼和亚古任斯基。彼得的健康将由叶卡捷琳娜照顾，她把自己的幼子、3个月大的彼得·彼得洛维奇（Peter Petrovich），以及他的姐姐（时年8岁的安娜、7岁的伊丽莎白）留给普拉斯科维娅皇后照看，普拉斯科维娅每天都会写上一段简短而深情的文字，记录孩子们的健康及成长状况。反之，普拉斯科维娅也把她的女儿"卡图莎"（准新娘叶卡捷琳娜）托付给彼得照料。

2月18日（周日），彼得抵达但泽，正好赶上（在市长的陪同下）参加礼拜仪式。讲道期间，彼得感到起风了，于是伸出手去，拿掉市长的假发，戴在自己头上。礼拜结束时，彼得归还假发并致谢。其后对这名惊愕的官员的解释是，这是彼得的习惯。当他头部受凉时，他会向附近的任何一个俄国人借假发；在当时的情况下，市长是离他最近的人。

尽管病人一行即将前去庆祝在但泽举行的婚礼，结婚协议的条款却尚未商定。梅克伦堡公爵卡尔·利奥波德（Karl Leopold）被人描述为"粗野的专制君主，最声名狼藉的小暴君之一，只是因为当时德意志宪法衰败，他才有了成长空间"。[1] 梅克伦堡国土小，实力弱，需要一个强大的保护者，与一位俄国公主结婚将给他带来沙皇的支持。他知道沙皇伊凡五世的两个女儿是可求的对象，于是把一枚订婚戒指和一封求婚信送往圣彼得堡，信中接受者一栏是留空的，公爵根本不在乎自己得到的是哪位公主。结果叶卡捷琳娜被选中了。

婚礼于 4 月 8 日举行，彼得和奥古斯特国王都出席了。新郎身穿瑞典式的制服，佩带一柄瑞典长剑，但他忘了给自己配上袖口。2 点，沙皇的马车到来，将卡尔·利奥波德和他的首相艾希霍尔茨男爵（Baron Eichholtz）载往彼得住处。宅邸前方的广场被挤得水泄不通，公爵当着众人的面走下马车，他的假发被一根钉子勾住了。他光着头站在人群前，与此同时，忠心耿耿的艾希霍尔茨爬上高处，把假发从钉子上取了下来。随后，一行人与头戴俄式大公夫人冠的新娘一道步行穿过街道，前往一座小型东正教礼拜堂，那是彼得为举行结婚仪式特别修建的。这场东正教结婚典礼由一位俄国主教主持，持续了两小时。在此期间，彼得毫无顾忌地穿过会众与唱诗班成员，敦促众人咏唱《诗篇》，并加入合唱中去。仪式结束后，新郎新娘一行再度步行穿过街道，此时人群中一个声音喊道："看呐！公爵的衣服上没有袖口！"[2]

晚上，公爵住处前方的广场举行了一场烟火表演。彼得引领奥古斯特和新郎穿过人群，亲手点燃火箭。这场表演持续得实在太久，凌晨 1 点的时候，艾希霍尔茨不得不提醒他的主人，新娘在 3 小时前已经上床睡觉了。卡尔·利奥波德离开了，但即使如此，艾希霍尔茨也无法安心。洞房用许多涂漆物件充当装饰，连床也是上过漆的。公爵讨厌刺鼻的气味，艾希霍尔茨担心他在这张床上会无法入眠，但公爵办到了。第二天，新婚夫妇、全体宾客与心满意足、欢欢喜喜的彼得一道进餐。宴席最后却不欢而散，双方官员因交换纪念礼品而发生争吵。公爵向俄国的大臣赠送了精美的礼品，梅克伦堡人却一无所得——"连一根别针都没有"。[3] 更糟糕的是，托尔斯泰抱怨自己收到的戒指质地不如送给戈洛夫金和沙菲罗夫的戒指，此人在君士坦丁堡时对互赠宝石已习以为常。俄方的次级外交官奥斯捷尔曼将自己得到的一枚小戒指也送给了托尔斯泰，试图平息他的愤怒，但托尔斯泰继续抱怨自己受到侮辱。

令彼得懊恼的是，这次联姻导致他与北德盟友之间的关系严重复杂化，特别是汉诺威，它已经与普鲁士加入俄、丹、波一方，对瑞典开战。把卡尔十二世赶出欧洲大陆，获取、瓜分神圣罗马帝国境内的前瑞典领土是这些新盟友的共同动机。但它们越发意识到，一旦瑞典强权遭到摧毁、消失，更为强大的新贵——俄国沙皇就将崛起。在俄国与梅克伦堡联姻之前，北德王公们的猜疑一直没有公开化。当丹麦与普鲁士军队于1715年7月围攻施特拉尔松德时，他们还向俄国求助过。舍列梅捷夫的军队就驻扎在波兰西部，进兵施特拉尔松德是件很容易的事，但经验老到的俄国驻华沙大使格雷戈里·多尔戈鲁基公爵对依旧极不稳定的波兰局势忧心忡忡，坚持要求舍列梅捷夫留在原地。于是，施特拉尔松德在完全没有俄国人参与攻打的情况下陷落了。当彼得听闻此事时，他朝多尔戈鲁基大发雷霆："我真的很吃惊，你都这个岁数了，居然还会脑子发昏，让那些死不绝的骗子把你蒙得团团转，把军队留在波兰。"[4]

几个月后，彼得担心的事发生了。这回被围攻的城市是瑞典在欧洲大陆的最后一座港口维斯马，俄国军队被有意排除在围攻战之外。维斯马是波美拉尼亚的一座沿海城市，彼得之前特意将它作为叶卡捷琳娜公主嫁妆的一部分，许给梅克伦堡公爵卡尔·利奥波德。如今它遭到丹麦和普鲁士军队的包围。当列普宁公爵率领4个俄军步兵团和5个龙骑兵团赶到时，别人让他带着自己的人马滚蛋。争吵爆发了，俄军统帅与普军统帅差点大打出手，但俄国人还是撤走了。彼得闻悉此事，气愤不已，但他耐着性子没有发作，因为他需要盟友协助自己从海上入侵瑞典。

不久以后，情况恶化了。一支普军分遣队在穿过梅克伦堡时遭到一支庞大的俄国军队拦截，俄军强行将普军引向边境。普鲁士的弗里德里希·威廉大怒，宣称他的人受到的待遇"宛如敌人一般"。他取消了与沙皇的一次会晤，还威胁他说要彻底退出同盟。"沙皇必须令我完全满意，"

他怒气冲冲地说道,"否则我将立刻集结状态正佳的本国军队。"[5] 他气急败坏地对自己的一个大臣说:"感谢上帝,我不用像(丹麦国王)那样,他完全被俄国人蒙骗了。沙皇或许明白,与他打交道的可不是波兰国王或丹麦国王,而是一个能把他脑袋打破的普鲁士人。"与大多数时候一样,弗里德里希·威廉的怒气很快平息了。在他的心中,对汉诺威的厌烦与猜疑远甚于对俄国的恐惧,他很快就同意与彼得在斯德丁会晤。在会面时,他将维斯马港交给梅克伦堡公爵。起初他坚持要把该城的防御工事夷平。他声称,把维斯马的城墙完好无损地交给卡尔·利奥波德,"就好像把一柄锋利的刀子交到一个孩子手中"。[6]

弗里德里希·威廉把维斯马移交给梅克伦堡公爵的理由之一是,这样会让汉诺威人感到不快。他是对的。汉诺威对彼得与在北德意志的俄国势力有着一种更深、更猜忌的敌意。某种程度上说,这是个人性质的——乔治一世的汉诺威政府重臣伯恩斯托夫(Bernstorff)是土生土长的梅克伦堡人,也是对卡尔·利奥波德公爵怀有强烈敌意的贵族派的一员。由于他是乔治国王的身边人,他得以将自己的偏见暗中灌输给国王。为什么沙皇要与一个深处北德腹心的小小公国建立如此亲密的联姻关系?为什么俄国人要在当地常驻10个团的兵力?沙皇要求将维斯马作为侄女嫁妆的一部分移交给梅克伦堡,此举难道不就是一步欲在波罗的海西部建立俄国基地的好棋吗?对于这些偏见与猜疑,乔治一世在倾听之前就已经有了心理准备,因为他自己也对俄国人那日益增长的影响力和俄国军队大举进驻汉诺威附近区域的可能性忧心忡忡。如果有人将汉诺威人的猜忌完完整整地告知彼得,并给予合理的建议,他或许就会对梅克伦堡采取截然不同的政策。可彼得已经到了但泽,婚姻协议也起草完毕,尽管他迫切希望维持与汉诺威的同盟,也非常想同英国结盟,但沙皇不愿违背自己的承诺。

彼得在皮尔蒙特饮用矿泉水,以此治疗自己。3周后,他返回梅克伦堡,他先前将叶卡捷琳娜皇后留在那里陪伴卡尔·利奥波德公爵与他的新娘叶卡捷琳娜。如今已是仲夏时节,在访问期间,彼得更喜欢在公爵府的花园内用餐,顺带俯瞰一片湖泊。卡尔·利奥波德坚持要按照正式礼仪行事。一些身材高大的公爵护卫必须在餐桌四周肃立,他们全都蓄着浓密的髭须，拔刀出鞘。彼得喜欢轻松的用餐氛围，觉得这样做显得荒谬可笑。他一再要求撤去卫士。最后，一天晚上，他向东道主提出建议：如果卫士们放下刀，用他们的大胡子抽打成群聚集在餐桌上方的蚊子，那么所有人都会更惬意些。

1716年夏，在盟友之间相互猜忌、倾轧的背景下，彼得着手执行他的联合入侵瑞典计划。倔强的"卡尔兄弟"没有表现出半分想议和的迹象，相反，卡尔在施特拉尔松德陷落后重返瑞典，此时他正忙于组建一支新的军队，准备再度发起进攻。他不愿将主动权留给敌人，已于2月朝离自己最近的敌人——丹麦发动猛攻。倘若当年冬天厄勒海峡结冰，他就将率领一支1.2万人的队伍越过海峡，进入西兰，攻打哥本哈根。冰面是形成了，却因一场风暴而开裂，卡尔转而率军开进挪威南部，那里依然是丹麦的一个省。他顺利通过山道，没用多久便攻克了几座岩石要塞和克里斯蒂安尼亚城（Kristiania，今奥斯陆）。其后，他因供给不足，被迫撤军。

对彼得而言，卡尔发动攻势一事证明了一点：要想结束战争，入侵瑞典、在卡尔的主场击败他是唯一的办法。为了做到这一点，俄国需要盟友的帮助。尽管他指挥着上波罗的海地区的战事，但在只有俄国舰队保护运兵舰的情况下，彼得不敢冒险向瑞典发动大规模的海上入侵，瑞典海军依然过于强大。因此，1716年春，当彼得在梅克伦堡监督婚礼、在皮尔蒙特饮用矿泉水的时候，俄国桨帆舰队开始西进波罗的海南部海岸。它们先是到了但泽，后又驶往罗斯托克（Rostock）。彼得在汉堡停了下来，同丹麦国王弗雷德里克四世会面，制订了一份全面的入侵计划，然后才进行矿泉治疗。这份计划要求俄丹联军在瑞典最南部的斯堪尼亚省登陆，与此同时，一支拥有绝对数量优势的俄国军队将在瑞典东部海岸登陆，从而迫使卡尔陷入两线作战的境地。两支入侵部队由俄国和丹麦海军负责掩护，它们均归丹麦海军上将居伦洛夫（Gyldenløve）统辖。英国也将贡献一支强力舰队，虽然彼得和弗雷德里克都无法肯定一旦海战爆发，英国是否会真的参战。彼得同意提供一支为数4万、步骑混编的俄国陆军，外加包括桨帆舰和战舰在内的全部海军力量。丹麦人贡献了陆军3万、全军的大部分火炮和弹药，以及本国海军的全部兵力。为了将这支规模巨大的人马及其装备运过厄勒海峡，弗雷德里克四世还同意在整个夏天的时间内征募丹麦商船。普鲁士的弗里德里希·威廉一世拒绝真正参与入侵行动，但同意供应20艘运输舰，用于护送在罗斯托克集结的俄国步兵前往哥本哈根，那里被当作入侵斯堪尼亚行动的起点。这支联军至少在理论上是一个强大的集合体，更何况它的对手还是可能已是孤家寡人的瑞典。这份计划的某个部分似乎显得不明智，它的用意在于满足弗雷德里克和彼得的自尊心——远征行动的最高指挥权被分割开来，两位君主每隔几周轮流掌握指挥权。

在皮尔蒙特待了3个星期后，彼得到罗斯托克去了，他的军队在那里集结。他离开叶卡捷琳娜，与一支拥有48艘桨帆船的舰队一道前往哥本哈根，并于7月6日抵达港口。人们用雷鸣般的呼声来表达对他的敬意。彼得在给叶卡捷琳娜的信中写道："请让我知道您何时会到这里，让我得以与您相见。这里的礼节不可名状。昨天参加的那场仪式，我已经有20年没见过了。"[7]

尽管彼得受到热烈欢迎，但时间仍在流逝。7月在不知不觉间过去，彼得写信给叶卡捷琳娜："我们只是在空谈而已。"[8] 主要问题在于，掩护入侵行动所必需的丹麦舰队仍巡航于挪威海岸，监视着攻陷克里斯蒂安尼亚的瑞典军队的撤退行动。这支舰队直到8月7日才返回哥本哈根，即使到了那时，运输舰队仍未做好让军队登船的准备。同时，随着诺里斯将军（Admiral Norris）与由19艘战列舰组成的英国舰队的抵达，一支庞大的联合舰队已在哥本哈根集结完毕。在登舰时刻到来前的这段日子里，诺里斯将军建议联合舰队在波罗的海进行一次巡航。厌倦了无所事事的彼得表示同意。由于诺里斯与丹麦海军将领居伦洛夫都不肯位居对方之下，沙皇被任命为总司令。8月16日，彼得在俄国战列舰"因格里亚"号上升起了自己的旗帜，并发信号示意舰队起锚。这是有史以来波罗的海海面上出现过的最为壮观的一支舰队：69艘战舰——英国19艘、荷兰6艘、丹麦23艘、俄国21艘及400多艘商船。它们均归一名白手起家的水手指挥，那人的国家在20年前连一艘远洋船舰都没有。

然而，尽管舰队气势恢宏，且拥有压倒性的实力，它却战绩寥寥。瑞典海军仍待在卡尔斯克鲁纳，它有20艘战列舰，数量是敌人的1/3。诺里斯想勇敢地面对要塞的炮火，打算杀进海港，在瑞典舰队的锚地将它们击沉，但丹麦海军上将拒绝了——部分原因在于猜忌，部分原因是丹麦政府秘密指示他不要让舰队去冒险。彼得大失所望，回到哥本哈根后，他率领2艘小型巡防舰和2艘桨帆船返回瑞典海岸侦察。他发现，反瑞同盟的拖延为卡尔十二世争取到了时间，而他并没有白白浪费这些时间；当彼得的舰队紧贴瑞典海岸缓缓移动、欲进一步探明情况时，他的座舰被炮弹击中。另一艘俄国军舰受创更甚。桨帆船搭载的一支哥萨克队伍登上陆地，抓到了几名俘虏，他们声称瑞典国王的军队已达2万人。

事实上，卡尔创造了奇迹。他给斯堪尼亚沿海的所有要塞都派驻了军队，并向他们供应粮食。在内陆城镇，预备役步兵和骑兵被召集起来，准备向敌人的桥头堡发动反攻。一支庞大的炮兵预备队守在卡尔斯克鲁纳，等待着国王的命令。卡尔手下只有2.2万人马——1.2万名骑兵、1万名步兵，但他知道入侵者不可能一下子将部队全部运送过来，他希望赶在敌军前锋得到增援前击败他们。如果自己被迫撤退，他就准备效仿彼得，将瑞典南部的村庄和市镇统统焚毁，把一片焦土丢给敌人（斯堪尼亚在17世纪中期前一直是丹麦领土，这一事实促成了本计划的制订）。

在西兰，准备工作贯穿了9月初的时光。17个俄国步兵团和9个俄国龙骑兵团从罗斯托克运至，共计2.9万人。在补充了1.2万名丹麦步兵和1万名丹麦骑兵后，盟军联合部队的总数达到5.1万人。登陆日期被确定为9月21日。其后，在9月17日，就在大军即将前往登船地点之前，彼得突然宣布入侵行动取消。他宣称，今年时机已过，进攻将等到来年春天再发动。英王乔治一世、丹麦国王弗雷德里克四世，以及他们的大臣、陆海军将领被这个单方面决定惊得目瞪口呆。弗雷德里克提出抗议，称行动延期意味着入侵计划作废，因为他不可能连续两年征用丹麦商船队。

尽管如此，彼得依旧固执己见。他辩称，由于之前的拖延，盟军已经把夏天浪费掉，如今秋天到来，远征行动成了冒险。他知道卡尔会在岸上用一波粉碎性的反攻攻势迎接第一批入侵部队。他的解释是若能击退这波攻势，获得一个稳固的、可据守整个冬天的立足点，大队人马就能在极短的时间内登陆，赢得一场战役的胜利，包围、攻克至少两座城市——马尔默（Malmo）和兰斯克鲁纳（Landskrona）。他问到，如果这次行动失败，那么他的军队在寒冬腊月将何去何从？丹麦人的回答是，士兵们可以挖土坑避寒。彼得回应到，这样做的致死人数将超过战死人数。况且他的人将如何在怀有敌意的斯堪尼亚省搜寻粮草？"3万名瑞军就食于当地，"彼得说，"他们可不会轻易给不请自来的客人腾地方。"[9]

丹麦人争辩，粮食可以从丹麦群岛另一端运来。彼得道："空洞的许诺和希望可填不饱士兵们的肚子，他们需要的是准备好的真正仓库。"[10] 他又问联军将如何阻止卡尔北撤时焚毁、践踏乡间地区？他们又如何能迫使他留下来同他们交战？隆冬时节在满怀敌意的国家中，联军有没有可能避免出现减员现象——就像卡尔所部在俄国过冬时遭遇的那样？这次行动有没有可能无法给予瑞典致命一击，反而给他们自己招来灾难？彼得了解卡尔，对他怀有极大的敬意。"我知道他的作战方式。他不会给我们任何喘息之机，我们的军队将遭到削弱。"[11] 他再度坚定地表示，考虑到作战时节已过，且敌人力量强大，入侵行动必须推迟到来年春天。

彼得的决定引发了一场外交风暴。远征行动的放弃似乎证实了盟友们最可怕的疑虑。精明的彼得率领2.9万人的俄军前往哥本哈根，不是为了入侵瑞典，而是为了占领丹麦，夺取维斯马，进而成为北德政治舞台的支配者。弗雷德里克四世对在丹麦首都郊区安营扎寨的俄国大军感到不安，彼得突然的决定让他失去了对瑞典作战毫无悬念的胜利，此事也令他愤怒。英国人担心一支强大的俄国陆、海军驻扎在波罗的海入口处，将对英国在这片海洋的贸易造成影响。然而，对俄国人的"阴谋"最为忧心的是汉诺威人。汉诺威首席大臣伯恩斯托夫前去拜访英军将领斯坦霍普（Stanhope），后者当时正与乔治一世一道待在汉诺威。伯恩斯托夫歇斯底里地建议英国人"立刻击溃沙皇，夺取他的舰只，甚至把他这个人也扣起来"，以此作为确保俄国军队尽数撤离丹麦和德意志的手段。[12] 斯坦霍普拒绝了，于是伯恩斯托夫直接命令在哥本哈根的诺里斯将军抓捕沙皇，夺取俄国军舰。诺里斯同样予以慎重拒绝，表示自己听命于英国政府，而非汉诺威政府。

尽管上述指控在他背后闹得没完没了，彼得却继续待在哥本哈根，在那里，他仍然受到丹麦人的尊敬。叶卡捷琳娜获得的待遇令沙皇倍感愉快。她被接受为彼得之妻、俄国皇后，作为对她身份的认可，丹麦王后正式登门拜访了一次，以示欢迎她来到丹麦首都。诺里斯将军以尊敬和亲切的态度对待同为海军将领的沙皇。在列斯纳亚战役的周年纪念日，英国舰队的全体舰只一齐鸣炮致敬。彼得本人在这场战役中立下了汗马功劳。

事实上，沙皇盟友的猜疑是毫无依据的。彼得入侵瑞典的目的是结束战争。当入侵看起来显得太过冒险的时候，他就取消了这个打算。但他立即开始寻求其他达成目标的办法。早在10月13日，他就写信给圣彼得堡的参政员，解释自己的做法，并声称现存的唯一可能性是从其他方向进攻瑞典本土，即从奥兰群岛穿过波的尼亚湾。他下令为这次进攻做准备。至于丹麦和汉诺威遭到的威胁，在伯恩斯托夫声称大难临头时便已消失得无影无踪。俄军悄无声息地回师梅克伦堡，然后除一小队步兵和一个骑兵团外全部前往波兰。俄国舰队则驶往北方的里加、瑞威尔和喀琅施塔得海港过冬。10月15日，彼得和叶卡捷琳娜也离开丹麦首都，他们缓缓经过荷尔斯泰因，前往哈弗尔贝格（Havelsberg）会见普鲁士的弗里德里希·威廉。

弗里德里希·威廉不喜欢汉诺威，尽管他的妻子和母亲都来自汉诺威。当伯恩斯托夫指责俄国人意欲占领吕贝克、汉堡和维斯马时，弗里德里希·威廉站在彼得一边。"沙皇已经保证过不会把任何一寸帝国领土据为己有，"普鲁士国王指出，"此外，他的部分骑兵正在朝波兰而去。况且，在不用火炮的情况下，他是不可能拿下这三座城市的，而他一门炮也没有。"[13] 他自己的大臣伊尔根（Ilgen）提交了一份报告，内容为汉诺威人的暗示。对此，国王的答复是："无聊！我应当拒绝相信，然后快点坐到我的兄弟彼得那边去。"[14] 考虑到弗里德里希·威廉的态度，沙皇与国王之间的会晤进展顺利也就不足为奇了。作为友谊的表示，两位君主交换了礼物：彼得答应给波茨坦掷弹兵部队送来更多的俄国巨人，弗里德里希·威廉则送给沙皇一艘游艇和一个无价的琥珀橱柜。

此时正值北欧的冬季，黑夜来得很早，空气寒冷刺骨，道路被冻得发硬，变成一道道车辙的形状。很快，一切都将被大雪覆盖。叶卡捷琳娜快要分娩了，长途跋涉返回圣彼得堡不是一件容易的事。于是，彼得决定不回俄国过冬，而是继续西行，到阿姆斯特丹去度过最冷的那几个月，他已经18年没见过那里了。他让叶卡捷琳娜放慢脚步跟在后面，自己则穿过汉堡、不来梅、阿默斯福特（Amersfoort）和乌得勒支，于12月6日抵达阿姆斯特丹。即使是那些相对好走的道路，条件也是很简陋的。彼得写信告诫叶卡捷琳娜：

> 之前我就写信告诉过您，不要走我走过的路，如今我可以肯定这一点，因为路况糟糕得难以形容。不要带太多人过来，因为荷兰的生活费用已经变得异常高昂。至于圣歌歌手，如果他们还没动身，那么只要带半数人就够了。把剩下的人留在梅克伦堡。在这里陪伴我的人都对您的行程表示同情。如果您能忍耐，还是待在原地吧，因为糟糕的道路可能给您带来危险。但是，您可以自己拿主意。看在上帝的分上，可别认为我不愿让您来，因为您自己明白我有多希望您能到这里来。对您来说，与其一个人悲伤，不如上我那儿去。我仍然一写信就搁不下笔，我知道您也无法忍受独处的滋味。[15]

叶卡捷琳娜动身了，但经历了一段艰难的旅程后，她被迫在荷兰边境附近的韦瑟尔（Wesel）停下脚步。1717年1月2日，她在当地生下一子，他的名字已被商定为保罗。沙皇再次因发烧而卧床6周，他在给叶卡捷琳娜的信中满腔热情地写道：

> 您的喜报昨日已收悉，您在信中提到，拜主所赐，我们又多了个新家庭成员……赞美吾主，无忘谢恩。对我而言，可喜之事有二。首先是孩子的出世，其次是上帝让您摆脱了病痛，我也因此好转了。从圣诞节算起，我直到昨天才能坐起来。我会尽快上您那里去。[16]

第二天,彼得收到了一个骇人的消息:他的儿子夭折了,他的妻子身体虚弱不堪。彼得本已派信使前往俄国宣布新皇子诞生的消息,现在他想方设法帮助叶卡捷琳娜:

> 您的来信已收悉,信中提到的事我之前便已知晓,这起意外令弄璋之喜化作丧子之痛。除了坚忍的约伯的话,我还能用什么来答复您呢?吾主所赐,吾主所夺;耶和华之名是应当称颂的。我恳求您好好考虑一下,就这么办吧;我就是这样尽力开导自己的。感谢上帝,我的病情每一刻都在减轻,我希望自己很快就能出门活动。现在只有些许疼痛感。如果不考虑这些,我已经痊愈了,赞美上帝。如果能走水路,我早就赶到您那里去了,但我害怕陆路带来的颠簸。此外,我正等着英王的答复,不出预料的话,他这几天就会来到这里。[17]

尽管彼得试图忘却丧子之痛,并认为自己正在康复,但小保罗的死似乎加剧了他的病情,结果他在病榻上又躺了一个月。当叶卡捷琳娜抵达阿姆斯特丹时,彼得依旧卧病在床。由于这场疾病,彼得没能见到那位冷漠的、已经成为英国国王的汉诺威人。当乔治一世经荷兰登船去英时,彼得派托尔斯泰和库拉金前去拜访,但俄国使者没有得到接见。后来,乔治一世就此事致歉,说自己当时已经登上座舰,只能趁着涨潮起航。

当彼得感觉自己开始好转时,荷兰的生活变得愉快起来。在叶卡捷琳娜的陪伴下,他把时间花在带着她故地重游上,年轻时的他在这些地方度过了一段快乐时光。他与叶卡捷琳娜回到赞丹,东印度公司的码头又一次出现在他眼前,当初他曾在这里建造过一艘巡防舰。他游乌得勒支、海牙、莱顿、鹿特丹。如果他的计划能够实现,他终将在来年春天造访巴黎,一窥这座以文化、上流社会和华丽建筑闻名于世的城市的庐山真面目。

# 49

# "国王是位强者……"

彼得计划于1717年访问的那个法国,犹如一个由绕着轨道运行的星体组成的巨大而精致的复杂系统,它的太阳一度是整个系统的温暖、生命和意义的来源,如今却已熄灭。对法国的统治持续了72年后,太阳王路易十四于1715年9月1日驾崩,享年76岁。路易与那个时代另一位雄主彼得的统治期有着长达35年的平行。但路易与彼得并非同代人,当彼得的影响力与俄国的势力正冉冉升起时,太阳王的荣耀却已开始褪去光芒。

在生命的最后几年里,路易被家庭悲剧折磨得颓唐不堪;唯一的婚生子兼继承人,沉闷无趣的王太子怀着对父亲的恐惧,于1711年去世。死者的儿子,也就是太阳王的孙子,新任王太子勃艮第公爵是个漂亮、迷人、聪明的年轻人,是法国未来希望的化身。他那美丽的妻子,萨伏依的玛丽·阿德莱德的才干几乎在他之上。以童养媳的身份被带往凡尔赛宫的她是老国王看着长大的,他对她宠爱有加。据说他对这位孙媳的爱超过了对自己恋过的所有女性。1712年,新王太子与他欢乐的妻子突然撒手人寰,30岁的他和27岁的她在一星期内双双被麻疹夺去了性命。他们的长子,路易的曾孙成了下一任王太子。没过几天,他死于同样的疾病。

75岁的国王只剩下一个曾孙,这个生着粉色脸蛋的2岁婴孩是唯一幸存的王室直系后裔。他也患上了麻疹,但他躲过了病魔的魔爪,因为他的女家庭教师把门锁上,不让医生给他放血、催吐。新任小太子奇迹般地活了下来,并以路易十五(Louis XV)的身份统治法国达59年之久。临终时,路易十四召来了时年5岁的曾孙兼继承人。这两位统治法国总计131年的波旁王室成员面对面相望。随后,太阳王说道:"我的孩子,有一天你将成为一位伟大的君王。我太好战,这点可不要学我。把你的作为时时告知上帝，让你的臣民尊崇上帝。留给他们这样一个国家使我心碎。"[1]

太阳王驾崩后，凡尔赛宫很快就荒废了。巨大房间里的家具被搬空，宏伟的宫廷消失了。新国王住在巴黎的杜伊勒里宫（Tuileries），出来闲逛的人有时会在花园里看见他。这个圆滚滚、胖乎乎、脸蛋粉扑扑的男孩头发又长又卷，生着长长的睫毛和一个波旁式的长鼻子。

法国的统治权已转入摄政者——路易十四的侄子、奥尔良公爵菲利普之手，此人系血统最尊贵的王子，继承权仅次于少年国王。1717年时，菲利普42岁，个子很小，但体格强健。在情场上，他是个英雄——贵族女子、女歌剧演员、市井女子都是他的猎物。他特别喜欢宿娼。新的年轻姑娘一到巴黎，他就想尝试一下她们的滋味。女子的样貌俊一点，或是丑一点，他是不在意的。他的母亲承认："他对女人的欲望相当疯狂。如果她们脾气好、作风野、能吃能喝，他才不在乎她们的样貌。"[2] 有一次，她把最后一点看法告诉了他，他和蔼地回应："呸！妈妈，每只猫到了晚上都是灰色的。"

摄政王在罗亚尔宫（Palais Royal）举行的私人晚宴是法国人谈论的话题。在设有路障的大门后面，他与朋友们坐在长凳上，与来自芭蕾舞团的女子一起吃饭，她们的衣服又薄又透。随后，她们跳起裸体舞来。摄政王对习俗毫无兴趣，如果能对它造成冲击，他还会觉得很愉快。用餐时，他的用词极其粗俗，以至于他妻子拒绝邀请任何人前来赴宴。他藐视宗教。有一次，他带了本拉伯雷（Rabelais）的作品去做弥撒，并在仪式期间招摇般地加以阅读。他的妻子是路易十四和德·蒙特斯庞夫人的女儿，为他生了8个孩子。她将自己锁在房间内，忍受着偏头痛的折磨，就这样度过了一生中的大部分时光。

在这种情况下，许多法国人对年轻的路易十五忧心忡忡。因为如果他发生什么不测，摄政王就将登上王位。事实上，这些担心毫无根据。奥尔良的菲利普尽管性格粗野，却拥有许多良好的品质。他沉迷于肉欲，但为人仁慈，富有同情心。他犯过错，但从未嫉妒别人，也没什么个人野心。

他的声音和微笑很有魅力，只要他愿意，他的举止、姿态就会显得优雅、动人。他对科学和艺术着迷。他在罗亚尔宫的房间内挂着提香和范·戴克的作品，他谱写的室内乐至今仍为人演奏。他将全部精力都投放到那个由他照顾的男孩身上，一心好好保护波旁家的王位，直到国王成年为止。不论在前一天晚上放荡到什么地步，他都会在早上6点开始工作。那帮同他一起享乐的伙伴，无论男女，对他的决定和政策的影响都微乎其微。他很清楚，自己那威名赫赫的叔叔的军事冒险已经把这个国家的财政闹到山穷水尽的地步。在菲利普摄政的8年间，除了与西班牙发生的一次短暂摩擦，法国从未发动过战争。菲利普的外交政策是建立在对外和平基础上的。更令全欧洲难以置信的是，对英友好成了法国新政策的基石。

在彼得访问巴黎前不久，西欧多年的格局被一系列戏剧性的事件打破。在英国，辉格党内阁倒台，导致马尔伯勒的权力遭到剥夺，而英荷联手入侵法国北部的行动也停止了，未能决出胜负。新成立的托利党内阁渴望实现和平，年事已高、精疲力竭的太阳王很乐意与他们达成一致。和平条约《乌得勒支条约》于1713年签订，波澜壮阔的西班牙王位继承战争，让西欧所有王国与帝国均被卷入其中，但就此画上休止符。不久以后，太阳王晏驾。而在英国，也有一位王室成员——安妮女王撒手人寰。她未能给信奉新教的斯图亚特王朝留下后嗣，16个孩子均在婴儿或幼年时期身亡。为了确保王位由新教徒继承，在事先获得议会同意的情况下，汉诺威选侯格奥尔格·路德维希戴上了王冠，成为英国国王乔治一世。与此同时，他保留着对汉诺威的统治权。

总体而言，这些事件在欧洲创造了全新的外交气象。随着和平到来，西欧各国得以将更多的注意力投入到它们眼中的次要舞台——北方战争上去。英国从西班牙王位继承战争中崛起，成为事实上所向无敌的海上霸主。俄国在波罗的海的势力日益增长，可能对英国在此地区的贸易造成影响，这引发了英国的担忧，拥有雄厚实力的英国舰队开始在上述北方海域出现。汉诺威同样对彼得怀有敌意：沙皇近来将触角伸入北德意志，这令汉诺威感到恐惧。英王兼选侯三度拒绝彼得的会面提议，他的先决条件是俄军必须尽数撤出德意志。

与此同时，法国的对外政策发生了革命性的转变。摄政王菲利普治下的法国不再与英国敌对，也不再支持信奉天主教的詹姆士党人，而是试图与英国建立友谊，并保证信奉新教的汉诺威王朝的权利。它似乎还准备改变长期支持瑞典的政策。多年来，太阳王一直资助瑞典人，并将他们看作一股平衡力量，以求将奥地利皇帝的注意力从德意志转移开去。如今瑞典人已被击败，并被彻底逐出德意志，而哈布斯堡皇帝的实力大大增强，法国需要在东方寻找一个新的盟友。彼得领导的俄国是一个自然的选择，它在过去10年间声名鹊起。各式各样的暗示与提议开始通过外交渠道传达。彼得渴望着听到这些。尽管自他在位起，法国一直在波兰和土耳其问题上反对他，但他知道欧洲的格局正在变化。他与汉诺威和英国的关系正在一天天恶化，如果能与法国结盟或达成谅解，就可以起到抵消作用。他甚至视法国的帮助为结束北方战争的可能途径。法国依旧月月资助瑞典，倘若补助中断，法国撤回对瑞典的外交支持，彼得觉得自己最终可以说服势穷力孤的卡尔十二世——瑞典必须讲和。

彼得向法国提了一个大胆的建议：法国放弃瑞典这个东方盟友，以俄国代之。此外，彼得建议，他可以把普鲁士和波兰叫来一起协商。彼得意识到，法国与英、荷两国签订的协议将是一块绊脚石，于是指出：新同盟不会威胁之前建立的那个同盟。他特别建议，俄国已对《乌得勒支条约》提出保证，作为回报，法国停止补助瑞典，改为在北方战争期间按月付给俄国2.5万克朗——他相信，如果法国支持他，这场战争很快就会结束。最后，彼得提议两国建立私人关系。为了给同盟上保险，也为了表明俄国已崛起，成为强权的事实，他将自己8岁的女儿伊丽莎白许配给7岁的法国国王路易十五。

这个提议对于法国摄政王而言并非毫无吸引力，但并不为纪尧姆·多布瓦神父（Abbe Guillaume Dubois）所接受，后者掌握着法国对外政策的决定权。与英国达成的新同盟是他的杰作，他担心一旦与俄国签订协议，整个局面就会失衡。多布瓦给摄政王去信，建议他不要接受俄国人的提议，他说："如果你为了与沙皇订立协议，而把英国和荷兰逐出波罗的海，那么你就将永遭这两个国家的憎恶。"此外,多布瓦警告,摄政王牺牲英国、荷兰的利益,换来的可能只是与俄国之间的短暂关系。"沙皇患有慢性疾病,"他指出,"而他的儿子不会支持任何一方。"[3]

彼得被自己的提议所鼓励,他断定,如果自己亲自去见摄政王,就可能实现更多的目标。他决定到巴黎去。此外,他已经拜访过阿姆斯特丹、伦敦、柏林和维也纳,却从未到过巴黎。他通过俄国驻荷兰大使库拉金告知摄政王,自己打算前去拜访。

尽管摄政王和他的顾问心存不安,但彼得的要求是无法回绝的。按照外交惯例,宾客(沙皇与他的随员)的开支由东道国负担,这是一笔巨大的费用。此外,彼得是出了名的冲动君主,对他人的侮辱极为敏感,极易发火,而他的随行人员据说也是类似的性格。尽管如此,摄政王还是做好了接待准备;沙皇将被作为一位高贵的欧洲君主来接待。一队由王室绅士德·利波先生指挥的马车、马匹、货车和王室仆人被派往加来,护送俄国宾客前往巴黎。利波将向彼得表示敬意,服侍他,支付他的全部开销。与此同时,在巴黎,太阳王的母亲奥地利的安妮位于卢浮宫内的寝宫被收拾出来招待宾客。此时,了解彼得喜好的库拉金暗示,如果给他的主人安排一处户型较小、更加私密的住处,他会更高兴一些。于是,一栋华美的私人住宅——莱斯吉埃宅邸也被收拾出来。由于沙皇有可能选中它,人们用皇室收藏品把这处宅邸装修得漂漂亮亮。华丽的扶手椅、抛光的书桌和嵌花的桌子被从卢浮宫搬到这里。厨子、仆役和50名士兵被派去为沙皇提供营养、舒适和安全。

与此同时,沙皇与61人的队伍(其中有戈洛夫金、沙菲罗夫、彼得·托尔斯泰、瓦西里·多尔戈鲁基、布图尔林、奥斯捷尔曼和亚古任斯基)正慢腾腾地穿过低地国家。沙皇频频按照自己的习惯驻步,拜访城镇,考察当地的新奇事物,研究当地人和他们的生活方式。尽管他为了把消耗在出席正式仪式上的时间压缩到最低限度,而在一定程度上乔装打扮,但当他路过时,听到向他致敬的教堂钟声和炮声,还是很开心的。叶卡捷琳娜一路相陪,直到鹿特丹。为了简化行程,她会在他访法期间候在海牙。他觉得,如果她待在自己身边,那么他就要花费额外的时间去参加那些本可不用参加的仪式。

彼得自鹿特丹搭船前往布雷达（Breda），而后沿着斯凯尔特河（Scheldt）上行至安特卫普。来到那里后，他登上大教堂的钟塔，俯瞰城市。在布鲁塞尔，他写信给叶卡捷琳娜："我想给您寄去几根用于制作方当诗头饰和恩加什胸饰（用缎带把头发绑在一起、穿过紧身胸衣——这是巴黎的最新时尚）的缎带，因为这里出产的缎带是全欧洲最好的，但它们只能订做。所以，把您中意的图案和打算绣在缎带上的名字或纹章送过来吧。"[4] 离开布鲁塞尔后，彼得先后来到根特（Ghent）、布鲁日（Bruges）、奥斯坦德（Ostend）和敦刻尔克，最终抵达位于加来的法国边境，他在当地停留了9天，庆祝大斋节的最后一周和俄国复活节。

在加来，这群俄国旅客见到了利波和法方的迎接队伍。对利波而言，与俄国人的首次会面是一次痛苦的经历。客人对派给他们的马车牢骚满腹。他们挥霍无度，而花掉的每个埃居都要利波掏腰包。绝望之下，他敦促巴黎方面拨给沙皇及其随从一笔每日津贴，不得超出固定数额，并允许俄国人自行商议这笔钱该怎么花。

利波接到的命令是，向巴黎汇报访客的习惯，确定他们的来访目的。他发现，了解彼得是一件不可能的事。后者无论做什么都不认真，似乎只是在无所事事地自娱自乐，四处溜达，仔细观察那些在利波看来无关紧要的东西。"这个小宫廷的人"——他指的是俄国访问团的22名高级成员和39名勤务人员，"反复无常，极其优柔寡断。从皇帝到马夫，都是些暴躁易怒的家伙。"他在报告中写到，沙皇"个头高得出奇，略驼背，有着低头的习惯。他皮肤黝黑，脸色凶巴巴的。他的思维显得很活跃，理解起东西来也很快，行为举止带有一定的庄严气息，但他的克制力很差"。后来利波又完成了一份更加详尽的报告，他继续写道：

> 在沙皇身上确实能找到美德的种子，但它们的生长势头是狂野的，且与缺点并存。我觉得他做起事来很难前后一致、持之以恒，而且他也不是一个可以让人得出可靠结论的人。我承认库拉金公爵是个彬彬有礼的人，他似乎很有头脑，很想把一切安排到让我们双方都

满意的地步。我不知道这是因为他的性情，还是因为害怕沙皇。沙皇正如我之前说过的那样，似乎是个急性子，很难取悦。多尔戈鲁基公爵似乎是个绅士，沙皇对他非常尊重，唯一麻烦的地方在于他除了俄语什么语言都不会。说到这事，请允许我做个评论："莫斯科佬"，甚至"俄罗斯沙皇国"对这个宫廷的人而言都是个极其无礼的词。

  沙皇起得很早，上午10点左右进餐，晚上7点左右吃晚饭，9点之前就寝。他在进餐前要喝酒，下午是啤酒和葡萄酒，晚餐吃得很少，有时干脆什么也不吃。他们在喝酒时会顺带讨论要事，除此之外，我察觉不到他们组织过任何形式的会议或讨论。沙皇独断专行，无论做出任何决议，都会立即付诸实施。这位国君的消遣方式和散步活动随环境而变，他的动作特别敏捷，极度缺乏耐心，想让他高兴是一件难于登天的事……他特别喜欢看海。他的住处很大，如果有比较僻静的房间，他就会睡到那里去。[5]

**作为对法国管家和给俄国访客备菜的法国厨师的建议，利波转告他们几点特别建议：**

  为沙皇配备1名总厨，每天给他准备2或3盘菜。总厨需准备足够8人食用的酒和肉。
  周五和周六，除了肉菜，还需为他准备一顿素斋。
  他喜欢味道浓烈的酱汁、棕色的硬面包和绿色的豌豆。
  他大量食用甜的橘子、苹果和梨子。
  通常情况下，他不喝淡啤酒和黑葡萄酒以外的酒。
  早上他会喝茴香水（茴香酒）、餐前酒，下午是啤酒和葡萄酒。它们都必须弄得很凉。
  用餐时，他不碰甜食，也不喝甜酒。[6]

  5月4日，彼得离开加来，踏上了前往巴黎的道路，他按照自己的特有作风，拒绝走预期的路线。一场正式的接待会已在亚眠（Amiens）备下，但他绕过了这座城市。在博韦，他参观了法国最大的教堂的中殿，自13世纪到现在，它仍未完工。他轻蔑地拒绝参加一场为他举办的宴席。"我是个军人。"他告诉博韦主教，"有面包和水，我就满足了。"[7] 彼得的话有所夸大，他依然喜欢酒，但更喜欢自己钟爱的匈牙利葡萄酒，而不是法国葡萄酒。"感谢匈牙利葡萄酒，在这儿，它太罕见了。"他从加来给叶卡捷琳娜写信，"不过伏特加只剩一瓶了，我不知该怎么办才好。"[8]

5月7日中午，在瓦兹河畔的博蒙（Beaumont-sur-Oise，位于巴黎东北25英里处），彼得发现德·泰斯元帅（Marshal de Tesse）正率领一支车队和一支由穿着红色外套的王室侍卫骑兵组成的卫队等候他的到来。当彼得走下车时，立于马车一侧的泰斯深鞠一躬，挥舞着自己的帽子。彼得对元帅的马车赞不绝口，选择乘坐它穿过圣但尼门，进入首都。但他不让泰斯与他共乘一车，而是宁可让3个俄国同胞同自己坐在一起。泰斯的职责是取悦沙皇，于是他搭乘另一辆马车，跟在后面。

晚上9点，车队抵达卢浮宫。彼得走进宫殿，走过已故王太后的寝宫，那里被安排为招待他的场所。正如库拉金预料的那样，沙皇觉得寝宫过于华丽，灯火也过于明亮。呈现在彼得眼前的是为款待他和60个人而精心布置的餐桌，但他只啃了几小口面包和萝卜，品尝了6种葡萄酒，喝了2杯啤酒，然后就在随员们的跟随下返回马车，驶向莱斯吉埃宅邸。彼得更喜欢这个地方，但他发现分配给自己的房间同样太过巨大，装修也过于奢华，于是命人把自己的行军床搬到狭小的更衣室内。

第二天早上，法国摄政王菲利普·德·奥尔良为了向彼得表示欢迎，正式造访了彼得的住所。当摄政王的车驾驶入莱斯吉埃宅邸的庭院时，沙皇的4名随行贵族迎上去，引导摄政王进入接待厅。彼得从私室现身，拥抱了摄政王，然后转过身去，先于菲利普步入私室，让摄政王与担任翻译的库拉金尾随其后。法国人注意到了外交礼节上的每一个细微差别。彼得拥抱了摄政王，又走在他前头，这让他们觉得受到冒犯。他们声称这些行为透着"一股高高在上的傲慢气息""显得毫无礼貌"。[9]

在彼得的房间内，摆放着两把面对面的椅子，两人坐了下来，库拉金则坐在附近。两人的交谈持续了近一小时，他们把全部精力都投入到开玩笑上。之后沙皇走出房间，摄政王再次跟随其后。在接待厅内，彼得深鞠一躬（按照圣西门的说法，这体现的是一种平凡的时尚），与他的客人分别，地点与摄政王进门时两人的相遇地点一致。在彼得看来，这种一丝不苟的礼节显得不自然，但他肩负使命来到巴黎，因此觉得遵守看重礼仪的东道主的要求是很重要的。

那天剩下的时间里，彼得一直把自己关在莱斯吉埃宅邸里，第二天（周日）也是如此。尽管他急于走出门见识见识巴黎的真面目，但他强迫自己遵守外交礼节，闭门不出，直到国王正式来访为止。这个周末，他写信给叶卡捷琳娜：

> 整整两三天，我都得待在屋子里，忙于接受拜访和参加其他仪式，因此到现在为止，我还什么也没见到。但我可能会在明天或者后天开始参观这座城市。根据我一路上的观察，平民的处境极为悲惨。
> 
> 顺带一提，这个时候我已经收到了您那封充满了玩笑的信。您说我会去找女人，但这样的行为与我的年龄一点儿也不相称。[10]

周一早上，法国国王路易十五来到这里，向他的王室宾客表示欢迎。当国王走下马车时，沙皇迎了上去，令法国人感到惊讶的是，彼得用胳膊搂住那个小男孩，把他举到空中，直到两人平视为止，然后拥吻了他几次。路易尽管对此毫无准备，却坦然接受，一点儿也没有表现出害怕的样子。法国人惊魂已定后，便立刻被彼得的风度及他对少年国王所展现出来的亲切态度所打动。当他意识到两人在年龄上的差距时，就设法将他们置于同等的地位。再度拥抱路易后，彼得把他放回到地上，然后护送他进入沙皇的会客厅。在那里，路易做了一次简短的欢迎演说，其中充斥着已经记熟的恭维话。接下来的会谈发生在彼得与曼恩公爵（Due du Maine）和德·维勒鲁瓦元帅（Marshal de Villeroy）之间，库拉金再度担任翻译。15分钟后，彼得站起身来，再一次把路易抱在怀里，护送他登车。

翌日下午4点，彼得前往杜伊勒里宫回访国王。庭院内挤满了一队队身着红外套的王室卫兵。当沙皇的车驾驶近时,一排军鼓手开始击鼓。看到小路易正等着迎接自己的马车,彼得跳下车,把国王抱在臂弯里,走上宫殿台阶,前往会面地点,这次会面也只持续了15分钟。在把这些事讲给叶卡捷琳娜听时,彼得写道:"上周一,小国王拜访了我,他只比我们的卢克(一个受宠的侏儒)高一到两个指头。这孩子样貌英俊,体格也好。考虑到他年仅7岁,算是个很聪明的孩子。"[11] 在给缅什科夫的信中,彼得写道:"国王是位强者,岁数也很大了——换句话说,他都7岁了。"[12]

彼得正式前往杜伊勒里宫拜访国王,履行了外交礼节的要求。沙皇终于可以自由自在地走出门去,参观巴黎这座伟大的城市了。

# 50

# 巴黎访客

1717年的巴黎与今天一样，既是法国的首都，也是一切与法国相关的事物的中心。但拥有50万居民的巴黎只是欧洲的第三大城市，伦敦（75万人口）和阿姆斯特丹（60万人口）的规模都超过了它。拿本地人口占全国人口比例来说，巴黎就更可怜了。在英国，每10个人中就有1个是伦敦人；在荷兰，每5个人中就有1个来自阿姆斯特丹。而在法国，40个人中只有1个定居在巴黎。

今天的人们已经知道了这些，在他们看来，1717年的巴黎是个小城市。如今坐落于巴黎中心的那些宏伟宫殿和广场：杜伊勒里宫、卢森堡公园（Luxembourg）、旺多姆广场（Place Vendome）、荣军院（Invalides）——当时都位于这座城市的边缘地带。出了蒙帕纳斯区（Montparnasse），四处皆是旷野和草地。穿过杜伊勒里宫的华美花园，就到了香榭丽舍大道（Champs-Elysees）较为荒凉的地段，它向上绵延至一座林木葱郁的山丘，那里是现今凯旋门（Arc de Triomphe）的所在地。在北方，一条道路穿过一片片草地，沿着升高的地势直达蒙马特（Montmartre）高地的山脊部分。

塞纳河是城市的中心。这条河流并未像今天那样被花岗岩码头四面包围。女人们在泥泞的河流沿岸洗濯衣物，屠宰场、制革厂将垃圾直接排放到河里，散发出令人厌恶的气味，她们却毫不在意。在贯穿城市的过程中，塞纳河先后从5道桥梁的下方流过。2道最新修建的桥梁——壮观的王室大桥（Pont Royal）和新桥（Pont Neuf）的边上均一片空旷，而其他几道桥梁两侧矗立着一排排四层或五层建筑。在巴黎，宽敞的林荫大道是不存在的。1717年，这座城市是一个由狭窄的街道和四层或五层尖顶建筑组成的杂乱拼盘。巴黎圣母院（Notre Dame）的雄伟双子塔直指苍穹，俯瞰着城市。然而，人们无法一睹这座举世闻名的大教堂的正面，因为圣母院广场是一条条塞满建筑的小型街道的集合体。路易十四已经开始改变这座中世纪城市的面貌。登基后不久，他就下令拆毁设有防御工事的城墙，然后在旧址铺上一条条林荫道。大型广场当中，只有优雅的王室广场（今孚日广场）在太阳王登基时已然存在。统治期间，路易十四修建了胜利广场（Place des Victoires）、旺多姆广场，以及巨大宽敞的荣军院教堂和广场。

这座城市的每个部分都别有风味。玛黑区（Marais）吸引着贵族阶级和上层中产阶级的到来。富甲一方的金融家将自家宅子建在新落成的旺多姆广场附近，此地位于城市的另一端。外国人和外国大使更中意圣日耳曼德佩教堂（St. Germain des Pres）周边地区，那里的街道更宽敞，空气据说也更纯净。人们在给旅行者提供建议时也宣称，圣日耳曼德佩教堂附近的旅馆是所能找到的旅馆中最好的。但旅客们可以在众多私人寓所中觅得房间，如果客人愿意付钱，即使身份最高的贵族也会把府邸的顶层租出去。当时的拉丁区（Latin Quarter）与今天一样，是给学生们住的。

在那个年代，巴黎的街道人流如织。马匹、马车和手推车试图从业已人满的狭窄过道挤过去，行人常常因此面临危险。包铁边车轮发出的"嘎吱"声和人们的喊叫声震耳欲聋，从窗户倾倒下来的人类粪便、肥料堆及屠夫宰杀牲畜的庭院内散发出来的气味令人作呕。为了减少车轮发出的噪声，为它们提供附着摩擦力，也为了维持少许清洁度，街道上每天都要铺上新的稻草，脏掉的稻草被扫走，倒进河里。为了规避步行带来的危险与不便，那些掏得起钱的人乘坐自家的（也有按日或按月租用的）私人马车上街，其他人则使用两人抬行的封闭式轿子。

在位于西堤岛（Ile de la Cité）末端的新桥和王太子广场（Place Dauphine），流动小贩、江湖医生、傀儡戏表演、踩高跷演员、流浪歌手和乞丐随处可见。扒手候在时尚的旅馆外，等着与毫无警惕心的外国人擦肩而过。找女人是件很容易的事。最可爱的女歌剧演员或女喜剧演员一般是留给法国贵族的，但街道上挤满了招摇过市的妓女。然而，游客们受到警告：嫖妓是拿他们的生命或健康冒险。

夜晚的街道相对比较安全——直到午夜前后为止。1717年的巴黎在照明方面是欧洲首屈一指的，街道上悬挂着6500盏烛灯。蜡烛是用脂肪做的，白天替换，夜晚点燃，在附近投下一片暗红色的光芒。但到了子夜，蜡烛一支接一支地熄灭，城市陷入黑暗之中，此时，还想看到明天的太阳的人们全都闭门不出。

歌剧和喜剧上映时，现场往往水泄不通。莫里哀的作品依旧热门，但拉辛、高乃依和新近流行的马里沃（Marivaux）的作品也是人们期待的题材。剧院打烊后，咖啡馆和卡巴莱餐厅继续经营，直到10点或11点。上流社会的成员成群结队地涌向林立于圣日耳曼德佩教堂或圣奥诺雷街（Faubourg St. Honore）附近的300家新建的咖啡厅，享用茶、咖啡或巧克力。对许多人来说，在公园或花园里散步是最好的消遣。最优雅的散步者青睐长长的王后林荫大道（Cours la Reine），那是一条位于塞纳河右岸的人行道，从杜伊勒里宫往河流下游延伸，直达今阿尔玛广场（Place de l'Alma）所在地。这条繁花盛开的人行道备受欢迎，以至于入夜之后，人们在道旁安上火炬和提灯，以继续使用它。对公众开放的花园还有罗亚尔宫花园、卢森堡花园（Luxembourg Gardens），以及如今叫作巴黎植物园（Jardin des Plantes）的王室花园（Jardin du Roi）。

杜伊勒里宫花园是巴黎最著名的花园，今天也是如此。下午和晚上，你会看到一些法国最为显赫的人物在那里闲逛，有时甚至会遇见摄政王本人。杜伊勒里宫的后方是香榭丽舍大道，两排树木整整齐齐地排列在路旁。这里的人们或骑在马背上，或敞开马车的窗户，以享受新鲜的空气。继续往西走，越过帕西（Passy）村，就到了一片森林，日后它将被改造成布洛涅森林公园（Bois de Boulogne）。森林里到处是鹿，骑手和猎狗以狩猎作为消遣，但在暖和的周日和假日午后，巴黎人也会摊开四肢躺在林中的草地上，或野餐，或睡上一觉。这片林子还被作为谈情说爱的场所，一幕幕风流韵事在拉上窗帘的马车车厢内上演。车夫漠不关心地坐在马车上，缰绳被松开，马儿温和而大声地咀嚼着青草。

当少年国王离开凡尔赛宫返回巴黎时，大多数贵族都跟着回去了，他们在巴黎东部边缘的玛黑区的时尚地段,或是位于塞纳河对岸的圣日耳曼区修建或翻修寓所(私人别墅)。在巴黎的6周时间里,彼得住在莱斯吉埃宅邸,它是玛黑区①最为壮观的宅邸之一,其花园占地甚广。这处宅邸的围墙一直延伸到圣安东尼街(Rue St. Antoine),墙边布满了棚屋和马棚。国王的樱桃园(Cerisaie)坐落在街道北面,那里栽种着成排的漂亮小树。

巴士底狱与这座宅邸直接相邻,8座尖细的灰色石塔正面俯视着花园的围墙。在散步时,沙皇只能抬头仰望这座传说中的要塞。事实上,就所遭受的不公与中伤而言,全法国的城堡都及不上这座14世纪的堡垒。它被描写成一个可怕的巨怪,是法兰西君主国压迫的象征。其实它的规模相当小:长70码,宽30码(但一条上设吊桥的干涸护城河,以及一座被警备建筑环绕的庭院使它的占地面积显得颇为广大)。1789年7月14日,狂怒的巴黎民众拆毁了巴士底狱。每年7月14日,喜滋滋的法国人仍在庆祝巴士底日(Bastille Day)。在他们的想象中,巴士底狱是一个令人悲伤的地方,在这座魔窟内,暴君将自己的意志施加在遭难的法国人民头上。再没有比这些更荒诞不经的了。巴士底狱是有史以来最为豪华的一座监狱,囚犯们根本未受到半点羞辱。这里住的是一群贵族或绅士,鲜有例外,他们受到的待遇取决于他们的地位。国王可以命令一些讨厌的贵族住到里面去,直到他或他们改变立场为止。当爹的可以把不服管教的儿子送进巴士底狱待上几个月,让他们的蠢脑袋冷静冷静。囚室配有家具、取暖和照明设施,根据囚犯的意愿和喜好决定。犯人可以把一名仆人带在身边,也可以设宴款待客人——枢机主教德·罗昂(de Rohan)曾一次宴请过20人。监狱里的人们会争夺更讨喜些的囚室;那些设在塔楼顶部的房间是最不

---

① 玛黑区的许多华美宅邸仍屹立于世间,但莱斯吉埃宅邸已经消失了。1886年,工程师乔治·奥斯曼男爵(Baron Georges Haussmann)奉皇帝拿破仑三世(Emperor Napoleon III)之命,修建一条贯穿巴黎的宽敞林荫大道,当他铺设贯穿宅邸花园的亨利四世大道(Boulevard Henri IV)时,那里的地面塌陷。此后这座宅邸只存在了短短几年,于1877年被拆除。时至今日,樱桃园10号大街(No. 10 Rue de la Cerisaie)的围墙上只剩下一块牌匾,纪念彼得的到访。在对面的11号大街,坐落着一栋宅子,彼得到访时它就矗立在那里了。笔者在撰写本书期间,曾在这栋宅子里住了3年。

受欢迎的：冬天冷到极点，夏天热到极点。犯人们无拘无束，可以弹吉他，读诗，在典狱长的花园里锻炼身体，琢磨用什么样的菜肴来取悦自己的客人。

许多名人都蹲过巴士底狱。铁面人（Iron Mask）是其中最为神秘的一个，在大仲马（Alexandre Dumas）的艺术加工下，他的身份成了路易十四的孪生兄弟。多数与巴士底狱有关的故事几乎都是从头编到尾，这个故事也不例外。那张著名的面具并非铁制，而是黑天鹅绒材质的，尽管就连巴士底狱的典狱长也没有权力掀起它。这个犯人于1703年过世，他的身份依旧是个谜。在彼得访问巴黎期间，又有一位法国名人被关在巴士底狱，当这个犯人透过塔楼的窗户俯瞰莱斯吉埃宅邸的花园时，他有可能看到正在树丛间闲庭信步的沙皇。他就是23岁的弗朗索瓦－马里·阿鲁埃（Frangois-Marie Arouet），这位年轻、易怒的讽刺诗人在作品中影射摄政王与其女贝里公爵小姐（Duchesse de Berri）之间的关系，触怒了摄政王，因而被投入大牢。40年后，这位囚犯将用"伏尔泰"这个名字，撰写名为《彼得大帝在位时期的俄罗斯帝国史》（History of the Russian Empire under Peter the Great）的作品。

在去巴黎前，彼得将参观计划统统罗列在一张长长的清单上。等到欢迎仪式结束后，他便请求摄政王免除自己身上的一切礼节义务——他想自由自在地拜访想拜访的任何地方。在他的坚持下，德·泰斯元帅或其他一些宫廷成员时时随行保护。彼得要求在自己外出时，身边有8名王室卫队的士兵陪同，摄政王同意了。

5月12日那天，彼得凌晨4点便起床了，开始观光。他沐浴着晨光，走过圣安东尼街，拜访王室广场，欣赏阳光映照在位于王室阅兵场上方的巨大窗户上的情景。当天，他还参观了胜利广场和旺多姆广场。翌日，他渡过塞纳河，造访位于左岸的天文台、以生产挂毯而闻名的戈布林（Gobelins）工厂，以及拥有2500余种植株的巴黎植物园。接下来的几天，他参观了形形色色的工艺商店。他一面审视着店内的一切，一面提出问题。有天早上6点，在卢浮宫的大画廊（Grand Gallery），德·维拉尔元帅（Marshal de Villars）向彼得展示了沃邦设计的拱卫法国边境的宏伟要塞的巨大模型。① 随后，他离开卢浮宫，步行前往杜伊勒里宫花园。日日在那里聚集的散步者已被要求离开。

几天后，彼得参观了荣军院的巨大医院和营房，4000名伤残军人在那里得到了住所和照料。他品尝了士兵们的汤和酒，为他们的健康干杯，拍拍他们的脊背，还称他们为"战友"。荣军院那举世闻名的教堂穹顶令他赞叹不已，几近完工的教堂高345英尺，被看作巴黎的奇迹。彼得找到了令自己感兴趣的人。他遇到了在法避难的拉科齐，彼得曾提名这位举旗反抗哈布斯堡皇帝的匈牙利领袖为波兰国王。他与德·埃斯特雷元帅（Marshal d'Estrees）共同进餐，后者于某天早晨8点来找他，与他聊了一天的法国海军。他拜访了邮政部门主管的住所，此人收藏各式各样的古玩与发明。他在铸币厂待了整个早上，观看一枚新铸金币的锤制过程。当它被取出，放在彼得手里的时候，仍是温热的。他惊讶地发现，钱币上印着自己的头像和一句铭文："彼得鲁斯·阿列克谢耶维斯，沙皇，俄罗斯帝国的大帝。"在索邦神学院（Sorbonne），他受到了郑重的接待，一群天主教神学家交给他一份关于东西教会重新合并的计划（彼得将它带回俄国，并命令俄国的主教们加以研究，然后给他一个意见）。他造访了科学院。1717年12月22日，离开巴黎6个月后，沙皇正式当选为科学院成员。

随着他在巴黎频频现身，关于他的报道和印象迅速流传开来。"他是个非常高大的人。"圣西门写道：

> 身材匀称，相当瘦削。长着圆圆的面庞，额头很宽，眉毛浓浓的，很好看。他的鼻子不长，但也没到短得出奇的地步，末端硕大。他的嘴唇很厚。皮肤是红棕色的，双眼是黑色的，又大又清秀，分得

---

① 这些尺度精细、令人称奇的模型是按照路易十四的旨意制造的，山脉、河流和城市、要塞的各个细节——包含其中，它们体积巨大，一些模型的规格达900平方英尺。它们被看作战争机密，存放在卢浮宫的大画廊，并有人负责看管。直到1777年，它们才被运往荣军院的顶楼。它们在那里度过了200年的时光。今天，只要谁愿意攀爬荣军院的楼梯，就能一睹它们的面目。

很开，目光活泼而锐利。当他想这样的时候，他的眼神中透着威严、亲切，其他时候则显得凶猛而严厉。他偶尔会露出一个神经质的、抽搐般的微笑，但如此一来，他的脸就扭曲了，而他想表达的意图也彻底扭曲了，看着瘆人。不过，这种表情只会持续一小阵，随后便伴着粗野而恐怖的一瞥迅速消逝。他给人留下的整体印象表明，他是个很有头脑、思维缜密的伟人，身上也并不缺少一定的风度。他只使用亚麻布制的衣领，头戴未搽粉、长不及肩的棕色圆形假发，身穿一件棕色紧身外套（衣服朴素，纽扣倒是金子做的）、一件背心、一条马裤、一双长筒袜，没戴手套，袖子上也没有袖口。他把他的星形勋章挂在外套上，下面压着一条绶带。他经常将外套扣子全部解开，帽子总是搁在桌子上，即使出门也光着头。他就是这么个一切从简的人，无论乘坐的马车或身边的伙伴有多么不堪，别人都能感觉到他的伟大，那是他与生俱来的气质。[1]

游览巴黎时，彼得健步如飞。只是在发起高烧并被迫取消了与摄政王共进晚餐的计划后，沙皇的脚步才暂时有所放缓。可怜的德·泰斯元帅和8个法国卫兵竭力想跟上彼得，却往往以失败告终。彼得的好奇心、急性子，以及对王权的蔑视，令法国人大为吃惊。他的一举一动都是那么风风火火。他想自由自在地在这座城市四处走动，却又不想出席什么鬼仪式。因此，他经常搭乘一辆租来的车子，甚至是一辆出租车出行，而不是等待那辆分配给他的王室马车到来。不止一次，来到莱斯吉埃宅邸拜访俄国代表团成员的法国人走到门口时，发现自己的马车不见了。沙皇大步流星地走出屋子，跳上他看到的第一辆马车，镇定自若地把车子开走。他经常用这种办法来躲过德·泰斯元帅和他的士兵。

在莱斯吉埃宅邸内，韦尔通（Verton）——被派去照管沙皇的厨房与餐桌的王室管家之一，他为彼得与他手下俄国人的膳食殚精竭虑。韦尔通是个热情、勇敢、沉着的人，没多久，彼得与他的那帮人就都对韦尔通喜欢得不得了。韦尔通和其他人透露了一些俄国人在法国首都期间的饮食轶闻。圣西门写道：

他（彼得）的正餐为一天两顿，其间消耗的食物和饮料多得吓人，两餐之间喝掉的啤酒、柠檬水和其他饮品还不算在内。他的随从喝得更多——至少1或2瓶啤酒，有时在进餐结束后还要来些红酒和烈酒。这在每餐都属正常。他的用餐时间分别在上午11点和晚8点。[2]

彼得与摄政王的关系很好，部分原因在于菲利普觉得把自己变成一个讨喜的人是一件很开心的事。有天晚上，两人一起去歌剧院，他们独坐于王室包厢前排，这里可以把观众席尽收眼底。演出开始后，彼得觉得口渴，索要了一杯啤酒。一只硕大的高脚杯被放在托盘里，送了进来，摄政王站起身来，拿起酒杯，亲手递给沙皇。彼得点点头，微笑着接过，把酒喝了下去，然后将高脚杯放回到托盘上。此时菲利普仍然站着，把一张餐巾放在盘子上，递给沙皇。彼得也依旧没有起身，用餐巾把嘴巴和髭须擦干，然后放回去。演出期间，法国摄政王一直表现得像个仆人，看得观众如痴如醉。演出进行到第四幕的时候，彼得觉得厌倦，于是离开包厢吃晚餐去了，他婉言谢绝了菲利普亲自护送的提议，并坚决要求东道主留下来把演出看完。

无论走到哪里，沙皇都受到人们的尊敬。大多数王室成员和贵族都对沙皇出现在他们面前感到激动，决心见见他。其中包括当今法国"第一夫人"，摄政王的母亲。她是一个65岁的德意志妇人，胸脯丰满，喜好谈论家长里短。一天，摄政王先是带着沙皇参观圣克卢（St. Cloud）的宫殿和花园，接着又领客人去见他的母亲。第一夫人在罗亚尔宫接待来客，这里是她和儿子的居所。第一夫人被迷住了。"今天招待了一位非比寻常的客人——沙皇陛下，他是我的英雄。"她写道，"我发现他是个非常有礼貌的人……一点儿也不做作，决断能力也很强。他的德语说得不好，但仍能让人毫无困难地理解他的意思，极其自如地同他人交谈。他对每个人都很有礼貌，实在太讨人喜欢了。"[3]

摄政王的女儿，丑闻缠身的贝里公爵小姐一点儿也不落于祖母之后，她向彼得致意，并问他是否能来拜访她。彼得同意了，在卢森堡花园散过步后，他去了卢森堡宫。然而，因礼仪引发的争执使他未能见到巴黎的一些贵妇。几名皇族成员拒绝拜访彼得，除非后者承诺回访并会见他们的妻子。彼得觉得这样既小气又荒谬，直截了当地予以拒绝。不管什么时候，他都觉得与其拜会王室宗亲，还不如去见见那些值得一见的人。

5月24日，在首次造访杜伊勒里宫两周后，彼得回访国王。他来得很早，少年国王尚未醒来，因此德·维勒鲁瓦元帅带他去看法国王室珠宝。彼得发现，王室珠宝比他预想中还要多，还要漂亮，尽管他表示自己对珠宝所知不多。事实上，他告诉维勒鲁瓦，自己对这些物件兴趣不大，无论它们有多漂亮、多值钱，都毫无实用价值。离开那里后，他就去见国王了，而后者此时也正要来德·维勒鲁瓦元帅的套间找他。这是有意的安排，如此一来，他们之间的会面就不再是一次正式拜访，而似乎是一次偶遇。在一间办公室见到彼得后，国王将手中的一卷纸交给沙皇，并告诉他，这是自己领土的地图。路易的彬彬有礼令彼得颇为愉快，他态度巧妙地对待这个孩子，其中既有喜爱之情，也有帝王式的敬重。

维勒鲁瓦也怀有类似印象，他在给曼特农夫人（Madame de Maintenon）的信中写道："皇上在接待沙皇时表现出来的高贵、优雅和礼貌是无法用语言形容的。但我必须告诉您，这位君主一点儿也不像传闻中那么野蛮。他所展现出来的高贵、慷慨之情，是我们从未料想到的。"[4]

当天夜里，彼得驱车前往凡尔赛宫，那里已经为他备好了皇室套间。他的俄国旅伴的房间位于附近，他们从巴黎带来的一批年轻女子则被安置在古板禁欲的曼特农夫人之前住过的房间内。根据圣西门的报道："看到他们如此亵渎这座过分正经的圣殿，凡尔赛宫宫监布卢安（Blouin）极度震惊。"[5]

第二天早上，沙皇起得很早。当德·安坦公爵（Due d'Antin，彼得在凡尔赛宫的人身安全由他负责）来找彼得的时候，他发现沙皇已经来到宫殿花园，徜徉于修剪过的树篱和风格规整的花坛之间，此时正在大运河（Grand Canal）内划船。那一天，彼得把凡尔赛宫的每个角落都仔仔细细地参观了一遍，包括那些巨型喷泉（太阳王尤其以它们为傲），还有用粉红色大理石砌成的特里亚农宫（Trianon）。对于伟大的宫殿本身——位于宫殿中央、属于路易十三的小小城堡，以及路易十四增修的气势宏伟的宫殿两翼,彼得宣称它们在他眼里就像"一只插上老鹰翅膀的鸽子"。[6] 离开凡尔赛后,他及时返回巴黎,观看第二天早上举行的圣灵降临节游行活动。泰斯将他带到巴黎圣母院,在这座大教堂的巨型玫瑰窗下,彼得见证了一场由枢机主教德·诺瓦耶(Cardinal de Noailles)主持的弥撒。

对另一座位于巴黎郊外的庄严王室城堡——枫丹白露(Fontainebleau)——的造访就没有那么成功了。沙皇的东道主图卢兹伯爵(Comte de Toulouse)是得到路易十四承认的私生子之一,由蒙特斯庞夫人所出,他敦促彼得去参加一场狩猎雄鹿的活动,后者同意了。对拥有王室血统的法国人而言,打猎是最为高贵的户外运动。他们手持剑或长矛穿过森林,他们的坐骑循着猎狗的吠叫和猎角的呜呜声疯狂疾驰,飞快地掠过一棵棵倒下的树木和一条条溪流。最后,被追逐的雄鹿、狼或野猪陷入绝境,在一场血腥的肉搏战后,倒在原始林的苔藓和蕨类植物丛中。彼得对这种事毫无兴趣,而骑马狩猎者的惊人速度也让他感到不习惯,他差点从马上摔下来。他又羞又怒地回到城堡,发誓自己理解不了也喜欢不上这项运动,而且觉得它太过激烈。他拒绝与伯爵共同用餐,只是与自己的3个随员一起吃了饭。稍后,他便离开了枫丹白露。

彼得坐船自塞纳河返回巴黎,途中经过美丽的舒瓦西堡(Chateau of Choisy),遂要求参观。出于偶然,他遇见了城堡的主人孔蒂公主(the Princesse de Conti),她是宗室女子之一,因礼仪的阻碍,两人之前未能会面。行抵巴黎时,再度享受到泛舟之乐的彼得兴高采烈,没有在城市的东部边缘登岸,而是径直返回莱斯吉埃宅邸。他命令船夫继续顺流而下,这样他就可以从巴黎的5座桥梁底下一一漂流而过。

6月3日,彼得重返凡尔赛,在特里亚农宫下榻,并在马尔利宫过了几夜,路易十四修建这座乡村行宫的目的是逃避凡尔赛宫的繁文缛节。逗留当地时,彼得驱车前往圣西尔(St. Cyr),拜访路易十四的遗孀曼特农夫人,地点位于夫人创建的女修道院。国王去世后,她便退隐此处。当沙皇表示自己想去探望她的时候,所有人都大吃一惊。"她立下过汗马功劳。"彼得解释道,"她为国王和国家贡献了很多很多。"[7]

毫不令人意外,老太太欣喜若狂:那个全巴黎都在谈论的男人就要来拜访自己了。"自打他问起我的情况后,沙皇……在我眼里就是个绝世伟人了。"[8] 她在彼得到访前写道。为了掩盖自己的年龄、以最好的姿态示人,她于黄昏时分接待沙皇。她坐在床上,将窗帘尽数拉上,只留一挂,好透点光线进来。当彼得走进来的时候,他直奔窗户,做了一件出人意料的事:将帘子拉开,把光线放进来。随后,他把夫人的天篷床附近的帘子重新拉上,然后坐在床尾,静静地望着她。按照圣西门的说法(他并不在场),双方谁都没有开口,沉默的局面一直持续到彼得起身离开为止。"我知道,她一定非常震惊,更觉得非常屈辱,但世间已无太阳王。"圣西门写道。[9] 从女修道院的一个修女那里,我们读到了一个较为温情的版本。按照她的记录,彼得询问夫人得了什么病。"我老了,这就是我的病。"她答道。[10] 随后,她问他为什么来看她。"我前来探视法兰西值得注意的一切。"彼得答道。据说,听到这句话后,夫人容光焕发,昔日的美丽重新在她的脸上绽放。

直到彼得的巴黎之旅即将结束时,圣西门才亲眼见到了他:

> 当我走进花园时,沙皇正在散步。德·泰斯元帅远远望见我,向我走来,希望把我引见给沙皇。我恳求他不要这样做,也别在沙皇在场的时候注意到我,因为我想从容自在地观察他……审视他,如果他知道了我的存在,我就办不到这点了……由于我的谨慎,我在轻松自如的情况下,彻底满足了自己的好奇心。我发现他是个相当和蔼可亲的人,但总是表现得好像自己是四方之主一般。他走进一间办公室,在那里,安坦公爵把几张各不相同的地图和几份文件拿给他看,他问了几个与它们有关的问题。此时,我看到他脸上出现了我之前提到过的痉挛。我问泰斯,这种情况是否经常发生。他表示,这种症状一天要发作个几次,特别是在沙皇不注意加以控制的情况下。[11]

在巴黎待了6个星期后,访问行将结束。彼得再度拜访天文台、登上巴黎圣母院的钟楼,还去医院观看了一台白内障手术。在香榭丽舍大道,他跨上马背,又一次检阅了王室精锐卫队的两个团——骑兵团、火枪手团各一。但天气酷热难当,现场尘土飞扬,人山人海,视军人为珍宝的彼得几乎看不到卫队官兵的身影,遂早早结束了此次检阅。

一连串的辞行拜会开始了。周五(6月18日)那天,摄政王早早便来到莱斯吉埃宅邸,同沙皇告别。他又一次与彼得秘密会谈,只有库拉金在场充当翻译。沙皇第三次回访杜伊勒里宫,向路易十五辞别。由于彼得的坚持,这次访问是非正式的。圣西门再次被吸引住了:"凡是在这类场合,没有一位君王能比沙皇表现得更有精神、更优雅、更亲切。翌日,当国王前往莱斯吉埃宅邸祝愿沙皇一路顺风时,一切再度在迷人、亲切的氛围中进行。"[12]

此时各方面都把这次访问誉为一次胜利。曾亲眼见证太阳王统治的圣西门在描述沙皇留给他的最后印象时写道:

> 这位君主对一切与他的政治、商业、教育和治安等方面观念相关的东西都怀着极度强烈的好奇心,让人不得不对他心生钦佩。他对那些可能投入实际应用的事物的每个细节都感兴趣,全无任何轻视之意。他的睿智是显而易见的。在鉴识他人的优点时,他会表现出极其强大的洞察力和极为活跃的理解力,处处展示着自己广博的学识,以及无时无刻不在活跃的思维。在性格上,他是个很特别的混合体:他是至为威严、至为骄傲、至为严厉的王者,但如果他的尊者身份得到承认,他的举止就会变得无比亲切,充满因人而异的礼貌。无论在何时何地,他都以主人的姿态示人,不过他待人的亲密程度是依对方的地位而定的。他待人友好,让人联想到热爱自由者的做派,但他身上不可避免地带有深刻的旧俄时代的烙印。因此,他的作风鲁莽,甚至粗暴;他的想法变幻莫测,容不得任何耽搁和反对;他的就餐礼仪很粗俗,而他的随员更不文雅些。他下定决心,要自由、独立地去做自己想做的,看自己想看的……
>
> 如果你要书写这位真正的伟人的耀眼性格,以及罕见的各类非凡才能,你可以写到天荒地老。它们让他成为一位值得万世景仰的帝王,但他也有很大的缺点,这是他所受到的教育,以及他的国家缺少

文化和文明造成的。他在法国各地赢得了巨大的声望，以至于这个国家视他为货真价实的奇才。[13]

6月20日是个星期天，当天下午，彼得在无人护送的情况下，平静地离开了巴黎。他向东穿过法国，并在兰斯（Rheims）停下来，参观了当地的大教堂，有人把祈祷书拿给他看，数百年来，法国国王登基宣誓时均手按此书。令在场的法国教士惊讶的是，彼得能够把祈祷书上刻印的神秘文字读给他们听。这门语言乃古教会斯拉夫语。这本弥撒书很可能是在11世纪被基辅的安娜·雅罗斯拉夫娜（Anna Yaroslavna）带往法国的，她与法国国王路易一世结婚，成了法国王后。①

尽管彼得把沙菲罗夫、多尔戈鲁基和托尔斯泰留在巴黎同法国人谈判，但除了一份毫无意义的友好协议，这次访问没能收获任何外交成果。摄政王对沙皇提出的法俄结盟的建议很感兴趣，但多布瓦神父依旧对此抱有强烈的抵触情绪。事到如今，英王乔治一世与沙皇彼得之间的敌意已经大到容不下法国同时与双方签约的地步。在英俄之间，多布瓦倾向于前者。事实上，泰斯日后证实，彼得的情况是毫无希望的，在与俄国人谈判期间，多布瓦将一切都秘密透露给英国人。泰斯后来承认："政府唯一的目的就是消遣沙皇，让他在这里虚度时日，却什么也谈不成。"[14] 由于结盟提议遭到摒弃，依靠联姻为结盟上保险的计划也落了空。彼得的女儿伊丽莎白留在俄国，以女皇的身份统治该国达20年，路易十五最终与卡尔十二世所立的傀儡波兰国王斯坦尼斯劳斯·莱什琴斯基之女结婚。

当他再次穿过法国乡间时，彼得再度提起法国农民的贫困处境，就像他在去巴黎路上时那样。首都的奢侈与首都之外的见闻形成的对比让他惊讶万分，他大声问朋友们：这样的体系还能持续多久？

---

① 当时的基辅罗斯正处于其文明巅峰，而法国文化尚不成熟，要让一位基辅大公之女离开自己的家乡，嫁到那里，一定程度的牺牲是必不可少的。有个事实反映了两国文化的相对水平：安娜不但可以读写，还在婚姻文件上签了名；与之相反，路易一世只能涂上一个潦草的X。

彼得乘船自兰斯出发，在默兹河（Meuse）上缓缓顺流而下，先是到了那慕尔（Namur）和列日（Liege），随后前往斯帕（Spa）的疗养胜地。这一今属比利时的地区在当时被荷兰与哈布斯堡帝国瓜分。一路上，河畔市镇的荷兰及帝国官员争相向沙皇致敬。彼得在斯帕待了5周，饮用矿泉水，进行了一回治疗。叶卡捷琳娜依旧在阿姆斯特丹等他，在给她的信中，彼得表示自己焦急难耐且疲乏不堪：

> 昨天，我收到了您在11日的来信，您在信中谈到我们女儿患病的事（安娜和伊丽莎白都得了天花）。感谢上帝，安娜正在恢复，而伊丽莎白已卧床不起。亚历山大·丹尼洛维奇也在来信中提到此事。但带信人会告诉您，您改变了风格，让我非常难过。因为您的信与往常相比有很大的不同。愿上帝让我们听到丽申卡①像阿努什卡②一样好起来。您写信要我早点赶过来，说您寂寞异常，我相信您。带信人还会告诉您，在没有你的日子里，我是何等寂寞。我敢说，除去我12天前在凡尔赛宫，以及马尔利官里的那些日子，我的心情没有一天是特别愉快的。但我还必须在这里待上几天。等我喝完矿泉水，我就可以开始那个特别的日子。因为走陆路的话，只要花7小时，而走水路要花5天。我全心全意地希望上帝能让我欢欢喜喜地见到您。
>
> 顺带一提：今早我收到一个好消息，阿努什卡好转了，于是我越发欢喜地把矿泉水喝了下去。[15]

不久之后，他又写道：

> 今天是俄国的复兴日、胜利之日（波尔塔瓦战役周年纪念日），我向您表示祝贺。我唯一感到遗憾的是，我们不能在一起庆祝，明天的圣使徒纪念日——您家老头（彼得本人）、孩子（他们的儿子彼

---

① 伊丽莎白的爱称。——译注
② 安娜的爱称。——译注

得·彼得洛维奇）的命名日也一样。愿上帝让这些日子快点过去，好让我早点与您在一起。感谢上帝，矿泉水起到了很好的效果，我希望能在圣彼得日过后的一周之内结束治疗。今天我头一次穿上了您的女式背心，并为您的健康干上一杯，但只喝了一丁点，因为这是被禁止的。

顺带一提，（在确认来信并两瓶伏特加收悉后）您在信中说，您送来的酒很少，因为我在水疗时喝得不多，这是真的。我一天的喝酒次数加起来不超过5次。如果是烈酒，就只有1或2次，而且也不是天天都喝，部分原因在于它的酒劲大，部分原因在于数量太少。我们相距如此之近，却无法见面，我觉得这实在很烦人。愿上帝让这段时间快点过去。在写完这封信的时候，我为您的健康又干了一杯。[16]

在斯帕时，彼得让荷兰画家卡尔·莫尔（Karl Moor）为自己画了幅坐像。这幅画作，以及内勒于近20年前创作的坐像，成了沙皇最为钟爱的自身肖像画。

7月25日，沙皇自默兹河（在荷兰名叫马斯河）顺流而下，这段水上行程持续了8天。最终，他于8月2日在阿姆斯特丹与叶卡捷琳娜重聚。他在荷兰待了1个月。9月2日，他最后一次离开阿姆斯特丹和荷兰，顺着莱茵河上行至尼姆维根（Nimwegen）、克莱沃和韦瑟尔（Wesel），而后前往柏林。一路上，他走在前头，叶卡捷琳娜则尾随其后。在旅途中，他们经常这样分开行动，因为要找到同时够双方随员使用的马匹是一件很困难的事；另一个原因很简单：叶卡捷琳娜不喜欢像她的丈夫那样急匆匆地赶路。

彼得抵达柏林两天后，叶卡捷琳娜在这座城市同他会合。这是她第一次造访普鲁士首都，尽管柏林人如今已经很熟悉彼得了，但他的妻子仍激起了他们的强烈好奇心。不过，他们还是热情款待了叶卡捷琳娜，并为她举办了宴会和舞会。因此，她和彼得是怀着高昂的情绪踏上返俄之路的。10月，沙皇回到圣彼得堡。在这里，沙皇不得不面对一出凄惨至极的个人、政治双料悲剧，其深刻程度在他的统治生涯中无出其右。

# 51

# 继承人的教育

1717年10月11日，彼得回到圣彼得堡。"彼得的女儿，两位公主（安娜和伊丽莎白，当时一个9岁，一个8岁）身穿西班牙式服装，在宫殿前方等着他。"法国大使德·拉维爵士在给巴黎的报告中如是说，"他的儿子，小皇子彼得·彼得洛维奇骑着一匹袖珍冰岛矮种马，在自己的房间迎接父亲。"[1] 然而，与儿女相见带来的喜悦很快便烟消云散。当他出门在外时，俄国政府运作得一团糟。无处不在的弊政、猜忌和腐败几乎摧垮了他努力建立的政府体系。那些理应担起国家领袖职责的人像孩子一样吵吵闹闹，他们狂热地攻讦彼此的政治及财政劣迹。彼得投身到这片乱局之中，试图加以整顿。每天早上6点，他都会传唤参政员，并亲自主审，聆听这帮相互争斗的人的控诉与辩护。最后，他发现抱怨者实在太多，腐败现象实在太过严重，便设立了一个特别法庭，下设数个独立的调查委员会，每个委员会都由一名近卫军少校、一名近卫军上尉和一名近卫军中尉组成，他们依据"常识与公正"调查案件、做出判决。"于是，俄罗斯大地便上演了这样一幕，"韦伯写道，"可敬的参政院成员（他们是沙皇国最尊贵家族的首领）不得不出现在担任法官的中尉面前，被要求对他们的行为做出解释。"[2]

但这几场审讯只是前奏而已，接下来发生的事情的性质要严重得多，彼得治下的俄国的整个未来都因此受到了威胁，因为就在这个时候，彼得不得不对他的儿子，皇储阿列克谢的案件做出最终裁决。

阿列克谢出生于1690年2月，此时，18的沙皇与温顺、忧伤、足不出户的叶夫多基娅刚刚结婚不久。阿列克谢的降生令彼得大为自豪，他举办了多场宫廷宴会和烟火表演，以庆祝新皇子的出世。然而，日子一天天过去，沙皇与儿子见面的时间少之又少。彼得专注于造舰事业、专注于勒福尔与安娜·蒙斯、专注于亚速战役和大特使团，将阿列克谢留在叶夫多基娅身边。探望儿子就意味着见到这个男孩的母亲，见到那个曾经被他公开蔑视的人，彼得宁愿一个都不见。阿列克谢自然感觉得到父母之间的裂痕，也知道在他父亲心中，他与母亲是一体的。因此，从性格刚刚开始成形的时候，阿列克谢就不喜欢彼得，甚至可能还视他为一个威胁、一个敌人。在母亲的照料下，长大的他站到了母亲一边，接受了母亲的风格。

其后，阿列克谢长成了一个瘦弱的 8 岁少年，他生着高高的额头、庄重的黑眼睛，那一年，彼得突然把他的小世界给拆了个稀烂。1698 年，沙皇从西欧返回，镇压射击军，他把叶夫多基娅送进了一座女修道院。阿列克谢被安置在普列奥布拉任斯科耶的彼得住宅，委托给他的姑母——彼得的妹妹娜塔莉娅全面监管。教育皇储的任务交到了但泽的马丁·诺伊格鲍尔（Martin Neugebauer）手中，此人是萨克森的奥古斯特推荐的。在此之前，阿列克谢的教育内容主要由摘自《圣经》的阅读材料和其他宗教课程组成。诺伊格鲍尔有着德意志式的脾气——守序、守时，这些很快就与俄国人发生了性格上的冲突。有这样一则故事：12 岁的皇储与诺伊格鲍尔一起用餐，同席的还有皇储早先的教师尼基福尔·维阿泽姆斯基（Nikifor Viazemsky）、阿列克谢·纳雷什金（Alexis Naryshkin）。他们在吃鸡肉的时候，皇储吃完了一块，又去取另一块。纳雷什金让他先把鸡骨头放回菜盘内，把自己的盘子倒空。诺伊格鲍尔大吃一惊，声称这是没有教养的做法。阿列克谢盯着诺伊格鲍尔，和纳雷什金耳语，诺伊格鲍尔表示窃窃私语同样是无教养行为。两人开始争论，诺伊格鲍尔爆发了："你们都是些一无所知的家伙！我还是把皇储带到国外去吧，然后我会懂得该做些什么！"[3] 他嚷道，俄国人全是一群野蛮人、猪狗。他要求把阿列克谢的俄国用人统统解雇。他丢下刀叉，怒气冲冲地离开房间。然而，遭到解雇的是诺伊格鲍尔。他在俄国再也找不到工作，遂返回德意志，成了瑞典国王卡尔十二世的秘书，以顾问和俄国事务专家的身份为卡尔效力多年。

与此同时，为了找到代替诺伊格鲍尔的人选，彼得按照帕特库尔的建议，选中了一个叫海因里希·冯·许森（Heinrich von Huyssen）的德意志医生，他提交了一份关于未来沙皇教育问题的计划，彼得予以批准。阿列克谢要学的东西有法语、德语、拉丁语、数学、历史和地理。他必须阅读外国报纸，继续加强对《圣经》的深入学习。空闲的时候，他必须翻阅地图册，观看地球仪，接受使用数学仪器的训练，练习击剑、舞蹈、骑马，做包括投球或踢球在内的游戏。阿列克谢很聪明，进步得很快。在一封致莱布尼茨的信中，许森有着如下记述：

皇子并不缺乏能力和敏捷的头脑。他理性、善断，渴望着出人头地，渴望着获得只有伟大的君王才配获得的一切，他的勃勃野心因而得到抑制。他生性好学、温顺，希望通过勤勉刻苦来弥补自身教育的缺失。我注意到，他有着强烈的虔诚、公正、正直和道德洁癖倾向。他热爱数学和外语，特别希望去外国看看。他想彻底掌握法语和德语，并且已经开始受到舞蹈及军事活动方面的指导，这让他欣喜万分。沙皇允许他不必严守斋戒，担心损害他的健康和身体发育，但虔诚的皇子拒绝在这方面放纵自己。[4]

青少年时期的阿列克谢还受到缅什科夫的影响，后者于1705年被正式任命为太子太傅。缅什科夫的职责是全面监督皇位继承人的教育、经济问题，并对后者进行全方位的训练。在很多人看来，把对继承人的指导和登基前的准备工作托付给近乎文盲的彼得知己兼战友是一件很奇怪的事。但正是因为两人的关系亲密无间，彼得才选择了自己的朋友。他对儿子与他母亲相处的那些年所带来的影响深恶痛绝，对依旧围在这个少年身边的外国家庭教师也持怀疑态度。他想要的是一个自己人、与他最亲近的志同道合者，把那个将来要当沙皇的男孩的训练工作交给这个人来监督。这个人的想法必须与他一致，必须完全得到他的信任。然而，在阿列克谢的青少年时期，缅什科夫也和彼得一样，大多数时候都出征在外，他主要在远方履行自己的职责。有说法称，被监护人与监护人见面时，遭到粗暴的对待。奥地利公使普雷尔汇报过一起事件（他并未亲眼看见）：缅什科夫抓住阿列克谢的头发在地上拖行，而彼得只是看着，没有加以抗议。惠特沃思记录了较为庄严的一幕。大使在向伦敦汇报时称,缅什科夫设宴款待继承人,他是一个"高大、英俊的王子,年约二八,操着一口流利的高地荷兰语"。[5]正如我们从阿列克谢致缅什科夫的信中得知的那样,这个少年对他父亲指派的那位作风粗暴的监护人主要抱着一种敬畏与嫌恶并存的态度。日后阿列克谢将自己的诸多过失归咎于缅什科夫。当阿列克谢请求前往维也纳避难时,他与彼得最终决裂,这位皇储宣称缅什科夫把他变成了一个酒鬼,甚至企图毒死他。

当然,问题的根源不在于缅什科夫,而在于彼得。与往常一样,缅什科夫只是体现了主君的态度和意志。彼得的态度则前后不一到诡异的地步。他一度以皇储为豪,此后却长期对他漠不关心。随后,他突然要求儿子立刻同他一道参加一些活动,这些活动对未来的沙皇而言至关重要。1702年,彼得率领5个近卫营前往阿尔汉格尔守御,有传闻称瑞典人将要攻打这座港口。彼得将时年12岁的阿列克谢带在身边。尼恩斯坎围攻战时,这个13岁的少年在一个炮兵团担任炮手,这场战役终结了瑞典对涅瓦河三角洲的控制。1年后,14岁的阿列克谢参加了攻取纳尔瓦的战斗。

与许多依靠力量和才能大获成功、赢得全世界的尊重与钦佩的强人父亲一样,彼得试图强迫儿子追随自己的脚步。不幸的是,像彼得这样有着强烈责任感与使命感的父亲,往往渴望着给儿子灌输同样的目的感,却反而给儿子未成熟的人格带来了无法承受的重负。

阿列克谢现身阿尔汉格尔、尼恩斯坎和纳尔瓦,表明这个少年的继续教育因战争而中断。其后,1705年,他的家庭教师许森被派往国外执行外交使命,整整3年未曾回俄。其间,父亲、太傅和其他老师都不在身边,无人关心皇储的状况。

彼得帝位继承人的教育状况竟是如此,委实让人觉得不可思议。沙皇很清楚,自己早年的教育存在不足,他一生都在奋起直追。人们预计,他会在儿子的培养上投入额外的精力,以确保自己培训出来的继承人能完成自己的事业。事实上,在阿列克谢的青少年时代,彼得最为关心的一直是儿子对战争的学习。他把年轻的阿列克谢带在身边,让他参加战役和攻城战，并交给他一些单独的军事任务，让他以皇位继承人的身份去执行。1706年，16岁的阿列克谢被派往斯摩棱斯克达5个月，给他的指令是为大军征集粮食和新兵。返回莫斯科后，他接到第二个命令——视察该城的防御工事。17岁的皇太子心怀失败主义情绪，因此执行起任务来慢腾腾的。他对自己的告解神父雅各布·伊格纳季耶夫（Jacob Ignatiev）神父表示，自己怀疑为莫斯科修建防御工事一点意义也没有。"如果沙皇的军队无力阻止瑞典人，"他叹道，"莫斯科是没法挡住他们的。"[6] 这句话传到了彼得的耳朵里，他勃然大怒，但当他得知城防工事确已大大加强后，气也就消了。

不幸的是，无论彼得如何绞尽脑汁，都未能引起儿子对战争的兴趣。在分配军事任务的时候，阿列克谢往往表现得不情不愿，或是无法胜任。终于，彼得气馁了，厌烦了，追赶日益加快的战争节奏去了。他不再关心儿子，把这个年轻人丢在莫斯科和普列奥布拉任斯科耶不管。短暂的假期令皇储兴高采烈，他喜欢莫斯科。这个年轻人安静、富有宗教热情，这座古老的城市则拥有无数大教堂、教堂、修道院，它金碧辉煌，珠光宝气，历史悠久，充满传奇色彩，二者极为投合。由于彼得偏爱圣彼得堡，旧都逐渐被废弃，阿列克谢被扔进了守旧派人群中，他们对沙皇的改革与创新持恐惧态度。在莫斯科，米洛斯拉夫斯基家族的人仍在同情他们的姐妹索菲亚（于1704年在自己的囚禁地去世）和玛尔法（于1707年在一座女修道院去世）。在莫斯科，洛普欣家族的人（阿列克谢的生母，废后叶夫多基娅的家族成员和兄弟）觉得他们可以利用阿列克谢，最终得以重新掌权。在莫斯科，古老的贵族家族成员怒不可遏：西方人和俄国新贵得了宠，他们却遭到冷落。最重要的是，莫斯科的旧派东正教士将彼得的事业视为敌基督者的作为。他们认为，拯救真正的俄国宗教信仰的最后机会就在继承人阿列克谢身上。

皇储身边存在一个由教士组成的私人圈子，阿列克谢的告解神父伊格纳季耶夫是这个圈子的领袖。伊格纳季耶夫来自苏兹达尔，皇后叶夫多基娅就被幽禁在当地的一座女修道院。这位神父与前皇后有联系。1706年，即阿列克谢16岁那年，他将这个少年带去见他的母亲。彼得从自己的妹妹娜塔莉娅处得知了这次拜访的消息,他朝阿列克谢大发雷霆,警告他不准再去那里。

虽然伊格纳季耶夫鼓励阿列克谢对东正教信仰产生兴趣,但也鼓励皇储对其他宗教仪式产生兴趣。因为阿列克谢尽管在很多方面都与彼得截然不同,但有一点还是与其父相似的——他喜欢喝酒。皇储与伊格纳季耶夫、某些僧侣,以及其他人一道组建了一个"团体",它类似于彼得年轻时的私人圈子——成员政见相左,却都热爱饮酒乃至酗酒。同彼得一样,阿列克谢的团体也很特别:每个成员都有一个诸如"地狱""捐助人""撒旦""摩洛""母牛""犹大""鸽子"之类的名字。这个团体甚至用密码进行私人通信。

当战争进入高潮阶段时,皇储再一次被召往军中。1708年秋,彼得命令儿子以尽可能快的速度,在莫斯科地区招募5个团并带往乌克兰。阿列克谢遵守命令,于1709年1月中旬将军队带往彼得与舍列梅捷夫处。此时正值史上最冷冬季的最冷阶段,完成任务后,皇储病倒了。他的情况很严重,本已打算前往沃罗涅日的彼得停留了10天,直到儿子脱离危险为止。阿列克谢病愈后,在沃罗涅日与彼得会合,随后返回莫斯科。他没有参加波尔塔瓦战役,但收到大捷的消息后,他为凯旋仪式安排节目,还主持了几场庆祝活动。

波尔塔瓦战役过后,彼得做出了两个与儿子有关的决定:皇储必须接受西式教育,娶一位西方妻子。阿列克谢身上的旧俄气息已经越来越重,这样可以帮他摆脱那些东西。先前,哈布斯堡帝国的老皇后曾极力建议彼得把阿列克谢送到她那里去接受教育,彼得对维也纳的访问给她留下了良好的印象。她承诺,皇帝和她会把皇储当成自己的孩子。这个方案从未实现过,但是,另一个更早许下的诺言有了结果。12年前,在彼得首次与萨克森的奥古斯特会面时,选侯就已经保证过,自己会关照彼得继承人的教育问题。如今阿列克谢已经19岁,彼得记起了这件事,于是把儿子送到美丽的萨克森首都德累斯顿,让他在奥古斯特家族的保护下学习知识。

皇储的婚姻也与萨克森有关。很久以前,彼得就决定让他的儿子迎娶一位德意志贵族女士,借此与一个强大的德意志家族联姻,经过漫长的谈判,阿列克谢选定的是沃尔芬比特尔家族的夏洛特。这个家族是汉诺威王室的一个分支,背景很深。此外,夏洛特的姐妹伊丽莎白嫁给了奥地利大公查理,当时他正对西班牙王位提出要求,但他后来成了皇帝查理六世。由于夏洛特在她的姑妈波兰王后的监护下生活在萨克森宫廷,德累斯顿就同时成了两项计划——阿列克谢的教育和婚事的中心。夏洛特时年16岁,身材高挑。她相貌平平,却朝气蓬勃、性情亲切、讨人喜爱,且学习过西方宫廷的风俗习惯。彼得为他儿子寻觅的正是这样一个人。他希望为阿列克谢与一位文雅的贵族女士建立亲密关系,这样就能中和、消除皇储身上的粗俗气质。

阿列克谢意识到,谈判正在进行,他父亲希望他娶一个外国人。1710年冬,按照彼得的命令,皇储赶赴德累斯顿,然后前往卡尔斯巴德的矿泉疗养地。在附近的一座村庄,他首次见到自己的订婚对象——夏洛特公爵小姐。会面进行得很顺利。阿列克谢和夏洛特都清楚这次会面的目的。考虑到包办婚姻的时代背景,双方都没有对彼此表现出强烈的不满。会面结束后不久,阿列克谢在给自己的告解神父伊格纳季耶夫的信中写道,彼得询问他对夏洛特的看法:

> 如今我算明白了,他希望我别娶俄国女人,而是娶一个我中意的人。我写信告诉他,如果按照他的意愿,我应当找一个外国人做妻子,我将与这位我见过、令我欢喜的贵族女士结婚。她是一个很棒的人,我不可能找到比她更好的女人。我恳求您为我祈祷:如果这是上帝的意志,就让它变成现实吧;如果不是,它就会受到阻碍,因为我对上帝坚信不疑。上帝的愿望是会实现的。写信告诉我你对这件事的看法。[7]

至于夏洛特,她对皇储很有好感。她告诉母亲,他看上去聪明机智,彬彬有礼。她为自己能被沙皇选作儿媳感到荣幸。此后,阿列克谢两次赶赴托尔高,并再次正式对波兰王后提出娶夏洛特为妻的请求,最终求婚成功。

婚礼被推迟到彼得能够出席为止。与此同时，阿列克谢在德累斯顿求学度日，他所接受的教育正如他父亲希冀的那样，是西式的。他学习舞蹈和击剑，开发自己的绘画才能，提升自己的德语和法语水平。他在旧书摊购书，还买了一些旧雕刻及圆形浮雕带回俄国。然而，沙皇若是知道儿子将大量的时间花在阅读教会史书籍、研究世俗权力与宗教权力之间的关系和教会与国家之间的纷争史，他就高兴不起来了。事实上，在接受西式教育期间，阿列克谢一边跳着西式舞蹈、挥舞着西式重剑，一边却忧心忡忡——自己一天到晚见不到一个东正教士。他写信给自己的告解神父伊格纳季耶夫，要他送个"能够保守秘密"的教士来：

> 他必须年轻、未婚、毫无名气。让他去掉一切身份标识，剃掉头发和胡子，戴顶假发，穿上一身德意志人的衣服，神不知鬼不觉地到我这里来。他将以信使的身份前来，所以他必须拥有写作能力。让他别带任何法器或是弥撒书，只要带几块圣餐面包来就可以了。我有一切需要的书。请怜恤我的灵魂，别让我在没有忏悔的情况下死去。我不会向任何人透露他的教士身份。他将以我仆人的身份抛头露面。要让他毫不迟疑地剃掉自己的胡子。与其毫不懊悔地摧毁我的灵魂，还不如犯点小罪孽。[8]

伊格纳季耶夫找到一个教士，把他送了过来，他不仅当了皇储的告解神父，还与这位皇家学生和他的小俄罗斯圈子一道纵情夜饮。一次夜饮时，阿列克谢又给伊格纳季耶夫写去一封信，这封信的字迹很是潦草：

> 最可敬的父亲，吾在此向您致意，愿您寿比南山。用不了多久，我们应该就能欢聚一堂了。这封信被红酒洒了，因此收到它以后，您或许会好好享受一番，大喝一顿，然后想起我们。愿上帝实现我们的心愿，让我们早日相逢。以下为在场的全体东正教基督徒的签名，酒杯和玻璃杯为我们作证：罪人阿列克谢、伊凡·斯洛斯基（Ivan Slonsky）神父。我们之所以举办这次节庆活动，是为了祝您身体康

健，活动遵循的是俄罗斯风格，而非德意志的。[9]

在信的末尾，阿列克谢附上了一句几乎无法辨认的话。如果信上的字迹难以看清，他恳求伊格纳季耶夫宽恕自己。他的解释是，在他写信的时候，包括他自己在内的每一个人都喝醉了。

当他的父亲遭遇普鲁特河之败时，阿列克谢仍在德累斯顿，但彼得很快就从这次打击中恢复了过来，并将他的计划尽数付诸实施，其子于1711年10月14日与夏洛特公爵小姐成婚一事也在其中。夏洛特的祖父，现任沃尔芬比特尔公爵询问彼得，可否准许新婚夫妇在他的公国过冬，但彼得给予的答复是，他现在必须让儿子在对瑞战争中出力。因此，婚后仅4天，阿列克谢就受命离开夏洛特，前往托伦监督俄军的粮食运输状况，他们将前往波美拉尼亚过冬。在恳求下，彼得将出发日期推迟了几天。等日子到了以后，阿列克谢丢下新婚妻子，顺从地上路了。6周后，她在托伦与他会合，然而，这里是一片凄凉的蜜月之地。夏洛特在给母亲的信中，用痛苦的笔调描述战争和冬日造成的荒废景象："对面的房屋烧掉了一半，人去楼空。我自己住在一座修道院内。"她抱怨当地贵族习惯于将自己死死捆绑在土地上，拒绝成批迁往更大的城镇，导致当地无法形成社会："由于这个缘故，即使在最大的城镇，也不可能找到一个有本事的人。"[10]

婚后的头6个月里，阿列克谢把全部精力都放在年轻的妻子身上，夏洛特逢人便说自己有多么快乐。不过，皇家事务杂乱无章，甚至是混乱的。当缅什科夫于4月到访时，他被阿列克谢和夏洛特的拮据处境惊得目瞪口呆。他赶紧写信给沙皇，说自己发现夏洛特正为用度问题而流泪。为了缓解当前的状况，他已经从军用资金中拿出5000卢布借给她。彼得送来了钱，当阿列克谢离开此地，前去与波美拉尼亚的军队会合后，彼得和叶卡捷琳娜拜访了这座小小的宫廷。与大多数年轻妻子一样，夏洛特对新丈夫与夫家之间的关系极为敏感，她在给母亲的信中表示，自己很担心彼得会如何与儿子对话，会如何对待儿子。她曾希望得到叶卡捷琳娜的帮助，恳求她在沙皇面前为阿列克谢辩护。

1712年10月，即两人结婚一年后，这段时间里，阿列克谢大多数时候都在军中，没有和她共处。夏洛特突然接到彼得的命令，要她到圣彼得堡定居，等待她的丈夫。这个17岁的姑娘觉得毛骨悚然——她听说过一些关于俄国人的骇人事迹，没有丈夫的指引和保护，她害怕去俄国。因此，她违背了彼得的命令，逃回沃尔芬比特尔。

皇储对此无动于衷，但他的父亲做出了反应。彼得写信给夏洛特，批评她的做法，但温和地补上一句："您想探亲，我们绝不会横加阻挠，只是您得提前通知我们一声。"[11] 夏洛特道了歉，并请求原谅。彼得前去看望她，为她带去自己的祝福，还给了她一笔钱。夏洛特同意过几天就动身去圣彼得堡。一切正如老公爵在给莱布尼茨的信中所写："沙皇本周与我们在一起……他对皇储妃非常亲切，给她带来丰厚的礼物，恳求她尽早上路。下个星期她就真的要动身了。显然，她这一去，就再也不会回到欧洲了。"[12]

1713年春，夏洛特来到圣彼得堡，此时阿列克谢已经离开帝都，参加其父发动的以芬兰海岸为目标的桨帆船远征行动。夏末，他回到了她居住的位于涅瓦河左岸的小屋。分别近半年后再度相聚，这对夫妇起初情意绵绵，但情况很快就恶化了。阿列克谢再度开始与朋友们酗酒，回家后，他当着仆人的面虐待妻子。有一次，他在大醉后发誓，总有一天他会砍掉首相戈洛夫金的儿子们的脑袋，并把它们钉在桩子上，以此向主持自己婚姻谈判事宜的首相复仇。

有时，第二天早上，当阿列克谢从宿醉中清醒过来，回想起可怕的这几幕后，他会恢复温柔亲切的样子，试图弥补自己的过失。夏洛特也会原谅他，但这样的情形仍在不断重演，而伤痕也随之不断加深。此后，在狂饮了整整一个冬天后，皇储病倒了。他的医生诊断他得了肺结核，并规定他在卡尔斯巴德接受治疗。怀孕8个月的夏洛特是最后一个知道他离去的人。阿列克谢走出家门，坐上一辆马车，然后开了口："再见，我要去卡尔斯巴德了。"[13] 夏洛特方才得知此事。阿列克谢出门在外的6个月间，她未从他那里收到过只言片语——连一封信也没有。1714年7月12日，在他离家5周后，夏洛特产下一女，名为娜塔莉娅，但阿列克谢对这一消息没有任何回应。11月，这位绝望的19岁母亲写信给她的双亲："皇储还是没有回来。没人知道他身在何方，是死是活。我担心得快疯了。过去的6到8个星期里，我写给他的信统统被从德累斯顿和柏林退了回来，因为没人清楚他到底在哪里。"[14]

1714年12月中旬，阿列克谢从德意志返回圣彼得堡。起初，他对夏洛特和颜悦色，对女儿的出世也欣喜万分。然而在那之后，夏洛特写信给她的父母，称丈夫已故态复萌，唯一的区别是她很少再见到他。问题出在阿芙罗西娜（Afrosina）身上，这个芬兰姑娘于战争期间被俘，后被带往阿列克谢的老师维阿泽姆斯基家。阿列克谢不顾一切地迷恋上了她，公然把她带到府内厢房与自己同居，把她变成了自己的情妇。

阿列克谢对夏洛特的态度越来越差。他对她毫无兴趣。在公共场合，他从不与她说话，不仅如此，他还跑到房间的另一头去，为的就是避开她。尽管他们同住一个屋檐下，他却住在右厢房，那里是他与阿芙罗西娜的爱巢；夏洛特和她的孩子住在左厢房。他一周见她一次，怀着冷酷的态度前来，与她同房，希望能让她生个儿子，好巩固自己的储君地位。其余时候，她根本见不着他。他一分钱都没有留给她，对她的幸福漠不关心，以至于宅第严重失修，雨水透过屋顶落入夏洛特的卧房内。当消息传到彼得耳中时，沙皇感到愤怒和厌恶，叱骂儿子怠慢儿媳。尽管将此事告诉彼得的人并不是夏洛特，阿列克谢却认为是她。皇储怒气冲冲地指责妻子在父亲面前诋毁他。当上述事件发生的时候，当阿列克谢酗酒越来越凶，越来越起劲地夸耀阿芙罗西娜的时候，夏洛特始终一边默默顺从，一边待在自己的卧室里掉眼泪，除了一个随嫁的德意志侍女，她身边一个朋友也没有。

随着时间流逝，阿列克谢的健康逐渐恶化。他几乎日日都在醉乡。1715年4月，不省人事的他被从一座教堂抬了出来，他病得很厉害，以至于没人敢把他送回位于涅瓦河对岸的家中，他不得不在一个外国人的家里过夜。夏洛特去看了他，而后用怜悯的语气写道："我觉得，他的病是斋戒和天天狂灌白兰地引起的，因为他总是喝得烂醉。"[15]

尽管如此，幸福的时刻偶尔也会出现。阿列克谢喜欢女儿，每当他向孩子展示爱意的时候，夏洛特就会觉得心头一暖。1715年10月12日，坚定不移的夫妻生活结出了果实——第二个孩子呱呱坠地了，这次是个男孩，夏洛特给他取名彼得，这是为了履行对公公的承诺。随着这个孩子的降生，她丈夫的继承权显然得到了巩固。然而，这是不幸的德意志贵族女士为俄国和她丈夫立下的最后一功。由于怀孕和悲痛，她的身体变得虚弱，在分娩前，她就失足跌倒过。儿子出世4天后，她染上了热病。夏洛特意识到自己大限已至，请求见见沙皇。叶卡捷琳娜没有来，但彼得尽管抱病在身，还是坐着轮椅来了。

韦伯记述了夏洛特去世时的情景：

> 沙皇来了，公爵小姐向他说了些感人至深的话，以示告别，并将她的两个孩子和仆人托给他照料、保护。于是，她以想象得到的最为温柔的方式拥抱了自己的两个孩子，此时她几乎要溶化在自己的泪水里。她把孩子们交给皇储，他把他们抱在臂弯里，带往自己的房间，但此后再也没有回来。随后，她召来自己的仆人，他们匍匐在接待室的地板上，祈祷、呼吁上帝在垂死的女主人弥留之际帮帮她。她安慰他们，告诫了他们几句。当她接受临终祝福的时候，她希望与教士单独相处。医生们试图说服她吃点药，但她猛地扔掉床后的药瓶，有些激动地说道："不要再折磨我了，让我安安静静地去死吧，因为我活不下去了。"10月21日深夜11点，发了一整天的高烧后，她终于走完了不幸的一生，这一天是她婚后第四年零六天。在生命中的最后5天，21岁的她一直在忍受剧痛的折磨。按照她的请求，她的尸体被安葬于要塞的大教堂里，没有做防腐处理。为了同她的身份相称，在那里举行的葬礼盛大异常。[16]

夏洛特引发的哀伤并没有持续多久。在她下葬后的第二天，皇后叶卡捷琳娜诞下一子。于是，彼得在一周之内收获了两个潜在继承人，他们都叫彼得——一个是孙子彼得·阿列克谢耶维奇，另一个是新出生的儿彼得·彼得洛维奇。第二个小彼得降生时，欣喜若狂、自豪万分的彼得很快就把皇储妃带给他的悲痛忘得一干二净。他兴致勃勃地写信给舍列梅捷夫："上帝给我送来一名新的家庭成员。"他开始举行一连串的庆典，持续了8天。[17] 11月6日，新皇子接受洗礼，他的教父由丹麦国王和普鲁士国王担当。根据韦伯的记述，庆祝活动包括一场酒宴，席间"一块馅饼被端到绅士们的餐桌上，切开后，一个体形匀称的女侏儒从里面走了出来，她全身赤裸，只戴着一顶头巾，披着几条红色缎带。她向众人发表了一番精心准备的演说，并把几个与她一起装在馅饼里的酒杯斟满，然后为几个人的健康而干杯。"[18] 在女士那一桌，一个男侏儒被人以同样的方式"端"了上来。暮色降临后，人们纷纷散去，前往岛屿，华丽的烟火表演在那里上演，以向年轻皇子致敬。

在欢声笑语中，夏洛特公爵小姐的死与她儿子的降生几乎被人抛到九霄云外了。然而，安静的德意志公爵小姐终究得到了某种形式的补偿。彼得与叶卡捷琳娜的儿子，集万千敬意、宠爱于一身的彼得·彼得洛维奇只活了3岁半。与之相反，夏洛特的儿子彼得·阿列克谢耶维奇却成了俄皇彼得二世。

# 52

# 父亲的最后通牒

1715年秋，随着儿子的出世、妻子的过世，皇储阿列克谢已不再年轻。他25岁了，在体格上，他不如自己的父亲。皇储有6英尺高，在那个年代是罕见的，但6英尺7英寸的彼得比身边人都高出一截，皇储也不例外。为俄国效力的外籍官员彼得·布鲁斯（Peter Bruce）如此描述当年的阿列克谢："衣着极其邋遢，身材高大、匀称，棕色皮肤，黑发黑眼，面容坚定，嗓门洪亮。"[1] 相较于彼得，他双目之间的距离更紧凑一些，眼中时常闪烁着忧虑和恐惧的光芒。

这对父子是截然相反的两种人。阿列克谢逐渐成长为一个拥有相当智力背景和才能的人。他聪明，喜欢阅读，对神学问题有着强烈的求知欲，学起外语来轻松自在。在身体上，他是个懒惰的人，喜欢安静、充满沉思的生活，丝毫没有前往外部世界、将所学知识投入使用的想法。这些都与彼得的性格、培养正好相反。沙皇只受过有限的正规教育。在阿列克谢阅读、反思诸如《神圣的吗哪》（*The Divine Manna*）、《上帝的奇迹》（*The Wonders of God*），以及托马斯·肯比斯（Thomas à Kempis）的《效仿基督》（*Imitation of Christ*）等著作的年纪，彼得却在操练士兵、建造船只和燃放烟火。最重要的一点是，巨大的精力、热烈的求知欲和强迫式的动力在阿列克谢身上是完全看不到的，而正是这些成就了彼得的伟大。他好读书而不好动，谨慎而不大胆，喜旧而不喜新。他看起来就像是老一辈的儿子，而非他父亲的儿子。如果阿列克谢是其他沙皇的儿子，比如，他的祖父阿列克谢沙皇，或是他的伯伯费奥多尔沙皇，他的性格或许会更合他们的胃口，他的人生故事或许也会有所不同。然而，无论阿列克谢是什么样的人，他都极不适合当彼得大帝的儿子和继承人。

尽管父子俩一直对彼此间的性格差异保持沉默（皇储从未在公开场合高声反对沙皇），但差异一直存在，两人对它们都有着深刻的体会。在年轻时，阿列克谢拼命试图讨好彼得，自卑感却使得他的一切努力大打折扣。彼得越是责骂他，他就越发变得无能，越发憎恶、恐惧父亲、父亲的朋友和父亲的作风。他畏缩、回避，彼得对此愈来愈愤怒，阿列克谢则愈来愈沉默、害怕。这个问题似乎无法可解。

为了克服自己的恐惧与虚弱，阿列克谢在酒海里越陷越深。为了逃避他无法直面的责任，他假装病倒。当阿列克谢结束了德累斯顿的学业，于1713年从德意志回国时，彼得问他几何和筑垒学得如何了。这可吓坏了阿列克谢：他害怕父亲会让他当着自己的面绘图，而这是他无法办到的。回到家后，皇储抓起一把手铳，试图一枪打穿自己的右手，把自己弄残。他双手直抖，没有打中，但火药冒出的火花严重烧伤了他的右手。当彼得问他发生了什么时，阿列克谢表示这是一起事故。

这并不是一起孤立事件。阿列克谢对士兵、船舶、新建筑、码头、运河、彼得的任一计划或改革全无兴趣，有时他会服用药物，让自己生病，以免于在公开场合露面，或逃避责任。有一次，他被要求出席一艘船的下水仪式，他对一个朋友说："我宁可当苦役犯，或是发高烧，也不愿被迫到那里去。"[2] 他对另一个朋友说："我不是一个愚蠢的傻瓜，但我无法工作。"正如他岳母沃尔芬比特尔公爵夫人所说的那般："他父亲逼他参与军事事务，结果却一点儿用也没有，因为他要的是诵经用的念珠，而不是手铳。"[3]

随着阿列克谢对父亲的惧意日益加深，他发现自己几乎无法面对沙皇了。有一回，他向告解神父坦言，自己时常希望父亲死掉。伊格纳季耶夫答道："主会宽恕你的。我们都希望他一命呜呼，因为他让人民不得不背上如此沉重的负担。"[4]

阿列克谢成了铁杆反沙皇派的中心人物，这虽非出自他本意，却也无可避免。所有反对彼得的人都视阿列克谢为未来的希望。教士们对天祷告，希望阿列克谢成为沙皇后，恢复教会昔日的权力与威严。人民相信他会减轻他们的劳役和赋税负担。旧贵族希望阿列克谢坐上皇位后，会恢复他们昔日的特权，赶走缅什科夫和沙菲罗夫这样的新贵。就连许多得到彼得信任的贵族，私下也对皇储表示同情。戈利岑家族、多尔戈鲁基家族、公爵鲍里斯·库拉金均在其中，甚至陆军元帅鲍里斯·舍列梅捷夫也是他们中的一员。参政员雅各布·多尔戈鲁基公爵警告阿列克谢："别再多说啦，他们盯着我们呢。"⁵ 瓦西里·多尔戈鲁基公爵告诉阿列克谢："你比你父亲聪明。你父亲是个睿智的人，但他不通人情。你在这方面会比他懂的更多。"⁶

尽管人们怀有上述情感，对彼得统治的不满也已成为普遍趋势，但阴谋是不存在的。阿列克谢的拥护者的唯一策略是坐待子承父位，考虑到彼得健康状况不稳，这一过程似乎不会很久。阿列克谢最为亲近的谋士亚历山大·基金（Alexander Kikin）——彼得手下的新人之一，曾陪同沙皇参加大特使团，如今已被提拔为海军部主裁——偷偷建议皇储考虑离开俄国，如果到了国外，就留在那里。"您（在卡尔斯巴德）康复后，"基金在阿列克谢动身前对他说，"写信给您的父亲，说您不得不在春天再次服药。与此同时，在春季治疗结束后，您可以去荷兰，然后去意大利。如此一来，您就能出国待上两三年。"⁷

至于彼得，他对儿子的情愫掺杂着挫败与愤怒。多年前，他曾对尚在襁褓中的儿子置之不理，那是因为阿列克谢是叶夫多基娅所出，也是因为彼得本人几乎还是个青春期少年。其后，随着岁数增长，这个男孩的性格缺陷也越来越明显，彼得粗暴地对待他，试图以此让他强大起来，他用的是近乎斯巴达式的严酷，而非温情与理解。彼得屡屡通过缅什科夫的管教，通过亲笔书信与谈话的方式，通过委派儿子执行各式各样的公共使命与政府任务，尝试着给阿列克谢灌输国家责任感，灌输他有义务参与自己强加于俄国的改革的想法。彼得把阿列克谢送到西方上学，为他娶了个德意志贵族女士，希望能改变自己的儿子。当阿列克谢于1713年回到圣彼得堡时，彼得满怀希望地等待着观察皇储在外国游历、学习的成果。然而，当沙皇要求阿列克谢展示一下他的新知识时，他得到的回报是皇储企图开枪打伤自己的手。

正如彼得认为的那般，做儿子的愈来愈抗拒身为皇位继承人的责任。

每当遇到挑战，他的第一选择总是犹豫不前，转身逃开。他宁可被那些处处反对彼得的人簇拥环绕，也不愿在彼得的事业中扮演自己的天然角色。对于儿子私生活的某些部分，彼得并不反对：他不介意阿列克谢酗酒、同他的小"奇怪帮"（Exotic Company）玩冒名游戏，或是找个芬兰奴隶当情妇——沙皇自己的私生活也有类似的特色。沙皇所无法接受的是，儿子一直拒绝承担那些被他视为皇储责任的东西。不论是谁，只要唯命是从，沙皇就愿意容忍，然而倘若沙皇遭到违抗，便会勃然大怒。他的儿子时年25岁，本该成为沙皇的义务观与服务观的头号榜样，可只有在被强迫的情况下，才会参与彼得的一生事业，此时彼得还能有怎样的反应？1715—1716年冬，彼得下定决心，自己必须让事情变得有序起来。那个消极、懒惰、惊惶，对军事、船舶、海洋全无兴趣，对改革毫不认同，也不愿为父亲打下的基础添砖加瓦的家伙，必须完全改变自己。彼得的要求是彻底重塑儿子的个性。不幸的是这为时已晚，现在的阿列克谢与他父亲一样，人生观已然定型。

夏洛特公爵小姐出殡之日，有人交给皇储一封信，那是彼得16天前写的，当时夏洛特尚未去世，两个名叫彼得的男婴也尚未出世。信中透露了彼得对阿列克谢的期望：他迫切希望皇储做好准备，担起自己的责任。由于阿列克谢无力或不愿这样做，他愈来愈伤心。

致吾儿的声明：

你不能对举世皆知的事视而不见，不能对眼下的战争开始前，我们的人民在瑞典人的压迫下痛苦呻吟到了何等程度视而不见。

通过夺取这么多对我们的国家而言极为必要的沿海地区，他们切断了我们与世界其余地区的商业往来……你知道，在战争之初（当时只有上帝还在指导我们，似乎手把手，如今也在领导我们），为了学习战争艺术、终结我们的死敌所拥有的优势，我们付出了沉重的代价。

我们顺从地接受了上帝的安排，屈服于现实。我们毫不怀疑，上帝有意让我们忍受这场磨难，直到能够指引我们走上正途为止，而我们将名扬四海：那个起初能让别人瑟瑟发抖的敌人，如今要反过来在我们面前瑟瑟发抖了，他对我们的惧意，或许比别人对他的惧意要深得多。除了上帝的帮助，我们最应该把这些成果归功于我们的辛劳、我们那忠实而温柔的孩子们——俄国臣民的努力。

然而，当我望着上苍赐予我国的繁荣景象时，再看看那个将要继承我的儿子，我心中就越发对未来充满悲观。我发现你，我的儿子，拒绝一切能让你在我之后成为一代明君的道路。我认为你甘愿成为一个无能的人，因为你不能以缺乏天赋或力量作为托词，就好像上帝不曾在这两方面给足您一样；尽管您的体质并非最强，却也不能说是弱不禁风。

但是，当有人谈及兵事时，您甚至连听都不想听；尽管正是靠着金戈铁马，如今的我们才得以冲破默默无闻的樊笼，蜚声海外，跻身受人尊敬的国家之列。

我不是在怂恿您发动无合法理由的战争，只是希望您能努力学习战争艺术。因为不懂战争规则、法度就不可能成为明君，除了保卫国家，它别无目的。

关于我给您的建议，我可以摆出无数实例来放在您面前。我这里只提一个例子：与我们有着一致信仰的希腊人（指拜占庭帝国，该国首都君士坦丁堡于1453年落入土耳其人之手）。要不是忽视武备，他们至于衰落下去吗？懈怠与安逸让他们变得软弱，屈服于暴君的统治，过上了奴隶生活——如今他们已沦落到这种地步。如果您觉得帝王手下有几个供差遣的良将便已足够，那您就错了。首领乃万众瞩目的对象；每个人都在研究他的意向，并与之一致。这是全世界都知道的事。我哥哥（费奥多尔）在位时喜欢锦衣华服和上等马具。本国并不特别喜欢此道，但帝王的爱好很快就成为臣民的爱好，因为他们倾向于在喜恶上效仿他。

如果人们连仅仅关乎乐趣的东西都能轻易放弃，那么对于武备这种更加让人痛苦、更加没人保持的东西，他们难道就不会随着时间的流逝而淡忘或者更加轻易地放弃吗？

你无意学习战争，不肯在这方面下功夫，如此下去你将对战争一无所知。请问你日后如何指挥他人？如何判断那些尽责之人应怎样奖赏？或是如何判断那些失责之人应怎样惩处？到时候你什么都做不了，什么都判断不了，只能像一只张嘴等待喂食的幼鸟那样，仰仗别人的见解和帮助。

你说你的健康状况很差，无力承受戎马之劳。这种借口不比别的任何借口强。我希望你心向战场，别管什么劳累不劳累的，只要有心，即便是疾病也无法阻挡你。去问问那些对我哥哥在位的年月还有印象的人吧。他的体质比你差多了。他不仅驾驭不了一匹最怯懦的马，连骑上去都困难，但他喜欢马。因此，在这个国家，没有一座马厩能超过他的马厩，事实上，直到现在仍是如此。

从这件事你可以看出：非凡的成就并不总是依赖汗水，其实也依赖意志。

如果你觉得世界上有些（君主）即使不亲自上战场，也能政绩斐然，那是真的。但是，尽管他们不曾亲临战场，他们也有这样做的意愿，并理解其中的意义。

例如，已故法国国王（路易十四）并不总是御驾亲征，但他对战争的热爱程度，以及他所立下的赫赫功勋家喻户晓，因此，世界各地的戏剧舞台与学校课本都在传诵他的功绩。他的爱好不仅限于军事，也热爱机械、制造业和其他领域的东西，它们使他的王国比其他任何一个国家都要繁荣。

在向你提出这些规劝后，我要重新提起先前那个关于你的话题。

我是个凡人，所以，我是必定要死的。在我故去后，应当把我未竟的复兴事业留给谁呢？留给一个把他的才干埋在土里——也就是说，根本没想过把上帝托付给他的事业做到最好的懒仆人吗？

别忘了你的顽固与乖戾，别忘了我为此训了你多少次，又有多少年几乎未曾与你说过话，然而这些毫无益处，毫无效果，只是在浪费我的时间，只是在对空气挥拳而已。你连一星半点的汗水都不想付出，懒洋洋地待在家里、无所事事似乎成了你的全部乐趣。看起来，这些本应令你感到羞耻的事情（正是因此你才变得一无是处），给你带来了无尽的欢乐，而且，你也不曾预见这样做将会给你本人和整个国家带来的危险后果。圣保罗留给我们一个伟大的真理，他把它写了下来："如果一个人不知道如何管理自家宅子，那他应当如何照管上帝的教会呢？"

当我考虑到这些大麻烦时，我认真反思了一番，同时我发现，我无论用什么法子也不可能将你引上正途。但是在那之后，我觉得还是把我的最终决案写下来寄给你比较合适：在我执行它之前，我会再等上一段时间，看看你是否会改过自新。如果你依然我行我素，我就会让你知道，我将剥夺你的继承权，就像同一个无用的成员断绝关系那样。

别因为我只有你一个孩子，就抱有幻想，以为我写这封信只是为了吓唬你。只要能让上帝满意，我肯定会将这个想法付诸实践；为了我的国家和人民的福祉，我毫不吝惜自己的生命，所以，我为什么要容忍对这两者毫无建树的你？我宁可把它们转赠给一个能干的陌生人，也不会交给无用的亲生儿子。

彼得[8]

阿列克谢对这封信的反应与他父亲期待的正相反。他被彼得的召唤吓得魂不附体，慌忙前往最亲密的心腹处乞求建议。基金劝他以健康不佳为由，声明放弃继承权。"如果您彻底与世隔绝，那么终将得到安宁。我清楚，由于您性格软弱，不这样做的话，您是无法坚持下去的。但遗憾的是，您在（德意志）的时候，没有在那里待下去。"[9] 他的第一任教师维阿泽姆斯基的意见与之相同：阿列克谢应宣布自己不适合承担皇位重任。阿列克谢还与尤里·特鲁别茨科伊公爵交流了一番，后者告诉他："您最好别渴望着继承皇位。您并不是合适人选。"[10] 皇储随后恳请瓦西里·多尔戈鲁基公爵说服沙皇，让他和平放弃继承权，在一座乡村庄园度过余生。多尔戈鲁基承诺自己会与彼得谈谈。

与此同时，在收到父亲的声明3天后，阿列克谢提笔写下回信：

最仁慈的父皇：

在亡妻的葬礼举行后，我已经读过陛下于1715年10月16日寄给我的那封信。

我的答复只有一句：如果陛下要以我庸碌无能为由剥夺我的继承权，您就这样办吧。我甚至以最急切的心情乞求您如此，因为我不认为我适合治国。我的记忆力大大削弱，这却是处理国事所不可或缺的。由于患病，我的脑力和体力都已大大衰退，因此我无力管理如此之多的民族。这个位置需要的是一个精力比我更旺盛的人。

因此，即使我一个兄弟也没有，我也并不渴望在您去世后（愿上帝让您万寿无疆）继承俄国皇位，尽管我现在已经有了一个弟弟——我祈求上帝保佑他。今后我也不会对继承权提出要求，相关声明及附带签名均出自我的亲笔，请上帝为我作证，并将证词烙在我的灵魂上。

我将我的孩子交给您，至于我自己，只求您在我在世期间支付一笔最基本的抚养费，一切均凭您的考量与意志处置。

您最卑贱的仆人和儿子，阿列克谢[11]

收到阿列克谢的信以后，彼得见到了瓦西里·多尔戈鲁基公爵，多尔戈鲁基将自己与阿列克谢的谈话转告彼得。彼得似乎同意了，多尔戈鲁基告诉阿列克谢："我已经同您父亲谈过您的事了。我相信他会剥夺您的继承人资格，您的信看起来令他挺满意。与您父亲谈过以后，我已经把您从断头台上救下来了。"[12] 尽管这个消息大体令阿列克谢安心，但听说两人在谈话中提到过断头台时，他是高兴不起来的。

事实上，彼得远远不能满意。他对皇储的警告引起了后者的错误反应，而阿列克谢表示服从、声明放弃继承权的信似乎来得太快了，姿态也摆得太低了。如果他是认真的，怎么可能如此轻易地放弃皇位？放弃声明是否出自真心？即使他是真的想放弃，堂堂大国储君，怎么可能往乡间一隐了事？成为农夫或乡绅后，他是否仍是反彼得派的旗帜人物——即使可能并非自愿？

一个月来，彼得反复思考这些问题，什么也没做。随后，命运之神出手干涉，差点儿就解决了问题。在参加海军上将阿普拉克辛举办的酒宴时，沙皇剧烈抽搐，病情甚为凶险。整整两天两夜，他的主要大臣与参政院成员一直在卧室外面的一个房间里候着。12月2日，他的情况变得极为危急，以至于举行了临终圣礼。此后，彼得的身体有所恢复，并开始慢慢好转。他在病床上或自宅内足足躺了3个星期，圣诞节那天，他终于能够上教堂去了。出现在人们眼前的他瘦得可怕，苍白得可怕。患病期间，阿列克谢保持沉默，只来探视父亲一次。这可能是因为基金警告阿列克谢提防有诈——他认为彼得可能是在装病，或者至少是通过领受临终圣礼来夸大自己的病情，其目的是观察身边所有人，特别是阿列克谢在自己命在旦夕时的反应。

在恢复期间，彼得仔仔细细地考虑了自己的下一步行动。阿列克谢已在上帝面前发誓自己再也不会谋求继承权，并把"誓词烙在灵魂上"。但彼得担心自己一去世，阿列克谢便会受到那些"大胡子"（教士）的影响。此外，彼得依旧真心希望儿子能切切实实地以皇位继承人的身份为自己提供积极协助。因此他决定：阿列克谢要么成为自己的同道中人，要么进入修道院，彻底与世隔绝。1716年1月19日，皇储收到第二封来自父亲的信，以及立即给予答复的要求：

吾儿：

由于近来患病，到目前我才能向你阐述我对你的第一封复信所做出的决定。现在我的答复是，我注意到你除了继承权什么也不谈，就好像我需要征得你的同意一样，事实上，那件事完全取决于我的意志。但在你的信中，你对你的自甘平庸，以及你对国事（我在我的信中提到过这一点）的厌恶一字不提，反而着重强调你健康不佳？这么多年来，我也一直在告诫你，你的作为已经引起了我的不满，而你总是沉默着把这些当作耳边风，尽管我的态度极为坚定。因此我断定，你根本就没把父亲的劝告当回事。所以我再一次，也应当是最后一次通过书信的形式，把我的决定告知你。如果在我活着的时候，你都不肯接受我的建议，我死后你还会加以重视吗？

当别人看到你的铁石心肠时，还有谁能相信你的誓言？大卫王说过："人人皆撒谎。"但是，即使你目前打算忠于你的承诺，只要那些大胡子愿意，他们也会改变你的想法，使你背弃诺言。

你已向他们表现出强烈好感，眼下，他们因堕落与怠惰而与荣誉绝缘，所以，他们希望有一天能借您之手，改变自己的处境。

我没发现你意识到自己该对父亲尽到什么样的义务，你欠了他很多很多。自从你成年后，你可曾帮忙照料他？可曾分担他的痛苦？答案是肯定的，完全没有；全世界都知道这一点。正相反，凡是我以牺牲自身健康为风险、代价，为我的人民，以及他们的福祉所做的好事，你一概加以指责并深恶痛绝。我有充分的理由相信，一旦我死在你前头，你会摧毁我的成果。所以我决定不能让你像一头非鱼非兽的两栖动物那样随心所欲地活着。因此，你得改变自己的作风，努力让自己成为一个合格的继承人，不然就给我改行当僧侣。你让我省心不得，特别是现在，我的健康状况开始走下坡路了。所以，看到这封信之后，马上给我个答复——要么写信，要么捎个口信来。如果你没有这样做，那么我将视你为罪犯。

彼得[13]

这道最后通牒犹如晴天霹雳一般落到皇储头上：要么改变自己，成为彼得要求的那种儿子，要么去当僧侣！阿列克谢无法成为前一种人；他已经尝试了25年，最后失败了。但出家为僧呢？这就意味着他要抛弃整个尘世，包括阿芙罗西娜。此时，基金出手干预，他提出了几个讽刺性的建议。"就按令尊的命令，做个僧侣罢。"他劝说道，"别忘了，他们可不会把修士服的兜帽钉在别人的脑袋上。您随时都可以把它脱下来，丢到一边去。"[14] 阿列克谢急切地接受了这个解决方案。"最仁慈的父皇，"他写信给彼得，"今天早上，我收到了您19号写来的信。由于身染微恙，我没法写得长一些。我将欣然接受出家生活，并希望您发发慈悲，予以同意。您的仆人和无用的儿子，阿列克谢。"[15]

阿列克谢服从得如此之快、如此之彻底，这再度令彼得大为吃惊。此外，当时沙皇即将离开俄国，踏上前往西方的漫长旅程，余下的时间太短，不足以解决如此重要而复杂的问题。动身前两天，彼得前往皇储的宅邸拜访阿列克谢，发现儿子躺在床上，浑身打战。彼得再次询问阿列克谢选择哪条路。阿列克谢对上帝发誓，愿遁入空门。但此时彼得做出让步，他觉得自己的最后通牒太过苛刻，应当给儿子更多的时间考虑。"出家为僧对年轻人而言并非易事。"他温和地说，"再想想吧，不要着急。然后写信把你的决定告诉我。走阳关道可比当僧侣要来得强。不管怎么说，我会再给你6个月的时间。"[16] 彼得一离开，欣喜若狂的阿列克谢就掀掉铺盖，起身下床，参加聚会去了。

当彼得离开圣彼得堡、前往但泽和西方时，阿列克谢大大松了一口气——父亲走了，笼罩在自己生活中的巨大阴影也随之远去。他仍是皇位继承人，在这6个月内，他无须考虑任何其他选择。6个月的时间似乎是无穷无尽的。对一个如其父般善变或身患疾病的人而言，这段日子里一切变化皆有可能。在此期间，皇储可以好好享受了。

当一个人迟迟无法做出令他不快的抉择时，6个月的时光是飞驰而过的。阿列克谢在1716年春季和夏季的情况正是如此。随着秋天到来，彼得给的6个月最后期限已过，而皇储还在拖延。他给父亲写过信，但信中只提到他的健康状况和日常生活。至10月初，彼得来信了，而这正是阿列克谢所害怕的。信是8月26日于哥本哈根写成的，在那里，入侵斯堪尼亚的联合行动正值高潮。这封信是父亲给儿子的最后通牒，皇储将把自己的复信交给同一个信使。

吾儿：

我已收到你6月29日的信，并收到7月30日的另一封信。我发现你除了自己的健康状况什么也不提，现在我写信跟你说，当我与你道别时，要求你对继承权一事做出决定。你当时给我的回答一如既往：你不觉得自己能够胜任继承人，理由是身体虚弱，所以你宁可遁入修道院。我让你再好好考虑一下，然后写信告诉我你的决定。我已经等了7个月，可你在来信中对此事只字未谈；因此，收到我的信后，马上做出选择。如果你打算走第一条路，即致力于成为一个合格的继承人，那就别再耽搁了，一星期内赶到这里来，这样你还可以赶得上参加本次战役。但是，如果你选择了另一条路，那就让我知道你要在何时、何地，甚至具体到哪一天履行你的决定，如此一来，我就可以安下心，明白对你我能指望些什么。把你给我的最终答复交给那个带信给你的使者。

选了第一条路，让我知道你计划何时从圣彼得堡启程；选了第二条路，那就让我知道你打算什么时候将决定付诸实施。我再和你说一遍：你必须给我做出决定，否则我一定会认为你只是和往常一样，因怠惰而设法拖延时间。

彼得[17]

手捧来信，阿列克谢最终敲定了主意。他决定不走彼得给的任何一条路，而是一逃了之，去找一个豪杰父亲鞭长莫及的地方。就在短短两个月前，当基金出发护送阿列克谢的姑姑玛丽亚公主前往卡尔斯巴德的时候，他曾对皇储耳语："我准备去给您找个藏身之处。"[18] 基金还没回来，阿列克谢不知道自己该去哪里，但他的心中燃烧着的不可抵挡的念头只有一个：逃到一个父皇的铁腕无法触及自己的地方去。

阿列克谢立刻行动起来，还为自己找了借口。他当即前往在圣彼得堡的缅什科夫处，声称自己即将赶赴哥本哈根与父亲会合，需1000杜卡特当作路费。他拜访了参政院，要求那里的朋友继续忠于自己，结果又拿到了2000卢布的旅资。在里加，他借了5000金卢布和其他铸币形式的2000卢布。缅什科夫问他，当他动身时，他准备如何安置阿芙罗西娜，阿列克谢答曰，他准备带她一起上路，等到了里加后，再把她送回圣彼得堡。"您还不如全程把她带在身边呢。"缅什科夫建议道。[19]

离开圣彼得堡前，阿列克谢只对自己的男仆阿法纳西耶夫（Afanasiev）吐露了真实目的。但在途中，在利巴瓦（Libau）城外几英里处，他遇到了玛丽亚·阿列克谢耶芙娜姑姑的返程车驾，公主已经结束了在卡尔斯巴德的治疗。尽管玛丽亚对阿列克谢与旧俄作风抱有同情态度，但她惧怕彼得，不敢发表任何反对意见。阿列克谢坐上了她的马车，起初告诉她，自己奉父亲之命，前去与沙皇会合。"很好。"公主答道，"你得听他的话。那样上帝会很高兴。"但阿列克谢随即失声痛哭，他一边悲泣，一边告诉姑姑，自己想找个地方躲避彼得。"您能去哪里呢？"惊骇的公主问道，"不管您逃到哪里去，您父亲都会找到您。"[20] 她建议阿列克谢忍耐，希望上帝最终能解决他的问题。她还说，基金此时正在利巴瓦，或许他可以给出更好的建议。

在利巴瓦，基金认为维也纳是个安全之地，因为皇帝是阿列克谢的连襟。阿列克谢采纳了这个建议，然后坐自己的马车继续赶路，一直赶到但泽。到那里后，他化装成一名俄国军官，用"科汉斯基"（Kokhansky）这个名字，在假扮侍从男童的阿芙罗西娜与三个俄国仆人的陪伴下，他取道布雷斯劳（Breslau）和布拉格，前往维也纳。上路前，基金急迫地给了他一句临别赠言："记住，若是令尊派人劝您回来，切莫照办。他会将您公开处斩的。"[21]

## 53

## 皇储出逃

1716年11月10日夜,维也纳,哈布斯堡帝国副相顺伯恩伯爵(Count Schonborn)已经就寝,此时一个仆人走进卧室通知他,俄国皇位继承人、沙皇彼得之子此时正在前厅,要求见他。惊讶的顺伯恩立刻开始更衣,但他还没穿完,皇储就闯了进来。近乎歇斯底里的阿列克谢一边从房间的一头窜到另一头,一边滔滔不绝地向这个目瞪口呆的奥地利人求助。他表示,自己是来乞求皇帝救命的。沙皇、缅什科夫和叶卡捷琳娜想剥夺他的继承权,把他送到修道院去,甚至可能想要他的命。"我很软弱,"他说,"但如果我的脑子够好使,当个王还是没问题的。还有,"他补充道,"将王国与王位交予继承人的是上帝,而不是凡人。"[1]

顺伯恩凝视着这个狂乱的年轻人,他的目光从左边扫到右边,仿佛预料到那个折磨他的人会径直追到这个房间里来。副相举起手,让阿列克谢冷静,然后给他拿了把椅子。阿列克谢费力地咽了咽口水,然后一屁股坐在椅子上,索要啤酒。顺伯恩没有啤酒,但他给了来客一杯摩泽尔葡萄酒,然后以友好、令人安心的方式开始发问,以确定这个人真是皇储。

验证过身份后,顺伯恩向正在啜泣的皇储解释说,半夜叫醒皇帝是办不到的,但他会在明天早上通知皇帝。与此同时,皇储最好回旅馆躲起来,直到帝国宫廷决定该怎么办为止。阿列克谢同意了,他又是一阵痛哭流涕,以表感激,然后才离开。

阿列克谢的到来,将皇帝查理六世置于一个微妙的境地。在父子之间摇摆是有风险的。如果俄国发生叛乱或内战,没人能断定谁会成为赢家,倘若奥地利支持了失利的一方,那么谁又能知道胜利的一方会如何报复?末了,奥地利方面终于做出一个临时性的决定:不正式接纳阿列克谢,也不让公众察觉他在帝国境内。另一方面，阿列克谢向连襟提出的帮助请求没有完全被拒绝。皇储将继续以假身份藏于帝国境内，直到他与父亲实现和解，或是事态出现进一步发展为止。

两天后，阿列克谢和他的一小队人马（阿芙罗西娜也在其中，没人识破她的男孩装扮）在极为隐秘的情况下被护送至埃伦贝格（Ehrenberg）城堡，它位于莱希河（Lech River）偏僻的蒂罗尔（Tyrolean）谷地。在那里，他们在最为严密的保护下生活着。守备队司令并未被告知客人身份，还以为他是一位举足轻重的波兰或匈牙利贵族。皇储在此期间，守备队的士兵不得踏出城堡一步；无人休假，也无人被替换。这位来访者被待以宫廷贵宾之礼，得到了恭敬的服侍，并享有每月300弗罗林的丰厚餐补。他的往来信件均被截下，发往维也纳的帝国外交部。最重要的是，陌生人一律不得接近城堡的任何一处。不论是谁，只要走近大门，或是试图与卫队交谈，就会立刻遭到逮捕。

身处厚厚的围墙之内，阿列克谢终于感到安全了，阿尔卑斯的高山与厚重积雪令他沉醉。陪伴着他的除了阿芙罗西娜，还有4名俄国仆人和许多书。他唯一需要的是一个东正教神父——当他继续隐瞒身份时，这是无法办到的，但他恳求顺伯恩在他患病或弥留之际为他送个东正教神父来。在那5个月期间，他通过顺伯恩伯爵和维也纳的帝国外交部与外界接触。伯爵不时给他带来消息。"人们开始认为皇储已死。"顺伯恩在一封信中称，"按照一些人的说法，他逃离了父亲的严密掌控；而按照另一些人的说法，他已经被他父亲下令处决。还有些人说，他在旅途中被强盗刺杀了。没人知道他究竟在哪里。在此附上来自圣彼得堡的新闻报道，权供消遣。建议皇储继续隐姓埋名，这是为了他好，因为一旦沙皇从阿姆斯特丹回来，针对他的搜查行动便会积极展开。"[2]

皇储失踪了，俄国方面却迟迟未能发觉，其迟钝程度超出想象。沙皇一家天各一方：彼得在阿姆斯特丹，叶卡捷琳娜在梅克伦堡，当时的旅行又慢又不确定。按照推测，阿列克谢此时正在从圣彼得堡通往波罗的海的冬季道路上风尘仆仆，目的是与驻扎在梅克伦堡冬季营地内的大军会合；单凭旅行条件便可解释几个星期的耽搁。即便如此，随着时间的流逝，人们也开始担心起来。叶卡捷琳娜两度致信缅什科夫，询问阿列克谢的情况。皇储的一名仆人被基金派去追随主人，结果在北德失去了对方的踪迹，于是他前往梅克伦堡向叶卡捷琳娜汇报，说自己一路跟到但泽，然后皇储似乎就失踪了。1月，奥地利驻俄代表普雷尔在圣彼得堡写了一封信，此时距离顺伯恩伯爵将逃亡者送往蒂罗尔藏身仅仅过去了几周时间：

> 尽管到现在为止，没人对皇储表现出特别的关注，也没人对他的离去有太多的想法，但是当年迈的玛丽亚公主（阿列克谢已经向她坦白了出逃的想法）从（卡尔斯巴德的）浴场回来，拜访皇储的家时，她开始号哭："可怜的孤儿啊，你们没爹又没妈，我实在太为你们感到难过了！"此外，当皇储的行踪在但泽消失的消息传来时，每个人都开始询问有关他的事。许多要人秘密派人到我和其他外国人处，问我们收到的信中是否有关于他的消息。他的两名仆人也带着疑问来找我。他们痛哭流涕，说皇储从这里拿走了1000杜卡特充作旅费，在但泽又拿走了2000杜卡特。他命令他们偷偷卖掉他的家具支付汇票，打那以后他们就再也没有他的消息了。与此同时，他们压低声音，说皇储已在但泽附近被沙皇的人抓住，然后带往一座遥远的修道院，但不知他现在是死是活。根据其他人的说法，皇储已经跑到匈牙利或是皇帝的其他领地去了。[3]

随后，厌恶彼得的普雷尔开始夸大其词。"在这里，人人都做好了造反的准备。"他告知维也纳方面。他记录了一则阴谋：有谣言称有人企图杀害彼得，囚禁叶卡捷琳娜，释放叶夫多基娅，将阿列克谢推上皇位。接着，他编录了一批贵族的怨言，显然他已经与这些人攀谈过。"大小贵族不谈别的，只是对自己和自己的孩子被迫去当水手和船匠（尽管他们曾出国学习外语，所费甚巨），自己被征税到破产的地步，以及自己的农奴被征去修建要塞和海港这几件事表示不齿。"普雷尔的信被阿列克谢交予阿芙罗西娜，与她的财产放在一起，后来这封信落入莫斯科的审问者之手，给皇储带来了巨大的伤害。

此时彼得尚未造访巴黎，正在阿姆斯特丹过冬，关于儿子已经失踪的传闻令他惊恐不已。当谣言变成现实后，沙皇被愤怒与羞耻感压倒。单单皇储出逃一事便足以大大损害彼得的自尊心；更糟糕的是，继承人违逆彼得的事实，将刺激、鼓舞那些希望有朝一日能推翻沙皇改革的异见者。因此，寻找皇储的下落势在必行。12月，统领梅克伦堡俄军的魏德将军收到命令，搜索北德全境。怀着阿列克谢可能在哈布斯堡帝国的希望，沙皇将定居在维也纳的俄国子民亚伯拉罕·韦谢洛夫斯基（Abraham Veselovsky）召到阿姆斯特丹见自己。彼得命他谨慎地在帝国境内展开搜索行动，并交给他一封致查理六世的信，信中提出，如果皇储公开或秘密地出现在帝国的土地上，请查理派遣武装卫队，把他送回到父亲那里。不得不写下这么一封信，彼得感到耻辱，他吩咐韦谢洛夫斯基，除非有证据表明阿列克谢确实在帝国境内，否则切莫将信交予皇帝。

韦谢洛夫斯基怀着坚定的信念，接下了侦探的角色，他离开阿姆斯特丹，前往但泽搜索皇储的行踪。在有道路直通维也纳的但泽，韦谢洛夫斯基发现，有个名叫科汉斯基的人的形象与皇储相符，此人于几个月前经由沿途的驿站路过这里。在维也纳，科汉斯基的行踪消失了。在与顺伯恩伯爵、欧根亲王甚至皇帝本人面谈后，这个探子一无所获。侍卫队长鲁缅采夫（Rumyantsov）赶来支援他，此人是沙皇的私人侍从，是名个头几乎不亚于彼得的巨人。鲁缅采夫的使命是，在必要时协助韦谢洛夫斯基武力逮捕阿列克谢，将他带回俄国。

到了1717年3月底，韦谢洛夫斯基和鲁缅采夫的努力开始产生效果。一个帝国外交部办事员在收受贿赂后，暗示前往蒂罗尔调查可能会有所收获。鲁缅采夫去了那里，得知有传言称，一个神秘的陌生人躲在埃伦贝格城堡。他悄悄摸到离城堡尽可能近的地方。多次往返后，他最终发现了一个人，确定此人就是皇储。在这一情报的武装下，韦谢洛夫斯基回到维也纳，将自己从阿姆斯特丹带来的沙皇书信交给皇帝。韦谢洛夫斯基声称，阿列克谢已被确认正在埃伦贝格城堡，显然，他是在帝国政府知情的情况下在那里生活的。他恭恭敬敬地请求皇帝，以坦诚的态度处理沙皇提出的关于其子的请求。查理六世犹豫不决，他仍无法确定该如何处理这一不必要的纠葛。他告诉韦谢洛夫斯基，自己怀疑他从蒂罗尔得到的情报的准确性，但会着手调查。他随即派遣一名秘书直接前往皇储处告知此事，并出示彼得的书信，然后问他现在是否准备回他父亲那里去。阿列克谢突然歇斯底里起来。他从一个房间窜到另一个房间，一边流泪，一边扭绞双手，一边用俄语放声号啕，他向秘书明确表示，自己宁可做任何事，也不愿回去。秘书当即将皇帝的决定通知他：由于他的藏身之处已被发现，沙皇的要求不可能加以草草拒绝。因此，皇储将被转移到帝国境内的另一地点避难——那不勒斯城。此地于4年前通过《乌得勒支条约》成为帝国领土。

阿列克谢千恩万谢地予以同意。他在极为隐秘的情况下，被引导着穿过因斯布鲁克（Innsbruck）和佛罗伦萨，前往意大利南部，他把"侍从"阿芙罗西娜和仆人们带在身边，他们狂饮烂醉，引人注目。在写给顺伯恩伯爵的信中，那个帝国秘书记录道："有可疑人士在跟踪我们，一直到特伦托（Trento），但一切都安好。我们的同伴频频酗酒，我用尽一切可能的手段，却毫无效果。"⁴ 5月初，这群逃亡者抵达那不勒斯，在三王餐厅（Trattoria of the Three Kings）吃过饭后，皇储的马车驶入圣埃尔莫城堡（Castle St. Elmo）的庭院内。这座拥有巨大的棕色城墙和塔楼的要塞俯瞰着蓝色的、面朝维苏威火山（Mount Vesuvius）的那不勒斯湾（Bay of Naples），它将在接下来的5个月内成为阿列克谢的家。他在温煦的阳光下安顿下来后，开始写信发往俄国，他告诉教士与参政院，自己仍然活着，并解释了出逃的理由。随着时光流逝，阿芙罗西娜那鼓凸的身体清晰地暴露了这个"侍从"的性别。正如顺伯恩伯爵在一封寄给欧根亲王的信中打趣的那样："我们的小侍从终于被承认是女人。阿列克谢声称她是自己的情妇，是绝对不可或缺的人。"⁵

这对情侣相信他们的藏身地点仍不为人知，但不幸的是，事实并非如此。在他们南下期间被秘书发现的"可疑人士"不是别人，正是鲁缅采夫和他的手下，他们尾随皇储穿过意大利，并跟着他进入那不勒斯。过了一阵子，他们确定逃亡者已在圣埃尔莫城堡安顿下来，一名信使立刻快马加鞭，北上通知沙皇彼得。使者在斯帕找到了沙皇，此时他已结束了对巴黎的访问，正在那里休息并进行矿泉水疗养。

当彼得听闻这个消息时，他愤怒到了极点。自皇储出逃以来，9个月过去了，这段时间里，由于儿子的背叛，沙皇经过外国领土、拜访西欧宫廷时备受羞辱。此外，现在他算明白了：皇帝在阿列克谢是否在帝国境内这件事上撒了谎，不仅如此，奥地利还把他转移到那不勒斯的新避难所，这表明它无意交出皇储。彼得再度致信皇帝，这次他以冷酷的笔调，要求对方交还叛徒儿子。

为了将这道最后通牒交给维也纳方面，彼得选择了自己麾下最熟练的外交官——彼得·托尔斯泰。这只生着粗黑眉毛和令人印象深刻的冰冷面庞的精明老狐狸，如今已经72岁了。在多年前的姐弟之争中，他最初支持的是索菲亚公主，但最终渡过一劫。后来他出任俄国驻土耳其大使，又在七塔城堡被监禁了许多日子，前后共12年，但也坚持下来了。如今，与彼得一道从巴黎返回的托尔斯泰被选中，接到了他的最后一次任务：前往维也纳，质问皇帝为何给那个不孝子提供避难所。他将向查理六世暗示这种不友好举动可能招致的后果。另外，如果能见到皇储，他将把彼得的一封亲笔信交给阿列克谢，并保证只要后者回国，他父亲就会原谅他。与此同时，托尔斯泰肩负着彼得真正的命令，并将它藏在心中——不管用什么手段，都要把皇储带回俄国。

托尔斯泰抵达维也纳后，立即与韦谢洛夫斯基和鲁缅采夫一道谒见皇帝。到了那里后，他出示了沙皇的信件，其中宣称，沙皇知道阿列克谢的确切位置，无论作为父亲，还是作为专制君主，他都完全有权把儿子要回去。查理听后什么也没说，但允诺将很快给予答复。托尔斯泰接着前往阿列克谢的岳母沃尔芬比特尔公爵夫人处，当时她恰好在维也纳探望自己的女儿，即奥地利皇后。他恳求她为她的外孙子和外孙女，也就是皇储的儿女着想，运用她的影响力，好让那个外逃者归国。她同意了，因为她很清楚，如果皇储不向沙皇屈服，那么年幼的彼得·阿列克谢耶维奇就将被清除出继承人之列。

8月18日，帝国议会开会讨论如何应对当前的窘境。不能将阿列克谢草草遣返给彼得。如果沙皇的赦免声明日后被证明是假话，奥地利将为阿列克谢之死背负部分责任。另一方面，一支庞大的俄军正驻扎在波兰与北德意志。人们相信，依彼得的性格，如果不答应他，他可能就会把原本用于与卡尔十二世开战的军队转用于进军西里西亚和波希米亚。决议最终达成，彼得收到复信：皇帝其实是在帮沙皇的忙，他尝试着维护彼得父子之间的感情，同时阻止阿列克谢落入敌国之手。皇帝对托尔斯泰坚称，阿列克谢并未被囚禁在那不勒斯——他的行动一向自由，爱去哪里就去哪里。与此同时，皇帝传旨那不勒斯总督：不准强迫皇储做任何事。采取预防措施，以确保俄国人无法暗杀在此避难的皇储。

1717年9月26日，阿列克谢受邀前往总督位于那不勒斯的宅邸。被领进房间后，他惊恐地发现，托尔斯泰和鲁缅采夫正站在总督身边。皇储瑟瑟发抖，总督道恩伯爵（Count Daun）没有告诉他两人在场，他猜想，如果皇储知道，就不会来了。阿列克谢知道巨人鲁缅采夫是父亲的密友，他预感到，对方会突然拔出剑来。托尔斯泰缓缓地以最令人安心的语调开口，让那个年轻人相信他们只是来递交彼得的一封信，倾听他的想法并等待他的答复。仍在颤抖的皇储接过信读了起来：

吾儿：

　　全世界都知道你对我的命令抱以违抗与蔑视的态度。不管是我的话，还是我的纠正措施都无法让你服从我的指令。最后，当我向你道别时，你欺骗了我，不顾你许下的誓言，做出了至为忤逆的行为——出逃，并像一个叛徒那样，将自己置于外国的保护下。迄今为止，这种事不仅在我们家，在所有我们已知的臣民中都闻所未闻。你的做法陷你父亲于不义，伤透了他的心，也令你的国家蒙羞。

　　我最后一次写信通知你，托尔斯泰先生和鲁缅采夫先生会告诉你接下来要怎么做，并会当众宣布这是我的意思。如果你害怕我，我向你保证，并向上帝与他的典章许诺：我不会处罚你。如果你服从我的意志，听命于我，回到自己的国家，那我会爱你更甚以往。但你若是拒绝，那么我会以父亲的身份，借助我从上帝那里得到的力量，赐给你永恒的诅咒；我还将以君主的身份，宣布你为叛徒，我保证我会找到对付叛徒的法子，然后应用在你身上，我希望上帝会助我一臂之力，以他的双手执掌我的正义事业。

至于其他的，别忘了我没有强迫你做任何事。我有必要给你自由选择权吗？如果我想强迫你，以我的力量办不到吗？我只要下道命令，自有人会照办。

彼得[6]

读完信后，阿列克谢告诉两位使节，他之所以将自己置于皇帝的保护下，是因为他父亲决定剥夺他的继承权，然后把他送到修道院去。他表示，如今父亲承诺原谅他，自己会好好反省并重新考虑，但无法立即给予答复。两天后，当托尔斯泰和鲁缅采夫回到这里时，阿列克谢告诉他们，自己仍害怕回到父亲身边，所以会继续寻求皇帝的款待。听到这番话，托尔斯泰变了脸。他高声怒吼，声震屋宇。托尔斯泰威胁说，彼得将对帝国开战，无论皇储逃到哪里，沙皇最终都会抓到他，无论死活，当成叛徒看待。天下无处可逃，因为托尔斯泰和鲁缅采夫已得到指令，他们要紧跟着他，直到把阿列克谢带走为止。

阿列克谢圆瞪双眼，惊骇万分，抓住总督的手，把他拉到隔壁房间。阿列克谢乞求道恩伯爵保证皇帝会保护自己。道恩收到的命令是促成双方会面，同时阻止暴力冲突发生，他觉得主君此时正处于两难境地：如果他能帮忙说服皇储自愿回国，那么自己就为各方都立了一功。于是他让阿列克谢镇定下来，但他开始与托尔斯泰合作。

与此同时，托尔斯泰转而运用他那富有创意的脑子，策划与一个在君士坦丁堡混迹多年之人水平相符的其他阴谋诡计。他用160杜卡特贿赂了总督的秘书，让他偷偷告诉皇储，自己听说皇帝已经决定把皇储交还给愤怒的父亲。接着，托尔斯泰继续欺骗阿列克谢，说他已经从彼得处收到一封新写的信，信中称沙皇将动用武力抓捕儿子，俄军很快就会朝西里西亚进军。托尔斯泰接着表示，沙皇有意亲临意大利。"当他来到这里的时候，谁还能阻止他来见你？"他问道。想到这里，阿列克谢的脸色变得苍白。[7]

最后，冷酷无情的托尔斯泰找到了左右阿列克谢决定的关键所在：阿芙罗西娜。他注意到这个女奴对皇储而言几乎不可或缺，便告诉总督，此女是父子间产生嫌隙的主要因素。此外他表示，阿芙罗西娜仍在鼓动阿列克谢不要回国，因为一旦回到俄国，她的地位就无法保证了。在托尔斯泰的极力劝说下，道恩伯爵下令让那个姑娘搬出圣埃尔莫城堡。当阿列克谢听闻此事，他的防线崩溃了。皇储写信给托尔斯泰，恳求他独自前往城堡，这样他们就可能达成协议。托尔斯泰此时已是胜利在望，他随即用承诺与礼物说服阿芙罗西娜，让她劝说她的爱人回国。她照办了，声泪俱下地恳求爱人打消孤注一掷的想法，即逃往教皇国，置身于教皇的保护下。

如今，阿列克谢无论是在精神上还是在肉体上都已被折磨到屈服的边缘。他要么选择在情妇的陪同下回国，接受父亲的赦免；要么抛弃阿芙罗西娜，脱离皇帝的保护，将自己交由托尔斯泰和鲁缅采夫，或是（更糟的）彼得处置。最佳抉择已是显而易见，当托尔斯泰到来时，皇储立刻投降了。尽管他犹豫不决，心中充满恐惧与不安，但还是告诉大使："答应我的两个条件，我就回父亲那里去：允许我在乡村宅第内平静地生活，不要把阿芙罗西娜从我身边夺去。"[8] 托尔斯泰牢记彼得的命令：无论用什么手段，都要把皇储带回俄国，因而当即予以同意；事实上，他向阿列克谢许诺，自己会给沙皇写亲笔信，请求他允许太子立刻与阿芙罗西娜结婚。在信中，托尔斯泰用嘲讽的语气向彼得解释，这桩婚事将昭告天下，阿列克谢的出逃不带任何严肃的政治因素，只是出于他对一个农家姑娘的轻佻爱情而已。托尔斯泰补充到，这还会使皇帝对他的前连襟的最后一丝同情也荡然无存。

阿列克谢写信给沙皇，乞求他的宽恕，并恳求他兑现托尔斯泰同意的两个条件。11月17日，彼得回信："你请求赦免。这事托尔斯泰先生与鲁缅采夫先生已经向你口头、书面保证过，如今我加以确认，你可以彻底放心了。至于你表达的某些其他愿望（与阿芙罗西娜结婚），他们会允许你就地实现。"[9] 彼得对托尔斯泰的解释是：如果阿列克谢在返国途中仍想结婚，他是会批准的，但婚礼必须在俄国或新征服的波罗的海地区举行。彼得也承诺满足阿列克谢在乡下平静生活的心愿。"关于是否会批准他这样做，他可能起疑。"沙皇在给托尔斯泰的信中写道，"不过，可以让他这样推断：我连如此滔天大罪都能赦免，为何不能答应这个小小条件？"[10]

一旦阿列克谢同意回国并将此事写信告知维也纳的皇帝，帝国当局便再无加以挽留的可能。皇储与托尔斯泰、鲁缅采夫一起离开了圣埃尔莫城堡，他怀着如释重负的心情，一路慢慢悠悠。他到巴里（Bari）朝圣，参观了奇迹创造者圣尼古拉的神殿。离开巴里后，他去了罗马，乘坐一辆梵蒂冈的马车，四处拜访圣殿，并得到了教皇的接待。他怀着愉快的心情行抵威尼斯，在那里，别人说服他将阿芙罗西娜留下，这样，她就不必拖着柔弱的身子翻越冬天的阿尔卑斯山。

行经帝国首都时，机警的皇储护卫托尔斯泰与鲁缅采夫，以及在维也纳附近等候的韦谢洛夫斯基可算是遭受了一次严酷的考验。当时阿列克谢要求一行人在维也纳暂停，好让他前去拜访皇帝，感谢皇帝的殷勤款待。但托尔斯泰担心这对连襟中的一人会改变主意（也有可能一齐改变），那样任务就搞砸了。于是在他的安排下，韦谢洛夫斯基偷偷带着这支小队伍用一个晚上的时间穿过维也纳。等皇帝听到消息的时候，皇储和他的护卫已经到了该城以北的布尔汀（隶属帝国的摩拉维亚省）城。

查理惊怒交集。当他听任那不勒斯的一幕发生的时候，他的良心就受了一次刺激。为了让自己心安，他决定在维也纳面见自己的连襟，以确认皇储真的是自愿返俄的。当然，皇帝希望事实的确如此。将那个棘手的客人遣送回国，等于是拔掉了扎在他脚上的一根粗大的尖刺。但他的荣誉要求以阿列克谢同意为先决条件，帝国的尊严不允许皇储被人强行带走。因此，帝国议会紧急召开会议，派遣一名信使前往摩拉维亚总督科洛雷多伯爵（Count Colloredo）处，命他扣住那帮俄国人，直到阿列克谢亲自向总督确认，他是在自愿、自由的情况下上路的。

托尔斯泰发现旅馆被士兵包围，矢口否认皇储与他们同行。他威胁说，谁要是进入阿列克谢的房间，他就会用自己的剑阻止他，并保证此事将招致沙皇彼得的报复。总督大吃一惊，他派人前往维也纳请求新的命令，然后再次下令禁止托尔斯泰一行离开布尔汀，直到他见过皇储并与之会谈为止；如有必要，他会动用武力来达到这一目的。这一回，托尔斯泰让步了。面谈得到了许可，但总督提出的与阿列克谢单独会谈的要求被驳回了；托尔斯泰和鲁缅采夫一直待在房间里。这种情况下，阿列克谢吐出来的全是单音节词，他说自己急于回到父亲身边，之所以没有停下来拜访皇帝，是因为他没有宫廷礼服和合适的马车。游戏结束了。规矩与外交礼仪在形式上得到了遵守。总督和皇帝（通过总督）履行了他们的义务，放行的指示下达了。几小时之内，托尔斯泰就得到了新的马匹，俄国人上了路。1718年1月21日，一行人抵达了位于俄国控制区内的里加。离开那里后，阿列克谢被带往莫斯科附近的特维尔，等候父亲的召唤。

阿芙罗西娜留在威尼斯，打算等天气好转后再迈着较为从容的步子上路。当阿列克谢与她渐行渐远的时候，他不断写信给她，表达自己的爱意与关心："别给自己惹麻烦。路上照顾好自己。速度慢点，因为您知道，蒂罗尔的道路上石块丛生。要在哪里停留，停留多久，都随您的意。别去考虑开销的事。即使您花钱如流水，您的健康于我而言也比什么都宝贵。"[11] 他建议她在威尼斯和博洛尼亚买点药。在因斯布鲁克时，他写道："在这儿或者别的什么地方买辆舒适的马车。"他恳求她的一名仆人："请您全力逗阿芙罗西娜笑，这样她就不会觉得不开心了。"[12] 抵达俄国后，他关心的头一件事是给她送去几名女仆和一名东正教神父。他的最后一封信是在特维尔写的，他正在那里等待父亲的召唤，信中流露出一股乐观情绪："谢天谢地，一切都好。如果上帝允许，我期待着摆脱一切，这样我就可以和您一起在乡下生活了，到时候我们就不会再有任何麻烦啦。"[13]

当阿列克谢向他的爱人阿芙罗西娜倾诉心事时，阿芙罗西娜却在享受同时身为沙皇父子宠儿（她受宠于沙皇是因为帮了托尔斯泰的忙）的新地位。她在威尼斯寻欢作乐：乘坐贡多拉船，花167杜卡特买了件金丝织物、十字架、耳环和一枚红宝石戒指。她的大部分信件都不像她的爱人的那样急切万分、热情洋溢；事实上，它们出自秘书之手，那个没受过教育的情妇通常会在信中添上几行字体巨大、不合语法的鬼画符，恳求阿列克谢让下一个信使给她送些鱼子酱、烟熏鱼或荞麦粥来。

在俄国，皇储回归的消息激发了各式各样的情绪。没人知道究竟该如何接纳他：是把他视为皇位继承人，还是如今在莫斯科郊外等着见他父亲的叛国者？法国商务代表德·拉维表达了这种奇特、不安的情绪："皇储来了，几家欢喜几家愁。在他回国前，那些站在他一边的人欢天喜地，希望将来会爆发几场革命。如今一切都不同了。人们不再不满，而是开始盘算对策。每个人都安静下来，等待着此次事件的结果。人们普遍不赞成他回国，因为他们相信他会遭受和他母亲相同的命运。"[14] 一些观察者，特别是那些希望皇储坚持到父皇去世、然后继承皇位的人，感到愤怒与厌恶。伊凡·纳雷什金说："托尔斯泰，那个彼得的犹大，已经把皇储交出来了。"[15] 瓦西里·多尔戈鲁基公爵对加加林公爵说："您听说了皇储的蠢事吗？就因为他父亲同意他与阿芙罗西娜结婚，他现在正往这儿赶呢。等着他的不是一场婚礼，而是一具棺材！"[16]

# 54

# 面对审讯的未来

冬天清晨的莫斯科,一轮苍白的太阳冉冉升起,将模糊的光线投向古城那白雪覆盖的屋顶。1718年2月3日早上的情形便是如此,上午9点,俄国的要人们被召集到克里姆林宫的大会堂(Great Audience Hall),参加一场庄严的秘密会议。大臣和其他政府官员、最高级别的神职人员,以及贵族阶层的头面人物聚集在一起,见证一项历史性的举措:剥夺皇储的继承权,宣布新的俄国皇位继承人。为了凸显这一幕的戏剧性与潜在危险性,普列奥布拉任斯基团的3个营被派进克里姆林宫,士兵们手持装填弹药的滑膛枪驻守在宫殿周围。

彼得第一个到场,他坐在宝座上。随后,阿列克谢在托尔斯泰的护送下到来。每一个人都能清晰地看到皇储的情形:他没有佩剑,因此是以一名囚犯的身份来到这里的。阿列克谢本人当即证实了这一点:他径直走向父亲,双膝跪地,坦承自己的罪行并乞求赦免。彼得命令儿子站起来,与此同时,一份事先写好的供状被大声朗读出来:

> 最仁慈的父皇:我现在再次忏悔,我背离了儿子和臣民的本分,我逃往国外,置身于皇帝的保护下,还向他请求支持。我乞求您的宽恕与仁慈。最卑贱、最无能的仆人,不配自称您儿子的阿列克谢。[1]

沙皇随即正式开始谴责他的儿子,责备他一再忽视父亲的命令,责备他怠慢自己的妻子,责备他与阿芙罗西娜的关系,责备他抛弃军队,最后指责他可耻地出逃国外。沙皇高声宣布,皇储乞求的只是饶恕他的性命,并已准备声明放弃继承权。彼得继续宣称,出于仁慈,自己已经保证阿列克谢可以得到赦免，但只有在他吐露了自己过往作为的全部真相，并招供了所有同谋的姓名以后才行。阿列克谢同意了，跟着彼得走进了附近的一个小房间。在那里，他发誓只有亚历山大·基金和皇储的贴身男仆伊凡·阿法纳西耶夫知道他计划逃跑的事。父子俩旋即回到会堂，副相沙菲罗夫朗读了一份印好的声明，上面罗列着皇储的罪过，并宣布他已得到赦免，同时被剥夺继承权。叶卡捷琳娜之子，两岁的皇子彼得·彼得洛维奇如今成为皇位继承人。离开皇宫后，全体与会者步行穿过克里姆林宫的庭院，前往圣母升天大教堂，到了教堂后，阿列克谢亲吻福音书和十字架，在圣物面前发誓，当父亲去世后，他会忠心拥戴年幼的异母弟弟，永远不会尝试重获继承权。每个在场者也立下了同样的誓言。当天晚上，这份声明被公之于众，接下来的3天里，全体莫斯科市民都被邀请参观大教堂，并许下新的效忠誓言。与此同时，信使被派往圣彼得堡的缅什科夫与全体参政员处，命令他们负责组织全体驻军、贵族、市民与农民向皇位继承人彼得·彼得洛维奇宣誓效忠。

　　莫斯科与圣彼得堡的两场公共仪式似乎为这次事件画上了个句号。阿列克谢已经放弃了对皇位的要求，新的继承人也已经宣布。还有什么事必然会发生么？事实证明，后事多着呢。因为，可怕的一幕刚开始。

　　彼得在克里姆林宫仪式上颁布的敕令将阿列克谢供出自己所有参谋与心腹的名字作为赦免条件，也为这场父子间的是非引入了新的元素。事实上，这违背了托尔斯泰在圣埃尔莫城堡告知皇储的沙皇诺言。当时阿列克谢得到的承诺是，如果他返回俄国，就可以获得无条件赦免。如今，彼得敕令要求他供出所有"同谋"的名字，不得隐瞒"阴谋"的任何细节，哪怕是最次要的细节。

　　当然，这样做的理由是，彼得猫爪挠心般地想知道针对他的皇位（可能还有他的性命）的威胁已经发展到了何种程度，他的决心越来越坚定，想弄清臣僚——可能甚至还有他的顾问和心腹中究竟有多少人背地里站到了他儿子那边。他无法相信阿列克谢会在没有得到任何帮助、不怀任何阴谋性目的的情况下出逃。因此，正如彼得所认为的那样，此事已不再仅仅是一出家庭剧，而是一场关系到他的江山能否永世长存的政治对决。他已经把继承权交给了另一个儿子，但阿列克谢仍然自由自在地活着。彼得怎么能确保自己驾崩后，那帮匆匆签署誓约、效忠两岁的彼得·彼得洛维奇的贵族不会以同样迅疾的速度撕毁自己的誓言，火急火燎地支持阿列克谢？尤其是，他怎么能在不知道熟人中有多少人对自己虚情假意的情况下，继续让他们待在身边？

被这些疑问困扰的彼得决定弄清事实真相。第一轮调查很快就在普列奥布拉任斯科耶展开。彼得控制住阿列克谢，要他答应将一切都和盘托出，他亲手起草了一份列有7个问题的清单，托尔斯泰将它拿给皇储。清单上附有沙皇的警告：但凡在回答中出现一处遗漏或回避，他的赦免就将作废。作为回复，阿列克谢写了篇洋洋万言、杂乱无章的东西，叙述了过去4年间在他生活中发生的种种事件。虽然他坚称只有基金和阿法纳西耶夫事先知道他要出逃，但也提到一些别的名字，他与他们谈到过自己的事，以及与父亲的关系。这些人中有彼得的异母姐姐玛丽亚·阿列克谢耶芙娜公主；有亚伯拉罕·洛普欣（Abraham Lopukhin）；他是彼得的首任妻子叶夫多基娅的兄弟，因此是阿列克谢的舅舅；有海军上将阿普拉克辛的兄弟，参政员彼得·阿普拉克辛；有参政员萨马林（Samarin）；谢苗·纳雷什金（Semyon Naryshkin）；瓦西里·多尔戈鲁基公爵；尤里·特鲁别茨科伊公爵；西伯利亚公爵；皇储的家庭教师维阿泽姆斯基；他的告解神父伊格纳季耶夫。

唯一一个阿列克谢试图为其免除一切罪责的人是阿芙罗西娜。"（我的）信装在她携带的一个箱子里，但她对信的内容一无所知。"他声称。至于她事前是否知道他要逃跑，他的解释是："当我决心出逃时，我用计把她带在身边。我告诉她，我只会把她带到里加，到了那里后，我继续带着她走下去，让她和我的随从相信我是奉命前往维也纳，缔结一份共同抵御奥斯曼帝国的盟约，为了不引起土耳其人的注意，我只能偷偷上路。这就是（她和）我的仆人所知道的全部。"[2]

有了阿列克谢当面提供的名单，彼得给圣彼得堡的缅什科夫发去紧急指令，大多数被控者都住在那里。信使一到，城门就关上了，任何人都不得以任何理由离开。将粮食运进市场的农民在离开时遭到搜查,以免有人躲在简易雪橇内逃逸。药剂师被禁止出售砒霜或其他毒药,以免一些被控者试图以这种方式逃避指控。

城市一被封锁,彼得的密探便以迅雷不及掩耳之势开始行动。子夜时分,50名近卫军士兵悄无声息地包围了基金的家。一个军官走进屋子,发现他躺在床上,便把穿着睡袍和拖鞋的他抓了起来,给他戴上脚镣和铁枷。基金还没来得及与美丽的妻子说上一个字就被带走了。事实上,基金差点就逃掉了。他意识到自己处境危险,已经贿赂了彼得手下一个深受信任的勤务兵,沙皇一有不利于他的动作,对方就会发出警告。当彼得起草发给缅什科夫的命令时,那个勤务兵正站在沙皇身后,他越过彼得的肩膀,看到了通知的内容。勤务兵立刻离开屋子,派一名信使驱马赶往圣彼得堡的基金宅邸。基金被捕后仅几分钟,他的消息便送到了。

缅什科夫还收到了逮捕公爵瓦西里·多尔戈鲁基的指令,此人是陆军中将、丹麦大象勋章获得者、彼得旨在调查财政收入的不当管理而建立的委员会的负责人。他可能依然深得彼得的欢心,因为他刚刚结束了由彼得发起、为期18个月的访问哥本哈根、阿姆斯特丹和巴黎之旅,与沙皇一道返回国内。缅什科夫率军包围多尔戈鲁基的府邸,随后走进屋内,对公爵宣读了他收到的命令。多尔戈鲁基交出自己的剑,声称:"我有一颗良心,但也只有一个脑袋可以砍。"[3] 他被戴上脚镣,带往彼得保罗要塞。就在当晚,缅什科夫逮捕了参政员彼得·阿普拉克辛、亚伯拉罕·洛普欣、参政员米哈伊尔·萨马林和西伯利亚公爵。此外,阿列克谢的所有仆人及其他9个人被系上镣铐,准备以囚犯的身份前往莫斯科。

整个2月,网都在不断张大。在莫斯科和圣彼得堡,每天都有人身陷囹圄。罗斯托夫主教多西修斯(此人是俄国教会最知名、最有权势的人物之一)被投入监狱,罪名是在自家教堂公开为叶夫多基娅祈祷,并预言彼得的死亡。叶夫多基娅本人和彼得唯一在世的异母姐姐玛丽亚被抓起来送到莫斯科审问。彼得对他的前妻怀有很深的疑心。她与阿列克谢保持着联系,如果她儿子坐上皇位,她将受益匪浅。阿列克谢被剥夺继承权的那天,彼得派遣侍卫队长格雷戈里·皮萨列夫(Gregory Pisarev)前往苏兹达尔女修道院,叶夫多基娅已在那里生活了19年。到了那里后,皮萨列夫发现叶夫多基娅在很久以前便摘掉了修女面纱,穿上了皇家妇女的袍子。他还发现,女修道院的祭坛上有一句铭文,内容是"为沙皇和皇后祈祷",并引用了彼得和叶夫多基娅的名字,就好像沙皇并未与他妻子离婚一样。最后,皮萨列夫发现这位沙皇前妻、前修女已经与她的卫队长斯蒂芬·格列博夫(Stephen Glebov)少校坠入爱河。

现年44岁的叶夫多基娅战战兢兢,在脑海中想象着那个曾是她丈夫的巨人会对这一切有什么反应。当她被带往莫斯科时,她写了一封信并在上路前寄出,这样它就能比她先到彼得那里。"最慈悲的陛下。"她恳求道:

> 多年以前(我记不得是哪一年了),我来到苏兹达尔女修道院,履行了我许下的誓言,并被赐名为海伦。成为修女后,我穿上修女服,一穿就是半年。但我并不是非常想当修女,我放弃、抛弃了修女服,以一个乔装俗人的身份安安静静地待在女修道院。我的秘密被格雷戈里·皮萨列夫揭穿了。如今,我得依靠陛下的仁慈与宽大了。我匍匐在您的脚下,乞求您发发慈悲,宽恕我的罪行,这样我才不至于死得轻如鸿毛。我保证会重新过起修女生活,直到入土。我会为陛下您祷告。您最卑微的奴隶和前妻,叶夫多基娅。[4]

尽管最初针对叶夫多基娅的指控似乎是无足轻重的——阿列克谢与母亲之间的通信次数少得可怜,也没有恶意。可是,现在彼得为前妻的做法所刺激,决意要把苏兹达尔的情形摸个一清二楚。格列博夫、女修道院的首席神父安德烈和一些修女被捕。要说莫斯科方面20年来完全不曾注意到叶夫多基娅的生活方式,也没有收到相关报告,或者说眼下彼得的怒火仅是针对自己的荣誉遭受的冒犯,那是令人难以置信的。确切地说,他之所以被激怒,是因为他相信其中存在一起阴谋,并认为苏兹达尔的那座女修道院可能在阴谋中起到了穿针引线的作用。

犯人源源不断地从圣彼得堡、苏兹达尔和国内其他地区来到莫斯科。与此同时,一大群人站在克里姆林宫的门口,看看自己能做什么,打听最新的传闻。教士阶层的头面人物、彼得的宫廷成员、将军、行政官员和俄国的大部分贵族被召集起来。载着大贵族、高级教士,以及陪同他们前来的仆役的马车日日大排长龙,蔚为壮观。

来到克里姆林宫的教士出席了针对他们的教友罗斯托夫主教多西修斯的审判。他被判有罪,被剥去教士长袍,交给世俗当局拷问。被脱去衣服时,他转向那些审判过他的主教同僚,嚷道:"那么在这件事上,只有我一个罪人?你们都窥视一下自己的内心吧。你们发现了什么?去和人们接触一下吧。听听他们的声音。他们说了些什么?你们听到了谁的名字?"5 尽管惨遭拷打,多西修斯却只承认他与大家一样,对阿列克谢和叶夫多基娅怀有同情心理,当局没能让他招供或证实他有什么蔑视沙皇的行为,或是发表过什么大逆不道的言论。然而,与20年前的射击军事件一样,那些极其含糊的回答往往会激怒彼得,促使他决定进一步深挖此事。

彼得亲自上阵,主持审讯,他只带了两三个仆人,冲出宫殿,穿过城市。与以往历任俄罗斯沙皇国沙皇的习惯相反,彼得不仅身穿珠光宝气的祖传长袍,以用一种光荣、睿智的姿态在王座上就座的法官身份露面,还是一个身着西式服装——马裤、礼服、长筒袜和带扣鞋,并要求本国僧俗两界的显要们给出判决的首席检察官。他立在克里姆林宫大会堂内,愤怒地抬高声音,谈论他的政府所面临的危险,以及叛逆罪行给国家带来的恐怖。将多西修斯的案子呈递法庭的人就是彼得,当沙皇发言结束时,罗斯托夫主教的厄运也就注定了。

3月末,当莫斯科的审讯结束时,被充作临时高等法院的大臣会议提交了它的裁决。基金、格列博夫和罗斯托夫主教被判处死刑,处决方式漫长而痛苦;其他人的处决方式则相对简单。更多人则被公开处以鞭刑后流放。少部分女犯遭当众鞭笞,然后送往白海的女修道院,其中包括一些苏兹达尔女修道院的修女。前皇后叶夫多基娅没有受到皮肉之苦,但她被转移到一座位于拉多加湖的偏僻女修道院,在严密的看管下度过了10年时光。直到她的孙子彼得二世即位,她才回到宫中,并在那里一直生活到1731年去世,当时已是安娜女皇统治时期。彼得的异母姐姐玛丽亚公主被控以煽动反对沙皇罪，被囚禁在施勒塞尔堡3年。她于1721年获释回到圣彼得堡，1723年在那里去世。

一些被告被判无罪，或是从轻处理。西伯利亚公爵被流放到阿尔汉格尔，参政员萨马林无罪释放。彼得·阿普拉克辛的罪名是在皇储离开圣彼得堡前往德意志时预先借了3000卢布给他。调查结果显示，阿普拉克辛以为阿列克谢打算与沙皇会合，无从得知皇储计划出逃，他被无罪开释。

公爵瓦西里·多尔戈鲁基承认自己同情皇储，由于其亲属的恳求，他得以免于一死，尤其是他的哥哥雅各布公爵，他提醒沙皇，多尔戈鲁基家族有着长期的忠心效劳记录。尽管如此，瓦西里还是被剥夺了将军军衔，他的丹麦大象勋章被送回哥本哈根，本人流放至喀山。拖着长长的胡子、身穿破烂黑色外套的他离开圣彼得堡时，获准与叶卡捷琳娜皇后道别。他一度当着她的面，用长篇大论为自己的行为辩护，还抱怨说，除了身上的衣服，自己在世上已是一无所有。叶卡捷琳娜如往常一样心软了，送给他200杜卡特。

3月26日，那些被残忍处决的人的死刑在克里姆林宫城墙下方的红场上执行，观者如堵，据外国人估计有20万至30万人。罗斯托夫主教和其他3人被用铁锤打至骨折，然后在轮盘上慢慢死去。叶夫多基娅的恋人格列博夫的命运就更为悲惨了。他先是被鞭打，再被用烧红的烙铁和煤块烫。然后他被拉开四肢躺在一块木板上，几根长矛洞穿了他的皮肉，就这样被丢在那里3天。他依然拒绝承认自己犯有叛逆罪。最后，他被处以穿刺刑。有报道称，他最后遭到至为痛苦的折磨：一根尖利的木桩插入他的直肠，慢慢把他凿死。此时彼得走到他身边，如果格列博夫认罪，沙皇就会让他从酷刑中解脱出来，将他立即处死。按照这则报道的说法，格列博夫一口唾沫吐到彼得脸上，沙皇冷静地走开了。

承认自己建议皇储投奔皇帝避难的基金同样被慢慢地折磨致死，每隔一段时间，他就会被弄醒，然后休息一阵，以便承受更多的痛苦。在他受苦的第二天，彼得也来到他身边。躺在轮盘上的基金还活着，他乞求沙皇赦免他，让他出家为僧。彼得拒绝了，但他发了善心，下令将基金立刻斩首。

9个月后,第二阶段的酷刑在红场执行。一向与皇储交好的谢尔巴托夫公爵遭到当众鞭笞,然后被割掉舌头和鼻子。另有3人被处以鞭刑,包括一个曾担任阿列克谢翻译的波兰人。俄国人极为顺从地屈服于自己的命运,波兰人则不同,在受刑时表现得非常不情愿。他拒绝脱掉衣服,并正面迎接鞭笞。他的衣服被人强脱下来。这些人均得以活命,但随后又有5人被拉出来处死。他们是叶夫多基娅的兄弟亚伯拉罕·洛普欣、阿列克谢的忏悔神父伊格纳季耶夫、阿列克谢的贴身仆人阿法纳西耶夫,以及阿列克谢的两名家仆。他们均被判处轮刑,但在最后一刻被减为斩首。神父第一个做了无头鬼,接着是洛普欣,然后是其他人,最后一批受刑者被迫把自己的脑袋搁在被先死者的鲜血染红的木砧上。

当上述人等血洒红场时,彼得等待着,他依然无法确信所有反对派都已被指认出来,但确定自己做到这种地步是正确、必要的。一名别国外交官祝贺他发现了一起阴谋,镇压了敌人,沙皇点头表示赞同。"如果一团火接触到稻草或其他引火物,它很快就会蔓延开来。"他说,"不过,如果它被一块铁或石头挡住了去路,就会自行熄灭。"[6]

莫斯科的审讯和血腥死刑结束后,人们普遍希望皇储事件到此为止。阴谋(如果真的存在过)的主谋已被确认身份、连根拔起。1718年3月,当彼得离开莫斯科前往圣彼得堡时,他把阿列克谢带在身边。父子一同上路,这让观察者们以为他们之间的裂痕已经修复。然而,猜疑与恐惧依旧在彼得心中沸腾。全国上下都能感受到他的犹豫不决。"我越觉得俄国的事一团乱麻,"德·拉维在给巴黎的信中写道,"就越看不到这些混乱有结束的一天。"他接着写道,大多数人"依然等待着,只希望他(彼得)在晚年陷入懒惰、无知的泥潭"。沙皇眼下处于困境:没有发现真正的阴谋,但没有证据显示皇储是个忠实可靠的儿子,也没有迹象显示身边那帮人是忠臣。最重要的是,最困扰彼得的问题丝毫没有得到解决。韦伯的一封外交急件详述了这一困境:

> 现在问题来了:接下来该如何处理皇储?据说他将被送往一座非

常偏僻的修道院。在我看来，这种可能性不大，因为沙皇把他迁得越远，他就越有机会得到那帮不安分的暴民的解救。我觉得他会被再度带往这里，然后被一直安置在圣彼得堡附近。我没法在这里肯定沙皇剥夺他的继承权，以及送给他父亲的诅咒究竟是对是错。不过有一点是确定的：教士、贵族和普通民众像尊敬神明一样尊敬皇储。[7]

韦伯的猜测是准确的。尽管名义上获得了自由，但阿列克谢仍被要求住在叶卡捷琳娜府邸旁的一栋房屋内，几乎不许脱离彼得的视线。与此同时，皇储被吓得魂不附体，但表面上仍装出一副漠然视之的样子。他眼睁睁地看着母亲、家庭教师、忏悔神父、所有朋友与拥护者被捕，丝毫没有抗议。当他们遭到审讯、拷打、放逐、鞭打和处决时，他温顺地站在一旁，为惩罚没落到自己头上而感激涕零。同阿芙罗西娜结婚似乎是他的唯一想法。在复活节仪式上，阿列克谢正式按照传统方式向叶卡捷琳娜道贺，而后在她面前跪下，乞求她劝劝自己的父亲，让他同意自己与阿芙罗西娜早日成婚。

4月15日，那个年轻姑娘抵达圣彼得堡，但她并没有被等待已久、急不可耐的情郎拥入怀中，而是被立即逮捕，带往彼得保罗要塞。① 在她的行李中发现了两份信件草稿，是阿列克谢在那不勒斯写的。一封寄给俄国参政院，另一封寄给俄国东正教会的大主教们。在给参政院的信中，他写道：

先生们、最优秀的参政员们：

在我逃出本国、定居在一个尚不为人知的地方这件事上，我相信你们和其他世人一样惊讶。持续的虐待与混乱逼得我不得不离开亲爱的祖国。1716年初，他们打算把我关进一座修道院，尽管我根本没犯什么应遭惩罚的罪。你们谁都不可能不知道这件事。但是，满怀仁慈之心的上帝救了我，在去年秋天给了我一个离开心爱的祖国的机

---

① 皇储与她的孩子的命运不得而知。根据某些记录，孩子是在阿芙罗西娜回家途中，在里加出世的。另有说法称她是在要塞里分娩的。无论怎样，这个孩子都从历史上消失了。

会，若非身陷如此处境，我是下不了决心离开你们的。

如今我的状况很好，也很健康，受到某个大人物（皇帝）的庇护，这种状况将持续到保佑我的上帝呼唤我返回亲爱的祖国为止。

我希望你们将来不要抛弃我，眼下也不要相信可能被到处散布的我的死讯，或是那些为了将我从世人记忆中抹除而编出的消息，因为主会继续守护我，而我的恩人也不会抛弃我。他们向我许诺，在我需要的时候，他们不会抛弃我，即使在将来也一样。我还活着，我会一直对诸位阁下和整个国家满怀美好的心愿。[8]

寄给大主教们的信内容非常相似，唯一的例外是阿列克谢补充的一段：将他关进修道院的想法"源自那些以同样的手段对付我母亲的人"。[9]

这起戏剧性事件的第二幕于4周后上演。5月中旬，彼得决定分别审问这对情侣，然后再让他们面对面。他带着阿列克谢到彼得霍夫去了。两天后，一艘封闭式船将阿芙罗西娜从要塞运往海湾对岸。彼得在快乐宫审问他们，先是姑娘，再是儿子。

在彼得霍夫，阿芙罗西娜背叛了阿列克谢，把他推向毁灭。没等上刑，她就交代了。她的皇家情郎狂热地爱着她，试图保护她，为了与她结婚，平静地生活在一起，他自愿放弃皇位，她的回应是把罪责推到他头上，从而要了他的命。她描述他们在国外时日常生活的私密细节。她滔滔不绝地诉说皇储对父亲的恐惧与怨恨之情。阿芙罗西娜说，阿列克谢曾数次致信皇帝，抱怨他的父亲。当从普雷尔的信中得知梅克伦堡附近的军队发生兵变、莫斯科附近的市镇爆发叛乱的谣言时，他欢欢喜喜地对她说："现在你看到上帝是如何以他的方式行事了。"[10]当从报纸上看到皇子彼得·彼得洛维奇患病的消息时，他乐不可支。他时常与她聊起继位的事。他告诉她，等他当上沙皇后，他就会放弃圣彼得堡，放弃彼得征服的所有外国土地，定都莫斯科。他将遣散彼得的朝臣，任命自己的人。他会对海军不闻不问，任由舰船腐烂。他会把陆军削减到几个团的规模。他再也不会同任何一个国家开战，而是满足于俄国的旧日疆域。教会的古老权利将得到恢复与尊重。

阿芙罗西娜还重塑了自己的角色。她表示，只因为自己的不断劝说，阿列克谢才答应回到俄国。此外她声称，自己之所以与他一起出逃，只是因为他拔出一把刀威胁她，说她要是拒绝就杀死她，甚至她与他睡觉也是后者胁迫的结果。

阿芙罗西娜的证词加强了彼得的诸多猜疑。在后来写给法国摄政王的信中，彼得表示，自己的儿子"对他的图谋守口如瓶"，直到从他情妇手中发现的信件摆在他面前为止。"通过这些信件，我们可以洞悉这起针对我们的叛乱阴谋的计划。该情妇在未经审问的情况下，已自愿将把这起阴谋的全部细节公之于众。"[11]

彼得的下一步动作是召来阿列克谢，把他情人的指控摆在他面前。这幕发生在快乐宫的情景被尼古拉·格（Nikolai Ge）描绘了下来，成了19世纪的著名绘画：沙皇穿着如今藏于克里姆林宫的靴子，坐在一张桌子边，桌子则摆在铺着黑白地砖的大厅地板上。他面色严厉，但一根眉毛向上挑起；他已提过问题，正在等待回答。身材高挑、脸庞瘦削、与父亲一样一袭黑衣的阿列克谢站在他面前。他忧愁、愠怒、充满愤恨。他没有看着他父亲，而是看着地面，手则搁在桌子上，支撑着他的身体。这是做出决定的时刻。

在父亲的注视下，阿列克谢试图从缓缓收紧的绞索中挣脱出来：他坦白自己曾致信皇帝抱怨父亲，但并没有将信寄出。他也承认了写信给参政院和大主教的事，但声称那是因为奥地利当局威胁要撤销保护，自己不得不如此。彼得随即将阿芙罗西娜带进来，她当着皇储的面将她的指控复述了一遍。① 随着世界在身边崩塌，阿列克谢的解释变得更加苍白无力。他承认写给皇帝的信已经寄出。他曾说过父亲的坏话，但他当时喝醉了。他提到过继位和回国的事，但前提是在父亲自然死亡后。对于这点，他解释了一大堆："当我听说父亲患上某种癫痫时，我相信他已不久于人世。因为他们说上年纪的人一旦得了这种病，是很难活得长的，所以我认为他顶

---

① 阿芙罗西娜被释放、赦免，彼得允许她保留皇储的各项财产。她在圣彼得堡度过了余下的30年时光，并在当地与一名近卫军军官结婚。

多在两年内就会死掉。我觉得等他死后,我就可以离开皇帝的地盘,到波兰去,然后再从波兰前往乌克兰。在那里,我不用开口发问就能得到大家的一致拥护。我相信在莫斯科,玛丽亚公主和大部分大主教也会这样做。至于老百姓,我听许多人说他们爱我。"[12]

"剩下的就是,我下定决心,只要父亲还活着,就绝不回国,只有一种情况例外——那就是他召回我的时候。"

彼得没有感到满意。他记得阿芙罗西娜曾告诉他,当阿列克谢听闻梅克伦堡俄军哗变的谣言时,表现得欢欣鼓舞。沙皇继续说道:这件事表明如果梅克伦堡的军队真的起事,"即使我还活着,你也会宣称支持叛军"。[13]

对于这个问题,阿列克谢的回答断断续续,却很诚实,结果给他带来了灭顶之灾:"如果这个消息是真的,他们又召我去,我会加入不满者的队伍,但究竟是应该主动前去加入他们,还是只有他们叫我加入我才加入,我事先并没有计划。"[14]

"我觉得他们不会邀请我,但那时您也不在这个世上了,因为他们打算要您的命,我不相信他们会废黜您,然后又让您活着。但他们如果把我召去,即使您还活着,我或许也会加入,如果他们的力量足够强大。"

几天后,又一件确凿的证据摆在沙皇面前。彼得写信给驻维也纳大使韦谢洛夫斯基,要他问皇帝为何强迫他儿子写信给参政院和大主教们。5月28日,韦谢洛夫斯基的回信到来。奥地利宫廷起了一场大骚动。由于这件事,副相顺伯恩伯爵当着全体内阁成员的面遭受质问。此后,萨伏依的欧根亲王告知韦谢洛夫斯基:无论是皇帝还是顺伯恩伯爵,都不曾命令皇储写这些信。真相是,这几封信是阿列克谢自己写的,他把它们寄往顺伯恩伯爵处,再转发到俄国。顺伯恩出于慎重,没有转发这些信,仍把它们留在维也纳。总而言之,皇储撒了谎,这个谎言把奥地利宫廷给卷进来了。

彼得不需要再听下去了。皇储被逮捕,关押在彼得保罗要塞的特鲁别茨科伊棱堡。两所高等法庭(一所宗教法庭、一所世俗法庭)开会商讨该如何处理这名囚徒。宗教法庭由俄国教会的全体领袖组成,世俗法庭由全体大臣、参政员、总督、将军和许多近卫军军官组成。韦伯称,在两所法庭开会前,彼得每天都要花上几小时,跪地祈求上帝指点他必须为自己的名誉和国民的福祉做些什么,一连8天皆是如此。6月14日,诉讼在圣彼得堡的参政院大厅内开始。彼得在僧俗两界法官的陪伴下到来,之后是一场请求神明给予指导的庄严宗教仪式。全体与会成员在一排桌子后面就座,门窗被打开。民众被邀请进入——彼得想让所有人都听到这件事。皇储在4名年轻军官的监视下被带了进来,针对他的诉讼开始了。

彼得提醒听众,这些年来他从未试图拒绝承认儿子的继承权;相反,他尝试"用强有力的规劝迫使(阿列克谢)用努力让自己配得上继承权的办法,来表明他有权获得它"。[15] 皇储却把父亲的苦心抛诸脑后,"逃到皇帝那里避难,要求后者提供支持与保护,甚至动用军队支援、帮助他……(夺得)俄国的皇冠"。彼得说,阿列克谢已经承认,如果梅克伦堡的叛军召他去当他们的首领,即使父皇仍然在世,他也会投奔他们。"从这些事实可以看出,他对继承权是有想法的,但不是依靠父亲留给他的方式,而是用他自己的方式——依靠外国的支援或叛党的力量夺取继承权,即使他父亲还活着。"此外,审问过程中阿列克谢一直在撒谎,对事件的完整真相避而不谈。由于他父亲承诺的赦免是以如实、彻底的坦白为条件的,所以赦免如今已作废。彼得的谴责结束时,阿列克谢"当着全体与会的本国僧俗人士的面,向父皇承认自己犯下了上述所有罪行"。

彼得请求由3名都主教、5名主教、4名大修道院院长和其他高级教士组成的宗教法庭给予意见:他这个父皇该如何处理那个当代押沙龙。绝望的教士们试图避免直接回答。他们认为,这个案子不适合交给宗教法庭。彼得强迫他们给出更加实在的答复,他们接着表示:如果沙皇一定要惩罚他的儿子,那么《旧约》已经给了他这样做的权威(《利未记》第20章的"凡咒骂父母的,总要治死他"、《申命记》第21章的"人若有顽梗悖逆的儿子,不听从父母的话,他们虽惩治他,他仍不听从……父母就要抓住他,将他带到本地的城门,本城的长老那里……本城的众人就要用石头将他打死")。[16] 教士们还说,另一方面,如果沙皇愿意发发慈悲,那么耶稣的教导中也有很多例子,最著名的就是浪子回头(Prodigal Son)的寓言。

这个苍白无力的判决仍不能令彼得满意，他转向由127名成员组成的世俗法庭。他命令他们给予他儿子公平、客观的裁决："不要讨好我们，或是感到不安。不要因你们的审判对象是君主之子而动摇。因为我们当着伟大的上帝和他的典章向你们发誓，你们完全没什么好怕的。"[17] 6月16日，彼得明确授予法庭起诉阿列克谢的权力，它可以像起诉其他任何被控犯有叛国罪的臣民一样，"使用必需的方式，动用必要的审问手段"，即拷打。

考虑到这些命令与保证，法庭将皇储召至参政院大厅，通知他："尽管他过去的行为让他们异常悲伤，但他们必须服从命令，无视他是什么样的人，以及他是最仁慈的君主之子的事实，对他加以审问。"[18] 审讯从一开始就动了刑。6月19日，阿列克谢挨了25鞭，这波痛苦没能令他吐出新的供词。6月24日，再度动用刑罚。又挨了15鞭后，阿列克谢的背部肌肉被撕裂，留下一条条血痕，他招供自己曾告诉忏悔神父："我希望我父亲死掉！"[19] 在这种悲惨境地下，他准备坦白一切，他告诉讯问自己的托尔斯泰，他甚至愿意付钱给皇帝，让后者提供一支外国军队，用于从父亲手中夺取俄国皇位。

这就够了。当天（6月24日）夜里，高级法庭未经讨论便达成一致，他们"满眼含泪，怀着痛苦的心"宣布了判决结果。[20] 阿列克谢因"策划了一次近乎旷古未闻的谋反，兼犯有可怕的双重弑父（首先是国父，其次是生父）罪"，将被判处死刑。接下来罗列的签名几乎组成了一份完整的彼得助手名单：缅什科夫的名字位列第一，接着是海军上将费奥多尔·阿普拉克辛，首相戈洛夫金，枢密院委员雅各布·多尔戈鲁基、伊凡·穆辛-普希金（Ivan Musin-Pushkin）、提康·斯特列什涅夫，参政员彼得·阿普拉克辛，副相沙菲罗夫，彼得·托尔斯泰，参政员德米特里·戈利岑，将军亚当·魏德、伊凡·布图尔林，参政员米哈伊尔·萨马林、伊凡·罗莫达诺夫斯基（Ivan Romodanovsky），阿列克谢·萨尔特科夫（Alexis Saltykov），西伯利亚总督马修·加加林公爵，以及莫斯科总督库里尔·纳雷什金。

判决书如今交到了彼得手里。没有他的同意与签字，判决是无法执行的，彼得犹豫要不要签字。然而不久之后，事态就脱离了他的控制。韦伯提供了最后那天的记录：

> 第二天是星期四（6月24日），一大早，沙皇便得到消息：由于情绪激动，加上对死亡的恐惧，皇储中了风。中午前后，又有人来报：皇储生命垂危。于是沙皇派人召集宫中要人，他们陪在他身边，直到第三个报信者通知沙皇：皇储已无力回天，活不过今晚了，他非常想见见自己的父亲。
>
> 沙皇随即在上述人等的陪同下，前去看望命在旦夕的儿子，后者一见到父亲，就失声痛哭起来，他双手交叠，用意是告诉彼得：他曾以可悲、可恨的方式冒犯了全能的上帝与沙皇的威严，他希望这场病能夺走自己的性命。即使他活了下来，这条命也已是毫无价值了。因此，他只恳求父亲一件事：收回在莫斯科时加诸他身上的诅咒，宽恕他的所有深重罪孽，赐予他父亲的祝福，好让人为他的灵魂祈祷。
>
> 当皇储说出这些感人的话语时，沙皇与全体随行人员几乎淹没在泪海中。沙皇的回答令人感伤，他简要地对皇储表示，已经原谅了皇储针对自己犯下的一切罪过，随后给予他宽恕和祝福，之后，双方放声痛哭，哀叹而别。
>
> 当夜5点，第四个报信者——一名近卫军少校前来告知沙皇，皇储极度渴望再次见到自己的父亲。沙皇起初不愿答应儿子的请求，但同伴们最终说服了他，他们对沙皇表示，当儿子已处于弥留之际，可能正在遭受负疚的良心刺痛折磨时，当父亲的若是拒绝安慰他，就太过冷酷无情了。但当沙皇刚刚登上自己的单桅帆船，打算前往要塞时，第五个信使来报：皇储已经气绝。[21]

事实上，阿列克谢到底是怎么死的？答案无人知晓，直到今天仍是如此。皇储之死先是令圣彼得堡，接着又令整个俄国与欧洲陷入谣言与争论之中。彼得担心这起神秘的死亡事件将给外国造成不好的印象，下令用一篇洋洋洒洒的官方文章，向欧洲各国宫廷解释此事。他尤为担心自己最近造访过的法国宫廷，便派了一名使者前往巴黎，将一封信寄给本国大使德·施莱尼茨男爵，让他转交给国王与摄政王。描述了这起事件与审讯的经过后，他总结道：

> 世俗法庭依据一应宗教及世俗律法，不得不判他（阿列克谢）死刑，不过，最终是赦免他还是执行判决，取决于朕选择的是君主的权力，还是父亲般的慈爱。这一点朕已告知皇储——朕的儿子。
>
> 尽管如此，朕仍举棋不定，不知该如何裁处如此重大的案件。一方面，父亲般的柔情令朕差点就赦免了他的罪行；另一方面，朕觉得如果对儿子发慈悲，就会使国家再度陷入罪恶的渊薮，而不幸也将降临。
>
> 令人高兴的是，正当朕尚未决定、陷入痛苦的激动情绪中时，全能的主（他的圣裁一向公正）用他那神圣的慈悲，把朕的人民、帝国从恐惧与危难中解放了出来，终结了朕的儿子阿列克谢的生命，他于昨天死去。他刚刚供认自己对朕和朕的帝国犯下的深重罪行并被判处死刑，便突然中风。当他从这次发作中恢复过来后，人依旧精神，也能自如地说话，他恳求朕去看望他。尽管他对朕做了错事，但朕仍在大臣和参政员的陪同下前往探视。朕发现他眼中盈满泪水，这表明他已真诚地悔过。他告诉朕，他知道上帝之手就要把他带走，到为今生的一切举动做出解释的时候了，他相信自己若是无法与父皇达成和解，也就无法与上帝达成和解。之后，他透露了一些自己做过的事的新细节。他感到愧疚，进行了忏悔，接受圣礼，请求朕祝福他并宽恕他的一切罪行。朕按照父亲与基督教的义务，原谅了他。
>
> 他的暴死给朕带来巨大的悲伤，这是始料未及的。但是，朕相信神圣的上帝愿意让朕从焦虑中解脱，让朕的帝国风平浪静，这令朕感到宽慰。因此朕觉得，在这种悲哀的情形下，必须向上帝表达谢意，并展现出基督徒式的谦卑。
>
> 朕认为，派遣紧急信使把一切都告诉您是明智的，这样您就可以充分了解此事，然后以惯用的方式与笃信王（路易十五）和摄政王奥

尔良公爵殿下沟通。

还有，如果有人想以可憎的方式公开此事，您得以坚定的态度，将那些不公、无稽的谣言统统驳倒，并使用必要的手段摧毁它。[22]

韦伯和德·拉维接受了官方解释，他们向首都方面报告，皇储死于中风。但其他外国人心生疑虑，一些耸人听闻的报道开始流传。普雷尔最初汇报说，阿列克谢的死因是中风，但3天后他报告本国政府，皇储是被人用剑或斧头斩首的（多年后，有种说法称彼得亲手砍下了儿子的头颅）；一名来自纳尔瓦的妇女据说被带进要塞，把头颅缝回尸体上，以骗过吊唁者。荷兰侨民德·比耶（De Bie）报道，阿列克谢被一柄手术刀切开静脉，流血而死。后来，有传言称阿列克谢是被包括鲁缅采夫在内的4名近卫军军官用枕头闷死的。

圣彼得堡驻军日志称，6月26日上午8点前后，沙皇、缅什科夫及另外8人聚集在要塞内，参加一场新的审讯，审讯时动了刑——审讯对象是谁没有明确提及。"到了上午11点，他们都离开了。"日志继续写道，"当晚6点，被看管于特鲁别茨科伊棱堡的皇储阿列克谢·彼得洛维奇死了。"[23] 缅什科夫在日记中提到，当天早上他去了要塞，在那里遇见了沙皇，然后前往皇储阿列克谢处，后者病得很厉害。他在那里待了半小时。"那天晴朗而明亮，刮着微风。就在当天，皇储阿列克谢·彼得洛维奇离开了这个世界，进入永生。"[24]

事实上，这些说法所认定的死因——斩首、放血、闷死，乃至中风都不是解释阿列克谢之死所需的。最简单的解释最可能是这样的：40鞭足以使一个强健的男子死亡，而阿列克谢并不强健，羸弱的脊背挨了40下抽打后所造成的惊吓与伤害可以轻而易举地要他的命。

无论阿列克谢是怎么死的，彼得的同时代人都把责任归到沙皇身上。虽然许多人为之震惊，但也普遍认为，对彼得的问题而言，阿列克谢的死是最令人满意的答案。正如德·拉维爵士在给凡尔赛方面的报告中提到的那样："皇储已死，如今再也没有理由怀疑所有的叛乱和阴谋苗头都已被彻底扑灭。从重新安定人心、驱散这朵笼罩在我们心头的不祥阴云带来的恐惧感的角度而言，皇储之死来得再及时不过。"几天后，这名法国人补充道："对沙皇的做法怎么称道都不过分。"[25]

彼得并未回避针对他的指责。尽管他声称最后是上帝带走了阿列克谢的生命，但从未否认自己把儿子送上审判台，导致他被判处死刑。他没有签字同意判决，但他的意见与法官们的裁决完全一致。儿子死后，他也没有去费心费力地表演一场故作悲伤的戏。皇储去世后的第二天便是波尔塔瓦战役周年纪念日，纪念活动没有因这场悲剧而推迟，活动氛围也没有因此而削弱。彼得主持了一场旨在庆祝胜利的感恩颂活动，还参加了当晚的宴会和舞会。两天后，也就是29日，彼得亲手设计的94炮战舰"列斯纳亚"号在海军部下水。彼得偕同全体大臣出席下水仪式。一份报道称，仪式结束后，"举行了盛大的狂欢活动"。[26]

尽管如此，皇储的殡葬仪式依旧反映了彼得的矛盾心情。尽管阿列克谢死时的身份是一名被判刑的罪犯，但悼念仪式依旧是按照皇储的规格举办的。这几乎就像是阿列克谢如今已不再对他父亲构成威胁，而彼得也给了他符合皇储身份的待遇。阿列克谢亡故后的第二天早上，在牢房内去世的他的尸体被人抬出，运往要塞司令的宅第，然后搁进一具棺材内，上覆黑色天鹅绒和一件华丽的金线棺罩。在戈洛夫金和其他高官的陪伴下，尸体被运往圣三一教堂，供人吊唁。按照标准的东正教风格，尸体的面部和右手没有被盖上，以方便那些想以亲吻手或前额的方式来告别的人们。出殡仪式和葬礼于6月30日举行。为了与彼得的命令保持一致，在场的男士没一个穿着丧服，但一些女士身着黑衣。外国使节没有受邀出席这场奇特的皇家葬礼，他们被建议不要穿丧服，因为君主之子是以一名罪犯的身份死去的。尽管如此，布道者仍将大卫的话选作自己的布道词："啊，押沙龙，我的儿子，我的儿子！"一些出席葬礼的人声称彼得当场落泪。随后，灵柩从圣三一教堂运回要塞，彼得、叶卡捷琳娜和全体高官（他们大多曾投票赞成判处阿列克谢死刑）手持点燃的蜡烛，列队跟随其后。在要塞附属大教堂，棺木被置于新建的沙皇家族墓穴内，安放在皇储的妻子夏洛特的棺材旁边。

当年年末，彼得铸造了一枚勋章，就好像在庆祝一场胜利。勋章上刻着一朵朵散开的云，和一座沐浴在阳光下的山顶。这幅图案下方刻着一句话："天已放晴。"

末了，关于这场悲剧有什么可说的呢？它仅仅是一桩家庭事务、一场因性格而起的冲突，仅仅是可怕的控制狂父亲无情地折磨可怜、无助的儿子并最终把他置于死地吗？

彼得与儿子的关系中混杂了个人情感与政治现实，二者不可分割。阿列克谢的性格对父子间敌意的激发起到了推动作用，但麻烦的根源在于君权问题。两个君主——一个在位的君主、一个等待登基的君主对本国的梦想与目标的看法存在分歧。然而，在实现这些梦想的过程中，两人都面临着痛苦的挫折。只要现任君主仍然在位，当儿子的就只能等下去，但现任君主明白，一旦他撒手人寰，他的梦想就会破灭，他的目标就会被摧毁。承载权力的只有皇冠。

当然，皇室家族内部的互相倾轧，性格冲突，几代人之间因权力而彼此猜疑、欺诈，年轻人等不及老一代归天、让权之类的现象历史悠久。王公将与自己争夺宝座的亲戚判刑，或是在夺权失利后逃离本国、前往外国宫廷避难的例子不胜枚举。在彼得时代，英国国王詹姆士二世的女儿玛丽公主协助他人把自己的父亲赶下了王位。詹姆士逃到法国，等待时来运转；当他死后，他的儿子两度登陆不列颠，试图对父亲的王位提出要求。在这件事上，谁是叛国者？历史从来都把这个头衔留给失败者。

在更早的年代，通往王位的道路上浸透了王室成员的鲜血。金雀花王朝、都铎王朝、斯图亚特王朝、卡佩王朝、瓦卢瓦王朝和波旁王朝都发生过因国家理由而杀害皇亲国戚的事。传说中的荣光女王（Gloriana），伊丽莎白一世把她的表妹，苏格兰女王玛丽因禁了27年，随着时间流逝，伊丽莎白年华老去，美貌不再，但她依然无法接受玛丽将继自己为王的事实，于是将玛丽斩首。这一期间，玛丽的儿子苏格兰国王詹姆士六世高高兴兴地接受了母亲死亡的事实；她一去，就没人妨碍他成为伊丽莎白选中的继承人了。

统治者杀害自己的孩子是一种较为罕见的罪行。要寻找相关事例，必须上溯至希腊时代（在那个时代，悲剧事件的主人公是些面目模糊、人神混血的半神话人物）或是罗马帝国时代（在那个时代，赤裸裸的个人野心与皇室的堕落令任何事情都变得可以接受）。在俄国，伊凡雷帝用铁手杖打死了自己的儿子，但伊凡当时已是半疯，且处于盛怒中。对我们而言，在阿列克谢之死这件事上，最令人不安的是它是一场冷静、可能还算是客观的司法诉讼所造成的结果。在我们看来，父亲袖手旁观、任由亲生儿子遭受拷打是一种难以置信的耻辱，是彼得一生中经历的暴力插曲中最为残忍的一段。

但对彼得而言，这场司法诉讼是他运用正当手段保卫自己的国家与毕生事业所需的最后一步，也是合法的一步。很显然，他觉得这场诉讼源自政治需要，而非私人恩怨。在彼得看来，他过度放纵了儿子。有哪个臣民会像他那样一次又一次地收到敦促他承担自身责任、接受主君意志的信件和恳求？这是他念在他们之间的私人关系而做出的让步。

审讯结果表明，有人发表过谋逆言论，人们普遍希望彼得归天。许多人受到了惩处。可否将那些次要角色判刑，而对核心人物不闻不问？面对这样的抉择，彼得将它交给了法庭。在父亲的情感与保护自己的终生事业中左右为难的彼得本人选择了后者。与英国的伊丽莎白一世的情形一样，为了守护他或她用毕生精力建立的国家，一个君主要做出这样冷酷的决定。

当彼得在世时，阿列克谢真的对他父亲构成了威胁吗？考虑到两人的性格，任何真正的威胁似乎都很遥远。皇储既没有精力，又不希望成为叛乱活动的领袖。他的确想继承皇位，也希望彼得死掉，但他唯一的计划就是等待，他相信自己在俄国广受欢迎："我听说许多普通民众是爱我的。"倘若阿列克谢继承了彼得的皇位，彼得担心的事是否会尽数成为现实呢？这种情况似乎同样不太可能。阿列克谢不会把彼得的所有改革都进行到底，有些方面还将出现倒退，但总体改变不会太大。首先，阿列克谢不是一位中世纪式的俄国皇子。他是西方家庭教师培养出来的，他研究过西方，还经常游历西方，他娶了一位西方贵族女士，他的连襟是神圣罗马帝国皇帝。俄国不会快速倒退回束腰长袍、络腮胡子和特蕾姆宫的时代。历史的步伐可能会放慢，但不会倒退。

最后，阿列克谢本人最终似乎接受了法庭和父亲的裁决。他忏悔并请求赦免。他对人杰沙皇发动的微弱无力且几乎是无意识的挑战已经失败，他的心上人阿芙罗西娜已经背叛、抛弃了他，他自己也被折磨得虚弱不堪。可能他只是放弃了活下去的念头，原因与他打算放弃权力、退隐乡村一样：太累了，无力也无法再在那个无法战胜的男人——他父亲的支配下生活了。

# 55

# 卡尔的最后攻势

1716年9月，当彼得取消对瑞典的联合入侵时，卡尔十二世不清楚登陆行动是被永久取消，还是仅仅被推迟到春季。因此，他整个冬天都待在瑞典最南端的隆德（Lund），此地邻近马尔默，正对着海峡对面的哥本哈根。他住的那栋宅邸属于一个教授；为了迎合国王的口味，一些房间被扩建，并被漆成瑞典式的蓝黄色。到了春天，宅邸内掘了一口新井，种植了一些新鲜蔬菜，还修建了两个水塘，里面养满了供卡尔食用的新鲜鱼类。

在这栋宅邸内，卡尔生活、工作了近两年。夏天，他的一天从凌晨3点开始，此时太阳已然升起，天已大亮。直到7点前，他要么与秘书一起工作，要么接待访客。此后，不论天气如何，国王都会跨上坐骑，纵马驰骋至下午2点，顺带拜访、检阅驻扎在南部海岸沿线的众多团级作战单位。午餐时间为下午3点左右，过程短暂，内容简单。自制的橘子酱是卡尔餐桌上唯一的佳肴，由他妹妹乌尔丽卡定期供给，大多是她亲手制作的。餐具是白镴制的，银餐具早已出售，用于筹措军费。到了晚上9点，国王在一张用稻草铺成的床垫上睡下。

在这段宁静的岁月里，卡尔有时间满足他那和平的爱好与好奇心。他出席隆德大学的讲座，并享受与数学和神学教授讨论的乐趣。他与宫廷建筑师特辛一道制订计划，和平一到来，便在首都修建新的宫殿和公共建筑。他为自己的几个团设计了新的旗帜和制服，他不准使用绿色——可能是因为那是彼得麾下的俄国士兵的制服颜色。人们发现，与刚愎、冲动、行为幼稚而出格的青年时代相比，国王起了极大的变化。34岁时，他越发温和，越发沉着，对他人的过错与缺点表现出极大的宽容。然而，在那件至为重要的事情上，国王依然故我——卡尔十二世依旧决意将战争继续下去。

因此，许多瑞典人发现，国王的回归对他们而言并非幸事。当施特拉尔松德和维斯马陷落时，他们几乎是松了一口气，相信帝国最后这些碎片化领土的丧失意味着战争终于要结束了。对荣耀乃至商业利益的渴望早已让位于对和平无可抵挡的渴望。国王察觉这些想法后，向乌尔丽卡解释自己的打算，后者在渴望和平与忠于兄长之间左右为难："这并不意味着我反对和平。我赞成实现和平，前提是和平条件在我们的子孙后代眼里必须是合情合理的。大多数国家都很乐意看到瑞典被削弱。如今最重要的是，我们必须依靠自己的力量。"[1] 将战争继续下去，意味着必须投入更多的人力与财力，但瑞典已是一片焦土。由于无人耕作，半数农田已经荒芜，渔场被抛弃。对外贸易因同盟舰队的封锁而遭到毁灭性打击，瑞典商船的数量从1697年的775艘减少至1718年的209艘。

在这种情况下，卡尔十二世还打算发动一波新的攻势，逼得人们遁入森林，逃避兵役。他们在做礼拜时被从教堂内拖出，被从矿井内拉走，被从酒馆里抓走。大学生被征召，甚至连学童也不能幸免。一些人为了免于服役，切掉自己的一根手指，或是开枪打伤自己的一只脚，但新颁布的法令规定，这些人将被鞭打30下，然后强征入伍（如果他们成功地使自己丧失了当兵能力，那么他们就会挨上60鞭子，然后被当作囚徒，派去强制劳动）。其结果是，一个1719年在瑞典旅行的荷兰人发现，给自己赶车的全是头发花白的男人和女人，或是12岁以下的少年。"我走遍瑞典，看不到一个20至40岁之间的男人。"他说。旧税提升了不说，又设立了新的税种。[2] 陆上的赋税2倍3倍地往上翻。港口的税收也提高了，奢侈品——茶、咖啡、巧克力、缎带、丝绸、金银饰品、皮袍、漂亮的帽子和马车都被征税，导致它们几近荡然无存。

看起来，就算是卡尔这样的国王也不可能从资源枯竭、愤懑不已的本国榨取所需的新的财力和人力储备。但卡尔办到了这点，因为他身边出现了一位非凡的人物——格奥尔格·海因里希·冯·格尔茨男爵（Baron Georg Heinrich von Goertz），此人兼管本土和外交事务。他能力出众、无所顾忌、饱受中伤,最终惨遭不幸,是个无所畏惧的国际冒险家,心中没有真正的国家情感,只有对权力的爱好和对阴谋的热衷。他头脑复杂、多才多艺、聪明过人,因此可以同时运用多个彼此不同甚至相互矛盾的方案来处理问题。有人说他的"成就20倍于塔列朗或梅特涅,所使用的资源却不到他们的1/20"。[3]

4年来——1714年至1718年,挥舞着王权大棒的格尔茨一直是瑞典人的阴影。就外表而言,他是个引人注目的角色——高大、英俊(但他的一只眼睛是珐琅制的义眼,取代了在学生时代的一场决斗中失去的那只眼睛)、魅力逼人、才华横溢、口若悬河。他出生于南德意志法兰克尼亚(Franconian)的一个贵族家庭,曾在耶拿大学(University of Jena)求学,此后在寻找一座能够充分施展其冒险精神的舞台过程中,他投身于年轻的荷尔斯泰因-戈托普公爵弗雷德里克四世的宫廷,性情冲动的公爵与卡尔是朋友,还娶了他的姐姐赫德维希·索菲亚,就在公爵跟随卡尔奔赴战场前不久,赫德维希·索菲亚诞下一子:卡尔·弗雷德里克。在1702年的克利索战役中,仍在卡尔身边的公爵战死,2岁的儿子成了他的继承人,而格奥尔格·海因里希·冯·格尔茨成了荷尔斯泰因-戈托普的实际统治者。更重要的是,直到卡尔十二世结婚生子为止,襁褓中的卡尔·弗雷德里克都将是瑞典王室的男嗣。

公国的大小事务均操于格尔茨之手。他游历欧洲,拜访了沙皇、安妮女王、普鲁士国王和汉诺威选侯。1713年,他打算与俄国结盟,以加强公国的地位,为确保计划实现,必须让12岁的公爵与彼得5岁的长女安娜结婚。格尔茨曾向缅什科夫提议,在丹麦半岛底端修造一条经由荷尔斯泰因的运河,这样,自波罗的海进入北海的俄国船只就无须再经过厄勒海峡,也无须向丹麦人缴纳通行费,或是挨他们的炮弹。①当马格努斯·斯滕博克的瑞军在加德布施获胜后,遭到兵力众多的萨克森、丹麦和俄国军队的追击,安排他们进入荷尔斯泰因的滕宁要塞的正是格尔茨。5个月后,当这支被围困的军队再也无法坚持下去时,负责协商投降条件的也是

---

① 174年后(1887年),基尔运河(Kiel Canal)建成。

格尔茨。

尽管格尔茨成就斐然，但他最终意识到，荷尔斯泰因-戈托普公国太小了，不适于作为展现自己能力的舞台。他对卡尔十二世钦佩已久，这位传奇人物是他的年轻主君的舅舅。当卡尔纵马穿越欧洲大陆，于1714年11月出现在施特拉尔松德时，格尔茨急不可待地赶去见他。经过一次长谈，他赢得了卡尔的欢心，成为他的非正式顾问。很长一段时间内，卡尔完全依赖他。格尔茨精力旺盛、眼界开阔、擅长分析，而且与卡尔一样，即使在资源有限的情况下，也乐意实施一些宏伟、庞大的计划和激进的解决方案，这些都让卡尔很欣赏。在卡尔看来，格尔茨在行政管理和外交领域的做法与国王在战场上的做法如出一辙：冲动莽撞、不顾后果、虚张声势。

自此以后，直到卡尔驾崩，格尔茨对他而言都是不可或缺的。格尔茨对瑞典的财政，以及瑞典所有重要政府部门都拥有绝对控制权。在外交层面，他是国王的智囊，至少是代言人。1716年2月，他称自己是瑞典的财政总监和商业总监。实际上，他成了卡尔的首相，尽管他在瑞典并无任何实际职位或头衔，名义上他仍替卡尔的外甥荷尔斯泰因-戈托普公爵效劳。

格尔茨懂得如何与国王相处。作为接受效劳的条件，他赢得了卡尔的承诺：交流均在双方之间进行，不经过中间人之手。他知道，如果卡尔对某些方面不感兴趣，就最好不要用这些方面的细节来烦他。他发现，倘若在口头争论中提出的观点无法得到国王的赞同，自己可以用清晰、尖锐的笔调将观点写在信里，最后往往能遂了他的心愿。

当瑞典人领教了足智多谋、残忍无情的冯·格尔茨男爵的手段后，对国王的外籍顾问的痛恨情绪蔓延至各个阶层。官僚恨他，因为他在正规行政渠道之外弄权；以卡尔的妹妹乌尔丽卡和她的丈夫黑森的弗里德里希为中心组成的黑森党恨他，因为他们猜想他之所以为卡尔卖命，是为了确保他的主子，年轻的荷尔斯泰因公爵继承瑞典王位，将他们排除在外；全国各地的瑞典人都恨他，因为他将热情与巧思用在从这个枯竭的国度榨取更多的人力与财力上，目的是将战争继续下去。他发行纸币。他把赋税一提再提。有人指责他中饱私囊，然而这些指控并不真实——在涉及钱的问题上，戈尔茨是一清二白的。他甚至试图用自己的微薄收入来提升瑞典的资源动员效率，用以应付新的战争。由于他权倾朝野，愤怒的瑞典人称格尔茨为"大维齐尔"。但众所周知，他不过是国王一手缔造出来的人物，他的权力是王权赋予的。因此，只要卡尔还在支持他，格尔茨就立于不败之地。

尽管格尔茨的国内政策激怒了瑞典百姓，但对国王而言，他的作用更多地体现在外交层面。他精通这门微妙的艺术，卡尔让他放手去干，用诡计把全欧洲耍得团团转。格尔茨是这样分析瑞典的处境的：瑞典不可能将敌人统统击败，所以必须同其中一个对手讲和，甚至可能与之结盟，以对付其余的对手。卡尔可以与俄国握手言和，然后集中力量打击丹麦、普鲁士和汉诺威；也可以与丹麦、普鲁士和汉诺威和解，然后在上波罗的海重启对俄攻势。格尔茨更中意第一个选择——与俄国讲和。这意味着因格里亚、卡累利阿、爱沙尼亚、利沃尼亚（可能还有芬兰）等省份将被牺牲掉，以及默许俄国在上波罗的海维持一支庞大的舰队、开展商业活动，但如此一来，卡尔就能腾出手来收复丧失的德意志省份——波美拉尼亚、不来梅-费尔登，或许还可以夺取梅克伦堡和挪威。从某种程度上说，格尔茨的偏好可能基于一个事实——瑞典的势力在德意志北部恢复对他的幼君而言是有利的，但格尔茨如今也倾向于认为彼得的力量和决心要远大于俄国的盟友们。彼得已经展示了守住、扩展他在波罗的海打开的窗口的坚定决心。俄国海军的实力增长、陆军的远征行动，以及沙皇那执拗的意志，这些因素共同表明，即使瑞典付出巨大的努力，也无法轻易将俄国人逐出位于波罗的海海岸的坚固阵地。

但瑞典的要人们大多不赞同格尔茨。他们并非不乐意看到前德意志领土的丧失。他们一直相信，瑞典在神圣罗马帝国内部的领地是其衰落的根源。如果战争不得不继续下去，他们宁愿与德意志和解，收复波罗的海的省份。田地肥沃的利沃尼亚被称为"瑞典的谷仓"，而里加的宏伟港口和它从俄国商旅那里获取的丰厚通行费，可直接用于弥补瑞典在战争中遭受的巨额损失。

无论瑞典最终决定朝哪个方向进攻，重要的是，格尔茨仅仅通过提出单独缔和与建立新同盟的想法，就令波罗的海的力量天平重新倒向卡尔。一个月又一个月过去了，格尔茨娴熟地利用这一新局面，他很清楚：从此以后，只要继续合纵连横，瑞典事事皆可期。他与瑞典的每一个敌人谈判，只有丹麦除外，因为这个荷尔斯泰因人打算让丹麦成为最终买单者。这是一场大师级的表演。他的外交手段在一夜之间就改变了形势，瑞典眼看就要被一个巨型国家同盟打垮，但它现在从受害者变成了一系列事件的发起者，想与哪个同盟成员讲和就与哪个成员讲和，想把哪个同盟成员作为重启攻势时的打击目标就把哪个成员作为打击目标。自波尔塔瓦战役以来，瑞典从未在欧洲拥有过这样的权力。

格尔茨已经测试过反瑞同盟的纽带，结果发现它们脆弱异常。彼得的盟友都对俄国的日益强大感到不安，但同盟纽带的最大弱点是，彼得与英王乔治一世在个人层面上处于敌对状态，后者兼任汉诺威选侯。意识到这点后，格尔茨开始同时与俄国和英国谈判，他知道，当其中一国的君主听说他正在与另一位君主交涉时，自己在两国天平上的分量便会自动增加。他先找彼得协商。1716年6月，他在荷兰与沙皇会面。尽管当时格尔茨只不过是小小的荷尔斯泰因的当家人，但彼得仍然很尊重他，他梦想将各个王国和帝国玩弄于自己的股掌间，把沙皇逗笑了。彼得曾对荷尔斯泰因大使巴塞维茨（Bassewitz）说："贵国宫廷掌握于野心勃勃的格尔茨之手，在朕看来，就如同一艘小艇承载着战舰的桅杆——即使最微弱的侧风也能将它掀翻。"[4] 但这个人还主持着瑞典的外交，情况就不一样了。在会谈中，彼得和格尔茨探讨了新建北欧势力平衡的构想，这一构想以瑞俄同盟为基础，由法国提供保障。作为和平条件，俄国将把芬兰归还瑞典，但可保留其他征服地区，瑞典则可不受约束地在自己的能力范围内，从丹麦和汉诺威手中收复失地。格尔茨清楚，彼得要求的每一寸土地，都是卡尔永远不可能放弃的；尽管如此，沙皇好歹愿意谈判，所以他还是高兴的。在会面结束前，他们达成一致：正式的和平会议必须尽快在波的尼亚湾的奥兰群岛召开，此地被认为较难为间谍所涉足。

格尔茨的间谍不辞辛劳地将这次会谈的消息传播到欧洲各地。英国的乔治一世和丹麦的弗雷德里克四世慌了阵脚，但乔治宣称彼得在保有里加的情况下才会缔和，他认为卡尔十二世不可能同意放弃该地。即便如此，正如格尔茨事先预料的那般，瑞典的所有敌国如今都急欲与瑞典达成协议。乔治一世遣使前往隆德的卡尔处，声称瑞典若能把不来梅-费尔登让与汉诺威，他愿帮助卡尔将俄国人逐出波罗的海。卡尔拒绝了。

反瑞同盟计划入侵斯堪尼亚，俄瑞两国直接对话的提议就此搁置，但入侵行动陷入搁置后，格尔茨立刻重启他的计划。1717年夏，他与库拉金公爵在荷兰商谈此事，俄国人确认沙皇有意继续谈判。事实上，彼得希望谈判尽快开始，然而，彼得在1717年冬和1718年春面临的最危险、最重要的问题不是与瑞典人的谈判，而是他与儿子的关系，这起戏剧性事件给结束战争的努力蒙上了深重阴影。这个原因在部分程度上导致双方直到5月才面对面坐到谈判桌前。

被松树林和绿草地覆盖的奥兰群岛是一个由坐落于波的尼亚湾中的6500座红色花岗岩岛屿组成的岛群。在罗弗（Lofo）建起了两座巨大的谷仓，用于充当两支代表团的住宅。彼得最初建议谈判以非正式的形式进行，不搞任何仪式，住宿从简；他甚至建议双方同住一处宅邸，两支代表团各据一室，但其间没有墙壁，这样他们就能有效率地工作。这与瑞典人预想的完全不一样，格尔茨抵达罗弗时，随身带来了一队绅士、秘书、仆役和士兵，还有一套从荷尔斯泰因公爵处借来的餐具和银器。

瑞典代表团由格尔茨和瑞典驻英大使于伦堡（Gyllenborg）伯爵带队。谈判桌另一端，俄国代表团由芬兰战役期间立下功勋的苏格兰人詹姆斯·布鲁斯（James Bruce）将军，以及负责外事的枢密院委员安德烈·奥斯捷尔曼带队。奥斯捷尔曼是威斯特伐利亚人，被海军中将克勒伊斯带到俄国，他是那些于彼得统治时期在俄国开创事业的外国人中最能干者之一。他会说德语、荷兰语、法语、意大利语、拉丁语和俄语；他跟随沙菲罗夫和彼得参加了普鲁特河远征，并在与大维齐尔谈判时出了力；1714年，他曾前往柏林，协助说服普鲁士人加入反瑞同盟。

眼下，与格尔茨的较量是对他能力的一次重大考验（尽管布鲁斯是俄国代表团名义上的领袖,但真正展现外交本领的是奥斯捷尔曼)。从某种意义上说,这一幕具有讽刺意味:两个德意志人坐在谈判桌两端,为了俄国和瑞典的利益而讨价还价。格尔茨51岁,更为年长,也更为老到,但他代表的是国力日衰的瑞典。与此相反,奥斯捷尔曼只有32岁,但能力不亚于格尔茨,他代表的是国力日隆的俄国。

双方都明白,这次协商的基础是格尔茨寻求对俄言和,如此,瑞典便能收回一些沦于彼得之手的领土,同时还能腾出手来对付北德的敌人。一般而言,彼得是会同意的。他所夺取的瑞典领土面积已经超过了他的需求值或期望值。因此,他很乐意归还一部分,换取一份和平协议,好确认他对其余土地的保留权。尽管如此,两国谈判团队随身带来的本国君主给出的特别提议和指示却彼此相去甚远,以至于除非发生外交奇迹,否则协议根本不可能达成。因此,作为谈判的先决条件,布鲁斯和奥斯捷尔曼要求瑞典割让卡累利阿、爱沙尼亚、因格里亚和利沃尼亚,只有维堡以西的芬兰地区可供商量。去年夏天在荷兰的时候,格尔茨就从库拉金那里听说了这些条件,但他知道卡尔会做出怎样的反应,因此始终不敢把它们提交给国王;相反,他的策略是先说服卡尔同意谈判,然后再慢慢引导后者做出一切必要的让步。事实上,当格尔茨抵达罗弗时,他带来了卡尔十二世签署的指示,如果他把它们摆到谈判桌上,和平会议就将立即终止。因为卡尔不仅要求俄国将所占领的省份尽数归还瑞典,使得局势完全恢复到战前的状态,还要求俄国人为他们发动的"不义之战"支付给瑞典一笔赔偿金。

在开幕会议上,格尔茨将一手烂牌打得十分出色。他把随行排场搞得富丽堂皇,在听取俄国人的提议时装作冷眼以对,仿佛胜利者不是彼得而是卡尔。如此一来,他在提出理由时便底气十足。此外,他巧妙地利用瑞典是当下北欧外交舞台的关键所在的事实。布鲁斯和奥斯捷尔曼心里有数:在奥兰群岛的谈判进行的同时,卡尔还在与乔治一世磋商。格尔茨暗示,与乔治一世的谈判很快就会得到一个可喜的结局,而谈判结果只会对俄国不利。在这种压力下,俄国代表团放弃了之前的条件。奥斯捷尔曼提出一个经过修改的解决办法:俄国归还利沃尼亚和芬兰全境,只被允许保留因格里亚、卡累利阿和爱沙尼亚。第一轮对话结束时，争议范围被缩小至瑞威尔（塔林）港的归属。瑞典人坚持必须归还此地，理由是它是控制芬兰的必要条件；俄国人以同样坚决的态度予以拒绝，他们声称，没有这座支配芬兰湾通道的海港，沙皇的舰队与商船就只能任由瑞典摆布。

6月中旬，当格尔茨回瑞典同卡尔商议时，奥斯捷尔曼奉彼得之命，私下向格尔茨承诺，如果双方达成一份沙皇愿意签字的协议，彼得会送给格尔茨一件世所未见的上等黑貂皮斗篷，外加10万塔勒，以表达他的感激之情。当格尔茨向卡尔汇报情况时，后者如他所料，拒绝了俄国的条件，因为它们太有利于俄国了。卡尔把格尔茨打发回罗弗，让他重启谈判。

7月中旬，格尔茨带着一批惊人的新提案回到罗弗，这些提案后被证明只是格尔茨的个人想法，而非出自卡尔的意愿。他私下将自己的方案解释给奥斯捷尔曼听：瑞典把因格里亚和利沃尼亚割让给俄国，卡累利阿和爱沙尼亚日后再议。方案的另一部分是瑞典与俄国组建新军事同盟，沙皇协助国王征服挪威、梅克伦堡、不来梅、费尔登，甚至汉诺威的部分土地。对彼得而言，这意味着同丹麦和汉诺威开战。奥斯捷尔曼的第一反应是沙皇不会公开与瑞典结盟作战；但是，为回报瑞典在领土方面做出的让步，他会向卡尔提供2万兵员与8艘战舰，作为"辅助部队"使用。有趣的是，奥斯捷尔曼补充道：倘若这份提案得到批准，彼得将要求在条约内加入一个特别条款，规定卡尔不得在战役中以身犯险，因为提案能否成功生效，显然取决于瑞典国王能否掌握决定权。

格尔茨喜气洋洋地回卡尔那里去了，而奥斯捷尔曼也返回圣彼得堡同沙皇商议。但格尔茨的凯旋是短暂的。卡尔沉着地拒绝了格尔茨与奥斯捷尔曼暂时达成的全部协议，理由是，能否从德意志收之桑榆尚是个虚幻的未知数，不能为此割让波罗的海的省份。最后，在向格尔茨稍做让步后，国王声称，自己可以容许沙皇占有曾经属于俄国的卡累利阿和因格里亚，但彼得必须"理所当然地放弃利沃尼亚、爱沙尼亚和芬兰，它们是一场不义之战的所得"。"这办法不错，"格尔茨私下用讥讽的语气对另一位瑞典大臣说，"但存在一个小小的难题——沙皇绝不会交还这些土地。"[5] 卡尔再次打发格尔茨回去谈判，这次后者几乎没有带来任何提议。他在启程时说:"我的使命是愚弄俄国人——如果他们真的蠢到上当。"

格尔茨的形势变得越来越岌岌可危。他的计划基于这样一个设想:迅速与俄国或汉诺威,或是同时与两国达成一份可接受的,且为大多数瑞典人接受的和平协议,否则他本人将担起重启战端的责任,他对这点十分清楚。回到罗弗后,格尔茨得知彼得对他先前的提议给出了答复:沙皇不会对之前的领土要求做出任何改变,且拒绝与瑞典联手对付丹麦的弗雷德里克四世或普鲁士的弗里德里希·威廉。他愿意供给卡尔2万兵士和8艘战舰,让他们以瑞典的名义同汉诺威作战。最后,奥斯捷尔曼告诉格尔茨,沙皇厌倦了瑞典人的拖拖拉拉,宣称若未能在12月结束前谈妥,和平会议就将终止。格尔茨以名誉保证自己会再次同卡尔商量,然后在4周内赶回。此时瑞典国王正与他的军队一道待在挪威。

4周过去了,但格尔茨没有露面。12月底,一名信使从斯德哥尔摩到来,他带来的消息令瑞典代表团陷入混乱和恐慌:格尔茨已锒铛入狱,斯德哥尔摩港内的船只一律禁止离开,发往国外的信件一律被扣下。10天过去了,没有新的消息到来。1月3日,一名瑞典上尉到来,第二天早上,瑞典代表团通知奥斯捷尔曼和布鲁斯:卡尔十二世在围攻一座挪威城镇时身亡。

在这之前,奥斯捷尔曼便从罗弗致信彼得,明确指出这次谈判存在一个重大的潜在瑕疵:卡尔可能活不到签署协议的时候。奥斯捷尔曼担心的是,国王"做事鲁莽,早晚有一天会命丧他人之手,或是在纵马疾驰时折断脖子"。[6] 奥斯捷尔曼的担忧有着充分依据。事实上,1718年夏,即使格尔茨还在往返穿梭于奥兰群岛,将一份份提议与反提议带给俄国人,但与彼得和谈已不在卡尔的考虑范围内。一如既往,在打破自己面临的僵局时,国王更信赖自己的剑,而非格尔茨的外交阴谋。因此,对卡尔而言,奥兰群岛的会谈首要价值是作为争取时间的策略;通过谈判,卡尔确定俄国人不会在当年夏天进攻他的海岸,于是将用于抵御俄军袭击的新军尽数调走。

在策划战略方案时,卡尔接受了一个事实:当下俄国人太过强大——正面进攻是绝不可能将沙皇逐出俄占波罗的海地区的。第一个对手将是丹麦。他先发动一场战役,夺取挪威南部,然后再渡海前往西兰和日德兰(Jutland),迫使丹麦退出战争。届时他就可以挥师南下,再度占领不来梅-费尔登,他的5万瑞军将与他的妹夫黑森的弗里德里希提供的1.6万名黑森士兵会师。统领这支大军的他可以根据自己对汉诺威、普鲁士和萨克森君主的喜恶,决定是强迫它们讲和,还是入侵它们。最后,等到瑞典收复在德意志的地盘后,他就可以再度进军俄国——当然,前提是沙皇无意归还他以不义手段夺取的领土。卡尔称,这一切将引发"历时40年的战争",但"相比接受一场在瑞典境外进行的漫长战争,接受一份苛刻而不可靠的全面和平协议对瑞典造成的伤害要大得多"。[7]

第一个目标是挪威,4.3万名士兵被派去参加这场战役。1718年8月,一支入侵部队杀向特隆赫姆(Trondheim),10月,国王进军克里斯蒂安尼亚(奥斯陆)。瑞军越过位于瑞典国境以西、山峦起伏、人口稀疏的地区,涉过或游过一条条河流,攻克一座座被挪威人丢弃的匆匆修建的山隘防御工事。至11月5日,主力部队已进抵弗雷德里克斯滕(Frederiksten)城下,这座守备坚固的要塞坐落在通往克里斯蒂安尼亚的道路上。卡尔把重炮带了上来,一场典型的攻城战开始了。

战役初始,卡尔就意识到,这支部队是他的最后力量,他鼓励部下勇敢地面对宿命,心甘情愿地遵守任何下达的指令,为此他不惜一切,个人舒适或安危更是被统统抛诸九霄云外。卡尔下定决心,绝不把自己不愿意做的事强加给官兵们;如果国王当众亲冒矢石,那么每个人都会跟他一起冒险。因此,11月27日,国王亲率200名掷弹兵登上绳梯,攻陷居伦勒沃(Gyldenløve)——弗雷德里克斯滕要塞的外围工事。自此之后,他就留在前线部队里。尽管瑞军的最高指挥部位于蒂斯特达尔(Tistedal),但卡尔无论吃睡,都待在居伦勒沃附近的一栋小木屋内,屋子就位于第一道战壕后方。

11月30日下午,卡尔骑马前往指挥部。蒂斯特达尔的参谋军官注意到他看上去心事重重,面容悲伤。他挑出一些文件烧掉了。他穿上崭新的亚麻布内衣裤、干净的制服、靴子和手套。下午4点,他又跨上马鞍,挥舞帽子辞别，然后返回前线。他的仆人胡尔特曼（Hultman）为他拿来晚餐，卡尔看起来轻松了些。"你烧的菜很棒，我会提升你做厨师长的。"他戏谑道。两人之间的关系很随便，厨子说："我想要一份委任状，陛下。"[8]

晚饭后，卡尔回到前线战壕，视察新的攻击壕的挖掘情况，这项工作每晚都在进行，雷打不动，瑞典人利用黑暗保护掘壕者免受敌人伤害。400名士兵傍晚时分便已开工，他们以铲子和鹤嘴锄为工具，并携带一捆捆树枝，用于保护自己。挪威人点燃沥青，在要塞城墙上制造出一个个火圈，还用大炮发射燃烧弹，借此照亮周围环境。依靠这种照明办法，要塞城墙上的神枪手可以不断以稳定的火力射击在战壕前方挥汗如雨且位于滑膛枪火力范围内的瑞典士兵。他们的枪法很准。在6点至10点之间，他们打死7个瑞典士兵，击伤15个。

晚上9点30分左右，卡尔与手下的几名军官待在前线一条很深的壕堑内，他们决定从侧面攀上去查看情况。他用脚在战壕侧面的土里踢出两处立足点，然后往上爬，直到胳膊倚在胸墙上。他的头和肩膀伸出胸墙，暴露在自四周呼啸而过的滑膛枪子弹之下。他的副官立于壕堑下方，脑袋与国王的膝盖齐平。他们忧心忡忡。"您不该待在这儿，陛下。"有个人说，并敦促卡尔下来。[9] 但那些最了解卡尔的军官让其他人安静："随他去吧。你越警告他，他越是把自己暴露在危险中。"

那晚夜色如墨，乌云密布，但要塞城墙上的火光熊熊燃烧着，挪威人的燃烧弹也频频制造光亮。卡尔倚靠在战壕顶上，肩膀裹在斗篷里，左手放在脸颊上，支撑着头部，在战壕前方劳作的瑞典队伍可以清晰地看到他的脑袋。他长时间保持着这个姿势，而他的军官在争论如何让他下来。但国王的心情很好。"别害怕。"他一边说，一边待在原地，从战壕的顶部向外眺望。[10]

突然，下方的人们听到一声特别的响声，就好像"一块大力掷出的石头砸进泥土里"，又好像"一个人听到谁在用两根手指猛烈拍打另一人的手心"。[11] 之后，卡尔撑着左脸的那只手落了下来，除此之外再无动作。他依旧待在他们头顶上，倚着胸墙。随后，下方的一个军官意识到出事了。"耶稣基督啊，"他喊道，"国王中弹了！"[12] 卡尔被抬进下方的战壕内，惊恐万状的军官们旋即发现，一颗步枪子弹打进了国王的左太阳穴，击穿了头盖骨，然后从他的头部右侧钻了出来。他立即就死了。

为了给自己时间思考，军官们在壕堑入口处布置了卫兵。一具担架被抬了上来，尸体被置于其上，上覆两件斗篷，为的是掩盖身份。12名卫兵将国王抬出战壕，沿着一条道路前往后方，他们还不知道自己正抬着一个大人物。但一名卫兵绊了一跤，担架翻了过来，覆盖尸体上半身的斗篷落了下来。就在那一刻，空中的云朵分开，月光透下来照在死者的脸上。惊骇万分的士兵立刻认出了自己的国王。

卡尔的死不仅对围攻战，也对刚刚揭开序幕的挪威战役全盘计划产生了直接而具有决定性的影响。就连弗雷德里克斯滕的挪威守军也意识到有事发生。"整整一夜，一切都变得极为安静，就连第二天也是如此。"有人说。[13] 事实上，当夜稍晚，惊愕的瑞军指挥官在蒂斯特达尔的指挥部会面时似乎无事可做；没有了卡尔，没有了他的指挥和鼓励，就连战争也仿佛变得毫无意义了。两天后，将领们正式放弃挪威战役。士兵们从战壕内撤走，辎重车辆发出隆隆的声响，翻山越岭返回瑞典，其中一辆装载着国王的尸体。在离开18年后，卡尔十二世终于回到斯德哥尔摩。尸体做了防腐处理，然后置于卡尔贝里宫（Carlberg Palace）供人吊唁。

他离开得实在太久，制造的战争负担又实在太过沉重，因此普通民众并不感到哀痛。但那些了解他的人伤心欲绝。他的外甥，荷尔斯泰因公爵卡尔·弗雷德里克写信给瑞典议会："我的心被伤得（太深），到了几乎无法承受的地步，因此我再也写不下去了。"[14] 国王的家庭教师兼战友，陆军元帅伦斯舍尔德通过军官战俘交换于近日回到瑞典，他形容"这位无与伦比"、英年早逝的国王是个充满智慧、勇气、魅力和温柔的人。"当胜利到来时，我们会想念他的。"伦斯舍尔德说，"看到他在我们眼前长眠不起，这委实令人悲痛。"[15]

葬礼在斯德哥尔摩大教堂（Storkyrkan）举行，卡尔就是在这里戴上王冠的。随后，尸体被运到里达尔霍姆教堂（Riddarhom Church），那里是瑞典国王和王后的葬身之地。如今他躺在一具黑色大理石棺内，上面覆盖着一张青铜狮皮，镶嵌着一顶王冠和权杖。在教堂另一头，卡尔对面，放着一具意大利产的大理石棺，它属于瑞典的另一位传奇军事英雄：古斯塔夫·阿道夫。他们的上方悬挂着他们在战争中缴获的数百面军旗和旗帜，它们如今已经褪色，并逐渐化作尘埃。

# 56

# 乔治国王进入波罗的海

当彼得闻知伟大对手的死讯时,他正与一群军官站在一起。彼得的眼中盈满了泪水,他一边拭去眼泪,一边说:"我亲爱的卡尔,我是多么为你遗憾啊。"[1] 他还命令宫中哀悼一周。在瑞典,继承人问题很快就得到了解决。如果国王的姐姐荷尔斯泰因公爵夫人赫德维希还活着,她就将继承卡尔的王位,但赫德维希已于1708年过世,她的继承权传给了她的儿子,年轻的卡尔·弗雷德里克公爵。舅舅死时,他18岁。另一位王位的主张者是卡尔的妹妹乌尔丽卡·埃莉奥诺拉,此人时年30岁,嫁给了黑森公爵弗里德里希。一年又一年过去了,随着年轻的卡尔·弗雷德里克长大,两派人马一直处于敌对状态,双方都试图在国王出事的时候把自己置于有利之地。

国王在世时,始终坚定地拒绝从外甥和妹妹中选择一个将其宣布为继承人。当然,他可能认为自己终有一天会结婚,生个后嗣。同时,他也希望获得乌尔丽卡和卡尔·弗雷德里克的爱与支持。他把年轻的公爵留在身边,着重训练后者学习军事艺术。他经常写信给乌尔丽卡,并指定她丈夫为自己的主要顾问和军队统帅之一。他在未来有足够的时间在两人中做出选择,而这一选择会痛苦地让某一方亲属疏离。

乌尔丽卡的丈夫,黑森的弗里德里希较为务实。挪威战役开始前,他就给了妻子一张行动清单,倘若国王突然死去,她就会将里面的内容付诸实施:届时乌尔丽卡将宣布自己为女王,为自己加冕,然后无情地逮捕所有反对她的人。事态的发展正如他们计划的那般。当那颗致命的子弹命中目标时,卡尔·弗雷德里克与黑森的弗里德里希一道在挪威陪伴国王,乌尔丽卡在无人阻挠的情况下登上了王位。起初,年轻的卡尔由于伤心过度而没有采取反制措施,甚至没太把这件事放在心上,当他清醒过来,审视自己的处境时,一切已成定局。此后,更为年长、老到的黑森的弗里德里希轻而易举地使卡尔·弗雷德里克相信,他的义务是向自己的小姨乌尔丽卡效忠,她现在是瑞典女王了。

国王之死给格尔茨带来的影响最突然、最激烈。卡尔倒下后的第二天早上,黑森的弗里德里希就派了两名军官,"以国王的名义"逮捕格尔茨。格尔茨已于当天从奥兰群岛返回,带来了最新一轮对俄谈判的相关消息。他目瞪口呆之余,问道:"难道国王还活着?"[2] 他的文件和钱财被没收,由于担心他会试图自尽,他被禁止使用刀叉。他把一整晚的时间花在阅读上,还写了一封短信给亲属,宣称自己无罪。

6周过去了,格尔茨一直被囚禁在监狱里,起诉书被小心翼翼地起草,以确保格尔茨没有脱罪的可能。逮捕他的人担心,如果他以叛国的罪名在高等法院受审,他会争辩说自己不是瑞典臣民,因此法院对他没有管辖权,那样他可能就会被无罪释放。此外,格尔茨还能提出一条真实的理由:他是国王的仆人,不是国家的仆人,他服从的是卡尔本人的绝对权威。格尔茨的辩护理由还有:他从未做过以权谋私的事,也从未贪污过哪怕一个子儿。

尽管如此,瑞典人仍决意消灭他。他们委任了一个不属法庭管辖的特别委员会来审判他。他的罪名是瑞典法律新设立的:"致使已故国王在情感上疏远人民"。他被指控滥用国王的信任,建议卡尔采取对瑞典有害的措施,例如将战争继续下去。格尔茨的厄运从一开始便已注定。他徒劳地抗议,称特别委员会没有司法审判权。他声称自己是个侨民,拥有治外法权,却遭到驳回。他申请聘请法律顾问,结果也被拒绝,理由是无此必要。他不被允许会见己方证人,也不被允许与控方证人对质。他不被允许替自己写辩护词,也不被允许携带笔记进入法庭。他只得到一天半的时间,用于准备答辩,这点工夫只够他阅读针对自己的呈堂证供的1/5。他无可避免地被认定有罪,委员会一致认为应判处他斩刑,他的尸体应埋葬在断头台下方,这是一种特别的耻辱标志。他镇定地接受了判决,但请求让自己的尸体免受这种终极耻辱。乌尔丽卡冷酷地命令不打折扣地执行判决。格尔茨以勇敢、高贵的姿态登上断头台，说："你们这些嗜血的瑞典人，现在就把你们渴望已久的头颅拿去吧。"把自己的脑袋搁在木砧上时，他说了最后一句话："主呵，我将我的灵魂交到您手中。"只一下，他便人头落地，尸体被当场埋葬。①3

身为瑞典王国掌舵人的卡尔十二世和格尔茨突然死亡，在瑞典内外，许多人很自然地预计将会发生一场剧变。的确，国王之死导致了挪威战役迅速终结，卡尔十二世在欧洲大陆成就宏图大业的梦想大概也随之完结。但奇怪的是，随着时间流逝，大北方战争的终点似乎并没有更近。登上王位后，新任女王乌尔丽卡·埃莉奥诺拉写信给彼得，表示自己渴望和平。沙皇的答复是，尽管他不会放弃之前提出的继续占有利沃尼亚的要求，但他现在准备向瑞典支付100万卢布，作为获得该省的回报。乌尔丽卡拒绝了这个提议，并提出了新的要求。这份照会导致谈判失败，布鲁斯和奥斯捷尔曼退出奥兰群岛的和平会议。

瑞典王国始终对和谈缄口不言的背后，隐藏着一个燃起的希望——瑞典或许可以通过外交手段赢回其在战争中遭受的部分损失。波罗的海同盟的全新结构正在暗中成形，只有俄国模模糊糊地觉察到这点，但它一直有意摆出一副对此一无所知的姿态。格尔茨参与了对俄谈判，卡尔十二世也予以批准。如今，战士国王和外交官都已命丧黄泉，但外交游戏仍在继续。这场游戏的头号玩家是务实、倔强的德意志人，英国国王乔治一世——他勇敢而腼腆，有人说他是个蠢货，但他是个一旦认定目标就会全力去达成的人。彼得于20年前在大特使团出访期间同他会面过一次，往后的日子里又见过他几次。沙皇并不是很喜欢英王，但从来不能忽视他，因为当大北方战争进入尾声后，终结争斗的钥匙就掌握在，或者至少看似掌握在乔治那双粗短的手里。

---

① 格尔茨的一生与当时另一位伟大的国际冒险家帕特库尔有着许多共同之处。两人都出身寒微，都拥有无与伦比的才华，也都愿意冒巨大风险。结果，两人都在自己的时代扮演了独特的角色。他们的效忠对象并不相同：机敏的帕特库尔是卡尔十二世痛恨的敌人，格尔茨则是国王的忠实臣子与仆人。但他们的结局是一样的：都沦为瑞典人的斧下之鬼。

1714年9月29日晨，泰晤士河河面上大雾蒙蒙，以至于新任英国国王无法沿河而上，在他的新都登岸。相反，他的座舰在英国、荷兰战舰的夹道陪同下，在格林尼治下方下锚，然后，乔治乘坐一艘小划子，穿过令人目不见物的潮湿雾气，向河岸驶去。此时，英国的显贵们（托利党和辉格党俱有）身穿最好的天鹅绒和绸缎服装，正站在这座由雷恩设计、富丽堂皇的皇家海军医院柱廊前方等待他。国王走下船，向他的新臣民致意，这场仪式因新君主不会说英语、臣民中又极少有人会说德语而复杂化了。国王极力向马尔伯勒公爵表达自己的亲切之情，后者曾遭到安妮女王和她的托利党大臣的羞辱。"我亲爱的公爵，"他用法语开口，马尔伯勒公爵也懂这种语言，"但愿您现在发现您的麻烦已经结束了。"4

　　外国王公来英即位几乎已成为英国的例行公事。在仅仅1个世纪的时间里，这样的事情已经发生了3次：詹姆士一世、威廉三世，以及当下的乔治一世都是从外国引进的，为的是保留英国的新教信仰。①格奥尔格·路德维希对英国王位的主张可追溯到他的母亲，詹姆士一世的外孙女，但事实上他到来得并不情愿。身为汉诺威选侯，他统治着神圣罗马帝国的一个重要德意志邦国，它拥有富饶的农业和规模较小的工业。汉诺威的面积和人口只相当于大不列颠的1/10。它的军队在对法作战的11年间得到了强化，选侯曾以主要盟国统帅的身份为马尔伯勒公爵和欧根亲王效力。在欧洲诸强的天平上，汉诺威的分量与丹麦、普鲁士和萨克森大致相当。它是个繁荣、喜人、自豪的小国。

　　格奥尔格·路德维希接受英国王位的原因与26年前的奥兰治亲王极为相似——确保英国支持他对欧洲大陆的野心。作为汉诺威选侯，格奥尔格·路德维希是欧洲的要人，但一旦当上了英国国王，他就跻身欧洲君主之列，影响力超过他名义上的主君哈布斯堡皇帝。

　　在格林尼治登陆两天后，乔治一世在众目睽睽之下进入伦敦，此时英国人看到了他们新王的长相。他是个矮个子，54岁，皮肤白皙，生着一双蓝色的鱼泡眼，这将在未来两个世纪内成为他众多龙子龙孙的标志。他

---

① 博林布罗克子爵说过："英国宁可找个土耳其人，也不愿找个罗马天主教徒来当王。"5

从小被当成军人培养，勇敢、能干，但不是个杰出的统帅，他的习惯仍是军队那套，爱好简朴、令人惬意的事物。他不喜欢自己的新臣民。与温顺的德意志人不同，英国人骄傲、敏感、好争论，且顽固地秉持国君须与议会共天下的观念。只要一有机会，乔治就丢下英国往汉诺威跑，然后一待就是几个月，这令英国大臣们苦恼不已。他故意从不花心思学习新臣民的语言，以这种方式表达自己对他们的轻蔑之情。而英国人也不喜欢乔治，对他的迟钝、冷漠，他的德意志臣子，以及他那些丑陋的情妇都颇有微词。唯一对他们胃口的是乔治的宗教信仰，尽管他是个路德宗教徒，而非圣公会信徒。

在伦敦，无论什么时候，国王陛下都尽可能地不去参加各种仪式。他的居室有两个房间，两个土耳其仆人负责照料他，这两人是他担任帝国将军时在战场上俘获的。两个德意志情妇是他心爱的伴侣，一个高高大大、瘦骨嶙峋，另一个胖得一塌糊涂，以至于伦敦群众给她们起了个绰号——"大象和城堡"。[6] 他喜欢打牌，因此动不动就往一个朋友家里跑，在那里，他可以和几个密友偷偷玩上几把。他热爱音乐，狂热地仰慕乔治·弗里德里希·亨德尔（George Frederick Handel），后者之所以从德意志移居英国，很大程度上是这位王室赞助人极力劝说的结果。

他憎恨自己的儿子。每当威尔士亲王现身，国王就会两眼冒火，脸色发紫。他用一切可能的手段，来怠慢他的继承人。这种待遇惹得亲王勃然大怒，但能做的只有等待。与此同时，国王将亲王的孩子从他身边夺去，还禁止他在宫中露面。在这对势不两立的人之间主持调解的是国王的儿媳安施帕赫的卡罗琳（Caroline of Anspach），威尔士亲王妃是个生着蓝眼睛、亚麻色头发的美人儿，身材丰满、一流，冰雪聪明，朴实风趣。她是国王最欣赏的那种女人。事实上，她与他可憎的儿子结婚只会使国王对那个比自己年轻的男人更加反感。

一登上英国王位，乔治一世就一心用英国的强大力量为汉诺威的意志服务。他对瑞典占据的不来梅-费尔登公国垂涎已久，它们控制着易北河和威悉河的河口，从而阻断了汉诺威与北海之间的交通。如今瑞典帝国似乎处于崩溃边缘，他想参与战利品的瓜分。因此在1715年，汉诺威加入了反瑞同盟，但英国没有加入。正如俄国驻哥本哈根大使瓦西里·多尔戈鲁基向沙皇解释这一混乱局面时所言："尽管英王已向瑞典宣战，但他只是以汉诺威选侯的身份这样做，英国舰队出海（驶往波罗的海）的目的只是保护本国商船。倘若瑞典舰队攻击了陛下的舰队，您可别以为英国人会与瑞典人开战。"[7]

尽管有着这样的限制条件，彼得还是很高兴，他多年来的政策将汉诺威和英国拖进了反瑞战争。当沙皇听说英国海军上将约翰·诺里斯爵士（Sir John Norris）指挥18艘战列舰护送106艘商船来到波罗的海时，他欣喜若狂。诺里斯初访瑞威尔时，沙皇正在喀琅施塔得，但听说英国人到访，而且诺里斯还会再回来时，沙皇率领一支分舰队火速赶往瑞威尔。当英国海军上将回到瑞威尔时，他发现彼得正带着19艘俄国战列舰候在那里。诺里斯逗留了3个星期，这段时间里两国舰队的将领和军官设下庆祝宴会，款待彼此。叶卡捷琳娜与大多数宫廷成员也出席了宴会，并登上诺里斯的旗舰，与他一起用餐。访问期间，彼得把英国舰只从龙骨到中桅观察了个遍，而诺里斯也获准自由视察俄国舰队。他参观了3艘崭新的、在圣彼得堡建造的60门炮舰，形容它们"在各方面都与我国的第一流战舰相当，陈设则更为豪华"。[8]访问结束时，彼得热情地建议诺里斯出任俄国海军统帅，尽管上将婉言谢绝，沙皇还是将自己的镶钻肖像画送给访客。

自此之后，直到卡尔十二世去世，每年夏天（包括1715年夏、1716年夏、1717年夏和1718年夏），诺里斯都要率领一支英国舰队重返波罗的海，所奉命令始终不变：除非英国舰只遭受攻击，否则不要与瑞典人交火。1716年，诺里斯的舰队成为同盟联合舰队的一部分，这支舰队的集结目的是掩护斯堪尼亚的入侵行动，如果瑞典舰队出现，英国战舰就会开炮。但瑞典舰队一直待在港口。9月，彼得推迟了入侵行动。

1718年11月，卡尔命丧黄泉，如英国政府所料，波罗的海的局势为之焕然一新。到那时为止，乔治一世的兴趣一直是把不来梅-费尔登变成汉诺威的永久领土，而英国内阁关心的是保护英国的商业贸易，并保证来自波罗的海的海上供应源源不绝。双方都担心卡尔十二世可能支持保王党人在英国发动一场针对汉诺威国王的暴动。但卡尔之死使这方面担忧不复存在，也使国王和他的臣子能够重新评估当下北方的潜在变化：瑞典帝国正在没落，它在波罗的海的地位被崛起的俄国取代。

乔治一世构想了一个计划，如果成功，英国和汉诺威将双双获利；英国在波罗的海的商贸活动安全了，那里的海上供应线也将源源不断，且再不会遇上麻烦。此外，汉诺威可以通过武力征服或是使瑞典王国正式割让的办法，稳稳当当地把不来梅-费尔登弄到手。乔治的目标是为瑞典保留足够的力量，"这样，沙皇国在波罗的海的势力就不会增长到过于强大的地步"。[9] 他的手段是彻底改造波罗的海的同盟体系。1718年时，瑞典以一己之力对抗由俄国、波兰、丹麦、汉诺威和普鲁士组成的强大国家联盟。如今，这一情形将被逆转。首先，乔治将劝服瑞典同波罗的海南部沿岸的所有敌国握手言和，然后，全体日耳曼人国家将联合起来，一齐杀向沙皇，把他逐出北海。最初，和平将让瑞典付出昂贵的代价——它的德意志领地被汉诺威、普鲁士、丹麦和波兰瓜分殆尽。但作为回报，这些国家将成为瑞典的盟国，帮它拿回所有被沙皇夺去的土地。瑞典将收回利沃尼亚、爱沙尼亚和芬兰，只需放弃圣彼得堡、纳尔瓦和喀琅施塔得。倘若沙皇拒绝这些条件，更为严厉的条件就将强加到他头上：他的征服成果将被尽数剥夺，另外，他将被迫把斯摩棱斯克和基辅割让给波兰。总而言之，在此之前，俄国都是这场战争的明显胜利者，它得到的土地也是最多的，然而，眼下它将变成一个失败者，还得为和平的实现付出代价。汉诺威和普鲁士很晚才加入战争，作战时也几乎没有出过力，却将成为真正的胜利者。

在最初阶段，乔治一世的计划取得了辉煌的成功。通过娴熟的外交手段，彼得的盟国逐一丧失，它们或在贿赂的诱惑下，或在压力之下，与瑞典单独媾和。汉诺威恰如其分地当了它们的排头兵。1719年11月20日，乔治一世以汉诺威选侯的身份，同瑞典签署了一份正式和平协议。通过这份协议，瑞典收到100万塔勒，将不来梅-费尔登永久转让给汉诺威。两个月后，同一个乔治以英国国王的身份，同瑞典签订了同盟协议，按照协议规定，对俄战争期间，英国每年付给瑞典30万塔勒的补贴，动用舰队在波罗的海支援瑞典作战，并协助瑞典从俄国处争取有利的和平条件。

普鲁士国王弗里德里希·威廉对英国的提议感到很不舒服，因为他认为自己是沙皇的朋友，而且他近来于1718年8月刚刚与彼得签订了一份新的同盟协议，但永久割让斯德丁港（这给了他的王国一个出海口）及瑞属波美拉尼亚一部的承诺对他产生了极大的吸引力。最后，他果断地选择了这份诱惑。为了安慰自己的良心，弗里德里希·威廉将谈判全程公开。他把自己与英国人的谈判细节一五一十地通知俄国人。他努力说服戈洛夫金，后来又竭力说服彼得专门派往柏林的托尔斯泰，设法使他们相信这份新协议不会对俄国造成伤害。甚至在普鲁士与瑞典最终于1720年1月21日签订和平协议之后，国王还签署了一份声明，称他永远不会侵犯自己朋友彼得的利益或领土。①

丹麦是在英国的金钱诱惑和皇家海军的威胁下，被哄骗着与瑞典媾和的。停战协定于1719年10月19日签订，瑞丹和平条约则于1720年7月3日达成。瑞典同意以后为通过厄勒海峡的瑞典船只支付通行费，并彻底放弃对荷尔斯泰因－戈托普公爵的支持。此后，曾为挑起大北方战争助力、说服沙皇转而反对瑞典的奥古斯特国王于1719年12月27日同瑞典签署了一份和平协议。在这份协议中无一寸领土易手，但奥古斯特的波兰国王头衔凭借协议条款得以确认。与此同时，该头衔的另一个候选人斯坦尼斯劳斯获准以"斯坦尼斯劳斯陛下"的名号在欧洲流浪。

乔治一世和他的英国大臣对俄国的解释是，所有这些变化都只是英

---

① 自己在此事中扮演的角色令弗里德里希·威廉悲痛不已，这种心情体现在协议签订前所写的一份富有感情的备忘录中："上帝啊，但愿我没有承诺过缔结这个协议。是恶魔动摇了我的心灵。如今我们将被摧毁，这正是那些虚伪的朋友所希望的。愿上帝在我签下自己的名字前就把我带离这个邪恶的世界，因为这里除了谎言和欺骗什么也没有。我会向戈洛夫金解释，我虽与瑞典结盟，但我们仍然是朋友。我关心的是同沙皇保持友谊，只要我给他钱，那么我想要多少军队就有多少军队。沙皇会与我签订这样一份协议。英国人那里只有欺骗，就好像他们在1715年时用最卑鄙的手段欺骗我那样。如果我必须扮演一个奇怪的角色，那么我祈求上帝继续支持我，但这并非我愿，因为它不是一个诚实的人的作为。"国王在结语中写道，他的窘境应当"成为我的继承人的教训，以防接受这样的朋友，也切莫遵循我在签订这份协议时所遵循的邪恶而不敬神的准则，而是要忠于那些曾经的朋友，拒绝虚伪的朋友。所以，我要劝诫我的子孙：你们所维持的军队必须比我的军队更强，这是关系到我生死的问题"。[10]

国在北方进行和平调解的结果。俄国人很清楚这是怎么回事。1719年夏，俄国驻英大使费奥多尔·韦谢洛夫斯基拜访了主持英国政府对外事务的詹姆斯·斯坦诺普将军（General Lord James Stanhope）。韦谢洛夫斯基毫不客气地警告斯坦诺普，英国与瑞典之间达成的任何同盟协定（即使是防御性质的协定），都将被看作英国对俄国的宣战书。斯坦诺普提出抗议，他认为俄国应对英国在战争期间为沙皇提供的重大帮助表现出更多的感激之情。

"英国在当前的战争中为俄国做过些什么？"韦谢洛夫斯基反驳道。

斯坦诺普道："英国容许沙皇征服大片土地，容许他在波罗的海建立势力范围，还派遣舰队帮助他的事业。"

韦谢洛夫斯基回击道："英国容许陛下开疆辟土是因为它没法阻止他，但它无意支援他，迫于形势，它只能保持中立。它派遣海军前往波罗的海是为了保护自己的商业贸易，以及按照英丹协议的义务保护丹麦国王。"[11]

一支强大的英国波罗的海舰队是英国新制定的反俄政策得以执行的首要保证。这支舰队的指挥官正是担任波罗的海分遣舰队指挥官长达4年的约翰·诺里斯上将。如今，诺里斯将奉命走上与之前截然相反的道路，将友谊之手伸向截然相反的对象。上将从斯坦诺普处收到的秘密指令是，将大不列颠的调停带给交战双方——俄国与瑞典。

1719年7月，诺里斯上将的巨舰穿过厄勒海峡，进入波罗的海，驶向东北方的斯德哥尔摩，它们驶入斯德哥尔摩群岛（Skargard），停泊在瑞典首都附近的海域。诺里斯带着交给女王的信登岸，7月14日，乌尔丽卡女王在诺里斯的旗舰上用餐。在宴会上，她通知上将，瑞典接受了英国的提议。

俄国人自然以猜疑、恐惧的态度看待这支英国舰队的到来。当舰队抵达波罗的海时，彼得询问它的来意，并要求诺里斯向他保证不怀敌意，否则英国军舰不得接近俄国海岸线。当诺里斯和英国驻瑞典大使卡特里特勋爵（Lord Carteret）写往彼得处的信件寄出后，英国人的目的清晰起来。这些信几乎是在命令沙皇与瑞典讲和，并声称英国舰队进驻波罗的海不只是为了保护商贸，还是为了"支持调停"。布鲁斯和奥斯捷尔曼发现英国大臣和英国上将的措辞"一反常态,傲慢无礼",拒绝将信转交给沙皇,并建议,此事非同小可,乔治陛下应亲自写信给彼得。[12] 听说了信的事后,彼得大怒。作为汉诺威选侯的乔治现在是瑞典的活跃盟友,他无意接受这样一个君主的调停。为了表明自己的不快,沙皇勒令现任英国驻俄大使詹姆斯·杰弗里斯与汉诺威大使韦伯离开圣彼得堡。

在乔治一世和他的英国臣子背着彼得实施这些错综复杂的外交计策的同时,沙皇继续直接尝试在战场上打击瑞典人。卡尔十二世已死,奥兰群岛的谈判会议已无果而终,因此,必须提醒瑞典战争尚未结束。1719年战役的主要内容是在波的尼亚湾沿岸的瑞典本土海岸地带发动一次强大的水陆两栖攻势,所使用的武器正是那些曾在征服芬兰中大显神威的家伙——搭载数千士兵、出没于大舰无法进入的浅水区的桨帆舰队。5月,5万名俄军走出冬季营地,前往位于圣彼得堡和瑞威尔的集结地,准备经由海路前往芬兰西部,进攻将在那里发起。阿普拉克辛将是俄国舰队的总指挥,舰队包括180艘桨帆船和300艘平底船,以及28艘负责护送的战列舰。6月2日,彼得本人离开圣彼得堡,赶赴彼得霍夫和喀琅施塔得,他指挥着一支小型舰队,它由30艘桨帆船组成,载有5000人。

当年夏天,彼得的舰队已经获得了一次成功。6月4日,由瑞威尔出发、下辖7艘战舰的俄国舰队在公海截击3艘体形较小的瑞典舰只。瑞典舰队数量不敌对手、火力也严重处于下风,试图逃往斯德哥尔摩群岛,那是一个由岛屿和小岛组成的岛群,是瑞典首都的海上屏障。但俄国军舰追上了它们,经过8小时的战斗,包括52炮战舰"瓦赫特迈斯特"号(*Wachtmeister*)在内的3艘瑞典舰艇均被俘获。这支舰队带着战利品回到瑞威尔,彼得对此深感满意。与桨帆船在汉科的表现不同,这是一次在深水海域取得的胜利。

6月30日,彼得与喀琅施塔得舰队带着俄国最大的战舰抵达瑞威尔,其中包括90炮战舰"甘古特"号(*Gangut*)、70炮战舰"圣亚历山大"号(*St. Alexander*)、"尼普顿"号(*Neptunus*)、"瑞威尔"号(*Reval*)和64炮战舰"莫斯科"号。与此同时,诺里斯上将已率领一支由16艘战列舰组成的分遣舰队进入波罗的海。尽管这支英国舰队的存在是个潜在威胁，但彼得的战舰依旧于7月13日朝瑞典驶去，几天后，130艘满载士兵的桨帆船跟随而去。18日，俄军战舰尽皆泊于奥兰群岛的莱姆兰（Lemland），并于21日夜出海。雾气和平静的海面迫使大型战舰停锚，但桨帆船继续在阿普拉克辛的指挥下前进，于22日下午抵达斯德哥尔摩群岛中最近的岛屿。

接下来的5周里，阿普拉克辛的舰队与3万人肆虐瑞典东部海岸。发现自己在海上所向无敌后，阿普拉克辛开始分兵，他派拉齐（Lacy）少将率领21艘桨帆船和12艘单桅帆船沿海岸北上，同时将主力部队调往南方。他派一支哥萨克部队登陆袭击斯德哥尔摩，但他们的进攻被打退了——斯德哥尔摩群岛地势崎岖、水道狭窄、守备坚固，斯德哥尔摩港内布有4艘战舰和9艘巡防舰，俄国桨帆船无法进入。阿普拉克辛一面南下，一面再度分兵，他派小舰队沿着海岸活动，焚毁小型城镇、工厂和钢铁厂，捕扣沿海的船只。8月4日，最靠南的俄国军舰驶抵尼雪平（Nykoping）；10日，他们在尼雪平俘获一些瑞典商船，其中几艘载有来自附近矿山的铜矿石。它们被运回俄国。在一座铸炮厂，300门尚未送交瑞军的火炮被缴获、拖走。8月14日，阿普拉克辛的舰队调头往北，途中不时停下，让沿海的其他登陆部队上船。再次抵达斯德哥尔摩群岛后，他试图朝瑞典首都发动第二次进攻，但又一次被击退。8月21日，21艘俄国单桅帆船和21艘桨帆船迎着瑞典堡垒和战舰的火炮，强行驶入一条航道，但随即撤退。

与此同时，拉齐的部队一路向北，在北部海岸干着类似的破坏勾当。他摧毁工厂、钢铁厂、仓库和磨坊，焚烧三座市镇。这支军队打了三场小仗，赢了两场，但在第三场被击退，拉齐于此时回师。大量铁、草料和粮食被缴获，一些被搬上船，带不走的则扔进海里或焚烧。8月29日，拉齐和阿普拉克辛双双回到奥兰群岛，31日他们启程返回本土，桨帆舰队驶向喀琅施塔得，战舰则前往瑞威尔。

当年秋天，抱着夏季攻势已让瑞典尝到教训的希望，彼得派奥斯捷尔曼打着签订停战协议的旗号前往斯德哥尔摩，看看瑞典人现在是否对和平准备工作上心一点儿了。奥斯捷尔曼回到沙皇处时，带来了一封信，在信中，乌尔丽卡女王提议割让纳尔瓦、瑞威尔和爱沙尼亚，但仍要求完整归还芬兰和利沃尼亚。奥斯捷尔曼报称，在斯德哥尔摩，瑞典人因俄国人的袭击而怨气填膺，他们不愿在哥萨克的马蹄离他们的首都只有几英里时和谈。尽管如此，力量天平的惊人变化仍在当年夏天体现无遗。10年前，卡尔十二世尚冒着乌克兰的酷热与烟尘，在千里之外作战。现在，彼得的哥萨克骑兵已经能够望见瑞典首都的尖塔了。

# 57

# 胜　利

　　相较于瑞典，彼得在1720年春的处境至少表面上严重恶化了。由于英王乔治一世捣鬼，俄国失去了它的全部盟国。强大的英国海军舰队进入波罗的海，阻碍、威慑沙皇。当年3月，执政仅17个月的瑞典女王乌尔丽卡·埃莉奥诺拉让位于其夫黑森的弗里德里希，后者是个精力旺盛的反俄派，决意要把战争进行到底。

　　1720年5月，约翰·诺里斯爵士率领一支空前强大的英国舰队出现在波罗的海，舰队由21艘战列舰和10艘巡防舰组成。他于当年下达的命令带有明显的敌意。4月6日，在伦敦，斯坦诺普再次向韦谢洛夫斯基提议，让英国充当俄瑞两国之间的"调停人"，韦谢洛夫斯基直截了当地予以拒绝。无论如何，斯坦诺普依旧摆出一副专横的态度，当诺里斯抵达波罗的海时，该如何对待他取决于俄国人自己：他们可以与瑞典媾和，这意味着视他为友；或是将战争继续下去，这意味着视他为敌。

　　5月23日，诺里斯抵达斯德哥尔摩，而后登岸接收年轻的卡特里特勋爵的进一步书面指令，然后前往哥本哈根和瑞典首都执行一项特别任务。卡特里特的指令中透着一股热情：

　　　　约翰·诺里斯爵士：现在是动用您的力量，借助上帝的帮助，为您的国家做出一项至为不凡、当代尚无人实现的贡献的时候了。北方的天平眼下掌握在您的手里……如果沙皇拒绝国王的调停（他可能会这样），那就表明他将继续与瑞典敌对，届时我希望您用武力说服他理智些，摧毁那支扰乱世界的舰队……上帝保佑您，约翰·诺里斯爵士。所有诚实正直的人将给您应得的掌声。您将成为很多人羡慕的对象,没人敢说您坏话。如果您摧毁了沙皇的舰队,每个英国人都将对您感激涕零,我肯定您会做到这点。[1]

在斯德哥尔摩的时候,诺里斯还向新国王弗雷德里克一世表达了自己的敬意,国王要求海军上将在汉科半岛与奥兰群岛之间的海域巡航,以防俄国桨帆船进入波的尼亚湾,重演去年夏天对瑞典海岸的毁灭性袭击。但诺里斯对在这些危险水域与沙皇的桨帆船交手的欲望并不比那些瑞典海军将领所表现出的更强烈。那里岩石丛生、暗礁遍布、雾气弥漫、海风变化无常,海图绘制得很差,也找不到领航员。如果一位海军将领率领大型远洋舰艇驶入这样一座迷宫,花岗岩礁石就会夺去他的半数兵力,一旦海风停息,这些动弹不得的庞然大物将面对大批划着桨前来攻击的俄国桨帆船,届时剩下的半数舰只也将折损殆尽。因此,诺里斯以坚定的态度表示,他将兵发多路,看看是否能对瑞威尔发动一次进攻,此地现在与喀琅施塔得一样,是俄国波罗的海舰队的主要基地。诺里斯率领一支由20艘英国战舰、11艘瑞典战舰组成的联合舰队在瑞威尔附近转了一圈,令人印象深刻地在海上示威,然后派人登岸送信给沙皇,把英国调停的建议又提了一次。信被原封不动地退回,彼得知道英国目前已公开支持他的敌人,因而已经下令不再接收诺里斯或卡特里特的来信。阿普拉克辛还警告英国上将,不要进入俄国沿海要塞火炮的射程范围之内。面对这一回绝,再加上认定瑞威尔的防御太过坚固,诺里斯消失在地平线上。

与此同时,当诺里斯在瑞威尔附近海域招摇而行时,阿普拉克辛的桨帆舰队已经把他甩到了身后,并再次来到瑞典海岸。包括哥萨克在内的8000人马在未遇抵抗的情况下登岸,深入内陆30英里,在身后留下一座座熊熊燃烧、烟柱冲天的市镇、村庄和农舍。在弗雷德里克一世的绝望请求召唤下,诺里斯慌忙从瑞威尔赶来,拦截俄国桨帆舰队,但它们已经离去,轻松、平稳地穿过岩石丛生的岛屿,沿着诺里斯不敢跟随进入的芬兰近岸海域溜掉了。其间发生了一次例外情况,其结果正如诺里斯担心的那样。一支由2艘战列舰和4艘巡防舰组成的瑞典小舰队追上了一支由61艘桨帆船组成的俄国舰队。在追击桨帆船的过程中,瑞典人试图在这些小船抵达沿海的安全水域之前将它们纳入自己的火炮射程内，结果4艘瑞典巡防舰全部搁浅、被俘。这次海上胜捷使沙皇兴高采烈，英国舰队的无能也令他欣喜万分。他在给亚古任斯基的信中写道："我们的军队在冯·门登（von Mengden）准将的指挥下入侵了瑞典，今已平安返回我们的海岸。带给敌人的损失确实不是非常大，但谢天谢地，这是在他们的盟友眼皮底下制造的，后者根本无力阻止。"[2]

回想一下，诺里斯舰队的行动似乎有些奇怪。尽管他的军舰在波罗的海同俄国处于武装敌对状态，但没有一艘英国战舰对俄国战舰开过一炮。如果诺里斯的强力战舰在公海捕捉到彼得的桨帆舰队，英国战舰就将凭借更快的速度和压倒性炮火，对俄国人形成屠杀之势。然而，尽管诺里斯从他的文职上级那里收到了命令，英国人却仅仅满足于用他们的存在——在瑞典港口扬旗、在波罗的海中部巡航来支持瑞典。很难相信，一位好斗的英国海军将领，又统领着世界上最好的水兵，却没能给敌人带来任何伤亡——只要他愿意，是可以办到的。这让人怀疑诺里斯是否不愿与沙皇的海军交战。5年前的会面中，沙皇的赞美与慷慨令他很是受用。对乔治一世而言，诺里斯的失败使他大为尴尬。尽管他设法孤立俄国、夺走其盟友，尽管他在波罗的海动用英国海军的力量，但无论是他的外交政策还是他的海军，都没能帮到瑞典或伤害到俄国。当英国战列舰在波罗的海巡弋，或是在瑞典海港停泊时，俄国的小型桨帆舰队在瑞典的海岸线到处出没，支援登陆部队焚烧、踩躏被他们选中的地区。在英国，国王的反对者嘲笑说，这支舰队是派去保卫瑞典的，但不知为什么，它始终没能在正确的时间或正确的地点出现。

到了1720年仲夏，乔治一世的反俄政策已处于失败的边缘。大多数英国人都认为，不付出一次大到他们根本不愿意考虑的努力，是不可能击败彼得和俄国的。韦谢洛夫斯基从伦敦发来报告称，每10个议员中就有8个（其中既有辉格党，也有托利党）相信，与俄国开战同英国的最高利益是背道而驰的。明智的彼得一直以极为明确的态度表示，他的斗争对象不是英国民众或英国商人，而只是国王。因此，尽管沙皇中止了外交关系、将英国和汉诺威的公使从圣彼得堡驱逐出去，但他从未容许任何破坏商业关系的事情发生。离开前，杰弗里斯试图命令为沙皇效劳的英籍造船匠和海军军官回国，但他们大多受到彼得的恩宠，在俄国享有众多特权，几乎没人把杰弗里斯的要求当回事。同样地，沙皇亲自告知在俄英商，欢迎他们继续接受他的庇护。韦谢洛夫斯基给伦敦那些与俄国做生意的商贸公司传递了类似的信息。不久以后，彼得解除了对波罗的海的瑞典港口的封锁，允许荷兰和英国商船自由通行。沙皇想尽办法强调，他的矛头对准的不是英国，而是英王利用英国来推动汉诺威利益的政策。

1720年9月，南海泡沫事件（South Sea Bubble）爆发，这起事件令英国无暇他顾，从而终止了英国真心实意地从军事上介入波罗的海局势的可能性。南海公司（South Sea Company）是一家拥有与南美和太平洋贸易特许权的公司，就连国王都是它的总裁，1720年1月，这家公司的股票价格为每股128.5英镑，3月上涨至330英镑，4月为550英镑，6月为890英镑，7月达1000英镑。9月，泡沫破裂了，股票暴跌至每股175英镑。来自社会各阶层的投机客纷纷破产，自杀者不计其数，怒吼声直冲云霄，矛头对准了公司、政府和国王。

在这场危机中，罗伯特·沃波尔（Robert Walpole）爵士站出来拯救了国王，从而在接下来的20年里稳坐其位。沃波尔是有教养的18世纪英国乡绅形象的活化身，他私下里的措辞同农场主别无二致，而在议会下院里，他舌灿莲花。他是矮个子，体重达280磅，生着庞大的脑袋、双下巴和粗黑的眉毛，他习惯在辩论的时候大声咀嚼小小的诺福克产红苹果，沃波尔在南海公司有投资，因而遭受了损失，但当事情到了无可挽回的地步之前，他就从公司和政府隐退了。被召回后，他想出了一个恢复人们信心的办法——将南海公司的大部分股票转给英格兰银行和东印度公司。在议会，他起劲地驳斥针对政府与国王的丑闻指控。如此一来，他不仅赢得了乔治一世的感激，也赢得了乔治二世的感激，他们给予他的国家权力超过了以往任何国王给予某个臣子的权力，这就是沃波尔时常被人称为"第一任首相"的缘故。

使国王转危为安后，沃波尔成了英国的主政者。作为一个彻头彻尾的辉格党人，沃波尔主张避免战争，鼓励贸易。与俄国之间这种危险而被人嘲笑的半战争状态不在他的英国繁荣蓝图内。支付给瑞典的补贴和派遣舰队的花费可以用在更好的地方。随着沃波尔掌权，尽快终止战争成了英国的国策。国王懊恼不已，但就连他也能看出，将彼得逐出波罗的海海岸的计划是不会成功的。

瑞典的弗雷德里克没多久就意识到了现状。乔治一世已无力支援，这让他醒悟了过来，他知道，如果战争继续下去，就意味着俄国对本国沿海地区的袭击也将继续，弗雷德里克决定面对战败的事实。荷尔斯泰因－戈托普公爵卡尔·弗雷德里克来到莫斯科寻求避难成了这一决定的促因。传到斯德哥尔摩的报道称，公爵受到了沙皇的隆重接待，彼得提议把自己的女儿嫁给他。对卡尔·弗雷德里克的这种关注意味着俄国支持荷尔斯泰因参与瑞典王位之争，是彼得的一记精准打击。情况是明摆着的：只有同沙皇签订一份内容包括俄国默许弗雷德里克一世占据瑞典王位的和平协议，新国王才能轻轻松松地把这个新头衔变成自己的永久资产。

弗雷德里克通知彼得，他准备重启谈判。1721年4月28日，第二次和平会议在位于波的尼亚湾的芬兰海岸的尼斯塔德（Nystad）城召开。如今已是伯爵的布鲁斯和如今已是男爵的奥斯捷尔曼再次成为俄方代表。在开幕会议上，俄国人惊讶地发现，瑞典人希望的条件比他们在奥兰会议上提出的更容易接受。反倒是瑞典人感到惊慌失措，因为他们得知彼得不再满足于像之前那样"暂时"占领利沃尼亚40年，现在他要求永久割让该地。"我很清楚我的利益所在。"此时沙皇宣称，"如果我把利沃尼亚留给瑞典，那就是在我的怀里揣了条蛇。"[3]

大不列颠对北方和平燃起新希望，并不意味着要彻底抛弃瑞典盟友。1721年4月，乔治一世写信给弗雷德里克一世，表示一支英国舰队会按照英瑞协议的要求，于当年夏天进入波罗的海，但乔治一世恳求瑞典尝试与俄国握手言和。乔治解释到，年年夏天派遣舰队的费用太过高昂，现在这支舰队的开销总额达到了60万英镑。几周后，诺里斯的22艘战列舰现身，但整个夏天，瑞典舰队都停泊在斯德哥尔摩群岛，无所事事。

与此同时，由于尼斯塔德的谈判因利沃尼亚问题而陷入僵局，双方未能达成停火协议，彼得再次派出桨帆舰队攻击瑞典海岸。5000名士兵在拉齐少将的率领下在斯德哥尔摩以北100英里处登陆，袭击了要塞城镇盖布莱（Gefle），但这座城镇对拉齐的兵力而言过于坚固了，于是俄军南下，所过之处一片焦土。松讷瓦尔（Sundeval）和另外两座城镇，以及19片堂区、506座村庄被焚毁。拉齐击败了瑞典人派来对付他的军队，与此同时，他的桨帆舰队烧毁了6艘瑞典桨帆船。6月24日，在蹂躏了长达400英里的瑞典海岸线后，拉齐奉命撤退。

拉齐的袭击尽管在规模上小于前几年夏天的袭击，却成了压垮瑞典的最后一根稻草。弗雷德里克一世终于放弃了利沃尼亚。和平条约的主要条款将彼得期望已久的土地赐给了他。利沃尼亚、因格里亚和爱沙尼亚，以及远至维堡的卡累利阿地区被"永久"割让给俄国。芬兰的其余部分被还给瑞典。作为割让利沃尼亚的补偿，俄方同意在4年内支付200万塔勒，瑞典还获得了免税购买利沃尼亚谷物的权利。双方战俘全部获释。沙皇保证自己不会介入瑞典内政，从而确认了弗雷德里克一世对瑞典王位的所有权。

1721年9月14日，当彼得离开圣彼得堡、前往维堡视察条约赐予俄国的新边境线时，一名信使从尼斯塔德赶来，带来了条约已于9月10日正式签订的消息。沙皇的精神为之大振。当条约副本交到他手中的时候，他欣喜地写道："通常情况下，每一个艺术学者都会在七年内结束他们的学业。而我们的学时有三倍那么长。但是，感谢上帝，结局好得不能再好了。"[4]

战争持续了21年后，和平终于到来，消息传来，俄国一片欢庆。彼得异常兴奋，庆祝活动没完没了、规模惊人。9月15日，圣彼得堡第一次意识到发生了些特别的事情，有人意外地看到沙皇的游艇正沿着涅瓦河返航，对维堡的访问结束得比预期快得多。游艇上的3门小炮反复鸣放礼炮，表明这是一个好消息，在甲板上的号手和鼓手的奏乐声中，船越驶越近。三一广场的码头上很快聚集起一群人，越来越多的政府官员赶来，人群每分钟都在扩大，因为这艘正在靠近的船这样做的理由只有一个。当彼得走上岸来，确认了消息后，人们又是哭泣又是欢呼。彼得从码头走向三一教堂祈祷谢恩。仪式结束后，海军上将阿普拉克辛和在场的其他高级军官、大臣要求彼得接受海军上将的晋升，他们知道什么样的奖赏最能取悦主君。

与此同时，一桶桶啤酒和葡萄酒被摆在挤满兴奋人群的街道中央。彼得登上在教堂外的广场上临时搭建的一座小讲台，冲着人群嚷道："庆祝吧，感谢上帝吧，你们这些东正教信徒，全能的上帝已经为这场持续21年的漫长战争画上了句号，并让我们与瑞典实现了欢乐而永恒的和平。"[5] 彼得举起一杯葡萄酒，向俄罗斯民族祝酒，与此同时，一队队士兵朝空中开枪，彼得保罗要塞的火炮也发出雷鸣般的轰响，以示敬意。

一个月后，彼得举办了一场持续数日的假面舞会。他忘记了自己年事已高且身患多种疾病的事实，一边在桌面上起舞，一边声嘶力竭地高唱。在一场宴会中，他突感疲劳，于是起身离桌，命令宾客不要回家，然后就到停泊在涅瓦河的私人游艇上睡觉了。当他回来时，庆祝活动继续进行，现场成了葡萄酒的海洋，喧嚣声震天撼地。整整一个星期，数千人一直头戴面具，身穿奇装异服，宴饮、跳舞、在街道上走着，在涅瓦河里划船，去睡觉，起床后一切便又开始了。

庆祝活动于10月31日达到高峰，当天，彼得现身参政院并宣布，为了表示对上帝大发慈悲、赐予俄国胜利的感谢，他将赦免除杀人犯以外的所有囚犯。此外，从战争开始到1718年的18年间，积欠政府的债务和税款也将统统废除。在同一场会议上，参政院做出决议，授予彼得"大帝""皇帝""国父"的头衔。这一决议［圣主教公会（Holy Synod）参与其中］以请愿书的形式，由缅什科夫和一个由两名参政员、普斯科夫大主教和诺夫哥罗德大主教组成的代表团交到沙皇手中。彼得承诺将对请愿加以考虑。

几天前，法国大使康普勒东乘坐一艘瑞典巡防舰来到喀琅施塔得，此人曾帮忙劝说瑞典人走上和平之路。快乐的沙皇把一切礼仪规则统统打破，亲自登上巡防舰，在甲板上拥抱了大使，还带他参观了6艘当时泊于港内的大型俄国战舰。他们一起回到首都，走过街道，在这喜庆的一周里，彼得一直将惊讶万分的康普勒东带在身边。在圣三一教堂，彼得让康普勒东享受了一次上宾之礼，他突然把一个阻挡法国人视线的贵族推到一边。在仪式期间,彼得亲自主持礼拜,与神父们一起吟唱,还帮着打拍子。常规仪式结束后,俄瑞协议的条款与批文被读给会众听。彼得宠幸的教士费奥凡·普罗科波维奇大主教发表了一篇赞美沙皇的演讲,接下来是首相戈洛夫金,他直接向彼得致辞:

> 依靠您孜孜不倦的努力和独力领导,我们,您忠实的臣民,走出了无知的黑暗世界,来到这个举世闻名的舞台(可以说是从无到有)上,在政治上成了有序社会的一分子。对于您所做的这些,以及您为我们赢得的名扬四海、回报丰厚的和平,我们怎样才能恰如其分地表达感激之情呢?因此,我们可不能在全世界面前丢脸,我们要以俄罗斯民族和陛下全体臣民的名义担起我们的责任。我们谦卑地祈求您开恩,同意我们将"祖国之父、彼得大帝、全俄罗斯皇帝"的头衔赐给您,以表我们对您带给我们和整个民族的伟大赐福的小小谢意。6

彼得迅速地点点头,表示自己会接受这一头衔。① "万岁!万岁!万岁!"参政员们喊道。教堂内外,人们山呼海啸,号声呜呜,鼓声隆隆,

---

① 颁给沙皇皇帝头衔的想法当然并非完全是参政院的自发行为。四年前,当副相的兄弟米哈伊尔·沙菲罗夫(Michael Shafirov)在档案馆翻找旧日记录和文件时,发现了一封神圣罗马帝国皇帝马克西米利安(Maximilian)于1514年写给沙皇瓦西里·伊万诺维奇(伊凡雷帝之父)的信。在信中,马克西米利安极力劝说瓦西里参加他的反波兰国王和立陶宛大公的同盟,称沙皇为"全俄罗斯的皇帝和统治者瓦西里大帝"。当沙菲罗夫向彼得出示这封用德文写成的信时,沙皇立即下令将它转译为各种文字,然后将副本发给圣彼得堡的全体外国大使。与此同时,他通过俄国的外交官和代理人,将这封信刊登在全西欧的报纸上,并附上一则宣言:"这封信将毫无争议地为全俄罗斯的君主维持上述头衔,这一高贵的头衔是在多年前赐给他们的,应更受重视,因为它是一位堪称世界一流君主的皇帝写在纸面上的。"7
在欧洲,俄国君主的头衔只得到了阶段性的承认。荷兰和普鲁士立即承认彼得为俄罗斯皇帝。其他国家拖延不决,主要原因是它们不愿与神圣罗马帝国皇帝为敌,他极为关注自己古老头衔的独特性。但瑞典于1723年承认彼得为帝,奥斯曼帝国于1739年承认安娜女皇为帝。乔治一世始终拒绝承认可老对头彼得的皇帝头衔,英国人的承认直到1742年,即乔治国王去世15年后方才到来。就在同一年,哈布斯堡皇帝承认俄罗斯皇帝拥有与自己同等的地位。法国和西班牙于1745年、波兰于1764年接受了俄皇的头衔。
俄皇头衔自彼得于1721年发表宣言起,一直应用到皇帝尼古拉二世于1917年退位。

各座教堂大钟的当当声和圣彼得堡大炮的轰鸣声随之响应。喧嚣平息后,彼得回应道:"凭借我们在战争中的耀眼表现,我们走出黑暗,迈进光明世界。光明世界里的一些人,我们还不知道他们的名字,但他们现在也尊重起我们来了。我希望整个俄罗斯民族都能认识到,在最近的战争及和平协议的缔结过程中,上帝是直接站在我们这边的。我们应当全力感谢上帝,但在期待和平的同时,我们绝不能在军事上走下坡路,以免重蹈希腊君主(君士坦丁堡的东罗马帝国)的覆辙。我们必须在海内外为我们的共同利益(上帝或许会将它赐给我们)而努力,而我们的民族将从中获益。"[8]

离开教堂后,彼得率领一行人来到参政院所在的宫殿,那里一座巨大的大厅内,摆放着供1000名宾客就座的餐桌。在那里,他受到荷尔斯泰因-戈托普公爵卡尔·弗雷德里克与外国大使的祝贺。宴席结束后是又一场舞会,然后是一场由彼得亲自设计的烟火表演。大炮再次隆隆作响,泊于河上的舰只灯火通明。在大厅内,一个内盛葡萄酒的硕大盆子——一个赴宴者称它为"一只真正的不幸之杯"被两个士兵扛在肩上,在来宾中间传递。[9]在大厅外,一座座葡萄酒喷泉在街角处汩汩直流。平台上烤着一整头牛。彼得走出大门,亲手带头切下一片片肉,然后把它们分发给人群。他自尝数片,然后举起自己的酒杯,为俄罗斯人民的健康干了一杯。

第五部分

**新俄国**

# 58

# 为国效劳

1717年的一天夜里,彼得在朋友与副手们的簇拥下坐在餐桌旁,当话题转向沙皇阿列克谢,以及他执政时期的成就与令人失望之处时,彼得提到了他父亲与波兰的战争,以及与牧首尼康的斗争。此时,伊凡·穆辛-普希金伯爵突然宣称,沙皇阿列克谢的成就无一及得上彼得的成就,他的大部分成就其实应归功于他的臣子。彼得的反应是冷冰冰的。"您蔑视我父亲的业绩,又称颂我的业绩,我听不下去了。"他说。[1] 沙皇站起身来,走向78岁的雅各布·多尔戈鲁基公爵,此人有时被称为"俄罗斯的加图"(Russian Cato)。"您对我的批评比其他任何人都厉害,您的论点让我烦恼不已,有时我觉得我会忍不住朝您发脾气,"彼得说,"但我知道,您由衷地献身于我和国家,而且您一直在说真话,因此我深表感激。现在请告诉我,您如何评价我父亲的业绩,又如何看待我的成就?"

多尔戈鲁基望了望天,然后说道:"陛下,我得想想,请您先坐下。"彼得坐了下来,多尔戈鲁基捋着长长的髭须,沉默了一阵子,然后答道:"您的问题无法一言蔽之,因为您和令尊专注的方向不同。一位沙皇必须履行的职责主要有三项,最重要的是治国与执法。令尊花在这方面的时间是很足的,您却没有,所以令尊的成就要强过您。您要是能关心这些——现在也是时候这么做了,您也许就能超过您父亲了。"

"沙皇的第二项职责是整军经武。在这方面,令尊依然是值得称许的,因为他为常备军的建立打下了基础,从而为您指明了方向。不幸的是,某些人受到误导,把他的心血破坏得一干二净,结果您不得不从头再来,我必须承认,您干得非常出色。尽管如此,我仍然不知道您二位谁做得更好。在战争结束时,我们才会知道。"

"最后，我们要谈到沙皇的第三项职责了：建立海军、订立条约、决定外交关系。在这个问题上，我希望您能赞同我，您为国家做出了卓越的贡献，取得了超越令尊的成就。因此，人们即使对您大加称颂，也是应当的。今晚有人说沙皇的成就靠的是他的臣子，我不同意。而我的看法也恰好相反：因为睿智的君主挑选的也是睿智的、有自知之明的顾问，所以明君容不下愚臣——因为他了解他们的才能，也有能力将优秀的建议与糟糕的建议区分开来。"

多尔戈鲁基发言完毕后，彼得站了起来，称他为"忠实、诚实的朋友"，并拥抱了他。

此后那些年里，"治国与执法"一直都在彼得心中占有重要地位。波尔塔瓦的胜利给了他更多的时间与自由，用于思考国内事务。他再也不用在入侵威胁即将到来的情况下，临时做出草率的决定。波尔塔瓦战役结束后的几年里，彼得的注意力不再放在整军经武和营建舰队上，而是从根本上重塑了行政部门及教会的行政机构，目的是实现本国经济、社会模式的现代化与改造。他甚至打算让自己继承的古老俄国贸易路线改道。彼得一世的根本性变革于大帝在位时期的后半段（1711年至1725年）成形。俄罗斯最伟大的诗人亚历山大·普希金将后期的根本性改革与前期的战时敕令做了个对比："那些永久性法令是由一个拥有博大胸怀、充满智慧与善意的人创造的，而早先的敕令则大多显得残忍、任性，就像是用鞭子写出来的一样。"[2]

早期变革的性质与顺序取决于战争及相应开销的需求。正如普希金所说，彼得在纸上草草写就的敕令一度成为这个国家的主要统治基础。按照俄国传统，沙皇在治国时需听取古老的波雅尔顾问会议杜马的建议，法律的执行则交由一些级别低于杜马的行政机构（名为"普利卡斯"）负责。彼得在位的头20年（1689年至1708年），这一体系没有任何变化。如果年轻的沙皇在莫斯科，就出席会议；如果他不在首都，就授权他人代表自己——因此，当彼得于1697年至1698年前往海外时，他任命费奥多尔·罗莫达诺夫斯基公爵掌管杜马，并命令其他杜马成员接受他的领导。随着年龄的增长，彼得对政府的掌控日益牢固，顾问会议就基本派不上用场了，而彼得对会议的看法也变了，以至于公开对它表示蔑视。1707年，他命令杜马做会议记录，所有成员都必须在上面签名。"没有记录不得做出任何决议，"他下令，"为的是让每件愚行都大白于天下。"[3]

1708年，当卡尔十二世朝俄国进军的时候，中央政府似乎无力应付这场危机。为了满足筹集军费和征募新兵的迫切需求，彼得下令将中央政府的行政管理权彻底下放。全国被分为8个大省——莫斯科、英格尔曼兰（Ingermanland，后改名圣彼得堡）、基辅、斯摩棱斯克、阿尔汉格尔、喀山、亚速和西伯利亚，它们被赋予广泛的权力，特别是所在地区的征税权和征兵权。为了凸显这些新设立的地方政府的重要性，彼得委派他手下最高级的副手担任总督。但这一新体制没能运转起来。总督大多住在圣彼得堡，离他们应当管辖的地区实在太远，无法实现有效控制。有些总督，如缅什科夫和阿普拉克辛，肩负着更为紧迫的与陆海军相关的职责。1711年2月，彼得准备承认自己的失败。他写信给缅什科夫："迄今为止，天知道我有多难过。因为总督都学着螃蟹的样子，来料理他们的业务，所以我不该再和他们费口舌了，而应当揍他们一顿。"缅什科夫本人也挨了批评。"告诉我，您现在在做什么买卖？销量如何？钱是什么时候花光的？都花到哪里去了？"苦恼的沙皇命令道，"因为我们对您的政府的了解并不比对外国的了解更多。"[4]

省政府无能为力，那就只剩下彼得的中央政府，摇摇欲坠的波雅尔杜马，以及效率日益低下、机构日益重叠的行政部门了。尽管彼得试图凭借自身的巨大精力战胜属下的低效与惰性，但就连他自己也常有精力不足的时候。他带着沮丧、失望的心情写信给叶卡捷琳娜："我控制不了自己的左手了，这样一来，我只能用一只右手既握剑又握笔。至于能助我一臂之力的人究竟有多少，您是清楚的。"[5]

最后，彼得终于意识到，问题的一部分出在自己身上。权力集中于他一人之手，而他又总是到处奔波，这就为行政管理出了个难题。此外，他的精力完全放到军事和外交上了，根本没时间处理内政。为了确立必要法规、制定法案、执行法律、管理政府、判定违法行为，彼得需要一个比波雅尔杜马更强力、更高效的新机构。

参政院于1711年2月设立，此时彼得即将动身参加以惨败告终的普鲁特河之役，沙皇此举的目的在于建立一个在他外出期间代为治国的临时机构。设立参政院的简短敕令特别提到了这一点："朕委派政府参政院于朕不在的时候管理国家。"[6] 这个由9名参政员组成的新机构将代替沙皇统治国家，因而被授予广泛的权力：它将监督省政府，扮演最高法院的角色，负责一应国家开支，但最重要的职责是"尽可能多地征税，因为金钱是战争的命脉"。[7] 另一道敕令是颁布给所有僧俗官员和机构的，他们必须像服从沙皇一样服从参政院，违者将处以死刑。

彼得从普鲁特河归来后，参政院并没有消失，而是逐渐成为俄国中央政府的主要执行及立法机关。没有参政院的指示或同意，什么也办不成；沙皇不在时，它就是俄国政府。然而，尽管彼得全力强化它的权力，却没有人上当。参政院的权力几乎都是虚权，而它的庄严色彩也褪得差不多了。事实上，参政院始终是一个传达、执行独裁者意志的组织，没有自己的独立意志。它就是个工具，其权力相当于一个代理人，它的司法权仅限于国内事务——一切与外交政策、对外战争或媾和有关的问题，只能留给沙皇解决。参政院协助彼得，将他那些匆匆写就、意义含糊的指令加以诠释和明确，再把它们变成法律。但在人民眼中，参政院很清楚它只是这位不容挑战的主人创造出来的，只是他的仆人而已，而参政院自己也这么认为。

彼得最重要的助手——缅什科夫、阿普拉克辛、戈洛夫金、舍列梅捷夫，均不在参政员之列，这一事实更加清晰地体现了参政院的从属地位。这些人被称为"顶级权贵""负责人"，他们有权"遵照陛下的吩咐"，向参政院传达命令。然而，彼得同时又指示缅什科夫，他和其他人必须服从参政院。事实上，彼得既需要强悍、忠心的副手们的助力，又需要强力的中央行政机构的援手。他没有明确让其中一方压倒另一方，因此听任局面陷入混乱，政府的运作模式、体系相互矛盾、相互对立。"顶级权贵"和"负责人"们无可避免地蔑视这个羽翼未丰的机构的权威，乃至拒绝加以承认。

彼得本人也并不总是对参政院的作为感到满意。他经常写信给参政员，像斥责轻率的孩子一样斥责他们，说他们把自己变成笑柄。他表示，"由于参政院代表的是陛下本人"，他们的行为倍加可耻。他勒令他们不得把开会时间浪费在讨论与业务无关的事情、唠叨不休和开玩笑上，因为"时间的丧失如同死亡，想要夺回时间就和让死者复活一样困难"。[8] 他还命令他们不要在家里或私下场合处理事务，每次讨论都必须做书面记录。然而，参政院的动作对彼得而言依然太过迟缓。有一次，他召集参政员，让他们将"已办事项和未办事项，以及已办和未办的理由"告诉自己。[9] 他屡次用刑罚来威胁参政员。"除了治国，您什么都不用做。"他宣称，"如果您没有尽职尽责，您得向上帝做出答复，也不会逃避来自俗世的制裁。"[10] "您听从于愚蠢的旧俗，干下了收受贿赂的可鄙勾当。"还有一次，他高声咆哮："只要您来到我面前，您就得遭受不同形式的盘问。"[11]

1715年11月，彼得试图把参政院训练得更有效率，他设立了"法令监察长"（Inspector General of Decrees）一职，监察长与"参政院共处一室，负责记录参政院颁布的法令，监督它们的执行，弹劾渎职的参政员并课以罚金"。[12] 在外国受过教育的瓦西里·佐托夫成为首任法令监察长，他是彼得昔日的家庭教师的儿子，却成果寥寥，很快他就向彼得抱怨，参政院根本不重视他的想法，每周本须抽出3天时间来开会，但也没法维持下去。此外，还有150万卢布的税款尚未征收。

1720年，新制定的巨细无遗的参政院议事规则公布。开会时"不得做出大声叫嚷等情绪外露的行为……陈述、思考、讨论事务的时间为半小时。但是，如果事情较为复杂，有人要求给予更多的时间，则可推迟至第二天。倘若事情较为紧急，可给予多达3小时的额外时间，以供进一步商议，但沙漏一旦显示时间耗尽，则须将纸张与墨水分发下去，每个参政员都要写下自己的意见，并在上面签名。若有参政员没有这么做，会议将中止。无论此时沙皇身在何方，都须有人飞奔前去告知此事"。[13]

最后，就连法令监察长也无法在参政院维持秩序，这一点变得明显以后，近卫军军官被派去监督参政员，一次一个月。行为失当的参政员将被逮捕，囚禁在彼得保罗要塞，直到此事得以汇报给沙皇。

事实上，参政院之所以运行良好，完全是第一参政员雅各布·多尔戈鲁基的功劳，多才多艺的他已为国效力数十年。他是首位被派往路易十四宫廷的俄国大使。1687年，正在任上的他买了一个星盘，并将它带回国，交给15岁的彼得。62岁那年，他参加了纳尔瓦战役，结果当了俘虏，在瑞典人那里蹲了11年大牢。1712年，73岁的他越狱并设法回到了俄国，回国后，他被任命为第一参政员。多尔戈鲁基的肖像画把他描绘成一个强有力的人物，长着双下巴，蓄着又长又浓又蓬乱的髭须，他的外表显得不修边幅，透着精明与凶猛。他也拥有勇敢、倔强、意志坚强的性格，喜欢以自己的方式行事。当他无法凭借逻辑或脾气将自己的想法强加给他人时，就干脆用尽力量朝反对者高声咆哮。缅什科夫是唯一一个能与多尔戈鲁基顶牛的人，因为他永远有沙皇恩宠的保护。

多尔戈鲁基总是敢对彼得说实话。他曾在彼得统治末年撕毁一道敕令，因为他觉得它不是皇帝深思熟虑后的产物。这道敕令命令所有在圣彼得堡、诺夫哥罗德政府管辖范围内的地主将自己的农奴送去挖掘拉多加运河。敕令签署的当天，多尔戈鲁基并不在场，翌日读到敕令时，他厉声抗议。其他参政员看起来也不自在，但他们警告多尔戈鲁基：现在抗议为时已晚，因为皇上已经签字了。多尔戈鲁基顿感憎恶，于是将法令一撕两半。其他参政员大惊失色，他们站起身来，问他是否知道自己在做什么。"当然知道。"多尔戈鲁基激动地答道，"即使面对上帝，面对皇上，面对我的国家，我也会这么回答。"[14]

就在此时，彼得走了进来。当他看到参政员全站着时，大吃一惊，便询问发生了什么。一个参政员用颤抖的声音把刚才的事情告诉了他。彼得的脸色沉了下来，转向83岁的多尔戈鲁基，要他给个解释。"我这样做是因为我对您的名誉充满热忱，也是为了您的臣民好。"多尔戈鲁基答道，"不要动怒，彼得·阿列克谢耶维奇。我坚定地相信您是个聪明人，断不会像卡尔十二世那样，打算把您的国家变成一片荒凉之地吧？您的法令牵涉两个地方政府，而您根本没有好好考虑过它们的处境。您难道不知道这两个地方在战争中遭受的损失比帝国所有省份加起来还要惨重吗？您难道不知道这两个地方的居民死亡无数吗？您难道对人民的悲惨现状一无所知吗？您为什么不能从每个省份各征发一小批人去挖掘这条非修建不可的运河呢？别的省份的人口可比这两个的多多了，可以轻而易举地实现劳工供给。还有，您手上不是有一批够用的瑞典战俘吗？有他们在，您就不用强迫您的臣民去从事这种劳动了。"

听完多尔戈鲁基的呼吁，彼得冷静地转向其他参政员。"这道法令暂缓执行。"他说，"我会好好考虑这件事，然后再让你们知道我的意向。"不久之后，数千名瑞典战俘被调去挖掘拉多加运河。

即便如此，尽管有多尔戈鲁基、佐托夫和近卫军军官的存在，参政院的表现仍未能达到彼得的期望。最后他意识到，单靠来自上级的力量或是以力量相威胁是不够的，往往还会适得其反。参政院不能按沙皇的习惯做法，以蛮横粗暴的方式加以训练，它必须继续在公众心目中维持自己的尊严与权威。此外，参政院的负担实在太重了。行政效率低下、参政员彼此反目、不愿承担责任，导致海量的业务被积压起来，越来越多，未解决的案件和未做出的决议一度达到1.6万件。

于是，彼得在1722年设立了一个新的管理岗位——总检察长（Procurator General），他将是皇帝在参政院的私人代表。"他就是我的眼睛，透过他，我可以看到一切。"彼得将总检察长介绍给参政员们时宣称，"他知道我想干什么，想要什么。他所考虑的是大家的共同利益，是你们将要去做的事。即使他的计划看上去与我和国家的利益背道而驰，你们也应当加以执行，然后通知我，等待我的命令。"[15] 总检察长的职责是指导参政院，并监督它的工作。他不是这个机构的成员，因此没有投票权，却是事实上的参政院院长，负责在会议期间维持秩序，负责提出法律草案，并将它付诸表决（他用一个沙漏来限制讨论时间）。如果新法案通过，他还得见证它被送往皇帝处审批。如果行政部门看不懂参政院颁布的敕令的用词或含义，或是发现它难以执行，它们就会通知总检察长，后者将要求参政院用更为明白易懂的语言将敕令重写一遍。

对于这一重要角色，彼得中意的人选是帕维尔·亚古任斯基，他是彼得手下那些出身低微的"雏鸟"中的一员。亚古任斯基比皇帝年轻11岁，出生于莫斯科，父母都是立陶宛人，他父亲是当地一家路德宗教堂的风琴手。彼得从一开始就喜欢上了亚古任斯基,将他招入近卫军,这个健壮的年轻人才智出众、幽默感十足,引得沙皇龙颜大悦,让他做了自己的战地勤务兵。亚古任斯基的晋升速度很快。彼得派他去完成外交使命,去巴黎时也把他带在身边,法国人称他为彼得的"宠儿"。亚古任斯基是个容易激动的人,又嗜酒如命,每个星期他都为自己制造一些新的敌人,然后把他们统统忘光,但他对彼得绝对忠诚。他几乎从不撒谎,为人果决,在彼得看来,这些品质是许多参政员所缺乏的。

即使在亚古任斯基获得任命之前,彼得就已经改变了参政院扮演的角色。1711年至1718年,参政院既是行政部门,也是立法部门,但彼得意识到国家需要一个同参政院分离的新行政机关。如此一来,参政院就能专注于立法事务了。这次领悟促使他开始尝试从欧洲引进一项新的政治制度,即委员会制度。

从自己的欧洲之旅及外国大使和本国间谍提交的报告中,沙皇得知委员会是丹麦、普鲁士、奥地利和瑞典政府的基本政治制度。就连英国也有类似的海军本部委员会(Board of the Admiralty),这个半自治的机构负责管理皇家海军的一应事务。彼得曾向莱布尼茨咨询过,后者报称:"除了委员会,世上别无优秀的行政机构。它的运行机制与钟表相像,各个齿轮互相作用,保持运转。"[16] 瑞典的委员会体系享有的名望冠绝全欧,它运作得极为良好,以至于瑞典政府在本国君主外出15年、丧师失地,外加遭受毁灭性瘟疫打击的情况下,仍能把国家管理得稳稳当当。彼得对卡尔钦佩有加,对瑞典人的效率也赞赏有加,借用起对手的东西全无顾虑,决定以瑞典的委员会作为本国的模板。

到1718年,他的新体制已准备完毕。老式的行政机构"普利卡斯"的数量当时已经达到35个,如今被9个新的委员会取而代之——外事委员会、税收委员会、司法委员会、支出委员会、财控委员会、战争委员会、海军委员会、商业委员会、矿业及制造业委员会。这些委员会的主席由俄罗斯人担当(事实上,他们都是彼得的密友或主要助手),副主席则是外国人。例外情况有二:苏格兰人布鲁斯将军被任命为矿业及制造业委员会主席,外事委员会的主席戈洛夫金和副主席沙菲罗夫都是俄罗斯人。

9个委员会的主席同时成为参政院成员，这个机构也随之变为主席会议。

为了帮助这些外国式机构运转，彼得引进一批外国专家。俄国间谍满欧洲邀请外国人前往新设的俄国委员会就职。就连一些学过俄语的瑞典战俘也受邀加入。（韦伯认为一些人不会接受，他们"觉得母国会对自己的行为展开烦人的调查"。[17]）最后，外国人总算找够了。韦伯描述了外事委员会的繁忙情景，字里行间热情洋溢——"这家外事机构派送的急件所使用的语种之多，世所罕见。他们的口译和书记员掌握着16门语言：俄语、拉丁语、波兰语、高地荷兰语、低地荷兰语、英语、丹麦语、法语、意大利语、西班牙语、希腊语、土耳其语、汉语、鞑靼语、卡尔梅克语和蒙古语"。[18]

然而，即便新机构的各环节都有外国人效力，委员会体系仍开始出现动摇。外籍律师、行政人员及其他专家很难把新体制解释给俄国同事听。请来帮忙的译员对瑞典的术语和行政事务一无所知，翻译起来结结巴巴的。向地方官员讲解新体制及其程序的难度更大。地方的书记员完全不了解这类事务，对圣彼得堡的新机构而言，他们送往首都的报告不要说加以分类、理解了，甚至都无法卒读。

此外，有几个委员会主席以敷衍的态度对待自己的新任务，彼得再次被迫像训斥孩子一样训斥他们。他命令，每周二和周四，他们都必须在委员会露面，在委员会和参政院时，他们的举止必须得体。"只准讨论手头的事务，不准闲扯。另外，一旦有人开始发言，其他人必须表现得像文明人那样，容许发言者把话讲完，而不能像菜市场的妇女那样插嘴。"[19]

彼得希望新设委员会的主席成为参政院成员后，能够提高这个组织的效率。然而，沙皇让这些彼此敌对、猜忌的当权者共处一室，自己却不在场维持秩序。于是，这帮人就大吵特吵，甚至干起架来。贵族参政员多尔戈鲁基和戈利岑瞧不起出身低微的缅什科夫、沙菲罗夫和亚古任斯基。外事委员会的主席戈洛夫金与副主席沙菲罗夫彼此仇视。争吵日趋激烈，参政员们公开指责对方为窃贼。当彼得远在里海时，一项决议获得通过：将沙菲罗夫在参政院干下的那些离谱的不法行径汇报给皇上。彼得归来后，一座由参政院和将军组成的高级特别法庭在普列奥布拉任斯科耶开庭，在听取证词后，法庭判处沙菲罗夫死刑。1723年2月16日，沙菲罗夫被一架普通雪橇载至克里姆林宫。判词宣读完毕后，他的假发和破破烂烂的羊皮外套被剥去，本人被带上断头台。他一边反复画着十字，一边跪倒在地，把脑袋搁在木砧上。刽子手举起了斧头——就在此时，彼得的内阁秘书长马卡洛夫走上前来，当众宣布：考虑到沙菲罗夫为国效劳多年，皇帝饶他一命，改判流放西伯利亚。沙菲罗夫站起身来，爬下断头台，他的双眼盈满了泪水。他被带往参政院，前同事为他的遭遇感到震惊，纷纷祝贺他免于一死。为了让他的情绪平静下来，医生给他放了血。沙菲罗夫思忖着自己的惨淡未来，对他们说："你们最好把我最大的一根血管切开，这样就能把我从痛苦中解救出来了。"[20] 流放西伯利亚的判决后来再度更改，沙菲罗夫与家人一道被囚禁在诺夫哥罗德。两年后彼得过世，沙菲罗夫得到叶卡捷琳娜的赦免，并于安娜女皇在位时期重返参政院。

彼得对新行政机构寄予的希望往往得不到满足。这个机构与俄国人的惯例格格不入，新行政人员的训练和积极性都不足。对部属而言，活泼善变、摄人心魄的沙皇的存在既无法提高他们的积极性，也不能让他们变得更加果断。彼得一面要求他们担起责任、大胆行动，一面又在他们犯错时惩罚他们。如此一来，他们自然变得过于谨慎，"就好像一个仆人眼看着主人溺水，却不去施救，直到确定了合同里是否写了这一点，他才心满意足地把主人拉出水面"。[21]

随着彼得老去，他似乎掌握了这个问题的症结所在。他开始从法律与制度层面，而非个人（这里的"个人"也包括他自己）强权层面去理解政府的重要性。他不再用居高临下的姿态命令人们做这做那，代之以教诲、指导和说服。"国家利益到底是什么？解释这个问题很有必要，"他说，"让人们理解相关定义同样很有必要。"1716年以后，他在颁布重大法令时，通常会先以教学的形式解释这条法律的必要性，所用方法包括引用历史上的类似条文、逻辑分析，以及向人们保证它的实用性。

总体而言，彼得的新政治体制是一种进步。俄国的面貌发生了变化，与古老的波雅尔会议和"普利卡斯"相比，由参政院和各个委员会管理新国家与新社会或许更有效率。参政院和委员会都坚持到王朝终结，但委员会变成了部门，参政院则更名为"帝国议会"。1720年，建筑师特雷齐尼在位于瓦西列夫斯基岛的涅瓦河堤岸上修建了一栋长度极为可观的红砖建筑，作为委员会和参政院的办公楼。这栋建筑如今成了圣彼得堡大学的大楼，在幸存至今的彼得时代圣彼得堡大厦中，它是最大的一栋。

彼得的改革对个人造成的影响，不亚于对体制造成的影响。与中世纪欧洲一样，服务义务是俄国社会的基础。农奴有义务为地主服务，地主有义务为沙皇服务。彼得完全不曾破坏这些义务的纽带，甚至不曾放松它们，而是将它们绞得更紧，目的是把社会各阶层压榨到极点。例外不曾存在，压迫也不曾减轻。服务是彼得一生的动力，沙皇投入自己的能量和力量，以确保每个俄国人都以尽可能高的效率服务。在新式俄国陆军或海军中担任军官的贵族必须懂得如何使用现代武器和战术作战，那些进入日益西化的中央行政部门的贵族则必须接受培训，掌握应付新工作的必备技能。服务理念得到了扩大，接受教育的义务被囊括其中。

1696年，在大特使团组建前夕，彼得出于情感冲动，首次将一批俄国年轻人派往西方，从而以实用主义的立场开始了这项计划。波尔塔瓦战役之后，彼得做出这方面努力的态度变得更认真、更具包容性，也更趋于制度化。1712年颁布的一项法令规定，地主的儿子统统必须前往参政院报到。他们被划分为几个年龄组；最年轻的一组被送往瑞威尔学习航海技术，中间年龄段的一组被送往荷兰接受海军训练，最年长的一组直接入伍。1714年，大网张得更开了：所有年龄在10岁到30岁之间、尚未登记或服役的青年贵族都被勒令向参政院报到，以在当年冬天接受任务。

彼得计划将军队完全交给受过专业训练的俄国贵族指挥，他们于15岁那年成为近卫军或线列步兵团的列兵，要为国效力25年。每个贵族都得凭借自己的功勋，从军队的最底层一步步升上去。1714年2月，彼得毫无余地地禁止任命任何非行伍出身者为军官，不论此人拥有什么头衔。300名来自俄国最高贵家族的贵族一度成了列兵，领着少得可怜的军饷、食物，过上了最不舒心的日子。按照库拉金公爵的说法，对圣彼得堡人而言，看到戈利岑家或加加林家的某个成员肩扛火枪，站在军营前方放哨可不是什么稀罕事。

然而,这些年轻人受到的教导远不仅有如何操作火器、如何进行军事操练而已。由于接受训练的人越来越多,军团已不再只是军官的摇篮,它培养的学生在各个领域为国效力。一些年轻人学习如何制造枪炮,还有些学的是工程学、航海学、语言——有人被送往阿斯特拉罕学习如何采盐。最后,彼得的近卫军军官团成了一座人才宝库,彼得可以从中选取任一领域的国之栋梁。沙皇派驻于参政院的监督员就是近卫军军官。为皇储阿列克谢定罪的世俗法庭的大部分成员也是这些军官。

尽管大多数青年贵族都进了军队,但参军并不是想为国效力者的优先选择;民政系统发展迅速,它的门口总是被挤得水泄不通,因为在政府部门工作的危险性较小,环境也不是那么艰苦,潜在收益却要大得多。为了避免太多求职者走上这条道路,彼得下令:担任文官者不得超过家族成员的1/3,其余2/3的成员必须在陆军或海军中服役。

对大多数俄国人而言,海军是一个与他们全然不能相容、令人厌恶透顶的团体。就不受欢迎这一点而言,海军在程度和广度上都超过了陆军。如果谁家的儿子要去参军,父亲就会想方设法把他安排到海军以外的任何地方去。尽管如此,当数学与航海学院于1715年从莫斯科迁往圣彼得堡的时候,教室里仍被挤得水泄不通。"今年夏天,海军学院开办了。"韦伯于1715年写道,"按照我的想法,俄罗斯帝国疆域虽广,学院里却找不到一个本国贵胄子弟,但贵族之家有义务把10岁至18岁的男性后代中的1/3(或者更多)送去。我们亲眼看到这些孩子从俄国各地涌向圣彼得堡。如此一来,这所学院就成了俄国贵族阶层的花圃,在过去4年间,贵族子弟们学习各种属于航海学范畴的科学知识。此外,他们的课程包括语言、击剑,以及其他体育锻炼。"[22]

面对彼得对他们或他们儿子做出的安排,俄国贵族没有轻易屈服。虽然彼得于1712年颁布的第一道法令只是为了更新贵族名单并登记造册,让贵族们日后为国服务,但沙皇心里明白,这些青年在地方上过着舒适的生活,自己不可能轻而易举地强迫他们离开那里。于是,他附带颁发了一则带有威胁性质的命令,规定不去报到者将被处以罚款、肉刑和没收财产的惩罚。他还加上一条：无论是谁，只要能够确认某个贵族没去参政院报到，而情况又属实，就可以得到那个贵族的全部财产，即使告密者是个"逃跑的农奴"。

这种威胁往往以失败告终。贵族为了逃避服役登记，发明了无数欺骗手段和借口：做生意、旅行、出访海外，或是躲进修道院里。有些人干脆消失在俄国的茫茫大地上。负责调查的书记员或士兵来到目的地后，只找到一栋被遗弃的房屋；奇怪的是，村里没人知道他们的主人去了哪里。一些人的逃役办法是装病，或是装成圣愚："他跳进湖里，立于水中，任湖水拍打着他的胡须。"[23] 当一些贵族青年为了躲避服役，在莫斯科的一家神学院报名注册时，彼得立刻将这些见习僧侣征入海军，把他们送到圣彼得堡的海军学院去。作为进一步的惩罚措施，他们被打发到莫伊卡运河畔打桩。古老的俄国贵族家族遭受如此羞辱，这令海军上将阿普拉克辛感到不快，他跑到莫伊卡，把挂着圣安德烈勋章和蓝色绶带的将军制服脱了下来，挂在一根木杆上，然后开始与那些年轻人一起打桩。彼得大惊失色，赶来问道："费奥多尔·马特维耶维奇，你一个海军上将怎么敲起木桩来了？"阿普拉克辛直通通地答道："陛下，我的外甥和外孙在这里干活，那么我又是什么人？有什么资格享受特权？"[24]

最后，彼得不得不下旨：凡是不进行服役登记的贵族都将成为不受法律保护者。这就意味着谁都可以抢劫或杀害他们，无须受到任何惩罚，若将他们扭送衙门，则可获得不受法律保护者的半数财产。1721年，彼得终于设立了纹章官一职，也是为了限制逃役。担任者的职责是不断更新贵族名册，将所有贵族男孩的名字，以及那些履行义务为国效力的贵族之子的所在地和能力登记在案。

在彼得看来，教育只是报国阶梯的第一级，他想让每个孩子在幼年就踏上这道阶梯。1714年，在计划将全体贵族于15岁时强制登记为兵的同时，他命令这帮人的弟弟必须于10岁时在世俗学校登记注册。距离他们预备入伍尚有5年时间。在这5年里，他们将学习读写和基本的算术、几何知识；在获得一份证明他已修完这些课程的结业证书之前，这些年轻人不得结婚。地主对这一破坏他们传统的举措深感怨恨。2年后，也就是在1716

年，彼得认输，撤销了自己的法令。他试图坚持让中产阶级的孩子接受强制教育，结果是一样的——人人抵制，人人逃避，弄得彼得不得不放弃。

当贵族或其他人加入报国队伍后，无论参加的是陆军、海军还是行政部门，他的晋升之路恐怕都要以功勋铺就。这是一场与众不同、拥有深远潜在意义的改革，唯功是举的准则被纳入其中，古老的俄罗斯沙皇国继承法则遭到沙皇颠覆。按照传统，父亲去世后，地产和别的不动产将由其子嗣平分。土地不停地被划分，越来越小，结果是贵族们越来越穷，而税源也随之枯竭。彼得于1714年3月14日颁下的法令宣布，父亲只能将未划分的地产传给一个儿子——这个儿子不一定是长子（如果他没有儿子，那么女儿同样适用于这一规定）。在英国时，彼得对那里的继承制留下了深刻印象：头衔与土地均由长子承袭，而对幼子的期望是加入陆军、海军，或是从事某种形式的生意。但彼得拒绝长子继承制，而是选择了功勋继承制，他认为后者比英国的制度更具建设性：财产交给最能干的儿子继承，土地可以保持完整，而家族的财富和荣誉也因此得以保存（征起税来也方便了），农奴也可以得到更好的照顾。没能继承家产的子嗣将被解放出来，在报效国家的领域觅得一席用武之地。不幸的是，彼得大帝的法令当中，这项最不得人心，因为它引发了一幕又一幕的家庭纠纷和暴力冲突。1730年，即彼得去世5年后，这项法令被废除了。

终其一生，功勋、忠诚和奉献始终是彼得选择、判断、提拔他人的唯一标准。无论是贵族还是"卖馅饼的"，无论是俄罗斯人、瑞士人、苏格兰人还是德意志人，无论是东正教徒、天主教徒、新教徒还是犹太教徒，只要有能力且乐意为国服务，就可以从彼得那里得到不计其数的头衔、财富、恩宠和义务。舍列梅捷夫、多尔戈鲁基、戈利岑和库拉金这些姓氏在顶着它们的人效力于彼得麾下多年前便已大名鼎鼎，但那些人的成功不仅要归功于血统，也要归功于勋绩。此外，缅什科夫的父亲是个文书，亚古任斯基的父亲是个信奉路德宗的风琴师，沙菲罗夫的父亲是个改宗的犹太教徒，库尔巴托夫的父亲是个农奴。奥斯捷尔曼和马卡洛夫是秘书出身，圣彼得堡首任警务总长安东尼·德维尔（Anthony Devier）起先是个葡萄牙籍犹太裔船舱服务生，彼得在荷兰发现了他，把他带回俄国。尼基塔·杰米多夫本是图拉的一名金属工匠,为人勤勉但目不识丁,最后出于对他的精力和成就的钦佩,彼得将乌拉尔的大片土地赏赐给他,用于开矿。亚伯拉罕(易卜拉欣)·汉尼拔〔Abraham(Ibrahim)Hannibal〕是个阿比西尼亚黑人王子,被带到君士坦丁堡充当奴隶,后被人买下,作为礼物送给彼得。沙皇给了他自由,让他当了自己的教子,还把他送到巴黎接受教育,最终晋升他为炮兵司令。① 这些人,用普希金的话来说,他们是彼得手下的鹰和雏鹰,他们起家时俱是白身,但等到他们去世时,身份已变为王公、伯爵和男爵,他们的名字在俄罗斯历史上同彼得密不可分。

谈到彼得凭功绩提拔他人一节,最好的实例莫过于伊凡·涅普柳耶夫(Ivan Neplyuev)的生涯。此人是彼得手下最著名的"雏鸟"之一。涅普柳耶夫是诺夫哥罗德地区一个小地主的儿子,于1715年受到国家征召。那一年他22岁,已是两个孩子的父亲。他被送往诺夫哥罗德的学校学习数学,后前往纳尔瓦的学校学习航海知识,之后又被送往圣彼得堡海军学院。1716年,有30名海军学校学员在哥本哈根的俄国舰队服役,他是其中一员。离开哥本哈根后,涅普柳耶夫跟着彼得去了阿姆斯特丹,彼得旋即把他派往威尼斯,在桨帆船上接受训练。在亚德里亚海和爱琴海与土耳其人战斗了两年后,涅普柳耶夫接着去了热那亚、土伦、马赛和加的斯(Cadiz)。在加的斯,他在西班牙海军中服了6个月役。于1720年6月回到圣彼得堡时,他接到命令,前往海军部接受沙皇的考试。"我不知道同僚是如何应对这个消息的,"涅普柳耶夫在回忆录中写道,"但为了做好迎接'审判日'的准备,我彻夜未眠。"25

轮到涅普柳耶夫的时候,彼得的态度很亲切,一边拉过他的手来亲吻,一边说:"您看,兄弟,我是沙皇,但我的双手生着老茧,因为我想给你们做个榜样。"当涅普柳耶夫跪下时,彼得道:"兄弟,站起来回答问题罢。不要害怕。如果您答得上来,就直说;如果您答不上来,也直说。"涅普柳耶夫通过了考试,获得了一艘桨帆船的指挥权。

---

① 汉尼拔是亚历山大·普希金的外祖父,又是普希金小说《彼得大帝的黑奴》(仅完成了40页残篇)的中心人物,因而在过世后获得了不朽的名声。

然而，他几乎立刻就被调走了，被派去主管圣彼得堡的舰船制造工作。在接受任命的同时，涅普柳耶夫得到一个建议——"无论何时都要说真话，绝对不要说谎。即使情况对你不利，如果你撒谎，沙皇将会更加愤怒。"没过多久，这位年轻造船师就有了验证这一建议的机会。有天早上他迟到了，来到工作地点的时候，发现彼得已经在那里了。他本想跑回家去，然后捎话说自己病了，但随即想起了那个建议，于是径直走向彼得。"您看，我的朋友，我比您早到。"彼得发话了，双眼仰望着天空。"我应当受到责备，陛下。"涅普柳耶夫答道，"昨晚我和别人在一起，熬到很晚，所以起来迟了。"彼得抓住他的肩膀，用力挤压。涅普柳耶夫确信自己死定了。"谢谢您，我的孩子，您说了实话。"沙皇说，"上帝会原谅您的。我们都是凡人。"

但涅普柳耶夫在这个岗位上也没干多久。由于语言能力很出色，他频频被征去做翻译。1721年1月，年仅28岁的他以俄国大使的身份被派往君士坦丁堡，于1734年回国，到自己的封地里享福去了，那是彼得在他出国时赏赐给他的。最后他成了参政员。1774年，80岁的他撒手人寰，此时已是叶卡捷琳娜大帝在位时期。

1722年，在统治生涯行将结束的时候，彼得通过一个永久性的制度框架，展现了自己对唯功是举信念的坚定信仰，这就是著名的"俄罗斯帝国官阶表"，它将所有进入报国大门的年轻人置于3道平行的官职阶梯前方，这3道阶梯对应属于公职体系的3个分支：武官、文官和内官。每个分支的官阶都有14个等级，3个分支的官阶等级彼此一一对应。每个报国者的职业生涯都是从最低一级开始的。晋升不是靠本人的出身或社会地位，而是严格依照立下的功勋和工作资历。此后，至少从理论上说，贵族在俄国已不再重要，每个人都有机会获得荣誉和官职。旧俄时代的贵族头衔没有被废除，但这些头衔已不再附有特权与荣耀。平民和外国人被鼓励申请更高等级的公职，那些值得留意的士兵、水手、秘书和文书在官阶表中得到了合适的位置，一旦这些人得到一官半职，他们就可以在据信平等的条件下与俄国贵族竞争了。平民只要获得这以上的职位，如武官的第十四级或文官、内官的第八级，就会被授予"世袭贵族"的地位，得到拥有农奴的权利，还能把进入公职体系底层的权利传给他们的儿子。

彼得就这样将他的信念传给了后代人，他更看重的始终是能力而非出身，他自己就是凭借努力在陆、海军中一步步升上去的。这场改革得以延续，虽然它后来因特别恩宠与行贿得迁的做法变了质，并不可避免地遭到腐蚀，但它仍是俄罗斯帝国阶级结构的基石。从很大程度上说，要想在"官阶表"上占得一席之地，靠的不再是个人出身，而是个人价值，新鲜血液源源不断地注入军队和官僚队伍中，即便一个人的父亲是个穷地主，甚至是个来自遥远的伏尔加地区的农奴出身的士兵，他也能与俄国历史上最古老家族的后人平起平坐。[1]

在纸面上，如同那些出自彼得之手的敕令所宣称的那样，可以想象，这场行政改革或许可以从理论上将俄国政府的运作模式变得和钟表齿轮一样。但事实并非如此，这不仅是因为政府的领会速度太慢或不愿做出改变，还因为政府体系的多个层面出现了腐败现象。腐败祸害的可不只有国家财政，还有国家机器的基本效率。拜它所赐，本就难以理解的外来行政制度几乎无法运行。

行贿受贿与挪用公款是俄国公共生活的传统，而公共服务则照例被视为牟取私利的手段。这种做法被广泛认同，因而俄国官员的薪俸很少，或者干脆为零，依靠受贿维持生计被认为是理所当然的事。在彼得的时代，只有少数几个政府官员——舍列梅捷夫、列普宁、鲁缅采夫、马卡洛夫、奥斯捷尔曼和亚古任斯基拥有诚实正直、一心为公的名声。其余人等忠于彼得本人，却视国家为可供压榨的奶牛。

---

[1] 讽刺的是，按照"官阶表"的说法，列宁（他出生时的名字是弗拉基米尔·伊里奇·乌里扬诺夫）是个俄国世袭贵族。这个头衔承袭自他的父亲伊利亚（Ilya），此人是农奴的儿子，后进入喀山大学，变成了教师。1874年，他接管了辛比尔斯克（Simbirsk，位于伏尔加河畔）省的初等教育工作。他用了14年时间，使得该省的小学数量从20座增加到434座。由于这一成就，他晋升为实职国务顾问（Actual State Councilor），文官的第四等，相当于军队里的少将。1887年，列宁的哥哥亚历山大·乌里扬诺夫（Alexander Ulyanov）因试图暗杀沙皇亚历山大三世而被处决，此时这一头衔便自动传给了未来的苏维埃政权创始人。1892年，当时21岁的列宁为参加司法考试而向圣彼得堡当局提交申请时，他的署名为"贵族弗拉基米尔·乌里扬诺夫"（Nobleman Vladimir Ulyanov）。[26]

其后果是，绝大多数行政人员一心想着的是如何以权谋私，如何不被发觉、逃脱惩罚，而不是如何为国服务。贪婪与恐惧这两个巨大的消极动机成了彼得一朝官僚阶层的主要特征。等待着他们的有可能是庞大的财富——富甲天下的缅什科夫就是一例，也很可能是拷问、绞架或是轮刑。然而，不管彼得怎么做——敦促、说服、劝诱、威胁、惩处，结果似乎都没什么不同。他意识到光靠强迫是不够的。"我可以用凿子把木块变得不是太难看，"他悲伤地说，"但我没法用棍棒让骡子掉头。"[27]

失望接踵而至，且不仅仅来自那些最高级官员。彼得曾提拔一名正直的律师做法官。坐上新位置后，他手里有了裁决权，也就成了可能的受贿对象，新法官堕落了。当彼得发觉后，不仅赦免了这个法官，还把他的薪水加了一倍，以免他再次受到诱惑。但沙皇同时保证，如果法官再次背叛自己的信任，必将被处以绞刑。那个法官热情地承诺，彼得对他的信任是合情合理的，但不久之后他就又收受了一笔贿赂。彼得绞死了他。

沙皇接受了自己无法使各级政府彻底诚信正直的事实，但他决意消除形形色色的腐败现象，它们把国库都掏空了。1713年出台的一道法令呼吁全体公民向沙皇本人举报政府人员的腐败问题。举报者的指控倘若属实，得到的奖赏就是被告的财产。对大多数人而言，这似乎太危险了，其结果是匿名举报信源源而来，其中许多属于恶意举报，目的是报复个人恩怨。彼得颁布了另一道法令，谴责匿名信作者"将恶毒隐藏在美德的外表下"。他承诺自己会保护那些反映实情的举报者："无论哪位臣民，只要是真正的基督徒，或是君主和祖国的可敬仆人，都可以以口头或书信的形式向沙皇本人举报，无须害怕。"[28] 一封匿名信终于寄来，内容为指控几个最高级别的政府官员大规模贪污。作者被说服而站了出来，一场引人注目的审判继而上演。

多年以来，农村地区须按照规定为军队筹集物资，并经由新征服地区将物资运往圣彼得堡和其他市镇，由于运输不便，这项制度带来了沉重的负担。为了解决这些问题，中间人应运而生，他们答应承担必要的运输工作，作为回报，他们有权索取更高的价钱。这种做法引发了不计其数的骗局。一些政府要人参与其中，与运输方勾结，有时干脆借用他人名字亲自承接军需运输工作。尽管丑闻已经传得尽人皆知，却没人敢向牵涉其中的贵族高官叫板，把事情捅给彼得。最后，人们痛苦到了极点，他们向军需品大盗支付的费用，比徭役费用高出了整整一倍。有个人下定决心，必须向彼得报告此事；同时他打算保护好自己，因而他依然选择匿名举报，把几封匿名检举信放在彼得路过的几个地方。彼得读了其中一封，遂向作者提议：如果他能站出来证明检举内容属实，自己不但会保护他，还会给予丰厚的赏赐。举报者现了身，向沙皇提供了无懈可击的证据，表明沙皇的主要助手参与了这场骗局。

1715年初，一场大规模调查开始了。公爵缅什科夫、海军上将阿普拉克辛、公爵马修·加加林、炮兵司令布鲁斯将军、圣彼得堡副总督科萨柯夫、海军部第一大臣基金、一级炮兵总监西纳温（Sinavin）、参政员奥普克廷（Opukhtin）和沃尔孔斯基（Volkonsky），以及大批级别较低的文职人员均牵涉其中。调查十分彻底，找到了大量证据。阿普拉克辛和布鲁斯被送上军事法庭。他们辩称，自己大多数时候都在海上，或是随同陆军征战，极少待在圣彼得堡，因而未能察觉仆人背着他们干下的勾当。缅什科夫同样长期在外，指挥波美拉尼亚的军队，但也遭到指控，罪名包括治军时进行财务欺诈、从政府合同中牟取不法利益、浪费价值100万卢布的政府资产。

痛恨缅什科夫的人实在是太多了，调查委员会的负责人又是他的死敌雅各布·多尔戈鲁基公爵，这就使起诉变成了夸大事实的挟私报复，进而使缅什科夫可以更加轻易地削弱它的可信度，驳斥它的部分内容。经过仔细审查，委员会发现缅什科夫的罪责不能简单归结于贪婪，有很大一部分在性质上属于管理不善与管理混乱。此外，许多违规行为是不带欺诈意图的。各种地产给缅什科夫带来了极其丰厚的合法收入。他经常以自己的收入贴补政府支出，也经常把公款用作个人用途。不少违规行为属于挪用资金但未妥善记账。例如，缅什科夫自圣彼得堡建立起就担任总督，已有十余年之久。在这段时间里，他不仅没有领到一分薪水，反而频频自掏腰包，用于政府事务。由于彼得不喜欢高楼大厦和大型招待会，缅什科夫便自行修建了一座巨宅，然后以东道主的身份，在宅邸内举办了无数场公共宴会和外交宴会，并为此耗费甚巨。宴会开支往往得不到报销，但彼得希望缅什科夫继续扮演这一角色。此外，有时他会自掏腰包，处理紧急国事。1714年7月，海军上将阿普拉克辛从芬兰来了一封急信，表示自己的军队正在挨饿。由于此时彼得不在京城，缅什科夫要求参政院采取行动，但参政员们拒绝承担任何责任，于是缅什科夫大着胆子，自己出钱征集了价值20万卢布的军需物资并装船，送去支援阿普拉克辛的部队。

尽管如此，仍有一些违规行为无法解释清楚。委员会发现，有一次他赊欠了144 788卢布，还有一次赊欠了202 283卢布。委员会罚他自己垫上这几笔钱。缅什科夫支付了部分罚金，但当他向沙皇提出请求后，剩下的部分被免掉了。

阿普拉克辛和布鲁斯也因往日有功于国而免除了沉重的罚金，但其他涉案人员遭到了冷酷无情的处罚。2名被定罪的参政员——沃尔孔斯基和奥普克廷被当众处以鞭刑，他们的舌头被烙铁烤焦，因为他们违背了自己的誓言。他们不仅自己成了罪犯，还玷污了新成立的参政院的名声。圣彼得堡副总督科萨柯夫遭到当众鞭笞。另有3人在挨过鞭子后，鼻子被切开，然后送上绞架。其余8名罪行较轻的犯人被按在地上，然后被士兵用"巴托格"抽打。当彼得命令他们停手时，士兵们嚷道："国父，让我们再抽他几下，因为这群贼偷走了我们的面包！"[29] 一些人被流放西伯利亚。曾受到彼得特别恩宠的基金被判处流放，家产充公，但叶卡捷琳娜为他说情，他的官职和财产才得以恢复。4年后，基金再度受审，这次是因为他参与了皇储阿列克谢的案子，结果掉了脑袋。

作为根除腐败的手段，匿名信和公开检举属于无计划性一类。1711年3月，彼得成立了一个由官府密探组成的部门，这些探子叫作"检察官"。他们接受一名长官的领导，此人叫作"总检察官"，其使命是把贪污犯统统挖出来，并向参政院告发，无论对方的级别有多高。这种系统化、官方化的检举行为在俄国尚是新生事物。在此之前，俄国法律允许以私人控告作为逮捕与审判的依据。但控告是一把双刃剑。控告者必须站出来证明自己的检举属实，如果指控被发现不实，受到拷问、惩处的就是控告者而非被控告者了。但现在控告者变成了终身执法官员,也就免除了报复之虞,而指控自然也大大增多了。很快,500名检察官就成了全俄最遭人痛恨的对象。就连他们名义上的雇主——参政员也惧怕这些不知疲倦的特务。1712年4月,3名高级检察官向彼得抱怨,称参政员故意对他们提交的报告置之不理。参政员雅各布·多尔戈鲁基和格雷戈里·普列米扬尼科夫(Gregory Plemyannikov)还称他们为"敌基督者和恶棍"。此外,他们甚至不敢靠近大多数参政员。当年晚些时候,都主教斯蒂芬·亚沃尔斯基在一次布道中谴责检察官,宣称他们肆意摆布每个人的命运,自己却凌驾于法律之上。但彼得没有出手干预,检察官们也继续着他们那受人憎恨的事业。

在检察官中,最敬业的要数阿列克谢·涅斯捷罗夫(Alexis Nesterov),他最终成为总检察官。这个狂热分子心怀怒火,干劲冲天,将触角伸入政府的方方面面,带着满腔恶意谴责他的受害者。有一次,他甚至将自己的儿子送去受审。涅斯捷罗夫最著名的猎物是马修·加加林公爵,自1708年起,他一直担任西伯利亚总督。由于所辖省份距离首都极为遥远,加加林在乌拉尔山彼端的地位几乎与君王无异。取道涅尔琴斯克的对华贸易此时已被政府所垄断,监督贸易线路是加加林的职责之一。涅斯捷罗夫通过自己的间谍网,发现加加林在税收上营私舞弊:他不仅容许私商不法经营,而且自己也参与其中。通过此类手段,他积累了巨额财富。他每天都要设宴款待许多宾客,他床头悬挂的一尊圣母像以钻石为饰,价值13万卢布。但加加林的记录并不只有污点。相反,加加林对西伯利亚的发展贡献甚巨:他推动当地工商业发展,并在这片辽阔的土地上开发矿产资源。此外,由于统治手段温和,加加林在所辖省份深得人心。当他被捕时,7000名在西伯利亚干活的瑞典战俘请求沙皇赦免公爵。

1714年,涅斯捷罗夫向彼得递交了第一份关于加加林不法行径的报告,但沙皇拒绝追究此事。1717年,涅斯捷罗夫又提交了一份罪证材料,彼得委任一个由近卫军军官组成的委员会调查此事。加加林遭逮捕,他承认了自己的违规乃至违法行为,并乞求沙皇赦免自己,允许自己在修道院内苦修忏悔,了却余生。所有人都以为彼得会看在总督的影响力和功劳上赦免他，但是，沙皇下旨要求官员为官清正，结果却屡遭嘲弄，已是火冒三丈，他决意杀一儆百。1718年9月，加加林在圣彼得堡被判有罪，并被公开处以绞刑。

涅斯捷罗夫掌权近10年。后来，这位总检察官在收礼时被逮个正着，尽管收受的礼物数量微不足道，但此事依然引起许多幸灾乐祸的人的关注。仇敌的恨意层层累积，很快就把他打垮了。他遭到审讯、定罪，并被判处轮刑。判决在一座广场执行，它正对着特雷齐尼为瓦西列夫斯基岛的几所大学设计的新建筑。当时涅斯捷罗夫已是一个白发苍苍的老人。躺在轮子上时，他还活着，恰逢彼得造访这几所大学，走向窗户朝外望去，看到了涅斯捷罗夫，顿生怜悯。沙皇命令立即斩下总检察官的头颅，以免让他继续受苦。

在犯罪者中，缅什科夫是最坏的一个，连涅斯捷罗夫也从不敢指控此人。他的主君长期忍耐他、纵容他，却被这位公爵一次又一次加以利用。他知道彼得需要自己，因为对任何一个孤零零地站在权力之巅的人而言，像缅什科夫这样的朋友都是必不可少的。他是彼得的知己、彼得思想的诠释者、彼得决定的执行者、彼得的亲密酒友、彼得儿子的管理者、彼得的骑兵司令、彼得的得力助手。在公开场合，他以敬重到过头的态度小心翼翼地对待沙皇；在私下场合，他很清楚自己行为的底线何在。如果他在无意间越了过去，就会吃到彼得的老拳或棍子。他高高兴兴地接受了这个事实，从未闹过别扭，因此更加受宠。然而，在彼得背后，缅什科夫摆出的又是另一张面孔。对下级，他盛气凌人；对竞争对手，他态度傲慢。他的野心永无止境，他的作风粗鲁无礼。他绝不宽恕自己的敌人，人们痛恨他，又都惧怕他。

在彼得统治期间，随着时间流逝，这位皇家宠臣的力量不断增长，波尔塔瓦战役后，他几乎已无人能撼动。缅什科夫是圣彼得堡总督，也是第一参政员、圣安德烈骑士团成员、神圣罗马帝国伯爵，他还从波兰国王、丹麦国王和普鲁士国王那里得到过一些头衔。人们常常传说，他可以从波罗的海的里加出发，穿越整个帝国，抵达里海附近的杰尔宾特（Derbent），途中总能找到名下的封地作为安歇之处。他在涅瓦的宅第是一座金碧辉煌的宫殿，里面配有绅士、管家和小厮。一顿晚餐，巴黎来的厨子得准备200道菜，菜肴盛在金盘里。缅什科夫的马车是扇形的，车门上装饰着他的金质徽章，车顶上安放着金冠，拉车的6匹马身披金红色马衣。当他乘坐马车横穿街道时，身边总有一群身穿制服的仆人和乐师相伴，担任护卫的龙骑兵负责在人群中清出一条道来。然而，尽管彼得怀着喜爱和感激之情，赐给缅什科夫大量财富，但始终未能填满这个无底洞。与其他许多从一无所有到权倾天下的人一样，他非常喜欢那些彰显自己权臣身份的装饰品。当别人赠送的贿赂和礼物不敷使用时，他就贪婪地盗窃国家财富。虽然他被彼得课以巨额罚金，但始终富甲一方，在短暂失宠后，他总能重新得到圣眷。每当缅什科夫丑闻不断时，外国大使们总猜想以后再也不会听到这些了，但不久之后，就发现他不但东山再起，而且容光焕发、令人生畏。在他们看来，这位公爵是只凤凰。

对于缅什科夫的所作所为，彼得往往只是不加理会。有一次，参政院发现了缅什科夫在购置军火时有违规行为的证据。他们要求公爵给个解释，但缅什科夫傲慢地漠视他们，拒绝以书信回应，或是签署任何文件，而是派一名下级军官捎去口信作为答复。参政员们随即将针对缅什科夫的主要指控及相关证据罗列成一份清单，然后放在沙皇座椅前的桌子上。当彼得走进房间时，他拾起那张纸，快速地扫了一眼，然后把它放回到桌上，一句话也没说。最后，托尔斯泰大着胆子询问皇上做何反应。"没什么可说的，"彼得答道，"缅什科夫将永远是缅什科夫。"[30]

尽管如此，彼得的纵容也是有限度的。有一次，他曾短暂没收缅什科夫在乌克兰的广大封地，还强迫他缴纳20万卢布的罚款，缅什科夫的报复是把涅瓦的自家宅邸的织锦和缎帘统统撤掉，把优雅的家具全部搬走。几天后，当彼得前来拜访时，他惊讶地发现房子几乎空了。"这是什么意思？"他问道。"啊呀，陛下，为了偿还国库的欠款，我不得不把一切都变卖了。"缅什科夫说。彼得盯着他看了一会儿。"我比其他人都了解您，"他咆哮道，"别跟我玩这些把戏。二十四小时之内，我会回到这里，如果到时候您的房子还没有布置成一位尊贵殿下、一位圣彼得堡总督的府第的样子，罚金就将加倍！"[31]当彼得回来后，宫殿的装修比以前更加富丽堂皇。

彼得对缅什科夫的第一次警告发生在1711年，在此之前，公爵被控告在波兰带兵期间犯有勒索罪（缅什科夫为自己辩护的理由是，他只从波兰人那里强取豪夺）。"改过自新，不然我就要您的脑袋。"彼得威胁道，缅什科夫暂时顺从了。1715年，他再次遭到指控，但缴纳了一笔罚金，再度逃脱了惩罚。尽管如此，1715年审判后，彼得对他的老友表现出一种新的冷静态度。他继续拜访缅什科夫府，继续用亲切的语气，甚至是满怀深情的语气给他写信，但再也没有完全给予他信任。缅什科夫谨慎地适应了这种新关系。在自己的信中，他不再像之前那样用亲昵的字眼称呼彼得，而是换成了较为正式、敬重的风格，就像臣子在向独裁君主致辞一样。每当沙皇的心情变差时，他就可怜巴巴地道歉，唤起彼得的旧日情谊，促使彼得想起自己的昔日之功。叶卡捷琳娜是公爵的有力保护者，她无时无刻不在准备为他说情。有一次，彼得答允了妻子的恳请，但警告她将来要注意："缅什科夫在娘胎里就沾上了邪性，他是带着罪恶出世的，以后也会在欺骗中离世。除非他改邪归正，否则必将成为无头之鬼。"[32]

没过多久，缅什科夫就又遇到了麻烦。1719年1月初，他再遭控告。军事法庭传讯了他，一同被传讯的还有海军上将阿普拉克辛和参政员雅各布·多尔戈鲁基，他们的罪名是对因格里亚管理不当，以及侵吞用于购置骑兵战马的2.1万卢布公款。缅什科夫承认自己拿了这笔钱，但他的辩护理由是，政府尚欠他2.9万卢布，他从未收到一个子儿。因此，当这笔钱到他手里的时候，他就把它作为还款的一部分，装进了自己兜里。法庭接受了这一可使罪行减轻的说法，但依旧裁定他违反军法。他和阿普拉克辛被判处剥夺所有封地和荣誉，必须交出佩剑，然后被禁足在家，直到判决得到沙皇批准。两人回到家中，等待着惩罚之剑落下。彼得起初批准了判决，但出人意料的是，只过了一天他就予以撤销，以酬两人昔日的贡献。两人均官复原职。他们缴纳了大笔罚款，但未再受到任何处罚。彼得完全承受不起失去他们的代价。

这段时间内，缅什科夫似乎老实了。不久以后，普鲁士公使写道："亲爱的缅什科夫公爵被狠狠摆了一道。沙皇问他在因格里亚有多少佃农，他承认的数字是7000名，但陛下的消息要灵通得多，他告诉公爵，自己可以让他保留7000名佃农，但超过这个数字的部分——换言之，他还有8000名佃户——必须统统放弃。缅什科夫忧心忡忡，很想知道接下来自己身上会发生什么，最后竟大病一场，瘦得像条狗一样，但他再度死里逃生，得到赦免，直到撒旦再次开始诱惑他为止。"[33]

尽管如此，彼得的预言依然属实："缅什科夫将永远是缅什科夫"，公爵仍在欺骗主上。1723年，他再度被捕，并受到调查委员会的传唤。他曾得到马泽帕位于巴图林附近的封地。1724年，他被指控隐瞒当地3万多名农奴的存在，他们要么是逃服兵役者，要么是逃奴。缅什科夫再度仰仗于温和的皇后的辩护，他在她的加冕礼上提出请求，并将责任推到马泽帕身上，说这些隐户在他继承封地时便已存在。他又一次得以免除大部分罪责，但当彼得去世时，调查仍在继续，后被叶卡捷琳娜终止。

彼得是个欲望不高的人，他对副手们的无耻与贪婪感到难过与嫌恶，他们一有机会就掠夺这个国家。他放眼望去，受贿、挪用和勒索现象比比皆是，"人人都把国库的钱往自己衣袖里藏"。有一次，在听取了参政院罗列上报的又一批腐败案件后，彼得在盛怒之下召来亚古任斯基，命他立刻把蛀虫们统统处决，即使他们的劫掠所得只够买一根绳子。亚古任斯基把彼得的命令写了下来，然后停笔问道："陛下是否仔细考虑过这道敕令带来的后果？""给我继续写下去。"彼得怒气冲冲地说。"陛下愿意孤零零地生活在一个臣民也没有的帝国中吗？"亚古任斯基不屈不挠地说道，"因为我们都是贼。有些人偷得少些，有些人偷得多些，但我们都在盗窃。"[34] 彼得笑了，他悲伤地摇摇头，就此作罢。

但他还是把反腐坚持到底。他不时会拿一个大贪污犯做榜样（比如加加林），希望以此震慑那些小贪官。有一次，涅斯捷罗夫问道："是只砍掉腐败之树的枝，还是将树连根斩断？"彼得答道："统统摧毁，树枝和树根都不留。"[35] 这是一个毫无前景的使命，彼得无法依靠强制手段实现官场的廉正化。从这层意义上讲，受到沙皇赞赏的时人伊凡·波索什科夫（Ivan Pososhkov）是对的，他写道："这位伟大的君主夙兴夜寐，却一无所成。沙皇独自一人用以一当十的力量往山上爬。可是，把他往山下拽的人有数百万之多。"[36]

59

# 法令下的商贸活动

在前彼得时代的俄国，几乎没有半点儿称得上工业的东西。分布于城镇之中的小型工厂、作坊生产家具、手工艺品和工具，仅仅满足沙皇、波雅尔和商人们的需求。在农村地区，农民们的器物全靠自制。

1698年，彼得自西方返回，当即下定决心改变这种状况。余生之中，他一直致力于让俄国变得更加富裕，让俄国的经济变得更有效率、更加多产。起初，由于他的国家陷入了一场大战，彼得为建立工业所做的尝试与战争的需求完全相关。他开办火炮工厂、火药工厂、火枪工厂、皮革厂（生产马鞍和马具）和纺织厂（编织呢绒制品和船帆，用于生产制服和军舰）。到了1705年，莫斯科和沃罗涅日的国有纺织厂办得红红火火。彼得在给缅什科夫的信中写道："它们在生产布匹，拜上帝所赐，产品质量很棒，所以我给自己做了套假日长袍。"[1]

波尔塔瓦战役后，沙皇的侧重点变了。由于战争的需求不再像以往那么迫切，彼得开始将更多的兴趣投入到其他类型的制造业上，这些产业旨在将俄国人的生活提升至西方水平，同时减少俄国对进口的依赖性。彼得意识到，本国因进口丝绸、天鹅绒、缎带、瓷器和水晶而花费甚巨，为此他开办了一批工厂，在国内生产这些产品。为了保护刚刚起步的本国工业，他向外国丝绸、布匹征收两倍于国内市场价的高额进口税。他的政策与当时其他欧洲国家基本相似，若要以一语概之，那便是"重商主义"：增加出口以赚取外汇，减少进口以阻止俄国财富外流。

彼得的工业化政策还有一个目的，它的重要性不亚于第一个。他的征税员先前为了筹措战争资金，已经把俄国压榨到民不聊生。彼得意识到，要继续向民众征税，唯一长期可行的方案是生产更多的国家财富，进而增加税基。为了达到这一目的,他运用自身力量和国家力量,从各个方面发展国家经济。彼得认为,壮大国家经济是自己的责任,但同时他明白,私人企业和私人主动性才是国家财富的真正来源。他的目的是建立一个俄国企业家阶层,让其协助并最终代替君主和国家创造这种财富。这可不是一件轻松的任务。由于传统观点影响,俄国贵族不屑参与工商业,因此,他们坚决不肯投资商业企业。彼得软硬兼施,他鼓吹商业的高贵性与实用性,还把投身工商业变成了一种为国服务的光荣方式——就像服务于陆军、海军和文官队伍一样。政府通过矿业和制造业委员会,以贷款和补助的形式提供启动资金,授予垄断权和免税权,有时干脆用财政资金设立工厂,然后把它们租给个人或企业。这些安排往往是强制性的。1712年,国家建立了一批布厂,交由私商经营。"如果他们不打算自愿管理这些工厂,"相关敕令称,"那么就必须强迫他们这样做。给他们提供设备来支付工厂的开销,这样他们就会高高兴兴地去做生意。"[2]

不是所有的新企业都搞得红红火火。缅什科夫、沙菲罗夫和彼得·托尔斯泰创办的一家丝绸公司得到了大量优惠和补助,但依旧经营失败。缅什科夫与合伙人发生争吵并辞去职务,被海军上将阿普拉克辛取而代之。最终,在创业资金消耗殆尽后,这家公司被以20万卢布的价格卖给私商。缅什科夫在白海成立了一家捕猎海象和鳕鱼的公司,这一次,他的运气要好一些。

在国家与私人产业的合作中,矿业和重工业领域最为成功。彼得登基时,俄国在莫斯科郊区、图拉,以及位于奥涅加湖(Lake Onega)的奥涅茨(Olonets)拥有约20座小型国有和私有铸铁厂。彼得宣称:"我们俄国比别的许多地方都富有,上天将金属和矿产赐给我们。"他在执政之初就开始利用这些自然资源。[3] 在大特使团雇来为俄国服务的外国人中,采矿工程师为数众多。安德鲁·维尼乌斯的荷兰父亲在图拉开办了几家钢铁厂,由沙皇和铁器制造商尼基塔·杰米多夫共同拥有,战争甫一开始,它们的业务就得到了扩展——为三军提供火枪和火炮。图拉成了一座巨大的兵工厂,各式各样的兵器制造者和铁匠住进了它的郊区。波尔塔瓦战役后,彼得派遣勘探者走遍乌拉尔山脉,寻找矿床。1718年,他设立矿业和制造业委员会，目的是鼓励定位、开发新的矿产地。1719年12月颁布的一道敕令威胁说，任何对自家土地下的矿床隐匿不报，或是阻挠他人勘探的地主都将被处以鞭刑。人们发现，在乌拉尔山脉（特别是彼尔姆省的那段）起伏的群山之下，埋藏着数量惊人的富矿：从采自地下的矿石中提炼出的纯铁，其分量几乎达到矿石本身的一半。为了促进这些储量丰富的矿脉的开采，彼得再度向尼基塔·杰米多夫求助。至彼得统治末年，一座巨大的工业、矿业复合体在乌拉尔山脉拔地而起，它由21座铸铁厂和铸铜厂组成，其中心位于叶卡捷琳堡，这座城市以彼得之妻的名字命名。①在上述工厂中，9座为国有，12座为私有——包括杰米多夫名下的5座工厂。它们的产量持续提高，到彼得统治结束时，全俄40%以上的铁都来自乌拉尔。终沙皇一生，俄国的生铁产量与英国持平，到了叶卡捷琳娜大帝统治时期，俄国取代瑞典，成为欧洲最大的产铁国。这些红红火火的矿山和铸造厂把俄国变成了一个强国（彼得去世时，兵工厂的大炮产量达1.6万门），把杰米多夫变成了一个巨富。皇储彼得·彼得洛维奇降生时，杰米多夫送给这个婴儿10万卢布"出牙钱"（tooth-cutting money）。1720年，得意扬扬的孩子父亲封杰米多夫为伯爵，这一头衔一直持续到罗曼诺夫王朝结束。

为了促进贸易，俄国需要更多的流通货币。自彼得率大特使团从西方归来后，俄国就铸造了一批新的货币，但数量极为稀少，以至于圣彼得堡、莫斯科和阿尔汉格尔的商人光是要维持经营，就得以15%的利息借贷新币。货币稀缺的原因之一在于俄国人有一个根深蒂固的习惯——只要手里有钱，他们马上就会把它藏起来。从农民到贵族，概莫能外。一个外国访客是这样解释的："如果一个农民因偶然的机会，得到了一笔小钱，他会把它藏在粪堆下面，而这笔钱无论对他还是对国家而言，就等于不存在了。至于贵族，因为担心钱财惹眼，再加上朝廷也不喜欢他们炫富，于是他们往往把钱锁在保险柜里，任其腐烂，那些较为老练的贵族会把钱送

---

① 1918年，叶卡捷琳堡成了俄国末代皇帝尼古拉二世一家的遇害之地。如今这座城市被命名为斯维尔德洛夫斯克（Sverdlovsk）。

往伦敦、威尼斯或阿姆斯特丹的银行。结果，由于贵族和农民都把钱藏起来，市场上没有了流通的货币，国家一无所获。"大北方战争初期颁布的一道敕令宣称："禁止贮藏货币。谁要是发现有人藏钱并告发，就可以得到那笔钱的1/3作为奖赏，其余部分归国家所有。"4

货币稀缺的另一个原因是贵重金属储量不足。外国金匠和银匠来到俄国后，因失去信心又打道回府。此外，许多新铸的卢布无论从成色还是从分量上看，都属于次品。彼得对此心知肚明、忧心忡忡，但矿山实在无法出产足够的金银，他也只能任由货币继续贬值。1714年，为了维持本国经济，彼得禁止出口白银。1718年，离开俄境的商人须接受搜查，若发现携有金币、银币或铜币，一律充公。只要稍有怀疑，海关官员就会拆卸外出旅行的商人的马车或雪橇。1723年，这一法规得到了补充，变得更加严苛：任何将白银带往国外者都将被处以死刑。另一方面，金银的进口却得到了大力鼓励，这些金属免征关税。当俄国人向外国人出售商品时，如果对方用俄币付款，则不得接受，外币却始终可以接受。①

彼得的命令以一种急不可待的姿态自上颁发，而下面的人往往根本没弄懂沙皇敕令的目的或用意，便照单全收，逼得沙皇不得不从头到尾死死盯着。此外，他还必须使用强迫手段，以确保事情能够办好。俄国人就传统而言是保守的，顽固地拒绝创新。彼得曾对大臣们说："你们自己心里清楚，只要是新制度，即使是必不可少的好制度，如不强迫，我们的人民是不会遵守的。"5 他从未为动用强制力量表示歉意。在1723年颁布的一道圣旨中，他解释道："我们的人民就像一群孩子，除非受到老师的强迫，否则他们永远不会开始学习字母表。对他们而言，一开始似乎非常吃力，但当他们学会了以后，他们就会感激涕零了。所以在有关工业的事情上，我们绝不能仅仅满足于提出想法，还须付诸行动，甚至采取强制措施。"6

商业的运行机制精致、细密，国家法令往往不是最好的推动工具。就彼得的情况而言，导致他的努力打折扣的可不仅仅是那些强制手段而

---

① 上述情况，对后来在苏联定居或旅游的外国人而言，有一种熟悉的味道。

已——他自己也不是总能确定自己想要什么。当他的注意力飘忽不定，或是转移到别的事情上时，那帮本就搞不清他目的的手下干脆什么都不做，于是一切都停滞了。彼得的方法严格遵循实证主义。他时而试试这种办法，时而试试那种办法，时而下令，时而又撤回。他一心想找到行之有效的体系，但有时根本没有充分思考自己到底需要些什么，或者自己面对的究竟是一种怎样的障碍。他的政策方向变来变去，没完没了，他制定的细则丝毫不给地方留下调整的余地，弄得俄国商人、制造商晕头转向，彻底丧失了主动性。有一次，荷兰大使使出浑身解数，争取让俄国人批准一份新的贸易协议，结果因一而再再而三的拖延而灰心丧气，奥斯捷尔曼告诉他："私底下，我可以对你说句实话：我们当中一个懂商业的也没有。"[7]

有些时候，彼得的事业之所以失败，只是由于他没有下达指示。他性如烈火，又喜怒无常，因此只要没有得到明确指示，人们绝不愿主动采取行动，以至于干脆无所作为。例如，诺夫哥罗德储存着一批数量很大的军用皮制马鞍和马具。地方当局固然知道它们的存在，但上面没有下达分发命令，于是它们就那样堆放着，直到"最终发霉、腐烂，必须用铲子才能挖出来"。[8] 1717年也发生过类似的情况，当时一大堆来自俄国中部的橡树干经由运河被送往拉多加湖，用于打造波罗的海舰队，但它们被丢在海岸上，任由海水冲刷、泥沙掩埋，而这仅仅是因为彼得当时正访问德、法，又没有留下对它们加以利用的明确指令。

尽管沙皇对革新怀有强烈兴趣，但他的注意力往往被其他事务所占据，而俄国国民对革新既不了解也不情愿，在二者之间架起一座桥梁的是外国人。从彼得自西方归来（1698年）到他去世（1725年）的那段时间内，外国专家与外国工匠涌入俄国，没有他们，彼得旨在发展国家经济的举措就没有实现的可能性。在初次访问阿姆斯特丹和伦敦期间，沙皇雇用的外国人超过1000人。此后，驻外国宫廷的俄国大使和间谍就得到了一项急迫的任务——寻访、说服当地工匠和技术人员来俄效力。

在工业、商业和农业活动中，外国工匠、思想、机器和材料处处发挥着作用。购自法国的葡萄树被种在阿斯特拉罕附近，作酿酒之用，一位荷兰旅行者宣称，那些葡萄树的果实酿出的酒"够红，够讨人喜欢"。[9] 20

名从西里西亚到来的牧人被派往喀山，他们负有两个使命：一是剪羊毛，二是指导俄国人如何用羊毛制成织品，这样就不用再从英国购买羊毛织品来做军装了。彼得发现普鲁士马和西里西亚马质量较好，便命令参政院修建种马场，进口种马和母马。他注意到西方农民用一种长柄的钐刀收割谷物，而不像俄国农民那样，总是弓着腰，用短柄镰刀干活，于是下旨命令人民必须采用钐刀。圣彼得堡附近的一家工厂用俄国亚麻制作出的亚麻布，无论从哪个方面都不逊于荷兰的亚麻布。在一间工坊里，一位年老的荷兰妇女教授80个俄国妇女如何使用纺车，这东西在俄国鲜有人知，亚麻就是在那里被纺成织物的。离济贫院不远处有一座造纸厂，经营者是个德意志专家。在这片土地上，到处都有外国人在教导俄国人如何建立和经营玻璃厂、砖窑、磨坊、制硝厂、制铁厂和造纸厂。在俄外国工人一度享有众多特权，包括免费住房和为期10年的免税权。俄国人的猜疑、排外情绪将这些人团团包围，但他们生活在沙皇的人身保护下，彼得严厉地警告臣民，不得伤害或欺负他们。甚至当一个外国人没能成功时，彼得往往仍会亲切地对待他，给他一笔钱，遣他回家。

这项政策背后包含的，可不是什么轻浮的崇洋媚外之情。恰恰相反，彼得的目标只有一个，而且毫不动摇——利用外国技术人员，帮助自己建设一个现代化的俄国。每份与外国人签订的合同都会包括一个条件，那是他们得到邀请、被授予特权的先决条件："他们必须给予我们的人民正确的指导，不得有所隐瞒。"外国专家偶尔会尝试隐瞒一些商业秘密。在一个这样的案例中，几个英国烟草加工者在离开俄境时，用暴力方式阻止他们的专有技术落入俄国人之手。令人惊讶的是，英国大使查尔斯·惠特沃思不仅支持这种做法，甚至还亲自上阵：

> 有种用于制备烟草、给烟草染色的溶液，是俄国人渴望知晓的大秘密……俄国工人被解雇了，当天晚上，我与我的秘书帕森斯先生，以及4名仆人来到工坊。我们用大半个晚上的时间，摧毁了几台仪器和原材料，有些设备太过坚固，我们不得不弄出很大的动静，才把它们拆成碎片。我把几个盛着1/4桶烟草溶液的桶子劈裂了，好让液体

流光……我还破坏了巨大的转轮,以及60多个用于轧制烟草的滚轴;随后摧毁了3台已经装配完毕、用于切削烟草的发动机,拿走了另两具金属板和起重装置;几台用于将烟草压制成形的发动机被拆开,螺丝支离破碎,木制防水板被砸烂,铜质配件被带走,约20把精细的筛子被切成碎片……第二天,我的仆人回到这里,把木头残渣统统付之一炬。[10]

如果这位大使在这起夜间暴力事件中扮演的角色被彼得发现,惠特沃思就肯定无法在俄国继续待下去了。

但在另一起事件中,一个俄国人依靠智慧战胜了一个严守秘密的外国人。彼得在圣彼得堡附近开办了一座缎带厂,并将一批年轻的俄国学徒安置在那里,工厂的主管是个外国人。一年下来,彼得发现,有个年轻人的技艺是这批俄国青年中最娴熟的,只要把原料搁在织机上,他就可以织出任何一种缎带。但无论是他还是他的同伴,都无法在无人协助的情况下开始工作。因为主管总是亲手给织机上料,而且禁止他人在自己操作期间观看。彼得吩咐这个学徒刺探秘密,并承诺事成之后有赏。于是,学徒在车间的天花板上钻了个小洞,然后静静地伏在上面,观察主管摆弄织机。把技术学到手后,他通知了沙皇,后者在宫中安设了一台织机,亲自到场观看。当学徒成功完成操作时,彼得吻了他,赐给他一笔钱,还让他当了新主管。

在涅瓦河畔建起一座新都后,彼得认定,它不应当仅仅是官僚的行政大楼和近卫军团的阅兵场。他打算让圣彼得堡成为一座巨大的港口和商业中心。为了赋予它重要地位,把它打造成一座重要的商业中心,他采取措施,使其他港口的贸易业务转移至涅瓦,特别是漫长、曲折的阿尔汉格尔航线的贸易业务。要实现这一因君主专制而引发的贸易剧变,只能无视众多在这条贸易航线拥有大笔投资之人的恳求和哭泣——这其中既有俄国人,也有外国人。即便如此,彼得依然逐步加大施压力度。斗争一直持续到1722年,那一年,彼得最终禁止了商船运送来自阿尔汉格尔的货物,除非它们确实是在该省或德维纳河畔制造的。那一年，圣彼得堡最终压倒阿尔汉格尔，成为俄国第一海港，但在贸易规模上依旧不及里加。至彼得统治生涯末期，俄国的外贸体量超过了彼得早年最狂野的梦想。海上贸易的价值已经翻了两番。1724年，有240艘西方商船来到圣彼得堡，303艘访问里加。1725年，在俄国波罗的海港口停泊的外国船只达914艘。

彼得的另一个目标——建立一支商船队却失败了。他希望俄国的商船能将俄国的商品运往西方，这个想法却与一个历史悠久的偏见迎头相撞——长年来，西方海洋国家一直对俄国怀有这种偏见。在诺夫哥罗德时代，俄国商人便希望用本国船只将本国产品销往海外，但汉萨同盟的商人联合起来加以反对，他们坚称自己只会在诺夫哥罗德购买俄国商品，然后自行负责运送。此后，雅罗斯拉夫尔的一名富于进取心的商人携带一船毛皮前往阿姆斯特丹贩卖，但有人在荷兰买家中做了协调安排，结果他连一张毛皮也没卖出去，只得将它们运回阿尔汉格尔。到那里后，它们立刻被一名荷兰商人以优惠的价格购下，将毛皮运回俄国的那艘船正属他所有。

在执政初期，彼得就决心要改变这一模式，他命令阿尔汉格尔总督阿普拉克辛建造两艘小船，让它们挂着俄国的旗帜，运载俄国的货物，驶往西方。他知道这两艘小船的到来将引发一片反对之声，因而在把它们派往何处的问题上颇花心思。荷兰和英国的商人将激烈抵制，而沙皇觉得俄国国旗在法国也未必能得到尊重。最终，两艘船被派往法国，但彼得已然做出了退让：它们挂的是荷兰国旗，而非俄国国旗。其中一艘船被法国没收，是否将它归还俄国成了一个长期争议的话题。总体而言，彼得在这方面的努力从未成功，英、荷商人在航运领域保持着实质上的垄断地位，甚至在俄国港口处理对外贸易事务时也是如此。

尽管彼得这次失败了，但他并没有对外籍船长或水手心怀怨恨。相反，每当外国商船驶抵俄国海港时，他都会感到高兴。他会隆重地欢迎他们，并视外国船长为海员兄弟。一有外国船只出现在喀琅施塔得或圣彼得堡的港口，彼得马上就会跑到船上来，他在甲板上走来走去，仔细观察船只的构造和索具，看看它在结构上有什么新的改进。他的登门有如家常便饭，对荷兰船只的造访尤为频繁，以至于那些年年都来圣彼得堡的荷兰船长都期待着与沙皇一起坐在摆着白兰地、葡萄酒、奶酪和饼干的船舱内，回答他提出的那些与自己的航程有关的问题。作为回报，彼得邀请他们登岸前往皇宫，出席那里的一应庆典，极少有人能以清醒的状态回到船上。一名目击者写道："不难想象，对于这行的人们而言，这种招待是何等对胃口；当他们驶向圣彼得堡的时候，心情又是何等愉悦。"[11]

彼得决不允许这种关系遭到破坏。1719年，为圣彼得堡港起草的新海关章程初稿中有这么一条内容：携带走私品或是对应纳税商品隐瞒不报的船只将被充公。当它被提请彼得批准时，彼得删掉了这条规定，他的解释是，海港刚刚开始运营，现在就采取这种激烈做法为时太早，他可不希望把船长和商人吓跑。

皇帝陛下允许来访的船长与他亲切交谈，把他的俄国宠臣吓得目瞪口呆。一位荷兰船长表示依然更喜欢阿尔汉格尔而不是圣彼得堡时，沙皇询问原因，船长厚着脸皮回答说，因为圣彼得堡没有薄煎饼。"明天到宫里来吧，"彼得答道，"您可以吃到一堆薄煎饼。"[12]

当外国海员卷入与俄国人的纠纷时，彼得会赶过去为他们辩护。有一次，一艘荷兰商船在驶入拥挤的喀琅施塔得港时，意外与一艘俄国巡防舰相撞，把它的舷梯撞坏了。俄国舰长暴跳如雷，尽管荷兰船长又是道歉，又是提议赔偿损失，怒气未消的俄国人还是派了一队近卫军和水手登上商船，要求按照合理价格的10倍予以赔偿。此时彼得正在喀琅施塔得，听闻骚动的消息后，他划着船赶往巡防舰停泊处，检查它遭受的损害。当他发现除舷梯外，巡防舰毫发无损，且舷梯在几小时内便可修复时，他冲着巡防舰舰长大发雷霆。"我将在3小时内回来，"他说，"到时候我希望看到您已经把舷梯给修好了。"[13] 3小时后，沙皇回到这里，发现梯子已经修复，但没有上漆。"把梯子漆成红色，"他命令道，"从今往后，只准您用礼貌和友好的态度对待外国人。"

一边打仗，一边建设新的陆军、海军、首都和国民经济，还要着手在俄国各地挖掘新的运河网，这就是彼得的典型性格。运河网不是什么可有可无之物。俄国幅员辽阔，道路状况却非常差，当货物和个体旅行者被从一地运往另一地时，中间要经历几乎无法逾越的障碍。每当人们想把商品从这个大国的腹地运往海港用于出口时，这个问题就会跳出来从中作梗；如今，由于必须输送大量谷物和其他食品以供养圣彼得堡的人口，矛盾变得更为尖锐。很大程度上，大自然已经提供了解决方案，它给俄国配置了一张蔚为壮观的河网——第聂伯河、顿河、伏尔加河和德维纳河。尽管除了德维纳河，这些河流均一路奔腾向南，但依靠人、畜的强大蛮力，仍可将货物拖往北方上游地带。剩下的工作就是建设运河网，在关键地点将上述河流连接起来，让广为分布、纵横交错的天然水道彼此相通。

彼得先是付出艰辛的努力，试图将伏尔加河与顿河连接在一起。如此一来，由于他掌握了坐落在顿河河口的亚速城，俄国的大部分中心地带与黑海之间的道路将被打通。10余年间，数以千计的人们挥洒汗水挖掘运河、修筑石闸，然而，当彼得被迫将亚速归还给土耳其人时，工程也随之被废弃。圣彼得堡的发展催生了另一个设想：将伏尔加河与涅瓦河相连，从而实现整个俄国与波罗的海的连接。做了调查后，彼得在特维尔和诺夫哥罗德地区发现了伏尔加河的一段支流，它同另一条溪流相距不到1英里，那条溪流在穿过无数湖泊与河流后，汇入拉多加湖，而那里的湖水又一路奔向涅瓦河。位于上沃洛乔克（Vyshny-Volochok）的一段小运河成了问题的关键。为了挖掘这段运河，以及修筑必备的水闸，政府耗费了2万人力和4年时间，不过竣工后，里海与圣彼得堡、波罗的海、大西洋之间一水相连。自那以后，一艘艘平底驳船载着谷物、橡木木料，以及其他来自俄国南部、中部及波斯、东方的商品，便汇聚成川流不息的队伍，缓慢而连续地从俄国地表掠过。

困难与反对自然是存在的。公爵鲍里斯·戈利岑受命监督工程的初期部分，他发牢骚说："河流的流向是上帝决定的，人类要想加以改变，那就是放肆了。"[14] 内河航运有时会因上沃洛乔克石闸遭淤泥堵塞而受到妨碍，这时就必须又一次疏浚河道。然而，相对于在拉多加湖面临的危险，上述情形不过是小障碍而已。这个巨型内陆湖的面积在欧洲首屈一指，在大风的搅动下，湖面有时会变得和海面一样狂暴，为了通过上沃洛乔克运河，河运驳船的吃水都特别浅，它们行动不便，船底又是平的，被波浪打翻是常有的事。暴风自北方一路呼啸而来，在开阔的湖面逮住笨重的驳船后，就把它们掀个底朝天，或是推向南岸，撞得粉身碎骨。每年都有数百艘驳船被狂风刮沉，或是甩到湖岸上撞沉，船上的货物也随之失去。彼得命令特别组建一支湖上舰队，用于通过拉多加湖，它们的船壳、龙骨在高度上要强于那些扁扁的驳船。不过，这就决定了它们在卸载和重新装载谷物、干草、木料等货物时，所费代价和时间都远远超过驳船。彼得的下一步动作是寻找一条绕开湖泊的水道。1718年，他决定沿着湖泊南岸，开凿一条贯穿沼泽地带的运河，它从沃尔霍夫河（River Volkhov）一直延伸到位于施勒塞尔堡的涅瓦河口，总长度将为66英里。

这项工程起初被托付给缅什科夫，他对工程学一无所知，但只要是能够讨得彼得欢心的任务，他都会迫不及待地接下。缅什科夫花掉了200多万卢布，糟蹋了7000名工人的性命，由于管理不善，这些工人死于饥饿与疾病。甚至在确定"究竟是在海岸线后方陆地上开凿运河更合适，还是尝试用堤坝将湖泊一分为二更合适"的基本决策前，他就做了一大堆无用功。在沙皇即将放弃工程之际，他遇到了一个名叫布克哈德·克里斯多夫·冯·明尼希（Burkhard Christopher von Munnich）的德意志工程师，他在北德意志和丹麦积累了丰富的筑坝、开河经验。明尼希接手工程后，效率提高了。1720年，韦伯写道："我想通知您一个可靠的消息：这项工程如今进展神速，明年夏天就可以完工了。届时，波罗的海与里海或俄国全境与波斯之间的贸易活动就有了一个稳定的支点，不过，从喀山行船依旧很不方便，因为走这条路，可能要折腾上将近两年。"[15] 韦伯的消息严重失实，直到1725年，也就是彼得陛下去世那一年，这条大运河的实际开凿进度也只有20英里（运河宽70英尺，深16英尺）。彼得去世后，缅什科夫对工程师心怀恶感，因此直到安娜女皇执政后的1732年，运河方告竣工，明尼希扬扬得意地陪伴女皇，随皇家驳船队驶入巨型运河，并成功地从头走到尾。

如今，这个蔚为壮观、始建于彼得时代的运河体系，在苏联的商业版图上扮演着大型交通干道网的角色。由于运河的存在，大型船只得以在俄罗斯的河流间穿梭往返，从黑海、里海到白海、波罗的海。在彼得格勒的白夜季节，如果有人坐在涅瓦河的堤岸上，午夜过后，随着城里的桥梁一座座升起，就可以看到这样的一幕：一艘艘远洋货轮如同一只只沉默不语的猛犸象，排成长长的队列，驶向河流上游，前往千里之外的俄国内地。

什么都是有代价的。战争和大型建设项目残酷、无情地榨取着俄国的财富和生命之血。尽管彼得一再向官员强调，赋税"不应给人民带来过度的负担"，他却没完没了地索取资金，结果自己把自己的观点推翻了。[16] 税收把所有日用品和日常活动都毁掉了，但国家始终没能筹集到足够的金钱，以应付与日俱增的开销。1701年，陆、海军经费吞噬了财政收入的3/4；1710年，这个数字达到了4/5；到了1724年，尽管战争已经结束，仍有2/3的收入花在了这上面。当资金出现短缺时，彼得削减了全体官员的薪水，僧俗两界均不能幸免，只有那些于国而言最不可缺少的人士不在此列："外国工匠、士兵和水手"。1723年，由于现金已寥寥无几，一些政府官员的工资只能以毛皮支付。

在工商业活动能够扩大税基前，唯一的解决办法就是继续加重税收，即使这个国家已经被压得喘不过气来。到那时为止，古老的户税仍是俄国的基本税种，1678年（正值沙皇费奥多尔在位时期），俄国进行了一次人口普查，此税遂定。这一税种的征收范围覆盖每一座村庄、每一个地主，其计算依据则是被征收对象拥有的房屋和农场数量（由此催生了群居现象：为了避税，人们举家住到同一屋檐下，直到挤不下为止）。1710年，彼得认为当下的人口必然比以前增加了，于是下令开展一次新的人口普查。令他惊讶的是，普查结果显示，本国的户数在30年间下降了1/5至1/4。这其中有几个实实在在的原因：彼得将数十万人征去当兵，或是在沃罗涅日的造船厂干活，在圣彼得堡搞建设、开运河，此外还有数千人遁入森林或逃往边疆。但户数创下新低，也意味着一件事：贵族和农民使出种种策略，决意逃税，而政府却无力压制。他们先是贿赂负责统计房屋数量的专员。如不成功，农民干脆就把自己的房子搬到专员视线所不能及的地方。俄国农民的房屋大多以四角有凹口的圆木或木料搭建而成。因此可以在几小时之内拆解完毕,然后运往森林,或是分散到各处。人口普查统计员和征税员对这种伎俩一清二楚,但他们束手无策。

一从法国回来,彼得就决定以另一种方式处理这个问题。在法国时,他注意到人头税的存在,于是他决定用另一个版本的人头税来代替户税。新版本的人头税的纳税单位名曰"魂灵"——也就是说,每座村庄、市镇或农村公社的每一个男子,下至襁褓中的婴孩,上至当祖父的老者,都算一个"魂灵"。但是,在新税种开征之前,一次新的人口普查必不可少。1718年11月26日颁布的法令规定,除了贵族、教士和某些享有特权的商人(都要另纳他税),每个俄国男性都要缴税。反对声浪再度非常强大,但到了1722年,人口普查统计数据已汇集完毕,5 794 928个男性"魂灵"名列其中。1724年,魂灵税首次开征。耕种私人土地的农民每年纳税74戈比,耕种国家土地的农民每年纳税114戈比。在财政收入层面,这一税种取得了巨大的成功——岁入增加了50%,因而得以在19世纪大部分时间里继续使用,直到1887年才被亚历山大三世废除。

魂灵税解决了彼得的财政收入问题,但代价是农民肩上的负担更重了,而农奴与土地之间的羁绊也更坚固了。以前,俄国农民享有迁徙自由,想去哪儿就去哪儿,这种权利使地主对劳工的需求难以(有时甚至不可能)得到满足。16世纪中期,伊凡雷帝征服了喀山和阿斯特拉罕,从而开启了俄国殖民这片广袤的黑土处女地的进程(之前居住在这里的是游牧民族),但也加剧了上述危机。成千上万的俄国农民抛弃森林,一路向北,涌入这片平坦、富饶的地区。俄国中部的农场和村庄无人居住,有些省份整个处于半废弃状态。面临着破产威胁的地主求助于国家。村庄空了,国家征不到税,做出了反应。自16世纪50年代起,禁止农民离开土地的法令开始颁布。逃亡的农民将遭到追捕,1649年颁布的法令称,那些窝藏逃亡者的人有责任赔偿地主的损失。在彼得时代,95%以上的逃亡者是农奴——他们有的从属于国家,有的依附于私人地主,但不论是官奴还是私奴,一生都被束缚在自己耕耘的那块土地上。

彼得新征的魂灵税,将农民置于地主更加严密的掌控之下。一旦人口普查厘清了某个地区的人口数量,当地地主和地方当局就有责任按照统计结果为国家创税，实际征收工作由他们安排。为了帮助地主统计佃农人数、收取税款，彼得于1722年颁布敕令，规定除非获得地主的书面批准，否则农奴不得离开农庄。俄国国内通行证制度即来源于此，后来，苏联仍在沿用这一制度。权力终于被交到了地主手里——征收税款、限制他人行动、命令他人干活、惩罚违抗者。如此一来，地主们就成了一个个管理自家地盘的小政府。一旦地主的统治地位遭受威胁，常驻乡村各地的军队就会出手干预，为地主提供支持。最后，为了加强对农民迁徙的控制，任何想要离开当地的农奴不仅必须征得地主的书面同意，还必须征得军队的书面同意。代代相传、包罗万象的永久性奴役制度由此诞生。

大多数俄国农奴都被束缚在土地上，但不是所有人都如此。劳工难觅一直是说服俄国贵族、商人开办新厂的一大障碍。为了加以克服，彼得于1721年1月降旨，允许厂主和矿主拥有厂奴，即永久依附于自己工作的工厂、矿山的劳工。为了强调创办新产业的关键意义，沙皇还撤销了遣返逃奴的严厉法令。他宣称，从自家地主那里逃走，前往工厂寻找工作的农奴不应被遣返，必须以工奴的身份永久性地留在工厂。

总而言之，彼得的税收政策于国家而言是一次成功，于人民而言则是巨大的负担。到了皇帝去世那年，国家的账目上再无一个戈比的债务。彼得打了21年仗，建立了一支海军、一座新首都、几座新海港、一批新运河，其间没有得到过一笔外国贷款或补贴（事实上，反倒是他向盟友们提供补贴，特别是波兰的奥古斯特）。每一个戈比都是俄国人在一代人的时间内，用辛劳和牺牲换来的。彼得没有发行国债——如此一来，子孙后代就可以接着帮他的事业买单。他也没有通过发行纸币来使流通货币贬值，而格尔茨曾为了瑞典的卡尔十二世这样做。相反，他把一切负担都压在当时俄国人的身上。遭受压迫的他们一边奋力挣扎，一边起来抗争，诅天咒地。但他们最后还是服从了。

# 60

# 上帝之下的最高统治者

在宗教问题上,彼得表现得更像一个18世纪而非17世纪的人物,他既不虔诚,也不奉行神秘主义,而是显得世俗而理性。他更关心贸易事务和国家繁荣,而非《圣经》的教条和诠释;他从不为宗教而战。然而,彼得本人还是信仰上帝的。他承认上帝的全能,认为世间的一切——生与死、胜与败都掌控在上帝手中。"感谢上帝"这句惯用语在他的信中随处可见。每打一次胜仗,他都会立刻举行一场感恩颂活动,以表庆祝。他相信与平民相比,沙皇更应肩负起对上帝的责任,因为沙皇被委以统治之职,但他可不搞"君权神授"那一套,也就是从理论或哲学层面将君王扮演的角色神圣化。他应对宗教的策略与应对其他事物完全一致——怎样做看起来比较合理?怎样做比较实际?怎样效果最好?他认为,努力让俄国强大起来、繁荣起来,就是对上帝最好的奉献。

彼得很喜欢去教堂。还是个孩子的时候,他就把《圣经》和礼拜仪式钻研透了。当上沙皇后,他又做了一番努力,打算将准确的《圣经》版本推广到全国。他喜欢唱诗班的歌曲,那是东正教会唯一的音乐。终其一生,他都保持着一个习惯:在人群中挤出一条路,然后在唱诗班的队伍中占个位置,与他们齐声合唱。东正教会众的纪律不如其他宗教派别的会众:礼拜时人们从头到尾都是站着的,他们又是来回走动,又是进进出出,又是打手势,又是窃窃私语,又是微笑。彼得可以容忍这些,但不能容忍有人在礼拜仪式正在举行的时候公然发出声音。一旦他听说有人违反规定,就会立刻对他们课以一个卢布的罚金。后来,他在圣彼得堡的一座教堂前方悬挂了一副颈手枷,那是给在礼拜期间说话的人准备的。

在彼得看来,对宗教的尊重比宗教的形式更加重要。彼得对其他基督教派别展现出的宽容态度，在信奉东正教的俄国历史上前所未有，这令他的许多同胞——特别是俄国教会的领袖感到绝望。彼得早就明白，如果他想网罗数量足够的外国人为自己所用，就得容许他们保留传统信仰。当彼得于1697年首次造访阿姆斯特丹时，上述看法变得更加坚定，这座城市允许各族人民信仰任何形式的宗教，只要他们不去打扰荷兰的国教，或是其他外国人的宗教信仰。"我们认为，那些前来我国定居的人信什么教，对我国不会造成多大影响，前提是它们不包含任何与我国法律相抵触的内容。"维特森解释道。[1] 彼得后来写道：这种包容政策"对外国人口的流入，及其导致的国库收入增加很有帮助"。他补充道："我打算在我的圣彼得堡效仿阿姆斯特丹的模式。"

他确实这样做了，而且尽到了最大努力。在俄外国人可以自设委员会，用于裁决婚姻及教会事务，而无须受制于俄国法律或俄国教会。统治生涯后期，彼得颁布了几道法令，承认新教和天主教洗礼的合法性，并允许俄国东正教信徒与其他宗教信徒结婚，但孩子必须培养成东正教徒。这些法规为那些已在俄国定居、想与俄国妇女结婚的瑞典战俘提供了方便。作为国策，包容政策对俄罗斯帝国其他地区的其他教派成员（无论是基督徒还是非基督徒）同样有效。从瑞典手中夺取波罗的海诸省后，彼得同意对作为当地国教的路德宗加以保护，他的保证被写入《尼斯塔德条约》，成为其中的一项条款。对于广袤的喀山汗国，以及其他大部分人口信仰伊斯兰教的地区，彼得没有试图使当地居民改宗基督教；他知道这样做可能招致失败，甚至可能引发起义。

就连遭到教会严厉谴责、迫害的教派——旧礼仪派，彼得也给予相当程度的包容。在彼得看来，他们的宗教信仰究竟是有益于国还是有害于国，才是问题的关键；至于他们想用两根而非三根手指来画十字，这对他来说根本不算什么。成千上万的旧礼仪派信徒为逃避迫害，在俄国北部的森林建立了新的定居点。1702年，彼得率5个营的近卫军自阿尔汉格尔南进，途经这片地区，旧礼仪派以为自家地盘即将遭到进攻，他们不打算放弃信仰，于是聚集在木制教堂内，锁上门，准备自焚。但彼得并无此意。"让他们按照自己喜欢的方式生活吧。"说完他便南下与瑞典人交战去了。

后来，人们在奥涅茨近郊发现了铁矿，一群旧礼仪派信徒前往矿井和冶炼厂工作。事实证明，他们是优秀的工人。此事令彼得分外欢喜：这是包容政策结出的善果。"他们爱信什么就信什么吧，因为你如果无法通过晓之以理的方式来使他们放弃迷信，那么用火与剑同样无法办到这一点。让他们成为殉道者是愚蠢的。他们配不上这份荣誉，而且这样做对国家毫无益处。"[2]

彼得准许旧礼仪派成员享有一定程度的自由，后者继续在偏远地区过着平静的生活，拒绝服从教会的权威，但他们缴纳赋税，生活方式也无可指摘。然而，随着时间流逝，战争给俄国带来了巨大的劳动力需求，彼得开始认为旧礼仪派遁入森林并非因为宗教保守主义，而是因为他们的政治立场与自己对立。1716年2月，他下令调查旧礼仪派信徒的人数，强迫他们缴纳双倍赋税。为了鼓励公众嘲笑、羞辱这些人，促使他们回归国教的怀抱，旧礼仪派信徒被要求在背上贴一块黄布。然而，这种做法导致了几个不可避免的后果：旧礼仪派信徒骄傲地展示他们的徽章，他们的数量增加了；为了逃税，他们逃往更遥远、位于政府控制范围以外的地区。在彼得寿命将尽时，他对旧礼仪派的包容心已经大大消退。被激怒的他开始将这些人送往西伯利亚，意在减少他们的数量，但他旋即撤销了这道命令，因为"那里的旧礼仪派已经够多了"。[3] 1724年，除农民外，全体想要继续留胡须的旧礼仪派信徒都被要求佩戴一枚铜牌，上面刻着一把胡须——为了这块铜牌，他们支付了一大笔费用。

尽管彼得对本国形形色色的宗教都持宽容态度，但有一个基督教修会不受他的喜欢，那就是耶稣会（由天主教神父和僧侣组建的其他兄弟会在俄国很受欢迎，方济各会和嘉布遣会甚至拥有几座小型修道院）。最初，耶稣会也可以自由地在莫斯科举行礼拜仪式，自由地经俄国前往中国的满族皇帝——康熙帝的宫廷。然而，随着时间流逝，彼得开始怀疑，他们的宗教热情很大程度上只是表象，实质掩盖着政治野心。在彼得看来，耶稣会与维也纳的帝国政府的亲密关系，证明了这个修会对俗世是有想法的。最后，他终于下旨："所有耶稣会士，只要还真心遵守这些特许状，都应在接到通知后的4天内离开俄国领土，如今世人已经充分了解他们那套阴谋诡计有多么危险，而他们对政治事务的干涉又是多么司空见惯。"4 但是，彼得并未勒令圣彼得堡的天主教堂关门。他允许堂区派来新的神父，只是坚持要求他们不能是耶稣会士，也不能宣称接受奥地利宫廷的保护。

彼得的宗教宽容政策传遍了其他国家，其他教派的领袖因此燃起了希望：或许可以通过彼得让自家的信仰在俄国获得立足点，甚至成为俄国的主导性宗教，但这种想法根本不现实。彼得之所以对其他基督教派感兴趣，是因为他对这些教派的礼拜仪式和管理机构充满好奇。他从未动过改宗他教的念头。尽管如此，1717年时，索邦神学院的一群神学家还是向正在巴黎的彼得提议，"双方在教义上各退一步"，借此实现罗马教会与莫斯科教会的合并。这项计划引起了圣彼得堡的一些新教国家公使的担忧，因为它可能导致罗马方面与莫斯科方面的政治联合。因此，当韦伯向本国政府汇报说，这项提案的实现可能性几乎为零时，他的语气中透露着满意之情。"既然沙皇在俄国已经压制了牧首的权威，那么他同样不可能让自己和自己的国家对教皇产生更大程度的依赖……更不用说两个教会绝不可能在神父结婚（俄国人把这看得很神圣）及其他有争议的问题上达成一致了。"5

为了确保东正教在俄国的主导地位，彼得要求教会做些有益于社会的事。在他看来，除去拯救灵魂，教书育人是俄国神父所能做的最有意义的事。由于没有学校，分布于广大地区的农民要想接受教育只能依靠神父。但不幸的是，教士们在这方面似乎并不称职。许多神父无知到不可救药，懒惰到无法改变。一些人的迷信程度不亚于所在堂区的居民。通晓传道之道者寥寥无几，因此他们无法把自己拥有的知识和道德观传达给他人。为了克服这一缺憾，彼得将一些农村神父送往基辅和其他地区的神学院，他们要学习的不仅有神学，还有当众演讲。

除了堪称愚昧无知的教士阶层，还有一项不足令沙皇非常恼火。俄国人普遍迷信，而一些寡廉鲜耻的人（包括教士）就利用了这一点。平头百姓相信奇迹每天都在发生——他们认为，只要对着某张基督、圣母玛利亚或某个俄国圣徒的圣像祈祷，就可以获得惊人的个人利益。他们对此坚信不疑，这给一些江湖骗子创造了作案的沃土。当彼得遇到这种卑劣无耻的神父时，他的怒火就爆发了。例如，圣彼得堡的一个神父设法使人们相信他保存在家里的一幅圣母玛利亚画像能够创造奇迹，但只有那些掏得起钱的人才能接近它。"尽管他极为谨慎地将这桩生意放在夜间进行，尽可能小心地劝告主顾保密，但沙皇还是得到了消息。"韦伯记载道，"神父的住宅遭到搜查，那幅神奇的画像被拿走了，沙皇下令把画像带到他那里，想看看它能否当着陛下的面表演奇迹，但神父见状立刻跪倒在沙皇脚下，供认了自己的欺诈行为。结果，他被带到要塞内，遭受残酷的肉刑，然后被剥夺了圣职，这是为了让他的教友引以为戒。"[6]

不足为奇的是，最令彼得愤怒的骗术是那种对他的意志构成了挑战与威胁的骗术。有一次，一个农民因被迫定居圣彼得堡而心怀不满，遂预言涅瓦河将于来年9月疯狂泛滥，一棵高大、古老、屹立于一座教堂附近的白蜡树将被淹没。人们立刻开始携带财产，移居高处。彼得对这座城市的计划受到干扰，他大为光火，下令砍倒那棵树，把那个农民抓起来，关到9月。结果，直到9月月底，依旧见不到半点儿洪水威胁的迹象，人们被召往树桩所在地，那里已经立起了一座处刑台。那个乡下预言家被带上来，吊在处刑台上，挨了50鞭子。与此同时，围观人群因愚蠢地听信虚假预言，挨了一顿狠训。

另一种较为复杂、带有宗教色彩的骗局在惹得彼得暴跳如雷的同时，也激起了他的好奇心。1720年，有传闻称圣彼得堡一座教堂内的一幅圣母玛利亚画像流下了泪水，原因是她不得不生活在一个如此凄冷的角落。首相戈洛夫金获报前往教堂，此时那里已是人山人海，人们都在对这个奇迹惊讶不已，戈洛夫金不得不从人堆中挤出条道来。他立刻派人去请彼得，沙皇此时正在拉多加运河视察，离首都有一天路程。他立刻动身，彻夜赶路，直趋教堂。神父们将他带到那幅创造奇迹的圣像前，此时它已不再流泪，但许多旁观者向彼得保证，自己看到了它的眼泪。彼得盯着那幅为油彩和厚厚清漆覆盖的画像看了一会儿，断定它有些可疑之处。他命人将它从高处取下，带往自己的宫殿。在那里，他当着首相、许多贵族、教会领袖，以及取走画像时在场的神父的面，接着检查那幅画像。他很快发现，画像的眼角处有几个小洞，由于双眼曲线制造出的阴影遮挡，从下方无法发现这些小洞。他将圣像翻转，揭开覆在后方的画布。木板上被钻了一个小洞，里面残留着一块凝固的小小油渣。"这就是那些奇迹之泪的来源。"彼得宣称，并把在场的每一个人都叫到自己身边，让他们亲眼瞧一瞧。他解释到，当画像被放到冷飕飕的地方时，凝固的油块便一直呈固态，但在礼拜时，四周的空气被画像前方燃烧的蜡烛加热，油脂流了出来，圣母像便开始"哭泣"。这个机关设计精巧，令彼得颇为愉快，他把画像留在了自己的"珍奇柜"里。但他对骗子本人甚感恼火，这个人利用迷信心理危害他的新城市。罪犯被找了出来，"受到严惩，以儆效尤"。[7]

在严加约束教士、杜绝欺诈与迷信的同时，彼得还致力于推动俄国修道院的虔诚化和实用化。对于修道士坚守清贫、钻研学问、献身上帝的理想，沙皇本人并不反对。青年时代，他曾怀着敬重之心拜访过白海上伟大的索罗维茨基修道院。1712年，他在圣彼得堡修建了亚历山大·涅夫斯基修道院。但俄国的修道士已经严重背离了他们的理想，这令彼得悲痛难当。在彼得时代，俄国的男女修道院超过557家，僧侣达1.4万余人，修女达1万余人，一些修道院富得流油。1723年，莫斯科郊区的151座修道院名下的男性农奴达242 198人——最为富有的特洛伊茨卡亚·谢尔盖耶夫（Troitskaya Sergeeva）修道院拥有20 394户佃农，这个数字不断增长，因为俄国贵族、富商为了有助于自己的灵魂得到拯救，争相向修道院捐献钱财和土地。

尽管这些隐修所富甲一方，但彼得发现它们全无贡献。在彼得时代，修道院既不曾诞生家喻户晓的学者，也不曾出过什么名扬天下的学术成果。尽管它们也曾在高墙大院内分发救济物资，但按照彼得的讽刺，吸引来的只是成群的逃兵、逃奴、"身强力壮却游手好闲的乞丐、上帝的敌人和无用之人"。[8] 在沙皇看来，很多僧侣都是沉湎于怠惰和迷信的寄生虫，他们的数量越来越多，却堕落得越来越厉害，以至于成了国家的祸害。

1700年，牧首阿德里安辞世，此后不久，彼得开始限制俄国修道院的地位。这些机构的管理权被移交给新设立的国家机构——修道院衙门（Monastery Office），衙门的头头是个俗人——波雅尔伊凡·穆辛-普希金。修道院名下的全部现金和地产均归该衙门管理，"这是为了让僧侣和修女更好地履行他们的宗教义务"。⁹ 贵族、政府官员、未成年人和文盲被禁止出家，新僧侣的数量因而大为减少。之后，所有想担任圣职的人都必须获得沙皇的首肯。与此同时，不满30人的修道院被尽数关闭，改作堂区教堂或学校。来自这些小修道院的僧侣则被转至大修道院。

作为治国者，彼得主要关心的是教会的组织结构、所起到的作用，以及这个机构与国家的关系。尽管沙皇阿列克谢革除牧首尼康的职务，对教会的独立性造成了打击，但当彼得登基时，实行牧首制的教会依旧手握相当可观的自主权。它拥有自己的行政、司法和财政机构。它占有大片土地，并向土地上的居民征税。它裁决一切与婚姻、通奸、离婚、遗嘱、继承有关的问题，以及丈夫与妻子、父母与孩子、俗人与僧人之间的纠纷。牧首阿德里安于彼得18岁那年就职，在性格上，他不像尼康那么强悍，但他是个极端保守的人，因而一直干涉彼得的个人生活：他抗议彼得与外国人待在一起，要求彼得更换钟爱的西方服饰，坚决要求彼得花更多时间陪伴叶夫多基娅。毫不为奇，年轻的沙皇很想找个法子摆脱这个既惹他生气又采取保守政策的牧首。

1700年10月，阿德里安突然去世，此时彼得正率军围攻纳尔瓦。沙皇完全不考虑继任者人选的事，他只知道自己需要的是这样一个人：既无力挑战他的最高权力，又能在沙皇打算对教会的组织结构和权威动手术时给予支持。这样的候选人似乎无处可觅，而他也没时间去搜寻。彼得不愿任用非人，也不愿冒着导致国家陷入混乱与分裂的风险废除牧首一职，他采取的是折中手段。他保留牧首一职，但宣称这一职位将"暂时空缺"。为了给教会找个过渡期领袖，他委任了一位"临时性"监护人，此人的身份很模糊，这样的身份不容许他实现真正的集权。彼得对自己的安排感到满意，便把这个问题束之高阁。尽管教士们再三强烈敦促沙皇任命一位新牧首，彼得却总是回复说自己忙于战事，无暇对这一必须深思熟虑的问题做出选择。

彼得已经选中了一位临时性的教会监护人——42岁的梁赞（Ryazan）

都主教斯蒂芬·亚沃尔斯基，此人是乌克兰僧人，在基辅一所由耶稣会开办的东正教学院接受教育，与纯正的俄罗斯沙皇国教士相比，基辅的教士无论在宗教学术水平还是整体文化水平上都要高出一筹。由于身为学院的神学教授，又经常在该城的圣索菲亚大教堂发表演讲，亚沃尔斯基给人们留下了深刻印象。在演讲时，他巧妙地使用学术内容、趣闻轶事相杂的办法，佐以低沉而洪亮的嗓音、夸张的手势，轻而易举便能打动广大听众，时而令他们捧腹大笑，时而令他们潸然泪下。彼得从未在俄国的教堂听到这样的演说，一有机会，像是教会典礼、公共场合致辞，或是军队的凯旋仪式，他就把亚沃尔斯基召来布道。但在任命亚沃尔斯基为官时，彼得并没有将牧首先前掌握的正式权力尽数授予此人，连临时授予都没有。教会财产的实际管理权，以及向教会领地全体居民征税的权力被转交给新设立的以穆辛－普希金为首的修道院衙门。此后，教会的大部分收入直接流入国库，而教会官员的薪俸亦由国库支付。

担任教会监护人期间，亚沃尔斯基从未真正快乐。他不是一个野心勃勃的人，不久，他便带着伤感的情绪回忆起昔日在基辅度过的平静隐修生活。1712年，他恳求彼得解除他的职务。"我往哪里去躲避你的灵？我往哪里去躲避你的面？"他在给沙皇的信中绝望地写道，"我不会跑到外国去，因为您的权力是上帝授予的。无论是在莫斯科，还是在梁赞，您在任何地方都对我拥有统治权，不可能躲掉。"[10] 由于没有可替代的人选，亚沃尔斯基的请求每每遭到彼得拒绝。最后，随着时间的推移，亚沃尔斯基权力日隆；他开始支持教士同僚与世俗政府对抗，开始就原本用于宗教的教会收入被转用于支援军队、战争提出抗议。就连他的布道词也变得令彼得厌恶：他在讲演中抨击那些劝说妻子出家以便再娶的丈夫——大家都清楚这番话针对的头号目标是谁。1712年，亚沃尔斯基借圣阿列克谢节（Feast of St. Alexis）之机，宣称皇储阿列克谢是"我们唯一的希望"。彼得并不在场，但有人送了份布道词副本给他。他仔细阅读后，用笔在上面做了注解。他不愿让亚沃尔斯基成为殉道者，因而没有报复他，而是捎信给这位教士，称他不应在公共场合说这些，而应先私下劝劝自己。亚沃尔斯基"用泪水而不是墨水"写了封致歉信，因而得以留任，但他暂时被彼得禁止讲道。[11]

此后，彼得找到了新的用于改革教会的工具，那就是另一个来自基辅的乌克兰僧侣费奥凡·普罗科波维奇。此人比亚沃尔斯基年轻得多，但更世故、更务实，而且比亚沃尔斯基有魄力得多。普罗科波维奇是个思想先进时髦的18世纪人，恰巧成了教士。他是管理者、改革家、辩论家，甚至还是宣传家。彼得想让俄国教会现代化、世俗化，而普罗科波维奇的想法与他完全一致。以俄国教士的标准而言，普罗科波维奇异常渊博——他读过伊拉斯谟、路德、笛卡尔、伽利略、开普勒、培根、马基雅维利、霍布斯和洛克的著作。普罗科波维奇自幼成为孤儿，先是受教于其舅（此人是个博学的僧侣，在基辅学院担任院长），接着先后在波兰的耶稣会学院和罗马的一所专门学校接受教育。在罗马，他学习神学，成了一名天主教神父。1700年，22岁的他见证了教皇克雷芒十一世（Clement XI）的加冕。然而，在罗马的3年里，普罗科波维奇对教皇和罗马教会渐渐嫌恶起来，这种情感贯穿了他的一生。回到基辅学院后，他开始教授哲学、修辞学、诗学和文学，用拉丁文向他的学生讲课。他率先将算术、几何和物理学引进学院的课程。他用诗歌体把基辅大公弗拉基米尔于10世纪将基督教引入俄国一事改编成一出五幕剧，当时他仍只有20多岁。1706年，彼得造访基辅，在圣索菲亚大教堂听了普罗科波维奇的讲道。1708年，马泽帕背叛沙皇，支持卡尔十二世，在这场危机中，普罗科波维奇迅速站到彼得一边。当彼得询问基辅总督戈利岑公爵，该城的高级教士是否忠诚时，戈利岑答道："所有僧侣都对我们避之唯恐不及。在基辅我只找到一个对我们有好感的人，那就是基辅学院的级长（普罗科波维奇）。"[12] 1709年，当俄军在波尔塔瓦战役中获胜后，沙皇回到基辅，普罗科波维奇前来迎接，他称彼得为"最神圣的陛下、全体俄国人的沙皇"，并发表了一篇充满盛赞之词的布道演说。1711年，普罗科波维奇陪同彼得参加了以惨败收场的普鲁特河之役，当年晚些时候，31岁的他被任命为基辅学院的院长。1716年，他被沙皇召往圣彼得堡，从此再也没有回过基辅。

与亚沃尔斯基不同，对彼得试图让教会服从于国家的做法，普罗科波维奇坚定支持。普鲁士公使马德费尔特的秘书福克罗特（Vockerodt）评论到，他发现普罗科波维奇除学识渊博外，还"热心于国家的福祉，即使必须以牺牲教士的利益为代价"。[13] 那些"蓄着大胡子的教士"支持皇储阿列克谢，导致普罗科波维奇对他们的敌意进一步加深。1718年圣枝主日（4月6日），当教会领袖被要求对皇储做出裁决时，普罗科波维奇立于布道坛上，用雷鸣般的声音谈论沙皇的权力与荣耀，并表示所有对神明负有义务的臣民，都必须服从世俗政权。"最高权威是上帝用自己的剑缔造、武装的，反对它，就是对上帝犯罪。"他咆哮道。他以严厉的态度对待所谓的教士无须效忠、服务君王的观点："教士，同军人、文官、医生、工匠一样，都是国家的子民。教士是国民中的一个阶级，而不是什么国中之国。"[14] 理所当然，普罗科波维奇被其他教士控以种种罪名：溜须拍马、投机、虚伪、野心勃勃。当彼得提名他出任普斯科夫及纳尔瓦大主教时，莫斯科的教士们控诉普罗科波维奇有新教异端倾向。亚沃尔斯基也加入这波攻击中，直到彼得要他拿出证据。什么也拿不出的教会监护人只得收回自己的指控。

随着对瑞战争接近尾声，彼得的心思开始转到别的方向，他打算建立一个永久性机构，用于管理教会。临时任命的亚沃尔斯基在这个位置上已经干了18年。主教们反复、急切地恳求沙皇任命一位新牧首。彼得最终答应，其做法却大大出乎主教们的意料。上一任牧首去世以来，彼得游历海外，见识了一些天主教和新教国家的许多教派。罗马教会自然实行的是独裁制，但在新教所主导地区，教会由一个宗教会议或委员会负责管理，这个创意吸引了彼得。他已经将政府交给各个部门和委员会掌管，从而实现了对行政管理机构的改革，现在他准备把类似的组织强加给教会。1718年后半段，彼得委托普罗科波维奇起草一部教会宪章，名曰《教会法》（Ecclesiastical Regulation）。按照宪章规定，将成立一个新的行政机构来管理俄国东正教会。普罗科波维奇一连工作了许多个月，这份文件是他一生中最重要的成就。文件中的每一段都被彼得阅读、修订过，有时他还会提笔重写。

1721年，《教会法》以法律的形式颁布。它沉重打击了旧俄教会的一些令彼得大感恼火的特征。堂区居民与教士群体中的愚昧、迷信思想要被根除。"没有学术光芒的照耀,"《教会法》写道,"就不可能实现教会的良好运营。"[15] 主教们受命开办培训神父的学校;4年不到,就有46所这样的学校开张。神父们必须学习神学。"那些将来负责教授神学的人,须得研习《圣经》,须得能够使用《圣经》的内容来证明东正教的一应教义。"《教会法》称。在普罗科波维奇的坚持下,神父们还必须学习历史、政治、地理、算术、几何和物理。堂区居民则被要求去教堂做礼拜,那些没有露面或是在礼拜期间说话的人将被课以罚金。

新法规最著名的特色是废除了作为教会管理者的牧首一职,代之以名日"圣主教公会"的官僚机构。圣主教公会的组织形式与文官政府的委员会实际上如出一辙:它拥有1名主席、1名副主席和8名成员。事实上,彼得希望圣主教公会独立于并高于委员会,与参政院平起平坐。与参政院一样,圣主教公会也设有一名文官出身的行政监督官,职务为圣主教公会总检察长,他的职责是监督教会管理,调解纠纷,处理渎职与旷工的教士。圣主教公会不仅要对教会的宗教事务,还需对它的世俗事务负责。因此,它已经成为事实上的宗教事务部(Ministry of Religious Affairs),议会总检察长则是事实上的宗教事务部大臣。

在长长的序言中,彼得借助普罗科波维奇之口,对废除牧首独裁制并代以集体管理制的决定做出了解释:

> 如果教会采取会议管理制而非精神领袖独裁制,那么国家陷入暴动与混乱的危险就会大大降低。因为普通人不能理解教权与王权之间的区别。相反,由于被教会最高领袖的光环与荣耀弄得晕头转向,他们还以为此人是与专制领袖平起平坐甚至地位更高的第二君主,还以为教权是另一种更好的权力形式。如此一来,一旦牧首与沙皇之间发生争执,他们可能就会支持牧首,因为他们相信自己是在为上帝的事业而战。[16]

在接下来的两个世纪,俄国东正教会始终被《教会法》制定的规则支配着，一直持续到1918年。教会不再是一个独立于政府的机构，教会的管理由圣主教公会负责执行，从而成为一项国家职能。除了教义问题，在任何问题上，专制君主的裁决都是至高无上、不可违抗的；接受任命的神职人员被要求宣誓，保证自己"将尽其所能，捍卫一切属于至高无上的专利君主的权力与特权"。[17] 作为回报，国家将保证东正教在俄罗斯帝国境内享有国教地位。

虽然亚沃尔斯基对新机构抱有强烈的抵触情绪，彼得却委任他为圣主教公会主席，让他当了新机构的领导人。沙皇认定，亚沃尔斯基加入新机构所带来的风险，比他与新机构对着干所带来的风险要小多了。亚沃尔斯基试图婉拒，请求彼得允许他在修道院里度过余生，但沙皇不顾他的反对，还是任命他为主席。直到亚沃尔斯基于1722年去世，他一直担任这一职务。

普罗科波维奇的年龄相对较轻（1721年时，他41岁），在教会层级中的地位也相对较低，他却被任命为圣主教公会的第三把手——第二副主席。在这个位置上，他有效地按照自己先前制定的方针管理教会。他比彼得多活了10年，皇帝的继任者登基后，他继续掌控圣主教公会，直到最终被任命为享誉全国的诺夫哥罗德大主教为止。

废除牧首制、把教会的管理工作转交给世俗政府的分支部门后，彼得达到了自己的目的。在这片土地上，再也不会出现第二个大权在握的对手了。当教会官僚机构的实际控制权由他自己的副手掌握时，这种威胁还有存在的可能吗？其结果是，神父们的教育、纪律状况有了些许改善，尽管18、19世纪的俄国的乡村神父从未成为过学术典范。《教会法》最鲜明的特色是它从未遭遇来自教会或民众的反对。很大程度上说，这是因为彼得没有干预那些对俄国教会至为重要的元素——宗教仪式和教义。由谁来管理教会才是彼得最关心的问题；他对礼拜仪式和圣事不感兴趣，因此没有触及这些。

然而，随着时间流逝，由国家控制教会的做法对俄国造成了不良影响。东正教礼拜仪式和合唱仪式充满光荣感，教会社区则为饱受苦难的人群带来集体的温暖感，借由这些，被生活的重担压得喘不过气来的堂区居民可以获得灵魂上的救赎，或是觅得些许慰藉。但教会被驯服后，教会人士的精力被私人宗教事务占据，教会也就无力代表基督教价值观在社会正义问题上与后世的政府对抗，没过多久，它就失去了俄国社会中最具活力的要素的拥戴。最热忱的农民和普通民众在寻找真正信仰的过程中，为旧礼仪派和其他教派所吸引；学生、受教育人群和中产阶级则对教会嗤之以鼻，因为它不仅奉行保守的反智主义，还奴颜婢膝地支持政府。教会本可扮演领导者的角色，结果却盲从于政府。最后，这个由彼得依照帝国政府组织模式建立起来的宗教官僚机构遭到了彻底毁灭。1918年，圣主教公会同帝国政府的所有其他机构一起遭到取缔。列宁重建了牧首制，但就任的牧首只是个傀儡，听命于国家的程度比之前的圣主教公会都要高。新任牧首一次也不曾批评过他所效力的政权，而俄国教会也继续像奴隶一样卑躬屈膝。对此，亚历山大·索尔仁尼琴（Alexander Solzhenitsyn）曾表示惋惜，他宣称，"倘若教会不曾放弃自己的独立，而是以波兰教会为榜样，继续在民众中宣扬自己的主张"，俄国的历史"在最后几个世纪的篇幅本可充满仁慈与和谐"。[18]

# 61

# 圣彼得堡的皇帝

根据一个外国人的记载，皇帝陛下"一个早上派发出去的任务，让一屋子的参政员花上一个月的时间都未必做得完"。[1] 即使是在冬天，太阳要到早上9点才在圣彼得堡的上空升起的日子，彼得也会在4点醒来，然后立刻听取报告，或是与大臣们开会，尽管此时他还戴着睡帽，穿着一件鼓鼓囊囊的老旧中式睡衣。吃过简单的早餐后，他于6点前往海军部，然后在那里工作至少一小时（有时两小时），再到参政院去。到了10点，他就回到家里，趁午餐时间（11点）还没到，玩上一小时的车床。午饭后，他会躺下小睡两个钟头，这是他的日常习惯，无论走到哪里都会这样。下午3点，彼得会在市内环游一番，或是同自己的私人秘书马卡洛夫一起在办公室工作。他的口袋里放着一块写字板，或是一本笔记本，用于记录当天冒出的灵感或建议。如果手头没有写字板，他就会将笔记草草写在到手的第一张纸片的边缘空白上。晚上，他要么去朋友家拜访，要么出席一场新的公共集会，这项活动是他从法国回来后创建的。

当然，彼得的日程表不是一成不变的。有时他几乎一天都待在外面，有时又极少出门——例如，1720年冬，为了撰写、修订新制定的《航海条例》，他每天都要在办公室忙上14小时，一连忙了5个月。每逢这种时候，皇帝就站在一张胡桃木写字桌边，它是在英国为彼得专门制作的，桌面高5英尺6英寸。

当彼得坐下用餐时，他的胃口好得像水手一样。他钟爱丰盛而简单的食物。他喜欢的菜肴有卷心菜汤、炖菜、加酸奶油汁的猪肉、搭配腌黄瓜或腌柠檬的冷烤肉、七鳃鳗、火腿和蔬菜。至于餐后甜点，他拒绝糖果，而是选择水果和奶酪，尤其偏爱林堡（Limburger）奶酪。他从不吃鱼，因为觉得那玩意儿不适合自己。斋戒日期间,他靠全麦面包和水果维生。用餐前,他会喝下少许放了八角的水,用餐后,他会喝些格瓦斯或匈牙利葡萄酒。当他乘车外出时,总会携带一些冷食,因为他随时可能感到肚子饿。当他在外面吃饭时,总有一名勤务兵随身带着他的镶象牙木匙和绿骨柄刀叉,因为彼得只用自己的餐具。

当彼得私下用餐时,从不讲究什么礼仪。他和叶卡捷琳娜经常独自吃饭,每逢这种时候,彼得只穿一件衬衣,身边也只有一名年轻的男侍从和一名受宠的宫女服侍。有时他会与几名大臣或将军一起用餐,此时身边除了厨师和管家,就只有一名勤务兵和两名侍从陪伴,他们有着严格的纪律,等到甜点端上餐桌,每个宾客面前摆上一瓶红酒,他们就得立刻退下。"我可不希望在畅所欲言时被他们盯着。"彼得向普鲁士大使解释道,"他们不止会监视我,还会曲解我说过的每一句话。"[2] 在彼得的餐厅里,座椅从不超过16张,先到者可随意就座。等到彼得与皇后落座后,他就会发话:"先生们,请坐下吧,坐满为止。剩下的人就回家与他们的妻子就餐吧。"[3]

在公开场合就餐时,皇帝喜欢一边吃一边听音乐。如果就餐地点在海军部,菜肴就是海军口粮——烟熏牛肉和淡啤酒,一支鼓笛队会在中央塔楼上奏乐。当他在皇宫中同将军和大臣吃饭时,军乐队会用小号、双簧管、法国号、低音管和鼓演奏乐曲。

彼得的御厨是个萨克森人,名叫约翰·费尔滕(Johann Velten),当年是以丹麦大使厨师的身份来到俄国的。1704年,彼得在品尝过他的手艺后,说服费尔滕跳槽到自己这里。他起初只是一名普通厨师,后来升任厨师长,最后当上了王室主管。费尔滕是个乐天派,总是开开心心的,彼得非常喜欢他,尽管这个厨子经常遭受责罚。(费尔滕后来曾经说过:"他的手杖动不动就在我背上跳舞。"[4])一次,当费尔滕给彼得呈上沙皇钟爱的林堡奶酪时,发生了这么一件事:彼得尝了一块后,拿出圆规,小心翼翼地测量了剩下的奶酪的体积,然后把数字写在自己的记事本上。他当即召来费尔滕,嘱咐道:"把这块奶酪拿走,别让任何人品尝它,因为我想亲自把它消灭掉。"第二天,当奶酪再次出现时,它似乎比昨天小多了。为了确认这一印象，彼得拿出圆规，量了量，再与口袋里的笔记本上的数字对比了一下。奶酪确实变小了。彼得召来费尔滕，把自己的记录拿给他看，指出其中的差距，抄起手杖打了厨师一顿，然后他坐下来，就着一瓶红酒吃掉了奶酪。

彼得生活简朴，讨厌浮华的排场。旧衣服和穿旧了的鞋子、靴子是他的挚爱，他的长筒袜上打着好几个补丁，那是他妻子和女儿的手笔。他极少戴假发，直到生命即将结束时，为了在夏天追求凉快而剃了头，这才用自己的头发制作了一顶假发。夏天的时候，他从不戴帽子。等到天气变冷，他就戴上一顶普列奥布拉任斯基团的黑色三角帽，穿上一件厚厚的旧大衣，口袋很宽，里面塞满了公文和其他文件——这是彼得的习惯。他有几件精致的西式外套，袖子和翻领都很宽大——绿色和淡蓝色外套上镶嵌的是银线，棕色天鹅绒和红色外套上镶嵌的是金线，灰色外套上镶嵌的是红线，但是很少穿。为了取悦叶卡捷琳娜，在她的加冕仪式上，他穿上了一件带金银刺绣的外套，那是叶卡捷琳娜的杰作，尽管他抱怨说，用这件衣服的造价来供养几个士兵或许更好些。

彼得对简单生活的偏好在自己宫廷的规格和维持上也体现得很明显。他既没有管家，也没有侍从；2个贴身男仆和6个勤务员，这就是他的全部亲随，他们两两轮班服侍他。勤务员全是年轻人，通常出身于小贵族或商人阶层，作为皇帝的仆人，他们任务繁多——当信差、伺候他进餐、皇帝乘车时骑着马跟在后面、皇帝睡觉时担任警卫。当彼得外出时，他会拿稻草当床，拿一个勤务员的肚子当枕头，睡个午觉。根据一个当过勤务员的人的说法，勤务员"只能保持原有姿势，一动不动，耐心等候，唯恐惊醒他，因为如果他睡得好，他的心情也会很好，如果他睡觉时受到干扰，他就会变得阴郁、暴躁"。[5] 成为勤务员是通往成功阶梯的第一级。缅什科夫和亚古任斯基都当过勤务员。通常情况下，彼得会把一个勤务员留在身边近10年，然后把他任命为文官或军官。有些人没有那么大的野心。有个青年勤务员名叫瓦西里·波斯佩洛夫（Vasily Pospelov），"是个年轻的穷小子，是皇家唱诗班的成员。沙皇自己也是歌手中的一员，每逢节日，他都会与唱诗班的普通成员并排站在教堂里，齐声演唱，他（彼得）对他（波斯佩洛夫）喜欢得不得了，几乎一刻也离不开他。他（彼得）一天可能要抱着他（波斯佩洛夫）的脑袋亲上100次，甚至可能会让最高级别的大臣站在一边等着，然后走过去同他（波斯佩洛夫）说话"。[6]

彼得觉得，华丽的装饰和外表与伟大是完全不沾边的。他始终记得英国、荷兰王宫的简朴风格，以及威廉三世显露出的节约与质朴气质，而后者可是欧洲两大富国的统治者。对于那些言过其实的奉承话，彼得同样不当一回事。有一回，两个荷兰人在向彼得敬酒时，把祝酒词说得天花乱坠，彼得笑了。"好极了，我的朋友，谢谢你们。"他一边说，一边摇头。[7] 与任何一个阶层的人打交道，彼得都表现得无拘无束。他很少注意礼节。他讨厌充满仪式感的冗长宴会，用他的话来说，这种活动被发明出来，是对"那些大人物和有钱人犯下的罪孽的惩罚"。[8] 每逢官方宴会，他总是把首座让给罗莫达诺夫斯基或缅什科夫，自己则坐到邻近末座的席位上去，以便开溜。乘车穿过街道时，他的座驾是一辆小型两轮敞篷马车，看起来就像是将一把维多利亚时代的双人椅安在车轮上。车内空间只容得下彼得和另外一个乘客（一个外国人轻蔑地宣称：在莫斯科，没有一个体面的商人会登上如此寒酸的车子）。冬天，他乘坐的是一架简陋的雪橇，只用一匹马拉，也只带一个随从，两人并排而坐。比起坐车，彼得依然更喜欢步行，这样，他可以看到更多的风景，还可以停下来，把刚才看到的再看一遍。不管遇到谁，他都会与对方交谈几句。

在百姓之中自由行走的习惯给彼得招来了危险。别人有着充分的理由暗杀他。事实上，许多人相信他是敌基督者。有一年夏天，当彼得出席在运河畔的夏宫举行的会议时，一个陌生人偷偷溜进了宫殿的前厅。他手里拿着一个有色的小包，与那些秘书和书记员用于盛放带给沙皇签字的文件的小包一模一样。那人静静地等候着，没有引起任何人的注意，直到彼得走进厅堂内，在大臣们的陪同下走向大门。就在此时，那个陌生人站了起来，从包里掏出个东西，用小包覆盖、掩藏，然后朝彼得走去。沙皇的随从以为他是某个大臣的勤务员或仆人，因而没有加以阻拦。但就在最后一刻，一个勤务员走上前去，抓住了那个陌生人的胳膊。两人随即扭打在一起，当彼得转过身来时，一把刀子掉到了地板上，刀刃有6英寸长。彼得问那人想干什么。"想刺杀您。"陌生人答道。"但您为什么要这样做？我可曾伤害过您？"彼得问道。"没有，但您伤害过我的教友和信仰。"那人说，并声称自己是个旧礼仪派信徒。[9]

暗杀吓不倒彼得，但有些生物会让他瑟瑟发抖，那就是蟑螂。当他外出旅行时，在确认屋内已没有蟑螂、他的房间已被仆人细心打扫过之前，他不会踏进一步。在此之前，彼得曾有过这么一桩小插曲：当时他以客人的身份在一座乡间别墅宴饮，他问主人这里是否有蟑螂时，主人答道："不是很多，为了撵跑它们，我把一只蟑螂活生生钉在墙上。"他指向被钉住的蟑螂，此时它正在离沙皇不远的地方蠕动。[10]彼得大叫一声，从桌子上蹦起来，给了主人重重一击，然后飞也似地跑出了屋子。

彼得的急躁脾气，以及用棍棒、拳头管教臣民的习惯从未离他而去。沙皇的身边人无一幸免，尽管他们经常挨揍，但沙皇动过粗后，就会立刻冷静下来。发生在圣彼得堡的一件事就是个典型，当时彼得正与陆军中将安东尼·德维尔一道驾驶自己的小型两轮马车出行，安东尼·德维尔是圣彼得堡的警务总长，首都道路、桥梁的状况由他负责。那一天，当彼得的马车通过莫伊卡运河上的一座小桥时，沙皇注意到有几块木板不见了，还有几块木板松动了。彼得停下车子，跳下来，命令陪同他的勤务员现在就把桥梁修理好。当该加固的地方都加固完毕后，彼得抓起手杖抽向德维尔的脊背。"这是对疏忽大意的惩罚，"他说，"它会教给您一件事——平时要到处走走，确保每一座桥梁、每一条道路安然无恙，状况良好。"[11]桥梁修好后，彼得转向德维尔，和颜悦色地说道："上车吧，兄弟，坐下。"两人驾车离去，就好像什么事也没发生过。

被彼得揍过的不光有大人物，也有小人物。有一次，他的游艇因无风而在喀琅施塔得与圣彼得堡之间的海面上停航了一整天，用过午餐后，沙皇下到客舱里睡觉。两小时的午休时间还没到，他就被甲板上的喧闹声吵醒了。他狂怒地登上甲板，发现上面的人已经跑光了，只有一个还是孩子的黑人侍从安静地坐在梯级上。彼得抓住那个少年，一边用手杖抽打，一边说："给我学着点儿，在我睡觉时安静些，不要吵醒我。"[12]但那个少年是无辜的。吵闹声是沙皇的医生、一名工程师和两名海军军官弄出来的，当他们听到彼得攀爬梯子的声音时，就溜掉并躲了起来。杖责结束后，他们悄悄返回，警告那个少年不准说出真相，否则他就要再挨一顿打。一小时后，彼得重新出现在甲板上，此时的他休息充足，心情愉快。他惊讶地看到那个少年仍在哭泣，便询问原因。"因为您对我的惩罚不仅残忍，而且有失公平。"男孩答道，并将那些真正的噪声制造者的名字说了出来。"很好。"彼得说，"这次我错打了您，所以下次您犯傻时，可以得到赦免。"几天后，当彼得正要再次杖打那个少年侍从时，对方用他之前说过的话提醒他。"没错，"沙皇说，"我想起来了，这次我饶了您，因为您已经预支过惩罚了。"

他爆发起来是很可怕的。一天，彼得正在夏宫的车工室里干活，制作一盏巨大的枝形象牙吊灯，陪在他身边的是他的首席车工安德烈·纳尔托夫（Andrei Nartov），还有一个年轻的学徒，此人总是快快活活的，为人又正直，很讨彼得欢心。学徒得到命令，一旦彼得坐下来，没脱掉帽子，他就得悄悄地把皇帝的帽子摘下来。但这一次，由于他抓帽子的动作太急，结果扯下了皇帝的一缕头发。彼得蹦了起来，怒吼着追逐那个年轻人，威胁要杀了他。那个学徒躲了起来，逃过一劫。第二天，彼得忘记了自己的愤怒，回到车床边。"那个可恨的小伙儿对我下手真狠，"他笑道，"但他伤我只是出于无意，我很高兴他在我追上他之前就逃掉了。"[13] 几天过去了，彼得注意到那个学徒依然没有回来干活。他吩咐纳尔托夫去找那个人，并向他保证他可以回来，无须害怕，但那个年轻人仍未被找到，连警察也是如此。事实上，他已经逃出了圣彼得堡，先是逃到了拉多加湖畔的一个小村子，然后到了德维纳河畔的沃洛格达。在那里，他佯称自己是个孤儿，结果被一个玻璃安装工收养，后者把自己的手艺传授给了他。10年后，彼得驾崩，那个年轻人才敢透露自己的真实姓名，重返圣彼得堡。纳尔托夫告诉学徒，沙皇已经赦免并重新雇用了他。那个年轻人以宫廷雇员的身份，先后经历了安娜女皇和伊丽莎白女皇的统治时期。

随着时间流逝，彼得试图纠正自己的脾气，尽管从未完全成功，但他还是意识到，自己的性情是个缺点。他说："我知道自己的缺点，情绪容易失控。因此，当我的密友向我指出这点并加以告诫时，我并不感到生气,我的叶卡捷琳娜也是这么做的。"[14]

事实上,叶卡捷琳娜是最善于对付彼得脾气的人,但只是有时而已。她并不畏惧他,而他也明白这点。有一回,她坚持提及一个激怒过他的臣民,彼得陷入狂怒,打碎了一面漂亮的威尼斯镜子,不祥地咆哮道:"我可以这样把我宫中最美丽的东西毁掉!"[15] 叶卡捷琳娜清楚其中的威胁意味,但她直视他的双眼,镇定地答道:"那么,您可以用这种办法把皇宫变得更美丽吗?"聪明的她从不与丈夫正面冲突,而是设法让他从新的角度看待问题。有一次,她用他的爱犬利泽特(Lisette)平息了他的怒火。在国内时,无论彼得走到哪里,这只小小的暗褐色意大利灵缇犬就跟到哪里,彼得午睡时,它始终躺在他脚下。那一回,彼得认为一名宫廷成员犯有贪污罪,对他大发雷霆,那人眼看就要挨鞭子了。宫中的每个人,包括叶卡捷琳娜,都深信那个不幸的廷臣是清白的,但无论如何申诉,都只是火上浇油而已。最后,为了让自己耳根清净,彼得禁止任何人谈论此事或是向自己请愿,皇后也不例外。叶卡捷琳娜没有放弃。相反,她以利泽特的名义撰写了一份简短、哀伤的请愿书,并举出了强有力的证据说明那个被控告的廷臣无辜,她恳求彼得看在一心忠于主人的利泽特的分上,赦免此人。然后,她把请愿书系在利泽特的项圈上。当彼得从参政院回来时,忠实的利泽特像往常那样,欢欢喜喜地蹦向他。彼得看到了请愿书,读过以后,他露出了疲倦的微笑:"好吧,利泽特,看在这是您头一回提出要求的分上,我答应您。"[16]

尽管彼得讨厌正式礼节,但有些典礼他还是非常喜欢的,另一些典礼则被他视为一国之君的义务,尽职尽责地接受。他最喜欢的是新船下水仪式。他一向节俭,但并不介意在这类庆典上一掷千金。人们涌向海军部,分享他的馈赠。每逢这种场合,盛宴往往必不可少,宴席在新船的甲板上举行,神采奕奕、语带兴奋的沙皇是全场的焦点,他的家人陪在身边,包括他的几个女儿,连老迈的普拉斯科维娅皇后也在其中。普拉斯科维娅皇后从未错过一次下水仪式,以及随之而来的开怀畅饮。这类聚会进行到最后,必然会发生这么几件事:海军上将阿普拉克辛突然一边大哭,一边悲叹自己到老依然孑然一身;显贵的公爵缅什科夫喝得烂醉,倒在酒桌底下一动不动，于是他的仆人被派去找来他的妻子达里娅王妃及其姐妹，她们过来用嗅盐、按摩和凉水把他弄醒，"然后请求沙皇允许她们把他带回家"。

圣彼得堡的生活以婚礼、洗礼、命名和葬礼为中心。沙皇及其家庭成员一向很乐意以见证者的身份出席婚礼，他经常当教父，经常为普通士兵、工匠、下级官员的孩子端洗礼圣水盘。彼得很乐意做这种事，但沙皇一家不能指望获得一份厚礼，他们所能得到的只有孩子母亲的一个吻，以及对方按照旧俄风俗悄悄塞在洗礼枕下面的一个卢布。仪式结束后，如果天气暖和，彼得会脱下自己的卡夫坦，坐到第一个空座上去。当他担任婚礼司仪时，他会严格履行自己的职责，然后放下司仪杖，走向餐桌，用手抓起一块热烘烘的烤肉吃起来。

彼得的步伐一刻不停，即使在冬天也很少放缓。杰弗里斯在递交给伦敦的报告中称："天寒地冻，假如有人把鼻子伸出门外，不被冻掉几乎是不可能的。"[17] 但就在这样的日子里，彼得、叶卡捷琳娜和宫廷成员驱车40英里，来到达德洛夫（Dudderoff）村。在那里——根据目瞪口呆的大使的说法——他们享受着一种"被他们命名为'卡塔'（catat）的消遣，即驾驶雪橇从一座陡峭的山峰上全速冲下来"。[18] 另一种名为冰上行船的冬季运动令沙皇更为痴迷。"冬天，当涅瓦河和……（海湾）被冻住以后，他驾着……经过巧妙加固的船只，在冰面上航行。"佩里写道，"每天，狂风大作时，他便迎风行驶于冰面之上，舰首旗、舰尾旗和三角旗如同在水面上航行时一般迎风招展。"[19]

到了夏天，彼得就会高高兴兴地开放夏园，以举办庆典和招待会。波尔塔瓦战役周年纪念日（每年6月28日）向来是个值得纪念的日子：身穿深绿色制服的普列奥布拉任斯基近卫团和身穿深蓝色制服的谢苗诺夫斯基近卫团在附近的旷野集结，彼得亲手将一木杯一木杯的葡萄酒和啤酒递给士兵们，为那场大捷干杯。叶卡捷琳娜和他们的女儿——安娜和伊丽莎白身穿精致的长礼服，头戴珠宝，站在花园中央接待宾客，她们的身边环绕着整个庭院，以及由勒布隆设计的冒着气泡的喷泉和小瀑布。皇储阿列克谢的一对儿女，也就是彼得的孙子彼得和孙女娜塔莉娅（他们已成孤儿），如同两个僵硬的小小蜡制玩偶一般立于近旁。表达过敬意后，客人们就围绕着摆放于果园中的木桌坐下。在宾客中，最开心的莫过于那些蓄着大胡子的主教和别的教士，他们专心致志地痛饮着杯中之物。

一次酒宴上，原本欢天喜地的人们变得惶恐不安起来，尤其是外国人和一些妇女，当时他们注意到6个肌肉发达的近卫军朝他们走来，手里提着几大桶谷物酿造的白兰地，打算好好敬上几杯。所有出入口均有近卫军把守，禁止任何人离开，人们开始惊慌失措地涌向河流，那里泊着几艘桨帆船。但主教们没有逃走，而是坐在桌旁，闻着萝卜和洋葱的气味，他们满面微笑，一杯接一杯地敬酒。随后，皇后和公主带领船员们在桨帆船的甲板上翩翩起舞，与此同时，烟火映亮了河面上的天空。一些人跳舞、畅饮，直至早晨，但许多人在花园里一躺，便进入了梦乡。

皇室成员，以及那些忠心服侍皇帝的人的葬礼十分隆重。在彼得的助手中，一些年纪较大的人已经故去。罗莫达诺夫斯基于1717年去世，官职传给了他的儿子。下一个是舍列梅捷夫，与一位富有教养、在英国生活过的年轻寡妇结婚数年后，67岁的他于1719年故去。1720年，81岁的雅各布·多尔戈鲁基撒手人寰。那些白发苍苍、为自己服务多年的外籍忠臣——有些人将自己成年后的大部分时光都奉献给了彼得，对他们彼得报以慷慨的酬劳。效力时，他们可以得到封地；退休后，他们可以领到津贴，他们去世后，津贴将继续发放给他们的寡妻或孤儿。彼得不允许削减退休官员的收入。有一回，一个为彼得服务30年的外国老人退休了，财控委员会提议，津贴按薪水的半数发放。彼得对此表示不快。"什么？"他问道，"一个为我奉献青春年华的人，老了就该受穷？不行，只要他在世，就必须支付他全薪，而且是无条件的，因为他已经干不动了。不过，凡是他基于自身经验和专业提出的有益建议，一律予以采纳。要是知道自己老了以后就要面临贫穷之厄，精力枯竭后，那个自己曾为之奉献青春的人根本不会管他，那么谁还会贡献自己一生中最宝贵的岁月？"[20]

彼得这种焦躁难耐、精力充沛的人是很难闲住的。"你们在家都做些什么？"有一次，他问身边的人，"我不知道待在家干什么，因为无事可做。"[21] 他拒绝狩猎，因而远离了这项为众多君主所钟爱的运动。尽管他父亲将大量空闲时间花在猎鹰上，而法国王室也沉迷于在森林中捕猎雄鹿，但彼得不喜欢这类娱乐。一天，有人邀请他加入莫斯科近郊的一支狩猎队时，他的回答是这样的："打猎？先生们，你们尽情狩猎吧，向野兽开战吧。至于我，在外有敌手要对付、内有不听话的臣民要不断料理的情况下，实难以此道作为消遣。"[22] 彼得最喜欢的游戏是西洋棋，为了随时随地与任何人对弈，他随身携带着一张皮制的黑白棋盘。他不仅不反对赌博，自己也和别人用荷兰纸牌赌钱，但他的牌友都是些船长和造船匠，与他们玩牌主要是为了享受友谊与社交之乐。他为自己的士兵与水兵制定了一条铁律：不论是谁，输钱不得超过一个卢布。彼得认为，赌鬼对一切真正有意义的事情都不感兴趣，他们脑子里只想着一件事：设法从对方身上诈钱。

动手干活的时候，是彼得最放松的时候——在海军部的造船厂挥舞短柄斧、扳动车床切削木块或象牙，或是在熔炉近旁锤打铁条。参观铸铁厂对皇帝而言是一种享受。他喜欢风箱抽动时发出的"呼呼"声，金属块在火焰中燃烧时发出的炽热光芒，以及铁锤在铁砧上敲打时发出的"叮当"声——他已经学会了铁匠活计的基本技巧。有一回，他在一个名叫沃纳·穆勒（Werner Muller）的铁匠大师的炼铁厂里干了一个月活。彼得干得很卖力，一天就锻造了720磅铁条，当他索要薪水时，穆勒多给了他不少。彼得拒绝了多出的部分，只领取了一份普通铁匠的工资，然后拿着这笔钱来到一家商店，买了一双鞋。此后，他逢人便骄傲地展示自己的新鞋，说："它们是我靠一柄铁锤、一个铁砧和脑门上的汗水赚来的。"[23]

一如既往，泛舟水上是彼得最大的乐趣。即使在陆上，他也做了一个例行性安排：彼得保罗要塞三声炮响后，位于要塞与冬宫之间的河流内所有船只上的船员都必须行动起来——升帆、起锚，然后来回航行。沙皇则怀着无比欣喜的心情立在冬宫的一扇窗户前，用锐利的目光注视这一切。夏天，他一有时间就待在船上，小舟大船都无所谓。他喜欢发动大家一起驾船游涅瓦河。作为活动预告，全城的十字路口都会悬挂特定的旗帜。到了指定的那一天，所有家里有船的市民都聚集在要塞前方的河流内。一等彼得发出信号，船队便顺流而下，沙皇的船一马当先，他本人则立于舵柄旁。许多贵族带着乐师而来，小号和双簧管发出的鸣响震彻两岸。行进到河口附近时，船队往往会转向一条小运河，那里通往叶卡捷琳娜的一座小型乡村宫殿——艾卡特尔尼霍夫（Ekaterinhof）。到了那里后，游客们来到摆在果树下的酒桌旁，用一杯杯匈牙利葡萄酒为自己解渴。

在圣彼得堡与喀琅施塔得之间的芬兰湾航行是彼得的乐趣。天气好的时候，他就驾船出海，深蓝色的天穹笼罩在头顶，明亮的阳光倾泻而下，波涛拍打着船帮，温柔地低语，沙皇手握舵柄，内心非常平静。独自出航的他可以清晰地眺望海岸线的风景，眺望那些郁郁葱葱、从水边渐渐隆起的山丘，以及位于山顶、正在营建的夏宫。当他穿过海湾返回圣彼得堡时，最先映入眼帘的是河口及周围的森林；然后是比树顶还高的教堂尖顶，上面覆盖着锡和黄铜，偶有镀金。接下来则是位于堤岸上的宫殿和建筑。度过这样的一天后，彼得总是步行上岸，发出一声无奈的叹息，然后回归日常生活。

彼得有多么热爱简朴，叶卡捷琳娜就有多么热爱奢侈。在晚年，彼得为他的妻子修建了一座金碧辉煌的宫殿，这与他的生活方式形成了鲜明对比。皇后喜欢服装和珠宝，可能是为了用珠光宝气来掩盖关于卑微出身的记忆吧。叶卡捷琳娜的宫廷成员包括一些侍从（他们的制服是绿色的，镶着金色花边，正面部分则为红色）和一支身穿绿色制服的私人管弦乐队。令人惊讶的是，皇后最喜欢的女伴叫马特廖娜·巴尔克（Matrena Balk），是安娜·蒙斯的妹妹，后者则是彼得在邂逅叶卡捷琳娜之前结交的德意志情妇。她的宫廷成员还包括格鲁克牧师（此人在叶卡捷琳娜成为孤儿后收养过她）的女儿；芭芭拉·阿尔塞内娃，她的姐妹达里娅·阿尔塞内娃是缅什科夫的妻子，也是叶卡捷琳娜的旧友；阿尼西娅·托尔斯泰，自叶卡捷琳娜第一次见到彼得起，阿尼西娅就认识了她；摩尔达维亚公爵夫人坎泰米尔；副相奥斯捷尔曼之妻奥斯捷尔曼伯爵夫人；首相戈洛夫金的女儿安娜·戈洛夫金娜伯爵小姐，她成了亚古任斯基的第二任妻子；圣彼得堡警务总长安东尼·德维尔的女儿；还有玛丽·汉密尔顿（Marie Hamilton），她是安德烈·马特维耶夫的苏格兰妻子的亲戚。

叶卡捷琳娜形影不离的朋友，年迈的阿纳斯塔西娅·戈利岑（Anastasia Golitsyna）王妃是这些妇女中最为直言不讳的一个，她曾陪同皇后前往哥本哈根和阿姆斯特丹，也曾卷入皇储阿列克谢的事件，惨遭当众鞭笞，但不久之后她便恢复了在宫中的地位。1714年，她从瑞威尔寄给沙皇几封信，其中一封为我们提供了一瞥叶卡捷琳娜宫廷的机会。

> 陛下：我希望您立刻到这里来。真的，陛下，如果您迟迟不来，我的日子就很难过了。皇后根本不愿在凌晨3点之前睡觉，我不得不一直坐在那里陪着她，基里洛芙娜则站在床边打瞌睡。皇后大人屈尊开口道："姑妈，您在打瞌睡吗？"她答道："不。我不是在打瞌睡，我是在盯着我的拖鞋。"与此同时，玛丽·汉密尔顿带着一张床垫在房内走来走去，把它铺在地板中央，马特廖娜·巴尔克则穿过房间，见谁骂谁。您如果在这儿的话，我就不用再伺候皇后睡觉了。[24]

1719年4月，命运给了彼得和叶卡捷琳娜毁灭性一击。皇储阿列克谢的死使得继承人问题明朗化了——尽管是以一种残酷的方式。彼得一系尚余两名年轻男性继承人：彼得之子彼得·彼得洛维奇，系叶卡捷琳娜所出；彼得之孙彼得·阿列克谢耶维奇，系阿列克谢和夏洛特的儿子。身为叔叔的彼得·彼得洛维奇健康状况却始终不如年长4个星期的侄子。这个孩子是双亲的掌上明珠，他们小心翼翼地处理他的健康及教育问题。在宫中举行庆典时，他不时会骑着一匹小马现身，但他发育迟缓，而且是个病秧子。就儿童期的发育而言，他全面落后于年幼的大公彼得·阿列克谢耶维奇，而且随着时间推移，他与这位活泼、好强的侄子的差距越来越大。

1718年（彼得·彼得洛维奇两岁那年）2月，阿列克谢被剥夺了继承权，彼得和叶卡捷琳娜的幼子成为皇位继承人，接受了俄国贵族和教士们的效忠。但就在14个月后，这个年仅3岁半的小男孩就追随异母哥哥阿列克谢的脚步进入了坟墓。

这个爱子的死把彼得压垮了，他寄王朝未来的希望于前者身上。他猛烈地以头撞墙，直到惊厥发作。接下来的三天三夜里，他闭门不出，甚至不肯隔着房门与他人说话。在此期间，他一直摊开四肢躺在床上，粒米未进。政府停摆了，对瑞战争被搁置，消息和信件得不到答复。尽管叶卡捷琳娜也悲痛不已，她却还是战胜了自己的情绪，丈夫陷入消沉而无力自拔，这令她忧心忡忡，她叩响房门，呼唤他，但没有得到应答。她退了下去，哭着向雅各布·多尔戈鲁基公爵求助。年迈的第一参政员设法让恐惧万分的皇后平静了下来，然后召集全体参政员，聚集在彼得的房门外。多尔戈鲁基敲门，屋内没有反应。多尔戈鲁基再度敲门，并厉声告诉沙皇，他与全体参政员都在这里，国家需要沙皇，如果彼得不立即开门，他就不得不破门而入，强行把皇上带走了，因为这是唯一可以拯救帝国的办法。

房门开启了，彼得站在他们面前，面色苍白憔悴。"发生了什么事？"他问道，"你们为什么要来打扰我休息？"[25]

"因为您的旷工，以及过度而无用的悲伤，导致这个国家陷入一片混乱。"多尔戈鲁基答道。

彼得低下了头。"您是对的。"他说，然后与他们一起走向叶卡捷琳娜。他温柔地拥抱了她，说道："我们自我折磨太久了。让我们别再抱怨上帝的意志了。"

小彼得·彼得洛维奇死后，彼得和叶卡捷琳娜在世的孩子只剩3个了，全都是女孩。1721年，安娜和伊丽莎白分别是13岁和12岁，娜塔莉娅3岁。两个年长的女孩正在引起别国外交官的注意，他们向她们投来赞赏的目光，一直在考虑她们嫁给谁合适。用贝格霍尔茨（他的主君荷尔斯泰因公爵最终娶了彼得的这个女儿）的话来说："安娜公主的皮肤呈深褐色，美丽得和天使一样，她有着诱人的肤色，胳膊和身材同她父亲非常相像。作为女孩，她的个头相当高，甚至给人略微瘦削的感觉。她的妹妹伊丽莎白在打扮上与她相仿，但更活泼一些。两位公主并不穿金戴银，她们的服装是用漂亮的双色面料制成的，头饰则用的是法国最新款的珍珠与宝石，其效果不亚于法国最好的美发师的手艺。"[26]

3年后，16岁的安娜的魅力得到了普鲁士公使马德费尔特男爵的盛赞，他是一名优秀的袖珍画家，曾将俄国皇室全体成员的肖像画在象牙上。关于安娜，他的记载如下："我不信在今日之欧洲，还有哪位公主拥有堪与她匹敌的端庄美貌。她的个头比宫中任何一位女士都高，腰肢却是那么纤细、优雅；她的容貌是那么无可挑剔，如果古典雕塑家能遇到她，那么他们就别无所求了。她的举止平静、安详，毫不矫揉造作。阅读历史与哲学著作是她最爱的消遣。"[27]

对于15岁的伊丽莎白，西班牙大使利里亚公爵（Duke of Liria）如此评价："我从未见过像她这样的美人，她的肤色令人惊叹，她的双目炯炯有神，她的嘴巴完美无瑕，她的喉部和胸部白得世所罕见。她个头高挑，性格活泼异常。她给人的感觉是智力、能力惊人，但也拥有一定的野心。"[28]

安娜和伊丽莎白接受的都是欧洲公主式的教育，主要内容为语言、礼仪和舞蹈。她们已经学会了高地荷兰语，法语也逐渐变得流利起来。彼得曾询问她们的家庭教师：为何法语是必需的？难道德语的词汇还不够丰富，不足以让人充分表达自己的意思吗？家庭教师答曰：并非如此，但凡是文明人，都愿意学习法语，连德意志人也不例外。安娜是个更加聪慧的学生，显然还学会了一点意大利语和瑞典语。为了炫耀自己的进步，她趁父母在海外时，用德语给他们写信。1721年，叶卡捷琳娜回复了其中的一封：

> 我从你的家庭教师和德维尔先生的来信中得知，你，我的心肝，正以勤勉的态度对待学业。我非常高兴，为了鼓励你继续进步，我送你一份礼物：一枚钻戒。你挑选一枚中意的，把另一枚送给你亲爱的妹妹伊丽莎白，然后替我亲亲她。我还要送你一样东西：一箱新鲜的橘子和柠檬，它们是刚刚从船上卸下的。你挑走几十个，剩下的就送给尊贵殿下（缅什科夫）和海军上将（阿普拉克辛）吧。

许多年后，伊丽莎白女皇在回忆中提到，她父亲对女儿的教育有着浓烈的兴趣。她说，他经常来到她们的房间，看看她们是如何打发时间的："他经常要求我将当天所学的东西记录下来。当他感到满意时，他就会表扬我，顺带送我一个吻，有时还会给我份礼物。"[29] 伊丽莎白还回忆道，彼得对自己当年忽视正规教育的做法懊悔万分。她说："我父亲常常反复念叨：如果能给他一次不再忽视自身教育的机会，他宁可少一根手指头。他没有一天不是在遗憾中度过的。"

彼得的三女儿，年幼的娜塔莉娅·彼得罗芙娜（Natalya Petrovna）出生于1718年，没能活到接受正式教育的机会。在外貌上，她同时遗传了双亲的特点——宽宽的脸庞，黑发在前额上鬈曲，和母亲一模一样。她的双眼也是黑色的，嘴巴小小的，如同红色玫瑰花蕾。然而在1725年，她去世了。在叶卡捷琳娜和彼得所生的12个子女（6个男孩，6个女孩）中，只有安娜和伊丽莎白活到了7岁以后。

年事已高且患有痛风的普拉斯科维娅皇后是当时俄国社会的大人物之一，她是彼得的异母哥哥和共治沙皇伊凡五世的遗孀。普拉斯科维娅自1696年起便开始守寡，对彼得忠心耿耿，矢志不渝。为了促成彼得的外交政策，她把自己3个女儿中的2个（安娜和叶卡捷琳娜）奉献出来，让她们嫁给几位欧洲幼君。尽管她更喜欢自己的乡间别墅——位于起伏不平的莫斯科郊外草原的伊斯梅洛沃斯基宫（Ismailovsky Palace），但出于忠诚，她还是搬到了圣彼得堡。每逢宴会和舞会，她就坐在椅子上，让人抬着去。她总是坐在皇后旁边，这样她就可以居高临下，将现场发生的事情尽收眼底，然后给予尖锐的评论。她渴望取悦沙皇，以至于他去奥涅茨喝含铁的矿泉水，她都要跟着去，尽管她的身边人大多觉得，当皇后离开疗养地时，她的健康状况比来时更差了。随着普拉斯科维娅老去，她变得易怒，经常与那几个岁数较长的女儿发生争吵，她们都已回到俄国。快乐、活泼的梅克伦堡公爵夫人叶卡捷琳娜于1722年回国，此后再未离开；库尔兰公爵夫人安娜时常回娘家走亲访友，1730年她最终永久回归，并加冕为安娜女皇。在一次激烈争吵后，普拉斯科维娅正式对安娜发出诅咒，直到临死之际才收回。

1722年夏秋之际，彼得和叶卡捷琳娜到里海去了，宫廷则迁往莫斯科。梅克伦堡的叶卡捷琳娜此时正与母亲一起生活在伊斯梅洛沃斯基宫，她经常邀请莫斯科的客人来自己这里玩。他们穿过泥泞的乡间道路，前来享受公爵夫人亲手奉上的一杯杯伏特加，品尝难以下咽的晚餐，然后跳舞到深更半夜。当狭小的会客厅被人体和蜡烛散发出的温度弄得热不可耐时，舞会的参与者便移步已成残废的普拉斯科维娅皇后所休息的卧室，或是来到公爵夫人的卧室。这栋宅子设计得很差，卧室四散分布于客厅和餐厅之间，因为普拉斯科维娅对房屋的外观从不上心。当彼得从里海归来时，贝格霍尔茨于午夜时分匆匆出发，抢先将这个消息带给皇后。他发现众人均已就寝，但梅克伦堡的叶卡捷琳娜十分愉快地领着贝格霍尔茨将消息告知自己的母亲、妹妹和宫女，此时她们都没穿衣服。皇后宅邸的狭小、简陋令这个荷尔斯泰因人大为惊奇。"总的来说，这次夜间到访没有给我留下什么良好的印象，"他在日记里写道，"尽管我有幸看到了许多赤裸的脖颈和胸脯。"[30]

1718年，彼得创办了一种新集会，即夜间集会，在漫漫冬日，每周举办两三次。沙皇试图推动本国男女之间的交往。此外，他在巴黎的沙龙见识过上流社会的社交礼仪，现在他想让圣彼得堡的人们也领略一下，而这类集会将在他的计划中起到最为重要的作用。由于这一概念在俄国尚属新生事物，彼得颁布了一系列相关规则，向臣民阐明了新集会的意义和举办方式。他的解释透着一股典型的说教味道：

在圣彼得堡举行集会须遵守的规定

法语名词"集会"在俄语中是无法用一个单词来表达的，它表示一群人聚在一起开会，要么是为了消遣，要么是为了讨论事情。朋友们可以在这种场合会面，谈论生意或其他话题，打听国内外新闻，以此消磨时间。现将我们在集会上必须遵守的规矩罗列如下，以供学习：

1. 聚会场所的屋主须在夜间悬挂一广告牌或其他标志牌，用以通知全体参会的男士和女士。

2. 聚会开始时间不应早于下午4点或5点，结束时间不应迟于晚上10点。

3. 屋主没有见客、送客或待客的义务；不过，尽管他无须招待客人，却应当给他们弄来座椅、蜡烛、饮料及其他必需品，并向他们提供各式各样的游戏和游戏用品。

4.与会者来去自由，无须定时；能在会场露个面就够了。

5.在场的每个人都享有坐下、散步、游戏的自由，随他们喜欢，任何人都不得加以阻挠或反对，违者须罚喝干一份"大鹰"（一满碗葡萄酒或白兰地）。至于其他要求，到来时和离开时行个礼就够了。

6.各个阶层的人们，例如贵族、高官、知名商人、高手匠人（主要指造船工人）、外事部雇员，以及他们的妻儿，都有权成为社交聚会的常客。

7.必须专门给男仆（主人家的男仆除外）划出一片地方，为集会而设计的房间里才会有足够的空间。（换句话说，这样男仆才不至于在闲逛时把房间堵住，与客人混杂在一起）。[31]

尽管主人只有为客人准备茶水或冷水的义务，但他如果自己要给客人们提供丰盛的食物和饮料，也没人能干涉他的自由。不过，强行灌酒的现象是不存在的，狂饮烂醉在社交聚会上属于极度招人反感的行为，这点与彼得举办的举世闻名的"全雄宴"形成了鲜明对比。彼得手里有一份东道主名单，他按顺序指定名单上的人做东。尽管他依然不肯用自己的宫殿举办正式聚会，但轮到他的话，他还是会很痛快地答应扮演聚会主人的角色。

没过多久，圣彼得堡的上流社会人士便对这类招待会趋之若鹜。在同一个房间内，有人跳舞，有人玩牌，一群男人以庄严的姿态用陶制的长烟斗吸烟，用陶杯饮酒，还有些男男女女笑着、闲聊着，用一种此前在俄国无人知晓的方式互相取乐。每逢这类场合，必有彼得的身影。他愉快、健谈，在各个房间转悠，或是坐在桌边，抽着一根荷兰出品的长烟斗，啜饮着匈牙利葡萄酒，研究着跳棋或西洋棋的路数。这些聚会并不总是一帆风顺的。公爵格雷戈里·多尔戈鲁基与更为年轻的公爵罗莫达诺夫斯基是一对老冤家，两人因一桩离婚诉讼案结怨，最后发展到在晚宴上大打出手的地步。还有一次，一个客人爬上餐桌，在上面走来走去，结果被一张馅饼绊了一跤。但对目光如炬的彼得而言，这种程度的行为总的来说只是些笑料而已，而这种既具旧俄社会风情又具欧洲社会风情的奇观，正是这位帝国的指导者一手缔造的。

绝大多数圣彼得堡社交圈的贵妇一接触到彼得这种俄西结合的聚会，便迫不及待地张开双臂拥抱变革。如今她们不再闭门不出，而是大步流星地走向更加令人兴奋的新生活。年轻的未婚姑娘如今有了与年轻的未婚男士广为接触的机会。能够穿得漂漂亮亮的，在公共场合翩翩起舞，展示自身的魅力是一件令人欢喜的事。奢华、艳丽、款式出众的新礼服开始在会场出现。据贝格霍尔茨报道："在场的每一位女士使用的胭脂，一点儿也不比法国妇人们少。"[32] 但是，她们依然不愿像西方宫廷妇女那样，一连几小时花在准备华丽的发型上。"她们习惯了悠闲的生活，也喜欢这种生活，要想让她们在这方面做出牺牲依旧是个大难题。"贝格霍尔茨说，"俄国人过于重视舒适，非常不乐意做发型。"

西风正兴，俄国的母亲们赶紧按照德意志或法国的模式培养自己的女儿。"我得为这个国家的父母说句公道话。"贝格霍尔茨说，"他们不惜一切代价让自己的子女接受良好的教育，导致这个国家在如此之短的时间内发生了如此之大的变化，任谁看到这一幕都会大吃一惊。他们不久前还是些举止粗鲁、惹人不快的家伙，但现在已经完全看不出来了。"一些年轻妇女以一种略带讽刺的方式，获得了某种特别的优点。特鲁别茨科伊将军和他的妻子、女儿一起被关押在斯德哥尔摩，1718年，他被用于交换伦斯舍尔德元帅。当这家人从瑞典回国时，三个女儿由于"自幼便与父亲一起待在斯德哥尔摩，受到良好的教育，素质得到极大提高。回到俄国后，她们与本国其他妇女之间的明显差距立刻体现无遗"。

与圣彼得堡的女士一样，男士也急于修饰自己。按照传统，俄国男士在正式场合才会穿上一件上等长袍，这件长袍还是父子相传，但现在他们不这样做了，而是订购了许多崭新、华丽的绣金线外套。在寒冷的冬夜里，一个曾目送一群身穿皮草的俄国人走进一栋房子的外国人宣称："不管走进哪座屋子，一些仆人都会立刻脱下你的皮鞋和皮衣。当你看到那些用金银、紫袍和宝石装饰自己的优雅绅士像许多花哨的蝴蝶那样突然挣脱他们的冬季茧壳，甩掉他们粗劣的外衣，你也会觉得挺好笑。"

在服饰上刮起奢靡之风的同时，俄国人在日常生活的其他方面也大手大脚起来。他们蓄养大批仆人,给仆人配备了华丽的制服。他们订购精美的家具、优雅的马车和罕见的外国葡萄酒。他们用宴会、舞会和其他娱乐活动来炫耀自己的财富,尽管时常因花钱如流水而导致家财耗尽。负债和破产有如家常便饭,在政府部门,官员过着穷困潦倒的生活、为获得一份薪水优厚的新职位而苦苦哀求也是常有的事。

经历数百年的隐居生活后,俄国妇女突然获得了解放,这导致的另一后果是道德领域的全面松弛,公爵米哈伊尔·谢尔巴托夫其后称之为"道德的堕落"。彼得本人在这一方面的作为至今依然不为人知。安娜·蒙斯和叶卡捷琳娜先后成为他的情妇。有传言称,叶卡捷琳娜的宫中女伴玛丽·汉密尔顿和玛丽·坎泰米尔曾受到彼得的宠幸,几个18世纪的作者写过几篇有趣的报道,称叶卡捷琳娜在欧洲旅行时,身边陪伴着一队妇女,她们每个人怀里都抱着一个婴儿,婴儿的父亲都是彼得。我们姑且假设彼得不是个洁身自好的人,他与伦敦的一名女演员,或巴黎的一位女士私通的传闻可能是真的,但显而易见的是,即使这些事确实发生过,它们对彼得而言也不过是几段无足轻重、无须惦记的插曲罢了。叶卡捷琳娜清楚这一点,并在信中频频取笑彼得。彼得向她保证,别的女人并不会对"像我这样的老伙计"感兴趣,他的保证极具幽默效果,但有时也会闹出点儿小小的不愉快。

叶卡捷琳娜可以取笑他,但其他人不能。1716年在哥本哈根,国王弗雷德里克四世转身冲着彼得微笑,并挑了挑眉毛。"啊,我的兄弟。"他说,"我听说你也有个情妇。"彼得的脸马上沉了下来。"我的兄弟。"他厉声道,"我的妓女花不了我多少钱,但你可是在她们身上花了几千英镑,你本能用得更合理些的。"[33]

事实上,彼得对男女关系的道德观建立在功利性的社会伦理观基础上。他对那些不曾对社会造成危害的不检行为采取放纵态度。韦伯在报告中提到,妓女们"在俄国享受着充分自由",只有一个妓女例外,她"重创了数百名普列奥布拉任斯基近卫团的士兵,他们无法与战友一道踏上征程,只能留在圣彼得堡接受治疗";[34]那个女人由于损害国家利益而惨遭鞭笞。总体而言,沙皇既不肯保护守贞者,也不愿惩罚通奸者。当他被告知，皇帝查理五世下诏禁止通奸行为，违者以死刑论处时，他问道："这怎么可能？我还以为这样一位伟大的帝王会更有判断力呢。毫无疑问，他觉得本国人口实在太多。惩治骚乱与犯罪是必要的，但朕应当尽可能挽救我国人民的生命。"[35] 那些未婚先孕的女人被鼓励生下自己的孩子。有一次，当彼得发现一个漂亮姑娘被一群处女拒之门外，原因是她有一个私生子时，他发话了："我不准其他妇女和少女把她排除在集体之外。"那个女孩的儿子得到了沙皇的庇护。[36]

在彼得的宫廷里，男男女女因沙皇在这个问题上的宽大为怀而受益或获救的例子比比皆是。他鼓励亚古任斯基与结发妻子离婚（因为她把他的生活弄得痛苦不堪），同戈洛夫金娜伯爵小姐结婚，按照贝格霍尔茨的说法，伯爵小姐是"俄国最讨喜、受教育程度最高的女士之一"。[37] 尽管她的脸蛋被天花折腾得疤痕累累，但她身材极佳，会说一口流利的法语和德语，舞跳得很好，平日里也笑口常开。他驳回了列普宁公爵娶其芬兰情妇为第四任妻子的申请（东正教教会只允许男子先后迎娶三个妻子），但给予他们的孩子合法地位，允许他们姓列普宁斯基（Repninsky）。他宠爱的勤务员瓦西里·波斯佩洛夫娶了一个女吹笛手，彼得不仅参加了他们的婚礼，还出席了翌日早上的新生儿洗礼仪式。他支持安东尼·德维尔将军向缅什科夫的妹妹求婚。缅什科夫公爵予以拒绝，他希望给妹妹找个更好的夫婿，然而，这位女士已经怀上了德维尔的孩子。德维尔再度向缅什科夫提出请求，理由是孩子必须合法出生，缅什科夫的回应是一脚把德维尔踢得从楼梯上滚下去。于是彼得出手干预德维尔的请求，婚礼得以举行，但在皇帝驾崩后，缅什科夫便把妹夫放逐到西伯利亚去了。

然而，即使彼得可以容忍不检行为，他也无法容忍犯罪行为。谁要是堕胎，或是将出生后成为累赘的婴儿杀死，就将遭到死刑的惩罚。这方面最鲜明的实例，要数沙皇在玛丽·汉密尔顿案引发的争议中表现出的坚定态度。这位年轻女士是叶卡捷琳娜皇后最喜爱的宫中女伴之一。用时人的话来说，她"极度沉溺于男人们的殷勤"。其结果是，她先后生了3个私生子。头两个孩子被极其隐秘地谋害了，宫中无人生疑，但第三个婴儿的尸体被人发现，母亲遭到逮捕。在狱中，她供认这起悲剧已是第三起。当被判处死刑时，她大吃一惊，因为她觉得自己是沙皇、皇后的朋友和宠儿，所以一定可以得到赦免。行刑那天，囚犯身穿一袭白色镶黑边丝绸长袍，出现在处刑台上。彼得登上处刑台，站在她身边，俯耳轻语数句。死囚和大多数旁观者都以为她将于最后关头获得缓刑。但事实恰恰相反，沙皇给了她一个吻，然后悲伤地说："我不能为了救您的命而违背法律。您还是勇敢地拥护判决吧，然后用一颗充满信仰和悔悟的心向上帝祈祷，希望上帝能宽恕您的罪孽。"[38] 汉密尔顿女士跪了下去，祷告起来，沙皇转身离去，刽子手随即行刑。

在统治生涯末年，彼得开始将注意力转移到别的方向上，他给圣彼得堡带来了某些代表文明社会优雅一面的机构——几座博物馆、一座美术馆、一座图书馆，甚至还有一座动物园。与几乎所有经沙皇之手引入俄国的新事物一样，这些机构强烈地体现了沙皇本人的喜好。他对戏剧毫无兴趣（他宁可跑去和自己的冒牌宗教会议一起举办拙劣的假面舞会），对器乐同样无感。俄国社会唯一接触到的戏剧表演是由彼得的妹妹娜塔莉娅公主安排的，她为自己修建了一座小剧院，为此征用了一座巨大的空房子，并配备了一座舞台、一排乐队席和几座包厢。韦伯出席过一场演出，但提不起多少兴趣。"男女演员共有10人，全是土生土长的俄国人，从未出国，所以他们的水平也就不难想象了。"他写道。他观看的演出是一出悲剧，剧本由公主本人亲自编写，表演时用的是俄语。它讲述了以一场发生在俄国的叛乱为题材的道德教化故事，以及因这起不幸事件而引发的惨祸。虽然韦伯觉得演员的水平很糟糕，但他觉得管弦乐队的水平更糟糕。"这支管弦乐队由16名乐手组成，清一色的俄国人。"他写道，"他们学起音乐来，就和学习别的学科一样，要靠笞棒帮忙。如果将军从团里挑选一些闲置的士兵，决定让他们去学音乐，那么就算这些士兵对此一无所知，或者完全不是这块料，他们还是会被送到一位音乐大师那里，后者会给他们一定的时间来完成任务。他们先是学习操作乐器，接着学习演奏一些路德宗的圣歌或小步舞的配乐之类。如果这些学员没能在上述期限内把该学的东西学到手，笞棒就会一次次派上用场，直到他们成为曲调专家为止。"[39]

然而，当娜塔莉娅公主于1716年去世时，连这个小剧院也不复存在了。其后，梅克伦堡公爵夫人在莫斯科的伊斯梅洛沃庄园创立了一所小型剧院并自任导演，宫中女子担任女演员，男性角色则大多由仆人扮演。尽管离莫斯科很远，前来观看演出的人依旧很多，然而，有些观众的动机不是那么纯粹。贝格霍尔茨抱怨说，他第一次造访剧院，鼻烟壶就被人抢走了。还有一次，许多荷尔斯泰因绅士口袋里的丝帕被偷了。最后，彼得终于安排从汉堡请一个专业剧团，但它始终未曾到来。一栋又小又破、坐落于莫伊卡河畔的剧院在圣彼得堡存在了两三年，它以拙劣的水准上演翻版法国戏剧，以拙劣的水准翻译德意志滑稽剧。沙皇对戏剧不感兴趣，他的臣民也就兴致索然了。与彼得一样，他们喜欢的是更大众化的表演，如杂耍和走绳。彼得特别喜欢一个名叫参孙（Samson）的著名力士，此人是德意志人，于1719年来到俄国。某些人（特别是某些教士）宣称参孙的表演靠的不是力量，而是魔术、巫术和欺骗。沙皇被激怒了，表态支持参孙，他命令一些显要教士站到舞台上，近距离见证参孙的演出。参孙横躺在两把椅子上，仅用头和脚支撑身体；彼得将一铁砧置于他胸膛上，随后用一柄大锤将几大块铁在铁砧上敲碎。参孙接着将一根木条咬在嘴里，沙皇试图用双手将它拔出，结果不仅木条未曾移动分毫，连参孙也岿然不动。沙皇得意扬扬地向在场的每一个人宣称，这个力士的能力，完全来源于绝对的身体力量。

1716年至1717年，彼得二度访问西方，他本着认真的态度，定期参观科学收藏品、公家与私人的绘画藏品，还买了许多画作带回国内。彼得希望有那么一天，俄国的画作不再是清一色的外国作品，他派遣一批年轻的俄国艺术家到荷兰和意大利学习绘画。令沙皇更为自豪的是他的科学藏品。1717年，他将著名荷兰解剖学家勒伊斯（Ruysch）教授的藏品尽数收购。20年前沙皇首次踏上西方之旅时，就经常造访教授的讲堂和解剖室。这批藏品是教授在40年里逐渐积累的，附有一份带插图的目录，题为《解剖学家辞典》。彼得还购买了荷兰药剂师塞布（Seba）的全部藏品，其中包括所有已知的东印度陆地和海洋生物、鸟类、爬行动物和昆虫。彼得在海军部对面的瓦西列夫斯基岛上修建了一栋宏伟的石制建筑,名为科学院博物馆(Museum of the Academy of Science),而这两份举世闻名的藏品成了博物馆的立馆之基。彼得有个习惯:每周去博物馆两三次,拂晓时分到馆,研究完展品后再去海军部。他非常喜欢那里,以至于有一次,他决定在博物馆接见奥地利大使。首相问道,在夏宫接见是否更合适些?"这位大使是派给我的,而不是派给我的宫殿的。"彼得答道。第二天早上5点,他在博物馆接见了大使。[40]

在彼得的坚持下,这座博物馆对公众开放,并配备了解展品的导游。亚古任斯基建议收取1个卢布的入场费,用于支付开销,彼得表示反对,觉得这样会使人们对博物馆望而却步。他的意见正相反:博物馆不但应当免费开放,还应当以沙皇的名义提供一份提神饮料——咖啡或葡萄酒,以鼓励人们前来。相关费用由彼得自掏腰包。

除了购自海外的藏品,博物馆还收藏了一些珍品,如沃罗涅日附近发现的象牙(据彼得猜测,它是亚历山大大帝经过此地时遗留下来的),还有一批在里海附近的异教神庙废墟内找到的古物——画像、容器,还有几份用未知语言写成的羊皮纸文书。与之类似,在撒马尔罕附近采金时,勘探者发现了几尊古代黄铜塑像,它们被送往西伯利亚总督加加林公爵处,由他转交给沙皇。里面有黄铜铸成的神明、弥诺陶诺斯、公牛、鹅、畸形的老年男子和年轻女子。神像的口部安有铰链,因而无法搬动;始终对宗教迷信保持警觉的彼得推测道:"这可能是祭司们的手段,他们借神像之口,对人们发号施令。"[41]

彼得还尝试着用书籍和图书馆来拓宽臣民的知识面。沙皇本人毕生都在藏书,特别是在出访德意志、法国、荷兰和西方其他国家的时候。他的私人图书馆收藏的著作涉猎甚广,有陆军及海军军事、科学、历史、医药、法律和宗教。彼得的书最初保存在夏宫,其后,随着藏书数量的增长,它们被转移至冬宫、彼得霍夫及其他地方。当他过世后,他的图书馆成为俄罗斯科学院图书馆的立馆之基。1722年,彼得命令俄国几座最重要的古修道院搜罗古老的手稿、编年史和书籍,并将它们送到莫斯科,然后转运到圣彼得堡,收藏在彼得的私人书房里。皇帝驾崩后,这些珍贵的文献也大多被运往科学院图书馆。

彼得对巴黎动物园赞不绝口，从法国回来后，他立刻在圣彼得堡修建了一座动物园。猩猩、猴子、狮子和豹子被安置其中，甚至还有一头来自印度的大象，但它们都难以挨过寒冷刺骨的冬季。尽管彼得专门为大象修建了一栋屋子，还日夜生火为这只野兽供暖，可它依然只活了短短几年。此外还有一种别样的展出，内容为展览萨摩耶人（Samoyeds）的聚居地，萨摩耶部落是野蛮的拉普兰人（Laplanders）的一支，来自北极沿海。每年冬天，他们都会带着驯鹿和狗来到涅瓦河的冰面上扎营。在这里，他们住在围墙内，按照他们的一座原始村庄的模式生活，接受好奇的人群的布施。但俄国人不敢靠得太近，因为人人皆知萨摩耶人会"啃咬陌生人的脸和耳朵"。[42]

这些新藏品和容纳它们的新建筑是彼得那永无止境的好奇心的产物，他迫切希望将自己所学的知识教给子民们。每段俄国之旅，甚至每段海外之旅，都会带来更多的奇物、器械、书籍、模型、绘画和动物。旅行期间，即使到了一个很小的城镇，彼得也总是要求看看当地值得注意或与众不同的东西，随便什么都行。当他被告知这里没有什么不同寻常的玩意儿时，他就会这么回答："谁知道呢？对您而言不算稀罕的物件，对我而言或许就不同了。全都给我瞧瞧吧。"[43]

在这批收获中，戈托普的大地球仪（Great Globe of Gottorp）是最特别的之一。1713年，当彼得在戈托普公国的石勒苏益格旅行时，发现了这具非比寻常的科学、机械仪器。这具中空的地球仪硕大无比，直径达11.5英尺，制作于1664年，目的是献给统治该国的荷尔斯泰因公爵。它的外表是一张球状地图，内部则是一张星图。参观者可缘梯入内，然后坐到一张圆桌旁，桌子周围环绕着的椅子可供10—12人就座。只要转动绞盘，便可使星图围绕观众旋转。这具地球仪自然引发了彼得的兴趣和喜悦。当年轻的卡尔·弗雷德里克公爵的辅政大臣提出将地球仪作为国礼相送时，彼得高兴地收下了，并宣称荷尔斯泰因人这次的礼物再好不过。正在德意志的俄军统帅缅什科夫奉命亲自负责地球仪的包装与装船工作。俄国人从瑞典人那里得到特许，畅通无阻地将地球仪装船，在波罗的海上航行，运至瑞威尔。1715年冬，这个巨大的球体在雪橇和滚轮的运送下，穿过皑皑白雪，抵达圣彼得堡。由于地球仪太大，彼得又不肯冒险将它拆开，所以很多地方的道路都必须加以拓宽，为了让地球仪通过，树枝被一根根砍掉，甚至连树木都被整棵整棵地放倒。地球仪运抵后，彼得将它安置在先前为大象（此时它已死去）修建的房屋内。他天天都来看它，一看就是几小时。

创办科学院（Academy of Science）[①]是彼得对俄国的智力活动做出的最重要也最持久的贡献。该计划是由莱布尼茨提出的，他之前曾在柏林创办普鲁士科学院，但彼得尚未准备好将计划付诸实施，莱布尼茨就于1716年亡故。沙皇造访巴黎后当选为法国科学院院士，这进一步激发了他的兴趣。他来信表示接受这份耀眼的荣誉，信中透着一股近乎孩子气的兴奋："你们以这种方式赐予朕荣誉，朕非常高兴，朕在此保证，将怀着极度愉悦的心情接受你们授予的职位，同时也热烈希望用朕的勤勉，尽可能地为科学做出贡献，从而证明朕值得成为你们社团的一员。"这名新成员将一幅崭新的里海地图转寄给法国科学院，以此作为自己的第一份贡献。他在信中的署名是"您亲爱的彼得一世"[44]。

1724年1月28日，沙皇下旨建立俄罗斯科学院，一年后，他就去世了。圣旨中照例附有解释，为的是让俄国人明白正在兴修的是什么东西：

> 被用于组织艺术和科学活动的机构通常有两种。一曰大学，一曰艺术、科学学院。大学是教育年轻人的学者们组成的社团……学院则是做发明研究的学者和能工巧匠们组成的社团。[45]

但是圣旨接着解释道，根据俄国的国情，有学问的人实在太少，院士们既要忙教学，又要忙研究。国家每年从波罗的海港口的海关关税中抽出2.5万卢布，作为拨款，支持科学院。

没等科学院开始运作，彼得就驾崩了，但在1725年12月，科学院的

---

[①] 250年后，科学院仍是该国头号智力活动组织机构。

大门首次敞开。被吸引来的院士有17人，分别来自法国、德意志和瑞士，他们中有哲学家、数学家、历史学家、从事解剖学的医生、法学家、化学家，还有一名天文学家，许多人是第一流的学者。不幸的是，俄国学生无人获得进入大学班级的资格，因而学院不得不从国外引进8名德意志学生。即便如此，前来听讲的人数依旧少于学院章程要求的人数，导致院士们不得不偶尔参加彼此的讲座。

在一个中小学都不是很多的国家开办一座学术研究机构，时人对此不乏嘲讽之声，但高瞻远瞩的彼得力排众议。他用隐喻的办法解释道：

> 大堆的谷子等着我收取，但我没有磨坊。修建一座水磨坊的话，附近的水资源是不够的，但远处的水管够，只是我不知道自己能否坚持到运河完工的那一天。因此，我得先盖好磨坊，然后我就只用命令别人破土动工了，让我的继任者为完工的磨坊引水是个更好的选择。[46]

# 62

# 里海沿岸

随着《尼斯塔德条约》的签订，俄国最终得到了和平。从亚速一路转战至哥本哈根，它在其中倾注了巨大的精力，如今它似乎可以把这股精力用在自己身上了。彼得不希望自己将来以战士或征服者的身份铭刻在人们的历史记忆中。他对自己的定位是"改革家"。然而，当圣彼得堡为致敬《尼斯塔德条约》而举行庆典时，彼得还是命令他的军队为下一场战役做好准备。俄军将于来年春天开进高加索，同波斯人作战。这支军队的统帅将再度由皇帝本人担当。

尽管彼得的通知引得众人一片哗然，但南进计划绝不是什么突发奇想。在一生中的大部分时光里，彼得听说过种种关于东方、关于中华帝国、关于伟大的莫卧儿王朝的财富、关于西伯利亚—中国和印度—波斯—西方的商道带来的丰厚利润的故事。这些传说来自一些途经俄国的旅行者，他们在德意志区逗留了相当长的时间，从而激发了年轻的沙皇的想象力。阿姆斯特丹市长尼古拉斯·维特森也是它们的提供者。沙皇在荷兰度过的第一个冬天，身为东方探险专家的他花了很多时间同彼得交流。如今，彼得最终打算把年轻时代的梦想变成现实。

他曾经尝试着扩大现有的茶叶、毛皮和丝绸贸易，并在北京设立一个常驻使团，以此与中国建立联系。尚武好战、以北京为中心的清王朝国势正盛。1661年，康熙大帝以七岁之龄践祚，其统治一直延续到1722年过世为止，这位以赞助绘画、诗词、制瓷和学术研究而名扬天下的帝王与周边所有国家都签订了和平协议；在其鼓励下出版的词典和百科全书，历经多个世代，始终被奉为权威。尽管康熙允许外国人待在自己的宫廷中，彼得为改善中俄关系而做出的努力却收效甚微。1715年，俄国教士、修道院院长希拉里翁(Hilarion)在北京受到接见,并被授予五品官衔。1719年,彼得终于任命普列奥布拉任斯基近卫团上尉列夫·伊斯梅洛沃(Lev Ismailov)为特派公使,前往北京,并差他捎去一份送给中国皇帝的礼物——4架象牙望远镜,由彼得亲手制作。在中国皇宫,伊斯梅洛沃受到友好而尊贵的接待,他的作为却超出了职责范围。他要求解除关于中俄贸易的一应限制,允许在北京修建一所俄国教堂,准许在中国的一些重要城市设立俄国领事馆,以促进贸易。对此,清政府答复:"我们的皇帝既不做生意,也不办集市。你把你们商人的价值估得太高了。我们蔑视商业。只有穷人和仆役才和我们做生意。与你们贸易对我们全无利益可言。即使你的人不把它们带来,我们这儿的俄国商品也够多了。"[1] 伊斯梅洛沃离开了,打那以后,俄国的商旅受阻更加严重。1722年,康熙驾崩,他的儿子雍正总体而言对基督徒更加敌视。因此,彼得王朝末年的对华贸易渠道不是变宽了,而是变窄了。

沿着荒凉的鄂霍茨克海岸和北太平洋海岸继续往北,便再也没人能阻挡俄国人前进的步伐了。辽阔的堪察加半岛(Kamchatka Peninsula)和千岛群岛(Kurile Islands)已被俄国人宣示主权,处于彼得的管辖之下。1724年,在逝世前不久,彼得将一个生于丹麦、名曰维图斯·白令(Vitus Bering)的上尉召至自己的舰队,交给他一个任务:率领一支探险队前往同堪察加半岛相隔千里的欧亚大陆边缘地带,确定欧亚大陆与北美大陆之间是否有岛屿相连。白令发现了一道宽53英里、水深仅144英尺的海峡,后来这道海峡就以他的名字命名。[1]

在白令动身前一年,彼得曾派遣两艘巡防舰前往地球另一端,将兄弟般的问候带给"美不胜收的马达加斯加(Madagascar)岛的杰出国王和

---

[1] 在接下来的几年里,一批批俄国探险家和移民越过这道海峡,俄国要塞和商栈在阿拉斯加海岸接连涌现。这些俄国移民一路向南,最后来到旧金山(San Francisco)。1806年,即彼得去世80年多一点的时候,俄国人的毛皮贸易中心在那里拔地而起。在一个多世纪的时间里,阿拉斯加——当时被人称为"俄属美洲"(Russian America),一直控制在国营性质的俄美公司手里。1867年,这片广袤的地区被沙皇亚历山大二世以700万美元的价格出售,遂成为美国的第49个州。尔后,地球上美、苏边境线的唯一真正交汇之处就在宽53英里的白令海峡当中。

所有者"。² 在西方访客的笔下，这座巨型岛屿的居民鲜有殷勤好客的时候：1674年，法国商人和殖民者惨遭屠杀。在18世纪的大部分时候，踏足这座岛屿的西方人只有海盗，如基德船长（Captain Kidd）。彼得派遣这支探险队的目的并不是真的要在那里建立一座据点。他的舰只得到的命令是在那里停留，如果可以，就缔结一份协议，然后驶向他们真正的目的地——印度。彼得梦想着与伟大的莫卧儿帝国达成一份贸易协议，也想从印度人那里要些柚木，用来施展他的木工才能。但事实上，这几艘船既没有抵达印度，也不曾来到马达加斯加；它们甚至根本没出过波罗的海。其中一艘巡防舰出航几天后就出现了裂缝，两艘船都回到了瑞威尔。彼得大失所望，但没等计划重启，他就逝世了。

无论如何，引起彼得兴趣的不是通过海路，而是经由陆路假道波斯与中亚前往印度。从印度出发的中亚商队越过开伯尔山口（Khyber Pass），经过喀布尔（Kabul），翻过锯齿状的兴都库什山（Hindu Kush）群峰，穿越哈萨克人和卡尔梅克人居住的千里沙漠，方才到达阿斯特拉罕和伏尔加下游地带。骚乱在上述沙漠民族中属于家常便饭，但在彼得时代，这些沙漠民族的生活比往常更加动荡。两个彼此敌对的伊斯兰汗国——希瓦（Khiva）汗国和布哈拉（Bokhara）汗国的统治者为争夺主导权而斗得不可开交。它们有时会向俄国人求助。① 彼得正忙于与瑞典作战，因而无法回应他们的请求，但他对沙漠地区的兴趣却被激起了。

引发彼得对整个东南地区的兴趣的诱因还有一个，那就是关于黄金的消息。西伯利亚河流里的金卵石、沿着里海海岸延伸的金脉、中亚沙漠里的金砂——这类故事在圣彼得堡广为流传。彼得先后于1714年、1716年和1719年派遣探险队进入西伯利亚和中亚，寻找贵金属。这几支探险队空手而归，但第一支探险队于归途中，在额尔齐斯（Irtysh）河和鄂木（Om）河的交汇处修建了一座堡垒，后发展为鄂木斯克（Omsk）城。

---

① 根据韦伯的描述，布哈拉可汗曾请求彼得提供一种不同寻常的帮助。韦伯称，汗国驻圣彼得堡大使"恳求沙皇赐给他几个瑞典姑娘，让他带回去，或是准许他买几个回去，他的主君听说瑞典人是个非常好战的民族，因此很想引进一些瑞典人。"³ 这个请求遭到了拒绝，但他还是设法弄到了两个瑞典女孩，并把她们带了回去。

1716年的那次探险以骇人听闻的悲剧收场。听说了流经希瓦汗国的阿姆河（Amu Darya River）沿岸有黄金的传闻后，彼得决定派人前去祝贺新可汗继位，如果新可汗愿意承认沙皇的宗主权，就提议他接受俄国的保护。途中，探险队还在阿姆河河口修建了一座要塞，勘探了河流的长度，并派遣商人和工程师前往河流源头，翻越山脉，进入印度。等他们的汇报送到，布哈拉、希瓦汗国的可汗承诺效忠沙皇后，彼得就可以着手开发一条永久性的贸易路线，这是他的最终目的。

不幸的是，彼得在探险队领队的选择上犯了错误。公爵亚历山大·别科维奇·切尔卡斯基（Alexander Bekovich Cherkassky）是一个信仰伊斯兰教的高加索公爵的儿子，其父杰夫列特·基什登·米尔扎（Devlet Kisden Mirza）的高加索领地位于波斯帝国境内。有一天，这位沙阿碰巧看到了切尔卡斯基之父的美丽妻子，便命令封臣将这件精美的财产送给自己。切尔卡斯基的父亲拒绝了，携家人逃往莫斯科寻求保护。在那里，他儿子改宗基督教，当了近卫军的一名上尉，负责管理阿斯特拉罕和高加索边疆地区。彼得认为，切尔卡斯基的出身决定了他是与穆斯林可汗打交道的理想人选，便将他召至里加，下达最终指示，然后送他上路。

1716年夏，切尔卡斯基离开阿斯特拉罕，除了4000名常备军士兵，他身边还有几队哥萨克、工程师和测量员。他在里海东端修建了两座堡垒，那里长期被看作希瓦汗国的领土。1717年春，尽管有报告称他的做法激怒了可汗，切尔卡斯基还是开始跨越空旷、无水、长达300英里的沙漠地带，朝希瓦城进军。在离希瓦还有100英里远时，可汗的军队出现了，随之而来的战斗持续了3天。切尔卡斯基获得了胜利，可汗求和，并与长老们手捧《古兰经》立誓。随后，他邀请胜利者进入希瓦，并建议俄军分为五队，各自驻扎在一座城市，这样补给起来就轻松得多，也方便得多，切尔卡斯基愚蠢地同意了。不久之后，可汗的军队逐城进军，迫使俄军一支接一支地投降。军官均遭杀戮，士兵皆被卖为奴隶。切尔卡斯基本人被带进可汗的帐篷，地上铺着一块红布，象征鲜血与死亡。切尔卡斯基拒绝当着可汗的面跪在布匹上，于是，可汗的卫兵用弯刀砍他的小腿，使他不由自主地扑倒在可汗前方的地面上。然后，这个不幸的拥有高加索血统的俄国人被砍掉了头颅，皮被塞上填料制成标本。就这样，他变成了可汗皇宫庭院内的一件展览品。

假道中亚进入印度的希望破灭后，彼得努力打通经由波斯的陆上通道。他还急于说服沙阿改变获利丰厚的丝绸贸易的路线，让它从波斯北部穿入高加索，向着阿斯特拉罕延伸，然后沿着俄国的河流抵达圣彼得堡，而不是像传统路线那样，从波斯向西，穿过土耳其后进入地中海。彼得不觉得这是什么难事；他与波斯现任沙阿的关系一直很好。韦伯于1715年写到，这位国王是个"40岁的君主，懒惰得出奇，一心只想着享乐。每当他与土耳其人、印度人或其他邻国起争执时，就靠总督的介入和金钱的力量来实现调解。尽管他自称'万沙之沙'（Shah-in-Shah）或'万皇之皇'（Emperor of Emperors），但他还是对土耳其人怕得要死……尽管在80年里，土耳其人征服了波斯人手中的许多王国，即米底、亚述、巴比伦和阿拉伯，他们（波斯人）却总是避而不战"。[4]

为了与波斯人达成协议，彼得将这个任务交给了"雏鸟"中最具进取精神者之一——阿尔捷米乌斯·沃伦斯基（Artemius Volynsky），这个年轻贵族是个龙骑兵，沙菲罗夫与土耳其人谈判时，他曾担任助手一职。下达给沃伦斯基的书面指令出自彼得亲笔：研究"波斯帝国、它的军队、要塞和疆界的真实状况"。他还有一项特别使命：查清"汇入里海的河流是否有源自印度的"。[5]

1717年3月，沃伦斯基来到波斯古都伊斯法罕，他很快就被软禁了。此事与他本人的行为无关，而是因为沙阿和他的维齐尔得知了切尔卡斯基在里海东岸修建堡垒，以及他在希瓦汗国惨败之事。他们准确地看出，沃伦斯基此行是奉意图扩张的俄国皇帝之命，前来对波斯进行第一次试探性调查的。于是，为了不让沃伦斯基发现波斯已虚弱无力、脆弱不堪，他被禁足于家中。但如果大使借自己入宫受到接见的机会对波斯做出评估，波斯人就无力阻止了。沃伦斯基在报告中写道："这个国家现在有这么一个国王——他不但管不了自己的臣子，就连臣子的臣子都管不了。我敢肯定，不要说在君王中，就算是在普通人中，傻成这样的人也是很罕见的。因此，（沙阿）从不理事，而是把一切都交给他的维齐尔，此人比牛还蠢，却深得宠幸,沙阿对他言听计从。"6

尽管行动受限,沃伦斯基还是缔结了一份商业协议,赋予俄国商人在波斯各地贸易和收购生丝的权利。而他的所见所闻也足以让他在递交彼得的报告中称:波斯已腐朽不堪,夺取沙阿的里海行省的时机无疑已经成熟。沃伦斯基回国时,格鲁吉亚公爵的密使秘密拜访了他,恳求沙皇南下支援生活在白雪皑皑的高加索山脉南侧的基督徒。①

回来后,沃伦斯基得到奖赏,被任命为阿斯特拉罕总督和沙皇的副官长。前往阿斯特拉罕上任后,沃伦斯基不知疲倦地敦促彼得:波斯帝国正在崩溃,抓住机会。他表示,即使只用一支小部队,也能夺取这份战利品。此外,他还不时发出警告:土耳其人正在进军,如果沙皇不立刻拿下高加索,那么苏丹必然会这样做。但彼得迟迟没有做出决策,直到对瑞战争结束。几乎在《尼斯塔德条约》签订的同时,一起事件为沙皇提供了干预的借口。一个已经主动提议与俄国结盟对付波斯人的高加索山地部落决定不再等下去,攻击了波斯人设在谢马哈(Shemaha)的贸易中心。起初,城里的俄国商人并不关心,因为他们已经得到承诺,自己和自己的商店、货栈都不会受到波及。但山地部落民开始无差别洗劫,还杀了几个俄国人,抢走了价值50万卢布的货物。沃伦斯基立刻写信给沙皇,声称这是一个绝佳的行动机会,理由是保护俄国人的生意和协助沙阿恢复领地秩序。对于沃伦斯基的恳请,彼得在回信中如此答复:

> 我已经收到您的信了,您在信中提到达乌德贝伊(Daud Bek)的事,还说现在是给您下达备战指令的大好时机。对于您的看法,我的答复是:很明显,我们不能让这次机会白白溜走。我们已命令相当部分的伏尔加驻军前往冬季营地,由此他们就可以在来年春天进入阿斯特拉罕。7

---

① 巍峨的高加索火山比阿尔卑斯山还高。厄尔布鲁士山(Mount Elbrus)海拔为18 481英尺、狄克山(Dykh-Yau)海拔为17 054英尺,还有一些山峰的海拔在1.6万英尺以上。在这些巨大的山峰中,有一座据说是普罗米修斯(Prometheus)当年被枷锁束缚之处。

沃伦斯基还极力建议：是时候鼓动格鲁吉亚和高加索别处的基督教王公起来反对他们的波斯主人了，但彼得对此较为谨慎。11年前他在奥斯曼帝国的瓦拉几亚和摩尔达维亚行省的基督教王公身上吃过苦头，不想重蹈覆辙。他的目标是丝绸贸易、通往印度的陆上通道，以及用和平方式控制里海西岸，以促进计划实施。因此，在发动新战役前，他拒绝发布任何带有宗教色彩的宣言，或是摆出解放者的姿态。相反，他在给沃伦斯基的信中写道："至于您提到的格鲁吉亚王公及其他基督徒，如果他们中有什么人可以在这件事上加以利用，就给他们希望，但这些人反复成性，所以先别有所动作，等我们的军队开到，我们商量出最佳决策后，再依计行事。"

当彼得在莫斯科等待春季到来时，波斯方向又来了一批报告，把他弄得忧心忡忡。阿富汗发生叛乱，导致沙阿被废黜。新任统治者为沙阿的第三子塔赫马斯普·米尔扎（Tahmasp Mirza），为了保住自己的王位，此时他正与阿富汗叛军领袖马哈茂德（Mahmud）打得不可开交。威胁在于土耳其人，他们显然意欲染指高加索西部。他们或许也觉得自己可以趁波斯政权崩溃之机占领高加索东部——这些位于里海沿岸的行省正是彼得有意摘取的果实。

1722年5月3日，近卫军团奉彼得之命，从莫斯科开拔，彼得本人则于10天后，与叶卡捷琳娜、阿普拉克辛上将、托尔斯泰等人随后而行。在奥卡河（Oka River）的科洛姆纳（Kolomna），他们登上桨帆船，沿着奥卡河和伏尔加河来到阿斯特拉罕。尽管是顺流而下，加之河面因冰雪融化而水位升高，拜彼得那永不知足的好奇心所赐，这趟旅程还是花了一个月时间。每到一座城镇，他都要停下视察一番，检视感兴趣的东西，听取他人的请求，询问当地的行政管理和税收情况。什么都逃不过他的法眼，每天都有诏令从他的笔下诞生，主题从提高农舍质量到修改伏尔加地区的驳船设计，不一而足。古城喀山是被伊凡雷帝征服的鞑靼王国的首都，彼得成了自伊凡以后首位拜访该城的沙皇，他急于看到的不仅有当地的造船厂、教堂和修道院，还有该城的各个角落，它们至今仍是鞑靼人的居住地。他视察了一座官营纺织厂，发现它死气沉沉，生产的布料也粗劣不堪，不远处的一座私营纺织厂却呈现出一片欣欣向荣的景象。彼得干脆当场将官营纺织厂交给了私营纺织厂的厂主。在萨拉托夫（Saratov），彼得见到了70岁的卡尔梅克酋长阿尤克可汗（Ayuk Khan）。在皇家桨帆船上，叶卡捷琳娜赠给可汗的妻子一块镶钻的金表。可汗当即做出回应，命5000名卡尔梅克骑兵加入皇帝的部队。

在阿斯特拉罕，彼得花了一个月时间来完成最后的备战工作。集结起来的大军达6.1万人：2.2万俄国步兵，9000名骑兵和5000名水兵，外加由2万名哥萨克和5000个卡尔梅克人组成的辅助部队。与此同时，他仔细参观了捕捞长18英尺的大白鳇的过程，它们的鱼子酱呈灰色，美味可口，俄国人储藏起来供自己食用，而体形同样巨大的鲟鱼的鱼子酱是黑色的，味道略差一些，被俄国人大量出口到欧洲。

7月18日，他与本国步兵一起在阿斯特拉罕登船，沿着里海西岸航行了200海里，大队骑兵则经由陆路，被派往半沙漠化的捷列克（Terek）干草原地带。海上波涛汹涌，他们颠簸了一个星期，最终在杰尔宾特城北面的一座小海湾登陆。彼得第一个登上浅滩，虽然他是坐在一片长条木板上，被四个水兵抬到那里去的。他立即做出决定，那些之前没在里海洗过澡的军官，都必须下来游个泳。一些年长的军官根本不会游泳，但还是不情愿地服从了。彼得本人则高高兴兴地去了，但他不是去游泳，而是坐在木板上，再下到水里。

当俄国骑兵到达时，由于"缺水，草料的质量也很差"，人员与马匹都遭受了损失，但大军还是开始朝杰尔宾特行进。在群山与大海之间，有一条顺着海岸延伸的狭长地带，他们就沿着那里进军，但只遇到过一次武装抵抗。当时，一个当地酋长以骇人听闻的方式杀害了三个担当彼得信使的哥萨克（"将他们的胸膛活活切开，把他们的心脏剜出来"[8]）。报复很快降临了，那座惹麻烦的村庄被烧成白地。这些山民在单打独斗时展现出来的勇气令彼得感到惊讶。"成群结队时，他们一触即溃，"他说，"而当他们落单时，他们就会拼命抵抗。有时他们会丢掉火枪，好像准备投降，却开始用自己的匕首战斗。"[9]

在其他地方，俄国皇帝和皇后被当作贵宾接待。在塔尔库（Tarku），当地的穆斯林王公带着他的妻妾造访俄国人的营地。在皇后的帐篷内，这些穆斯林妇女盘腿坐在"深红色的天鹅绒坐垫上，而坐垫摆在波斯地毯上"。[10] 于是据彼得·布鲁斯上尉报道，叶卡捷琳娜邀请全体俄国军官轮流进入帐篷，"以满足他们对这些绝顶美丽、无比可爱的造物的好奇心"。[11] 在普列奥布拉任斯基近卫团搭建的一座礼拜堂内，彼得和叶卡捷琳娜参加了一场弥撒，仪式结束后，他们双双在那里放了一块石头，然后，每个士兵也都放了一块石头，就这么搭建了一座金字塔，用以纪念这场为俄国皇帝在此举行的弥撒。

彼得的第一个重要目标是杰尔宾特，这座城市据说是由亚历山大大帝兴建的。杰尔宾特兼具商业和军事层面的重要性——它是一座重要的贸易中心，又在沿着里海海岸连通南北的道路上占据了一个具有战略意义的位置。正是在这里，山势逐渐走低，且离海最近。如此一来，坐落于隘道之上的这座城镇便控制了由南至北的一切军事、商业活动，并因此得了个"东方铁门"（Eastern Iron Gates）的称号。杰尔宾特一枪不发便投降了。事实上，当彼得到来时，他发现总督正等着把"打开城池与卫城大门的金钥匙搁在一张华丽的波斯织锦上"，呈献给自己。[12]

彼得的计划一向大手笔，这次也不例外，如今杰尔宾特已被占领。他打算继续沿着海岸进军，夺取位于南面150英里处的巴库（Baku）。然后，他意欲在更南一些的库拉河（Kura River）河口修建一座新的商业城市，它将成为那个计划中的连接印度、波斯、俄国三国的陆上商道上的一座重要贸易中心。做完这件事后，他就将沿库拉河上溯，前往格鲁吉亚首都第比利斯（Tiflis），与信仰基督教的王公瓦赫坦（Vakhtang）订立计划中的盟约。最后，他将从第比利斯北上，再度翻越巍峨的高加索山脉，经由捷列克哥萨克的地盘返回阿斯特拉罕。他在给参政院的信中写道："如此一来，我们就将在这些地区获得一个立足点。"[13]

不幸的是，事态朝着不利于他的方向发展。波斯帝国的巴库总督拒绝让俄军进驻，这意味着这座城市不经历一场大战是拿不下来的。尽管彼得手头的兵力似乎足以战胜任何对手，但部队的补给问题让他忧心忡忡。从阿斯特拉罕出发的供应舰队在里海遭遇灾难性的风暴，一直未能到达杰尔宾特。由于俄军逗留不去，当地所能提供的补给物资正在快速消耗。此外，8月的沿海地区酷热难当，给人员和军马都造成了损失。士兵们一直在食用享有盛名的高加索瓜果，但他们吃得太多，以至于纷纷病倒。许多团级部队严重遭到削弱。为了应付难耐的酷热，彼得把头剃得精光，白天他戴着一顶宽边帽，遮住自己的光头。等到夜晚凉爽时，他就戴上一顶用剃下的头发制成的假发。皇后学她丈夫，把头发剃掉，晚上用一顶掷弹兵的帽子盖住自己的脑袋。她比彼得更关心在酷热中遭受折磨的将士们。有一次，她甚至敢于撤销他下达的军令。皇帝命令军队前进，然后就回御帐睡觉去了。醒来后，他发现士兵们仍待在营地内。他怒气冲冲地问，是哪个将军胆敢否决自己的指令？"是我。"叶卡捷琳娜说，"因为如果按您说的去做，您的人就将被热死、渴死。"[14]

当彼得将俄军的处境仔细研究一番后，他变得不安起来。即使是最近位于阿斯特拉罕的俄国基地，与他也隔着万水千山，他的海上供应线瘫痪了，北面的一些山地部落是潜在的敌人。此外，还有一个威胁始终存在，那就是土耳其人——他们与那些波斯人不同，在军事上是个必须重视的对手，他们有可能出兵保护他们在高加索的利益。彼得可不想重蹈普鲁特河的覆辙。因此，在一场军事会议上，俄军高层做出了撤退的决议。一支驻军被留在杰尔宾特，主力部队则经由陆路和水路北撤至阿斯特拉罕。

10月4日，彼得来到伏尔加河口和阿斯特拉罕。他在那里逗留了一个月，照管士卒们的安全健康，为病患安排医疗、为其余将士安排冬季营地。有段时间，彼得患上了严重的痛性尿淋沥和尿结石，这是一种尿道疾病。离开阿斯特拉罕前，彼得阐明了一件事：尽管夏季作战半途而废，但他并没有放弃俄国对里海的野心。11月，他发动了一次海陆联合远征行动，目标是夺取500英里外、位于里海南岸的拉什特（Resht）港。次年夏天7月，一支俄军攻占了巴库，就这样，这片巨型内陆海的西岸完全被俄国人牢牢掌握在手中。沙阿如今已然束手无策，与俄方谈判的结果是，波斯将杰尔宾特与高加索东部的三个沿海省份一并割让给俄国。彼得对波斯大使的解释是，如果沙阿不把这些省份交给他的朋友俄国，那么它们无疑将落入他的敌人土耳其之手。面对这种俄式逻辑，沙阿无力争辩。

波斯帝国的解体，以及彼得在里海海岸发动的战役，再一次给俄国带来了与奥斯曼帝国发生冲突的危险。土耳其政府一直对外高加索——位于雄伟的高加索山脉南面的波斯的格鲁吉亚和亚美尼亚行省极感兴趣。土耳其人之所以垂涎这些地区，不是因为它们是基督徒的地盘，而是因为它们位于土耳其边境，且是黑海地区的一部分。苏丹很乐意让彼得占领里海沿岸的那些波斯高加索行省，但他绝不容许沙皇进军黑海，自从亚速被归还土耳其后，黑海便再一次成为苏丹的私湖。最后，沙皇与苏丹瓜分了波斯高加索行省，从而友好地解决了问题。尴尬的是，波斯人不接受这一解决方案，他们与两大强邻同时开战，斗争时断时续，但一直没有停止。1732年，安娜女皇对俄国资源不断消耗在这些里海行省（每年因不适应气候而患病身亡的俄国士兵达1.5万人之多）感到厌倦，遂将它们归还波斯。直到叶卡捷琳娜大帝执政时期，高加索北部才被指定为俄罗斯帝国的一个省。到了1813年，即叶卡捷琳娜的孙子亚历山大一世（Alexander I）在位时期，波斯才把那些位于里海海岸的地区永久割让给俄国，但在彼得大帝最后一次出征期间，他麾下大军的铁蹄便已从这里呼啸而过。

# 63

# 黄 昏

1722年11月末，彼得和叶卡捷琳娜从阿斯特拉罕启程，前往莫斯科，在此之前，大雪便已落下。一路上，天气变得越来越冷。位于察里津下游100英里处的伏尔加河河面结了冰，致使彼得的船无法继续前进。寻觅与皇家队伍相配的雪橇又麻烦得很，结果这趟旅程花了一个月时间。

一回到莫斯科，彼得立刻投入到冬季的氛围中去。在为期一周的狂欢节期间，游行队伍的规模超过以往任何一年。萨克森大使报道称：

> 游行队列由60架雪橇组成，每架都被建成船形。头一架雪橇的驾驶者是酒神巴克斯——表现得相当传神，因为扮演者已经连喝了三天三夜。接下来的一架雪橇被六头熊崽牵引着，一架雪橇被四头猪拖曳着，还有一架雪橇由十条狗拉着。再接下来是枢机主教团，他们一身长袍，骑的却是公牛。紧随其后的是一架巨型雪橇，上面坐着冒牌教皇，他频频做着祝福手势，身边簇拥着一群大主教。接着是冒牌沙皇，他与两头熊相伴。游行队伍中最出众的是一艘双层甲板的微型三桅"巡防舰"，它长30英尺，配有32门炮，挂着满帆；皇帝身穿海军上尉制服，立于甲板之上，操纵船帆。在令人震惊的这一幕之后登场的是一条100英尺长的"海蛇"，尾部由24架小型雪橇支撑，它们彼此相连，在雪地上划出一道波浪形的轨迹。跟在"海蛇"后面的是一艘巨大的镀金驳船，驾驶者是叶卡捷琳娜，她一身弗里西亚农妇装束，她的宫廷成员则化装成黑人，陪在她身边。再接下来是分别扮成修道院院长的缅什科夫、扮成汉堡市长的海军上将阿普拉克辛，以及其他扮成德意志人、波兰人、中国人、波斯人、高加索人和西伯利

亚人的要人。外国公使是集体露面的，他们身着蓝白色化装舞衣，摩尔达维亚公爵却穿得像个土耳其人。[1]

1723年3月初，彼得离开莫斯科前往圣彼得堡，在此之前，他邀请朋友们前来观看另一幕令人咋舌的场景：火焚普列奥布拉任斯科耶的木屋。对瑞战争计划最初就是在这栋木屋里秘密制订的。皇帝亲手在架子和壁橱上堆满易燃的有色化学物质和烟火，然后把房子付之一炬。当这栋建筑熊熊燃烧时，小爆炸接连不断，无数五彩缤纷、璀璨夺目的火焰迸射而出。过了一阵，由沉重的圆木搭成的房屋框架，在一道耀眼的彩虹映衬下，显现出轮廓，而后，房屋轰然崩塌。再后来，就只剩下一堆漆黑、冒烟的瓦砾了，此时彼得转向卡尔十二世的外甥荷尔斯泰因公爵，说："这就是战争的样子——灿烂的胜利过后，只剩满目疮痍。但是，我最初的对瑞作战计划就是在这栋屋子里制订的，所以呢，愿一切令我与那个王国兵戎相见的想法统统化为飞灰，也愿瑞典永远成为我的帝国最忠实的盟友。"[2]

天气转暖后，彼得大多数时候都待在彼得霍夫。按照医生的建议，他饮用矿泉水，并做各种锻炼，包括除草和负重远足。水上活动依旧是他最大的乐趣，普鲁士公使报称，当他过瘾时，就连他的大臣也联系不上他。"皇帝流连于别墅与泛舟海湾，"他在报告中写道，"没人胆敢打扰他。"[3]

1723年6月，整个宫廷，与彼得一道移步瑞威尔，就连正饱受痛风之苦的普拉斯科维娅皇后也不例外，彼得已经在那里为叶卡捷琳娜修建了一座精致的粉色宫殿，还在附近为自己修建了一栋小小的三室住宅。叶卡捷琳娜的宫殿被一座巨大的花园环绕，花园内有喷泉、水池和雕像，但当皇帝在宽敞的花园小径上散步时，他惊讶地发现自己竟是孤身一人。他很快便找到了个中缘由：花园大门上了锁，且有一个哨兵站岗，他得到的现行命令是拒绝公众入内。彼得立即撤销了这道命令，并解释说，如此巨大、宽敞的花园绝不只是为自己和自己的妻子而修建的。第二天，鼓手被派往城市的各个角落，通知人们，花园向所有人开放。

7月，彼得率领舰队前往波罗的海演习。8月，他与舰队回到喀琅施塔得，那里已经安排了一场仪式，向彼得与卡斯滕·布兰特在伊斯梅洛沃发现的那艘小船致敬。当年,他就是驾着这艘已经腐朽的小船,在亚乌扎河上了人生中的第一堂航行课。如今这艘被命名为"俄罗斯海军之祖"的船已被送往喀琅施塔得。在那里,皇帝登上小船(如今船上飘扬着帝国的旗帜),并亲手掌舵,4名高级海军将领划桨,小船从22艘俄国战列舰,以及200艘列为纵队、泊于海面的桨帆船前方驶过。当彼得发出信号后,所有舰只一齐鸣炮敬礼。须臾之间,海面便被浓烟笼罩,可辨者仅有那些最大的船只的桅杆顶端。一场持续10小时的宴席旋即开始,彼得宣称,当天没有喝醉的宾客都不配当他的朋友。女士们没有离去,年轻的安娜公主和伊丽莎白公主留下来分发一杯杯匈牙利葡萄酒。梅克伦堡公爵夫人酩酊大醉,其他贵客则处于微醺状态,他们哭泣着、拥抱着、亲吻着,然后互相争吵乃至大打出手。就连酒量远不如年轻时代的彼得,也被灌了不知多少杯。

秋季,为庆祝《尼斯塔德条约》签订两周年,又一场公开化装舞会举行。彼得先是扮成天主教会的枢机主教,接着又扮成路德宗牧师(他已经从圣彼得堡的一名路德宗牧师那里借来了衣领),最后扮成军鼓手,他的鼓敲得几乎与专业鼓手一样棒。这是普拉斯科维娅皇后出席的最后一场盛大集会,不久之后,她就将撒手人寰。

为了在这些酒宴后净化自己的身体系统,彼得此时以饮用新近在奥涅茨发现的"含铁矿泉水"作为治疗手段。皇帝经常于冬季到奥涅茨去,那时他就可以乘坐雪橇穿越湖面了,有时叶卡捷琳娜会陪着他。他争辩说,这些俄国的矿泉水比他在德意志喝过的任何一种矿泉水都要好。不是所有人都赞同他,有些人担心他如果继续饮用这些含铁量很高的水,就不是在治疗,而是在损害他的健康。另一个问题在于,彼得不愿听从医嘱。有时候,他一早上喝下的矿泉水就多达21杯。在接受治疗期间,他被禁止食用生的水果、黄瓜、盐腌柠檬或林堡奶酪。然而有一天,他刚刚喝下矿泉水,就立即吃下一打无花果和几磅樱桃。为了打破饮用矿泉水时的单调氛围,彼得每天都要在车床上忙碌几小时,用木头和象牙制作物品。当他觉得自己变得强健起来时,就会造访附近的锻造厂,锻造铁条和铁片。

彼得最大的两个女儿已经到了婚龄（1722年，安娜14岁，伊丽莎白13岁），与任何明智的君主一样，他也在为她们寻觅配偶，借此强化本国的外交成果。从访问法国起，他就希望把自己的一个女儿（可能是伊丽莎白）嫁给少年国王路易十五。若能与波旁家族搭上关系，俄国便可获得巨大的威望。不仅如此，法国还将成为一位很有用处的西欧盟友，可以对怀有敌意的英国起到制衡作用。如果与法国国王的婚事不成，彼得希望自己至少能让伊丽莎白与出身法国王室的一位王公成婚，让他们成为波兰的国王和王后。《尼斯塔德条约》签订、称帝宣言发表后不久，他就向法国政府提出此议。法国驻圣彼得堡公使康普勒东在汇报此事时，添上了几句表示热烈支持的评语："沙皇的小女儿是个非常亲切的美人，为了把皇后彻底拉拢到我们这一边，最好确保她能嫁给某位法国王公，依靠沙皇的力量，他无疑将轻而易举地成为波兰国王。"4

法国摄政王、奥尔良公爵菲利普动心了。位于奥地利后方的波兰对法国而言是个很有用处的盟友。如果皇帝真的能运用自己的力量把一位法国王公扶上波兰王位，那么让这位王公迎娶皇帝的女儿是非常值得的。但菲利普无疑也有些犹豫：叶卡捷琳娜皇后的出身含糊不清，她与彼得的结婚日期又成谜，这就给伊丽莎白公主身份的合法性带来了疑问。但他战胜了自己的疑心，甚至提议，最适合成为新郎官——并进而成为波兰国王——的法国王公是他的儿子，年轻的沙特尔公爵。当彼得从波斯归来，听闻法方提名的人选是沙特尔公爵时，他笑逐颜开。他对康普勒东说："我知道他，也非常敬重他。"5

不幸的是，谈判双方面对着一个他们无力控制的重要障碍——萨克森的奥古斯特。他时年53岁，疾病缠身，依旧占据着波兰王位。尽管他与彼得既非朋友也非盟友，但皇帝并不想真的把奥古斯特赶下台。他的提议是：沙特尔公爵应当立刻同他的女儿成婚，然后等待奥古斯特去世，那时波兰王位就空出来了。法国人更倾向于等到公爵当选波兰国王后再办婚事，但彼得拒绝等待。他问到如果奥古斯特再活个15年，那将发生些什么？康普勒东坚称这是不可能的。"波兰国王只要找个诙谐、活泼的新情妇，用不了多久就会见上帝去了。"他说。①6

最后，康普勒东接受了彼得的观点，试图说服本国政府速速敲定婚事。他写信给巴黎，称赞伊丽莎白的品质。"在为人方面，只能用一个词来形容伊丽莎白公主，那就是'和蔼可亲'。"他写道，"说真的，无论从身材、肤色还是眼睛、双手来说，她都是个美女。要说她有什么不足之处，就是教育和礼仪方面还有所欠缺，但我保证，她非常聪慧，只要安排几个娴熟、老练的人来照料她，补缺是件易如反掌的事。等到婚约敲定了，就可以把这些人安置在她身边。"7

末了，这事还是被搅黄了，原因是彼得的老对头英王乔治一世反对。法国摄政王和他的首相多布瓦神父让与英国缔结友谊变成了法国新外交政策的关键。两国曾经彼此敌对，如今却亲密到了这种地步：如今英国已无驻俄外交代表，多布瓦就把康普勒东从圣彼得堡发来的急件原原本本转交给乔治国王，乔治亲手在信件空白处写上批注后，送还法方。乔治一世不希望看到俄国人的影响与日俱增。多布瓦迎合他的想法，有段时间甚至拒绝答复康普勒东的来信。回信时他表示，英国已经提出反对，大使必须等待指示。在1723年过去前，多布瓦和摄政王双双撒手人寰，而身为法国国王的路易十五也已成年。沙特尔公爵最后娶了个德意志公主。彼得的女儿伊丽莎白从未正式出嫁（不过她可能秘密与她的爱人阿列克谢·拉祖莫夫斯基结了婚，她被这个人迷得神魂颠倒，把他从一介平民提拔为伯爵），也没有当上波兰王后，而是留在祖国，以女皇的身份统治俄国21年。

彼得对长女安娜公主所做的安排，开花结果的速度要快一些。多年以前，极具想象力的格尔茨就萌生过让幼主卡尔·弗雷德里克公爵迎娶安娜的想法。格尔茨曾向彼得提起这个方案，它当时就在彼得心里生了根。这些年来，年轻公爵的时运跌宕起伏。卡尔十二世无儿无女，公爵是他唯一的外甥，国王一直把这个年轻人带在身边。在瑞典，许多人依然认为王位应由卡尔·弗雷德里克，而不是由他的小姨乌尔丽卡·埃莉奥诺拉和她丈夫黑森的弗里德里希继承。1721年，卡尔·弗雷德里克偷偷前往俄国，

---

① 事实上，奥古斯特的寿命尚有10年，到了1733年，63岁的他方才撒手人寰。

希望能够赢得彼得对其关于瑞典王位的主张的支持。如果他娶了俄国皇帝的一个女儿，这事或许就板上钉钉了。他一到俄国，彼得的目的就得到了很好的实现。当这个年轻人待在圣彼得堡时，乌尔丽卡·埃莉奥诺拉和弗里德里希视他为潜在威胁，从而进一步推动了和平的到来，促使《尼斯塔德条约》于1721年出台，和约的条款之一是俄方保证不对公爵的王位主张提供支持。尽管经历了这次失望，卡尔·弗雷德里克还是留在俄国。叶卡捷琳娜喜欢他，每逢公共庆典，他都会得到邀请。他的小小流亡宫廷成了一些瑞典军官的聚会之地，他们娶了俄国妻子，被禁止将妻子带回瑞典。不久之后，这些无家可归的人就天天聚在一起，发展、完善他们对伏特加的爱好，这位卡尔十二世唯一的外甥曾追随他舅舅浴血疆场，也曾为舅舅的死而潸然泪下，但此时的他快要沦为俄国宫廷的一条哈巴狗了。

尽管如此，卡尔·弗雷德里克依旧保留着迎娶安娜公主的希望，她身材高挑，头发乌黑，和她母亲一样漂亮。她还是个聪明伶俐、彬彬有礼、活力十足的人。当她身着宫廷服装，梳着欧洲流行的发型，佩戴珍珠出现时，给外国使节留下了深刻印象。1724年，俄瑞防御同盟协议签订，此时卡尔·弗雷德里克成功的机会大大提高。他被授予殿下头衔，还从瑞典得到了一笔津贴，俄瑞两国同意尝试说服丹麦将夺来的领土还给荷尔斯泰因公爵。如今公爵的地位已经完全合法化了。1724年12月，他欣喜地从奥斯捷尔曼处听到一个消息：他被要求起草一份婚约，订约双方分别是他和安娜公主。大家心照不宣，卡尔·弗雷德里克将被任命为里加总督，这是彼得所做安排的一部分。

订婚仪式隆重举行。前一天晚上，公爵的私人管弦乐队在冬宫的窗户下面为皇后演奏小夜曲。第二天，在圣三一教堂做过礼拜，并与皇帝一家一起用过午餐后，公爵与安娜订了婚，彼得亲手取下这对未来新人的戒指，并进行交换。皇帝高喊："万岁！"接下来的订婚仪式由一场晚宴、一场舞会和一场烟火表演组成。舞会时彼得觉得身体不适，拒绝跳舞，但叶卡捷琳娜在年轻的卡尔·弗雷德里克的请求下，同他跳了一回波罗涅茨舞。

婚后，安娜只活了4年，于20岁那年去世。但在命运的安排下，她和她的丈夫使俄国皇位继续留在彼得一系手中。他们回到了荷尔斯泰因，去世前不久，安娜于基尔（Kiel）诞下一子，被命名为卡尔·乌尔里希·彼得（Karl Ulrich Peter）。1741年，也就是这个男孩13岁那年，他的小姨伊丽莎白成为女皇。她没有结婚，所以必须指定一位继承人。她将外甥带回俄国，并将他的名字改为彼得·费奥多洛维奇（Peter Fedorovich）。1762年，在伊丽莎白驾崩后，他继位成为皇帝彼得三世。6个月后，他遭到废黜，后被他的德意志妻子的支持者杀害。这位精力充沛的妇人随即夺取皇位，加冕为女皇叶卡捷琳娜二世，以叶卡捷琳娜大帝之名闻名于世。彼得三世与叶卡捷琳娜大帝的子子孙孙继续占据着俄国的皇位，直至1917年。他们的祖先皆可追溯至安娜公主、卡尔十二世之外甥荷尔斯泰因的卡尔·弗雷德里克，以及彼得大帝。

彼得试图把自己的两个女儿嫁给外国王公，这表明他根本没考虑过把她们当作自己的皇位继承人。事实上，此前还不曾有过女性坐上皇位的事。但彼得·彼得洛维奇于1719年去世，此时罗曼诺夫家族只剩下一位男性，那就是皇储阿列克谢之子彼得·阿列克谢耶维奇。许多俄国人如今视他为合法继承人，彼得很清楚，传统派将这位年轻的大公视为未来的希望。他决意掐灭这一希望。

但继承人如果不是彼得·阿列克谢耶维奇，又会是谁呢？皇帝越思考这个问题，就越倾向于那个与自己最亲密的人——叶卡捷琳娜。彼得最初只是因情欲高涨才迷上了这个简朴、强健的年轻女子，但经历了许多年，这份情感已经升华为爱情、信任和相互满足。叶卡捷琳娜是个拥有无穷精力和非凡适应能力的伴侣。她热爱奢华，但即使身处陋境，也能保持愉快的心情。她忠实地陪伴彼得行走四方，就连怀孕时也不例外，彼得常说她的毅力比他强得多。他们共同分享女儿带来的欢乐，也共同分享失去许多襁褓婴儿带来的悲痛。彼此相伴时，他们欢欢喜喜，彼此分离时，他们闷闷不乐。"赞美上帝，这里一切都令人感到愉快。"1719年，彼得在一封发自瑞威尔的信中如此写道，"但当我来到一栋乡村住宅，而您不在那里的时候，我就异常悲伤了。"还有一次，他写道："当您表示，即使花园环境宜人，独自散步依旧令您感到痛苦时，我是相信您的，因为我也这么觉得。我只能祈求上帝，再让我们分离最后一个夏天，今后我们就可以永远在一起了。"[8]

彼得长期在外征战，有一次，叶卡捷琳娜准备了一个令她丈夫分外愉快的惊喜。她知道他非常喜欢新建筑，于是偷偷在圣彼得堡西南方约15英里处修建了一座乡村宫殿。这座宫殿以石筑就，高两层，四周环绕着花园和果园，坐落于山上，背对着一片广阔无垠、一马平川、延伸到涅瓦河和圣彼得堡的平原。待彼得回来后，叶卡捷琳娜向他提起一件事，自己发现了一片风光旖旎的无人之地，"如果陛下能费心去看看，您不会不愿意在那里修建一栋乡村宅邸的"。彼得立刻答应去那里走走，并承诺"如果这地方真的如您所说的那样"，就在那里修建她中意的房子。第二天早上，一支庞大的队伍出发了，随行的还有一辆马车，上面载着一顶帐篷，彼得建议他们可以在帐篷里用餐。到了山脚，道路开始向上延伸，在一条两侧排列着菩提树的林荫道尽头，一栋房屋忽然出现在彼得眼前。当来到房门前时，他依旧惊讶得合不拢嘴巴，叶卡捷琳娜对他说："这是我为我的陛下修建的乡村宅第。"彼得大喜，温柔地拥抱了她，并说道："我觉得您是想让我看看，圣彼得堡周边除了江河湖海，还有一些美不胜收的地方。"[9]她引着他穿过屋子，最后把他领到一间巨大的餐厅，里面摆着一张漂亮的桌子。他为了她在建筑方面的品位举杯，然后叶卡捷琳娜也为这栋新房的主人祝酒。为了让他更加惊喜，当酒杯触及叶卡捷琳娜嘴唇的一刹那，隐藏在花园内的11门大炮发出雷鸣般的轰响，以示致敬。夜幕降临时，彼得表示，在自己的记忆中，从不曾有过如此快乐的一天。后来，这座庄园被命名为Tsarskoe Selo（意为"皇村"），伊丽莎白女皇命拉斯特雷利在原址修建了一座巨大的新宫。这座宏伟的叶卡捷琳娜宫（以伊丽莎白之母叶卡捷琳娜一世女皇的名字命名）至今依旧屹立于斯。

由于叶卡捷琳娜参加了普鲁特河之役和波斯之役，彼得对她的敬重和感激又加深了一层。他与叶卡捷琳娜补办婚礼，还设立了圣凯瑟琳勋章以示敬意，从而公开承认了这些情感。作为皇帝之妻，她已经得到了礼节性质的"皇后"头衔，但现在他面对的是一个没有儿子的将来。因此，他决定朝这个方向接着走下去。1722年2月，他迈出了第一步，在与叶卡捷琳娜动身去高加索前，他颁布了一道关于继承的一般性敕令。它宣称，从莫斯科公国的大公，到后来的俄国沙皇，均奉行由父及子，或偶尔由兄及弟的继承制度；如今，这一历史悠久的惯例已不再有效。彼得在敕令中称：每个在位君王都有指定他或她的继承人的绝对权力。"如此一来，"他得出结论，"他们的孩子，或孩子的孩子就不会在诱惑下犯下押沙龙式的罪孽。"[10] 新敕令还要求全体官民宣誓接受皇帝的选择。

尽管1722年2月的谕旨具有革命性，但相对于沙皇接下来的行动，它不过是个初步举措罢了：彼得宣布，自己已决定正式给叶卡捷琳娜戴上女皇皇冠。1723年11月15日颁布的一道敕令称：

> 这样做是考虑到"我们最爱的君主配偶，皇后叶卡捷琳娜一直给予朕极大支持。不仅如此，在多次军事行动中，她将女性的柔弱丢到一边，自愿与朕并肩作战，并竭尽所能提供帮助……鉴于皇后劳苦功高，朕决定：本着上帝赋予朕的至高无上力量，她应当戴上皇冠。正式的加冕仪式将于今年冬天在莫斯科举行，愿上帝保佑一切顺利"。[11]

彼得正走在危险地带。叶卡捷琳娜是个立陶宛女仆，以战俘的身份来到俄国。她现在要戴上帝国皇冠，坐上俄国沙皇的宝座了吗？尽管加冕宣言没有明确指定叶卡捷琳娜为继承人，但在仪式前一天晚上，彼得在一个英国商人的家中告诉几个参政员和一些教会要人，为叶卡捷琳娜举行加冕仪式的目的是授予她统治国家的权利。他等着别人提出反对意见，但未闻任何异议。

加冕仪式的规模将无比宏大。为自己花钱时，彼得一向小心翼翼，但他下令，不惜一切代价办好这次仪式。女皇在典礼上所用的斗篷是从巴黎订购的，圣彼得堡的一位珠宝商收到委托，制作一顶新皇冠，它的华丽程度要超过之前任何一位俄国君主佩戴的皇冠。仪式的举行地点不设在彼得的城市——新都圣彼得堡，而是按照俄国皇室的古老传统，设在圣城莫斯科的克里姆林宫内。圣主教公会主席斯蒂芬·亚沃尔斯基和不知疲倦的彼得·托尔斯泰于6个月前被派往莫斯科,给他们的命令是,把这场仪式办得风风光光的。参政院和圣主教公会的成员,以及所有大小官员、贵族均被命令出席仪式。

1724年3月初,彼得的痛性尿淋沥突然发作,他的计划因此推迟,他前往奥涅茨饮用矿泉水,并试图改善自己的健康状况。到3月22日,他恢复的程度足够了,便与叶卡捷琳娜一起动身到莫斯科去。5月7日黎明时分,克里姆林宫内的一尊号炮响起。克里姆林宫外的游行队伍(包括1万名帝国近卫军士兵和一个中队足蹬马靴的近卫骑兵)在一些莫斯科商人略带怒意的目光注视下开始前进,这些商人最名贵的马匹已被托尔斯泰征收,供仪式所需。10点时分,莫斯科城内钟声齐响,礼炮齐鸣,彼得和叶卡捷琳娜在全国官员、全体参政员、全体将领和国务重臣的陪伴下,出现在红梯顶端。女皇穿着一件金线刺绣的紫袍,她的裙裾需由5名女侍官托起。彼得则身穿一件银线刺绣的天蓝色束腰外衣,一双红色长筒丝袜。这对夫妇一齐俯视着聚集在大教堂广场的人群,42年前,10岁的彼得和他母亲正是在这里俯瞰狂暴的射击军,以及他们手中闪闪发亮、密集如林的长戟的。然后,他们走下红梯,穿过大教堂广场,步入圣母升天大教堂。教堂中央已经搭起了一座平台,平台上立着一顶用天鹅绒和黄金制成的华盖,而在华盖下方,两把镶了一层宝石的椅子正在等待彼得和叶卡捷琳娜的到来。

亚沃尔斯基、费奥凡·普罗科波维奇和其他高级教士身穿教士袍,在大教堂门口迎接皇帝夫妇。亚沃尔斯基把十字架递给他们亲吻,然后引领他们走向宝座。礼拜仪式开始了,彼得和叶卡捷琳娜并排而坐,默不作声。当典礼进入高潮时,彼得站了起来,亚沃尔斯基将新打造的皇冠交给他。彼得接过来,然后转向观众,用洪亮的声音道:"朕要为朕挚爱的伴侣加冕。"彼得亲手将皇冠戴在了叶卡捷琳娜头上。[12] 随后,他把宝球递给她,但意味深长的是,他将象征最高权力的权杖留在自己手中。皇冠上镶嵌有2564颗钻石、珍珠和其他宝石,一大颗巨如鸽卵的红宝石被镶在皇冠顶端的钻石十字架正下方。

当彼得把皇冠戴在她头上时，叶卡捷琳娜激动得无法自持，泪珠从她脸上滚滚而下，她跪倒在他面前，试图吻他的手。他把手抽了回来，她又试图环抱他的双膝，但彼得把她扶了起来。此时，祷词在庄严地吟诵，大炮在咆哮，莫斯科城内的大钟也在鸣响。

礼拜结束后，彼得回皇宫休息去了，但叶卡捷琳娜还得按照惯例，头顶皇冠，独自走在游行队伍的前头，她必须从圣母升天大教堂一直走到天使长米迦勒大教堂，在历代沙皇的墓前祷告。法国产的帝王披风上布满数百只金制双头鹰，如今它就披在她的肩膀上，披风的分量很沉，纵使随从们承担了一部分，她还是被迫停步休息数次。当她走在路上时，缅什科夫跟在后方不远处，将一把把金银洒向围观人群。在红梯底端，荷尔斯泰因公爵正等着她到来，然后领着她走进特蕾姆宫，那里已经备下盛筵。宴席期间，缅什科夫将一批纪念章分发给众人，纪念章的一面印着彼得和叶卡捷琳娜的肖像，另一面则刻着彼得将皇冠戴到叶卡捷琳娜头上的场景，以及这样几个字"1724年于莫斯科加冕"。在城内，酒宴和庆典持续了数天。在红场，两头体内塞满野味和家禽的巨大公牛被架上烤架。与此同时，附近的两座喷泉向外喷洒着红葡萄酒和白葡萄酒。

叶卡捷琳娜拥有怎样的权力？皇帝又有怎样的长远打算？这些问题都没有厘清。有迹象表明，她曾在某些方面行使过君权，彼得允许她封老彼得·托尔斯泰为伯爵，他的所有子孙后代都拥有这个头衔，包括伟大的小说家列夫·托尔斯泰。按照她的旨意，亚古任斯基成为圣安德烈骑士团成员，因皇储阿列克谢的事情而失宠并被流放的瓦西里·多尔戈鲁基公爵获准重返宫廷。但即使在这一方面，她的权力也是有限的。她曾恳求赦免遭到流放的前副相沙菲罗夫，结果只是白费力气。至于彼得的真正意向是什么，没人能肯定。或许直到临终之际，他都没能打定主意。但可以确定的是，他想保证叶卡捷琳娜身处要职——如果他并不真打算让她戴上皇冠，就可能会让自己的一个女儿当沙皇，让叶卡捷琳娜当摄政者。彼得知道，俄罗斯帝国的皇位不能简单地作为奖赏授予自己的忠实爱人。头戴皇冠者必须是个精力充沛、聪明睿智、经验老到的人。叶卡捷琳娜的才能有点不符合相关要求，但她依旧是指定人选，法国公使康普勒东的结论是，彼得希望以此让她"在丈夫去世后,被承认为摄政者和君主"。[13]

加冕后,彼得对叶卡捷琳娜的宠爱超过了以往任何时候。然而,这件喜事才过去几周,叶卡捷琳娜就发现自己在灾难边缘摇摇欲坠,而她脚底下是万劫不复的深渊。叶卡捷琳娜的跟班中有个英俊的年轻人,名叫威廉·蒙斯(William Mons),他的姐姐安娜·蒙斯曾在25年前当过彼得的情妇。蒙斯不是俄国人,而是一个在俄国出生的德意志人,无论是在俄国人还是在德意志人那里,他都吃得很开。优雅、活泼、聪慧、野心勃勃、奉行机会主义的他精明地挑选着自己的恩主,但他干起活来可是很卖力的,因而得以被提拔为宫廷管家和女皇秘书,成了叶卡捷琳娜的心腹。女皇很享受他的陪伴,因为用一个法国观察者的话来说,此人是"我见过的人中最棒、最帅气的一位"。[14] 蒙斯的妹妹马特廖娜(Matrena)的成就不亚于他。她嫁给了一个名叫费奥多尔·巴尔克(Fedor Balk)的波罗的海贵族,此人是里加总督,拥有少将军衔,她自己则是女皇叶卡捷琳娜的女侍官和最亲密的知己。

这对兄妹渐渐以协助女皇、照顾她的利益为借口,设法把持了接触叶卡捷琳娜的门路。由蒙斯和马特廖娜·巴尔克经手的消息、请愿和恳求,最有可能顺顺利利地传达给叶卡捷琳娜;实际上,没有他们的帮忙,这类消息根本到不了她那里。大家都知道,叶卡捷琳娜对她丈夫的影响力非常大,蒙斯的路子也因此变得极具价值。政府臣僚、外国大使甚至外国王公和皇室成员,都以一手请愿书、一手贿赂的方式,与这个热情、英俊的德意志人接洽。无论是权倾朝野的贵人(普拉斯科维娅皇后和她的女儿、荷尔斯泰因公爵、缅什科夫公爵、列普宁公爵和托尔斯泰伯爵),还是微不足道的小民(有个农民本应回到自家村庄,却靠贿赂蒙斯,获准留在圣彼得堡),概莫能外。蒙斯根据所需服务的重要性,以及请愿者的财力,来决定"酬金"的高低。除了依靠这类行径获得的财富,蒙斯和他的妹妹还直接从女皇那里得到庄园、农奴和金钱,就连俄国头号贵人缅什科夫(他称蒙斯为"兄弟")都对他服服帖帖。蒙斯得出结论,"威廉·蒙斯"这个名字太过简单,不适合他这样的显贵,遂更名为莫昂·德·拉克鲁瓦(Moens de la Croix)。所有人都亲切地用这个新名字来称呼他——但彼得是个例外,他既不知道改名的事,也不知道这个之前叫威廉·蒙斯的人为什么成了新贵。

有小道消息宣称,威廉·蒙斯还有其他事情瞒着彼得。根据这种说法,女皇已经把这位年轻、英俊的管家视为自己的恋人。这条谣言先是在圣彼得堡传播,不久又传到欧洲。一些耸人听闻的故事在四下流传,其中一则称,彼得发现他的妻子与蒙斯于一个月光明亮的晚上,在她的花园内干着有损名誉的勾当。这些故事毫无证据可言。"月夜花园风流事"的传说可被某个事实证伪:彼得直到11月才知道蒙斯在搞经济犯罪,此时那座被月光映照的花园已深埋在积雪之下。更重要的是,依照叶卡捷琳娜的性格,她对这种男女私情是抱有抵触情绪的。女皇宽厚、热心、朴实,但也是个聪明人。她了解彼得。即使她对他的感情已经冷淡(这是不大可能的,特别是在他已经为她戴上女皇皇冠的情况下),她无疑也明白,如果自己与蒙斯私通,秘密是守不住的。一旦东窗事发,后果将很可怕。虽说蒙斯有可能打算遵循古代那些勇敢、成功的冒险家的传统,利用皇后的枕边风来确保自己的荣华富贵,但叶卡捷琳娜可不会参与这种蠢事。

即使没有这种无以复加的侮辱,彼得在如此之长的时间内,对蒙斯的贪污行为始终毫不知情,似乎也是件咄咄怪事。此事对圣彼得堡的每一个人来说,都是个公开的秘密,唯有彼得被蒙在鼓里,这表明如今的他越来越虚弱无力,疾病在其中起到了推波助澜的作用。当皇帝发现真相时,致命的惩罚立刻降临。究竟是谁把这件事告诉了彼得,人们不得而知。一些人相信是亚古任斯基干的,他曾被蒙斯的自负刺痛过;还有些人声称告密者是蒙斯的一个属下。得知此事后,彼得所做的第一件事是禁止任何人替犯罪者向自己求情。接着,当这道谕旨引得人心惶惶时,他却在等待。11月8日夜,他回到皇宫,身上看不到一丝愤怒的迹象,与女皇、两个女儿共进晚餐,然后同威廉·蒙斯谈了些无关紧要的事。然后,他声称自己觉得累了,向叶卡捷琳娜询问时间。她看了看他送的一块德累斯顿表,答道:"9点了。"彼得点点头,说:"现在该是人们上床睡觉的时间了。"[15] 所有人都站起来,到自己的房间去了。蒙斯回到家后,脱掉衣服,抽了一阵烟斗。当他就寝时,乌沙科夫将军走了进来,以受贿罪逮捕了他。蒙斯的文件被没收，房间被查封，本人则被戴上镣铐带走。

第二天，蒙斯被带到彼得面前。根据官方审讯记录，他恐惧过度，当场晕倒；一苏醒，他就坦承，自己遭受的指控全部属实。他承认收受贿赂，承认利用女皇交给他的庄园牟利，承认自己的妹妹马特廖娜·巴尔克卷入其中，但他没有承认与叶卡捷琳娜有任何不正当关系，因为他根本没有被问到这类问题——这似乎进一步证明了那些谣言是毫无依据的，而彼得也没有设法秘密调查此事。与之形成鲜明对比的是，他发布了一份公告，命令那些曾向蒙斯行贿，或知道这类贿赂事件的人统统站出来。两天里，一个街头公告员行走在圣彼得堡街头，高声宣读公告，并威胁对那些隐瞒不报者处以严厉的惩罚。

蒙斯已是在劫难逃——针对他的任何一条指控都足以将他定罪。11月14日，他被判处死刑。但叶卡捷琳娜不相信他会被处死，她相信自己有能力影响丈夫。她先是捎话给马特廖娜·巴尔克，让她不要担心她哥哥，然后她前往彼得处，为英俊的管家求情。但在这件事上，她对丈夫的判断出现了失误。当彼得心中燃起报复的怒火时，连加加林和涅斯捷罗夫都得丧命，连缅什科夫和沙菲罗夫都得丢官，区区一个威廉·蒙斯又如何能够幸免？蒙斯未能逃过一死。在死刑执行前夜，彼得来到他的牢房，表示自己对失去这样一位人才感到遗憾，但不管是谁，犯了罪就必须受到惩罚。

1724年11月16日，威廉·蒙斯和马特廖娜·巴尔克被带上雪橇，送往行刑地。蒙斯表现得很有勇气，朝人群中望见的朋友点头、鞠躬。登上处刑台后，他镇定地脱去厚重的毛皮外套，听完别人宣读死刑判决后，他把脑袋搁在了木砧上。蒙斯死后，他妹妹挨了11鞭，抽打力度很轻因此于她没受到太大的伤害。然后，她被终身流放西伯利亚的托博尔斯克。如果她的丈夫巴尔克将军愿意，可以再婚。

毫不令人意外，这段令人痛苦的经历导致彼得与叶卡捷琳娜之间的关系变得紧张。尽管无论是蒙斯还是控告他的人都从未提及她的名字，也没人敢指控她收受贿赂，但人们普遍怀疑她明知蒙斯的所作所为，却对此视而不见。在行刑当日颁布给全国官员的一道手令中，彼得似乎将她与蒙斯联系在了一起。这道手令乃彼得亲笔所写，它宣称，由于女皇的家事管理者在她不知情的情况下滥用职权，官员们以后不得服从她的任何命令或建议。与此同时，她对财政事务的处置权遭到剥夺。

叶卡捷琳娜勇敢地承受了这些打击。蒙斯被处决当日，她找来自己的舞蹈教师，同自己的大女儿和二女儿练习小步舞。她知道，眼下只要对蒙斯表现出一丝关心，就会给自己带来危险，所以她摆出一副无动于衷的样子。但她不会轻易原谅彼得。死刑执行一个月后，一名观察者记录道："他们彼此几乎不说话，也不再同吃或同睡了。"[16] 但到了1月中旬，紧张的关系开始慢慢缓和。"女皇长跪不起，沙皇宽恕了她的过失。"那个观察者写道，"交谈持续了3小时，他们甚至一起吃了晚饭。"[17]

这次和解是否是永久性的？我们永远无法知晓。威廉·蒙斯事件中，皇帝从始至终都在生病，此时已经变得越来越严重。叶卡捷琳娜下跪后不到一个月，彼得就去世了。

签署《尼斯塔德条约》、给叶卡捷琳娜加冕后，在外界看来，彼得正处于权力顶峰，但对俄国国内的人们，特别是皇帝的身边人而言，眼下的迹象令人不安。庄稼连续两年歉收，俄国从海外购买谷物，但不足以弥补短缺。该国最高层中又有人因腐败而遭到指控。沙菲罗夫被判处死刑，得以免死后遭到流放，如今缅什科夫又被剥夺了战争委员会主席的职务。大家似乎都无所行动，除非彼得亲自确认执行。在普列奥布拉任斯科耶的皇宫，仆人们在冬天里甚至忘了把柴火放到壁炉里点燃，直到皇帝命令他们这么做为止。

总体而言，这个国家正在逐渐走下坡路，与此同时，彼得的健康和心态也在恶化。有时，他还能以往常的精力和热情投入到工作中。他最后的计划之一是修建一栋巨大的新建筑，作为计划中的科学院的办公场所。他还打算在首都创办一所新的大学。但更多时候，他表现得喜怒无常、毫无热情。情绪低落时，他会坐下来唉声叹气，对一切都听之任之，不到最后关头绝不动弹。当皇帝变得沉默寡言、漠不关心时，那些身边人几乎没有一个敢和他说话，即使问题已是火烧眉毛。普鲁士公使马德费尔特在给他的主君、普鲁士国王弗里德里希·威廉的信中反映了这种氛围："陛下，在这里，那些至关重要的事务不是遭到忽视，就是被搞得乱七八糟，无论用什么语言都无法确切地表达这一令人难以忍受的情形，以至于无论是外国公使还是俄国大臣，都不知道何时才会出现转机。我们从俄国大臣那里得到的回答只有叹息，他们承认，如今事事棘手，令人绝望。这是百分之百的大实话。不管什么事情，不到危如累卵之际，都不会有人重视。"[18]

上述一切都源自一个事实——彼得已经重病缠身，就连那些与他关系密切的人物也都逐步意识到这一点。往日的神经紊乱疾病依然困扰着他，他那巨大而虚弱的躯体依然因震颤症而抽搐，当叶卡捷琳娜将他的头搁在自己膝上时，他才会平静下来。近年来，一种新的、棘手的疾病已经开始折磨他。杰弗里斯向本国政府描述了这一情形：

> 这段时间，沙皇陛下的左臂一直软弱无力，最初是因为一个拙劣的外科大夫在给他放血时，没有切中血管，却在旁边的神经上开了个口子。自从这起意外发生，他就不得不在左手上戴一只毛皮手套，他的左手和左臂经常遭受疼痛的折磨，有时甚至会失去知觉。[19]

岁月的车轮徐徐碾过。1724年，彼得只有52岁，然而，由于他呕心沥血、操劳不休、青年时酗酒无度，曾经超乎常人的体魄已被严重侵蚀。到了52岁那年，皇帝已是一个垂垂老者了。

除了这些困扰，他还得了一种新的疾病，它最终要了他的命。多年来，他一直遭受着尿道感染的折磨，1722年的波斯战役正值炎炎夏日，其间他的病复发了。他的医生诊断为痛性尿淋沥和尿结石，这是一种因肌肉痉挛或感染引发的尿道和膀胱堵塞。1722年至1723年的冬天，他的尿道又开始疼痛。起初，彼得只向他的贴身男仆提起过这事，还和往常一样痛饮狂欢，但不久之后，痛感变得越来越强烈，他不得不去咨询医生。接下来的两年内，疼痛的折磨时断时续。他遵照医嘱，服用药物，限制饮酒，只喝一点格瓦斯，偶尔来一杯白兰地。有时候，他痛得几乎无法办公；之后一段时间里，他的症状缓解，就能重新开始日常活动了。

1724年夏天行将结束时，他的病又复发了，这一次极为严重。彼得无法排尿，痛苦万分。他的私人医生布卢门特罗斯特（Blumentrost）大夫召来英国籍外科医师霍恩大夫商议对策。为了促进尿道疏通，霍恩给彼得插入导尿管，他反复尝试将导尿管穿入膀胱，得到的却只有血和脓汁。费了好大的劲后，他总算导出了半杯尿。探查期间，没打麻药的彼得躺在一张桌子上，两名医生立于他两侧，一人握着他的一只手。他试图保持不动，但疼痛感实在太过强烈，两名医生的手几乎被他捏碎。最后，一块巨大的结石排了出来，痛感减轻了。一个星期内，他的排尿功能就几近正常了。但之后的几周，他依旧卧床不起，直到9月底，才开始在房间内到处走动，他怀着焦躁的心情，等待着恢复正常生活的日子到来。

10月初，彼得窗外的天空变成了蓝色，空气开始清爽起来，他命人将自己的游艇停泊在目所能及的涅瓦河上。几天后，尽管医生警告他不要消耗精力，但他还是走出门外。他先是去彼得霍夫参观那些安装在公园内的新喷泉；其后，尽管医生抗议得越发厉害，他还是踏上了一段漫长而艰辛的巡查之旅。他的第一站是施勒塞尔堡，目的是庆祝这座重要要塞陷落22周年。接着，他去了奥涅茨的制铁厂，此时他的气力已经恢复，足以亲手捶打一片重量超过100磅的铁片。离开那里后，他又去考察了拉多加运河的工程，此时在德意志人明尼希的指导下，工程的进展突飞猛进。

这次巡行贯穿了几乎整个10月，在此期间，阵痛感伴随着其他疾病的症状向彼得袭来，但没能拖慢他的步伐。11月5日，他回到圣彼得堡，但几乎随即决定，乘船访问别处的制铁厂和姐妹河城（Systerbeck）的兵工厂，此地位于芬兰湾。当天的天气在北欧初冬属于典型——天空灰蒙蒙的，海面结满冰块，风高浪急。越过涅瓦河河口后，彼得的游艇朝一座叫拉赫纳（Lakhta）的渔村驶去，此时彼得发现，远处一艘载着20名士兵的小船在风浪中失去了控制。彼得看到那艘船搁浅在一处沙洲上，它的龙骨陷入沙子里，海浪重重拍打着船帮，小船开始来回摇摆，眼看就要倾覆。船上的人显然不会游泳，也无力挽救自己。彼得派人搭乘游船上的小艇前去援助，但他的水手无法让那艘搁浅的船只重新浮起来；与此同时，船上的人一想到自己要被淹死，就几乎吓瘫了，帮不上什么忙。皇帝焦急地望着这一切，命令小艇将自己送到那艘搁浅的船旁边。由于浪头太大，小艇无法靠近，皇帝突然跳进海里，冰冷的海水很浅，只到他的腰部，他一步步蹚向搁浅的船。他的到来鼓舞了那些绝望的人。他们一边回应他的呼喊，一边抓住别船抛来的绳索。此时，还有一些水手已经入水，来到皇帝身边，在他们的帮助下，那艘搁浅的小船被拉了出来，拖离沙洲。幸存者一边向救命恩人献上祝福，一边被带往岸边，前往当地渔人的家中恢复元气。

彼得回到游艇上，脱掉湿衣服，穿上一些暖和的衣服，然后在拉赫纳下锚。起初，尽管他在冰冷的海水里泡了好久，却似乎没有被冻坏。彼得对自己救人、捞船的壮举欣喜万分，于是到拉赫纳过夜去了。但就在当天晚上，他染上风寒，发起烧来，几小时内，他的肠道又开始疼痛。他取消了前往姐妹河城的行程，乘船返回圣彼得堡，到那里后，他就又躺到床上去了。自那时起，病魔再也不曾松开致命的魔爪。

一段时间内，彼得似乎再次病愈。到了圣诞节，他已经有所好转，足以在他的那帮歌手和乐手陪伴下，依例对圣彼得堡的大户人家举行一次巡回访问。新年那天，他出席了传统的烟火表演；主显节那天，他来到涅瓦河的冰面上，参加传统的河水祈福仪式，仪式期间，他又受了一次风寒。这段日子里，他还最后一次出席了醉酒宗教会议的庆祝活动，会议召开的目的是推选一位继任者，接替刚刚去世的"冒牌教皇"布图尔林。要选举新"教皇"，就必须将"枢机主教团"召至一座大厅，选举会议由坐在一只木桶上的酒神负责主持。彼得将"枢机主教"们关在一个单独的房间内，禁止他们露面，直到他们选出一位新"教皇"为止。为了帮助他们思考，每个"枢机主教"每隔15分钟就要吞下一大匙威士忌。会议举行了一整夜，第二天早上，当教团成员跌跌撞撞地走出房间时，他们选中了一位寂寂无闻的官员。当晚，这位新当选的高级僧侣设宴庆祝，用熊肉、狼肉、狐狸肉、猫肉和鼠肉款待宾客。

到了1月中旬，蒙斯之事似乎已经彻底过去了，彼得和叶卡捷琳娜之间的关系有所缓和。皇帝和妻子一道出席了一场花哨的婚礼，婚礼主角是他一个勤务员的仆人。当月晚些时候，彼得参加了彼得·托尔斯泰和海军上将克勒伊斯家的聚会。但就在1月16日，彼得的病情复发了，他不得不卧床休息。布卢门特罗斯特医生再度找来其他医生，霍恩也在其中。经过轻柔的探查，他们发现彼得的膀胱和肠道发炎得很厉害，以至于相信坏疽已经出现。布卢门特罗斯特和他的同事知道彼得的炎症已到晚期，任何治疗手段都无力阻止病情发展。他们给两位大名鼎鼎的欧洲专家——莱顿的布尔哈弗医生和柏林的施塔尔医生发去急信，描述了彼得的病症，并绝望地向他们征求建议。

起初，卧床休养的彼得似乎有所恢复。他又开始工作，将奥斯捷尔曼和其他大臣叫至病床前，讨论了一整个晚上。1月22日，他与荷尔斯泰因公爵交谈，承诺一等恢复健康就陪他到里加去。但就在第二天，病情又复发了，他召来一个神父，领受了临终圣礼。托尔斯泰、阿普拉克辛和戈洛夫金获准来到病榻前。当着他们的面，彼得下令赦免、释放国家监狱内除杀人犯外的所有囚犯，还赦免了那些因不去服兵役而受罚的年轻贵族。他还给哭泣的阿普拉克辛和其他大臣下了一道命令：万一自己撒手人寰，他们必须对圣彼得堡的全体外国人加以保护。最后，彼得签署了几道关于调控捕鱼业和胶水销售业的敕令，他一贯注重细节，此刻仍不例外。

到了26日晚上，皇帝似乎恢复了一点气力，医生们开始讨论是否让他起床，在房间里散散步。彼得受到鼓励，坐了起来，吃了一点燕麦粥。然而他立刻剧烈抽搐，房间里的人们都认为死神已经到来。大臣、参政员、近卫军高级军官及其他官员被火速召入宫中守夜。没过多久，如潮水般涌遍彼得全身的疼痛感变得极为强烈，以至于奥斯捷尔曼乞求他忘掉一切公事，把心思全放到自己身上。剧痛之下，彼得猛烈挣扎，高声叫喊，反复为自己的罪孽忏悔。又两次，他领受了临终圣礼，乞求上天宽恕自己。27日，彼得当着费奥凡·普罗科波维奇神父的面，用热情的语气说道："主啊，我相信，我希望。"稍后，他又开始说话，仿佛是在自言自语："我希望上帝能原谅我的诸多罪孽，因为我曾经试图为我的人民谋福。"[20]

在他遭受煎熬时，叶卡捷琳娜日夜守候，一刻也不曾离开丈夫榻侧。

在某个时刻，她恳求彼得宽恕当时依旧失宠的缅什科夫，并表示这样做有助于他与上帝和解，彼得同意了。公爵走进房间，从临终的主人那里得到了最后一次赦免。27日下午2点，可能是考虑到继承人问题，皇帝索要一块写字板。别人拿了一块给他，当他写下"致所有人……"时，笔从手中掉了下去。[21]他无力继续写下去，于是打算口授，派人叫他的女儿安娜来，但公主尚未到来，他已神志不清。

他再也没能恢复意识，而是陷入昏迷中，只有在呻吟时才会动一动身体。一个又一小时过去了，叶卡捷琳娜一直跪在他身边，不住地祈求死神将他从痛苦中解脱出来。1725年1月28日早晨6点，正当她对天乞求"主啊，我祈求您打开天堂的大门，接纳这个伟大的灵魂吧"，时年53岁、在位43年的彼得大帝，终于进入了永恒世界。[22]

# 尾 声

直到现在，彼得的死因也没有得到详尽的医学解释。莱顿名医赫尔曼·布尔哈弗教授收到过一封霍恩和布卢门特罗斯特寄来的急信，其中描述了皇帝的病情，但他还没来得及写下指示，第二个信使就带来了病人死亡的消息。布尔哈弗目瞪口呆。"我的上帝！这是真的吗？"他惊呼道，"这样一位伟大的人物死掉了，明明只要一点点药就可以挽救他的生命，这太遗憾了！"[1] 其后，在与其他御医交流的时候，布尔哈弗表示，他相信这病如果没有被隐瞒那么久，能早点找他咨询的话，他或许就能治好彼得的病，皇上或许就能多活好些年。但布尔哈弗从未告诉自己的侄儿，他会开什么药，治的又是什么病，他侄儿后来成为彼得之女——女皇伊丽莎白的医生，有义务将相关记录传给后人。一些人对教授的乐观态度表示怀疑，因为事实上他从未见到病人。此外，经尸检发现，彼得膀胱周围的部位已经坏疽化，他的括约肌膨胀、发硬严重，用刀子切开时非常艰难。

继承人之争很快就以叶卡捷琳娜的胜利告终。当彼得一息尚存时，由皇帝宠臣组成的核心集团的一批成员已经果断地决定支持叶卡捷琳娜，他们中有缅什科夫、亚古任斯基和托尔斯泰——都是彼得提携的"新人"，如果旧贵族重新掌权，他们都将损失惨重。他们准确地猜到，近卫军团将最终决定继位人选，遂将这批军人召至首都，然后将他们集合在皇宫附近。在那里，士兵们被提醒，叶卡捷琳娜曾与他们和她的丈夫并肩作战。所有欠饷均以女皇的名义被立刻结清。近卫军团忠于皇帝，而叶卡捷琳娜在官兵中已是深得人心。在这些新诱因的作用下,他们爽快地承诺支持女皇。

即使有了这些预防措施,这个情妇出身、最终成为独裁君主的妻子和伴侣的立陶宛农家女的继承人地位依旧远远算不上稳当。皇储阿列克谢之子、时年9岁的彼得大公是另一个重要候选人。由于他是先帝的孙子,按照俄国传统,他是男性直系继承人,大多数贵族、教士和国民在很大程度上将他视为合法继承人。旧贵族家族(如多尔戈鲁基家族和戈利岑家族)希望借年轻大公之力,恢复他们的权力,推翻彼得的改革。

对抗于1月27日晚到来,在皇帝驾崩前几小时,参政员和国家领袖聚在一起决定继位人选。公爵德米特里·戈利岑系旧贵族阶层成员,曾在海外度过多年时光,主张君主与贵族共权,他提出一个折中方案:皇帝应该由年轻的彼得·阿列克谢耶维奇来当,但叶卡捷琳娜可以在参政院的辅佐下担任摄政者。彼得·托尔斯泰在皇储阿列克谢被诉、死亡事件中扮演了引人注目的角色,因而非常害怕阿列克谢的儿子继位,他提出的反对理由是,让一个未成年人来治国是危险的;他坚称,国家需要的是一个坚强、经验丰富的统治者,这就是皇帝训练他的妻子,并给她加冕的原因。托尔斯泰发言时,普列奥布拉任斯基近卫团和谢苗诺夫斯基近卫团的一批军官进入房间,嚷嚷着表示赞成。与此同时,下方庭院内响起了隆隆鼓声,将政治家们吸引到窗边。透过一片黑暗,他们发现近卫军已将皇宫重重包围。身为贵族派成员的圣彼得堡驻军司令列普宁公爵勃然大怒,要求知道士兵们为什么会在没有他的命令的情况下来到这里。"这是我的杰作,阁下。"近卫军团长冷冷地答道,"遵照的是我们的女皇叶卡捷琳娜陛下的明确指令,您和我都是她的忠实臣子,必须立刻无条件服从。"[2] 士兵们(许多人满眼含泪)则呐喊道:"我们的父亲已经死了,但我们的母亲还活着!"[3] 在这种情况下,阿普拉克辛提出的"宣布女皇陛下为君,享有亡夫的一切特权"的提议迅速被采纳。[4]

第二天早上,42岁的皇帝遗孀一边哭泣,一边挽着荷尔斯泰因公爵的手臂,走进房间。当阿普拉克辛跪在她面前,宣布参政院的决定时,她只是一个劲地哭诉,她现在是"一个寡妇、一个孤儿"了。房间里的人们欢呼起来，房间外的近卫军士兵也欢呼起来。当天发布了一则宣言，昭告帝国和世界：俄国的新君将是一个女人——女皇叶卡捷琳娜一世。

彼得的尸体做了防腐处理，置于灵柩内，停柩房内挂着法国壁毯，上面描绘的是皇帝访问巴黎的场景。一个多月来，公众被允许成群结队地从灵柩旁走过，表达他们的敬意。3月8日，在一场暴风雪中，灵柩被运往彼得保罗要塞。叶卡捷琳娜走在送葬队伍前头，身后跟着150名宫廷妇女，以及一支由朝臣、政府官员、外国公使和军官组成的庞大队列，尽管大雪簌簌落下，他们却都光着头。在大教堂内，费奥凡·普罗科波维奇宣读悼词。他把彼得与摩西、所罗门、参孙、大卫和君士坦丁相提并论，并表示，人们普遍难以相信那位熟悉的伟岸人物真的永远离开了他们。"俄国的人们啊，"他问道，"我们看到了些什么？我们又做了些什么？我们正在埋葬彼得大帝啊！"[5]

叶卡捷琳娜的统治是短暂的。登基后，她宣称自己将忠实地把彼得的政策和改革坚持下去。一向务实的她从最值得争取的军队入手，迅速巩固了自己的统治：免除了军队在拉多加运河的劳役，按时支付士卒的军饷，给他们发放新制服，频频举行阅兵式。她依旧友善、坦率、极度慷慨，以至于宫廷开支很快便增加到原来的3倍之多。她从来不因自己突然被送上权力的顶峰而摆架子。她经常提到自己的平民出身，并让自己家族的全体成员一起分享好运。她发现自己的兄弟卡尔·斯卡乌龙斯基在库尔兰的一座驿站当马夫，便将他带到圣彼得堡，让他接受教育，然后封为斯卡乌龙斯基伯爵（Count Skavronsky）。她的两个姐妹及其家人也被召至帝国的首都。年长的那位姐妹同立陶宛农民西蒙·海因里希（Simon Heinrich）结了婚，年轻的那位则嫁给了一个名叫米哈伊·叶菲姆（Michael Yefim）的波兰农民。这两家人被安置在圣彼得堡，他们的名字被改为亨德里科夫（Hendrikov）和叶菲莫夫斯基（Yefimovsky）。叶卡捷琳娜的女儿伊丽莎白女皇为人慷慨，把两个农民出身的姨夫分别封为亨德里科夫伯爵（Count Hendrikov）和叶菲莫夫斯基伯爵（Count Yefimovsky）。

叶卡捷琳娜在位期间，这个国家的真正统治者是缅什科夫。1726

年2月8日,即叶卡捷琳娜继位一年后,一个新的统治机构——最高枢密院(Supreme Privy Council)成立,目的是"减轻女皇陛下的治国重担"。[6] 最早的6名成员——缅什科夫、阿普拉克辛、戈洛夫金、奥斯捷尔曼、托尔斯泰和公爵德米特里·戈利岑共同行使近乎君主的权力,包括发布敕令。缅什科夫控制着这个机构,就像他控制着参政院(如今它的作用已不如从前)一样。在这两个机构遭人反对时,他的反应很简单:站起身来,宣称他的观点就是女皇本人的观点。

缅什科夫的政策带有审慎成分。他知道过重的赋税会压垮农民,因此他告诉女皇:"农民和军队的关系,就像灵魂和肉体的关系,二者密不可分。"[7] 于是,叶卡捷琳娜同意削减1/3的魂灵税,并随之裁撤1/3的军队。此外,所有拖欠的税款被尽数免除。缅什科夫行使的权力并非完全不受限制。1725年5月21日,叶卡捷琳娜的宠臣,荷尔斯泰因的卡尔·弗雷德里克同女皇的女儿安娜结婚。翌年2月,女皇不顾缅什科夫的反对,任命他为最高枢密院成员。

继位仅两年零三个月,叶卡捷琳娜便死于一连串的寒病与热病。1726年11月,一场风暴导致涅瓦河水倒灌,迫使女皇身着睡衣,"蹚着及膝深的水"逃出皇宫。[8] 1727年1月21日,她参加了在涅瓦河冰面上举行的河水祈福仪式。之后,她头戴一顶白羽帽,手持一根元帅杖,在冬季的空气中待了许久,检阅2万人的军队。这次外出导致她发烧卧床两个月,鼻血直流。她的病情反复发作。临终前,她任命年轻的阿列克谢耶维奇大公为继承人,最高枢密院全体成员共同摄政。她的两个女儿——17岁的安娜(如今已成为荷尔斯泰因公爵夫人)和16岁的伊丽莎白被任命为枢密院成员,进入摄政者之列。

讽刺的是,彼得二世的继位是缅什科夫策划的结果,前者是旧贵族和守旧派的希望,后者却是"草鸡变凤凰"的绝佳实例。当然,缅什科夫之所以这样做,是为了自保和继续向上爬。叶卡捷琳娜尚在人世的时候,缅什科夫就分析过她的两个女儿——安娜和伊丽莎白继位的概率,并与彼得做对比,最后得出结论:年轻的大公是更强力的候选人。于是,他改变立场,运用自己可怕的力量敦促女皇采纳下列方案(她最终照办了):任命彼得为继承人，让她的两个女儿加入枢密院摄政团。缅什科夫没有忘记自己的家族。在说服叶卡捷琳娜立彼得为帝之前，他征得她的同意，让那个11岁的男孩与他16岁的女儿玛丽亚结婚。

缅什科夫突然变更效忠对象，这令昔日宠臣圈的其他成员大为惊恐，尤其是托尔斯泰。这只头发花白的狐狸时年已八十有二，他很清楚新皇彼得二世必将设法与那些把他父亲从意大利骗回来送命的人算账。托尔斯泰向圈子的其他成员发出呼吁，然而得到的支持很有限。奥斯捷尔曼已加入缅什科夫一方，亚古任斯基在波兰，其他人则宁可等等看。只有缅什科夫的妹夫安东尼·德维尔和近卫军将领伊凡·布图尔林站出来反对缅什科夫，但一切都晚了。叶卡捷琳娜已经气若游丝，缅什科夫安排手下小心翼翼地守在她身边，不让其他人接近。等自己坚不可摧后，他当即发动猛攻。德维尔被逮捕、鞭笞，然后送往西伯利亚。由于他娶了缅什科夫的妹妹，缅什科夫曾发誓要报复他。托尔斯泰被放逐到白海捕鲸区的一个岛屿上，1729年，84岁的他死在那里。

叶卡捷琳娜一死，彼得二世即被宣布为皇帝，缅什科夫马上动手拿取自己的酬劳。继位后不到一周，少年皇帝就从冬宫搬到了瓦西列夫斯基岛的缅什科夫宅。两星期后，小彼得与玛丽亚·缅什科夫订婚。最高枢密院充斥着多尔戈鲁基家族和戈利岑家族的人，这两个贵族家族是缅什科夫的新盟友。为做出进一步的表态，缅什科夫把上了年纪的叶夫多基娅（彼得大帝的第一任妻子，新皇的祖母）从偏僻的施勒塞尔堡要塞移至莫斯科附近的新圣女修道院，在那里，她可以过上更舒心的日子。

荷尔斯泰因公爵是叶卡捷琳娜安插在最高枢密院里用于掣肘缅什科夫的棋子。他见势不妙，便申请携妻子安娜公主离开俄国。缅什科夫乐于看到他们回到公爵府所在地基尔，于是给了公爵一大笔退休金，诱使公爵离去。1728年5月28日，安娜公主在基尔去世，去世前不久，她诞下一子，即未来的彼得三世。为庆祝孩子的诞生，公爵为她举办了一场舞会，之后又是一场烟火表演。尽管波罗的海的气候又冷又潮，这位兴高采烈的年轻母亲为了获得更好的视野，还是坚持站在露天阳台上。当女伴表示担心时，她笑着说："别忘了，我是个俄国人，即使是比这更糟的天气，我也已经习惯了。"⁹ 然而，不到10天，彼得大帝的长女便溘然长逝。事到如今，彼得和叶卡捷琳娜的孩子中，只剩伊丽莎白公主尚在人世了。

新皇仪表堂堂、体格健壮、个头很高（就他的年龄而言）。俄国的外交政策几乎由奥斯捷尔曼单独负责，如今他又多了一项使命：担任小彼得的家庭教师。他的学生精力十足，对书本不太感兴趣，更喜欢骑马和打猎，当奥斯捷尔曼责备他不够用功时，11岁的皇帝答道："亲爱的安德烈·伊万诺维奇，我喜欢您，作为我的外交大臣，您不可或缺，但我必须要求您，今后不要再来干预我的消遣方式。"¹⁰ 彼得有几位最亲密的伙伴：他的姐姐娜塔莉娅，只比他年长一岁；金发的姑妈伊丽莎白公主，18岁的她对政治不感兴趣，只关心骑马、打猎和舞蹈，以及19岁的公爵伊凡·多尔戈鲁基。

1727年夏天的那几个月，缅什科夫独自立于权力顶峰。萨克森大使声称："他令人生畏，万众俯首，甚至比彼得大帝都有过之而无不及。"¹¹ 他是俄国无可争议的统治者，也是皇帝的未来岳父，日后历任俄皇身上都将带有他的血统。确信自己的地位无人能及后，缅什科夫的作风变得令人无法忍受。他以高高在上的姿态发号施令，即使对皇帝也不例外——他截走了一笔交给彼得的钱，还斥责皇帝不该接受它；后来，他又拿走了彼得送给姐姐娜塔莉娅的一个银盘。被激怒的少年以不祥的口气对缅什科夫说："让我们来看看谁才是皇帝，是您还是我。"¹²

1727年7月，缅什科夫不幸病倒。当他暂时松开权力的缰绳时，彼得、娜塔莉娅和伊丽莎白搬到了彼得霍夫。宫中的人们开始议论，即使缅什科夫公爵不在，国事的处理进程似乎也能令人满意。当缅什科夫复原后，他出现在彼得霍夫，但令他吃惊的是，彼得对他不理不睬。皇帝的伴侣同样感到惊讶，皇帝则对他们说："你们看，我终于学会了如何让他遵守规矩。"¹³ 一个月后，即1727年9月，缅什科夫倒台。他的官职被剥夺，勋章也被没收，本人遭到逮捕。之后，他和家人——包括女儿玛丽亚被流放到乌克兰的一座庄园。不过，当他从权力之巅跌落时，皇帝还是留了些情面——他是带着4辆用6匹马拉的车子，以及60车行李离开圣彼得堡的。

如今，彼得二世落到了多尔戈鲁基家族手中。皇帝的朋友伊凡·多尔戈鲁基的父亲、公爵阿列克谢·多尔戈鲁基（Alexis Dolgoruky）同公爵瓦西里·多尔戈鲁基一起被任命为最高枢密院成员。1729年末，皇帝同公爵阿列克谢的女儿、17岁的叶卡捷琳娜订婚一事被昭告天下。多尔戈鲁基家族彻底毁灭了缅什科夫。1728年4月，缅什科夫遭到控告，罪名是与瑞典人接触，意图谋逆，他的庞大财富被查抄，本人和家人被流放至别廖佐夫（Berezov），那是一座坐落于西伯利亚北部冻原之上的小村子。1729年11月，56岁的他在当地死去，几周后，女儿玛丽亚也随他而去。

在古代，莫斯科是俄国社会生活的中心，彼得二世在位时期，这座城市重新扮演这一角色的趋势日益明显。于1728年1月加冕后，彼得拒绝回到圣彼得堡，他抱怨说："那里除了海水什么都没有，我能做些什么？"[14] 宫廷自然和他一起留下了。一个月又一个月过去了，一些政府官员开始返回莫斯科。但彼得二世的统治期注定只比叶卡捷琳娜一世长上几个月。1730年1月初，14岁的皇帝病倒。他被诊断患上天花，病情恶化得很快。1730年1月11日，他去世了，那一天本已被定为他的大婚之日。

死神降临得太过突然，彼得二世还没来得及按照祖父订下的制度，为自己指定一位继承人。于是，选出一位君主的使命就落到了最高枢密院头上，如今它的支配者是公爵德米特里·戈利岑。彼得大帝最后的骨血、喜好享乐的公主伊丽莎白被认为太过轻浮；沙皇伊凡五世（彼得大帝那饱受病痛摧残的异母哥哥和共治沙皇）与普拉斯科维娅的长女、梅克伦堡的叶卡捷琳娜被认为受其夫梅克伦堡公爵的影响太深。这样一来，伊凡五世的次女库尔兰公爵夫人安娜就成了中选者。她于1711年出嫁，婚后仅几个月就守了寡。安娜若想继位，就要接受许多限制性条件。她不能结婚，也不能自己任命继承人。最高枢密院对开战、议和、征税、财政支出、授予封地，以及所有上校以上军官的任命保留批准权。安娜接受了这些条件，但她一到俄国，就在近卫军团和效力于她的贵族的支持下撕毁协议，解散了最高枢密院，重组了贵族阶层的权力结构。18年里，这位新任女皇大部分时间生活在库尔兰，思想倾向于西方，宫廷迁回圣彼得堡。她的政府由3名德意志人控制：她任命的库尔兰公国首席大臣恩斯特·比龙（Ernst

Biron），如今他被封为俄国伯爵；奥斯捷尔曼，他仍是外交政策的掌管者；拉多加运河的修建者明尼希，他是军队的最高统帅，并已被授予元帅头衔。

1740年，安娜女皇驾崩，把皇位留给了她姐姐梅克伦堡的叶卡捷琳娜的孙子。这个孩子——伊凡六世（Ivan VI）对自己当过皇帝之事几乎一无所知；他在2个月大时继承皇位，15个月大时遭到废黜，然后就以秘密囚犯的身份在国家监狱里度过了22年余生。他的继任者是伊丽莎白，时年31岁的她仍旧喜欢玩乐，但近卫军团喜欢她，帮她夺取了皇位。她这样做的主要原因是担心自己被伊凡六世的追随者送进女修道院。伊丽莎白的统治持续了21年（1741—1762年），然后是彼得三世的短暂统治，再接下来就是治国达34年之久的叶卡捷琳娜大帝。

就这样，彼得大帝推翻了继承法，他发表的关于每个君主都有权指定继承人的宣言引发了俄国历史上的一段反常时期：自从遥远的基辅公国时代起，还没有一位女性统治过俄国；当他于1725年去世后，4位女皇的统治期几乎贯穿了接下来的71年时光。她们分别是彼得的妻子（叶卡捷琳娜一世）、他的侄女（安娜）、他的女儿（伊丽莎白）和他的外孙媳妇（叶卡捷琳娜大帝）。在这段牝鸡司晨的时期，3位可怜的男性君主（彼得大帝的孙辈彼得二世、彼得三世，以及他哥哥的曾孙伊凡六世）先后登场，但他们的统治期总共只有40个月。叶卡捷琳娜大帝去世后，她的儿子保罗当了皇帝，他憎恨自己的母亲。加冕当天，他就撤销了彼得大帝的继承法令，建立了长子世袭制。从此以后，俄国的君主又是清一色的男性了：保罗的儿子亚历山大一世和尼古拉一世（Nicholas I）、孙子亚历山大二世（Alexander II）、曾孙亚历山大三世和玄孙尼古拉二世。

彼得大帝的遗体已经入土，但他的精神继续主宰着这片土地。在他死后不久，俄国人就开始孜孜不倦地搜集一切与他有关的物件，并把它们拿去展览：他在正式场合穿过的宫廷外套、他在波尔塔瓦战役穿过的蓝绿色普列奥布拉任斯基团制服、他的帽子、他那双巨大的黑靴子、几双被他穿破但新装上鞋底的鞋子、他的佩剑、他的象牙头手杖、他的睡帽、打着几块补丁的长筒袜、他的书桌、他的外科手术和牙科手术器械、他的航海仪器、他的车床、他的马鞍和马镫。他的小狗利泽特和他在波尔塔瓦的坐骑被制成填充标本并展出。老拉斯特雷利用蜡制作了一尊真人大小的彼得坐像，蜡像身着皇帝在叶卡捷琳娜加冕仪式上穿过的衣服，头戴用彼得在里海战役期间剪下的头发制成的假发。所有这些纪念品都被小心翼翼地保管起来，我们至今仍可在艾尔米塔什或其他俄国博物馆见到它们。

对彼得的身边人而言，他的死似乎是无可挽回的损失。年轻的车工安德烈·纳尔托夫在彼得生命的最后岁月，几乎每天都与彼得一起干活，他声称："尽管彼得大帝已不在我们身边，但他的精神仍存在于我们的灵魂之中，我们这些有幸接近皇上的人，对他的忠诚至死不渝，我们对他的热爱将与我们一起被埋葬。"[15] 年轻的海军军官涅普柳耶夫曾被彼得派往君士坦丁堡担任大使，他写道："这位君主让我们的国家得以与其他国家平起平坐。在他的教导下，我们意识到我们同属一个民族。简而言之，我们如今在俄国看到的一切都源于他，未来发生的一切也源于他。"[16]

在18世纪，随着时光流逝，人们对彼得的崇拜几乎到了狂热的地步。俄国第一位著名科学家米哈伊尔·罗蒙诺索夫（Mikhail Lomonosov）把彼得说成"神一样的人物"，他写道："如今我随时随地都可以看见他，他要么现身于团团尘埃之中，要么现身于烟雾之中，要么现身于火焰之中，要么刚刚结束一场艰辛的劳动，浑身大汗。我不愿相信那就是彼得，但世上只有一个彼得。"[17] 18世纪最优秀的俄国诗人加夫里尔·杰尔查文（Gavril Derzhavin）惊叹道："难道是上帝本人托生在他身上，来到人间？"[18] 精明强干的德意志裔女沙皇叶卡捷琳娜大帝渴望证明自己是最为接近她那高大的俄国前任的人，遂委托法国雕塑家法尔科内（Falconet）制作了一尊充满英雄气概的青铜雕像。用1600吨花岗岩制成的微型悬崖被拖到涅瓦河畔，构成了雕像的基座。皇帝身着披风，头戴桂冠，稳稳地跨坐在一匹前蹄昂起的凶猛公马背上，马蹄下踏着一条蛇；彼得的右臂张开，以傲慢的姿态指向河对岸的彼得保罗要塞，同时指向未来。雕像充分体现了彼得的热情、活力和绝对权威，一经问世，立刻成为全俄最为知名的雕像。亚历山大·普希金的不朽诗篇《青铜骑士》（*The Bronze*

*Horseman*）问世后，这尊雕像便在文学作品中永远占据了一席之地。

不同的观点自然也是存在的。普通民众希望彼得死后，他们承受的沉重徭役和赋税负担能随之解除，这种愿望在一幅广受欢迎的题为"老鼠葬猫"（The Mice Bury the Cat）的平版画中得到了表达。在这幅隐晦的绘画作品中，一只留着几根胡须、能认出来面容同彼得相似的巨大猫儿被捆在一架雪橇上，四爪朝天，一群老鼠一边拖曳着它，一边庆祝。19世纪，信奉旧俄文化内在价值观的保守主义者指责彼得率先打开国门，让西方的思想和新事物进入。"（彼得在位时期）我们开始成为世界公民，"保守派历史学家尼古拉·卡拉姆津（Nikolai Karamzin）说，"但从某种意义上说，我们不再是俄国的公民了。"[19] 在历史学界和哲学界，一场大规模论战逐渐在两个流派之间形成："斯拉夫派"口诛笔伐，称古老的俄国文化、制度遭到了玷污与毁灭；"西化派"则对彼得镇压陈旧思想、强迫俄国走上进步与启蒙之路表示钦佩、赞赏。争论常常变得相当激烈，例如，富有影响力的文学批评家瓦萨里翁·别林斯基（Vassarion Belinsky）将彼得形容为"不仅是我们的历史，也是人类历史上最为非凡的奇才……一个创造了我们、用吐纳向古老的俄国那庞大而死睡不醒的躯体注入生气的神祇"。[20]

评价彼得大帝这个人物，对苏联历史学家而言并非易事。他们的历史著作不得脱离马克思主义的一般理论、术语的框架，也不得脱离党的现有路线，他们时而把彼得说成一个无关大局的人物（个体是影响不了历史演变进程的），时而把他说成一个剥削者，一个建立了一个"地主和商人的民族国家"的专制君主，时而又把他说成保卫俄国、抵御外敌的民族英雄。波尔塔瓦战场博物馆（Poltava Battlefield Museum）对彼得形象的处理，以一种细小而形象的方式，体现了这种矛盾心理。皇帝的巨型雕像屹立在博物馆的前方，馆内的所有可视化展品都着重突出彼得在这场战役中的存在与作用。博物馆的说明与手册却以顺从的姿态，将胜利归功于"兄弟般友爱的俄罗斯人民与乌克兰人民"的努力。

对于后人看待、铭记自己的方式，彼得本人持有务实、豁达的态度。据奥斯捷尔曼回忆，彼得在与一个外国大使会谈时，曾询问外国人对自己的看法。

"陛下,"大使答道,"大家对您的评价都是最高、最好的。您在执行您设计的那些宏伟蓝图时展现出来的智慧与天赋最令世人惊讶,您的荣名因而得以传播到最为偏远的地区。"[21]

"很好,很好,这可能是真的,"彼得不耐烦地说,"但不管当着哪个国王的面,奉承话总是多多益善。我想听的不是正面评价,而是负面评价。我恳求您告诉我这些,无论它们的内容如何。"

大使深深地鞠了一躬。"陛下,"他说,"因为这是您的命令,我将把我所听到的负面看法一五一十地告诉您。您被视为一个专横、苛刻的君主,御下极严,您的臣民随时准备着受罚,无法指望得到宽恕。"

"不,我的朋友,"彼得微笑着摇摇头,"并不完全是这样。朕被说成一名残忍的暴君,这是外国对朕的看法。但他们怎么能这么认为呢?他们不知道朕登基之初面对的是什么样的环境,有多少人反对朕的计划,抵制朕最实用的方案,逼得朕严厉起来。但朕从来没有对任何人残忍,或是用行动证明自己是个暴君。相反,朕总是寻求那些表现出聪明才智和爱国精神,以及那些倾向于支持朕意的臣民(他们能够公允地评价朕意的正确性)的帮助。朕对他们一直宠幸有加,以此证明朕的感激之情。"

关于彼得和他的改革的争议从未停息过。他被美化、谴责、剖析了一遍又一遍,但他就像俄罗斯本身的性质和未来一样(这些问题更加宽泛),实质上依旧笼罩在神秘的面纱之下。不过,他的某个特点是毫无争议的,那就是精力过人。"他无时无刻不在为王朝而操劳。"普希金如此形容他。[22] "我们生活在一个黄金时代,"彼得在给缅什科夫的信中写道,"一刻也不要浪费。我们必须全身心地投入到事业当中。"[23] 他是一种自然的力量,也许正因如此,人们永远无法对他做出最终评价。对于奔流不息的海浪或令人生畏的旋风,我们该如何评价呢?

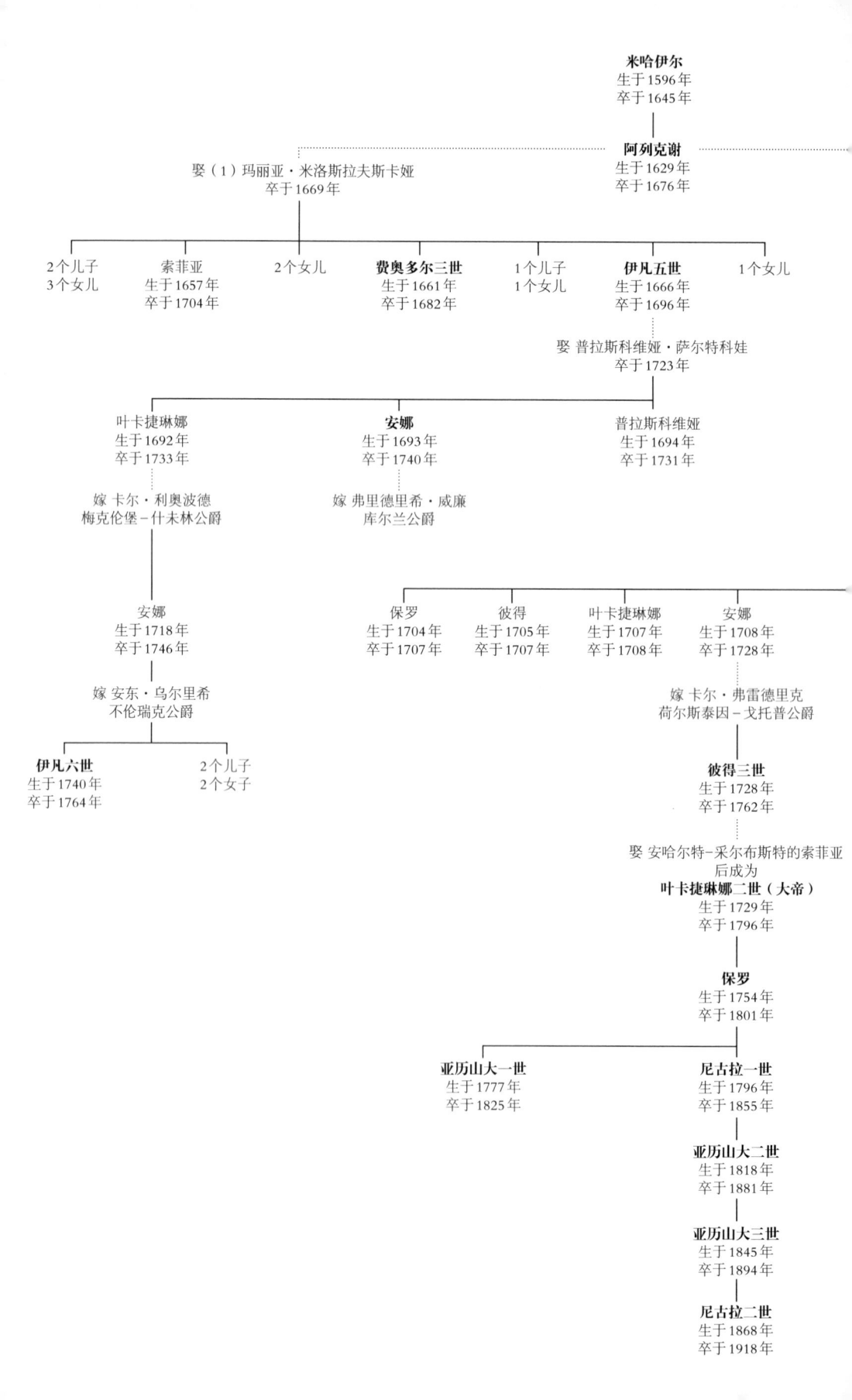

```
                                                                              米哈伊尔
                                                                              生于1596年
                                                                              卒于1645年
                                                                                  │
                                                                              阿列克谢
                                                                              生于1629年
                                                                              卒于1676年
                        娶（1）玛丽亚·米洛斯拉夫斯卡娅
                                  卒于1669年
┌──────┬──────────┬──────┬──────────┬──────┬──────────┬──────┐
2个儿子   索菲亚      2个女儿   费奥多尔三世   1个儿子    伊凡五世      1个女儿
3个女儿   生于1657年           生于1661年    1个女儿    生于1666年
         卒于1704年           卒于1682年              卒于1696年
```

娶 普拉斯科维娅·萨尔特科娃
卒于1723年

| 叶卡捷琳娜 | 安娜 | 普拉斯科维娅 |
|---|---|---|
| 生于1692年 | 生于1693年 | 生于1694年 |
| 卒于1733年 | 卒于1740年 | 卒于1731年 |

嫁 卡尔·利奥波德　　　嫁 弗里德里希·威廉
梅克伦堡-什未林公爵　　库尔兰公爵

安娜
生于1718年
卒于1746年

嫁 安东·乌尔里希
不伦瑞克公爵

**伊凡六世**　　2个儿子
生于1740年　　2个女子
卒于1764年

保罗　　　彼得　　　叶卡捷琳娜　　安娜
生于1704年　生于1705年　生于1707年　　生于1708年
卒于1707年　卒于1707年　卒于1708年　　卒于1728年

嫁 卡尔·弗雷德里克
荷尔斯泰因-戈托普公爵

**彼得三世**
生于1728年
卒于1762年

娶 安哈尔特-采尔布斯特的索菲亚
后成为
**叶卡捷琳娜二世（大帝）**
生于1729年
卒于1796年

保罗
生于1754年
卒于1801年

| 亚历山大一世 | 尼古拉一世 |
|---|---|
| 生于1777年 | 生于1796年 |
| 卒于1825年 | 卒于1855年 |

亚历山大二世
生于1818年
卒于1881年

亚历山大三世
生于1845年
卒于1894年

尼古拉二世
生于1868年
卒于1918年

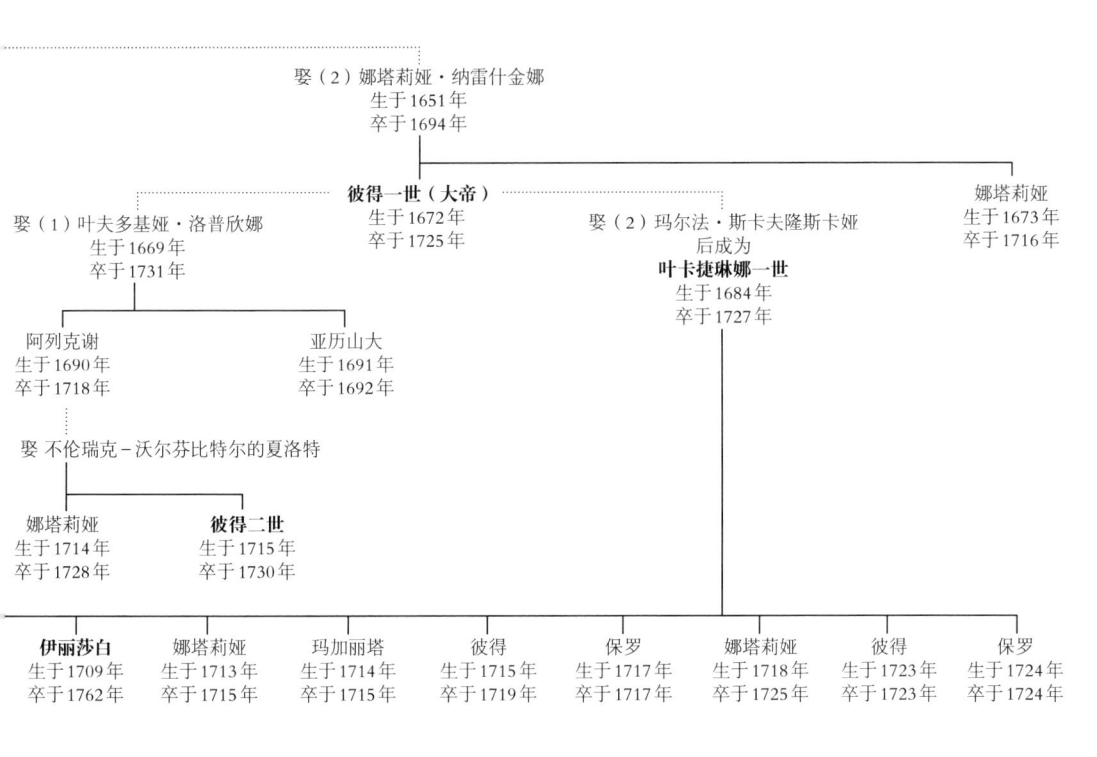

```
                                          娶（2）娜塔莉娅·纳雷什金娜
                                                生于1651年
                                                卒于1694年
                                                    │
                    ┌───────────────────────────────┼───────────────────────────────┐
                                          彼得一世（大帝）                                              娜塔莉娅
娶（1）叶夫多基娅·洛普欣娜                  生于1672年              娶（2）玛尔法·斯卡夫隆斯卡娅          生于1673年
      生于1669年                          卒于1725年                     后成为                  卒于1716年
      卒于1731年                                                   叶卡捷琳娜一世
                                                                   生于1684年
                                                                   卒于1727年
      ┌──────────────┐
  阿列克谢        亚历山大
  生于1690年      生于1691年
  卒于1718年      卒于1692年

娶 不伦瑞克-沃尔芬比特尔的夏洛特
      ┌──────────────┐
  娜塔莉娅        彼得二世
  生于1714年      生于1715年
  卒于1728年      卒于1730年
```

| 伊丽莎白 | 娜塔莉娅 | 玛加丽塔 | 彼得 | 保罗 | 娜塔莉娅 | 彼得 | 保罗 |
|---|---|---|---|---|---|---|---|
| 生于1709年 | 生于1713年 | 生于1714年 | 生于1715年 | 生于1717年 | 生于1718年 | 生于1723年 | 生于1724年 |
| 卒于1762年 | 卒于1715年 | 卒于1715年 | 卒于1719年 | 卒于1717年 | 卒于1725年 | 卒于1723年 | 卒于1724年 |

# 罗曼诺夫王朝
## （1613—1917年）
## 世系表

粗体表示沙皇、皇帝及女皇

# 致　谢

创作此书的过程中，我先后在纽约公立图书馆（New York Public Library）的弗里德里希·刘易斯·艾伦（Frederick Lewis Allen）阅览室、哥伦比亚大学巴特勒图书馆（Butler Library of Columbia University）、普林斯顿大学的燧石图书馆（Firestone Library of Princeton University）、伦敦的大英博物馆图书馆（British Museum Library）和巴黎的卢旺达国家图书馆（Bibliotheque Nationale）工作。感谢上述机构的职员对我提供的帮助与恩惠。

我极大地受惠于我的朋友珍妮特·凯洛克（Janet Kellock）、爱德华·克莱恩（Edward Kline）和胡安·德·贝斯特吉（Juan de Beistegui），他们不断地给我打气，阅读我的稿件，提供了许多明智而有益的建议。

我想感谢瓦莱里·帕诺夫（Valery Panov）、加林娜·帕诺夫（Galina Panov）、康斯坦丁·库兹明斯基（Constantine Kuzminsky）、已故的马克斯·海沃德（Max Hayward）、海伦·泽姆勒（Helen Semmler）、玛丽琳·斯威齐（Marilyn Swezey）、瓦莱里·库哈里兹（Valery Kuharets）、伊琳娜·库哈里兹（Irina Kuharets）、乔治·里亚博夫（George Riabov）、尼基塔·罗曼诺夫（Nikita Romanov）、伊斯梅尔·阿明博士（Dr. Ismail Amin）、约翰·马尔姆斯塔德教授（Professors John Malmstad）、安德烈·布兰（Andrew Blane）、伊丽莎白·瓦尔克尼尔（Elizabeth Valkenier）、卓娅·特里富诺维奇（Zoya Trifunovich）、乌得勒支大学的

马丁·博斯教授（Professor Martin Bos）和荷兰皇家海军的H. 博斯（H. Bos）中将，他们对稿件某些部分的处理提供了特别的帮助，或是协助我获得了一些不易查找的资料。特别致谢已故的南斯拉夫王子保罗和王妃奥尔加（Olga），他们将私人图书馆的一些罕见资料提供给我。我还要感谢尼古拉斯·A. 罗宾逊（Nicholas A. Robinson）和查尔斯·H. 米勒（Charles H. Miller），他们在我陷入困境的时候给了我支持与指导。

创作此书时，我多次前往苏联旅行。在博物馆、图书馆和历史遗迹，我总有种宾至如归之感。在彼得格勒时，当人们得知我的作品主题是他们钟爱的城市的创造者后，这种感觉变得格外强烈。由于某些对大多数西方读者而言显得夸张，但苏联公民能够充分理解的理由，我不愿在这里提到那些帮助过我的人的名字，但他们知道我提到和感谢的是谁。

几年前，我曾对一位朋友提到我与克诺夫出版社的罗伯特·戈特利布（Robert Gottlieb of Knopf）合作出版这本书的事，这位朋友是法国的著名编辑。我表示，在我看来罗伯特是纽约最好的编辑，但朋友纠正了我："应该是世界上最好的编辑。"的确，罗伯特·戈特利布对作者尽心尽力，对他们的作品满怀热情，而且在作品构筑及删减方面无疑有着自己的独到之处。对此，我既觉得幸运，又觉得感激。

极少有读者能够意识到，将一部漫长的稿件变成一部印刷作品，中间需经历无数至关重要的细节。克诺夫出版社的凯瑟琳·胡里根（Katherine Hourigan）极为擅长此道，在处理正文、图片、地图和其他许多方面的问题时，她始终心平气和，微笑以对。

克诺夫出版社的其他工作人员也在我创作本书的过程中提供过帮助：玛尔法·卡普兰（Martha Kaplan）、莱斯利·克劳斯（Lesley Krauss）、弗吉尼亚·坦（Virginia Tan）、威廉·勒基（William Luckey）、妮娜·伯恩（Nina Bourne）、安妮·麦考密克（Anne McCormick）、威廉·洛韦尔（William Loverd）、简·贝克尔·弗里德曼（Jane Becker Friedman）、埃莉诺·弗伦奇（Eleanor French）和图瓦奈特·利佩（Toinette Lippe）。克诺夫出版社就像个大家庭一样，6个月来，我几乎每天都到那里忙碌，人人都把我视为这个家庭的一员。如今这本书已经完成，我还想拜访那里的话，就得找些新的借口了。

我的孩子鲍勃、苏珊娜（Susanna）和伊丽莎白给了我爱，多年来，他们一直在鼓励我，更重要的是，他们从未对我失去耐心。当我开始创作本书时，他们都还很小；如今他们要么已经成年，要么即将成年。在这段时间里，他们始终坚信"爸爸的书"终有一天会问世。

作家通常会感谢他们的妻子，但如果他们的妻子也是作家，该如何感谢呢？当我提笔创作此书的时候，苏珊娜·马西（Suzanne Massie）已经完成了自己的两本著作，同时，她还要照顾我们的家和孩子，她也从未疏远众多东西方朋友。对这位非凡的女人，我在这里表示感激和钦佩。

# 注 释

## 1 旧俄罗斯沙皇国

1. Perry, 263.
2. Olearius, 43.
3. Weber, I, 128.
4. Paul of Aleppo, 63.
5. Ibid., 26.
6. Jolliife, 217.
7. O'Brien, 6.
8. Collins, 117.
9. Paul of Aleppo, 88.
10. Collins, 44.
11. Ibid., 110.
12. Crull, 170.
13. Collins, 122.
14. Ibid.
15. Wilson, 66.
16. Weber, I, 120.

## 2 彼得的童年时代

1. Staehlin, 15.
2. Voyce, 93.
3. Collins, 33.
4. Schuyler, I, 16.
5. Ibid., 17.
6. Bogoslovsky, I, 30.
7. Kluchevsky, 2.
8. Ibid., 4.
9. Schuyler, I, 37.

## 3 "有着惊人智慧的少女"

1. Korb, II, 213.
2. De Grunwald, 21.
3. Collins, 9.
4. O'Brien, 49.
5. Ibid., 21.
6. Schuyler, I, 38.
7. Ibid.

## 4 射击军之乱

1. Schuyler, I, 44.
2. Ustryalov, I, 24.
3. Schuyler, I, 35.
4. Ibid., 49.
5. Ibid.
6. Ibid., 50.
7. Ibid.
8. Ibid., 54.
9. Ibid., 60.
10. Bogoslovsky, I, 44.
11. Schuyler, I, 61.
12. Ibid., 62.
13. Ibid.

## 5 教会大分裂

1. Billington, 133.
2. Paul of Aleppo, 19, 20, 26, 29, 64, 68, 70.
3. Ibid., 30.
4. Ibid., 32.
5. Ibid., 74.
6. Ibid., 36.
7. Ibid., 35.
8. Ibid., 85.
9. Ibid., 118.
10. Ibid., 119.
11. Pipes, 235.
12. Billington, 145.
13. Paul of Aleppo, 37.
14. Billington, 141.
15. De Grunwald, 63.
16. Avvakum, 44.
17. Ibid., 23.
18. Ibid., 22.
19. Ibid., 21.

## 6 彼得的游戏

1. Bogoslovsky, I, 53–5.
2. Schuyler, I, 106.
3. Ibid.
4. Ibid., 103.
5. Ustryalov, II, App. i, 399.
6. Schuyler, I, 112.
7. Museum of the Navy, Leningrad.
8. Schuyler, I, 113.
9. *P&B*, I, No. 6.
10. Ibid., I, No. 7.
11. Ibid., No. 9.
12. Museum, Pereslavl-Zalessky.

## 7 索菲亚的摄政统治

1. Schuyler, I, 170.
2. De Grunwald, 64.
3. Ustryalov, I, 238.
4. Schuyler, I, 166.
5. Ibid., 168.
6. Ibid., 173.

7. Ibid., 158.
8. De Grunwald, 71.
9. Bogoslovsky, I, 80.
10. Ibid.

### 8  索菲亚的倒台
1. Schuyler, I, 175.
2. Ibid., 176.
3. Ibid., 179.
4. Ibid.
5. Ustryalov, II, 70.
6. Schuyler, I, 180.
7. Ibid., 181.
8. Ibid., 182.
9. *P&B*, I, No. 10.
10. O'Brien, ix.
11. Weber, I, 138.

### 9  戈登、勒福尔和"快活帮"
1. Schuyler, I, 197.
2. Ibid.
3. De Grunwald, 77.
4. Grey, 199.
5. *Primary Chronicle*, 97.
6. Collins, 63.
7. Korb, I, 100.
8. Schuyler, I, 281.
9. Ibid., 219.

### 10  阿尔汉格尔
1. Schuyler, I, 227.
2. *P&B*, I, No. 14.
3. Ibid., Nos. 15, 16.
4. Ibid., No. 21.
5. Ibid., No. 29.
6. Schuyler, I, 240.

### 11  亚　速
1. Schuyler, I, 240.
2. Sumner, *Ottoman*, 17.
3. Ustryalov, II, 228.
4. Schuyler, I, 245.
5. *P&B*, I, No. 38.
6. Schuyler, I, 245.
7. Gordon, 184.
8. Schuyler, I, 248.
9. *P&B*, I, No. 72.
10. Schuyler, I, 256.
11. *P&B*, I, No. 99.
12. Ibid., No. 108.
13. Schuyler, I, 258.
14. Ibid., 261.
15. *P&B*, I, No. 122.
16. Bogoslovsky, I, 367.

## 12　前往西欧的大特使团

1. Ustryalov, II, App. xi, 640.
2. Schuyler, I, 265.
3. Gooch, 2.
4. Ibid., 3.
5. Ziegler, 163.
6. Ibid., 150.
7. Ibid., 163.
8. Basil Williams, 378.
9. *Sbornik, I.R.I.O.*, XXXIV, 17.

## 13　"靠语言是无法形容他的"

1. Schuyler, I, 277.
2. Solovev, VIII, 285.
3. Grey, 101.
4. Ibid.
5. Bogoslovsky, II, 101.
6. Ibid., 115–16.
7. Schuyler, I, 286.
8. Ibid., 285.
9. Ibid.

## 14　彼得在荷兰

1. Scheltema, 89.
2. Ibid., 91.
3. Schuyler, I, 289.
4. Ibid.
5. Scheltema, 112.
6. *P&B*, I, No. 191.

## 15　奥兰治亲王

1. Bowen, 166.
2. Churchill, I, 86.
3. Ibid., 257.
4. Geyl, 133.
5. Ibid., 132.
6. Scheltema, 159.
7. Ibid., 141.
8. Ibid., 142.
9. Ibid., 110.

## 16　彼得在英国

1. Mitchell & Leys, 163.
2. Evelyn, III, 334–5.
3. Kluchevsky, 29.
4. Burnet, IV, 322.
5. Ibid.
6. Schuyler, I, 305.
7. Grey, 120.
8. Carr, 18.
9. Staehlin, 40.
10. Grey, 458.

11. Schuyler, I, 304.
12. Kluchevsky, 28.
13. Ibid.
14. Grey, 459.

15. Ibid.
16. Perry, 165.
17. Ibid., 164.
18. Andreev, 88.

## 17　利奥波德与奥古斯特

1. Schuyler, I, 311.
2. Ibid., 312.
3. Bogoslovsky, II, 475.
4. Waliszewski, 98.
5. Schuyler, I, 315.
6. De Grunwald, 93.

7. Schuyler, I, 316.
8. *P&B*, I, No. 252.
9. *Sbornik, I.R.I.O.*, XXXIX, 222.
10. Bogoslovsky, II, 558–9.
11. Korb, I, 156.

## 18　"这些玩意儿是你们的枷锁"

1. Korb, I, 155.
2. Maland, 435.
3. Ustryalov, II, 193–4.
4. Perry, 196.
5. Ibid.
6. Korb, I, 157.
7. Ibid., 170.

8. Ibid., 196.
9. Ibid., 257.
10. Perry, 198.
11. *Sbornik, I.R.I.O.*, XXXIX, 60.
12. Perry, 235.
13. Dmytryshyn, 10.

## 19　火刑与鞭刑

1. Korb, I, 121.
2. Schuyler, I, 324.
3. Gordon, 190.
4. Perry, 217.
5. Ibid., 218.
6. Ibid.
7. Lebrun, in Weber, II, 403.
8. Korb, I, 204.
9. Ibid., 202.

10. Wolf, 173.
11. Pepys, I, 265.
12. Korb, I, 243.
13. Ibid., 180.
14. Ibid., 136.
15. Ibid., 187.
16. Ibid., 178.
17. Burnet, IV, 324.

## 20  与朋友们在一起

1. Korb, I, 161.
2. Ibid., II, 158.
3. Ibid., 157.
4. Ibid., I, 200.
5. Ibid., 201.
6. Ibid., 163, 171–2.
7. Ibid., 198.
8. Ibid., 164.
9. Ibid., 188.
10. Ibid., 216.
11. Ibid., 236.
12. Ibid., 217.
13. Ibid., 223.
14. Ibid.
15. Ibid., 224–8.
16. Ibid., 255.
17. Ibid., 256.
18. Ibid., 264.
19. Ibid., 265.
20. Ibid., 267.
21. Ibid., 208.
22. Ibid., 248.
23. Ibid., 172.
24. Ibid., 297.
25. Ibid., II, 273.
26. Ibid., I, 210.
27. Ibid., II, 16.
28. Ibid., 25.

## 21  沃罗涅日和南方舰队

1. Korb, II, 3.
2. *P&B*, I, No. 255.
3. Ibid., No. 256.
4. Korb, I, 272.
5. Ibid., 268.
6. Ibid., 272.
7. Ibid., 274–9.
8. *P&B*, VI, No. 2081.
9. Gordon, 193.
10. Korb, II, 232–5.
11. De Grunwald, 98.
12. Ibid., 93.
13. Ibid.
14. Ustryalov, in, 551–2.

## 22  北方女主

1. Adlerfeld, II, 367.
2. Hatton, *Europe*, 109.
3. Schuyler, I, 369.
4. Ibid.
5. Bogoslovsky, IV, 366.
6. Schuyler, I, 376.
7. Bogoslovsky, IV, 405–6.
8. Schuyler, I, 376.
9. Grey, 171.
10. *P&B*, I, No. 325.

## 23　让大炮来裁决吧

1. Wolf, 211.
2. Churchill, I, 94.
3. Hatton, *Charles*, 116.

## 24　卡尔十二世

1. Hatton, *Charles*, 101.
2. Schuyler, I, 386.
3. Hatton, *Charles*, 118.
4. Bain, *Charles*, 55.
5. Hatton, *Charles*, 118.
6. Ibid., 100.
7. Ibid., 128.
8. Ibid., 129.

## 25　纳尔瓦

1. Ustryalov, IV, ii, App. ii, No. 1.
2. Schuyler, I, 396.
3. Hatton, *Charles*, 151.
4. Bain, *Charles*, 75.
5. Bengtsson, 87.
6. Ibid.
7. Ibid.
8. Schuyler, I, 397.
9. Ibid., 398.
10. Ibid., 397.
11. Adlerfeld, I, 57.
12. Schuyler, I, 398.
13. Ustryalov, IV, i, 59.
14. Bain, *Charles*, 77.
15. Schuyler, I, 402.
16. Ibid., 403.

## 26　"我们绝不会丢掉脑袋"

1. De Grunwald, 108.
2. Shcherbatov, 30.
3. Whitworth, 72.
4. Kluchevsky, 87.
5. Sumner, *Emergence*, 58.
6. Ibid.
7. *P&B*, I, No. 369.
8. Ustryalov, IV, i, 70.
9. *P&B*, I, No. 374.
10. Ibid., No. 370.
11. Sumner, *Emergence*, 57.
12. Ustryalov, IV, ii, App. ii, No. 94, 207.
13. Ibid., No. 83, 201.
14. Grey, 191.
15. Schuyler, I, 403.
16. Ibid.
17. Schuyler, II, 13.
18. Sumner, *Emergence*, 61.
19. Ustryalov, IV, i, 106–7.
20. Schuyler, I, 420.
21. *P&B*, II, No. 452.
22. Ibid., No. 462.
23. Schuyler, I, 424.

### 27　圣彼得堡的建立

1. Weber, I, 304.
2. *P&B*, III, No. 723.
3. Schuyler, II, 5.
4. *Sbornik, I.R.I.O.*, L, 2.
5. De Grunwald, 170.
6. *P&B*, IV, i, No. 1349.
7. *Sbornik, I.R.I.O.*, L, 401.
8. Ibid., LX, 348–9.
9. Weber, I, 191.
10. Ustryalov, IV, i, 274.
11. Schuyler, II, 6.
12. Grey, 227.
13. Sumner, *Emergence*, 59.
14. *Sbornik, I.R.I.O.*, L, 6.

### 28　缅什科夫和叶卡捷琳娜

1. Ustryalov, IV, i, 208.
2. Kluchevsky, 11.
3. Korb, II, 6.
4. *Sbornik, I.R.I.O.*, XXXIX, 125.
5. Whitworth, 64.
6. De Grunwald, 196.
7. Schuyler, I, 437.
8. Ibid., 439.
9. Ibid.
10. Alexander Gordon, II, 258.
11. Waliszewski, 271.
12. Ibid., 277.
13. *P&B*, IX, i, No. 3397 (Schuyler, I, 441).
14. Ibid., No. 3429; (ibid.).
15. Ibid., No. 3464 (ibid., 442).
16. Ibid., No. 4763 (ibid.).
17. Schuyler, I, 442.
18. Ibid., 443.
19. Ibid.
20. Ibid.
21. Ibid.
22. Ibid., 444.
23. Ibid.
24. Ibid.
25. Ibid.

### 29　专制君主的手腕

1. Basil Williams, 103.
2. Weber, I, 224.
3. Perry, 244.
4. Lebrun, in Weber, II, 408.
5. Weber, I, 114.
6. Perry, 279.
7. Schuyler, II, 139.
8. Solovev, VIII, 98.
9. Ibid.
10. Ibid., 76.
11. Staehlin, 219.
12. Solovev, VIII, 334.
13. Ibid., 88.
14. Schuyler, II, 157.

15. Ibid., 158.
16. Ibid., 159.
17. Ibid., 161.

18. *P&B*, VI, No. 2068.
19. Solovev, VIII, 183.
20. *P&B*, VII, i, No. 2553.

## 30 波兰泥潭

1. Adlerfeld, II, 13.
2. Staehlin, 49; Weber, I, 96.
3. *Sbornik, I.R.I.O.*, XXXIX, 56.
4. Adlerfeld, I, 168.
5. Schuyler, II, 18.
6. Ibid., 19.
7. Ibid., 17.
8. Hatton, *Charles*, 187.
9. Ibid., 199.
10. *P&B*, III, No. 788.
11. Ibid., No. 862.
12. Ibid., No. 864.
13. Ibid., No. 1005.
14. Ibid., IV, i, Nos. 1064, 1067.
15. Ibid., No. 1117.
16. Adlerfeld, II, 218.
17. *P&B*, IV, i, No. 1212.
18. Schuyler, II, 44.
19. Ibid., 50.
20. Bengtsson, 232.
21. Hatton, *Charles*, 215.
22. Schuyler, II, 55.
23. Ibid.
24. Ustryalov, IV, i, 424.
25. *P&B*, V, Nos. 1690–3.
26. Schuyler, II, 60.

## 31 卡尔在萨克森

1. Hatton, *Charles*, 225.
2. Churchill, V, 252.
3. Adlerfeld, II, 329.
4. Churchill, V, 252.
5. Hatton, *Charles*, 226.
6. Browning, 357.
7. Hatton, *Charles*, 210.
8. *P&B*, V, No. 1490.
9. Ibid., IV, i, No. 1401.
10. Grey, 271.
11. Ibid.
12. Schuyler, II, 68.
13. *P&B*, V, No. 1551.
14. Solovev, VIII, 256.
15. Schuyler, II, 66.
16. Ibid.
17. Sumner, *Emergence*, 61.
18. Ibid.
19. Schuyler, II, 66.
20. Bengtsson, 242.
21. Ibid.
22. Ibid., 247.

## 32　通往莫斯科的大道

1. *Sbornik, I.R.I.O.*, XXXIX, 80.
2. Schuyler, II, 76.
3. P &B, VI, No. 2050.
4. Ibid., No. 1855.
5. Ibid., No. 1977.
6. *Sbornik, I.R.I.O.*, XXXIX, 448–9.
7. Solovev, VIII, 199.
8. Jefferyes, 35.
9. Bengtsson, 253.
10. Ibid.
11. Ibid., 256.
12. Hatton, *Charles*, 255.
13. Ibid.
14. Solovev, VIII, 200.
15. Ibid., 201.
16. Schuyler, II, 84.

## 33　戈洛夫钦之役和列斯纳亚之役

1. Jefferyes, 47.
2. Ibid., 51.
3. Ibid., 53.
4. *P&B*, VIII, i, Nos. 2616, 2619.
5. Jefferyes, 61.
6. *P&B*, VIII, i, No. 2681.
7. Poltava, 39.

## 34　马泽帕

1. Jefferyes, 63.
2. Hatton, *Charles*, 271.
3. Jefferyes, 63.
4. Solovev, VIII, 213.
5. Schuyler, II, 101.
6. Solovev, VIII, 241.
7. Ibid., 245.
8. Schuyler, II, 107.
9. Solovev, VIII, 252.

## 35　人类记忆中最可怕的冬日

1. Bengtsson, 317.
2. Ibid., 319.
3. Bain, *Charles*, 178.
4. Schuyler, II, 113.
5. Ibid.
6. Bengtsson, 329.

## 36　调集兵力

1. Hatton, *Charles*, 285.
2. Schuyler, II, 114.
3. Ibid., 116.
4. Ibid.
5. Solovev, VIII, 270.
6. Adlerfeld, II, 118.
7. *P&B*, IX, i, No. 3251.

### 37 波尔塔瓦

1. Bengtsson, 353.
2. Hatton, *Charles*, 297.
3. Ibid.
4. Ibid., 299.
5. Bengtsson, 366.
6. Hatton, *Charles*, 299.
7. Bengtsson, 370.
8. Bain, *Charles*, 189.

### 38 投降，在河畔上演

1. Bain, *Charles*, 189.
2. Bain, *Charles*, 190.
3. Solovev, VIII, 274.
4. *P&B*, IX, i, No. 3266.
5. Ibid., No. 3252.
6. Ibid., No. 3259.
7. Bengtsson, 375.
8. Ibid., 382.
9. Hatton, *Charles*, 305.
10. Ibid.

### 39 波尔塔瓦战役的成果

1. *P&B*, IX, i, No. 3318.
2. Solovev, VIII, 280.
3. Churchill, VI, 119.
4. Ibid., 120.
5. Schuyler, II, 127.
6. Ibid., 126.
7. De Grunwald, 113.
8. *P&B*, X, No. 3793.
9. Ibid., No. 3818.
10. Ibid., No. 3814.
11. Ibid., No. 4059.

### 41 巴尔干基督徒的解放者

1. *Sbornik, I.R.I.O.*, LXI, 2, 35.
2. Schuyler, II, 173.
3. Ibid.
4. Ibid., 176.
5. Ibid.
6. Ibid., 177.
7. Ibid.
8. Ibid., 179.
9. Hatton, *Charles*, 313.
10. Sumner, *Emergence*, 37.
11. Ibid., 38.
12. Bengtsson, 411.
13. Schuyler, II, 187.
14. Ibid.
15. Solovev, VIII, 374-5.
16. Schuyler, II, 189.
17. Ibid., 190.
18. Sumner, *Ottoman*, 45.
19. Ibid., 46.

**42　普鲁特的五十击**

1. Schuyler, II, 192.
2. Ibid., 193.
3. Sumner, *Ottoman*, 44.
4. Bengtsson, 414.
5. Ibid., 418.
6. Ibid., 419.
7. Schuyler, II, 202.
8. *Sbornik, I.R.I.O.*, LXI, 74.
9. Schuyler, II, 204.
10. Sumner, *Ottoman*, 42.
11. Solovev, VIII, 389–90.
12. Schuyler, II, 212.

**43　德意志的战争与弗里德里希·威廉**

1. *Sbornik, I.R.I.O.*, LXI, 12.
2. Schuyler, I, 442.
3. Ibid., 216.
4. Ibid.
5. Ibid., 230.
6. Ibid.
7. *Sbornik, I.R.I.O.*, LXI, 167.
8. Ibid., 143–6.
9. Schuyler, II, 226.
10. Ibid.
11. Staehlin, 143.
12. Schuyler, II, 231.
13. Ibid., 237.
14. Mitford, 47.
15. Schuyler, II, 235 n.
16. Ibid., 229.
17. Ibid.
18. Ibid., 236.
19. Ibid., 241.

**44　芬兰海岸**

1. Schuyler, II, 245.
2. Bridge, 77.
3. Ibid., 79.
4. Schuyler, II, 245.
5. Staehlin, 349.
6. Weber, I, 37.

**45　骚　乱**

1. Bain, *Charles*, 198.
2. Hatton, *Charles*, 356.
3. Ibid., 357.
4. Ibid., 358.
5. Ibid.
6. Bengtsson, 428.
7. Hatton, *Charles*, 363.
8. Ibid., 364.
9. Ibid.
10. Bain, *Charles*, 218.
11. Bengtsson, 454.

### 46　北方威尼斯

1. Weber, I, 318.
2. De Grunwald, 161.
3. Schuyler, II, 430.
4. Marsden, 61.
5. Staehlin, 202.
6. Sumner, *Emergence*, 59.
7. Marsden, 65.
8. Staehlin, 312.
9. *Sbornik, I.R.I.O.*, XLIX, 372.

### 47　一位大使的报道

1. Weber, I, 4.
2. Ibid., 6.
3. Ibid., 26.
4. Ibid., 5.
5. Ibid., 83.
6. Ibid., 20.
7. Ibid., 9.
8. Schuyler, II, 437 n.
9. Ibid.
10. Weber, I, 285.
11. Ibid., 89.
12. Ibid., 31.
13. Ibid., 328.
14. Ibid., 179.
15. Ibid., 92–5.

### 48　第二次西方之旅

1. Schuyler, II, 282.
2. Ibid., 287.
3. Ibid., 288.
4. Solovev, IX, 44.
5. Schuyler, II, 289.
6. Ibid., 290.
7. Solovev, IX, 53.
8. Ibid.
9. Schuyler, II, 294.
10. Ibid.
11. Hatton, *Charles*, 427.
12. Schuyler, II, 294.
13. Ibid., 297.
14. Ibid.
15. Solovev, IX, 57.
16. Ibid.
17. Schuyler, II, 299.

### 49　"国王是位强者……"

1. Gooch, 26; Wolf, 618.
2. Gooch, 31.
3. Schuyler, II, 305.
4. Ibid., 307 n.
5. *Sbornik, I.R.I.O.*, XXXIV, 145, 150–3, 164, 174–5.
6. Ibid., 184.
7. Cracraft, *Church Reform*, 6 n.

8. Schuyler, II, 310.
9. Saint-Simon, V, 667.
10. Solovev, IX, 68.
11. Ibid.
12. Schuyler, II, 312.

## 50　巴黎访客

1. Saint-Simon, V, 666.
2. Ibid., 667.
3. Schuyler, II, 312.
4. *Sbornik, I.R.I.O.*, XXXIV, XXV.
5. Saint-Simon, V, 671.
6. Marsden, 35.
7. Staehlin, 57.
8. Schuyler, II, 315 n.
9. Saint-Simon, V, 672.
10. Staehlin, 57.
11. Saint-Simon, V, 673.
12. Ibid., 674.
13. Ibid., 665, 675.
14. Schuyler, II, 318.
15. Ibid., 316.
16. Ibid.

## 51　继承人的教育

1. *Sbornik, I.R.I.O.*, XXXIV, 255.
2. Weber, I, 193.
3. Schuyler, II, 261.
4. Ibid.
5. *Sbomik, I.R.I.O.*, XXXIX, 43.
6. Solovev, IX, 117.
7. Schuyler, II, 266.
8. Ibid.
9. Ibid., 267.
10. Ibid., 268.
11. Solovev, IX, 125.
12. Schuyler, II, 237.
13. Ibid., 269.
14. Ibid., 270.
15. Ibid.
16. Weber, I, 107.
17. Staehlin, 305.
18. Weber, I, 108.

## 52　父亲的最后通牒

1. Bruce, 101.
2. Manifesto, 141.
3. Schuyler, II, 271.
4. Solovev, IX, 114.
5. Ustryalov, VI, 54.
6. Schuyler, II, 272.
7. Manifesto, 120.
8. Ibid., 97–102.
9. Ibid., 116.
10. Ibid., 118.
11. Ibid., 102.
12. Ibid., 115.
13. Ibid., 103.
14. Ibid., 116.

15. Ibid., 105.
16. Ustryalov, VI, 52.
17. Manifesto, 107–8.
18. Ibid., 114.
19. Ustryalov, VI, 53.
20. Ibid., 54.
21. Manifesto, 126.

### 53　皇储出逃

1. Ustryalov, VI, 64–69.
2. Manifesto, 135.
3. Schuyler, II, 329.
4. Ustryalov, VI, 87.
5. Ibid., 383.
6. Manifesto, 108.
7. Ustryalov, VI, 116.
8. Ibid., 117.
9. Solovev, IX, 165–6.
10. Ibid., 166.
11. Ustryalov, VI, 422–3.
12. Ibid., 135.
13. Ibid., 437.
14. *Sbornik, I.R.I.O.*, XXXIV, 304.
15. Solovev, IX, 168.
16. Ibid.

### 54　面对审讯的未来

1. Manifesto, 110.
2. Ibid., 117.
3. Weber, I, 204.
4. Graham, 269.
5. Schuyler, II, 340.
6. Weber, I, 220.
7. Schuyler, II, 341.
8. Manifesto, 136.
9. Ibid., 139.
10. Ibid., 143.
11. Relation fidèle, 5.
12. Manifesto, 150.
13. Ibid., 154.
14. Ibid.
15. Ibid., 158.
16. Ibid., 172.
17. Ibid., 165.
18. Ibid., 169.
19. Ibid., 189.
20. Ibid., 200.
21. Weber, I, 228.
22. Relation fidèle, 8.
23. Solovev, IX, 188.
24. Schuyler, II, 345 n.
25. *Sbornik, I.R.I.O.*, XXXIV, 354.
26. Waliszewski, 541.

### 55　卡尔的最后攻势

1. Hatton, *Charles*, 375.
2. Bain, *Charles*, 305.

3. Ibid., 278.
4. Schuyler, II, 250.
5. Ibid., 406.
6. Sumner, *Emergence*, 103.
7. Hatton, *Charles*, 475.
8. Ibid., 502.
9. Bain, *Charles*, 298.
10. Bengtsson, 476.
11. Hatton, *Charles*, 503.
12. Ibid.
13. Ibid., 497.
14. Ibid., 520.
15. Ibid., 521.

### 56 乔治国王进入波罗的海

1. Staehlin, 248.
2. Schuyler, II, 408.
3. Ibid., 409.
4. Plumb, 40.
5. Basil Williams, 151.
6. Ibid., 152 n.
7. Solovev, IX, 40.
8. Chance, 92.
9. Sumner, *Emergence*, 105.
10. Schuyler, II, 418.
11. Ibid., 413.
12. Solovev, IX, 270.

### 57 胜　利

1. Chance, 361.
2. Solovev, IX, 273.
3. Sumner, *Emergence*, 106.
4. Schuyler, II, 424.
5. Grey, 379.
6. Solovev, IX, 321.
7. Grey, 380.
8. Weber, I, 257–63.
9. Schuyler, II, 426.

### 58 为国效劳

1. Kluchevsky, 52.
2. Gasiorowska, 21.
3. Kluchevsky, 184.
4. Ibid., 199.
5. Sumner, *Emergence*, 112.
6. Kluchevsky, 200.
7. Ibid., 157.
8. Schuyler, II, 349.
9. Kluchevsky, 201.
10. Ibid.
11. Ibid., 218.
12. Ibid., 219.
13. Ibid., 220.
14. Staehlin, 325.
15. Kluchevsky, 221.
16. Sumner, *Emergence*, 114.

17. Weber, I, 267.
18. Ibid., 46.
19. Schuyler, II, 352.
20. Solovev, IX, 464.
21. Sumner, *Emergence*, 122.
22. Weber, I, 180.
23. Kluchevsky, 95.
24. Ibid., 97.
25. Solovev, IX, 552.
26. Sumner, *Emergence*, 113.
27. Fischer, 19.
28. Solovev, VIII, 491.
29. Schuyler, II, 360.
30. Staehlin, 83.
31. Bain, *Pupils*, 46.
32. Kluchevsky, 244.
33. *Sbornik, I.R.I.O.*, XV, 200.
34. Staehlin, 159.
35. Kluchevsky, 245.
36. Ibid., 95.

## 59 法令下的商贸活动

1. Schuyler, II, 375.
2. Kluchevsky, 145.
3. Solovev, VIII, 474.
4. Kluchevsky, 146.
5. Sumner, *Emergence*, 144.
6. Ibid.
7. Schuyler, II, 372.
8. Kluchevsky, 147.
9. Lebrun, in Weber, II, 421.
10. *Sbornik, I.R.I.O.*, XXXIX, 137.
11. Staehlin, 106.
12. Ibid., 108.
13. Ibid., 132.
14. Perry, 7.
15. Weber, I, 290.
16. Florinsky, I, 358.

## 60 上帝之下的最高统治者

1. Staehlin, 173.
2. Sumner, *Emergence*, 127.
3. Schuyler, II, 401.
4. Weber, I, 268.
5. Ibid., 282.
6. Ibid., 235.
7. Staehlin, 124.
8. Sumner, *Emergence*, 133.
9. Schuyler, II, 145.
10. Cracraft, *Church Reform*, 1; Grey, 486.
11. Grey, 398.
12. Cracraft, "Prokopovich," 90.
13. Ibid., 92.
14. Ibid., 93.
15. Ibid., 90.
16. Ibid., 102.
17. Pipes, 241.
18. Ibid., 245.

## 61  圣彼得堡的皇帝

1. Bell, 562.
2. Staehlin, 147.
3. Bell, 566.
4. Staehlin, 275.
5. Ibid., 233.
6. Schuyler, II, 434.
7. Staehlin, 239.
8. De Grunwald, 174.
9. Staehlin, 257.
10. Ibid., 87.
11. Ibid., 113.
12. Ibid., 221.
13. Ibid., 268.
14. Ibid., 266.
15. Schuyler, II, 503.
16. Staehlin, 308.
17. *Sbornik, I.R.I.O.*, LXI, 480.
18. Ibid., 358.
19. Perry, 263.
20. Staehlin, 180.
21. M. S. Anderson, Peter, 157.
22. Staehlin, 115.
23. Ibid., 24.
24. Schuyler, II, 436.
25. Staehlin, 304.
26. Schuyler, II, 438.
27. *Sbornik, I.R.I.O.*, XV, 239–40.
28. Ibid.
29. Schuyler, II, 439.
30. Staehlin, 295.
31. Schuyler, II, 446.
32. Weber, I, 186–8.
33. Schuyler, II, 444.
34. Ibid., 323. 811; Weber, I, 277.
35. Staehlin, 325.
36. Ibid., 328.
37. De Grunwald, 198.
38. Staehlin, 279.
39. Weber, I, 188.
40. Staehlin, 94.
41. Weber, I, 112.
42. Ibid., 27.
43. Staehlin, 141.
44. Dmytryshyn, 13.
45. Ibid., 14.
46. Sumner, *Emergence*, 181.

## 62  里海沿岸

1. Schuyler, II, 458.
2. Sumner, *Emergence*, 152.
3. Weber, I, 223.
4. Ibid., 92.
5. Weber, I, 100.
6. Schuyler, II, 464.
7. Solovev, IX, 374.
8. Bruce, 277.
9. Schuyler, II, 472.
10. Bruce, 273.
11. Ibid., 271, 273–4.
12. Bell, 553.
13. Solovev, IX, 379.
14. *Sbornik, I.R.I.O.*, XLIX, 287.

## 63 黄 昏

1. *Sbornik, I.R.I.O.*, III, 342–3.
2. Schuyler, II, 485.
3. Ibid., 486.
4. *Sbornik, I.R.I.O.*, XL, 304.
5. Schuyler, II, 495.
6. Ibid., 496.
7. *Sbornik, I.R.I.O.*, XLIX, 324.
8. Solovev, VIII, 519.
9. Staehlin, 208.
10. Bain, *Pupils*, 59.
11. Grey, 431.
12. Bain, *Pupils*, 62.
13. De Grunwald, 210.
14. Ibid., 211.
15. *Sbornik, I.R.I.O.*, III, 391.
16. Ibid., 394.
17. Ibid., 396.
18. Schuyler, II, 488.
19. *Sbornik, I.R.I.O.*, LXI, 486.
20. Bain, Pupils, 68.
21. Pares, 225.
22. *Sbornik, I.R.I.O.*, III, 399.

## 尾 声

1. Staehlin, 365.
2. Bain, *Pupils*, 76.
3. *Sbornik, I.R.I.O.*, III, 400, also LII, 430.
4. Bain, *Pupils*, 77.
5. Cracraft, *Church Reform*, 304.
6. Bain, *Pupils*, 85.
7. Pares, 230.
8. *Sbornik, I.R.I.O.*, III, 454.
9. Bain, *Pupils*, 125.
10. Ibid., 139
11. *Sbomik, I.R.I.O.*, III, 478.
12. Ibid., 491.
13. Ibid., 490.
14. Bain, *Pupils*, 148.
15. Kluchevsky, 248.
16. Ibid., 253.
17. Ibid., 248; De Grunwald, 215.
18. Kluchevsky, 249.
19. Ibid.
20. Florinsky, I, 428
21. Staehlin, 291.
22. De Grunwald, 179.
23. Ibid.

# 参考文献

ADLERFELD, M. GUSTAVUS, *The Military History of Charles XII*, 3 vols. London, J. and P. Knapton, 1740.

ALLEN, W. E. D., *The Ukraine: A History*. Cambridge, Cambridge University Press, 1940.

ANDERSON, M. S., *Britain's Discovery of Russia, 1553–1815*. London, Macmillan, 1958.

———, *Peter the Great*. London, Thames and Hudson, 1978.

ANDERSON, R. C., *Naval Wars in the Baltic During the Sailing Ship Epoch, 1522–1850*. London, C. Gilbert-Wood, 1910.

ANDREEV, A. I., editor, *Peter the Great: A Collection of Essays (Petr Veliky: Sbornik statei)*. Moscow-Leningrad, 1947.

AVVAKUM, *The Life of the Archpriest Avvakum by Himself*, translated by Jane Harrison and Hope Mirrlees. London, Published by Leonard and Virginia Woolf at The Hogarth Press, 1924.

BAIN, R. NISBET, *Charles XII and the Collapse of the Swedish Empire*. New York, G. P. Putnam, 1895.

———, *The Pupils of Peter the Great*. London, Constable, 1897.

BELL, JOHN, *Travels from St. Petersburg in Russia to Various Parts of Asia*. Edinburgh, 1806.

BENGTSSON, FRANS G., *The Life of Charles XII*, translated by Naomi Walford. London, Macmillan, 1960.

BILLINGTON, JAMES J., *The Icon and the Axe*. New York, Alfred A. Knopf, 1966.

BLACK, CYRIL E., *Rewriting Russian History*. New York, Vintage Books, 1962.

BOGOSLOVSKY (Bogoslovskii), M. M., *Peter I: Materials for a Biography (Petr I: Materialy dlya biografii)*, 5 vols. Moscow, 1940–1948.

BOWEN, MARJORIE, *William Prince of Orange*. New York, Dodd, Mead, 1928.

BRIDGE, VICE ADMIRAL CYPRIAN A. G., editor, *History of the Russian Fleet During the Reign of Peter the Great by a Contemporary Englishman*. London, The Navy Records Society, 1899.

BROWNING, OSCAR, *Charles XII of Sweden*. London, Hurst and Blackett, 1899.

BRUCE, PETER HENRY, *Mémoires*. London, 1782.

BURNET, GILBERT (Bishop of Salisbury), *History of His Own Time*, 6 vols. Edinburgh, Hamilton, Balfour and Neill, 1753.

*The New Cambridge Modern History, Volume VI: The Rise of Great Britain and Russia, 1688–1725*, edited by J. S. Bromley. Cambridge, Cambridge University Press, 1970.

CARR, FRANK G. G., *Maritime Greenwich*. London, Pitkin, 1969.

CARR, JOHN LAURENCE, *Life in France Under Louis XIV*. New York, G. P. Putnam's Sons, 1966.

CASSELS, LAVENDER, *The Struggle for the Ottoman Empire, 1717–1740.* London, John Murray, 1966.

CHANCE, JAMES FREDERICK, *George I and the Northern War.* London, Smith, Elder & Co., 1909.

CHURCHILL, WINSTON S., *Marlborough: His Life and Times,* 6 vols. New York, Charles Scribner's Sons, 1933–1938.

CLARK, G. N., *The Later Stuarts, 1660–1714.* Oxford, Oxford University Press, 1934.

*Collection of the Imperial Russian Historical Society (Sbornik Imperatorskago Russkago Istoricheskago Obshchestva),* 148 vols. St. Petersburg, 1867–1916.

COLLINS, SAMUEL, *The Present State of Russia.* London, Printed by John Winter for D. Newman, 1671.

CRACRAFT, JAMES, *The Church Reform of Peter the Great.* London, Macmillan, 1971.

———, "Feofan Prokopovich," in *The Eighteenth Century in Russia,* edited by J. G. Garrard. Oxford, The Clarendon Press, 1973.

CRULL, JODOCUS, *The Ancient and Present State of Muscovy.* London, A. Roper, 1698.

DE GRUNWALD, CONSTANTIN, *Peter the Great,* translated from the French by Viola Garvin. London, Saunders, MacGibbon & Kee, 1956.

DE JONG, ALEX, *Fire and Water: A Life of Peter the Great.* London, Collins, 1979.

DMYTRYSHYN, BASIL, editor, *Modernization of Russia Under Peter I and Catherine II.* New York, John Wiley & Sons, 1974.

DURUKAN, ZEYNEP M., *The Harem of the Topkapi Palace.* Istanbul, Hilal Matbaacilik Koll., 1973.

EVELYN, JOHN, *The Diary of John Evelyn,* with an Introduction and Notes by Austin Dobson, 3 vols. London, Macmillan, 1906.

FEDOTOV, G. P., *The Russian Religious Mind.* Cambridge, Mass., Harvard University Press, 1966.

FISCHER, LOUIS, *The Life of Lenin.* New York, Harper and Row, 1964.

FISHER, H. A. L., *A History of Europe,* Vol I. London, Fontana Library, 1960.

FLORINSKY, MICHAEL T., *Russia: A History and an Interpretation,* 2 vols. New York, Macmillan, 1953.

GASIOROWSKA, XENIA, *The Image of Peter the Great in Russian Fiction.* Madison, University of Wisconsin Press, 1979.

GEYL, PIETER, *History of the Low Countries: Episodes and Problems.* The Trevelyan Lectures, 1963. London, Macmillan, 1964.

GIBB, HAMILTON, and HAROLD BOWEN, *Islamic Society and the West.* London and New York, Oxford University Press, 1950.

GOOCH, G. P., *Louis XV: The Monarchy in Decline.* London, Longmans, 1956.

GORDON, ALEXANDER, *History of Peter the Great,* 2 vols. Aberdeen, F. Douglass and W. Murray, 1755.

GORDON OF AUCHLEUCHRIES, GENERAL PATRICK, *Passages from the Diary of, 1635–1699.* Aberdeen, Printed for The Spalding Club, 1859.

GRAHAM, STEPHEN, *Peter the Great.* New York, Simon and Schuster, 1929.

GREY, IAN, *Peter the Great.* Philadelphia, Lippincott, 1960.

HATTON, RAGNILD M., *Charles XII of Sweden.* London, Weidenfeld and Nicolson, 1968.

———, *Europe in the Age of Louis XIV.* London, Thames and Hudson, 1969.

HINGLEY, RONALD, *The Tsars: Russian Autocrats, 1533–1917.* London, Weidenfeld and Nicolson, 1968.

JEFFERYES, JAMES, *Captain James Jefferyes's Letters from the Swedish Army, 1707–1709,* edited by Ragnild Hatton. Stockholm, Kungl. Boktryckeriet, P. A. Norstedt & Söner, 1954.

JOLLIFFE, JOHN, "Lord Carlisle's Embassy to Moscow," in *The Cornhill,* Autumn 1967.

KAFENGAUZ, B. B., *Russia Under Peter the First (Rossiya pri Petre Pervom).* Moscow, 1955.

KLUCHEVSKY, VASILY O., *Peter the Great,* translated by Liliana Archibald. New York, Vintage Books, 1958.

KORB, JOHANN GEORG, *Diary of an Austrian Secretary of Legation at the Court of Tsar Peter the Great*, translated and edited by the Count MacDonnel, 2 vols. in one. London, Frank Cass & Co., 1968.

KUNSTLER, CHARLES, *La Vie quotidienne sous la Régence*. Paris, Hachette, 1960.

MALAND, DAVID, *Europe in the Seventeenth Century*. London, Macmillan, 1968.

MANSTEIN, C. H., *Memoirs of Russia, 1727-1744*. London, 1773.

MARSDEN, CHRISTOPHER, *Palmyra of the North: The First Days of St. Petersburg*. London, Faber & Faber, 1942.

MAVOR, JAMES, *An Economic History of Russia*, 2 vols. New York, E. P. Dutton, 1914.

MAZOUR, ANATOLE G., *Modern Russian Historiography*. Princeton, Van Nostrand, 1958 ed.

MILUKOV, PAUL, and others, *History of Russia*, Vol. 1. New York, Funk & Wagnalls, 1968.

MITCHELL, R. J., and M. D. R. LEYS, *A History of London Life*. London, Penguin Books, 1968.

MITFORD, NANCY, *Frederick the Great*. New York, Harper and Row, 1964.

O'BRIEN, C. BICKFORD, *Russia Under Two Tsars, 1682-1689: The Regency of Sophia*. Berkeley, University of California Press, 1952.

OGG, DAVID, *Europe of the Ancien Regime, 1715-1783*. London, Collins, 1967.

OKENFUSS, MAX J., "The Jesuit Origins of Petrine Education," in *The Eighteenth Century in Russia*, edited by J. G. Garrard. Oxford, The Clarendon Press, 1973.

———, "Russian Students in Europe in the Age of Peter the Great," in *The Eighteenth Century in Russia*, edited by J. G. Garrard. Oxford, The Clarendon Press, 1963.

OLEARIUS, J. ALBERT DE M., *The Voyages and Travels of the Ambassadors Sent by Frederick Duke of Holstein to the Great Duke of Muscovy and the King of Persia*, translated by John Davies. London, 1669.

OLIVA, L. JAY, *Peter the Great*. Englewood Cliffs, Prentice-Hall, 1970.

PARES, BERNARD, *A History of Russia*. New York, Alfred A. Knopf, 1960.

PAUL OF ALEPPO, *The Travels of Macarius: Extracts from the Diary of the Travels of Macarius, Patriarch of Antioch, written by his son, Paul, Archdeacon of Aleppo, 1652-1660*, translated by F. C. Balfour. London, Oxford University Press, 1936.

PAVLENKO, N. I., NIKIFOROV, L. A., and VOLKOV, M. I., *Russia in the Period of the Reforms of Peter I (Rossiia v period reform Petra I)*. Moscow, "Nauka," 1973.

PENZER, N. M., *The Harem*. London, Spring Books, 1965.

PEPYS, SAMUEL, *The Diary of Samuel Pepys*, 3 vols., edited by Robert Latham and William Matthews. Berkeley, University of California Press, 1970.

PERRY, JOHN, *The State of Russia Under the Present Tsar*. Printed for Benjamin Tooke at the Middle Temple Gate, Fleet Street, 1716.

PETER THE GREAT, *Letters and Papers (Pisma i Bumagi Imperatora Petra Velikogo)*. St. Petersburg-Moscow, 1887– . (Twelve volumes have so far been published. The most recent, Vol. 12, carries the work through 1712.)

PIPES, RICHARD, *Russia Under the Old Regime*. New York, Charles Scribner's Sons, 1974.

PLATONOV, SERGEI F., *History of Russia*. New York, Macmillan, 1929.

PLUMB, J. H., *The First Four Georges*. London, Collins-Fontana Library, 1968.

POKROVSKY, MICHAEL N., *History of Russia: From the Earliest Times to the Rise of Commercial Capitalism*, translated and edited by J. D. Clarkson and M. R. M. Griffiths. New York, International Publishers, 1931.

*Poltava: A Collection of Articles on the Two Hundred Fiftieth Anniversary of the Battle (Poltava: k 250 letiyu Poltavskogo srazheniya, Sbornik statei)*. Moscow, 1959.

*Portraits of Peter's Time: The Exhibition Catalogue (Portret Petrovskogo vremeni: katalog vystavki).* Leningrad, 1973.
PREDTECHENSKY, A. B., editor, *Petersburg of Peter's Time: Studies (Petersburg Petrovskogo vremeni: ocherki).* Leningrad, 1948.
PUTNAM, PETER, *Seven Britons in Imperial Russia, 1698–1812.* Princeton, Princeton University Press, 1952.
RAEFF, MARC, *Origins of the Russian Intelligentsia: The Eighteenth Century Nobility.* New York, Harcourt, Brace, 1966.
———, editor, *Peter the Great: Reformer or Revolutionary?* Boston, D. C. Heath, 1966.
*Relation fidèle de ce qui s'est passé au sujet du Jugement rendu contre le Prince Alexei, et des circonstances de sa mort.* From the Library of the Palazzo de San Donato, Florence, Italy.
RIASONOVSKY, NICHOLAS V., *A History of Russia.* New York, Oxford University Press, 1963.
RUNCIMAN, STEVEN, *The Fall of Constantinople, 1453.* Cambridge, Cambridge University Press, 1969.
*The Russian Primary Chronicle,* translated and edited by Samuel H. Cross and Olgerd P. Sherbowitz-Wetzor. Cambridge, Mass., The Medieval Academy of America, 1953.
SAINT-SIMON, LE DUC DE, *Mémoires,* 6 vols. Paris, Bibliothèque de la Pléiade, Editions Gallimard, 1965.
SCHELTEMA, M. J., *Anecdotes historiques sur Pierre le Grand et sur ses voyages en Hollande et à Zaandam.* Lausanne, Marc Ducloux, 1842.
SCHUYLER, EUGENE, *Peter the Great,* 2 vols. New York, Charles Scribner's Sons, 1884.
SHAFIROV, P. P., *A Discourse Concerning the Just Causes of the War Between Sweden and Russia: 1700–1721.* Dobbs Ferry, N.Y., Oceana Publications, 1973.
SHCHERBATOV, M. M., editor, *Journal de Pierre le Grand depuis l'année 1698 jusqu' à la conclusion de la paix de Neustadt.* Berlin, 1773.

SOLOVEV, S. M., *History of Russia from Earliest Times (Istoriya Rossii s drevneishikh vremen),* 15 vols. Moscow, 1960–1966.
STAEHLIN VON STORCKSBURG, *Original Anecdotes of Peter the Great.* London, J. Murray, 1787.
STOYE, JOHN, *Europe Unfolding, 1648–1688.* London, Collins-Fontana Library, 1969.
SUMNER, B. H., *Peter the Great and the Emergence of Russia.* New York, Collier Books, 1965.
———, *Peter the Great and the Ottoman Empire.* Hamden, Conn., Archer Books, 1965.
TARLE, E. V., *The Russian Fleet and the Foreign Policy of Peter I (Russkii flot i vneshnyaya politika Petra I).* Moscow, 1949.
———, *The Northern War (Severnaya Voina).* Moscow, 1958.
TREASURE, G. R. R., *Seventeenth Century France.* London, Rivingtons, 1966.
TREVELYAN, G. M., *The English Revolution, 1688–89.* Oxford, Oxford University Press, 1938.
USTRYALOV, N. G., *History of the Reign of Peter the Great (Istoriya tsarstvovaniya Petra Velikago),* 6 vols. St. Petersburg, 1858–1863.
VOYCE, ARTHUR, *Moscow and the Roots of Russian Culture.* Norman, University of Oklahoma Press, 1964.
WALISZEWSKI, KASIMIERZ, *Peter the Great.* New York, Appleton, 1897.
WEBER, FRIEDRICH CHRISTIAN, *The Present State of Russia,* 2 vols. London, W. Taylor, 1723.
WHITWORTH, CHARLES, *An Account of Russia as It Was in 1710.* Strawberry Hill, 1758.
WILLIAMS, BASIL, *The Whig Supremacy: 1714–1760.* Oxford, Oxford University Press, 1962.
WILLIAMS, NEVILLE, *Chronology of the Expanding World, 1492–1762.* London, Cresset Press, 1969.
WILSON, FRANCESCA, *Muscovy: Russia Through Foreign Eyes, 1553–1900.* London, Allen & Unwin, 1970.
WITTRAM, R., *Peter I, Tzar und Kaiser,* 2 vols. Göttingen, 1964.

WOLF, JOHN B., *Louis XIV*. London, Victor Gollancz, 1968.
WOODWARD, DAVID, *The Russians at Sea: A History of the Russian Navy*. New York, Frederick A. Praeger, 1966.

ZIEGLER, GILETTE, *At the Court of Versailles: Eye-Witness Reports from the Reign of Louis XIV*. New York, E. P. Dutton, 1966.

# 出版后记

彼得·阿列克谢耶维奇，史称彼得一世，后世尊称其为彼得大帝，是俄罗斯历史上仅有的两位"大帝"之一。本书讲述的就是这位一代雄主的传奇一生。

本书详尽地向读者展示了彼得大帝的一生，既重点叙述了彼得一生中的众多重要事件，又将他的一生置于当时的俄国乃至欧洲的宏伟历史之中。此外，书中还写了许多与彼得关系亲密的人物的故事，也写了与彼得同时代的其他雄主的相关事迹。通过叙写彼得与这些人之间的互动，比对他与他们的异同之处，本书侧面展现了一个更加丰满的沙皇彼得的人物形象。

本书的作者罗伯特·K.马西是美国历史学家、作家，曾在耶鲁大学攻读美国史，在牛津大学攻读欧洲史，并于1987—1991年间担任美国作家协会主席。他以宏大的视野、流畅的文风撰写了本书。

本书荣获普利策奖，并入围美国国家图书奖决选。我们希望将这部出色的作品分享给国内读者，但因时间及水平有限，书中难免有不足之处，恳请广大读者批评指正。

## 图书在版编目 (CIP) 数据

彼得大帝：俄罗斯帝国崛起的奠基者 /（美）罗伯特·K. 马西著；孟嘉伦译 . —— 北京：中央编译出版社，2022.11（2023.10 重印）

ISBN 978-7-5117-4065-6

Ⅰ. ①彼… Ⅱ. ①罗… ②孟… Ⅲ. ①彼得一世（Peter Ⅰ 1672—1725）—传记 Ⅳ. ① K835.127=4

中国版本图书馆 CIP 数据核字（2021）第 272398 号

Peter the Great: His Life and World By Robert K. Massie
Copyright © 1980 by Robert K. Massie
This edition arranged with Georgina Capel Associates Ltd
through Big Apple Agency, Labuan, Malaysia.
Simplified Chinese edition copyright © 2022 Ginkgo (Shanghai) Book Co., Ltd.
All rights reserved.
本书简体中文版归属于银杏树下（上海）图书有限责任公司。

版权登记号：图字：01-2022-0400
审图号：GS（2020）6178 号

### 彼得大帝：俄罗斯帝国崛起的奠基者

| | |
|---|---|
| 出版统筹 | 后浪出版公司 |
| 责任编辑 | 张　科 |
| 特约编辑 | 范　琳　王　宸 |
| 责任印制 | 刘　慧 |
| 出版发行 | 中央编译出版社 |
| 地　　址 | 北京市海淀区北四环西路 69 号（100080） |
| 电　　话 | （010）55627391（总编室）　（010）55627362（编辑室）（010）55627320（发行部）　（010）55627377（新技术部） |
| 经　　销 | 全国新华书店 |
| 印　　刷 | 河北中科印刷科技发展有限公司 |
| 开　　本 | 655 毫米 ×1000 毫米　1/16 |
| 字　　数 | 928 千字 |
| 印　　张 | 62.5 |
| 版　　次 | 2022 年 11 月第 1 版 |
| 印　　次 | 2023 年 10 月第 3 次印刷 |
| 定　　价 | 188.00 元 |

新浪微博：@ 中央编译出版社　　　微　信：中央编译出版社（ID：cctphome）
淘宝店铺：中央编译出版社直销店（http://shop108367160.taobao.com）（010）55627331

本社常年法律顾问：北京市吴栾赵阎律师事务所律师　闫军　梁勤
凡有印装质量问题，本社负责调换，电话：（010）55626985